I0644233

ANTIGUO TESTAMENTO
INTERLINEAL
HEBREO-ESPAÑOL

LIBROS HISTORICOS
(I)

TOMO - II

ANTIGUO TESTAMENTO INTERLINEAL HEBREO-ESPAÑOL

LIBROS HISTORICOS (I)

editorial clie

EDITORIAL CLIE
M.C.E. Horeb, E.R. n.º 2.910 SE-A
Ferrocarril, 8
08232 VILADECAVALLS (Barcelona) ESPAÑA
E-mail: clie@clie.es
Internet: http:// www.clie.es

ANTIGUO TESTAMENTO INTERLINEAL HEBREO-ESPAÑOL
Tomo II - Libros Históricos I

© 1992, Editorial CLIE

Texto castellano: Ángel Sáenz Badillos y Judit Targarona

El texto hebreo es de la *Biblia Hebraica Stuttgartensia,* conocida como Biblia de Stuttgart. Usado con permiso de la Sociedad Bíblica en Stuttgart.

ISBN-10: 84-7645-540-2
ISBN-13: 978-84-7645-540-1

Impreso en USA / *Printed in USA*

Clasifíquese:
Obras de Referencia - Estudios lingüísticos
REL006410
Referencia: 223597

Índice

Josué … 7

Jueces … 113

Rut … 218

1 Samuel … 233

2 Samuel … 372

1 Reyes … 487

2 Reyes … 625

JOSUÉ

וַיְהִי אַחֲרֵי מוֹת מֹשֶׁה עֶבֶד יְהוָה וַיֹּאמֶר יְהוָה
Yahweh y-habló Yahweh siervo-de Moisés (la)muerte-de después-de Y-sucedió

אֶל־יְהוֹשֻׁעַ בִּן־נוּן מְשָׁרֵת מֹשֶׁה לֵאמֹר׃ מֹשֶׁה עַבְדִּי
mi-siervo Moisés (2) : diciendo Moisés servidor-de Nun hijo-de Josué a

מֵת וְעַתָּה קוּם עֲבֹר אֶת־הַיַּרְדֵּן הַזֶּה אַתָּה וְכָל־
y-todo tú el-éste el-Jordán ** cruza levanta Y-ahora . ha muerto

הָעָם הַזֶּה אֶל־הָאָרֶץ אֲשֶׁר אָנֹכִי נֹתֵן לָהֶם לִבְנֵי יִשְׂרָאֵל׃
. Israel a-(los)hijos-de a-ellos doy Yo que la-tierra hacia el-éste el-pueblo

כָּל־מָקוֹם אֲשֶׁר תִּדְרֹךְ כַּף־רַגְלְכֶם בּוֹ לָכֶם
a-vosotros en-él vuestro-pie (la)planta-de pise que lugar Todo (3)

נְתַתִּיו כַּאֲשֶׁר דִּבַּרְתִּי אֶל־מֹשֶׁה׃ מֵהַמִּדְבָּר
Desde-el-desierto (4) . Moisés a dije como lo-he-dado

וְהַלְּבָנוֹן הַזֶּה וְעַד־הַנָּהָר הַגָּדוֹל נְהַר־פְּרָת
Éufrates río-de el-grande el-río y-hasta el-éste y-el-Líbano

כֹּל אֶרֶץ הַחִתִּים וְעַד־הַיָּם הַגָּדוֹל מְבוֹא הַשָּׁמֶשׁ
el-sol (a la)puesta-de el-grande el-mar y-hasta los-hititas (la)tierra-de toda

יִהְיֶה גְּבוּלְכֶם׃ לֹא־יִתְיַצֵּב אִישׁ לְפָנֶיךָ כֹּל
todos ante-ti hombre se-mantendrá No (5) . vuestro-territorio será

יְמֵי חַיֶּיךָ כַּאֲשֶׁר הָיִיתִי עִם־מֹשֶׁה אֶהְיֶה עִמָּךְ לֹא
no contigo estaré Moisés con estuve como tu-vida (los)días-de

אַרְפְּךָ וְלֹא אֶעֶזְבֶךָּ׃ חֲזַק וֶאֱמָץ
y-sé-valiente Sé-fuerte (6) . te-abandonaré y-no te dejaré

כִּי אַתָּה תַּנְחִיל אֶת־ הָעָם הַזֶּה אֶת־ הָאָרֶץ אֲשֶׁר־
que la-tierra ** el-éste el-pueblo ** harás-heredar tú porque

נִשְׁבַּעְתִּי לַאֲבוֹתָם לָתֵת לָהֶם׃ רַק חֲזַק
sé fuerte Sólo (7) . a ellos dar a-sus-padres juré

וֶאֱמַץ מְאֹד לִשְׁמֹר לַעֲשׂוֹת כְּכָל־ הַתּוֹרָה אֲשֶׁר
que la-Ley según-toda de-obrar para-cuidar mucho y-sé-valiente

צִוְּךָ מֹשֶׁה עַבְדִּי אַל־ תָּסוּר מִמֶּנּוּ יָמִין וּשְׂמֹאול לְמַעַן
para-que y-a-izquierda a-derecha de-ello te-apartarás no mi-siervo Moisés te-mandó

תַּשְׂכִּיל בְּכֹל אֲשֶׁר תֵּלֵךְ׃ לֹא־ יָמוּשׁ סֵפֶר הַתּוֹרָה
la-Ley libro-de se-apartará No (8) . vayas (lo)que en-todo tengas-éxito

הַזֶּה מִפִּיךָ וְהָגִיתָ בּוֹ יוֹמָם וָלַיְלָה לְמַעַן
para-que y-noche día en-él y-meditarás de-tu-boca el-éste

תִּשְׁמֹר לַעֲשׂוֹת כְּכָל־ הַכָּתוּב בּוֹ כִּי־ אָז
entonces porque en-él lo-escrito según-todo de-obrar cuides

תַּצְלִיחַ אֶת־ דְּרָכֶךָ וְאָז תַּשְׂכִּיל׃ הֲלוֹא
¿Acaso-no (9) . tendrás-éxito y-entonces tu-camino ** harás-prosperar

צִוִּיתִיךָ חֲזַק וֶאֱמָץ אַל־ תַּעֲרֹץ וְאַל־
y-no tengas-miedo no y-sé-valiente sé-fuerte te-mandé

תֵּחָת כִּי עִמְּךָ יְהוָה אֱלֹהֶיךָ בְּכֹל אֲשֶׁר תֵּלֵךְ׃
? vayas (lo)que en-todo tu-Dios Yahweh contigo(está) porque te-acobardes

וַיְצַו יְהוֹשֻׁעַ אֶת־ שֹׁטְרֵי הָעָם לֵאמֹר׃ עִבְרוּ
Pasad (11) : diciendo el-pueblo (los)oficiales-de a Josué Y-mandó (10)

בְּקֶרֶב הַמַּחֲנֶה וְצַוּוּ אֶת־ הָעָם לֵאמֹר הָכִינוּ לָכֶם
para-vosotros preparaos : diciendo el-pueblo a y-mandad el-campamento por-en-medio-de

צֵידָה כִּי בְּעוֹד ׀ שְׁלֹשֶׁת יָמִים אַתֶּם עֹבְרִים אֶת־הַיַּרְדֵּן הַזֶּה
el-éste el-Jordán ** cruzáis vosotros días tres dentro-de porque alimento

לָבוֹא לָרֶשֶׁת אֶת־הָאָרֶץ אֲשֶׁר יְהוָה אֱלֹהֵיכֶם נֹתֵן לָכֶם
a-vosotros da vuestro-Dios Yahweh que la-tierra ** a-poseer para-ir

לְרִשְׁתָּהּ׃ וְלָרֻאוּבֵנִי וְלַגָּדִי וְלַחֲצִי
y-a-la-mitad-de y-a-los-gaditas Y-a-los-rubenitas (12) . para-poseerla

שֵׁבֶט הַמְנַשֶּׁה אָמַר יְהוֹשֻׁעַ לֵאמֹר׃ זָכוֹר אֶת־הַדָּבָר
la-palabra ** Recuerda (13) : diciendo Josué habló el-Manasés (la)tribu-de

אֲשֶׁר צִוָּה אֶתְכֶם מֹשֶׁה עֶבֶד־יְהוָה לֵאמֹר יְהוָה אֱלֹהֵיכֶם מֵנִיחַ
da-descanso vuestro-Dios Yahweh : diciendo Yahweh siervo-de Moisés a-vosotros mandó que

לָכֶם וְנָתַן לָכֶם אֶת־הָאָרֶץ הַזֹּאת׃ נְשֵׁיכֶם
Vuestras-mujeres (14) . la-ésta la-tierra ** a-vosotros y-da a-vosotros

טַפְּכֶם וּמִקְנֵיכֶם יֵשְׁבוּ בָּאָרֶץ אֲשֶׁר נָתַן לָכֶם
a-vosotros dio que en-el-país quedarán y-vuestros-ganados vuestros-niños

מֹשֶׁה בְּעֵבֶר הַיַּרְדֵּן וְאַתֶּם תַּעַבְרוּ חֲמֻשִׁים לִפְנֵי
ante armados cruzaréis y-vosotros el-Jordán al-(otro)lado-de Moisés

אֲחֵיכֶם כֹּל גִּבּוֹרֵי הַחַיִל וַעֲזַרְתֶּם אוֹתָם׃ עַד
Hasta (15) . a-ellos y-ayudaréis el-ejército (los)héroes-de todos vuestros-hermanos

אֲשֶׁר־יָנִיחַ יְהוָה ׀ לַאֲחֵיכֶם כָּכֶם וְיָרְשׁוּ גַם־
también y-posean como-a-vosotros a-vuestros-hermanos Yahweh dé-descanso que

הֵמָּה אֶת־הָאָרֶץ אֲשֶׁר־יְהוָה אֱלֹהֵיכֶם נֹתֵן לָהֶם וְשַׁבְתֶּם
Y-volveréis . a-ellos da vuestro-Dios Yahweh que la-tierra ** ellos

לְאֶרֶץ יְרֻשַּׁתְכֶם וִירִשְׁתֶּם אוֹתָהּ אֲשֶׁר ׀ נָתַן לָכֶם
a-vosotros dio que a-ella y-poseeréis vuestra-posesión a-(la)tierra-de

מֹשֶׁה עֶבֶד יְהוָה בְּעֵבֶר הַיַּרְדֵּן מִזְרַח הַשָּׁמֶשׁ׃
. el-sol (a-la)salida-de el-Jordán al-(otro)lado-de Yahweh siervo-de Moisés

וַיַּעֲנוּ אֶת־יְהוֹשֻׁעַ לֵאמֹר כֹּל אֲשֶׁר־צִוִּיתָנוּ
nos-has-mandado (lo)que todo : diciendo Josué a Y-contestaron (16)

נַעֲשֶׂה וְאֶל־כָּל־אֲשֶׁר תִּשְׁלָחֵנוּ נֵלֵךְ׃ כְּכֹל אֲשֶׁר־
(lo)que Según-todo (17) . iremos nos-envíes (lo)que todo y-a haremos

שָׁמַעְנוּ אֶל־מֹשֶׁה כֵּן נִשְׁמַע אֵלֶיךָ רַק יִהְיֶה יְהוָה אֱלֹהֶיךָ
tu-Dios Yahweh esté sólo a-ti escucharemos así Moisés a escuchamos

עִמָּךְ כַּאֲשֶׁר הָיָה עִם־מֹשֶׁה׃ כָּל־אִישׁ אֲשֶׁר־יַמְרֶה אֶת־
a sea-rebelde que hombre Todo (18) . Moisés con estuvo como contigo

פִּיךָ וְלֹא־יִשְׁמַע אֶת־דְּבָרֶיךָ לְכֹל אֲשֶׁר־
que para-todo tus-palabras ** escuche y-no tu-boca

תְּצַוֶּנּוּ יוּמָת רַק חֲזַק וֶאֱמָץ׃
. y sé valiente sé-fuerte sólo será-muerto le-mandes

וַיִּשְׁלַח יְהוֹשֻׁעַ־בִּן־נוּן מִן־הַשִּׁטִּים שְׁנַיִם־אֲנָשִׁים מְרַגְּלִים
Cap. 2 espías hombres dos el-Sitim desde Nun hijo-de Josué Y-envió (1)

חֶרֶשׁ לֵאמֹר לְכוּ רְאוּ אֶת־הָאָרֶץ וְאֶת־יְרִיחוֹ וַיֵּלְכוּ
y-fueron Jericó y-** el-país ** ved id diciendo secretamente

וַיָּבֹאוּ בֵּית־אִשָּׁה זוֹנָה וּשְׁמָהּ רָחָב
Rahab y-su-nombre prostituta mujer casa-de y-entraron

וַיִּשְׁכְּבוּ־שָׁמָּה׃ וַיֵּאָמַר לְמֶלֶךְ יְרִיחוֹ לֵאמֹר הִנֵּה
He-aquí-que : diciendo Jericó a-(el)rey-de Y-se-dijo (2) . allí y-se-acostaron

אֲנָשִׁים בָּאוּ הֵנָּה הַלַּיְלָה מִבְּנֵי יִשְׂרָאֵל לַחְפֹּר אֶת־הָאָרֶץ׃
. el-país ** para-espiar Israel de-(los)hijos-de esta-noche aquí han-venido hombres

וַיִּשְׁלַח מֶלֶךְ יְרִיחוֹ אֶל־רָחָב לֵאמֹר הוֹצִיאִי הָאֲנָשִׁים
los-hombres haz salir : diciendo Rahab hacia Jericó (el) rey-de Y-envió (3)

הַבָּאִים אֵלַיִךְ אֲשֶׁר־בָּאוּ לְבֵיתֵךְ כִּי לַחְפֹּר אֶת־
** para-espiar porque a-tu-casa vinieron que a-ti que-vinieron

כָּל־ הָאָרֶץ בָּאוּ׃ וַתִּקַּח הָאִשָּׁה אֶת־ שְׁנֵי הָאֲנָשִׁים
los-hombres dos a la-mujer Y-cogió (4) . han-venido el-país todo

וַֽתִּצְפְּנוֹ וַתֹּאמֶר | כֵּן בָּאוּ אֵלַי הָאֲנָשִׁים וְלֹא יָדַעְתִּי
sabía pero-no los-hombres a-mí vinieron sí : y-dijo y-los-escondió

מֵאַיִן הֵמָּה׃ וַיְהִי הַשַּׁעַר לִסְגּוֹר בַּחֹשֶׁךְ וְהָאֲנָשִׁים
y-los-hombres por-la-oscuridad para-cerrarse la-puerta Y-estaba (5) . ellos(eran) de-dónde

יָצָאוּ לֹא יָדַעְתִּי אָנָה הָלְכוּ הָאֲנָשִׁים רִדְפוּ מַהֵר אַחֲרֵיהֶם
tras-ellos deprisa Perseguid . los-hombres han-ido adónde sé no salieron

כִּי תַשִּׂיגוּם׃ וְהִיא הֶעֱלָתַם הַגָּגָה
a-el-terrado los-había-subido Pero-ella (6) . los-podréis-alcanzar porque

וַֽתִּטְמְנֵם בְּפִשְׁתֵּי הָעֵץ הָעֲרֻכוֹת לָהּ עַל־
sobre para-ella los-preparados el-lino entre-haces-de y-los-había-escondido

הַגָּג׃ וְהָאֲנָשִׁים רָדְפוּ אַחֲרֵיהֶם דֶּרֶךְ הַיַּרְדֵּן עַל
hacia el-Jordán camino-de tras-ellos persiguieron Y-los-hombres (7) . el-terrado

הַמַּעְבְּרוֹת וְהַשַּׁעַר סָגָרוּ אַחֲרֵי כַּאֲשֶׁר יָצְאוּ
salieron cuando después-de cerraron y-la-puerta los-pasos

הָרֹדְפִים אַחֲרֵיהֶם׃ וְהֵמָּה טֶרֶם יִשְׁכָּבוּן וְהִיא
y-ella se-habían-acostado aún-no Y-ellos (8) . tras-ellos los-perseguidores

עָלְתָה עֲלֵיהֶם עַל־ הַגָּג׃ וַתֹּאמֶר אֶל־הָאֲנָשִׁים יָדַעְתִּי כִּי־
que sé : los-hombres a Y-dijo (9) . el-terrado sobre hacia-ellos subió

נָתַן יְהוָה לָכֶם אֶת־ הָאָרֶץ וְכִי־ נָפְלָה אֵימַתְכֶם עָלֵינוּ
sobre-nosotros vuestro-temor cayó y-que el-país ** a-vosotros Yahweh dio

וְכִי נָמֹגוּ כָּל־ יֹשְׁבֵי הָאָרֶץ מִפְּנֵיכֶם׃
. ante-vosotros el-país (los)habitantes-de todos han-desmayado y-que

כִּי שָׁמַעְנוּ אֵת אֲשֶׁר־ הוֹבִישׁ יְהוָה אֶת־ מֵי יַם־ סוּף
Rojo (el)mar (las)aguas-de ** Yahweh hizo-secar que ** oímos Porque (10)

מִפְּנֵיכֶם בְּצֵאתְכֶם מִמִּצְרָיִם וַאֲשֶׁר עֲשִׂיתֶם לִשְׁנֵי
a-(los)dos hicisteis y-(lo)que de-Egipto cuando-vuestro-salir ante-vosotros

מַלְכֵי הָאֱמֹרִי אֲשֶׁר בְּעֵבֶר הַיַּרְדֵּן לְסִיחֹן וּלְעוֹג אֲשֶׁר
que y-a-Og a-Sehón el-Jordán al-(otro)lado-de que los-amorreos reyes-de

הֶחֱרַמְתֶּם אוֹתָם׃ וַנִּשְׁמַע וַיִּמַּס לְבָבֵנוּ וְלֹא־
y-no nuestro-corazón y-desfalleció Y-lo-oímos (11) . a-ellos habéis-destruido

קָמָה עוֹד רוּחַ בְּאִישׁ מִפְּנֵיכֶם כִּי יְהוָה אֱלֹהֵיכֶם
vuestro-Dios Yahweh porque ante-vosotros en-hombre aliento más se-levanta

הוּא אֱלֹהִים בַּשָּׁמַיִם מִמַּעַל וְעַל־הָאָרֶץ מִתָּחַת׃ וְעַתָּה הִשָּׁבְעוּ־
jurad Y-ahora (12) . por-abajo la-tierra y-sobre por-arriba en-los-cielos Dios él (-es)

נָא לִי בַּיהוָה כִּי־עָשִׂיתִי עִמָּכֶם חָסֶד וַעֲשִׂיתֶם
haréis misericordia con-vosotros obré como por-Yahweh a-mí os-ruego

גַּם־אַתֶּם עִם־בֵּית אָבִי חֶסֶד וּנְתַתֶּם לִי אוֹת אֱמֶת׃
. verdad señal-de a-mí y-daréis misericordia mi-padre (la)casa-de con vosotros también

וְהַחֲיִתֶם אֶת־אָבִי וְאֶת־אִמִּי וְאֶת־
y-a mi-madre y-a mi-padre a Y-dejaréis-vivir (13)

אַחַי וְאֶת־אַחְוֹתַי וְאֵת כָּל־אֲשֶׁר לָהֶם וְהִצַּלְתֶּם אֶת־
** y-salvaréis para-ellos (lo)que todo y mis-hermanos y-a mis-hermanos

נַפְשֹׁתֵינוּ מִמָּוֶת׃ וַיֹּאמְרוּ לָהּ הָאֲנָשִׁים נַפְשֵׁנוּ תַחְתֵּיכֶם
en-lugar-de-vosotros nuestras-vidas : los-hombres a-ella Y-dijeron (14) . de-(la)muerte nuestras-vidas

לָמוּת אִם לֹא תַגִּידוּ אֶת־דְּבָרֵנוּ זֶה וְהָיָה בְּתֵת־
cuando-(el)dar-de y-sucederá este nuestro-asunto ** contáis no si a-morir

יְהוָה לָנוּ אֶת־הָאָרֶץ וְעָשִׂינוּ עִמְּךָ חֶסֶד וֶאֱמֶת׃
. y-verdad misericordia contigo y-obraremos el país ** a-nosotros Yahweh

וַתּוֹרִדֵם בַּחֶבֶל בְּעַד הַחַלּוֹן כִּי בֵיתָהּ
su-casa porque la-ventana a-través-de con-la-cuerda Y-los-hizo-bajar (15)

בְּקִיר הַחוֹמָה וּבַחוֹמָה הִיא יוֹשָׁבֶת׃ וַתֹּאמֶר לָהֶם
a-ellos Y-dijo (16) . vivía ella y-en-el-muro el-muro en-(la)pared-de

הָהָרָה לֵּכוּ פֶּן־ יִפְגְּעוּ בָכֶם הָרֹדְפִים וְנַחְבֵּתֶם
y-estad-escondidos los-perseguidores con-vosotros se-encuentren para-que-no id a-el-monte

שָׁמָּה שְׁלֹשֶׁת יָמִים עַד שׁוֹב הָרֹדְפִים וְאַחַר תֵּלְכוּ
iréis y-después los-perseguidores (el)volver-de hasta días tres allí

לְדַרְכְּכֶם׃ וַיֹּאמְרוּ אֵלֶיהָ הָאֲנָשִׁים נְקִיִּם אֲנַחְנוּ מִשְּׁבֻעָתֵךְ
de-tu-juramento nosotros libres : los-hombres a-ella Y-dijeron (17) . por-vuestro-camino

הַזֶּה אֲשֶׁר הִשְׁבַּעְתָּנוּ׃ הִנֵּה אֲנַחְנוּ בָאִים בָּאָרֶץ
en-el-país entramos nosotros He-aquí-que (18) . nos-hiciste-jurar que el-éste

אֶת־ תִּקְוַת חוּט הַשָּׁנִי הַזֶּה תִּקְשְׁרִי בַּחַלּוֹן אֲשֶׁר הוֹרַדְתֵּנוּ
nos-hiciste-bajar que en-la-ventana atarás la-ésta la-escarlata hilo-de cordón-de **

בּוֹ וְאֶת־ אָבִיךְ וְאֶת־ אִמֵּךְ וְאֶת־ אַחַיִךְ וְאֵת
y tus-hermanos y tu-madre y tu-padre y por-ella

כָּל־ בֵּית אָבִיךְ תַּאַסְפִי אֵלַיִךְ הַבָּיְתָה׃
. en-la-casa contigo reunirás tu-padre (la)casa-de toda

וְהָיָה כֹּל אֲשֶׁר־ יֵצֵא מִדַּלְתֵי בֵיתֵךְ ׀
tu-casa de-las-puertas-de salga (el)que todo Y-sucederá (19)

הַחוּצָה דָּמוֹ בְרֹאשׁוֹ וַאֲנַחְנוּ נְקִיִּם
libres y-nosotros en-su-cabeza su-sangre a-la-calle

וְכֹל אֲשֶׁר יִהְיֶה אִתָּךְ בַּבַּיִת דָּמוֹ בְרֹאשֵׁנוּ אִם־
si en-nuestras-cabezas su-sangre en-la-casa contigo esté (el)que y-todo

יָד תִּהְיֶה־ בּוֹ׃ וְאִם־ תַּגִּידִי אֶת־ דְּבָרֵנוּ זֶה וְהָיִינוּ
y-estaremos este nuestro-asunto ** cuentas Y-si (20) . en-él estuviere mano

נְקִיִּם מִשְּׁבֻעָתֵךְ אֲשֶׁר הִשְׁבַּעְתָּנוּ׃ וַתֹּאמֶר
: Y-dijo-ella (21) . nos-hiciste-jurar que de-tu-juramento libres

כִּדִבְרֵיכֶם כֶּן־הוּא וַתְּשַׁלְּחֵם וַיֵּלֵכוּ וַתִּקְשֹׁר

y-ató-ella y-se-fueron y-los-despidió ello así según-vuestras -palabras

אֶת־תִּקְוַת הַשָּׁנִי בַּחַלּוֹן׃ וַיֵּלְכוּ וַיָּבֹאוּ

y-llegaron Y-fueron (22) . en-la-ventana la-escarlata el-cordón-de **

הָהָרָה וַיֵּשְׁבוּ שָׁם שְׁלֹשֶׁת יָמִים עַד־שָׁבוּ

volvieron hasta-que días tres allí y-estuvieron a-el-monte

הָרֹדְפִים וַיְבַקְשׁוּ הָרֹדְפִים בְּכָל־הַדָּרֶךְ

el-camino por-todo los-perseguidores y-habían-buscado los-perseguidores

וְלֹא מָצָאוּ׃ וַיָּשֻׁבוּ שְׁנֵי הָאֲנָשִׁים

los-hombres dos Y-volvieron (23) . encontraron y-no

וַיֵּרְדוּ מֵהָהָר וַיַּעַבְרוּ וַיָּבֹאוּ אֶל־יְהוֹשֻׁעַ

Josué a y-llegaron y-cruzaron de-el-monte y-bajaron

בִּן־נוּן וַיְסַפְּרוּ־לוֹ אֵת כָּל־הַמֹּצְאוֹת אוֹתָם׃

. a-ellos las-cosas-acontecidas todas ** a-él y-contaron Nun hijo-de

וַיֹּאמְרוּ אֶל־יְהוֹשֻׁעַ כִּי־נָתַן יְהוָה בְּיָדֵנוּ אֶת־

a en-nuestras-manos Yahweh puso ciertamente : a-Josué Y-dijeron (24)

כָּל־הָאָרֶץ וְגַם־נָמֹגוּ כָּל־יֹשְׁבֵי הָאָרֶץ

el-país (los)habitantes-de todos han-temblado y-también el-país todo

מִפָּנֵינוּ׃ וַיַּשְׁכֵּם יְהוֹשֻׁעַ בַּבֹּקֶר וַיִּסְעוּ

Cap. 3 y-partieron por-la-mañana Josué Y-madrugó (1) . ante-nosotros

מֵהַשִּׁטִּים וַיָּבֹאוּ עַד־הַיַּרְדֵּן הוּא וְכָל־בְּנֵי יִשְׂרָאֵל

Israel (los)hijos-de y-todos él el-Jordán hasta y-llegaron de-el-Sitim

וַיָּלִנוּ שָׁם טֶרֶם יַעֲבֹרוּ׃ וַיְהִי מִקְצֵה

al-cabo-de Y-sucedió (2) . cruzasen antes-de-que allí y-pernoctaron

שְׁלֹשֶׁת יָמִים וַיַּעַבְרוּ הַשֹּׁטְרִים בְּקֶרֶב הַמַּחֲנֶה׃

. el-campamento en-medio-de los-oficiales y-cruzaron días tres

וַיְצַוּוּ אֶת־ הָעָם לֵאמֹר כִּרְאֹתְכֶם אֵת אֲרוֹן

(el)arca-de ** cuando-vuestro-ver diciendo el-pueblo a Y-mandaron (3)

בְּרִית־ יְהוָה אֱלֹהֵיכֶם וְהַכֹּהֲנִים הַלְוִיִּם נֹשְׂאִים אֹתוֹ

a ella alzando los-levitas y-los-sacerdotes vuestro-Dios Yahweh (la)Alianza-de

וְאַתֶּם תִּסְעוּ מִמְּקוֹמְכֶם וַהֲלַכְתֶּם אַחֲרָיו׃ אַךְ

Pero (4) . tras-ella e-iréis de-vuestros-lugares partiréis (y)vosotros

רָחוֹק יִהְיֶה בֵּינֵיכֶם וּבֵינָו כְּאַלְפַּיִם אַמָּה

codos como-dos-mil y-entre-ella entre-vosotros habrá distancia

בַּמִּדָּה אַל־ תִּקְרְבוּ אֵלָיו לְמַעַן אֲשֶׁר־ תֵּדְעוּ אֶת־ הַדֶּרֶךְ

el-camino ** sepáis que para a-ella os-acerquéis no , en-la-medida

אֲשֶׁר תֵּלְכוּ־ בָהּ כִּי לֹא עֲבַרְתֶּם בַּדֶּרֶךְ מִתְּמוֹל

desde-ayer por-el-camino cruzasteis no pues por-él iréis que

שִׁלְשׁוֹם׃ וַיֹּאמֶר יְהוֹשֻׁעַ אֶל־ הָעָם הִתְקַדָּשׁוּ כִּי מָחָר

mañana porque Purificaos : el-pueblo a Josué Y-dijo (5) . anteayer

יַעֲשֶׂה יְהוָה בְּקִרְבְּכֶם נִפְלָאוֹת׃ וַיֹּאמֶר יְהוֹשֻׁעַ

Josué Y-habló (6) . maravillas en-medio-de-vosotros Jahweh hará

אֶל־ הַכֹּהֲנִים לֵאמֹר שְׂאוּ אֶת־ אֲרוֹן הַבְּרִית וְעִבְרוּ

y-cruzad la-Alianza (el)arca-de ** alzad : diciendo los-sacerdotes a

לִפְנֵי הָעָם וַיִּשְׂאוּ אֶת־ אֲרוֹן הַבְּרִית וַיֵּלְכוּ

y-fueron la-Alianza (el)arca-de ** y-alzaron , el-pueblo ante

לִפְנֵי הָעָם׃ וַיֹּאמֶר יְהוָה אֶל־יְהוֹשֻׁעַ הַיּוֹם הַזֶּה

el-este el-día Josué a Yahweh Y-dijo (7) . el-pueblo delante-de

אָחֵל גַּדֶּלְךָ בְּעֵינֵי כָּל־ יִשְׂרָאֵל אֲשֶׁר יֵדְעוּן כִּי

que sabrán que Israel todo en-ojos-de engrandecer-te comenzaré

כַּאֲשֶׁר הָיִיתִי עִם־ מֹשֶׁה אֶהְיֶה עִמָּךְ׃ וְאַתָּה תְּצַוֶּה אֶת־ הַכֹּהֲנִים

los-sacerdotes a ordena Y-tú (8) . contigo estaré Moisés con estuve como

נֹשְׂאֵי אֲרוֹן־הַבְּרִית לֵאמֹר כְּבֹאֲכֶם עַד־קְצֵה

(el)borde-de hasta cuando-vuestro-llegar diciendo la-Alianza (el)arca-de portadores-de

מֵי הַיַּרְדֵּן בַּיַּרְדֵּן תַּעֲמֹדוּ׃ וַיֹּאמֶר יְהוֹשֻׁעַ אֶל־

a Josué Y-dijo (9) . pararéis por-el-Jordán el-Jordán (las)aguas-de

בְּנֵי יִשְׂרָאֵל גֹּשׁוּ הֵנָּה וְשִׁמְעוּ אֶת־דִּבְרֵי יְהוָה אֱלֹהֵיכֶם׃

. vuestro-Dios Yahweh (las)palabras-de ** y-escuchad aquí acercaos : Israel (los)hijos-de

וַיֹּאמֶר יְהוֹשֻׁעַ בְּזֹאת תֵּדְעוּן כִּי אֵל חַי בְּקִרְבְּכֶם

en-medio-de-vosotros vivo Dios que conoceréis en-esto : Josué Y-dijo (10)

וְהוֹרֵשׁ יוֹרִישׁ מִפְּנֵיכֶם אֶת־הַכְּנַעֲנִי וְאֶת־

y-a el-cananeo a de-ante-vosotros expulsará y-expulsar

הַחִתִּי וְאֶת־הַחִוִּי וְאֶת־הַפְּרִזִּי וְאֶת־הַגִּרְגָּשִׁי

el-gergeseo y-a el-ferezeo y-a el-heveo y-a el-heteo

וְהָאֱמֹרִי וְהַיְבוּסִי׃ הִנֵּה אֲרוֹן הַבְּרִית אֲדוֹן

(el)señor-de la-Alianza-de (el)arca-de He-aquí-que (11) . y-el-jebuseo y-el-amorreo

כָּל־הָאָרֶץ עֹבֵר לִפְנֵיכֶם בַּיַּרְדֵּן׃ וְעַתָּה קְחוּ

tomad Y-ahora (12) . por-el-Jordán ante-vosotros cruza la-tierra toda

לָכֶם שְׁנֵי עָשָׂר אִישׁ מִשִּׁבְטֵי יִשְׂרָאֵל אִישׁ־אֶחָד אִישׁ־אֶחָד לַשָּׁבֶט׃

. por-la-tribu uno hombre uno hombre Israel de-(las)tribus-de hombre diez dos para-vosotros

וְהָיָה כְּנוֹחַ כַּפּוֹת רַגְלֵי הַכֹּהֲנִים נֹשְׂאֵי

portadores-de los-sacerdotes (los)pies-de (las)plantas-de cuando-(el)poner-de Y-sucederá (13)

אֲרוֹן יְהוָה אֲדוֹן כָּל־הָאָרֶץ בְּמֵי הַיַּרְדֵּן מֵי

(las)aguas-de el-Jordán en-(las)aguas-de la-tierra toda Señor-de Yahweh (el)arca-de

הַיַּרְדֵּן יִכָּרֵתוּן הַמַּיִם הַיֹּרְדִים מִלְמָעְלָה

de-arriba que-descienden las-aguas se-dividirán el-Jordán

וְיַעַמְדוּ נֵד אֶחָד׃ וַיְהִי בִּנְסֹעַ הָעָם

el-pueblo en-(el)salir-de Y-sucedió (14) . uno dique y-se-detendrán

מֵאָהֳלֵיהֶם לַעֲבֹר אֶת־ הַיַּרְדֵּן וְהַכֹּהֲנִים נֹשְׂאֵי
portadores-de los-sacerdotes el-Jordán ** para-cruzar de-sus-tiendas

הָאָרוֹן הַבְּרִית לִפְנֵי הָעָם׃ וּכְבוֹא נֹשְׂאֵי
(los)portadores-de Y-al-llegar (15) . el-pueblo ante la-Alianza el-arca-de

הָאָרוֹן עַד־ הַיַּרְדֵּן וְרַגְלֵי הַכֹּהֲנִים נֹשְׂאֵי הָאָרוֹן
el-arca portadores-de los-sacerdotes y-(los)pies-de el-Jordán hasta el-arca

נִטְבְּלוּ בִּקְצֵה הַמָּיִם וְהַיַּרְדֵּן מָלֵא עַל־ כָּל־
todos hasta estaba-lleno y-el-Jordán las-aguas en-(el)borde-de se-mojaron

גְּדוֹתָיו כֹּל יְמֵי קָצִיר׃ וַיַּעַמְדוּ הַמַּיִם
las-aguas Y-se-detuvieron (16) . siega (los)días-de todos sus-bordes

הַיֹּרְדִים מִלְמַעְלָה קָמוּ נֵד־ אֶחָד הַרְחֵק מְאֹד
muy lejos uno dique levantaron , de-arriba que-bajaban

בְאָדָם הָעִיר אֲשֶׁר מִצַּד צָרְתָן וְהַיֹּרְדִים עַל
hacia y-las-que-bajaban Zaretan de-(el)lado-de que la-ciudad en-Adam

יָם הָעֲרָבָה יָם־ הַמֶּלַח תַּמּוּ נִכְרָתוּ
se-separaron , se-completaron la-sal mar-de la-Arabá (el)mar-de

וְהָעָם עָבְרוּ נֶגֶד יְרִיחוֹ׃ וַיַּעַמְדוּ
Y-se-detuvieron (17) . Jericó frente-a cruzaron y-el-pueblo

הַכֹּהֲנִים נֹשְׂאֵי הָאָרוֹן בְּרִית־ יְהוָה בֶּחָרָבָה
en-el-suelo-seco Yahweh (la)Alianza-de el-arca-de portadores-de los-sacerdotes

בְּתוֹךְ הַיַּרְדֵּן הָכֵן וְכָל־ יִשְׂרָאֵל עֹבְרִים
cruzaron Israel y-todo firmemente el Jordán en-medio-de

בֶּחָרָבָה עַד אֲשֶׁר־ תַּמּוּ כָּל־ הַגּוֹי לַעֲבֹר אֶת־
** de-cruzar el-pueblo todo terminó que hasta en-el-suelo-seco

הַיַּרְדֵּן׃ וַיְהִי כַּאֲשֶׁר־ תַּמּוּ כָל־ הַגּוֹי
el-pueblo todo terminaron cuando Y-sucedió (1) . el-Jordán **Cap. 4**

לַעֲבוֹר אֶת־ הַיַּרְדֵּן וַיֹּאמֶר יְהוָה אֶל־ יְהוֹשֻׁעַ לֵאמֹר׃ קְחוּ

Tomad (2) : diciendo Josué a Yahweh y-habló el-Jordán ** de-cruzar

לָכֶם מִן־ הָעָם שְׁנֵים עָשָׂר אֲנָשִׁים אִישׁ־אֶחָד אִישׁ־אֶחָד מִשָּׁבֶט׃ וְצַוּוּ

Y-mand (3) . por-tribu uno hombre uno hombre hombres diez dos el-pueblo de para-
dad vosotros

אוֹתָם לֵאמֹר שְׂאוּ־ לָכֶם מִזֶּה מִתּוֹךְ הַיַּרְדֵּן מִמַּצַּב

de-(el)lugar-de el-Jordán de-en-medio-de de-aquí para-vosotros alzad : diciendo a-ellos

רַגְלֵי הַכֹּהֲנִים הָכִין שְׁתֵּים־עֶשְׂרֵה אֲבָנִים וְהַעֲבַרְתֶּם אוֹתָם עִמָּכֶם

con-vosotros a-ellas y-pasaréis piedras diez dos estar-firmes los-sacerdotes (los)pies-de

וְהִנַּחְתֶּם אוֹתָם בַּמָּלוֹן אֲשֶׁר־ תָּלִינוּ בוֹ הַלָּיְלָה׃

. la-noche en-él pernoctéis que en-el-lugar a-ellas y-depositaréis

וַיִּקְרָא יְהוֹשֻׁעַ אֶל־ שְׁנֵים הֶעָשָׂר אִישׁ אֲשֶׁר הֵכִין

preparó que hombres los-diez dos a Josué Y-llamó (4)

מִבְּנֵי יִשְׂרָאֵל אִישׁ־אֶחָד אִישׁ־אֶחָד מִשָּׁבֶט׃ וַיֹּאמֶר לָהֶם

a-ellos Y-dijo (5) . por-tribu uno hombre uno hombre Israel de-(los)hijos-de

יְהוֹשֻׁעַ עִבְרוּ לִפְנֵי אֲרוֹן יְהוָה אֱלֹהֵיכֶם אֶל־ תּוֹךְ הַיַּרְדֵּן

el-Jordán el-medio-de hacia vuestro-Dios Yahweh (el)arca-de ante cruzad : Josué

וְהָרִימוּ לָכֶם אִישׁ אֶבֶן אַחַת עַל־ שִׁכְמוֹ לְמִסְפַּר שִׁבְטֵי

(las)tribus-de según-(el)número-de su-hombro sobre una piedra hombre para-vosotros y-levantad

בְנֵי־ יִשְׂרָאֵל׃ לְמַעַן תִּהְיֶה זֹאת אוֹת בְּקִרְבְּכֶם כִּי־ יִשְׁאָלוּן

pregunten cuando en-medio-de-vosotros señal esta esté Para-que (6) . Israel (los)hijos-de

בְּנֵיכֶם מָחָר לֵאמֹר מָה הָאֲבָנִים הָאֵלֶּה לָכֶם׃

para-vosotros? las-éstas las-piedras ¿qué : diciendo mañana vuestros-hijos

וַאֲמַרְתֶּם לָהֶם אֲשֶׁר נִכְרְתוּ מֵימֵי הַיַּרְדֵּן

el-Jordán aguas-de se-separaron que a-ellos Y-diréis (7)

מִפְּנֵי אֲרוֹן בְּרִית־ יְהוָה בְּעָבְרוֹ בַּיַּרְדֵּן

por-el-Jordán en-su-cruzar Yahweh (la)Alianza-de (el)arca-de delante-de

נִכְרְתוּ מֵי הַיַּרְדֵּן וְהָיוּ הָאֲבָנִים הָאֵלֶּה
las-éstas las-piedras y-serán el-Jordán (las)aguas-de se-separaron

לְזִכָּרוֹן לִבְנֵי יִשְׂרָאֵל עַד־עוֹלָם׃ וַיַּעֲשׂוּ־כֵן בְּנֵי־יִשְׂרָאֵל
Israel (los)hijos-de así E-hicieron (8) . siempre hasta Israel para-(los)hijos-de para-recuerdo

כַּאֲשֶׁר צִוָּה יְהוֹשֻׁעַ וַיִּשְׂאוּ שְׁתֵּי־עֶשְׂרֵה אֲבָנִים מִתּוֹךְ
de-en-medio-de piedras diez dos y-alzaron Josué mandó como

הַיַּרְדֵּן כַּאֲשֶׁר דִּבֶּר יְהוָה אֶל־יְהוֹשֻׁעַ לְמִסְפַּר שִׁבְטֵי בְנֵי־
(los)hijos-de (las)tribus-de según-(el)número-de Josué a Yahweh dijo como el-Jordán

יִשְׂרָאֵל וַיַּעֲבִרוּם עִמָּם אֶל־הַמָּלוֹן וַיַּנִּחוּם
y-las-depositaron el-lugar a con-ellos y-las-pasaron Israel

שָׁם׃ וּשְׁתֵּים עֶשְׂרֵה אֲבָנִים הֵקִים יְהוֹשֻׁעַ בְּתוֹךְ הַיַּרְדֵּן תַּחַת
bajo el-Jordán en-medio-de Josué levantó piedras diez Y-dos (9) . allí

מַצַּב רַגְלֵי הַכֹּהֲנִים נֹשְׂאֵי אֲרוֹן הַבְּרִית וַיִּהְיוּ
y-estuvieron la-Alianza (el)arca-de portadores-de los-sacerdotes (los)pies-de (el)lugar-de

שָׁם עַד הַיּוֹם הַזֶּה׃ וְהַכֹּהֲנִים נֹשְׂאֵי הָאָרוֹן
el-Arca portadores-de Y-los-sacerdotes (10) . el-éste el-día hasta allí

עֹמְדִים בְּתוֹךְ הַיַּרְדֵּן עַד תֹּם כָּל־הַדָּבָר
el-asunto todo completar hasta el-Jordán en-medio-de permanecieron

אֲשֶׁר־צִוָּה יְהוָה אֶת־יְהוֹשֻׁעַ לְדַבֵּר אֶל־הָעָם כְּכֹל אֲשֶׁר־
(lo)que según-todo el-pueblo a para-hablar Josué a Yahweh ordenó que

צִוָּה מֹשֶׁה אֶת־יְהוֹשֻׁעַ וַיְמַהֲרוּ הָעָם וַיַּעֲבֹרוּ׃
. y-cruzaron el-pueblo y-se-apresuraron Josué a Moisés ordenó

וַיְהִי כַּאֲשֶׁר־תַּם כָּל־הָעָם לַעֲבוֹר
de-pasar el-pueblo todo terminó cuando Y-sucedió (11)

וַיַּעֲבֹר אֲרוֹן־יְהוָה וְהַכֹּהֲנִים לִפְנֵי הָעָם׃
. el-pueblo ante y-los-sacerdotes Yahweh (el)arca-de y-pasó

וַיַּֽעַבְרוּ בְּנֵֽי־רְאוּבֵן וּבְנֵי־גָד וַחֲצִי
y-(la)mitad-de Gad y-(los)hijos-de Rubén (los)hijos-de Y-cruzaron (12)

שֵׁבֶט הַֽמְנַשֶּׁה חֲמֻשִׁים לִפְנֵי בְּנֵי יִשְׂרָאֵל כַּאֲשֶׁר
según Israel (los)hijos-de ante armados el-Manasés (la)tribu-de

דִּבֶּר אֲלֵיהֶם מֹשֶֽׁה׃ כְּאַרְבָּעִים אֶלֶף חֲלוּצֵי
armados-de mil Como-cuarenta (13) . Moisés a-ellos dijo

הַצָּבָא עָבְרוּ לִפְנֵי יְהוָה לַמִּלְחָמָה אֶל עַֽרְבוֹת יְרִיחֽוֹ׃
. Jericó (las)llanuras-de hacia para-la-guerra Yahweh ante cruzaron el-ejército

בַּיּוֹם הַהוּא גִּדַּל יְהוָה אֶת־יְהוֹשֻׁעַ בְּעֵינֵי כָּל־
todo a-(los)ojos-de Josué a Yahweh engrandeció el-aquél En-el-día (14)

יִשְׂרָאֵל וַיִּרְאוּ אֹתוֹ כַּאֲשֶׁר יָֽרְאוּ אֶת־מֹשֶׁה כָּל־יְמֵי
(los)días-de todos Moisés a habían-temido como a-él y-temieron Israel

חַיָּֽיו׃ וַיֹּאמֶר יְהוָה אֶל־יְהוֹשֻׁעַ לֵאמֹֽר׃ צַוֵּה אֶת־
a Ordena (16) : diciendo Josué a Yahweh Y-habló (15) . su-vida

הַכֹּהֲנִים נֹשְׂאֵי אֲרוֹן הָעֵדוּת וְיַעֲלוּ מִן־
de y-se-levantarán el-Testimonio arca-de portadores-de los-sacerdotes

הַיַּרְדֵּֽן׃ וַיְצַו יְהוֹשֻׁעַ אֶת־הַכֹּהֲנִים לֵאמֹר עֲלוּ מִן־
de subid : diciendo los-sacerdotes a Josué Y-ordenó (17) . el Jordán

הַיַּרְדֵּֽן׃ וַיְהִי בַּעֲלוֹת הַכֹּהֲנִים נֹשְׂאֵי אֲרוֹן
(el)arca-de portadores-de los-sacerdotes cuando-(el)subir-de Y-sucedió (18) . el-Jordán

בְּרִית־יְהוָה מִתּוֹךְ הַיַּרְדֵּן נִתְּקוּ כַּפּוֹת רַגְלֵי
(los)pies-de (las)plantas-de se-apartaron el-Jordán de-en-medio-de Yahweh (la)Alianza-de

הַכֹּהֲנִים אֶל הֶחָרָבָה וַיָּשֻׁבוּ מֵי־הַיַּרְדֵּן
el-Jordán (las)aguas-de y-volvieron la-tierra-seca a los-sacerdotes

לִמְקוֹמָם וַיֵּלְכוּ כִתְמוֹל־שִׁלְשׁוֹם עַל־כָּל־גְּדוֹתָֽיו׃
. sus bordes todos sobre anteayer como-ayer y-corrieron a-su-lugar

וְהָעָם עָלוּ מִן־הַיַּרְדֵּן בֶּעָשׂוֹר לַחֹדֶשׁ
del-mes en-(el)décimo el-Jordán de subieron Y-el-pueblo (19)

הָרִאשׁוֹן וַיַּחֲנוּ בַּגִּלְגָּל בִּקְצֵה מִזְרַח יְרִיחוֹ׃
. Jericó oriente-de el-lado-de en-el-Gilgal y-acamparon el-primero

וְאֵת שְׁתֵּים עֶשְׂרֵה הָאֲבָנִים הָאֵלֶּה אֲשֶׁר לָקְחוּ מִן־הַיַּרְדֵּן
el-Jordán de cogieron que las-aquéllas las-piedras diez dos Y-** (20)

הֵקִים יְהוֹשֻׁעַ בַּגִּלְגָּל׃ וַיֹּאמֶר אֶל־בְּנֵי יִשְׂרָאֵל לֵאמֹר
: diciendo Israel (los)hijos -de a Y-dijo (21) . en-el-Gilgal Josué levantó

אֲשֶׁר יִשְׁאָלוּן בְּנֵיכֶם מָחָר אֶת־אֲבוֹתָם לֵאמֹר מָה
¿qué diciendo sus-padres a mañana vuestros-hijos pregunten cuando

הָאֲבָנִים הָאֵלֶּה׃ וְהוֹדַעְתֶּם אֶת־בְּנֵיכֶם לֵאמֹר
: diciendo vuestros-hijos a Y-explicaréis (22) ? las-éstas las-piedras

בַּיַּבָּשָׁה עָבַר יִשְׂרָאֵל אֶת־הַיַּרְדֵּן הַזֶּה׃ אֲשֶׁר־
Que (23) . el-éste el-Jordán ** Israel cruzó por-el-suelo-seco

הוֹבִישׁ יְהוָה אֱלֹהֵיכֶם אֶת־מֵי הַיַּרְדֵּן מִפְּנֵיכֶם עַד־
hasta ante-vosotros el-Jordán (las)aguas -de ** vuestro-Dios Yahweh secó

עָבְרְכֶם כַּאֲשֶׁר עָשָׂה יְהוָה אֱלֹהֵיכֶם לְיַם־סוּף אֲשֶׁר־
que Rojo a-(el)mar vuestro-Dios Yahweh había-hecho como vuestro-cruzar

הוֹבִישׁ מִפָּנֵינוּ עַד־עָבְרֵנוּ׃ לְמַעַן דַּעַת
conocer-de Para (24) . nuestro-cruzar hasta ante-nosotros secó

כָּל־עַמֵּי הָאָרֶץ אֶת־יַד יְהוָה כִּי חֲזָקָה הִיא לְמַעַן
para-que ella fuerte cierta mente Yahweh (la)mano -de ** el-país (los)pueblos -de todos

יְרָאתֶם אֶת־יְהוָה אֱלֹהֵיכֶם כָּל־הַיָּמִים׃ וַיְהִי
Y-sucedió (1) . los-días todos vuestro-Dios Yahweh a temáis **Cap. 5**

כִּשְׁמֹעַ כָּל־מַלְכֵי הָאֱמֹרִי אֲשֶׁר בְּעֵבֶר הַיַּרְדֵּן יָמָּה
al-oeste el-Jordán a-otro-lado-de que el-amorreo (los)reyes-de todos al-oír

וְכָל־ מַלְכֵי הַכְּנַעֲנִי אֲשֶׁר עַל־ הַיָּם אֵת אֲשֶׁר־ הוֹבִישׁ
había-secado que ** el-mar junto-a que el cananeo (los)reyes-de y-todos

יְהוָה אֶת־ מֵי הַיַּרְדֵּן מִפְּנֵי בְנֵי־ יִשְׂרָאֵל עַד־
hasta Israel (los)hijos-de ante el-Jordán aguas-de ** Yahweh

עָבְרָנוּ וַיִּמַּס לְבָבָם וְלֹא־ הָיָה בָם עוֹד
aún en-ellos hubo y-no su-corazón y-desfalleció su-cruzar-lo

רוּחַ מִפְּנֵי בְּנֵי־ יִשְׂרָאֵל׃ בָּעֵת הַהִיא אָמַר יְהוָה
Yahweh dijo el-este En-el-tiempo (2) . Israel (los)hijos-de ante aliento

אֶל־יְהוֹשֻׁעַ עֲשֵׂה לְךָ חַרְבוֹת צֻרִים וְשׁוּב מֹל אֶת־ בְּנֵי־
(los)hijos-de a circuncidar y-vuelve-a pedernal cuchillos-de para-ti haz : Josué a

יִשְׂרָאֵל שֵׁנִית׃ וַיַּעַשׂ־ לוֹ יְהוֹשֻׁעַ חַרְבוֹת צֻרִים וַיָּמָל
y-circuncidó pedernal cuchillos-de Josué para-él E-hizo (3) . segunda(vez) Israel

אֶת־ בְּנֵי יִשְׂרָאֵל אֶל־ גִּבְעַת הָעֲרָלוֹת׃ וְזֶה הַדָּבָר אֲשֶׁר־
que la-razón Y-esto (4) . los-Prepucios (el)collado-de en Israel (los)hijos-de a

מָל יְהוֹשֻׁעַ כָּל־ הָעָם הַיֹּצֵא מִמִּצְרַיִם הַזְּכָרִים
los-varones de-Egipto que-salió el-pueblo todo Josué circuncidó

כֹּל ׀ אַנְשֵׁי הַמִּלְחָמָה מֵתוּ בַמִּדְבָּר בַּדֶּרֶךְ
por-el-camino en-el-desierto habían muerto la-guerra (los)hombres-de todos

בְּצֵאתָם מִמִּצְרָיִם׃ כִּי־ מֻלִים הָיוּ
estaban circuncidados Pues (5) . de-Egipto en-su-salir

כָּל־ הָעָם הַיֹּצְאִים וְכָל־ הָעָם הַיִּלֹּדִים
los-nacidos el-pueblo y-todo que-salieron el-pueblo todo

בַמִּדְבָּר בַּדֶּרֶךְ בְּצֵאתָם מִמִּצְרַיִם לֹא־
no de-Egipto en-su-salir por-el-camino en-el-desierto

מָלוּ׃ כִּי ׀ אַרְבָּעִים שָׁנָה הָלְכוּ בְנֵי־ יִשְׂרָאֵל
Israel (los)hijos-de marcharon años cuarenta Pues (6) . estaban circuncidados

בַּמִּדְבָּר עַד־תֹּם כָּל־הַגּוֹי אַנְשֵׁי הַמִּלְחָמָה
la-guerra (los)hombres-de la-nación toda perecer hasta en-el-desierto

הַיֹּצְאִים מִמִּצְרַיִם אֲשֶׁר לֹא־שָׁמְעוּ בְּקוֹל יְהוָה אֲשֶׁר
que Yahweh (en la)voz-de escucharon no que de-Egipto que-salieron

נִשְׁבַּע יְהוָה לָהֶם לְבִלְתִּי הַרְאוֹתָם אֶת־הָאָרֶץ אֲשֶׁר נִשְׁבַּע יְהוָה
Yahweh juró que el-país ** hacerles-ver no a-ellos Yahweh juró

לַאֲבוֹתָם לָתֶת לָנוּ אֶרֶץ זָבַת חָלָב וּדְבָשׁ׃ וְאֶת־
Y-a (7) . y-miel leche que-mana tierra a-nosotros dar a-sus-padres

בְּנֵיהֶם הֵקִים תַּחְתָּם אֹתָם מָל יְהוֹשֻׁעַ כִּי־
pues Josué circuncidó a-ellos en-su-lugar levantó sus-hijos

עֲרֵלִים הָיוּ כִּי לֹא־מָלוּ אוֹתָם בַּדָּרֶךְ׃
. por-el-camino a-ellos habían-circuncidado no pues eran incircuncisos

וַיְהִי כַּאֲשֶׁר־תַּמּוּ כָל־הַגּוֹי לְהִמּוֹל
(de)ser-circuncidada la-nación toda acabaron cuando Y-sucedió (8)

וַיֵּשְׁבוּ תַחְתָּם בַּמַּחֲנֶה עַד חֲיוֹתָם׃
. su-sanar hasta en-el-campamento en-su-lugar y-permanecieron

וַיֹּאמֶר יְהוָה אֶל־יְהוֹשֻׁעַ הַיּוֹם גַּלּוֹתִי אֶת־חֶרְפַּת
(el)oprobio-de ** he-quitado este-día : Josué a Yahweh Y-dijo (9)

מִצְרַיִם מֵעֲלֵיכֶם וַיִּקְרָא שֵׁם הַמָּקוֹם הַהוּא גִּלְגָּל עַד הַיּוֹם
el-día hasta Gilgal el-aquel el-lugar (el)nombre-de Y-llamó . de-sobre-vosotros Egipto

הַזֶּה׃ וַיַּחֲנוּ בְנֵי־יִשְׂרָאֵל בַּגִּלְגָּל וַיַּעֲשׂוּ
e-hicieron en-el-Gilgal Israel (los)hijos-de Y-acamparon (10) . el-éste

אֶת־הַפֶּסַח בְּאַרְבָּעָה עָשָׂר יוֹם לַחֹדֶשׁ בָּעֶרֶב בְּעַרְבוֹת
en-(las)llanuras-de por-la-tarde de-el-mes días diez en-cuatro la-Pascua **

יְרִיחוֹ׃ וַיֹּאכְלוּ מֵעֲבוּר הָאָרֶץ מִמָּחֳרַת
desde-(el)día-después-de la-tierra de-(el)producto-de Y-comieron (11) . Jericó

הַפֶּסַח מַצּוֹת וְקָלוּי בְּעֶצֶם הַיּוֹם הַזֶּה׃
. el-ése el-día en mismo y-espigas-tostadas panes-ácimos la-Pascua

וַיִּשְׁבֹּת הַמָּן מִמָּחֳרָת בְּאָכְלָם מֵעֲבוּר
de-(el)producto-de en-su-comer desde-el-día-siguiente el-maná Y-cesó (12)

הָאָרֶץ וְלֹא־ הָיָה עוֹד לִבְנֵי יִשְׂרָאֵל מָן וַיֹּאכְלוּ
y-comieron maná Israel para-(los)hijos-de aún hubo y-no la-tierra

מִתְּבוּאַת אֶרֶץ כְּנַעַן בַּשָּׁנָה הַהִיא׃ וַיְהִי
Y-sucedió (13) . el-aquél en-el-año Canaán (la)tierra-de de-(el)fruto-de

בִּהְיוֹת יְהוֹשֻׁעַ בִּירִיחוֹ וַיִּשָּׂא עֵינָיו וַיַּרְא
y-vio sus-ojos y-alzó en-Jericó Josué en-(el)estar-de

וְהִנֵּה־ אִישׁ עֹמֵד לְנֶגְדּוֹ וְחַרְבּוֹ שְׁלוּפָה
desenvainada y-su-espada frente-a-él puesto-en-pie hombre y-he-aquí

בְּיָדוֹ וַיֵּלֶךְ יְהוֹשֻׁעַ אֵלָיו וַיֹּאמֶר לוֹ הֲלָנוּ אַתָּה
tú(eres) ¿acaso-de-nosotros : a-él y-dijo hacia-él Josué y-fue en-su-mano

אִם־ לְצָרֵינוּ׃ וַיֹּאמֶר ׀ לֹא כִּי אֲנִי שַׂר־ צְבָא־
(el)ejército-de jefe-de yo sino No : Y-dijo (14) ? de-nuestros-enemigos o

יְהוָה עַתָּה בָאתִי וַיִּפֹּל יְהוֹשֻׁעַ אֶל־ פָּנָיו אַרְצָה
a-tierra su-rostro sobre Josué Y-cayó . vine ahora Yahweh

וַיִּשְׁתָּחוּ וַיֹּאמֶר לוֹ מָה אֲדֹנִי מְדַבֵּר אֶל־ עַבְדּוֹ׃
? su-siervo a dice mi-Señor ¿qué a-él y-dijo y-se-postraron

וַיֹּאמֶר שַׂר־ צְבָא יְהוָה אֶל־ יְהוֹשֻׁעַ שַׁל־
quita : Josué a Yahweh (el)ejército-de (el)jefe-de Y-dijo (15)

נַעַלְךָ מֵעַל רַגְלֶךָ כִּי הַמָּקוֹם אֲשֶׁר אַתָּה עֹמֵד עָלָיו
sobre-él estás tú que el-lugar porque tu-pie de tu-calzado

קֹדֶשׁ הוּא וַיַּעַשׂ יְהוֹשֻׁעַ כֵּן׃ וִירִיחוֹ סֹגֶרֶת וּמְסֻגֶּרֶת
Cap. 6 y-cerrada cerrada Y-Jericó (1) . así Josué e-hizo (es)él santo

מִפְּנֵי בְּנֵי יִשְׂרָאֵל אֵין יוֹצֵא וְאֵין בָּא׃

. quien-entrase y-no-había quien-saliese no-había Israel (los)hijos-de ante

(2) וַיֹּאמֶר יְהוָה אֶל־יְהוֹשֻׁעַ רְאֵה נָתַתִּי בְיָדְךָ אֶת־

a en-tu-mano pongo mira : Josué a Yahweh Y-dijo (2)

יְרִיחוֹ וְאֶת־מַלְכָּהּ גִּבּוֹרֵי הֶחָיִל׃ (3) וְסַבֹּתֶם אֶת־

** y-rodearéis (3) , el-ejército héroes-de su-rey y-a Jericó

הָעִיר כֹּל אַנְשֵׁי הַמִּלְחָמָה הַקֵּיף אֶת־הָעִיר פַּעַם אֶחָת כֹּה

Así . una vez la-ciudad ** ir-alrededor- la-guerra (los)hombres-de todos la-ciudad

תַעֲשֶׂה שֵׁשֶׁת יָמִים׃ (4) וְשִׁבְעָה כֹהֲנִים יִשְׂאוּ שִׁבְעָה שׁוֹפְרוֹת

cuernos-de siete llevarán sacerdotes y-siete (4) , días seis harás

הַיּוֹבְלִים לִפְנֵי הָאָרוֹן וּבַיּוֹם הַשְּׁבִיעִי

el-séptimo y-en-el-día el-arca ante los-carneros

תָּסֹבּוּ אֶת־הָעִיר שֶׁבַע פְּעָמִים וְהַכֹּהֲנִים יִתְקְעוּ

tocarán y-los-sacerdotes veces siete la-ciudad ** rodearéis

בַּשּׁוֹפָרוֹת׃ (5) וְהָיָה בִּמְשֹׁךְ ׀ בְּקֶרֶן הַיּוֹבֵל

el-carnero con-(el)cuerno-de en-(el)tocar Y-sucederá (5) . con-los-cuernos

בְּשָׁמְעֲכֶם אֶת־קוֹל הַשּׁוֹפָר יָרִיעוּ כָל־

todo gritarán la-trompeta (la)voz-de ** al-oír-vosotros

הָעָם תְּרוּעָה גְדוֹלָה וְנָפְלָה חוֹמַת הָעִיר תַּחְתֶּיהָ

bajo-ella la-ciudad (la)muralla-de y-caerá grande grito el-pueblo

וְעָלוּ הָעָם אִישׁ נֶגְדּוֹ׃ (6) וַיִּקְרָא יְהוֹשֻׁעַ

Josué Y-llamó (6) . frente-a-él hombre el-pueblo y-subirá

בִּן־נוּן אֶל־הַכֹּהֲנִים וַיֹּאמֶר אֲלֵהֶם שְׂאוּ אֶת־אֲרוֹן

(el)arca-de ** alzad : a-ellos y-dijo los-sacerdotes a Nun hijo-de

הַבְּרִית וְשִׁבְעָה כֹהֲנִים יִשְׂאוּ שִׁבְעָה שׁוֹפְרוֹת

cuernos-de siete llevarán sacerdotes y-siete la-Alianza

יוֹבְלִים לִפְנֵי אֲרוֹן יְהוָה׃ וַיֹּאמְרוּ אֶל־הָעָם

: el-pueblo a Y-dijo (7) . Yahweh arca-de ante carneros

עִבְרוּ וְסֹבּוּ אֶת־הָעִיר וְהֶחָלוּץ יַעֲבֹר

pasará y-el-armado la-ciudad ** y-rodead pasad

לִפְנֵי אֲרוֹן יְהוָה׃ וַיְהִי כֶּאֱמֹר יְהוֹשֻׁעַ אֶל־הָעָם

el-pueblo a Josué después-de-hablar Y-sucedió (8) . Yahweh (el)arca-de ante

וְשִׁבְעָה הַכֹּהֲנִים נֹשְׂאִים שִׁבְעָה שׁוֹפְרוֹת הַיּוֹבְלִים

los-carneros cuernos-de (los)siete portando los-sacerdotes y-siete

לִפְנֵי יְהוָה עָבְרוּ וְתָקְעוּ בַּשּׁוֹפָרוֹת וַאֲרוֹן

y-(el)arca-de con-los-cuernos y-tocaron pasaron Yahweh ante

בְּרִית יְהוָה הֹלֵךְ אַחֲרֵיהֶם׃ וְהֶחָלוּץ הֹלֵךְ

iba Y-el-armado (9) . tras-ellos iba Yahweh (la)Alianza-de

לִפְנֵי הַכֹּהֲנִים תֹּקְעֵי הַשּׁוֹפָרוֹת וְהַמְאַסֵּף

y-la-retaguardia los-cuernos tocadores-de los-sacerdotes ante

הֹלֵךְ אַחֲרֵי הָאָרוֹן הָלוֹךְ וְתָקוֹעַ בַּשּׁוֹפָרוֹת׃ וְאֶת־

Y-a (10) . con-los-cuernos y-tocar caminar el-arca tras iba

הָעָם צִוָּה יְהוֹשֻׁעַ לֵאמֹר לֹא תָרִיעוּ וְלֹא־תַשְׁמִיעוּ

hagáis-oír y-no gritéis no : diciendo Josué ordenó el-pueblo

אֶת־קוֹלְכֶם וְלֹא־יֵצֵא מִפִּיכֶם דָּבָר עַד יוֹם

(el)día-de hasta palabra de-vuestra-boca salga y-no vuestra-voz **

אָמְרִי אֲלֵיכֶם הָרִיעוּ וַהֲרִיעֹתֶם׃ וַיַּסֵּב אֲרוֹן־

(el)arca-de Y-rodeó (11) . y-gritaréis gritad a-vosotros mi-decir

יְהוָה אֶת־הָעִיר הַקֵּף פַּעַם אֶחָת וַיָּבֹאוּ הַמַּחֲנֶה

(a)el-campamento y-vinieron una vez dar-la-vuelta la-ciudad ** Yahweh

וַיָּלִינוּ בַּמַּחֲנֶה׃ וַיַּשְׁכֵּם יְהוֹשֻׁעַ בַּבֹּקֶר

por-la-mañana Josué Y-madrugó (12) . en-el-campamento y-pernoctaron

וַיִּשְׂאוּ הַכֹּהֲנִים אֶת־ אֲרוֹן יְהוָה׃ וְשִׁבְעָה הַכֹּהֲנִים
los-sacerdotes Y-siete (13) . Yahweh (el)arca-de ** los-sacerdotes y-alzaron

נֹשְׂאִים שִׁבְעָה שׁוֹפְרוֹת הַיֹּבְלִים לִפְנֵי אֲרוֹן יְהוָה
Yahweh (el)arca-de ante los-carneros cuernos-de siete portando

הֹלְכִים הָלוֹךְ וְתָקְעוּ בַּשּׁוֹפָרוֹת וְהֶחָלוּץ
y-el-armado con-los-cuernos y-tocaban caminando iban

הֹלֵךְ לִפְנֵיהֶם וְהַמְאַסֵּף הֹלֵךְ אַחֲרֵי אֲרוֹן יְהוָה
Yahweh (el)arca-de tras iba y-la-retaguardia ante-ellos iba

הוֹלֵךְ וְתָקוֹעַ בַּשּׁוֹפָרוֹת׃ וַיָּסֹבּוּ אֶת־ הָעִיר
la-ciudad ** Y-rodearon (14) . con-los-cuernos y-tocando caminando

בַּיּוֹם הַשֵּׁנִי פַּעַם אַחַת וַיָּשֻׁבוּ הַמַּחֲנֶה כֹּה עָשׂוּ
hicieron Así . (a)el-campamento y-volvieron una vez el-segundo en-el-día

שֵׁשֶׁת יָמִים׃ וַיְהִי ׀ בַּיּוֹם הַשְּׁבִיעִי וַיַּשְׁכִּמוּ
que-madrugaron el-séptimo en-el-día Y-sucedió (15) . días seis

כַּעֲלוֹת הַשַּׁחַר וַיָּסֹבּוּ אֶת־ הָעִיר כַּמִּשְׁפָּט
según-el-modo la-ciudad ** y-rodearon la-mañana cuando-(el)alzar-de

הַזֶּה שֶׁבַע פְּעָמִים רַק בַּיּוֹם הַהוּא סָבְבוּ אֶת־ הָעִיר
la-ciudad ** rodearon el-aquél en-el-día sólo veces siete el-éste

שֶׁבַע פְּעָמִים׃ וַיְהִי בַּפַּעַם הַשְּׁבִיעִית תָּקְעוּ
tocaron la-séptima en-la-vez Y-sucedió (16) . veces siete

הַכֹּהֲנִים בַּשּׁוֹפָרוֹת וַיֹּאמֶר יְהוֹשֻׁעַ אֶל־ הָעָם הָרִיעוּ
gritad : el-pueblo a Josué y-dijo con-los-cuernos los-sacerdotes

כִּי־ נָתַן יְהוָה לָכֶם אֶת־ הָעִיר׃ וְהָיְתָה הָעִיר חֵרֶם הִיא
ella , anatema la-ciudad Y-será (17) . la-ciudad ** a-vosotros Yahweh ha-dado pues

וְכָל־ אֲשֶׁר־ בָּהּ לַיהוָה רַק רָחָב הַזּוֹנָה תִּחְיֶה הִיא
ella , vivirá la-prostituta Rahab sólo , para-Yahweh en-ella (lo)que y-todo

וְכָל־אֲשֶׁר אִתָּהּ בַּבַּיִת כִּי הֶחְבְּאַתָה אֶת־הַמַּלְאָכִים אֲשֶׁר שָׁלָחְנוּ׃

. enviamos que los-mensajeros a escondió pues en-la-casa con-ella (lo)que y-todo

וְרַק־אַתֶּם שִׁמְרוּ מִן־הַחֵרֶם פֶּן־

no-sea-que el-anatema de guardaos vosotros Y-sólo (18)

תַּחֲרִימוּ וּלְקַחְתֶּם מִן־הַחֵרֶם וְשַׂמְתֶּם

y-pongáis el-anatema de y-cojáis consagréis-al-anatema

אֶת־מַחֲנֵה יִשְׂרָאֵל לְחֵרֶם וַעֲכַרְתֶּם אוֹתוֹ׃ וְכֹל

Y-toda (19) . a-él y-le-traigáis-desgracia para-anatema Israel (el)campamento-de **

כֶּסֶף וְזָהָב וּכְלֵי נְחֹשֶׁת וּבַרְזֶל קֹדֶשׁ הוּא לַיהוָה

para-Yahweh ello(es) sagrado y-hierro bronce y-utensilios-de y-oro plata

אוֹצַר יְהוָה יָבוֹא׃ וַיָּרַע הָעָם

el-pueblo Y-clamó (20) . vendrá Yahweh (al)tesoro-de

וַיִּתְקְעוּ בַּשֹּׁפָרוֹת וַיְהִי כִשְׁמֹעַ הָעָם אֶת־

** el-pueblo cuando-(el)oír-de y-sucedió con-los-cuernos y-tocaron

קוֹל הַשּׁוֹפָר וַיָּרִיעוּ הָעָם תְּרוּעָה גְדוֹלָה וַתִּפֹּל

y-cayó grande grito el-pueblo y-gritaron el cuerno (el)son-de

הַחוֹמָה תַּחְתֶּיהָ וַיַּעַל הָעָם הָעִירָה אִישׁ

hombre a-la-ciudad el-pueblo y-subió , bajo-ella la-muralla

נֶגְדּוֹ וַיִּלְכְּדוּ אֶת־הָעִיר׃ וַיַּחֲרִימוּ אֶת־כָּל־

todo ** y-consagraron-al-anatema (21) , la-ciudad ** y-tomaron frente-a-él

אֲשֶׁר בָּעִיר מֵאִישׁ וְעַד־אִשָּׁה מִנַּעַר וְעַד־זָקֵן וְעַד

y-hasta anciano y-hasta desde-joven mujer y-hasta desde-hombre en-la-ciudad (lo)que

שׁוֹר וָשֶׂה וַחֲמוֹר לְפִי־חָרֶב׃ וְלִשְׁנַיִם הָאֲנָשִׁים

los-hombres Y-a-dos (22) espada a-filo-de y-asno y-oveja toro

הַמְרַגְּלִים אֶת־הָאָרֶץ אָמַר יְהוֹשֻׁעַ בֹּאוּ בֵּית־הָאִשָּׁה

la-mujer (a)casa-de id : Josué dijo el-país ** los-que-espiaron

הַזּוֹנָה וְהוֹצִיאוּ מִשָּׁם אֶת־ הָאִשָּׁה וְאֶת־כָּל־אֲשֶׁר־ לָהּ

de-ella (lo)que-es todo y-a la-mujer a de-allí y-sacad la-prostituta

כַּאֲשֶׁר נִשְׁבַּעְתֶּם לָהּ׃ וַיָּבֹאוּ הַנְּעָרִים

los-jóvenes Y-fueron (23) . a-ella jurasteis según-(lo)que

הַמְרַגְּלִים וַיֹּצִיאוּ אֶת־ רָחָב וְאֶת־ אָבִיהָ וְאֶת־

y-a su-padre y-a Rahab a y-sacaron los-que-espiaron

אִמָּהּ וְאֶת־ אַחֶיהָ וְאֶת־כָּל־ אֲשֶׁר־ לָהּ וְאֵת כָּל־

(a)toda y para-ella (lo)que todo y sus-hermanos y-a su-madre

מִשְׁפְּחוֹתֶיהָ הוֹצִיאוּ וַיַּנִּיחוּם מִחוּץ לְמַחֲנֵה יִשְׂרָאֵל׃

. Israel a-(el)campamento-de de-fuera y-los-dejaron sacaron su-familia

וְהָעִיר שָׂרְפוּ בָאֵשׁ וְכָל־ אֲשֶׁר־ בָּהּ רַק ׀ הַכֶּסֶף

la-plata sólo en-ella (lo)que y-todo con-el-fuego quemaron Y-la-ciudad (24)

וְהַזָּהָב וּכְלֵי הַנְּחֹשֶׁת וְהַבַּרְזֶל נָתְנוּ אוֹצַר

tesoro-de dieron y-el-hierro el-bronce y-(los)útiles-de y-el-oro

בֵּית־ יְהוָה׃ וְאֶת־ רָחָב הַזּוֹנָה וְאֶת־ בֵּית אָבִיהָ

su-padre (la)casa-de y-a la-prostituta Rahab Y-a (25) . Yahweh (la)casa-de

וְאֶת־כָּל־ אֲשֶׁר־ לָהּ הֶחֱיָה יְהוֹשֻׁעַ וַתֵּשֶׁב בְּקֶרֶב יִשְׂרָאֵל עַד

hasta Israel en-medio-de y-se-asentó Josué dejó-vivir para-ella (lo)que todo y-**

הַיּוֹם הַזֶּה כִּי הֶחְבִּיאָה אֶת־הַמַּלְאָכִים אֲשֶׁר־ שָׁלַח יְהוֹשֻׁעַ לְרַגֵּל

para-espiar Josué envió que los-mensajeros a escondió porque el-éste el-día

אֶת־יְרִיחוֹ׃ וַיַּשְׁבַּע יְהוֹשֻׁעַ בָּעֵת הַהִיא לֵאמֹר

: diciendo el-aquél en-el-tiempo Josué E-hizo-un-juramento (26) . Jericó **

אָרוּר הָאִישׁ לִפְנֵי יְהוָה אֲשֶׁר יָקוּם וּבָנָה אֶת־

** y-reconstruya levante que Yahweh delante-de el-hombre Maldito

הָעִיר הַזֹּאת אֶת־ יְרִיחוֹ בִּבְכֹרוֹ יְיַסְּדֶנָּה

eche-los-cimientos a-cambio-de-su-primogénito , Jericó ** la-esta la-ciudad

וּבִצְעִירוֹ יַצִּיב דְּלָתֶיהָ׃ וַיְהִי יְהוָה

Yahweh Y-estuvo (27) . sus-puertas coloque y-(a)cambio-de-su-más-joven

אֶת־ יְהוֹשֻׁעַ וַיְהִי שָׁמְעוֹ בְּכָל־ הָאָרֶץ׃

. la-tierra por-toda su-fama y-estuvo Josué con

וַיִּמְעֲלוּ בְנֵי־ יִשְׂרָאֵל מַעַל בַּחֵרֶם

Cap. 7 contra-el-anatema (con)infidelidad Israel (los)hijos-de Y-fueron-infieles (1)

וַיִּקַּח עָכָן בֶּן־ כַּרְמִי בֶן־ זַבְדִּי בֶן־ זֶרַח לְמַטֵּה יְהוּדָה

Judá de-tribu-de Zera hijo-de Zabdí hijo-de Carmí hijo-de Acán y-cogió

מִן־ הַחֵרֶם וַיִּחַר־ אַף יְהוָה בִּבְנֵי יִשְׂרָאֵל׃

. Israel contra-hijos-de Yahweh (la)ira-de y-se-encendió el-anatema de

וַיִּשְׁלַח יְהוֹשֻׁעַ אֲנָשִׁים מִירִיחוֹ הָעַי אֲשֶׁר עִם־ בֵּית אָוֶן מִקֶּדֶם

al-este avén Bet- junto-a que (a)Hay desde-Jericó hombres Josué Y-envió (2)

לְבֵית־ אֵל וַיֹּאמֶר אֲלֵיהֶם לֵאמֹר עֲלוּ וְרַגְּלוּ אֶת־ הָאָרֶץ

el-país ** y-espiad subid : diciendo a-ellos y-habló el de-Bet-

וַיַּעֲלוּ הָאֲנָשִׁים וַיְרַגְּלוּ אֶת־ הָעָי׃ וַיָּשֻׁבוּ

Y-volvieron (3) . el-Hay ** y-espiaron los-hombres y-subieron

אֶל־ יְהוֹשֻׁעַ וַיֹּאמְרוּ אֵלָיו אַל־ יַעַל כָּל־ הָעָם

el-pueblo todo suba no : a-él y-dijeron Josué a

כְּאַלְפַּיִם אִישׁ אוֹ כִּשְׁלֹשֶׁת אֲלָפִים אִישׁ יַעֲלוּ

subirán hombres miles como-tres o hombres como-dos-miles

וְיַכּוּ אֶת־ הָעָי אַל־ תְּיַגַּע־ שָׁמָּה אֶת־ כָּל־ הָעָם

el-pueblo todo a allí canses no . el-Hay ** y-conquistarán

כִּי מְעַט הֵמָּה׃ וַיַּעֲלוּ מִן־ הָעָם שָׁמָּה כִּשְׁלֹשֶׁת

como-tres allí el-pueblo de Y-subieron (4) . ellos poco pues

אֲלָפִים אִישׁ וַיָּנֻסוּ לִפְנֵי אַנְשֵׁי הָעָי׃ וַיַּכּוּ

Y-mataron (5) . el-Hay hombres-de ante y-huyeron hombres miles

מֵהֶם אַנְשֵׁי הָעַי כִּשְׁלֹשִׁים וְשִׁשָּׁה אִישׁ וַיִּרְדְּפוּם לִפְנֵי

ante y-los-persiguieron hombres y-seis como-treinta el-Hay (los)hombres -de de-ellos

הַשַּׁעַר עַד־ הַשְּׁבָרִים וַיַּכּוּם בַּמּוֹרָד

en-la-bajada y-los-batieron los-Sebarim hasta la-puerta

וַיִּמַּס לְבַב־ הָעָם וַיְהִי לְמָיִם׃ וַיִּקְרַע

Y-rasgó (6) . como agua y-fue el-pueblo (el)corazón-de y-desfalleció

יְהוֹשֻׁעַ שִׂמְלֹתָיו וַיִּפֹּל עַל־ פָּנָיו אַרְצָה לִפְנֵי אֲרוֹן

(el)arca-de ante a-tierra su-rostro sobre y-cayó sus-vestidos Josué

יְהוָה עַד־ הָעֶרֶב הוּא וְזִקְנֵי יִשְׂרָאֵל וַיַּעֲלוּ עָפָר עַל־

sobre polvo y-pusieron Israel y-ancianos-de él la-tarde hasta Yahweh

רֹאשָׁם׃ וַיֹּאמֶר יְהוֹשֻׁעַ אֲהָהּ ׀ אֲדֹנָי יְהוִה לָמָה הֵעֲבַרְתָּ

hiciste-cruzar ¿por-qué Yahweh Señor ah : Josué Y-dijo (7) . su-cabeza

הַעֲבִיר אֶת־ הָעָם הַזֶּה אֶת־ הַיַּרְדֵּן לָתֵת אֹתָנוּ

a-nosotros para-poner el-Jordán ** el-este el-pueblo ** hacer-cruzar

בְּיַד הָאֱמֹרִי לְהַאֲבִידֵנוּ וְלוּ הוֹאַלְנוּ וַנֵּשֶׁב

y-nos-hubiésemos -quedado nos-hubiésemos -decidido y-ojalá ? para-destruir-nos el-amorreo en-mano-de

בְּעֵבֶר הַיַּרְדֵּן׃ בִּי אֲדֹנָי מָה אֹמַר אַחֲרֵי אֲשֶׁר הָפַךְ

volvió que después diré ¿qué Señor Oh (8) . el-Jordán en-(el)otro-lado-de

יִשְׂרָאֵל עֹרֶף לִפְנֵי אֹיְבָיו׃ וְיִשְׁמְעוּ הַכְּנַעֲנִי

el-cananeo Y-escucharán (9) ? sus-enemigos ante espalda Israel

וְכֹל יֹשְׁבֵי הָאָרֶץ וְנָסַבּוּ עָלֵינוּ

sobre-nosotros y-rodearán el-país habitantes-de y-todos

וְהִכְרִיתוּ אֶת־ שְׁמֵנוּ מִן־ הָאָרֶץ וּמַה־ תַּעֲשֶׂה

harás y-¿qué el-país de nuestro-nombre ** y-exterminarán

לְשִׁמְךָ הַגָּדוֹל׃ וַיֹּאמֶר יְהוָה אֶל־יְהוֹשֻׁעַ קֻם לָךְ

-te levanta : Josué a Yahweh Y-dijo (10) ? el-grande a-tu-nombre

לָמָּה זֶּה אַתָּה נֹפֵל עַל־פָּנֶיךָ׃ חָטָא יִשְׂרָאֵל וְגַם
y-también Israel Ha-pecado (11) ? tu-rostro sobre caes tú esto ¿por-qué

עָבְרוּ אֶת־בְּרִיתִי אֲשֶׁר צִוִּיתִי אוֹתָם וְגַם לָקְחוּ
han-cogido y-también a-ellos ordené que mi-Alianza ** han-transgredido

מִן־הַחֵרֶם וְגַם גָּנְבוּ וְגַם כִּחֲשׁוּ וְגַם
y-también han-escondido y-también han-robado y-también el-anatema de

שָׂמוּ בִכְלֵיהֶם׃ וְלֹא יֻכְלוּ בְּנֵי יִשְׂרָאֵל לָקוּם
levantarse Israel (los)hijos-de podrán Y-no (12) . en-sus-utensilios han-puesto

לִפְנֵי אֹיְבֵיהֶם עֹרֶף יִפְנוּ לִפְנֵי אֹיְבֵיהֶם
sus-enemigos ante volverán espalda , sus-enemigos ante

כִּי הָיוּ לְחֵרֶם לֹא אוֹסִיף לִהְיוֹת עִמָּכֶם אִם־לֹא
no si con-vosotros a-estar volveré no , para-anatema han-sido porque

תַשְׁמִידוּ הַחֵרֶם מִקִּרְבְּכֶם׃ קֻם קַדֵּשׁ אֶת־
a consagra Levanta (13) . de-en-medio-de-vosotros el-anatema destruís

הָעָם וְאָמַרְתָּ הִתְקַדְּשׁוּ לְמָחָר כִּי כֹה אָמַר
dice así pues para-mañana consagraos : y-dirás el-pueblo

יְהוָה אֱלֹהֵי יִשְׂרָאֵל חֵרֶם בְּקִרְבְּךָ יִשְׂרָאֵל לֹא תוּכַל לָקוּם
levantarte podrás no , Israel en-medio-de-ti anatema : Israel Dios-de Yahweh

לִפְנֵי אֹיְבֶיךָ עַד־הֲסִירְכֶם הַחֵרֶם
el-anatema vuestro-apartar hasta tus-enemigos ante

מִקִּרְבְּכֶם׃ וְנִקְרַבְתֶּם בַּבֹּקֶר לְשִׁבְטֵיכֶם
por-vuestras-tribus por-la-mañana Y-os-presentaréis (14) . de-en-medio-de-vosotros

וְהָיָה הַשֵּׁבֶט אֲשֶׁר־יִלְכְּדֶנּוּ יְהוָה יִקְרַב
se-presentará Yahweh la-señale que la-tribu y-será

לַמִּשְׁפָּחוֹת וְהַמִּשְׁפָּחָה אֲשֶׁר־יִלְכְּדֶנָּה יְהוָה תִּקְרַב
se-presentará Yahweh lo-señale que y-el-clan por-los-clanes

לַבָּתִּים וְהַבַּיִת אֲשֶׁר יִלְכְּדֶנּוּ יְהוָה יִקְרַב
se-presentará Yahweh la-señale que y-la-casa por-las-casas

לַגְּבָרִים׃ וְהָיָה הַנִּלְכָּד בַּחֵרֶם
en-el-anatema el-que-sea-cogido Y-será (15) . por-los-hombres

יִשָּׂרֵף בָּאֵשׁ אֹתוֹ וְאֶת־כָּל־אֲשֶׁר־לוֹ כִּי עָבַר
transgredió pues para-él (lo)que todo y a-él en-el-fuego será-quemado

אֶת־בְּרִית יְהוָה וְכִי־עָשָׂה נְבָלָה בְּיִשְׂרָאֵל׃
. contra-Israel infamia hizo y-pues Yahweh (la)Alianza-de **

וַיַּשְׁכֵּם יְהוֹשֻׁעַ בַּבֹּקֶר וַיַּקְרֵב אֶת־יִשְׂרָאֵל
Israel a e-hizo-presentarse por la mañana J osué Y-madrugó (16)

לִשְׁבָטָיו וַיִּלָּכֵד שֵׁבֶט יְהוּדָה׃ וַיַּקְרֵב
E-hizo-presentarse (17) . Judá (la)tribu-de y-fue-tomada por-sus-tribus

אֶת־מִשְׁפַּחַת יְהוּדָה וַיִּלְכֹּד אֵת מִשְׁפַּחַת הַזַּרְחִי וַיַּקְרֵב
e-hizo-presentarse el-zerahita (el)clan-de ** y-tomó Judá (el)clan-de a

אֶת־מִשְׁפַּחַת הַזַּרְחִי לַגְּבָרִים וַיִּלָּכֵד זַבְדִּי׃
. Zabdí y-fue-tomado por-los-varones el-zerahita (el)clan-de **

וַיַּקְרֵב אֶת־בֵּיתוֹ לַגְּבָרִים וַיִּלָּכֵד
y-fue-tomado por-los-varones su-casa a E-hizo-presentarse (18)

עָכָן בֶּן־כַּרְמִי בֶן־זַבְדִּי בֶּן־זֶרַח לְמַטֵּה יְהוּדָה׃
. Judá de-(la)tribu-de Zera hijo-de Zabdí hijo-de Carmí hijo-de Acán

וַיֹּאמֶר יְהוֹשֻׁעַ אֶל־עָכָן בְּנִי שִׂים־נָא כָבוֹד לַיהוָה
a-Yahweh gloria ahora da hijo-mío : Acán a Josué Y-dijo (19)

אֱלֹהֵי יִשְׂרָאֵל וְתֶן־לוֹ תוֹדָה וְהַגֶּד־נָא לִי מֶה עָשִׂיתָ אַל־
no has-hecho qué a-mí ahora y-cuenta alabanza a-él y-da Israel Dios-de

תְּכַחֵד מִמֶּנִּי׃ וַיַּעַן עָכָן אֶת־יְהוֹשֻׁעַ וַיֹּאמַר אָמְנָה אָנֹכִי
yo en-verdad y-dijo Josué a Acán Y-contestó (20) . de-mí ocultes

חָטָאתִי לַיהוָה אֱלֹהֵי יִשְׂרָאֵל וְכָזֹאת וְכָזֹאת עָשִׂיתִי׃

. hice y-como-esto y-como esto Israel Dios-de contra-Yahweh he-pecado

וָאֵרֶא בַשָּׁלָל אַדֶּרֶת שִׁנְעָר אַחַת טוֹבָה וּמָאתַיִם

y-doscientos hermoso uno shinar manto-de en-el-botín Y-vi (21)

שְׁקָלִים כֶּסֶף וּלְשׁוֹן זָהָב אֶחָד חֲמִשִּׁים שְׁקָלִים מִשְׁקָלוֹ

su-peso siclos cincuenta uno oro y-lingote-de plata siclos

וָאֶחְמְדֵם וָאֶקָּחֵם וְהִנָּם טְמוּנִים

escondidos y-he-aquí-ellos y-los-cogí y-los-codicié

בָּאָרֶץ בְּתוֹךְ הָאָהֳלִי וְהַכֶּסֶף תַּחְתֶּיהָ׃

. bajo-ella y-la-plata la-tienda-mía en-medio-de en-la-tierra

וַיִּשְׁלַח יְהוֹשֻׁעַ מַלְאָכִים וַיָּרֻצוּ הָאֹהֱלָה וְהִנֵּה

y-he-aquí a-la-tienda y-corrieron mensajeros Josué Y-envió (22)

טְמוּנָה בְּאָהֳלוֹ וְהַכֶּסֶף תַּחְתֶּיהָ׃ וַיִּקָּחוּם

Y-los-cogieron (23) . bajo-ella y-la-plata en-su-tienda escondida

מִתּוֹךְ הָאֹהֶל וַיְבִאוּם אֶל־ יְהוֹשֻׁעַ וְאֶל כָּל־ בְּנֵי

(los)hijos-de todos y-a Josué a y-los-trajeron la-tienda de-en-medio-de

יִשְׂרָאֵל וַיַּצִּקֻם לִפְנֵי יְהוָה׃ וַיִּקַּח יְהוֹשֻׁעַ אֶת־

a Josué Y-cogió (24) . Yahweh ante y-los-pusieron Israel

עָכָן בֶּן־ זֶרַח וְאֶת־ הַכֶּסֶף וְאֶת־הָאַדֶּרֶת וְאֶת־ לְשׁוֹן הַזָּהָב וְאֶת־

y el-oro (el)lingote-de y el-manto y-** la-plata y-** Zera hijo-de Acán

בָּנָיו וְאֶת־ בְּנֹתָיו וְאֶת־ שׁוֹרוֹ וְאֶת־ חֲמֹרוֹ וְאֶת־

y su-burro y su-toro y sus-hijas y sus-hijos

צֹאנוֹ וְאֶת־ אָהֳלוֹ וְאֶת־כָּל־אֲשֶׁר־ לוֹ וְכָל־ יִשְׂרָאֵל עִמּוֹ

con-él Israel y-todo para-él (lo)que todo y su-tienda y su-ganado-menor

וַיַּעֲלוּ אֹתָם עֵמֶק עָכוֹר׃ וַיֹּאמֶר יְהוֹשֻׁעַ מֶה

¿qué : Josué Y-dijo (25) . Acor (al)valle-de a-ellos e-hicieron-subir

עֲכַרְתָּנוּ יַעְכָּרְךָ יְהוָה בַּיּוֹם

en-el-día Yahweh tráigate-la-desgracia ? nos-has-traído-la-desgracia

הַזֶּה וַיִּרְגְּמוּ אֹתוֹ כָל־ יִשְׂרָאֵל אֶבֶן וַיִּשְׂרְפוּ אֹתָם

ellos y-quemaron piedra Israel todo a-él Y-apedrearon . el-este

בָּאֵשׁ וַיִּסְקְלוּ אֹתָם בָּאֲבָנִים׃ וַיָּקִימוּ

Y-levantaron (26) . con-las-piedras ellos y-lapidaron con-el-fuego

עָלָיו גַּל־ אֲבָנִים גָּדוֹל עַד הַיּוֹם הַזֶּה וַיָּשָׁב יְהוָה

Yahweh y-volvió el-este el-día hasta grande piedras montón-de sobre-él

מֵחֲרוֹן אַפּוֹ עַל־ כֵּן קָרָא שֵׁם הַמָּקוֹם הַהוּא

el-ése el-lugar (el)nombre-de se-llama esto por , su-ira de-(el)ardor-de

עֵמֶק עָכוֹר עַד הַיּוֹם הַזֶּה׃ וַיֹּאמֶר יְהוָה אֶל־יְהוֹשֻׁעַ אַל־

no : Josué a Yahweh Y-dijo (1) . el-este el-día hasta Acor valle-de **Cap. 8**

תִּירָא וְאַל־ תֵּחָת קַח עִמְּךָ אֵת כָּל־ עַם

(el)pueblo-de todo a contigo toma , desmayes y-no temas

הַמִּלְחָמָה וְקוּם עֲלֵה הָעָי רְאֵה ׀ נָתַתִּי בְיָדְךָ אֶת־

a(el) en-tu-mano pongo mira a-el-Hay sube y-levanta la-guerra

מֶלֶךְ הָעַי וְאֶת־ עַמּוֹ וְאֶת־ עִירוֹ וְאֶת־ אַרְצוֹ׃

. su-tierra y su-ciudad y su-pueblo y-a el-Hay rey-de

וְעָשִׂיתָ לָעַי וּלְמַלְכָּהּ כַּאֲשֶׁר עָשִׂיתָ לִירִיחוֹ

a-Jericó hiciste según-que y-a-su-rey a-el-Hay Y-harás (2)

וּלְמַלְכָּהּ רַק־ שְׁלָלָהּ וּבְהֶמְתָּהּ תָּבֹזּוּ

saquearéis y-sus-bestias su-botín pero y a su rey

לָכֶם שִׂים־ לְךָ אֹרֵב לָעִיר מֵאַחֲרֶיהָ׃

. desde-detrás-de-ella a-la-ciudad emboscada para-ti Pon . para-vosotros

וַיָּקָם יְהוֹשֻׁעַ וְכָל־ עַם הַמִּלְחָמָה לַעֲלוֹת הָעָי

a-el-Hay para-subir la-guerra (el)pueblo-de y-todo Josué Y-se-levantó (3)

וַיִּבְחַר יְהוֹשֻׁעַ שְׁלֹשִׁים אֶלֶף אִישׁ גִּבּוֹרֵי הַחַיִל וַיִּשְׁלָחֵם

y-los-envió el-ejército héroes-de hombres mil treinta Josué y-eligió

לָיְלָה׃ וַיְצַו אֹתָם לֵאמֹר רְאוּ אַתֶּם אֹרְבִים לָעִיר

para-la-ciudad emboscados vosotros mirad : diciendo a-ellos Y-ordenó (4) . de-noche

מֵאַחֲרֵי הָעִיר אַל־תַּרְחִיקוּ מִן־הָעִיר מְאֹד וִהְיִיתֶם כֻּלְּכֶם

todos-vosotros y-estaréis mucho la-ciudad de os-alejéis no , la-ciudad desde-detrás -de

נְכֹנִים׃ וַאֲנִי וְכָל־הָעָם אֲשֶׁר אִתִּי נִקְרַב

nos-acercaremos conmigo que el-pueblo y-todo Y-yo (5) . preparados

אֶל־הָעִיר וְהָיָה כִּי־יֵצְאוּ לִקְרָאתֵנוּ כַּאֲשֶׁר

como a-nuestro-encuentro salgan cuando y-sucederá , la-ciudad a

בָּרִאשֹׁנָה וְנַסְנוּ לִפְנֵיהֶם׃ וְיָצְאוּ אַחֲרֵינוּ

tras-nosotros Y-saldrán (6) . ante-ellos y-huiremos al-principio

עַד הַתִּיקֵנוּ אוֹתָם מִן־הָעִיר כִּי יֹאמְרוּ נָסִים

huyen dirán pues la-ciudad de a-ellos nuestro-apartar hasta

לְפָנֵינוּ כַּאֲשֶׁר בָּרִאשֹׁנָה וְנַסְנוּ לִפְנֵיהֶם׃ וְאַתֶּם תָּקֻמוּ

os-levantaréis Y-vosotros (7) . ante-ellos y-huiremos en-lo-primero como ante-nosotros

מֵהָאוֹרֵב וְהוֹרַשְׁתֶּם אֶת־הָעִיר וּנְתָנָהּ יְהוָה

Yahweh y-la-pondrá la-ciudad ** y-conquistaréis de-la-emboscada

אֱלֹהֵיכֶם בְּיֶדְכֶם׃ וְהָיָה כְּתָפְשְׂכֶם אֶת־הָעִיר

la-ciudad ** cuando-vuestro-tomar Y-sucederá (8) . en-vuestra-mano vuestro-Dios

תַּצִּיתוּ אֶת־הָעִיר בָּאֵשׁ כִּדְבַר יְהוָה תַּעֲשׂוּ רְאוּ

mirad haréis Yahweh según-palabra-de , con-el-fuego la-ciudad ** encenderéis

צִוִּיתִי אֶתְכֶם׃ וַיִּשְׁלָחֵם יְהוֹשֻׁעַ וַיֵּלְכוּ אֶל־הַמַּאְרָב

el-lugar-de-emboscada a y-fueron Josué Y-los-envió (9) . a-vosotros yo-mando

וַיֵּשְׁבוּ בֵּין בֵּית־אֵל וּבֵין הָעַי מִיָּם לָעָי

de-Hay al-oeste Hay y-entre el Bet- entre y-se-quedaron

וַיָּלֶן יְהוֹשֻׁעַ בַּלַּיְלָה הַהוּא בְּתוֹךְ הָעָם׃

. el-pueblo en-medio-de la-aquella por-la-noche Josué y-durmió

וַיַּשְׁכֵּם יְהוֹשֻׁעַ בַּבֹּקֶר וַיִּפְקֹד אֶת־הָעָם

el-pueblo a y-pasó-revista por-la-mañana Josué Y madrugó (10)

וַיַּעַל הוּא וְזִקְנֵי יִשְׂרָאֵל לִפְנֵי הָעָם הָעָי׃

. a-el-Hay el-pueblo ante Israel y-(los)ancianos-de él y-subió

וְכָל־הָעָם הַמִּלְחָמָה אֲשֶׁר אִתּוֹ עָלוּ

subieron con-él que la-guerra el-pueblo-de Y-todo (11)

וַיִּגְּשׁוּ וַיָּבֹאוּ נֶגֶד הָעִיר וַיַּחֲנוּ

y-acamparon la-ciudad frente-a y-llegaron y-se-acercaron

מִצְּפוֹן לָעַי וְהַגַּי בֵּינוֹ וּבֵין־הָעָי׃

. el-Hay y-entre entre-él y-el-valle de-el-Hay al-norte

וַיִּקַּח כַּחֲמֵשֶׁת אֲלָפִים אִישׁ וַיָּשֶׂם אוֹתָם אֹרֵב

emboscada a-ellos y-puso hombre miles como-cinco Y-cogió (12)

בֵּין בֵּית־אֵל וּבֵין הָעַי מִיָּם לָעִיר׃ וַיָּשִׂימוּ

Y-pusieron (13) . de-la-ciudad al-oeste el-Hay y-entre el Bet- entre

הָעָם אֶת־כָּל־הַמַּחֲנֶה אֲשֶׁר מִצְּפוֹן לָעִיר וְאֶת־עֲקֵבוֹ

su-emboscada y de-la-ciudad al-norte que el-campamento todo ** el-pueblo

מִיָּם לָעִיר וַיֵּלֶךְ יְהוֹשֻׁעַ בַּלַּיְלָה הַהוּא בְּתוֹךְ הָעֵמֶק׃

. el-valle en-medio-de la-aquella por-la-noche Josué y-fue de-la-ciudad al-oeste

וַיְהִי כִּרְאוֹת מֶלֶךְ־הָעַי וַיְמַהֲרוּ וַיַּשְׁכִּימוּ

y-madrugaron y-se-apresuraron el-Hay (el)rey-de cuando-ver-de Y-sucedió (14)

וַיֵּצְאוּ אַנְשֵׁי־הָעִיר לִקְרַאת־יִשְׂרָאֵל לַמִּלְחָמָה הוּא וְכָל־

y-todo él para-la-guerra Israel al-encuentro-de la-ciudad (los)hombres-de y-salieron

עַמּוֹ לַמּוֹעֵד לִפְנֵי הָעֲרָבָה וְהוּא לֹא יָדַע כִּי־

que sabía no y-él la-Arabá ante a-el-lugar su-pueblo

אֹרֵב לוֹ מֵאַחֲרֵי הָעִיר׃ וַיִּנָּגְעוּ
Y-se-fingieron-derrotados (15) . la-ciudad desde-detrás-de para-él emboscada

יְהוֹשֻׁעַ וְכָל־יִשְׂרָאֵל לִפְנֵיהֶם וַיָּנֻסוּ דֶּרֶךְ הַמִּדְבָּר׃
. el-desierto camino-de y-huyeron ante-ellos Israel y-todo Josué

וַיִּזָּעֲקוּ כָּל־הָעָם אֲשֶׁר בָּעִיר לִרְדֹּף אַחֲרֵיהֶם
tras-ellos perseguir en-la-ciudad que el-pueblo todo Y-gritaron (16)

וַיִּרְדְּפוּ אַחֲרֵי יְהוֹשֻׁעַ וַיִּנָּתְקוּ מִן־הָעִיר׃ וְלֹא־
Y-no (17) . la-ciudad de y-se alejaron Josué tras y-persiguieron

נִשְׁאַר אִישׁ בָּעַי וּבֵית אֵל אֲשֶׁר לֹא־יָצְאוּ אַחֲרֵי יִשְׂרָאֵל
Israel tras salieron no que el y-Bet- en-el-Hay hombre quedó

וַיַּעַזְבוּ אֶת־הָעִיר פְּתוּחָה וַיִּרְדְּפוּ אַחֲרֵי יִשְׂרָאֵל׃
. Israel tras y-persiguieron abierta la ciudad ** y-dejaron

וַיֹּאמֶר יְהוָה אֶל־יְהוֹשֻׁעַ נְטֵה בַּכִּידוֹן אֲשֶׁר־
que con-el-dardo extiende Josué a Yahweh Y-dijo (18)

בְּיָדְךָ אֶל־הָעַי כִּי בְיָדְךָ אֶתְּנֶנָּה
la-voy a poner en-tu-mano pues el-Hay hacia en-tu-mano

וַיֵּט יְהוֹשֻׁעַ בַּכִּידוֹן אֲשֶׁר־בְּיָדוֹ אֶל־הָעִיר׃
. la-ciudad hacia en-su-mano que con-el-dardo Josué y-extendió

וְהָאוֹרֵב קָם מְהֵרָה מִמְּקוֹמוֹ וַיָּרוּצוּ
y-corrieron de-su-lugar rápidamente se-levantó Y-la-emboscada (19)

כִּנְטוֹת יָדוֹ וַיָּבֹאוּ הָעִיר וַיִּלְכְּדוּהָ
y-la-tomaron a-la-ciudad y-vinieron su-mano cuando-extender-de

וַיְמַהֲרוּ וַיַּצִּיתוּ אֶת־הָעִיר בָּאֵשׁ׃
. con fuego la-ciudad ** y-encendieron y-se-apresuraron

וַיִּפְנוּ אַנְשֵׁי הָעַי אַחֲרֵיהֶם וַיִּרְאוּ וְהִנֵּה
y-he-aquí-que y-vieron tras-ellos el-Hay (los)hombres -de Y-volvieron (20)

עָלָה עֲשַׁן הָעִיר הַשָּׁמַיְמָה וְלֹא־ הָיָה בָהֶם יָדַיִם

manos en-ellos hubo y-no al-cielo la-ciudad humo-de subía

לָנוּס הֵנָּה וָהֵנָּה וְהָעָם הַנָּס הַמִּדְבָּר

al-desierto que-huía y-el-pueblo y-allí aquí para-huir

נֶהְפַּךְ אֶל־ הָרוֹדֵף׃ וִיהוֹשֻׁעַ וְכָל־ יִשְׂרָאֵל

Israel y-todo Y-Josué (21) . el-perseguidor hacia se-volvió

רָאוּ כִּי־ לָכַד הָאֹרֵב אֶת־ הָעִיר וְכִי עָלָה

subía y-que la-ciudad ** la-emboscada había-tomado que vieron

עֲשַׁן הָעִיר וַיָּשֻׁבוּ וַיַּכּוּ אֶת־ אַנְשֵׁי הָעָי׃

. el-Hay (los)hombres -de a y-atacaron y-volvieron la-ciudad humo-de

וְאֵלֶּה יָצְאוּ מִן־ הָעִיר לִקְרָאתָם וַיִּהְיוּ

y-estuvieron a-encontrar-los la-ciudad de salieron Y-aquéllos (22)

לְיִשְׂרָאֵל בַּתָּוֶךְ אֵלֶּה מִזֶּה וְאֵלֶּה מִזֶּה

de-allí y-éstos de-aquí éstos en-la-mitad-de para-Israel

וַיַּכּוּ אוֹתָם עַד־ בִּלְתִּי הִשְׁאִיר־ לוֹ שָׂרִיד וּפָלִיט׃ וְאֶת־

Y-al (23) . y-fugitivo sobreviviente para-él quedar no hasta a-ellos hirieron

מֶלֶךְ הָעַי תָּפְשׂוּ חָי וַיַּקְרִבוּ אֹתוֹ אֶל־יְהוֹשֻׁעַ׃ וַיְהִי

Y-sucedió (24) . Josué a a-él y-presentaron vivo tomaron el-Hay rey-de

כְּכַלּוֹת יִשְׂרָאֵל לַהֲרֹג אֶת־ כָּל־ יֹשְׁבֵי הָעַי בַּשָּׂדֶה

en-el-campo el-Hay (los)habitantes-de todos a de-matar Israel cuando-acabar-de

בַּמִּדְבָּר אֲשֶׁר רְדָפוּם בּוֹ וַיִּפְּלוּ כֻלָּם

todos-ellos y-cayeron por-él los-perseguían que por-el-desierto

לְפִי־ חֶרֶב עַד־ תֻּמָּם וַיָּשֻׁבוּ כָל־ יִשְׂרָאֵל הָעַי

a-el-Hay Israel todo y-volvieron , acabar hasta espada a-filo-de

וַיַּכּוּ אֹתָהּ לְפִי־ חָרֶב׃ וַיְהִי כָּל־ הַנֹּפְלִים

los-que-cayeron todos Y-fue (25) . espada a-filo-de a-ella y-mataron

בַּיּוֹם הַהוּא מֵאִישׁ וְעַד־אִשָּׁה שְׁנֵים עָשָׂר אֶלֶף כֹּל אַנְשֵׁי
(los)hombres todos mil diez dos mujer y-hasta desde-hombre el-éste en-el-día
-de

הָעָי׃ וִיהוֹשֻׁעַ לֹא־הֵשִׁיב יָדוֹ אֲשֶׁר נָטָה
había-extendido que su-mano retiró no Y-Josué (26) . el-Hay

בַּכִּידוֹן עַד אֲשֶׁר הֶחֱרִים אֵת כָּל־יֹשְׁבֵי הָעָי׃
. el-Hay (los)habitantes todos a consagró-al-anatema que hasta con-el-dardo
-de

רַק הַבְּהֵמָה וּשְׁלַל הָעִיר הַהִיא בָּזְזוּ לָהֶם
para-ellos saquearon la-aquella la-ciudad y-botín-de las-bestias Sólo (27)

יִשְׂרָאֵל כִּדְבַר יְהוָֹה אֲשֶׁר צִוָּה אֶת־יְהוֹשֻׁעַ׃ וַיִּשְׂרֹף
Y-quemó (28) . Josué ** ordenó que Yahweh según-palabra-de Israel

יְהוֹשֻׁעַ אֶת־הָעָי וַיְשִׂימֶהָ תֵּל־עוֹלָם שְׁמָמָה עַד הַיּוֹם
el-día hasta lugar-desolado permanente montón y-la-puso el-Hay ** Josué

הַזֶּה׃ וְאֶת־מֶלֶךְ הָעַי תָּלָה עַל־הָעֵץ עַד־עֵת
(el)tiempo hasta el-árbol sobre colgó el-Hay rey-de Y-al (29) . el-este
-de

הָעֶרֶב וּכְבוֹא הַשֶּׁמֶשׁ צִוָּה יְהוֹשֻׁעַ וַיֹּרִידוּ אֶת־
** e-hicieron-bajar Josué ordenó el-sol y-al-ponerse la-tarde

נִבְלָתוֹ מִן־הָעֵץ וַיַּשְׁלִיכוּ אוֹתָהּ אֶל־פֶּתַח שַׁעַר הָעִיר
la-ciudad (la)puerta- (la)entrada- a a-él y-echaron el-árbol de su-cuerpo
de de

וַיָּקִימוּ עָלָיו גַּל־אֲבָנִים גָּדוֹל עַד הַיּוֹם הַזֶּה׃ אָז
Entonces (30) . el-este el-día hasta grande piedras un-montón sobre-él y-levantaron
-de

יִבְנֶה יְהוֹשֻׁעַ מִזְבֵּחַ לַיהוָֹה אֱלֹהֵי יִשְׂרָאֵל בְּהַר עֵיבָל׃ כַּאֲשֶׁר
Según-que (31) . Ebal en-monte Israel Dios-de a-Yahweh un-altar Josué construyó

צִוָּה מֹשֶׁה עֶבֶד־יְהוָֹה אֶת־בְּנֵי יִשְׂרָאֵל כַּכָּתוּב
según-lo-escrito Israel (los)hijos- a Yahweh siervo-de Moisés ordenó
de

בְּסֵפֶר תּוֹרַת מֹשֶׁה מִזְבַּח אֲבָנִים שְׁלֵמוֹת אֲשֶׁר לֹא־הֵנִיף עֲלֵיהֶן
sobre- haya-tocado no que enteras piedras un-altar Moisés (la)Ley en-(el)Li
ellas -de -de bro-de

בַּרְזֶל וַיַּעֲלוּ עָלָיו עֹלוֹת לַיהוָה וַיִּזְבְּחוּ
y-sacrificaron a-Yahweh holocaustos sobre-él y-ofrecieron hierro

שְׁלָמִים׃ (32) וַיִּכְתָּב־ שָׁם עַל־ הָאֲבָנִים אֵת מִשְׁנֵה תּוֹרַת
(la)ley-de copia-de ** las-piedras sobre allí Y-escribió (32) . ofrendas-de-paz

מֹשֶׁה אֲשֶׁר כָּתַב לִפְנֵי בְּנֵי יִשְׂרָאֵל׃ (33) וְכָל־ יִשְׂרָאֵל
Israel Y-todo (33) . Israel (los)hijos-de ante escribió que Moisés

וּזְקֵנָיו וְשֹׁטְרִים ׀ וְשֹׁפְטָיו עֹמְדִים
situados y-sus-jueces y-oficiales y-sus-ancianos

מִזֶּה ׀ וּמִזֶּה ׀ לָאָרוֹן נֶגֶד הַכֹּהֲנִים הַלְוִיִּם
los-levitas los-sacerdotes frente-a al-arca y-de-allí de-aquí

נֹשְׂאֵי ׀ אֲרוֹן בְּרִית־ יְהוָה כַּגֵּר כָּאֶזְרָח
como-el-ciudadano así-el-forastero Yahweh (la)Alianza-de (el)arca-de portadores-de

חֶצְיוֹ אֶל־ מוּל הַר־ גְּרִזִים וְהַחֶצְיוֹ אֶל־ מוּל
frente-de hacia y-la-mitad-de-él Gerizim (el)monte frente-de hacia su-mitad

הַר־ עֵיבָל כַּאֲשֶׁר צִוָּה מֹשֶׁה עֶבֶד־ יְהוָה לְבָרֵךְ אֶת־
a para-bendecir Yahweh siervo-de Moisés ordenó según-que Ebal (el)monte

הָעָם יִשְׂרָאֵל בָּרִאשֹׁנָה׃ (34) וְאַחֲרֵי־ כֵן קָרָא אֶת־ כָּל־
todas ** leyó esto Y-después-de (34) . el-comienzo Israel el-pueblo

דִּבְרֵי הַתּוֹרָה הַבְּרָכָה וְהַקְּלָלָה כְּכָל־ הַכָּתוּב
lo-escrito según-todo y-la-maldición la-bendición la-ley (las)palabras -de

בְּסֵפֶר הַתּוֹרָה׃ (35) לֹא־ הָיָה דָבָר מִכֹּל אֲשֶׁר־ צִוָּה מֹשֶׁה אֲשֶׁר
que Moisés ordenó (lo)que de-todo palabra hubo No (35) . la-Ley en-(el)Libro -de

לֹא־ קָרָא יְהוֹשֻׁעַ נֶגֶד כָּל־ קְהַל יִשְׂרָאֵל וְהַנָּשִׁים
y-las-mujeres Israel (la)asamblea-de toda frente-a Josué leyese no

וְהַטַּף וְהַגֵּר הַהֹלֵךְ בְּקִרְבָּם׃ (1) וַיְהִי
Y-sucedió (1) . por-su-interior que-camina y-el-forastero y-los-niños Cap. 9

כִשְׁמֹעַ כָּל־ הַמְּלָכִים אֲשֶׁר בְּעֵבֶר הַיַּרְדֵּן בָּהָר
en-la-montaña el-Jordán allende que los-reyes todos cuando-oír-de

וּבַשְּׁפֵלָה וּבְכֹל חוֹף הַיָּם הַגָּדוֹל אֶל־ מוּל
frente-de hacia el-Grande el-mar (la)orilla-de y-en-toda y-en-el-llano

הַלְּבָנוֹן הַחִתִּי וְהָאֱמֹרִי הַכְּנַעֲנִי הַפְּרִזִּי הַחִוִּי
el-heveo el-ferezeo el-cananeo y-el-amorreo el-hitita el-Líbano

וְהַיְבוּסִי׃ וַיִּתְקַבְּצוּ יַחְדָּו לְהִלָּחֵם עִם־ יְהוֹשֻׁעַ
Josué contra para-guerrear juntos Y-se-reunieron (2) . y-el-jebuseo

וְעִם־ יִשְׂרָאֵל פֶּה אֶחָד׃ וְיֹשְׁבֵי גִבְעוֹן שָׁמְעוּ אֵת
** escucharon Gabaón Y-(los)habitantes-de (3) . una boca Israel y-contra

אֲשֶׁר עָשָׂה יְהוֹשֻׁעַ לִירִיחוֹ וְלָעָי׃ וַיַּעֲשׂוּ גַם־
también Y-obraron (4) . y-a-el-Hay a-Jericó Josué hizo (lo)que

הֵמָּה בְעָרְמָה וַיֵּלְכוּ וַיִּצְטַיָּרוּ וַיִּקְחוּ שַׂקִּים
sacos y-cogieron y-se-fingieron-embajadores y-fueron con-astucia ellos

בָּלִים לַחֲמוֹרֵיהֶם וְנֹאדוֹת יַיִן בָּלִים וּמְבֻקָּעִים
y-rotos gastados vino y-odres-de para-sus-burros gastados

וּמְצֹרָרִים׃ וּנְעָלוֹת בָּלוֹת וּמְטֻלָּאוֹת
y-recosidas gastadas Y-sandalias (5) . y-remendados

בְּרַגְלֵיהֶם וּשְׂלָמוֹת בָּלוֹת עֲלֵיהֶם וְכֹל לֶחֶם
(el)pan-de y-todo sobre-ellos gastados y-vestidos en-sus-pies

צֵידָם יָבֵשׁ הָיָה נִקֻּדִים׃ וַיֵּלְכוּ
Y-fueron (6) . migajas era , estaba-seco su-provisión

אֶל־יְהוֹשֻׁעַ אֶל־הַמַּחֲנֶה הַגִּלְגָּל וַיֹּאמְרוּ אֵלָיו וְאֶל־ אִישׁ יִשְׂרָאֵל
: Israel hombre-de y-a a-él y-dijeron el-Gilgal el-campamento a Josué hacia

מֵאֶרֶץ רְחוֹקָה בָּאנוּ וְעַתָּה כִּרְתוּ־ לָנוּ בְרִית׃ וַיֹּאמְרוּ
Y-dijo (7) . alianza con-nosotros haced y-ahora hemos-venido lejana de-tierra

אִישׁ־ יִשְׂרָאֵל אֶל־ הַחִוִּי אוּלַי בְּקִרְבִּי אַתָּה יוֹשֵׁב וְאֵיךְ

¿y-cómo , habitante tú en-mi-interior quizás : el-heveo a Israel hombre-de

אֶכְרוֹת־ לְךָ בְּרִית׃ וַיֹּאמְרוּ אֶל־ יְהוֹשֻׁעַ עֲבָדֶיךָ

tus-siervos : Josué a Y-dijeron (8) ? alianza contigo haré

אֲנָחְנוּ וַיֹּאמֶר אֲלֵהֶם יְהוֹשֻׁעַ מִי אַתֶּם וּמֵאַיִן תָּבֹאוּ׃

? venís y-de-dónde vosotros ¿quién : Josué a-ellos y-dijo nosotros

וַיֹּאמְרוּ אֵלָיו מֵאֶרֶץ רְחוֹקָה מְאֹד בָּאוּ

han-venido muy lejana de-tierra : a-él Y-dijeron (9)

עֲבָדֶיךָ לְשֵׁם יְהוָה אֱלֹהֶיךָ כִּי־ שָׁמַעְנוּ שָׁמְעוֹ

su-fama oímos pues tu-Dios Yahweh por-nombre-de tus-siervos

וְאֵת כָּל־אֲשֶׁר עָשָׂה בְּמִצְרָיִם׃ וְאֵת ׀ כָּל־אֲשֶׁר עָשָׂה לִשְׁנֵי מַלְכֵי

reyes-de a-dos hizo (lo)que todo Y (10) . en-Egipto hizo (lo)que todo y

הָאֱמֹרִי אֲשֶׁר בְּעֵבֶר הַיַּרְדֵּן לְסִיחוֹן מֶלֶךְ חֶשְׁבּוֹן וּלְעוֹג

y-a-Og Hesbón rey-de a-Sehón el-Jordán al-otro-lado-de que el-amorreo

מֶלֶךְ־ הַבָּשָׁן אֲשֶׁר בְּעַשְׁתָּרוֹת׃ וַיֹּאמְרוּ אֵלֵינוּ זְקֵינֵינוּ

nuestros-ancianos a-nosotros Y-hablaron (11) . en-Astarot que el-Basán rey-de

וְכָל־ יֹשְׁבֵי אַרְצֵנוּ לֵאמֹר קְחוּ בְיֶדְכֶם צֵידָה

provisión en-vuestra-mano tomad : diciendo nuestra-tierra (los)habitantes-de y-todos

לַדֶּרֶךְ וּלְכוּ לִקְרָאתָם וַאֲמַרְתֶּם אֲלֵיהֶם עַבְדֵיכֶם

siervos-vuestros a-ellos y-diréis a-encontrar-los e-id para-el-camino

אֲנַחְנוּ וְעַתָּה כִּרְתוּ־ לָנוּ בְרִית׃ זֶה ׀ לַחְמֵנוּ חָם הִצְטַיַּדְנוּ אֹתוֹ

de-él nos-aprovisionamos caliente nuestro-pan Este (12) . alianza con-nosotros haced y-ahora nosotros

מִבָּתֵּינוּ בְּיוֹם צֵאתֵנוּ לָלֶכֶת אֲלֵיכֶם וְעַתָּה הִנֵּה יָבֵשׁ

está-seco he-aquí-que y-ahora a-vosotros para-ir nuestro-salir en-(el)día-de desde-nuestras-casas

וְהָיָה נִקֻּדִים׃ וְאֵלֶּה נֹאדוֹת הַיַּיִן אֲשֶׁר מִלֵּאנוּ

llenamos que el-vino odres-de Y-estos (13) . migajas y-se-ha-hecho

וּנְעָלֵינוּ	שַׂלְמוֹתֵינוּ	וְאֵלֶּה	הִתְבַּקָּעוּ	וְהִנֵּה	חֲדָשִׁים
y-nuestras-sandalias	nuestros-vestidos	y-estos	se-han-roto	y-he-aquí-que	nuevos

הָאֲנָשִׁים	וַיִּקְחוּ		מְאֹד׃	הַדֶּרֶךְ	מֵרֹב	בָּלוּ
los-hombres	Y-cogieron	(14)	. mucho	el-camino	por-abundancia-de	se-han-gastado

וַיַּעַשׂ		שָׁאָלוּ׃	לֹא	יְהוָה	פִּי	וְאֶת־	מִצֵּידָם
E-hizo	(15)	. consultaron	no	Yahweh	(el)oráculo -de	y	de-su-provisión

לְחַיּוֹתָם	בְּרִית	לָהֶם	וַיִּכְרֹת	שָׁלוֹם	יְהוֹשֻׁעַ	לָהֶם
para-dejarles-vivos	alianza	con-ellos	y-estableció	paz	Josué	con-ellos

וַיְהִי		הָעֵדָה׃	נְשִׂיאֵי	לָהֶם	וַיִּשָּׁבְעוּ
Y-sucedió	(16)	. la-comunidad	(los)príncipes-de	a-ellos	y-juraron

וַיִּשְׁמְעוּ	בְּרִית	לָהֶם	כָּרְתוּ	אֲשֶׁר־	אַחֲרֵי	יָמִים	שְׁלֹשֶׁת	מִקְצֵה
y-escucharon	alianza	con-ellos	estableciesen	que	después-de	días	tres	a-cabo-de

יֹשְׁבִים׃	הֵם	וּבְקִרְבּוֹ	אֵלָיו	הֵם	קְרֹבִים	כִּי־
. habitantes	ellos	y-en-su-interior	a-él	ellos	próximos	que

בַּיּוֹם	עָרֵיהֶם	אֶל־	וַיָּבֹאוּ	יִשְׂרָאֵל	בְנֵי־	וַיִּסְעוּ	
en-el-día	sus-ciudades	a	y-llegaron	Israel	(los)hijos-de	Y-salieron	(17)

וְקִרְיַת	וּבְאֵרוֹת	וְהַכְּפִירָה	גִּבְעוֹן	וְעָרֵיהֶם	הַשְּׁלִישִׁי
y-Quiryat-	y-Beerot	y-Cafirá	Gabaón	y-sus-ciudades	el-tercero

נִשְׁבְּעוּ	כִּי־	יִשְׂרָאֵל	בְּנֵי	הִכּוּם	וְלֹא		יְעָרִים׃
habían-jurado	pues	Israel	(los)hijos-de	los-mataron	Y-no	(18)	. jearim

וַיִּלֹּנוּ	יִשְׂרָאֵל	אֱלֹהֵי	בַּיהוָה	הָעֵדָה	נְשִׂיאֵי	לָהֶם
y-murmuró	Israel	Dios-de	por-Yahweh	la-comunidad	(los)príncipes-de	a-ellos

כָל־	וַיֹּאמְרוּ		הַנְּשִׂיאִים׃	עַל־	הָעֵדָה	כָל־
todos	Y-dijeron	(19)	. los-príncipes	contra	la-comunidad	toda

בַּיהוָה	לָהֶם	נִשְׁבַּעְנוּ	אֲנַחְנוּ	הָעֵדָה	כָּל־	אֶל־	הַנְּשִׂיאִים
por-Yahweh	a-ellos	juramos	nosotros	: la-comunidad	toda	a	los-príncipes

אֱלֹהֵי יִשְׂרָאֵל וְעַתָּה לֹא נוּכַל לִנְגֹּעַ בָּהֶם׃ זֹאת נַעֲשֶׂה

haremos Esto (20) . en-ellos tocar podemos no y-ahora Israel Dios-de

לָהֶם וְהַחֲיֵה אוֹתָם וְלֹא־ יִהְיֶה עָלֵינוּ קֶצֶף עַל־הַשְּׁבוּעָה

el-juramento por cólera sobre-noso tros haya y-no a-ellos y-deja-vivir : a-ellos

אֲשֶׁר־נִשְׁבַּעְנוּ לָהֶם׃ וַיֹּאמְרוּ אֲלֵיהֶם הַנְּשִׂיאִים יִחְיוּ

vivirán : los-príncipes a-ellos Y-dijeron (21) . a-ellos juramos que

וַיִּהְיוּ חֹטְבֵי עֵצִים וְשֹׁאֲבֵי־ מַיִם לְכָל־

para-toda agua y-sacadores-de árboles cortadores-de y-serán

הָעֵדָה כַּאֲשֶׁר דִּבְּרוּ לָהֶם הַנְּשִׂיאִים׃ וַיִּקְרָא

Y-llamó (22) . los-príncipes a-ellos dijeron según-que la-comunidad

לָהֶם יְהוֹשֻׁעַ וַיְדַבֵּר אֲלֵיהֶם לֵאמֹר לָמָּה רִמִּיתֶם אֹתָנוּ לֵאמֹר

diciendo a-noso tros engañasteis ¿por-qué : diciendo a-ellos y-habló Josué a-ellos

רְחוֹקִים אֲנַחְנוּ מִכֶּם מְאֹד וְאַתֶּם בְּקִרְבֵּנוּ יֹשְׁבִים׃ וְעַתָּה

Y-ahora (23) ? habitantes en-nuestro-interior y-vosotros mucho de-vosotros nosotros lejanos

אֲרוּרִים אַתֶּם וְלֹא־ יִכָּרֵת מִכֶּם עֶבֶד וְחֹטְבֵי

y-taladores-de siervo de-vosotros será-cortado y-no vosotros malditos

עֵצִים וְשֹׁאֲבֵי־ מַיִם לְבֵית אֱלֹהָי׃ וַיַּעֲנוּ

Y-respondieron (24) . nuestro-Dios para-(la)casa-de agua y-sacadores-de árboles

אֶת־ יְהוֹשֻׁעַ וַיֹּאמְרוּ כִּי הֻגֵּד הֻגַּד לַעֲבָדֶיךָ

a-tus-siervos fue-contado ser-contado ciertamente y-dijeron Josué a

אֵת אֲשֶׁר צִוָּה יְהוָה אֱלֹהֶיךָ אֶת־ מֹשֶׁה עַבְדּוֹ לָתֵת

dar su-siervo Moisés a vuestro-Dios Yahweh ordenó que **

לָכֶם אֶת־ כָּל־ הָאָרֶץ וּלְהַשְׁמִיד אֶת־ כָּל־ יֹשְׁבֵי

(los)habitantes-de todos a y-destruir el-país todo ** a-vosotros

הָאָרֶץ מִפְּנֵיכֶם וַנִּירָא מְאֹד לְנַפְשֹׁתֵינוּ מִפְּנֵיכֶם

ante-vosotros por-nuestras-vidas mucho y-temimos ante-vosotros el-país

וַנַּעֲשֵׂה אֶת־ הַדָּבָר הַזֶּה׃ וְעַתָּה הִנְנוּ בְיָדֶךָ
en-tu-mano aquí-estamos Y-ahora (25) . el-este el-asunto ** e-hicimos

כַּטּוֹב וְכַיָּשָׁר בְּעֵינֶיךָ לַעֲשׂוֹת לָנוּ עֲשֵׂה׃ וַיַּעַשׂ
E-hizo (26) . haz a-nosotros hacer en-tus-ojos y-según-lo-recto según-lo-bueno

לָהֶם כֵּן וַיַּצֵּל אוֹתָם מִיַּד בְּנֵי־ יִשְׂרָאֵל וְלֹא
y-no Israel hijos-de de-mano-de a-ellos y-salvó así a-ellos

הֲרָגוּם׃ וַיִּתְּנֵם יְהוֹשֻׁעַ בַּיּוֹם הַהוּא
el-aquél en-el-día Josué Y-los-puso (27) . los-mataron

חֹטְבֵי עֵצִים וְשֹׁאֲבֵי מַיִם לָעֵדָה
para-la-comunidad agua y-sacadores-de árboles taladores-de

וּלְמִזְבַּח יְהוָה עַד־ הַיּוֹם הַזֶּה אֶל־ הַמָּקוֹם אֲשֶׁר יִבְחָר׃
. eligiese que el-lugar a el-éste el-día hasta Yahweh y-para-(el)altar de

וַיְהִי כִשְׁמֹעַ אֲדֹנִי־ צֶדֶק מֶלֶךְ יְרוּשָׁלִַם כִּי־ לָכַד
Cap. 10 había-tomado que Jerusalén rey-de sedec Adoni- cuando-oír-de Y-sucedió (1)

יְהוֹשֻׁעַ אֶת־ הָעַי וַיַּחֲרִימָהּ כַּאֲשֶׁר עָשָׂה לִירִיחוֹ
a-Jericó hizo según-que y-la-había-consagrado-al-anatema el-Hay ** Josué

וּלְמַלְכָּהּ כֵּן־ עָשָׂה לָעַי וּלְמַלְכָּהּ וְכִי
y-que y-a-su-rey a-el-Hay había hecho así y-a-su-rey

הִשְׁלִימוּ יֹשְׁבֵי גִבְעוֹן אֶת־ יִשְׂרָאֵל וַיִּהְיוּ
y-estuvieron Israel con Gabaón (los)habitantes-de habían-hecho-la-paz

בְּקִרְבָּם׃ וַיִּירְאוּ מְאֹד כִּי עִיר גְּדוֹלָה גִּבְעוֹן
Gabaón grande ciudad pues mucho Y-sintieron-temor (2) . en-interior-de-ellos

כְּאַחַת עָרֵי הַמַּמְלָכָה וְכִי הִיא גְדוֹלָה מִן־ הָעַי וְכָל־
y-todos el-Hay más-que grande ella y-ciertamente el-reino (las)ciudades-de como-una-de

אֲנָשֶׁיהָ גִּבֹּרִים׃ וַיִּשְׁלַח אֲדֹנִי־ צֶדֶק מֶלֶךְ יְרוּשָׁלִַם
Jerusalén rey-de sedec Adoni- Y-envió (3) . héroes sus-hombres

אֶל־הוֹהָם מֶלֶךְ־חֶבְרוֹן וְאֶל־פִּרְאָם מֶלֶךְ־יַרְמוּת וְאֶל־יָפִיעַ מֶלֶךְ־

rey-de Jafía y-a Jarmut rey-de Piream y-a Hebrón rey-de Hoham a

לָכִישׁ וְאֶל־דְּבִיר מֶלֶךְ־עֶגְלוֹן לֵאמֹר׃ עֲלוּ־אֵלַי וְעִזְרֻנִי

y-ayudadme hacia-mí Subid (4) : diciendo Eglón rey-de Debir y-a Laquís

וְנַכֶּה אֶת־גִּבְעוֹן כִּי־הִשְׁלִימָה אֶת־יְהוֹשֻׁעַ וְאֶת־בְּנֵי

(los)hijos-de y-con Josué con ha-hecho-la-paz pues Gabaón a y-derrotemos

יִשְׂרָאֵל׃ וַיֵּאָסְפוּ וַיַּעֲלוּ חֲמֵשֶׁת ׀ מַלְכֵי הָאֱמֹרִי

el-amorreo reyes-de cinco y-subieron Y-se-reunieron (5) . Israel

מֶלֶךְ יְרוּשָׁלַםִ מֶלֶךְ־חֶבְרוֹן מֶלֶךְ־יַרְמוּת מֶלֶךְ־לָכִישׁ מֶלֶךְ־

rey-de Laquís rey-de Jarmut rey-de Hebrón rey-de Jerusalén rey-de

עֶגְלוֹן הֵם וְכָל־מַחֲנֵיהֶם וַיַּחֲנוּ עַל־גִּבְעוֹן

Gabaón contra y-acamparon sus-tropas y-todas ellos Eglón

וַיִּלָּחֲמוּ עָלֶיהָ׃ וַיִּשְׁלְחוּ אַנְשֵׁי גִבְעוֹן אֶל־יְהוֹשֻׁעַ

Josué a Gabaón (los)hombres-de Y-enviaron (6) . contra-ella y-guerrearon

אֶל־הַמַּחֲנֶה הַגִּלְגָּלָה לֵאמֹר אַל־תֶּרֶף יָדֶיךָ

tus-manos retires no : diciendo a-el-Gilgal el-campamento a

מֵעֲבָדֶיךָ עֲלֵה אֵלֵינוּ מְהֵרָה וְהוֹשִׁיעָה לָּנוּ וְעָזְרֵנוּ

y-ayúdanos a-nosotros y-salva rápido a-nosotros sube , de-tus-siervos

כִּי נִקְבְּצוּ אֵלֵינוּ כָּל־מַלְכֵי הָאֱמֹרִי יֹשְׁבֵי

habitantes-de el-amorreo (los)reyes-de todos contra-nosotros se-han-reunido pues

הָהָר׃ וַיַּעַל יְהוֹשֻׁעַ מִן־הַגִּלְגָּל הוּא וְכָל־

y-todo él el-Gilgal de Josué Y-subió (7) . la-montaña

עַם הַמִּלְחָמָה עִמּוֹ וְכֹל גִּבּוֹרֵי הֶחָיִל׃ וַיֹּאמֶר

Y-dijo (8) . el-ejército (los)héroes-de y-todos con-él la-guerra (el)pueblo-de

יְהוָה אֶל־יְהוֹשֻׁעַ אַל־תִּירָא מֵהֶם כִּי בְיָדְךָ נְתַתִּים

los-he-puesto en-tu-mano pues de-ellos tengas-temor no : Josué a Yahweh

לֹא־ יַעֲמֹד אִישׁ מֵהֶם בְּפָנֶיךָ׃ וַיָּבֹא אֲלֵיהֶם יְהוֹשֻׁעַ
Josué a-ellos Y-llegó (9) . ante-ti de-ellos hombre quedará-en-pie no

פִּתְאֹם כָּל־ הַלַּיְלָה עָלָה מִן־ הַגִּלְגָּל׃ וַיְהֻמֵּם
Y-los-confundió (10) . el-Gilgal desde subió la-noche toda , de-repente

יְהוָה לִפְנֵי יִשְׂרָאֵל וַיַּכֵּם מַכָּה־ גְדוֹלָה בְּגִבְעוֹן
en-Gabaón grande derrota y-los-derrotó Israel ante Yahweh

וַיִּרְדְּפֵם דֶּרֶךְ מַעֲלֵה בֵית־ חוֹרֹן וַיַּכֵּם עַד־
hasta y-los-derrotó horón Bet- (la)subida-de camino-de y-los-persiguió

עֲזֵקָה וְעַד־ מַקֵּדָה׃ וַיְהִי בְּנֻסָם ׀ מִפְּנֵי יִשְׂרָאֵל
Israel ante en-su-huir Y-sucedió (11) . Maquedá y-hasta Azecá

הֵם בְּמוֹרַד בֵּית־ חוֹרֹן וַיהוָה הִשְׁלִיךְ עֲלֵיהֶם אֲבָנִים
piedras sobre-ellos arrojó y-Yahweh horón Bet- en-(la)bajada-de ellos

גְּדֹלוֹת מִן־ הַשָּׁמַיִם עַד־ עֲזֵקָה וַיָּמֻתוּ רַבִּים אֲשֶׁר־ מֵתוּ
murieron los-que muchos ; y-murieron Azecá hasta el-cielo desde grandes

בְּאַבְנֵי הַבָּרָד מֵאֲשֶׁר הָרְגוּ בְּנֵי יִשְׂרָאֵל בֶּחָרֶב׃
. con-la-espada Israel (los)hijos-de mataron más-que-los-que el-granizo por-piedras-de

אָז יְדַבֵּר יְהוֹשֻׁעַ לַיהוָה בְּיוֹם תֵּת יְהוָה אֶת־ הָאֱמֹרִי
el-amorreo a Yahweh dar-de en-día-de a-Yahweh Josué habló Entonces (12)

לִפְנֵי בְּנֵי יִשְׂרָאֵל וַיֹּאמֶר ׀ לְעֵינֵי יִשְׂרָאֵל שֶׁמֶשׁ בְּגִבְעוֹן
en-Gabaón sol : Israel a-ojos-de y-dijo Israel hijos-de ante

דּוֹם וְיָרֵחַ בְּעֵמֶק אַיָּלוֹן׃ וַיִּדֹּם הַשֶּׁמֶשׁ
el-sol Y-se-detuvo (13) . Ajalón en-valle-de y-luna detente

וְיָרֵחַ עָמָד עַד־ יִקֹּם גּוֹי אֹיְבָיו הֲלֹא־
¿acaso-no de-sus-enemigos nación se vengó hasta-que se-paró y-luna

הִיא כְתוּבָה עַל־ סֵפֶר הַיָּשָׁר וַיַּעֲמֹד הַשֶּׁמֶשׁ בַּחֲצִי
en-medio-de el-sol y-se-paró ? Jaser (el)Libro-de sobre escrito ello

הַשָּׁמַיִם וְלֹא־ אָץ לָבוֹא כְּיוֹם תָּמִים׃ וְלֹא הָיָה

hubo Y-no (14) . entero como-día a-ponerse se-apresuró y-no el-cielo

כַּיּוֹם הַהוּא לְפָנָיו וְאַחֲרָיו לִשְׁמֹעַ יְהוָה בְּקוֹל

en-voz-de Yahweh escuchando y-tras-él ante-él el-aquél como-el-día

אִישׁ כִּי יְהוָה נִלְחָם לְיִשְׂרָאֵל׃ וַיָּשָׁב יְהוֹשֻׁעַ

Josué Y-volvió (15) . por-Israel luchaba Yahweh pues hombre

וְכָל־ יִשְׂרָאֵל עִמּוֹ אֶל־ הַמַּחֲנֶה הַגִּלְגָּלָה׃ וַיָּנֻסוּ

Y-huyeron (16) . a-el-Gilgal el-campamento hacia con-él Israel y-todo

חֲמֵשֶׁת הַמְּלָכִים הָאֵלֶּה וַיֵּחָבְאוּ בַמְּעָרָה בְּמַקֵּדָה׃

. en-Maquedá en-la-cueva y-se-escondieron los-éstos los-reyes cinco

וַיֻּגַּד לִיהוֹשֻׁעַ לֵאמֹר נִמְצְאוּ חֲמֵשֶׁת הַמְּלָכִים

los-reyes cinco encontramos diciendo a-Josué Y-fue-contado (17)

נֶחְבְּאִים בַּמְּעָרָה בְּמַקֵּדָה׃ וַיֹּאמֶר יְהוֹשֻׁעַ גֹּלּוּ אֲבָנִים

piedras rodad : Josué Y-dijo (18) . en-Maquedá en-la-cueva escondidos

גְּדֹלוֹת אֶל־ פִּי הַמְּעָרָה וְהַפְקִידוּ עָלֶיהָ אֲנָשִׁים לְשָׁמְרָם׃

. para-guardarlos hombres junto-a-ella y-apostad la-cueva (la)boca-de hacia grandes

וְאַתֶּם אַל־ תַּעֲמֹדוּ רִדְפוּ אַחֲרֵי אֹיְבֵיכֶם וְזִנַּבְתֶּם

y-cortaréis-la-retirada vuestros-enemigos tras perseguid , os-paréis no Y-vosotros (19)

אוֹתָם אַל־ תִּתְּנוּם לָבוֹא אֶל־ עָרֵיהֶם כִּי נְתָנָם יְהוָה

Yahweh los-dio pues sus-ciudades a entrar les-deis no a-ellos

אֱלֹהֵיכֶם בְּיֶדְכֶם׃ וַיְהִי כְּכַלּוֹת יְהוֹשֻׁעַ וּבְנֵי

y-hijos-de Josué cuando-acabar-de Y-sucedió (20) . en-vuestra-mano nuestro-Dios

יִשְׂרָאֵל לְהַכּוֹתָם מַכָּה גְדוֹלָה־ מְאֹד עַד־ תֻּמָּם

destruirlos hasta mucho grande derrota derrotar-los Israel

וְהַשְּׂרִידִים שָׂרְדוּ מֵהֶם וַיָּבֹאוּ אֶל־ עָרֵי

(las)ciudades-de a y-vinieron de-ellos sobrevivieron y-los-supervivientes

הַמִּבְצָר׃ וַיָּשֻׁבוּ כָל־ הָעָם אֶל־ הַמַּחֲנֶה אֶל־

a el-campamento a el-pueblo todo Y-volvieron (21) . la-fortaleza

יְהוֹשֻׁעַ מַקֵּדָה בְּשָׁלוֹם לֹא־ חָרַץ לִבְנֵי יִשְׂרָאֵל לְאִישׁ

contra-hombre Israel contra-hijos-de afiló no , en-paz a-Maquedá Josué

אֶת־ לְשֹׁנוֹ׃ וַיֹּאמֶר יְהוֹשֻׁעַ פִּתְחוּ אֶת־ פִּי הַמְּעָרָה

la-cueva (la)boca-de ** abrid : Josué Y-dijo (22) . su-lengua **

וְהוֹצִיאוּ אֵלַי אֶת־ חֲמֵשֶׁת הַמְּלָכִים הָאֵלֶּה מִן־ הַמְּעָרָה׃

. la-cueva de los-ésos los-reyes cinco ** a-mí y-haced-salir

וַיַּעֲשׂוּ כֵּן וַיֹּצִיאוּ אֵלָיו אֶת־ חֲמֵשֶׁת הַמְּלָכִים

los-reyes cinco ** a-él y-sacaron así E-hicieron (23)

הָאֵלֶּה מִן־ הַמְּעָרָה אֵת ׀ מֶלֶךְ יְרוּשָׁלַםִ אֶת־ מֶלֶךְ חֶבְרוֹן אֶת־ מֶלֶךְ

(el)rey-de a Hebrón (el)rey-de a Jerusalén (el)rey-de a : la-cueva de los-ésos

יַרְמוּת אֶת־מֶלֶךְ לָכִישׁ אֶת־מֶלֶךְ עֶגְלוֹן׃ וַיְהִי כְּהוֹצִיאָם

al-sacarlos Y-sucedió (24) . Eglón (el)rey-de a Laquís (el)rey-de a Jarmut

אֶת־הַמְּלָכִים הָאֵלֶּה אֶל־יְהוֹשֻׁעַ וַיִּקְרָא יְהוֹשֻׁעַ אֶל־ כָּל־ אִישׁ

hombre-de todo a Josué y-llamó Josué a los-éstos los-reyes a

יִשְׂרָאֵל וַיֹּאמֶר אֶל־ קְצִינֵי אַנְשֵׁי הַמִּלְחָמָה הֶהָלְכוּא אִתּוֹ

: con-él que-vinieron la-guerra hombres-de (los)capitanes-de a y-dijo Israel

קִרְבוּ שִׂימוּ אֶת־ רַגְלֵיכֶם עַל־ צַוְּארֵי הַמְּלָכִים הָאֵלֶּה וַיִּקְרְבוּ

y-se-acercaron los-estos los-reyes (los)cuellos-de sobre vuestros-pies ** poned acercaos

וַיָּשִׂימוּ אֶת־ רַגְלֵיהֶם עַל־ צַוְּארֵיהֶם׃ וַיֹּאמֶר אֲלֵיהֶם

a-ellos Y-dijo (25) . sus-cuellos sobre sus-pies ** y-pusieron

יְהוֹשֻׁעַ אַל־ תִּירְאוּ וְאַל־ תֵּחָתּוּ חִזְקוּ וְאִמְצוּ

y-sed-valientes sed-fuertes os-desaniméis y-no temáis no : Josué

כִּי כָכָה יַעֲשֶׂה יְהוָה לְכָל־ אֹיְבֵיכֶם אֲשֶׁר אַתֶּם

vosotros que vuestros-enemigos a-todos Yahweh hará así pues

נִלְחָמִים אוֹתָם׃ (26) וַיַּכֵּם יְהוֹשֻׁעַ אַחֲרֵי־כֵן
esto después-de Josué Y-los-hirió (26) . a-ellos guerreéis

וַיְמִיתֵם וַיִּתְלֵם עַל חֲמִשָּׁה עֵצִים וַיִּהְיוּ תְּלוּיִם
colgados y-estuvieron árboles cinco sobre y-los-colgó y-los-mató

עַל־הָעֵצִים עַד־הָעָרֶב׃ (27) וַיְהִי לְעֵת בּוֹא הַשֶּׁמֶשׁ
el-sol ponerse a-tiempo-de Y-sucedió (27) . la-tarde hasta los-árboles sobre

צִוָּה יְהוֹשֻׁעַ וַיֹּרִידוּם מֵעַל הָעֵצִים וַיַּשְׁלִכֻם
y-los-arrojaron los-árboles de-sobre y-los-bajaron Josué ordenó

אֶל־הַמְּעָרָה אֲשֶׁר נֶחְבְּאוּ־שָׁם וַיָּשִׂמוּ אֲבָנִים גְּדֹלוֹת עַל־
sobre grandes piedras y-pusieron allí se-habían-escondido que la-cueva a

פִּי הַמְּעָרָה עַד־עֶצֶם הַיּוֹם הַזֶּה׃ (28) וְאֶת־מַקֵּדָה לָכַד
tomó Maquedá Y-** (28) . el-éste el-día mismo hasta la-cueva boca-de

יְהוֹשֻׁעַ בַּיּוֹם הַהוּא וַיַּכֶּהָ לְפִי־חֶרֶב וְאֶת־מַלְכָּהּ
su-rey y-a espada a-filo-de y-la-hirió el-aquél en-el-día Josué

הֶחֱרִם אוֹתָם וְאֶת־כָּל־הַנֶּפֶשׁ אֲשֶׁר־בָּהּ לֹא הִשְׁאִיר שָׂרִיד
superviviente dejó no , en-ella que el-ser-vivo todo y-a a-él consagró-al-anatema

וַיַּעַשׂ לְמֶלֶךְ מַקֵּדָה כַּאֲשֶׁר עָשָׂה לְמֶלֶךְ יְרִיחוֹ׃
. Jericó a-(el)rey-de había-hecho como Maquedá a-(el)rey-de e-hizo

(29) וַיַּעֲבֹר יְהוֹשֻׁעַ וְכָל־יִשְׂרָאֵל עִמּוֹ מִמַּקֵּדָה
desde-Maquedá con-él Israel y-todo Josué Y-pasó (29)

לִבְנָה וַיִּלָּחֶם עִם־לִבְנָה׃ (30) וַיִּתֵּן יְהוָה גַּם־אוֹתָהּ
a-ella también Yahweh Y-puso (30) . Libná contra y-guerreó a-Libná

בְּיַד יִשְׂרָאֵל וְאֶת־מַלְכָּהּ וַיַּכֶּהָ לְפִי־חֶרֶב וְאֶת־
y-a espada a-filo-de y-la-hirió , su-rey y-a Israel en-mano-de

כָּל־הַנֶּפֶשׁ אֲשֶׁר־בָּהּ לֹא־הִשְׁאִיר בָּהּ שָׂרִיד וַיַּעַשׂ
e-hizo superviviente en-ella dejó no en-ella que el-ser-vivo todo

לְמַלְכָּהּ כַּאֲשֶׁר עָשָׂה לְמֶלֶךְ יְרִיחוֹ׃ וַיַּעֲבֹר
Y-pasó (31) . Jericó a-rey-de había-hecho como a-su-rey

יְהוֹשֻׁעַ וְכָל־ יִשְׂרָאֵל עִמּוֹ מִלִּבְנָה לָכִישָׁה וַיִּחַן
y-acampó a-Laquís desde-Libná con-él Israel y-todo Josué

עָלֶיהָ וַיִּלָּחֶם בָּהּ׃ וַיִּתֵּן יְהוָה אֶת־ לָכִישׁ
Laquís a Yahweh Y-puso (32) . contra-ella y-guerreó contra-ella

בְּיַד יִשְׂרָאֵל וַיִּלְכְּדָהּ בַּיּוֹם הַשֵּׁנִי וַיַּכֶּהָ
y-la-hirió el-segundo en-el-día y-la-tomó Israel en-mano-de

לְפִי־ חֶרֶב וְאֶת־ כָּל־ הַנֶּפֶשׁ אֲשֶׁר־ בָּהּ כְּכֹל אֲשֶׁר־ עָשָׂה
había-hecho lo-que según-todo en-ella que el-ser-vivo todo y-a espada a-filo-de

לְלִבְנָה׃ אָז עָלָה הֹרָם מֶלֶךְ גֶּזֶר לַעְזֹר אֶת־ לָכִישׁ
Laquís a a-ayudar Gézer rey-de Horam subió Entonces (33) . a-Libná

וַיַּכֵּהוּ יְהוֹשֻׁעַ וְאֶת־ עַמּוֹ עַד־ בִּלְתִּי הִשְׁאִיר־ לוֹ שָׂרִיד׃
. superviviente a-él dejar no hasta su-pueblo y Josué y-lo-derrotó

וַיַּעֲבֹר יְהוֹשֻׁעַ וְכָל־ יִשְׂרָאֵל עִמּוֹ מִלָּכִישׁ
desde-Laquís con-él Israel y-todo Josué Y-pasó (34)

עֶגְלֹנָה וַיַּחֲנוּ עָלֶיהָ וַיִּלָּחֲמוּ עָלֶיהָ׃
. contra-ella y-guerrearon contra-ella y-acamparon a-Eglón

וַיִּלְכְּדוּהָ בַּיּוֹם הַהוּא וַיַּכּוּהָ לְפִי־
a-filo-de y-la-hirieron el-aquél en-el-día Y-la-tomaron (35)

חֶרֶב וְאֵת כָּל־ הַנֶּפֶשׁ אֲשֶׁר־ בָּהּ בַּיּוֹם הַהוּא הֶחֱרִים
consagró-al-anatema el-aquél en-el-día en-ella que ser-vivo todo y espada

כְּכֹל אֲשֶׁר־ עָשָׂה לְלָכִישׁ׃ וַיַּעַל יְהוֹשֻׁעַ וְכָל־ יִשְׂרָאֵל
Israel y-todo Josué Y-subió (36) . a-Laquís había-hecho lo-que según-todo

עִמּוֹ מֵעֶגְלוֹנָה חֶבְרוֹנָה וַיִּלָּחֲמוּ עָלֶיהָ׃
. contra-ella y-guerrearon a-Hebrón desde-Eglón con-él

וַיִּלְכְּדוּהָ וַיַּכּוּהָ־ לְפִי־ חֶרֶב וְאֶת־ מַלְכָּהּ וְאֶת־

y-a su-rey y-a espada a-filo-de y-la-hirieron Y-la-tomaron (37)

כָּל־ עָרֶיהָ וְאֶת־ כָּל־ הַנֶּפֶשׁ אֲשֶׁר־ בָּהּ לֹא־ הִשְׁאִיר

dejó no en-ella que el-ser-vivo todo y-a sus ciudades todas

שָׂרִיד כְּכֹל אֲשֶׁר־ עָשָׂה לְעֶגְלוֹן וַיַּחֲרֵם אוֹתָהּ וְאֶת־ כָּל־

todo y-a a-ella y-consagró-al-anatema a-Eglón había-hecho lo-que según-todo supervi-viviente

הַנֶּפֶשׁ אֲשֶׁר־ בָּהּ׃ וַיָּשָׁב יְהוֹשֻׁעַ וְכָל־ יִשְׂרָאֵל עִמּוֹ

con-él Israel y-todo Josué Y-volvió (38) . en-ella que el-ser-vivo

דְּבִרָה וַיִּלָּחֶם עָלֶיהָ׃ וַיִּלְכְּדָהּ וְאֶת־ מַלְכָּהּ

su-rey y-a y-la-tomó (39) , contra-ella y-guerreó a-Debir

וְאֶת־ כָּל־ עָרֶיהָ וַיַּכּוּם לְפִי־ חֶרֶב וַיַּחֲרִימוּ

y-consagraron-al-anatema espada a-filo-de y-los-hirió sus-ciudades todas y-a

אֶת־ כָּל־ נֶפֶשׁ אֲשֶׁר־ בָּהּ לֹא הִשְׁאִיר שָׂרִיד כַּאֲשֶׁר עָשָׂה לְחֶבְרוֹן

a-Hebrón había-hecho como superviviente dejó no , en-ella que ser-vivo todo a

כֵּן־ עָשָׂה לִדְבִרָה וּלְמַלְכָּהּ וְכַאֲשֶׁר עָשָׂה לְלִבְנָה

a-Libná había-hecho y-como y-a-su-rey a-Debir hizo así

וּלְמַלְכָּהּ׃ וַיַּכֶּה יְהוֹשֻׁעַ אֶת־ כָּל־ הָאָרֶץ

el-país todo a Josué E-hirió (40) . y-a-su-rey

הָהָר וְהַנֶּגֶב וְהַשְּׁפֵלָה וְהָאֲשֵׁדוֹת וְאֵת כָּל־

todos y-a y-las-laderas y-la-llanura y-el-Négueb la-montaña

מַלְכֵיהֶם לֹא הִשְׁאִיר שָׂרִיד וְאֵת כָּל־ הַנְּשָׁמָה הֶחֱרִים

consagró-al-anatema lo-que-respiraba todo y-a superviviente dejó no , sus-reyes

כַּאֲשֶׁר צִוָּה יְהוָה אֱלֹהֵי יִשְׂרָאֵל׃ וַיַּכֵּם יְהוֹשֻׁעַ

Josué Y-los-hirió (41) . Israel Dios-de Yahweh había-ordenado según-lo-que

מִקָּדֵשׁ בַּרְנֵעַ וְעַד־ עַזָּה וְאֵת כָּל־ אֶרֶץ גֹּשֶׁן וְעַד־ גִּבְעוֹן׃

. Gabaón y-hasta Gosen (la)tierra-de toda y Gaza y-hasta barnea desde-Cadés-

וְאֵת כָּל־הַמְּלָכִים הָאֵלֶּה וְאֶת־אַרְצָם לָכַד יְהוֹשֻׁעַ

Josué tomó su-tierra y los-éstos los-reyes todos Y-a (42)

פַּעַם אֶחָת כִּי יְהוָה אֱלֹהֵי יִשְׂרָאֵל נִלְחָם לְיִשְׂרָאֵל׃

. para-Israel luchaba Israel Dios-de Yahweh pues , una vez

וַיָּשָׁב יְהוֹשֻׁעַ וְכָל־יִשְׂרָאֵל עִמּוֹ אֶל־הַמַּחֲנֶה

el-campamento a con-él Israel y-todo Josué Y-volvió (43)

הַגִּלְגָּלָה׃ וַיְהִי כִּשְׁמֹעַ יָבִין מֶלֶךְ־חָצוֹר וַיִּשְׁלַח

Cap. 11 y-envió Hazor rey-de Jabín cuando-oír-de Y-sucedió (1) . a-el-Gilgal

אֶל־יוֹבָב מֶלֶךְ מָדוֹן וְאֶל־מֶלֶךְ שִׁמְרוֹן וְאֶל־מֶלֶךְ אַכְשָׁף׃

. Acsaf (el)rey-de y-a Simrón (el)rey-de y-a Madón rey-de Jobab a

וְאֶל־הַמְּלָכִים אֲשֶׁר מִצְּפוֹן בָּהָר וּבָעֲרָבָה נֶגֶב

sur-de y-en-la-Arabá en-la-montaña del-norte que los-reyes Y-a (2)

כִּנֲרוֹת וּבַשְּׁפֵלָה וּבְנָפוֹת דּוֹר מִיָּם׃ הַכְּנַעֲנִי

El-cananeo (3) . al-oeste Dor y-en-las-alturas-de y-en-la-llanura Cinerot

מִמִּזְרָח וּמִיָּם וְהָאֱמֹרִי וְהַחִתִּי וְהַפְּרִזִּי

y-el-ferezeo y-el-heteo y-el-amorreo y-desde-occidente desde-oriente

וְהַיְבוּסִי בָּהָר וְהַחִוִּי תַּחַת חֶרְמוֹן בְּאֶרֶץ

en-tierra-de Hermón bajo y-el-heveo en-la-montaña y-el-jebuseo

הַמִּצְפָּה׃ וַיֵּצְאוּ הֵם וְכָל־מַחֲנֵיהֶם עִמָּם

con-ellos sus-tropas y-todas ellos Y-salieron (4) . Mizpá

עַם־רָב כַּחוֹל אֲשֶׁר עַל־שְׂפַת־הַיָּם לָרֹב וְסוּס

y-caballo por-la-multitud el-mar (la)orilla-de sobre que como-la-arena numeroso pueblo

וָרֶכֶב רַב־מְאֹד׃ וַיִּוָּעֲדוּ כֹּל הַמְּלָכִים הָאֵלֶּה

los-estos los-reyes todos Y-se-reunieron (5) . muy numeroso y-carro

וַיָּבֹאוּ וַיַּחֲנוּ יַחְדָּו אֶל־מֵי מֵרוֹם לְהִלָּחֵם עִם־

contra para-guerrear Merom aguas-de hacia juntos y-acamparon y-vinieron

יִשְׂרָאֵל׃ וַיֹּאמֶר יְהוָה אֶל־יְהוֹשֻׁעַ אַל־תִּירָא מִפְּנֵיהֶם כִּי־

pues ante-ellos temas no : Josué a Yahweh Y-dijo (6) . Israel

מָחָר כָּעֵת הַזֹּאת אָנֹכִי נֹתֵן אֶת־כֻּלָּם חֲלָלִים לִפְנֵי

ante atravesados todos-ellos a pongo yo el-este como-el-tiempo mañana

יִשְׂרָאֵל אֶת־סוּסֵיהֶם תְּעַקֵּר וְאֶת־מַרְכְּבֹתֵיהֶם תִּשְׂרֹף

quemarás sus-carretas y-** desjarretarás sus-caballos ** Israel

בָּאֵשׁ׃ וַיָּבֹא יְהוֹשֻׁעַ וְכָל־עַם הַמִּלְחָמָה עִמּוֹ

con-él la-guerra (el)pueblo-de y-todo Josué Y-vino (7) . con-el-fuego

עֲלֵיהֶם עַל־מֵי מֵרוֹם פִּתְאֹם וַיִּפְּלוּ בָּהֶם׃

. contra-ellos y-cayeron de-repente Merom aguas-de sobre contra-ellos

וַיִּתְּנֵם יְהוָה בְּיַד־יִשְׂרָאֵל וַיַּכּוּם

y-los-hirieron Israel en-mano-de Yahweh Y-los-puso (8)

וַיִּרְדְּפוּם עַד־צִידוֹן רַבָּה וְעַד מִשְׂרְפוֹת מַיִם וְעַד־בִּקְעַת

(el)valle-de y-hasta maim Misrefot- y-hasta grande Sidón hasta y-los-persiguieron

מִצְפֶּה מִזְרָחָה וַיַּכֻּם עַד־בִּלְתִּי הִשְׁאִיר־לָהֶם שָׂרִיד׃

. supervi a-ellos dejar no hasta y-los-hirieron por-oriente Mizpá
viente

וַיַּעַשׂ לָהֶם יְהוֹשֻׁעַ כַּאֲשֶׁר אָמַר־לוֹ יְהוָה אֶת־

** Yahweh a-él dijo según-que Josué a-ellos E-hizo (9)

סוּסֵיהֶם עִקֵּר וְאֶת־מַרְכְּבֹתֵיהֶם שָׂרַף בָּאֵשׁ׃

. con-el-fuego quemó sus-carretas y-** desjarretó sus-caballos

וַיָּשָׁב יְהוֹשֻׁעַ בָּעֵת הַהִיא וַיִּלְכֹּד אֶת־חָצוֹר

Hazor ** y-tomó el-aquél en-el-tiempo Josué Y-volvió (10)

וְאֶת־מַלְכָּהּ הִכָּה בֶחָרֶב כִּי־חָצוֹר לְפָנִים הִיא רֹאשׁ כָּל־

todos capital-de ella antes Hazor pues con-la-espada destruyó su-rey y-a

הַמַּמְלָכוֹת הָאֵלֶּה׃ וַיַּכּוּ אֶת־כָּל־הַנֶּפֶשׁ אֲשֶׁר־בָּהּ

en-ella que el-ser-vivo todo a E-hirieron (11) . los-éstos los-reinos

לְפִי־חֶרֶב הַחֲרֵם לֹא נוֹתַר כָּל־נְשָׁמָה וְאֶת־חָצוֹר
Hazor y que-respiraba todo dejó no consagrando-al-anatema espada a-filo-de

שָׂרַף בָּאֵשׁ׃ וְאֶת־כָּל־עָרֵי הַמְּלָכִים־הָאֵלֶּה וְאֶת־
y los-éstos los-reyes (las)ciudades-de todas Y-** (12) . con-el-fuego quemó

כָּל־מַלְכֵיהֶם לָכַד יְהוֹשֻׁעַ וַיַּכֵּם לְפִי־חֶרֶב
espada a-filo-de y-los-hirió Josué tomó sus-reyes todos

הֶחֱרִים אוֹתָם כַּאֲשֶׁר צִוָּה מֹשֶׁה עֶבֶד יְהוָה׃ רַק
Sólo (13) . Yahweh siervo-de Moisés ordenó según-que a-ellos consagró-al-anatema

כָּל־הֶעָרִים הָעֹמְדוֹת עַל־תִּלָּם לֹא שְׂרָפָם
las quemó no sus-colinas sobre que estaban las-ciudades todas

יִשְׂרָאֵל זוּלָתִי אֶת־חָצוֹר לְבַדָּהּ שָׂרַף יְהוֹשֻׁעַ׃ וְכֹל
Y-todo (14) . Josué quemó sólo-a-ella Hazor ** excepto Israel

שְׁלַל הֶעָרִים הָאֵלֶּה וְהַבְּהֵמָה בָּזְזוּ לָהֶם
para-ellos saquearon y-las-bestias las-éstas las-ciudades botín-de

בְּנֵי יִשְׂרָאֵל רַק אֶת־כָּל־הָאָדָם הִכּוּ לְפִי־חֶרֶב עַד־
hasta espada a-filo-de hirieron el-hombre todo ** sólo , Israel (los)hijos-de

הִשְׁמִדָם אוֹתָם לֹא הִשְׁאִירוּ כָּל־נְשָׁמָה׃ כַּאֲשֶׁר
Como (15) . (lo)que-respiraba todo dejaron no a-ellos destruirlos

צִוָּה יְהוָה אֶת־מֹשֶׁה עַבְדּוֹ כֵּן־צִוָּה מֹשֶׁה אֶת־
a Moisés ordenó así su-siervo Moisés a Yahweh ordenó

יְהוֹשֻׁעַ וְכֵן עָשָׂה יְהוֹשֻׁעַ לֹא־הֵסִיר דָּבָר מִכֹּל אֲשֶׁר־
lo-que de-todo cosa quitó no : Josué hizo y-así Josué

צִוָּה יְהוָה אֶת־מֹשֶׁה׃ וַיִּקַּח יְהוֹשֻׁעַ אֶת־כָּל־הָאָרֶץ
el-país todo ** Josué Y-tomó (16) . Moisés a Yahweh ordenó

הַזֹּאת הָהָר וְאֵת כָּל־הַנֶּגֶב וְאֵת כָּל־אֶרֶץ
(la)tierra-de toda y el-Négueb todo y la-montaña el-éste

הַגֹּשֶׁן וְאֶת־ הַשְּׁפֵלָה וְאֶת־ הָעֲרָבָה וְאֶת־ הַר יִשְׂרָאֵל
Israel (la)montaña-de y la-Arabá y la-llanura y Gosen

וּשְׁפֵלָתֹה׃ מִן־ הָהָר הֶחָלָק הָעוֹלֶה שֵׂעִיר
a-Seir que-sube el-Halac el-monte Desde (17) . y-su-llanura

וְעַד־ בַּעַל־ גָּד בְּבִקְעַת הַלְּבָנוֹן תַּחַת הַר־ חֶרְמוֹן וְאֵת כָּל־
todos y Hermón (el)monte- bajo el-Líbano en-(el)valle-de gad Baal- y-hasta

מַלְכֵיהֶם לָכַד וַיַּכֵּם וַיְמִיתֵם׃ יָמִים
Días (18) . y-los-mató y-los-hirió capturó sus-reyes

רַבִּים עָשָׂה יְהוֹשֻׁעַ אֶת־ כָּל־ הַמְּלָכִים הָאֵלֶּה מִלְחָמָה׃ לֹא־ הָיְתָה
hubo No (19) . guerra los-éstos los-reyes todos a Josué hizo muchos

עִיר אֲשֶׁר הִשְׁלִימָה אֶל־ בְּנֵי יִשְׂרָאֵל בִּלְתִּי הַחִוִּי יֹשְׁבֵי
habitantes-de el-heveo salvo Israel (los)hijos-de con hiciese-la-paz que ciudad

גִבְעוֹן אֶת־ הַכֹּל לָקְחוּ בַמִּלְחָמָה׃ כִּי מֵאֵת יְהוָה ׀ הָיְתָה
era Yahweh de Pues (20) . en-la-guerra capturaron la-totalidad ** Gabaón

לְחַזֵּק אֶת־ לִבָּם לִקְרַאת הַמִּלְחָמָה אֶת־ יִשְׂרָאֵל לְמַעַן
para Israel con la-guerra frente-a su-corazón ** endurecer

הַחֲרִימָם לְבִלְתִּי הֱיוֹת־ לָהֶם תְּחִנָּה כִּי לְמַעַן הַשְׁמִידָם
exterminarlos para ciertamente clemencia para-ellos haber sin consagrarlos-al-anatema

כַּאֲשֶׁר צִוָּה יְהוָה אֶת־ מֹשֶׁה׃ וַיָּבֹא יְהוֹשֻׁעַ בָּעֵת
en-el-tiempo Josué Y-vino (21) . Moisés a Yahweh ordenó como

הַהִיא וַיַּכְרֵת אֶת־ הָעֲנָקִים מִן־ הָהָר מִן־ חֶבְרוֹן
Hebrón de la-montaña de los-anaceos a y-destruyó el-aquél

מִן־ דְּבִר מִן־ עֲנָב וּמִכֹּל הַר יְהוּדָה וּמִכֹּל
y-de-toda Judá (la)montaña-de y-de-toda Anab de Debir de

הַר יִשְׂרָאֵל עִם־ עָרֵיהֶם הֶחֱרִימָם יְהוֹשֻׁעַ׃ לֹא־
No (22) . Josué los-consagró-al-anatema sus-ciudades con Israel (la)montaña-de

נוֹתַר עֲנָקִים בְּאֶרֶץ בְּנֵי יִשְׂרָאֵל רַק בְּעַזָּה בְּגַת

en-Gat en-Gaza sólo , Israel (los)hijos-de en-tierra-de anaceos dejó

וּבְאַשְׁדּוֹד נִשְׁאָרוּ׃ וַיִּקַּח יְהוֹשֻׁעַ אֶת־ כָּל־ הָאָרֶץ

el-país todo ** Josué Y-tomó (23) . quedaron y-en-Asdod

כְּכֹל אֲשֶׁר דִּבֶּר יְהוָה אֶל־ מֹשֶׁה וַיִּתְּנָהּ יְהוֹשֻׁעַ לְנַחֲלָה

en-heredad Josué y-lo-dio Moisés a Yahweh dijo que según-todo-lo

לְיִשְׂרָאֵל כְּמַחְלְקֹתָם לְשִׁבְטֵיהֶם וְהָאָרֶץ שָׁקְטָה

descansó y-el-país por-sus-tribus según-sus-divisiones a-Israel

מִמִּלְחָמָה׃ וְאֵלֶּה ׀ מַלְכֵי הָאָרֶץ אֲשֶׁר הִכּוּ בְנֵי־

Cap. 12 (los)hijos-de hirieron que el país (los)reyes-de Y-éstos (1) . de-guerra

יִשְׂרָאֵל וַיִּרְשׁוּ אֶת־ אַרְצָם בְּעֵבֶר הַיַּרְדֵּן

el-Jordán en-el-otro-lado-de su-tierra ** y-poseyeron Israel

מִזְרְחָה הַשֶּׁמֶשׁ מִנַּחַל אַרְנוֹן עַד־ הַר חֶרְמוֹן וְכָל־

y-toda Hermón (el)monte-de hasta Arnón desde-(el)torrente-de el-sol por-salida-de

הָעֲרָבָה מִזְרָחָה׃ סִיחוֹן מֶלֶךְ הָאֱמֹרִי הַיּוֹשֵׁב בְּחֶשְׁבּוֹן

en-Hesbón que-habitaba el-amorreo rey-de Sehón (2) . al-oriente la-Arabá

מֹשֵׁל מֵעֲרוֹעֵר אֲשֶׁר עַל־ שְׂפַת־ נַחַל אַרְנוֹן וְתוֹךְ הַנַּחַל

el-torrente y-el-medio-de Arnón (el)torrente-de ribera-de junto-a que desde-Aroer dominando

וַחֲצִי הַגִּלְעָד וְעַד יַבֹּק הַנַּחַל גְּבוּל בְּנֵי עַמּוֹן׃

. Amón (los)hijos-de límite-de el-torrente Jaboc y-hasta el-Galaad y-mitad-de

וְהָעֲרָבָה עַד־ יָם כִּנְרוֹת מִזְרָחָה וְעַד יָם הָעֲרָבָה

la-Arabá (el)mar-de y-hasta por-oriente Cinerot (el)mar-de hasta Y-la-Arabá (3)

יָם־ הַמֶּלַח מִזְרָחָה דֶּרֶךְ בֵּית הַיְשִׁמוֹת וּמִתֵּימָן תַּחַת

bajo y-desde-el-sur jesimot Bet- camino-de por-oriente la-Sal (el)mar-de

אַשְׁדּוֹת הַפִּסְגָּה׃ וּגְבוּל עוֹג מֶלֶךְ הַבָּשָׁן מִיֶּתֶר

de-residuo-de Basán rey-de Og Y-(el)territorio-de (4) . la-Pisgá laderas-de

הָרְפָאִים הַיּוֹשֵׁב בְּעַשְׁתָּרוֹת וּבְאֶדְרֶעִי׃ וּמֹשֵׁל
Y-dominaba (5) . y-en-Edreí en-Astarot que-habitaba los-refaítas

בְּהַר חֶרְמוֹן וּבְסַלְכָה וּבְכָל־ הַבָּשָׁן עַד־ גְּבוּל
(el)límite-de hasta el-Basán y-en-todo y-en-Salcá Hermón en-monte-de

הַגְּשׁוּרִי וְהַמַּעֲכָתִי וַחֲצִי הַגִּלְעָד גְּבוּל סִיחוֹן
Sehón límite-de el-Galaad y-mitad-de y-el-maacateo el-gesureo

מֶלֶךְ־ חֶשְׁבּוֹן׃ מֹשֶׁה עֶבֶד־ יְהוָה וּבְנֵי יִשְׂרָאֵל
Israel y-(los)hijos-de Yahweh siervo-de Moisés (6) . Hesbón rey-de

הִכּוּם וַיִּתְּנָהּ מֹשֶׁה עֶבֶד־ יְהוָה יְרֻשָּׁה
(en)posesión Yahweh siervo-de Moisés y-lo-dio los-derrotaron

לָרְאוּבֵנִי וְלַגָּדִי וְלַחֲצִי שֵׁבֶט הַמְנַשֶּׁה׃
. Manasés (la)tribu-de y-a-mitad-de y-a-el-gadita a-el-rubenita

וְאֵלֶּה מַלְכֵי הָאָרֶץ אֲשֶׁר הִכָּה יְהוֹשֻׁעַ וּבְנֵי יִשְׂרָאֵל
Israel y-(los)hijos-de Josué derrotó que el-país (los)reyes-de Y-éstos (7)

בְּעֵבֶר הַיַּרְדֵּן יָמָּה מִבַּעַל גָּד בְּבִקְעַת הַלְּבָנוֹן וְעַד־
y-hasta el-Líbano en-(el)valle-de gad desde-Baal- al-oeste el-Jordán allende

הָהָר הֶחָלָק הָעֹלֶה שֵׂעִירָה וַיִּתְּנָהּ יְהוֹשֻׁעַ
Josué y-lo-dio hacia-Seír que-se-alza de-Halac el-monte

לְשִׁבְטֵי יִשְׂרָאֵל יְרֻשָּׁה כְּמַחְלְקֹתָם׃ בָּהָר
En-la-montaña (8) . según-sus-divisiones (en)posesión Israel a-(las)tribus-de

וּבַשְּׁפֵלָה וּבָעֲרָבָה וּבָאֲשֵׁדוֹת וּבַמִּדְבָּר
y-en-el-desierto y-en-las-laderas y-en-la-Arabá y-en-la-llanura

וּבַנֶּגֶב הַחִתִּי הָאֱמֹרִי וְהַכְּנַעֲנִי הַפְּרִזִּי
el-perezeo y-el-cananeo el-amorreo el-heteo y-en-el-Négueb

הַחִוִּי וְהַיְבוּסִי׃ מֶלֶךְ יְרִיחוֹ אֶחָד מֶלֶךְ הָעַי אֲשֶׁר־
que el-Hay rey-de uno Jericó Rey-de (9) . y-el-jebuseo el-heveo

מִצַּד בֵּית־אֵל אֶחָד׃ מֶלֶךְ יְרוּשָׁלִַם אֶחָד מֶלֶךְ חֶבְרוֹן אֶחָד׃

. uno Hebrón rey-de uno Jerusalén Rey-de (10) . uno el Bet- del-lado-de

מֶלֶךְ יַרְמוּת אֶחָד מֶלֶךְ לָכִישׁ אֶחָד׃ מֶלֶךְ עֶגְלוֹן אֶחָד מֶלֶךְ

rey-de uno Eglón Rey-de (12) . uno Laquís rey-de uno Jarmut Rey-de

גֶּזֶר אֶחָד׃ מֶלֶךְ דְּבִר אֶחָד מֶלֶךְ גֶּדֶר אֶחָד׃ מֶלֶךְ חָרְמָה אֶחָד

uno Hormá Rey-de (14) . uno Géder rey-de uno Debir Rey-de (13) . uno Gézer

מֶלֶךְ עֲרָד אֶחָד׃ מֶלֶךְ לִבְנָה אֶחָד מֶלֶךְ עֲדֻלָּם אֶחָד׃ מֶלֶךְ

Rey-de (16) . uno Adulam rey-de uno Libná Rey-de (15) . uno Arad rey-de

מַקֵּדָה אֶחָד מֶלֶךְ בֵּית־אֵל אֶחָד׃ מֶלֶךְ תַּפּוּחַ אֶחָד מֶלֶךְ חֵפֶר אֶחָד׃

. uno Héfer rey-de uno Tapúa Rey-de (17) . uno el Bet- rey-de uno Maquedá

מֶלֶךְ אֲפֵק אֶחָד מֶלֶךְ לַשָּׁרוֹן אֶחָד׃ מֶלֶךְ מָדוֹן אֶחָד מֶלֶךְ

rey-de uno Madón Rey-de (19) . uno de-Sarón rey uno Afec Rey-de (18)

חָצוֹר אֶחָד׃ מֶלֶךְ שִׁמְרוֹן מְראוֹן אֶחָד מֶלֶךְ אַכְשָׁף אֶחָד׃ מֶלֶךְ

Rey-de (21) . uno Acsaf rey-de uno meron Simrón- Rey-de (20) . uno Hazor

תַּעְנַךְ אֶחָד מֶלֶךְ מְגִדּוֹ אֶחָד׃ מֶלֶךְ קֶדֶשׁ אֶחָד מֶלֶךְ־יָקְנְעָם

Jocneam rey-de uno Cedes Rey-de (22) . uno Meguidó rey-de uno Taanac

לַכַּרְמֶל אֶחָד׃ מֶלֶךְ דּוֹר לְנָפַת דּוֹר אֶחָד מֶלֶךְ־גּוֹיִם לְגִלְגָּל

en-Gilgal Goim rey-de uno Dor en-(la)altura-de Dor Rey-de (23) . uno de-el-Carmelo

אֶחָד׃ מֶלֶךְ תִּרְצָה אֶחָד כָּל־מְלָכִים שְׁלֹשִׁים וְאֶחָד׃ וִיהוֹשֻׁעַ

Cap. 13 Y-Josué (1) . y-uno treinta reyes todos uno Tirsá Rey-de (24) . uno

זָקֵן בָּא בַּיָּמִים וַיֹּאמֶר יְהוָה אֵלָיו אַתָּה

tú : a-él Yahweh y-dijo en-los-días avanzado era-anciano

זָקַנְתָּה בָּאתָ בַּיָּמִים וְהָאָרֶץ נִשְׁאֲרָה הַרְבֵּה־

mucha queda y-la-tierra en-los-días has-avanzado te-has-hecho-viejo

מְאֹד לְרִשְׁתָּהּ׃ זֹאת הָאָרֶץ הַנִּשְׁאֶרֶת כָּל־גְּלִילוֹת

(los)territorios-de todos que-quedaba la-tierra Ésta (2) . para-poseer-la muy

הַפְּלִשְׁתִּים וְכָל־ הַגְּשׁוּרִי׃ מִן־ הַשִּׁיחוֹר אֲשֶׁר עַל־ פְּנֵי
enfrente-de que el-Sihor Desde (3) . el-gesureo y-todo los-filisteos

מִצְרַיִם וְעַד גְּבוּל עֶקְרוֹן צָפוֹנָה לַכְּנַעֲנִי תֵּחָשֵׁב
se-considera para-el-cananeo al-norte Ecrón límite-de y-hasta Egipto

חֲמֵשֶׁת סַרְנֵי פְלִשְׁתִּים הָעַזָּתִי וְהָאַשְׁדּוֹדִי הָאֶשְׁקְלוֹנִי
el-ascaloneo y-el-asdodeo el-gazeo filisteos príncipes-de cinco

הַגִּתִּי וְהָעֶקְרוֹנִי וְהָעַוִּים׃ מִתֵּימָן כָּל־ אֶרֶץ
(la)tierra-de toda Por-el-sur (4) . y-los-aveos y-el-ecroneo el-geteo

הַכְּנַעֲנִי וּמְעָרָה אֲשֶׁר לַצִּידֹנִים עַד־ אֲפֵקָה עַד
hasta a-Afec hasta de-los-sidonios que y-Mehará el-cananeo

גְּבוּל הָאֱמֹרִי׃ וְהָאָרֶץ הַגִּבְלִי וְכָל־ הַלְּבָנוֹן
el-Líbano y-todo el-giblita Y-la-tierra-de (5) . el-amorreo (el)límite-de

מִזְרַח הַשֶּׁמֶשׁ מִבַּעַל גָּד תַּחַת הַר־ חֶרְמוֹן עַד לְבוֹא חֲמָת׃ כָּל־
Todos (6) . Hamat (la)entrada-de hasta Hermón (el)monte-de bajo gad por-Baal- el-sol desde-la-salida-de

יֹשְׁבֵי הָהָר מִן־ הַלְּבָנוֹן עַד־ מִשְׂרְפֹת מַיִם
maim Misrefot- hasta el-Líbano desde la-montaña (los)habitantes-de

כָּל־ צִידֹנִים אָנֹכִי אוֹרִישֵׁם מִפְּנֵי בְּנֵי יִשְׂרָאֵל רַק
sólo Israel hijos-de de-adelante-de expulsaré yo sidonios todos

הַפִּלֶהָ לְיִשְׂרָאֵל בְּנַחֲלָה כַּאֲשֶׁר צִוִּיתִיךָ׃ וְעַתָּה
Y-ahora (7) . te-ordené como por-heredad a-Israel repártelo-por-suertes

חַלֵּק אֶת־ הָאָרֶץ הַזֹּאת בְּנַחֲלָה לְתִשְׁעַת הַשְּׁבָטִים
las-tribus para-nueve-de por-heredad la-ésta la-tierra ** divide

וַחֲצִי הַשֵּׁבֶט הַמְנַשֶּׁה׃ עִמּוֹ הָרְאוּבֵנִי וְהַגָּדִי
y-el-gadita el-rubenita Con-él (8) . el-Manasés la-tribu-de y-mitad-de

לָקְחוּ נַחֲלָתָם אֲשֶׁר נָתַן לָהֶם מֹשֶׁה בְּעֵבֶר
allende Moisés a-ellos dio que su-heredad tomaron

הַיַּרְדֵּן מִזְרָחָה כַּאֲשֶׁר נָתַן לָהֶם מֹשֶׁה עֶבֶד יְהוָה׃

. Yahweh siervo-de Moisés a-ellos dio según a-oriente el-Jordán

מֵעֲרוֹעֵר אֲשֶׁר עַל־שְׂפַת־נַחַל אַרְנוֹן וְהָעִיר אֲשֶׁר בְּתוֹךְ־

en-medio-de que y-la-ciudad Amón (el)torrente (la)orilla-de junto-a que Desde-Aroer (9)

הַנַּחַל וְכָל־הַמִּישֹׁר מֵידְבָא עַד־דִּיבוֹן׃ וְכֹל

Y-todas (10) . Dibón hasta Medebá la-llanura y-toda el-torrente

עָרֵי סִיחוֹן מֶלֶךְ הָאֱמֹרִי אֲשֶׁר מָלַךְ בְּחֶשְׁבּוֹן עַד־גְּבוּל

(el)límite-de hasta en-Hesbón reinaba que el-amorreo rey-de Sehón (las)ciudades-de

בְּנֵי עַמּוֹן׃ וְהַגִּלְעָד וּגְבוּל הַגְּשׁוּרִי

el-gesureo y-territorio-de Y-Galaad (11) . Amón (los)hijos-de

וְהַמַּעֲכָתִי וְכֹל הַר חֶרְמוֹן וְכָל־הַבָּשָׁן עַד־

hasta el-Basán y-todo Hermón (el)monte-de y-todo y-el-maacateo

סַלְכָה׃ כָּל־מַמְלְכוּת עוֹג בַּבָּשָׁן אֲשֶׁר־מָלַךְ בְּעַשְׁתָּרוֹת

en-Astarot reinaba que en-Basán Og (el)reino-de Todo (12) . Salcá

וּבְאֶדְרֶעִי הוּא נִשְׁאַר מִיֶּתֶר הָרְפָאִים וַיַּכֵּם

y-los-derrotó los-refaítas de-residuo-de quedó él y-en-Edreí

מֹשֶׁה וַיֹּרִשֵׁם׃ וְלֹא הוֹרִישׁוּ בְּנֵי יִשְׂרָאֵל אֶת־

a Israel (los)hijos-de expulsaron Y-no (13) . y-los-expulsó Moisés

הַגְּשׁוּרִי וְאֶת־הַמַּעֲכָתִי וַיֵּשֶׁב גְּשׁוּר וּמַעֲכָת בְּקֶרֶב

en-medio-de y-Maacá Gesur y-habitó el-maacateo y-a el-gesureo

יִשְׂרָאֵל עַד הַיּוֹם הַזֶּה׃ רַק לְשֵׁבֶט הַלֵּוִי לֹא נָתַן

dio no el-levita a-tribu-de Sólo (14) . el-éste el-día hasta Israel

נַחֲלָה אִשֵּׁי יְהוָה אֱלֹהֵי יִשְׂרָאֵל הוּא נַחֲלָתוֹ

su-heredad él Israel Dios-de Yahweh (los)sacrificios-ígneos-de heredad

כַּאֲשֶׁר דִּבֶּר־לוֹ׃ וַיִּתֵּן מֹשֶׁה לְמַטֵּה בְנֵי־רְאוּבֵן

Rubén hijos-de a(la)-tribu-de Moisés Y-dio (15) . a-él dijo según

לְמִשְׁפְּחֹתָם׃ וַיְהִי לָהֶם הַגְּבוּל מֵעֲרוֹעֵר אֲשֶׁר עַל־
junto-a que desde-Aroer el-territorio para-ellos Y-fue (16) . por-sus-clanes

שְׂפַת־ נַחַל אַרְנוֹן וְהָעִיר אֲשֶׁר בְּתוֹךְ־ הַנַּחַל וְכָל־
y-toda el-torrente en-medio-de que y-la-ciudad Arnón (el)torrente-de (la)orilla-de

הַמִּישֹׁר עַל־ מֵידְבָא׃ חֶשְׁבּוֹן וְכָל־ עָרֶיהָ אֲשֶׁר
que sus-ciudades y-todas Hesbón (17) . Medebá junto-a la-llanura

בַּמִּישֹׁר דִּיבוֹן וּבָמוֹת בַּעַל וּבֵית בַּעַל מְעוֹן׃ וְיַהְצָה
Y-Jahaz (18) . meón baal- y-Bet- baal y-Bamot- Dibón en-la-llanura

וּקְדֵמֹת וּמֵפָעַת׃ וְקִרְיָתַיִם וְשִׂבְמָה וְצֶרֶת
y-Zaret-de y-Sibmá Y-Quiryatáyim (19) . y-Mefaat y-Cademot

הַשַּׁחַר בְּהַר הָעֵמֶק׃ וּבֵית פְּעוֹר וְאַשְׁדּוֹת הַפִּסְגָּה
Pisgá y-(las)laderas-de peor Y-Bet- (20) . el-Valle en-(el)monte-de sahar

וּבֵית הַיְשִׁמוֹת׃ וְכֹל עָרֵי הַמִּישֹׁר וְכָל־
y-todo la-llanura (las)ciudades-de Y-todas (21) . jesimot y-Bet-

מַמְלְכוּת סִיחוֹן מֶלֶךְ הָאֱמֹרִי אֲשֶׁר מָלַךְ בְּחֶשְׁבּוֹן אֲשֶׁר הִכָּה
derrotó que en-Hesbón reinaba que el-amorreo rey-de Sehón (el)reino-de

מֹשֶׁה אֹתוֹ וְאֶת־נְשִׂיאֵי מִדְיָן אֶת־אֱוִי וְאֶת־רֶקֶם וְאֶת־צוּר וְאֶת־חוּר וְאֶת־רֶבַע
Rebá y-a Hur y-a Zur y-a Réquem y-a Eví a Madián (los)príncipes-de y-a a-él Moisés

נְסִיכֵי סִיחוֹן יֹשְׁבֵי הָאָרֶץ׃ וְאֶת־ בִּלְעָם בֶּן־ בְּעוֹר
Beor hijo-de Balaam Y-a (22) . el-país habitantes-de Sehón príncipes-de

הַקּוֹסֵם הָרְגוּ בְנֵי־ יִשְׂרָאֵל בַּחֶרֶב אֶל־
junto-a con-la-espada Israel (los)hijos-de mataron el-adivino

חַלְלֵיהֶם׃ וַיְהִי גְּבוּל בְּנֵי רְאוּבֵן הַיַּרְדֵּן
el-Jordán Rubén (los)hijos-de (el)territorio-de Y-fue (23) . sus-víctimas

וּגְבוּל זֹאת נַחֲלַת בְּנֵי־ רְאוּבֵן לְמִשְׁפְּחֹתָם הֶעָרִים
las-ciudades por-sus-clanes Rubén (los)hijos-de heredad-de éste y-territorio

וְחַצְרֵיהֶֽן׃ וַיִּתֵּן מֹשֶׁה לְמַטֵּה־גָד לִבְנֵי־גָד

Gad para-(los)hijos-de Gad a-(la)tribu-de Moisés Y-dio (24) . y-sus-aldeas

לְמִשְׁפְּחֹתָֽם׃ וַיְהִי לָהֶם הַגְּבוּל יַעְזֵר וְכָל־

y-todas Jazer el-territorio para-ellos Y-fue (25) . por-sus-clanes

עָרֵי הַגִּלְעָד וַחֲצִי אֶרֶץ בְּנֵי עַמּוֹן עַד־עֲרוֹעֵר

Aroer hasta Amón hijos-de tierra-de y-mitad-de el-Galaad (las)ciudades-de

אֲשֶׁר עַל־פְּנֵי רַבָּה׃ וּמֵחֶשְׁבּוֹן עַד־רָמַת הַמִּצְפֶּה וּבְטֹנִים

y-Betonim mizpá Ramat- hasta Y-desde-Hesbón (26) . Rabá enfrente-de que

וּמִמַּחֲנַיִם עַד־גְּבוּל לִדְבִר׃ וּבָעֵמֶק בֵּית הָרָם

aram Bet- Y-en-el-valle (27) . de-Debir territorio hasta y-desde-Mahanáyim

וּבֵית נִמְרָה וְסֻכּוֹת וְצָפוֹן יֶתֶר מַמְלְכוּת סִיחוֹן מֶלֶךְ חֶשְׁבּוֹן

Hesbón rey-de Sehón (el)reino-de resto-de y-Zafón y-Sucot nimrá y-Bet-

הַיַּרְדֵּן וּגְבֻל עַד־קְצֵה יָם־כִּנֶּרֶת עֵבֶר הַיַּרְדֵּן

el-Jordán allende Cinerot (el)mar-de (el)extremo-de hasta y-territorio el-Jordán

מִזְרָחָה׃ זֹאת נַחֲלַת בְּנֵי־גָד לְמִשְׁפְּחֹתָם הֶעָרִים

las-ciudades por-sus-clanes Gad (los)hijos-de (la)heredad-de Ésta (28) . a-oriente

וְחַצְרֵיהֶם׃ וַיִּתֵּן מֹשֶׁה לַחֲצִי שֵׁבֶט מְנַשֶּׁה

Manasés (la)tribu-de a-la-mitad-de Moisés Y-dio (29) . y-las-aldeas

וַיְהִי לַחֲצִי מַטֵּה בְנֵי־מְנַשֶּׁה לְמִשְׁפְּחוֹתָם׃

. por-sus-clanes Manasés (los)hijos-de (la)tribu-de para-la-mitad-de y-fue

וַיְהִי גְבוּלָם מִמַּחֲנַיִם כָּל־הַבָּשָׁן כָּל־

todo el-Basán todo desde-Mahanáyim su-territorio Y-fue (30)

מַמְלְכוּת ׀ עוֹג מֶלֶךְ־הַבָּשָׁן וְכָל־חַוֹּת יָאִיר אֲשֶׁר

que Jaír (los)asentamientos-de y-todos el-Basán rey-de Og (el)reino-de

בַּבָּשָׁן שִׁשִּׁים עִיר׃ וַחֲצִי הַגִּלְעָד וְעַשְׁתָּרוֹת וְאֶדְרֶעִי

y-Edreí y-Astarot el-Galaad Y-(la)mitad-de (31) . ciudad sesenta en-el-Basán

עָרֵי מַמְלְכוּת עוֹג בַּבָּשָׁן לִבְנֵי מָכִיר בֶּן־מְנַשֶּׁה
ciudades-de (el)reino-de Og en-el-Basán para-(los)hijos-de Maquir hijo-de Manasés

לַחֲצִי בְנֵי־מָכִיר לְמִשְׁפְּחוֹתָם׃ (32) אֵלֶּה אֲשֶׁר־נִחַל
para-la-mitad-de (los)hijos-de Maquir por-sus-clanes. (32) Éstos lo-que dio-en-heredad

מֹשֶׁה בְּעַרְבוֹת מוֹאָב מֵעֵבֶר לְיַרְדֵּן יְרִיחוֹ מִזְרָחָה׃
Moisés en-llanos-de Moab allende de-Jordán Jericó al-oriente.

(33) וּלְשֵׁבֶט הַלֵּוִי לֹא־נָתַן מֹשֶׁה נַחֲלָה יְהוָה אֱלֹהֵי
(33) Y-a-(la)tribu-de el-levita no dio Moisés heredad Yahweh Dios-de

Cap. 14

יִשְׂרָאֵל הוּא נַחֲלָתָם כַּאֲשֶׁר דִּבֶּר לָהֶם׃ (1) וְאֵלֶּה
Israel él su-heredad como dijo a-ellos. (1) Y-éstos

אֲשֶׁר־נָחֲלוּ בְנֵי־יִשְׂרָאֵל בְּאֶרֶץ כְּנָעַן אֲשֶׁר נִחֲלוּ
lo-que poseyeron (los)hijos-de Israel en-tierra-de Canaán que repartieron

אוֹתָם אֶלְעָזָר הַכֹּהֵן וִיהוֹשֻׁעַ בִּן־נוּן וְרָאשֵׁי אֲבוֹת
a-ellos Eleazar el-sacerdote y-Josué hijo-de Nun y-(las)cabezas-de (los)padres-de

הַמַּטּוֹת לִבְנֵי יִשְׂרָאֵל׃ (2) בְּגוֹרַל נַחֲלָתָם כַּאֲשֶׁר
las-tribus de-(los)hijos-de Israel. (2) Por-suerte su-heredad como

צִוָּה יְהוָה בְּיַד־מֹשֶׁה לְתִשְׁעַת הַמַּטּוֹת וַחֲצִי
ordenó Yahweh por-mano-de Moisés a-nueve-de las-tribus y-a-la-mitad-de

הַמַּטֶּה׃ (3) כִּי־נָתַן מֹשֶׁה נַחֲלַת שְׁנֵי הַמַּטּוֹת
la-tribu. (3) Pues dio Moisés heredad-de dos las-tribus

וַחֲצִי הַמַּטֶּה מֵעֵבֶר לַיַּרְדֵּן וְלַלְוִיִּם לֹא־נָתַן
y-(la)mitad-de la-tribu allende el-Jordán y-a-los-levitas no dio

נַחֲלָה בְּתוֹכָם׃ (4) כִּי־הָיוּ בְנֵי־יוֹסֵף שְׁנֵי מַטּוֹת
heredad en-medio-de-ellos. (4) Pues fueron (los)hijos-de José dos tribus

מְנַשֶּׁה וְאֶפְרָיִם וְלֹא־נָתְנוּ חֵלֶק לַלְוִיִּם בָּאָרֶץ כִּי
Manasés y-Efraín y-no dieron parte a-los-levitas en-el-país sino

אִם־עָרִים לָשֶׁבֶת וּמִגְרְשֵׁיהֶם לְמִקְנֵיהֶם וּלְקִנְיָנָם׃
. y-para-sus-bienes para-sus-ganados y-sus-ejidos para-morar ciudades sólo

כַּאֲשֶׁר צִוָּה יְהוָה אֶת־מֹשֶׁה כֵּן עָשׂוּ בְּנֵי יִשְׂרָאֵל
Israel (los)hijos-de hicieron así Moisés a Yahweh ordenó Como (5)

וַיַּחְלְקוּ אֶת־הָאָרֶץ׃ וַיִּגְּשׁוּ בְנֵי־יְהוּדָה אֶל־יְהוֹשֻׁעַ
Josué a Judá (los)hijos-de Y-se-acercaron (6) . el-país ** y-dividieron

בַּגִּלְגָּל וַיֹּאמֶר אֵלָיו כָּלֵב בֶּן־יְפֻנֶּה הַקְּנִזִּי אַתָּה
tú : el-cenezeo Jefuné hijo-de Caleb a-él y-dijo en-el-Gilgal

יָדַעְתָּ אֶת־הַדָּבָר אֲשֶׁר־דִּבֶּר יְהוָה אֶל־מֹשֶׁה אִישׁ־הָאֱלֹהִים עַל
sobre el-hombre-de-Dios Moisés a Yahweh dijo que la-palabra ** conoces

אֹדוֹתַי וְעַל אֹדוֹתֶיךָ בְּקָדֵשׁ בַּרְנֵעַ׃ בֶּן־אַרְבָּעִים
cuarenta Hijo-de (7) . barnea en-Cadés- tu-causa y-sobre mi-causa

שָׁנָה אָנֹכִי בִּשְׁלֹחַ מֹשֶׁה עֶבֶד־יְהוָה אֹתִי מִקָּדֵשׁ בַּרְנֵעַ לְרַגֵּל
a-otear barnea desde-Cadés- a-mí Yahweh siervo-de Moisés cuando-mandar-de yo año

אֶת־הָאָרֶץ וָאָשֵׁב אֹתוֹ דָּבָר כַּאֲשֶׁר עִם־לְבָבִי׃
. mi-corazón con como noticia a-él y-traje el-país **

וְאַחַי אֲשֶׁר עָלוּ עִמִּי הִמְסִיו אֶת־לֵב
corazón-de ** desanimaron conmigo subieron que Y-mis-hermanos (8)

הָעָם וְאָנֹכִי מִלֵּאתִי אַחֲרֵי יְהוָה אֱלֹהָי׃ וַיִּשָּׁבַע
Y-juró (9) . mi-Dios Yahweh tras cumplí y-yo el-pueblo

מֹשֶׁה בַּיּוֹם הַהוּא לֵאמֹר אִם־לֹא הָאָרֶץ אֲשֶׁר דָּרְכָה
pisó que la-tierra no si : diciendo el-aquél en-el-día Moisés

רַגְלְךָ בָּהּ לְךָ תִהְיֶה לְנַחֲלָה וּלְבָנֶיךָ
y-para-tus-hijos en-heredad será para-ti en-ella tu-pie

עַד־עוֹלָם כִּי מִלֵּאתָ אַחֲרֵי יְהוָה אֱלֹהָי׃ וְעַתָּה הִנֵּה
he-aquí-que Y-ahora (10) . mi-Dios Yahweh tras cumpliste pues siempre hasta

הֶחְיָה יְהוָה׀ אוֹתִי כַּאֲשֶׁר דִּבֵּר זֶה אַרְבָּעִים וְחָמֵשׁ שָׁנָה
año y-cinco cuarenta Este dijo según a-mí Yahweh ha-hecho-vivir

מֵאָז דִּבֶּר יְהוָה אֶת־הַדָּבָר הַזֶּה אֶל־מֹשֶׁה אֲשֶׁר־הָלַךְ
caminó que Moisés a la-ésta la-palabra ** Yahweh dijo desde-que

יִשְׂרָאֵל בַּמִּדְבָּר וְעַתָּה הִנֵּה אָנֹכִי הַיּוֹם בֶּן־חָמֵשׁ וּשְׁמוֹנִים שָׁנָה׃
. año y-ochenta cinco hijo-de este-día yo he-aquí -que y-ahora por-el-desierto Israel

עוֹדֶנִּי הַיּוֹם חָזָק כַּאֲשֶׁר בְּיוֹם שְׁלֹחַ אוֹתִי מֹשֶׁה כְּכֹחִי
como-mi-vigor Moisés a-mí enviar en-día-de como fuerte este-día Aún-yo (11)

אָז וּכְכֹחִי עָתָּה לַמִּלְחָמָה וְלָצֵאת וְלָבוֹא׃ וְעַתָּה
Y-ahora (12) . y-para-venir y-para-salir para-la-guerra ahora y-como-mi-vigor entonces

תְּנָה־לִּי אֶת־הָהָר הַזֶּה אֲשֶׁר־דִּבֶּר יְהוָה בַּיּוֹם
en-el-día Yahweh dijo que el-éste el-monte ** a-mí da

הַהוּא כִּי אַתָּה־שָׁמַעְתָּ בַיּוֹם הַהוּא כִּי־עֲנָקִים שָׁם וְעָרִים
y-ciudades allí anaceos que el-aquél en-el-día escuchaste tú pues el-aquel

גְּדֹלוֹת בְּצֻרוֹת אוּלַי יְהוָה אוֹתִי וְהוֹרַשְׁתִּים
y-los-expulse conmigo Yahweh quizás fortificadas grandes

כַּאֲשֶׁר דִּבֶּר יְהוָה׃ וַיְבָרְכֵהוּ יְהוֹשֻׁעַ וַיִּתֵּן אֶת־
** y-dio Josué Y-lo-bendijo (13) . Yahweh dijo como

חֶבְרוֹן לְכָלֵב בֶּן־יְפֻנֶּה לְנַחֲלָה׃ עַל־כֵּן הָיְתָה־
fue esto Por (14) . por-heredad Jefuné hijo-de a-Caleb Hebrón

חֶבְרוֹן לְכָלֵב בֶּן־יְפֻנֶּה הַקְּנִזִּי לְנַחֲלָה עַד הַיּוֹם
el-día hasta por-heredad el-cenezeo Jefuné hijo-de para-Caleb Hebrón

הַזֶּה יַעַן אֲשֶׁר מִלֵּא אַחֲרֵי יְהוָה אֱלֹהֵי יִשְׂרָאֵל׃
. Israel Dios-de Yahweh tras cumplió que a-causa-de el-éste

וְשֵׁם חֶבְרוֹן לְפָנִים קִרְיַת אַרְבַּע הָאָדָם הַגָּדוֹל
el-mayor el-hombre arbá Quiryat- antes Hebrón Y-(el)nombre-de (15)

בָּעֲנָקִים הוּא וְהָאָרֶץ שָׁקְטָה מִמִּלְחָמָה׃ (1) וַיְהִי

Y-fue (1) . de-guerra descansó y-la-tierra él entre-los-anaceos

הַגּוֹרָל לְמַטֵּה בְּנֵי יְהוּדָה לְמִשְׁפְּחֹתָם אֶל־ גְּבוּל

territorio-de hacia por-sus-clanes Judá (los)hijos-de para-(la)tribu-de la-suerte

אֱדוֹם מִדְבַּר־ צִן נֶגְבָּה מִקְצֵה תֵימָן׃ (2) וַיְהִי לָהֶם

para-ellos Y-fue (2) . sur en-el-extremo-de al-sur Zin desierto-de Edom

גְּבוּל נֶגֶב מִקְצֵה יָם הַמֶּלַח מִן־ הַלָּשֹׁן הַפֹּנֶה

que-está-vuelta la-lengua desde la-Sal mar-de extremo-de sur límite-de

נֶגְבָּה׃ (3) וְיָצָא אֶל־ מִנֶּגֶב לְמַעֲלֵה עַקְרַבִּים וְעָבַר

y-pasaba Escorpiones de-subida-de por-el-sur hacia Y-salía (3) . hacia-sur

צִנָה וְעָלָה מִנֶּגֶב לְקָדֵשׁ בַּרְנֵעַ וְעָבַר חֶצְרוֹן

Hezrón y-pasaba barnea de-Cadés por-el-sur y-subía a-Zin

וְעָלָה אַדָּרָה וְנָסַב הַקַּרְקָעָה׃ (4) וְעָבַר

Y-pasaba (4) . a-la-Carcá y-rodeaba a-Adar y-subía

עַצְמוֹנָה וְיָצָא נַחַל מִצְרַיִם וְהָיָה תֹּצְאוֹת הַגְּבוּל

el-límite confines-de y-estaban Egipto torrente-de y-salía a-Asmón

יָמָּה זֶה־ יִהְיֶה לָכֶם גְּבוּל נֶגֶב׃ (5) וּגְבוּל קֵדְמָה

hacia-oriente Y-(el)límite (5) . sur límite-de para-vosotros será esto a-mar

יָם הַמֶּלַח עַד־ קְצֵה הַיַּרְדֵּן וּגְבוּל לִפְאַת

a-lado-de y-límite el-Jordán (la)desembocadura-de hasta la-Sal (el)mar-de

צָפוֹנָה מִלְּשׁוֹן הַיָּם מִקְצֵה הַיַּרְדֵּן׃ (6) וְעָלָה

Y-subía (6) . el-Jordán por-desembocadura-de el-mar desde-(la)lengua-de hacia-el-norte

הַגְּבוּל בֵּית חָגְלָה וְעָבַר מִצְּפוֹן לְבֵית הָעֲרָבָה

arabá de-Bet- por-el-norte y-pasaba hoglá Bet- el-límite

וְעָלָה הַגְּבוּל אֶבֶן בֹּהַן בֶּן־ רְאוּבֵן׃ (7) וְעָלָה

Y-subía (7) . Rubén hijo-de Bohán piedra-de el-límite y-subía

הַגְּבוּל ׀ דְּבִרָה מֵעֵמֶק עָכוֹר וְצָפוֹנָה פֹּנֶה אֶל־הַגִּלְגָּל

el-Gilgal hacia volviendo y-al-norte Acor desde-(el)valle-de a-Debir el-límite

אֲשֶׁר־נֹכַח לְמַעֲלֵה אֲדֻמִּים אֲשֶׁר מִנֶּגֶב לַנָּחַל וְעָבַר

y-pasaba del-torrente por-(el)sur que Adumín a-subida-de frente que

הַגְּבוּל אֶל־מֵי־עֵין שֶׁמֶשׁ וְהָיוּ תֹצְאֹתָיו אֶל־עֵין רֹגֵל׃

. rogel En- hacia sus-salidas y-eran semes En- aguas-de hacia el-límite

(8) וְעָלָה הַגְּבוּל גֵּי בֶן־הִנֹּם אֶל־כֶּתֶף

ladera-de hacia Hinom Ben valle-de el-límite Y-subía (8)

הַיְבוּסִי מִנֶּגֶב הִיא יְרוּשָׁלִָם וְעָלָה הַגְּבוּל אֶל־רֹאשׁ

(la)cima-de hacia el-límite y-subía Jerusalén ella por-(el)sur el-jebuseo

הָהָר אֲשֶׁר עַל־פְּנֵי גֵי־הִנֹּם יָמָּה אֲשֶׁר בִּקְצֵה עֵמֶק־

valle-de en-extremo-de que al-oeste Hinom (el)valle-de enfrente-de que el-monte

רְפָאִים צָפֹנָה׃ (9) וְתָאַר הַגְּבוּל מֵרֹאשׁ הָהָר אֶל־

hacia el-monte desde-(la)cima-de el-límite Y-torcía (9) . al-norte Refaím

מַעְיַן מֵי נֶפְתּוֹחַ וְיָצָא אֶל־עָרֵי הַר־עֶפְרוֹן

Efrón (el)monte-de (las)ciudades-de hacia y-salía Neftoá (las)aguas-de (el)manantial-de

וְתָאַר הַגְּבוּל בַּעֲלָה הִיא קִרְיַת יְעָרִים׃ (10) וְנָסַב

Y-rodeaba (10) . jearim Quiryat- ella a-Baalá el-límite y-torcía

הַגְּבוּל מִבַּעֲלָה יָמָּה אֶל־הַר שֵׂעִיר וְעָבַר אֶל־כֶּתֶף

ladera-de hacia y-pasaba Seír (el)monte-de hacia al-oeste desde-Baalá el-límite

הַר־יְעָרִים מִצָּפוֹנָה הִיא כְסָלוֹן וְיָרַד בֵּית־שֶׁמֶשׁ

semes Bet- y-descendía Quesalón ella por-norte Jearim monte-de

וְעָבַר תִּמְנָה׃ (11) וְיָצָא הַגְּבוּל אֶל־כֶּתֶף עֶקְרוֹן

Ecrón (la)ladera-de hacia el-límite Y-salía (11) . Timná y-pasaba

צָפוֹנָה וְתָאַר הַגְּבוּל שִׁכְּרוֹנָה וְעָבַר הַר־

a-(el)monte-de y-pasaba a-Sicrón el-límite y-torcía al-norte

הַבַּעֲלָה וְיָצָא יַבְנְאֵל וְהָיוּ תֹּצְאוֹת הַגְּבוּל יָמָּה׃

. al-mar el-límite las-salidas-de y-eran a-Jabneel y-salía la-Baalá

וּגְבוּל יָם הַיָּמָּה הַגָּדוֹל וּגְבוּל זֶה גְּבוּל

límite-de éste y-límite el-Grande hacia-el-mar oeste Y-límite-de (12)

בְּנֵי־יְהוּדָה סָבִיב לְמִשְׁפְּחֹתָם׃ וּלְכָלֵב בֶּן־יְפֻנֶּה

Jefuné hijo-de Y-a-Caleb (13) . por-sus-clanes alrededor Judá (los)hijos-de

נָתַן חֵלֶק בְּתוֹךְ בְּנֵי־יְהוּדָה אֶל־פִּי יְהוָה לִיהוֹשֻׁעַ

a-Josué Yahweh mandado-de según Judá (los)hijos-de en-medio-de parte dio

אֶת־קִרְיַת אַרְבַּע אֲבִי הָעֲנָק הִיא חֶבְרוֹן׃ וַיֹּרֶשׁ

Y expulsó (14) . Hebrón ella el-Anac padre-de arbá Quiryat- **

מִשָּׁם כָּלֵב אֶת־שְׁלוֹשָׁה בְּנֵי הָעֲנָק אֶת־שֵׁשַׁי וְאֶת־אֲחִימַן וְאֶת־

y Ahiman y Sesay a el-Anac hijos-de (los)tres a Caleb de-allí

תַּלְמַי יְלִידֵי הָעֲנָק׃ וַיַּעַל מִשָּׁם אֶל־

contra desde-allí Y-subió (15) . el-Anac descendientes-de Talmay

יֹשְׁבֵי דְּבִר וְשֵׁם־דְּבִר לְפָנִים קִרְיַת־סֵפֶר׃ וַיֹּאמֶר

Y-dijo (16) . séfer Quiryat- antes Debir y-(el)nombre-de Debir (los)habitantes-de

כָּלֵב אֲשֶׁר־יַכֶּה אֶת־קִרְיַת־סֵפֶר וּלְכָדָהּ

y-la-capture séfer Quiryat- a ataque quien : Caleb

וְנָתַתִּי לוֹ אֶת־עַכְסָה בִתִּי לְאִשָּׁה׃ וַיִּלְכְּדָהּ

Y-la-capturó (17) . por-mujer mi-hija Acsá a a-él y-daré-yo

עָתְנִיאֵל בֶּן־קְנַז אֲחִי כָלֵב וַיִּתֶּן־לוֹ אֶת־עַכְסָה

Acsá a a-él y-dio Caleb hermano-de Cenez hijo-de Otoniel

בִתּוֹ לְאִשָּׁה׃ וַיְהִי בְּבוֹאָהּ וַתְּסִיתֵהוּ

y-lo-persuadió cuando-su-venir Y-sucedió (18) . por-mujer su-hija

לִשְׁאוֹל מֵאֵת־אָבִיהָ שָׂדֶה וַתִּצְנַח מֵעַל הַחֲמוֹר

. el-burro de-sobre y-se-apeó campo su-padre de para-pedir

וַיֹּאמֶר־ לָהּ כָּלֵב מַה־ לָּךְ׃ וַתֹּאמֶר תְּנָה־ לִּי
a-mí da : Y-contestó-ella (19) ? para-ti ¿qué : Caleb a-ella Y-dijo

בְרָכָה כִּי אֶרֶץ הַנֶּגֶב נְתַתָּנִי וְנָתַתָּה לִי גֻּלֹּת
fuentes-de a-mí y-darás me-has-dado el Négueb tierra-de pues bendición

מָיִם וַיִּתֶּן־ לָהּ אֵת גֻּלֹּת עִלִּיּוֹת וְאֵת גֻּלֹּת תַּחְתִּיּוֹת׃
. abajo fuentes-de y arriba fuentes-de ** a-ella y-dio agua

זֹאת נַחֲלַת מַטֵּה בְנֵי־ יְהוּדָה לְמִשְׁפְּחֹתָם׃
. por-sus-clanes Judá (los)hijos-de (la)tribu-de (la)heredad-de Ésta (20)

וַיִּהְיוּ הֶעָרִים מִקְצֵה לְמַטֵּה בְנֵי־ יְהוּדָה אֶל־
hacia Judá (los)hijos-de de-(la)tribu-de por-extremo las-ciudades Y-fueron (21)

גְּבוּל אֱדוֹם בַּנֶּגְבָּה קַבְצְאֵל וְעֵדֶר וְיָגוּר׃ וְקִינָה
Y-Ciná (22) . y-Jagur y-Éder Cabseel en-el-Négueb Edom (el)límite-de

וְדִימוֹנָה וְעַדְעָדָה׃ וְקֶדֶשׁ וְחָצוֹר וְיִתְנָן׃ זִיף
Zif (24) . y-Itnán y-Hazor Y-Cedes (23) . y-Adadá y-Dimón

וָטֶלֶם וּבְעָלוֹת׃ וְחָצוֹר ׀ חֲדַתָּה וּקְרִיּוֹת חֶצְרוֹן הִיא חָצוֹר׃
. Hazor ella Hezrón y-Queriot hadatá Y-Hazor- (25) . y-Bealot y-Télem

אֲמָם וּשְׁמַע וּמוֹלָדָה׃ וַחֲצַר גַּדָּה וְחֶשְׁמוֹן וּבֵית
y-Bet- y-Hesmón gadá Y-Hazar- (27) . y-Moladá y-Semá Amam

פָּלֶט׃ וַחֲצַר שׁוּעָל וּבְאֵר שֶׁבַע וּבִזְיוֹתְיָה׃ בַּעֲלָה וְעִיִּים
e-Iyim Baalá (29) . y-Bizotiá seba y-Beer- sual Y-Hazar- (28) . pélet

וָעֶצֶם׃ וְאֶלְתּוֹלַד וּכְסִיל וְחָרְמָה׃ וְצִקְלַג וּמַדְמַנָּה
y-Madmaná Y-Siclag (31) . y-Hormá y-Quesil Y-Eltolad (30) . y-Esem

וְסַנְסַנָּה׃ וּלְבָאוֹת וְשִׁלְחִים וְעַיִן וְרִמּוֹן כָּל־
todas y-Rimón y-Aín y-Silhim Y-Lebaot (32) . y-Sansaná

עָרִים עֶשְׂרִים וָתֵשַׁע וְחַצְרֵיהֶן׃ בַּשְּׁפֵלָה אֶשְׁתָּאוֹל
Estaol En-la-llanura (33) . y-sus-aldeas y-nueve veinte ciudades

וְצָרְעָה וְאַשְׁנָה׃ וְזָנוֹחַ וְעֵין גַּנִּים תַּפּוּחַ וְהָעֵינָם׃
y-Zorá y-Asená. (34) Y-Zanoá y-En- ganim Tapuá y-Enam.

יַרְמוּת וַעֲדֻלָּם שׂוֹכֹה וַעֲזֵקָה׃ וְשַׁעֲרַיִם וַעֲדִיתַיִם
(35) Jarmut y-Adulam Socó y-Azecá. (36) Y-Saaraim y-Aditaim

וְהַגְּדֵרָה וּגְדֵרֹתָיִם עָרִים אַרְבַּע־עֶשְׂרֵה וְחַצְרֵיהֶן׃ צְנָן
y-Gederá y-Gederotaim ciudades cuatro diez y-sus-aldeas. (37) Zenán

וַחֲדָשָׁה וּמִגְדַּל־גָּד׃ וְדִלְעָן וְהַמִּצְפֶּה וְיָקְתְאֵל׃
y-Hadasá y-Migdal- gad. (38) Y-Dileán y-Mizpá y-Jocteel.

לָכִישׁ וּבָצְקַת וְעֶגְלוֹן׃ וְכַבּוֹן וְלַחְמָס וְכִתְלִישׁ׃
(39) Laquís y-Boscat y-Eglón. (40) Y-Cabón y-Lahmam y-quitlís.

וּגְדֵרוֹת בֵּית־דָּגוֹן וְנַעֲמָה וּמַקֵּדָה עָרִים שֵׁשׁ־עֶשְׂרֵה
(41) Y-Gederot Bet- dagon y-Naamá y-Maquedá ciudades seis diez

וְחַצְרֵיהֶן׃ לִבְנָה וָעֶתֶר וְעָשָׁן׃ וְיִפְתָּח
y-sus-aldeas. (42) Libná y-Éter y-Asán. (43) Y-Jiftá

וְאַשְׁנָה וּנְצִיב׃ וּקְעִילָה וְאַכְזִיב וּמָרֵאשָׁה עָרִים תֵּשַׁע
y-Asená y-Nezib. (44) Y-Keilá y-Aczib y-Maresá ciudades nueve

וְחַצְרֵיהֶן׃ עֶקְרוֹן וּבְנֹתֶיהָ וַחֲצֵרֶיהָ׃
y-sus-aldeas. (45) Ecrón y-sus-filiales y-sus-aldeas.

מֵעֶקְרוֹן וָיָמָּה כֹּל אֲשֶׁר־עַל־יַד אַשְׁדּוֹד וְחַצְרֵיהֶן׃
(46) Desde-Ecrón y-al-oeste todo lo-que junto-a Asdod y-sus-aldeas.

אַשְׁדּוֹד בְּנוֹתֶיהָ וַחֲצֵרֶיהָ עַזָּה בְּנוֹתֶיהָ
(47) Asdod sus-filiales y-sus-aldeas Gaza sus-filiales

וַחֲצֵרֶיהָ עַד־נַחַל מִצְרַיִם וְהַיָּם הַגָּדוֹל וּגְבוּל׃
y-sus-aldeas hasta (el)torrente-de Egipto y-el-mar el-Grande y-límite.

וּבָהָר שָׁמִיר וְיַתִּיר וְשׂוֹכֹה׃ וְדַנָּה
(48) Y-en-la-montaña Samir y-Jatir y-Socó. (49) Y-Daná

וְקִרְיַת־ סַנָּה הִיא דְבִר׃ וַעֲנָב וְאֶשְׁתְּמֹה וְעָנִים׃
. y-Anim y-Estemoa Y-Anab (50) . Debir ella saná y-Quiryat-

וְגֹשֶׁן וְחֹלֹן וְגִלֹה עָרִים אַחַת־עֶשְׂרֵה וְחַצְרֵיהֶן׃
. y-sus-aldeas diez una ciudades y-Giló y-Holón Y-Gosén (51)

אֲרַב וְרוּמָה וְאֶשְׁעָן׃ וְיָנִים וּבֵית־ תַּפּוּחַ וַאֲפֵקָה׃
. y-Afecá tapuá y-Bet- Y-Janum (53) . y-Esán y-Dumá Arab (52)

וְחֻמְטָה וְקִרְיַת אַרְבַּע הִיא חֶבְרוֹן וְצִיעֹר עָרִים תֵּשַׁע
nueve ciudades y-Sior Hebrón ella arba y-Quiryat- y-Humtá (54)

וְחַצְרֵיהֶן׃ מָעוֹן ׀ כַּרְמֶל וָזִיף וְיוּטָּה׃ וְיִזְרְעֶאל
Y-Jizreel (56) . Y-Jutá y-Zif Carmel Maón (55) . y-sus-aldeas

וְיָקְדְעָם וְזָנוֹחַ׃ הַקַּיִן גִּבְעָה וְתִמְנָה עָרִים עֶשֶׂר
diez ciudades y-Timná Gibeá Haqcayin (57) . y-Zanoá y-Jocdeam

וְחַצְרֵיהֶן׃ חַלְחוּל בֵּית־ צוּר וּגְדוֹר׃ וּמַעֲרָת
Y-Maarat (59) . y-Gedor sur Bet- Halhul (58) . y-sus-aldeas

וּבֵית־ עֲנוֹת וְאֶלְתְּקֹן עָרִים שֵׁשׁ וְחַצְרֵיהֶן׃ קִרְיַת־ בַּעַל
baal Quiryat- (60) . y-sus-aldeas seis ciudades y-Eltecón anot y-Bet-

הִיא קִרְיַת יְעָרִים וְהָרַבָּה עָרִים שְׁתַּיִם וְחַצְרֵיהֶן׃
. y-sus-aldeas dos ciudades y-Rabá jearim Quiryat- ella

בַּמִּדְבָּר בֵּית הָעֲרָבָה מִדִּין וּסְכָכָה׃ וְהַנִּבְשָׁן
Y-Nibsán (62) . y-Secacá Midín arabá Bet- En-el-desierto -de (61)

וְעִיר־ הַמֶּלַח וְעֵין גֶּדִי עָרִים שֵׁשׁ וְחַצְרֵיהֶן׃ וְאֶת־
Y-a (63) . y-sus-aldeas seis ciudades gadí y-En- la-Sal y-ciudad-de

הַיְבוּסִי יוֹשְׁבֵי יְרוּשָׁלַםִ לֹא־ יָוכְלוּ בְנֵי־ יְהוּדָה
Judá (los)hijos-de pudieron no Jerusalén (los)habitantes-de el-jebuseo

לְהוֹרִישָׁם וַיֵּשֶׁב הַיְבוּסִי אֶת־ בְּנֵי יְהוּדָה בִּירוּשָׁלַםִ
en-Jerusalén Judá (los)hijos-de con el-jebuseo y-vivió expulsarlos

עַד הַיּוֹם הַזֶּה׃ וַיֵּצֵא הַגּוֹרָל לִבְנֵי יוֹסֵף

José para-hijos-de la-suerte Y-salió (1) . el-éste el-día hasta

מִיַּרְדֵּן יְרִיחוֹ לְמֵי יְרִיחוֹ מִזְרָחָה הַמִּדְבָּר עֹלֶה

subiendo . el-desierto al-oriente Jericó a-aguas-de Jericó desde-Jordán-de

מִירִיחוֹ בָּהָר בֵּית־אֵל׃ וְיָצָא מִבֵּית־אֵל לוּזָה

a-Luz el desde-Bet- Y-salía (2) . el Bet- por-montaña-de desde-Jericó

וְעָבַר אֶל־ גְּבוּל הָאַרְכִּי עֲטָרוֹת׃ וְיָרַד־

Y-descendía (3) . Atarot el-arquita confín-de hacia y-pasaba

יָמָּה אֶל־ גְּבוּל הַיַּפְלֵטִי עַד גְּבוּל בֵּית־חוֹרֹן תַּחְתּוֹן

de-abajo horón Bet- límite-de hasta el-jafletita territorio-de hacia al-oeste

וְעַד־ גָּזֶר וְהָיוּ תֹצְאֹתָו יָמָּה׃ וַיִּנְחֲלוּ בְנֵי־

(los)hijos-de Y-tomaron-posesión (4) . hacia-el-mar sus-salidas y-eran Gézer y-hasta

יוֹסֵף מְנַשֶּׁה וְאֶפְרָיִם׃ וַיְהִי גְּבוּל בְּנֵי־ אֶפְרַיִם

Efraín (los)hijos-de límite-de Y-fue (5) . y-Efraín Manasés José

לְמִשְׁפְּחֹתָם וַיְהִי גְּבוּל נַחֲלָתָם מִזְרָחָה עַטְרוֹת

Atarot- por-oriente su-heredad (el)límite-de y-fue por-sus-clanes

אַדָּר עַד־ בֵּית חוֹרֹן עֶלְיוֹן׃ וְיָצָא הַגְּבוּל הַיָּמָּה

hacia-el-mar el-límite Y-salía (6) . de-arriba horón Bet- hasta adar

הַמִּכְמְתָת מִצָּפוֹן וְנָסַב הַגְּבוּל מִזְרָחָה תַּאֲנַת שִׁלֹה

silo Taanat- por-oriente el-límite y-daba-la-vuelta por-(el)norte Micmetat

וְעָבַר אוֹתוֹ מִמִּזְרַח יָנוֹחָה׃ וְיָרַד מִיָּנוֹחָה

desde-Janoá Y-descendía (7) . hacia-Janoá por-oriente a-él y-pasaba

עֲטָרוֹת וְנַעֲרָתָה וּפָגַע בִּירִיחוֹ וְיָצָא הַיַּרְדֵּן׃

. al-Jordán y-salía en-Jericó y-tocaba y-a-Naarat a-Atarot

מִתַּפּוּחַ יֵלֵךְ הַגְּבוּל יָמָּה נַחַל קָנָה וְהָיוּ

y-eran Caná torrente-de a-occidente el-límite iba Desde-Tapuá (8)

תֹּצְאֹתָיו הַיָּמָּה זֹאת נַחֲלַת מַטֵּה בְנֵי־ אֶפְרַיִם

Efraín (los)hijos-de (la)tribu-de (la)heredad-de Ésta . hacia-el-mar sus-salidas

לְמִשְׁפְּחֹתָם׃ וְהֶעָרִים הַמִּבְדָּלוֹת לִבְנֵי אֶפְרַיִם

Efraín para-(los)hijos-de que-se-apartaron Y-las-ciudades (9) . por-sus-clanes

בְּתוֹךְ נַחֲלַת בְּנֵי־ מְנַשֶּׁה כָּל־ הֶעָרִים וְחַצְרֵיהֶן׃

. y-sus-aldeas las-ciudades todas Manasés (los)hijos-de (la)heredad-de en-medio-de

וְלֹא הוֹרִישׁוּ אֶת־ הַכְּנַעֲנִי הַיּוֹשֵׁב בְּגָזֶר

en-Gézer que-habitaba el-cananeo a expulsaron Y-no (10)

וַיֵּשֶׁב הַכְּנַעֲנִי בְּקֶרֶב אֶפְרַיִם עַד־ הַיּוֹם הַזֶּה וַיְהִי

y-fue el-este el-día hasta Efraín en-(el)interior-de el-cananeo y-habitó

לְמַס־ עֹבֵד׃ וַיְהִי הַגּוֹרָל לְמַטֵּה מְנַשֶּׁה

Manasés para-(la)tribu-de la-suerte Y-fue (1) . siervo como-tributario **Cap.**

כִּי־הוּא בְּכוֹר יוֹסֵף לְמָכִיר בְּכוֹר מְנַשֶּׁה אֲבִי

padre-de Manasés primogénito-de a-Makir José primogénito-de él que

הַגִּלְעָד כִּי הוּא הָיָה אִישׁ מִלְחָמָה וַיְהִי־ לוֹ הַגִּלְעָד

Galaad para-él y-fue guerra hombre-de era él pues Galaad

וְהַבָּשָׁן׃ וַיְהִי לִבְנֵי מְנַשֶּׁה הַנּוֹתָרִים

los-restantes Manasés para-(los)hijos-de Y-hubo (2) . y-Basán

לְמִשְׁפְּחֹתָם לִבְנֵי אֲבִיעֶזֶר וְלִבְנֵי־ חֵלֶק

Helec y-para-(los)hijos-de Abiezer p ara-(los)hijos-de según-sus-clanes

וְלִבְנֵי אַשְׂרִיאֵל וְלִבְנֵי־ שֶׁכֶם וְלִבְנֵי־ חֵפֶר

Héfer y-para-(los)hijos-de Siquem y-para-(los)hijos-de Asriel y-para-(los)hijos-de

וְלִבְנֵי שְׁמִידָע אֵלֶּה בְּנֵי מְנַשֶּׁה בֶּן־ יוֹסֵף הַזְּכָרִים

los-varones José hijo-de : Manasés hijos-de éstos ; Semidá y-para-(los)hijos-de

לְמִשְׁפְּחֹתָם׃ וְלִצְלָפְחָד בֶּן־ חֵפֶר בֶּן־ גִּלְעָד בֶּן־

hijo-de Galaad hijo-de Héfer hijo-de Y-Para Zelofehad (3) . por-sus-clanes

מָכִיר בֶּן־ מְנַשֶּׁה לֹא־ הָיוּ לוֹ בָּנִים כִּי אִם־ בָּנוֹת וְאֵלֶּה

y-éstos hijas sino hijos para-él hubo no Manasés hijo-de Maquir

שְׁמוֹת בְּנֹתָיו מַחְלָה וְנֹעָה חָגְלָה מִלְכָּה וְתִרְצָה׃

. y-Tirsá Milcá Hoglá y-Noá Maalá : sus-hijas (los)nombres-de

וַתִּקְרַבְנָה לִפְנֵי אֶלְעָזָר הַכֹּהֵן וְלִפְנֵי ׀ יְהוֹשֻׁעַ בִּן־ נוּן

Nun hijo-de Josué y-ante el-sacerdote Eleazar ante Y-se-acercaron (4)

וְלִפְנֵי הַנְּשִׂיאִים לֵאמֹר יְהוָה צִוָּה אֶת־ מֹשֶׁה לָתֶת־ לָנוּ

a-nosotros dar Moisés a ordenó Yahweh : diciendo los-príncipes y-ante

נַחֲלָה בְּתוֹךְ אַחֵינוּ וַיִּתֵּן לָהֶם אֶל־ פִּי יְהוָה

Yahweh mandato-de por a-ellos y-dio nuestros-hermanos en-medio-de heredad

נַחֲלָה בְּתוֹךְ אֲחֵי אֲבִיהֶן׃ וַיִּפְּלוּ

Y-cayeron-en-suerte (5) . su-padre (los)hermanos-de en-medio-de heredad

חַבְלֵי־ מְנַשֶּׁה עֲשָׂרָה לְבַד מֵאֶרֶץ הַגִּלְעָד וְהַבָּשָׁן

y-Basán Galaad de-tierra-de aparte diez Manasés porciones-de

אֲשֶׁר מֵעֵבֶר לַיַּרְדֵּן׃ כִּי בְּנוֹת מְנַשֶּׁה נָחֲלוּ

heredaron Manasés (las)hijas-de Pues (6) . del-Jordán más-allá que

נַחֲלָה בְּתוֹךְ בָּנָיו וְאֶרֶץ הַגִּלְעָד הָיְתָה

fue Galaad y-tierra-de sus-hijos en-medio-de heredad

לִבְנֵי־ מְנַשֶּׁה הַנּוֹתָרִים׃ וַיְהִי גְבוּל־ מְנַשֶּׁה

Manasés (el)límite-de Y-fue (7) . los-restantes Manasés para-(los)hijos-de

מֵאָשֵׁר הַמִּכְמְתָת אֲשֶׁר עַל־ פְּנֵי שְׁכֶם וְהָלַךְ הַגְּבוּל

el-límite e-iba Siquem enfrente-de que Micmetat desde-Aser

אֶל־ הַיָּמִין אֶל־ יֹשְׁבֵי עֵין תַּפּוּחַ׃ לִמְנַשֶּׁה הָיְתָה אֶרֶץ

(la)tierra-de fue Para-Manasés (8) . Tapuá en (los)habitantes-de la-derecha el-sur hacia

תַּפּוּחַ וְתַפּוּחַ אֶל־ גְּבוּל מְנַשֶּׁה לִבְנֵי אֶפְרָיִם׃

. Efraín para-(los)hijos-de Manasés (el)límite-de en y-Tapuá Tapuá

וְיָרַד הַגְּבוּל נַחַל קָנָה נֶגְבָּה לַנַּחַל
de-el-torrente hacia-el-sur Caná torrente-de el-límite Y-descendía (9)

עָרִים הָאֵלֶּה לְאֶפְרַיִם בְּתוֹךְ עָרֵי מְנַשֶּׁה וּגְבוּל
y-límite-de Manasés ciudades-de en-medio-de para-Efraín las-éstas ciudades

מְנַשֶּׁה מִצְּפוֹן לַנַּחַל וַיְהִי תֹצְאֹתָיו הַיָּמָּה׃
. hacia-el-mar sus-salidas y-eran de-el-torrente desde-norte Manasés

נֶגְבָּה לְאֶפְרַיִם וְצָפוֹנָה לִמְנַשֶּׁה וַיְהִי הַיָּם
el-mar y-era de-Manasés y-al-norte de-Efraín Al-sur (10)

גְּבוּלוֹ וּבְאָשֵׁר יִפְגְּעוּן מִצָּפוֹן וּבְיִשָּׂשכָר מִמִּזְרָח׃
. por-el-este y-con-Isacar por-el-norte se-encuentran y-con-Aser su-límite

וַיְהִי לִמְנַשֶּׁה בְּיִשָּׂשכָר וּבְאָשֵׁר בֵּית־שְׁאָן
seán Bet- y-en-Aser en-Isacar para-Manasés Y-fue (11)

וּבְנוֹתֶיהָ וְיִבְלְעָם וּבְנוֹתֶיהָ וְאֶת־יֹשְׁבֵי
(los)habitantes-de y y-sus-filiales y-Ibleam y-sus-filiales

דֹאר וּבְנוֹתֶיהָ וְיֹשְׁבֵי עֵין־דֹּר וּבְנֹתֶיהָ
y-sus-filiales dor En- y-(los)habitantes-de y-sus-filiales Dor

וְיֹשְׁבֵי תַעְנַךְ וּבְנֹתֶיהָ וְיֹשְׁבֵי מְגִדּוֹ
Meguidó y-(los)habitantes-de y-sus-filiales Taanac y-(los)habitantes-de

וּבְנוֹתֶיהָ שְׁלֹשֶׁת הַנָּפֶת׃ וְלֹא יָכְלוּ בְּנֵי
(los)hijos-de pudieron Y-no (12) . Nefet tercio-de y-sus-filiales

מְנַשֶּׁה לְהוֹרִישׁ אֶת־הֶעָרִים הָאֵלֶּה וַיּוֹאֶל
y-persistió las-éstas las-ciudades ** tomar-en-propiedad Manasés

הַכְּנַעֲנִי לָשֶׁבֶת בָּאָרֶץ הַזֹּאת׃ וַיְהִי כִּי
cuando Y-sucedió (13) . la-esta en-la-tierra habitar el-cananeo

חָזְקוּ בְּנֵי יִשְׂרָאֵל וַיִּתְּנוּ אֶת־הַכְּנַעֲנִי
el-cananeo a y-pusieron Israel (los)hijos-de se-hicieron-fuertes

לָמַס וְהוֹרֵשׁ לֹא הוֹרִישׁוֹ׃ וַיְדַבְּרוּ
Y-hablaron (14) . lo-poseyeron no y-poseer por-tributario

בְּנֵי יוֹסֵף אֶת־יְהוֹשֻׁעַ לֵאמֹר מַדּוּעַ נָתַתָּה לִּי נַחֲלָה גּוֹרָל
suerte heredad a-mí has-dado ¿por-qué : diciendo Josué a José (los)hijos-de

אֶחָד וְחֶבֶל אֶחָד וַאֲנִי עַם־רָב עַד אֲשֶׁר־עַד־כֹּה בֵּרְכַנִי
me-bendijo así hasta que hasta numeroso pueblo y-yo una y-parte una

יְהוָה׃ וַיֹּאמֶר אֲלֵיהֶם יְהוֹשֻׁעַ אִם־עַם־רַב אַתָּה עֲלֵה
sube tú numeroso pueblo si : Josué a-ellos Y-dijo (15) ? Yahweh

לְךָ הַיַּעְרָה וּבֵרֵאתָ לְךָ שָׁם בְּאֶרֶץ הַפְּרִזִּי
el-ferezeo en-tierra-de allí para-ti y-corta hacia-el-bosque para-ti

וְהָרְפָאִים כִּי־אָץ לְךָ הַר־אֶפְרָיִם׃
. Efraín (la)montaña-de para-ti estrecha pues y-los-refaítas

וַיֹּאמְרוּ בְּנֵי יוֹסֵף לֹא־יִמָּצֵא לָנוּ הָהָר
la-montaña para-nosotros es-suficiente no : José (los)hijos-de Y-dijeron (16)

וְרֶכֶב בַּרְזֶל בְּכָל־הַכְּנַעֲנִי הַיֹּשֵׁב בְּאֶרֶץ־
en-tierra-de que-habita el-cananeo en-todo hierro y-carro-de

הָעֵמֶק לַאֲשֶׁר בְּבֵית־שְׁאָן וּבְנוֹתֶיהָ וְלַאֲשֶׁר בְּעֵמֶק
en-(el)valle-de y-que y-sus-filiales seán en-Bet- que el-valle

יִזְרְעֶאל׃ וַיֹּאמֶר יְהוֹשֻׁעַ אֶל־בֵּית יוֹסֵף לְאֶפְרַיִם וְלִמְנַשֶּׁה
y-a-Manasés a-Efraín José (la)casa-de a Josué Y-dijo (17) . Jizreel

לֵאמֹר עַם־רַב אַתָּה וְכֹחַ גָּדוֹל לָךְ לֹא־יִהְיֶה לְךָ
para-ti habrá no para-ti grande y-fuerza tú numeroso pueblo : diciendo

גּוֹרָל אֶחָד׃ כִּי הַר יִהְיֶה־לָּךְ כִּי־יַעַר הוּא
él bosque pues para-ti será monte En-verdad (18) . una suerte

וּבֵרֵאתוֹ וְהָיָה לְךָ תֹּצְאֹתָיו כִּי־תוֹרִישׁ
expulsarás pues sus-salidas para-ti y-será y-lo-talarás

אֶת־ הַֽכְּנַעֲנִי כִּי רֶכֶב בַּרְזֶל לוֹ כִּי חָזָק הוּא׃
. él fuerte aunque para-él hierro carro-de aunque el-cananeo a

וַיִּקָּהֲלוּ כָּל־ עֲדַת בְּנֵי־ יִשְׂרָאֵל שִׁלֹה
Silo Israel (los)hijos-de asamblea-de toda Y-se-reunieron (1)

וַיַּשְׁכִּינוּ שָׁם אֶת־ אֹהֶל מוֹעֵד וְהָאָרֶץ נִכְבְּשָׁה
fue-sometida y-la-tierra encuentro tienda-de ** allí y-erigieron

לִפְנֵיהֶם׃ וַיִּוָּתְרוּ בִּבְנֵי יִשְׂרָאֵל אֲשֶׁר לֹא־ חָלְקוּ
había-recibido no quien Israel entre-(los)hijos-de Y-habían-quedado (2) . ante-ellos

אֶת־ נַחֲלָתָם שִׁבְעָה שְׁבָטִים׃ וַיֹּאמֶר יְהוֹשֻׁעַ אֶל־ בְּנֵי יִשְׂרָאֵל
Israel (los)hijos-de a Josué Y-dijo (3) . tribus siete su-heredad **

עַד־ אָנָה אַתֶּם מִתְרַפִּים לָבוֹא לָרֶשֶׁת אֶת־ הָאָרֶץ אֲשֶׁר נָתַן
dio que la-tierra ** a-poseer para-venir seréis-negligentes vosotros cuándo ¿hasta

לָכֶם יְהוָה אֱלֹהֵי אֲבוֹתֵיכֶם׃ הָבוּ לָכֶם שְׁלֹשָׁה אֲנָשִׁים
hombres tres para-vosotros Señalad (4) ? vuestros-padres Dios-de Yahweh a-vosotros

לַשָּׁבֶט וְאֶשְׁלָחֵם וְיָקֻמוּ וְיִתְהַלְּכוּ
y-caminarán y-se-levantarán y-los-enviaré por-la-tribu

בָאָרֶץ וְיִכְתְּבוּ אוֹתָהּ לְפִי נַחֲלָתָם
su-heredad conforme-a a-ella y-describirán por-la-tierra

וְיָבֹאוּ אֵלָי׃ וְהִתְחַלְּקוּ אֹתָהּ לְשִׁבְעָה חֲלָקִים יְהוּדָה
Judá partes en-siete a-ella Y-se-la-dividirán (5) . a-mí y-volverán

יַעֲמֹד עַל־ גְּבוּלוֹ מִנֶּגֶב וּבֵית יוֹסֵף
José y-(la)casa-de a-(el)sur su-confín sobre quedará

יַעַמְדוּ עַל־ גְּבוּלָם מִצָּפוֹן׃ וְאַתֶּם תִּכְתְּבוּ
marcaréis Y-vosotros (6) . a-(el)norte su-confín sobre quedarán

אֶת־ הָאָרֶץ שִׁבְעָה חֲלָקִים וַהֲבֵאתֶם אֵלַי הֵנָּה וְיָרִיתִי לָכֶם
para-vosotros y-tiraré aquí a-mí y-traeréis partes siete la-tierra **

גּוֹרָל פֹּה לִפְנֵי יְהוָה אֱלֹהֵינוּ׃ כִּי אֵין־חֵלֶק לַלְוִיִּם
para-los-levitas parte no-hay Porque (7) . nuestro-Dios Yahweh ante aquí suerte

בְּקִרְבְּכֶם כִּי־כְהֻנַּת יְהוָה נַחֲלָתוֹ וְגָד
y-Gad su-heredad Yahweh sacerdocio-de pues en-vuestro-interior

וּרְאוּבֵן וַחֲצִי שֵׁבֶט הַמְנַשֶּׁה לָקְחוּ נַחֲלָתָם
su-heredad tomaron Manasés (la)tribu-de y-(la)mitad-de y-Rubén

מֵעֵבֶר לַיַּרְדֵּן מִזְרָחָה אֲשֶׁר נָתַן לָהֶם מֹשֶׁה עֶבֶד יְהוָה׃
. Yahweh siervo-de Moisés a-ellos dio que a-oriente el-Jordán allende

וַיָּקֻמוּ הָאֲנָשִׁים וַיֵּלֵכוּ וַיְצַו יְהוֹשֻׁעַ אֶת־
a Josué y-mandó y-partieron los-hombres Y-se-levantaron (8)

הַהֹלְכִים לִכְתֹּב אֶת־הָאָרֶץ לֵאמֹר לְכוּ וְהִתְהַלְּכוּ בָאָרֶץ
la-tierra y -recorred id : diciendo la-tierra ** a-marcar los-que-iban

וְכִתְבוּ אוֹתָהּ וְשׁוּבוּ אֵלַי וּפֹה אַשְׁלִיךְ לָכֶם גּוֹרָל
suertes a-vosotros yo-echaré y-aquí a-mí y-volved a-ella y-marcad

לִפְנֵי יְהוָה בְּשִׁלֹה׃ וַיֵּלְכוּ הָאֲנָשִׁים וַיַּעַבְרוּ
y-atravesaron los-hombres Y-partieron (9) . en-Silo Yahweh delante-de

בָאָרֶץ וַיִּכְתְּבוּהָ לֶעָרִים לְשִׁבְעָה חֲלָקִים עַל־
en partes en-siete por-ciudades y-la-marcaron la-comarca

סֵפֶר וַיָּבֹאוּ אֶל־יְהוֹשֻׁעַ אֶל־הַמַּחֲנֶה שִׁלֹה׃ וַיַּשְׁלֵךְ
Y-echó (10) . en-Silo el-campamento a Josué junto-a y-volvieron un-libro

לָהֶם יְהוֹשֻׁעַ גּוֹרָל בְּשִׁלֹה לִפְנֵי יְהוָה וַיְחַלֶּק־
y-repartió Yahweh delante-de en-Silo suertes Josué a-ellos

שָׁם יְהוֹשֻׁעַ אֶת־הָאָרֶץ לִבְנֵי יִשְׂרָאֵל כְּמַחְלְקֹתָם׃
. según-sus-divisiones Israel a-(los)hijos-de la-comarca ** Josué allí

וַיַּעַל גּוֹרַל מַטֵּה בְנֵי־בִנְיָמִן לְמִשְׁפְּחֹתָם וַיֵּצֵא
y-salió según-sus-familias Benjamín (los)hijos-de (la)tribu-de (la)suerte-de Y-echó (11)

גְּבוּל גּוֹרָלָם בֵּין בְּנֵי יְהוּדָה וּבֵין בְּנֵי
(los)hijos-de y-entre Judá (los)hijos-de entre de-su-suerte la-frontera

יוֹסֵף׃ וַיְהִי לָהֶם הַגְּבוּל לִפְאַת צָפוֹנָה מִן־
desde norte por-lado la-frontera para-ellos Y-era (12) . José

הַיַּרְדֵּן וְעָלָה הַגְּבוּל אֶל־ כֶּתֶף יְרִיחוֹ מִצָּפוֹן
al-norte de-Jericó la-vertiente hacia la-frontera y-subía el-Jordán

וְעָלָה בָהָר יָמָּה וְהָיָה תֹּצְאֹתָיו
sus-salidas y-eran a-occidente por-la-montaña y-ascendía

מִדְבָּרָה בֵּית אָוֶן׃ וְעָבַר מִשָּׁם הַגְּבוּל לוּזָה אֶל־
a hacia-Luz la-frontera desde-allí Y-pasaba (13) . avén Bet- el-desierto-de

כֶּתֶף לוּזָה נֶגְבָּה הִיא בֵּית־ אֵל וְיָרַד הַגְּבוּל עַטְרוֹת
Atarot- la-frontera y-baja el Bet- o-sea al-sur Luz (la)ladera-de

אַדָּר עַל־ הָהָר אֲשֶׁר מִנֶּגֶב לְבֵית־חֹרוֹן תַּחְתּוֹן׃ וְתָאַר
Y-doblaba (14) . de-abajo Horon de-Bet al-sur que la-montaña sobre adar

הַגְּבוּל וְנָסַב לִפְאַת־ יָם נֶגְבָּה מִן־ הָהָר אֲשֶׁר
que la-montaña de hacia-el-sur oeste por-(el)lado-del y-torcía la-frontera

עַל־ פְּנֵי בֵית־ חֹרוֹן נֶגְבָּה וְהָיָה תֹצְאֹתָיו אֶל־קִרְיַת־
Quiryat- hacia sus-salidas y-eran al-sur horón Bet- frente-a

בַּעַל הִיא קִרְיַת יְעָרִים עִיר בְּנֵי יְהוּדָה זֹאת פְּאַת־ יָם׃
. Occidente lado-del éste Judá (los)hijos-de ciudad-de jearim Quiryat- o-sea baal

וּפְאַת־ נֶגְבָּה מִקְצֵה קִרְיַת יְעָרִים וְיָצָא הַגְּבוּל
la-frontera y-salía jearim Quirjat- desde-extremo-de sur Y-lado-del (15)

יָמָּה וְיָצָא אֶל־ מַעְיַן מֵי נֶפְתּוֹחַ׃ וְיָרַד
Y-descendía (16) . Neftoa aguas-de fuente-de hacia y-salía hacia-occidente

הַגְּבוּל אֶל־ קְצֵה הָהָר אֲשֶׁר עַל־ פְּנֵי גֵּי בֶן־ הִנֹּם אֲשֶׁר
que Hinom hijo-de (el)valle-de delante-de que la-montaña extremo-de a la-frontera

בְּעֵמֶק רְפָאִים צָפֹנָה וְיָרַד גֵּי הִנֹּם אֶל־
hacia Hinom (el)valle-de y-descendía al-norte Refaím en-(el)valle-de

כֶּתֶף הַיְבוּסִי נֶגְבָּה וְיָרַד עֵין רֹגֵל׃ וְתָאַר
Y-torcía (17) . rogel a-En- y-descendía al-sur el-jebuseo (el)lado-de

מִצָּפוֹן וְיָצָא עֵין שֶׁמֶשׁ וְיָצָא אֶל־גְּלִילוֹת אֲשֶׁר־נֹכַח
frente-a que Gelilot a y-salía semes a-En- y-salía por-el(norte)

מַעֲלֵה אֲדֻמִּים וְיָרַד אֶבֶן בֹּהַן בֶּן־רְאוּבֵן׃ וְעָבַר
Y-pasaba (18) . Rubén hijo-de Bohán peña-de y-descendía Adumín subida-de

אֶל־כָּתֵף מוּל־הָעֲרָבָה צָפוֹנָה וְיָרַד הָעֲרָבָתָה׃
. a-la-Arabá y-descendía al-norte la-Arabá enfrente-de Ketef a

וְעָבַר הַגְּבוּל אֶל־כֶּתֶף בֵּית־חָגְלָה צָפוֹנָה
al-norte hoglá Bet- lado-de a la-frontera Y-pasaba (19)

וְהָיָה ׀ תֹּצְאוֹתָיו הַגְּבוּל אֶל־לְשׁוֹן יָם־הַמֶּלַח צָפוֹנָה אֶל־
a al-norte la-Sal (el)mar-de (la)lengua-de hacia la-frontera sus-salidas y-eran

קְצֵה הַיַּרְדֵּן נֶגְבָּה זֶה גְּבוּל נֶגֶב׃ וְהַיַּרְדֵּן
Y-el-Jordán (20) . sur (el)límite-de éste al-sur el-Jordán extremo-de

יִגְבֹּל־אֹתוֹ לִפְאַת־קֵדְמָה זֹאת נַחֲלַת בְּנֵי
(los)hijos-de (la)heredad-de esta este por-lado-del con-él limitaba

בִנְיָמִן לִגְבוּלֹתֶיהָ סָבִיב לְמִשְׁפְּחֹתָם׃ וְהָיוּ
Y-eran (21) . según-sus-familias alrededor según-sus-fronteras Benjamín

הֶעָרִים לְמַטֵּה בְּנֵי בִנְיָמִן לְמִשְׁפְּחוֹתֵיהֶם יְרִיחוֹ וּבֵית־
y-Bet- Jericó según-sus-familias Benjamín (los)hijos-de de-(la)tribu-de las-ciudades

חָגְלָה וְעֵמֶק קְצִיץ׃ וּבֵית הָעֲרָבָה וּצְמָרַיִם וּבֵית־אֵל׃
. el y-Bet- y-Zemaraim arabá Y-Bet- (22) . Casís y-(el)valle-de hoglá

וְהָעַוִּים וְהַפָּרָה וְעָפְרָה׃ וּכְפַר הָעַמֹּנִי
haamoní Y-Quefar (24) . y-Ofrá y-Pará Y-Avim (24)

וְהָעָפְנִי וְגָבַע עָרִים שְׁתֵּים־עֶשְׂרֵה וְחַצְרֵיהֶן׃ גִּבְעוֹן
Gabaón (25) . y-sus-aldeas diez dos ciudades y-Gabá y-Ofní

וְהָרָמָה וּבְאֵרוֹת׃ וְהַמִּצְפֶּה וְהַכְּפִירָה
y-Quefirá Y-Mizpá (26) . y-Beerot y-Ramá

וְהַמֹּצָה׃ וְרֶקֶם וְיִרְפְּאֵל וְתַרְאֲלָה׃ וְצֵלַע הָאֶלֶף
y-Elef Y-Zela (28) . y-Taralá y-Yirpeel Y-Réquem (27) . y-Mozá

וְהַיְבוּסִי הִיא יְרוּשָׁלַם גִּבְעַת קִרְיַת עָרִים אַרְבַּע־עֶשְׂרֵה
diez cuatro ciudades Quiryat Guibeá Jerusalén o-sea y-Jebús

וְחַצְרֵיהֶן זֹאת נַחֲלַת בְּנֵי־ בִנְיָמִן לְמִשְׁפְּחֹתָם׃
. según-sus-familias Benjamín (los)hijos-de (la)heredad-de ésta y-sus-aldeas

Cap. 19

וַיֵּצֵא הַגּוֹרָל הַשֵּׁנִי לְשִׁמְעוֹן לְמַטֵּה בְנֵי־
(los)hijos-de a-(la)tribu-de a-Simeón la-segunda la-suerte Y-salió (1)

שִׁמְעוֹן לְמִשְׁפְּחוֹתָם וַיְהִי נַחֲלָתָם בְּתוֹךְ נַחֲלַת
(la)heredad-de en-medio-de su-heredad y-fue según-sus-familias Simeón

בְנֵי־ יְהוּדָה׃ וַיְהִי לָהֶם בְּנַחֲלָתָם בְּאֵר־ שֶׁבַע
sebá Beer- en-su-heredad para-ellos Y-fue (2) . Judá (los)hijos-de

וְשֶׁבַע וּמוֹלָדָה׃ וַחֲצַר שׁוּעָל וּבָלָה וָעָצֶם׃ וְאֶלְתּוֹלַד
Y-Eltolad (4) . y-Ezem y-Balá sual Y-Hazar- (3) . Y-Moladá y-Sebá

וּבְתוּל וְחָרְמָה׃ וְצִקְלַג וּבֵית־ הַמַּרְכָּבוֹת וַחֲצַר סוּסָה׃
. susá y-Hazar- marcabot y-Bet- Y-Siclag (5) . y-Hormá y-Betul

וּבֵית לְבָאוֹת וְשָׁרוּחֶן עָרִים שְׁלֹשׁ־ עֶשְׂרֵה וְחַצְרֵיהֶן׃
. y-sus-aldeas diez tres ciudades y-Saruhén lebaot Y-Bet- (6)

עַיִן ׀ רִמּוֹן וָעֶתֶר וְעָשָׁן עָרִים אַרְבַּע וְחַצְרֵיהֶן׃
. y-sus-aldeas cuatro ciudades y-Asán y-Éter Rimón Aín (7)

וְכָל־ הַחֲצֵרִים אֲשֶׁר סְבִיבוֹת הֶעָרִים הָאֵלֶּה עַד־
hasta las-éstas las-ciudades alrededor-de que las-aldeas Y-todas (8)

בַּעֲלַת בְּאֵר רָאמַת נֶגֶב זֹאת נַחֲלַת מַטֵּה בְנֵי־שִׁמְעוֹן

Simeón (los)hijos-de (la)tribu-de (la)heredad-de esta Négueb Ramat-de beer Baalat-

לְמִשְׁפְּחֹתָם׃ מֵחֶבֶל בְּנֵי יְהוּדָה נַחֲלַת בְּנֵי

(los)hijos-de (la)heredad-de Judá (los)hijos-de Parte-de-la-suerte (9) . según-sus-familias

שִׁמְעוֹן כִּי־הָיָה חֵלֶק בְּנֵי־יְהוּדָה רַב מֵהֶם וַיִּנְחֲלוּ

y-tuvieron-su-heredad para-ellos mucha Judá de-(los)hijos-de (la)parte era pues Simeón

בְנֵי־שִׁמְעוֹן בְּתוֹךְ נַחֲלָתָם׃ וַיַּעַל הַגּוֹרָל

la-suerte Y-echó (10) . su-heredad en-medio-de Simeón (los)hijos-de

הַשְּׁלִישִׁי לִבְנֵי זְבוּלֻן לְמִשְׁפְּחֹתָם וַיְהִי גְּבוּל

la-frontera y-era según-sus-familias Zebulón para-(los)hijos-de la-tercera

נַחֲלָתָם עַד־שָׂרִיד׃ וְעָלָה גְבוּלָם ׀

su-frontera Y-subía (11) . Sarid hasta su-heredad

לַיָּמָּה וּמַרְעֲלָה וּפָגַע בְּדַבָּשֶׁת וּפָגַע

y-alcanzaba a-Dabaset y-alcanzaba a-Maralá por-el-oeste

אֶל־הַנַּחַל אֲשֶׁר עַל־פְּנֵי יָקְנְעָם׃ וְשָׁב מִשָּׂרִיד

de-Sarid Y-volvía (12) . Jocneam delante de que el-río

קֵדְמָה מִזְרַח הַשֶּׁמֶשׁ עַל־גְּבוּל כִּסְלֹת תָּבֹר וְיָצָא אֶל־

hacia y-salía tabor Kislot- (la)frontera-de a el-sol el-levante-de hacia-oriente

הַדָּבְרַת וְעָלָה יָפִיעַ׃ וּמִשָּׁם עָבַר קֵדְמָה

al-oriente pasaba Y-de-allí (13) . a-Jafía y-subía el-Daberat

מִזְרָחָה גִּתָּה חֵפֶר עִתָּה קָצִין וְיָצָא רִמּוֹן הַמְּתֹאָר

que-rodea Rimon y-salía cazin a-Ita- héfer a-Gat- al-este

הַנֵּעָה׃ וְנָסַב אֹתוֹ הַגְּבוּל מִצְּפוֹן חַנָּתֹן

Hanaton por-(el)norte-de la-frontera a-él Y-daba-la-vuelta (14) . el-Neá

וְהָיוּ תֹּצְאֹתָיו גֵּי יִפְתַּח־אֵל׃ וְקַטָּת וְנַהֲלָל

y-Naalal Y-Catat (15) . Yiftah-Él (el)valle-de sus-salidas y-eran

וְשִׁמְרוֹן וְיִדְאֲלָה וּבֵית לָחֶם עָרִים שְׁתֵּים־עֶשְׂרֵה וְחַצְרֵיהֶן׃
. y-sus-aldeas diez dos ciudades Belén y-Idalá y-Simrón

(16) זֹאת נַחֲלַת בְּנֵי־זְבוּלֻן לְמִשְׁפְּחוֹתָם הֶעָרִים הָאֵלֶּה
las-éstas las-ciudades según-sus-familias Zebulón (los)hijos-de (la)heredad-de Esta (16)

וְחַצְרֵיהֶן׃ (17) לְיִשָּׂשכָר יָצָא הַגּוֹרָל הָרְבִיעִי
la-cuarta la-suerte salió A-Isacar (17) . y-sus-aldeas

לִבְנֵי יִשָּׂשכָר לְמִשְׁפְּחוֹתָם׃ (18) וַיְהִי גְּבוּלָם
su-frontera Y-era (18) . según-sus-familias Isacar a-(los)hijos-de

יִזְרְעֶאלָה וְהַכְּסוּלֹת וְשׁוּנֵם׃ (19) וַחֲפָרַיִם וְשִׁיאֹן
y-Sihón Y-Hafaraim (19) . y-Sunem y-Quesulot Jizreel

וַאֲנָחֲרַת׃ (20) וְהָרַבִּית וְקִשְׁיוֹן וָאָבֶץ׃ (21) וְרֶמֶת
Y-Rémet (21) . y-Abez y-Quisión y-Rabit (20) . Y-Anaharat

וְעֵין־גַּנִּים וְעֵין חַדָּה וּבֵית פַּצֵּץ׃ (22) וּפָגַע הַגְּבוּל
la-frontera Y-alcanzaba (22) . pasés y-Bet- hadá y-En ganim y-En-

בְּתָבוֹר וְשַׁחֲצוּמָה וּבֵית שֶׁמֶשׁ וְהָיוּ תֹּצְאוֹת
salidas-de y-eran semes y-Bet- y-Sahazima al-Tabor

גְּבוּלָם הַיַּרְדֵּן עָרִים שֵׁשׁ־עֶשְׂרֵה וְחַצְרֵיהֶן׃ (23) זֹאת
Esta (23) . y-sus-aldeas diez seis ciudades el-Jordán su-frontera

נַחֲלַת מַטֵּה בְנֵי־יִשָּׂשכָר לְמִשְׁפְּחֹתָם הֶעָרִים
las-ciudades según-sus-familias Isacar (los)hijos-de (la)tribu-de (la)heredad-de

וְחַצְרֵיהֶן׃ (24) וַיֵּצֵא הַגּוֹרָל הַחֲמִישִׁי לְמַטֵּה
a-la-tribu-de la-quinta la-suerte Y-salió (24) . y-sus-aldeas

בְנֵי־אָשֵׁר לְמִשְׁפְּחוֹתָם׃ (25) וַיְהִי גְּבוּלָם חֶלְקַת
Helcat su-frontera Y-era (25) . según-sus-familias Aser (los)hijos-de

וַחֲלִי וָבֶטֶן וְאַכְשָׁף׃ (26) וְאַלַּמֶּלֶךְ וְעַמְעָד וּמִשְׁאָל
y-Miseal y-Amad Y-Alamelec (26) . y-Acsaf y-Betén y-Halí

וּפָגַע בְּכַרְמֶל הַיָּמָּה וּבְשִׁיחוֹר לִבְנָת׃ וְשָׁב

Y-torcía (27) . libnat y-a-Sihor- al-oeste al-Carmelo y-llegaba

מִזְרַח הַשֶּׁמֶשׁ בֵּית דָּגֹן וּפָגַע בִּזְבֻלוּן וּבְגֵי יִפְתַּח־

Yiftah- y-valle-de a-Zabulón y-alcanzaba dagón Bet- el-sol a-levante-de

אֶל צָפוֹנָה בֵּית הָעֵמֶק וּנְעִיאֵל וְיָצָא אֶל־ כָּבוּל מִשְּׂמֹאל׃

. por-la-izquierda Cabul a y-salía y-Niel émec a-Bet- al-norte Él

וְעֶבְרֹן וּרְחֹב וְחַמּוֹן וְקָנָה עַד צִידוֹן רַבָּה׃

. grande Sidón hasta y-Caná y-Hamón y-Rehob Y-Hebrón (28)

וְשָׁב הַגְּבוּל הָרָמָה וְעַד־ עִיר מִבְצַר־ צֹר

Tiro fortaleza-de ciudad y-hasta hacia-Ramá la-frontera Y-torcía (29)

וְשָׁב הַגְּבוּל חֹסָה וַיִּהְיוּ תֹצְאֹתָיו הַיָּמָּה

el-mar sus-salidas y-eran hacia-Hosá la-frontera y-torcía

מֵחֶבֶל אַכְזִיבָה׃ וְעֻמָה וַאֲפֵק וּרְחֹב עָרִים עֶשְׂרִים

veinte ciudades y-Rehob y-Afec Y-Umá (30) . Aczib desde-región-de

וּשְׁתַּיִם וְחַצְרֵיהֶן׃ זֹאת נַחֲלַת מַטֵּה בְנֵי־ אָשֵׁר

Aser (los)hijos-de (la)tribu-de (la)heredad-de Esta (31) . y-sus-aldeas y-dos

לְמִשְׁפְּחֹתָם הֶעָרִים הָאֵלֶּה וְחַצְרֵיהֶן׃ לִבְנֵי

Para-(los)hijos-de (32) . y-sus-aldeas las-éstas las-ciudades según-sus-familias

נַפְתָּלִי יָצָא הַגּוֹרָל הַשִּׁשִּׁי לִבְנֵי נַפְתָּלִי לְמִשְׁפְּחֹתָם׃

. según-sus-familias Neftalí para-(los)hijos-de la-sexta la-suerte salió Neftalí

וַיְהִי גְבוּלָם מֵחֵלֶף מֵאֵלוֹן בְּצַעֲנַנִּים

saananim desde-Alón- desde-Hélef su-frontera Y-era (33)

וַאֲדָמִי הַנֶּקֶב וְיַבְנְאֵל עַד־ לַקּוּם וַיְהִי תֹצְאֹתָיו הַיַּרְדֵּן׃

. el-Jordán sus-salidas y-era Lacum hasta y-Jabneel néceb y-Adamí-

וְשָׁב הַגְּבוּל יָמָּה אַזְנוֹת תָּבוֹר וְיָצָא מִשָּׁם

de-allí y-salía tabor Aznot- hacia-oeste la-frontera Y-torcía (34)

חוּקֹקָה וּפָגַע בִּזְבֻלוּן מִנֶּגֶב וּבְאָשֵׁר פָּגַע מִיָּם
a-Hucoc y-llegaba hasta-Zabulón por-sur y-hasta-Aser llegaba por-oeste

וּבִיהוּדָה הַיַּרְדֵּן מִזְרַח הַשָּׁמֶשׁ׃ (35) וְעָרֵי מִבְצָר
y-hasta-Judá el-Jordán levante-de el-sol. (35) Y-ciudades fortificadas

הַצִּדִּים צֵר וְחַמַּת רַקַּת וְכִנָּרֶת׃ (36) וַאֲדָמָה וְהָרָמָה
Sidim Zer y-Hamat Racat y-Cineret. (36) Y-Adamá y-Ramá

וְחָצוֹר׃ (37) וְקֶדֶשׁ וְאֶדְרֶעִי וְעֵין חָצוֹר׃ (38) וְיִרְאוֹן וּמִגְדַּל־
y-Hazor. (37) Y-Cedes y-Edreí y-En- hazor. (38) Y-Irón y-Migdal-

אֵל חֳרֵם וּבֵית־עֲנָת וּבֵית שָׁמֶשׁ עָרִים תְּשַׁע־עֶשְׂרֵה וְחַצְרֵיהֶן׃
el Horem y-Bet- anat y-Bet- semes ciudades nueve diez y-sus-aldeas.

(39) זֹאת נַחֲלַת מַטֵּה בְנֵי־נַפְתָּלִי לְמִשְׁפְּחֹתָם הֶעָרִים
(39) Ésta (la)heredad-de (la)tribu-de (los)hijos-de Neftalí según-sus-familias las-ciudades

וְחַצְרֵיהֶן׃ (40) לְמַטֵּה בְנֵי־דָן לְמִשְׁפְּחֹתָם
y-sus-aldeas. (40) A-(la)tribu-de (los)hijos-de Dan según-sus-familias

יָצָא הַגּוֹרָל הַשְּׁבִיעִי׃ (41) וַיְהִי גְּבוּל
salió la-suerte la-séptima. (41) Y-era (la)frontera-de

נַחֲלָתָם צָרְעָה וְאֶשְׁתָּאוֹל וְעִיר שָׁמֶשׁ׃ (42) וְשַׁעֲלַבִּין
su-heredad Zorá y-Estaol e-Ir- semes. (42) Y-Saalabín

וְאַיָּלוֹן וְיִתְלָה׃ (43) וְאֵילוֹן וְתִמְנָתָה וְעֶקְרוֹן׃ (44) וְאֶלְתְּקֵה
y-Ajalón y-Jetlá. (43) Y-Elón y-Timná y-Ecrón. (44) Y-Eltequé

וְגִבְּתוֹן וּבַעֲלָת׃ (45) וִיהֻד וּבְנֵי־בְרַק וְגַת־רִמּוֹן׃
y-Gibetón y-Baalat. (45) Y-Jehúd y-Bené- berac y-Gat- rimón.

(46) וּמֵי הַיַּרְקוֹן וְהָרַקּוֹן עִם־הַגְּבוּל מוּל יָפוֹ׃
(46) Y-aguas-de el-Mejarcón y-Racón con la-frontera enfrente-de Jope.

(47) וַיֵּצֵא גְבוּל־בְּנֵי־דָן מֵהֶם וַיַּעֲלוּ
(47) Y-salió (la)frontera-de (los)hijos-de Dan de-ellos y-subieron

בְנֵי־ דָן וַיִּלָּחֲמוּ עִם־ לֶשֶׁם וַיִּלְכְּדוּ אוֹתָהּ ׀ וַיַּכּוּ

e-hirieron a-ella y-tomaron Lésem a y-atacaron Dan (los)hijos de

אוֹתָהּ לְפִי־ חֶרֶב וַיִּרְשׁוּ אוֹתָהּ וַיֵּשְׁבוּ בָהּ

en-ella y-se-asentaron a-ella y-ocuparon espada a-filo-de a-ella

וַיִּקְרְאוּ לְלֶשֶׁם דָּן כְּשֵׁם דָּן אֲבִיהֶם׃ זֹאת

Ésta (48) . su-padre Dan como-(el)nombre-de Dan a-Lésem y-llamaron

נַחֲלַת מַטֵּה בְנֵי־ דָן לְמִשְׁפְּחֹתָם הֶעָרִים הָאֵלֶּה

las-éstas las-ciudades según-sus-familias Dan de-(los)hijos- (la)tribu (la)heredad-de

וְחַצְרֵיהֶן׃ וַיְכַלּוּ לִנְחֹל־ אֶת־ הָאָרֶץ

la-tierra ** de-tomar-posesión Y-terminaron (49) . y-sus-aldeas

לִגְבוּלֹתֶיהָ וַיִּתְּנוּ בְנֵי־ יִשְׂרָאֵל נַחֲלָה לִיהוֹשֻׁעַ

a-Josué heredad Israel (los)hijos-de y-dieron según-sus-fronteras

בִּן־ נוּן בְּתוֹכָם׃ עַל־ פִּי יְהוָה נָתְנוּ לוֹ אֶת־

** a-él dieron Yahweh orden-de Según (50) . en-medio-de-ellos Nun hijo-de

הָעִיר אֲשֶׁר שָׁאָל אֶת־ תִּמְנַת־ סֶרַח בְּהַר אֶפְרָיִם

Efraín en-(el)monte-de sera Timnat- ** había-pedido que la-ciudad

וַיִּבְנֶה אֶת־ הָעִיר וַיֵּשֶׁב בָּהּ׃ אֵלֶּה הַנְּחָלֹת

las-heredades Éstas (51) . en-ella y-se-estableció la-ciudad ** y-edificó

אֲשֶׁר נִחֲלוּ אֶלְעָזָר הַכֹּהֵן ׀ וִיהוֹשֻׁעַ בִּן־ נוּן וְרָאשֵׁי

y-(los)jefes-de Nun hijo-de y-Josué el-sacerdote Eleazar distribuyeron que

הָאָבוֹת לְמַטּוֹת בְּנֵי־ יִשְׂרָאֵל ׀ בְּגוֹרָל ׀ בְּשִׁלֹה לִפְנֵי

delante-de en-Silo por-sorteo Israel (los)hijos-de a-(las)tribus-de los-padres

יְהוָה פֶּתַח אֹהֶל מוֹעֵד וַיְכַלּוּ מֵחַלֵּק אֶת־

** de-repartir y-terminaron reunión (la)tienda-de a-(la)entrada-de Yahweh

הָאָרֶץ׃ וַיְדַבֵּר יְהוָה אֶל־ יְהוֹשֻׁעַ לֵאמֹר׃ דַּבֵּר אֶל־

Cap. 20 a Habla (2) : diciendo Josué a Yahweh Y-habló (1) . la-comarca

בְּנֵי יִשְׂרָאֵל לֵאמֹר תְּנוּ לָכֶם אֶת־ עָרֵי הַמִּקְלָט אֲשֶׁר־

que el-refugio ciudades-de ** para-vosotros asignad : diciendo Israel (los)hijos -de

דִּבַּרְתִּי אֲלֵיכֶם בְּיַד־ מֹשֶׁה׃ (3) לָנוּס שָׁמָּה רוֹצֵחַ

asesino allí Para-huir (3) . Moisés por-medio-de a-vosotros hablé

מַכֵּה־ נֶפֶשׁ בִּשְׁגָגָה בִּבְלִי־ דָעַת וְהָיוּ לָכֶם

a-vosotros y-sirvan conocimiento sin por-inadvertencia persona que-mate

לְמִקְלָט מִגֹּאֵל הַדָּם׃ (4) וְנָס אֶל־ אַחַת ׀

una a Y-el-que-huya (4) . la-sangre de-vengador-de de-protección

מֵהֶעָרִים הָאֵלֶּה וְעָמַד פֶּתַח שַׁעַר הָעִיר

la-ciudad (la)puerta-de a-(la)entrada-de (y)permanecerá las-estas de-las-ciudades

וְדִבֶּר בְּאָזְנֵי זִקְנֵי הָעִיר־ הַהִיא אֶת־ דְּבָרָיו

sus-hechos ** la-esta la-ciudad (los)ancianos -de en-oídos-de y-dirá

וְאָסְפוּ אֹתוֹ הָעִירָה אֲלֵיהֶם וְנָתְנוּ־ לוֹ

a-él y-darán junto-a-ellos a-la-ciudad a-él y-ellos-acogerán

מָקוֹם וְיָשַׁב עִמָּם׃ (5) וְכִי יִרְדֹּף גֹּאֵל

vengador-de persigue Y-si (5) . con-ellos y-se-establecerá lugar

הַדָּם אַחֲרָיו וְלֹא־ יַסְגִּרוּ אֶת־ הָרֹצֵחַ

el-asesino a entregarán y-no detrás-de-él la-sangre

בְּיָדוֹ כִּי בִבְלִי־ דַעַת הִכָּה אֶת־ רֵעֵהוּ וְלֹא־

y-no su-prójimo a mató conocimiento sin pues en-su-mano

שֹׂנֵא הוּא לוֹ מִתְּמוֹל שִׁלְשׁוֹם׃ (6) וְיָשַׁב ׀

Y-se-asentará (6) . anteayer desde-ayer a-él él odiaba

בָּעִיר הַהִיא עַד־ עָמְדוֹ לִפְנֵי הָעֵדָה לַמִּשְׁפָּט

en-juicio la-asamblea delante-de su-estar hasta la-aquella en-la-ciudad

עַד־ מוֹת הַכֹּהֵן הַגָּדוֹל אֲשֶׁר יִהְיֶה בַּיָּמִים הָהֵם אָז ׀

entonces los-aquellos en-los-días estuviere que el-sumo el-sacerdote (la)muerte -de hasta

יָשׁוּב הָרוֹצֵחַ וּבָא אֶל־ עִירוֹ וְאֶל־
y-a su-ciudad a y-volverá el-asesino regresará

בֵּיתוֹ אֶל־ הָעִיר אֲשֶׁר־ נָס מִשָּׁם׃ וַיַּקְדִּשׁוּ אֶת־
a Y-consagraron (7) . de-allí huyó que la-ciudad a su-casa

קֶדֶשׁ בַּגָּלִיל בְּהַר נַפְתָּלִי וְאֶת־ שְׁכֶם בְּהַר
en-(el)monte-de Siquem y-a Neftalí en-(el)monte-de en-Galilea Cedes

אֶפְרָיִם וְאֶת־קִרְיַת אַרְבַּע הִיא חֶבְרוֹן בְּהַר יְהוּדָה׃ וּמֵעֵבֶר
Y-allende (8) . Judá en-(el)monte-de Hebrón o-sea arbat Quiryat- y-a Efraín

לְיַרְדֵּן יְרִיחוֹ מִזְרָחָה נָתְנוּ אֶת־ בֶּצֶר בַּמִּדְבָּר
en-el-desierto Beser a designaron hacia-el-este Jericó Jordán

בַּמִּישֹׁר מִמַּטֵּה רְאוּבֵן וְאֶת־ רָאמֹת בַּגִּלְעָד מִמַּטֵּה־ גָד
Gad de-(la)tribu-de en-Galaad Ramot y-a Rubén de-(la)tribu-de en-la-llanura

וְאֶת־ גּוֹלָן בַּבָּשָׁן מִמַּטֵּה מְנַשֶּׁה׃ אֵלֶּה הָיוּ עָרֵי
ciudades-de fueron Éstas (9) . Manasés de-tribu-de en-Basán Golán y-a

הַמּוּעָדָה לְכֹל ׀ בְּנֵי יִשְׂרָאֵל וְלַגֵּר הַגָּר
que-vive y-para-el-extranjero Israel (los)hijos-de para-todos la-designación

בְּתוֹכָם לָנוּס שָׁמָּה כָּל־ מַכֵּה־ נֶפֶשׁ בִּשְׁגָגָה
por-inadvertencia persona el-que-matase todo allí para-refugiarse en-medio-de-ellos

וְלֹא יָמוּת בְּיַד גֹּאֵל הַדָּם עַד־
hasta la-sangre vengador-de por-mano-de morirá y-no

עָמְדוֹ לִפְנֵי הָעֵדָה׃ וַיִּגְּשׁוּ רָאשֵׁי
Cap.21 jefes-de Y-se-acercaron (1) . la-asamblea delante-de su-estar

אֲבוֹת הַלְוִיִּם אֶל־אֶלְעָזָר הַכֹּהֵן וְאֶל־ יְהוֹשֻׁעַ בִּן־ נוּן וְאֶל־
y-a Nun hijo-de Jousé y-a el-sacerdote Eleazar a los-levitas (los)padres-de

רָאשֵׁי אֲבוֹת הַמַּטּוֹת לִבְנֵי יִשְׂרָאֵל׃ וַיְדַבְּרוּ אֲלֵיהֶם
a-ellos Y-dijeron (2) . Israel (los)hijos-de las-tribus-de (los)padres-de (los)jefes-de

בְּשִׁלֹה בְּאֶרֶץ כְּנַעַן לֵאמֹר יְהוָה צִוָּה בְיַד־מֹשֶׁה
Moisés por-medio-de ordenó Yahweh : diciendo Canaán en-tierra-de en-Silo

לָתֶת־לָנוּ עָרִים לָשָׁבֶת וּמִגְרְשֵׁיהֶן לִבְהֶמְתֵּנוּ׃
. para-nuestros-ganados y-sus-ejidos para-habitar ciudades a-nosotros dar

(3) וַיִּתְּנוּ בְנֵי־יִשְׂרָאֵל לַלְוִיִּם מִנַּחֲלָתָם אֶל־
según de-su-heredad a-los-levitas Israel (los)hijos-de Y-dieron (3)

פִּי יְהוָה אֶת־הֶעָרִים הָאֵלֶּה וְאֶת־מִגְרְשֵׁיהֶן׃
. sus-ejidos y las-estas las-ciudades ** Yahweh orden-de

(4) וַיֵּצֵא הַגּוֹרָל לְמִשְׁפְּחֹת הַקְּהָתִי וַיְהִי לִבְנֵי
para-(los)hijos-de y-fue los-coatitas para-familias-de la-suerte Y-salió (4)

אַהֲרֹן הַכֹּהֵן מִן־הַלְוִיִּם מִמַּטֵּה יְהוּדָה וּמִמַּטֵּה
y-de-(la)tribu-de Judá de-(la)tribu-de los-levitas de el-sacerdote Aarón

הַשִּׁמְעֹנִי וּמִמַּטֵּה בִנְיָמִן בַּגּוֹרָל עָרִים שְׁלֹשׁ עֶשְׂרֵה׃
. diez tres ciudades por-sorteo Benjamín y-de-(la)tribu-de Simeón

(5) וְלִבְנֵי קְהָת הַנּוֹתָרִים מִמִּשְׁפְּחֹת מַטֵּה־אֶפְרַיִם
Efraín (la)tribu-de de-(las)familias-de que-quedaban Coat Y-para-(los)hijos-de (5)

וּמִמַּטֵּה־דָן וּמֵחֲצִי מַטֵּה מְנַשֶּׁה בַּגּוֹרָל עָרִים
ciudades por-el-sorteo Manasés (la)tribu-de y-de-(la)mitad-de Dan y-de-(la)tribu-de

עָשֶׂר׃ (6) וְלִבְנֵי גֵרְשׁוֹן מִמִּשְׁפְּחוֹת מַטֵּה־יִשָּׂשכָר
Isacar (la)tribu-de de-(las)familias-de Gersón Y-para-(los)hijos-de (6) . diez

וּמִמַּטֵּה־אָשֵׁר וּמִמַּטֵּה נַפְתָּלִי וּמֵחֲצִי מַטֵּה
(la)tribu-de y-de-(la)mitad-de Neftalí y-de-(la)tribu-de Aser y-de-(la)tribu-de

מְנַשֶּׁה בַבָּשָׁן בַּגּוֹרָל עָרִים שְׁלֹשׁ עֶשְׂרֵה׃ (7) לִבְנֵי מְרָרִי
Merarí Para-(los)hijos-de (7) . diez tres ciudades por-el-sorteo en-Basán Manasés

לְמִשְׁפְּחֹתָם מִמַּטֵּה רְאוּבֵן וּמִמַּטֵּה־גָד וּמִמַּטֵּה
y-de-(la)tribu-de Gad y-de-(la)tribu-de Rubén y-de-(la)tribu-de según-sus-familias

זְבוּלֻן עָרִים שְׁתֵּים עֶשְׂרֵה׃ וַיִּתְּנוּ בְנֵי־ יִשְׂרָאֵל לַלְוִיִּם אֶת־
** a-los-levitas Israel (los)hijos-de Y-dieron (8) . diez dos ciudades Zabulón

הֶעָרִים הָאֵלֶּה וְאֶת־ מִגְרְשֵׁיהֶן כַּאֲשֶׁר צִוָּה יְהוָה
Yahweh había-ordenado como sus-ejidos y las-estas las-ciudades

בְּיַד־ מֹשֶׁה בְּגוֹרָל׃ וַיִּתְּנוּ מִמַּטֵּה בְּנֵי יְהוּדָה
Judá (los)hijos-de de-(la)tribu-de Y-dieron (9) . por-el-sorteo Moisés por-medio-de

וּמִמַּטֵּה בְּנֵי שִׁמְעוֹן אֵת הֶעָרִים הָאֵלֶּה אֲשֶׁר־ יִקְרָא
llamó que las-estas las-ciudades ** Simeón (los)hijos-de y-de-(la)tribu-de

אֶתְהֶן בְּשֵׁם׃ וַיְהִי לִבְנֵי אַהֲרֹן מִמִּשְׁפְּחוֹת הַקְּהָתִי
el-coatita de-(las)familias-de Aarón para-(los)hijos-de Y-fue (10) . por nombre a-ellas

מִבְּנֵי לֵוִי כִּי לָהֶם הָיָה הַגּוֹרָל רִאישֹׁנָה׃ וַיִּתְּנוּ לָהֶם אֶת־
** a-ellos Y-dieron (11) . primera la-suerte fue para-ellos porque Leví de-(los)hijos-de

קִרְיַת אַרְבַּע אֲבִי הָעֲנוֹק הִיא חֶבְרוֹן בְּהַר יְהוּדָה
Judá en-(el)monte-de Hebrón o-sea Anac padre-de arbá Quiryat-

וְאֶת־ מִגְרָשֶׁהָ סְבִיבֹתֶיהָ׃ וְאֶת־ שְׂדֵה הָעִיר
la-ciudad campo-de Y (12) . que-están-a-su-alrededor sus-ejidos y

וְאֶת־ חֲצֵרֶיהָ נָתְנוּ לְכָלֵב בֶּן־ יְפֻנֶּה בַּאֲחֻזָּתוֹ׃
. por-posesión suya Jefoné hijo-de a-Caleb dieron sus-aldeas y

וְלִבְנֵי אַהֲרֹן הַכֹּהֵן נָתְנוּ אֶת־ עִיר מִקְלַט
refugio-de ciudad-de ** dieron el-sacerdote Aarón Y-a-hijos-de (13)

הָרֹצֵחַ אֶת־ חֶבְרוֹן וְאֶת־ מִגְרָשֶׁהָ וְאֶת־ לִבְנָה וְאֶת־ מִגְרָשֶׁהָ׃
. su-ejido y Libná y su-ejido y Hebrón a el-asesino

וְאֶת־ יַתִּר וְאֶת־ מִגְרָשֶׁהָ וְאֶת־ אֶשְׁתְּמֹעַ וְאֶת־ מִגְרָשֶׁהָ׃ וְאֶת־
Y (15) . su-ejido y Estemoa y su-ejido y Jatir Y (14)

חֹלֹן וְאֶת־ מִגְרָשֶׁהָ וְאֶת־ דְּבִר וְאֶת־ מִגְרָשֶׁהָ׃ וְאֶת־ עַיִן וְאֶת־
y Aín Y (16) . su-ejido y Debir y su-ejido y Holón

מִגְרָשֶׁהָ וְאֶת־ יֻטָּה וְאֶת־ מִגְרָשֶׁהָ אֶת־ בֵּית שֶׁמֶשׁ וְאֶת־
y semes Bet- ** su-ejido y Jutá y y-su-ejido

מִגְרָשֶׁהָ עָרִים תֵּשַׁע מֵאֵת שְׁנֵי הַשְּׁבָטִים הָאֵלֶּה׃
. las-estas las-tribus dos-de de nueve ciudades su-ejido

וּמִמַּטֵּה בִנְיָמִן אֶת־ גִּבְעוֹן וְאֶת־ מִגְרָשֶׁהָ אֶת־ גֶּבַע וְאֶת־
y Geba ** su-ejido y Gabaón ** Benjamín Y-de-(la)tribu-de (17)

מִגְרָשֶׁהָ׃ אֶת־ עֲנָתוֹת וְאֶת־ מִגְרָשֶׁהָ וְאֶת־ עַלְמוֹן וְאֶת־
y Almón y su-ejido y Anatot ** (18) . su-ejido

מִגְרָשֶׁהָ עָרִים אַרְבַּע׃ כָּל־ עָרֵי בְנֵי־ אַהֲרֹן הַכֹּהֲנִים
los-sacerdotes Aarón (los)hijos-de (las)ciudades-de Todas (19) . cuatro ciudades su-ejido

שְׁלֹשׁ־ עֶשְׂרֵה עָרִים וּמִגְרְשֵׁיהֶן׃ וּלְמִשְׁפְּחוֹת בְּנֵי־ קְהָת
Coat (los)hijos-de Y-a-(las)familias-de (20) . y-sus-ejidos ciudades diez tres

הַלְוִיִּם הַנּוֹתָרִים מִבְּנֵי קְהָת וַיְהִי עָרֵי
ciudades y-fue Coat de-(los)hijos-de que-quedaron los-levitas

גּוֹרָלָם מִמַּטֵּה אֶפְרָיִם׃ וַיִּתְּנוּ לָהֶם אֶת־
** a-ellos Y-dieron (21) . Efraín de-(la)tribu-de de-su-suerte

עִיר מִקְלַט הָרֹצֵחַ אֶת־ שְׁכֶם וְאֶת־ מִגְרָשֶׁהָ
su-ejido y Siquem a el-asesino refugio-de ciudad-de

בְּהַר אֶפְרָיִם וְאֶת־גֶּזֶר וְאֶת־ מִגְרָשֶׁהָ׃ וְאֶת־ קִבְצַיִם
Kibsaim Y (22) . su-ejido y Gézer y-a Efraín en-monte-de

וְאֶת־ מִגְרָשֶׁהָ וְאֶת־ בֵּית חוֹרֹן וְאֶת־ מִגְרָשֶׁהָ עָרִים אַרְבַּע׃
. cuatro ciudades su-ejido y horón Bet- y su-ejido y

וּמִמַּטֵּה־ דָן אֶת־ אֶלְתְּקֵא וְאֶת־ מִגְרָשֶׁהָ אֶת־ גִּבְּתוֹן
Gibetón ** su-ejido y Eltequé ** Dan Y-de-(la)tribu-de (23)

וְאֶת־ מִגְרָשֶׁהָ׃ אֶת־ אַיָּלוֹן וְאֶת־ מִגְרָשֶׁהָ אֶת־ גַּת־ רִמּוֹן וְאֶת־
y rimón Gat- ** su-ejido y Ajalón ** (24) . su-ejido y

מִגְרָשֶׁהָ עָרִים אַרְבַּע׃ וּמִמַּחֲצִית מַטֵּה מְנַשֶּׁה אֶת־תַּעְנַךְ
Taanac ** Manasés (la)tribu-de Y-de-(la)mitad-de (25) . cuatro ciudades su-ejido

וְאֶת־מִגְרָשֶׁהָ וְאֶת־גַּת־רִמּוֹן וְאֶת־מִגְרָשֶׁהָ עָרִים שְׁתָּיִם׃ כָּל־
Todas (26) . dos ciudades su-ejido y rimón Gat- y su-ejido y

עָרִים עֶשֶׂר וּמִגְרְשֵׁיהֶן לְמִשְׁפְּחוֹת בְּנֵי־קְהָת הַנּוֹתָרִים׃
. que quedaron Coat hijos-de para-familias-de y-sus-ejidos diez ciudades

וְלִבְנֵי גֵרְשׁוֹן מִמִּשְׁפְּחֹת הַלְוִיִּם מֵחֲצִי מַטֵּה
(la)tribu-de de-(la)mitad-de los-levitas de-familias-de Gersón . Y-a-(los)hijos-de (27)

מְנַשֶּׁה אֶת־עִיר מִקְלַט הָרֹצֵחַ אֶת־גָּלוֹן בַּבָּשָׁן וְאֶת־
y en-Basán Golán ** el-asesino refugio-de ciudad-de ** Manasés

מִגְרָשֶׁהָ וְאֶת־בְּעֶשְׁתְּרָה וְאֶת־מִגְרָשֶׁהָ עָרִים שְׁתָּיִם׃
. dos ciudades su-ejido y Beesterá y su-ejido

וּמִמַּטֵּה יִשָּׂשכָר אֶת־קִשְׁיוֹן וְאֶת־מִגְרָשֶׁהָ אֶת־דָּבְרַת
Daberat ** su-ejido y Cisón ** Isacar Y-de-(la)tribu-de (28)

וְאֶת־מִגְרָשֶׁהָ׃ אֶת־יַרְמוּת וְאֶת־מִגְרָשֶׁהָ אֶת־עֵין גַּנִּים וְאֶת־
y ganim En- ** su-ejido y Jarmut ** (29) . su-ejido y

מִגְרָשֶׁהָ עָרִים אַרְבַּע׃ וּמִמַּטֵּה אָשֵׁר אֶת־מִשְׁאָל וְאֶת־
y Miseal ** Aser Y-de-(la)tribu-de (30) . cuatro ciudades su-ejido

מִגְרָשֶׁהָ אֶת־עַבְדּוֹן וְאֶת־מִגְרָשֶׁהָ׃ אֶת־חֶלְקָת וְאֶת־מִגְרָשֶׁהָ
su-ejido y Helcat ** (31) . su-ejido y Abdón ** su-ejido

וְאֶת־רְחֹב וְאֶת־מִגְרָשֶׁהָ עָרִים אַרְבַּע׃ וּמִמַּטֵּה נַפְתָּלִי אֶת־
** Neftalí Y-de-(la)tribu-de (32) . cuatro ciudades su-ejido y Rehob y

עִיר ׀ מִקְלַט הָרֹצֵחַ אֶת־קֶדֶשׁ בַּגָּלִיל וְאֶת־מִגְרָשֶׁהָ
su-ejido y en-Galilea Cedes ** el-asesino refugio-de ciudad-de

וְאֶת־חַמֹּת דֹּאר וְאֶת־מִגְרָשֶׁהָ וְאֶת־קַרְתָּן וְאֶת־מִגְרָשֶׁהָ עָרִים שָׁלֹשׁ׃
. tres ciudades su-ejido y Cartán y su-ejido y dor Hamot y

כָּל־ עָרֵי הַגֵּרְשֻׁנִּי לְמִשְׁפְּחֹתָם שְׁלֹשׁ־ עֶשְׂרֵה עִיר

ciudad diez tres por-sus-familias los gersonitas ciudades-de Todas (33)

וּמִגְרְשֵׁיהֶן׃ וּלְמִשְׁפְּחוֹת בְּנֵי־ מְרָרִי הַלְוִיִּם

los-levitas Merarí (los)hijos-de Y-a-(las)familias-de (34) . y-sus-ejidos

הַנּוֹתָרִים מֵאֵת מַטֵּה זְבוּלֻן אֶת־ יָקְנְעָם וְאֶת־ מִגְרָשֶׁהָ אֶת־

** su-ejido y Jocneam ** Zabulón (la)tribu-de de que-quedaron

קַרְתָּה וְאֶת־ מִגְרָשֶׁהָ׃ אֶת־ דִּמְנָה וְאֶת־ מִגְרָשֶׁהָ אֶת־נַהֲלָל וְאֶת־

y Naalal ** su-ejido y Dimná ** (35) . su-ejido y Cartá

מִגְרָשֶׁהָ עָרִים אַרְבַּע׃ וּמִמַּטֵּה רְאוּבֵן אֶת־ בֶּצֶר וְאֶת־

y Béser ** Rubén Y-de-(la)tribu-de (30) . cuatro ciudades su-ejido

מִגְרָשֶׁהָ וְאֶת־ יַהְצָה וְאֶת־ מִגְרָשֶׁהָ׃ אֶת־ קְדֵמוֹת וְאֶת־

y Cademot ** (37) . su-ejido y Jahaz y su-ejido

מִגְרָשֶׁהָ וְאֶת־ מֵיפַעַת וְאֶת־ מִגְרָשֶׁהָ עָרִים אַרְבַּע׃

. cuatro ciudades su-ejido y Mefaat y su-ejido

וּמִמַּטֵּה־ גָד אֶת־ עִיר מִקְלַט הָרֹצֵחַ אֶת־ רָמֹת

Ramot ** el-asesino refugio-de ciudad-de ** Gad Y-de-(la)tribu-de (38)

בַּגִּלְעָד וְאֶת־ מִגְרָשֶׁהָ וְאֶת־ מַחֲנַיִם וְאֶת־ מִגְרָשֶׁהָ׃ אֶת־

** (39) . su-ejido y Mahanayim y su-ejido y en-Galaad

חֶשְׁבּוֹן וְאֶת־ מִגְרָשֶׁהָ אֶת־ יַעְזֵר וְאֶת־ מִגְרָשֶׁהָ כָּל־ עָרִים אַרְבַּע׃

. cuatro ciudades todas su-ejido y Jazer ** su-ejido y Hesbón

כָּל־ הֶעָרִים לִבְנֵי מְרָרִי לְמִשְׁפְּחֹתָם הַנּוֹתָרִים

que-quedaron por-sus-familias Merarí de-(los)hijos-de las-ciudades Todas (40)

מִמִּשְׁפְּחוֹת הַלְוִיִּם וַיְהִי גּוֹרָלָם עָרִים שְׁתֵּים עֶשְׂרֵה׃

. diez dos ciudades su-suerte y-fue los-levitas de-(las)familias-de

כֹּל עָרֵי הַלְוִיִּם בְּתוֹךְ אֲחֻזַּת בְּנֵי־ יִשְׂרָאֵל עָרִים

ciudades Israel (los)hijos-de (la)posesión-de en-medio-de los-levitas (las)ciudades-de Todas (41)

אַרְבָּעִים וּשְׁמֹנֶה וּמִגְרְשֵׁיהֶן׃ תִּהְיֶינָה הֶעָרִים הָאֵלֶּה
las-estas las-ciudades Estaban (42) . y-sus-ejidos y-ocho cuarenta

עִיר עִיר וּמִגְרָשֶׁיהָ סְבִיבֹתֶיהָ כֵּן לְכָל־
para-todas así a-su-alrededor y-sus-ejidos ciudad ciudad

הֶעָרִים הָאֵלֶּה׃ וַיִּתֵּן יְהוָה לְיִשְׂרָאֵל אֶת־ כָּל־ הָאָרֶץ
la-tierra toda ** a-Israel Yahweh Y-dio (43) . las-estas las-ciudades

אֲשֶׁר נִשְׁבַּע לָתֵת לַאֲבוֹתָם וַיִּרָשׁוּהָ וַיֵּשְׁבוּ
y-habitaron y-la-ocuparon a-sus-padres dar había-jurado que

בָהּ׃ וַיָּנַח יְהוָה לָהֶם מִסָּבִיב כְּכֹל אֲשֶׁר־ נִשְׁבַּע
había-jurado lo-que según-todo en-derredor a-ellos Yahweh Y-concedió-reposo (44) . en-ella

לַאֲבוֹתָם וְלֹא־ עָמַד אִישׁ בִּפְנֵיהֶם מִכָּל־
de-todos ante-ellos hombre permaneció y-no a-sus-padres

אֹיְבֵיהֶם אֵת כָּל־ אֹיְבֵיהֶם נָתַן יְהוָה
Yahweh entregó sus-enemigos todos a sus-enemigos

בְּיָדָם׃ לֹא־ נָפַל דָּבָר מִכֹּל הַדָּבָר הַטּוֹב
la-buena la-palabra de-toda palabra falló No (45) . en-sus-manos

אֲשֶׁר־ דִּבֶּר יְהוָה אֶל־ בֵּית יִשְׂרָאֵל הַכֹּל בָּא׃
. se-cumplió la-totalidad Israel (la)casa-de a Yahweh había-dicho que

אָז יִקְרָא יְהוֹשֻׁעַ לָרְאוּבֵנִי וְלַגָּדִי
Cap. 22 y-los-gaditas a-los-rubenitas Josué llamó Entonces (1)

וְלַחֲצִי מַטֵּה מְנַשֶּׁה׃ וַיֹּאמֶר אֲלֵיהֶם אַתֶּם שְׁמַרְתֶּם אֵת כָּל־
todo ** guardasteis vosotros : a-ellos Y-dijo (2) . Manasés (la)tribu-de y-a-la-mitad-de

אֲשֶׁר צִוָּה אֶתְכֶם מֹשֶׁה עֶבֶד יְהוָה וַתִּשְׁמְעוּ בְּקוֹלִי
mi-voz y-obedecisteis Yahweh siervo-de Moisés a-vosotros mandó lo-que

לְכֹל אֲשֶׁר־ צִוִּיתִי אֶתְכֶם׃ לֹא־ עֲזַבְתֶּם אֶת־ אֲחֵיכֶם
vuestros-hermanos a abandonasteis No (3) . a-vosotros ordené lo-que en-todo

זֶה יָמִים רַבִּים עַד הַיּוֹם הַזֶּה וּשְׁמַרְתֶּם אֶת־ מִשְׁמֶרֶת מִצְוַת

(el)mandato-de el-cumplimiento-de ** y-observasteis el-este el-día hasta muchos días este

יְהוָה אֱלֹהֵיכֶם׃ וְעַתָּה הֵנִיחַ יְהוָה אֱלֹהֵיכֶם לַאֲחֵיכֶם

a-vuestros-hermanos Dios-vuestro Yahweh ha-dado-reposo Y-ahora (4) . vuestro-Dios Yahweh

כַּאֲשֶׁר דִּבֶּר לָהֶם וְעַתָּה פְּנוּ וּלְכוּ לָכֶם לְאָהֳלֵיכֶם

a-vuestras-tiendas vosotros e-id volved y ahora a-ellos había-dicho como

אֶל־אֶרֶץ אֲחֻזַּתְכֶם אֲשֶׁר ׀ נָתַן לָכֶם מֹשֶׁה עֶבֶד יְהוָה

Yahweh siervo-de Moisés a-vosotros dio que vuestra-posesión (el)país-de a

בְּעֵבֶר הַיַּרְדֵּן׃ רַק ׀ שִׁמְרוּ מְאֹד לַעֲשׂוֹת אֶת־ הַמִּצְוָה

el-mandamiento ** de-cumplir mucho tened-cuidado Sólo (5) . el-Jordán allende

וְאֶת־הַתּוֹרָה אֲשֶׁר צִוָּה אֶתְכֶם מֹשֶׁה עֶבֶד־ יְהוָה לְאַהֲבָה אֶת־יְהוָה

Yahweh a amar , Yahweh siervo-de Moisés a-vosotros ordenó que la-ley y

אֱלֹהֵיכֶם וְלָלֶכֶת בְּכָל־ דְּרָכָיו וְלִשְׁמֹר מִצְוֹתָיו

sus-mandamientos y-guardar sus-caminos por-todos y-caminar vuestro-Dios

וּלְדָבְקָה־ בוֹ וּלְעָבְדוֹ בְּכָל־ לְבַבְכֶם

vuestro-corazón con-todo y-servir-le a-él y-adherirse

וּבְכָל־ נַפְשְׁכֶם׃ וַיְבָרְכֵם יְהוֹשֻׁעַ וַיְשַׁלְּחֵם

y-les-despidió Josué Y-les-bendijo (6) . vuestra-alma y-con-toda

וַיֵּלְכוּ אֶל־ אָהֳלֵיהֶם׃ וְלַחֲצִי ׀ שֵׁבֶט הַמְנַשֶּׁה

Manasés (la)tribu-de Y-a-la-mitad-de (7) . sus-tiendas a y-marcharon

נָתַן מֹשֶׁה בַּבָּשָׁן וּלְחֶצְיוֹ נָתַן יְהוֹשֻׁעַ עִם־

con Josué dio y-a-su-mitad en-el-Basán Moisés dio

אֲחֵיהֶם מֵעֵבֶר הַיַּרְדֵּן יָמָּה וְגַם כִּי שִׁלְּחָם

los-despidió cuando y-también al-oeste el-Jordán al-otro-lado-de sus-hermanos

יְהוֹשֻׁעַ אֶל־ אָהֳלֵיהֶם וַיְבָרְכֵם׃ וַיֹּאמֶר אֲלֵיהֶם לֵאמֹר

diciendo a-ellos Y-habló (8) . y-les-bendijo sus-tiendas hacia Josué

בִנְכָסִים רַבִּים שׁוּבוּ אֶל־אָהֳלֵיכֶם וּבְמִקְנֶה רַב־מְאֹד
muy numeroso y-con-ganado vuestras-tiendas a volved abundantes con-riquezas

בְּכֶסֶף וּבְזָהָב וּבִנְחֹשֶׁת וּבְבַרְזֶל וּבִשְׂלָמוֹת
y-con-vestidos y-con-hierro y-con-bronce y-con-oro con-plata

הַרְבֵּה מְאֹד חִלְקוּ שְׁלַל־אֹיְבֵיכֶם עִם־אֲחֵיכֶם׃
. vuestros-hermanos con vuestros-enemigos (el)botín-de repartid mucho muy

וַיָּשֻׁבוּ וַיֵּלְכוּ בְּנֵי־רְאוּבֵן וּבְנֵי־גָד וַחֲצִי ׀
y-(la)mitad-de Gad y-(los)hijos-de Rubén (los)hijos-de y-partieron Y-volvieron (9)

שֵׁבֶט הַמְנַשֶּׁה מֵאֵת בְּנֵי יִשְׂרָאֵל מִשִּׁלֹה אֲשֶׁר בְּאֶרֶץ־כְּנָעַן
Canaán en-(el)país-de que de-Silo Israel (los)hijos-de con Manasés (la)tribu-de

לָלֶכֶת אֶל־אֶרֶץ הַגִּלְעָד אֶל־אֶרֶץ אֲחֻזָּתָם אֲשֶׁר נֹאחֲזוּ־
se-habían-apoderado que su-posesión tierra-de a Galaad (el)país-de a para-ir

בָהּ עַל־פִּי יְהוָה בְּיַד־מֹשֶׁה׃ וַיָּבֹאוּ אֶל־גְּלִילוֹת
(los)límites-de a Y-llegaron (10) . Moisés por-medio-de Yahweh orden-de según de-ella

הַיַּרְדֵּן אֲשֶׁר בְּאֶרֶץ כְּנָעַן וַיִּבְנוּ בְנֵי־רְאוּבֵן וּבְנֵי־
y-(los)hijos-de Rubén (los)hijos-de y-construyeron Canaán en-(el)país-de que el-Jordán

גָד וַחֲצִי שֵׁבֶט הַמְנַשֶּׁה שָׁם מִזְבֵּחַ עַל־הַיַּרְדֵּן מִזְבֵּחַ
altar el-Jordán junto-a un-altar allí Manasés (la)tribu-de y-(la)mitad-de Gad

גָּדוֹל לְמַרְאֶה׃ וַיִּשְׁמְעוּ בְנֵי־יִשְׂרָאֵל לֵאמֹר הִנֵּה
he-aquí-que : decir Israel (los)hijos-de Y-oyeron (11) . de-aspecto grandioso

בָנוּ בְנֵי־רְאוּבֵן וּבְנֵי־גָד וַחֲצִי שֵׁבֶט הַמְנַשֶּׁה
el-Manasés (la)tribu-de y-(la)mitad-de Gad y-(los)hijos-de Rubén (los)hijos-de han-construido

אֶת־הַמִּזְבֵּחַ אֶל־מוּל אֶרֶץ כְּנַעַן אֶל־גְּלִילוֹת הַיַּרְדֵּן אֶל־
a el-Jordán los-límites-de hacia Canaán el-país-de enfrente-de el-altar **

עֵבֶר בְּנֵי יִשְׂרָאֵל׃ וַיִּשְׁמְעוּ בְּנֵי יִשְׂרָאֵל וַיִּקָּהֲלוּ
y-se-congregaron Israel (los)hijos-de Y-oyeron (12) . Israel hijos-de otro-lado-de

כָּל־ עֲדַת בְּנֵֽי־ יִשְׂרָאֵל שִׁלֹה לַעֲלוֹת עֲלֵיהֶם לַצָּבָא׃

. a-pelear contra-ellos para-subir en-Silo Israel (los)hijos-de (la)asamblea-de total-de

וַיִּשְׁלְחוּ בְנֵֽי־ יִשְׂרָאֵל אֶל־בְּנֵֽי־ רְאוּבֵן וְאֶל־ בְּנֵי־ גָד וְאֶל־

y-a Gad (los)hijos-de y-a Rubén (los)hijos-de a Israel (los)hijos-de Y-enviaron (13)

חֲצִי שֵֽׁבֶט־ מְנַשֶּׁה אֶל־ אֶרֶץ הַגִּלְעָד אֶת־ פִּינְחָס בֶּן־ אֶלְעָזָר

Eleazar hijo-de Fineés a Galaad (el)país-de a Manasés (la)tribu-de (la)mitad-de

הַכֹּהֵֽן׃ וַעֲשָׂרָה נְשִׂאִים עִמּוֹ נָשִׂיא אֶחָד נָשִׂיא אֶחָד לְבֵית

por-casa-de uno príncipe uno príncipe con-él príncipes Y-diez (14) . el-sacerdote

אָב לְכֹל מַטּוֹת יִשְׂרָאֵל וְאִישׁ רֹאשׁ בֵּית־ אֲבוֹתָם

sus-padres casa-de jefe-de y-hombre Israel (las)tribus-de para-cada-una-de padre

הֵמָּה לְאַלְפֵי יִשְׂרָאֵֽל׃ וַיָּבֹאוּ אֶל־ בְּנֵֽי־ רְאוּבֵן וְאֶל־

y-a Rubén (los)hijos-de a Y-fueron (15) . Israel según-(las)tribus-de ellos

בְּנֵי־ גָד וְאֶל־ חֲצִי שֵֽׁבֶט־ מְנַשֶּׁה אֶל־ אֶרֶץ הַגִּלְעָד

Galaad (el)país-de a Manasés (la)tribu-de (la)mitad-de y-a Gad (los)hijos-de

וַיְדַבְּרוּ אִתָּם לֵאמֹֽר׃ כֹּה אָמְרוּ כֹּל ׀ עֲדַת יְהוָה

Yahweh la-asamblea-de el-total-de ha-dicho Así (16) : diciendo a-ellos y-hablaron

מָֽה־ הַמַּעַל הַזֶּה אֲשֶׁר מְעַלְתֶּם בֵּאלֹהֵי יִשְׂרָאֵל

Israel contra-Dios-de habéis-prevaricado que la-esta la-prevaricación ¿qué

לָשׁוּב הַיּוֹם מֵאַחֲרֵי יְהוָה בִּבְנוֹתְכֶם לָכֶם מִזְבֵּחַ

un-altar para-vosotros al-construiros Yahweh de-detrás-de este-día al-volver

לִמְרָדְכֶם הַיּוֹם בַּיהוָֽה׃ הַמְעַט־ לָנוּ אֶת־ עֲוֺן

(el)pecado-de ** para-nosotros ¿Acaso-es-poco (17) ? contra-Yahweh este-día para-rebelaros

פְּעוֹר אֲשֶׁר לֹֽא־ הִטַּהַרְנוּ מִמֶּנּוּ עַד הַיּוֹם הַזֶּה וַיְהִי

y-hubo el-este el-día hasta de-él estamos-purificados no que Peor

הַנֶּגֶף בַּעֲדַת יְהוָֽה׃ וְאַתֶּם תָּשֻׁבוּ הַיּוֹם

este-día os-volvéis Y-vosotros (18) ? Yahweh en-(la)comunidad-de la-plaga

מֵאַחֲרֵי יְהוָה וְהָיָה אַתֶּם תִּמְרְדוּ הַיּוֹם בַּיהוָה
contra-Yahweh este-día os-rebelaréis vosotros y-sucederá-que Yahweh? de-detrás-de

וּמָחָר אֶל־ כָּל־ עֲדַת יִשְׂרָאֵל יִקְצֹף׃ וְאַךְ
Y-ciertamente (19) . se-irritará Israel (la)asamblea-de toda contra y-mañana

אִם־טְמֵאָה אֶרֶץ אֲחֻזַּתְכֶם עִבְרוּ לָכֶם אֶל־ אֶרֶץ אֲחֻזַּת
heredad-de (el)país-de a vosotros pasad vuestra-posesión país-de impuro si

יְהוָה אֲשֶׁר שָׁכַן־ שָׁם מִשְׁכַּן יְהוָה וְהֵאָחֲזוּ בְּתוֹכֵנוּ
en-medio-de-nosotros y-tomad-posesión Yahweh (el)tabernáculo-de allí habita que Yahweh

וּבַיהוָה אַל־ תִּמְרֹדוּ וְאֹתָנוּ אַל־ תִּמְרֹדוּ בִּבְנֹתְכֶם
por-construiros os-rebeléis no y-contra-nosotros os-rebeléis no y-contra-Yahweh

לָכֶם מִזְבֵּחַ מִבַּלְעֲדֵי מִזְבַּח יְהוָה אֱלֹהֵינוּ׃ הֲלוֹא ׀ עָכָן בֶּן־
hijo-de Acán ¿Acaso-no (20) . nuestro-Dios Yahweh (el)altar-de fuera-de altar para-vosotros

זֶרַח מָעַל מַעַל בַּחֵרֶם וְעַל־ כָּל־
toda y-sobre en-el-anatema delito cometió Zera

עֲדַת יִשְׂרָאֵל הָיָה קָצֶף וְהוּא אִישׁ אֶחָד לֹא גָוַע בַּעֲוֹנוֹ׃
? por-su-crimen murió no uno hombre y-él ira hubo Israel (la)comunidad-de

וַיַּעֲנוּ בְּנֵי־ רְאוּבֵן וּבְנֵי־ גָד וַחֲצִי שֵׁבֶט
(la)tribu-de y-mitad-de Gad y-(los)hijos-de Rubén (los)hijos-de Y-contestaron (21)

הַמְנַשֶּׁה וַיְדַבְּרוּ אֶת־ רָאשֵׁי אַלְפֵי יִשְׂרָאֵל׃ אֵל ׀ אֱלֹהִים ׀
dioses Dios-de (22) : Israel (las)tribus-de (los)jefes-de a y-dijeron Manasés

יְהוָה אֵל ׀ אֱלֹהִים ׀ יְהוָה הוּא יֹדֵעַ וְיִשְׂרָאֵל הוּא יֵדָע אִם־
si sabrá él e-Israel sabe él Yahweh dioses Dios-de Yahweh

בְּמֶרֶד וְאִם־ בְּמַעַל בַּיהוָה אַל־ תּוֹשִׁיעֵנוּ הַיּוֹם הַזֶּה׃
. el-éste el-día nos-salvarás no a-Yahweh con-prevaricación y-si con-rebeldía

לִבְנוֹת לָנוּ מִזְבֵּחַ לָשׁוּב מֵאַחֲרֵי יְהוָה וְאִם־לְהַעֲלוֹת
al-ofrecer y-si Yahweh de-detrás-de para-volver altar para-nosotros Al-construir (23)

עָלָיו עוֹלָה וּמִנְחָה וְאִם־ לַעֲשׂוֹת עָלָיו

sobre-él al-celebrar y-si y-ofrenda holocausto sobre-él

זִבְחֵי שְׁלָמִים יְהוָה הוּא יְבַקֵּשׁ׃ וְאִם־

Y-si (24) . pida-cuentas él-mismo Yahweh oblaciones sacrificios-de

לֹא מִדְּאָגָה מִדָּבָר עָשִׂינוּ אֶת־ זֹאת לֵאמֹר מָחָר יֹאמְרוּ

hablarán mañana : diciendo esto ** hicimos de-algo por-temor no

בְנֵיכֶם לְבָנֵינוּ לֵאמֹר מַה־ לָּכֶם וְלַיהוָה

y-con-Yahweh con-vosotros ¿qué diciendo a-nuestros-hijos vuestros-hijos

אֱלֹהֵי יִשְׂרָאֵל׃ וּגְבוּל נָתַן־ יְהוָה בֵּינֵנוּ וּבֵינֵיכֶם

y-entre-vosotros entre-nosotros Yahweh puso Y-frontera (25) ? Israel Dios-de

בְּנֵי־ רְאוּבֵן וּבְנֵי־ גָד אֶת־ הַיַּרְדֵּן אֵין־ לָכֶם חֵלֶק בַּיהוָה

en-Yahweh parte para-vosotros no-hay el-Jordán ** Gad e-hijos-de Rubén hijos-de

וְהִשְׁבִּיתוּ בְנֵיכֶם אֶת־ בָּנֵינוּ לְבִלְתִּי יְרֹא

temer de nuestros-hijos a vuestros-hijos y-harían-cesar

אֶת־ יְהוָה׃ וַנֹּאמֶר נַעֲשֶׂה־ נָּא לָנוּ לִבְנוֹת אֶת־הַמִּזְבֵּחַ

el-altar ** construir para-nosotros pues hagamos Y-dijimos (26) . Yahweh a

לֹא לְעוֹלָה וְלֹא לְזָבַח׃ כִּי עֵד הוּא

él testimonio Sino (27) . para-sacrificio y-no para-holocausto no

בֵּינֵינוּ וּבֵינֵיכֶם וּבֵין דֹּרוֹתֵינוּ אַחֲרֵינוּ לַעֲבֹד

para-practicar después-de-nosotros nuestras-generaciones y-entre y-entre-vosotros entre-nosotros

אֶת־ עֲבֹדַת יְהוָה לְפָנָיו בְּעֹלוֹתֵינוּ

con-nuestros-holocaustos delante-de-él Yahweh culto-de **

וּבִזְבָחֵינוּ וּבִשְׁלָמֵינוּ וְלֹא־

y-no y-con-nuestras-oblaciones y-con-nuestros-sacrificios

יֹאמְרוּ בְנֵיכֶם מָחָר לְבָנֵינוּ אֵין־ לָכֶם

para-vosotros no-hay a-nuestros-hijos mañana vuestros-hijos dirán

חֵלֶק בַּיהוָה׃ וַנֹּאמֶר וְהָיָה כִּי־ יֹאמְרוּ אֵלֵינוּ וְאֶל־

y-a a-nosotros dicen si y-sucederá-que Y-dijimos (28) . en-Yahweh parte

דֹּרֹתֵינוּ מָחָר וְאָמַרְנוּ רְאוּ אֶת־ תַּבְנִית מִזְבַּח

(el)altar-de (la)figura-de ** mirad : diremos mañana nuestros-descendientes

יְהוָה אֲשֶׁר־ עָשׂוּ אֲבוֹתֵינוּ לֹא לְעוֹלָה וְלֹא

y-no para-holocaustos no nuestros-padres hicieron que Yahweh

לְזֶבַח כִּי־ עֵד הוּא בֵּינֵינוּ וּבֵינֵיכֶם׃ חָלִילָה

Lejos (29) . y-entre-vosotros entre-nosotros él testimonio sino para-sacrificio

לָּנוּ מִמֶּנּוּ לִמְרֹד בַּיהוָה וְלָשׁוּב הַיּוֹם מֵאַחֲרֵי

de-detrás-de este-día y-volver contra-Yahweh rebelar de-él de-nosotros

יְהוָה לִבְנוֹת מִזְבֵּחַ לְעֹלָה לְמִנְחָה וּלְזָבַח

y-para-sacrificio para-ofrenda para-holocausto altar para-construir Yahweh

מִלְּבַד מִזְבַּח יְהוָה אֱלֹהֵינוּ אֲשֶׁר לִפְנֵי מִשְׁכָּנוֹ׃

. su-tabernáculo delante-de que nuestro-Dios Yahweh (el)altar-de fuera-de

וַיִּשְׁמַע פִּינְחָס הַכֹּהֵן וּנְשִׂיאֵי הָעֵדָה

la-comunidad y-(los)príncipes-de el-sacerdote Fineés Y-oyó (30)

וְרָאשֵׁי אַלְפֵי יִשְׂרָאֵל אֲשֶׁר אִתּוֹ אֶת־ הַדְּבָרִים אֲשֶׁר דִּבְּרוּ

dijeron que las-cosas ** con-él que Israel (las)tribus-de y-(los)jefes-de

בְּנֵי־ רְאוּבֵן וּבְנֵי־ גָד וּבְנֵי מְנַשֶּׁה וַיִּיטַב

y-pareció-bien Manasés y-(los)hijos-de Gad y-(los)hijos-de Rubén (los)hijos-de

בְּעֵינֵיהֶם׃ וַיֹּאמֶר פִּינְחָס בֶּן־ אֶלְעָזָר הַכֹּהֵן אֶל־

a el-sacerdote Eleazar hijo-de Fineés Y-dijo (31) . a-sus-ojos

בְּנֵי־ רְאוּבֵן וְאֶל־ בְּנֵי־ גָד וְאֶל־ בְּנֵי מְנַשֶּׁה הַיּוֹם ׀ יָדַעְנוּ

hemos-sabido este-día Manasés (los)hijos-de y-a Gad (los)hijos-de y-a Rubén (los)hijos-de

כִּי־ בְתוֹכֵנוּ יְהוָה אֲשֶׁר לֹא־ מְעַלְתֶּם בַּיהוָה

contra-Yahweh prevaricasteis no que Yahweh entre-nosotros que

הַמַּעַל הַזֶּה אָז הִצַּלְתֶּם אֶת־ בְּנֵי יִשְׂרָאֵל מִיַּד
de-mano-de Israel (los)hijos-de a habéis-librado entonces la-ésta la-prevaricación

יְהוָה׃ וַיָּשָׁב פִּינְחָס בֶּן־ אֶלְעָזָר הַכֹּהֵן ׀ וְהַנְּשִׂיאִים
y-los-príncipes el-sacerdote Eleazar hijo-de Fineés Y-volvieron (32) . Yahweh

מֵאֵת בְּנֵי־ רְאוּבֵן וּמֵאֵת בְּנֵי־ גָד מֵאֶרֶץ הַגִּלְעָד אֶל־ אֶרֶץ
país-de al Galaad del-país-de Gad (los)hijos-de y-de Rubén (los)hijos-de de

כְּנַעַן אֶל־ בְּנֵי יִשְׂרָאֵל וַיָּשִׁבוּ אוֹתָם דָּבָר׃ וַיִּיטַב
Y-pareció-bien (33) . asunto a-ellos y-explicaron Israel (los)hijos-de a Canaán

הַדָּבָר בְּעֵינֵי בְּנֵי יִשְׂרָאֵל וַיְבָרְכוּ אֱלֹהִים בְּנֵי יִשְׂרָאֵל
Israel (los)hijos-de a-Dios y-bendijeron Israel (los)hijos-de a-ojos-de el-asunto

וְלֹא אָמְרוּ לַעֲלוֹת עֲלֵיהֶם לַצָּבָא לְשַׁחֵת אֶת־ הָאָרֶץ
la-tierra ** para-devastar para-pelear contra-ellos de-subir dijeron y-no

אֲשֶׁר בְּנֵי־ רְאוּבֵן וּבְנֵי־ גָד יֹשְׁבִים בָּהּ׃ וַיִּקְרְאוּ
Y-nombraron (34) . en-ella habitaban Gad y-(los)hijos-de Rubén (los)hijos-de que

בְּנֵי־ רְאוּבֵן וּבְנֵי־ גָד לַמִּזְבֵּחַ כִּי עֵד הוּא בֵּינֹתֵינוּ כִּי
que entre-nosotros él testimonio pues al-altar Gad y-(los)hijos-de Rubén (los)hijos-de

יְהוָה הָאֱלֹהִים׃ וַיְהִי מִיָּמִים רַבִּים אַחֲרֵי אֲשֶׁר־ הֵנִיחַ
dio-reposo que después muchos desde-días Y-sucedió que (1) . el-Dios Yahweh **Cap. 23**

יְהוָה לְיִשְׂרָאֵל מִכָּל־ אֹיְבֵיהֶם מִסָּבִיב וִיהוֹשֻׁעַ
y-Josué de-alrededor sus-enemigos de-todos a-Israel Yahweh

זָקֵן בָּא בַּיָּמִים׃ וַיִּקְרָא יְהוֹשֻׁעַ לְכָל־
a-todo Josué Y-reunió (2) . en-días entrado viejo

יִשְׂרָאֵל לִזְקֵנָיו וּלְרָאשָׁיו וּלְשֹׁפְטָיו
y-a-sus-jueces y-a-sus-jefes a-sus-ancianos Israel

וּלְשֹׁטְרָיו וַיֹּאמֶר אֲלֵהֶם אֲנִי זָקַנְתִּי בָּאתִי
entré envejecí yo a-ellos diciendo y-a-sus-oficiales

בַּיָּמִים׃ וְאַתֶּם רְאִיתֶם אֵת כָּל־ אֲשֶׁר עָשָׂה יְהוָה אֱלֹהֵיכֶם

vuestro-Dios Yahweh hizo lo-que todo ** habéis-visto Y-vosotros (3) . en-días

לְכָל־ הַגּוֹיִם הָאֵלֶּה מִפְּנֵיכֶם כִּי יְהוָה אֱלֹהֵיכֶם

vuestro-Dios Yahweh pues por-causa-vuestra las-estas las-naciones a-todas

הוּא הַנִּלְחָם לָכֶם׃ רְאוּ הִפַּלְתִּי לָכֶם אֶת־ הַגּוֹיִם

las-naciones ** a-vosotros he-sorteado Mirad (4) . por vosotros el-que-ha-peleado él

הַנִּשְׁאָרִים הָאֵלֶּה בְּנַחֲלָה לְשִׁבְטֵיכֶם מִן־ הַיַּרְדֵּן

el-Jordán desde para-vuestras-tribus en-herencia las-éstas que-quedaban

וְכָל־ הַגּוֹיִם אֲשֶׁר הִכְרַתִּי וְהַיָּם הַגָּדוֹל מְבוֹא הַשָּׁמֶשׁ׃

. el-sol poniente-de el-Grande y-el-mar destruí que las-naciones y-todas

וַיהוָה אֱלֹהֵיכֶם הוּא יֶהְדֳּפֵם מִפְּנֵיכֶם

de-delante-de-vosotros les-echará él vuestro-Dios Y-Yahweh (5)

וְהוֹרִישׁ אֹתָם מִלִּפְנֵיכֶם וִירִשְׁתֶּם אֶת־ אַרְצָם

su-país ** y-poseeréis de-delante-de-vosotros a-ellos y-arrojará

כַּאֲשֶׁר דִּבֶּר יְהוָה אֱלֹהֵיכֶם לָכֶם׃ וַחֲזַקְתֶּם מְאֹד

mucho Esforzaos (6) . a-vosotros vuestro-Dios Yahweh había-dicho como

לִשְׁמֹר וְלַעֲשׂוֹת אֵת כָּל־ הַכָּתוּב בְּסֵפֶר תּוֹרַת

Ley-de en-libro-de lo-escrito todo ** y-obedecer en-guardar

מֹשֶׁה לְבִלְתִּי סוּר־ מִמֶּנּוּ יָמִין וּשְׂמֹאול׃ לְבִלְתִּי־ בוֹא בַּגּוֹיִם

con-las-naciones ir Sin (7) . o-a-izquierda a-derecha de-él apartarse sin Moisés

הָאֵלֶּה הַנִּשְׁאָרִים הָאֵלֶּה אִתְּכֶם וּבְשֵׁם אֱלֹהֵיהֶם

sus-dioses y-en-nombre-de con-vosotros las-éstas que-quedan las-éstas

לֹא־ תַזְכִּירוּ וְלֹא תַשְׁבִּיעוּ וְלֹא תַעַבְדוּם וְלֹא תִשְׁתַּחֲווּ

os-prosternéis y-no les-sirváis y-no juréis y-no mencionéis no

לָהֶם׃ כִּי אִם־ בַּיהוָה אֱלֹהֵיכֶם תִּדְבָּקוּ כַּאֲשֶׁר עֲשִׂיתֶם

habéis-hecho como adherís vuestro-Dios a-Yahweh sí Pero (8) . ante-ellos

עַד הַיּוֹם הַזֶּה׃ וַיּוֹרֶשׁ יְהוָה מִפְּנֵיכֶם גּוֹיִם
naciones de-delante-vuestro Yahweh Y-ha-arrojado (9) . el-éste el-día hasta

גְּדֹלִים וַעֲצוּמִים וְאַתֶּם לֹא־ עָמַד אִישׁ בִּפְנֵיכֶם עַד
hasta contra-vosotros hombre ha-resistido no y-vosotros y-poderosas grandes

הַיּוֹם הַזֶּה׃ אִישׁ־אֶחָד מִכֶּם יִרְדָּף־ אָלֶף כִּי ׀ יְהוָה אֱלֹהֵיכֶם
vuestro-Dios Yahweh porque mil perseguirá de-vosotros uno Hombre (10) . el-éste el-día

הוּא הַנִּלְחָם לָכֶם כַּאֲשֶׁר דִּבֶּר לָכֶם׃ וְנִשְׁמַרְתֶּם
Y-guardad (11) . a-vosotros había-dicho como por-vosotros el-que-pelea él

מְאֹד לְנַפְשֹׁתֵיכֶם לְאַהֲבָה אֶת־ יְהוָה אֱלֹהֵיכֶם׃ כִּי ׀ אִם־ שׁוֹב
apartar si Porque (12) . vuestro-Dios Yahweh a para-amar a-vuestras-almas mucho

תָּשׁוּבוּ וּדְבַקְתֶּם בְּיֶתֶר הַגּוֹיִם הָאֵלֶּה
las-éstas las-naciones con-resto-de y-adherierais apartarais

הַנִּשְׁאָרִים הָאֵלֶּה אִתְּכֶם וְהִתְחַתַּנְתֶּם בָּהֶם
con-ellos y-emparentarais con-vosotros las-éstas que-quedan

וּבָאתֶם בָּהֶם וְהֵם בָּכֶם׃ יָדוֹעַ תֵּדְעוּ
sabréis Saber (13) . con-vosotros y-ellos con-ellos y-fuerais

כִּי לֹא יוֹסִיף יְהוָה אֱלֹהֵיכֶם לְהוֹרִישׁ אֶת־ הַגּוֹיִם
las-naciones a a-echar vuestro-Dios Yahweh volverá no que

הָאֵלֶּה מִלִּפְנֵיכֶם וְהָיוּ לָכֶם לְפַח וּלְמוֹקֵשׁ
y-de-lazo de-trampa a-vosotros y-servirán de-delante-de-vosotros las-éstas

וּלְשֹׁטֵט בְּצִדֵּיכֶם וְלִצְנִנִים בְּעֵינֵיכֶם עַד־ אֲבָדְכֶם
desaparezcais hasta-que en-vuestros-ojos y-de-espinas en-vuestros-costados y-de-azote

מֵעַל הָאֲדָמָה הַטּוֹבָה הַזֹּאת אֲשֶׁר נָתַן לָכֶם יְהוָה אֱלֹהֵיכֶם׃
. vuestro-Dios Yahweh a-vosotros dio que la-ésta la-buena la-tierra de-sobre

וְהִנֵּה אָנֹכִי הוֹלֵךְ הַיּוֹם בְּדֶרֶךְ כָּל־ הָאָרֶץ וִידַעְתֶּם
y-reconoced la-tierra toda por-camino-de este-día voy yo Y-he-aquí-que (14)

בְּכָל־ לְבַבְכֶם וּבְכָל־ נַפְשְׁכֶם כִּי לֹא־ נָפַל
ha-fallado no que vuestra-alma y-con-toda vuestro-corazón con-todo

דָּבָר אֶחָד מִכֹּל ׀ הַדְּבָרִים הַטּוֹבִים אֲשֶׁר דִּבֶּר יְהוָה
Yahweh dijo que las-buenas las-palabras de-todas una palabra

אֱלֹהֵיכֶם עֲלֵיכֶם הַכֹּל בָּאוּ לָכֶם לֹא־ נָפַל מִמֶּנּוּ
de-ello ha-fallado no a-vosotros se-han-cumplido la-totalidad sobre-vosotros vuestro-Dios

דָּבָר אֶחָד׃ וְהָיָה כַּאֲשֶׁר־ בָּא עֲלֵיכֶם כָּל־
toda para-vosotros se-cumplió como Y-sucederá (15) . una palabra

הַדָּבָר הַטּוֹב אֲשֶׁר דִּבֶּר יְהוָה אֱלֹהֵיכֶם אֲלֵיכֶם כֵּן יָבִיא
traerá así a-vosotros vuestro-Dios Yahweh había-dicho que la-buena la-palabra

יְהוָה עֲלֵיכֶם אֵת כָּל־ הַדָּבָר הָרָע עַד־ הַשְׁמִידוֹ אוֹתְכֶם
a-vosotros su-destruir hasta la-mala la-cosa toda ** sobre-vosotros Yahweh

מֵעַל הָאֲדָמָה הַטּוֹבָה הַזֹּאת אֲשֶׁר נָתַן לָכֶם יְהוָה אֱלֹהֵיכֶם׃
. vuestro-Dios Yahweh a-vosotros dio que la-ésta la-buena la-tierra de-sobre

בְּעָבְרְכֶם אֶת־ בְּרִית יְהוָה אֱלֹהֵיכֶם אֲשֶׁר צִוָּה
ordenó que vuestro-Dios Yahweh alianza-de ** Con-vuestro-quebrantar (16)

אֶתְכֶם וַהֲלַכְתֶּם וַעֲבַדְתֶּם אֱלֹהִים אֲחֵרִים וְהִשְׁתַּחֲוִיתֶם לָהֶם
a-ellos y-posternarais otros dioses y-sirvierais y-fuerais a-vosotros

וְחָרָה אַף־ יְהוָה בָּכֶם וַאֲבַדְתֶּם מְהֵרָה
rápidamente y-desapareceréis contra-vosotros Yahweh (la)ira-de y-se-encenderá

מֵעַל הָאָרֶץ הַטּוֹבָה אֲשֶׁר נָתַן לָכֶם׃ וַיֶּאֱסֹף
Cap. 24 Y-reunió (1) . a-vosotros ha-dado que la-buena la-tierra de-sobre

יְהוֹשֻׁעַ אֶת־ כָּל־ שִׁבְטֵי יִשְׂרָאֵל שְׁכֶמָה וַיִּקְרָא לְזִקְנֵי
a-(los)ancianos-de y-llamó en-Siquem Israel (las)tribus-de todas a Josué

יִשְׂרָאֵל וּלְרָאשָׁיו וּלְשֹׁפְטָיו וּלְשֹׁטְרָיו
y-a-sus-oficiales y-a-sus-jueces y-a-sus-jefes Israel

וַיִּֽתְיַצְּבוּ לִפְנֵי הָאֱלֹהִֽים׃ וַיֹּאמֶר יְהוֹשֻׁעַ אֶל־כָּל־
todo a Josué Y-dijo (2) . Dios delante-de y-se-presentaron

הָעָם כֹּה־אָמַר יְהוָה אֱלֹהֵי יִשְׂרָאֵל בְּעֵבֶר הַנָּהָר יָשְׁבוּ
habitaron el-río al-otro-lado-de : Israel Dios-de Yahweh ha-dicho así el-pueblo

אֲבוֹתֵיכֶם מֵעוֹלָם תֶּרַח אֲבִי אַבְרָהָם וַאֲבִי נָחוֹר
Nacor y-padre-de Abraham padre-de Taré antiguamente vuestros-padres

וַיַּעַבְדוּ אֱלֹהִים אֲחֵרִים׃ וָאֶקַּח אֶת־אֲבִיכֶם אֶת־
a vuestro-padre a Y-tomé (3) . otros dioses y-sirvieron

אַבְרָהָם מֵעֵבֶר הַנָּהָר וָאוֹלֵךְ אוֹתוֹ בְּכָל־אֶרֶץ כְּנָעַן
Canaán (el)país-de por-todo a-él y-conduje el-río de-(el)otro-lado-de Abraham

וָאַרְבֶּ אֶת־זַרְעוֹ וָאֶתֶּן־לוֹ אֶת־יִצְחָק׃
. Isaac a a-él y-di su-descendencia ** y-multipliqué

וָאֶתֵּן לְיִצְחָק אֶת־יַעֲקֹב וְאֶת־עֵשָׂו וָאֶתֵּן לְעֵשָׂו אֶת־הַר
el-monte-de y a-Esaú y-di Esaú y-a Jacob a a-Isaac Y-di (4)

שֵׂעִיר לָרֶשֶׁת אוֹתוֹ וְיַעֲקֹב וּבָנָיו יָרְדוּ מִצְרָיִם׃
. a-Egipto bajaron y-sus-hijos y-Jacob lo para-poseer Seír

וָאֶשְׁלַח אֶת־מֹשֶׁה וְאֶת־אַהֲרֹן וָאֶגֹּף אֶת־מִצְרַיִם כַּאֲשֶׁר עָשִׂיתִי
hice según Egipto a y-herí Aarón y-a Moisés a Y-envié (5)

בְּקִרְבּוֹ וְאַחַר הוֹצֵאתִי אֶתְכֶם׃ וָאוֹצִיא אֶת־
a Saqué (6) . a-vosotros saqué y-después en-medio-de-él

אֲבוֹתֵיכֶם מִמִּצְרַיִם וַתָּבֹאוּ הַיָּמָּה וַיִּרְדְּפוּ
y-persiguieron al-mar y-llegaron de-Egipto vuestros-padres

מִצְרַיִם אַחֲרֵי אֲבוֹתֵיכֶם בְּרֶכֶב וּבְפָרָשִׁים יַם־סוּף׃
. Rojo mar y-con-jinetes con-carro vuestros-padres detrás-de los-egipcios

וַיִּצְעֲקוּ אֶל־יְהוָה וַיָּשֶׂם מַאֲפֵל בֵּינֵיכֶם ׀ וּבֵין
y-entre entre-vosotros oscuridad y-puso Yahweh a Y-gritaron (7)

הַמִּצְרַיִם וַיָּבֵא עָלָיו אֶת־ הַיָּם וַיְכַסֵּהוּ
y-lo-cubrió el-mar ** sobre-él y-trajo los-egipcios

וַתִּרְאֶינָה עֵינֵיכֶם אֵת אֲשֶׁר־ עָשִׂיתִי בְּמִצְרָיִם וַתֵּשְׁבוּ
y-habitasteis en-Egipto hice lo-que ** vuestros-ojos y-vieron

בַמִּדְבָּר יָמִים רַבִּים׃ וָאָבִאה אֶתְכֶם אֶל־ אֶרֶץ הָאֱמֹרִי
el-amorreo (el)país-de a a-vosotros Y-traje (8) . muchos días en-el-desierto

הַיּוֹשֵׁב בְּעֵבֶר הַיַּרְדֵּן וַיִּלָּחֲמוּ אִתְּכֶם וָאֶתֵּן
y-puse contra-vosotros y-pelearon el-Jordán al-otro-lado-de que-habitaba

אוֹתָם בְּיֶדְכֶם וַתִּירְשׁוּ אֶת־ אַרְצָם וָאַשְׁמִידֵם
y-los-destruí su-país ** y-poseisteis en-vuestras-manos a-ellos

מִפְּנֵיכֶם׃ וַיָּקָם בָּלָק בֶּן־ צִפּוֹר מֶלֶךְ מוֹאָב
Moab rey-de Zipor hijo-de Balac Se-levantó (9) . ante-vosotros

וַיִּלָּחֶם בְּיִשְׂרָאֵל וַיִּשְׁלַח וַיִּקְרָא לְבִלְעָם בֶּן־
hijo-de a-Balaam y-llamó y-envió contra-Israel y-peleó

בְּעוֹר לְקַלֵּל אֶתְכֶם׃ וְלֹא אָבִיתִי לִשְׁמֹעַ לְבִלְעָם וַיְבָרֶךְ
y-bendijo a-Balaam escuchar quise Y-no (10) . a-vosotros para-maldecir Beor

בָּרוֹךְ אֶתְכֶם וָאַצִּל אֶתְכֶם מִיָּדוֹ׃ וַתַּעַבְרוּ אֶת־
** Y-cruzasteis (11) . de-su-mano a-vosotros y-libré a-vosotros bendecir

הַיַּרְדֵּן וַתָּבֹאוּ אֶל־ יְרִיחוֹ וַיִּלָּחֲמוּ בָכֶם בַּעֲלֵי־
(los)ciudadanos-de contra-vosotros y-pelearon Jericó a y-vinisteis el-Jordán

יְרִיחוֹ הָאֱמֹרִי וְהַפְּרִזִּי וְהַכְּנַעֲנִי וְהַחִתִּי
y-el-heteo y-el-cananeo y-el-ferezeo el-amorreo Jericó

וְהַגִּרְגָּשִׁי הַחִוִּי וְהַיְבוּסִי וָאֶתֵּן אוֹתָם בְּיֶדְכֶם׃
. en-vuestra-mano a-ellos y-puse y-el-jebuseo y-el-heveo y-el-gergeseo

וָאֶשְׁלַח לִפְנֵיכֶם אֶת־ הַצִּרְעָה וַתְּגָרֶשׁ אוֹתָם
a-ellos y-echó la-avispa a delante-de-vosotros Y-envié (12)

מִפְּנֵיכֶם שְׁנֵי מַלְכֵי הָאֱמֹרִי לֹא בְחַרְבְּךָ וְלֹא
y-no con-tu-espada no el-amorreo reyes-de dos de-delante-de-vosotros

בְקַשְׁתֶּךָ׃ (13) וָאֶתֵּן לָכֶם אֶרֶץ ׀ אֲשֶׁר לֹא־יָגַעְתָּ בָּהּ
por-ella te-fatigaste no que tierra a-vosotros Y-di (13) . con-tu-arco

וְעָרִים אֲשֶׁר לֹא־בְנִיתֶם וַתֵּשְׁבוּ בָּהֶם כְּרָמִים וְזֵיתִים
y-olivares viñas en-ellas y-habitasteis construisteis no que y-ciudades

אֲשֶׁר לֹא־נְטַעְתֶּם אַתֶּם אֹכְלִים׃ (14) וְעַתָּה יְראוּ אֶת־יְהוָה וְעִבְדוּ
y-servid Yahweh a temed Y-ahora (14) . coméis vosotros plantasteis no que

אֹתוֹ בְּתָמִים וּבֶאֱמֶת וְהָסִירוּ אֶת־אֱלֹהִים אֲשֶׁר
que dioses a y-apartad y-con-verdad con-integridad a-él

עָבְדוּ אֲבוֹתֵיכֶם בְּעֵבֶר הַנָּהָר וּבְמִצְרַיִם וְעִבְדוּ
y-servid y-en-Egipto el-río al-otro-lado-de vuestros-padres sirvieron

אֶת־יְהוָה׃ (15) וְאִם רַע בְּעֵינֵיכֶם לַעֲבֹד אֶת־יְהוָה בַּחֲרוּ
escoged Yahweh a servir a-vuestros-ojos mal Y-si (15) . Yahweh a

לָכֶם הַיּוֹם אֶת־מִי תַעֲבֹדוּן אִם אֶת־אֱלֹהִים אֲשֶׁר־עָבְדוּ
sirvieron que dioses a si serviréis quién a este-día para-vosotros

אֲבוֹתֵיכֶם אֲשֶׁר בְּעֵבֶר הַנָּהָר וְאִם אֶת־אֱלֹהֵי הָאֱמֹרִי
el-amorreo dioses-de a o-si el-río al-otro-lado-de cuando vuestros-padres

אֲשֶׁר אַתֶּם יֹשְׁבִים בְּאַרְצָם וְאָנֹכִי וּבֵיתִי נַעֲבֹד
serviremos y-mi-casa y-yo en-su-tierra habitasteis vosotros que

אֶת־יְהוָה׃ (16) וַיַּעַן הָעָם וַיֹּאמֶר חָלִילָה לָּנוּ
de-nosotros lejos y-dijo el-pueblo Y-contestó (16) . Yahweh a

מֵעֲזֹב אֶת־יְהוָה לַעֲבֹד אֱלֹהִים אֲחֵרִים׃ (17) כִּי יְהוָה
Yahweh Porque (17) . otros dioses para-servir Yahweh a de-abandonar

אֱלֹהֵינוּ הוּא הַמַּעֲלֶה אֹתָנוּ וְאֶת־אֲבוֹתֵינוּ מֵאֶרֶץ מִצְרָיִם
Egipto de-país-de nuestros-padres y-a a-nosotros que-hizo-subir el nuestro-Dios

מִבֵּית עֲבָדִים וַאֲשֶׁר עָשָׂה לְעֵינֵינוּ אֶת־הָאֹתוֹת
los-prodigios ** a-nuestros-ojos hizo y-que esclavos de-casa-de

הַגְּדֹלוֹת הָאֵלֶּה וַיִּשְׁמְרֵנוּ בְּכָל־הַדֶּרֶךְ אֲשֶׁר
que el-camino por-todo y-nos-ha-guardado los-éstos los-grandes

הָלַכְנוּ בָהּ וּבְכֹל הָעַמִּים אֲשֶׁר עָבַרְנוּ
hemos-pasado que los-pueblos y-todos por-él anduvimos

בְּקִרְבָּם׃ וַיְגָרֶשׁ יְהוָה אֶת־כָּל־הָעַמִּים
los-pueblos todos a Yahweh Y-echó (18) . en-medio-de-ellos

וְאֶת־הָאֱמֹרִי יֹשֵׁב הָאָרֶץ מִפָּנֵינוּ גַּם־אֲנַחְנוּ נַעֲבֹד אֶת־
a serviremos nosotros también delante-de-nosotros el-país habitante-de el-amorreo y-a

יְהוָה כִּי־הוּא אֱלֹהֵינוּ׃ וַיֹּאמֶר יְהוֹשֻׁעַ אֶל־הָעָם לֹא
no : el-pueblo a Josué Y-dijo (19) . nuestro-Dios él pues Yahweh

תוּכְלוּ לַעֲבֹד אֶת־יְהוָה כִּי־אֱלֹהִים קְדֹשִׁים הוּא אֵל־קַנּוֹא הוּא לֹא־
no él celoso Dios él santo Dios porque Yahweh a servir podréis

יִשָּׂא לְפִשְׁעֲכֶם וּלְחַטֹּאותֵיכֶם׃ כִּי תַעַזְבוּ
abandonáis Si (20) . y-vuestros-pecados vuestras-rebeliones perdonará

אֶת־יְהוָה וַעֲבַדְתֶּם אֱלֹהֵי נֵכָר וְשָׁב
y-volverá extranjero dioses-de y-servís Yahweh a

וְהֵרַע לָכֶם וְכִלָּה אֶתְכֶם אַחֲרֵי אֲשֶׁר־
que después a-vosotros y-consumirá a-vosotros y-hará-mal

הֵיטִיב לָכֶם׃ וַיֹּאמֶר הָעָם אֶל־יְהוֹשֻׁעַ לֹא כִּי אֶת־יְהוָה
Yahweh a pues no Josué a el-pueblo Y-dijo (21) . a-vosotros ha-hecho-bien

נַעֲבֹד׃ וַיֹּאמֶר יְהוֹשֻׁעַ אֶל־הָעָם עֵדִים אַתֶּם
vosotros testigos el-pueblo a Josué Y-dijo (22) . serviremos

בָּכֶם כִּי־אַתֶּם בְּחַרְתֶּם לָכֶם אֶת־יְהוָה לַעֲבֹד אוֹתוֹ וַיֹּאמְרוּ
y-dijeron le para-servir Yahweh a para-vosotros habéis-escogido vosotros pues contra-vosotros

עֵדִים׃ וְעַתָּה הָסִירוּ אֶת־אֱלֹהֵי הַנֵּכָר אֲשֶׁר בְּקִרְבְּכֶם
en-medio-de-vosotros que el-extraño (los)dioses-de ** apartad Y-ahora (23) . testigos

וְהַטּוּ אֶת־לְבַבְכֶם אֶל־יְהוָה אֱלֹהֵי יִשְׂרָאֵל׃ וַיֹּאמְרוּ
Y-dijeron (24) . Israel Dios-de Yahweh a vuestro-corazón ** e-inclinad

הָעָם אֶל־יְהוֹשֻׁעַ אֶת־יְהוָה אֱלֹהֵינוּ נַעֲבֹד וּבְקוֹלוֹ
y-a-su-voz serviremos nuestro-Dios Yahweh a Josué a el-pueblo

נִשְׁמָע׃ וַיִּכְרֹת יְהוֹשֻׁעַ בְּרִית לָעָם בַּיּוֹם
en-el-día con-el-pueblo alianza Josué Y-cortó (25) . obedeceremos

הַהוּא וַיָּשֶׂם לוֹ חֹק וּמִשְׁפָּט בִּשְׁכֶם׃ וַיִּכְתֹּב
Y-escribió (26) . en-Siquem y-leyes estatutos para-él y-puso el-aquél

יְהוֹשֻׁעַ אֶת־הַדְּבָרִים הָאֵלֶּה בְּסֵפֶר תּוֹרַת אֱלֹהִים וַיִּקַּח אֶבֶן
una-piedra y-cogió Dios (la)ley-de en-(el)libro-de las-éstas las-cosas ** Josué

גְּדוֹלָה וַיְקִימֶהָ שָּׁם תַּחַת הָאַלָּה אֲשֶׁר בְּמִקְדַּשׁ יְהוָה׃
. Yahweh en-(el)santuario-de que la-encina bajo allí y-la-levantó grande

וַיֹּאמֶר יְהוֹשֻׁעַ אֶל־כָּל־הָעָם הִנֵּה הָאֶבֶן הַזֹּאת
la-ésta la-piedra he-aquí-que el-pueblo todo a Josué Y-dijo (27)

תִּהְיֶה־בָּנוּ לְעֵדָה כִּי־הִיא שָׁמְעָה אֵת כָּל־אִמְרֵי
(las)palabras-de todas ** ha-oído ella pues de-testimonio contra-vosotros servirá

יְהוָה אֲשֶׁר דִּבֶּר עִמָּנוּ וְהָיְתָה בָכֶם לְעֵדָה פֶּן־
para-que-no de-testimonio contra-vosotros y-servirá a-nosotros dijo que Yahweh

תְּכַחֲשׁוּן בֵּאלֹהֵיכֶם׃ וַיְשַׁלַּח יְהוֹשֻׁעַ אֶת־הָעָם
el-pueblo a Josué Y-envió (28) . contra-vuestro-Dios mintáis

אִישׁ לְנַחֲלָתוֹ׃ וַיְהִי אַחֲרֵי הַדְּבָרִים הָאֵלֶּה
las-éstas las-cosas después-de Y-sucedió (29) . a-su-heredad hombre

וַיָּמָת יְהוֹשֻׁעַ בִּן־נוּן עֶבֶד יְהוָה בֶּן־מֵאָה וָעֶשֶׂר
y-diez cien hijo-de Yahweh siervo-de Nun hijo-de Josué y-murió

שָׁנִים׃ וַיִּקְבְּרוּ אֹתוֹ בִּגְבוּל נַחֲלָתוֹ בְּתִמְנַת־
en-Timnat- su-heredad dentro-del-límite-de a-él Y-enterraron (30) . años

סֶרַח אֲשֶׁר בְּהַר־ אֶפְרָיִם מִצְּפוֹן לְהַר־ גָּעַשׁ׃
. Gaás de-(el)monte al-norte Efraín en-(el)monte-de que sera

וַיַּעֲבֹד יִשְׂרָאֵל אֶת־ יְהוָה כֹּל יְמֵי יְהוֹשֻׁעַ וְכֹל ׀
y-todos Josué (los)días-de todos Yahweh a Israel Y-sirvió (31)

יְמֵי הַזְּקֵנִים אֲשֶׁר הֶאֱרִיכוּ יָמִים אַחֲרֵי יְהוֹשֻׁעַ וַאֲשֶׁר
y-que Josué después-de días sobrevivieron que los-ancianos (los)días-de

יָדְעוּ אֵת כָּל־ מַעֲשֵׂה יְהוָה אֲשֶׁר עָשָׂה לְיִשְׂרָאֵל׃ וְאֶת־
Y (32) . por-Israel había-hecho que Yahweh (la)obra-de toda ** sabían

עַצְמוֹת יוֹסֵף אֲשֶׁר־ הֶעֱלוּ בְנֵי־ יִשְׂרָאֵל ׀ מִמִּצְרַיִם קָבְרוּ
enterraron de-Egipto Israel (los)hijos-de habían-subido que José (los)huesos-de

בִשְׁכֶם בְּחֶלְקַת הַשָּׂדֶה אֲשֶׁר קָנָה יַעֲקֹב מֵאֵת בְּנֵי־ חֲמוֹר
Hamor (los)hijos-de de Jacob había-comprado que el-campo en-(la)parte-de en-Siquem

אֲבִי־ שְׁכֶם בְּמֵאָה קְשִׂיטָה וַיִּהְיוּ לִבְנֵי־ יוֹסֵף
José para-(los)hijos-de y-fueron piezas-de-dinero en-cien Siquem padre-de

לְנַחֲלָה׃ וְאֶלְעָזָר בֶּן־ אַהֲרֹן מֵת וַיִּקְבְּרוּ אֹתוֹ
a-él y-enterraron murió Aarón hijo-de Y-Eleazar (33) . en-posesión

בְּגִבְעַת פִּינְחָס בְּנוֹ אֲשֶׁר נִתַּן־ לוֹ
a-él fue-dado que su-hijo Fineés en-Gibat

בְּהַר אֶפְרָיִם׃
. Efraín en-(el)monte-de

JUECES

וַיְהִי אַחֲרֵי מוֹת יְהוֹשֻׁעַ וַיִּשְׁאֲלוּ בְּנֵי יִשְׂרָאֵל

Israel (los)hijos-de y-consultaron Josué (la)muerte-de después-de Y-sucedió (1)

בַּיהוָה לֵאמֹר מִי יַעֲלֶה־ לָּנוּ אֶל־ הַכְּנַעֲנִי בַּתְּחִלָּה

primero el-cananeo contra de-nosotros subirá ¿quien : diciendo a-Yahweh

לְהִלָּחֶם בּוֹ׃ וַיֹּאמֶר יְהוָה יְהוּדָה יַעֲלֶה הִנֵּה נָתַתִּי

he-puesto he-aquí-que subirá Judá : Yahweh Y-dijo (2) ? contra-él para-luchar

אֶת־ הָאָרֶץ בְּיָדוֹ׃ וַיֹּאמֶר יְהוּדָה לְשִׁמְעוֹן אָחִיו

su-hermano a-Simeón Judá Y-dijo (3) . en-su-mano el-país **

עֲלֵה אִתִּי בְגוֹרָלִי וְנִלָּחֲמָה בַּכְּנַעֲנִי

contra-el-cananeo y-luchemos a-mi-lote conmigo sube

וְהָלַכְתִּי גַם־ אֲנִי אִתְּךָ בְּגוֹרָלֶךָ וַיֵּלֶךְ אִתּוֹ

con-él y-fue a-tu-lote contigo yo también e-iré

שִׁמְעוֹן׃ וַיַּעַל יְהוּדָה וַיִּתֵּן יְהוָה אֶת־ הַכְּנַעֲנִי

al-cananeo ** Yahweh y-puso Judá Y-subió (4) . Simeón

וְהַפְּרִזִּי בְּיָדָם וַיַּכּוּם בְּבֶזֶק עֲשֶׂרֶת

diez en-Bezec y-los-hirieron en-su-mano y-al-ferezeo

אֲלָפִים אִישׁ׃ וַיִּמְצְאוּ אֶת־ אֲדֹנִי בֶזֶק בְּבֶזֶק וַיִּלָּחֲמוּ

y-pelearon en-Bezec bezec Adoni- a Y-encontraron (5) . hombre miles

בּוֹ וַיַּכּוּ אֶת־ הַכְּנַעֲנִי וְאֶת־ הַפְּרִזִּי׃

. el-ferezeo y-a el-cananeo a y-derrotaron contra-él

וַיָּנָס אֲדֹנִי בֶזֶק וַיִּרְדְּפוּ אַחֲרָיו וַיֹּאחֲזוּ אֹתוֹ

a-él y-prendieron tras-él y-persiguieron bezec Adoni- Y-huyó (6)

וַיְקַצְּצוּ אֶת־ בְּהֹנוֹת יָדָיו וְרַגְלָיו׃

. y-sus-pies sus-manos (los)pulgares-de ** y-amputaron

וַיֹּאמֶר אֲדֹנִי־ בֶזֶק שִׁבְעִים ׀ מְלָכִים בְּהֹנוֹת יְדֵיהֶם

sus-manos (los)pulgares-de reyes setenta bezec Adoni- Y-dijo (7)

וְרַגְלֵיהֶם מְקֻצָּצִים הָיוּ מְלַקְּטִים תַּחַת

bajo recogiendo estaban amputados y-sus-pies

שֻׁלְחָנִי כַּאֲשֶׁר עָשִׂיתִי כֵּן שִׁלַּם־ לִי אֱלֹהִים וַיְבִיאֻהוּ

y-lo-llevaron Dios a-mí ha-pagado así hice como mi-mesa

יְרוּשָׁלִַם וַיָּמָת שָׁם׃ וַיִּלָּחֲמוּ בְנֵי־ יְהוּדָה

Judá hijos-de Y-pelearon (8) . allí y-murió a-Jerusalén

בִּירוּשָׁלִַם וַיִּלְכְּדוּ אוֹתָהּ וַיַּכּוּהָ לְפִי־ חָרֶב וְאֶת־

y-a espada a-filo-de y-la-hirieron a-ella y-tomaron en-Jerusalén

הָעִיר שִׁלְּחוּ בָאֵשׁ׃ וְאַחַר יָרְדוּ בְּנֵי יְהוּדָה

Judá (los)hijos-de bajaron Y-después (9) . con-fuego prendieron la-ciudad

לְהִלָּחֵם בַּכְּנַעֲנִי יוֹשֵׁב הָהָר וְהַנֶּגֶב

y-el-Négueb la-montaña habitante-de contra-el-cananeo para-pelear

וְהַשְּׁפֵלָה׃ וַיֵּלֶךְ יְהוּדָה אֶל־ הַכְּנַעֲנִי

el-cananeo contra Judá Y-marchó (10) . y-la-sefelah

הַיּוֹשֵׁב בְּחֶבְרוֹן וְשֵׁם־ חֶבְרוֹן לְפָנִים קִרְיַת אַרְבַּע

arbá Quiryat- antes Hebrón y-(el)nombre-de en-Hebrón que-habitaba

וַיַּכּוּ אֶת־ שֵׁשַׁי וְאֶת־ אֲחִימַן וְאֶת־ תַּלְמָי׃ וַיֵּלֶךְ

Y-fue (11) . Talmay y-a Ahimán y-a Sesay a y-derrotó

מִשָּׁם אֶל־ יוֹשְׁבֵי דְבִיר וְשֵׁם־ דְּבִיר לְפָנִים קִרְיַת־

Quiryat- antes Debir y-(el)nombre-de Debir (los)habitantes-de a de-allí

סֵפֶר׃ וַיֹּאמֶר כָּלֵב אֲשֶׁר־ יַכֶּה אֶת־ קִרְיַת־ סֵפֶר
séfer Quiryat- a ataque quien Caleb Y-dijo (12) . séfer

וּלְכָדָהּ וְנָתַתִּי לוֹ אֶת־ עַכְסָה בִתִּי לְאִשָּׁה׃
. como-esposa mi-hija Acsá a a-él daré y-la-conquiste

וַיִּלְכְּדָהּ עָתְנִיאֵל בֶּן־ קְנַז אֲחִי כָלֵב הַקָּטֹן
el-más-pequeño Caleb hermano-de Cenaz hijo-de Otoniel Y-la-conquistó (13)

מִמֶּנּוּ וַיִּתֶּן־ לוֹ אֶת־ עַכְסָה בִתּוֹ לְאִשָּׁה׃ וַיְהִי
Y-sucedió-que (14) . como-esposa su-hija Acsá a a-él y-dio que-él

בְּבוֹאָהּ וַתְּסִיתֵהוּ לִשְׁאוֹל מֵאֵת־ אָבִיהָ הַשָּׂדֶה
el-campo su-padre de a-pedir y-ella-urgió-a-él en-su-llegar-a-ella

וַתִּצְנַח מֵעַל הַחֲמוֹר וַיֹּאמֶר־ לָהּ כָּלֵב מַה־ לָּךְ׃
? para-ti ¿qué Caleb a-ella y-dijo el-asno de-sobre y-bajó

וַתֹּאמֶר לוֹ הָבָה־ לִּי בְרָכָה כִּי אֶרֶץ הַנֶּגֶב
el-Négueb (la)tierra-de pues bendición a-mí concede : a-él Y-ella-dijo (15)

נְתַתָּנִי וְנָתַתָּה לִי גֻּלֹּת מָיִם וַיִּתֶּן־ לָהּ כָּלֵב
Caleb a-ella y-dio agua fuentes-de a-mí da has-dado

אֵת גֻּלֹּת עִלִּית וְאֵת גֻּלֹּת תַּחְתִּית׃ וּבְנֵי קֵינִי
el-cineo Y-(los)hijos-de (16) . abajo (las)fuentes-de y arriba (las)fuentes-de **

חֹתֵן מֹשֶׁה עָלוּ מֵעִיר הַתְּמָרִים אֶת־ בְּנֵי יְהוּדָה
Judá (los)hijos-de con las-palmeras de-(la)ciudad-de subieron Moisés suegro-de

מִדְבַּר יְהוּדָה אֲשֶׁר בְּנֶגֶב עֲרָד וַיֵּלֶךְ וַיֵּשֶׁב אֶת־
con y-habitó y-fue Arad en-Négueb que Judá desierto-de

הָעָם׃ וַיֵּלֶךְ יְהוּדָה אֶת־ שִׁמְעוֹן אָחִיו וַיַּכּוּ
y-derrotaron su-hermano Simeón con Judá Y-marchó (17) . el-pueblo

אֶת־ הַכְּנַעֲנִי יוֹשֵׁב צְפַת וַיַּחֲרִימוּ אוֹתָהּ וַיִּקְרָא אֶת־
** y-llamó a-ella y-asolaron Sefat habitante-de el-cananeo a

שֵׁם־ הָעִיר חָרְמָה׃ וַיִּלְכֹּד יְהוּדָה אֶת־עַזָּה וְאֶת־ גְּבוּלָהּ

su-territorio y-a Gaza a Judá Y-tomó (18) . Hormá la-ciudad nombre-de

וְאֶת־ אַשְׁקְלוֹן וְאֶת־ גְּבוּלָהּ וְאֶת־ עֶקְרוֹן וְאֶת־ גְּבוּלָהּ׃

. su-territorio y-a Ecrón y-a su-territorio y-a Ascalón y-a

וַיְהִי יְהוָה אֶת־ יְהוּדָה וַיֹּרֶשׁ אֶת־ הָהָר כִּי

pero la-montaña ** y-conquistó Judá con Yahweh Y-estaba (19)

לֹא לְהוֹרִישׁ אֶת־ יֹשְׁבֵי הָעֵמֶק כִּי־ רֶכֶב בַּרְזֶל לָהֶם׃

. para-ellos hierro carro-de pues el-llano (los)habitantes-de a arrojar no

וַיִּתְּנוּ לְכָלֵב אֶת־חֶבְרוֹן כַּאֲשֶׁר דִּבֶּר מֹשֶׁה וַיּוֹרֶשׁ

y-arrojó Moisés había-dicho como Hebrón ** a-Caleb Y-dieron (20)

מִשָּׁם אֶת־ שְׁלֹשָׁה בְּנֵי הָעֲנָק׃ וְאֶת־ הַיְבוּסִי יֹשֵׁב

habitante-de el-jebuseo Pero-a (21) . Anac hijos-de tres a de-allí

יְרוּשָׁלַם לֹא הוֹרִישׁוּ בְּנֵי בִנְיָמִן וַיֵּשֶׁב הַיְבוּסִי אֶת־

con el-jebuseo y-habitó Benjamín (los)hijos-de arrojaron no Jerusalén

בְּנֵי בִנְיָמִן בִּירוּשָׁלַם עַד הַיּוֹם הַזֶּה׃ וַיַּעֲלוּ

Y-subió (22) . el-éste el-día hasta en-Jerusalén Benjamín (los)hijos-de

בֵית־ יוֹסֵף גַּם־ הֵם בֵּית־ אֵל וַיהוָה עִמָּם׃

. con-ellos y-Yahweh el a-Bet- ellos también José (la)casa-de

וַיָּתִירוּ בֵית־ יוֹסֵף בְּבֵית־ אֵל וְשֵׁם־ הָעִיר

la-ciudad y-(el)nombre-de el en-Bet- José (la)casa-de Y-exploraron (23)

לְפָנִים לוּז׃ וַיִּרְאוּ הַשֹּׁמְרִים אִישׁ יוֹצֵא מִן־ הָעִיר

la-ciudad de saliendo un-hombre los-vigías Y-vieron (24) . Luz antes

וַיֹּאמְרוּ לוֹ הַרְאֵנוּ נָא אֶת־ מְבוֹא הָעִיר וְעָשִׂינוּ

y-haremos la-ciudad (la)entrada-de ** pues muéstranos a-él y-dijeron

עִמְּךָ חָסֶד׃ וַיַּרְאֵם אֶת־ מְבוֹא הָעִיר וַיַּכּוּ

e-hirieron la-ciudad (la)entrada-de ** Y-les-mostró (25) . misericordia contigo

אֶת־הָעִיר לְפִי־חֶרֶב וְאֶת־הָאִישׁ וְאֶת־כָּל־מִשְׁפַּחְתּוֹ
su-familia toda y-a el-hombre y-a espada a-filo-de la-ciudad a

שִׁלֵּחוּ׃ וַיֵּלֶךְ הָאִישׁ אֶרֶץ הַחִתִּים וַיִּבֶן עִיר
una-ciudad y-construyó los-heteos a-tierra-de el-hombre Y-fue (26) . dejaron libre

וַיִּקְרָא שְׁמָהּ לוּז הוּא שְׁמָהּ עַד הַיּוֹם הַזֶּה׃
. el-éste el-día hasta su-nombre que Luz su-nombre y-llamó

וְלֹא־הוֹרִישׁ מְנַשֶּׁה אֶת־בֵּית־שְׁאָן וְאֶת־בְּנוֹתֶיהָ וְאֶת־
ni-a a-sus-aldeas y seán Bet- a Manasés arrojó Y-no (27)

תַּעְנַךְ וְאֶת־בְּנֹתֶיהָ וְאֶת־יוֹשְׁבֵי דוֹר וְאֶת־בְּנוֹתֶיהָ
sus-aldeas y-a Dor (los)habitantes-de ni-a sus-aldeas y-a Taanac

וְאֶת־יוֹשְׁבֵי יִבְלְעָם וְאֶת־בְּנֹתֶיהָ וְאֶת־יוֹשְׁבֵי מְגִדּוֹ
Meguidó (los)habitantes-de ni-a sus-aldeas y-a Ibleam (los)habitantes ni-a

וְאֶת־בְּנוֹתֶיהָ וַיּוֹאֶל הַכְּנַעֲנִי לָשֶׁבֶת בָּאָרֶץ
en-la-tierra en-habitar el-cananeo y-persistía sus-aldeas y-a

הַזֹּאת׃ וַיְהִי כִּי־חָזַק יִשְׂרָאֵל וַיָּשֶׂם אֶת־
a y-puso Israel fue-fuerte cuando Y-sucedió (28) . la-ésta

הַכְּנַעֲנִי לָמַס וְהוֹרֵישׁ לֹא הוֹרִישׁוֹ׃
. le-arrojó no pero-arrojar como-tributario el-cananeo

וְאֶפְרַיִם לֹא הוֹרִישׁ אֶת־הַכְּנַעֲנִי הַיּוֹשֵׁב בְּגָזֶר
en-Gézer que-habitaba el-cananeo a arrojó no Y-Efraín (29)

וַיֵּשֶׁב הַכְּנַעֲנִי בְּקִרְבּוֹ בְּגָזֶר׃ זְבוּלֻן לֹא
no Zabulón (30) . en-Gézer en-medio-de-él el-cananeo y-habitó

הוֹרִישׁ אֶת־יוֹשְׁבֵי קִטְרוֹן וְאֶת־יוֹשְׁבֵי נַהֲלֹל וַיֵּשֶׁב
y-habitó Naalal (los)habitantes-de ni-a Quitrón (los)habitantes-de a arrojó

הַכְּנַעֲנִי בְּקִרְבּוֹ וַיִּהְיוּ לָמַס׃ אָשֵׁר לֹא
no Aser (31) . como-tributario y-fueron en-medio-de-él el-cananeo

הוֹרִישׁ אֶת־ יֹשְׁבֵי עַכּוֹ וְאֶת־ יוֹשְׁבֵי צִידוֹן וְאֶת־אַחְלָב וְאֶת־

ni-a Ahlab ni-a Sidón (los)habitantes-de ni-a Aco (los)habitantes-de a arrojó

אַכְזִיב וְאֶת־ חֶלְבָּה וְאֶת־אֲפִיק וְאֶת־רְחֹב׃ וַיֵּשֶׁב הָאָשֵׁרִי בְּקֶרֶב

en-medio-de el-aserita Y-habitó (32) . Rehob ni-a Afec ni-a Helbá ni-a Aczib

הַכְּנַעֲנִי יֹשְׁבֵי הָאָרֶץ כִּי לֹא הוֹרִישׁוֹ׃

. lo-arrojó no pues la-tierra habitante-de el-cananeo

נַפְתָּלִי לֹא־ הוֹרִישׁ אֶת־ יֹשְׁבֵי בֵית־ שֶׁמֶשׁ וְאֶת־ יֹשְׁבֵי

(los)habitantes-de ni-a semes Bet- (los)habitantes-de a arrojó no Neftalí (33)

בֵית־ עֲנָת וַיֵּשֶׁב בְּקֶרֶב הַכְּנַעֲנִי יֹשְׁבֵי הָאָרֶץ

el-país (los)habitantes-de el-cananeo en-medio-de y-habitó anat Bet-

וְיֹשְׁבֵי בֵית־ שֶׁמֶשׁ וּבֵית עֲנָת הָיוּ לָהֶם

para-ellos fueron anat y-Bet- semes Bet- y-(los)habitantes-de

לָמַס׃ וַיִּלְחֲצוּ הָאֱמֹרִי אֶת־ בְּנֵי־ דָן

Dan (los)hijos-de a el-amorreo Y-acosaron (34) . como-tributarios

הָהָרָה כִּי־ לֹא נְתָנוֹ לָרֶדֶת לָעֵמֶק׃

. al-valle bajar permitió-a-él no pues hacia-la-montaña

וַיּוֹאֶל הָאֱמֹרִי לָשֶׁבֶת בְּהַר־ חֶרֶס

Heres en-(el)monte-de en-habitar el-amorreo Y-persistió (35)

בְּאַיָּלוֹן וּבְשַׁעַלְבִים וַתִּכְבַּד יַד בֵּית־ יוֹסֵף

José (la)casa-de (el)poder-de y-aumentó y-en-Saalbim en-Ajalón

וַיִּהְיוּ לָמַס׃ וּגְבוּל הָאֱמֹרִי מִמַּעֲלֵה

desde-la-subida-de el-amorreo Y-(la)frontera-de (36) . como-tributarios y-fueron

עַקְרַבִּים מֵהַסֶּלַע וָמָעְלָה׃ וַיַּעַל מַלְאַךְ־ יְהוָה מִן־

Cap. 2 desde Yahweh (el)ángel-de Y-subió (1) . y-arriba desde-Sela Acrabim

הַגִּלְגָּל אֶל־ הַבֹּכִים וַיֹּאמֶר אַעֲלֶה אֶתְכֶם מִמִּצְרַיִם וָאָבִיא

y-traje de-Egipto a-vosotros he-subido y-dijo Boquim a Gilgal

אֶתְכֶם אֶל־הָאָרֶץ אֲשֶׁר נִשְׁבַּעְתִּי לַאֲבֹתֵיכֶם וָאֹמַר לֹא־אָפֵר
romperé no y-dije a-vuestros-padres juré que la-tierra a a-vosotros

בְּרִיתִי אִתְּכֶם לְעוֹלָם׃ וְאַתֶּם לֹא־תִכְרְתוּ בְרִית
alianza haréis no Y-vosotros (2) . para-siempre con-vosotros mi-pacto

לְיוֹשְׁבֵי הָאָרֶץ הַזֹּאת מִזְבְּחוֹתֵיהֶם תִּתֹּצוּן
; derribaréis sus-altares la-esta la-tierra con-(los)habitantes-de

וְלֹא־שְׁמַעְתֶּם בְּקֹלִי מַה־זֹּאת עֲשִׂיתֶם׃ וְגַם אָמַרְתִּי לֹא־
no : he-dicho Y-también (3) ? habéis-hecho esto ¿qué mi-voz obedecisteis y-no

אֲגָרֵשׁ אוֹתָם מִפְּנֵיכֶם וְהָיוּ לָכֶם לְצִדִּים
a-(los)costados para-vosotros y-estarán de-delante-de-vosotros a-ellos echaré

וֵאלֹהֵיהֶם יִהְיוּ לָכֶם לְמוֹקֵשׁ׃ וַיְהִי כְּדַבֵּר
cuando-habló Y-sucedió-que (4) . como trampa para-vosotros serán y-sus-dioses

מַלְאַךְ יְהוָה אֶת־הַדְּבָרִים הָאֵלֶּה אֶל־כָּל־בְּנֵי יִשְׂרָאֵל
Israel (los)hijos-de todos a las-éstas las-cosas ** Yahweh (el)ángel de

וַיִּשְׂאוּ הָעָם אֶת־קוֹלָם וַיִּבְכּוּ׃ וַיִּקְרְאוּ
Y-llamaron (5) . y-lloró su-voz ** el-pueblo y-alzó

שֵׁם־הַמָּקוֹם הַהוּא בֹּכִים וַיִּזְבְּחוּ־שָׁם לַיהוָה׃
. a-Yahweh allí y-sacrificaron Boquim el-aquel el-lugar (el)nombre-de

וַיְשַׁלַּח יְהוֹשֻׁעַ אֶת־הָעָם וַיֵּלְכוּ בְנֵי־יִשְׂרָאֵל אִישׁ
hombre Israel (los)hijos-de y-marcharon el-pueblo a Josué Y-despidió (6)

לְנַחֲלָתוֹ לָרֶשֶׁת אֶת־הָאָרֶץ׃ וַיַּעַבְדוּ הָעָם
el-pueblo Y-sirvieron (7) . la-tierra ** para-poseer a-su-heredad

אֶת־יְהוָה כֹּל יְמֵי יְהוֹשֻׁעַ וְכֹל ׀ יְמֵי הַזְּקֵנִים אֲשֶׁר
que los-ancianos (los)días-de y-todos Josué (los)días-de todos Yahweh a

הֶאֱרִיכוּ יָמִים אַחֲרֵי יְהוֹשׁוּעַ אֲשֶׁר רָאוּ אֵת כָּל־מַעֲשֵׂה יְהוָה
Yahweh (la)obra-de toda ** vieron que Josué después-de días sobrevivieron

הַגָּדוֹל אֲשֶׁר עָשָׂה לְיִשְׂרָאֵל׃ וַיָּמָת יְהוֹשֻׁעַ בִּן־נוּן עֶבֶד
siervo-de Nun hijo-de Josué Y-murió (8) . por-Israel había-hecho que la-grande

יְהוָה בֶּן־מֵאָה וָעֶשֶׂר שָׁנִים׃ וַיִּקְבְּרוּ אוֹתוֹ בִּגְבוּל
en-límite-de a-él Y-enterraron (9) . años y-diez cien hijo-de Yahweh

נַחֲלָתוֹ בְּתִמְנַת־חֶרֶס בְּהַר אֶפְרָיִם מִצְּפוֹן
al-norte Efraín en-(el)monte-de heres en-Timnat- su-heredad

לְהַר־גָּעַשׁ׃ וְגַם כָּל־הַדּוֹר הַהוּא
la-aquella la-generación toda Y-también (10) . Gaás de-(el)monte

נֶאֶסְפוּ אֶל־אֲבוֹתָיו וַיָּקָם דּוֹר אַחֵר
otra generación y-surgió sus-padres a se-reunió

אַחֲרֵיהֶם אֲשֶׁר לֹא־יָדְעוּ אֶת־יְהוָה וְגַם אֶת־הַמַּעֲשֶׂה אֲשֶׁר עָשָׂה
había-hecho que la-obra ** ni-tampoco Yahweh a había-conocido no que después-de-ellos

לְיִשְׂרָאֵל׃ וַיַּעֲשׂוּ בְנֵי־יִשְׂרָאֵל אֶת־הָרַע בְּעֵינֵי יְהוָה
Yahweh a-(los)ojos-de el-mal ** Israel (los)hijos-de Y-obraron (11) . por-Israel

וַיַּעַבְדוּ אֶת־הַבְּעָלִים׃ וַיַּעַזְבוּ אֶת־יְהוָה ׀ אֱלֹהֵי
Dios-de Yahweh a Y-abandonaron (12) . los-baales a y-sirvieron

אֲבוֹתָם הַמּוֹצִיא אוֹתָם מֵאֶרֶץ מִצְרַיִם וַיֵּלְכוּ
y-marcharon Egipto de-(el)país-de a-ellos que-sacó sus-padres

אַחֲרֵי ׀ אֱלֹהִים אֲחֵרִים מֵאֱלֹהֵי הָעַמִּים אֲשֶׁר סְבִיבוֹתֵיהֶם
a-su-alrededor que los-pueblos de-(los)dioses-de otros dioses detrás-de

וַיִּשְׁתַּחֲווּ לָהֶם וַיַּכְעִסוּ אֶת־יְהוָה׃ וַיַּעַזְבוּ
Y-abandonaron (13) . Yahweh a e-irritaron a-ellos y-se-prosternaron

אֶת־יְהוָה וַיַּעַבְדוּ לַבַּעַל וְלָעַשְׁתָּרוֹת׃ וַיִּחַר־
Y-se-encendió (14) . y-a-Astarot a-Baal y-sirvieron Yahweh a

אַף יְהוָה בְּיִשְׂרָאֵל וַיִּתְּנֵם בְּיַד־שֹׁסִים
salteadores en-mano-de y-los-puso contra-Israel Yahweh (la)cólera-de

וַיָּשֹׁסּוּ אוֹתָם וַיִּמְכְּרֵם בְּיַד אוֹיְבֵיהֶם
sus-enemigos a-mano-de y-los-vendieron a-ellos y-despojaron

מִסָּבִיב וְלֹא־ יָכְלוּ עוֹד לַעֲמֹד לִפְנֵי אוֹיְבֵיהֶם׃
. sus-enemigos ante hacer-frente más pudieron y-no de-alrededor

בְּכֹל ׀ אֲשֶׁר יָצְאוּ יַד־ יְהוָה הָיְתָה־ בָּם
contra-ellos estaba Yahweh (la)mano-de salían lo-que En-todo (15)

לְרָעָה כַּאֲשֶׁר דִּבֶּר יְהוָה וְכַאֲשֶׁר נִשְׁבַּע יְהוָה לָהֶם
a-ellos Yahweh había-jurado y-como Yahweh había-dicho como para-mal

וַיֵּצֶר לָהֶם מְאֹד׃ וַיָּקֶם יְהוָה שֹׁפְטִים
jueces Yahweh Y-suscitó (16) . grande para-ellos y-hubo-aprieto

וַיּוֹשִׁיעוּם מִיַּד שֹׁסֵיהֶם׃ וְגַם אֶל־
a Y-tampoco (17) . sus-salteadores de-mano-de y-los-salvaron

שֹׁפְטֵיהֶם לֹא שָׁמֵעוּ כִּי זָנוּ אַחֲרֵי אֱלֹהִים אֲחֵרִים
otros dioses detrás-de se-prostituyeron sino escucharon no sus-jueces

וַיִּשְׁתַּחֲווּ לָהֶם סָרוּ מַהֵר מִן־ הַדֶּרֶךְ אֲשֶׁר
que el-camino de pronto se-desviaron a-ellos y-se-prosternaron

הָלְכוּ אֲבוֹתָם לִשְׁמֹעַ מִצְוֹת־ יְהוָה לֹא־ עָשׂוּ כֵן׃
. así hicieron no Yahweh (los)mandatos -de para-escuchar sus-padres anduvieron

וְכִי־ הֵקִים יְהוָה ׀ לָהֶם שֹׁפְטִים וְהָיָה יְהוָה
Yahweh y-estaba jueces a-ellos Yahweh suscitaba Y-cuando (18)

עִם־ הַשֹּׁפֵט וְהוֹשִׁיעָם מִיַּד אֹיְבֵיהֶם
sus-enemigos de-mano-de y-los-salvaba el-juez con

כֹּל יְמֵי הַשּׁוֹפֵט כִּי־ יִנָּחֵם יְהוָה מִנַּאֲקָתָם
de-sus-gemidos Yahweh se-compadecía pues el-juez (los)días -de todos

מִפְּנֵי לֹחֲצֵיהֶם וְדֹחֲקֵיהֶם׃ וְהָיָה ׀
Y-sucedía (19) . y-sus-vejadores sus-opresores a-causa-de

בְּמוֹת הַשּׁוֹפֵט יָשֻׁבוּ וְהִשְׁחִיתוּ
y-se-corrompían volvían el-juez a-(la)muerte-de

מֵאֲבוֹתָם לָלֶכֶת אַחֲרֵי אֱלֹהִים אֲחֵרִים לְעָבְדָם
para-servir-los otros dioses detrás-de para-ir más-que-sus-padres

וּלְהִשְׁתַּחֲוֺת לָהֶם לֹא הִפִּילוּ מִמַּעַלְלֵיהֶם
de-sus-obras se-apartaron no a-ellos y-para-prosternarse

וּמִדַּרְכָּם הַקָּשָׁה׃ וַיִּחַר־ אַף יְהוָה בְּיִשְׂרָאֵל
contra-Israel Yahweh (la)cólera-de Y-se-encendió (20) . el-obstinado y-de-su-camino

וַיֹּאמֶר יַעַן אֲשֶׁר עָבְרוּ הַגּוֹי הַזֶּה אֶת־ בְּרִיתִי
mi-alianza ** la-ésta la-nación transgredió que por cuanto y-dijo

אֲשֶׁר צִוִּיתִי אֶת־ אֲבוֹתָם וְלֹא שָׁמְעוּ לְקוֹלִי׃
. a-mi-voz escucharon y-no sus-padres a ordené que

גַּם־ אֲנִי לֹא אוֹסִיף לְהוֹרִישׁ אִישׁ מִפְּנֵיהֶם מִן־
de de-delante-de-ellos hombre a-arrojar volveré no yo También (21)

הַגּוֹיִם אֲשֶׁר־ עָזַב יְהוֹשֻׁעַ וַיָּמֹת׃ לְמַעַן נַסּוֹת בָּם
con-ellos probar Para (22) . cuando-murió Josué abandonó que las-naciones

אֶת־יִשְׂרָאֵל הֲשֹׁמְרִים הֵם אֶת־ דֶּרֶךְ יְהוָה לָלֶכֶת בָּם
por-ellos para-marchar Yahweh (el)camino-de ** ellos si-guardaban Israel a

כַּאֲשֶׁר שָׁמְרוּ אֲבוֹתָם אִם־לֹא׃ וַיַּנַּח יְהוָה אֶת־
a Yahweh Y-dejó (23) . no si sus-padres guardaron como

הַגּוֹיִם הָאֵלֶּה לְבִלְתִּי הוֹרִישָׁם מַהֵר וְלֹא נְתָנָם
las-puso y-no apresuradamente arrojarlas para-no las-éstas las-naciones

בְּיַד־ יְהוֹשֻׁעַ׃ וְאֵלֶּה הַגּוֹיִם אֲשֶׁר הִנִּיחַ יְהוָה לְנַסּוֹת
Cap. 3 para-probar Yahweh dejó que las-naciones Y-éstas (1) . Josué en-mano-de

בָּם אֶת־ יִשְׂרָאֵל אֵת כָּל־אֲשֶׁר לֹא־ יָדְעוּ אֵת כָּל־ מִלְחֲמוֹת
(las)guerras-de todas ** había-conocido no el-que todo a Israel a con-ellos

כְּנָעַן׃ רַק לְמַעַן דַּעַת דֹּרוֹת בְּנֵי־יִשְׂרָאֵל

Israel (los)hijos-de (las)generaciones-de conocimiento-de para Sólo (2) . Canaán

לְלַמְּדָם מִלְחָמָה רַק אֲשֶׁר־לְפָנִים לֹא יְדָעוּם׃

. los-habían-conocido no antes que sólo guerra para-adiestrarles

חֲמֵשֶׁת ׀ סַרְנֵי פְלִשְׁתִּים וְכָל־הַכְּנַעֲנִי וְהַצִּידֹנִי

y-el-sidonio el-cananeo y-todo filisteos príncipes-de Cinco (3)

וְהַחִוִּי יֹשֵׁב הַר הַלְּבָנוֹן מֵהַר בַּעַל חֶרְמוֹן

hermón Baal- desde-(el)monte-de el-Líbano (el)monte-de habitante-de y-el-heveo

עַד לְבוֹא חֲמָת׃ וַיִּהְיוּ לְנַסּוֹת בָּם אֶת־יִשְׂרָאֵל לָדַעַת

para-saber Israel a con-ellos para-probar Y-fueron (4) . a-Hamat llegar hasta

הֲיִשְׁמְעוּ אֶת־מִצְוֺת יְהוָה אֲשֶׁר־צִוָּה אֶת־אֲבוֹתָם

sus-padres a había-ordenado que Yahweh mandatos-de ** si-obedecerían

בְּיַד־מֹשֶׁה׃ וּבְנֵי יִשְׂרָאֵל יָשְׁבוּ בְּקֶרֶב הַכְּנַעֲנִי

el-cananeo en-medio-de habitaron Israel Y-(los)hijos-de (5) . Moisés por-medio-de

הַחִתִּי וְהָאֱמֹרִי וְהַפְּרִזִּי וְהַחִוִּי וְהַיְבוּסִי׃

. y-el-jebuseo y-el-heveo y-el-ferezeo y-el-amorreo el-heteo

וַיִּקְחוּ אֶת־בְּנוֹתֵיהֶם לָהֶם לְנָשִׁים וְאֶת־בְּנוֹתֵיהֶם

sus-hijas y-a como-mujeres para-ellos sus-hijas a Y-tomaron (6)

נָתְנוּ לִבְנֵיהֶם וַיַּעַבְדוּ אֶת־אֱלֹהֵיהֶם׃ וַיַּעֲשׂוּ

Y-obraron (7) . sus-dioses a y-sirvieron a-sus-hijos dieron

בְנֵי־יִשְׂרָאֵל אֶת־הָרַע בְּעֵינֵי יְהוָה וַיִּשְׁכְּחוּ אֶת־יְהוָה

Yahweh a y-olvidaron Yahweh a-ojos-de el-mal ** Israel (los)hijos-de

אֱלֹהֵיהֶם וַיַּעַבְדוּ אֶת־הַבְּעָלִים וְאֶת־הָאֲשֵׁרוֹת׃ וַיִּחַר־

Y-se-encendió (8) . las-aserás y-a los-baales a y-sirvieron su-Dios

אַף יְהוָה בְּיִשְׂרָאֵל וַיִּמְכְּרֵם בְּיַד כּוּשַׁן רִשְׁעָתַיִם

risatáyim Cusán- en-manos-de y-los-vendió contra-Israel Yahweh (la)ira-de

מֶלֶךְ אֲרַם נַהֲרָיִם וַיַּעַבְדוּ בְנֵי־יִשְׂרָאֵל אֶת־כּוּשַׁן רִשְׁעָתָיִם
risatáyim Cusán- a Israel (los)hijos-de y-sirvieron Naharaim Aram rey-de

שְׁמֹנֶה שָׁנִים׃ וַיִּזְעֲקוּ בְנֵי־יִשְׂרָאֵל אֶל־יְהוָה וַיָּקֶם
y-suscitó Yahweh a Israel (los)hijos-de Yclamaron (9) . años ocho

יְהוָה מוֹשִׁיעַ לִבְנֵי יִשְׂרָאֵל וַיּוֹשִׁיעֵם אֵת עָתְנִיאֵל בֶּן־
hijo-de Otoniel a y-los-salvó Israel para-(los)hijos-de libertador Yahweh

קְנַז אֲחִי כָלֵב הַקָּטֹן מִמֶּנּוּ׃ וַתְּהִי עָלָיו רוּחַ־
espíritu-de sobre-él Y-fue (10) . que-él el-más-pequeño Caleb hermano-de Cenez

יְהוָה וַיִּשְׁפֹּט אֶת־יִשְׂרָאֵל וַיֵּצֵא לַמִּלְחָמָה וַיִּתֵּן יְהוָה
Yahweh y-entregó a-la-guerra y-salió Israel a y-juzgó Yahweh

בְּיָדוֹ אֶת־כּוּשַׁן רִשְׁעָתַיִם מֶלֶךְ אֲרָם וַתָּעָז
y-prevaleció Siria rey-de risatáyim Cusán- a en-su-mano

יָדוֹ עַל כּוּשַׁן רִשְׁעָתָיִם׃ וַתִּשְׁקֹט הָאָרֶץ אַרְבָּעִים
cuarenta la-tierra Y-reposó (11) . risatáyim Cusán- contra su-mano

שָׁנָה וַיָּמָת עָתְנִיאֵל בֶּן־קְנַז׃ וַיֹּסִפוּ בְּנֵי יִשְׂרָאֵל
Israel (los)hijos-de Y-volvieron (12) . Cenez hijo-de Otoniel y-murió años

לַעֲשׂוֹת הָרַע בְּעֵינֵי יְהוָה וַיְחַזֵּק יְהוָה אֶת־עֶגְלוֹן מֶלֶךְ־
rey-de Eglón a Yahweh y-fortaleció Yahweh a-ojos-de el-mal a-obrar

מוֹאָב עַל־יִשְׂרָאֵל עַל כִּי־עָשׂוּ אֶת־הָרַע בְּעֵינֵי יְהוָה׃
. Yahweh a-(los)ojos- el-mal ** habían-obrado que puesto Israel contra Moab

וַיֶּאֱסֹף אֵלָיו אֶת־בְּנֵי עַמּוֹן וַעֲמָלֵק וַיֵּלֶךְ
y-fue y-Amalec Amón (los)hijos-de a en-torno-a-él Y-reunió (13)

וַיַּךְ אֶת־יִשְׂרָאֵל וַיִּירְשׁוּ אֶת־עִיר הַתְּמָרִים׃
. las-palmeras (la)ciudad-de ** y-ocuparon Israel a e-hirió

וַיַּעַבְדוּ בְנֵי־יִשְׂרָאֵל אֶת־עֶגְלוֹן מֶלֶךְ־מוֹאָב שְׁמוֹנֶה עֶשְׂרֵה שָׁנָה׃
. años diez ocho Moab rey-de Eglón a Israel (los)hijos-de Y-sirvieron (14)

וַיִּזְעֲקוּ בְנֵי־ יִשְׂרָאֵל אֶל־ יְהוָה וַיָּקֶם יְהוָה לָהֶם
a-ellos Yahweh y-suscitó Yahweh a Israel (los)hijos-de Y-clamaron (15)

מוֹשִׁיעַ אֶת־ אֵהוּד בֶּן־ גֵּרָא בֶּן־הַיְמִינִי אִישׁ אִטֵּר יַד־
mano-de zurdo-de hombre el-benjaminita Gerá hijo-de Eúd a libertador

יְמִינוֹ וַיִּשְׁלְחוּ בְנֵי־ יִשְׂרָאֵל בְּיָדוֹ מִנְחָה לְעֶגְלוֹן
a-Eglón presente en-su-mano Israel (los)hijos-de y-enviaron su-izquierda

מֶלֶךְ מוֹאָב׃ וַיַּעַשׂ לוֹ אֵהוּד חֶרֶב וְלָהּ שְׁנֵי פֵיוֹת
filos dos y-para-ella una-daga Eúd para-él E-hizo (16) . Moab rey-de

גֹּמֶד אָרְכָּהּ וַיַּחְגֹּר אוֹתָהּ מִתַּחַת לְמַדָּיו עַל
sobre su-vestido debajo-de a-ella y-ciñó su-largo un-palmo

יֶרֶךְ יְמִינוֹ׃ וַיַּקְרֵב אֶת־ הַמִּנְחָה לְעֶגְלוֹן מֶלֶךְ
rey-de a-Eglón el-presente ** Y-ofreció (17) . su-derecha muslo-de

מוֹאָב וְעֶגְלוֹן אִישׁ בָּרִיא מְאֹד׃ וַיְהִי כַּאֲשֶׁר כִּלָּה לְהַקְרִיב אֶת־
** de-ofrecer terminó cuando Y-sucedió (18) . mucho grueso hombre y-Eglón Moab

הַמִּנְחָה וַיְשַׁלַּח אֶת־ הָעָם נֹשְׂאֵי הַמִּנְחָה׃
. la-ofrenda que-llevaban la-gente a que-despidió la-ofrenda

וְהוּא שָׁב מִן־הַפְּסִילִים אֲשֶׁר אֶת־ הַגִּלְגָּל וַיֹּאמֶר
y-dijo a-el-Gilgal junto que los-ídolos de volvió Y-él (19)

דְּבַר־ סֵתֶר לִי אֵלֶיךָ הַמֶּלֶךְ וַיֹּאמֶר הָס וַיֵּצְאוּ
y-salieron calla y-dijo oh-rey hacia-ti de-mí secreto palabra-de

מֵעָלָיו כָּל־ הָעֹמְדִים עָלָיו׃ וְאֵהוּד ׀ בָּא
fue Y-Eúd (20) . con-él los-que-estaban todos de-junto-a-él

אֵלָיו וְהוּא־ יֹשֵׁב בַּעֲלִיַּת הַמְּקֵרָה אֲשֶׁר־ לוֹ
para-él que el-fresco en-la-cámara-alta-de estaba-sentado y-él a-él

לְבַדּוֹ וַיֹּאמֶר אֵהוּד דְּבַר־ אֱלֹהִים לִי אֵלֶיךָ וַיָּקָם מֵעַל
de-sobre y-se-levantó hacia-ti de-mí Dios palabra-de Eúd y-dijo solo

הַכִּסֵּא׃ וַיִּשְׁלַח אֵהוּד אֶת־ יַד שְׂמֹאלוֹ וַיִּקַּח אֶת־
** y-tomó su-izquierda mano-de ** Eúd Y-alargó (21) . la-silla

הַחֶרֶב מֵעַל יֶרֶךְ יְמִינוֹ וַיִּתְקָעֶהָ בְּבִטְנוֹ׃
. en-su-vientre y-la-clavó su-derecha muslo-de de la-daga

וַיָּבֹא גַם־ הַנִּצָּב אַחַר הַלַּהַב וַיִּסְגֹּר הַחֵלֶב בְּעַד
alrededor -de la-grasa y-se-cerró la-hoja tras la-empuñadura también Y-entró (22)

הַלַּהַב כִּי לֹא שָׁלַף הַחֶרֶב מִבִּטְנוֹ וַיֵּצֵא
y-salió de-su-vientre la-daga sacó no porque la-hoja

הַפַּרְשְׁדֹנָה׃ וַיֵּצֵא אֵהוּד הַמִּסְדְּרוֹנָה וַיִּסְגֹּר דַּלְתוֹת
(las)puertas-de y-cerró al-corredor Eúd Y-salió (23) . el-excremento

הָעֲלִיָּה בַּעֲדוֹ וְנָעָל׃ וְהוּא יָצָא וַעֲבָדָיו
y-sus-sirvientes salió Y-él (24) . y-aseguró-con-cerrojo tras-él la-cámara-alta

בָּאוּ וַיִּרְאוּ וְהִנֵּה דַּלְתוֹת הָעֲלִיָּה נְעֻלוֹת
estaban-aseguradas la-cámara-alta (las)puertas-de y-he-aquí-que y-miraron vinieron

וַיֹּאמְרוּ אַךְ מֵסִיךְ הוּא אֶת־ רַגְלָיו בַּחֲדַר הַמְּקֵרָה׃
. el-fresco en-la-habitación-de sus-pies ** él cubre ciertamente y-dijeron

וַיָּחִילוּ עַד־ בּוֹשׁ וְהִנֵּה אֵינֶנּוּ פֹתֵחַ דַּלְתוֹת
(las)puertas -de abría él-no y-he-aquí-que estar-confusos hasta Y-esperaron (25)

הָעֲלִיָּה וַיִּקְחוּ אֶת־הַמַּפְתֵּחַ וַיִּפְתָּחוּ וְהִנֵּה אֲדֹנֵיהֶם
su-señor y-he-aquí-que y-abrieron la-llave ** y-tomaron la-cámara-alta

נֹפֵל אַרְצָה מֵת׃ וְאֵהוּד נִמְלַט עַד הִתְמַהְמְהָם
su-esperar mientras escapó Y-Eúd (26) . muerto a-tierra caído

וְהוּא עָבַר אֶת־ הַפְּסִילִים וַיִּמָּלֵט הַשְּׂעִירָתָה׃ וַיְהִי
Y-sucedió (27) . a-Seirat y-escapó los-ídolos a sobrepasó y-él

בְּבוֹאוֹ וַיִּתְקַע בַּשּׁוֹפָר בְּהַר אֶפְרָיִם
Efraín en-(el)monte-de con-la-trompeta y-tocó cuando-su-llegar

וַיֵּרְדוּ עִמּוֹ בְנֵי־ יִשְׂרָאֵל מִן־ הָהָר וְהוּא לִפְנֵיהֶם׃

. delante-de-ellos y-él el-monte de Israel (los)hijos -de con-él y-bajaron

וַיֹּאמֶר אֲלֵהֶם רִדְפוּ אַחֲרַי כִּי־ נָתַן יְהוָה אֶת־

a Yahweh puso porque tras-de-mí seguid a-ellos Y-dijo (28)

אֹיְבֵיכֶם אֶת־ מוֹאָב בְּיֶדְכֶם וַיֵּרְדוּ אַחֲרָיו

tras-él y-siguieron en-vuestra-mano Moab a vuestros-enemigos

וַיִּלְכְּדוּ אֶת־ מַעְבְּרוֹת הַיַּרְדֵּן לְמוֹאָב וְלֹא־ נָתְנוּ

permitieron y-no hacia-Moab el-Jordán (los)vados-de ** y-ocuparon

אִישׁ לַעֲבֹר׃ וַיַּכּוּ אֶת־ מוֹאָב בָּעֵת הַהִיא

el-aquél en-el-tiempo Moab a Y-mataron (29) . cruzar hombre

כַּעֲשֶׂרֶת אֲלָפִים אִישׁ כָּל־ שָׁמֵן וְכָל־ אִישׁ חָיִל וְלֹא

y-no guerra hombre-de y-todo robusto todo hombre miles como-diez

נִמְלַט אִישׁ׃ וַתִּכָּנַע מוֹאָב בַּיּוֹם הַהוּא תַּחַת

bajo el-aquel en-el-día Moab Y-quedó-sometido (30) . hombre escapó

יַד יִשְׂרָאֵל וַתִּשְׁקֹט הָאָרֶץ שְׁמוֹנִים שָׁנָה׃ וְאַחֲרָיו

Y-después-de-él (31) . años ochenta el-país y-quedó-tranquilo Israel mano-de

הָיָה שַׁמְגַּר בֶּן־ עֲנָת וַיַּךְ אֶת־פְּלִשְׁתִּים שֵׁשׁ־ מֵאוֹת

cientos seis filisteos a y-mató Anat hijo-de Samgar fue

אִישׁ בְּמַלְמַד הַבָּקָר וַיֹּשַׁע גַּם־ הוּא אֶת־יִשְׂרָאֵל׃ וַיֹּסִפוּ

Y-volvieron (1) . Israel a él también y-salvó el-buey con-una-aguijada-de hombres Cap. 4

בְּנֵי יִשְׂרָאֵל לַעֲשׂוֹת הָרַע בְּעֵינֵי יְהוָה וְאֵהוּד מֵת׃

. murió y-Eúd Yahweh a-(los)ojos-de el-mal a-obrar Israel (los)hijos -de

וַיִּמְכְּרֵם יְהוָה בְּיַד יָבִין מֶלֶךְ־ כְּנַעַן אֲשֶׁר מָלַךְ

reinó que Canaán rey-de Jabín en-mano-de Yahweh Y-los-vendió (2)

בְּחָצוֹר וְשַׂר־ צְבָאוֹ סִיסְרָא וְהוּא יוֹשֵׁב בַּחֲרֹשֶׁת

en-Haroset- habitaba y-él Sísara su-ejército y-(el)jefe-de en-Hazor

הַגּוֹיִֽם׃ וַיִּצְעֲקוּ בְנֵֽי־יִשְׂרָאֵל אֶל־יְהוָה כִּי תְּשַׁע מֵאוֹת
cientos nueve porque Yahweh a Israel (los)hijos-de Y-clamaron (3) . Ha-goim

רֶֽכֶב־בַּרְזֶל לוֹ וְהוּא לָחַץ אֶת־בְּנֵי יִשְׂרָאֵל בְּחָזְקָה
con-crueldad Israel (los)hijos-de a había-oprimido y-él para-él hierro carros-de

עֶשְׂרִים שָׁנָֽה׃ וּדְבוֹרָה אִשָּׁה נְבִיאָה אֵשֶׁת לַפִּידוֹת הִיא שֹׁפְטָה
juzgaba ella Lapidot mujer-de profetisa mujer Y-Débora (4) . años veinte

אֶת־יִשְׂרָאֵל בָּעֵת הַהִֽיא׃ וְהִיא יוֹשֶׁבֶת תַּֽחַת־תֹּמֶר
(la)palmera-de debajo-de habitaba Y-ella (5) . el-aquél en-el-tiempo Israel a

דְּבוֹרָה בֵּין הָרָמָה וּבֵין בֵּֽית־אֵל בְּהַר אֶפְרָיִם
Efraín en-(el)monte-de el Bet- y-entre Ramá entre Débora

וַיַּעֲלוּ אֵלֶיהָ בְּנֵי יִשְׂרָאֵל לַמִּשְׁפָּֽט׃ וַתִּשְׁלַח
Y-envió (6) . a-juicio Israel (los)hijos-de a-ella y-subieron

וַתִּקְרָא לְבָרָק בֶּן־אֲבִינֹעַם מִקֶּדֶשׁ נַפְתָּלִי וַתֹּאמֶר
y-dijo Neftalí de-Cedes-de Abinoam hijo-de a-Barac y-llamó

אֵלָיו הֲלֹא צִוָּה ׀ יְהוָה אֱלֹהֵֽי־יִשְׂרָאֵל לֵךְ וּמָשַׁכְתָּ בְּהַר
en-(el)monte-de y-ocuparás ve : Israel Dios-de Yahweh ha-ordenado ¿no : a-él

תָּבוֹר וְלָקַחְתָּ עִמְּךָ עֲשֶׂרֶת אֲלָפִים אִישׁ מִבְּנֵי נַפְתָּלִי
Neftalí de-(los)hijos-de hombres miles diez contigo y-tomarás Tabor

וּמִבְּנֵי זְבֻלֽוּן׃ וּמָשַׁכְתִּי אֵלֶיךָ אֶל־נַחַל קִישׁוֹן אֶת־
a Cisón (el)río-de a a-ti Y-atraeré (7) Zebulón y-de-(los)hijos-de

סִֽיסְרָא שַׂר־צְבָא יָבִין וְאֶת־רִכְבּוֹ וְאֶת־הֲמוֹנוֹ
su-tropa y-con su-carro y-con Jabín (el)ejército-de jefe-de Sísara

וּנְתַתִּיהוּ בְּיָדֶֽךָ׃ וַיֹּאמֶר אֵלֶיהָ בָּרָק אִם־תֵּלְכִי
vienes si Barac a-ella Y-dijo (8) ? en-tu-mano y-lo-pondré

עִמִּי וְהָלָכְתִּי וְאִם־לֹא תֵלְכִי עִמִּי לֹא אֵלֵֽךְ׃ וַתֹּאמֶר
Y-dijo (9) . iré no conmigo vienes no y-si iré conmigo

הָלֹךְ אֵלֵךְ עִמָּךְ אֶפֶס כִּי לֹא תִהְיֶה תִּפְאַרְתְּךָ עַל־

sobre tu-gloria será no ciertamente pero contigo iré ir

הַדֶּרֶךְ אֲשֶׁר אַתָּה הוֹלֵךְ כִּי בְיַד־ אִשָּׁה יִמְכֹּר יְהוָה אֶת־

a Yahweh entregará mujer en-mano-de pues emprendes tú que el-camino

סִיסְרָא וַתָּקָם דְּבוֹרָה וַתֵּלֶךְ עִם־ בָּרָק קֶדְשָׁה׃

. a-Cedes Barac con y-fue Débora y-se-levantó Sísara

(10) וַיַּזְעֵק בָּרָק אֶת־ זְבוּלֻן וְאֶת־ נַפְתָּלִי קֶדְשָׁה וַיַּעַל

y-subió en-Cedes Neftalí y-a Zebulón a Barac Convocó (10)

בְּרַגְלָיו עֲשֶׂרֶת אַלְפֵי אִישׁ וַתַּעַל עִמּוֹ דְּבוֹרָה׃

. Débora con-él y-subió hombres miles-de diez a-sus-pies

(11) וְחֶבֶר הַקֵּינִי נִפְרָד מִקַּיִן מִבְּנֵי חֹבָב חֹתֵן

suegro-de Hobab de-(los)hijos-de de-Qayin se-había-separado el-cineo Y-Héber (11)

מֹשֶׁה וַיֵּט אָהֳלוֹ עַד־ אֵלוֹן בְּצַעֲנַנִּים אֲשֶׁר אֶת־ קֶדֶשׁ׃

. Cedes junto-a que en-Zaanim una-encina hasta su-tienda y-había-desplegado Moisés

(12) וַיַּגִּדוּ לְסִיסְרָא כִּי עָלָה בָּרָק בֶּן־ אֲבִינֹעַם הַר־

a-(el)monte-de Abinoam hijo-de Barac había-subido que a-Sísara Y-se-anunció (12)

תָּבוֹר׃ (13) וַיַּזְעֵק סִיסְרָא אֶת־ כָּל־ רִכְבּוֹ תְּשַׁע מֵאוֹת

cientos nueve su-carro todo ** Sísara Y-reunió (13) . Tabor

רֶכֶב בַּרְזֶל וְאֶת־ כָּל־ הָעָם אֲשֶׁר אִתּוֹ מֵחֲרֹשֶׁת הַגּוֹיִם

Ha-goím desde-Haroset con-él que el-pueblo todo y-a hierro carro-de

אֶל־ נַחַל קִישׁוֹן׃ (14) וַתֹּאמֶר דְּבֹרָה אֶל־ בָּרָק קוּם כִּי זֶה הַיּוֹם

el-día éste porque levanta : Barac a Débora Y-dijo (14) . Cisón río-de a

אֲשֶׁר נָתַן יְהוָה אֶת־ סִיסְרָא בְּיָדֶךָ הֲלֹא יְהוָה יָצָא

ha-salido Yahweh ¿no en-tu-mano Sísara a Yahweh ha-puesto que

לְפָנֶיךָ וַיֵּרֶד בָּרָק מֵהַר תָּבוֹר וַעֲשֶׂרֶת אֲלָפִים

miles y-diez Tabor de-(el)monte-de Barac y-descendió ? delante-de-ti

אִישׁ אַחֲרָיו׃ וַיָּהָם יְהוָה אֶת־סִיסְרָא וְאֶת־כָּל־הָרֶכֶב
el-carro todo y-a Sísara a Yahweh Y-desbarató (15) . detrás-de-él hombres

וְאֶת־כָּל־הַמַּחֲנֶה לְפִי־חֶרֶב לִפְנֵי בָרָק וַיֵּרֶד סִיסְרָא
Sísara y-bajó Barac delante-de espada a-filo-de el-ejército todo y-a

מֵעַל הַמֶּרְכָּבָה וַיָּנָס בְּרַגְלָיו׃ וּבָרָק רָדַף
persiguió Y-Barac (16) . con-sus-pies y-huyó el-carro de-sobre

אַחֲרֵי הָרֶכֶב וְאַחֲרֵי הַמַּחֲנֶה עַד חֲרֹשֶׁת הַגּוֹיִם וַיִּפֹּל
y-cayó Ha-goim Haroset hasta el-ejército y-detrás-de el-carro detrás-de

כָּל־מַחֲנֵה סִיסְרָא לְפִי־חֶרֶב לֹא נִשְׁאַר עַד־אֶחָד׃
. uno siquiera quedó no espada a-filo-de Sísara (el)ejército-de todo

וְסִיסְרָא נָס בְּרַגְלָיו אֶל־אֹהֶל יָעֵל אֵשֶׁת חֶבֶר
Héber mujer-de Jael (la)tienda-de a por-sus-pies huyó Y-Sísara (17)

הַקֵּינִי כִּי שָׁלוֹם בֵּין יָבִין מֶלֶךְ־חָצוֹר וּבֵין
y-entre Hazor rey-de Jabín entre paz porque el-cineo

בֵּית חֶבֶר הַקֵּינִי׃ וַתֵּצֵא יָעֵל לִקְרַאת סִיסְרָא
Sísara al-encuentro-de Jael Y-salió (18) . el-cineo Héber (la)casa-de

וַתֹּאמֶר אֵלָיו סוּרָה אֲדֹנִי סוּרָה אֵלַי אַל־תִּירָא
temas no a-mí ven mi-señor ven a-él y-dijo

וַיָּסַר אֵלֶיהָ הָאֹהֱלָה וַתְּכַסֵּהוּ בַּשְּׂמִיכָה׃
. con-una-manta y-le-cubrió a-la-tienda hacia-ella y-volvió

וַיֹּאמֶר אֵלֶיהָ הַשְׁקִינִי־נָא מְעַט־מַיִם כִּי צָמֵאתִי
tengo-sed pues agua un-poco-de te-ruego dame-de-beber a-ella Y-dijo (19)

וַתִּפְתַּח אֶת־נֹאוד הֶחָלָב וַתַּשְׁקֵהוּ וַתְּכַסֵּהוּ׃
. y-le-cubrió y-le-dio-de-beber la-leche (el)odre-de ** y-abrió

וַיֹּאמֶר אֵלֶיהָ עֲמֹד פֶּתַח הָאֹהֶל וְהָיָה אִם־אִישׁ
hombre si y-sucederá-que la-tienda a-(la)puerta-de estate : a-ella Y-dijo (20)

יָבוֹא וּשְׁאֵלֵךְ וְאָמַר הֲיֵשׁ־ פֹּה אִישׁ וְאָמַרְתְּ
y-dirás ? hombre aquí ¿hay y-dice y-te-pregunta viene

אָיִן׃ וַתִּקַּח יָעֵל אֵשֶׁת־ חֶבֶר אֶת־ יְתַד הָאֹהֶל וַתָּשֶׂם
y-tomó la-tienda estaca-de ** Héber mujer-de Jael Y-tomó (21) . no

אֶת־ הַמַּקֶּבֶת בְּיָדָהּ וַתָּבוֹא אֵלָיו בַּלָּאט וַתִּתְקַע
y-clavó en-el-silencio a-él y-fue en-su-mano el-martillo **

אֶת־ הַיָּתֵד בְּרַקָּתוֹ וַתִּצְנַח בָּאָרֶץ וְהוּא־
y-él en-la-tierra y-enclavó en-su-sien la-estaca **

נִרְדָּם וַיָּעַף וַיָּמֹת׃ וְהִנֵּה בָרָק רֹדֵף אֶת־
a siguió Barac Y-he-aquí-que (22) . y-murió y-cansado estaba-dormido

סִיסְרָא וַתֵּצֵא יָעֵל לִקְרָאתוֹ וַתֹּאמֶר לוֹ לֵךְ
ve a-él y-dijo a-recibirlo Jael y-salió Sísara

וְאַרְאֶךָּ אֶת־ הָאִישׁ אֲשֶׁר־ אַתָּה מְבַקֵּשׁ וַיָּבֹא אֵלֶיהָ
junto-a-ella y-entró buscas tú que el-hombre a y-te-mostraré

וְהִנֵּה סִיסְרָא נֹפֵל מֵת וְהַיָּתֵד בְּרַקָּתוֹ׃
. en-su-sien y-la-estaca muerto yacía Sísara y-he-aquí -que

וַיַּכְנַע אֱלֹהִים בַּיּוֹם הַהוּא אֵת יָבִין מֶלֶךְ־ כְּנָעַן לִפְנֵי
delante-de Canaán rey-de Jabín a el-aquel en-el-día Dios Y-humilló (23)

בְּנֵי יִשְׂרָאֵל׃ וַתֵּלֶךְ יַד בְּנֵי־ יִשְׂרָאֵל הָלוֹךְ וְקָשָׁה
y-dura ir Israel (los)hijos -de (la)mano-de Y-fue (24) . Israel (los)hijos -de

עַל יָבִין מֶלֶךְ־ כְּנָעַן עַד אֲשֶׁר הִכְרִיתוּ אֵת יָבִין מֶלֶךְ־
rey-de Jabín a destruyeron que hasta Canaán rey-de Jabín contra

כְּנָעַן׃ וַתָּשַׁר דְּבוֹרָה וּבָרָק בֶּן־ אֲבִינֹעַם בַּיּוֹם
en-el-día Abinoam hijo-de y-Barac Débora Y-cantó (1) . Canaán **Cap. 5**

הַהוּא לֵאמֹר׃ בִּפְרֹעַ פְּרָעוֹת בְּיִשְׂרָאֵל בְּהִתְנַדֵּב
al-ofrecerse-voluntario en-Israel cabelleras Al-soltar (2) : diciendo el-aquel

עָם בָּרֲכוּ יְהוָה׃ שִׁמְעוּ מְלָכִים הַאֲזִינוּ רֹזְנִים אָנֹכִי לַיהוָה אָנֹכִי
yo a-Yahweh yo príncipes escuchad reyes Oíd (3) . a-Yahweh bendecid un-pueblo

אָשִׁירָה אֲזַמֵּר לַיהוָה אֱלֹהֵי יִשְׂרָאֵל׃ יְהוָה
Yahweh (4) . Israel Dios-de a-Yahweh entonaré-un-himno cantaré

בְּצֵאתְךָ מִשֵּׂעִיר בְּצַעְדְּךָ מִשְּׂדֵה אֱדוֹם אֶרֶץ
tierra Edom desde-campo-de en-tu-avanzar de-Seír en-tu-salir

רָעָשָׁה גַּם־ שָׁמַיִם נָטָפוּ גַּם־ עָבִים נָטְפוּ מָיִם׃
. agua gotearon nubes también gotearon cielos también tembló

הָרִים נָזְלוּ מִפְּנֵי יְהוָה זֶה סִינַי מִפְּנֵי יְהוָה
Yahweh delante-de Sinaí éste-de Yahweh delante-de manaron Montes (5)

אֱלֹהֵי יִשְׂרָאֵל׃ בִּימֵי שַׁמְגַּר בֶּן־ עֲנָת בִּימֵי יָעֵל
Jael en-días-de Anat hijo-de Samgar En-días-de (6) . Israel Dios-de

חָדְלוּ אֳרָחוֹת וְהֹלְכֵי נְתִיבוֹת יֵלְכוּ אֳרָחוֹת
sendas iban senderos y-los-que-iban caminos quedaron-abandonados

עֲקַלְקַלּוֹת׃ חָדְלוּ פְרָזוֹן בְּיִשְׂרָאֵל חָדֵלּוּ עַד
hasta cesaron en-Israel lugares-abiertos Cesaron (7) . tortuosas

שַׁקַּמְתִּי דְּבוֹרָה שַׁקַּמְתִּי אֵם בְּיִשְׂרָאֵל׃ יִבְחַר אֱלֹהִים חֲדָשִׁים אָז
entonces nuevos dioses Escogía (8) . en-Israel madre surgiste Débora que-surgiste
-tú

לָחֶם שְׁעָרִים מָגֵן אִם־ יֵרָאֶה וָרֹמַח בְּאַרְבָּעִים אֶלֶף
mil entre-cuarenta y-lanza se-veía no escudo puertas guerra

בְּיִשְׂרָאֵל׃ לִבִּי לְחוֹקְקֵי יִשְׂרָאֵל הַמִּתְנַדְּבִים
los-que-se-ofrecen-volun
tariamente Israel a-jefes-de Mi-corazón (9) . en-Israel

בָּעָם בָּרֲכוּ יְהוָה׃ רֹכְבֵי אֲתֹנוֹת צְחֹרוֹת
blancas asnas Los-que-cabalgáis (10) . a-Yahweh bendecid en-el-pueblo

יֹשְׁבֵי עַל־ מִדִּין וְהֹלְכֵי עַל־ דֶּרֶךְ שִׂיחוּ׃
. entonad camino por y-los-que-camináis tapices sobre los-que-os-
sentáis

(11) מִקּוֹל מְחַצְצִים בֵּין מַשְׁאַבִּים שָׁם יְתַנּוּ
(11) Más-que-la-voz | de-repartidores | entre | abrevaderos | allí | se-celebran

צִדְקוֹת יְהוָה צִדְקֹת פִּרְזֹנוֹ בְּיִשְׂרָאֵל אָז
triunfos-de | Yahweh | triunfos-de | su-dominio | en-Israel | entonces

יָרְדוּ לַשְּׁעָרִים עַם־יְהוָה׃ (12) עוּרִי עוּרִי
bajaron | a-las-puertas | pueblo-de | Yahweh . | (12) | Despierta | despierta

דְּבוֹרָה עוּרִי עוּרִי דַּבְּרִי־שִׁיר קוּם בָּרָק וּשְׁבֵה
Débora | despierta | despierta | entona | cántico | levanta | Barac | y-prende

שֶׁבְיְךָ בֶּן־אֲבִינֹעַם׃ (13) אָז יְרַד שָׂרִיד לְאַדִּירִים
tus-cautivos | hijo-de | Abinoam . | (13) | Entonces | bajó | resto | de-nobles

עַם יְהוָה יְרַד־לִי בַּגִּבּוֹרִים׃ (14) מִנִּי אֶפְרַיִם
pueblo-de | Yahweh | bajó | a-mí | con-los-héroes . | (14) | Desde | Efraín

שָׁרְשָׁם בַּעֲמָלֵק אַחֲרֶיךָ בִנְיָמִין בַּעֲמָמֶיךָ מִנִּי מָכִיר
sus-raíces | en-Amalec | detrás-de-ti | Benjamín | con-tus-pueblos | desde | Maquir

יָרְדוּ מְחֹקְקִים וּמִזְּבוּלֻן מֹשְׁכִים בְּשֵׁבֶט
descendieron | príncipes | y-de-Zabulón | los-que-empuñaban | vara-de

סֹפֵר׃ (15) וְשָׂרַי בְּיִשָּׂשכָר עִם־דְּבֹרָה וְיִשָּׂשכָר
bronce . | (15) | Y-mis-príncipes | con-Isacar | con | Débora | e-Isacar

כֵּן בָּרָק בָּעֵמֶק שֻׁלַּח בְּרַגְלָיו בִּפְלַגּוֹת רְאוּבֵן
apoyo-de | Barac | en-el-valle | se-ha-lanzado | a-sus-pies | en-distritos-de | Rubén

גְּדֹלִים חִקְקֵי־לֵב׃ (16) לָמָּה יָשַׁבְתָּ בֵּין הַמִּשְׁפְּתַיִם לִשְׁמֹעַ
grandes | resoluciones-de | corazón . | (16) | ¿Por-qué | has-permanecido | entre | los-apriscos | para-escuchar

שְׁרִקוֹת עֲדָרִים לִפְלַגּוֹת רְאוּבֵן גְּדוֹלִים חִקְרֵי־לֵב׃
silbidos-de | ? rebaños | en-distritos-de | Rubén | muchas | deliberaciones-de | corazón .

(17) גִּלְעָד בְּעֵבֶר הַיַּרְדֵּן שָׁכֵן וְדָן לָמָּה יָגוּר אֳנִיּוֹת
(17) Galaad | allende | el-Jordán | reposaba | y-Dan | ¿por-qué | habitaba | ? naves

אָשֵׁר יָשַׁב לְחוֹף יַמִּים וְעַל מִפְרָצָיו יִשְׁכּוֹן׃
. reposaba sus-puertos y-sobre mares a-orilla-de permaneció Aser

זְבֻלוּן עַם חֵרֵף נַפְשׁוֹ לָמוּת וְנַפְתָּלִי עַל מְרוֹמֵי
alturas-de sobre y-Neftalí para-morir su-persona arriesgó pueblo Zabulón (18)

שָׂדֶה׃ בָּאוּ מְלָכִים נִלְחָמוּ אָז נִלְחֲמוּ מַלְכֵי כְנַעַן
Canaán reyes-de pelearon entonces pelearon reyes Vinieron (19) . campo

בְּתַעְנַךְ עַל־ מֵי מְגִדּוֹ בֶּצַע כֶּסֶף לֹא לָקָחוּ׃
. tomaron no plata botín-de Meguidó aguas-de junto-a en-Taanac

מִן־ שָׁמַיִם נִלְחָמוּ הַכּוֹכָבִים מִמְּסִלּוֹתָם נִלְחֲמוּ עִם־
contra lucharon desde-sus-órbitas las-estrellas pelearon cielos Desde (20)

סִיסְרָא׃ נַחַל קִישׁוֹן גְּרָפָם נַחַל קְדוּמִים נַחַל
torrente-de antiquísimo torrente los-arrastró Cisón (El)torrente-de (21) . Sísara

קִישׁוֹן תִּדְרְכִי נַפְשִׁי עֹז׃ אָז הָלְמוּ עִקְּבֵי־
cascos-de golpearon Entonces (22) . vigorosamente alma-mía marcha Cisón

סוּס מִדַּהֲרוֹת דַּהֲרוֹת אַבִּירָיו׃ אוֹרוּ מֵרוֹז
Meroz Maldecid (23) . sus-corceles galopes-de de-galopes caballo

אָמַר מַלְאַךְ יְהוָה אֹרוּ אָרוֹר יֹשְׁבֶיהָ כִּי לֹא־ בָאוּ
vinieron no porque a-sus-moradores maldecid maldecid Yahweh (el)ángel-de dijo

לְעֶזְרַת יְהוָה לְעֶזְרַת יְהוָה בַּגִּבּוֹרִים׃ תְּבֹרַךְ
Sea-bendita (24) . contra-los-fuertes Yahweh en-ayuda-de Yahweh en-ayuda-de

מִנָּשִׁים יָעֵל אֵשֶׁת חֶבֶר הַקֵּינִי מִנָּשִׁים בָּאֹהֶל
en-la-tienda entre-mujeres el-ceneo Héber esposa-de Jael entre-mujeres

תְּבֹרָךְ׃ מַיִם שָׁאַל חָלָב נָתָנָה בְּסֵפֶל אַדִּירִים
nobles en-copa-de dio-ella leche pidió Agua (25) . bendita-sea

הִקְרִיבָה חֶמְאָה׃ יָדָהּ לַיָּתֵד תִּשְׁלַחְנָה
tendió-ella a-la-estaca Su-mano (26) . cuajada sirvió

וִימִינָהּ לְהַלְמוּת עֲמֵלִים וְהָלְמָה סִיסְרָא מָחֲקָה
y-su-derecha a-martillo-de trabajadores y-golpeó a-Sísara machacó

רֹאשׁוֹ וּמָחֲצָה וְחָלְפָה רַקָּתוֹ׃ בֵּין
su-cabeza y-quebró y-atravesó su-sien . (27) Entre

רַגְלֶיהָ כָּרַע נָפַל שָׁכָב בֵּין רַגְלֶיהָ כָּרַע נָפָל בַּאֲשֶׁר
sus-pies se-desplomó cayó quedó-tendido entre sus-pies se-desplomó cayó en-donde

כָּרַע שָׁם נָפַל שָׁדוּד׃ בְּעַד הַחַלּוֹן נִשְׁקְפָה
se-desplomó allí cayó muerto . (28) A-través-de la-ventana se-asomó

וַתְּיַבֵּב אֵם סִיסְרָא בְּעַד הָאֶשְׁנָב מַדּוּעַ בֹּשֵׁשׁ
y-gritó (la)madre-de Sísara a-través-de la-celosía : ¿por-qué tarda

רִכְבּוֹ לָבוֹא מַדּוּעַ אֶחֱרוּ פַּעֲמֵי מַרְכְּבוֹתָיו׃
su-carro en-venir ? ¿por-qué se-retrasan (los)pasos-de sus-carros ?

חַכְמוֹת שָׂרוֹתֶיהָ תַּעֲנֶינָּה אַף־הִיא תָּשִׁיב
(29) La-más-sabia-de sus-damas le-respondía aun ella responde

אֲמָרֶיהָ לָהּ׃ הֲלֹא יִמְצְאוּ יְחַלְּקוּ שָׁלָל רַחַם רַחֲמָתַיִם
sus-palabras a-ella . (30) ¿Acaso- han-encontrado se-reparten botín ? doncella dos-doncellas

לְרֹאשׁ גֶּבֶר שְׁלַל צְבָעִים לְסִיסְרָא שְׁלַל
por-cabeza-de hombre botín-de telas-de-colores para-Sísara botín-de

צְבָעִים רִקְמָה צֶבַע רִקְמָתַיִם לְצַוְּארֵי
telas-de-colores bordado tejido-de-color-de doble-bordado para-cuellos-de

שָׁלָל׃ כֵּן יֹאבְדוּ כָל־ אוֹיְבֶיךָ יְהוָה
botín . (31) Así perezcan todos tus-enemigos Yahweh

וְאֹהֲבָיו כְּצֵאת הַשֶּׁמֶשׁ בִּגְבֻרָתוֹ וַתִּשְׁקֹט
y-sus-amadores como-salida-de el-sol en-su-fuerza y-descansó

הָאָרֶץ אַרְבָּעִים שָׁנָה׃ וַיַּעֲשׂוּ בְנֵי־ יִשְׂרָאֵל הָרַע בְּעֵינֵי
Cap. 6 la-tierra cuarenta año . (1) Y-obraron (los)hijos-de Israel el-mal a-(los)ojos-de

יְהוָה וַיִּתְּנֵם יְהוָה בְּיַד־ מִדְיָן שֶׁבַע שָׁנִים׃

. años siete Madián en-mano-de Yahweh y-los-entregó Yahweh

וַתָּעָז יַד־ מִדְיָן עַל־ יִשְׂרָאֵל מִפְּנֵי מִדְיָן

Madián a-causa-de Israel sobre Madián (la)mano-de Y-cargó-fuerte (2)

עָשׂוּ לָהֶם ׀ בְּנֵי יִשְׂרָאֵל אֶת־ הַמִּנְהָרוֹת אֲשֶׁר בֶּהָרִים

en-las-montañas que las-cuevas ** Israel (los)hijos-de para-ellos hicieron

וְאֶת־הַמְּעָרוֹת וְאֶת־ הַמְּצָדוֹת׃ וְהָיָה אִם־ זָרַע יִשְׂרָאֵל

Israel había-plantado cuando Y-sucedió (3) . las-guaridas y las-cavernas y

וְעָלָה מִדְיָן וַעֲמָלֵק וּבְנֵי־ קֶדֶם וְעָלוּ

y-subieron oriente y-(los)hijos-de y-Amalec Madián y-subió

עָלָיו׃ וַיַּחֲנוּ עֲלֵיהֶם וַיַּשְׁחִיתוּ אֶת־ יְבוּל

cosecha-de ** y-destruyeron contra-ellos Y-acamparon (4) . contra-él

הָאָרֶץ עַד־ בּוֹאֲךָ עַזָּה וְלֹא־ יַשְׁאִירוּ מִחְיָה בְּיִשְׂרָאֵל

en-Israel vitualla dejaron y-no a-Gaza tu-llegar hasta la-tierra

וְשֶׂה וָשׁוֹר וַחֲמוֹר׃ כִּי הֵם וּמִקְנֵיהֶם יַעֲלוּ

subían y-sus-ganados ellos Porque (5) . ni-asno ni-toro ni-oveja

וְאָהֳלֵיהֶם יָבֹאוּ כְדֵי־ אַרְבֶּה לָרֹב וְלָהֶם

y-para-ellos en-número langosta como venían y-sus-tiendas

וְלִגְמַלֵּיהֶם אֵין מִסְפָּר וַיָּבֹאוּ בָאָרֶץ לְשַׁחֲתָהּ׃

. para-devastarlo al-país y-venían número no-había y-para-sus-camellos

וַיִּדַּל יִשְׂרָאֵל מְאֹד מִפְּנֵי מִדְיָן וַיִּזְעֲקוּ

y-clamaron Madián a-causa-de mucho Israel Y-se-empobreció (6)

בְנֵי־ יִשְׂרָאֵל אֶל־ יְהוָה׃ וַיְהִי כִּי־ זָעֲקוּ בְנֵי־יִשְׂרָאֵל אֶל־

a Israel (los)hijos-de clamaron cuando Y-sucedió (7) . Yahweh a Israel (los)hijos-de

יְהוָה עַל אֹדוֹת מִדְיָן׃ וַיִּשְׁלַח יְהוָה אִישׁ נָבִיא אֶל־ בְּנֵי

(los)hijos-de a profeta hombre Yahweh Y-envió (8) . Madián causa-de por Yahweh

יִשְׂרָאֵל וַיֹּאמֶר לָהֶם כֹּה־ אָמַר יְהוָה ׀ אֱלֹהֵי יִשְׂרָאֵל אָנֹכִי הֶעֱלֵיתִי
hice-subir yo Israel Dios-de Yahweh dijo así a-ellos y-dijo Israel

אֶתְכֶם מִמִּצְרַיִם וָאֹצִיא אֶתְכֶם מִבֵּית עֲבָדִים׃ (9) וָאַצִּל
Y-salvé (9) . esclavos de-casa-de a-vosotros y-saqué de-Egipto a-vosotros

אֶתְכֶם מִיַּד מִצְרַיִם וּמִיַּד כָּל־ לֹחֲצֵיכֶם וָאֲגָרֵשׁ
y-eché vuestros-opresores todos y-de-mano-de Egipto de-mano -de a-vosotros

אוֹתָם מִפְּנֵיכֶם וָאֶתְּנָה לָכֶם אֶת־ אַרְצָם׃ (10) וָאֹמְרָה
Y-dije (10) . su-tierra ** a-vosotros y-di de-delante-de-vosotros a-ellos

לָכֶם אֲנִי יְהוָה אֱלֹהֵיכֶם לֹא תִירְאוּ אֶת־ אֱלֹהֵי הָאֱמֹרִי אֲשֶׁר
que el-amorreo dioses-de a temáis no vuestro-Dios Yahweh yo a-vosotros

אַתֶּם יוֹשְׁבִים בְּאַרְצָם וְלֹא שְׁמַעְתֶּם בְּקוֹלִי׃
. mi-voz escuchasteis pero-no en-su-tierra habitáis vosotros

(11) וַיָּבֹא מַלְאַךְ יְהוָה וַיֵּשֶׁב תַּחַת הָאֵלָה אֲשֶׁר בְּעָפְרָה
en-Ofrá que la-encina debajo-de y-se-sentó Yahweh ángel-de Y-vino (11)

אֲשֶׁר לְיוֹאָשׁ אֲבִי הָעֶזְרִי וְגִדְעוֹן בְּנוֹ חֹבֵט חִטִּים
trigo desgranando su-hijo y-Gedeón el-abiezerita de-Joás que

בַּגַּת לְהָנִיס מִפְּנֵי מִדְיָן׃ (12) וַיֵּרָא אֵלָיו
a-él Y-se-apareció (12) . Madián de-delante-de para-ocultar en-el-lagar

מַלְאַךְ יְהוָה וַיֹּאמֶר אֵלָיו יְהוָה עִמְּךָ גִּבּוֹר הֶחָיִל׃
. el-valiente guerrero contigo Yahweh a-él y-dijo Yahweh (el)ángel -de

(13) וַיֹּאמֶר אֵלָיו גִּדְעוֹן בִּי אֲדֹנִי וְיֵשׁ יְהוָה עִמָּנוּ
con-nosotros Yahweh y-hay mi-señor a-mí Gedeón a-él Y-dijo (13)

וְלָמָּה מְצָאַתְנוּ כָּל־ זֹאת וְאַיֵּה כָל־ נִפְלְאֹתָיו
sus-maravillas todas ¿y-dónde ? esto todo nos-sucedió ¿y-por-qué

אֲשֶׁר סִפְּרוּ־ לָנוּ אֲבוֹתֵינוּ לֵאמֹר הֲלֹא מִמִּצְרַיִם הֶעֱלָנוּ
nos-hizo-subir de-Egipto acaso-no : diciendo nuestros-padres a-nosotros han-contado que

יְהוָה וְעַתָּה נְטָשָׁנוּ יְהוָה וַיִּתְּנֵנוּ בְּכַף־מִדְיָן׃
. Madián en-mano-de y-nos-entregó Yahweh nos-ha-abandonado y-ahora ? Yahweh

(14) וַיִּפֶן אֵלָיו יְהוָה וַיֹּאמֶר לֵךְ בְּכֹחֲךָ זֶה
ésta con-tu-fuerza ve y-dijo Yahweh a-él Y-se-volvió (14)

וְהוֹשַׁעְתָּ אֶת־יִשְׂרָאֵל מִכַּף מִדְיָן הֲלֹא שְׁלַחְתִּיךָ׃ (15) וַיֹּאמֶר
Y-dijo (15) ? no-te-envié ¿acaso Madián de-mano-de Israel a y-salva

אֵלָיו בִּי אֲדֹנָי בַּמָּה אוֹשִׁיעַ אֶת־יִשְׂרָאֵל הִנֵּה אַלְפִּי הַדַּל
la-más-pobre mi-tribu he-aquí ? Israel a salvaré ¿con-qué mi-señor a-mí : a-él

בִּמְנַשֶּׁה וְאָנֹכִי הַצָּעִיר בְּבֵית אָבִי׃ (16) וַיֹּאמֶר
Y-dijo (16) . mi-padre en-casa-de el-más-joven y-yo de-Manasés

אֵלָיו יְהוָה כִּי אֶהְיֶה עִמָּךְ וְהִכִּיתָ אֶת־מִדְיָן
Madián a y-derrotarás contigo estaré cierta-mente : Yahweh a-él

כְּאִישׁ אֶחָד׃ (17) וַיֹּאמֶר אֵלָיו אִם־נָא מָצָאתִי חֵן בְּעֵינֶיךָ
a-tus-ojos gracia he-hallado pues si a-él Y-dijo (17) . uno como-hombre

וְעָשִׂיתָ לִּי אוֹת שָׁאַתָּה מְדַבֵּר עִמִּי׃ (18) אַל־נָא תָמֻשׁ
vayas pues No (18) . conmigo has-hablado que-tú señal a-mí y-hagas

מִזֶּה עַד־בֹּאִי אֵלֶיךָ וְהֹצֵאתִי אֶת־מִנְחָתִי וְהִנַּחְתִּי
y-ponga mi-ofrenda ** y-saque a-ti mi-volver hasta de-aquí

לְפָנֶיךָ וַיֹּאמַר אָנֹכִי אֵשֵׁב עַד שׁוּבֶךָ׃ (19) וְגִדְעוֹן
Y-Gedeón (19) . tu-regresar hasta me-quedaré yo y-dijo ante-ti

בָּא וַיַּעַשׂ גְּדִי־עִזִּים וְאֵיפַת־קֶמַח
harina y-un-efa-de cabras un-cabrito-de y-preparó entró

מַצּוֹת הַבָּשָׂר שָׂם בַּסַּל וְהַמָּרָק שָׂם
puso y-el-caldo en-la-cesta puso la-carne ácimos

בַּפָּרוּר וַיּוֹצֵא אֵלָיו אֶל־תַּחַת הָאֵלָה וַיַּגַּשׁ׃
. y-ofreció la-encina debajo-de hacia a-él y-sacó en-una-olla

וַיֹּאמֶר אֵלָיו מַלְאַךְ הָאֱלֹהִים קַח אֶת־ הַבָּשָׂר וְאֶת־
y la-carne ** toma Dios (el)ángel-de a-él Y-dijo (20)

הַמַּצּוֹת וְהַנַּח אֶל־ הַסֶּלַע הַלָּז וְאֶת־ הַמָּרַק שְׁפוֹךְ
vierte el-caldo y la-esta la-peña sobre y-coloca los -ázimos

וַיַּעַשׂ כֵּן׃ וַיִּשְׁלַח מַלְאַךְ יְהוָה אֶת־ קְצֵה הַמִּשְׁעֶנֶת
el-báculo (el)extremo ** Yahweh (el)ángel-de Y-extendió (21) . así e-hizo
-de

אֲשֶׁר בְּיָדוֹ וַיִּגַּע בַּבָּשָׂר וּבַמַּצּוֹת
y-los-ázimos a-la-carne y-tocó en-su-mano que

וַתַּעַל הָאֵשׁ מִן־ הַצּוּר וַתֹּאכַל אֶת־ הַבָּשָׂר וְאֶת־
y la-carne ** y-consumió la-roca de el-fuego y-subió

הַמַּצּוֹת וּמַלְאַךְ יְהוָה הָלַךְ מֵעֵינָיו׃
. de-sus-ojos se-fue Yahweh y-(el)ángel-de los ázimos

וַיַּרְא גִּדְעוֹן כִּי־ מַלְאַךְ יְהוָה הוּא וַיֹּאמֶר גִּדְעוֹן
: Gedeón y-dijo él Yahweh (el)ángel que Gedeón Y-vio (22)
-de

אֲהָהּ אֲדֹנָי יְהוִה כִּי־ עַל־ כֵּן רָאִיתִי מַלְאַךְ יְהוָה פָּנִים אֶל־פָּנִים׃
. cara a cara Yahweh (el)ángel he-visto así porque pues Yahweh mi-señor ah
-de

וַיֹּאמֶר לוֹ יְהוָה שָׁלוֹם לְךָ אַל־ תִּירָא לֹא תָּמוּת׃
. morirás no temas no para-ti paz : Yahweh a-él Y-dijo (23)

וַיִּבֶן שָׁם גִּדְעוֹן מִזְבֵּחַ לַיהוָה וַיִּקְרָא־ לוֹ יְהוָה
Yahweh a-él y-llamó para-Yahweh altar Gedeón allí Y-construyó (24)

שָׁלוֹם עַד הַיּוֹם הַזֶּה עוֹדֶנּוּ בְּעָפְרַת אֲבִי הָעֶזְרִי׃ וַיְהִי
Y-sucedió (25) . el-abiezerita en-Ofrá-de aún-él el-éste el-día hasta Salom

בַּלַּיְלָה הַהוּא וַיֹּאמֶר לוֹ יְהוָה קַח אֶת־ פַּר־ הַשּׁוֹר
el-ganado- toro-de ** toma : Yahweh a-él y-dijo la-aquella en-la-noche

אֲשֶׁר לְאָבִיךָ וּפַר הַשֵּׁנִי שֶׁבַע שָׁנִים וְהָרַסְתָּ
y-derriba años siete el-segundo y-toro de-tu-padre que

אֶת־ מִזְבַּח הַבַּעַל אֲשֶׁר לְאָבִיךָ וְאֶת־ הָאֲשֵׁרָה אֲשֶׁר־
que la-Aserá y de-tu-padre que el-Baal (el)altar-de **

עָלָיו תִּכְרֹת׃ וּבָנִיתָ מִזְבֵּחַ לַיהוָה אֱלֹהֶיךָ עַל
sobre tu-Dios a-Yahweh altar Y-edifica (26) . corta sobre-él

רֹאשׁ הַמָּעוֹז הַזֶּה בַּמַּעֲרָכָה וְלָקַחְתָּ אֶת־ הַפָּר הַשֵּׁנִי
el-segundo el-toro ** y-toma en-hilera el-éste el-peñasco (la)cima -de

וְהַעֲלִיתָ עוֹלָה בַּעֲצֵי הָאֲשֵׁרָה אֲשֶׁר תִּכְרֹת׃
. cortarás que la-Aserá con-maderos-de holocausto y-ofrece

וַיִּקַּח גִּדְעוֹן עֲשָׂרָה אֲנָשִׁים מֵעֲבָדָיו וַיַּעַשׂ כַּאֲשֶׁר
como e-hizo de-sus-siervos hombres diez Gedeón Y-tomó (27)

דִּבֶּר אֵלָיו יְהוָה וַיְהִי כַּאֲשֶׁר יָרֵא אֶת־ בֵּית
(la)casa-de a temía ya-que y-sucedió Yahweh a-él dijo

אָבִיו וְאֶת־ אַנְשֵׁי הָעִיר מֵעֲשׂוֹת יוֹמָם וַיַּעַשׂ לָיְלָה׃
. de-noche e-hizo de-día de-hacer la-ciudad (los)hom bres-de y-a su-padre

וַיַּשְׁכִּימוּ אַנְשֵׁי הָעִיר בַּבֹּקֶר וְהִנֵּה נֻתַּץ
estaba-derribado y-he-aquí-que por-la-mañana la-ciudad (los)hombres -de Y-se-levantaron (28)

מִזְבַּח הַבַּעַל וְהָאֲשֵׁרָה אֲשֶׁר־ עָלָיו כֹּרָתָה וְאֵת
y estaba-cortada junto-a-él que y-la-Aserá Baal (el)altar-de

הַפָּר הַשֵּׁנִי הֹעֲלָה עַל־ הַמִּזְבֵּחַ הַבָּנוּי׃
. el-edificado el-altar sobre había-sido-ofrecido el-segundo el-toro

וַיֹּאמְרוּ אִישׁ אֶל־ רֵעֵהוּ מִי עָשָׂה הַדָּבָר הַזֶּה
? la-ésta la-cosa hizo ¿quién : su-amigo a hombre Y-dijeron (29)

וַיִּדְרְשׁוּ וַיְבַקְשׁוּ וַיֹּאמְרוּ גִּדְעוֹן בֶּן־ יוֹאָשׁ
Joás hijo-de Gedeón : y-dijeron e-inquirieron y-buscaron

עָשָׂה הַדָּבָר הַזֶּה׃ וַיֹּאמְרוּ אַנְשֵׁי הָעִיר אֶל־ יוֹאָשׁ
: Joás a la-ciudad (los)hombres -de Y-dijeron (30) . la-ésta la-cosa hizo

הוֹצֵא אֶת־ בִּנְךָ וְיָמֹת כִּי נָתַץ אֶת־ מִזְבַּח
(el)altar-de ** ha-derribado porque y-muera tu-hijo a saca

הַבַּעַל וְכִי כָרַת הָאֲשֵׁרָה אֲשֶׁר־ עָלָיו׃
. junto-a-él que la-Aserá ha-cortado y-porque Baal

וַיֹּאמֶר יוֹאָשׁ לְכֹל אֲשֶׁר־ עָמְדוּ עָלָיו הַאַתֶּם ׀ תְּרִיבוּן
peleareis ¿acaso-vosotros junto-a-él estaban los-que a-todos Joás Y-dijo (31)

לַבַּעַל אִם־אַתֶּם תּוֹשִׁיעוּן אוֹתוֹ אֲשֶׁר יָרִיב לוֹ יוּמַת
será-muerto por-él contienda quien ? a-él vais-a-salvar vosotros ¿o ? por-Baal

עַד־ הַבֹּקֶר אִם־אֱלֹהִים הוּא יָרֶב לוֹ כִּי נָתַץ אֶת־
** derribó ya-que por-él contienda él Dios si la-mañana antes-de

מִזְבְּחוֹ׃ וַיִּקְרָא־ לוֹ בַיּוֹם־ הַהוּא יְרֻבַּעַל לֵאמֹר
es-decir Jerobaal el-aquél en-el-día a-él Y-llamó (32) . su-altar

יָרֶב בּוֹ הַבַּעַל כִּי נָתַץ אֶת־ מִזְבְּחוֹ׃
. su-altar ** derribó porque Baal contra-él contienda

וְכָל־ מִדְיָן וַעֲמָלֵק וּבְנֵי־ קֶדֶם נֶאֶסְפוּ יַחְדָּו
a-una se-reunieron oriente y-hijos-de y-Amalec Madián Y-todo (33)

וַיַּעַבְרוּ וַיַּחֲנוּ בְּעֵמֶק יִזְרְעֶאל׃ וְרוּחַ
Y-espíritu-de (34) . Jizreel en-valle-de y-acamparon y-cruzaron

יְהוָה לָבְשָׁה אֶת־ גִּדְעוֹן וַיִּתְקַע בַּשּׁוֹפָר וַיִּזָּעֵק
y-congregó con-la-trompeta y-tocó Gedeón a revistió Yahweh

אֲבִיעֶזֶר אַחֲרָיו׃ וּמַלְאָכִים שָׁלַח בְּכָל־ מְנַשֶּׁה
Manasés por-todo envió Y-mensajeros (35) . tras-él Abiezer

וַיִּזָּעֵק גַּם־ הוּא אַחֲרָיו וּמַלְאָכִים שָׁלַח בְּאָשֵׁר
a-Aser envió y-mensajeros tras-él él también y-se-congregó

וּבִזְבֻלוּן וּבְנַפְתָּלִי וַיַּעֲלוּ לִקְרָאתָם׃ וַיֹּאמֶר
Y-dijo (36) . a-su-encuentro y-subieron y-a-Neftalí y-a-Zebulón

גִּדְעוֹן אֶל־הָאֱלֹהִים אִם־יֶשְׁךָ מוֹשִׁיעַ בְּיָדִי אֶת־יִשְׂרָאֵל כַּאֲשֶׁר
como Israel de por-mi-mano salvador tú-eres si : Dios a Gedeón

דִּבַּרְתָּ׃ הִנֵּה אָנֹכִי מַצִּיג אֶת־גִּזַּת הַצֶּמֶר בַּגֹּרֶן
en-la-era la-lana vellón-de ** voy-a-colocar yo He-aquí-que (37) . dijiste

אִם טַל יִהְיֶה עַל־הַגִּזָּה לְבַדָּהּ וְעַל־כָּל־הָאָרֶץ חֹרֶב
sequedad la-tierra toda y-sobre solamente el-vellón sobre está rocío si

וְיָדַעְתִּי כִּי־תוֹשִׁיעַ בְּיָדִי אֶת־יִשְׂרָאֵל כַּאֲשֶׁר דִּבַּרְתָּ׃
. dijiste como Israel a por-mi-mano salvarás que y-conoceré

וַיְהִי־כֵן וַיַּשְׁכֵּם מִמָּחֳרָת וַיָּזַר אֶת־
** y-exprimió de-mañana y-madrugó así Y-sucedió (38)

הַגִּזָּה וַיִּמֶץ טַל מִן־הַגִּזָּה מְלוֹא הַסֵּפֶל מָיִם׃
. agua la-taza llenar el-vellón de rocío y-sacó el-vellón

וַיֹּאמֶר גִּדְעוֹן אֶל־הָאֱלֹהִים אַל־יִחַר אַפְּךָ בִּי
contra-mí tu-ira se-encienda no : Dios a Gedeón Y-dijo (39)

וַאֲדַבְּרָה אַךְ הַפָּעַם אֲנַסֶּה נָּא־רַק־הַפַּעַם
esta-vez sólo pues probaré esta-vez solo y-hablaré

בַגִּזָּה יְהִי־נָא חֹרֶב אֶל־הַגִּזָּה לְבַדָּהּ וְעַל־כָּל־
toda y-sobre únicamente el-vellón sobre sequedad pues haya con-el-vellón

הָאָרֶץ יִהְיֶה־טָל׃ וַיַּעַשׂ אֱלֹהִים כֵּן בַּלַּיְלָה הַהוּא
la-aquella en-la-noche así Dios E-hizo (40) . rocío haya la-tierra

וַיְהִי־חֹרֶב אֶל־הַגִּזָּה לְבַדָּהּ וְעַל־כָּל־הָאָרֶץ הָיָה
hubo la-tierra toda y-sobre solamente el-vellón sobre sequedad y-hubo

טָל׃ וַיַּשְׁכֵּם יְרֻבַּעַל הוּא גִדְעוֹן וְכָל־הָעָם אֲשֶׁר
Cap. 7 que el-pueblo y-todo Gedeón o-sea Jerobaal Y-madrugó (1) . rocío

אִתּוֹ וַיַּחֲנוּ עַל־עֵין חֲרֹד וּמַחֲנֵה מִדְיָן הָיָה־לוֹ
para-él estaba Madián y-(el)campamento-de Harod (la)fuente-de junto-a y-acamparon con-él

מִצָּפוֹן מִגִּבְעַת הַמּוֹרֶה בָּעֵמֶק׃ וַיֹּאמֶר יְהוָה אֶל־
a Yahweh Y-dijo (2) . en-el-valle el-Moré desde-(el)collado-de al-norte

גִּדְעוֹן רַב הָעָם אֲשֶׁר אִתָּךְ מִתִּתִּי אֶת־מִדְיָן
Madián a para-mi-dar contigo que el-pueblo numeroso : Gedeón

בְּיָדָם פֶּן־יִתְפָּאֵר עָלַי יִשְׂרָאֵל לֵאמֹר יָדִי
mi-mano : diciendo Israel contra-mí se-vanaglorie no-sea-que en-su-mano

הוֹשִׁיעָה לִּי׃ וְעַתָּה קְרָא נָא בְּאָזְנֵי הָעָם לֵאמֹר מִי־
quien : diciendo el-pueblo a-oídos-de pues pregona Y-ahora (3) . a-mí ha-salvado

יָרֵא וְחָרֵד יָשֹׁב וְיִצְפֹּר מֵהַר
de-monte-de y-se-retire se-vuelva y-tiemble tema

הַגִּלְעָד וַיָּשָׁב מִן־הָעָם עֶשְׂרִים וּשְׁנַיִם אֶלֶף וַעֲשֶׂרֶת
y-diez mil veintidós el-pueblo de y-se-retiró Galaad

אֲלָפִים נִשְׁאָרוּ׃ וַיֹּאמֶר יְהוָה אֶל־גִּדְעוֹן עוֹד הָעָם
el-pueblo aun : Gedeón a Yahweh Y-dijo (4) . quedaron mil

רָב הוֹרֵד אוֹתָם אֶל־הַמַּיִם וְאֶצְרְפֶנּוּ לְךָ שָׁם
allí para-ti y-lo-probaré las-aguas a a-ellos haz-bajar numeroso

וְהָיָה אֲשֶׁר אֹמַר אֵלֶיךָ זֶה ׀ יֵלֵךְ אִתָּךְ הוּא יֵלֵךְ
irá él contigo irá éste a-ti diga el-que y-será

אִתָּךְ וְכֹל אֲשֶׁר־אֹמַר אֵלֶיךָ זֶה לֹא־יֵלֵךְ עִמָּךְ הוּא לֹא
no él contigo irá no éste a-ti diga el-que y-todo contigo

יֵלֵךְ׃ וַיּוֹרֶד אֶת־הָעָם אֶל־הַמָּיִם וַיֹּאמֶר
y-dijo las-aguas a el-pueblo a E-hizo-bajar (5) . irá

יְהוָה אֶל־גִּדְעוֹן כֹּל אֲשֶׁר־יָלֹק בִּלְשׁוֹנוֹ מִן־הַמַּיִם כַּאֲשֶׁר
como el-agua de con-su-lengua lama el-que todo : Gedeón a Yahweh

יָלֹק הַכֶּלֶב תַּצִּיג אוֹתוֹ לְבָד וְכֹל אֲשֶׁר־יִכְרַע עַל־בִּרְכָּיו
sus-rodillas sobre se-arrodille el-que y-todo solo a-él pondrás-aparte el-perro lame

לִשְׁתּֽוֹת׃ וַיְהִי מִסְפַּר הַֽמְלַקְקִים בְּיָדָם אֶל־

a con-su-mano los-que-lamieron (el)número-de Y-fue (6) . para-beber

פִּיהֶם שְׁלֹשׁ מֵאוֹת אִישׁ וְכֹל יֶתֶר הָעָם כָּֽרְעוּ

se-arrodillaron el-pueblo (el)resto-de y-todo hombre cientos tres su-boca

עַל־ בִּרְכֵיהֶם לִשְׁתּוֹת מָֽיִם׃ וַיֹּאמֶר יְהוָה אֶל־ גִּדְעוֹן

Gedeón a Yahweh Y-dijo (7) . agua para-beber sus-rodillas sobre

בִּשְׁלֹשׁ מֵאוֹת הָאִישׁ הַֽמְלַקְקִים אוֹשִׁיעַ אֶתְכֶם וְנָתַתִּי

y-entregaré a-vosotros salvaré que-lamieron el-hombre cientos con-tres

אֶת־מִדְיָן בְּיָדֶךָ וְכָל־ הָעָם יֵלְכוּ אִישׁ לִמְקֹמֽוֹ׃

. a-su-lugar hombres se-vayan el-pueblo y-todo en-tu-mano Madián a

וַיִּקְחוּ אֶת־ צֵדָה הָעָם בְּיָדָם וְאֵת

y en-su-mano el-pueblo vitualla-de ** Y-cogieron (8)

שׁוֹפְרֹתֵיהֶם וְאֵת כָּל־ אִישׁ יִשְׂרָאֵל שִׁלַּח אִישׁ לְאֹהָלָיו

a-sus-tiendas hombres envió Israel hombres-de todo y sus-trompetas

וּבִשְׁלֹשׁ־ מֵאוֹת הָאִישׁ הֶחֱזִיק וּמַחֲנֵה מִדְיָן הָיָה לוֹ

para-él estaba Madián y-campamento-de retuvo el-hombre cientos y-con-tres

מִתַּחַת בָּעֵֽמֶק׃ וַיְהִי בַּלַּיְלָה הַהוּא וַיֹּאמֶר

que-dijo la-aquella en-la-noche Y-sucedió (9) . en-el-valle abajo

אֵלָיו יְהוָה קוּם רֵד בַּֽמַּחֲנֶה כִּי נְתַתִּיו בְּיָדֶֽךָ׃

. en-tu-mano lo-he-entregado porque contra-el-campamento desciende levanta Yahweh a-él

וְאִם־ יָרֵא אַתָּה לָרֶדֶת רֵד אַתָּה וּפֻרָה נַעַרְךָ אֶל־

a tu-siervo y-Furá tú baja descender tú temes Y-si (10)

הַֽמַּחֲנֶֽה׃ וְשָׁמַעְתָּ מַה־ יְדַבֵּרוּ וְאַחַר תֶּחֱזַקְנָה

se-fortalecerán y-después dirán lo-que Y-oirás (11) . el-campamento

יָדֶיךָ וְיָרַדְתָּ בַּֽמַּחֲנֶה וַיֵּרֶד הוּא

él y-descendió contra-el-campamento y-bajarás tus-manos

וּפֻרָה נַעֲרוֹ אֶל־קְצֵה הַחֲמֻשִׁים אֲשֶׁר בַּמַּחֲנֶה׃
. en-el-campamento que las-avanzadillas (el)extremo-de a su-siervo y-Furá

וּמִדְיָן וַעֲמָלֵק וְכָל־בְּנֵי־קֶדֶם נֹפְלִים
estaban-tumbados oriente (los)hijos-de y-todos y-Amalec Y-Madián (12)

בָּעֵמֶק כָּאַרְבֶּה לָרֹב וְלִגְמַלֵּיהֶם אֵין מִסְפָּר
número no y-sus-camellos en-multitud como-la-langosta en-el-valle

כַּחוֹל שֶׁעַל־שְׂפַת הַיָּם לָרֹב׃ וַיָּבֹא גִדְעוֹן
Gedeón Y-llegó (13) . en-multitud el-mar orilla-de que-sobre como-la-arena

וְהִנֵּה־אִישׁ מְסַפֵּר לְרֵעֵהוּ חֲלוֹם וַיֹּאמֶר הִנֵּה חֲלוֹם חָלַמְתִּי
soñé un-sueño he-aquí-que y-dijo un-sueño a-su-amigo estaba-contando un-hombre y-he-aquí-que

וְהִנֵּה צְלוּל לֶחֶם שְׂעֹרִים מִתְהַפֵּךְ בְּמַחֲנֵה מִדְיָן וַיָּבֹא
y-llegó Madián en-(el)campamento-de rodando cebadas pan-de hogaza-de y-he-aquí-que

עַד־הָאֹהֶל וַיַּכֵּהוּ וַיִּפֹּל וַיַּהַפְכֵהוּ לְמַעְלָה
para-arriba y-le-dió-la-vuelta y-cayó y-la-golpeó la-tienda hasta

וְנָפַל הָאֹהֶל׃ וַיַּעַן רֵעֵהוּ וַיֹּאמֶר אֵין
no-es y-dijo su-amigo Y-respondió (14) . la-tienda y-cayó

זֹאת בִּלְתִּי אִם־חֶרֶב גִּדְעוֹן בֶּן־יוֹאָשׁ אִישׁ יִשְׂרָאֵל נָתַן הָאֱלֹהִים
Dios entregó ; Israel hijo-de Joás hijo-de Gedeón (la)espada-de sino nada esto

בְּיָדוֹ אֶת־מִדְיָן וְאֶת־כָּל־הַמַּחֲנֶה׃ וַיְהִי כִשְׁמֹעַ
al-oír Y-sucedió (15) . el-campamento todo y-a Madián a en-su-mano

גִדְעוֹן אֶת־מִסְפַּר הַחֲלוֹם וְאֶת־שִׁבְרוֹ וַיִּשְׁתָּחוּ
se-prosternó su-interpretación y el-sueño (el)relato-de ** Gedeón

וַיָּשָׁב אֶל־מַחֲנֵה יִשְׂרָאֵל וַיֹּאמֶר קוּמוּ כִּי־נָתַן
ha-entregado porque levantaos : y-dijo Israel (el)campamento-de a y-volvió

יְהוָה בְּיֶדְכֶם אֶת־מַחֲנֵה מִדְיָן׃ וַיַּחַץ אֶת־שְׁלֹשׁ־
tres ** Y-dividió (16) . Madián (el)campamento-de ** en-vuestra-mano Yahweh

מֵאוֹת הָאִישׁ שְׁלֹשָׁה רָאשִׁים וַיִּתֵּן שׁוֹפָרוֹת בְּיַד־ כֻּלָּם
todos-ellos en-mano-de trompetas y-puso compañías tres el-hombre cientos

וְכַדִּים רֵקִים וְלַפִּדִים בְּתוֹךְ הַכַּדִּים׃ וַיֹּאמֶר אֲלֵיהֶם
a-ellos Y-dijo (17) . los cántaros dentro-de y-antorchas vacíos y-cántaros

מִמֶּנִּי תִרְאוּ וְכֵן תַּעֲשׂוּ וְהִנֵּה אָנֹכִי בָא בִּקְצֵה הַמַּחֲנֶה
el-campamento a-(el)extremo-de voy yo y-he-aquí-que haced y-así miradme a-mí

וְהָיָה כַּאֲשֶׁר־אֶעֱשֶׂה כֵּן תַּעֲשׂוּן׃ וְתָקַעְתִּי בַּשּׁוֹפָר אָנֹכִי
yo con-la-trompeta Y-tocaré (18) . haréis así yo-haga como y-será

וְכָל־ אֲשֶׁר אִתִּי וּתְקַעְתֶּם בַּשּׁוֹפָרוֹת גַּם־ אַתֶּם סְבִיבוֹת כָּל־
todo alrededor-de vosotros también con-las-trompetas y-tocaréis conmigo el-que y-todo

הַמַּחֲנֶה וַאֲמַרְתֶּם לַיהוָה וּלְגִדְעוֹן׃ וַיָּבֹא גִדְעוֹן
Gedeón Y-llegó (19) . y-por-Gedeón por-Yahweh y-diréis el-campamento

וּמֵאָה־ אִישׁ אֲשֶׁר־ אִתּוֹ בִּקְצֵה הַמַּחֲנֶה רֹאשׁ הָאַשְׁמֹרֶת
la-guardia principio-de el-campamento a-(el)extremo-de con-él que hombres y-cien

הַתִּיכוֹנָה אַךְ הָקֵם הֵקִימוּ אֶת־ הַשֹּׁמְרִים וַיִּתְקְעוּ
y-tocaron los-centinelas ** habían-levantado levantar apenas la-media

בַּשּׁוֹפָרוֹת וְנָפוֹץ הַכַּדִּים אֲשֶׁר בְּיָדָם׃ וַיִּתְקְעוּ
Y-tocaron (20) . en-sus-manos que los-cántaros y-rompió con-las-trompetas

שְׁלֹשֶׁת הָרָאשִׁים בַּשּׁוֹפָרוֹת וַיִּשְׁבְּרוּ הַכַּדִּים
los-cántaros y-quebraron con-las-trompetas las-compañías tres

וַיַּחֲזִיקוּ בְיַד־ שְׂמֹאולָם בַּלַּפִּדִים וּבְיַד־
y-en-mano a-las-antorchas izquierda-suya en-mano y-sujetaron

יְמִינָם הַשּׁוֹפָרוֹת לִתְקוֹעַ וַיִּקְרְאוּ חֶרֶב לַיהוָה
por-Yahweh espada y-gritaron para-tocar las-trompetas derecha-suya

וּלְגִדְעוֹן׃ וַיַּעַמְדוּ אִישׁ תַּחְתָּיו סָבִיב לַמַּחֲנֶה
del-campamento alrededor en-su-lugar hombre Y-permanecieron (21) . y-por-Gedeón

וַיָּרָץ כָּל־ הַמַּחֲנֶה וַיָּרִיעוּ וַיָּנִיסוּ׃ וַיִּתְקְעוּ
Y-tocaron (22) . y-huían y-gritaban el-campamento todo y-corrió

שְׁלֹשׁ־ מֵאוֹת הַשּׁוֹפָרוֹת וַיָּשֶׂם יְהוָה אֵת חֶרֶב אִישׁ
hombre espada-de ** Yahweh y-puso las-trompetas cientos tres

בְּרֵעֵהוּ וּבְכָל־ הַמַּחֲנֶה וַיָּנָס הַמַּחֲנֶה עַד־
hasta el-campamento y-huyó el-campamento y-en-todo contra-su-amigo

בֵּית הַשִּׁטָּה צְרֵרָתָה עַד שְׂפַת־ אָבֵל מְחוֹלָה עַל־ טַבָּת׃
. Tabat cerca-de meholá Abel- (la)frontera-de hasta hacia-Zerera sitá Bet-

וַיִּצָּעֵק אִישׁ־ יִשְׂרָאֵל מִנַּפְתָּלִי וּמִן־ אָשֵׁר
Aser y-desde desde-Neftalí Israel hombre-de Y-fue-congregado (23)

וּמִן־ כָּל־ מְנַשֶּׁה וַיִּרְדְּפוּ אַחֲרֵי מִדְיָן׃ וּמַלְאָכִים
Y-mensajeros (24) . Madián tras y-persiguieron Manasés todo y-de

שָׁלַח גִּדְעוֹן בְּכָל־ הַר אֶפְרַיִם לֵאמֹר רְדוּ
descended diciendo Efraín (el)monte-de por-todo Gedeón envió

לִקְרַאת מִדְיָן וְלִכְדוּ לָהֶם אֶת־ הַמַּיִם עַד בֵּית
Bet- hasta las-aguas ** a-ellos y-ocupad Madián a-encuentro-de

בָּרָה וְאֶת־ הַיַּרְדֵּן וַיִּצָּעֵק כָּל־ אִישׁ אֶפְרַיִם וַיִּלְכְּדוּ
y-ocuparon Efraín hombre-de todo y-fue-congregado el-Jordán y bará

אֶת־ הַמַּיִם עַד בֵּית בָּרָה וְאֶת־ הַיַּרְדֵּן׃ וַיִּלְכְּדוּ
Y-capturaron (25) . el-Jordán y bará Bet- hasta las-aguas **

שְׁנֵי־ שָׂרֵי מִדְיָן אֶת־ עֹרֵב וְאֶת־ זְאֵב וַיַּהַרְגוּ אֶת־ עוֹרֵב
Oreb a y-mataron Zeeb y-a Oreb a Madián príncipes-de dos

בְּצוּר־ עוֹרֵב וְאֶת־ זְאֵב הָרְגוּ בְיֶקֶב־ זְאֵב וַיִּרְדְּפוּ
y-persiguieron Zeeb en-Yeqeb mataron Zeeb y-a Oreb en-roca-de

אֶל־ מִדְיָן וְרֹאשׁ־ עֹרֵב וּזְאֵב הֵבִיאוּ אֶל־ גִּדְעוֹן מֵעֵבֶר
del-lado Gedeón a trajeron y-Zeeb Oreb y-cabeza-de Madián a

לַיַּרְדֵּן׃ וַיֹּאמְרוּ אֵלָיו אִישׁ אֶפְרַיִם מָה־ הַדָּבָר
la-cosa ¿qué : Efraín hombres-de a-él Y-dijeron (8) . del-Jordán

הַזֶּה עָשִׂיתָ לָּנוּ לְבִלְתִּי קְרֹאות לָנוּ כִּי הָלַכְתָּ לְהִלָּחֵם
a-luchar ibas cuando a-nosotros llamar no con-nosotros has-hecho la-ésta

בְּמִדְיָן וַיְרִיבוּן אִתּוֹ בְּחָזְקָה׃ וַיֹּאמֶר
Y-dijo (2) . con-fuerza con-él y-riñeron ? contra Madián

אֲלֵיהֶם מֶה־ עָשִׂיתִי עַתָּה כָּכֶם הֲלוֹא טוֹב עֹלְלוֹת
rebusco-de mejor ¿acaso-no ? comparado-a-vosotros ahora he-hecho ¿qué : a-ellos

אֶפְרַיִם מִבְצִיר אֲבִיעֶזֶר׃ בְּיֶדְכֶם נָתַן אֱלֹהִים
Dios ha-entregado En-vuestra-mano (3) ? Abiezer que-vendimia-de Efraín

אֶת־ שָׂרֵי מִדְיָן אֶת־ עֹרֵב וְאֶת־ זְאֵב וּמַה־ יָּכֹלְתִּי עֲשׂוֹת
hacer he-podido ¿y-qué Zeeb y-a Oreb a Madián príncipes-de a

כָּכֶם אָז רָפְתָה רוּחָם מֵעָלָיו
de-contra-él su-espíritu se-debilitó entonces ? comparado-a-vosotros

בְּדַבְּרוֹ הַדָּבָר הַזֶּה׃ וַיָּבֹא גִדְעוֹן הַיַּרְדֵּנָה
al-Jordán Gedeón Y-vino (4) . la-esta la-palabra al-decir-él

עֹבֵר הוּא וּשְׁלֹשׁ־ מֵאוֹת הָאִישׁ אֲשֶׁר אִתּוֹ עֲיֵפִים
cansados con-él que el-hombre cientos y-tres él pasando

וְרֹדְפִים׃ וַיֹּאמֶר לְאַנְשֵׁי סֻכּוֹת תְּנוּ־ נָא כִּכְּרוֹת לֶחֶם
pan tortas-de pues dad : Sucot a-(los)hombres-de Y-dijo (5) . y-persiguiendo

לָעָם אֲשֶׁר בְּרַגְלָי כִּי־ עֲיֵפִים הֵם וְאָנֹכִי רֹדֵף אַחֲרֵי
tras persigo y-yo ellos cansados porque a-mis-pies que al-pueblo

זֶבַח וְצַלְמֻנָּע מַלְכֵי מִדְיָן׃ וַיֹּאמֶר שָׂרֵי סֻכּוֹת
Sucot príncipes-de Y-dijo (6) . Madián reyes-de y-Zalmuná Zeba

הֲכַף זֶבַח וְצַלְמֻנָּע עַתָּה בְּיָדֶךָ כִּי־ נִתֵּן
demos para-que en-tu-mano ahora y-Zalmuná Zeba ¿acaso-mano-de

לִצְבָאֶךָ לָחֶם׃ וַיֹּאמֶר גִּדְעוֹן לָכֵן בְּתֵת יְהוָה

Yahweh al-dar por-eso : Gedeón Y-dijo (7) ? pan a-tu-ejército

אֶת־זֶבַח וְאֶת־צַלְמֻנָּע בְּיָדִי וְדַשְׁתִּי אֶת־בְּשַׂרְכֶם

vuestra-carne ** y-trillaré en-mi-mano Zalmuná y-a Zeba a

אֶת־קוֹצֵי הַמִּדְבָּר וְאֶת־הַבַּרְקֳנִים׃ וַיַּעַל מִשָּׁם

de-allí Y-subió (8) . los-abrojos y-con el-desierto espinos-de con

פְּנוּאֵל וַיְדַבֵּר אֲלֵיהֶם כָּזֹאת וַיַּעֲנוּ אוֹתוֹ אַנְשֵׁי פְנוּאֵל

Peniel (los)hombres-de a-él y-respondieron como-esto a-ellos y-dijo a-Peniel

כַּאֲשֶׁר עָנוּ אַנְשֵׁי סֻכּוֹת׃ וַיֹּאמֶר גַּם־לְאַנְשֵׁי פְנוּאֵל

Peniel a-(los)hombres-de también Y-habló (9) . Sucot (los)hombres-de habían-respondido como

לֵאמֹר בְּשׁוּבִי בְשָׁלוֹם אֶתֹּץ אֶת־הַמִּגְדָּל הַזֶּה׃

. la-ésta la-torre ** derribaré en-paz al-regresar-yo : diciendo

וְזֶבַח וְצַלְמֻנָּע בַּקַּרְקֹר וּמַחֲנֵיהֶם עִמָּם

con-ellos y-su-ejército en-Carcor y-Zalmuná Y-Zeba (10)

כַּחֲמֵשֶׁת עָשָׂר אֶלֶף כֹּל הַנּוֹתָרִים מִכֹּל מַחֲנֵה

ejército-de de-todo los-restantes todos mil diez como-cinco

בְנֵי־קֶדֶם וְהַנֹּפְלִים מֵאָה וְעֶשְׂרִים אֶלֶף אִישׁ

hombre mil y-veinte cien y-los-que-habían-caído oriente (los)hijos-de

שֹׁלֵף חָרֶב׃ וַיַּעַל גִּדְעוֹן דֶּרֶךְ הַשְּׁכוּנֵי

los-habitantes camino-de Gedeón Y-subió (11) . espada portadores-de

בָאֳהָלִים מִקֶּדֶם לְנֹבַח וְיָגְבְּהָה וַיַּךְ אֶת־הַמַּחֲנֶה

el-campamento a y-derrotó y-de-Jogbehá de-Noba al-oriente en-las-tiendas

וְהַמַּחֲנֶה הָיָה בֶטַח׃ וַיָּנוּסוּ זֶבַח וְצַלְמֻנָּע

y-Zalmuná Zeba Y-huyeron (12) . confiado estaba y-el-campamento

וַיִּרְדֹּף אַחֲרֵיהֶם וַיִּלְכֹּד אֶת־שְׁנֵי ׀ מַלְכֵי מִדְיָן אֶת־

** Madián reyes-de dos a y-capturó tras-ellos y-persiguió

זֶבַח וְאֶת־ צַלְמֻנָּע וְכָל־ הַמַּחֲנֶה הֶחֱרִיד׃ וַיָּשָׁב
Y-volvió (13) . inquietó el-campamento y-todo Zalmuná y Zeba

גִּדְעוֹן בֶּן־ יוֹאָשׁ מִן־ הַמִּלְחָמָה מִלְמַעֲלֵה הֶחָרֶס׃ וַיִּלְכָּד־
Y-capturó (14) . el-Heres por-subida-de la-batalla de Joás hijo-de Gedeón

נַעַר מֵאַנְשֵׁי סֻכּוֹת וַיִּשְׁאָלֵהוּ וַיִּכְתֹּב אֵלָיו אֶת־
** para-él y-escribió y-le-preguntó Sucot de-(los)hombres-de joven

שָׂרֵי סֻכּוֹת וְאֶת־ זְקֵנֶיהָ שִׁבְעִים וְשִׁבְעָה אִישׁ׃ וַיָּבֹא
Y-entró (15) . hombre y-siete setenta sus-ancianos y Sucot príncipes-de

אֶל־אַנְשֵׁי סֻכּוֹת וַיֹּאמֶר הִנֵּה זֶבַח וְצַלְמֻנָּע אֲשֶׁר חֵרַפְתֶּם אוֹתִי
a-mí ultrajasteis que y-Zalmuná Zeba he-aquí-que y-dijo Sucot hombres-de a

לֵאמֹר הֲכַף זֶבַח וְצַלְמֻנָּע עַתָּה בְּיָדֶךָ כִּי נִתֵּן
demos para-que en-tu-mano ya y-Zalmuná Zeba ¿acaso-mano-de diciendo

לַאֲנָשֶׁיךָ הַיְּעֵפִים לָחֶם׃ וַיִּקַּח אֶת־ זִקְנֵי הָעִיר
la-ciudad ancianos-de a Y-tomó (16) ? pan los-cansados a-tus-hombres

וְאֶת־ קוֹצֵי הַמִּדְבָּר וְאֶת־ הַבַּרְקֳנִים וַיֹּדַע בָּהֶם אֵת
a con-ellos e-hizo-conocer los-abrojos y el-desierto espinas-de y

אַנְשֵׁי סֻכּוֹת׃ וְאֶת־ מִגְדַּל פְּנוּאֵל נָתָץ וַיַּהֲרֹג אֶת־
a y-dio-muerte derribó Peniel (la)torre-de Y (17) . Sucot hombres-de

אַנְשֵׁי הָעִיר׃ וַיֹּאמֶר אֶל־ זֶבַח וְאֶל־ צַלְמֻנָּע אֵיפֹה
¿cómo Zalmuná y-a Zeba a Y-dijo (18) . la-ciudad (los)hombres-de

הָאֲנָשִׁים אֲשֶׁר הֲרַגְתֶּם בְּתָבוֹר וַיֹּאמְרוּ כָּמוֹךָ כְמוֹהֶם אֶחָד
uno como-ellos como-tú y-dijeron ? en Tabor habéis-matado que los-hombres

כְּתֹאַר בְּנֵי הַמֶּלֶךְ׃ וַיֹּאמַר אַחַי בְּנֵי־
hijos-de mis-hermanos Y-dijo (19) . el-rey hijos-de como-aspecto-de

אִמִּי הֵם חַי־ יְהוָה לוּ הַחֲיִתֶם אוֹתָם לֹא הָרַגְתִּי אֶתְכֶם׃
. a-vosotros mataría no a-ellos hubierais-dejado-vivir si Yahweh vive ellos mi-madre

וַיֹּאמֶר לְיֶתֶר בְּכוֹרוֹ קוּם הֲרֹג אוֹתָם וְלֹא־שָׁלַף
desenvainó y-no a-ellos mata levanta su-primogénito a-Jéter Y-dijo (20)

הַנַּעַר חַרְבּוֹ כִּי יָרֵא כִּי עוֹדֶנּוּ נָעַר׃ וַיֹּאמֶר זֶבַח
Zeba Y-dijo (21) . muchacho toda vía-él por que tenía- miedo pues su-espada el-joven

וְצַלְמֻנָּע קוּם אַתָּה וּפְגַע־בָּנוּ כִּי כָאִישׁ גְּבוּרָתוֹ
su-fuerza como-el-hombre pues contra-noso tros y-acomete tú levanta y-Zalmuná

וַיָּקָם גִּדְעוֹן וַיַּהֲרֹג אֶת־זֶבַח וְאֶת־צַלְמֻנָּע וַיִּקַּח
y-cogió Zalmuná y-a Zebá a y-mató Gedeón y-se-levantó

אֶת־הַשַּׂהֲרֹנִים אֲשֶׁר בְּצַוְּארֵי גְמַלֵּיהֶם׃ וַיֹּאמְרוּ אִישׁ־
hombres-de Y-dijeron (22) . sus-camellos en-cuellos-de que las-lunetas **

יִשְׂרָאֵל אֶל־גִּדְעוֹן מְשָׁל־בָּנוּ גַּם־אַתָּה גַּם־בִּנְךָ גַּם בֶּן־
hijo-de también tu-hijo también tú también sobre- nosotros domina : Gedeón a Israel

בְּנֶךָ כִּי הוֹשַׁעְתָּנוּ מִיַּד מִדְיָן׃ וַיֹּאמֶר אֲלֵהֶם
a-ellos Y-dijo (23) . Madián de-mano-de nos-has-salvado pues tu-hijo

גִּדְעוֹן לֹא־אֶמְשֹׁל אֲנִי בָּכֶם וְלֹא־יִמְשֹׁל בְּנִי בָּכֶם
sobre-vosotros mi-hijo dominará y-no sobre-vosotros yo dominaré no : Gedeón

יְהוָה יִמְשֹׁל בָּכֶם׃ וַיֹּאמֶר אֲלֵהֶם גִּדְעוֹן אֶשְׁאֲלָה
pido : Gedeón a-ellos Y-dijo (24) . sobre-voso tros dominará Yahweh

מִכֶּם שְׁאֵלָה וּתְנוּ־לִי אִישׁ נֶזֶם שְׁלָלוֹ כִּי־
pues su-botín zarcillo-de hombre a-mí y-dad ruego de-vosotros

נִזְמֵי זָהָב לָהֶם כִּי יִשְׁמְעֵאלִים הֵם׃ וַיֹּאמְרוּ נָתוֹן
dar : Y-dijeron (25) . ellos ismaelitas porque para-ellos oro zarcillos-de

נִתֵּן וַיִּפְרְשׂוּ אֶת־הַשִּׂמְלָה וַיַּשְׁלִיכוּ שָׁמָּה
allí y-echaron el-manto ** y-extendió daremos

אִישׁ נֶזֶם שְׁלָלוֹ׃ וַיְהִי מִשְׁקַל נִזְמֵי הַזָּהָב
el-oro zarcillos-de peso-de Y-fue (26) . su-botín zarcillo-de hombre

אֲשֶׁר שָׁאָל אֶלֶף וּשְׁבַע־ מֵאוֹת זָהָב לְבַד מִן־ הַשַּׂהֲרֹנִים
las-lunetas de aparte oro cientos y-siete mil había-pedido que

וְהַנְּטִפוֹת וּבִגְדֵי הָאַרְגָּמָן שֶׁעַל מַלְכֵי מִדְיָן וּלְבַד
y-aparte Madián reyes-de que-sobre la-púrpura y-vestidos-de y-los-pendientes

מִן־ הָעֲנָקוֹת אֲשֶׁר בְּצַוְּארֵי גְמַלֵּיהֶם׃ וַיַּעַשׂ אוֹתוֹ גִדְעוֹן
Gedeón de-ello E-hizo (27) . sus-camellos en-cuellos-de que los-collares de

לְאֵפוֹד וַיַּצֵּג אוֹתוֹ בְעִירוֹ בְּעָפְרָה וַיִּזְנוּ
y-se-prostituyeron en-Ofrá en-su-ciudad a-él y-dejó efod

כָל־ יִשְׂרָאֵל אַחֲרָיו שָׁם וַיְהִי לְגִדְעוֹן וּלְבֵיתוֹ
y-para-su-casa para-Gedeón y-fue allí tras-él Israel todo

לְמוֹקֵשׁ׃ וַיִּכָּנַע מִדְיָן לִפְנֵי בְּנֵי יִשְׂרָאֵל וְלֹא
y-no Israel hijos-de delante-de Madián Y-quedó-humillado (28) . como-trampa

יָסְפוּ לָשֵׂאת רֹאשָׁם וַתִּשְׁקֹט הָאָרֶץ אַרְבָּעִים שָׁנָה
año cuarenta la-tierra y-quedó-tranquila sus-cabezas a-levantar volvieron

בִּימֵי גִדְעוֹן׃ וַיֵּלֶךְ יְרֻבַּעַל בֶּן־ יוֹאָשׁ וַיֵּשֶׁב
y-habitó Joás hijo-de Jerobaal Y-fue (29) . Gedeón en-días-de

בְּבֵיתוֹ׃ וּלְגִדְעוֹן הָיוּ שִׁבְעִים בָּנִים יֹצְאֵי
salidos-de hijos setenta hubo Y-para-Gedeón (30) . en-su-casa

יְרֵכוֹ כִּי־ נָשִׁים רַבּוֹת הָיוּ לוֹ׃ וּפִילַגְשׁוֹ אֲשֶׁר
que Y-su-concubina (31) . para-él fueron muchas mujeres pues de-su-lomo

בִּשְׁכֶם יָלְדָה־ לּוֹ גַם־ הִיא בֵּן וַיָּשֶׂם אֶת־ שְׁמוֹ אֲבִימֶלֶךְ׃
. Abimelec su-nombre ** y-puso hijo ella también para-él parió en-Siquem

וַיָּמָת גִּדְעוֹן בֶּן־ יוֹאָשׁ בְּשֵׂיבָה טוֹבָה וַיִּקָּבֵר
y-fue-sepultado buena en-vejez Joás hijo-de Gedeón Y-murió (32)

בְּקֶבֶר יוֹאָשׁ אָבִיו בְּעָפְרָה אֲבִי הָעֶזְרִי׃ וַיְהִי
Y-sucedió (33) . el-abiezerita en-Ofrá su-padre Joás en-tumba-de

כַּאֲשֶׁר מֵת גִּדְעוֹן וַיָּשׁוּבוּ בְּנֵי יִשְׂרָאֵל וַיִּזְנוּ
y-se-prostituyeron Israel hijos-de que-volvieron Gedeón murió cuando

אַחֲרֵי הַבְּעָלִים וַיָּשִׂימוּ לָהֶם בַּעַל בְּרִית לֵאלֹהִים׃ וְלֹא
Y-no (34) . por-Dios berit Baal- para-ellos y-pusieron los-baales tras-de

זָכְרוּ בְּנֵי יִשְׂרָאֵל אֶת־ יְהוָה אֱלֹהֵיהֶם הַמַּצִּיל אוֹתָם
a-ellos que-había-librado su-Dios Yahweh a Israel hijos-de recordaron

מִיַּד כָּל־ אֹיְבֵיהֶם מִסָּבִיב׃ וְלֹא־
Y-no (35) . en-derredor sus-enemigos todos de-mano-de

עָשׂוּ חֶסֶד עִם־ בֵּית יְרֻבַּעַל גִּדְעוֹן כְּכָל־ הַטּוֹבָה
el-bien según-todo Gedeón Jerobaal (la)casa-de con misericordia obraron

Cap. 9

אֲשֶׁר עָשָׂה עִם־ יִשְׂרָאֵל׃ וַיֵּלֶךְ אֲבִימֶלֶךְ בֶּן־ יְרֻבַּעַל
Jerobaal hijo-de Abimelec Y-fue (1) . Israel con hizo que

שְׁכֶמָה אֶל־ אֲחֵי אִמּוֹ וַיְדַבֵּר אֲלֵיהֶם וְאֶל־ כָּל־
todo y-a a-ellos y-habló su-madre (los)hermanos-de hacia a-Siquem

מִשְׁפַּחַת בֵּית־ אֲבִי אִמּוֹ לֵאמֹר׃ דַּבְּרוּ־ נָא בְּאָזְנֵי
a-oídos-de pues Decid (2) . diciendo de-su-madre (el)padre (la)casa-de (el)clan-de

כָל־ בַּעֲלֵי שְׁכֶם מַה־ טּוֹב לָכֶם הַמְשֹׁל בָּכֶם שִׁבְעִים
setenta en-vosotros dominar para-vosotros bueno ¿qué Siquem ciudadanos-de todos-los

אִישׁ כֹּל בְּנֵי יְרֻבַּעַל אִם־ מְשֹׁל בָּכֶם אִישׁ אֶחָד וּזְכַרְתֶּם
y-recordad ? uno hombre en-vosotros gobernar o Jerobaal hijos-de todos hombres

כִּי־ עַצְמְכֶם וּבְשַׂרְכֶם אָנִי׃ וַיְדַבְּרוּ אֲחֵי־
(los)hermanos-de Y-dijeron (3) . yo y-vuestra-carne vuestro-hueso que

אִמּוֹ עָלָיו בְּאָזְנֵי כָּל־ בַּעֲלֵי שְׁכֶם אֵת כָּל־
todas ** Siquem (los)habitantes-de todos a-oídos-de a-él su-madre

הַדְּבָרִים הָאֵלֶּה וַיֵּט לִבָּם אַחֲרֵי אֲבִימֶלֶךְ כִּי
pues Abimelec tras su-corazón y-se-inclinó las-éstas las-palabras

אָמְרוּ אָחִינוּ הוּא׃ וַיִּתְּנוּ־ לוֹ שִׁבְעִים כֶּסֶף
plata setenta a-él Y-dieron (4) . él nuestro-hermano : dijeron

מִבֵּית בַּעַל בְּרִית וַיִּשְׂכֹּר בָּהֶם אֲבִימֶלֶךְ אֲנָשִׁים רֵיקִים
miserables hombres Abimelec con-ellos y-asalarió berit Baal- del-templo-de

וּפֹחֲזִים וַיֵּלְכוּ אַחֲרָיו׃ וַיָּבֹא בֵית־
casa-de Y-llegó (5) . tras-él y-fueron y-aventureros

אָבִיו עָפְרָתָה וַיַּהֲרֹג אֶת־ אֶחָיו בְנֵי־ יְרֻבַּעַל
Jerobaal hijos-de sus-hermanos a y-asesinó en-Ofrá su-padre

שִׁבְעִים אִישׁ עַל־אֶבֶן אֶחָת וַיִּוָּתֵר יוֹתָם בֶּן־ יְרֻבַּעַל הַקָּטֹן
el-pequeño Jerobaal hijo-de Jotam y-quedó una piedra sobre hombre setenta

כִּי נֶחְבָּא׃ וַיֵּאָסְפוּ כָּל־ בַּעֲלֵי שְׁכֶם וְכָל־ בֵּית
Bet y-todo Siquem (los)ciudadanos-de todos Y-se-reunieron (6) . se-escondió pues

מִלּוֹא וַיֵּלְכוּ וַיַּמְלִיכוּ אֶת־ אֲבִימֶלֶךְ לְמֶלֶךְ עִם־ אֵלוֹן
un-gran-árbol junto-a para-rey Abimelec a e-hicieron-rey y-fueron Miló

מֻצָּב אֲשֶׁר בִּשְׁכֶם׃ וַיַּגִּדוּ לְיוֹתָם וַיֵּלֶךְ
y-fue a-Jotam Y-contaron (7) . en-Siquem que levantado

וַיַּעֲמֹד בְּרֹאשׁ הַר־ גְּרִזִים וַיִּשָּׂא קוֹלוֹ
su-voz y-alzó Gerizim (el)monte en-la-cumbre-de y-se-puso-en-pie

וַיִּקְרָא וַיֹּאמֶר לָהֶם שִׁמְעוּ אֵלַי בַּעֲלֵי שְׁכֶם
Siquem ciudadanos-de a-mí escuchad a-ellos y-dijo y-gritó

וְיִשְׁמַע אֲלֵיכֶם אֱלֹהִים׃ הָלוֹךְ הָלְכוּ הָעֵצִים לִמְשֹׁחַ
a-ungirse los-árboles fueron Ir (8) . Dios a-vosotros y-escuchará

עֲלֵיהֶם מֶלֶךְ וַיֹּאמְרוּ לַזַּיִת מָלְכָה עָלֵינוּ׃ וַיֹּאמֶר
Pero-dijo (9) . sobre-nosotros reina al-olivo y-dijeron un-rey para-ellos

לָהֶם הַזַּיִת הֶחֳדַלְתִּי אֶת־ דִּשְׁנִי אֲשֶׁר־ בִּי יְכַבְּדוּ
honran conmigo que mi-aceite ** ¿acaso-dejaré el-olivo a-ellos

אֱלֹהִים וַאֲנָשִׁים וְהָלַכְתִּי לָנוּעַ עַל־הָעֵצִים׃ וַיֹּאמְרוּ הָעֵצִים

los-árboles Y-dijeron (10) ? los-árboles sobre a-mecerme e-iré y-hombres Dios

לַתְּאֵנָה לְכִי־אַתְּ מָלְכִי עָלֵינוּ׃ וַתֹּאמֶר לָהֶם

a-ellos Y-dijo (11) . sobre-nosotros reina tú ven : a-la-higuera

הַתְּאֵנָה הֶחֳדַלְתִּי אֶת־מָתְקִי וְאֶת־תְּנוּבָתִי הַטּוֹבָה

el-bueno mi-fruto y mi-dulzura ** ¿acaso-dejaré : la-higuera

וְהָלַכְתִּי לָנוּעַ עַל־הָעֵצִים׃ וַיֹּאמְרוּ הָעֵצִים לַגָּפֶן

: a-la-vid los-árboles Y-dijeron (12) ? los-árboles sobre a-mecerme e-iré

לְכִי־אַתְּ מָלוֹכִי עָלֵינוּ׃ וַתֹּאמֶר לָהֶם הַגֶּפֶן הֶחֳדַלְתִּי

¿acaso-dejaré : la-vid a-ellos Y-dijo (13) . sobre-nosotros reina tú ven

אֶת־תִּירוֹשִׁי הַמְשַׂמֵּחַ אֱלֹהִים וַאֲנָשִׁים וְהָלַכְתִּי לָנוּעַ עַל־הָעֵצִים׃

? los-árboles sobre a-mecerme e-iré y-hombres a-Dios que-alegra mi-mosto **

וַיֹּאמְרוּ כָל־הָעֵצִים אֶל־הָאָטָד לֵךְ אַתָּה מְלָךְ־

reina tú ven : la-zarza a los-árboles todos Y-dijeron (14)

עָלֵינוּ׃ וַיֹּאמֶר הָאָטָד אֶל־הָעֵצִים אִם בֶּאֱמֶת אַתֶּם

vosotros en-verdad si : los-árboles a la-zarza Y-dijo (15) . sobre-nosotros

מֹשְׁחִים אֹתִי לְמֶלֶךְ עֲלֵיכֶם בֹּאוּ חֲסוּ בְצִלִּי וְאִם־

y-si a-mi-sombra refugiaos venid sobre-vosotros como-rey a-mí ungís

אַיִן תֵּצֵא אֵשׁ מִן־הָאָטָד וְתֹאכַל אֶת־אַרְזֵי

(los)cedros-de a y-devorará la-zarza de fuego saldrá no

הַלְּבָנוֹן׃ וְעַתָּה אִם־בֶּאֱמֶת וּבְתָמִים עֲשִׂיתֶם

obrasteis y-con-rectitud con-verdad si Y-ahora (16) . el-Líbano

וַתַּמְלִיכוּ אֶת־אֲבִימֶלֶךְ וְאִם־טוֹבָה עֲשִׂיתֶם עִם־יְרֻבַּעַל וְעִם־

y-con Jerobaal con obrasteis bien y-si Abimelec a e-hicisteis-rey

בֵּיתוֹ וְאִם־כִּגְמוּל יָדָיו עֲשִׂיתֶם לוֹ׃ אֲשֶׁר־

Que (17) . a-él hicisteis sus-manos según-el-mérito-de y-si su-casa

נִלְחַם אָבִי עֲלֵיכֶם וַיַּשְׁלֵךְ אֶת־ נַפְשׁוֹ מִנֶּגֶד

al-frente su-vida ** y-arriesgó por-vosotros mi-padre combatió

וַיַּצֵּל אֶתְכֶם מִיַּד מִדְיָן׃ וְאַתֶּם קַמְתֶּם עַל־

contra os-habéis-levantado Y-vosotros (18) . Madián de-(la)mano-de a-vosotros y-libró

בֵּית אָבִי הַיּוֹם וַתַּהַרְגוּ אֶת־ בָּנָיו שִׁבְעִים אִישׁ

hombres setenta sus-hijos a y-habéis-matado este-día mi-padre (la)casa-de

עַל־ אֶבֶן אֶחָת וַתַּמְלִיכוּ אֶת־ אֲבִימֶלֶךְ בֶּן־ אֲמָתוֹ

su-esclava hijo-de Abimelec a y-habéis-hecho-rey una piedra sobre

עַל־ בַּעֲלֵי שְׁכֶם כִּי אֲחִיכֶם הוּא׃ וְאִם־ בֶּאֱמֶת

con-verdad Y-si (19) . él vuestro-hermano porque Siquem (los)ciudadanos-de sobre

וּבְתָמִים עֲשִׂיתֶם עִם־ יְרֻבַּעַל וְעִם־ בֵּיתוֹ

su-casa y-con Jerobaal con habéis-obrado y-con-rectitud

הַיּוֹם הַזֶּה שִׂמְחוּ בַּאֲבִימֶלֶךְ וְיִשְׂמַח גַּם־ הוּא בָּכֶם׃

. con-vosotros él también y-que-se-alegre con-Abimelec alegraos el-este el-día

וְאִם־ אַיִן תֵּצֵא אֵשׁ מֵאֲבִימֶלֶךְ וְתֹאכַל אֶת־

a y-devore de-Abimelec fuego salga no Pero-si (20)

בַּעֲלֵי שְׁכֶם וְאֶת־ בֵּית מִלּוֹא וְתֵצֵא אֵשׁ מִבַּעֲלֵי

de-(los)ciudadanos-de fuego y-salga Miló Bet y Siquem (los)ciudadanos-de

שְׁכֶם וּמִבֵּית מִלּוֹא וְתֹאכַל אֶת־ אֲבִימֶלֶךְ׃ וַיָּנָס

Y-huyó (21) . Abimelec a y-devore Miló y-de-Bet Siquem

יוֹתָם וַיִּבְרַח וַיֵּלֶךְ בְּאֵרָה וַיֵּשֶׁב שָׁם מִפְּנֵי

a-causa-de allí y-habitó a-Beer y-fue y-escapó Jotam

אֲבִימֶלֶךְ אָחִיו׃ וַיָּשַׂר אֲבִימֶלֶךְ עַל־ יִשְׂרָאֵל שָׁלֹשׁ

tres Israel sobre Abimelec Y-dominó (22) . su-hermano Abimelec

שָׁנִים׃ וַיִּשְׁלַח אֱלֹהִים רוּחַ רָעָה בֵּין אֲבִימֶלֶךְ וּבֵין

y-entre Abimelec entre malo espíritu Dios Y-envió (23) . años

בַּעֲלֵי שְׁכֶם וַיִּבְגְּדוּ בַעֲלֵי־ שְׁכֶם

(los)ciudadanos-de Siquem y-fueron-infieles (los)ciudadanos-de Siquem

בַּאֲבִימֶלֶךְ׃ (24) לָבוֹא חֲמַס שִׁבְעִים בְּנֵי־ יְרֻבָּעַל

. con-Abimelec (24) Para-traer el-crimen-de (los)setenta hijos-de Jerobaal

וְדָמָם לָשׂוּם עַל־ אֲבִימֶלֶךְ אֲחִיהֶם אֲשֶׁר הָרַג אוֹתָם

y-su-sangre para-poner sobre Abimelec su-hermano que mató a-ellos

וְעַל בַּעֲלֵי שְׁכֶם אֲשֶׁר־ חִזְּקוּ אֶת־ יָדָיו לַהֲרֹג אֶת־

y-sobre (los)ciudadanos-de Siquem que fortalecieron ** sus-manos para-matar a

אֶחָיו׃ (25) וַיָּשִׂימוּ לוֹ בַעֲלֵי שְׁכֶם

. sus-hermanos (25) Y-pusieron contra-él los-ciudadanos-de Siquem

מְאָרְבִים עַל רָאשֵׁי הֶהָרִים וַיִּגְזְלוּ אֵת כָּל־ אֲשֶׁר־ יַעֲבֹר

asechadores sobre (las)cumbres-de los-montes y-robaban a todo el-que cruzaba

עֲלֵיהֶם בַּדָּרֶךְ וַיֻּגַּד לַאֲבִימֶלֶךְ׃ (26) וַיָּבֹא גַּעַל

junto-a-ellos por-el-camino y-fue-contado . a-Abimelec (26) Y-fue Gaal

בֶּן־ עֶבֶד וְאֶחָיו וַיַּעַבְרוּ בִּשְׁכֶם וַיִּבְטְחוּ־

hijo-de Ebed y-sus-hermanos y-pasaron por-Siquem y-confiaron

בוֹ בַּעֲלֵי שְׁכֶם׃ (27) וַיֵּצְאוּ הַשָּׂדֶה וַיִּבְצְרוּ

en-él (los)ciudadanos-de . Siquem (27) Y-salieron el-campo y-vendimiaron

אֶת־ כַּרְמֵיהֶם וַיִּדְרְכוּ וַיַּעֲשׂוּ הִלּוּלִים וַיָּבֹאוּ

** sus-viñas y-pisaron e-hicieron fiesta y-fueron

בֵּית אֱלֹהֵיהֶם וַיֹּאכְלוּ וַיִּשְׁתּוּ וַיְקַלְלוּ אֶת־

al-templo-de su-dios y-comieron y-bebieron y-maldijeron a

אֲבִימֶלֶךְ׃ (28) וַיֹּאמֶר ׀ גַּעַל בֶּן־ עֶבֶד מִי־ אֲבִימֶלֶךְ וּמִי־ שְׁכֶם

. Abimelec (28) Y-dijo Gaal hijo-de Ebed ¿quién Abimelec y-quién Siquem

כִּי נַעַבְדֶנּוּ הֲלֹא בֶן־ יְרֻבַּעַל וּזְבֻל פְּקִידוֹ

para-que ? lo-sirvamos ¿Acaso-no hijo-de Jerobaal y-Zebul ? su-lugarteniente

עִבְדוּ אֶת־ אַנְשֵׁי חֲמוֹר אֲבִי שְׁכֶם וּמַדּוּעַ נַעַבְדֶנּוּ אֲנָחְנוּ׃
servid a los-hombres-de Hamor padre-de Siquem ¿y-por-qué hemos-de-servirlo nosotros ?

(29) וּמִי יִתֵּן אֶת־ הָעָם הַזֶּה בְּיָדִי
(29) Y-quién diera a el-pueblo el-este en-mi-mano

וְאָסִירָה אֶת־ אֲבִימֶלֶךְ וַיֹּאמֶר לַאֲבִימֶלֶךְ רַבֶּה
y-derrocaría a Abimelec y-él-diría : a-Abimelec aumenta

צְבָאֲךָ וָצֵאָה׃ (30) וַיִּשְׁמַע זְבֻל שַׂר־ הָעִיר אֶת־
tu-ejército y-sal . (30) Y-oyó Zebul gobernador-de la-ciudad **

דִּבְרֵי גַּעַל בֶּן־ עֶבֶד וַיִּחַר אַפּוֹ׃ (31) וַיִּשְׁלַח
(las)palabras-de Gaal hijo-de Ebed y-se-encendió su-ira . (31) Y-envió

מַלְאָכִים אֶל־ אֲבִימֶלֶךְ בְּתָרְמָה לֵאמֹר הִנֵּה גַעַל בֶּן־ עֶבֶד
mensajeros a Abimelec en-secreto para-decir he-aquí-que Gaal hijo-de Ebed

וְאֶחָיו בָּאִים שְׁכֶמָה וְהִנָּם צָרִים אֶת־
y-sus-hermanos vienen a-Siquem y-he-aquí-que-ellos soliviantando **

הָעִיר עָלֶיךָ׃ (32) וְעַתָּה קוּם לַיְלָה אַתָּה וְהָעָם אֲשֶׁר־ אִתָּךְ
la-ciudad contra-ti . (32) Y-ahora levanta de-noche tú y-la-gente que contigo

וֶאֱרֹב בַּשָּׂדֶה׃ (33) וְהָיָה בַבֹּקֶר כִּזְרֹחַ
y-pon-emboscada en-el-campo . (33) Y-sucederá por-la-mañana al-brillar

הַשֶּׁמֶשׁ תַּשְׁכִּים וּפָשַׁטְתָּ עַל־ הָעִיר וְהִנֵּה־ הוּא וְהָעָם
el-sol madrugarás y-te-desplegarás contra la-ciudad y-he-aquí-que él y-el-pueblo

אֲשֶׁר־ אִתּוֹ יֹצְאִים אֵלֶיךָ וְעָשִׂיתָ לּוֹ כַּאֲשֶׁר תִּמְצָא
que con-él salen contra-ti y-haces a-él según encuentre

יָדֶךָ׃ (34) וַיָּקָם אֲבִימֶלֶךְ וְכָל־ הָעָם אֲשֶׁר־ עִמּוֹ
tu-mano . (34) Y-se-levantó Abimelec y-todo el-pueblo que con-él

לַיְלָה וַיֶּאֶרְבוּ עַל־ שְׁכֶם אַרְבָּעָה רָאשִׁים׃ (35) וַיֵּצֵא גַּעַל
de-noche y-pusieron-emboscada junto-a Siquem cuatro compañías . (35) Y-salió Gaal

בֶּן־ עֶבֶד וַיַּעֲמֹד פֶּתַח שַׁעַר הָעִיר וַיָּקָם

y-se-levantó la-ciudad la-puerta-de entrada-de y-se-puso-en-pie Ebed hijo-de

אֲבִימֶלֶךְ וְהָעָם אֲשֶׁר־ אִתּוֹ מִן־ הַמַּאְרָב׃ (36) וַיַּרְא־

Y-vio (36) . la-emboscada desde con-él que y-la-gente Abimelec

גַּעַל אֶת־ הָעָם וַיֹּאמֶר אֶל־ זְבֻל הִנֵּה־ עָם יוֹרֵד

desciende gente mira : Zebul a y-dijo la-gente a Gaal

מֵרָאשֵׁי הֶהָרִים וַיֹּאמֶר אֵלָיו זְבֻל אֵת צֵל

(la)sombra-de ** : Zebul a-él y-dice los-montes de-las-cumbres-de

הֶהָרִים אַתָּה רֹאֶה כָּאֲנָשִׁים׃ (37) וַיֹּסֶף עוֹד גַּעַל לְדַבֵּר

a-hablar Gaal de-nuevo Y-volvió (37) . como-hombres ves tú las-montañas

וַיֹּאמֶר הִנֵּה־ עָם יוֹרְדִים מֵעִם טַבּוּר הָאָרֶץ

la-tierra (el)ombligo-de de-con descienden gentes mira : y-dijo

וְרֹאשׁ־ אֶחָד בָּא מִדֶּרֶךְ אֵלוֹן מְעוֹנְנִים׃ (38) וַיֹּאמֶר

Y-dijo (38) . (los)adivinos (la)encina-de por-(el)camino-de viene una y-compañía

אֵלָיו זְבֻל אַיֵּה אֵפוֹא פִיךָ אֲשֶׁר תֹּאמַר מִי אֲבִימֶלֶךְ כִּי

para-que Abimelec quién decías que tu-boca pues ¿dónde : Zebul a-él

נַעַבְדֶנּוּ הֲלֹא זֶה הָעָם אֲשֶׁר מָאַסְתָּה בּוֹ צֵא־

sal ? a-él despreciaste que el-pueblo éste ¿acaso-no ? lo-sirvamos

נָא עַתָּה וְהִלָּחֶם בּוֹ׃ (39) וַיֵּצֵא גַעַל לִפְנֵי בַּעֲלֵי

(los)ciudadanos-de ante Gaal Y-salió (39) . con-él y-lucha ahora pues

שְׁכֶם וַיִּלָּחֶם בַּאֲבִימֶלֶךְ׃ (40) וַיִּרְדְּפֵהוּ אֲבִימֶלֶךְ

Abimelec Y-lo-persiguió (40) . con-Abimelec y-luchó Siquem

וַיָּנָס מִפָּנָיו וַיִּפְּלוּ חֲלָלִים רַבִּים עַד־ פֶּתַח

(la)entrada-de hasta muchos heridos y-cayeron ante-él y-huyó

הַשָּׁעַר׃ (41) וַיֵּשֶׁב אֲבִימֶלֶךְ בָּארוּמָה וַיְגָרֶשׁ זְבֻל אֶת־ גַּעַל

Gaal a Zebul y-expulsó en-Arumá Abimelec Y-se-quedó (41) . la-puerta

וְאֶת־ אֶחָיו מִשֶּׁבֶת בִּשְׁכֶם׃ וַיְהִי מִמָּחֳרָת

al-día-siguiente Y-sucedió (42) . en-Siquem de-habitar sus-hermanos y-a

וַיֵּצֵא הָעָם הַשָּׂדֶה וַיַּגִּדוּ לַאֲבִימֶלֶךְ׃

. a-Abimelec e-informaron al-campo el-pueblo que-salió

וַיִּקַּח אֶת־ הָעָם וַיֶּחֱצֵם לִשְׁלֹשָׁה רָאשִׁים

compañías en-tres y-los-dividió la-gente a Y-tomó (43)

וַיֶּאֱרֹב בַּשָּׂדֶה וַיַּרְא וְהִנֵּה הָעָם יֹצֵא מִן־

de salía la-gente y-he-aquí-que y-vio en-el-campo y-puso-emboscada

הָעִיר וַיָּקָם עֲלֵיהֶם וַיַּכֵּם׃ וַאֲבִימֶלֶךְ

Y-Abimelec (44) . y-los-golpeó contra-ellos y-se-levantó la-ciudad

וְהָרָאשִׁים אֲשֶׁר עִמּוֹ פָּשְׁטוּ וַיַּעַמְדוּ

y-se-pararon se-desplegaron con-él que y-las-compañías

פֶּתַח שַׁעַר הָעִיר וּשְׁנֵי הָרָאשִׁים פָּשְׁטוּ עַל־ כָּל־

todo contra se-desplegaron las-compañías y-dos-de la-ciudad (la)puerta-de (a-la)entrada-de

אֲשֶׁר בַּשָּׂדֶה וַיַּכּוּם׃ וַאֲבִימֶלֶךְ נִלְחָם

combatió Y-Abimelec (45) . y-los-golpearon en-el-campo lo-que

בָּעִיר כֹּל הַיּוֹם הַהוּא וַיִּלְכֹּד אֶת־ הָעִיר וְאֶת־

y la-ciudad ** y-capturó el-aquel el-día todo contra-la-ciudad

הָעָם אֲשֶׁר־ בָּהּ הָרָג וַיִּתֹּץ אֶת־ הָעִיר

la-ciudad ** y-destruyó mató en-ella que la-gente

וַיִּזְרָעֶהָ מֶלַח׃ וַיִּשְׁמְעוּ כָּל־ בַּעֲלֵי

(los)ciudadanos-de todos Y-escucharon (46) . de-sal y-la-sembró

מִגְדַּל־ שְׁכֶם וַיָּבֹאוּ אֶל־ צְרִיחַ בֵּית אֵל בְּרִית׃

. Berit El (el)templo-de (la)cripta-de a y-fueron Siquem (la)torre-de

וַיֻּגַּד לַאֲבִימֶלֶךְ כִּי הִתְקַבְּצוּ כָּל־ בַּעֲלֵי

(los)ciudadanos-de todos se-habían-reunido que a-Abimelec Y-fue-dicho (47)

מִגְדַּל־ שְׁכֶם׃ וַיַּעַל אֲבִימֶלֶךְ הַר־ צַלְמוֹן הוּא וְכָל־

y-todo él Salmón (al)monte Abimelec Y-subió (48) . Siquem (la)torre-de

הָעָם אֲשֶׁר־ אִתּוֹ וַיִּקַּח אֲבִימֶלֶךְ אֶת־ הַקַּרְדֻּמּוֹת בְּיָדוֹ

en-su-mano las-hachas ** Abimelec y-tomó con-él que el-pueblo

וַיִּכְרֹת שׂוֹכַת עֵצִים וַיִּשָּׂאֶהָ וַיָּשֶׂם עַל־ שִׁכְמוֹ

su-hombro sobre y-puso y-las-alzó árboles ramas-de y-cortó

וַיֹּאמֶר אֶל־ הָעָם אֲשֶׁר־ עִמּוֹ מָה רְאִיתֶם עָשִׂיתִי מַהֲרוּ

apresuraos he-hecho habéis-visto lo-que con-él que la-gente a y-dijo

עֲשׂוּ כָמוֹנִי׃ וַיִּכְרְתוּ גַם־ כָּל־ הָעָם אִישׁ שׂוֹכֹה

su-rama cada-hombre las-gentes todas también Y-cortaron (49) . como-yo hacedlo

וַיֵּלְכוּ אַחֲרֵי אֲבִימֶלֶךְ וַיָּשִׂימוּ עַל־ הַצְּרִיחַ

la-cripta frente-a y-pusieron Abimelec tras y-fueron

וַיַּצִּיתוּ עֲלֵיהֶם אֶת־ הַצְּרִיחַ בָּאֵשׁ וַיָּמֻתוּ

y-murieron con-fuego la-cripta ** sobre-ellos y-encendieron

גַּם כָּל־ אַנְשֵׁי מִגְדַּל־ שְׁכֶם כְּאֶלֶף אִישׁ וְאִשָּׁה׃

. y-mujeres hombres como-mil Siquem (la)torre-de (los)hombres-de todos también

וַיֵּלֶךְ אֲבִימֶלֶךְ אֶל־ תֵּבֵץ וַיִּחַן בְּתֵבֵץ

contra-Tebes y-acampó Tebes a Abimelec Y-fue (50)

וַיִּלְכְּדָהּ׃ וּמִגְדַּל־ עֹז הָיָה בְתוֹךְ־ הָעִיר

la-ciudad en-medio-de había fortaleza Y-torre-de (51) . y-la-tomó

וַיָּנֻסוּ שָׁמָּה כָּל־ הָאֲנָשִׁים וְהַנָּשִׁים וְכֹל בַּעֲלֵי

(los)ciudadanos-de y-todos y-las-mujeres los-hombres todos allí y-huyeron

הָעִיר וַיִּסְגְּרוּ בַּעֲדָם וַיַּעֲלוּ עַל־ גַּג הַמִּגְדָּל׃

. la-torre (el)techo-de sobre y-subieron tras-ellos y-cerraron la-ciudad

וַיָּבֹא אֲבִימֶלֶךְ עַד־ הַמִּגְדָּל וַיִּלָּחֶם בּוֹ

contra-ella y-combatió la-torre hasta Abimelec Y-llegó (52)

וַיִּגַּשׁ עַד־ פֶּתַח הַמִּגְדָּל לְשָׂרְפוֹ בָאֵשׁ׃

. con-el-fuego para-encenderla la-torre (la)entrada-de hasta y-se-acercó

וַתַּשְׁלֵךְ אִשָּׁה אַחַת פֶּלַח רֶכֶב עַל־ רֹאשׁ אֲבִימֶלֶךְ

Abimelec (la)cabeza-de sobre molino muela-de una mujer Y-arrojó (53)

וַתָּרִץ אֶת־ גֻּלְגָּלְתּוֹ׃ וַיִּקְרָא מְהֵרָה אֶל־ הַנַּעַר ׀

el-siervo a rápidamente Y-él-gritó (54) . su-cráneo ** y-rompió

נֹשֵׂא כֵלָיו וַיֹּאמֶר לוֹ שְׁלֹף חַרְבְּךָ וּמוֹתְתֵנִי

y-mátame tu-espada desenvaina a-él y-dijo sus-armas que-llevaba

פֶּן־ יֹאמְרוּ לִי אִשָּׁה הֲרָגָתְהוּ וַיִּדְקְרֵהוּ

y-lo-traspasó lo-mató una-mujer sobre-mí digan para-que-no

נַעֲרוֹ וַיָּמֹת׃ וַיִּרְאוּ אִישׁ־ יִשְׂרָאֵל כִּי מֵת

había-muerto que Israel (los)hombres-de Y-vieron (55) . y-murió su-siervo

אֲבִימֶלֶךְ וַיֵּלְכוּ אִישׁ לִמְקֹמוֹ׃ וַיָּשֶׁב אֱלֹהִים אֵת

** Dios Y-devolvió (56) . a-su-lugar cada-hombre y-fueron Abimelec

רָעַת אֲבִימֶלֶךְ אֲשֶׁר עָשָׂה לְאָבִיו לַהֲרֹג אֶת־שִׁבְעִים

setenta ** matando a-su-padre había-hecho que Abimelec (el)mal-de

אֶחָיו׃ וְאֵת כָּל־ רָעַת אַנְשֵׁי שְׁכֶם הֵשִׁיב

hizo-volver Siquem los-hombres-de (el)mal-de todo Y (57) . hermanos-suyos

אֱלֹהִים בְּרֹאשָׁם וַתָּבֹא אֲלֵיהֶם קִלְלַת יוֹתָם בֶּן־ יְרֻבָּעַל׃

. Jerobaal hijo-de Jotam (la)maldición-de sobre-ellos y-vino en-(la)cabeza-de-ellos Dios

וַיָּקָם אַחֲרֵי אֲבִימֶלֶךְ לְהוֹשִׁיעַ אֶת־ יִשְׂרָאֵל תּוֹלָע בֶּן־ פּוּאָה

Cap.10 Puá hijo-de Tolá Israel a para-salvar Abimelec tras Y-se-levantó (1)

בֶּן־ דּוֹדוֹ אִישׁ יִשָּׂשכָר וְהוּא־ יֹשֵׁב בְּשָׁמִיר בְּהַר אֶפְרָיִם׃

. Efraín en-(la)montaña-de en-Samir vivía y-él Isacar hombre-de Dodó hijo-de

וַיִּשְׁפֹּט אֶת־יִשְׂרָאֵל עֶשְׂרִים וְשָׁלֹשׁ שָׁנָה וַיָּמָת וַיִּקָּבֵר

y-fue-sepultado y-murió años y-tres veinte Israel ** Y-juzgó (2)

בְּשָׁמִיר׃ וַיָּקָם אַחֲרָיו יָאִיר הַגִּלְעָדִי וַיִּשְׁפֹּט אֶת־יִשְׂרָאֵל

Israel a y-juzgó el-galaadita Jaír tras-él Y-se-levantó (3) . en-Samir

עֶשְׂרִים וּשְׁתַּיִם שָׁנָה׃ וַיְהִי־לוֹ שְׁלֹשִׁים בָּנִים רֹכְבִים עַל־שְׁלֹשִׁים

treinta sobre que-montaban hijos treinta para-él Y-hubo (4) . años y-dos veinte

עֲיָרִים וּשְׁלֹשִׁים עֲיָרִים לָהֶם לָהֶם יִקְרְאוּ ׀ חַוֹּת יָאִיר עַד

hasta Jaír Hawot llamaron a-ellos para-ellos asnos y-treinta asnos

הַיּוֹם הַזֶּה אֲשֶׁר בְּאֶרֶץ הַגִּלְעָד׃ וַיָּמָת יָאִיר

Jaír Y-murió (5) . Galaad en-(la)tierra-de que el-éste el-día

וַיִּקָּבֵר בְּקָמוֹן׃ וַיֹּסִפוּ ׀ בְּנֵי יִשְׂרָאֵל לַעֲשׂוֹת

a-hacer Israel (los)hijos-de Y-volvieron (6) . en-Camón y-fue-sepultado

הָרַע בְּעֵינֵי יְהוָה וַיַּעַבְדוּ אֶת־הַבְּעָלִים וְאֶת־הָעַשְׁתָּרוֹת

los-astartes y los-baales a y-sirvieron Yahweh a-(los)ojos-de el-mal

וְאֶת־אֱלֹהֵי אֲרָם וְאֶת־אֱלֹהֵי צִידוֹן וְאֵת ׀ אֱלֹהֵי מוֹאָב וְאֵת אֱלֹהֵי בְנֵי־

(los)hijos-de (los)dioses-de y Moab (los)dioses-de y Sidón (los)dioses-de y Aram (los)dioses-de y

עַמּוֹן וְאֵת אֱלֹהֵי פְלִשְׁתִּים וַיַּעַזְבוּ אֶת־יְהוָה וְלֹא

y-no Yahweh a y-abandonaron (los)filisteos (los)dioses-de y Amón

עֲבָדוּהוּ׃ וַיִּחַר־אַף יְהוָה בְּיִשְׂרָאֵל

contra-Israel Yahweh (la)cólera-de Y-se-encendió (7) . lo-sirvieron

וַיִּמְכְּרֵם בְּיַד־פְּלִשְׁתִּים וּבְיַד בְּנֵי עַמּוֹן׃

. Amón (los)hijos-de y-en-mano-de los-filisteos en-mano-de y-los-vendió

וַיִּרְעֲצוּ וַיְרֹצְצוּ אֶת־בְּנֵי יִשְׂרָאֵל בַּשָּׁנָה הַהִיא

el-aquel en-el-año Israel (los)hijos-de a y-vejaron Y-oprimieron (8)

שְׁמֹנֶה עֶשְׂרֵה שָׁנָה אֶת־כָּל־בְּנֵי יִשְׂרָאֵל אֲשֶׁר בְּעֵבֶר הַיַּרְדֵּן

el-Jordán allende que Israel (los)hijos-de todos ** años diez ocho

בְּאֶרֶץ הָאֱמֹרִי אֲשֶׁר בַּגִּלְעָד׃ וַיַּעַבְרוּ בְנֵי־

(los)hijos-de Y-cruzaron (9) . en-Galaad que el-amorreo en-(la)tierra-de

עַמּוֹן אֶת־הַיַּרְדֵּן לְהִלָּחֵם גַּם־בִּיהוּדָה וּבְבִנְיָמִין
y-contra-Benjamín contra-Judá también para-combatir el-Jordán ** Amón

וּבְבֵית אֶפְרָיִם וַתֵּצֶר לְיִשְׂרָאֵל מְאֹד׃
. mucho para-Israel y-fue-angustioso Efraín y-contra-(la)casa-de

וַיִּזְעֲקוּ בְּנֵי יִשְׂרָאֵל אֶל־יְהוָה לֵאמֹר חָטָאנוּ לָךְ
contra-ti hemos-pecado : diciendo Yahweh a Israel (los)hijos-de Y-gritaron (10)

וְכִי עָזַבְנוּ אֶת־אֱלֹהֵינוּ וַנַּעֲבֹד אֶת־הַבְּעָלִים׃ וַיֹּאמֶר
Y-dijo (11) . los-baales a y-servimos nuestro-Dios a abandonamos y-ciertamente

יְהוָה אֶל־בְּנֵי יִשְׂרָאֵל הֲלֹא מִמִּצְרַיִם וּמִן־הָאֱמֹרִי וּמִן־
y-de el-amorreo y-de de-Egipto ¿acaso-no : Israel (los)hijos-de a Yahweh

בְּנֵי עַמּוֹן וּמִן־פְּלִשְׁתִּים׃ וְצִידוֹנִים וַעֲמָלֵק וּמָעוֹן
y-Maón y-Amalec y-sidonitas (12) filisteos y-de Amón (los)hijos-de

לָחֲצוּ אֶתְכֶם וַתִּצְעֲקוּ אֵלַי וָאוֹשִׁיעָה אֶתְכֶם מִיָּדָם׃
? de-su-mano a-vosotros y-salvé a-mí y-gritasteis a-vosotros oprimían

וְאַתֶּם עֲזַבְתֶּם אוֹתִי וַתַּעַבְדוּ אֱלֹהִים אֲחֵרִים לָכֵן לֹא־
no por-eso otros dioses y-servisteis a-mí abandonasteis Pero-vosotros (13)

אוֹסִיף לְהוֹשִׁיעַ אֶתְכֶם׃ לְכוּ וְזַעֲקוּ אֶל־הָאֱלֹהִים אֲשֶׁר בְּחַרְתֶּם
elegisteis que los-dioses a y-gritad Id (14) . a-vosotros a-salvar volveré

בָּם הֵמָּה יוֹשִׁיעוּ לָכֶם בְּעֵת צָרַתְכֶם׃ וַיֹּאמְרוּ
Y-dijeron (15) . vuestra-angustia en-(el)tiempo-de a-vosotros salvarán ellos a-ellos

בְנֵי־יִשְׂרָאֵל אֶל־יְהוָה חָטָאנוּ עֲשֵׂה־אַתָּה לָּנוּ כְּכָל־הַטּוֹב
lo-bueno según-todo a-nosotros tú haz hemos-pecado : Yahweh a Israel (los)hijos-de

בְּעֵינֶיךָ אַךְ הַצִּילֵנוּ נָא הַיּוֹם הַזֶּה׃ וַיָּסִירוּ
Y-apartaron (16) . el-éste el-día por-favor líbranos sólo a-tus-ojos

אֶת־אֱלֹהֵי הַנֵּכָר מִקִּרְבָּם וַיַּעַבְדוּ אֶת־יְהוָה
Yahweh a y-sirvieron de-en-medio-de-ellos el-extranjero (los)dioses-de a

וַתִּקְצַר נַפְשׁוֹ בַּעֲמַל יִשְׂרָאֵל׃ וַיִּצָּעֲקוּ

Y-fueron-convocados (17) . Israel por-la-desdicha-de su-alma y-se encogió

בְּנֵי עַמּוֹן וַיַּחֲנוּ בַּגִּלְעָד וַיֵּאָסְפוּ בְּנֵי

(los)hijos-de y-se-reunieron contra-Galaad y-acamparon Amón (los)hijos-de

יִשְׂרָאֵל וַיַּחֲנוּ בַּמִּצְפָּה׃ וַיֹּאמְרוּ הָעָם שָׂרֵי

(los)príncipes-de las-gentes Y-dijeron (18) . en-Mizpá y-acamparon Israel

גִלְעָד אִישׁ אֶל־ רֵעֵהוּ מִי הָאִישׁ אֲשֶׁר יָחֵל לְהִלָּחֵם

a-combatir comenzará que el-hombre ¿quién : su-compañero a cada-hombre Galaad

בִּבְנֵי עַמּוֹן יִהְיֶה לְרֹאשׁ לְכֹל יֹשְׁבֵי גִלְעָד׃

. Galaad (los)habitantes-de para-todos para-cabeza él-será ? Amón contra-los-hijos-de

וְיִפְתָּח הַגִּלְעָדִי הָיָה גִּבּוֹר חַיִל וְהוּא בֶּן־ אִשָּׁה

mujer hijo-de y-él valor héroe-de era el galaadita Y-Jefté (1) **Cap. 11**

זוֹנָה וַיּוֹלֶד גִּלְעָד אֶת־ יִפְתָּח׃ וַתֵּלֶד אֵשֶׁת־

(la)mujer-de Y-había-alumbrado (2) . Jefté a Galaad y-había-engendrado prostituta

גִּלְעָד לוֹ בָּנִים וַיִּגְדְּלוּ בְנֵי־ הָאִשָּׁה וַיְגָרְשׁוּ

y-expulsaron la-mujer (los)hijos-de y-crecieron hijos para-él Galaad

אֶת־ יִפְתָּח וַיֹּאמְרוּ לוֹ לֹא־ תִנְחַל בְּבֵית־

en-(la)casa-de heredarás no : a-él y dijeron Jefté a

אָבִינוּ כִּי בֶּן־ אִשָּׁה אַחֶרֶת אָתָּה׃ וַיִּבְרַח יִפְתָּח מִפְּנֵי

de-ante Jefté Y-huyó (3) . tú otra mujer hijo-de pues nuestro-padre

אֶחָיו וַיֵּשֶׁב בְּאֶרֶץ טוֹב וַיִּתְלַקְּטוּ אֶל־

a y-se-juntaron Tob en-(el)país-de y-habitó sus-hermanos

יִפְתָּח אֲנָשִׁים רֵיקִים וַיֵּצְאוּ עִמּוֹ׃ וַיְהִי מִיָּמִים

después-de-días Y-sucedió (4) . con-él y-salieron miserables hombres Jefté

וַיִּלָּחֲמוּ בְנֵי־ עַמּוֹן עִם־ יִשְׂרָאֵל׃ וַיְהִי כַּאֲשֶׁר־ נִלְחֲמוּ

combatieron cuando Y-sucedió (5) . Israel con Amón (los)hijos-de que-combatieron

בְּנֵי־ עַמּוֹן עִם־ יִשְׂרָאֵל וַיֵּלְכוּ זִקְנֵי גִלְעָד לָקַחַת אֶת־ יִפְתָּח

Jefté a a-tomar Galaad (los)ancianos-de que-fueron Israel con Amón (los)hijos-de

מֵאֶרֶץ טוֹב׃ וַיֹּאמְרוּ לְיִפְתָּח לְכָה וְהָיִיתָה לָּנוּ

para-nosotros y-serás ven : a-Jefté Y-dijeron (6) . Tob del-país-de

לְקָצִין וְנִלָּחֲמָה בִּבְנֵי עַמּוֹן׃ וַיֹּאמֶר יִפְתָּח

Jefté Y-dijo (7) . Amón contra-(los)hijos-de y-combatiremos como-caudillo

לְזִקְנֵי גִלְעָד הֲלֹא אַתֶּם שְׂנֵאתֶם אוֹתִי וַתְּגָרְשׁוּנִי מִבֵּית

de-(la)casa-de y-me-expulsasteis a-mí odiasteis vosotros ¿Acaso-no Galaad a-los-ancianos-de

אָבִי וּמַדּוּעַ בָּאתֶם אֵלַי עַתָּה כַּאֲשֶׁר צַר לָכֶם׃

para-vosotros ? angustia cuando ahora a-mí ? habéis-venido ¿y-por-qué ? mi padre

וַיֹּאמְרוּ זִקְנֵי גִלְעָד אֶל־ יִפְתָּח לָכֵן עַתָּה שַׁבְנוּ

volvemos ahora por-eso Jefté a Galaad (los)ancianos-de Y-dijeron (8)

אֵלֶיךָ וְהָלַכְתָּ עִמָּנוּ וְנִלְחַמְתָּ בִּבְנֵי עַמּוֹן וְהָיִיתָ

y-seas Amón con-(los)hijos-de y-combatas con-nosotros para-que-vengas a-ti

לָּנוּ לְרֹאשׁ לְכֹל יֹשְׁבֵי גִלְעָד׃ וַיֹּאמֶר יִפְתָּח אֶל־

a Jefté Y-dijo (9) . Galaad (los)habitantes-de para-todos como-cabeza para-nosotros

זִקְנֵי גִלְעָד אִם־ מְשִׁיבִים אַתֶּם אוֹתִי לְהִלָּחֵם בִּבְנֵי

con-(los)hijos-de para-combatir a-mí vosotros hacéis-volver si : Galaad los-ancianos-de

עַמּוֹן וְנָתַן יְהוָה אוֹתָם לְפָנַי אָנֹכִי אֶהְיֶה לָכֶם לְרֹאשׁ׃

. como-cabeza para-vosotros seré yo ante-mí a-ellos Yahweh y-pone Amón

וַיֹּאמְרוּ זִקְנֵי־ גִלְעָד אֶל־ יִפְתָּח יְהוָה יִהְיֶה שֹׁמֵעַ

oyente sea Yahweh Jefté a Galaad (los)ancianos-de Y-dijeron (10)

בֵּינוֹתֵינוּ אִם־ לֹא כִדְבָרְךָ כֵּן נַעֲשֶׂה׃ וַיֵּלֶךְ יִפְתָּח

Jefté Y-fue (11) . hacemos así según-tu-palabra no si entre-nosotros

עִם־ זִקְנֵי גִלְעָד וַיָּשִׂימוּ הָעָם אוֹתוֹ עֲלֵיהֶם לְרֹאשׁ

como-cabeza sobre-ellos a-él las-gentes y-pusieron Galaad (los)ancianos-de con

וּלְקָצִין וַיְדַבֵּר יִפְתָּח אֶת־כָּל־דְּבָרָיו לִפְנֵי
ante sus-palabras todas ** Jefté y-dijo y-como-caudillo

יְהוָה בַּמִּצְפָּה׃ וַיִּשְׁלַח יִפְתָּח מַלְאָכִים אֶל־מֶלֶךְ בְּנֵי־
(los)hijos -de (el)rey- de a mensajeros Jefté Y-envió (12) . en-Mizpá Yahweh

עַמּוֹן לֵאמֹר מַה־לִּי וָלָךְ כִּי־בָאתָ אֵלַי לְהִלָּחֵם
para-combatir a-mí has-venido que y-para-ti para-mí ¿qué : para-decir Amón

בְּאַרְצִי׃ וַיֹּאמֶר מֶלֶךְ בְּנֵי־עַמּוֹן אֶל־
a Amón (los)hijos-de (el)rey-de Y-dijo (13) ? contra-mi-país

מַלְאֲכֵי יִפְתָּח כִּי־לָקַח יִשְׂרָאֵל אֶת־אַרְצִי בַּעֲלוֹתוֹ
en-su-subir mi-país ** Israel tomó ciertamente : Jefté (los)mensajeros-de

מִמִּצְרַיִם מֵאַרְנוֹן וְעַד־הַיַּבֹּק וְעַד־הַיַּרְדֵּן וְעַתָּה
y-ahora el-Jordán y-hasta el-Jaboc y-hasta desde-Arnón de-Egipto

הָשִׁיבָה אֶתְהֶן בְּשָׁלוֹם׃ וַיּוֹסֶף עוֹד יִפְתָּח וַיִּשְׁלַח
y-envió Jefté de-nuevo Y-volvió (14) . en-paz a-ellos devuelve

מַלְאָכִים אֶל־מֶלֶךְ בְּנֵי עַמּוֹן׃ וַיֹּאמֶר לוֹ כֹּה אָמַר
ha-dicho así : a-él Y-dijo (15) . Amón (los)hijos-de (el)rey-de a mensajeros

יִפְתָּח לֹא־לָקַח יִשְׂרָאֵל אֶת־אֶרֶץ מוֹאָב וְאֶת־אֶרֶץ בְּנֵי עַמּוֹן׃
. Amón (los)hijos-de (el)país-de y Moab (el)país- ** Israel tomó no : Jefté

כִּי בַּעֲלוֹתָם מִמִּצְרָיִם וַיֵּלֶךְ יִשְׂרָאֵל בַּמִּדְבָּר
por-el-desierto Israel caminó de-Egipto en-su-subir Cierta-mente (16)

עַד־יַם־סוּף וַיָּבֹא קָדֵשָׁה׃ וַיִּשְׁלַח יִשְׂרָאֵל מַלְאָכִים ׀
mensajeros Israel Y-envió (17) . a-Cadés y-vino Rojo (el)mar hasta

אֶל־מֶלֶךְ אֱדוֹם ׀ לֵאמֹר אֶעְבְּרָה־נָּא בְאַרְצֶךָ וְלֹא
pero-no por-tu-tierra te-ruego voy-a-cruzar para-decir Edom el-rey-de a

שָׁמַע מֶלֶךְ אֱדוֹם וְגַם אֶל־מֶלֶךְ מוֹאָב שָׁלַח וְלֹא אָבָה
quiso y-no envió Moab (el)rey-de a y-también Edom (el)rey-de escuchó

וַיֵּשֶׁב יִשְׂרָאֵל בְּקָדֵשׁ׃ וַיֵּלֶךְ בַּמִּדְבָּר
por-el-desierto Y-caminó (18) . en-Cadés Israel y-se-quedó

וַיָּסָב אֶת־ אֶרֶץ אֱדוֹם וְאֶת־ אֶרֶץ מוֹאָב וַיָּבֹא מִמִּזְרַח־
desde-oriente-del y-vino Moab (el)país-de y Edom (el)país-de ** y-rodeó

שֶׁמֶשׁ לְאֶרֶץ מוֹאָב וַיַּחֲנוּן בְּעֵבֶר אַרְנוֹן וְלֹא־
y-no Arnón al-otro-lado-de y-acamparon Moab al-país-de sol

בָאוּ בִּגְבוּל מוֹאָב כִּי אַרְנוֹן גְּבוּל מוֹאָב׃ וַיִּשְׁלַח
Y-envió (19) . Moab confín-de Arnón pues Moab por-el-confín-de vinieron

יִשְׂרָאֵל מַלְאָכִים אֶל־סִיחוֹן מֶלֶךְ־ הָאֱמֹרִי מֶלֶךְ חֶשְׁבּוֹן וַיֹּאמֶר
y-dijo Hesbón rey-de el-amorreo rey-de Sehón a mensajeros Israel

לוֹ יִשְׂרָאֵל נַעְבְּרָה־ נָּא בְאַרְצְךָ עַד־ מְקוֹמִי׃
. mi-lugar hasta por-tu-país te-ruego vamos-a-pasar Israel a-él

וְלֹא־ הֶאֱמִין סִיחוֹן אֶת־ יִשְׂרָאֵל עֲבֹר בִּגְבֻלוֹ
por-su-territorio cruzar Israel a Sehón confió Y-no (20)

וַיֶּאֱסֹף סִיחוֹן אֶת־ כָּל־ עַמּוֹ וַיַּחֲנוּ בְּיָהְצָה
en-Jahaz y-acamparon su-pueblo todo a Sehón y-congregó

וַיִּלָּחֶם עִם־ יִשְׂרָאֵל׃ וַיִּתֵּן יְהוָה אֱלֹהֵי־ יִשְׂרָאֵל אֶת־סִיחוֹן
Sehón a Israel Dios-de Yahweh Y-puso (21) . Israel con y-combatió

וְאֶת־ כָּל־ עַמּוֹ בְּיַד יִשְׂרָאֵל וַיַּכּוּם
y-los-derrotaron Israel en-mano-de su-pueblo a-todo y

וַיִּירַשׁ יִשְׂרָאֵל אֵת כָּל־ אֶרֶץ הָאֱמֹרִי יוֹשֵׁב הָאָרֶץ
el-país habitante-de el-amorreo (el)país-de todo ** Israel y-se-adueñó

הַהִיא׃ וַיִּירְשׁוּ אֵת כָּל־ גְּבוּל הָאֱמֹרִי מֵאַרְנוֹן
desde-Arnón el-amorreo (el)territorio-de todo ** Y-ocuparon (22) . el-aquel

וְעַד־ הַיַּבֹּק וּמִן־ הַמִּדְבָּר וְעַד־ הַיַּרְדֵּן׃ וְעַתָּה
Y-ahora (23) . el-Jordán y-hasta el-desierto y-desde el-Jaboc y-hasta

יְהוָה ׀ אֱלֹהֵי יִשְׂרָאֵל הוֹרִישׁ אֶת־הָאֱמֹרִי מִפְּנֵי עַמּוֹ

su-pueblo delante-de el-amorreo a ha-expulsado Israel Dios-de Yahweh

יִשְׂרָאֵל וְאַתָּה תִּירָשֶׁנּוּ׃ הֲלֹא אֵת אֲשֶׁר יוֹרִישְׁךָ כְּמוֹשׁ

Quemós te-expulsa a-quien ¿Acaso-no (24) ? lo-desposeerás ¿y-tú Israel

אֱלֹהֶיךָ אוֹתוֹ תִירָשׁ וְאֵת כָּל־אֲשֶׁר הוֹרִישׁ יְהוָה אֱלֹהֵינוּ

nuestro-Dios Yahweh desposea al-que todo y ? desposees lo tu-dios

מִפָּנֵינוּ אוֹתוֹ נִירָשׁ׃ וְעַתָּה הֲטוֹב טוֹב אַתָּה

tú mejor ¿acaso-mejor Y-ahora (25) . desposeeremos lo ante-nosotros

מִבָּלָק בֶּן־צִפּוֹר מֶלֶךְ מוֹאָב הֲרוֹב רָב עִם־יִשְׂרָאֵל

Israel con pleiteó ¿acaso-pleitear ? Moab rey-de Zipor hijo-de que-Balac

אִם־נִלְחֹם נִלְחַם בָּם׃ בְּשֶׁבֶת יִשְׂרָאֵל בְּחֶשְׁבּוֹן

en-Hesbón Israel En-el-habitar-de (26) ? con-ellos combatió combatir o

וּבִבְנוֹתֶיהָ וּבְעַרְעוֹר וּבִבְנוֹתֶיהָ וּבְכָל־

y-en-todas y-en-sus-filiales y-en-Aroer y-en-sus-filiales

הֶעָרִים אֲשֶׁר עַל־יְדֵי אַרְנוֹן שְׁלֹשׁ מֵאוֹת שָׁנָה וּמַדּוּעַ לֹא־

no ¿y-por-qué años cientos tres Arnón orillas-de junto-a que las-ciudades

הִצַּלְתֶּם בָּעֵת הַהִיא׃ וְאָנֹכִי לֹא־חָטָאתִי לָךְ

contra-ti he-faltado no Y-yo (27) ? el-aquel en-el-tiempo rescatasteis

וְאַתָּה עֹשֶׂה אִתִּי רָעָה לְהִלָּחֶם בִּי יִשְׁפֹּט יְהוָה

Yahweh juzgue contra-mí al-combatir mal conmigo has-hecho y-tú

הַשֹּׁפֵט הַיּוֹם בֵּין בְּנֵי יִשְׂרָאֵל וּבֵין בְּנֵי עַמּוֹן׃

. Amón (los)hijos-de y-entre Israel (los)hijos-de entre este-día el-Juez

וְלֹא שָׁמַע מֶלֶךְ בְּנֵי עַמּוֹן אֶל־דִּבְרֵי יִפְתָּח אֲשֶׁר

que Jefté (las)palabras-de a Amón (los)hijos-de (el)rey-de atendió Pero-no (28)

שָׁלַח אֵלָיו׃ וַתְּהִי עַל־יִפְתָּח רוּחַ יְהוָה וַיַּעֲבֹר

y-cruzó Yahweh (el)Espíritu-de Jefté sobre Y-estuvo (29) . a-él había-enviado

אֶת־ הַגִּלְעָד וְאֶת־ מְנַשֶּׁה וַיַּעֲבֹר אֶת־ מִצְפֵּה גִלְעָד
Galaad Mizpá-de ** y-cruzó Manasés y el-Galaad **

וּמִמִּצְפֵּה גִלְעָד עָבַר בְּנֵי עַמּוֹן׃ וַיִּדַּר
E-hizo-un-voto (30) . Amón a-(los)hijos-de cruzó Galaad y-de-Mizpá-de

יִפְתָּח נֶדֶר לַיהוָה וַיֹּאמַר אִם־ נָתוֹן תִּתֵּן אֶת־ בְּנֵי עַמּוֹן
Amón (los)hijos-de a pones poner si : y-dijo a-Yahweh voto Jefté

בְּיָדִי׃ וְהָיָה הַיּוֹצֵא אֲשֶׁר יֵצֵא
salga que el-que-salga y-será (31) , en-mi-mano

מִדַּלְתֵי בֵיתִי לִקְרָאתִי בְּשׁוּבִי בְשָׁלוֹם מִבְּנֵי
de-(los)hijos-de en-paz en-mi-volver a-mi-encuentro mi-casa de-(las)puertas-de

עַמּוֹן וְהָיָה לַיהוָה וְהַעֲלִיתִהוּ עוֹלָה׃
. holocausto y-lo-ofreceré para-Yahweh y-será Amón

וַיַּעֲבֹר יִפְתָּח אֶל־ בְּנֵי עַמּוֹן לְהִלָּחֶם בָּם
con-ellos para-combatir Amón (los)hijos-de hacia Jefté Y-cruzó (32)

וַיִּתְּנֵם יְהוָה בְּיָדוֹ׃ וַיַּכֵּם מֵעֲרוֹעֵר
desde-Aroer Y-los-golpeó (33) . en-su-mano Yahweh y-los-puso

וְעַד־ בּוֹאֲךָ מִנִּית עֶשְׂרִים עִיר וְעַד אָבֵל כְּרָמִים מַכָּה
golpe Keramin Abel y-hasta ciudades veinte a-Minit tu-llegar y-hasta

גְּדוֹלָה מְאֹד וַיִּכָּנְעוּ בְּנֵי עַמּוֹן מִפְּנֵי בְּנֵי יִשְׂרָאֵל׃
. Israel (los)hijos-de ante Amón (los)hijos-de y-quedaron-sometidos muy grande

וַיָּבֹא יִפְתָּח הַמִּצְפָּה אֶל־ בֵּיתוֹ וְהִנֵּה
y-he-aquí-que su-casa a la-Mizpá Jefté Y-volvió (34)

בִתּוֹ יֹצֵאת לִקְרָאתוֹ בְּתֻפִּים וּבִמְחֹלוֹת
y-con-danzas con-panderos a-su-encuentro sale su-hija

וְרַק הִיא יְחִידָה אֵין־ לוֹ מִמֶּנּוּ בֵּן אוֹ־ בַת׃ וַיְהִי
Y-sucedió (35) . hija o hijo excepto-él para-él no-había única ella y-sólo

כִּרְאוֹתוֹ אוֹתָהּ וַיִּקְרַע אֶת־ בְּגָדָיו וַיֹּאמֶר אֲהָהּ

ay : y-dijo sus-vestidos ** que-rasgó a-ella cuando-su-ver

בִּתִּי הַכְרֵעַ הִכְרַעְתִּנִי וְאַתְּ הָיִית

has-sido y-tú me-has-abatido abatir hija-mía

בְּעֹכְרָי וְאָנֹכִי פָּצִיתִי־ פִי אֶל־ יְהוָה וְלֹא אוּכַל

puedo y-no Yahweh a mi-boca he-abierto y-yo causa-de-mi-pertur bación

לָשׁוּב׃ וַתֹּאמֶר אֵלָיו אָבִי פָּצִיתָה אֶת־ פִּיךָ

tu-boca ** abriste padre-mío : a-él Y-ella-dijo (36) . arrepentirme

אֶל־יְהוָה עֲשֵׂה לִי כַּאֲשֶׁר יָצָא מִפִּיךָ אַחֲרֵי אֲשֶׁר עָשָׂה

hizo que ya de-tu-boca salió como a-mí haz Yahweh a

לְךָ יְהוָה נְקָמוֹת מֵאֹיְבֶיךָ מִבְּנֵי עַמּוֹן׃

. Amón de-(los)hijos-de de-tus-enemigos venganzas Yahweh para-ti

וַתֹּאמֶר אֶל־ אָבִיהָ יֵעָשֶׂה לִּי הַדָּבָר הַזֶּה

la-ésta la-cosa para-mí hágase : su-padre a Y-dijo (37)

הַרְפֵּה מִמֶּנִּי שְׁנַיִם חֳדָשִׁים וְאֵלְכָה וְיָרַדְתִּי עַל־ הֶהָרִים

los-montes sobre y-baje y-vaya meses dos de-mí afloja

וְאֶבְכֶּה עַל־ בְּתוּלַי אָנֹכִי וְרֵעֹיתָי׃ וַיֹּאמֶר

: Y-dijo (38) . y-mis-compañeros yo mi-virginidad sobre y-llore

לֵכִי וַיִּשְׁלַח אוֹתָהּ שְׁנֵי חֳדָשִׁים וַתֵּלֶךְ הִיא וְרֵעוֹתֶיהָ

y-sus-compañeras ella y-se-fue meses dos a-ella y-dejó-ir vete

וַתֵּבְךְּ עַל־ בְּתוּלֶיהָ עַל־ הֶהָרִים׃ וַיְהִי מִקֵּץ ׀

al-cabo-de Y-sucedió (39) . los-montes sobre su-virginidad por y-lloró

שְׁנַיִם חֳדָשִׁים וַתָּשָׁב אֶל־ אָבִיהָ וַיַּעַשׂ לָהּ אֶת־

** a-ella y-él-hizo su-padre a que-volvió meses dos

נִדְרוֹ אֲשֶׁר נָדָר וְהִיא לֹא־ יָדְעָה אִישׁ וַתְּהִי־ חֹק

costumbre y-se-hizo varón conoció no y-ella había-hecho que su-voto

בְּיִשְׂרָאֵל׃ מִיָּמִים | יָמִימָה תֵּלַכְנָה בְּנוֹת יִשְׂרָאֵל

Israel (las)hijas-de vayan a-días de-días (40) en-Israel

לְתַנּוֹת לְבַת־ יִפְתָּח הַגִּלְעָדִי אַרְבַּעַת יָמִים בַּשָּׁנָה׃

. en-el-año días cuatro el-galaadita Jefté a-(la)hija-de a-endechar

וַיִּצָּעֵק אִישׁ אֶפְרַיִם וַיַּעֲבֹר צָפוֹנָה

Cap.12 a-Safón y-cruzó Efraín (la)gente-de Y-fue-convocada (1)

וַיֹּאמְרוּ לְיִפְתָּח מַדּוּעַ | עָבַרְתָּ | לְהִלָּחֵם בִּבְנֵי־ עַמּוֹן

Amón con-(los)hijos-de a-combatir cruzaste ¿por-qué : a-Jefté y-dijeron

וְלָנוּ לֹא קָרָאתָ לָלֶכֶת עִמָּךְ בֵּיתְךָ נִשְׂרֹף

quemaremos tu-casa ? contigo para-ir llamaste no y-a-nosotros

עָלֶיךָ בָּאֵשׁ׃ וַיֹּאמֶר יִפְתָּח אֲלֵיהֶם אִישׁ רִיב

riña hombre-de : a-ellos Jefté Y-dijo (2) . con-el-fuego sobre-ti

הָיִיתִי אֲנִי וְעַמִּי וּבְנֵי־ עַמּוֹן מְאֹד וָאֶזְעַק אֶתְכֶם

a-vosotros y-llamé mucho Amón y-(los)hijos-de y-mi-pueblo yo fui

וְלֹא־ הוֹשַׁעְתֶּם אוֹתִי מִיָּדָם׃ וָאֶרְאֶה כִּי־ אֵינְךָ מוֹשִׁיעַ

salvador no-eras-tú que Y-vi (3) . de-su-mano a-mí salvasteis y-no

וָאָשִׂימָה נַפְשִׁי בְכַפִּי וָאֶעְבְּרָה אֶל־ בְּנֵי עַמּוֹן

Amón (los)hijos-de hacia y-crucé en-mi-palma mi-vida y-puse

וַיִּתְּנֵם יְהוָה בְּיָדִי וְלָמָּה עֲלִיתֶם אֵלַי הַיּוֹם

el-día a-mí habéis-subido y-¿por-qué en-mi-mano Yahweh y-los-puso

הַזֶּה לְהִלָּחֶם בִּי׃ וַיִּקְבֹּץ יִפְתָּח אֶת־ כָּל־ אַנְשֵׁי

(los)hombres-de todos a Jefté Y-reunió (4) ? contra-mí a-combatir el-éste

גִלְעָד וַיִּלָּחֶם אֶת־ אֶפְרָיִם וַיַּכּוּ אַנְשֵׁי גִלְעָד אֶת־

a Galaad (los)hombres-de y-derrotaron Efraín a y-combatió Galaad

אֶפְרַיִם כִּי אָמְרוּ פְּלִיטֵי אֶפְרַיִם אַתֶּם גִּלְעָד בְּתוֹךְ אֶפְרַיִם

Efraín en-medio-de Galaad vosotros Efraín escapados-de habían-dicho pues Efraín

בְּתוֹךְ מְנַשֶּׁה׃ וַיִּלְכֹּד גִּלְעָד אֶת־מַעְבְּרוֹת הַיַּרְדֵּן
el-Jordán (los)vados-de ** Galaad Y-capturó (5) . Manasés en-medio-de

לְאֶפְרָיִם וְהָיָה כִּי יֹאמְרוּ פְּלִיטֵי אֶפְרַיִם אֶעֱבֹרָה
voy-a-cruzar : Efraín (los)escapados-de decían cuando y-sucedía a-Efraín

וַיֹּאמְרוּ לוֹ אַנְשֵׁי־גִלְעָד הַאֶפְרָתִי אַתָּה וַיֹּאמֶר ׀ לֹא׃
. no : y-decía ? tú ¿acaso-efrateo : Galaad (los)hom-bres-de a-él y-decían

וַיֹּאמְרוּ לוֹ אֱמָר־נָא שִׁבֹּלֶת וַיֹּאמֶר סִבֹּלֶת וְלֹא
pues-no Sibolet y-él-decía Shibolet por-favor di : a-él Y-decían (6)

יָכִין לְדַבֵּר כֵּן וַיֹּאחֲזוּ אוֹתוֹ וַיִּשְׁחָטוּהוּ אֶל־
en y-lo-degollaban a-él y-agarraban correctamente a-pronunciar acertaba

מַעְבְּרוֹת הַיַּרְדֵּן וַיִּפֹּל בָּעֵת הַהִיא מֵאֶפְרַיִם אַרְבָּעִים
cuarenta de-Efraín el-aquel en-el-tiempo y-cayeron el-Jordán (los)vados-de

וּשְׁנַיִם אָלֶף׃ וַיִּשְׁפֹּט יִפְתָּח אֶת־יִשְׂרָאֵל שֵׁשׁ שָׁנִים וַיָּמָת
y-murió años seis Israel a Jefté Y-juzgó (7) . mil y-dos

יִפְתָּח הַגִּלְעָדִי וַיִּקָּבֵר בְּעָרֵי גִלְעָד׃ וַיִּשְׁפֹּט
Y-juzgó (8) . Galaad en-(las)ciudades-de y-fue-sepultado el-galaadita Jefté

אַחֲרָיו אֶת־יִשְׂרָאֵל אִבְצָן מִבֵּית לָחֶם׃ וַיְהִי־לוֹ שְׁלֹשִׁים בָּנִים
hijos treinta para-él Y-hubo (9) . de-Belén Ibzán Israel a tras-él

וּשְׁלֹשִׁים בָּנוֹת שִׁלַּח הַחוּצָה וּשְׁלֹשִׁים בָּנוֹת
muchachas y-treinta afuera envió hijas y-treinta

הֵבִיא לְבָנָיו מִן־הַחוּץ וַיִּשְׁפֹּט אֶת־יִשְׂרָאֵל שֶׁבַע
siete Israel a y-juzgó fuera de para-sus-hijos trajo

שָׁנִים׃ וַיָּמָת אִבְצָן וַיִּקָּבֵר בְּבֵית לָחֶם׃ וַיִּשְׁפֹּט
Y-juzgó (11) . en-Belén y-fue-sepultado Ibzán Y-murió (10) . años

אַחֲרָיו אֶת־יִשְׂרָאֵל אֵילוֹן הַזְּבוּלֹנִי וַיִּשְׁפֹּט אֶת־יִשְׂרָאֵל עֶשֶׂר שָׁנִים׃
. años diez Israel a y-juzgó el-zabulonita Elón Israel a tras-él

וַיָּמָת אֵלוֹן הַזְּבוּלֹנִי וַיִּקָּבֵר בְּאַיָּלוֹן בְּאֶרֶץ

en-(el)país-de en-Ajalón y-fue-sepultado el-zabulonita Elón Y-murió (12)

זְבוּלֻן׃ וַיִּשְׁפֹּט אַחֲרָיו אֶת־יִשְׂרָאֵל עַבְדּוֹן בֶּן־הִלֵּל

Hilel hijo-de Abdón Israel a tras-él Y-juzgó (13) . Zabulón

הַפִּרְעָתוֹנִי׃ וַיְהִי־לוֹ אַרְבָּעִים בָּנִים וּשְׁלֹשִׁים בְּנֵי בָנִים

hijos hijos-de y-treinta hijos cuarenta para-él Y-hubo (14) . el-piratonita

רֹכְבִים עַל־שִׁבְעִים עֲיָרִם וַיִּשְׁפֹּט אֶת־יִשְׂרָאֵל שְׁמֹנֶה שָׁנִים׃

. años ocho Israel a y-juzgó asnos setenta sobre que-montaban

וַיָּמָת עַבְדּוֹן בֶּן־הִלֵּל הַפִּרְעָתוֹנִי וַיִּקָּבֵר

y-fue-sepultado el-piratonita Hilel hijo-de Abdón Y-murió (15)

בְּפִרְעָתוֹן בְּאֶרֶץ אֶפְרַיִם בְּהַר הָעֲמָלֵקִי׃

. el-amalequita en-(la)montaña-de Efraín en-(el)país-de en-Piratón

וַיֹּסִפוּ בְּנֵי יִשְׂרָאֵל לַעֲשׂוֹת הָרַע בְּעֵינֵי יְהוָה

Cap. 13 Yahweh a-los-ojos-de el-mal a-hacer Israel (los)hijos-de Y-volvieron (1)

וַיִּתְּנֵם יְהוָה בְּיַד־פְּלִשְׁתִּים אַרְבָּעִים שָׁנָה׃ וַיְהִי

Y-hubo (2) . años cuarenta filisteos en-mano-de Yahweh y-los-puso

אִישׁ אֶחָד מִצָּרְעָה מִמִּשְׁפַּחַת הַדָּנִי וּשְׁמוֹ מָנוֹחַ

Manoa y-su-nombre Dan de-(la)familia-de de-Zorá uno hombre

וְאִשְׁתּוֹ עֲקָרָה וְלֹא יָלָדָה׃ וַיֵּרָא מַלְאַךְ־

(el)Ángel-de Y-se-apareció (3) . había tenido-hijos y-no estéril y-su-mujer

יְהוָה אֶל־הָאִשָּׁה וַיֹּאמֶר אֵלֶיהָ הִנֵּה־נָא אַתְּ־עֲקָרָה וְלֹא

y-no estéril tú te-ruego mira : a-ella y-dijo la-mujer a Yahweh

יָלַדְתְּ וְהָרִית וְיָלַדְתְּ בֵּן׃ וְעַתָּה

Y-ahora (4) . un-hijo y-darás-a-luz pero-concebirás has-tenido-hijos

הִשָּׁמְרִי נָא וְאַל־תִּשְׁתִּי יַיִן וְשֵׁכָר וְאַל־תֹּאכְלִי

comas y-no ni-bebida-embriagadora vino bebas y-no te-ruego guárdate

כָּל־ טָמֵא׃ כִּי הִנָּךְ הָרָה וְיֹלַדְתְּ בֵּן
un-hijo y-darás-a-luz has-concebido he-aquí-que-tú Ciertamente (5) . impuro nada

וּמוֹרָה לֹא־ יַעֲלֶה עַל־ רֹאשׁוֹ כִּי־ נְזִיר אֱלֹהִים יִהְיֶה הַנַּעַר
el-niño será Dios nazareo-de pues su-cabeza sobre subirá no y-navaja

מִן־ הַבֶּטֶן וְהוּא יָחֵל לְהוֹשִׁיעַ אֶת־ יִשְׂרָאֵל מִיַּד
de-(la)mano-de Israel a a-salvar comenzará y-él el-seno desde

פְּלִשְׁתִּים׃ וַתָּבֹא הָאִשָּׁה וַתֹּאמֶר לְאִישָׁהּ לֵאמֹר
: diciendo a-su-marido y-habló la-mujer Y-vino (6) . filisteos

אִישׁ הָאֱלֹהִים בָּא אֵלַי וּמַרְאֵהוּ כְּמַרְאֵה מַלְאַךְ
(el)ángel-de como-(el)aspecto-de y-su-aspecto a-mí ha-venido el-Dios hombre-de

הָאֱלֹהִים נוֹרָא מְאֹד וְלֹא שְׁאִלְתִּיהוּ אֵי־ מִזֶּה הוּא וְאֶת־
y él de-allí dónde le-he-preguntado y-no mucho terrible el-Dios

שְׁמוֹ לֹא־ הִגִּיד לִי׃ וַיֹּאמֶר לִי הִנָּךְ הָרָה
has-concebido he-aquí-que : a-mí Pero-dijo (7) . a-mí informó no su-nombre

וְיֹלַדְתְּ בֵּן וְעַתָּה אַל־ תִּשְׁתִּי יַיִן וְשֵׁכָר וְאַל־
y-no ni-bebida-embriagadora vino bebas no y-ahora un-hijo y-darás-a-luz

תֹּאכְלִי כָּל־ טֻמְאָה כִּי־ נְזִיר אֱלֹהִים יִהְיֶה הַנַּעַר מִן־
desde el-niño será Dios nazareo-de pues impureza nada-de comas

הַבֶּטֶן עַד יוֹם מוֹתוֹ׃ וַיֶּעְתַּר מָנוֹחַ אֶל־ יְהוָה
Yahweh a Manoa E-invocó (8) . su-muerte (el)día-de hasta el-seno

וַיֹּאמַר בִּי אֲדוֹנָי אִישׁ הָאֱלֹהִים אֲשֶׁר שָׁלַחְתָּ יָבוֹא־ נָא עוֹד
de-nuevo te-ruego venga enviaste que el-Dios (el)hombre-de mi-señor por-favor : y-dijo

אֵלֵינוּ וְיוֹרֵנוּ מַה־ נַּעֲשֶׂה לַנַּעַר הַיּוּלָּד׃
. que-nazca con-el-niño hemos-de-hacer qué y-nos-indique a-nosotros

וַיִּשְׁמַע הָאֱלֹהִים בְּקוֹל מָנוֹחַ וַיָּבֹא מַלְאַךְ הָאֱלֹהִים
el-Dios (el)Ángel-de y-vino Manoa a-la-voz-de el-Dios Y-escuchó (9)

עוֹד אֶל־הָאִשָּׁה וְהִיא יוֹשֶׁבֶת בַּשָּׂדֶה וּמָנוֹחַ אִישָׁהּ אֵין

no-estaba su-marido pero-Manoa en-el-campo estaba-sentada y-ella la-mujer a de-nuevo

עִמָּהּ׃ וַתְּמַהֵר הָאִשָּׁה וַתָּרָץ וַתַּגֵּד

e-informó y-corrió la-mujer Y-se-apresuró (10) . con-ella

לְאִישָׁהּ וַתֹּאמֶר אֵלָיו הִנֵּה נִרְאָה אֵלַי הָאִישׁ אֲשֶׁר־

que el-hombre a-mí se-ha-aparecido he-aquí-que : a-él y-dijo a-su-marido

בָּא בַיּוֹם אֵלָי׃ וַיָּקָם וַיֵּלֶךְ מָנוֹחַ אַחֲרֵי

tras Manoa y-fue Y-se-levantó (11) . a-mí en-el-día vino

אִשְׁתּוֹ וַיָּבֹא אֶל־הָאִישׁ וַיֹּאמֶר לוֹ הַאַתָּה הָאִישׁ אֲשֶׁר־

que el-hombre ¿acaso-tú : a-él y-dijo el-hombre a y-llegó su-mujer

דִּבַּרְתָּ אֶל־הָאִשָּׁה וַיֹּאמֶר אָנִי׃ וַיֹּאמֶר מָנוֹחַ עַתָּה

ahora : Manoa Y-dijo (12) . yo : y-dijo ? la-mujer a hablaste

יָבֹא דְבָרֶיךָ מַה־יִּהְיֶה מִשְׁפַּט־הַנַּעַר וּמַעֲשֵׂהוּ׃

? y-su-obra el-niño la-norma-de será ¿cuál tus-palabras se-cumplirán

וַיֹּאמֶר מַלְאַךְ יְהוָה אֶל־מָנוֹחַ מִכֹּל אֲשֶׁר־אָמַרְתִּי אֶל־

a dije lo-que de-todo : Manoa a Yahweh (el)Ángel-de Y-dijo (13)

הָאִשָּׁה תִּשָּׁמֵר׃ מִכֹּל אֲשֶׁר־יֵצֵא מִגֶּפֶן הַיַּיִן

el-vino de-(la)vid-de salga lo-que De-todo (14) . se-guardará la-mujer

לֹא תֹאכַל וְיַיִן וְשֵׁכָר אַל־תֵּשְׁתְּ וְכָל־

y-toda beberá no y-bebida-embriagadora y-vino comerá no

טֻמְאָה אַל־תֹּאכַל כֹּל אֲשֶׁר־צִוִּיתִיהָ תִּשְׁמֹר׃

. guardará he-mandado lo-que todo comerá no impureza

וַיֹּאמֶר מָנוֹחַ אֶל־מַלְאַךְ יְהוָה נַעְצְרָה־נָּא אוֹתָךְ

a-ti por-favor permítenos-retener : Yahweh (el)Ángel-de a Manoa Y-dijo (15)

וְנַעֲשֶׂה לְפָנֶיךָ גְּדִי עִזִּים׃ וַיֹּאמֶר מַלְאַךְ

el-Ángel-de Y-dijo (16) . cabras un-cabrito-de ante-ti y-hagamos

יְהוָה אֶל־מָנוֹחַ אִם־תַּעְצְרֵנִי לֹא־אֹכַל בְּלַחְמֶךָ וְאִם־
pero-si en-tu-pan comeré no me-retengas aunque : Manoa a Yahweh

תַּעֲשֶׂה עֹלָה לַיהוָה תַּעֲלֶנָּה כִּי לֹא־יָדַע מָנוֹחַ
Manoa sabía no pues ofrécelo a-Yahweh un-holocausto haces

כִּי־מַלְאַךְ יְהוָה הוּא׃ וַיֹּאמֶר מָנוֹחַ אֶל־מַלְאַךְ יְהוָה
: Yahweh (el)Ángel-de a Manoa Y-dijo (17) . él Yahweh Ángel-de que

מִי שְׁמֶךָ כִּי־יָבֹא דְבָרְךָ וְכִבַּדְנוּךָ׃
? que-te-honremos tus-palabras al-cumplirse para-que tu-nombre ¿cuál

וַיֹּאמֶר לוֹ מַלְאַךְ יְהוָה לָמָּה זֶּה תִּשְׁאַל לִשְׁמִי
acerca-de-mi-nombre preguntas esto ¿por-qué : Yahweh (el)Ángel-de a-él Y-dijo (18)

וְהוּא־פֶלִאי׃ וַיִּקַּח מָנוֹחַ אֶת־גְּדִי הָעִזִּים וְאֶת־
y las-cabras (el)cabrito-de ** Manoa Y-tomó (19) ? maravilloso pues-él

הַמִּנְחָה וַיַּעַל עַל־הַצּוּר לַיהוָה וּמַפְלִא
y-hacedor-de-maravillas a-Yahweh la-roca sobre y-ofreció la-oblación

לַעֲשׂוֹת וּמָנוֹחַ וְאִשְׁתּוֹ רֹאִים׃ וַיְהִי בַעֲלוֹת
cuando-el-subir-de Y-sucedió (20) . estaban-viendo y-su-mujer y-Manoa al-obrar

הַלַּהַב מֵעַל הַמִּזְבֵּחַ הַשָּׁמַיְמָה וַיַּעַל מַלְאַךְ־
(el)Ángel-de que-subió a-los-cielos el-altar de-sobre la-llama

יְהוָה בְּלַהַב הַמִּזְבֵּחַ וּמָנוֹחַ וְאִשְׁתּוֹ רֹאִים
estaban viendo y-su-mujer y-Manoa el-altar con-(la)llama-de Yahweh

וַיִּפְּלוּ עַל־פְּנֵיהֶם אָרְצָה׃ וְלֹא־יָסַף עוֹד
de-nuevo volvió Y-no (21) . a-tierra su-rostro sobre y-cayeron

מַלְאַךְ יְהוָה לְהֵרָאֹה אֶל־מָנוֹחַ וְאֶל־אִשְׁתּוֹ אָז יָדַע
supo entonces su-mujer y-a Manoa a a-mostrarse Yahweh (el)Ángel-de

מָנוֹחַ כִּי־מַלְאַךְ יְהוָה הוּא׃ וַיֹּאמֶר מָנוֹחַ אֶל־אִשְׁתּוֹ מוֹת
morir : su-mujer a Manoa Y-dijo (22) . él Yahweh Ángel-de que Manoa

נָמוּת כִּי אֱלֹהִים רָאִינוּ׃ וַתֹּאמֶר לוֹ אִשְׁתּוֹ לוּ
si : su-mujer a-él Y-dijo (23) . hemos-visto a-Dios pues moriremos

חָפֵץ יְהוָה לַהֲמִיתֵנוּ לֹא־לָקַח מִיָּדֵנוּ עֹלָה
holocausto de-nuestra-mano habría-tomado no matarnos Yahweh deseara

וּמִנְחָה וְלֹא הֶרְאָנוּ אֶת־כָּל־אֵלֶּה וְכָעֵת
y-ahora esto todo ** nos-habría-mostrado y-no y-oblación

לֹא הִשְׁמִיעָנוּ כָּזֹאת׃ וַתֵּלֶד הָאִשָּׁה בֵּן וַתִּקְרָא
y-llamó un-hijo la-mujer Y-dio-a-luz (24) . como-esto nos-habría-hecho-oír no

אֶת־שְׁמוֹ שִׁמְשׁוֹן וַיִּגְדַּל הַנַּעַר וַיְבָרְכֵהוּ יְהוָה׃
. Yahweh y-lo-bendijo el-niño y-creció Sansón su-nombre **

וַתָּחֶל רוּחַ יְהוָה לְפַעֲמוֹ בְּמַחֲנֵה־דָן בֵּין צָרְעָה
Zorá entre Dan en-Mahaneh a-inspirar-lo Yahweh (el)Espíritu-de Y-comenzó (25)

וּבֵין אֶשְׁתָּאֹל׃ וַיֵּרֶד שִׁמְשׁוֹן תִּמְנָתָה וַיַּרְא
Cap. 14 y-vio a-Timnat Sansón Y-bajó (1) . Estaol y-entre

אִשָּׁה בְּתִמְנָתָה מִבְּנוֹת פְּלִשְׁתִּים׃ וַיַּעַל
Y-subió (2) . filisteos de-(las)hijas-de en-Timnat mujer

וַיַּגֵּד לְאָבִיו וּלְאִמּוֹ וַיֹּאמֶר אִשָּׁה רָאִיתִי
he-visto mujer : y-dijo y-a-su-madre a-su-padre y-contó

בְתִמְנָתָה מִבְּנוֹת פְּלִשְׁתִּים וְעַתָּה קְחוּ־אוֹתָהּ לִי לְאִשָּׁה׃
. por-mujer para-mí a-ella tomad y-ahora filisteos de-(las)hijas-de en-Timnat

וַיֹּאמֶר לוֹ אָבִיו וְאִמּוֹ הַאֵין בִּבְנוֹת
en-(las)hijas-de ¿acaso-no-hay : y-su-madre su-padre a-él Y-dijo (3)

אַחֶיךָ וּבְכָל־עַמִּי אִשָּׁה כִּי־אַתָּה הוֹלֵךְ לָקַחַת אִשָּׁה
mujer a-tomar vas tú que mujer mi-pueblo y-en-todo tus-parientes

מִפְּלִשְׁתִּים הָעֲרֵלִים וַיֹּאמֶר שִׁמְשׁוֹן אֶל־אָבִיו
: su-padre a Sansón y-dijo ? los-incircuncisos de-filisteos

אוֹתָהּ קַח־ לִי כִּי־ הִיא יָשְׁרָה בְעֵינָי׃ (4) וְאָבִיו

Y-su-padre (4) . a-mis-ojos es-adecuada ella pues para-mí toma a-ella

וְאִמּוֹ לֹא יָדְעוּ כִּי מֵיְהוָה הִיא כִּי־ תֹאֲנָה הוּא־

él ocasión pues ello de-Yahweh que sabían no y-su-madre

מְבַקֵּשׁ מִפְּלִשְׁתִּים וּבָעֵת הַהִיא פְּלִשְׁתִּים מֹשְׁלִים

dominaban filisteos el-aquel y-en-el-tiempo ; de-filisteos estaba-buscando

בְּיִשְׂרָאֵל׃ (5) וַיֵּרֶד שִׁמְשׁוֹן וְאָבִיו וְאִמּוֹ

y-su-madre y-su-padre Sansón Y-bajó (5) . en-Israel

תִּמְנָתָה וַיָּבֹאוּ עַד־ כַּרְמֵי תִמְנָתָה וְהִנֵּה כְּפִיר

un-cachorro-de y-he-aquí-que Timnat (las)viñas-de hasta y-llegaron a-Timnat

אֲרָיוֹת שֹׁאֵג לִקְרָאתוֹ׃ (6) וַתִּצְלַח עָלָיו רוּחַ יְהוָה

Yahweh (el)espíritu-de sobre-él Y-vino (6) . a-su-encuentro rugía leones

וַיְשַׁסְּעֵהוּ כְּשַׁסַּע הַגְּדִי וּמְאוּמָה אֵין בְּיָדוֹ

en-su-mano no-tenía y-nada el-cabrito como-despedazar-de y-lo-despedazó

וְלֹא הִגִּיד לְאָבִיו וּלְאִמּוֹ אֵת אֲשֶׁר עָשָׂה׃

. había-hecho lo-que ** ni-a-su-madre a-su-padre contó y-no

(7) וַיֵּרֶד וַיְדַבֵּר לָאִשָּׁה וַתִּישַׁר בְּעֵינֵי

a-los-ojos-de y-fue-adecuada a-la-mujer y-habló Y-bajó (7)

שִׁמְשׁוֹן׃ (8) וַיָּשָׁב מִיָּמִים לְקַחְתָּהּ וַיָּסַר

y-se-apartó a-tomarla tras-días Y-volvió (8) . Sansón

לִרְאוֹת אֵת מַפֶּלֶת הָאַרְיֵה וְהִנֵּה עֲדַת דְּבוֹרִים בִּגְוִיַּת הָאַרְיֵה

el-león en-el-cuerpo-de abejas enjambre-de y-he-aquí-que el-león (el)cadáver-de ** para-ver

וּדְבָשׁ׃ (9) וַיִּרְדֵּהוּ אֶל־ כַּפָּיו וַיֵּלֶךְ הָלוֹךְ

caminar y-caminó sus-palmas con Y-lo-rascó (9) . y-miel

וְאָכֹל וַיֵּלֶךְ אֶל־ אָבִיו וְאֶל־ אִמּוֹ וַיִּתֵּן

y-dio su-madre y-a su-padre a y-llegó y-comer

לָהֶם וַיֹּאכֵלוּ וְלֹא־הִגִּיד לָהֶם כִּי מִגְּוִיַּת הָאַרְיֵה
el-león de-(el)cuerpo-de que a-ellos informó pero-no y-comieron a-ellos

רָדָה הַדְּבָשׁ׃ וַיֵּרֶד אָבִיהוּ אֶל־הָאִשָּׁה וַיַּעַשׂ
e-hizo la-mujer a su-padre Y-bajó (10) . la-miel había-tomado

שָׁם שִׁמְשׁוֹן מִשְׁתֶּה כִּי כֵּן יַעֲשׂוּ הַבַּחוּרִים׃ וַיְהִי
Y-sucedió (11) . los-mozos hacían así pues banquete Sansón allí

כִּרְאוֹתָם אוֹתוֹ וַיִּקְחוּ שְׁלֹשִׁים מֵרֵעִים וַיִּהְיוּ אִתּוֹ׃
. con-él y-estuvieron compañeros treinta que-tomaron a-él que-al-ver-ellos

וַיֹּאמֶר לָהֶם שִׁמְשׁוֹן אָחוּדָה־נָּא לָכֶם חִידָה אִם־הַגֵּד
contestar si adivinanza a-vosotros os-ruego voy-a-proponer : Sansón a-ellos Y-dijo (12)

תַּגִּידוּ אוֹתָהּ לִי שִׁבְעַת יְמֵי הַמִּשְׁתֶּה וּמְצָאתֶם
y-acertáis el-banquete días-de siete a-mí ella contestáis

וְנָתַתִּי לָכֶם שְׁלֹשִׁים סְדִינִים וּשְׁלֹשִׁים חֲלִפֹת בְּגָדִים׃
. vestidos mudas-de y-treinta camisas-de-lino treinta a-vosotros daré

וְאִם־לֹא תוּכְלוּ לְהַגִּיד לִי וּנְתַתֶּם אַתֶּם לִי שְׁלֹשִׁים
treinta a-mí vosotros daréis a-mí contestar podéis no Y-si (13)

סְדִינִים וּשְׁלֹשִׁים חֲלִיפוֹת בְּגָדִים וַיֹּאמְרוּ לוֹ חוּדָה
propón : a-él y-dijeron vestidos mudas-de y-treinta camisas-de-lino

חִידָתְךָ וְנִשְׁמָעֶנָּה׃ וַיֹּאמֶר לָהֶם מֵהָאֹכֵל
del-que-come : a-ellos Y-dijo (14) . y-la-escucharemos tu-adivinanza

יָצָא מַאֲכָל וּמֵעַז יָצָא מָתוֹק וְלֹא יָכְלוּ
pudieron y-no ; dulzura salió y-de-fuerte comida salió

לְהַגִּיד הַחִידָה שְׁלֹשֶׁת יָמִים׃ וַיְהִי ׀ בַּיּוֹם הַשְּׁבִיעִי
el-séptimo en-el-día Y-sucedió (15) . días tres la-adivinanza contestar

וַיֹּאמְרוּ לְאֵשֶׁת־שִׁמְשׁוֹן פַּתִּי אֶת־אִישֵׁךְ וְיַגֶּד־לָנוּ
a-nosotros y-cuente tu-marido a seduce : Sansón a-(la)mujer-de que-dijeron

אֶת־הַחִידָה פֶּן־ נִשְׂרֹף אוֹתְךָ וְאֶת־ בֵּית אָבִיךָ בָּאֵשׁ

con-el-fuego tu-padre (la)casa-de ni-a a-ti quememos para-que-no la-adivinanza

הַלְיָרְשֵׁנוּ קְרָאתֶם לָנוּ הֲלֹא׃ וַתֵּבְךְּ אֵשֶׁת שִׁמְשׁוֹן

Sansón la-mujer-de Y-lloró (16) ? acaso-no a-nosotros llamasteis ¿acaso-para-despojarnos

עָלָיו וַתֹּאמֶר רַק־ שְׂנֵאתַנִי וְלֹא אֲהַבְתָּנִי הַחִידָה

la-adivinanza ; me-amas y-no me-odias sólo : y-dijo junto-a-él

חַדְתָּ לִבְנֵי עַמִּי וְלִי לֹא הִגַּדְתָּה וַיֹּאמֶר

y-dijo ; la-contaste no y-a-mí mi-pueblo a-los-hijos-de propusiste

לָהּ הִנֵּה לְאָבִי וּלְאִמִּי לֹא הִגַּדְתִּי וְלָךְ

¿y-a-ti conté no y-a-mi-madre a-mi-padre mira : a-ella

אַגִּיד׃ וַתֵּבְךְּ עָלָיו שִׁבְעַת הַיָּמִים אֲשֶׁר־ הָיָה

hubo que los-días siete-de junto-a-él Y-lloró (17) ? voy-a-contar

לָהֶם הַמִּשְׁתֶּה וַיְהִי ׀ בַּיּוֹם הַשְּׁבִיעִי וַיַּגֶּד־ לָהּ כִּי

pues a-ella que-contó el-séptimo en-el-día y-sucedió el-banquete para-ellos

הֱצִיקַתְהוּ וַתַּגֵּד הַחִידָה לִבְנֵי עַמָּהּ׃

. su-pueblo a-(los)hijos-de la-adivinanza y-ella-contó ella-le-apremiaba

וַיֹּאמְרוּ לוֹ אַנְשֵׁי הָעִיר בַּיּוֹם הַשְּׁבִיעִי בְּטֶרֶם

antes-de-que el-séptimo en-el-día la-ciudad (los)hombres-de a-él Y-dijeron (18)

יָבֹא הַחַרְסָה מַה־ מָּתוֹק מִדְּבַשׁ וּמֶה עַז מֵאֲרִי

? qué-león fuerte y-qué que-miel dulce ¿qué el-sol se-pusiese

וַיֹּאמֶר לָהֶם לוּלֵא חֲרַשְׁתֶּם בְּעֶגְלָתִי לֹא מְצָאתֶם

habríais-acertado no con-mi-novilla hubiéseis-arado si-no : a-ellos y-dijo

חִידָתִי׃ וַתִּצְלַח עָלָיו רוּחַ יְהוָה וַיֵּרֶד

y-bajó Yahweh (el)espíritu-de sobre-él Y-vino (19) . mi-adivinanza

אַשְׁקְלוֹן וַיַּךְ מֵהֶם ׀ שְׁלֹשִׁים אִישׁ וַיִּקַּח אֶת־

** y-tomó hombres treinta de-ellos y-mató a-Ascalón

חֲלִיצוֹתָם וַיִּתֵּן הַחֲלִיפוֹת לְמַגִּידֵי הַחִידָה
la-adivinanza a-(los)acertadores-de las-mudas y-dio sus-despojos

וַיִּחַר אַפּוֹ וַיַּעַל בֵּית אָבִיהוּ׃
. su-padre (a)-casa-de y-subió su-ira y-se-encendió

וַתְּהִי אֵשֶׁת שִׁמְשׁוֹן לְמֵרֵעֵהוּ אֲשֶׁר רֵעָה לוֹ׃
. a-él había-acompañado que para-su-compañero Sansón (la)mujer-de Y-fue (20)

וַיְהִי מִיָּמִים בִּימֵי קְצִיר־ חִטִּים וַיִּפְקֹד
Cap. 15 que-visitó trigos siega-de en-días-de tras-días Y-sucedió (1)

שִׁמְשׁוֹן אֶת־ אִשְׁתּוֹ בִּגְדִי עִזִּים וַיֹּאמֶר אָבֹאָה אֶל־
a voy-a-llegar : y-dijo cabras con-cabrito-de su-mujer a Sansón

אִשְׁתִּי הַחֶדְרָה וְלֹא־ נְתָנוֹ אָבִיהָ לָבוֹא׃
. entrar el-padre-de-ella le-dejó y-no a-la-habitación mi-mujer

וַיֹּאמֶר אָבִיהָ אָמֹר אָמַרְתִּי כִּי־ שָׂנֹא שְׂנֵאתָהּ
la-odiaste odiar que he-dicho decir : (el)padre-de-ella Y-dijo (2)

וָאֶתְּנֶנָּה לְמֵרֵעֶךָ הֲלֹא אֲחֹתָהּ הַקְּטַנָּה טוֹבָה
buena la-pequeña su-hermana ¿acaso-no a-tu-amigo y-la-entregué

מִמֶּנָּה תְּהִי־ נָא לְךָ תַּחְתֶּיהָ׃ וַיֹּאמֶר לָהֶם
a-ellos Y-dijo (3) . en-su-lugar para-ti te-ruego sea ? más-que-ella

שִׁמְשׁוֹן נִקֵּיתִי הַפַּעַם מִפְּלִשְׁתִּים כִּי־ עֹשֶׂה אֲנִי עִמָּם רָעָה׃
. mal con-ellos yo voy-a-hacer pues de-filisteos esta-vez soy-inocente : Sansón

וַיֵּלֶךְ שִׁמְשׁוֹן וַיִּלְכֹּד שְׁלֹשׁ־ מֵאוֹת שׁוּעָלִים וַיִּקַּח
y-cogió zorros cientos tres y-capturó Sansón Y-fue (4)

לַפִּדִים וַיֶּפֶן זָנָב אֶל־ זָנָב וַיָּשֶׂם לַפִּיד אֶחָד בֵּין־ שְׁנֵי
dos entre una tea y-puso cola a cola y-ató teas

הַזְּנָבוֹת בַּתָּוֶךְ׃ וַיַּבְעֶר־ אֵשׁ בַּלַּפִּידִים וַיְשַׁלַּח
y-envió en-las-teas fuego Y-prendió (5) . en-el-medio las-colas

בְּקָמוֹת פְּלִשְׁתִּים וַיַּבְעֵר מִגָּדִישׁ וְעַד־

y-hasta desde-hacinas y-quemó filisteos por-(las)mieses-de

קָמָה וְעַד־ כֶּרֶם זָיִת׃ וַיֹּאמְרוּ פְלִשְׁתִּים מִי

¿quién : filisteos Y-dijeron (6) . y-olivo viña y-hasta mies

עָשָׂה זֹאת וַיֹּאמְרוּ שִׁמְשׁוֹן חֲתַן הַתִּמְנִי כִּי לָקַח

ha-tomado pues el-timnateo yerno-de Sansón : y-dijeron ? esto ha-hecho

אֶת־ אִשְׁתּוֹ וַיִּתְּנָהּ לְמֵרֵעֵהוּ וַיַּעֲלוּ פְלִשְׁתִּים

filisteos y-subieron a-su-amigo y-la-ha-dado su-mujer a

וַיִּשְׂרְפוּ אוֹתָהּ וְאֶת־ אָבִיהָ בָּאֵשׁ׃ וַיֹּאמֶר לָהֶם

a-ellos Y-dijo (7) . con-el-fuego a-su-padre y a-ella y-quemaron

שִׁמְשׁוֹן אִם־ תַּעֲשׂוּן כָּזֹאת כִּי אִם־ נִקַּמְתִּי בָכֶם

en-vosotros me-vengaré que ciertamente como-esto habéis-obrado si : Sansón

וְאַחַר אֶחְדָּל׃ וַיַּךְ אוֹתָם שׁוֹק עַל־ יָרֵךְ מַכָּה גְדוֹלָה

grande derrota muslo sobre pierna a-ellos Y-derrotó (8) . descansaré y-después

וַיֵּרֶד וַיֵּשֶׁב בִּסְעִיף סֶלַע עֵיטָם׃ וַיַּעֲלוּ

Y-subieron (9) . Etam (la)peña-de en-(la)hendidura-de y-habitó y-bajó

פְלִשְׁתִּים וַיַּחֲנוּ בִּיהוּדָה וַיִּנָּטְשׁוּ בַּלֶּחִי׃

. por-Lehi y-se-desplegaron en-Judá y-acamparon filisteos

וַיֹּאמְרוּ אִישׁ יְהוּדָה לָמָה עֲלִיתֶם עָלֵינוּ וַיֹּאמְרוּ

: y-dijeron ? contra-nosotros habéis-subido ¿por-qué : Judá (los)hombres-de Y-dijeron (10)

לֶאֱסוֹר אֶת־ שִׁמְשׁוֹן עָלִינוּ לַעֲשׂוֹת לוֹ כַּאֲשֶׁר עָשָׂה לָנוּ׃

. a-nosotros él-hizo como a-él para-hacer hemos-subido Sansón a para-atrapar

וַיֵּרְדוּ שְׁלֹשֶׁת אֲלָפִים אִישׁ מִיהוּדָה אֶל־ סְעִיף סֶלַע

(la)peña-de (la)hendidura-de a de-Judá hombres mil tres Y-bajaron (11)

עֵיטָם וַיֹּאמְרוּ לְשִׁמְשׁוֹן הֲלֹא יָדַעְתָּ כִּי־ מֹשְׁלִים בָּנוּ

sobre-nosotros dominantes que sabes ¿acaso-no : a-Sansón y-dijeron Etam

פְּלִשְׁתִּים וּמַה־ זֹּאת עָשִׂיתָ לָּנוּ וַיֹּאמֶר לָהֶם כַּאֲשֶׁר
como : a-ellos y-dijo ? a-nosotros has-hecho esto ¿y-qué ? filisteos

עָשׂוּ לִי כֵּן עָשִׂיתִי לָהֶם׃ (12) וַיֹּאמְרוּ לוֹ לֶאֱסָרְךָ
para-atraparte : a-él Y-dijeron (12) . a-ellos hice así a-mí hicieron

יָרַדְנוּ לְתִתְּךָ בְּיַד־ פְּלִשְׁתִּים וַיֹּאמֶר לָהֶם שִׁמְשׁוֹן
: Sansón a-ellos y-dijo filisteos en-mano-de para-entregarte hemos-bajado

הִשָּׁבְעוּ לִי פֶּן־ תִּפְגְּעוּן בִּי אַתֶּם׃ (13) וַיֹּאמְרוּ
Y-dijeron (13) . vosotros contra-mí acometeréis que-no a-mí jurad

לוֹ לֵאמֹר לֹא כִּי־ אָסֹר נֶאֱסָרְךָ וּנְתַנּוּךָ
y-te-entregaremos te-atraparemos atraparte que no : diciendo a-él

בְיָדָם וְהָמֵת לֹא נְמִיתֶךָ וַיַּאַסְרֻהוּ בִּשְׁנַיִם
con-dos y-lo-ataron te-mataremos no pero-matar en-sus-manos

עֲבֹתִים חֲדָשִׁים וַיַּעֲלוּהוּ מִן־ הַסָּלַע׃ (14) הוּא־ בָא עַד־
hasta llegó Él (14) . la-peña de y-lo-subieron nuevos cordeles

לֶחִי וּפְלִשְׁתִּים הֵרִיעוּ לִקְרָאתוֹ וַתִּצְלַח עָלָיו
sobre-él y-vino a-su-encuentro gritaron y-(los)filisteos Lehi

רוּחַ יְהוָה וַתִּהְיֶינָה הָעֲבֹתִים אֲשֶׁר עַל־ זְרוֹעוֹתָיו כַּפִּשְׁתִּים
como-los-linos sus-brazos sobre que los-cordeles y-fueron Yahweh el-espíritu-de

אֲשֶׁר בָּעֲרוּ בָאֵשׁ וַיִּמַּסּוּ אֱסוּרָיו מֵעַל
de-sobre sus-ligaduras y-se-derritieron en-el-fuego ardieron que

יָדָיו׃ (15) וַיִּמְצָא לְחִי־ חֲמוֹר טְרִיָּה וַיִּשְׁלַח
y-extendió fresca burro quijada-de Y-encontró (15) . sus-manos

יָדוֹ וַיִּקָּחֶהָ וַיַּךְ־ בָּהּ אֶלֶף אִישׁ׃
. hombres mil con-ella y-golpeó y-la-cogió su-mano

(16) וַיֹּאמֶר שִׁמְשׁוֹן בִּלְחִי הַחֲמוֹר חֲמוֹר חֲמֹרָתָיִם
dos-asnas un-asno el-asno con-(la)quijada-de Sansón Y-dijo (16)

בִּלְחִי הַחֲמוֹר הִכֵּיתִי אֶלֶף אִישׁ׃ וַיְהִי

Y-sucedió (17) . hombres mil he-matado el-asno con-(la)quijada-de

כְּכַלֹּתוֹ לְדַבֵּר וַיַּשְׁלֵךְ הַלְּחִי מִיָּדוֹ

de-su-mano la-quijada que-arrojó de-hablar al-acabar-él

וַיִּקְרָא לַמָּקוֹם הַהוּא רָמַת לֶחִי׃ וַיִּצְמָא מְאֹד

mucha Y-tuvo-sed (18) . lehi Ramat- el-aquel al-lugar y-llamó

וַיִּקְרָא אֶל־ יְהוָה וַיֹּאמַר אַתָּה נָתַתָּ בְיַד־ עַבְדְּךָ

tu-siervo en-mano-de has-puesto tú : y-dijo Yahweh a y-gritó

אֶת־ הַתְּשׁוּעָה הַגְּדֹלָה הַזֹּאת וְעַתָּה אָמוּת בַּצָּמָא

por-la-sed voy-a-morir y-ahora la-esta la-grande la-victoria **

וְנָפַלְתִּי בְּיַד הָעֲרֵלִים׃ וַיִּבְקַע אֱלֹהִים

Dios Y-hendió (19) . los-incircuncisos en-mano-de y-caeré

אֶת־ הַמַּכְתֵּשׁ אֲשֶׁר־ בַּלֶּחִי וַיֵּצְאוּ מִמֶּנּוּ מַיִם

aguas de-él y-salieron en-Lehi que la-muela **

וַיֵּשְׁתְּ וַתָּשָׁב רוּחוֹ וַיֶּחִי עַל־ כֵּן ׀

esto por y-revivió su-espíritu y-volvió y-él bebió

קָרָא שְׁמָהּ עֵין הַקּוֹרֵא אֲשֶׁר בַּלֶּחִי עַד הַיּוֹם הַזֶּה׃

. el-éste el-día hasta en-Lehi que hacoré En- el-nombre-de-ella llamó

וַיִּשְׁפֹּט אֶת־ יִשְׂרָאֵל בִּימֵי פְלִשְׁתִּים עֶשְׂרִים שָׁנָה׃ וַיֵּלֶךְ

Y-fue (1) . años veinte filisteos en-(los)días-de Israel a Y-juzgó (20) Cap. 16

שִׁמְשׁוֹן עַזָּתָה וַיַּרְא־ שָׁם אִשָּׁה זוֹנָה וַיָּבֹא אֵלֶיהָ׃

. a-ella y-se-llegó prostituta mujer allí y-vio a-Gaza Sansón

לַעַזָּתִים ׀ לֵאמֹר בָּא שִׁמְשׁוֹן הֵנָּה וַיָּסֹבּוּ

y-cercaron aquí Sansón ha-llegado : diciendo A-los-gazitas (2)

וַיֶּאֶרְבוּ־ לוֹ כָל־ הַלַּיְלָה בְּשַׁעַר הָעִיר

la-ciudad en-(la)puerta-de la-noche toda a-él y-pusieron-celada

וַיִּתְחָרְשׁוּ כָל־ הַלַּיְלָה לֵאמֹר עַד־ אוֹר הַבֹּקֶר

la-mañana (el)clarear-de hasta : diciendo la-noche toda y-estuvieron-en-silencio

וַהֲרַגְנֻהוּ׃ וַיִּשְׁכַּב שִׁמְשׁוֹן עַד־ חֲצִי הַלַּיְלָה

la-noche (la)mitad-de hasta Sansón Y-durmió (3) . y-lo-mataremos

וַיָּקָם׀ בַּחֲצִי הַלַּיְלָה וַיֶּאֱחֹז בְּדַלְתוֹת שַׁעַר־

(la)puerta -de de-(las)hojas-de y-se-agarró la-noche en-(la)mitad-de y-se-levantó

הָעִיר וּבִשְׁתֵּי הַמְּזוּזוֹת וַיִּסָּעֵם עִם־ הַבְּרִיחַ

la-barra con y-las-arrancó las-jambas y-en-las-dos la-ciudad

וַיָּשֶׂם עַל־ כְּתֵפָיו וַיַּעֲלֵם אֶל־רֹאשׁ הָהָר אֲשֶׁר

que el-monte (la)cumbre-de a y-las-subió sus-hombros sobre y-puso

עַל־ פְּנֵי חֶבְרוֹן׃ וַיְהִי אַחֲרֵי־ כֵן וַיֶּאֱהַב אִשָּׁה

mujer que-se-enamoró-de esto tras Y-sucedió (4) . Hebrón el-frente-de sobre

בְּנַחַל שֹׂרֵק וּשְׁמָהּ דְּלִילָה׃ וַיַּעֲלוּ אֵלֶיהָ סַרְנֵי

(los)príncipes-de a-ella Y-subieron (5) . Dalila y-su-nombre Sorec en-(el)valle-de

פְלִשְׁתִּים וַיֹּאמְרוּ לָהּ פַּתִּי אוֹתוֹ וּרְאִי בַּמֶּה כֹּחוֹ

su-fuerza con-qué y-mira a-él seduce : a-ella y-dijeron filisteos

גָדוֹל וּבַמֶּה נוּכַל לוֹ וַאֲסַרְנֻהוּ

y-lo-ataríamos sobre-él podríamos y-con-qué grande

לְעַנֹּתוֹ וַאֲנַחְנוּ נִתַּן־ לָךְ אִישׁ אֶלֶף וּמֵאָה כָּסֶף׃

. plata y-cien mil cada-hombre a-ti daríamos y-nosotros para-reducir-lo

וַתֹּאמֶר דְּלִילָה אֶל־שִׁמְשׁוֹן הַגִּידָה־נָּא לִי בַּמֶּה כֹּחֲךָ

tu-fuerza con-qué a-mí te-ruego informa : Sansón a Dalila Y-dijo (6)

גָדוֹל וּבַמֶּה תֵּאָסֵר לְעַנּוֹתֶךָ׃ וַיֹּאמֶר

Y-dijo (7) . para-reducirte habrías-de-ser-atado y-con-qué grande

אֵלֶיהָ שִׁמְשׁוֹן אִם־ יַאַסְרֻנִי בְּשִׁבְעָה יְתָרִים לַחִים אֲשֶׁר לֹא־

no que frescas cuerdas con-siete me-ataran si : Sansón a-ella

חָרָבוּ וְחָלִיתִי וְהָיִיתִי כְּאַחַד הָאָדָם׃
. el-hombre como-uno-de y-sería y-quedaría-debilitado estén-secas

וַיַּעֲלוּ־לָהּ סַרְנֵי פְלִשְׁתִּים שִׁבְעָה יְתָרִים לַחִים
frescas cuerdas siete filisteos (los)príncipes-de a-ella Y-subieron (8)

אֲשֶׁר לֹא־חֹרָבוּ וַתַּאַסְרֵהוּ בָּהֶם׃ וְהָאֹרֵב
Y-la-emboscada (9) . con-ellas y-lo-ató estaban-secas no que

יֹשֵׁב לָהּ בַּחֶדֶר וַתֹּאמֶר אֵלָיו פְּלִשְׁתִּים עָלֶיךָ
contra-ti filisteos : a-él y-dijo ; en-la-alcoba para-ella estaba

שִׁמְשׁוֹן וַיְנַתֵּק אֶת־הַיְתָרִים כַּאֲשֶׁר יִנָּתֵק פְּתִיל־הַנְּעֹרֶת
la-estopa (el)hilo-de se-rompe como las-cuerdas ** Y-rompió . Sansón

בַּהֲרִיחוֹ אֵשׁ וְלֹא נוֹדַע כֹּחוֹ׃
. su-fuerza fue-conocida y-no fuego al-rozarle

וַתֹּאמֶר דְּלִילָה אֶל־שִׁמְשׁוֹן הִנֵּה הֵתַלְתָּ בִּי וַתְּדַבֵּר
y-dijiste a-mí has-engañado he-aquí-que : Sansón a Dalila Y-dijo (10)

אֵלַי כְּזָבִים עַתָּה הַגִּידָה־נָּא לִי בַּמֶּה תֵּאָסֵר׃ וַיֹּאמֶר
Y-dijo (11) . serías-atado con-qué a-mí te-ruego informa ahora mentiras a-mí

אֵלֶיהָ אִם־אָסוֹר יַאַסְרוּנִי בַּעֲבֹתִים חֲדָשִׁים אֲשֶׁר לֹא־נַעֲשָׂה
haya-sido-hecho no que nuevos con-cordeles me-atasen atar si : a-ella

בָהֶם מְלָאכָה וְחָלִיתִי וְהָיִיתִי כְּאַחַד הָאָדָם׃
. el-hombre como-uno-de y-sería y-quedaría-debilitado trabajo con-ellos

וַתִּקַּח דְּלִילָה עֲבֹתִים חֲדָשִׁים וַתַּאַסְרֵהוּ בָהֶם
con-ellos y-lo-ató nuevos cordeles Dalila Y-tomó (12)

וַתֹּאמֶר אֵלָיו פְּלִשְׁתִּים עָלֶיךָ שִׁמְשׁוֹן וְהָאֹרֵב יֹשֵׁב
estaba y-la-emboscada ; Sansón contra-ti filisteos : a-él y-dijo

בֶּחָדֶר וַיְנַתְּקֵם מֵעַל זְרֹעֹתָיו כַּחוּט׃
. como-el-hilo sus-brazos de-sobre y-los-rompió en-la-alcoba

וַתֹּאמֶר דְּלִילָה אֶל־שִׁמְשׁוֹן עַד־הֵנָּה הֵתַלְתָּ בִּי
a-mí has-engañado aquí hasta : Sansón a Dalila Y-dijo (13)

וַתְּדַבֵּר אֵלַי כְּזָבִים הַגִּידָה לִּי בַּמֶּה תֵּאָסֵר וַיֹּאמֶר
Y-dijo . debes-ser-atado con-qué a-mí informa ; mentiras a-mí y-has-dicho

אֵלֶיהָ אִם־תַּאַרְגִי אֶת־שֶׁבַע מַחְלְפוֹת רֹאשִׁי עִם־הַמַּסָּכֶת׃
la-trama con mi-cabeza guedejas-de siete ** tejes si : a-ella

וְתָקַעַתְּ בַּיָּתֵד וְחָלִיתִי וְהָיִיתִי כְּאַחַד הָאָדָם
el-hombre como-uno-de y-seré y-quedaré-debilitado con-estaca y-clavas

וַתְּיַשְּׁנֵהוּ וַתַּאֲרֹג אֶת־שֶׁבַע מַחְלְפוֹת רֹאשׁוֹ עִם־הַמַּסָּכֶת
la-trama con su-cabeza guedejas-de siete ** y-tejió y-lo-adormeció

וַתִּתְקַע בַּיָּתֵד וַתֹּאמֶר אֵלָיו פְּלִשְׁתִּים עָלֶיךָ
contra-ti filisteos : a-él y-dijo con-la-estaca y-clavó (14)

שִׁמְשׁוֹן וַיִּיקַץ מִשְּׁנָתוֹ וַיִּסַּע אֶת־הַיְתַד הָאֶרֶג
el-telar la-estaca ** y-arrancó de-su-sueño y-despertó ; Sansón

וְאֶת־הַמַּסָּכֶת׃ וַתֹּאמֶר אֵלָיו אֵיךְ תֹּאמַר אֲהַבְתִּיךְ
te-quiero dices ¿cómo : a-él Y-dijo-ella (15) . la-trama y

וְלִבְּךָ אֵין אִתִּי זֶה שָׁלֹשׁ פְּעָמִים הֵתַלְתָּ בִּי וְלֹא־
y-no a-mí has-engañado veces tres ésta ? conmigo no y-tu-corazón

הִגַּדְתָּ לִּי בַּמֶּה כֹּחֲךָ גָדוֹל׃ וַיְהִי כִּי־
que Y-sucedió (16) . grande tu-fuerza en-qué a-mí has-informado

הֵצִיקָה לּוֹ בִדְבָרֶיהָ כָּל־הַיָּמִים וַתְּאַלֲצֵהוּ
y-lo-importunó los-días todos con-sus-palabras a-él asedió

וַתִּקְצַר נַפְשׁוֹ לָמוּת׃ וַיַּגֶּד־לָהּ אֶת־כָּל־
todo ** a-ella E-informó (17) . hasta-morir su-alma y-se-angustió

לִבּוֹ וַיֹּאמֶר לָהּ מוֹרָה לֹא־עָלָה עַל־רֹאשִׁי כִּי־
pues mi-cabeza sobre subió no navaja : a-ella y-dijo su-corazón

וְסָר	גֻּלַּחְתִּי	אִם־	אִמִּי	מִבֶּטֶן	אֲנִי	אֱלֹהִים	נְזִיר
y-se-apartaría	fuese-rapado	si	mi-madre	desde-el-seno-de	yo	Dios	nazareo-de

כְּכָל־	וְהָיִיתִי	וְחָלִיתִי	כֹּחִי	מִמֶּנִּי
como-todo	y-sería	y-quedaría-debilitado	mi-fuerza	de-mí

לִבּוֹ	כָּל־	אֶת־	לָהּ	הִגִּיד	כִּי־	דְלִילָה	וַתֵּרֶא		הָאָדָם׃
su-corazón	todo	**	a-ella	había-informado	que	Dalila	Y-vio	(18)	. el-hombre

עֲלוּ	לֵאמֹר	פְלִשְׁתִּים	לְסַרְנֵי	וַתִּקְרָא	וַתִּשְׁלַח
subid	: diciendo	filisteos	a-(los)príncipes-de	y-llamó	y-envió

אֵלֶיהָ	וְעָלוּ	לִבּוֹ	כָּל־	אֶת־	לה	הִגִּיד	כִּי־	הַפַּעַם
a-ella	y-subieron	su-corazón	todo	**	a-mí	ha-informado	pues	esta-vez

בְּיָדָם׃	הַכֶּסֶף	וַיַּעֲלוּ	פְלִשְׁתִּים	סַרְנֵי
. en-sus-manos	la-plata	y-subieron	filisteos	(los)príncipes-de

לָאִישׁ	וַתִּקְרָא	בִּרְכֶּיהָ	עַל־	וַתְּיַשְּׁנֵהוּ	
al-hombre	y-llamó	sus-rodillas	sobre	Y-lo-hizo-dormir	(19)

לְעַנּוֹתוֹ	וַתָּחֶל	רֹאשׁוֹ	מַחְלְפוֹת	שֶׁבַע	אֶת־	וַתְּגַלַּח
a-reducirlo	y-comenzó	su-cabeza	guedejas-de	siete	**	y-rapó

פְּלִשְׁתִּים	וַתֹּאמֶר		מֵעָלָיו׃	כֹּחוֹ	וַיָּסַר
filisteos	: Y-ella-dijo	(20)	. de-sobre-él	su-fuerza	y-se-apartó

אֵצֵא	וַיֹּאמֶר	מִשְּׁנָתוֹ	וַיִּקַץ	שִׁמְשׁוֹן	עָלֶיךָ
voy-a-salir	: y-dijo	de-su-sueño	y-despertó	: Sansón	contra-ti

יְהוָה	כִּי	יָדַע	לֹא	וְהוּא	וְאִנָּעֵר	בְּפַעַם	כְּפַעַם
Yahweh	que	sabía	no	pero-él	y-me-desembarazaré	en-vez	como-vez

וַיְנַקְּרוּ	פְלִשְׁתִּים	וַיֹּאחֲזוּהוּ		מֵעָלָיו׃	סָר
y-arrancaron	filisteos	Y-lo-agarraron	(21)	. de-sobre-él	se-había-apartado

וַיַּאַסְרוּהוּ	עַזָּתָה	אוֹתוֹ	וַיּוֹרִידוּ	עֵינָיו	אֶת־
y-lo-ataron	a-Gaza	a-él	e-hicieron-bajar	sus-ojos	**

בַּנְחֻשְׁתַּיִם וַיְהִי טוֹחֵן בְּבֵית הָאֲסִירִים׃
. los-prisioneros en-(la)casa-de moliendo y-estuvo con-doble-cadena-de-bronce

וַיָּחֶל שְׂעַר־רֹאשׁוֹ לְצַמֵּחַ כַּאֲשֶׁר גֻּלָּח׃
. fue-rapado cuando a-crecer su-cabeza (el)pelo-de Y-comenzó (22)

וְסַרְנֵי פְלִשְׁתִּים נֶאֶסְפוּ לִזְבֹּחַ זֶבַח־גָּדוֹל
grande sacrificio para-ofrecer se-reunieron filisteos Y-(los)príncipes-de (23)

לְדָגוֹן אֱלֹהֵיהֶם וּלְשִׂמְחָה וַיֹּאמְרוּ נָתַן אֱלֹהֵינוּ
nuestro-dios ha-puesto : y-dijeron y-para-regocijo su-dios a-Dagón

בְּיָדֵנוּ אֵת שִׁמְשׁוֹן אוֹיְבֵנוּ׃ וַיִּרְאוּ אֹתוֹ
a-él Y-vieron (24) . nuestro-enemigo Sansón a en-nuestra-mano

הָעָם וַיְהַלְלוּ אֶת־אֱלֹהֵיהֶם כִּי אָמְרוּ נָתַן
ha-puesto : dijeron pues su-dios a y-alabaron las-gentes

אֱלֹהֵינוּ בְּיָדֵנוּ אֶת־אוֹיְבֵנוּ וְאֵת מַחֲרִיב
al-devastador y nuestro-enemigo a en-nuestra-mano nuestro-dios

אַרְצֵנוּ וַאֲשֶׁר הִרְבָּה אֶת־חֲלָלֵינוּ׃ וַיְהִי כִּי
que Y-sucedió (25) . nuestras-víctimas ** multiplicaba y-que nuestro-país

טוֹב לִבָּם וַיֹּאמְרוּ קִרְאוּ לְשִׁמְשׁוֹן
a-Sansón llamad : y-dijeron su-corazón alegre

וִישַׂחֶק־לָנוּ וַיִּקְרְאוּ לְשִׁמְשׁוֹן מִבֵּית
de-(la)casa-de a-Sansón y-llamaron a-nosotros y-divierta

הָאֲסִירִים וַיְצַחֵק לִפְנֵיהֶם וַיַּעֲמִידוּ אוֹתוֹ בֵּין הָעַמּוּדִים׃
. los-pilares entre a-él y-colocaron ante-ellos y-hubo-de-bromear los-prisioneros

וַיֹּאמֶר שִׁמְשׁוֹן אֶל־הַנַּעַר הַמַּחֲזִיק בְּיָדוֹ הַנִּיחָה
coloca : en-su-mano que-sujetaba el-siervo a Sansón Y-dijo (26)

אוֹתִי וְהֵימִשֵׁנִי אֶת־הָעַמֻּדִים אֲשֶׁר הַבַּיִת נָכוֹן עֲלֵיהֶם
sobre-ellos está-firme la-casa que los-pilares ** y-haz-que-toque a-mí

וְאֶשָּׁעֵן עֲלֵיהֶם׃ וְהַבַּיִת מָלֵא הָאֲנָשִׁים
y-me-apoye . sobre-ellos (27) Y-la-casa estaba-llena-de los-hombres

וְהַנָּשִׁים וְשָׁמָּה כֹּל סַרְנֵי פְלִשְׁתִּים וְעַל־ הַגָּג
y-las-mujeres y-allí todos (los)príncipes-de filisteos y-sobre el-techo

כִּשְׁלֹשֶׁת אֲלָפִים אִישׁ וְאִשָּׁה הָרֹאִים בִּשְׂחוֹק
como-tres mil hombres y-mujeres que-miraban a-la-burla-de

שִׁמְשׁוֹן׃ וַיִּקְרָא שִׁמְשׁוֹן אֶל־ יְהוָה וַיֹּאמַר אֲדֹנָי יֱהֹוִה
. Sansón (28) E-invocó Sansón a Yahweh : y-dijo mi-Señor Yahweh

זָכְרֵנִי נָא וְחַזְּקֵנִי נָא אַךְ הַפַּעַם הַזֶּה הָאֱלֹהִים
acuérdate-de-mí te-ruego y-fortaléceme te-ruego sólo la-vez la-esta oh-Dios

וְאִנָּקְמָה נְקַם־ אַחַת מִשְּׁתֵי עֵינַי מִפְּלִשְׁתִּים׃
y-me-vengaré venganza una por-(los)dos ojos-míos . de-los-filisteos

וַיִּלְפֹּת שִׁמְשׁוֹן אֶת־ שְׁנֵי ׀ עַמּוּדֵי הַתָּוֶךְ אֲשֶׁר הַבַּיִת
(29) Y-palpó Sansón ** (los)dos pilares-de el-centro que la-casa

נָכוֹן עֲלֵיהֶם וַיִּסָּמֵךְ עֲלֵיהֶם אֶחָד בִּימִינוֹ
estaba-firme sobre-ellos y-se-apoyó sobre-ellos uno a-su-diestra

וְאֶחָד בִּשְׂמֹאלוֹ׃ וַיֹּאמֶר שִׁמְשׁוֹן תָּמוֹת נַפְשִׁי עִם־
y-uno . a-su-izquierda (30) Y-dijo : Sansón muera mi-alma con

פְּלִשְׁתִּים וַיֵּט בְּכֹחַ וַיִּפֹּל הַבַּיִת עַל־
filisteos y-se-estiró con-fuerza y-se-desplomó el-templo sobre

הַסְּרָנִים וְעַל־ כָּל־ הָעָם אֲשֶׁר־ בּוֹ וַיִּהְיוּ הַמֵּתִים
(los)príncipes y-sobre todo el-pueblo que en-él y-fueron los-muertos

אֲשֶׁר הֵמִית בְּמוֹתוֹ רַבִּים מֵאֲשֶׁר הֵמִית בְּחַיָּיו׃
que mató en-su-muerte muchos más-que mató . en-su-vida

וַיֵּרְדוּ אֶחָיו וְכָל־ בֵּית אָבִיהוּ
(31) Y-bajaron sus-hermanos y-toda (la)casa-de su-padre

וַיִּשְׂאוּ אֹתוֹ וַיַּעֲלוּ ׀ וַיִּקְבְּרוּ אוֹתוֹ בֵּין צָרְעָה

Zorá entre a-él y-sepultaron y-subieron a-él y-cogieron

וּבֵין אֶשְׁתָּאֹל בְּקֶבֶר מָנוֹחַ אָבִיו וְהוּא שָׁפַט אֶת־יִשְׂרָאֵל

Israel a juzgó y-él su-padre Manoa en-(la)tumba-de Estaol y-entre

עֶשְׂרִים שָׁנָה׃ וַיְהִי־ אִישׁ מֵהַר־ אֶפְרָיִם וּשְׁמוֹ

Cap. 17 y-su-nombre Efraín de-(la)montaña-de un-hombre Y-hubo (1) . años veinte

מִיכָיְהוּ׃ וַיֹּאמֶר לְאִמּוֹ אֶלֶף וּמֵאָה הַכֶּסֶף

la-plata y-cien mil : a-su-madre Y-dijo (2) . Micáyehu

אֲשֶׁר לֻקַּח־ לָךְ וְאַתְּי אָלִית וְגַם אָמַרְתְּ

dijiste y-también pronunciaste-maldición y-tú a-ti fue-cogida que

בְּאָזְנַי הִנֵּה־ הַכֶּסֶף אִתִּי אֲנִי לְקַחְתִּיו וַתֹּאמֶר אִמּוֹ

: su-madre y-dijo la-cogí yo conmigo la-plata he-aquí-que : a-mis-oídos

בָּרוּךְ בְּנִי לַיהוָה׃ וַיָּשֶׁב אֶת־ אֶלֶף־

mil ** Y-devolvió (3) . por-Yahweh hijo-mío bendito

וּמֵאָה הַכֶּסֶף לְאִמּוֹ וַתֹּאמֶר אִמּוֹ

: su-madre y-dijo a-su-madre la-plata y-cien

הַקְדֵּשׁ הִקְדַּשְׁתִּי אֶת־ הַכֶּסֶף לַיהוָה מִיָּדִי

por-mi-mano a-Yahweh la-plata ** he-consagrado consagrar

לִבְנִי לַעֲשׂוֹת פֶּסֶל וּמַסֵּכָה וְעַתָּה אֲשִׁיבֶנּוּ

lo-devuelvo y-ahora e-imagen-fundida ídolo para-hacer para-mi-hijo

לָךְ׃ וַיָּשֶׁב אֶת־ הַכֶּסֶף לְאִמּוֹ וַתִּקַּח

y-cogió a-su-madre la-plata ** Y-devolvió (4) . a-ti

אִמּוֹ מָאתַיִם כֶּסֶף וַתִּתְּנֵהוּ לַצּוֹרֵף

al-fundidor y-lo-dio plata doscientas su-madre

וַיַּעֲשֵׂהוּ פֶּסֶל וּמַסֵּכָה וַיְהִי בְּבֵית מִיכָיְהוּ׃ וְהָאִישׁ

Y-el-hombre (5) . Micáyehu en-casa-de y-estuvo e-imagen-fundida ídolo y-lo-hizo

מִיכָה לוֹ בֵּית אֱלֹהִים וַיַּעַשׂ אֵפוֹד וּתְרָפִים וַיְמַלֵּא אֶת־
** e-instaló y-terafin efod e-hizo dioses casa-de para-él Micá

יַד אַחַד מִבָּנָיו וַיְהִי־ לוֹ לְכֹהֵן׃ בַּיָּמִים
En-los-días (6) . como-sacerdote para-él y-fue de-sus-hijos uno mano-de

הָהֵם אֵין מֶלֶךְ בְּיִשְׂרָאֵל אִישׁ הַיָּשָׁר בְּעֵינָיו יַעֲשֶׂה׃
. hacía a-sus-ojos lo-recto cada-hombre en-Israel rey no-había los-aquellos

וַיְהִי־ נַעַר מִבֵּית לֶחֶם יְהוּדָה מִמִּשְׁפַּחַת יְהוּדָה וְהוּא
y-él Judá de-(la)familia-de Judá de-Belén-de un-joven Y-hubo (7)

לֵוִי וְהוּא גָר־ שָׁם׃ וַיֵּלֶךְ הָאִישׁ מֵהָעִיר מִבֵּית
de-Be- de-la-ciudad el-hombre Y-fue (8) . allí vivía y-él levita

לֶחֶם יְהוּדָה לָגוּר בַּאֲשֶׁר יִמְצָא וַיָּבֹא הַר־
(a-la)montaña-de y-llegó encontrase en-donde a-residir Judá lén-de

אֶפְרַיִם עַד־ בֵּית מִיכָה לַעֲשׂוֹת דַּרְכּוֹ׃ וַיֹּאמֶר־ לוֹ
a-él Y-dijo (9) . su-camino haciendo Micá la-casa-de hasta Efraín

מִיכָה מֵאַיִן תָּבוֹא וַיֹּאמֶר אֵלָיו לֵוִי אָנֹכִי מִבֵּית לֶחֶם
de-Belén-de yo levita a-él y-dijo ? vienes ¿de-dónde : Micá

יְהוּדָה וְאָנֹכִי הֹלֵךְ לָגוּר בַּאֲשֶׁר אֶמְצָא׃ וַיֹּאמֶר לוֹ מִיכָה
: Micá a-él Y-dijo (10) . encuentre en-donde a-residir voy y-yo Judá

שְׁבָה עִמָּדִי וֶהְיֵה־ לִי לְאָב וּלְכֹהֵן וְאָנֹכִי אֶתֶּן־
daré y-yo y-como-sacerdote como-padre para-mí y-serás conmigo vive

לְךָ עֲשֶׂרֶת כֶּסֶף לַיָּמִים וְעֵרֶךְ בְּגָדִים וּמִחְיָתֶךָ
y tu-sustento vestidos y-juego-de por-los-días plata diez-de a-ti

וַיֵּלֶךְ הַלֵּוִי׃ וַיּוֹאֶל הַלֵּוִי לָשֶׁבֶת אֶת־ הָאִישׁ
el-hombre con a-vivir el-levita Y-accedió (11) . el-levita y-fue

וַיְהִי הַנַּעַר לוֹ כְּאַחַד מִבָּנָיו׃ וַיְמַלֵּא
Y-colmó (12) . de-sus-hijos como-uno para-él el-joven y-fue

מִיכָה אֶת־ יַד הַלֵּוִי וַיְהִי־ לוֹ הַנַּעַר לְכֹהֵן

como-sacerdote el-joven para-él y-fue el-levita (la)mano-de ** Micá

וַיְהִי בְּבֵית מִיכָה׃ וַיֹּאמֶר מִיכָה עַתָּה יָדַעְתִּי כִּי־

que sé ahora : Micá Y-dijo (13) . Micá en-casa-de y-estuvo

יֵיטִיב יְהוָה לִי כִּי הָיָה־ לִי הַלֵּוִי לְכֹהֵן׃

. como-sacerdote el-levita para-mí fue pues a-mí Yahweh favorecerá

בַּיָּמִים הָהֵם אֵין מֶלֶךְ בְּיִשְׂרָאֵל וּבַיָּמִים הָהֵם

los-aquellos y-en-los-días en-Israel rey no-había los-aquellos En-los-días (1)

שֵׁבֶט הַדָּנִי מְבַקֶּשׁ־ לוֹ נַחֲלָה לָשֶׁבֶת כִּי לֹא־ נָפְלָה

Cap. 18 había-tocado no pues para-vivir heredad para-él buscaba el-danita la-tribu-de

לּוֹ עַד־ הַיּוֹם הַהוּא בְּתוֹךְ־ שִׁבְטֵי יִשְׂרָאֵל בְּנַחֲלָה׃

. en-heredad Israel las-tribus-de en-medio-de el-aquel el-día hasta a-él

וַיִּשְׁלְחוּ בְנֵי־ דָן ׀ מִמִּשְׁפַּחְתָּם חֲמִשָּׁה אֲנָשִׁים מִקְצוֹתָם

de-sus-clanes hombres cinco de-su-familia Dan (los)hijos-de Y-enviaron (2)

אֲנָשִׁים בְּנֵי־ חַיִל מִצָּרְעָה וּמֵאֶשְׁתָּאֹל לְרַגֵּל אֶת־ הָאָרֶץ

el-país ** para-otear y-desde-Estaol desde-Zorá valor hijos-de hombres

וּלְחָקְרָהּ וַיֹּאמְרוּ אֲלֵהֶם לְכוּ חִקְרוּ אֶת־ הָאָרֶץ

el-país ** explorad id : a-ellos y-dijeron y-para-explorarlo

וַיָּבֹאוּ הַר־ אֶפְרַיִם עַד־ בֵּית מִיכָה וַיָּלִינוּ

y-pernoctaron Micá (la)casa-de hasta Efraín a-(la)montaña-de y-llegaron

שָׁם׃ הֵמָּה עִם־ בֵּית מִיכָה וְהֵמָּה הִכִּירוּ אֶת־ קוֹל

(la)voz-de ** reconocieron y-ellos Micá (la)casa-de cerca-de Ellos (3) . allí

הַנַּעַר הַלֵּוִי וַיָּסוּרוּ שָׁם וַיֹּאמְרוּ לוֹ מִי־

¿quién : a-él y-dijeron allí y-se-apartaron el-levita el-joven

הֲבִיאֲךָ הֲלֹם וּמָה־ אַתָּה עֹשֶׂה בָּזֶה וּמַה־ לְּךָ פֹה׃

? aquí para-ti y-qué en-esto haces tú y-qué aquí te-trajo

וַיֹּאמֶר אֲלֵהֶם כָּזֹה וְכָזֶה עָשָׂה לִי מִיכָה

Micá a-mí hizo y-como-esto como-esto : a-ellos Y-dijo (4)

וַיִּשְׂכְּרֵנִי וָאֱהִי־לוֹ לְכֹהֵן׃ וַיֹּאמְרוּ לוֹ שְׁאַל־

pregunta : a-él Y-dijeron (5) . como-sacerdote para-él y-soy y-me-ha-tomado-a-sueldo

נָא בֵאלֹהִים וְנֵדְעָה הֲתַצְלִיחַ דַּרְכֵּנוּ אֲשֶׁר אֲנַחְנוּ

nosotros que nuestro-camino si-tendrá-éxito para-que-sepamos a-Dios te-ruego

הֹלְכִים עָלֶיהָ׃ וַיֹּאמֶר לָהֶם הַכֹּהֵן לְכוּ לְשָׁלוֹם נֹכַח

ante en-paz id : el-sacerdote a-ellos Y-dijo (6) . por-él caminamos

יְהוָה דַּרְכְּכֶם אֲשֶׁר תֵּלְכוּ־בָהּ׃ וַיֵּלְכוּ חֲמֵשֶׁת הָאֲנָשִׁים

los-hombres cinco Y-fueron (7) . en-él camináis que vuestro-camino Yahweh

וַיָּבֹאוּ לַיְשָׁה וַיִּרְאוּ אֶת־הָעָם אֲשֶׁר־בְּקִרְבָּהּ

en-su-interior que la-gente a y-vieron a-Lais y-llegaron

יוֹשֶׁבֶת־לָבֶטַח כְּמִשְׁפַּט צִדֹנִים שֹׁקֵט ׀ וּבֹטֵחַ

y-seguro tranquilo sidonios según-(la)usanza-de en-seguridad vivía

וְאֵין־מַכְלִים דָּבָר בָּאָרֶץ יוֹרֵשׁ עֶצֶר וּרְחֹקִים

y-distantes poder poseseedor-de en-el-país cosa quien-perturbase y-no-había

הֵמָּה מִצִּדֹנִים וְדָבָר אֵין־לָהֶם עִם־אָדָם׃ וַיָּבֹאוּ

Y-volvieron (8) . hombre con para-ellos no-había y-cosa de-sidonios ellos

אֶל־אֲחֵיהֶם צָרְעָה וְאֶשְׁתָּאֹל וַיֹּאמְרוּ לָהֶם אֲחֵיהֶם

: sus-hermanos a-ellos y-dijeron y-Estaol Zorá sus-hermanos a

מָה אַתֶּם׃ וַיֹּאמְרוּ קוּמָה וְנַעֲלֶה עֲלֵיהֶם כִּי רָאִינוּ

hemos-visto pues contra-ellos y-subamos levanta : Y-dijeron (9) ? vosotros ¿qué

אֶת־הָאָרֶץ וְהִנֵּה טוֹבָה מְאֹד וְאַתֶּם מַחְשִׁים אַל־תֵּעָצְלוּ

tardéis no ? estáis-pasivos ¿y-vosotros mucho bueno y-he-aquí-que el-país **

לָלֶכֶת לָבֹא לָרֶשֶׁת אֶת־הָאָרֶץ׃ כְּבֹאֲכֶם תָּבֹאוּ

llegaréis Al-venir-vosotros (10) . el-país ** a-poseer para-llegar en-ir

אֶל־ עַם בֹּטֵחַ וְהָאָרֶץ רַחֲבַת יָדַיִם כִּי־ נְתָנָהּ

lo-ha-puesto cierta mente medidas amplio-de y-el-país confiado un-pueblo a

אֱלֹהִים בְּיֶדְכֶם מָקוֹם אֲשֶׁר אֵין־ שָׁם מַחְסוֹר כָּל־ דָּבָר אֲשֶׁר בָּאָרֶץ׃

. en-la-tierra que cosa ninguna carencia-de allí no-hay que un-lugar en-vuestra-mano Dios

(11) וַיִּסְעוּ מִשָּׁם מִמִּשְׁפַּחַת הַדָּנִי מִצָּרְעָה

de-Zorá el-danita de-(la)familia-de de-allí Y-partieron (11)

וּמֵאֶשְׁתָּאֹל שֵׁשׁ־ מֵאוֹת אִישׁ חָגוּר כְּלֵי מִלְחָמָה׃

. guerra instrumentos-de ceñidos-de hombres cientos seis y-de-Estaol

(12) וַיַּעֲלוּ וַיַּחֲנוּ בְּקִרְיַת יְעָרִים בִּיהוּדָה עַל־ כֵּן

esto por en-Judá jearim en-Quiryat- y-acamparon Y-subieron (12)

קָרְאוּ לַמָּקוֹם הַהוּא מַחֲנֵה־ דָן עַד הַיּוֹם הַזֶּה הִנֵּה

he-aquí-que el-éste el-día hasta Dan Mahaneh el-aquel al-lugar llamaron

אַחֲרֵי קִרְיַת יְעָרִים׃ (13) וַיַּעַבְרוּ מִשָּׁם הַר־ אֶפְרָיִם

Efraín (la)montaña-de desde-allí Y-cruzaron (13) . jearim Quiryat- detrás-de

וַיָּבֹאוּ עַד־ בֵּית מִיכָה׃ (14) וַיַּעֲנוּ חֲמֵשֶׁת הָאֲנָשִׁים

los-hombres cinco Y-contestaron (14) . Micá (la)casa-de hasta y-llegaron

הַהֹלְכִים לְרַגֵּל אֶת־ הָאָרֶץ לַיִשׁ וַיֹּאמְרוּ אֶל־ אֲחֵיהֶם

: sus-hermanos a y-dijeron Lais el-país ** a-otear que-habían-ido

הֲיְדַעְתֶּם כִּי יֵשׁ בַּבָּתִּים הָאֵלֶּה אֵפוֹד וּתְרָפִים

y-terafín efod las-estas en-las-casas hay que ¿acaso-sabéis

וָפֶסֶל וּמַסֵּכָה וְעַתָּה דְּעוּ מַה־ תַּעֲשׂוּ׃

. habéis-de-hacer que sabed y-ahora ? y-estatua-fundida y-un-ídolo

(15) וַיָּסוּרוּ שָׁמָּה וַיָּבֹאוּ אֶל־ בֵּית־ הַנַּעַר

el-joven (la)casa-de a y-llegaron allá Y-se-dirigieron (15)

הַלֵּוִי בֵּית מִיכָה וַיִּשְׁאֲלוּ־ לוֹ לְשָׁלוֹם׃ (16) וְשֵׁשׁ־

Pero-seis (16) . por-paz a-él y-preguntaron Micá casa-de el-levita

מֵאוֹת אִישׁ חֲגוּרִים כְּלֵי מִלְחַמְתָּם נִצָּבִים
permanecían guerra utensilios-de ceñidos-de hombres cientos

פֶּתַח הַשַּׁעַר אֲשֶׁר מִבְּנֵי־ דָן׃ וַיַּעֲלוּ חֲמֵשֶׁת הָאֲנָשִׁים
los-hombres cinco Y-subieron (17) . Dan de-(los)hijos-de que la-puerta a-(la)entrada-de

הַהֹלְכִים לְרַגֵּל אֶת־ הָאָרֶץ בָּאוּ שָׁמָּה לָקְחוּ
tomaron allí vinieron el-país ** a-otear que-habían-ido

אֶת־ הַפֶּסֶל וְאֶת־ הָאֵפוֹד וְאֶת־ הַתְּרָפִים וְאֶת־ הַמַּסֵּכָה
la-estatua-fundida y los-terafines y el-efod y el-ídolo **

וְהַכֹּהֵן נִצָּב פֶּתַח הַשַּׁעַר וְשֵׁשׁ־ מֵאוֹת הָאִישׁ
los-hombres cientos y-seis la-puerta a-(la)entrada-de permanecía y-el-sacerdote

הֶחָגוּר כְּלֵי הַמִּלְחָמָה׃ וְאֵלֶּה בָּאוּ בֵּית
casa-de entraron Y-éstos (18) . la-guerra utensilios-de que-ceñidos-de

מִיכָה וַיִּקְחוּ אֶת־ פֶּסֶל הָאֵפוֹד וְאֶת־ הַתְּרָפִים
los-terafines y el-efod ídolo ** y-tomaron Micá

וְאֶת־ הַמַּסֵּכָה וַיֹּאמֶר אֲלֵיהֶם הַכֹּהֵן מָה אַתֶּם עֹשִׂים׃
? hacéis vosotros ¿qué : el-sacerdote a-ellos y-dijo la-estatua-fundida y

וַיֹּאמְרוּ לוֹ הַחֲרֵשׁ שִׂים־ יָדְךָ עַל־ פִּיךָ
tu-boca sobre tu-mano pon calla : a-él Y-dijeron (19)

וְלֵךְ עִמָּנוּ וֶהְיֵה־ לָנוּ לְאָב וּלְכֹהֵן הֲטוֹב ׀ הֱיוֹתְךָ
que-seas-tú ¿acaso-mejor y-como-sacerdote como-padre para-nosotros y-serás con-nosotros y-ven

כֹּהֵן לְבֵית אִישׁ אֶחָד אוֹ הֱיוֹתְךָ כֹהֵן לְשֵׁבֶט וּלְמִשְׁפָּחָה
y-para-una-familia para-una-tribu sacerdote que-seas-tú o uno hombre para-casa-de sacerdote

בְּיִשְׂרָאֵל׃ וַיִּיטַב לֵב הַכֹּהֵן וַיִּקַּח אֶת־ הָאֵפוֹד
el-efod ** y-tomó el-sacerdote (el)corazón-de Y-se-alegró (20) ? en-Israel

וְאֶת־ הַתְּרָפִים הַפָּסֶל וַיָּבֹא בְּקֶרֶב הָעָם׃ וַיִּפְנוּ
Y-dieron-la-vuelta (21) . el-pueblo en-medio-de y-marchó el-ídolo los-terafines y

וַיֵּלְכוּ וַיָּשִׂימוּ אֶת־ הַטַּף וְאֶת־

y los niños a y-pusieron y-se-fueron

הַמִּקְנֶה וְאֶת־ הַכְּבוּדָּה לִפְנֵיהֶם׃ (22) הֵמָּה הִרְחִיקוּ

se-alejaron Ellos (22) . ante-ellos lo-más-valioso y el-ganado

מִבֵּית מִיכָה וְהָאֲנָשִׁים אֲשֶׁר בַּבָּתִּים אֲשֶׁר עִם־ בֵּית מִיכָה

Micá la-casa-de junto-a que en-las-casas que y-los-hombres Micá de-(la)casa-de

נִזְעֲקוּ וַיַּדְבִּיקוּ אֶת־ בְּנֵי־ דָן׃ (23) וַיִּקְרְאוּ

Y-gritaron (23) . Dan (los)hijos-de a y-persiguieron fueron-convocados

אֶל־ בְּנֵי־ דָן וַיַּסֵּבּוּ פְּנֵיהֶם וַיֹּאמְרוּ לְמִיכָה מַה־

¿qué : a-Micá y-dijeron sus-rostros y-volvieron Dan (los)hijos-de a

לְּךָ כִּי נִזְעָקְתָּ׃ (24) וַיֹּאמֶר אֶת־ אֱלֹהַי אֲשֶׁר־ עָשִׂיתִי

había que mi-dios ** : Y-dijo (24) ? te-has-agrupado pues para-ti

לְקַחְתֶּם וְאֶת־ הַכֹּהֵן וַתֵּלְכוּ וּמַה־ לִּי עוֹד וּמַה־ זֶּה

esto ¿y-qué ¿ aún para-mí ¿y-qué y-os-habéis-ido el-sacerdote y-a habéis-cogido

תֹּאמְרוּ אֵלַי מַה־ לָּךְ׃ (25) וַיֹּאמְרוּ אֵלָיו בְּנֵי־ דָן אַל־

no : Dan los-hijos-de a-él Y-dijeron (25) ? para-ti qué a-mí decís

תַּשְׁמַע קוֹלְךָ עִמָּנוּ פֶּן־ יִפְגְּעוּ בָכֶם אֲנָשִׁים

hombres contra-vosotros acometan no-sea-que junto-a-nosotros tu-voz hagas-oír

מָרֵי נֶפֶשׁ וְאָסַפְתָּה נַפְשְׁךָ וְנֶפֶשׁ בֵּיתֶךָ׃

. tu-casa y-(la)vida-de tu-vida y-pierdas ánimo amargos-de

(26) וַיֵּלְכוּ בְנֵי־ דָן לְדַרְכָּם וַיַּרְא מִיכָה כִּי־

que Micá y-vio por-su-camino Dan (los)hijos-de Y-fueron (26)

חֲזָקִים הֵמָּה מִמֶּנּוּ וַיִּפֶן וַיָּשָׁב אֶל־ בֵּיתוֹ׃

. su-casa a y-regresó y-dio-la-vuelta más-que-él ellos fuertes

(27) וְהֵמָּה לָקְחוּ אֵת אֲשֶׁר־ עָשָׂה מִיכָה וְאֶת־ הַכֹּהֵן אֲשֶׁר הָיָה־

era que el-sacerdote y Micá había-hecho lo-que ** cogieron Y-ellos (27)

לוֹ וַיָּבֹאוּ עַל־ לַיִשׁ עַל־ עַם שֹׁקֵט וּבֹטֵחַ

y-seguro tranquilo un-pueblo contra Lais a y-llegaron para-él

וַיַּכּוּ אוֹתָם לְפִי־ חָרֶב וְאֶת־ הָעִיר שָׂרְפוּ בָאֵשׁ׃

. con-el-fuego quemaron la-ciudad y espada a-filo-de a-ellos •y-golpearon

וְאֵין מַצִּיל כִּי רְחוֹקָה־ הִיא מִצִּידוֹן וְדָבָר אֵין־

no-había y-cosa de-Sidón ella lejana pues liberador Y-no-hubo (28)

לָהֶם עִם־ אָדָם וְהִיא בְּעֵמֶק אֲשֶׁר לְבֵית־ רְחוֹב וַיִּבְנוּ

y-reedificaron rehob de-Bet- que en-el-valle y-ella hombre con para-ellos

אֶת־ הָעִיר וַיֵּשְׁבוּ בָהּ׃ וַיִּקְרְאוּ שֵׁם־ הָעִיר

la-ciudad el-nombre-de Y-llamaron (29) . en-ella y-vivieron la-ciudad **

דָּן בְּשֵׁם דָּן אֲבִיהֶם אֲשֶׁר יוּלַּד לְיִשְׂרָאֵל וְאוּלָם

y-sin-embargo por-Israel había-sido-engendrado que su-padre Dan por-(el)nombre-de Dan

לַיִשׁ שֵׁם־ הָעִיר לָרִאשֹׁנָה׃ וַיָּקִימוּ לָהֶם בְּנֵי־

(los)hijos-de para-ellos Y-erigieron (30) . antes la-ciudad (el)nombre-de Lais

דָן אֶת־ הַפָּסֶל וִיהוֹנָתָן בֶּן־ גֵּרְשֹׁם בֶּן־ מְנַשֶּׁה הוּא וּבָנָיו

y-sus-hijos él Moisés hijo-de Gersón hijo-de y-Jonatán el-ídolo ** Dan

הָיוּ כֹהֲנִים לְשֵׁבֶט הַדָּנִי עַד־ יוֹם גְּלוֹת הָאָרֶץ׃

. el-país de-ser-desterrado (el)día-de hasta el-danita para-(la)tribu-de sacerdotes fueron

וַיָּשִׂימוּ לָהֶם אֶת־ פֶּסֶל מִיכָה אֲשֶׁר עָשָׂה כָּל־ יְמֵי

(los)días-de todos había-hecho que Micá (el)ídolo-de ** para-ellos Y-pusieron (31)

הֱיוֹת בֵּית־ הָאֱלֹהִים בְּשִׁלֹה׃ וַיְהִי בַּיָּמִים הָהֵם

los-aquellos en-los-días Y-sucedió (1) . en-Silo el-Dios la-casa-de estar **Cap. 19**

וּמֶלֶךְ אֵין בְּיִשְׂרָאֵל וַיְהִי | אִישׁ לֵוִי גָּר בְּיַרְכְּתֵי

en-(los)confines-de viviendo levita un-hombre y-había en-Israel no-había que-rey

הַר־ אֶפְרָיִם וַיִּקַּח־ לוֹ אִשָּׁה פִילֶגֶשׁ מִבֵּית

de-Be- concubina mujer para-él y-tomó Efraín (la)montaña-de

וַתֵּלֶךְ	פִּילַגְשׁוֹ	עָלָיו	וַתִּזְנֶה		יְהוּדָה׃	לֶחֶם
y-se-marchó	su-concubina	a-él	Y-fue-infiel	(2)	. Judá	lén-de

וַתְּהִי־	יְהוּדָה	לֶחֶם	בֵּית	אֶל־	אָבִיהָ	בֵּית	אֶל־	מֵאִתּוֹ
y-estuvo	Judá	Belén-de		a	su-padre	casa-de	a	de-con-él

אַחֲרֶיהָ	וַיֵּלֶךְ	אִישָׁהּ	וַיָּקָם		חֳדָשִׁים׃	אַרְבָּעָה	יָמִים	שָׁם
tras-ella	y-fue	su-marido	Y-se-levantó	(3)	. meses	cuatro	días	allí

וְצֶמֶד	עִמּוֹ	וְנַעֲרוֹ	לַהֲשִׁבוֹ	לִבָּהּ	עַל־	לְדַבֵּר
y-un-par-de	con-él	y-su-siervo	para-hacer-volver-a-ella	su-corazón	a	para-hablar

אֲבִי	וַיִּרְאֵהוּ	אָבִיהָ	בֵּית	וַתְּבִיאֵהוּ	חֲמֹרִים
(el)padre-de	y-lo-vio	su-padre	(a)casa-de	y-ella-lo-hizo-entrar	asnos

בּוֹ	וַיֶּחֱזַק־		לִקְרָאתוֹ׃	וַיִּשְׂמַח	הַנַּעֲרָה
a-él	Y-retuvo	(4)	. al-encontrarle	y-se-alegró	la-joven

שְׁלֹשֶׁת	אִתּוֹ	וַיֵּשֶׁב	הַנַּעֲרָה	אֲבִי	חֹתְנוֹ
tres	con-él	y-permaneció	la-joven	padre-de	su-suegro

וַיְהִי		שָׁם׃	וַיָּלִינוּ	וַיִּשְׁתּוּ	וַיֹּאכְלוּ	יָמִים
Y-sucedió	(5)	. allí	y-durmieron	y-bebieron	y-comieron	días

לָלֶכֶת	וַיָּקָם	בַבֹּקֶר	וַיַּשְׁכִּימוּ	הָרְבִיעִי	בַּיּוֹם
para-irse	y-se-levantó	por-la-mañana	que-madrugaron	el-cuarto	en-el-día

לִבְּךָ	סְעָד	חֲתָנוֹ	אֶל־	הַנַּעֲרָה	אֲבִי	וַיֹּאמֶר
tu-corazón	reconforta	su-yerno	a	la-joven	(el)padre-de	y-dijo

שְׁנֵיהֶם	וַיֹּאכְלוּ	וַיֵּשְׁבוּ		תֵּלֵכוּ׃	וְאַחַר	לֶחֶם	פַּת־
ellos-dos	y-comieron	Y-se-sentaron	(6)	. os-marcharéis	y-después	pan	bocado-de

הוֹאֶל־	הָאִישׁ	אֶל־	הַנַּעֲרָה	אֲבִי	וַיֹּאמֶר	וַיִּשְׁתּוּ	יַחְדָּו
dígnate	el-hombre	a	la-joven	(el)padre-de	y-dijo	y-bebieron	juntos

הָאִישׁ	וַיָּקָם		לִבֶּךָ׃	וְיִטַב	וְלִין	נָא
el-hombre	Y-se-levantó	(7)	. tu-corazón	y-alégrese	y-pasa-la-noche	te-ruego

לָלֶכֶת וַיִּפְצַר־בּוֹ חֹתְנוֹ וַיֵּשֶׁב

y-volvió su-suegro a-él e-insistió para-irse

וַיָּלֶן שָׁם׃ וַיַּשְׁכֵּם בַּבֹּקֶר בַּיּוֹם הַחֲמִישִׁי

el-quinto en-el-día por-la-mañana Y-madrugó (8) . allí y-pasó-la-noche

לָלֶכֶת וַיֹּאמֶר | אֲבִי הַנַּעֲרָה סְעָד־נָא לְבָבְךָ וְהִתְמַהְמְהוּ

y-espera tu-corazón por-favor reconforta : la-joven (el)padre-de y-dijo para-irse

עַד־נְטוֹת הַיּוֹם וַיֹּאכְלוּ שְׁנֵיהֶם׃ וַיָּקָם

Y-se-levantó (9) . ellos-dos y-comieron el-día (el)declinar-de hasta

הָאִישׁ לָלֶכֶת הוּא וּפִילַגְשׁוֹ וְנַעֲרוֹ וַיֹּאמֶר לוֹ

a-él y-dijo y-su-siervo y-su-concubina él para-irse el-hombre

חֹתְנוֹ אֲבִי הַנַּעֲרָה הִנֵּה נָא רָפָה הַיּוֹם

el-día decae por-favor mira : la-joven el-padre-de su-suegro

לַעֲרֹב לִינוּ־נָא הִנֵּה חֲנוֹת הַיּוֹם לִין פֹּה

aquí pernocta el-día declina he-aquí-que te-ruego pasad-la-noche para-anochecer

וְיִיטַב לְבָבֶךָ וְהִשְׁכַּמְתֶּם מָחָר לְדַרְכְּכֶם

para-vuestro-camino mañana y-madrugaréis tu-corazón y-alégrese

וְהָלַכְתָּ לְאֹהָלֶךָ׃ וְלֹא־אָבָה הָאִישׁ לָלוּן

pasar-la-noche el-hombre quiso Pero-no (10) . a-tu-tienda e-irás

וַיָּקָם וַיֵּלֶךְ וַיָּבֹא עַד־נֹכַח יְבוּס הִיא יְרוּשָׁלָםִ

Jerusalén ella Jebús enfrente-de hasta y-llegó y-se-fue y-se-levantó

וְעִמּוֹ צֶמֶד חֲמוֹרִים חֲבוּשִׁים וּפִילַגְשׁוֹ עִמּוֹ׃

. con-él y-su-concubina aparejados asnos un-par-de y-con-él

הֵם עִם־יְבוּס וְהַיּוֹם רַד מְאֹד וַיֹּאמֶר הַנַּעַר

el-siervo y-dijo mucho había-declinado y-el-día Jebús junto-a Ellos (11)

אֶל־אֲדֹנָיו לְכָה־נָּא וְנָסוּרָה אֶל־עִיר־הַיְבוּסִי

el-jebuseo (la)ciudad-de a y-desviémonos te-ruego ve su-señor a

הַזֹּאת וְנָלִין בָּהּ׃ וַיֹּאמֶר אֵלָיו אֲדֹנָיו

su-señor a-él Y-dijo (12) . en-ella y-pernoctemos la-esta

לֹא נָסוּר אֶל־ עִיר נָכְרִי אֲשֶׁר לֹא־ מִבְּנֵי יִשְׂרָאֵל הֵנָּה

ellos Israel de-(los)hijos-de no que extranjeros ciudad-de a nos-desviaremos no

וְעָבַרְנוּ עַד־ גִּבְעָה׃ וַיֹּאמֶר לְנַעֲרוֹ לְךָ

ve : a-su-siervo Y-dijo (13) . Guibeá hasta y-pasaremos

וְנִקְרְבָה בְּאַחַד הַמְּקֹמוֹת וְלַנּוּ בַגִּבְעָה

en-Guibeá y-pernoctaremos los-lugares a-uno-de y-acerquémonos

אוֹ בָרָמָה׃ וַיַּעַבְרוּ וַיֵּלֵכוּ וַתָּבֹא לָהֶם

para-ellos y-se-puso y-fueron Y-pasaron (14) . en-Ramá o

הַשֶּׁמֶשׁ אֵצֶל הַגִּבְעָה אֲשֶׁר לְבִנְיָמִן׃ וַיָּסֻרוּ שָׁם לָבוֹא

para-entrar allí Y-se-desviaron (15) . de-Benjamín que la-Guibeá junto-a el-sol

לָלוּן בַּגִּבְעָה וַיָּבֹא וַיֵּשֶׁב בִּרְחוֹב הָעִיר

la-ciudad en-(la)plaza-de y-se-quedó y-entró en-la-Guibeá a-pernoctar

וְאֵין אִישׁ מְאַסֵּף־ אוֹתָם הַבַּיְתָה לָלוּן׃ וְהִנֵּה ׀ אִישׁ זָקֵן

anciano un-hombre Y-he-aquí-que (16) . para-pasar-la-noche en-la-casa a-ellos que-acogiera hombre y-no hubo

בָּא מִן־ מַעֲשֵׂהוּ מִן־ הַשָּׂדֶה בָּעֶרֶב וְהָאִישׁ

y-el-hombre por-la-tarde el-campo de su-trabajo de llegó

מֵהַר אֶפְרַיִם וְהוּא־ גָר בַּגִּבְעָה וְאַנְשֵׁי הַמָּקוֹם

el-lugar y-(los)hombres-de en-Guibeá vivía y-él Efraín de-la-montaña-de

בְּנֵי יְמִינִי׃ וַיִּשָּׂא עֵינָיו וַיַּרְא אֶת־ הָאִישׁ

el-hombre a y-vio sus-ojos Y-alzó (17) . benjaminitas

הָאֹרֵחַ בִּרְחֹב הָעִיר וַיֹּאמֶר הָאִישׁ הַזָּקֵן אָנָה תֵלֵךְ

vas ¿dónde : el-anciano el-hombre y-dijo la-ciudad en-(la)plaza-de el-viajero

וּמֵאַיִן תָּבוֹא׃ וַיֹּאמֶר אֵלָיו עֹבְרִים אֲנַחְנוּ מִבֵּית־

de-Be- nosotros pasando : a-él Y-dijo (18) ? vienes y-de-dónde

לֶחֶם יְהוּדָה עַד־ יַרְכְּתֵי הַר־ אֶפְרַיִם מִשָּׁם אָנֹכִי

yo de-allí Efraín (la)montaña-de (los)confines-de hasta Judá lén-de

וָאֵלֵךְ עַד־ בֵּית לֶחֶם יְהוּדָה וְאֶת־ בֵּית יְהוָה אֲנִי הֹלֵךְ וְאֵין

y-no-hay voy yo Yahweh casa-de y-a Judá Belén-de hasta y-he-ido

אִישׁ מְאַסֵּף אוֹתִי הַבָּיְתָה׃ (19) וְגַם־ תֶּבֶן גַּם־ מִסְפּוֹא יֵשׁ

hay forraje como paja Y-tanto (19) . en-la-casa a-mí que-acoja hombre

לַחֲמוֹרֵינוּ וְגַם לֶחֶם וָיַיִן יֶשׁ־ לִי וְלַאֲמָתֶךָ

y-para-tu-esclava para-mí hay y-vino pan y-también para-nuestros-asnos

וְלַנַּעַר עִם־ עֲבָדֶיךָ אֵין מַחְסוֹר כָּל־ דָּבָר׃

. cosa ninguna carencia-de no-hay tus-siervos con y-para-el-siervo

(20) וַיֹּאמֶר הָאִישׁ הַזָּקֵן שָׁלוֹם לָךְ רַק כָּל־ מַחְסוֹרְךָ

tu-necesidad toda sólo para-ti paz : el-anciano el-hombre Y-dijo (20)

עָלָי רַק בָּרְחוֹב אַל־ תָּלַן׃ (21) וַיְבִיאֵהוּ

Y-le-hizo-entrar (21) . pasarás-la-noche no en-la-plaza sólo sobre-mí

לְבֵיתוֹ וַיָּבָול לַחֲמוֹרִים וַיִּרְחֲצוּ רַגְלֵיהֶם

sus-pies y-se-lavaron a-los-asnos y-dio-pienso a-su-casa

וַיֹּאכְלוּ וַיִּשְׁתּוּ׃ (22) הֵמָּה מֵיטִיבִים אֶת־ לִבָּם

su-corazón ** estaban-alegrando Ellos (22) . y-bebieron y-comieron

וְהִנֵּה אַנְשֵׁי הָעִיר אַנְשֵׁי בְנֵי־ בְלִיַּעַל נָסַבּוּ אֶת־ הַבַּיִת

la-casa ** rodearon maldad (los)hijos-de hombres-de (la)ciudad-de hombres-de y-he-aquí-que

מִתְדַּפְּקִים עַל־ הַדָּלֶת וַיֹּאמְרוּ אֶל־ הָאִישׁ בַּעַל הַבַּיִת

la-casa dueño-de el-hombre a y-hablaron la-puerta sobre golpeando

הַזָּקֵן לֵאמֹר הוֹצֵא אֶת־ הָאִישׁ אֲשֶׁר־ בָּא אֶל־ בֵּיתְךָ

tu-casa a ha-venido que el-hombre a saca : diciendo el-anciano

וְנֵדָעֶנּוּ׃ (23) וַיֵּצֵא אֲלֵיהֶם הָאִישׁ בַּעַל

dueño-de el-hombre hacia-ellos Y-salió (23) . y-lo-conoceremos

הַבַּיִת וַיֹּאמֶר אֲלֵהֶם אַל־ אַחַי אַל־ תָּרֵעוּ נָא אַחֲרֵי

después os-ruego hagáis-mal no hermanos-míos no : a-ellos y-dijo la-casa

אֲשֶׁר־ בָּא הָאִישׁ הַזֶּה אֶל־ בֵּיתִי אַל־ תַּעֲשׂוּ אֶת־ הַנְּבָלָה

la-infamia ** hagáis no mi-casa a el-este el-hombre ha-venido que

הַזֹּאת׃ הִנֵּה בִתִּי הַבְּתוּלָה וּפִילַגְשֵׁהוּ

y-su-concubina la-virgen mi-hija He-aquí-que (24) . la-esta

אוֹצִיאָה־ נָּא אוֹתָם וְעַנּוּ אוֹתָם וַעֲשׂוּ לָהֶם הַטּוֹב

lo-bueno a-ellos y-haced a-ellos y-forzad a-ellos por-favor haré-salir

בְּעֵינֵיכֶם וְלָאִישׁ הַזֶּה לֹא תַעֲשׂוּ דְּבַר הַנְּבָלָה

la-infamia cosa-de hagáis no el-este pero-al-hombre en-vuestros-ojos

הַזֹּאת׃ וְלֹא־ אָבוּ הָאֲנָשִׁים לִשְׁמֹעַ לוֹ וַיַּחֲזֵק הָאִישׁ

el-hombre y-cogió a-él escuchar los-hombres quisieron Y-no (25) . la-esta

בְּפִילַגְשׁוֹ וַיֹּצֵא אֲלֵיהֶם הַחוּץ וַיֵּדְעוּ אוֹתָהּ

a-ella y-conocieron afuera a-ellos y-sacó a-su-concubina

וַיִּתְעַלְּלוּ־ בָהּ כָּל־ הַלַּיְלָה עַד־ הַבֹּקֶר וַיְשַׁלְּחוּהָ

y-la-despidieron la-mañana hasta la-noche toda de-ella y-abusaron

בַּעֲלוֹת הַשָּׁחַר׃ וַתָּבֹא הָאִשָּׁה לִפְנוֹת הַבֹּקֶר

la-mañana al-volver-de la-mujer Y-vino (26) . el-alba con-el-subir-de

וַתִּפֹּל פֶּתַח בֵּית־ הָאִישׁ אֲשֶׁר־ אֲדוֹנֶיהָ שָּׁם עַד־

hasta allí su-señor que el-hombre (la)casa-de a-(la)entrada-de y-cayó

הָאוֹר׃ וַיָּקָם אֲדֹנֶיהָ בַּבֹּקֶר וַיִּפְתַּח

y-abrió por-la-mañana su-señor Y-se-levantó (27) . la-luz

דַּלְתוֹת הַבַּיִת וַיֵּצֵא לָלֶכֶת לְדַרְכּוֹ וְהִנֵּה

y-he-aquí-que por-su-camino para-ir y-salió (la)casa (las)puertas-de

הָאִשָּׁה פִילַגְשׁוֹ נֹפֶלֶת פֶּתַח הַבַּיִת וְיָדֶיהָ

y-sus-manos la-casa a-(la)entrada-de estaba-caída su-concubina la-mujer

עַל־ הַסַּף׃ וַיֹּאמֶר אֵלֶיהָ קוּמִי וְנֵלֵכָה וְאֵין

y-no-hubo y-vayámonos levanta : a-ella Y-dijo (28) . el-umbral sobre

עֹנֶה וַיִּקָּחֶהָ עַל־ הַחֲמוֹר וַיָּקָם הָאִישׁ וַיֵּלֶךְ

y-se-fue el-hombre y-se-levantó el-asno sobre y-la-tomó quien-contestase

לִמְקֹמוֹ׃ וַיָּבֹא אֶל־ בֵּיתוֹ וַיִּקַּח אֶת־ הַמַּאֲכֶלֶת

el-cuchillo ** y-tomó su-casa a Y-llegó (29) . a-su-lugar

וַיַּחֲזֵק בְּפִילַגְשׁוֹ וַיְנַתְּחֶהָ לַעֲצָמֶיהָ לִשְׁנֵים

en-dos por-sus-huesos y-la-despedazó a-su-concubina y-agarró

עָשָׂר נְתָחִים וַיְשַׁלְּחֶהָ בְּכֹל גְּבוּל יִשְׂרָאֵל׃ וְהָיָה

Y-fue (30) . Israel el-territorio-de por-todo y-la-envió trozos diez

כָל־ הָרֹאֶה וְאָמַר לֹא־ נִהְיְתָה וְלֹא־ נִרְאֲתָה

se-vio y-no se-hizo no : y-decía el-que-veía todo

כָּזֹאת לְמִיּוֹם עֲלוֹת בְּנֵי־ יִשְׂרָאֵל מֵאֶרֶץ מִצְרַיִם עַד

hasta Egipto del-país-de Israel (los)hijos-de el-subir-de desde-el-día-de como-esto

הַיּוֹם הַזֶּה שִׂימוּ־ לָכֶם עָלֶיהָ עֻצוּ וְדַבֵּרוּ׃

. y-hablad considerad sobre-ello para-vosotros poned el-este el-día

וַיֵּצְאוּ כָּל־ בְּנֵי יִשְׂרָאֵל וַתִּקָּהֵל הָעֵדָה

la-congregación y-se-congregó Israel (los)hijos-de todos Y-salieron (1) **Cap. 20**

כְּאִישׁ אֶחָד לְמִדָּן וְעַד־ בְּאֵר שֶׁבַע וְאֶרֶץ הַגִּלְעָד אֶל־

hacia Galaad y-(el)país-de sebá Beer- y-hasta desde-Dan uno como-hombre

יְהוָה הַמִּצְפָּה׃ וַיִּתְיַצְּבוּ פִּנּוֹת כָּל־ הָעָם כֹּל

todas el-pueblo todo (los)jefes-de Y-se-colocaron (2) . en-Mizpá Yahweh

שִׁבְטֵי יִשְׂרָאֵל בִּקְהַל עַם הָאֱלֹהִים אַרְבַּע מֵאוֹת אֶלֶף

mil cientos cuatro el-Dios (el)pueblo-de en-(la)asamblea-de Israel (las)tribus-de

אִישׁ רַגְלִי שֹׁלֵף חָרֶב׃ וַיִּשְׁמְעוּ בְּנֵי בִנְיָמִן כִּי־

que Benjamín (los)hijos-de Y-escucharon (3) . espada que-sacaban de-a-pie hombres

עָלוּ בְנֵי־ יִשְׂרָאֵל הַמִּצְפָּה וַיֹּאמְרוּ בְּנֵי יִשְׂרָאֵל דַּבְּרוּ

hablad : Israel (los)hijos-de y-dijeron a-Mizpá Israel (los)hijos-de habían-subido

אֵיכָה נִהְיְתָה הָרָעָה הַזֹּאת׃ וַיַּעַן הָאִישׁ הַלֵּוִי

el-levita el-hombre Y-respondió (4) ? la-esta la-maldad ha-sucedido ¿cómo

אִישׁ הָאִשָּׁה הַנִּרְצָחָה וַיֹּאמַר הַגִּבְעָתָה אֲשֶׁר

que a-la-Guibeá y-dijo que-fue-asesinada la-mujer marido-de

לְבִנְיָמִן בָּאתִי אֲנִי וּפִילַגְשִׁי לָלוּן׃ וַיָּקֻמוּ

Y-se-levantaron (5) . para-pernoctar y-mi-concubina yo llegué en-Benjamín

עָלַי בַּעֲלֵי הַגִּבְעָה וַיָּסֹבּוּ עָלַי אֶת־ הַבַּיִת

la-casa ** contra-mí y-rodearon la-Guibeá (los)ciudadanos-de contra-mí

לַיְלָה אוֹתִי דִּמּוּ לַהֲרֹג וְאֶת־ פִּילַגְשִׁי עִנּוּ וַתָּמֹת׃

. y-ella-murió vejaron mi-concubina y-a matar intentaron a-mí noche

וָאֹחֵז בְּפִילַגְשִׁי וָאֲנַתְּחֶהָ וָאֲשַׁלְּחֶהָ בְּכָל־

por-todo y-la-envié y-la-despedacé a-mi-concubina Y-agarré (6)

שְׂדֵה נַחֲלַת יִשְׂרָאֵל כִּי עָשׂוּ זִמָּה וּנְבָלָה

e-infamia atrocidad habían-cometido pues Israel (la)heredad-de (el)campo-de

בְּיִשְׂרָאֵל׃ הִנֵּה כֻלְּכֶם בְּנֵי יִשְׂרָאֵל הָבוּ לָכֶם דָּבָר וְעֵצָה

y-consejo palabra para-vosotros dad Israel hijos-de todos-vosotros Y-he-aquí-que (7) . en-Israel

הֲלֹם׃ וַיָּקָם כָּל־ הָעָם כְּאִישׁ אֶחָד לֵאמֹר לֹא נֵלֵךְ אִישׁ

cada-hombre volveremos no : diciendo uno como-hombre el-pueblo todo Y-se-levantó (8) . aquí

לְאָהֳלוֹ וְלֹא נָסוּר אִישׁ לְבֵיתוֹ׃ וְעַתָּה זֶה

esta Y-ahora (9) . a-su-casa cada-hombre nos-apartare y-no a-su-tienda

הַדָּבָר אֲשֶׁר נַעֲשֶׂה לַגִּבְעָה עָלֶיהָ בְּגוֹרָל׃ וְלָקַחְנוּ

Y-cogeremos (10) . por-sorteo contra-ella a-(la)Guibeá haremos que la-casa

עֲשָׂרָה אֲנָשִׁים לַמֵּאָה לְכֹל שִׁבְטֵי יִשְׂרָאֵל וּמֵאָה

y-cien Israel (las)tribus-de de-todas por-el-centenar hombres diez

לָאֶ֫לֶף וְאֶ֫לֶף לָרְבָבָה לָקַחַת צֵדָה

vitualla para-coger por-los-diez-mil y-mil por-el-millar

לָעָם לַעֲשׂוֹת לְבוֹאָם לְגֶבַע בִּנְיָמִן כְּכָל־ הַנְּבָלָה

la-villanía según-toda Benjamín a-Guibeá-de a-su-llegar para-hacer para-el-pueblo

אֲשֶׁר עָשָׂה בְּיִשְׂרָאֵל׃ וַיֵּאָסֵף כָּל־ אִישׁ יִשְׂרָאֵל אֶל־

contra Israel hombre-de todo Y-se-reunió (11) . en-Israel ha-hecho que

הָעִיר כְּאִישׁ אֶחָד חֲבֵרִים׃ וַיִּשְׁלְחוּ שִׁבְטֵי יִשְׂרָאֵל אֲנָשִׁים

hombres Israel (las)tribus-de Y-enviaron (12) . unidos uno como-hombre la-ciudad

בְּכָל־ שִׁבְטֵי בִנְיָמִן לֵאמֹר מָה הָרָעָה הַזֹּאת אֲשֶׁר

que la-ésta la-maldad ¿qué : diciendo Benjamín (las)tribus-de por-todas

נִהְיְתָה בָּכֶם׃ וְעַתָּה תְּנוּ אֶת־ הָאֲנָשִׁים בְּנֵי־

hijos-de los-hombres ** entregad Y-ahora (13) ? por-vosotros ha-sido-cometida

בְלִיַּעַל אֲשֶׁר בַּגִּבְעָה וּנְמִיתֵם וּנְבַעֲרָה רָעָה מִיִּשְׂרָאֵל

de-Israel maldad y-extirparemos y-los-mataremos en-la-Guibeá que Belial

וְלֹא אָבוּ ... בִּנְיָמִן לִשְׁמֹעַ בְּקוֹל אֲחֵיהֶם

sus-hermanos (la)voz-de escuchar Benjamín (los)hijos-de quisieron y-no

בְּנֵי־ יִשְׂרָאֵל׃ וַיֵּאָסְפוּ בְנֵי־ בִנְיָמִן מִן־ הֶעָרִים

las-ciudades desde Benjamín (los)hijos-de Y-se-congregaron (14) . Israel los-hijos-de

הַגִּבְעָתָה לָצֵאת לַמִּלְחָמָה עִם־ בְּנֵי יִשְׂרָאֵל׃

. Israel (los)hijos-de contra a-la-guerra para-salir en-la-Guibeá

וַיִּתְפָּקְדוּ בְּנֵי בִנְיָמִן בַּיּוֹם הַהוּא מֵהֶעָרִים

de-las-ciudades el-aquel en-el-día Benjamín (los)hijos- Y-fueron-censados (15)

עֶשְׂרִים וְשִׁשָּׁה אֶלֶף אִישׁ שֹׁלֵף חָרֶב לְבַד מִיֹּשְׁבֵי

de-(los)habitantes-de aparte espada que-saca hombre mil y-seis veinte

הַגִּבְעָה הִתְפָּקְדוּ שְׁבַע מֵאוֹת אִישׁ בָּחוּר׃ מִכֹּל ׀

De-todo (16) . jóvenes hombres cientos siete fueron-censados la-Guibeá

הָעָם הַזֶּה שְׁבַע מֵאוֹת אִישׁ בָּחוּר אִטֵּר יַד־

(la)mano-de torpe-de escogidos hombre cientos siete el-este el-pueblo

יְמִינוֹ כָּל־ זֶה קֹלֵעַ בָּאֶבֶן אֶל־ הַשַּׂעֲרָה וְלֹא

y-no el-pelo a con-la-piedra lanzaban éstos todos su-diestra

יַחֲטִא׃ וְאִישׁ יִשְׂרָאֵל הִתְפָּקְדוּ לְבַד מִבִּנְיָמִן אַרְבַּע

cuatro de-Benjamín aparte fueron-censados Israel Y-hombres-de (17) . erraban

מֵאוֹת אֶלֶף אִישׁ שֹׁלֵף חֶרֶב כָּל־ זֶה אִישׁ מִלְחָמָה׃

. guerra hombre -de éstos todos espada que-sacan hombres mil cientos

וַיָּקֻמוּ וַיַּעֲלוּ בֵית־ אֵל וַיִּשְׁאֲלוּ בֵאלֹהִים

a-Dios y-consultaron el a-Bet- y-subieron Y-se-levantaron (18)

וַיֹּאמְרוּ בְּנֵי יִשְׂרָאֵל מִי יַעֲלֶה־ לָּנוּ בַתְּחִלָּה לַמִּלְחָמָה

para-el-combate en-el-principio de-nosotros ha-de-subir ¿quién : Israel (los)hijos-de y-dijeron

עִם־ בְּנֵי בִנְיָמִן וַיֹּאמֶר יְהוָה יְהוּדָה בַתְּחִלָּה׃

. en-el-principio Judá Yahweh y-dijo : Benjamín (los)hijos-de con

וַיָּקוּמוּ בְנֵי־ יִשְׂרָאֵל בַּבֹּקֶר וַיַּחֲנוּ עַל־

junto-a y-acamparon por-la-mañana Israel los-hijos-de Y-se-levantaron (19)

הַגִּבְעָה׃ וַיֵּצֵא אִישׁ יִשְׂרָאֵל לַמִּלְחָמָה עִם־ בִּנְיָמִן

Benjamín con para-el-combate Israel hombre-de Y-salió (20) . la-Guibeá

וַיַּעַרְכוּ אִתָּם אִישׁ־ יִשְׂרָאֵל מִלְחָמָה אֶל־ הַגִּבְעָה׃

. la-Guibeá hacia combate Israel hombre-de contra-ellos y-dispusieron

וַיֵּצְאוּ בְנֵי־ בִנְיָמִן מִן־ הַגִּבְעָה וַיַּשְׁחִיתוּ

y-derribaron la-Guibeá de Benjamín (los)hijos-de Y-salieron (21)

בְיִשְׂרָאֵל בַּיּוֹם הַהוּא שְׁנַיִם וְעֶשְׂרִים אֶלֶף אִישׁ אָרְצָה׃

. a-tierra hombres mil y-veinte dos el-aquel en-el-día en-Israel

וַיִּתְחַזֵּק הָעָם אִישׁ יִשְׂרָאֵל וַיֹּסִפוּ

y-volvieron Israel hombres-de el-pueblo Y-se-reanimó (22)

לַעֲרֹךְ מִלְחָמָה בַּמָּקוֹם אֲשֶׁר־עָרְכוּ שָׁם בַּיּוֹם

en-el-día allí habrían-dispuesto que en-el-lugar combate a-disponer

הָרִאשׁוֹן׃ וַיַּעֲלוּ בְנֵי־יִשְׂרָאֵל וַיִּבְכּוּ לִפְנֵי־יְהוָה

Yahweh ante y-lloraron Israel (los)hijos-de Y-subieron (23) . el-primero

עַד־הָעֶרֶב וַיִּשְׁאֲלוּ בַיהוָה לֵאמֹר הַאוֹסִיף לָגֶשֶׁת

a-presentar-me ¿he-de-volver : diciendo a-Yahweh y-consultaron la-tarde hasta

לַמִּלְחָמָה עִם־בְּנֵי בִנְיָמִן אָחִי וַיֹּאמֶר יְהוָה

: Yahweh y-dijo ? mi-hermano Benjamín (los)hijos-de con para-la-guerra

עֲלוּ אֵלָיו׃ וַיִּקְרְבוּ בְנֵי־יִשְׂרָאֵל אֶל־בְּנֵי בִנְיָמִן

Benjamín (los)hijos-de a Israel (los)hijos-de Y-se-acercaron (24) . contra-él subid

בַּיּוֹם הַשֵּׁנִי׃ וַיֵּצֵא בִנְיָמִן׀ לִקְרָאתָם׀ מִן־

desde a-su-encuentro Benjamín Y-salió (25) . el-segundo en-el-día

הַגִּבְעָה בַּיּוֹם הַשֵּׁנִי וַיַּשְׁחִיתוּ בִבְנֵי יִשְׂרָאֵל

Israel entre-(los)hijos-de y-derribaron el-segundo en-el-día la-Guibeá

עוֹד שְׁמֹנַת עָשָׂר אֶלֶף אִישׁ אַרְצָה כָּל־אֵלֶּה שֹׁלְפֵי

sacadores-de éstos todos a-tierra hombres mil diez ocho aún

חָרֶב׃ וַיַּעֲלוּ כָל־בְּנֵי יִשְׂרָאֵל וְכָל־הָעָם

el-pueblo y-todo Israel (los)hijos-de todos Y-subieron (26) . espada

וַיָּבֹאוּ בֵית־אֵל וַיִּבְכּוּ וַיֵּשְׁבוּ שָׁם לִפְנֵי יְהוָה

Yahweh ante allí y-se-sentaron y-lloraron el a-Bet- y-llegaron

וַיָּצוּמוּ בַיּוֹם־הַהוּא עַד־הָעֶרֶב וַיַּעֲלוּ

y-ofrecieron la-tarde hasta el-aquel en-el-día y-ayunaron

עֹלוֹת וּשְׁלָמִים לִפְנֵי יְהוָה׃ וַיִּשְׁאֲלוּ

Y-consultaron (27) . Yahweh ante y-ofrendas-de-paz holocaustos

בְנֵי־יִשְׂרָאֵל בַּיהוָה וְשָׁם אֲרוֹן בְּרִית הָאֱלֹהִים בַּיָּמִים

en-los-días el-Dios (la)Alianza-de (el)arca-de y-allí a-Yahweh Israel (los)hijos-de

הָהֵם׃ וּפִינְחָס בֶּן־אֶלְעָזָר בֶּן־אַהֲרֹן עֹמֵד ׀

prestaba-servicio Aarón hijo-de Eleazar hijo-de Y-Fineés (28) . los-aquellos

לְפָנָיו בַּיָּמִים הָהֵם לֵאמֹר הַאוֹסִף עוֹד לָצֵאת

a-salir aún ¿he-de-volver : diciendo los-aquellos en-los-días ante-Él

לַמִּלְחָמָה עִם־בְּנֵי־בִנְיָמִן אָחִי אִם־אֶחְדָּל

? he-de-cesar o mi-hermano Benjamín los-hijos-de contra a-la-guerra

וַיֹּאמֶר יְהוָה עֲלוּ כִּי מָחָר אֶתְּנֶנּוּ בְיָדֶךָ׃

. en-tu-mano los-pondré mañana pues subid : Yahweh y-dijo

וַיָּשֶׂם יִשְׂרָאֵל אֹרְבִים אֶל־הַגִּבְעָה סָבִיב׃

. alrededor la-Guibeá contra emboscadas Israel Y-puso (29)

וַיַּעֲלוּ בְנֵי־יִשְׂרָאֵל אֶל־בְּנֵי בִנְיָמִן בַּיּוֹם

en-el-día Benjamín (los)hijos-de contra Israel (los)hijos-de Y-subieron (30)

הַשְּׁלִישִׁי וַיַּעַרְכוּ אֶל־הַגִּבְעָה כְּפַעַם בְּפָעַם׃

. en-vez como-vez la-Guibeá contra y-se-dispusieron el-tercero

וַיֵּצְאוּ בְנֵי־בִנְיָמִן לִקְרַאת הָעָם הָנְתְּקוּ

se-separaron el-pueblo al-encuentro-de Benjamín (los)hijos-de Y-salieron (31)

מִן־הָעִיר וַיָּחֵלּוּ לְהַכּוֹת מֵהָעָם חֲלָלִים כְּפַעַם ׀

como-vez muertos de-el-pueblo a-herir y-comenzaron la-ciudad de

בְּפַעַם בַּמְסִלּוֹת אֲשֶׁר אַחַת עֹלָה בֵית־אֵל וְאַחַת גִּבְעָתָה

a-Guibeá y-una el a-Bet- sube una que en-las-calzadas en-vez

בַּשָּׂדֶה כִּשְׁלֹשִׁים אִישׁ בְּיִשְׂרָאֵל׃ וַיֹּאמְרוּ בְּנֵי בִנְיָמִן

: Benjamín (los)hijos-de Y-decían (32) . en-Israel hombres como-treinta por-el-campo

נִגָּפִים הֵם לְפָנֵינוּ כְּבָרִאשֹׁנָה וּבְנֵי יִשְׂרָאֵל

Israel y-(los)hijos-de como-en-el-principio ante-nosotros ellos derrotados

אָמְרוּ נָנוּסָה וּנְתַקְּנֻהוּ מִן־הָעִיר אֶל־הַמְסִלּוֹת׃

. las-calzadas hacia la-ciudad de y-alejémosle huyamos : decían

וְכֹל ׀ אִישׁ יִשְׂרָאֵל קָמוּ מִמְּקוֹמוֹ וַיַּעַרְכוּ
y-se-situaron de-su-lugar se-levantaron Israel (los)hombres-de Y-todos (33)

בְּבַעַל תָּמָר וְאֹרֵב יִשְׂרָאֵל מֵגִיחַ מִמְּקֹמוֹ
de-su-lugar salía Israel y-(la)emboscada-de tamar en-Baal-

מִמַּעֲרֵה־גָבַע׃ וַיָּבֹאוּ מִנֶּגֶד לַגִּבְעָה עֲשֶׂרֶת
diez a-la-Guibeá de-frente Y-llegaron (34) . Guibeá desde-(el)descampado-de

אֲלָפִים אִישׁ בָּחוּר מִכָּל־יִשְׂרָאֵל וְהַמִּלְחָמָה כָּבֵדָה
se-endureció y-la-batalla Israel de-todo escogidos hombres mil

וְהֵם לֹא יָדְעוּ כִּי־נֹגַעַת עֲלֵיהֶם הָרָעָה׃
. la-desgracia sobre-ellos llegaba que sabían no y-ellos

וַיִּגֹּף יְהוָה ׀ אֶת־בִּנְיָמִן לִפְנֵי יִשְׂרָאֵל וַיַּשְׁחִיתוּ
y-derribaron Israel ante Benjamín a Yahweh Y-derrotó (35)

בְנֵי יִשְׂרָאֵל בְּבִנְיָמִן בַּיּוֹם הַהוּא עֶשְׂרִים וַחֲמִשָּׁה אֶלֶף
mil y-cinco veinte el-aquel en-el-día en-Benjamín Israel (los)hijos-de

וּמֵאָה אִישׁ כָּל־אֵלֶּה שֹׁלֵף חָרֶב׃ וַיִּרְאוּ בְנֵי־בִנְיָמִן
Benjamín (los)hijos-de Y-vieron (36) . espada que-sacan éstos todos hombres y-cien

כִּי נִגָּפוּ וַיִּתְּנוּ אִישׁ־יִשְׂרָאֵל מָקוֹם לְבִנְיָמִן כִּי
porque a-Benjamín lugar Israel (los)hombres-de y-habían-dado estaban-derrotados que

בָטְחוּ אֶל־הָאֹרֵב אֲשֶׁר שָׂמוּ אֶל־הַגִּבְעָה׃
. la-Guibeá hacia habían-puesto que la-emboscada en confiaban

וְהָאֹרֵב הֵחִישׁוּ וַיִּפְשְׁטוּ אֶל־הַגִּבְעָה
la-Guibeá hacia y-se-desplegaron se-apresuraron Y-los-emboscados (37)

וַיִּמְשֹׁךְ הָאֹרֵב וַיַּךְ אֶת־כָּל־הָעִיר
la-ciudad toda ** y-golpeó la-emboscada y-se-desplegó

לְפִי־חָרֶב׃ וְהַמּוֹעֵד הָיָה לְאִישׁ יִשְׂרָאֵל עִם־
con Israel para-cada-hombre-de era Y-lo-fijado (38) . espada a-filo-de

הָאֹרֵב הֶרֶב לְהַעֲלוֹתָם מַשְׂאַת הֶעָשָׁן מִן־

desde el-humo señal-de para-hacer-subir-ellos hacer-grande la-emboscada

הָעִיר׃ וַיַּהֲפֹךְ אִישׁ־יִשְׂרָאֵל בַּמִּלְחָמָה וּבִנְיָמִן

y-Benjamín en-la-batalla Israel (los)hombres-de Y-dieron-la-vuelta (39) . la-ciudad

הֵחֵל לְהַכּוֹת חֲלָלִים בְּאִישׁ־יִשְׂרָאֵל כִּשְׁלֹשִׁים אִישׁ כִּי אָמְרוּ

dijeron ciertamente hombres como-treinta Israel en-(los)hombres-de víctimas a-golpear comenzó

אַךְ נָגוֹף נִגָּף הוּא לְפָנֵינוּ כַּמִּלְחָמָה הָרִאשֹׁנָה׃

. la-primera como-la-batalla ante-nosotros él está-derrotado derrotar sólo

וְהַמַּשְׂאֵת הֵחֵלָּה לַעֲלוֹת מִן־הָעִיר עַמּוּד עָשָׁן

humo columna-de la-ciudad desde a-subir empezó Y-la-señal (40)

וַיִּפֶן בִּנְיָמִן אַחֲרָיו וְהִנֵּה עָלָה כְלִיל־הָעִיר

la-ciudad la-totalidad-de subía y-he-aquí-que tras-él Benjamín y-dio-la-vuelta

הַשָּׁמָיְמָה׃ וְאִישׁ יִשְׂרָאֵל הָפַךְ וַיִּבָּהֵל אִישׁ

(los)hombres-de y-quedaron-aterrorizados se-volvieron Israel Y-(los)hombres-de (41) . a -los-cielos

בִנְיָמִן כִּי רָאָה כִּי־נָגְעָה עָלָיו הָרָעָה׃ וַיִּפְנוּ

Y-dieron-la-vuelta (42) . la-desgracia a-ellos alcanzaba que veían pues Benjamín

לִפְנֵי אִישׁ יִשְׂרָאֵל אֶל־דֶּרֶךְ הַמִּדְבָּר וְהַמִּלְחָמָה הִדְבִּיקָתְהוּ

lo-alcanzó y-la-batalla el-desierto (el)camino-de hacia Israel (los)hombres ante

וַאֲשֶׁר מֵהֶעָרִים מַשְׁחִיתִים אוֹתוֹ בְּתוֹכוֹ׃ כִּתְּרוּ

Envolvieron (43) . en-su-medio a-él aniquilaban de-las-ciudades y-los-que

אֶת־בִּנְיָמִן הִרְדִיפֻהוּ מְנוּחָה הִדְרִיכֻהוּ עַד נֹכַח הַגִּבְעָה

la-Guibeá enfrente-de hasta lo-hollaron lugar-de-descanso lo-acosaron Benjamín a

מִמִּזְרַח־שָׁמֶשׁ׃ וַיִּפְּלוּ מִבִּנְיָמִן שְׁמֹנָה־עָשָׂר אֶלֶף אִישׁ

hombres mil dieciocho de-Benjamín Y-cayeron (44) . el-sol desde-(la)salida-de

אֶת־כָּל־אֵלֶּה אַנְשֵׁי־חָיִל׃ וַיִּפְנוּ וַיָּנֻסוּ הַמִּדְבָּרָה

al-desierto y-huyeron Y-dieron-la-vuelta (45) . valor hombres-de éstos todos **

אֶל־סֶלַע הָרִמּוֹן וַיְעֹלְלֻהוּ בַּמְסִלּוֹת חֲמֵשֶׁת אֲלָפִים

mil cinco en-las-calzadas y-lo-hicieron-un-rebusco el-Rimón (la)peña-de hacia

אִישׁ וַיַּדְבִּיקוּ אַחֲרָיו עַד־גִּדְעֹם וַיַּכּוּ מִמֶּנּוּ

de-él y-mataron Gidom hasta tras-él y-persiguieron hombres

אַלְפַּיִם אִישׁ׃ וַיְהִי כָל־הַנֹּפְלִים מִבִּנְיָמִן

de-Benjamín los-caídos todos Y-fueron (46) . hombres dos-mil

עֶשְׂרִים וַחֲמִשָּׁה אֶלֶף אִישׁ שֹׁלֵף חֶרֶב בַּיּוֹם הַהוּא אֶת־כָּל־

todos ** el-aquel en-el-día espada sacadores-de hombres mil y-cinco veinte

אֵלֶּה אַנְשֵׁי־חָיִל׃ וַיִּפְנוּ וַיָּנֻסוּ הַמִּדְבָּרָה אֶל־

hacia al-desierto y-huyeron Y-dieron-la-vuelta (47) . valor hombres-de éstos

סֶלַע הָרִמּוֹן שֵׁשׁ מֵאוֹת אִישׁ וַיֵּשְׁבוּ בְּסֶלַע רִמּוֹן אַרְבָּעָה

cuatro Rimón en-(la)peña-de y-se-establecieron hombres cientos seis el-Rimón (la)peña-de

חֳדָשִׁים׃ וְאִישׁ יִשְׂרָאֵל שָׁבוּ אֶל־בְּנֵי בִנְיָמִן

Benjamín (los)hijos-de hacia volvieron Israel Y-(los)hombres-de (48) . meses

וַיַּכּוּם לְפִי־חֶרֶב מֵעִיר מְתֹם עַד־בְּהֵמָה עַד

hasta bestias hasta intacta desde-ciudad espada a-filo-de y-los-mataron

כָּל־הַנִּמְצָא גַּם כָּל־הֶעָרִים הַנִּמְצָאוֹת

las-que-se-encontraban las-ciudades todas también lo-que-se-encontraba todo

שִׁלְּחוּ בָאֵשׁ׃ וְאִישׁ יִשְׂרָאֵל נִשְׁבַּע בַּמִּצְפָּה

en-Mizpá habían-jurado Israel Y-(los)hombres-de (1) . fuego prendían Cap. 21

לֵאמֹר אִישׁ מִמֶּנּוּ לֹא־יִתֵּן בִּתּוֹ לְבִנְיָמִן לְאִשָּׁה׃

. por-mujer a-Benjamín su-hija dará no de-nosotros cada-hombre diciendo

וַיָּבֹא הָעָם בֵּית־אֵל וַיֵּשְׁבוּ שָׁם עַד־הָעֶרֶב

la-tarde hasta allí y-se-quedaron el a-Bet- el-pueblo Y-llegó (2)

לִפְנֵי הָאֱלֹהִים וַיִּשְׂאוּ קוֹלָם וַיִּבְכּוּ בְּכִי גָדוֹל׃

. grande llanto y-lloraron su-voz y-alzaron el-Dios ante

וַיֹּאמְרוּ לָמָה יְהוָה אֱלֹהֵי יִשְׂרָאֵל הָיְתָה זֹּאת בְּיִשְׂרָאֵל
en-Israel esto sucedió Israel Dios-de Yahweh ¿por-qué Y-dijeron (3)

לְהִפָּקֵד הַיּוֹם מִיִּשְׂרָאֵל שֵׁבֶט אֶחָד׃ וַיְהִי מִמָּחֳרָת
en-el-día-siguiente Y-sucedió (4) ? una tribu de-Israel este-día para-faltar

וַיַּשְׁכִּימוּ הָעָם וַיִּבְנוּ־שָׁם מִזְבֵּחַ וַיַּעֲלוּ
y-ofrecieron un-altar allí y-construyeron las-gentes que-madrugaron

עֹלוֹת וּשְׁלָמִים׃ וַיֹּאמְרוּ בְּנֵי יִשְׂרָאֵל
Israel (los)hijos-de Y-dijeron (5) . y-víctimas-pacíficas holocaustos

מִי אֲשֶׁר לֹא־עָלָה בַקָּהָל מִכָּל־שִׁבְטֵי יִשְׂרָאֵל אֶל־
hacia Israel (las)tribus-de de-todas con-la-asamblea ha-subido no el-que ¿quién

יְהוָה כִּי הַשְּׁבוּעָה הַגְּדוֹלָה הָיְתָה לַאֲשֶׁר לֹא־עָלָה אֶל־
hacia hubiese-subido no para-quien era el-grande el-juramento pues ?Yahweh

יְהוָה הַמִּצְפָּה לֵאמֹר מוֹת יוּמָת׃ וַיִּנָּחֲמוּ בְּנֵי
(los)hijos-de Y-sintieron-compasión (6) . morirá morir : diciendo a-Mizpá Yahweh

יִשְׂרָאֵל אֶל־בִּנְיָמִן אָחִיו וַיֹּאמְרוּ נִגְדַּע הַיּוֹם שֵׁבֶט
tribu este-día ha-sido-cortada y-dijeron su-hermano Benjamín hacia Israel

אֶחָד מִיִּשְׂרָאֵל׃ מַה־נַּעֲשֶׂה לָהֶם לַנּוֹתָרִים
a-los-que-quedan a-ellos haremos ¿Qué (7) . de-Israel una

לְנָשִׁים וַאֲנַחְנוּ נִשְׁבַּעְנוּ בַיהוָה לְבִלְתִּי תֵת־לָהֶם
a-ellos dar no por-Yahweh hemos-jurado y-nosotros ? para-mujeres

מִבְּנוֹתֵינוּ לְנָשִׁים׃ וַיֹּאמְרוּ מִי אֶחָד מִשִּׁבְטֵי
de-(las)tribus-de una ¿quién Y-dijeron (8) . por-mujeres de-nuestras-hijas

יִשְׂרָאֵל אֲשֶׁר לֹא־עָלָה אֶל־יְהוָה הַמִּצְפָּה וְהִנֵּה לֹא בָא־
había-venido no y-he-aquí-que ? a-Mizpá Yahweh hacia haya-subido no que Israel

אִישׁ אֶל־הַמַּחֲנֶה מִיָּבֵישׁ גִּלְעָד אֶל־הַקָּהָל׃ וַיִּתְפָּקֵד
Y-fue-contado (9) . la-asamblea a galaad de-Jabés-de el-campamento a hombre

הָעָם וְהִנֵּה אֵין־שָׁם אִישׁ מִיּוֹשְׁבֵי יָבֵשׁ גִּלְעָד׃

. galaad Jabés-de de-los-habitantes-de hombre allí no-había y-he-aquí-que el-pueblo

וַיִּשְׁלְחוּ־שָׁם הָעֵדָה שְׁנֵים־עָשָׂר אֶלֶף אִישׁ מִבְּנֵי הֶחָיִל

el-valor de-(los)hijos-de hombres mil doce la-asamblea allí Y-enviaron (10)

וַיְצַוּוּ אוֹתָם לֵאמֹר לְכוּ וְהִכִּיתֶם אֶת־יוֹשְׁבֵי יָבֵשׁ

Jabés-de los-habitantes-de a y-matad id diciendo a-ellos y-ordenaron

גִּלְעָד לְפִי־חֶרֶב וְהַנָּשִׁים וְהַטָּף׃ וְזֶה הַדָּבָר

la-cosa Y-esto (11) . y-los-niños y-las-mujeres espada a-filo-de galaad

אֲשֶׁר תַּעֲשׂוּ כָּל־זָכָר וְכָל־אִשָּׁה יֹדַעַת מִשְׁכַּב־זָכָר

varón relación-de que-haya-conocido mujer y-toda varón todo : haréis que

תַּחֲרִימוּ׃ וַיִּמְצְאוּ מִיּוֹשְׁבֵי יָבֵישׁ גִּלְעָד אַרְבַּע מֵאוֹת

cientos cuatro galaad Jabés-de de-(los)habitantes-de Y-encontraron (12) . consagraréis-al-anatema

נַעֲרָה בְתוּלָה אֲשֶׁר לֹא־יָדְעָה אִישׁ לְמִשְׁכַּב זָכָר

varón para-relación-de hombre habían-conocido no que doncellas jóvenes

וַיָּבִיאוּ אוֹתָם אֶל־הַמַּחֲנֶה שִׁלֹה אֲשֶׁר בְּאֶרֶץ כְּנָעַן׃

. Canaán en-(el)país-de que a-Silo el-campamento a a-ellos y-trajeron

וַיִּשְׁלְחוּ כָּל־הָעֵדָה וַיְדַבְּרוּ אֶל־בְּנֵי בִנְיָמִן

Benjamín (los)hijos-de a y-hablaron la-asamblea toda Y-enviaron (13)

אֲשֶׁר בְּסֶלַע רִמּוֹן וַיִּקְרְאוּ לָהֶם שָׁלוֹם׃ וַיָּשָׁב

Y-volvió (14) . paz a-ellos y-propusieron Rimón en-(la)peña-de que

בִּנְיָמִן בָּעֵת הַהִיא וַיִּתְּנוּ לָהֶם הַנָּשִׁים אֲשֶׁר

que las-mujeres a-ellos y-dieron el-aquel en-el-tiempo Benjamín

חִיּוּ מִנְּשֵׁי יָבֵשׁ גִּלְעָד וְלֹא־מָצְאוּ לָהֶם כֵּן׃

. así para-ellos encontraron y-no galaad Jabés-de de-(las)mujeres-de sobrevivían

וְהָעָם נִחָם לְבִנְיָמִן כִּי־עָשָׂה יְהוָה פֶּרֶץ

brecha Yahweh había-hecho porque de-Benjamín se-compadeció Y-el-pueblo (15)

בְּשִׁבְטֵי יִשְׂרָאֵל׃ וַיֹּאמְרוּ זִקְנֵי הָעֵדָה מַה־
¿qué : la-asamblea (los)ancianos-de Y-dijeron (16) . Israel en-(las)tribus-de

נַּעֲשֶׂה לַנּוֹתָרִים לְנָשִׁים כִּי־ נִשְׁמְדָה
han-sido-exterminadas pues ? para-mujeres a-los-que-quedan haremos

מִבִּנְיָמִן אִשָּׁה׃ וַיֹּאמְרוּ יְרֻשַּׁת פְּלֵיטָה לְבִנְיָמִן וְלֹא־
y-no para-Benjamín supervivencia herencia-de : Y-dijeron (17) . mujeres de-Benjamín

יִמָּחֶה שֵׁבֶט מִיִּשְׂרָאֵל׃ וַאֲנַחְנוּ לֹא נוּכַל לָתֵת־
dar podemos no Y-nosotros (18) . de-Israel una-tribu se-extinga

לָהֶם נָשִׁים מִבְּנוֹתֵינוּ כִּי־ נִשְׁבְּעוּ בְנֵי־ יִשְׂרָאֵל
Israel (los)hijos-de habían-jurado pues de-nuestras-hijas mujeres a-ellos

לֵאמֹר אָרוּר נֹתֵן אִשָּׁה לְבִנְיָמִן׃ וַיֹּאמְרוּ הִנֵּה
he-aquí : Y-dijeron (19) . a-Benjamín mujer quien-dé maldito diciendo

חַג־ יְהוָה בְּשִׁלוֹ מִיָּמִים ׀ יָמִימָה אֲשֶׁר מִצְּפוֹנָה לְבֵית־אֵל
el de-Bet- de-(el)norte que a-días de-días en-Silo Yahweh fiesta-de

מִזְרְחָה הַשֶּׁמֶשׁ לִמְסִלָּה הָעֹלָה מִבֵּית־ אֵל שְׁכֶמָה וּמִנֶּגֶב
y-del-sur a-Siquem el de-Bet- que-sube de-(la)calzada el-sol a-(la)salida-de

לִלְבוֹנָה׃ וַיְצַוּ אֶת־ בְּנֵי בִנְיָמִן לֵאמֹר לְכוּ
id : diciendo Benjamín (los)hijos-de a Y-ordenaron (20) . de-Leboná

וַאֲרַבְתֶּם בַּכְּרָמִים׃ וּרְאִיתֶם וְהִנֵּה אִם־ יֵצְאוּ
salgan cuando y-he-aquí-que Y-veréis (21) . en-las-viñas y-emboscaos

בְנוֹת־ שִׁילוֹ לָחוּל בַּמְּחֹלוֹת וִיצָאתֶם מִן־ הַכְּרָמִים
las-viñas desde y-saldréis en-las-danzas a-danzar-en-corro Silo (las)hijas-de

וַחֲטַפְתֶּם לָכֶם אִישׁ אִשְׁתּוֹ מִבְּנוֹת שִׁילוֹ וַהֲלַכְתֶּם
y-os-iréis Silo de-(las)hijas-de su-mujer cada-hombre para-vosotros y-raptaréis

אֶרֶץ בִּנְיָמִן׃ וְהָיָה כִּי־ יָבֹאוּ אֲבוֹתָם אוֹ
o sus-padres lleguen cuando Y-sucederá (22) . Benjamín (al)-país-de

אֲחֵיהֶם לָרִוב אֵלֵינוּ וְאָמַרְנוּ אֲלֵיהֶם חָנּוּנוּ
tenednos-compasión : a-ellos y-diremos contra-nosotros a-pleitear sus-hermanos

אוֹתָם כִּי לֹא לָקַחְנוּ אִישׁ אִשְׁתּוֹ בַּמִּלְחָמָה כִּי לֹא אַתֶּם
vosotros no ciertamente en-la-guerra su-mujer cada-hombre capturamos no pues a-ellos

נְתַתֶּם לָהֶם כָּעֵת תֶּאְשָׁמוּ׃ וַיַּעֲשׂוּ־
E-hicieron (23) . incurriendo-en-culpa como-este-tiempo a-ellos habéis-dado

כֵן בְּנֵי בִנְיָמִן וַיִּשְׂאוּ נָשִׁים לְמִסְפָּרָם מִן־
de según-su-número mujeres y-tomaron Benjamín (los)hijos-de así

הַמְחֹלְלוֹת אֲשֶׁר גָּזָלוּ וַיֵּלְכוּ וַיָּשׁוּבוּ אֶל־
a y-volvieron y-se-fueron robaron que las-danzarinas

נַחֲלָתָם וַיִּבְנוּ אֶת־ הֶעָרִים וַיֵּשְׁבוּ בָּהֶם׃
. en-ellas y-habitaron las-ciudades ** y-reedificaron su-heredad

וַיִּתְהַלְּכוּ מִשָּׁם בְּנֵי־ יִשְׂרָאֵל בָּעֵת הַהִיא אִישׁ
cada-hombre el-aquel en-el-tiempo Israel (los)hijos-de de-allí Y-se-fueron (24)

לְשִׁבְטוֹ וּלְמִשְׁפַּחְתּוֹ וַיֵּצְאוּ מִשָּׁם אִישׁ
cada-hombre de-allí y-salieron y-a-su-familia a-su-tribu

לְנַחֲלָתוֹ׃ בַּיָּמִים הָהֵם אֵין מֶלֶךְ בְּיִשְׂרָאֵל
en-Israel rey no-había los-aquellos En-los-días (25) . a-su-heredad

אִישׁ הַיָּשָׁר בְּעֵינָיו יַעֲשֶׂה׃
. hacía en-sus-ojos lo-recto cada-hombre

RUT

וַיְהִי בִּימֵי שְׁפֹט הַשֹּׁפְטִים וַיְהִי רָעָב

(1) Y-sucedió en-(los)días-de (el)juzgar-de los-jueces que-hubo hambre

בָּאָרֶץ וַיֵּלֶךְ אִישׁ מִבֵּית לֶחֶם יְהוּדָה לָגוּר בִּשְׂדֵי

en-el-país y-fue un-hombre de-Belén-de Judá a-morar en-(los)campos-de

מוֹאָב הוּא וְאִשְׁתּוֹ וּשְׁנֵי בָנָיו׃ וְשֵׁם הָאִישׁ

Moab él y-su-mujer y-dos hijos-suyos . (2) Y-(el)nombre-de el-hombre

אֱלִימֶלֶךְ וְשֵׁם אִשְׁתּוֹ נָעֳמִי וְשֵׁם שְׁנֵי־בָנָיו ׀

Elimélec y-(el)nombre-de su-mujer Noemí y-(el)nombre-de dos hijos-suyos

מַחְלוֹן וְכִלְיוֹן אֶפְרָתִים מִבֵּית לֶחֶם יְהוּדָה וַיָּבֹאוּ

Mahlón y-Quilyón efrateos de-Belén-de Judá y-llegaron

שְׂדֵי־מוֹאָב וַיִּהְיוּ־שָׁם׃ וַיָּמָת אֱלִימֶלֶךְ אִישׁ

a-(los)campos-de Moab y-estuvieron allí . (3) Y-murió Elimélec (el)marido-de

נָעֳמִי וַתִּשָּׁאֵר הִיא וּשְׁנֵי בָנֶיהָ׃ וַיִּשְׂאוּ

Noemí y-quedó ella y-dos hijos-suyos . (4) Y-tomaron

לָהֶם נָשִׁים מֹאֲבִיּוֹת שֵׁם הָאַחַת עָרְפָּה וְשֵׁם הַשֵּׁנִית רוּת

para-ellos mujeres moabitas (el)nombre-de la-una Orfá y-(el)nombre-de la-otra Rut

וַיֵּשְׁבוּ שָׁם כְּעֶשֶׂר שָׁנִים׃ וַיָּמוּתוּ גַם־שְׁנֵיהֶם

y-habitaron allí como-diez años . (5) Y-murieron también ellos-dos

מַחְלוֹן וְכִלְיוֹן וַתִּשָּׁאֵר הָאִשָּׁה מִשְּׁנֵי יְלָדֶיהָ

Mahlón y-Quilyón y-quedó la-mujer sin-dos hijos-suyos

וּמֵאִישָׁהּ׃ וַתָּקָם הִיא וְכַלֹּתֶיהָ

y-sus-nueras ella Y-se-levantó (6) . y-sin-su-esposo

וַתָּשָׁב מִשְּׂדֵי מוֹאָב כִּי שָׁמְעָה בִּשְׂדֵה מוֹאָב כִּי־

que Moab en-(el)campo-de había-oído pues Moab desde-(los)campos-de y-volvió

פָקַד יְהוָה אֶת־ עַמּוֹ לָתֵת לָהֶם לָחֶם׃ וַתֵּצֵא

Y-salió (7) . pan a-ellos para-dar su-pueblo a Yahweh había-visitado

מִן־ הַמָּקוֹם אֲשֶׁר הָיְתָה־ שָׁמָּה וּשְׁתֵּי כַלֹּתֶיהָ

nueras-suyas y-dos allí había-estado donde el-lugar de

עִמָּהּ וַתֵּלַכְנָה בַדֶּרֶךְ לָשׁוּב אֶל־ אֶרֶץ יְהוּדָה׃

. Judá (el)país-de a para-volver por-el-camino y-anduvieron con-ella

וַתֹּאמֶר נָעֳמִי לִשְׁתֵּי כַלֹּתֶיהָ לֵכְנָה שֹּׁבְנָה אִשָּׁה

cada-mujer volved id : nueras-suyas a-dos Noemí Y-dijo (8)

לְבֵית אִמָּהּ יַעֲשֶׂה יְהוָה עִמָּכֶם חֶסֶד כַּאֲשֶׁר

como misericordia con-vosotros Yahweh haga ; su-madre a-casa-de

עֲשִׂיתֶם עִם־ הַמֵּתִים וְעִמָּדִי׃ יִתֵּן יְהוָה לָכֶם

a-vosotros Yahweh Conceda (9) . y-conmigo los-muertos con hicisteis

וּמְצֶאןָ מְנוּחָה אִשָּׁה בֵּית אִישָׁהּ וַתִּשַּׁק לָהֶן

a-ellas y-besó ; su-marido (en)casa-de cada-mujer reposo y-encontrad

וַתִּשֶּׂאנָה קוֹלָן וַתִּבְכֶּינָה׃ וַתֹּאמַרְנָה־ לָּהּ כִּי־

cierta mente a-ella Y-dijeron (10) . y-lloraron su-voz y-alzaron

אִתָּךְ נָשׁוּב לְעַמֵּךְ׃ וַתֹּאמֶר נָעֳמִי שֹׁבְנָה

volved Noemí Y-dijo (11) . a-tu-pueblo volveremos contigo

בְנֹתַי לָמָּה תֵלַכְנָה עִמִּי הַעוֹד־ לִי בָנִים

hijos para-mí ¿acaso aún ? conmigo habéis-de-venir ¿por-qué hijas-mías

בְּמֵעַי וְהָיוּ לָכֶם לַאֲנָשִׁים׃ שֹׁבְנָה

Volved (12) ? como-maridos para-vosotras que-sean en-mis-entrañas

בְּנֹתַי לֵכְןָ כִּי זָקַנְתִּי מִהְיוֹת לְאִישׁ כִּי אָמַרְתִּי

dijese aunque de-un-marido para-ser soy-vieja que marchad hijas-mías

יֶשׁ־לִי תִקְוָה גַּם הָיִיתִי הַלַּיְלָה לְאִישׁ וְגַם יָלַדְתִּי בָנִים׃

. hijos he-dado -a-luz e-incluso de-un-marido esta-noche he-sido incluso esperanza para-mí hay

הֲלָהֵן ׀ תְּשַׂבֵּרְנָה עַד אֲשֶׁר יִגְדָּלוּ הֲלָהֵן תֵּעָגֵנָה

os-retraeríais ¿acaso-por-ellos ? fuesen-mayores que hasta esperaríais ¿Acaso-a-ellos (13)

לְבִלְתִּי הֱיוֹת לְאִישׁ אַל בְּנֹתַי כִּי־מַר־לִי מְאֹד מִכֶּם

por-vosotras mucha para-mí amargura pues hijas-mías no de-un-marido? ser sin

כִּי־יָצְאָה בִי יַד־יְהוָה׃ וַתִּשֶּׂנָה קוֹלָן

sus-voces Y-alzaron (14) . Yahweh (la)mano-de contra-mí ha-salido pues

וַתִּבְכֶּינָה עוֹד וַתִּשַּׁק עָרְפָּה לַחֲמוֹתָהּ וְרוּת

pero-Rut a-su-suegra Orfá y-besó de-nuevo y-lloraron

דָּבְקָה בָּהּ׃ וַתֹּאמֶר הִנֵּה שָׁבָה יְבִמְתֵּךְ

tu-cuñada se-ha-vuelto mira : Y-dijo (15) . a-ella se-unió

אֶל־עַמָּהּ וְאֶל־אֱלֹהֶיהָ שׁוּבִי אַחֲרֵי יְבִמְתֵּךְ׃

. tu-cuñada tras vuelve sus-dioses y-a su-pueblo a

וַתֹּאמֶר רוּת אַל־תִּפְגְּעִי־בִי לְעָזְבֵךְ לָשׁוּב

volviendo para-abandonarte a-mí ruegues no : Rut Pero-dijo (16)

מֵאַחֲרָיִךְ כִּי אֶל־אֲשֶׁר תֵּלְכִי אֵלֵךְ וּבַאֲשֶׁר תָּלִינִי אָלִין

moraré mores y-en-donde iré vayas donde hacia porque de-detrás-de-ti

עַמֵּךְ עַמִּי וֵאלֹהַיִךְ אֱלֹהָי׃ בַּאֲשֶׁר תָּמוּתִי

mueras En-donde (17) . mi-Dios y-tu-Dios mi-pueblo tu-pueblo

אָמוּת וְשָׁם אֶקָּבֵר כֹּה יַעֲשֶׂה יְהוָה לִי וְכֹה

y-así a-mí Yahweh haga así seré-enterrada y-allí moriré

יֹסִיף כִּי הַמָּוֶת יַפְרִיד בֵּינִי וּבֵינֵךְ׃

. y-entre-tú entre-yo separará la-muerte sólo aumente

וַתֵּרֶא כִּי־ מִתְאַמֶּצֶת הִיא לָלֶכֶת אִתָּהּ
con-ella a-ir ella estaba-resuelta que Y-vio (18)

וַתֶּחְדַּל לְדַבֵּר אֵלֶיהָ׃ וַתֵּלַכְנָה שְׁתֵּיהֶם עַד־
hasta ellas-dos Y-anduvieron (19) . a-ella de-hablar y-cesó

בֹּאָנָה בֵּית לָחֶם וַיְהִי כְּבֹאָנָה בֵּית לֶחֶם
a-Belén cuando-su-llegar y-sucedió a-Belén su-llegar

וַתֵּהֹם כָּל־ הָעִיר עֲלֵיהֶן וַתֹּאמַרְנָה
: y-ellas-exclamaron a-causa-de-ellas la-ciudad toda que-se-alborotó

הֲזֹאת נָעֳמִי׃ וַתֹּאמֶר אֲלֵיהֶן אַל־תִּקְרֶאנָה לִי נָעֳמִי קְרֶאןָ לִי
a-mí llamad Noemí a-mí llaméis no : a-ellas Y-dijo (20) ? Noemí ¿ésta-(es)

מָרָא כִּי־ הֵמַר שַׁדַּי לִי מְאֹד׃ אֲנִי מְלֵאָה הָלַכְתִּי
me-fui colmada Yo (21) . mucho a-mí Saday ha-amargado pues Mara

וְרֵיקָם הֱשִׁיבַנִי יְהוָה לָמָּה תִקְרֶאנָה לִי נָעֳמִי וַיהוָה
y-Yahweh Noemí a-mí habéis-de-llamar ¿por-qué Yahweh me-hace-volver y-de-vacío

עָנָה בִי וְשַׁדַּי הֵרַע לִי׃
? a-mí maltrató y-Saday en-mi-contra testimonió

וַתָּשָׁב נָעֳמִי וְרוּת הַמּוֹאֲבִיָּה כַלָּתָהּ
su-nuera la-moabita y-Rut Noemí Y-volvió (22)

עִמָּהּ הַשָּׁבָה מִשְּׂדֵי מוֹאָב וְהֵמָּה בָּאוּ בֵּית
a-Be- llegaron y-ellas Moab desde-(los)campos-de que-había-vuelto con-ella

לֶחֶם בִּתְחִלַּת קְצִיר שְׂעֹרִים׃ וּלְנָעֳמִי מידע
un-pariente Y-para-Noemí (1) . cebadas (la)siega-de en-(el)comienzo-de lén **Cap. 2**

לְאִישָׁהּ אִישׁ גִּבּוֹר חַיִל מִמִּשְׁפַּחַת אֱלִימֶלֶךְ וּשְׁמוֹ
y-su-nombre Elimélec de-(la)familia-de hacienda poderoso-de hombre de-su-marido

בֹּעַז׃ וַתֹּאמֶר רוּת הַמּוֹאֲבִיָּה אֶל־ נָעֳמִי אֵלְכָה־ נָּא הַשָּׂדֶה
al-campo pues me-iré : Noemí a la-moabita Rut Y-dijo (2) . Booz

וְאֲלַקֳטָה בַשִּׁבֳּלִים אַחַר אֲשֶׁר אֶמְצָא־חֵן בְּעֵינָיו
a-sus-ojos gracia encuentre quien tras-de en-las-espigas y-espigaré

וַתֹּאמֶר לָהּ לְכִי בִתִּי׃ וַתֵּלֶךְ וַתָּבוֹא
y-llegó Y-fue (3) . hija-mía ve : a-ella y-dijo

וַתְּלַקֵּט בַּשָּׂדֶה אַחֲרֵי הַקֹּצְרִים וַיִּקֶר
y-la-llevó-casualmente los-segadores tras en-el-campo y-espigó

מִקְרֶהָ חֶלְקַת הַשָּׂדֶה לְבֹעַז אֲשֶׁר מִמִּשְׁפַּחַת אֱלִימֶלֶךְ׃
. Elimélec de-(la)familia-de que de-Booz e l-campo a-(la)parte-de su-fortuna

וְהִנֵּה־בֹעַז בָּא מִבֵּית לֶחֶם וַיֹּאמֶר
y-dijo de-Belén vino Booz Y-he-aquí-que (4)

לַקּוֹצְרִים יְהוָה עִמָּכֶם וַיֹּאמְרוּ לוֹ יְבָרֶכְךָ
te-bendiga : a-él y-dijeron con-vosotros Yahweh : a-los-segadores

יְהוָה׃ וַיֹּאמֶר בֹּעַז לְנַעֲרוֹ הַנִּצָּב עַל־
al-frente-de que-estaba a-su-criado Booz Y-dijo (5) . Yahweh

הַקּוֹצְרִים לְמִי הַנַּעֲרָה הַזֹּאת׃ וַיַּעַן הַנַּעַר
el-criado Y-contestó (6) ? la-esta la-muchacha ¿para-quién los-segadores

הַנִּצָּב עַל־ הַקּוֹצְרִים וַיֹּאמַר נַעֲרָה
una-joven : y-dijo los-segadores al-frente-de que-estaba

מוֹאֲבִיָּה הִיא הַשָּׁבָה עִם־ נָעֳמִי מִשְּׂדֵה מוֹאָב׃ וַתֹּאמֶר
: Y-dijo-ella (7) . Moab de-(el)campo-de Noemí con que-ha-vuelto ella moabita

אֲלַקֳטָה־ נָּא וְאָסַפְתִּי בָעֳמָרִים אַחֲרֵי הַקּוֹצְרִים
los-segadores tras entre-las-gavillas y-recogeré pues espigaré

וַתָּבוֹא וַתַּעֲמוֹד מֵאָז הַבֹּקֶר וְעַד־ עַתָּה זֶה שִׁבְתָּהּ
su-reposar en-que ahora y-hasta la-mañana desde-entonces y-sigue y-ha-venido

הַבַּיִת מְעָט׃ וַיֹּאמֶר בֹּעַז אֶל־רוּת הֲלוֹא שָׁמַעַתְּ בִּתִּי אַל־
no ? hija-mía oíste ¿acaso-no : Rut a Booz Y-dijo (8) . un-poco la-casa

תֵּלְכִי לִלְקֹט בְּשָׂדֶה אַחֵר וְגַם לֹא תַעֲבוּרִי מִזֶּה וְכֹה
y-aquí de-aquí pases no y-tampoco otro en-campo a-espigar vayas

תִדְבָּקִין עִם־ נַעֲרֹתָי׃ עֵינַיִךְ בַּשָּׂדֶה אֲשֶׁר־
que en-el-campo Tus-ojos (9) . mis-criadas con júntate

יִקְצֹרוּן וְהָלַכְתְּ אַחֲרֵיהֶן הֲלוֹא צִוִּיתִי אֶת־הַנְּעָרִים לְבִלְתִּי
no a-los-criados ** he-ordenado ¿acaso-no tras-ellas e-irás sieguen

נָגְעֵךְ וְצָמִת וְהָלַכְתְּ אֶל־ הַכֵּלִים וְשָׁתִית
y-bebe las-vasijas a ve y-tienes-sed ? tocarte

מֵאֲשֶׁר יִשְׁאֲבוּן הַנְּעָרִים׃ וַתִּפֹּל עַל־ פָּנֶיהָ וַתִּשְׁתַּחוּ
y-se-postró su-rostro sobre Y-cayó (10) . los-criados saquen de-lo-que

אָרְצָה וַתֹּאמֶר אֵלָיו מַדּוּעַ מָצָאתִי חֵן בְּעֵינֶיךָ
a-tus-ojos gracia he-encontrado ¿por-qué : a-él y-dijo a-tierra

לְהַכִּירֵנִי וְאָנֹכִי נָכְרִיָּה׃ וַיַּעַן בֹּעַז וַיֹּאמֶר לָהּ
: a-ella y-dijo Booz Y-contestó (11) ? extranjera y-yo para-fijarte-en-mí

הֻגֵּד הֻגַּד לִי כֹּל אֲשֶׁר־ עָשִׂית אֶת־ חֲמוֹתֵךְ אַחֲרֵי
tras tu-suegra con hiciste lo-que todo a-mí fue-contado contar

מוֹת אִישֵׁךְ וַתַּעַזְבִי אָבִיךְ וְאִמֵּךְ
y-tu-madre tu-padre y-abandonaste tu-marido (la)muerte-de

וְאֶרֶץ מוֹלַדְתֵּךְ וַתֵּלְכִי אֶל־ עַם אֲשֶׁר לֹא־ יָדַעַתְּ תְּמוֹל
ayer conocías no que un-pueblo a y-fuiste tu-nacimiento y-(la)tierra-de

שִׁלְשׁוֹם׃ יְשַׁלֵּם יְהוָה פָּעֳלֵךְ וּתְהִי מַשְׂכֻּרְתֵּךְ
tu-recompensa y-sea tu-obra Yahweh Premie (12) . anteayer

שְׁלֵמָה מֵעִם יְהוָה אֱלֹהֵי יִשְׂרָאֵל אֲשֶׁר־ בָּאת לַחֲסוֹת תַּחַת־
bajo a-refugiarte has-venido que Israel Dios-de Yahweh de-parte-de colmada

כְּנָפָיו׃ וַתֹּאמֶר אֶמְצָא־ חֵן בְּעֵינֶיךָ אֲדֹנִי
mi-Señor a-tus-ojos gracia he-encontrado : Y-ella-dijo (13) . sus-alas

כִּי נִחַמְתָּנִי וְכִי דִבַּרְתָּ עַל־לֵב שִׁפְחָתֶךָ וְאָנֹכִי

y-yo tu-sierva (el)corazón-de a has-hablado y-ciertamente me-has-consolado ciertamente

לֹא אֶהְיֶה כְּאַחַת שִׁפְחֹתֶיךָ׃ וַיֹּאמֶר לָה בֹעַז

Booz a-ella Y-dijo (14) . tus-criadas como-una-de soy no

לְעֵת הָאֹכֶל גֹּשִׁי הֲלֹם וְאָכַלְתְּ מִן־הַלֶּחֶם וְטָבַלְתְּ

y-moja el-pan de y-come aquí acércate : la-comida a-(el)tiempo-de

פִּתֵּךְ בַּחֹמֶץ וַתֵּשֶׁב מִצַּד הַקּוֹצְרִים

los-segadores del-lado-de y-siéntate en-el-vinagre tu-bocado

וַיִּצְבָּט־לָהּ קָלִי וַתֹּאכַל וַתִּשְׂבַּע

y-se-sació y-ella-comió trigo-tostado a-ella y-ofreció

וַתֹּתַר׃ וַתָּקָם לְלַקֵּט וַיְצַו בֹּעַז אֶת־

a Booz y-ordenó a-espigar Y-se-levantó (15) . y-dejó-sobrante

נְעָרָיו לֵאמֹר גַּם בֵּין הָעֳמָרִים תְּלַקֵּט וְלֹא

y-no espigará las-gavillas entre también : diciendo sus-siervos

תַכְלִימוּהָ׃ וְגַם שֹׁל־תָּשֹׁלּוּ לָהּ מִן־

de para-ella sacaréis sacar Y-también (16) . la-avergonzaréis

הַצְּבָתִים וַעֲזַבְתֶּם וְלִקְּטָה וְלֹא תִגְעֲרוּ־בָהּ׃

. a-ella increparéis y-no y-ella espigará y-abandonaréis los-manojos

וַתְּלַקֵּט בַּשָּׂדֶה עַד־הָעָרֶב וַתַּחְבֹּט אֵת

** y-desgranó la-tarde hasta en-el-campo Y-ella-espigó (17)

אֲשֶׁר־לִקֵּטָה וַיְהִי כְּאֵיפָה שְׂעֹרִים׃ וַתִּשָּׂא

Y-tomó (18) . cebadas como-un-efa y-era había-espigado lo-que

וַתָּבוֹא הָעִיר וַתֵּרֶא חֲמוֹתָהּ אֵת אֲשֶׁר־לִקֵּטָה

había-espigado lo-que ** su-suegra y-vio a-la-ciudad y-llegó

וַתּוֹצֵא וַתִּתֶּן־לָהּ אֵת אֲשֶׁר־הוֹתִרָה

le-había-sobrado lo-que ** a-ella y-dio y-sacó

מִשָּׂבְעָהּ׃ (19) וַתֹּאמֶר לָהּ חֲמוֹתָהּ אֵיפֹה

¿dónde : su-suegra a-ella Y-dijo (19) . de-su-saciarse

לִקַּטְתְּ הַיּוֹם וְאָנָה עָשִׂית יְהִי מַכִּירֵךְ

quien-se-fijó-en-ti sea ? has-trabajado ¿y-dónde ? este-día has-espigado

בָּרוּךְ וַתַּגֵּד לַחֲמוֹתָהּ אֵת אֲשֶׁר־עָשְׂתָה

había-trabajado que ** a-su-suegra Y-contó . bendito

עִמּוֹ וַתֹּאמֶר שֵׁם הָאִישׁ אֲשֶׁר עָשִׂיתִי עִמּוֹ הַיּוֹם בֹּעַז׃

. Booz este-día con-él he-trabajado que el-hombre (el)nombre- : y-dijo con-él

(20) וַתֹּאמֶר נָעֳמִי לְכַלָּתָהּ בָּרוּךְ הוּא לַיהוָה

por-Yahweh él bendito : a-su-nuera Noemí Y-dijo (20)

אֲשֶׁר לֹא־עָזַב חַסְדּוֹ אֶת־הַחַיִּים וְאֶת־הַמֵּתִים

los-muertos y-con los-vivos con su-piedad retiró no que

וַתֹּאמֶר לָהּ נָעֳמִי קָרוֹב לָנוּ הָאִישׁ מִגֹּאֲלֵנוּ הוּא׃

. él uno-de-nuestros-redentores el-hombre para-nosotros pariente : Noemí a-ella y-dijo

(21) וַתֹּאמֶר רוּת הַמּוֹאֲבִיָּה גַּם ׀ כִּי־אָמַר אֵלַי עִם־הַנְּעָרִים

los-criados con : a-mí dijo ciertamente también : la-moabita Rut Y-dijo (21)

אֲשֶׁר־לִי תִּדְבָּקִין עַד אִם־כִּלּוּ אֵת כָּל־הַקָּצִיר אֲשֶׁר־לִי׃

. para-mí que la-siega toda ** terminen cuando hasta te-juntarás para-mí que

(22) וַתֹּאמֶר נָעֳמִי אֶל־רוּת כַּלָּתָהּ טוֹב בִּתִּי

hija-mía bueno : su-nuera Rut a Noemí Y-dijo (22)

כִּי תֵצְאִי עִם־נַעֲרוֹתָיו וְלֹא יִפְגְּעוּ־בָךְ בְּשָׂדֶה אַחֵר׃

. otro en-campo a-ti molestarán y-no sus-criadas con salgas que

(23) וַתִּדְבַּק בְּנַעֲרוֹת בֹּעַז לְלַקֵּט עַד־כְּלוֹת

(el)acabar-de hasta espigando Booz con-criadas-de Y-se-juntó (23)

קְצִיר־הַשְּׂעֹרִים וּקְצִיר הַחִטִּים וַתֵּשֶׁב אֶת־

con y-vivía los-trigos y-(la)siega-de las-cebadas (la)siega-de

חֲמוֹתָהּ׃ וַתֹּאמֶר לָהּ נָעֳמִי חֲמוֹתָהּ

: su-suegra Noemí a-ella Y-dijo (1) . su-suegra

בִּתִּי הֲלֹא אֲבַקֶּשׁ־לָךְ מָנוֹחַ אֲשֶׁר יִיטַב־לָךְ׃

? para ti sea-bueno que un-lugar-de-descanso para-ti he-de-buscar ¿acaso-no hija-mía

וְעַתָּה הֲלֹא בֹעַז מֹדַעְתָּנוּ אֲשֶׁר הָיִית אֶת־נַעֲרוֹתָיו

? sus-criadas con estuviste que nuestro-pariente Booz ¿acaso-no(es) Y-ahora (2)

הִנֵּה־הוּא זֹרֶה אֶת־גֹּרֶן הַשְּׂעֹרִים הַלָּיְלָה׃ וְרָחַצְתְּ ׀

Y-te-lavarás (3) . esta-noche las-cebadas (la)era-de ** avienta él he-aquí-que

וָסַכְתְּ וְשַׂמְתְּ שִׂמְלֹתֵךְ עָלַיִךְ וְיָרַדְתִּי

y-bajarás sobre-ti tus-vestidos y-pondrás y-te-ungirás

הַגֹּרֶן אַל־תִּוָּדְעִי לָאִישׁ עַד כַּלֹּתוֹ

su-terminar hasta al-hombre te-des-a-conocer no a-la-era

לֶאֱכֹל וְלִשְׁתּוֹת׃ וִיהִי בְשָׁכְבוֹ וְיָדַעַתְּ

que-te-fijarás cuando-su-acostarse Y-sucederá (4) . y-beber de-comer

אֶת־הַמָּקוֹם אֲשֶׁר יִשְׁכַּב־שָׁם וּבָאת וְגִלִּית מַרְגְּלֹתָיו

sus-pies y-descubrirás e-irás allí se-acuesta que el-lugar **

וְשָׁכָבְתִּי וְהוּא יַגִּיד לָךְ אֵת אֲשֶׁר תַּעֲשִׂין׃

. has-de-hacer que ** a-ti dirá y-él y-te-acostarás

וַתֹּאמֶר אֵלֶיהָ כֹּל אֲשֶׁר־תֹּאמְרִי _ _ אֶעֱשֶׂה׃ וַתֵּרֶד

Y-bajó (6) . haré a-mí has-dicho lo-que todo : ella Y-dijo (5)

הַגֹּרֶן וַתַּעַשׂ כְּכֹל אֲשֶׁר־צִוַּתָּה חֲמוֹתָהּ׃

. su-suegra había-mandado lo-que según-todo y-obró a-la-era

וַיֹּאכַל בֹּעַז וַיֵּשְׁתְּ וַיִּיטַב לִבּוֹ וַיָּבֹא

y-fue su-corazón y-se-alegró y-bebió Booz Y-comió (7)

לִשְׁכַּב בִּקְצֵה הָעֲרֵמָה וַתָּבֹא בַלָּט

en-secreto y-ella-llegó el-montón en-(el)borde-de a-acostarse

וַתְּגַל מַרְגְּלֹתָיו וַתִּשְׁכָּב׃ וַיְהִי בַּחֲצִי

en-medio-de Y-sucedió (8) . y-se-acostó sus-pies y-descubrió

הַלַּיְלָה וַיֶּחֱרַד הָאִישׁ וַיִּלָּפֵת וְהִנֵּה אִשָּׁה שֹׁכֶבֶת

acostada una-mujer y-he-aquí-que y-se-inclinó el-hombre que-se-estremeció la-noche

מַרְגְּלֹתָיו׃ וַיֹּאמֶר מִי־אָתְּ וַתֹּאמֶר אָנֹכִי רוּת אֲמָתֶךָ

tu-sierva Rut yo-soy : y-ella-dijo ? tú ¿quién : Y-dijo (9) . a-sus-pies

וּפָרַשְׂתָּ כְנָפֶךָ עַל־אֲמָתְךָ כִּי גֹאֵל

liberador pues tu-sierva sobre el-borde-de-tu-manto y-dígnate-extender

אָתָּה׃ וַיֹּאמֶר בְּרוּכָה אַתְּ לַיהוָה בִּתִּי

hija-mía de-Yahweh tú bendita : Y-dijo-él (10) . tú

הֵיטַבְתְּ חַסְדֵּךְ הָאַחֲרוֹן מִן־הָרִאשׁוֹן לְבִלְתִּי־לֶכֶת

ir no el-primero más-que el-último tu-acto-de-piedad hiciste-bien

אַחֲרֵי הַבַּחוּרִים אִם־דַּל וְאִם־עָשִׁיר׃ וְעַתָּה בִּתִּי

hija-mía Y-ahora (11) . rico y-ni pobre ni los-jóvenes tras

אַל־תִּירְאִי כֹּל אֲשֶׁר־תֹּאמְרִי אֶעֱשֶׂה־לָּךְ כִּי יוֹדֵעַ כָּל־

toda sabe pues contigo haré digas lo-que todo temas no

שַׁעַר עַמִּי כִּי אֵשֶׁת חַיִל אָתְּ׃ וְעַתָּה כִּי אָמְנָם

en-verdad pues Y-ahora (12) . tú virtud mujer-de que mi-pueblo (la)puerta-de

כִּי אם גֹאֵל אָנֹכִי וְגַם יֵשׁ גֹּאֵל קָרוֹב מִמֶּנִּי׃

. más-que-yo próximo un-rescatador hay y-también yo rescatador aunque ciertamente

לִינִי ׀ הַלַּיְלָה וְהָיָה בַבֹּקֶר אִם־יִגְאָלֵךְ טוֹב

bien te-rescata si por-la-mañana y-sucederá esta-noche Duerme (13)

יִגְאָל וְאִם־לֹא יַחְפֹּץ לְגָאֳלֵךְ וּגְאַלְתִּיךְ

y-te-rescataré rescatarte quiere no y-si que-rescate

אָנֹכִי חַי־יְהוָה שִׁכְבִי עַד־הַבֹּקֶר׃ וַתִּשְׁכַּב מַרְגְּלֹתָו עַד־

hasta a-sus-pies Y-se-acostó (14) . la-mañana hasta acuéstate Yahweh vive yo

הַבֹּקֶר וַתָּקָם בְּטֶרֶום יַכִּיר אִישׁ אֶת־רֵעֵהוּ
su-compañero a hombre pueda-reconocer antes-de-que y-se-levantó la-mañana

וַיֹּאמֶר אַל־יִוָּדַע כִּי־בָאָה הָאִשָּׁה הַגֹּרֶן׃
. (a)la-era la-mujer ha-venido que se-sepa no : y-dijo-él

וַיֹּאמֶר הָבִי הַמִּטְפַּחַת אֲשֶׁר־עָלַיִךְ וְאֶחֳזִי־בָהּ וַתֹּאחֶז
y-ella-sujetó a-ella y-sujeta sobre-ti que la-capa da : Y-dijo (15)

בָּהּ וַיָּמָד שֵׁשׁ־שְׂעֹרִים וַיָּשֶׁת עָלֶיהָ וַיָּבֹא
y-volvió sobre-ella y-puso cebadas seis y-él-midió a-ella

הָעִיר׃ וַתָּבוֹא אֶל־חֲמוֹתָהּ וַתֹּאמֶר מִי־אַתְּ
tú ¿quién : y-dijo su-suegra a Y-ella-volvió (16) . (a)la-ciudad

בִּתִּי וַתַּגֶּד־לָהּ אֵת כָּל־אֲשֶׁר עָשָׂה־לָהּ הָאִישׁ׃
. el-hombre por-ella había-hecho lo-que todo ** a-ella y-contó ? hija-mía

וַתֹּאמֶר שֵׁשׁ־הַשְּׂעֹרִים הָאֵלֶּה נָתַן לִי כִּי אָמַר
dijo pues a-mí dio las-estas las-cebadas seis : Y-dijo (17)

אַל־תָּבוֹאִי רֵיקָם אֶל־חֲמוֹתֵךְ׃ וַתֹּאמֶר
Y-dijo-ella (18) . tu-suegra a de-vacío has-de-volver no a-mí

שְׁבִי בִתִּי עַד אֲשֶׁר תֵּדְעִין אֵיךְ יִפֹּל דָּבָר כִּי
pues el-asunto se-decanta cómo sepas que hasta hija-mía siéntate

לֹא יִשְׁקֹט הָאִישׁ כִּי־אִם־כִּלָּה הַדָּבָר הַיּוֹם׃
. hoy asunto él-termine a-no-ser-que el-hombre descansará no

וּבֹעַז עָלָה הַשַּׁעַר וַיֵּשֶׁב שָׁם וְהִנֵּה הַגֹּאֵל
Cap. 4 el-rescatador y-he-aquí-que allí y-se-sentó (a)la-puerta subió Y-Booz (1)

עֹבֵר אֲשֶׁר דִּבֶּר־בֹּעַז וַיֹּאמֶר סוּרָה שְׁבָה־פֹּה
aquí siéntate acércate : y-dijo Booz había-mencionado que cruzaba

פְּלֹנִי אַלְמֹנִי וַיָּסַר וַיֵּשֵׁב׃ וַיִּקַּח עֲשָׂרָה אֲנָשִׁים
hombres diez Y-tomó (2) y-se-sentó y-se-acercó mengano fulano

מִזִּקְנֵי הָעִיר וַיֹּאמֶר שְׁבוּ־פֹה וַיֵּשֵׁבוּ׃ וַיֹּאמֶר

Y-dijo (3) . y-se-sentaron aquí sentaos : y-dijo la-ciudad de-(los)ancianos-de

לַגֹּאֵל חֶלְקַת הַשָּׂדֶה אֲשֶׁר לְאָחִינוּ לֶאֱלִימֶלֶךְ

de-Elimélec de-nuestro-hermano que el-campo (la)parte-de : al-rescatador

מָכְרָה נָעֳמִי הַשָּׁבָה מִשְּׂדֵה מוֹאָב׃ וַאֲנִי אָמַרְתִּי

digo Y-yo (4) . Moab de-(el)campo-de que-ha-vuelto Noemí vende

אֶגְלֶה אָזְנְךָ לֵאמֹר קְנֵה נֶגֶד הַיֹּשְׁבִים וְנֶגֶד

y-ante los-sentados ante compra diciendo a-tu-oído voy-a-revelar

זִקְנֵי עַמִּי אִם־תִּגְאַל גְּאָל וְאִם־לֹא יִגְאַל

va-a-rescatar no y-si rescata rescatas si mi-pueblo (los)ancianos-de

הַגִּידָה לִּי וְאֵדַע כִּי אֵין זוּלָתְךָ לִגְאוֹל וְאָנֹכִי אַחֲרֶיךָ

tras-de-ti y-yo para-rescatar fuera-de-ti no-hay pues y-sepa-yo a-mí di

וַיֹּאמֶר אָנֹכִי אֶגְאָל׃ וַיֹּאמֶר בֹּעַז בְּיוֹם־קְנוֹתְךָ הַשָּׂדֶה

el-campo tu-adquirir en-(el)día-de Booz Y-dijo (5) . rescataré yo : y-dijo

מִיַּד נָעֳמִי וּמֵאֵת רוּת הַמּוֹאֲבִיָּה אֵשֶׁת־הַמֵּת

el-difunto mujer-de la-moabita Rut y-a Noemí de-mano-de

קָנִיתִי לְהָקִים שֵׁם־הַמֵּת עַל־נַחֲלָתוֹ׃

. su-heredad sobre el-difunto (el)nombre-de para-perpetuar adquieres

וַיֹּאמֶר הַגֹּאֵל לֹא אוּכַל לִגְאָול־לִי פֶּן־

no-sea-que para-mí rescatar puedo no : el-rescatador Y-dijo (6)

אַשְׁחִית אֶת־נַחֲלָתִי גְּאַל־לְךָ אַתָּה אֶת־גְּאֻלָּתִי

mi-rescate ** tú para-ti rescata ; mi-heredad a perjudique

כִּי לֹא־אוּכַל לִגְאֹל׃ וְזֹאת לְפָנִים בְּיִשְׂרָאֵל עַל־

sobre en-Israel antes Y-esto (7) . rescatar puedo no pues

הַגְּאוּלָּה וְעַל־הַתְּמוּרָה לְקַיֵּם כָּל־דָּבָר שָׁלַף

se-quitaba asunto todo para-ratificar el-cambio y-sobre el-rescate

אִישׁ נַעֲלוֹ וְנָתַן לְרֵעֵהוּ וְזֹאת הַתְּעוּדָה

el-testimonio y-esto a-su-compañero y-daba su-sandalia hombre

בְּיִשְׂרָאֵל׃ וַיֹּאמֶר הַגֹּאֵל לְבֹעַז קְנֵה־לָךְ וַיִּשְׁלֹף

y-se-quitó para-ti adquiere : a-Booz el-rescatador Y-dijo (8) . en-Israel

נַעֲלוֹ׃ וַיֹּאמֶר בֹּעַז לַזְּקֵנִים וְכָל־הָעָם

el-pueblo y-todo a-los-ancianos Booz Y-dijo (9) . su-sandalia

עֵדִים אַתֶּם הַיּוֹם כִּי קָנִיתִי אֶת־כָּל־אֲשֶׁר לֶאֱלִימֶלֶךְ וְאֵת כָּל־אֲשֶׁר

que todo y de-Elimélec lo-que todo ** adquiero que este-día vosotros testigos

לְכִלְיוֹן וּמַחְלוֹן מִיַּד נָעֳמִי׃ וְגַם אֶת־רוּת הַמֹּאֲבִיָּה

la-moabita Rut a Y-también (10) . Noemí de-mano-de y-Mahlón de-Quilyón

אֵשֶׁת מַחְלוֹן קָנִיתִי לִי לְאִשָּׁה לְהָקִים שֵׁם־הַמֵּת עַל־

sobre el-difunto (el)nombre-de para-perpetuar por-mujer para-mí adquiero Mahlón mujer-de

נַחֲלָתוֹ וְלֹא־יִכָּרֵת שֵׁם־הַמֵּת מֵעִם

de-con el-difunto (el)nombre-de será-exterminado y-no su-heredad

אֶחָיו וּמִשַּׁעַר מְקוֹמוֹ עֵדִים אַתֶּם הַיּוֹם׃

. este día vosotros testigos su-localidad y-de-(la)puerta-de sus-hermanos

וַיֹּאמְרוּ כָּל־הָעָם אֲשֶׁר־בַּשַּׁעַר וְהַזְּקֵנִים עֵדִים

. testigos : y-los-ancianos en-la-puerta que el-pueblo todo Y-dijeron (11)

יִתֵּן יְהוָה אֶת־הָאִשָּׁה הַבָּאָה אֶל־בֵּיתֶךָ כְּרָחֵל ׀

como-Raquel tu-casa a que-llega la-mujer a Yahweh Conceda

וּכְלֵאָה אֲשֶׁר בָּנוּ שְׁתֵּיהֶם אֶת־בֵּית יִשְׂרָאֵל וַעֲשֵׂה־

y-hazte Israel la-casa-de a ellas-dos edificaron que y-como-Lea

חַיִל בְּאֶפְרָתָה וּקְרָא־שֵׁם בְּבֵית לָחֶם׃ וִיהִי

Y-sea (12) . en-Belén nombre y-consigue en-Éfrata poderoso

בֵיתְךָ כְּבֵית פֶּרֶץ אֲשֶׁר־יָלְדָה תָמָר לִיהוּדָה מִן־

por para-Judá Tamar parió que Fares como-(la)casa-de tu-casa

הַזֶּ֫רַע אֲשֶׁר יִתֵּן יְהוָה לְךָ מִן הַנַּעֲרָה הַזֹּאת׃
. la-esta la-joven por a-ti Yahweh conceda que la-descendencia

וַיִּקַּח בֹּעַז אֶת־רוּת וַתְּהִי־לוֹ לְאִשָּׁה וַיָּבֹא
y-se-llegó por-mujer para-él y-fue Rut a Booz Y-tomó (13)

אֵלֶיהָ וַיִּתֵּן יְהוָה לָהּ הֵרָיוֹן וַתֵּלֶד בֵּן׃
. un-hijo y-parió gravidez a-ella Yahweh y-dio a-ella

וַתֹּאמַרְנָה הַנָּשִׁים אֶל־נָעֳמִי בָּרוּךְ יְהוָה אֲשֶׁר לֹא
no que Yahweh bendito : Noemí a las-mujeres Y-dijeron (14)

הִשְׁבִּית לָךְ גֹּאֵל הַיּוֹם וְיִקָּרֵא שְׁמוֹ
su-nombre y-será-celebrado este-día un-rescatador de-ti apartó

בְּיִשְׂרָאֵל׃ וְהָיָה לָךְ לְמֵשִׁיב נֶפֶשׁ
vida para-consuelo-de para-ti Y-sea (15) . en-Israel

וּלְכַלְכֵּל אֶת־שֵׂיבָתֵךְ כִּי כַלָּתֵךְ אֲשֶׁר־אֲהֵבַתֶךְ
te-ama que tu-nuera pues tu-vejez ** y-para-sustentar

יְלָדַתּוּ אֲשֶׁר־הִיא טוֹבָה לָךְ מִשִּׁבְעָה בָּנִים׃ וַתִּקַּח
Y-cogió (16) . hijos más-que-siete para-ti buena ella que lo-ha-parido

נָעֳמִי אֶת־הַיֶּלֶד וַתְּשִׁתֵהוּ בְחֵיקָהּ וַתְּהִי־לוֹ
para-él y-fue en-su-seno y-lo-puso el-niño a Noemí

לְאֹמֶנֶת׃ וַתִּקְרֶאנָה לוֹ הַשְּׁכֵנוֹת שֵׁם לֵאמֹר
: diciendo nombre las-vecinas a-él Y-llamaron (17) . por-criadora

יֻלַּד־בֵּן לְנָעֳמִי וַתִּקְרֶאנָה שְׁמוֹ עוֹבֵד הוּא אֲבִי־
padre-de él Obed su-nombre y-llamaron para-Noemí hijo ha-nacido

יִשַׁי אֲבִי דָוִד׃ וְאֵלֶּה תּוֹלְדוֹת פָּרֶץ פֶּרֶץ הוֹלִיד
engendró Fares : Fares (los)descendientes-de Y-éstos (18) . David padre-de Isaí

אֶת־חֶצְרוֹן׃ וְחֶצְרוֹן הוֹלִיד אֶת־רָם וְרָם הוֹלִיד אֶת־
a engendró y-Ram Ram a engendró Y-Hezrón (19) . Hezrón a

עַמִּינָדָֽב׃ וְעַמִּֽינָדָב֙ הוֹלִ֣יד אֶת־ נַחְשׁ֔וֹן וְנַחְשׁ֖וֹן הוֹלִ֥יד

engendró y-Naasón Naasón a engendró Y-Aminadab (20) . Aminabad

אֶת־ שַׂלְמָֽה׃ וְשַׂלְמוֹן֙ הוֹלִ֣יד אֶת־ בֹּ֔עַז וּבֹ֖עַז הוֹלִ֥יד אֶת־

a engendró y-Booz Booz a engendró Y-Salmón (21) . Salmón a

עוֹבֵֽד׃ וְעֹבֵד֙ הוֹלִ֣יד אֶת־ יִשָׁ֔י וְיִשַׁ֖י הוֹלִ֥יד אֶת־ דָּוִֽד׃

. David a engendró y-Isaí Isaí a engendró Y-Obed (22) . Obed

SAMUEL

וַיְהִי אִישׁ אֶחָד מִן־הָרָמָתַיִם צוֹפִים מֵהַר
de-montaña-de Zofim Ramatáyim-de de uno hombre Y-había (1)

אֶפְרָיִם וּשְׁמוֹ אֶלְקָנָה בֶּן־יְרֹחָם בֶּן־אֱלִיהוּא בֶּן־תֹּחוּ
Tohu hijo-de Eliú hijo-de Jeroham hijo-de Elcaná y-su-nombre Efraín

בֶן־צוּף אֶפְרָתִי׃ וְלוֹ שְׁתֵּי נָשִׁים שֵׁם אַחַת חַנָּה
Ana una nombre-de mujeres dos Y-para-él (2) . efrateo Zuf hijo-de

וְשֵׁם הַשֵּׁנִית פְּנִנָּה וַיְהִי לִפְנִנָּה יְלָדִים וּלְחַנָּה
y-para-Ana niños para-Peniná y-hubo Peniná la-segunda y-nombre-de

אֵין יְלָדִים׃ וְעָלָה הָאִישׁ הַהוּא מֵעִירוֹ מִיָּמִים ׀
de-días de-su-ciudad el-aquel el-hombre Y-subía (3) . niños no-había

יָמִימָה לְהִשְׁתַּחֲוֹת וְלִזְבֹּחַ לַיהוָה צְבָאוֹת בְּשִׁלֹה וְשָׁם
y-allí en-Silo Sebaot a-Yahweh y-sacrificar para-postrarse a-días

שְׁנֵי בְנֵי־עֵלִי חָפְנִי וּפִנְחָס כֹּהֲנִים לַיהוָה׃ וַיְהִי
Y-fue (4) . de-Yahweh sacerdotes y-Fineés Ofní Elí hijos-de dos

הַיּוֹם וַיִּזְבַּח אֶלְקָנָה וְנָתַן לִפְנִנָּה אִשְׁתּוֹ
su-mujer a-Peniná y-dio Elcaná y-sacrificó el-día

וּלְכָל־בָּנֶיהָ וּבְנוֹתֶיהָ מָנוֹת׃ וּלְחַנָּה
Y-a-Ana (5) . porciones y-sus-hijas (los)hijos-de-ella y-a-todos

יִתֵּן מָנָה אַחַת אַפָּיִם כִּי אֶת־חַנָּה אָהֵב וַיהוָה סָגַר
había-cerrado y-Yahweh amaba Ana a pues doble una porción daba

רַחְמָהּ׃ וְכִעֲסַתָּה צָרָתָהּ גַּם־ כַּעַס בַּעֲבוּר
para vejación también su-rival Y-la-vejaba (6) . su-seno

הַרְּעִמָהּ כִּי־ סָגַר יְהוָה בְּעַד רַחְמָהּ׃ וְכֵן
Y-así (7) . su-seno para-siempre Yahweh había-cerrado porque irritarla

יַעֲשֶׂה שָׁנָה בְשָׁנָה מִדֵּי עֲלֹתָהּ בְּבֵית יְהוָה כֵּן
así Yahweh a-(la)casa-de subir-de-ella cuando por-año año hacia-él

תַּכְעִסֶנָּה וַתִּבְכֶּה וְלֹא תֹאכַל׃ וַיֹּאמֶר לָהּ אֶלְקָנָה
Elcaná a-ella Y-dijo (8) . comía y-no y-ella-lloraba la-vejaba

אִישָׁהּ חַנָּה לָמֶה תִבְכִּי וְלָמֶה לֹא תֹאכְלִי וְלָמֶה יֵרַע
sufre ¿y-por-qué ? comes no ¿y-por-qué ? lloras ¿por-qué Ana : su-marido

לְבָבֵךְ הֲלוֹא אָנֹכִי טוֹב לָךְ מֵעֲשָׂרָה בָּנִים׃ וַתָּקָם חַנָּה
Ana Y-se-levantó (9) ? hijos más-que-diez para-ti bueno yo ¿acaso-no ? tu-corazón

אַחֲרֵי אָכְלָה בְשִׁלֹה וְאַחֲרֵי שָׁתֹה וְעֵלִי הַכֹּהֵן יֹשֵׁב עַל־
sobre sentado el-sacerdote y-Elí su-beber y-tras en-Silo su-comer después-de

הַכִּסֵּא עַל־ מְזוּזַת הֵיכַל יְהוָה׃ וְהִיא מָרַת נָפֶשׁ
espíritu amarga-de Y-ella (10) . Yahweh (el)templo-de (la)jamba-de junto-a la-silla

וַתִּתְפַּלֵּל עַל־ יְהוָה וּבָכֹה תִבְכֶּה׃ וַתִּדֹּר נֶדֶר
voto E-hizo-un-voto (11) . lloró y-llorar Yahweh a y-oró

וַתֹּאמַר יְהוָה צְבָאוֹת אִם־ רָאֹה תִרְאֶה ׀ בָּעֳנִי
a-(la)aflicción-de miras mirar si Sebaot Yahweh y-dijo

אֲמָתֶךָ וּזְכַרְתַּנִי וְלֹא־ תִשְׁכַּח אֶת־
a olvidas y-no y-me-recuerdas tu-sierva

אֲמָתֶךָ וְנָתַתָּה לַאֲמָתְךָ זֶרַע אֲנָשִׁים
hombres descendencia-de a-tu-sierva y-das tu-sierva

וּנְתַתִּיו לַיהוָה כָּל־ יְמֵי חַיָּיו וּמוֹרָה לֹא־
no y-navaja su-vida (los)días-de todos a-Yahweh y-yo-lo-daré

יַעֲלֶה עַל־ רֹאשׁוֹ׃ וְהָיָה כִּי הִרְבְּתָה לְהִתְפַּלֵּל לִפְנֵי
ante el-orar multiplicase como Y-sucedió (12) . su-cabeza sobre subirá

יְהוָה וְעֵלִי שֹׁמֵר אֶת־ פִּיהָ׃ וְחַנָּה הִיא מְדַבֶּרֶת עַל־
a hablaba ella Y-Ana (13) . su-boca ** observaba que-Elí Yahweh

לִבָּהּ רַק שְׂפָתֶיהָ נָּעוֹת וְקוֹלָהּ לֹא יִשָּׁמֵעַ
se-oía no y-su-voz se-movían su-labios sólo su-corazón

וַיַּחְשְׁבֶהָ עֵלִי לְשִׁכֹּרָה׃ וַיֹּאמֶר אֵלֶיהָ עֵלִי עַד־ מָתַי
cuando ¿hasta : Elí a-ella Y-dijo (14) . como-ebria Elí y-la-consideró

תִּשְׁתַּכָּרִין הָסִירִי אֶת־ יֵינֵךְ מֵעָלָיִךְ׃ וַתַּעַן
Y-respondió (15) . de-sobre-ti tu-vino ** aparta ? vas-a-andar-borracha

חַנָּה וַתֹּאמֶר לֹא אֲדֹנִי אִשָּׁה קְשַׁת־ רוּחַ אָנֹכִי וְיַיִן
y-vino yo espíritu pesada-de mujer mi-señor no : y-dijo Ana

וְשֵׁכָר לֹא שָׁתִיתִי וָאֶשְׁפֹּךְ אֶת־ נַפְשִׁי לִפְנֵי יְהוָה׃ אַל־
no (16) . Yahweh ante mi-alma ** mas-vierto he-bebido no o-licor

תִּתֵּן אֶת־ אֲמָתְךָ לִפְנֵי בַּת־ בְּלִיָּעַל כִּי־ מֵרֹב
por-(la)inmensidad pues maldad hija-de como tu-sierva a consideres
-de

שִׂיחִי וְכַעְסִי דִּבַּרְתִּי עַד־ הֵנָּה׃ וַיַּעַן עֵלִי
Elí Y-respondió (17) . aquí hasta he-hablado y-mi-disgusto mi-preocupación

וַיֹּאמֶר לְכִי לְשָׁלוֹם וֵאלֹהֵי יִשְׂרָאֵל יִתֵּן אֶת־ שֵׁלָתֵךְ
tu-petición ** conceda Israel y-(el)Dios-de en-paz ve : y-dijo

אֲשֶׁר שָׁאַלְתְּ מֵעִמּוֹ׃ וַתֹּאמֶר תִּמְצָא שִׁפְחָתְךָ
tu-sierva encuentre : Y-ella-dijo (18) . de-con-él has-pedido que

חֵן בְּעֵינֶיךָ וַתֵּלֶךְ הָאִשָּׁה לְדַרְכָּהּ וַתֹּאכַל
y-comió por-su-camino la-mujer y-se-fue a-tus-ojos gracia

וּפָנֶיהָ לֹא־ הָיוּ־ לָהּ עוֹד׃ וַיַּשְׁכִּמוּ
Y-madrugaron (19) . más para-ella fue no y-su-rostro

בַבֹּקֶר וַיִּשְׁתַּחֲווּ לִפְנֵי יְהוָה וַיָּשֻׁבוּ
y-volvieron Yahweh ante y-se-postraron por-la-mañana

וַיָּבֹאוּ אֶל־ בֵּיתָם הָרָמָתָה וַיֵּדַע אֶלְקָנָה אֶת־
a Elcaná y-conoció a-Ramá su-casa a y-llegaron

חַנָּה אִשְׁתּוֹ וַיִּזְכְּרֶהָ יְהוָה׃ וַיְהִי לִתְקֻפוֹת
a-(las)vueltas-de Y-sucedió (20) . Yahweh y-se-acordó-de-ella su-mujer Ana

הַיָּמִים וַתַּהַר חַנָּה וַתֵּלֶד בֵּן וַתִּקְרָא אֶת־
** y-llamó un-hijo y-parió Ana que-concibió los-días

שְׁמוֹ שְׁמוּאֵל כִּי מֵיְהוָה שְׁאִלְתִּיו׃ וַיַּעַל
Y-subió (21) . lo-he-pedido de-Yahweh porque Samuel su-nombre

הָאִישׁ אֶלְקָנָה וְכָל־ בֵּיתוֹ לִזְבֹּחַ לַיהוָה אֶת־ זֶבַח
sacrificio-de ** a-Yahweh a-ofrecer-sacrificio su-casa y-toda Elcaná el-hombre

הַיָּמִים וְאֶת־ נִדְרוֹ׃ וְחַנָּה לֹא עָלָתָה כִּי־ אָמְרָה
dijo pues subió no Y-Ana (22) . su-voto y los-días

לְאִישָׁהּ עַד יִגָּמֵל הַנַּעַר וַהֲבִאֹתִיו
y-lo-lleve el-muchacho sea-destetado hasta-que : a-su-marido

וְנִרְאָה אֶת־ פְּנֵי יְהוָה וְיָשַׁב שָׁם עַד־עוֹלָם׃
. siempre para allí y-se-quede Yahweh ante ** y-sea-presentado

וַיֹּאמֶר לָהּ אֶלְקָנָה אִישָׁהּ עֲשִׂי הַטּוֹב בְּעֵינַיִךְ
a-tus-ojos lo-bueno haz : su-marido Elcaná a-ella Y-dijo (23)

שְׁבִי עַד־ גָּמְלֵךְ אֹתוֹ אַךְ יָקֵם יְהוָה אֶת־ דְּבָרוֹ
su-palabra ** Yahweh mantenga sólo a-él tu-destetar hasta quédate

וַתֵּשֶׁב הָאִשָּׁה וַתֵּינֶק אֶת־ בְּנָהּ עַד־ גָמְלָהּ אֹתוֹ׃
. a-él su-destetar hasta su-hijo a y-amamantó la-mujer y-se-quedó

וַתַּעֲלֵהוּ עִמָּהּ כַּאֲשֶׁר גְּמָלַתּוּ בְּפָרִים שְׁלֹשָׁה
tres con-becerros lo-hubo-destetado cuando con-ella Y-lo-subió (24)

וְאֵיפָה אַחַת קֶמַח וְנֵבֶל יַיִן וַתְּבִאֵהוּ בֵית־ יְהוָה
Yahweh a-(la)casa-de y-lo-trajo vino y-odre-de harina uno y-efa

שִׁלוֹ וְהַנַּעַר נָעַר׃ וַיִּשְׁחֲטוּ אֶת־ הַפָּר
el-becerro ** Y-degollaron (25) . joven y-el-muchacho (a)Silo

וַיָּבִיאוּ אֶת־ הַנַּעַר אֶל־ עֵלִי׃ וַתֹּאמֶר בִּי אֲדֹנִי חֵי
vida-de mi-señor oh : Y-dijo-ella (26) . Elí a el-muchacho a y-trajeron

נַפְשְׁךָ אֲדֹנִי אֲנִי הָאִשָּׁה הַנִּצֶּבֶת עִמְּכָה בָּזֶה
en-esto contigo que-estuve la-mujer yo mi-señor tu-alma

לְהִתְפַּלֵּל אֶל־ יְהוָה׃ אֶל־ הַנַּעַר הַזֶּה הִתְפַּלָּלְתִּי וַיִּתֵּן יְהוָה
Yahweh y-dio hice-mi-oración el-este el-mu chacho Por (27) . Yahweh a para-orar

לִי אֶת־ שְׁאֵלָתִי אֲשֶׁר שָׁאַלְתִּי מֵעִמּוֹ׃ וְגַם אָנֹכִי הִשְׁאִלְתִּהוּ
lo-dedico yo Y-también (28) . de-con-él pedí que mi-petición ** a-mí

לַיהוָה כָּל־ הַיָּמִים אֲשֶׁר הָיָה הוּא שָׁאוּל לַיהוָה
a-Yahweh dedicado él sea que los-días todos a-Yahweh

וַיִּשְׁתַּחוּ שָׁם לַיהוָה׃ וַתִּתְפַּלֵּל חַנָּה וַתֹּאמַר
: y-dijo Ana Y-oró (1) . ante-Yahweh allí y-se-postraron **Cap. 2**

עָלַץ לִבִּי בַּיהוָה רָמָה קַרְנִי בַּיהוָה
en-Yahweh mi-cuerno se-alza en-Yahweh mi-corazón se-regocija

רָחַב פִּי עַל־ אוֹיְבַי כִּי שָׂמַחְתִּי
me-he-alegrado pues mis-enemigos contra mi-boca se-ensancha

בִּישׁוּעָתֶךָ׃ אֵין־ קָדוֹשׁ כַּיהוָה כִּי
ciertamente como-Yahweh santo No-hay (2) . con-tu-salvación

אֵין בִּלְתֶּךָ וְאֵין צוּר כֵּאלֹהֵינוּ׃ אַל־
No (3) . como-nuestro-Dios roca y-no-hay fuera-de-ti no-hay

תַּרְבּוּ תְדַבְּרוּ גְּבֹהָה גְבֹהָה יֵצֵא עָתָק מִפִּיכֶם
de-vuestra-boca insolencia salga altanería altanería hablaréis multipliquéis

כִּי אֵל דֵּעוֹת יְהוָה וְלֹא נִתְכְּנוּ עֲלִלוֹת׃ קֶשֶׁת

Arcos-de (4) . acciones son-examinadas y-por-él Yahweh saberes Dios-de pues

גִּבֹּרִים חַתִּים וְנִכְשָׁלִים אָזְרוּ חָיִל׃

. fuerza se-han-ceñido y-los-que-vacilan hechos-añicos héroes

שְׂבֵעִים בַּלֶּחֶם נִשְׂכָּרוּ וּרְעֵבִים חָדֵלּוּ

han-cesado y-hambrientos se-han-alquilado por-el-pan Saciados (5)

עַד־עֲקָרָה יָלְדָה שִׁבְעָה וְרַבַּת בָּנִים אֻמְלָלָה׃ יְהוָה

Yahweh (6) . se-ha-marchitado hijos y-numerosa-de siete pare estéril hasta

מֵמִית וּמְחַיֶּה מוֹרִיד שְׁאוֹל וַיָּעַל׃

. y-sube (al)Seol el-que-hace-descender y-el-que-hace-vivir el-que-hace-morir

יְהוָה מוֹרִישׁ וּמַעֲשִׁיר מַשְׁפִּיל אַף־מְרוֹמֵם׃

. el-que-ensalza también el-que-abaja y-el-que-hace-rico el-que-hace-pobre Yahweh (7)

מֵקִים מֵעָפָר דָּל מֵאַשְׁפֹּת יָרִים אֶבְיוֹן לְהוֹשִׁיב עִם־

con para-sentar (al)indigente levanta de-muladar al-mísero del-polvo El-que-levanta (8)

נְדִיבִים וְכִסֵּא כָבוֹד יַנְחִלֵם כִּי לַיהוָה מְצֻקֵי

pilares-de de-Yahweh pues les-concede-en-heredad honor y-trono-de nobles

אֶרֶץ וַיָּשֶׁת עֲלֵיהֶם תֵּבֵל׃ רַגְלֵי חֲסִידָו יִשְׁמֹר

guarda sus-fieles (Los)pies-de (9) . mundo sobre-ellos y-puso tierra

וּרְשָׁעִים בַּחֹשֶׁךְ יִדָּמּוּ כִּי־לֹא בְכֹחַ

por-fuerza no pues perecen en-la-oscuridad y-malvados

יִגְבַּר־אִישׁ׃ יְהוָה יֵחַתּוּ מְרִיבָו עָלָו

contra-él los-que-se-oponen-a-él son-quebrados Yahweh (10) . hombre prevalece

בַּשָּׁמַיִם יַרְעֵם יְהוָה יָדִין אַפְסֵי־אָרֶץ וְיִתֶּן־

y-dará tierra (los)confines-de juzgará Yahweh tronará en-los-cielos

עֹז לְמַלְכּוֹ וְיָרֵם קֶרֶן מְשִׁיחוֹ׃

. su-ungido (el)cuerno-de y-exaltará a-su-rey fuerza

וַיֵּלֶךְ אֶלְקָנָה הָרָמָתָה עַל־בֵּיתוֹ וְהַנַּעַר הָיָה
estuvo y-el-muchacho su-casa a a-Ramá Elcaná Y-marchó (11)

מְשָׁרֵת אֶת־יְהוָה אֶת־פְּנֵי עֵלִי הַכֹּהֵן׃ וּבְנֵי עֵלִי
Elí Y-(los)hijos-de (12) . el-sacerdote Elí (el)rostro-de ante Yahweh a sirviendo

בְּנֵי בְלִיָּעַל לֹא יָדְעוּ אֶת־יְהוָה׃ וּמִשְׁפַּט הַכֹּהֲנִים
los-sacerdotes Y-(el)uso-de (13) . Yahweh a conocían no maldad hijos-de

אֶת־הָעָם כָּל־אִישׁ זֹבֵחַ זֶבַח וּבָא נַעַר
(el)criado-de y-venía sacrificio que-ofrecía hombre todo el-pueblo con

הַכֹּהֵן כְּבַשֵּׁל הַבָּשָׂר וְהַמַּזְלֵג שְׁלֹשׁ־הַשִּׁנַּיִם
los-dientes tres y-el-tenedor la-carne cuando-el-cocer-de el-sacerdote

בְּיָדוֹ׃ וְהִכָּה בַכִּיּוֹר אוֹ בַדּוּד אוֹ
o en-la-olla o en-el-caldero E-hincaba (14) . en-su-mano

בַקַּלַּחַת אוֹ בַפָּרוּר כֹּל אֲשֶׁר יַעֲלֶה הַמַּזְלֵג יִקַּח
cogía el-tenedor subiese lo-que todo en-el-puchero o en-la-cacerola

הַכֹּהֵן בּוֹ כָּכָה יַעֲשׂוּ לְכָל־יִשְׂרָאֵל הַבָּאִים שָׁם
allí los-que-venían Israel a-todo hacían así con-el el-sacerdote

בְּשִׁלֹה׃ גַּם בְּטֶרֶם יַקְטִרוּן אֶת־הַחֵלֶב וּבָא ׀ נַעַר
(el)criado-de y-venía la-grasa ** quemasen antes-de-que También (15) . a-Silo

הַכֹּהֵן וְאָמַר לָאִישׁ הַזֹּבֵחַ תְּנָה בָשָׂר לִצְלוֹת
para-asar carne da que-sacrificaba al-hombre y-decía el-sacerdote

לַכֹּהֵן וְלֹא־יִקַּח מִמְּךָ בָּשָׂר מְבֻשָּׁל כִּי אִם־חָי׃
. cruda sino cocida carne de-ti tomará y-no para-el-sacerdote

וַיֹּאמֶר אֵלָיו הָאִישׁ קַטֵּר יַקְטִירוּן כַּיּוֹם הַחֵלֶב
la-grasa como-este-día quemen quemar el-hombre a-él Y-decía (16)

וְקַח־לְךָ כַּאֲשֶׁר תְּאַוֶּה נַפְשֶׁךָ וְאָמַר ׀ לוֹ כִּי
ciertamente : a-él y-decía tu-alma desee según-lo-que para-ti y-toma

עַתָּה תִתֵּן וְאִם־לֹא לָקַחְתִּי בְחָזְקָה׃ וַתְּהִי חַטַּאת

(el)pecado-de Y-era (17) . con-fuerza tomaré no y-si darás ahora

הַנְּעָרִים גְּדוֹלָה מְאֹד אֶת־פְּנֵי יְהוָה כִּי נִאֲצוּ

despreciaban pues Yahweh (el)rostro-de ante mucho grande los-jóvenes

הָאֲנָשִׁים אֵת מִנְחַת יְהוָה׃ וּשְׁמוּאֵל מְשָׁרֵת אֶת־פְּנֵי

(el)rostro-de ante servía Y-Samuel (18) . Yahweh (la)ofrenda-de ** los-hombres

יְהוָה נַעַר חָגוּר אֵפוֹד בָּד׃ וּמְעִיל קָטֹן תַּעֲשֶׂה־לּוֹ

para-él hacía pequeño Y-manto (19) . lino efod-de vestido muchacho Yahweh

אִמּוֹ וְהַעַלְתָה לוֹ מִיָּמִים ׀ יָמִימָה בַּעֲלוֹתָהּ אֶת־

con en-su-subir en-días de-días a-él y-hacía-subir su-madre

אִישָׁהּ לִזְבֹּחַ אֶת־זֶבַח הַיָּמִים׃ וּבֵרַךְ עֵלִי

Elí Y-bendecía (20) . los-días (el)sacrificio-de ** a-ofrecer su-marido

אֶת־אֶלְקָנָה וְאֶת־אִשְׁתּוֹ וְאָמַר יָשֵׂם יְהוָה לְךָ זֶרַע מִן־

de descendencia a-ti Yahweh conceda : y-decía su-mujer y-a Elcaná a

הָאִשָּׁה הַזֹּאת תַּחַת הַשְּׁאֵלָה אֲשֶׁר שָׁאַל לַיהוָה

a-Yahweh pidió que la-petición en-lugar-de la-esta la-mujer

וְהָלְכוּ לִמְקֹמוֹ׃ כִּי־פָקַד יְהוָה אֶת־חַנָּה

Ana a Yahweh visitó Ciertamente (21) . a-su-lugar y-ellos-volvían

וַתַּהַר וַתֵּלֶד שְׁלֹשָׁה־בָנִים וּשְׁתֵּי בָנוֹת וַיִּגְדַּל

y-creció hijas y-dos hijos tres y-parió y-ella-concibió

הַנַּעַר שְׁמוּאֵל עִם־יְהוָה׃ וְעֵלִי זָקֵן מְאֹד וְשָׁמַע אֵת כָּל־

todo ** y-escuchó mucho envejeció Y-Elí (22) . Yahweh con Samuel el-joven

אֲשֶׁר יַעֲשׂוּן בָּנָיו לְכָל־יִשְׂרָאֵל וְאֵת אֲשֶׁר־יִשְׁכְּבוּן אֶת־הַנָּשִׁים

las-mujeres con se-acostaban que y Israel a-todo sus-hijos hacían lo-que

הַצֹּבְאוֹת פֶּתַח אֹהֶל מוֹעֵד׃ וַיֹּאמֶר לָהֶם לָמָּה

¿por qué : a-ellos Y-dijo (23) . reunión (la)tienda-de a-(la)puerta-de que-servían

תַעֲשׂ֖וּן כַּדְּבָרִ֣ים הָאֵ֑לֶּה אֲשֶׁ֨ר אָנֹכִ֤י שֹׁמֵ֙עַ֙ אֶת־ דִּבְרֵיכֶ֣ם רָעִ֔ים
malas vuestras-acciones ** oigo yo que ? las-éstas según-las-cosas actuáis

מֵאֵ֖ת כָּל־ הָעָ֥ם אֵֽלֶּה׃ אַ֖ל בָּנָ֑י כִּ֠י לֽוֹא־ טוֹבָ֤ה הַשְּׁמֻעָה֙ אֲשֶׁ֣ר
que el-rumor bueno no cierta mente hijos-míos No (24) . éstas el-pueblo todo de

אָנֹכִ֣י שֹׁמֵ֔עַ מַעֲבִרִ֖ים עַם־ יְהוָֽה׃ אִם־ יֶחֱטָ֨א אִ֤ישׁ לְאִישׁ֙
contra-hombre hombre peca Si (25) . Yahweh (al)pueblo-de hacéis-transcribir escucho yo

וּפִֽלְל֣וֹ אֱלֹהִ֔ים וְאִ֤ם לַֽיהוָה֙ יֶֽחֱטָא־ אִ֔ישׁ מִ֖י
¿quién hombre peca contra-Yahweh pero-si Dios lo-juzgará

יִתְפַּלֶּל־ ל֑וֹ וְלֹ֤א יִשְׁמְעוּ֙ לְק֣וֹל אֲבִיהֶ֔ם
su-padre a-(la)voz-de escucharon pero-no ? por-él rogará

כִּֽי־ חָפֵ֥ץ יְהוָ֖ה לַהֲמִיתָֽם׃ וְהַנַּ֣עַר שְׁמוּאֵ֔ל הֹלֵ֥ךְ
iba Samuel Y-el-joven (26) . dejarlos-morir Yahweh quería pues

וְגָדֵ֖ל וָט֑וֹב גַּ֚ם עִם־ יְהוָ֔ה וְגַ֖ם עִם־ אֲנָשִֽׁים׃ וַיָּבֹ֥א
Y-llegó (27) . hombres con y-como Yahweh con tanto y-bueno y-crecía

אִישׁ־ אֱלֹהִ֖ים אֶל־ עֵלִ֑י וַיֹּ֣אמֶר אֵלָ֗יו כֹּ֚ה אָמַ֣ר יְהוָ֔ה הֲנִגְלֹ֤ה
¿acaso-revelar Yahweh dice así : a-él y-dijo Elí a Dios hombre-de

נִגְלֵ֙יתִי֙ אֶל־ בֵּ֣ית אָבִ֔יךָ בִּֽהְיוֹתָ֥ם בְּמִצְרַ֖יִם
en-Egipto en-su-estar tu-padre (la)casa-de a me-he-revelado

לְבֵ֥ית פַּרְעֹֽה׃ וּבָחֹ֣ר אֹ֠תוֹ מִכָּל־ שִׁבְטֵ֨י יִשְׂרָאֵ֥ל
Israel (las)tribus-de de-todas a-él Y-elegir (28) ? Faraón en-casa-de

לִי֙ לְכֹהֵ֔ן לַעֲל֣וֹת עַֽל־ מִזְבְּחִ֗י לְהַקְטִ֣יר קְטֹ֔רֶת לָשֵׂ֥את אֵפ֖וֹד
efod para-llevar incienso a-quemar mi-altar a para-subir por-sacerdote para-mí

לְפָנָ֑י וָֽאֶתְּנָה֙ לְבֵ֣ית אָבִ֔יךָ אֶת־ כָּל־
todas ** tu-padre a-la-casa-de y-di ante-mí

אִשֵּׁ֖י בְּנֵ֥י יִשְׂרָאֵֽל׃ לָ֣מָּה תִבְעֲט֗וּ בְּזִבְחִי֙
mi-sacrificio despreciáis ¿Por-qué (29) . Israel (los)hijos-de (las)ofrendas-de-fuego-de

וּבְמִנְחָתִי אֲשֶׁר צִוִּיתִי מָעוֹן וַתְּכַבֵּד אֶת־ בָּנֶיךָ
tus-hijos a y-tú-honras establemente ordené que y-mi-ofrenda

מִמֶּנִּי לְהַבְרִיאֲכֶם מֵרֵאשִׁית כָּל־ מִנְחַת יִשְׂרָאֵל
Israel ofrenda-de toda de-las-primicias-de para-cebaros más-que-a-mí

לְעַמִּי׃ לָכֵן נְאֻם־ יְהוָה אֱלֹהֵי יִשְׂרָאֵל אָמוֹר
decir Israel Dios-de Yahweh oráculo-de Por-eso (30) . de-mi-pueblo

אָמַרְתִּי בֵּיתְךָ וּבֵית אָבִיךָ יִתְהַלְּכוּ
andarían tu-padre y-(la)casa-de tu-casa : dije

לְפָנַי עַד־ עוֹלָם וְעַתָּה נְאֻם־ יְהוָה חָלִילָה לִּי כִּי־
pues de-mí lejos Yahweh oráculo-de y-ahora siempre hasta ante-mí

מְכַבְּדַי אֲכַבֵּד וּבֹזַי יֵקָלּוּ׃
. serán-afrentados y-los-que-me-desprecian honro (a-los)que-me-honran

הִנֵּה יָמִים בָּאִים וְגָדַעְתִּי אֶת־ זְרֹעֲךָ וְאֶת־
y tu-brazo ** y-cortaré vienen días He-aquí -que (31)

זְרֹעַ בֵּית אָבִיךָ מִהְיוֹת זָקֵן בְּבֵיתֶךָ׃
. en-tu-casa anciano de-haber tu-padre (la)casa-de (el)brazo-de

וְהִבַּטְתָּ צַר מָעוֹן בְּכֹל אֲשֶׁר־ יֵיטִיב
se-haga-bueno lo-que en-todo permanente angustia Y-mirarás (32)

אֶת־ יִשְׂרָאֵל וְלֹא־ יִהְיֶה זָקֵן בְּבֵיתְךָ כָּל־ הַיָּמִים׃
. los-días todos en-tu-casa anciano habrá y-no Israel a

וְאִישׁ לֹא־ אַכְרִית לְךָ מֵעִם מִזְבְּחִי לְכַלּוֹת אֶת־
** para-consumir mi-altar de-junto-a de-ti exterminaré no Y-hombre (33)

עֵינֶיךָ וְלַאֲדִיב אֶת־ נַפְשֶׁךָ וְכָל־ מַרְבִּית
(la)mayor-parte-de y-toda tu-alma ** y-entristecer tus-ojos

בֵּיתְךָ יָמוּתוּ אֲנָשִׁים׃ וְזֶה־ לְּךָ הָאוֹת אֲשֶׁר יָבֹא
llegará que la-señal para-ti Y-esto (34) . adultos morirán tu-casa

אֶל־שְׁנֵי בָנֶיךָ אֶל־חָפְנִי וּפִינְחָס בְּיוֹם אֶחָד יָמוּתוּ
morirán uno en-día y-Fineés Ofní a tus-hijos dos a

שְׁנֵיהֶם׃ וַהֲקִימֹתִי לִי כֹּהֵן נֶאֱמָן כַּאֲשֶׁר
como fiel sacerdote para-mí Y-suscitaré (35) . ellos-dos

בִּלְבָבִי וּבְנַפְשִׁי יַעֲשֶׂה וּבָנִיתִי לוֹ
para-él y-edificaré actuará y-en-mi-alma en-mi-corazón

בַּיִת נֶאֱמָן וְהִתְהַלֵּךְ לִפְנֵי־מְשִׁיחִי כָּל־הַיָּמִים׃
. los-días todos mi-ungido ante y-caminará firme casa

וְהָיָה כָּל־הַנּוֹתָר בְּבֵיתְךָ יָבוֹא
vendrá en-tu-casa el-que-haya-quedado todo Y-sucederá (36)

לְהִשְׁתַּחֲוֺת לוֹ לַאֲגוֹרַת כֶּסֶף וְכִכַּר־לָחֶם וְאָמַר
y-dirá pan y-una-torta-de plata por-una-moneda-de a-él a-postrarse

סְפָחֵנִי נָא אֶל־אַחַת הַכְּהֻנּוֹת לֶאֱכֹל פַּת־לָחֶם׃
. pan pedazo-de para-comer las-funciones-sacerdotales una-de a pues agrégame

וְהַנַּעַר שְׁמוּאֵל מְשָׁרֵת אֶת־יְהוָה לִפְנֵי עֵלִי וּדְבַר־
y-(la)palabra-de Elí ante Yahweh a servía Samuel Y-el-joven (1) **Cap. 3**

יְהוָה הָיָה יָקָר בַּיָּמִים הָהֵם אֵין חָזוֹן נִפְרָץ׃
. frecuente visión no-había los-aquellos en-los-días rara era Yahweh

וַיְהִי בַּיּוֹם הַהוּא וְעֵלִי שֹׁכֵב בִּמְקֹמוֹ
en-su-sitio estaba-acostado que-Elí el-aquel en-el-día Y-sucedió (2)

וְעֵינָו הֵחֵלּוּ כֵהוֹת לֹא יוּכַל לִרְאוֹת׃ וְנֵר
Y-(la)lámpara-de (3) . ver podía no a-embotarse habían-empezado y-sus-ojos

אֱלֹהִים טֶרֶם יִכְבֶּה וּשְׁמוּאֵל שֹׁכֵב בְּהֵיכַל יְהוָה אֲשֶׁר־
que Yahweh en-(el)templo-de estaba-acostado y-Samuel se-había-apagado aún-no Dios

שָׁם אֲרוֹן אֱלֹהִים׃ וַיִּקְרָא יְהוָה אֶל־שְׁמוּאֵל וַיֹּאמֶר הִנֵּנִי׃
. heme-aquí : y-él-dijo Samuel a Yahweh Y-llamó (4) . Dios (el)arca-de allí

וַיָּרָץ אֶל־עֵלִי וַיֹּאמֶר הִנְנִי כִּי־קָרָאתָ לִּי וַיֹּאמֶר

: y-él-dijo a-mí llamaste pues heme-aquí : y-dijo Elí hacia Y-corrió (5)

לֹא־קָרָאתִי שׁוּב שְׁכָב וַיֵּלֶךְ וַיִּשְׁכָּב׃ וַיֹּסֶף

Y-volvió (6) . y-se-acostó se-fue acuéstate vuelve llamé no

יְהוָה קְרֹא עוֹד שְׁמוּאֵל וַיָּקָם שְׁמוּאֵל וַיֵּלֶךְ אֶל־עֵלִי

Elí hacia y-fue Samuel y-se-levantó Samuel de-nuevo a-llamar Yahweh

וַיֹּאמֶר הִנְנִי כִּי קָרָאתָ לִי וַיֹּאמֶר לֹא־קָרָאתִי בְנִי

hijo-mío llamé no : y-dijo a-mí llamaste pues heme-aquí : y-dijo

שׁוּב שְׁכָב׃ וּשְׁמוּאֵל טֶרֶם יָדַע אֶת־יְהוָה וְטֶרֶם

y-aún-no Yahweh a conocía aún-no Y-Samuel (7) . acuéstate vuelve

יִגָּלֶה אֵלָיו דְּבַר־יְהוָה׃ וַיֹּסֶף יְהוָה קְרֹא־

a-llamar Yahweh Y-volvió (8) . Yahweh (la)palabra-de a-él se-había-revelado

שְׁמוּאֵל בַּשְּׁלִשִׁית וַיָּקָם וַיֵּלֶךְ אֶל־עֵלִי וַיֹּאמֶר הִנְנִי

heme-aquí : y-dijo Elí hacia y-fue y-se-levantó por-tercera Samuel

כִּי קָרָאתָ לִי וַיָּבֶן עֵלִי כִּי יְהוָה קֹרֵא לַנָּעַר׃

. al-muchacho llamaba Yahweh que Elí y-comprendió a-mí llamaste pues

וַיֹּאמֶר עֵלִי לִשְׁמוּאֵל לֵךְ שְׁכָב וְהָיָה אִם־יִקְרָא אֵלֶיךָ

a-ti llama si y-sucederá acuéstate ve : a-Samuel Elí Y-dijo (9)

וְאָמַרְתָּ דַּבֵּר יְהוָה כִּי שֹׁמֵעַ עַבְדֶּךָ וַיֵּלֶךְ שְׁמוּאֵל

Samuel y-fue tu-siervo escucha que Yahweh habla : que-tú-dirás

וַיִּשְׁכַּב בִּמְקוֹמוֹ׃ וַיָּבֹא יְהוָה וַיִּתְיַצַּב

y-se-presentó Yahweh Y-vino (10) . en-su-sitio y-se-acostó

וַיִּקְרָא כְפַעַם־בְּפַעַם שְׁמוּאֵל ׀ שְׁמוּאֵל וַיֹּאמֶר שְׁמוּאֵל דַּבֵּר כִּי

que habla : Samuel y-dijo Samuel Samuel y-vez como-vez y-llamó

שֹׁמֵעַ עַבְדֶּךָ׃ וַיֹּאמֶר יְהוָה אֶל־שְׁמוּאֵל הִנֵּה אָנֹכִי עֹשֶׂה

haré yo he-aquí : Samuel a Yahweh Y-dijo (11) . tu-siervo escucha

דָּבָר בְּיִשְׂרָאֵל אֲשֶׁר כָּל־ שֹׁמְעוֹ תְּצִלֶּינָה שְׁתֵּי
(los)dos zumbarán el-que-lo-oiga todo que en-Israel cosa

אָזְנָיו׃ בַּיּוֹם הַהוּא אָקִים אֶל־ עֵלִי אֵת כָּל־
todo ** Elí contra haré-subir el-aquel En-el-día (12) . oídos suyos

אֲשֶׁר דִּבַּרְתִּי אֶל־ בֵּיתוֹ הָחֵל וְכַלֵּה׃ וְהִגַּדְתִּי
E-informaré (13) . y-acabar comenzar su-casa contra dije lo-que

לוֹ כִּי־ שֹׁפֵט אֲנִי אֶת־ בֵּיתוֹ עַד־ עוֹלָם בַּעֲוֹן אֲשֶׁר־ יָדַע
conocía pues por-el-pecado siempre hasta su-casa a yo juzgo que a-él

כִּי־ מְקַלְלִים לָהֶם בָּנָיו וְלֹא כִהָה
corrigió y-no sus-hijos para-ellos maldecían que

בָּם׃ וְלָכֵן נִשְׁבַּעְתִּי לְבֵית עֵלִי אִם־ יִתְכַּפֵּר
será-expiado no Elí a-(la)casa-de he-jurado Y-por-esto (14) . a-ellos

עֲוֹן בֵּית־ עֵלִי בְּזֶבַח וּבְמִנְחָה עַד־ עוֹלָם׃ וַיִּשְׁכַּב
Y-se-acostó (15) . siempre hasta y-con-ofrenda con-sacrificio Elí (la)casa-de (el)pecado-de

שְׁמוּאֵל עַד־ הַבֹּקֶר וַיִּפְתַּח אֶת־ דַּלְתוֹת בֵּית־ יְהוָה
Yahweh (la)casa-de las-puertas-de ** y-abrió la-mañana hasta Samuel

וּשְׁמוּאֵל יָרֵא מֵהַגִּיד אֶת־ הַמַּרְאָה אֶל־עֵלִי׃ וַיִּקְרָא
Y-llamó (16) . Elí a la-visión ** de-contar estaba-temeroso y-Samuel

עֵלִי אֶת־ שְׁמוּאֵל וַיֹּאמֶר שְׁמוּאֵל בְּנִי וַיֹּאמֶר הִנֵּנִי׃
. heme-aquí : y-dijo hijo-mío Samuel : y-dijo Samuel a Elí

וַיֹּאמֶר מָה הַדָּבָר אֲשֶׁר דִּבֶּר אֵלֶיךָ אַל־ נָא תְכַחֵד
ocultes pues no ? a-ti dijo que la-palabra ¿qué : Y-dijo (17)

מִמֶּנִּי כֹּה יַעֲשֶׂה־ לְּךָ אֱלֹהִים וְכֹה יוֹסִיף אִם־ תְּכַחֵד
ocultas si añada y-así Dios a-ti haga así de-mí

מִמֶּנִּי דָּבָר מִכָּל־ הַדָּבָר אֲשֶׁר־ דִּבֶּר אֵלֶיךָ׃ וַיַּגֶּד־
Y-relató (18) . a-ti dijo que la-palabra de-toda una-palabra de-mí

לוֹ שְׁמוּאֵל אֶת־ כָּל־ הַדְּבָרִים וְלֹא כִחֵד מִמֶּנּוּ וַיֹּאמַר

: y-él-dijo de-él ocultó y-no las-palabras todas ** Samuel a-él

יְהוָה הוּא הַטּוֹב בְּעֵינָו יַעֲשֶׂה׃ וַיִּגְדַּל שְׁמוּאֵל

Samuel Y-creció (19) . haga a-sus-ojos lo-bueno Él Yahweh

וַיהוָה הָיָה עִמּוֹ וְלֹא־ הִפִּיל מִכָּל־ דְּבָרָיו

sus-palabras de-todas dejó-caer y-no con-él estaba y-Yahweh

אָרְצָה׃ וַיֵּדַע כָּל־ יִשְׂרָאֵל מִדָּן וְעַד־ בְּאֵר שָׁבַע

seba Beer- y-hasta desde-Dan Israel todo Y-supo (20) . a-tierra

כִּי נֶאֱמָן שְׁמוּאֵל לְנָבִיא לַיהוָה׃ וַיֹּסֶף יְהוָה

Yahweh Y-volvió (21) . de-Yahweh como-profeta Samuel fiel que

לְהֵרָאֹה בְשִׁלֹה כִּי־ נִגְלָה יְהוָה אֶל־ שְׁמוּאֵל בְּשִׁלוֹ

en-Silo Samuel a Yahweh se-había-revelado pues en-Silo a-hacerse-ver

בִּדְבַר יְהוָה׃ וַיְהִי דְבַר־ שְׁמוּאֵל לְכָל־ יִשְׂרָאֵל

Cap. 4 Israel para-todo Samuel (la)palabra-de Y-fue (1) . Yahweh con-(la)palabra-de

וַיֵּצֵא יִשְׂרָאֵל לִקְרַאת פְּלִשְׁתִּים לַמִּלְחָמָה וַיַּחֲנוּ עַל־

junto-a y-acamparon a-la-guerra filisteos al-encuentro-de Israel y-salió

הָאֶבֶן הָעֵזֶר וּפְלִשְׁתִּים חָנוּ בַאֲפֵק׃ וַיַּעַרְכוּ

Y-dispusieron (2) . en-Afec acamparon y-filisteos ha-Ézer Eben

פְלִשְׁתִּים לִקְרַאת יִשְׂרָאֵל וַתִּטֹּשׁ הַמִּלְחָמָה וַיִּנָּגֶף

y-fue-derrotado el-combate y-se-extendió Israel al-encuentro-de filisteos

יִשְׂרָאֵל לִפְנֵי פְלִשְׁתִּים וַיַּכּוּ בַמַּעֲרָכָה בַּשָּׂדֶה

en-el-campo en-el-frente-de-batalla y-mataron filisteos ante Israel

כְּאַרְבַּעַת אֲלָפִים אִישׁ׃ וַיָּבֹא הָעָם אֶל־ הַמַּחֲנֶה

el-campamento a el-pueblo Y-llegó (3) . hombres mil como-cuatro

וַיֹּאמְרוּ זִקְנֵי יִשְׂרָאֵל לָמָּה נְגָפָנוּ יְהוָה הַיּוֹם לִפְנֵי

ante este-día Yahweh hemos-sido-derrotados ¿por-qué : Israel (los)ancianos-de : y-dijeron

פְּלִשְׁתִּים נִקְחָה אֵלֵינוּ מִשִּׁלֹה אֶת־ אֲרוֹן בְּרִית יְהוָה

Yahweh (la)Alianza-de (el)arca-de ** desde-Silo hacia-nosotros cojamos ? filisteos

וְיָבֹא בְקִרְבֵּנוּ וְיֹשִׁעֵנוּ מִכַּף אֹיְבֵינוּ׃

. nuestros-enemigos de-(la)palma-de y-nos-salve en-medio-de-nosotros y-venga

(4) וַיִּשְׁלַח הָעָם שִׁלֹה וַיִּשְׂאוּ מִשָּׁם אֵת אֲרוֹן

(el)arca-de ** de-allí y-llevaron a-Silo el-pueblo Y-envió (4)

בְּרִית־ יְהוָה צְבָאוֹת יֹשֵׁב הַכְּרֻבִים וְשָׁם שְׁנֵי

los-dos y-allí los-querubines que-se-asienta Sebaot Yahweh (la)Alianza-de

בְנֵי־ עֵלִי עִם־ אֲרוֹן בְּרִית הָאֱלֹהִים חָפְנִי וּפִינְחָס׃ (5) וַיְהִי

Y-sucedió (5) . y-Fineés Ofní Dios (la)Alianza-de (el)arca-de con Elí hijos-de

כְּבוֹא אֲרוֹן בְּרִית־ יְהוָה אֶל־ הַמַּחֲנֶה וַיָּרִעוּ כָל־

todo que-gritó el-campamento a Yahweh (la)Alianza-de (el)-arca-de cuando-el-llegar-de

יִשְׂרָאֵל תְּרוּעָה גְדוֹלָה וַתֵּהֹם הָאָרֶץ׃ (6) וַיִּשְׁמְעוּ פְלִשְׁתִּים

filisteos Y-escucharon (6) . la-tierra y-retumbó grande griterío Israel

אֶת־ קוֹל הַתְּרוּעָה וַיֹּאמְרוּ מֶה קוֹל הַתְּרוּעָה הַגְּדוֹלָה

el-grande el-griterío (el)ruido-de ¿qué : y-dijeron el-griterío (el)ruido-de **

הַזֹּאת בְּמַחֲנֵה הָעִבְרִים וַיֵּדְעוּ כִּי אֲרוֹן יְהוָה בָּא

había-llegado Yahweh (el)arca-de que y-supieron ? los-hebreos en-(el)campamento-de el-éste

אֶל־ הַמַּחֲנֶה׃ (7) וַיִּרְאוּ הַפְּלִשְׁתִּים כִּי אָמְרוּ בָּא

ha-llegado : dijeron pues los-filisteos Y-temieron (7) . el-campamento a

אֱלֹהִים אֶל־הַמַּחֲנֶה וַיֹּאמְרוּ אוֹי לָנוּ כִּי לֹא הָיְתָה כָּזֹאת

como-esto hubo no pues de-nosotros ay y-dijeron el-campamento a Dios

אֶתְמוֹל שִׁלְשֹׁם׃ (8) אוֹי לָנוּ מִי יַצִּילֵנוּ מִיַּד הָאֱלֹהִים

los-dioses de-(la)mano-de nos-librará ¿quién de-nosotros Ay (8) . anteayer ayer

הָאַדִּירִים הָאֵלֶּה אֵלֶּה הֵם הָאֱלֹהִים הַמַּכִּים אֶת־ מִצְרַיִם

Egipto a que-golpearon los-dioses ellos estos ? los-estos los-poderosos

בְּכָל־ מַכָּה בַּמִּדְבָּר׃ הִֽתְחַזְּקוּ וִהְיוּ לַאֲנָשִׁים פְּלִשְׁתִּים
filisteos hombres y-sed Sed-fuertes (9) . en-el-desierto plaga en-toda

פֶּן תַּעַבְדוּ לָעִבְרִים כַּאֲשֶׁר עָבְדוּ לָכֶם
a-vosotros ellos-han-servido como a-los-hebreos sirváis no-sea-que

וִהְיִיתֶם לַאֲנָשִׁים וְנִלְחַמְתֶּם׃ וַיִּלָּחֲמוּ פְלִשְׁתִּים
filisteos Y-combatieron (10) . y-combatid hombres y-sed

וַיִּנָּגֶף יִשְׂרָאֵל וַיָּנֻסוּ אִישׁ לְאֹהָלָיו וַתְּהִי
y-fue a-sus tiendas hombres y-huyeron Israel y-fue-derrotado

הַמַּכָּה גְּדוֹלָה מְאֹד וַיִּפֹּל מִיִּשְׂרָאֵל שְׁלֹשִׁים אֶלֶף רַגְלִי׃
. infantes mil treinta de-Israel y-cayó mucho grande la-herida

וַאֲרוֹן אֱלֹהִים נִלְקָח וּשְׁנֵי בְנֵי־ עֵלִי מֵתוּ חָפְנִי
Ofní murieron Elí (los)hijos-de y-dos fue-capturada Dios Y-(el)Arca-de (11)

וּפִינְחָס׃ וַיָּרָץ אִישׁ־ בִּנְיָמִן מֵהַמַּעֲרָכָה וַיָּבֹא
y-llegó del-frente-de-batalla Benjamín un-hombre-de Y-corrió (12) . y-Fineés

שִׁלֹה בַּיּוֹם הַהוּא וּמַדָּיו קְרֻעִים וַאֲדָמָה עַל־
sobre y-polvo rotos y-sus-vestidos el-aquél en-el-día a-Silo

רֹאשׁוֹ׃ וַיָּבוֹא וְהִנֵּה עֵלִי יֹשֵׁב עַל־ הַכִּסֵּא יַךְ
junto-a la-silla sobre estaba-sentado Elí y-he-aquí-que Y-llegó (13) . su-cabeza

דֶּרֶךְ מְצַפֶּה כִּי־ הָיָה לִבּוֹ חָרֵד עַל אֲרוֹן הָאֱלֹהִים וְהָאִישׁ
y-el-hombre Dios (el)Arca-de por temeroso su-corazón estaba pues oteando camino

בָּא לְהַגִּיד בָּעִיר וַתִּזְעַק כָּל־ הָעִיר׃
. la-ciudad toda y-gritó en-la-ciudad a-informar llegó

וַיִּשְׁמַע עֵלִי אֶת־ קוֹל הַצְּעָקָה וַיֹּאמֶר מֶה קוֹל
(el)ruido-de ¿qué : y-dijo el-grito (el)ruido-de ** Elí Y-escuchó (14)

הֶהָמוֹן הַזֶּה וְהָאִישׁ מִהַר וַיָּבֹא וַיַּגֵּד לְעֵלִי׃
. a-Elí e-informó y-llegó se-apresuró y-el-hombre ? el-éste el-tumulto

וְעֵלִי בֶּן־ תִּשְׁעִים וּשְׁמֹנֶה שָׁנָה וְעֵינָיו קָמָה וְלֹא
y-no habían-quedado-rígido y-sus-ojos años y-ocho noventa hijo-de Y-Elí (15)

יָכוֹל לִרְאוֹת׃ וַיֹּאמֶר הָאִישׁ אֶל־ עֵלִי אָנֹכִי הַבָּא מִן־
de el-que-viene yo : Elí a el-hombre Y-dijo (16) . ver podía

הַמַּעֲרָכָה וַאֲנִי מִן־ הַמַּעֲרָכָה נַסְתִּי הַיּוֹם וַיֹּאמֶר מֶה־
¿qué : y-dijo este-día he-huido el-frente-de-batalla de y-yo el-frente-de-batalla

הָיָה הַדָּבָר בְּנִי׃ וַיַּעַן הַמְבַשֵּׂר
el-que-llevaba-la-noticia Y-respondió (17) ? hijo-mío la-cosa ha-sido

וַיֹּאמֶר נָס יִשְׂרָאֵל לִפְנֵי פְלִשְׁתִּים וְגַם מַגֵּפָה גְדוֹלָה הָיְתָה
ha-habido grande derrota y-también filisteos ante Israel ha-huido : y-dijo

בָעָם וְגַם־ שְׁנֵי בָנֶיךָ מֵתוּ חָפְנִי וּפִינְחָס
y-Fineés Ofní han-muerto hijos-tuyos los-dos y-también entre-el-pueblo

וַאֲרוֹן הָאֱלֹהִים נִלְקָחָה׃ וַיְהִי כְּהַזְכִּירוֹ | אֶת־
** cuando-su-mencionar Y-sucedió (18) . ha-sido-capturada Dios y-(el)Arca-de

אֲרוֹן הָאֱלֹהִים וַיִּפֹּל מֵעַל־ הַכִּסֵּא אֲחֹרַנִּית בְּעַד | יַד הַשַּׁעַר
la-puerta junto-a de hacia-atrás la-silla de-sobre que-cayó Dios (el)Arca-de

וַתִּשָּׁבֵר מַפְרַקְתּוֹ וַיָּמֹת כִּי־ זָקֵן הָאִישׁ וְכָבֵד
y-pesado el-hombre anciano pues y-murió su-nuca y-se-rompió

וְהוּא שָׁפַט אֶת־ יִשְׂרָאֵל אַרְבָּעִים שָׁנָה׃ וְכַלָּתוֹ אֵשֶׁת־
mujer-de Y-su-nuera (19) . años cuarenta Israel a había-juzgado y-él

פִּינְחָס הָרָה לָלַת וַתִּשְׁמַע אֶת־ הַשְּׁמֻעָה אֶל־ הִלָּקַח
(el)ser-capturada sobre la-noticia ** y-escuchó para-parir preñada Fineés

אֲרוֹן הָאֱלֹהִים וּמֵת חָמִיהָ וְאִישָׁהּ
y-su-marido su-suegro y-había-muerto Dios (el)Arca-de

וַתִּכְרַע וַתֵּלֶד כִּי־ נֶהֶפְכוּ עָלֶיהָ
sobre-ella se-habían-vuelto pues y-parió y-se-arrodilló

צָרֶיהָ׃ (20) וּכְעֵת מוֹתָהּ וַתְּדַבֵּרְנָה
y-le-decían su-muerte Y-en-el-momento-de (20) . sus-dolores

הַנִּצָּבוֹת עָלֶיהָ אַל־ תִּירְאִי כִּי בֵן יָלָדְתְּ וְלֹא
y-no has-parido hijo pues temas no : junto-a-ella las-que-estaban-en-pie

עָנְתָה וְלֹא־ שָׁתָה לִבָּהּ׃ (21) וַתִּקְרָא לַנַּעַר
al-muchacho Y-llamó (21) . su-corazón puso y-no respondió

אִי־כָבוֹד לֵאמֹר גָּלָה כָבוֹד מִיִּשְׂרָאֵל אֶל־ הִלָּקַח אֲרוֹן
(el)Arca-de ser-capturada por de-Israel (la)gloria se-ha-desterrado : diciendo Icabod

הָאֱלֹהִים וְאֶל־ חָמִיהָ וְאִישָׁהּ׃
. y-su-marido su-suegro y-por Dios

(22) וַתֹּאמֶר גָּלָה כָבוֹד מִיִּשְׂרָאֵל כִּי נִלְקַח אֲרוֹן
(el)Arca-de ha-sido-capturada pues de-Israel (la)gloria se-ha-desterrado : Y-dijo (22)

הָאֱלֹהִים׃ (1) וּפְלִשְׁתִּים לָקְחוּ אֵת אֲרוֹן הָאֱלֹהִים וַיְבִאֻהוּ
Cap. 5 y-la-llevaron el-Dios (el)Arca-de ** capturaron Y-filisteos (1) . Dios

מֵאֶבֶן הָעֵזֶר אַשְׁדּוֹדָה׃ (2) וַיִּקְחוּ פְלִשְׁתִּים אֶת־ אֲרוֹן
(el)Arca-de ** filisteos Y-tomaron (2) . a-Asdod ha-Ézer desde-Eben

הָאֱלֹהִים וַיָּבִיאוּ אֹתוֹ בֵּית דָּגוֹן וַיַּצִּיגוּ אֹתוֹ אֵצֶל דָּגוֹן׃
. Dagón junto-a a-él y-colocaron Dagón al-templo-de a-él y-llevaron Dios

(3) וַיַּשְׁכִּמוּ אַשְׁדּוֹדִים מִמָּחֳרָת וְהִנֵּה דָגוֹן נֹפֵל
estaba-caído Dagón y-he-aquí-que al-día-siguiente asdodeos Y-madrugaron (3)

לְפָנָיו אַרְצָה לִפְנֵי אֲרוֹן יְהוָה וַיִּקְחוּ אֶת־ דָּגוֹן
Dagón a y-cogieron Yahweh (el)Arca-de ante a-tierra ante-él

וַיָּשִׁבוּ אֹתוֹ לִמְקוֹמוֹ׃ (4) וַיַּשְׁכִּמוּ בַבֹּקֶר
por-la-mañana Y-madrugaron (4) . a-su-sitio a-él y-volvieron

מִמָּחֳרָת וְהִנֵּה דָגוֹן נֹפֵל לְפָנָיו אַרְצָה לִפְנֵי
ante a-tierra ante-él estaba-caído Dagón y-he-aquí-que de-(el)día-siguiente

אֲרוֹן יְהוָה וְרֹאשׁ דָּגוֹן וּשְׁתֵּי | כַּפּוֹת יָדָיו

sus-manos palmas-de y-(las)dos Dagón y-cabeza-de Yahweh (el)Arca-de

כְּרֻתוֹת אֶל־הַמִּפְתָּן רַק דָּגוֹן נִשְׁאַר עָלָיו׃ עַל־

Por (5) . sobre-él quedaba Dagón sólo el-umbral sobre cortadas

כֵּן לֹא־יִדְרְכוּ כֹהֲנֵי דָגוֹן וְכָל־ הַבָּאִים בֵּית־

(al)templo-de los-que-llegan y-todos Dagón (los)sacerdotes-de pisan no esto

דָּגוֹן עַל־ מִפְתַּן דָּגוֹן בְּאַשְׁדּוֹד עַד הַיּוֹם הַזֶּה׃ וַתִּכְבַּד

Y-se-hizo-pesada (6) . el-éste el-día hasta en-Asdod Dagón (el)umbral-de sobre Dagón

יַד־ יְהוָה אֶל־ הָאַשְׁדּוֹדִים וַיְשִׁמֵּם וַיַּךְ

y-golpeó y-consternó los asdodeos sobre Yahweh (la)mano-de

אֹתָם בַּעְפֹלִים אֶת־אַשְׁדּוֹד וְאֶת־ גְּבוּלֶיהָ׃ וַיִּרְאוּ אַנְשֵׁי־

(los)hombres-de Y-vieron (7) . sus-comarcas y-a Asdod a con-los-tumores a-ellos

אַשְׁדּוֹד כִּי־ כֵן וְאָמְרוּ לֹא־ יֵשֵׁב אֲרוֹן אֱלֹהֵי יִשְׂרָאֵל עִמָּנוּ

con-nosotros Israel (el)Dios-de (el)arca-de se-quede no : y-dijeron así que Asdod

כִּי־ קָשְׁתָה יָדוֹ עָלֵינוּ וְעַל דָּגוֹן אֱלֹהֵינוּ׃ וַיִּשְׁלְחוּ

Y-enviaron (8) . nuestro-dios Dagón y-sobre sobre-nosotros su-mano se-ha-endurecido pues

וַיַּאַסְפוּ אֶת־ כָּל־ סַרְנֵי פְלִשְׁתִּים אֲלֵיהֶם וַיֹּאמְרוּ

: y-dijeron hacia-ellos filisteos (los)príncipes-de todos a y-congregaron

מַה־ נַּעֲשֶׂה לַאֲרוֹן אֱלֹהֵי יִשְׂרָאֵל וַיֹּאמְרוּ גַּת

(a)Gat : y-dijeron ? Israel (el)Dios-de al-Arca-de podremos-hacer ¿qué

יִסֹּב אֲרוֹן אֱלֹהֵי יִשְׂרָאֵל וַיַּסֵּבּוּ אֶת־ אֲרוֹן אֱלֹהֵי יִשְׂרָאֵל׃

. Israel (el)Dios-de (el)Arca-de ** e-hicieron-volver Israel (el)Dios-de (el)Arca-de se-vuelva

וַיְהִי אַחֲרֵי | הֵסַבּוּ אֹתוֹ וַתְּהִי יַד־ יְהוָה |

Yahweh (la)mano-de que-estuvo a-él hicieron-volver después-que Y-sucedió (9)

בָּעִיר מְהוּמָה גְּדוֹלָה מְאֹד וַיַּךְ אֶת־ אַנְשֵׁי הָעִיר

la-ciudad (los)hombres-de a y-golpeó mucho grande perturbación contra-la-ciudad

מִקָּטֹן וְעַד־ גָּדוֹל וַיִּשָּׂתְרוּ לָהֶם עְפָלִים׃ וַיְשַׁלְּחוּ

Y-enviaron (10) . tumores a-ellos y-salieron mayor y-hasta desde-pequeño

אֶת־ אֲרוֹן הָאֱלֹהִים עֶקְרוֹן וַיְהִי כְּבוֹא אֲרוֹן הָאֱלֹהִים עֶקְרוֹן

a-Ecrón Dios (el)Arca-de cuando-(el)llegar-de y-sucedió a-Ecrón Dios el-Arca-de **

וַיִּזְעֲקוּ הָעֶקְרֹנִים לֵאמֹר הֵסַבּוּ אֵלַי אֶת־ אֲרוֹן אֱלֹהֵי

(el)Dios-de (el)Arca-de ** a-mí han-hecho-volver : diciendo los-ecronitas que-gritaron

יִשְׂרָאֵל לַהֲמִיתֵנִי וְאֶת־ עַמִּי׃ וַיִּשְׁלְחוּ וַיַּאַסְפוּ

y-congregaron Y-enviaron (11) . mi-pueblo y-a para-hacer-morir-a-mí Israel

אֶת־ כָּל־ סַרְנֵי פְלִשְׁתִּים וַיֹּאמְרוּ שַׁלְּחוּ אֶת־ אֲרוֹן אֱלֹהֵי

(el)Dios-de (el)Arca-de ** enviad : y-dijeron filisteos (los)príncipes-de todos a

יִשְׂרָאֵל וְיָשֹׁב לִמְקֹמוֹ וְלֹא־ יָמִית אֹתִי וְאֶת־

y-a a-mí haga-morir y-no a-su-lugar y-vuelva Israel

עַמִּי כִּי־ הָיְתָה מְהוּמַת־ מָוֶת בְּכָל־ הָעִיר כָּבְדָה

se-había-hecho-pesada la-ciudad en-toda muerte terror-de había pues mi-pueblo

מְאֹד יַד הָאֱלֹהִים שָׁם׃ וְהָאֲנָשִׁים אֲשֶׁר לֹא־ מֵתוּ

habían-muerto no que Y-los-hombres (12) . allí el-Dios (la)mano-de mucho

הֻכּוּ בַּעְפָלִים וַתַּעַל שַׁוְעַת הָעִיר

la-ciudad (el)grito-de-socorro-de y-subió con-los-tumores habían-sido-golpeados

הַשָּׁמָיִם׃ וַיְהִי אֲרוֹן־ יְהוָה בִּשְׂדֵה פְלִשְׁתִּים שִׁבְעָה

Cap. 6 siete filisteos en-(el)campo-de Yahweh (el)Arca-de Y-estuvo (1) . a-los-cielos

חֳדָשִׁים׃ וַיִּקְרְאוּ פְלִשְׁתִּים לַכֹּהֲנִים וְלַקֹּסְמִים

y-a-los-adivinos a-los-sacerdotes filisteos Y-llamaron (2) . meses

לֵאמֹר מַה־ נַּעֲשֶׂה לַאֲרוֹן יְהוָה הוֹדִעֻנוּ בַּמֶּה

con-qué hacednos-saber ? Yahweh con-(el)Arca-de podemos-hacer ¿qué : diciendo

נְשַׁלְּחֶנּוּ לִמְקוֹמוֹ׃ וַיֹּאמְרוּ אִם־ מְשַׁלְּחִים

enviáis si : Y-dijeron (3) . a-su-lugar lo-hemos-de-enviar

אֶת־אֲרוֹן אֱלֹהֵי יִשְׂרָאֵל אַל־תְּשַׁלְּחוּ אֹתוֹ רֵיקָם כִּי־הָשֵׁב תָּשִׁיבוּ
habéis-de-devolver devolver pues de-vacío a-él enviéis no Israel (el)Dios-de (el)Arca-de **

לוֹ אָשָׁם אָז תֵּרָפְאוּ וְנוֹדַע לָכֶם
a-vosotros y-se-hará-saber sanaréis entonces expiación a-él

לָמָּה לֹא־תָסוּר יָדוֹ מִכֶּם׃ וַיֹּאמְרוּ מָה
¿cuál : Y-dijeron (4) . de-vosotros su-mano se-aparta no por-qué

הָאָשָׁם אֲשֶׁר נָשִׁיב לוֹ וַיֹּאמְרוּ מִסְפַּר
(el)número-de : y-dijeron ? a-él hemos-de-devolver que la-expiación

סַרְנֵי פְלִשְׁתִּים חֲמִשָּׁה עְפֹלֵי זָהָב וַחֲמִשָּׁה עַכְבְּרֵי זָהָב כִּי־מַגֵּפָה
plaga pues oro ratas-de y-cinco oro tumores-de cinco filisteos (los)princi pes-de

אַחַת לְכֻלָּם וּלְסַרְנֵיכֶם׃ וַעֲשִׂיתֶם צַלְמֵי
imágenes-de Y-haréis (5) . y-para-vuestros-príncipes para-todos-ellos una

עְפֹלֵיכֶם וְצַלְמֵי עַכְבְּרֵיכֶם הַמַּשְׁחִיתִם אֶת־הָאָרֶץ
la-tierra ** los-que-devastan vuestras-ratas e-imágenes-de vuestros-tumores

וּנְתַתֶּם לֵאלֹהֵי יִשְׂרָאֵל כָּבוֹד אוּלַי יָקֵל אֶת־יָדוֹ
su-mano ** aligere quizá honra Israel a-(el)Dios-de y-daréis

מֵעֲלֵיכֶם וּמֵעַל אֱלֹהֵיכֶם וּמֵעַל אַרְצְכֶם׃ וְלָמָּה
¿Y-por-qué (6) . vuestra-tierra y-de-sobre vuestros-dioses y-de-sobre de-sobre-vosotros

תְכַבְּדוּ אֶת־לְבַבְכֶם כַּאֲשֶׁר כִּבְּדוּ מִצְרַיִם וּפַרְעֹה אֶת־
** y-Faraón Egipto endurecieron como vuestro-corazón ** habéis-de-endurecer

לִבָּם הֲלוֹא כַּאֲשֶׁר הִתְעַלֵּל בָּהֶם וַיְשַׁלְּחוּם
y-los-dejaron-ir a-ellos maltrató cuando ¿acaso-no ? su-corazón

וַיֵּלֵכוּ׃ וְעַתָּה קְחוּ וַעֲשׂוּ עֲגָלָה חֲדָשָׁה אֶחָת
una nueva carreta y-haced tomad Y-ahora (7) ? y-ellos-se-fueron

וּשְׁתֵּי פָרוֹת עָלוֹת אֲשֶׁר לֹא־עָלָה עֲלֵיהֶם עֹל וַאֲסַרְתֶּם
y-unciréis yugo sobre-ellas haya-subido no que que-críen vacas y-dos

אֶת־הַפָּרוֹת בָּעֲגָלָה וַהֲשֵׁיבֹתֶם בְּנֵיהֶם מֵאַחֲרֵיהֶם

de-detrás-de-ellas sus-crías y-haréis-volver a-la-carreta las-vacas **

הַבָּיְתָה׃ וּלְקַחְתֶּם אֶת־אֲרוֹן יְהוָה וּנְתַתֶּם אֹתוֹ אֶל־הָעֲגָלָה

la-carreta sobre a-él y-pondréis Yahweh (el)Arca-de ** Y-cogeréis (8) . a-la-casa

וְאֵת ׀ כְּלֵי הַזָּהָב אֲשֶׁר הֲשֵׁבֹתֶם לוֹ אָשָׁם תָּשִׂימוּ

pondréis expiación para-él devolvéis que el-oro (los)objetos-de y

בָאַרְגַּז מִצִּדּוֹ וְשִׁלַּחְתֶּם אֹתוֹ וְהָלָךְ׃ וּרְאִיתֶם

Y-observaréis (9) . y-que-marche a-él y-enviaréis de-su-lado en-el-cofre

אִם־דֶּרֶךְ גְּבוּלוֹ יַעֲלֶה בֵּית שֶׁמֶשׁ הוּא עָשָׂה לָנוּ אֶת־

** a-nosotros hizo él semes a-Bet sube su-territorio (el)camino-de si

הָרָעָה הַגְּדוֹלָה הַזֹּאת וְאִם־לֹא וְיָדַעְנוּ כִּי לֹא

no que y-sabremos no y-si la-esta la-grande la-maldad

יָדוֹ נָגְעָה בָּנוּ מִקְרֶה הוּא הָיָה לָנוּ׃ וַיַּעֲשׂוּ

E-hicieron (10) . para-nosotros fue él azar a-nosotros alcanzó su-mano

הָאֲנָשִׁים כֵּן וַיִּקְחוּ שְׁתֵּי פָרוֹת עָלוֹת וַיַּאַסְרוּם

y-las-ataron que-criaban vacas dos y-tomaron así los-hombres

בָּעֲגָלָה וְאֶת־בְּנֵיהֶם כָּלוּ בַבָּיִת׃ וַיָּשִׂמוּ

Y-pusieron (11) . en-la-casa retuvieron sus-crías y-a a-la-carreta

אֶת־אֲרוֹן יְהוָה אֶל־הָעֲגָלָה וְאֵת הָאַרְגַּז וְאֵת עַכְבְּרֵי הַזָּהָב וְאֵת

y el-oro (las)ratas-de y el-cofre y la-carreta sobre Yahweh (el)Arca-de **

צַלְמֵי טְחֹרֵיהֶם׃ וַיִּשַּׁרְנָה הַפָּרוֹת בַּדֶּרֶךְ

por-el-camino las-vacas Y-se-enderezaron (12) . sus-tumores (las)figuras-de

עַל־דֶּרֶךְ בֵּית שֶׁמֶשׁ בִּמְסִלָּה אַחַת הָלְכוּ הָלֹךְ וְגָעוֹ וְלֹא־

y-no y-mugir caminar caminaron una por-senda semes Bet- el-camino sobre

סָרוּ יָמִין וּשְׂמֹאול וְסַרְנֵי פְלִשְׁתִּים הֹלְכִים אַחֲרֵיהֶם

tras-ellos caminaban filisteos y-(los)príncipes-de ni-a-siniestra a-diestra se-apartaron

עַד־ גְּבוּל בֵּית שָׁמֶשׁ׃ וּבֵית שֶׁמֶשׁ קֹצְרִים

estaban-segando semes Y-Bet- (13) . semes Bet- (el)territorio-de hasta

קְצִיר־ חִטִּים בָּעֵמֶק וַיִּשְׂאוּ אֶת־ עֵינֵיהֶם וַיִּרְאוּ

y-vieron sus-ojos ** y-alzaron en-el-valle trigos siega-de

אֶת־ הָאָרוֹן וַיִּשְׂמְחוּ לִרְאוֹת׃ וְהָעֲגָלָה בָּאָה אֶל־ שְׂדֵה

(el)campo-de a llegó Y-la-carreta (14) . al-ver y-se-alegraron el-Arca **

יְהוֹשֻׁעַ בֵּית־ הַשִּׁמְשִׁי וַתַּעֲמֹד שָׁם וְשָׁם אֶבֶן גְּדוֹלָה

grande piedra y-allí allí y-se-paró semes (el)de-Bet- Josué

וַיְבַקְּעוּ אֶת־ עֲצֵי הָעֲגָלָה וְאֶת־ הַפָּרוֹת הֶעֱלוּ

sacrificaron las-vacas y la-carreta (los)maderos-de ** y-partieron

עֹלָה לַיהוָה׃ וְהַלְוִיִּם הוֹרִידוּ | אֶת־ אֲרוֹן

(el)Arca-de ** hicieron-bajar Y-los-levitas (15) . a-Yahweh holocausto

יְהוָה וְאֶת־ הָאַרְגַּז אֲשֶׁר־ אִתּוֹ אֲשֶׁר־ בּוֹ כְלֵי־ זָהָב וַיָּשִׂמוּ

y-pusieron oro objetos-de en-él que con-él que el-cofre y Yahweh

אֶל־ הָאֶבֶן הַגְּדוֹלָה וְאַנְשֵׁי בֵית־ שֶׁמֶשׁ הֶעֱלוּ עֹלוֹת

holocaustos ofrecieron semes Bet- y-(los)hombres-de la-grande la-roca sobre

וַיִּזְבְּחוּ זְבָחִים בַּיּוֹם הַהוּא לַיהוָה׃ וַחֲמִשָּׁה

Y-cinco (16) . a-Yahweh el-aquel en-el-día sacrificios y-sacrificaron

סַרְנֵי־ פְלִשְׁתִּים רָאוּ וַיָּשֻׁבוּ עֶקְרוֹן בַּיּוֹם הַהוּא׃

. el-aquél en-el-día (a)Ecrón y-regresaron vieron filisteos príncipes-de

וְאֵלֶּה טְחֹרֵי הַזָּהָב אֲשֶׁר הֵשִׁיבוּ פְלִשְׁתִּים אָשָׁם

expiación filisteos devolvieron que el-oro (los)tumores-de Y-éstos (17)

לַיהוָה לְאַשְׁדּוֹד אֶחָד לְעַזָּה אֶחָד לְאַשְׁקְלוֹן אֶחָד לְגַת אֶחָד

, uno por-Gat , uno por-Ascalón , uno por-Gaza , uno por-Asdod : a-Yahweh

לְעֶקְרוֹן אֶחָד׃ וְעַכְבְּרֵי הַזָּהָב מִסְפַּר כָּל־ עָרֵי

(las)ciudades-de todas número-de el-oro Y-(las)ratas-de (18) . uno por-Ecrón

פְלִשְׁתִּים֙ לַחֲמֵ֣שֶׁת הַסְּרָנִ֔ים מֵעִ֣יר מִבְצָ֔ר וְעַ֖ד כֹּ֣פֶר
(la)aldea-de y-hasta fortaleza desde-ciudad-de los-príncipes de-los-cinco filisteos

הַפְּרָזִ֑י וְעַ֣ד ׀ אָבֵ֣ל הַגְּדוֹלָ֗ה אֲשֶׁ֨ר הִנִּ֤יחוּ עָלֶ֙יהָ֙ אֵ֚ת
** sobre-ella colocaron que la-grande Abel y-hasta la-tierra-abierta

אֲר֣וֹן יְהוָ֔ה עַ֚ד הַיּ֣וֹם הַזֶּ֔ה בִּשְׂדֵ֖ה יְהוֹשֻׁ֥עַ בֵּֽית־הַשִּׁמְשִֽׁי׃
. semita (el)Bet- Josué en-(el)campo-de el-éste el-día hasta Yahweh (el)Arca-de

וַיַּ֞ךְ בְּאַנְשֵׁ֣י בֵֽית־שֶׁ֗מֶשׁ כִּ֤י רָאוּ֙ בַּאֲר֣וֹן
en-(el)Arca-de miraron pues semes Bet- en-(los)hombres-de Y-golpeó (19)

יְהוָ֔ה וַיַּ֤ךְ בָּעָם֙ שִׁבְעִ֣ים אִ֔ישׁ חֲמִשִּׁ֥ים אֶ֖לֶף אִ֑ישׁ
hombres mil cincuenta hombres setenta en-el-pueblo y-golpeó Yahweh

וַיִּֽתְאַבְּל֣וּ הָעָ֔ם כִּֽי־הִכָּ֧ה יְהוָ֛ה בָּעָ֖ם מַכָּ֥ה
golpe contra-el-pueblo Yahweh había-golpeado pues el-pueblo e-hicieron-duelo

גְדוֹלָֽה׃ וַיֹּֽאמְרוּ֙ אַנְשֵׁ֣י בֵֽית־שֶׁ֔מֶשׁ מִ֚י יוּכַל֙ לַעֲמֹ֔ד
permanecer puede ¿quién : semes Bet- (los)hombres-de Y-dijeron (20) . grande

לִפְנֵ֨י יְהוָ֜ה הָאֱלֹהִ֧ים הַקָּד֛וֹשׁ הַזֶּ֖ה וְאֶל־מִ֥י יַעֲלֶ֖ה
subirá quién y-a el-éste el-santo el-Dios Yahweh ante

מֵעָלֵֽינוּ׃ וַֽיִּשְׁלְחוּ֙ מַלְאָכִ֔ים אֶל־יוֹשְׁבֵ֥י קִרְיַת־יְעָרִ֖ים
jearim Quiryat- (los)habitantes-de a mensajeros Y-enviaron (21) ? de-con-nosotros

לֵאמֹ֑ר הֵשִׁ֤בוּ פְלִשְׁתִּים֙ אֶת־אֲר֣וֹן יְהוָ֔ה רְד֕וּ הַעֲל֥וּ אֹת֖וֹ
a-él haced-subir bajad Yahweh (el)Arca-de ** filisteos han-devuelto : diciendo

אֲלֵיכֶֽם׃ וַיָּבֹ֜אוּ אַנְשֵׁ֣י ׀ קִרְיַ֣ת יְעָרִ֗ים וַֽיַּעֲלוּ֙ אֶת־אֲר֣וֹן
Cap. 7 (el)Arca-de ** y-subieron jearim Quiryat- (los)-hombres-de Y-vinieron (1) . hacia-vosotros

יְהוָ֔ה וַיָּבִ֣אוּ אֹת֔וֹ אֶל־בֵּ֥ית אֲבִינָדָ֖ב בַּגִּבְעָ֑ה וְאֶת־אֶלְעָזָ֤ר
Eleazar y-a en-la-colina Abinadab casa-de a a-él y-llevaron Yahweh

בְּנוֹ֙ קִדְּשׁ֔וּ לִשְׁמֹ֖ר אֶת־אֲר֥וֹן יְהוָֽה׃ וַיְהִ֞י מִיּ֨וֹם
desde-(el)día-de Y-fue (2) . Yahweh (el)Arca-de ** para-guardar consagraron su-hijo

שֶׁבֶת הָאָרוֹן בְּקִרְיַת יְעָרִים וַיִּרְבּוּ הַיָּמִים וַיִּהְיוּ

y-fueron los-días y-fueron-muchos jearim en-Quiryat- el-Arca permanecer -de

עֶשְׂרִים שָׁנָה וַיִּנָּהוּ כָּל־ בֵּית יִשְׂרָאֵל אַחֲרֵי יְהוָה׃

. Yahweh tras Israel la-casa-de toda y-se-lamentaron años veinte

וַיֹּאמֶר שְׁמוּאֵל אֶל־ כָּל־ בֵּית יִשְׂרָאֵל לֵאמֹר אִם־ בְּכָל־

con-todo si : diciendo Israel (la)casa-de toda a Samuel Y-dijo (3)

לְבַבְכֶם אַתֶּם שָׁבִים אֶל־ יְהוָה הָסִירוּ אֶת־ אֱלֹהֵי הַנֵּכָר

el-extranjero (los)dioses-de a apartad Yahweh a volvéis vosotros vuestro-corazón

מִתּוֹכְכֶם וְהָעַשְׁתָּרוֹת וְהָכִינוּ לְבַבְכֶם אֶל־ יְהוָה

Yahweh a vuestro-corazón y-disponed y-las-Astarot de-en-medio-de-vosotros

וְעִבְדֻהוּ לְבַדּוֹ וְיַצֵּל אֶתְכֶם מִיַּד פְּלִשְׁתִּים׃

. filisteos de-(la)mano-de a-vosotros y-él-salvará sólo-a-él y-servidlo

וַיָּסִירוּ בְּנֵי יִשְׂרָאֵל אֶת־ הַבְּעָלִים וְאֶת־ הָעַשְׁתָּרֹת

las-Astarot y los-baales ** Israel (los)hijos-de Y-apartaron (4)

וַיַּעַבְדוּ אֶת־ יְהוָה לְבַדּוֹ׃ וַיֹּאמֶר שְׁמוּאֵל קִבְצוּ אֶת־

a reunid : Samuel Y-dijo (5) . sólo-a-él Yahweh a y-sirvieron

כָּל־ יִשְׂרָאֵל הַמִּצְפָּתָה וְאֶתְפַּלֵּל בַּעַדְכֶם אֶל־ יְהוָה׃

. Yahweh a por-vosotros y-yo-rogaré en-Mizpá Israel todo

וַיִּקָּבְצוּ הַמִּצְפָּתָה וַיִּשְׁאֲבוּ מַיִם וַיִּשְׁפְּכוּ ׀

y-derramaron agua y-sacaron en-Mizpá Y-se-reunieron (6)

לִפְנֵי יְהוָה וַיָּצוּמוּ בַּיּוֹם הַהוּא וַיֹּאמְרוּ שָׁם

: allí y-dijeron el-aquel en-el-día y-ayunaron Yahweh ante

חָטָאנוּ לַיהוָה וַיִּשְׁפֹּט שְׁמוּאֵל אֶת־ בְּנֵי יִשְׂרָאֵל בַּמִּצְפָּה׃

. en-Mizpá Israel (los)hijos-de a Samuel y-juzgó contra-Yahweh hemos-pecado

וַיִּשְׁמְעוּ פְלִשְׁתִּים כִּי־ הִתְקַבְּצוּ בְנֵי־ יִשְׂרָאֵל

Israel (los)hijos-de se-habían-reunido que filisteos Y-escucharon (7)

הַמִּצְפָּתָה וַיַּעֲלוּ סַרְנֵי־ פְלִשְׁתִּים אֶל־ יִשְׂרָאֵל
Israel contra filisteos (los)príncipes-de y-subieron en-Mizpá

וַיִּשְׁמְעוּ בְּנֵי יִשְׂרָאֵל וַיִּרְאוּ מִפְּנֵי פְלִשְׁתִּים׃
. filisteos ante y-tuvieron-miedo Israel (los)hijos-de y-escucharon

(8) וַיֹּאמְרוּ בְנֵי־ יִשְׂרָאֵל אֶל־ שְׁמוּאֵל אַל־ תַּחֲרֵשׁ מִמֶּנּוּ מִזְּעֹק
de-clamar por-nosotros calles no : Samuel a Israel (los)hijos-de Y-dijeron (8)

אֶל־ יְהוָה אֱלֹהֵינוּ וְיֹשִׁעֵנוּ מִיַּד פְּלִשְׁתִּים׃
. filisteos de-(la)mano-de que-nos-salve nuestro-Dios Yahweh a

(9) וַיִּקַּח שְׁמוּאֵל טְלֵה חָלָב אֶחָד וַיַּעֲלֶה עוֹלָה
holocausto y-ofreció uno leche cordero-de Samuel Y-tomó (9)

כָּלִיל לַיהוָה וַיִּזְעַק שְׁמוּאֵל אֶל־ יְהוָה בְּעַד יִשְׂרָאֵל
Israel a-favor-de Yahweh a Samuel y-gritó a-Yahweh completo

וַיַּעֲנֵהוּ יְהוָה׃ (10) וַיְהִי שְׁמוּאֵל מַעֲלֶה
ofreciendo Samuel Y-estaba (10) . Yahweh y-le-respondió

הָעוֹלָה וּפְלִשְׁתִּים נִגְּשׁוּ לַמִּלְחָמָה בְּיִשְׂרָאֵל
contra-Israel para-el-combate se-acercaron y-filisteos el-holocausto

וַיַּרְעֵם יְהוָה ׀ בְּקוֹל־ גָּדוֹל בַּיּוֹם הַהוּא עַל־
sobre el-aquel en-el-día grande con-estrépito Yahweh e-hizo-tronar

פְלִשְׁתִּים וַיְהֻמֵּם וַיִּנָּגְפוּ לִפְנֵי יִשְׂרָאֵל׃
. Israel ante y-fueron-derrotados y-desconcertó-a-ellos filisteos

(11) וַיֵּצְאוּ אַנְשֵׁי יִשְׂרָאֵל מִן־ הַמִּצְפָּה וַיִּרְדְּפוּ אֶת־
** y-persiguieron la-Mizpá de Israel (los)hombres-de Y-salieron (11)

פְּלִשְׁתִּים וַיַּכּוּם עַד־ מִתַּחַת לְבֵית כָּר׃ (12) וַיִּקַּח
Y-tomó (12) . car de-Bet- más-abajo hasta y-los-batieron a-filisteos

שְׁמוּאֵל אֶבֶן אַחַת וַיָּשֶׂם בֵּין־ הַמִּצְפָּה וּבֵין הַשֵּׁן
el-Sen y-entre la-Mizpá entre y-puso una piedra Samuel

וַיִּקְרָא אֶת־ שְׁמָהּ אֶבֶן הָעָזֶר וַיֹּאמַר עַד־ הֵנָּה
aquí hasta : y-dijo ha-Ézer Eben- su-nombre ** y-llamó

עֲזָרָנוּ יְהוָה׃ וַיִּכָּנְעוּ הַפְּלִשְׁתִּים וְלֹא־
y-no los-filisteos Y-quedaron-humillados (13) . Yahweh nos-ha-ayudado

יָסְפוּ עוֹד לָבוֹא בִּגְבוּל יִשְׂרָאֵל וַתְּהִי יַד־
(la)mano-de y-estuvo Israel contra-el-territorio-de a-venir de-nuevo volvieron

יְהוָה בַּפְּלִשְׁתִּים כֹּל יְמֵי שְׁמוּאֵל׃ וַתָּשֹׁבְנָה
Y-volvieron (14) . Samuel (los)días-de todos contra-los-filisteos Yahweh

הֶעָרִים אֲשֶׁר לָקְחוּ־ פְלִשְׁתִּים מֵאֵת יִשְׂרָאֵל ׀ לְיִשְׂרָאֵל מֵעֶקְרוֹן
desde-Ecrón a-Israel Israel de-con filisteos habían-tomado que las-ciudades

וְעַד־ גַּת וְאֶת־ גְּבוּלָן הִצִּיל יִשְׂרָאֵל מִיַּד פְּלִשְׁתִּים
filisteos de-mano-de Israel liberó sus-territorios y Gat y-hasta

וַיְהִי שָׁלוֹם בֵּין יִשְׂרָאֵל וּבֵין הָאֱמֹרִי׃ וַיִּשְׁפֹּט
Y-juzgó (15) . el-amorreo y-entre Israel entre paz y-hubo

שְׁמוּאֵל אֶת־ יִשְׂרָאֵל כֹּל יְמֵי חַיָּיו׃ וְהָלַךְ מִדֵּי
de Y-caminaba (16) . su-vida (los)días-de todos Israel a Samuel

שָׁנָה בְּשָׁנָה וְסָבַב בֵּית־ אֵל וְהַגִּלְגָּל וְהַמִּצְפָּה
y-la-Mizpá y-el-Gilgal el (a)Bet - y-daba-la-vuelta en-año año

וְשָׁפַט אֶת־ יִשְׂרָאֵל אֵת כָּל־ הַמְּקוֹמוֹת הָאֵלֶּה׃ וּתְשֻׁבָתוֹ
Y-su-vuelta (17) . los-estos los-lugares todos ** Israel a y-juzgaba

הָרָמָתָה כִּי־ שָׁם בֵּיתוֹ וְשָׁם שָׁפָט אֶת־ יִשְׂרָאֵל וַיִּבֶן־
y-construyó Israel a juzgaba y-allí su-casa allí pues a-la-Ramá

שָׁם מִזְבֵּחַ לַיהוָה׃ וַיְהִי כַּאֲשֶׁר זָקֵן שְׁמוּאֵל
Samuel se-hizo-viejo cuando Y-sucedió (1) . a-Yahweh un-altar allí Cap. 8

וַיָּשֶׂם אֶת־ בָּנָיו שֹׁפְטִים לְיִשְׂרָאֵל׃ וַיְהִי
Y-era (2) . para-Israel jueces sus-hijos a que-puso

שֶׁם־ בְּנוֹ הַבְּכוֹר יוֹאֵל וְשֵׁם מִשְׁנֵהוּ אֲבִיָּה

Abías su-segundo y-(el)nombre-de Joel el-primogénito su-hijo (el)nombre-de

שֹׁפְטִים בִּבְאֵר שָׁבַע׃ וְלֹא־ הָלְכוּ בָנָיו בִּדְרָכָו

por-su-camino sus-hijos caminaron Y-no (3) . seba en-Beer- jueces

וַיִּטּוּ אַחֲרֵי הַבָּצַע וַיִּקְחוּ־ שֹׁחַד

soborno y-tomaron el-lucro tras y-se-inclinaron

וַיַּטּוּ מִשְׁפָּט׃ וַיִּתְקַבְּצוּ כֹּל זִקְנֵי יִשְׂרָאֵל

Israel (los)ancianos-de todos Y-se-congregaron (4) . juicio y-desviaron

וַיָּבֹאוּ אֶל־ שְׁמוּאֵל הָרָמָתָה׃ וַיֹּאמְרוּ אֵלָיו הִנֵּה אַתָּה

tú he-aquí-que a-él Y-dijeron (5) . a-la-Ramá Samuel a y-llegaron

זָקַנְתָּ וּבָנֶיךָ לֹא הָלְכוּ בִּדְרָכֶיךָ עַתָּה שִׂימָה־ לָּנוּ

para-nosotros pon ahora por-tus-caminos caminan no y-tus-hijos has-envejecido

מֶלֶךְ לְשָׁפְטֵנוּ כְּכָל־ הַגּוֹיִם׃ וַיֵּרַע הַדָּבָר

el-asunto Y-pareció-mal (6) . las-naciones como-todas para-juzgar-nos rey

בְּעֵינֵי שְׁמוּאֵל כַּאֲשֶׁר אָמְרוּ תְּנָה־ לָּנוּ מֶלֶךְ לְשָׁפְטֵנוּ וַיִּתְפַּלֵּל

e-imploró para-juzgarnos rey a-nosotros da : dijeron cuando Samuel a-ojos-de

שְׁמוּאֵל אֶל־ יְהוָה׃ וַיֹּאמֶר יְהוָה אֶל־ שְׁמוּאֵל שְׁמַע בְּקוֹל

a-(la)voz-de atiende : Samuel a Yahweh Y-dijo (7) . Yahweh a Samuel

הָעָם לְכֹל אֲשֶׁר־ יֹאמְרוּ אֵלֶיךָ כִּי לֹא אֹתְךָ מָאָסוּ כִּי־ אֹתִי

a-mí sino rechazan a-ti no pues a-ti han-dicho que para-todo el-pueblo

מָאֲסוּ מִמְּלֹךְ עֲלֵיהֶם׃ כְּכָל־ הַמַּעֲשִׂים אֲשֶׁר־ עָשׂוּ

hicieron que las-acciones Según-todas (8) . sobre-ellos de-ser-rey rechazan

מִיּוֹם הַעֲלֹתִי אֹתָם מִמִּצְרַיִם וְעַד־ הַיּוֹם הַזֶּה

el-éste el-día y-hasta de-Egipto a-ellos mi-subir desde-(el)día-de

וַיַּעַזְבֻנִי וַיַּעַבְדוּ אֱלֹהִים אֲחֵרִים כֵּן הֵמָּה עֹשִׂים גַּם־

también hacen ellos así otros dioses y-sirvieron que-me-abandonaron

לָךְ׃ (9) וְעַתָּה שְׁמַע בְּקוֹלָם אַךְ כִּי־ הָעֵד תָּעִיד

a-ti . (9) Y-ahora atiende a-su-voz pero ciertamente advertir advertirás

בָּהֶם וְהִגַּדְתָּ לָהֶם מִשְׁפַּט הַמֶּלֶךְ אֲשֶׁר יִמְלֹךְ

contra-ellos e-informarás a-ellos (el)derecho-de el-rey que reinará

עֲלֵיהֶם׃ (10) וַיֹּאמֶר שְׁמוּאֵל אֵת כָּל־ דִּבְרֵי יְהוָה אֶל־ הָעָם

. sobre-ellos (10) Y-dijo Samuel ** todas (las)palabras-de Yahweh a el-pueblo

הַשֹּׁאֲלִים מֵאִתּוֹ מֶלֶךְ׃ (11) וַיֹּאמֶר זֶה יִהְיֶה מִשְׁפַּט

que-pedían de-él . un-rey (11) Y-dijo : éste será (el)derecho-de

הַמֶּלֶךְ אֲשֶׁר יִמְלֹךְ עֲלֵיכֶם אֶת־ בְּנֵיכֶם יִקָּח

el-rey que reinará sobre-vosotros a vuestros-hijos tomará

וְשָׂם לוֹ בְּמֶרְכַּבְתּוֹ וּבְפָרָשָׁיו

y-pondrá para-él en-su-carroza y-en-sus-caballos

וְרָצוּ לִפְנֵי מֶרְכַּבְתּוֹ׃ (12) וְלָשׂוּם לוֹ

y-correrán ante su-carroza . (12) Y-poner para-él

שָׂרֵי אֲלָפִים וְשָׂרֵי חֲמִשִּׁים וְלַחֲרֹשׁ חֲרִישׁוֹ

jefes-de mil y-jefes-de cincuenta y-labrar su-labranza

וְלִקְצֹר קְצִירוֹ וְלַעֲשׂוֹת כְּלֵי־ מִלְחַמְתּוֹ וּכְלֵי

y-segar su-siega y-hacer (los)instrumentos-de guerra-suyos y-(los)instrumentos-de

רִכְבּוֹ׃ (13) וְאֶת־ בְּנוֹתֵיכֶם יִקָּח לְרַקָּחוֹת

. carro-suyos (13) Y-a vuestras-hijas tomará para-perfumistas

וּלְטַבָּחוֹת וּלְאֹפוֹת׃ (14) וְאֶת־ שְׂדוֹתֵיכֶם וְאֶת־ כַּרְמֵיכֶם

y-cocineras . y-panaderas (14) Y-a vuestros-campos y vuestras-viñas

וְזֵיתֵיכֶם הַטּוֹבִים יִקָּח וְנָתַן

y-vuestros-olivares los-mejores tomará y-dará

לַעֲבָדָיו׃ (15) וְזַרְעֵיכֶם וְכַרְמֵיכֶם יַעְשֹׂר

. a-sus-siervos (15) Y-vuestros-sembrados y-vuestras-viñas diezmará

וְנָתַן לְסָרִיסָיו וְלַעֲבָדָיו׃ וְאֶת־
Y (16) . y-a-sus-siervos a-sus-oficiales y-dará

עַבְדֵיכֶם וְאֶת־ שִׁפְחוֹתֵיכֶם וְאֶת־ בַּחוּרֵיכֶם הַטּוֹבִים
los-mejores vuestros-jóvenes y vuestras-esclavas y vuestros-esclavos

וְאֶת־ חֲמוֹרֵיכֶם יִקָּח וְעָשָׂה לִמְלַאכְתּוֹ׃
. para-su-trabajo y-hará tomará vuestros-asnos y

צֹאנְכֶם יַעְשֹׂר וְאַתֶּם תִּהְיוּ־ לוֹ לַעֲבָדִים׃
. esclavos para-él seréis y-vosotros diezmará Vuestro-ganado (17)

וּזְעַקְתֶּם בַּיּוֹם הַהוּא מִלִּפְנֵי מַלְכְּכֶם אֲשֶׁר
que vuestro-rey a-causa-de el-aquel en-el-día Y-clamaréis (18)

בְּחַרְתֶּם לָכֶם וְלֹא־ יַעֲנֶה יְהוָה אֶתְכֶם בַּיּוֹם הַהוּא׃
. el-aquel en-el-día a-vosotros Yahweh responderá y-no para-vosotros escogisteis

וַיְמָאֲנוּ הָעָם לִשְׁמֹעַ בְּקוֹל שְׁמוּאֵל וַיֹּאמְרוּ
: y-dijeron Samuel a-(la)voz-de escuchar el-pueblo Y-rehusaron (19)

לֹּא כִּי אִם־ מֶלֶךְ יִהְיֶה עָלֵינוּ׃ וְהָיִינוּ גַם־ אֲנַחְנוּ כְּכָל־
como-todas nosotros también Y-seremos (20) . sobre-nosotros habrá un-rey sino no

הַגּוֹיִם וּשְׁפָטָנוּ מַלְכֵּנוּ וְיָצָא לְפָנֵינוּ
ante-nosotros y-saldrá nuestro-rey y-nos-juzgará las-naciones

וְנִלְחַם אֶת־ מִלְחֲמֹתֵנוּ׃ וַיִּשְׁמַע שְׁמוּאֵל אֵת כָּל־
todas ** Samuel Y-atendió (21) . nuestros-combates ** y-combatirá

דִּבְרֵי הָעָם וַיְדַבְּרֵם בְּאָזְנֵי יְהוָה׃ וַיֹּאמֶר
Y-dijo (22) . Yahweh a-oídos-de y-las-dijo el-pueblo (las)palabras-de

יְהוָה אֶל־ שְׁמוּאֵל שְׁמַע בְּקוֹלָם וְהִמְלַכְתָּ לָהֶם מֶלֶךְ
un-rey para-ellos y-haz-reinar a-su-voz atiende : Samuel a Yahweh

וַיֹּאמֶר שְׁמוּאֵל אֶל־ אַנְשֵׁי יִשְׂרָאֵל לְכוּ אִישׁ לְעִירוֹ׃
. a-su-ciudad cada-hombre marchad : Israel (los)hombres-de a Samuel y-dijo

(1) וַיְהִי־ אִישׁ מִבִּן־ יָמִין וּשְׁמוֹ קִישׁ בֶּן־אֲבִיאֵל בֶּן־
hijo-de Abiel hijo-de Cis y-su-nombre de-Benjamín un-hombre Y-había (1)

צְרוֹר בֶּן־ בְּכוֹרַת בֶּן־ אֲפִיחַ בֶּן־ אִישׁ יְמִינִי גִּבּוֹר חָיִל׃
. valor héroe-de jaminita hombre hijo-de Afía hijo-de Becorat hijo-de Zeror

(2) וְלוֹ־ הָיָה בֵן וּשְׁמוֹ שָׁאוּל בָּחוּר וָטוֹב
y-bueno joven Saúl y-su-nombre un-hijo había Y-para-él (2)

וְאֵין אִישׁ מִבְּנֵי יִשְׂרָאֵל טוֹב מִמֶּנּוּ מִשִּׁכְמוֹ וָמַעְלָה
y-hacia-arriba desde-su-hombro más-que-él bueno Israel de-(los)hijos-de hombre y-no-había

גָּבֹהַּ מִכָּל־ הָעָם׃ (3) וַתֹּאבַדְנָה הָאֲתֹנוֹת לְקִישׁ
de-Cis las-asnas Y-se-habían-extraviado (3) . el-pueblo más-que-todo alto

אֲבִי שָׁאוּל וַיֹּאמֶר קִישׁ אֶל־שָׁאוּל בְּנוֹ קַח־ נָא אִתְּךָ אֶת־
** contigo te-ruego toma : su-hijo Saúl a Cis y-dijo Saúl padre-de

אַחַד מֵהַנְּעָרִים וְקוּם לֵךְ בַּקֵּשׁ אֶת־ הָאֲתֹנֹת׃ (4) וַיַּעֲבֹר
Y-cruzó (4) . las-asnas ** busca ve y-levanta de-los-criados uno

בְּהַר־ אֶפְרַיִם וַיַּעֲבֹר בְּאֶרֶץ־ שָׁלִשָׁה וְלֹא
y-no Salisá por-tierra-de y-cruzó Efraín por-(la)montaña-de

מָצָאוּ וַיַּעַבְרוּ בְאֶרֶץ־ שַׁעֲלִים וָאַיִן וַיַּעֲבֹר
y-cruzaron y-no-había Saalim por-tierra-de y-cruzaron encontraron

בְּאֶרֶץ־ יְמִינִי וְלֹא מָצָאוּ׃ (5) הֵמָּה בָּאוּ
llegaron Ellos (5) . encontraron y-no jaminita por-tierra-de

בְּאֶרֶץ צוּף וְשָׁאוּל אָמַר לְנַעֲרוֹ אֲשֶׁר־ עִמּוֹ לְכָה
ve : con-él que a-su-criado dijo y-Saúl Zuf a-tierra-de

וְנָשׁוּבָה פֶּן־ יֶחְדַּל אָבִי מִן־ הָאֲתֹנוֹת
las-asnas de mi-padre cese-de-ocuparse no-sea-que y-volvamos

וְדָאַג לָנוּ׃ (6) וַיֹּאמֶר לוֹ הִנֵּה־ נָא אִישׁ־ אֱלֹהִים
Dios hombre-de pues he-aquí : a-él Y-dijo (6) . por-nosotros y-se-preocupe

בָּעִיר הַזֹּאת וְהָאִישׁ נִכְבָּד כֹּל אֲשֶׁר־יְדַבֵּר בּוֹא

sobrevenir dice lo-que todo es-estimado y-el-hombre la-esta en-la-ciudad

יָבוֹא עַתָּה נֵלֲכָה שָּׁם אוּלַי יַגִּיד לָנוּ אֶת־ דַּרְכֵּנוּ

nuestro-camino ** a-nosotros manifieste quizás allí vayamos ahora sobreviene

אֲשֶׁר־ הָלַכְנוּ עָלֶיהָ׃ וַיֹּאמֶר שָׁאוּל לְנַעֲרוֹ וְהִנֵּה

y-he-aquí-que : a-su-criado Saúl Y-dijo (7) . por-él hemos-de-ir que

נֵלֵךְ וּמַה־ נָּבִיא לָאִישׁ כִּי הַלֶּחֶם אָזַל מִכֵּלֵינוּ

de-nuestras-sacas se-agotó el-pan pues ? para-el-hombre traeremos ¿y-qué iremos

וּתְשׁוּרָה אֵין־לְהָבִיא לְאִישׁ הָאֱלֹהִים מָה אִתָּנוּ׃ וַיֹּסֶף

Y-volvió (8) ? con-nosotros ¿qué Dios a-(el)hombre-de para-llevar no-hay y-regalo

הַנַּעַר לַעֲנוֹת אֶת־ שָׁאוּל וַיֹּאמֶר הִנֵּה נִמְצָא בְיָדִי

en-mi-mano se-encuentra he-aquí-que : y-dijo Saúl a a-responder el-criado

רֶבַע שֶׁקֶל כָּסֶף וְנָתַתִּי לְאִישׁ הָאֱלֹהִים וְהִגִּיד

y-manifestará Dios a-hombre-de y-daré plata siclo-de un-cuarto-de

לָנוּ אֶת־ דַּרְכֵּנוּ׃ לְפָנִים ׀ בְּיִשְׂרָאֵל כֹּה־ אָמַר הָאִישׁ בְּלֶכְתּוֹ

cuando-su-ir el-hombre decía así en-Israel Antes (9) . nuestro-camino ** a-nosotros

לִדְרוֹשׁ אֱלֹהִים לְכוּ וְנֵלְכָה עַד־ הָרֹאֶה כִּי לַנָּבִיא הַיּוֹם

este-día al-profeta pues el-vidente hasta e-iremos id (a)Dios a-consultar

יִקָּרֵא לְפָנִים הָרֹאֶה׃ וַיֹּאמֶר שָׁאוּל לְנַעֲרוֹ

: a-su-criado Saúl Y-dijo (10) . el-vidente antes era-llamado

טוֹב דְּבָרְךָ לְכָה ׀ נֵלֵכָה וַיֵּלְכוּ אֶל־ הָעִיר אֲשֶׁר־ שָׁם

allí que la-ciudad a y-fueron vayamos ve tu-palabra bien

אִישׁ הָאֱלֹהִים׃ הֵמָּה עֹלִים בְּמַעֲלֵה הָעִיר וְהֵמָּה מָצְאוּ

encontraron y-ellos la-ciudad por-(la)cuesta-de subían Ellos (11) . Dios (el)hombre-de

נְעָרוֹת יֹצְאוֹת לִשְׁאֹב מָיִם וַיֹּאמְרוּ לָהֶן הֲיֵשׁ בָּזֶה

en-esto ¿acaso-hay : a-ellas y-dijeron agua a-sacar saliendo muchachas

הָרֹאֶה׃ וַתַּעֲנֶינָה אוֹתָם וַתֹּאמַרְנָה יֵּשׁ הִנֵּה לְפָנֶיךָ
ante-ti ahí-está hay : y-dijeron a-ellos Y-contestaron (12) ? el-vidente

מַהֵר ׀ עַתָּה כִּי הַיּוֹם בָּא לָעִיר כִּי זֶבַח הַיּוֹם
este-día sacrificio pues a-la-ciudad ha-venido este-día pues ahora deprisa

לָעָם בַּבָּמָה׃ כְּבֹאֲכֶם הָעִיר כֵּן
así (a)la-ciudad Cuando-vuestro-llegar (13) . en-la-altura para-el-pueblo

תִּמְצְאוּן אֹתוֹ בְּטֶרֶם יַעֲלֶה הַבָּמָתָה לֶאֱכֹל כִּי לֹא־
no pues para-comer a-la-altura suba antes-que a-él encontraréis

יֹאכַל הָעָם עַד־ בֹּאוֹ כִּי־ הוּא יְבָרֵךְ הַזֶּבַח
el-sacrificio ha-de-bendecir él pues su-llegar hasta el-pueblo comerá

אַחֲרֵי־כֵן יֹאכְלוּ הַקְּרֻאִים וְעַתָּה עֲלוּ כִּי־ אֹתוֹ
el-mismo pues subid y-ahora los-invitados comerán esto después-de

כְהַיּוֹם תִּמְצְאוּן אֹתוֹ׃ וַיַּעֲלוּ הָעִיר הֵמָּה בָּאִים
llegaban ellos (a)la-ciudad Y-subieron (14) . a-él encontraréis como-este-día

בְּתוֹךְ הָעִיר וְהִנֵּה שְׁמוּאֵל יֹצֵא לִקְרָאתָם לַעֲלוֹת
para-subir frente-a-ellos salía Samuel y-he-aquí-que la-ciudad en-medio-de

הַבָּמָה׃ וַיהוָה גָּלָה אֶת־ אֹזֶן שְׁמוּאֵל יוֹם אֶחָד לִפְנֵי
antes-de uno día Samuel oído-de a había-revelado Y-Yahweh (15) . (a)la-altura

בוֹא־ שָׁאוּל לֵאמֹר׃ כָּעֵת ׀ מָחָר אֶשְׁלַח אֵלֶיךָ אִישׁ
un-hombre hacia-ti enviaré mañana Según-el-tiempo (16) : diciendo Saúl (el)venir-de

מֵאֶרֶץ בִּנְיָמִן וּמְשַׁחְתּוֹ לְנָגִיד עַל־ עַמִּי יִשְׂרָאֵל
Israel mi-pueblo sobre por-príncipe y-lo-ungirás Benjamín del-país-de

וְהוֹשִׁיעַ אֶת־ עַמִּי מִיַּד פְּלִשְׁתִּים כִּי רָאִיתִי
he-mirado pues filisteos de-mano-de mi-pueblo a y-salvará

אֶת־ עַמִּי כִּי בָּאָה צַעֲקָתוֹ אֵלָי׃ וּשְׁמוּאֵל רָאָה אֶת־
a vio Y-Samuel (17) . a-mí su-clamor ha-llegado pues mi-pueblo a

שָׁאוּל וַיהוָה עָנָהוּ הִנֵּה הָאִישׁ אֲשֶׁר אָמַרְתִּי אֵלֶיךָ זֶה
éste a-ti dije que el-hombre ahí-está : le-dijo y-Yahweh Saúl

יַעְצֹר בְּעַמִּי׃ וַיִּגַּשׁ שָׁאוּל אֶת־שְׁמוּאֵל
Samuel a Saúl Y-alcanzó (18) . en-mi-pueblo regirá

בְּתוֹךְ הַשָּׁעַר וַיֹּאמֶר הַגִּידָה־נָּא לִי אֵי־זֶה בֵּית
casa-de esto dónde a-mí te-ruego informa : y-dijo la-puerta en-medio-de

הָרֹאֶה׃ וַיַּעַן שְׁמוּאֵל אֶת־שָׁאוּל וַיֹּאמֶר אָנֹכִי הָרֹאֶה עֲלֵה
sube el-vidente yo : y-dijo Saúl a Samuel Y-respondió (19) . el-vidente

לְפָנַי הַבָּמָה וַאֲכַלְתֶּם עִמִּי הַיּוֹם וְשִׁלַּחְתִּיךָ
y-te-enviaré este-día conmigo y-comeréis (a)la-altura ante-mí

בַבֹּקֶר וְכֹל אֲשֶׁר בִּלְבָבְךָ אַגִּיד לָךְ׃
. a-ti comunicaré en-tu-corazón lo-que y-todo por-la-mañana

וְלָאֲתֹנוֹת הָאֹבְדוֹת לְךָ הַיּוֹם שְׁלֹשֶׁת
tres este-día para-ti que-se-extraviaron Y-por-las-asnas (20)

הַיָּמִים אַל־תָּשֶׂם אֶת־לִבְּךָ לָהֶם כִּי נִמְצָאוּ
han-sido-encontradas pues por-ellas tu-corazón ** pongas no días

וּלְמִי כָּל־חֶמְדַּת יִשְׂרָאֵל הֲלוֹא לְךָ וּלְכֹל בֵּית
(la)casa-de y-para-toda para-ti ¿acaso-no ? Israel (lo)apetecible-de todo ¿y-para-quién

אָבִיךָ׃ וַיַּעַן שָׁאוּל וַיֹּאמֶר הֲלוֹא בֶן־יְמִינִי אָנֹכִי
yo benjaminita ¿acaso-no : y-dijo Saúl Y-respondió (21) ? tu-padre

מִקַּטַנֵּי שִׁבְטֵי יִשְׂרָאֵל וּמִשְׁפַּחְתִּי הַצְּעִרָה מִכָּל־
más-que-todas la-pequeña y-mi-familia Israel (las)tribus-de de-(las)más-pequeñas-de

מִשְׁפְּחוֹת שִׁבְטֵי בִנְיָמִן וְלָמָּה דִּבַּרְתָּ אֵלַי כַּדָּבָר הַזֶּה׃
? la-ésta según-la-palabra a-mí has-hablado ¿y-por-qué ? Benjamín (las)tribus-de (las)familias-de

וַיִּקַּח שְׁמוּאֵל אֶת־שָׁאוּל וְאֶת־נַעֲרוֹ וַיְבִיאֵם
y-los-llevó su-criado y-a Saúl a Samuel Y-tomó (22)

לִשְׁכָּתָה וַיִּתֵּן לָהֶם מָקוֹם בְּרֹאשׁ הַקְּרוּאִים וְהֵמָּה
y-ellos los-invitados en-(la)cabeza-de lugar a-ellos y-dio a-la-sala

כִּשְׁלֹשִׁים אִישׁ׃ וַיֹּאמֶר שְׁמוּאֵל לַטַּבָּח תְּנָה אֶת־ הַמָּנָה
la-porción ** da : al-cocinero Samuel Y-dijo (23) . hombres como-treinta

אֲשֶׁר נָתַתִּי לָךְ אֲשֶׁר אָמַרְתִּי אֵלֶיךָ שִׂים אֹתָהּ עִמָּךְ׃ וַיָּרֶם
Y-elevó (24) . contigo a-ella pon : a-ti dije que a-ti di que

הַטַּבָּח אֶת־ הַשּׁוֹק וְהֶעָלֶיהָ וַיָּשֶׂם ׀ לִפְנֵי שָׁאוּל וַיֹּאמֶר הִנֵּה
aquí-está : y-dijo Saúl ante y-puso y-la-subió la-pierna ** el-cocinero

הַנִּשְׁאָר שִׂים־ לְפָנֶיךָ אֱכֹל כִּי לַמּוֹעֵד שָׁמוּר־
guardado para-el-momento-fijado pues come ante-ti pon lo-que-se-dejó

לְךָ לֵאמֹר הָעָם ׀ קָרָאתִי וַיֹּאכַל שָׁאוּל עִם־ שְׁמוּאֵל בַּיּוֹם
en-el-día Samuel con Saúl y-comió yo-he-invitado al-pueblo diciendo para-ti

הַהוּא׃ וַיֵּרְדוּ מֵהַבָּמָה הָעִיר וַיְדַבֵּר
y-habló (a)la-ciudad de-la-altura Y-bajaron (25) . el-aquel

עִם־ שָׁאוּל עַל־ הַגָּג׃ וַיַּשְׁכִּמוּ וַיְהִי כַּעֲלוֹת הַשַּׁחַר
la-mañana cuando-el-subir-de y-sucedió Y-madrugaron (26) . el-terrado sobre Saúl con

וַיִּקְרָא שְׁמוּאֵל אֶל־שָׁאוּל הַגָּגָה לֵאמֹר קוּמָה וַאֲשַׁלְּחֶךָּ
que-voy-a-enviarte levántate : diciendo (a)el-terrado Saúl a Samuel que-llamó

וַיָּקָם שָׁאוּל וַיֵּצְאוּ שְׁנֵיהֶם הוּא וּשְׁמוּאֵל
y-Samuel él ellos-dos y-salieron Saúl y-se-levantó

הַחוּצָה׃ הֵמָּה יוֹרְדִים בִּקְצֵה הָעִיר וּשְׁמוּאֵל
y-Samuel la-ciudad por-el-extremo-de bajaban Ellos (27) . afuera

אָמַר אֶל־שָׁאוּל אֱמֹר לַנַּעַר וְיַעֲבֹר לְפָנֵינוּ וַיַּעֲבֹר
y-pasó ante-nosotros y-que-pase al-criado habla : Saúl a dijo

וְאַתָּה עֲמֹד כַּיּוֹם וְאַשְׁמִיעֲךָ אֶת־ דְּבַר אֱלֹהִים׃ וַיִּקַּח
Y-tomó (1) . Dios (la)palabra-de ** y-te-haré-escuchar como-el-día quédate y-tú **Cap. 10**

שְׁמוּאֵל אֶת־פַּךְ הַשֶּׁמֶן וַיִּצֹק עַל־רֹאשׁוֹ וַיִּשָּׁקֵהוּ
y-lo-besó su-cabeza sobre y-vertió el-aceite (el)cántaro-de ** Samuel

וַיֹּאמֶר הֲלוֹא כִּי־מְשָׁחֲךָ יְהוָה עַל־נַחֲלָתוֹ לְנָגִיד׃
? por-príncipe su-heredad sobre Yahweh te-ha-ungido ciertamente ¿acaso-no y-dijo

בְּלֶכְתְּךָ הַיּוֹם מֵעִמָּדִי וּמָצָאתָ שְׁנֵי אֲנָשִׁים
hombres dos y-encontrarás de-conmigo este-día En-tu-ir (2)

עִם־קְבֻרַת רָחֵל בִּגְבוּל בִּנְיָמִן בְּצֶלְצַח וְאָמְרוּ אֵלֶיךָ
a-ti y-dirán en-Selsá Benjamín en-(el)límite- Raquel tumba-de junto-a

נִמְצְאוּ הָאֲתֹנוֹת אֲשֶׁר הָלַכְתָּ לְבַקֵּשׁ וְהִנֵּה נָטַשׁ
dejó-de-cuidarse y-he-aquí-que a-buscar fuiste que las-asnas han-sido-encontradas

אָבִיךָ אֶת־דִּבְרֵי הָאֲתֹנוֹת וְדָאַג לָכֶם לֵאמֹר מָה
¿qué : diciendo por-vosotros y-se-preocupa las-asnas (los)asuntos-de ** tu-padre

אֶעֱשֶׂה לִבְנִי׃ וְחָלַפְתָּ מִשָּׁם וָהָלְאָה
y-más-allá de-allí Y-pasarás (3) ? por-mi-hijo he-de-hacer

וּבָאתָ עַד־אֵלוֹן תָּבוֹר וּמְצָאוּךָ שָּׁם שְׁלֹשָׁה
tres allí y-te-encontrarán Tabor la-encina-de hasta y-llegarás

אֲנָשִׁים עֹלִים אֶל־הָאֱלֹהִים בֵּית־אֵל אֶחָד נֹשֵׂא ׀ שְׁלֹשָׁה גְדָיִים
cabritos tres lleva uno el (a)Bet- Dios hacia que-suben hombres

וְאֶחָד נֹשֵׂא שְׁלֹשֶׁת כִּכְּרוֹת לֶחֶם וְאֶחָד נֹשֵׂא נֵבֶל־
un-odre-de lleva y-uno pan tortas-de tres lleva y-uno

יָיִן׃ וְשָׁאֲלוּ לְךָ לְשָׁלוֹם וְנָתְנוּ לְךָ
a-ti y-darán paz para-ti Y-pedirán (4) . vino

שְׁתֵּי־לֶחֶם וְלָקַחְתָּ מִיָּדָם׃ אַחַר כֵּן תָּבוֹא
llegarás esto Después-de (5) . de-mano-de-ellos y-tú-tomarás pan dos

גִּבְעַת הָאֱלֹהִים אֲשֶׁר־שָׁם נְצִבֵי פְלִשְׁתִּים וִיהִי
y-sucederá filisteos guarnición-de allí que el-Dios (a)Gibea-de

כְבֹאֲךָ שָׁם הָעִיר וּפָגַעְתָּ חֶבֶל נְבִיאִים
cuando-tú-llegar allí (a)la-ciudad que-encontrarás un-grupo-de profetas

יֹרְדִים מֵהַבָּמָה וְלִפְנֵיהֶם נֵבֶל וְתֹף
bajando de-la-altura y-ante-ellos arpa y-tamboril

וְחָלִיל וְכִנּוֹר וְהֵמָּה מִתְנַבְּאִים׃ וְצָלְחָה עָלֶיךָ
y-flauta y-cítara y-ellos en-trance-profético. (6) Y-vendrá sobre-ti

רוּחַ יְהוָה וְהִתְנַבִּיתָ עִמָּם וְנֶהְפַּכְתָּ
(el)Espíritu-de Yahweh y-entrarás-en-trance-profético con-ellos y-te-transformarás

לְאִישׁ אַחֵר׃ וְהָיָה כִּי תְבֹאֶינָה הָאֹתוֹת
en-hombre otro. (7) Y-sucederá cuando lleguen las-señales

הָאֵלֶּה לָךְ עֲשֵׂה לְךָ אֲשֶׁר תִּמְצָא יָדֶךָ כִּי הָאֱלֹהִים
las-estas a-ti haz para-ti lo-que encuentre tu-mano pues Dios

עִמָּךְ׃ וְיָרַדְתָּ לְפָנַי הַגִּלְגָּל וְהִנֵּה אָנֹכִי יֹרֵד
contigo. (8) Y-bajarás ante-mí el-Gilgal y-he-aquí-que yo bajo

אֵלֶיךָ לְהַעֲלוֹת עֹלוֹת לִזְבֹּחַ זִבְחֵי שְׁלָמִים שִׁבְעַת
hacia-ti para-inmolar holocaustos para-sacrificar ofrendas-de paz siete

יָמִים תּוֹחֵל עַד־ בּוֹאִי אֵלֶיךָ וְהוֹדַעְתִּי לְךָ אֵת אֲשֶׁר
días esperarás hasta mi-llegar a-ti y-haré-saber a-ti ** que

תַּעֲשֶׂה׃ וְהָיָה כְּהַפְנֹתוֹ שִׁכְמוֹ לָלֶכֶת מֵעִם
has-de-hacer. (9) Y-sucedió cuando-su-volver su-hombro para-marchar de-con

שְׁמוּאֵל וַיַּהֲפָךְ־ לוֹ אֱלֹהִים לֵב אַחֵר וַיָּבֹאוּ
Samuel que-cambió a-él Dios corazón otro y-sobrevinieron

כָּל־ הָאֹתוֹת הָאֵלֶּה בַּיּוֹם הַהוּא׃ וַיָּבֹאוּ שָׁם
todas las-señales las-estas en-el-día el-aquel. (10) Y-llegaron allí

הַגִּבְעָתָה וְהִנֵּה חֶבֶל־ נְבִאִים לִקְרָאתוֹ וַתִּצְלַח
a-la-Gibea y-he-aquí-que un-grupo-de profetas frente-a-él y-vino

עָלָיו רוּחַ אֱלֹהִים וַיִּתְנַבֵּא בְּתוֹכָם׃ וַיְהִי
Y-sucedió (11) . en-medio-de-ellos y-entró-en-trance-profético Dios (el))Espíritu-de sobre-él

כָּל־ יוֹדְעוֹ מֵאִתְמוֹל שִׁלְשֹׁם וַיִּרְאוּ וְהִנֵּה עִם־
con y-he-aquí-que que-vieron anteayer de-ayer el-que-lo-conocía todo

נְבִאִים נִבָּא וַיֹּאמֶר הָעָם אִישׁ אֶל־ רֵעֵהוּ מַה־
¿qué : su-compañero a cada-hombre la-gente y-decía profetizaba profetas

זֶּה הָיָה לְבֶן־ קִישׁ הֲגַם שָׁאוּל בַּנְּבִיאִים׃ וַיַּעַן
Y-replicó (12) ? entre-los-profetas Saúl ¿acaso-también ? Cis para-el-hijo-de es esto

אִישׁ מִשָּׁם וַיֹּאמֶר וּמִי אֲבִיהֶם עַל־ כֵּן הָיְתָה
fue esto por ? sus-padres ¿y-quién : y-dijo de-allí un-hombre

לְמָשָׁל הֲגַם שָׁאוּל בַּנְּבִאִים׃ וַיְכַל מֵהִתְנַבּוֹת
de-estar-en-trance-profético Y-cesó (13) ? entre-los-profetas Saúl ¿acaso-también como-proverbio

וַיָּבֹא הַבָּמָה׃ וַיֹּאמֶר דּוֹד שָׁאוּל אֵלָיו וְאֶל־
y-a a-él Saúl tío-de Y-dijo (14) . a-la-altura y-llegó

נַעֲרוֹ אָן הֲלַכְתֶּם וַיֹּאמֶר לְבַקֵּשׁ אֶת־ הָאֲתֹנוֹת
las-asnas ** a-buscar : y-dijo ? habéis-andado ¿dónde : su-criado

וַנִּרְאֶה כִּי־ אַיִן וַנָּבוֹא אֶל־שְׁמוּאֵל׃ וַיֹּאמֶר
Y-dijo (15) . Samuel a y-llegamos no-estaban que y-vimos

דּוֹד שָׁאוּל הַגִּידָה־נָּא לִי מָה־ אָמַר לָכֶם שְׁמוּאֵל׃ וַיֹּאמֶר
Y-dijo (16) . Samuel a-vosotros dijo qué a-mí te-ruego cuenta Saúl tío-de

שָׁאוּל אֶל־ דּוֹדוֹ הַגֵּד הִגִּיד לָנוּ כִּי נִמְצְאוּ
habían-sido-encontradas que a-nosotros contó contar : su-tío a Saúl

הָאֲתֹנוֹת וְאֶת־ דְּבַר הַמְּלוּכָה לֹא־ הִגִּיד לוֹ אֲשֶׁר אָמַר
dijo pues a-él contó no la-realeza (la)cuestión-de y las-asnas

שְׁמוּאֵל׃ וַיַּצְעֵק שְׁמוּאֵל אֶת־ הָעָם אֶל־ יְהוָה הַמִּצְפָּה׃
. en-la-Mizpá Yahweh hacia el-pueblo a Samuel Y-convocó (17) . Samuel

וַיֹּ֣אמֶר ׀ אֶל־בְּנֵ֣י יִשְׂרָאֵ֑ל כֹּֽה־אָמַ֤ר יְהוָה֙ אֱלֹהֵ֣י יִשְׂרָאֵ֔ל אָנֹכִ֛י
yo : Israel Dios-de Yahweh dice así : Israel (los)hijos-de a Y-dijo (18)

הֶעֱלֵ֥יתִי אֶת־יִשְׂרָאֵ֖ל מִמִּצְרָ֑יִם וָאַצִּ֤יל אֶתְכֶם֙ מִיַּ֣ד מִצְרַ֔יִם
Egipto de-(la)mano-de vosotros y-libré de-Egipto Israel a hice-subir

וּמִיַּד֙ כָּל־הַמַּמְלָכ֔וֹת הַלֹּחֲצִ֖ים אֶתְכֶֽם׃ וְאַתֶּ֨ם
Y-vosotros (19) . a-vosotros que-oprimían los-reinos todos y-de-(la)mano-de

הַיּ֜וֹם מְאַסְתֶּ֣ם אֶת־אֱלֹהֵיכֶ֗ם אֲשֶׁר־ה֨וּא מוֹשִׁ֣יעַ לָכֶם֮ מִכָּל־
de-todas a-vosotros salva Él que vuestro-Dios a rechazáis este-día

רָעוֹתֵיכֶ֣ם וְצָרֹתֵיכֶם֒ וַתֹּ֣אמְרוּ ל֔וֹ כִּי־מֶ֖לֶךְ
rey ciertamente (a)Él y-habéis-dicho y-vuestras-angustias vuestras-desgracias

תָּשִׂ֣ים עָלֵ֑ינוּ וְעַתָּ֗ה הִֽתְיַצְּבוּ֙ לִפְנֵ֣י יְהוָ֔ה לְשִׁבְטֵיכֶ֖ם
según-vuestras-tribus Yahweh ante presentaos y-ahora sobre-nosotros has-de-poner

וּלְאַלְפֵיכֶֽם׃ וַיַּקְרֵ֣ב שְׁמוּאֵ֔ל אֵ֖ת כָּל־שִׁבְטֵ֣י
(las)tribus-de todas a Samuel E-hizo-acercarse (20) . y-según-vuestros-clanes

יִשְׂרָאֵ֑ל וַיִּלָּכֵ֖ד שֵׁ֥בֶט בִּנְיָמִֽן׃ וַיַּקְרֵ֞ב אֶת־
a E-hizo-acercarse (21) . Benjamín (la)tribu-de y-fue-designada Israel

שֵׁ֤בֶט בִּנְיָמִן֙ לְמִשְׁפְּחֹתָ֔ו וַתִּלָּכֵ֖ד מִשְׁפַּ֣חַת הַמַּטְרִ֑י
Matrí (la)familia-de y-fue-designada según-sus-familias Benjamín (la)tribu-de

וַיִּלָּכֵד֙ שָׁא֣וּל בֶּן־קִ֔ישׁ וַיְבַקְשֻׁ֖הוּ וְלֹ֥א
y-no y-lo-buscaron Cis hijo-de Saúl y-fue-designado

נִמְצָֽא׃ וַיִּשְׁאֲלוּ־עוֹד֙ בַּֽיהוָ֔ה הֲבָ֥א ע֛וֹד הֲלֹ֖ם
aquí aún ¿acaso-viene : a-Yahweh de-nuevo Y-consultaron (22) . fue-encontrado

אִ֑ישׁ וַיֹּ֣אמֶר יְהוָ֔ה הִנֵּה־ה֥וּא נֶחְבָּ֖א אֶל־הַכֵּלִֽים׃
. los-útiles entre se-ha-ocultado él he-aquí-que : Yahweh y-dijo ? hombre

וַיָּרֻ֙צוּ֙ וַיִּקָּחֻ֣הוּ מִשָּׁ֔ם וַיִּתְיַצֵּ֖ב בְּת֣וֹךְ
en-medio-de y-se-colocó de-allí y-lo-cogieron Y-corrieron (23)

הָעָם וַיִּגְבַּהּ מִכָּל־ הָעָם מִשִּׁכְמוֹ
desde-su-hombro el-pueblo más-que-todo y-era-alto el-pueblo

וָמָעְלָה׃ וַיֹּאמֶר שְׁמוּאֵל אֶל־ כָּל־ הָעָם הַרְּאִיתֶם אֲשֶׁר
que ¿veis : el-pueblo todo a Samuel Y-dijo (24) . y-hacia-arriba

בָּחַר־ בּוֹ יְהוָה כִּי אֵין כָּמֹהוּ בְּכָל־ הָעָם
el-pueblo en-todo como-él no-hay cierta mente ? Yahweh a-él ha-elegido

וַיָּרִעוּ כָל־ הָעָם וַיֹּאמְרוּ יְחִי הַמֶּלֶךְ׃
. el-rey viva : y-dijeron el-pueblo todo y-gritaron

וַיְדַבֵּר שְׁמוּאֵל אֶל־ הָעָם אֵת מִשְׁפַּט הַמְּלֻכָה
la-realeza (el)derecho-de ** el-pueblo a Samuel Y-expuso (25)

וַיִּכְתֹּב בַּסֵּפֶר וַיַּנַּח לִפְנֵי יְהוָה וַיְשַׁלַּח
y-envió Yahweh ante y-dejó en-el-libro y-escribió

שְׁמוּאֵל אֶת־כָּל־ הָעָם אִישׁ לְבֵיתוֹ׃ וְגַם־ שָׁאוּל הָלַךְ
fue Saúl Y-también (26) . a-su-casa cada-hombre el-pueblo todo a Samuel

לְבֵיתוֹ גִּבְעָתָה וַיֵּלְכוּ עִמּוֹ הַחַיִל אֲשֶׁר־
que los-guerreros con-él y-fueron a-Guibeá a-su-casa

נָגַע אֱלֹהִים בְּלִבָּם׃ וּבְנֵי בְלִיַּעַל אָמְרוּ מַה־
¿qué : dijeron maldad E-hijos-de (27) . sus-corazones Dios tocó

יֹּשִׁעֵנוּ זֶה וַיִּבְזֻהוּ וְלֹא־ הֵבִיאוּ לוֹ מִנְחָה
ofrenda a-él llevaron y-no y-lo-despreciaron ? éste nos-va-a-salvar

וַיְהִי כְּמַחֲרִישׁ׃ וַיַּעַל נָחָשׁ הָעַמּוֹנִי
Cap. 11 el-amonita Nahás Y-subió (1) . como-quien-calla y-fue

וַיִּחַן עַל־ יָבֵשׁ גִּלְעָד וַיֹּאמְרוּ כָּל־ אַנְשֵׁי יָבֵישׁ אֶל־
a Jabés (los)hombres-de todos y-dijeron Galaad Jabés-de contra y-acampó

נָחָשׁ כְּרָת־ לָנוּ בְרִית וְנַעַבְדֶךָּ׃ וַיֹּאמֶר אֲלֵיהֶם
a-ellos Y-dijo (2) . y-te-serviremos alianza con-nosotros pacta : Nahás

נָחָשׁ הָעַמּוֹנִי בְּזֹאת אֶכְרֹת לָכֶם בִּנְקוֹר לָכֶם
a-vosotros sobre-arrancar con-vosotros pactaré sobre-esto : el-amonita Nahás

כָּל־עֵין יָמִין וְשַׂמְתִּיהָ חֶרְפָּה עַל־כָּל־יִשְׂרָאֵל׃ וַיֹּאמְרוּ
Y-dijeron (3) . Israel todo sobre vergüenza y-lo-pondré derecho ojo todo

אֵלָיו זִקְנֵי יָבֵישׁ הֶרֶף לָנוּ שִׁבְעַת יָמִים וְנִשְׁלְחָה מַלְאָכִים
mensajeros y-enviaremos días siete a-nosotros concede Jabés (los)ancianos-de a-él

בְּכֹל גְּבוּל יִשְׂרָאֵל וְאִם־אֵין מוֹשִׁיעַ אֹתָנוּ
a-nosotros quien-salve no-hay y-si Israel (el)territorio-de por-todo

וְיָצָאנוּ אֵלֶיךָ׃ וַיָּבֹאוּ הַמַּלְאָכִים גִּבְעַת שָׁאוּל
Saúl (a)Guibeá-de los-mensajeros Y-llegaron (4) . hacia-ti y-saldremos

וַיְדַבְּרוּ הַדְּבָרִים בְּאָזְנֵי הָעָם וַיִּשְׂאוּ כָל־
todo y-alzaron el-pueblo a-oídos-de las-cosas y-expusieron

הָעָם אֶת־קוֹלָם וַיִּבְכּוּ׃ וְהִנֵּה שָׁאוּל בָּא
llegaba Saúl Y-he-aquí-que (5) . y-lloraron sus-voces ** el-pueblo

אַחֲרֵי הַבָּקָר מִן־הַשָּׂדֶה וַיֹּאמֶר שָׁאוּל מַה־לָּעָם כִּי
pues para-el-pueblo ¿qué : Saúl y-dijo el-campo de las-reses tras

יִבְכּוּ וַיְסַפְּרוּ־לוֹ אֶת־דִּבְרֵי אַנְשֵׁי יָבֵישׁ׃
. Jabés (los)hombres-de las-palabras-de ** a-él y-contaron ? lloran

וַתִּצְלַח רוּחַ־אֱלֹהִים עַל־שָׁאוּל בְּשָׁמְעוֹ אֶת־הַדְּבָרִים
las-palabras ** cuando-su-escuchar Saúl sobre Dios (el)Espíritu-de Y-vino (6)

הָאֵלֶּה וַיִּחַר אַפּוֹ מְאֹד׃ וַיִּקַּח צֶמֶד בָּקָר
bueyes una-yunta-de Y-tomó (7) . mucho su-ira y-se-encendió las-aquellas

וַיְנַתְּחֵהוּ וַיְשַׁלַּח בְּכָל־גְּבוּל יִשְׂרָאֵל בְּיַד
por-mano-de Israel (el)territorio-de por-todo y-envió y-la-despedazó

הַמַּלְאָכִים ׀ לֵאמֹר אֲשֶׁר אֵינֶנּוּ יֹצֵא אַחֲרֵי שָׁאוּל וְאַחַר שְׁמוּאֵל כֹּה
así Samuel y-tras Saúl tras salga no-él el-que : diciendo los-mensajeros

יֵעָשֶׂה לִבְקָרוֹ וַיִּפֹּל פַּחַד־ יְהוָה עַל־ הָעָם

el-pueblo sobre Yahweh (el)temor-de y-cayó a-su-ganado se-hará

וַיֵּצְאוּ כְּאִישׁ אֶחָד׃ (8) וַיִּפְקְדֵם בְּבָזֶק

en-Bézec Y-los-pasó-revista (8) . uno como-hombre y-salieron

וַיִּהְיוּ בְנֵי־ יִשְׂרָאֵל שְׁלֹשׁ מֵאוֹת אֶלֶף וְאִישׁ יְהוּדָה

Judá y-hombres-de mil cientos tres Israel (los)hijos-de y-eran

שְׁלֹשִׁים אָלֶף׃ (9) וַיֹּאמְרוּ לַמַּלְאָכִים הַבָּאִים כֹּה

así : que-habían-venido a-los-mensajeros Y-dijeron (9) . mil treinta

תֹאמְרוּן לְאִישׁ יָבֵישׁ גִּלְעָד מָחָר תִּהְיֶה־ לָכֶם תְּשׁוּעָה

salvación para-vosotros será mañana Galaad Jabés a-hombres-de hablaréis·

בְּחֹם הַשָּׁמֶשׁ וַיָּבֹאוּ הַמַּלְאָכִים וַיַּגִּידוּ

y-contaron los-mensajeros y-volvieron el-sol con-(el)calor-de

לְאַנְשֵׁי יָבֵישׁ וַיִּשְׂמָחוּ׃ (10) וַיֹּאמְרוּ אַנְשֵׁי יָבֵישׁ

: Jabés (los)hombres-de Y-dijeron (10) . y-se-alegraron Jabés a-(los)hombres-de

מָחָר נֵצֵא אֲלֵיכֶם וַעֲשִׂיתֶם לָּנוּ כְּכָל־ הַטּוֹב

lo-bueno según-todo a-nosotros y-haréis a-vosotros saldremos mañana

בְּעֵינֵיכֶם׃ (11) וַיְהִי מִמָּחֳרָת וַיָּשֶׂם שָׁאוּל אֶת־

a Saúl que-dispuso al-día-siguiente Y-sucedió (11) . a-vuestros-ojos

הָעָם שְׁלֹשָׁה רָאשִׁים וַיָּבֹאוּ בְתוֹךְ־ הַמַּחֲנֶה בְּאַשְׁמֹרֶת

en-(la)guardia-de el-campamento en-medio-de y-llegaron secciones tres el-pueblo

הַבֹּקֶר וַיַּכּוּ אֶת־ עַמּוֹן עַד־ חֹם הַיּוֹם וַיְהִי

y-sucedió el-día (el)calor-de hasta Amón a y-golpearon la-mañana

הַנִּשְׁאָרִים וַיָּפֻצוּ וְלֹא נִשְׁאֲרוּ־ בָם שְׁנָיִם

dos en-ellos quedaron y-no que-se-dispersaron los-que-quedaban

יָחַד׃ (12) וַיֹּאמֶר הָעָם אֶל־ שְׁמוּאֵל מִי הָאֹמֵר שָׁאוּל

Saúl el-que-decía ¿quién : Samuel a el-pueblo Y-dijo (12) . juntos

יִמְלֹךְ עָלֵינוּ תְּנוּ הָאֲנָשִׁים וּנְמִיתֵם׃ וַיֹּאמֶר

Y-dijo (13) . y-los-mataremos los-hombres dad ? sobre-nosotros reinará

שָׁאוּל לֹא־ יוּמַת אִישׁ בַּיּוֹם הַזֶּה כִּי הַיּוֹם עָשָׂה־

ha-obrado este-día pues el-éste en-el-día hombre muera no : Saúl

יְהוָה תְּשׁוּעָה בְּיִשְׂרָאֵל׃ וַיֹּאמֶר שְׁמוּאֵל אֶל־ הָעָם לְכוּ

marchad : el-pueblo a Samuel Y-dijo (14) . en-Israel salvación Yahweh

וְנֵלְכָה הַגִּלְגָּל וּנְחַדֵּשׁ שָׁם הַמְּלוּכָה׃

. la-realeza allí y-renovemos a-Gilgal y-vayamos

וַיֵּלְכוּ כָל־ הָעָם הַגִּלְגָּל וַיַּמְלִכוּ

y-nombraron-rey a-Gilgal el-pueblo todo Y-fueron (15)

שָׁם אֶת־ שָׁאוּל לִפְנֵי יְהוָה בַּגִּלְגָּל וַיִּזְבְּחוּ־ שָׁם

allí y-sacrificaron en-Gilgal Yahweh ante Saúl a allí

זְבָחִים שְׁלָמִים לִפְנֵי יְהוָה וַיִּשְׂמַח שָׁם שָׁאוּל וְכָל־

y-todos Saúl allí y-se-alegró Yahweh ante pacíficas ofrendas

אַנְשֵׁי יִשְׂרָאֵל עַד־ מְאֹד׃ וַיֹּאמֶר שְׁמוּאֵל אֶל־ כָּל־ יִשְׂרָאֵל הִנֵּה

he-aquí-que : Israel todo a Samuel Y-dijo (1) . mucho hasta Israel (los)hombres-de **Cap.12**

שָׁמַעְתִּי בְקֹלְכֶם לְכֹל אֲשֶׁר־ אֲמַרְתֶּם לִי וָאַמְלִיךְ עֲלֵיכֶם

sobre-vosotros y-he-nombrado-rey a-mí habéis-dicho lo-que a-todo vuestra-voz he-escuchado

מֶלֶךְ׃ וְעַתָּה הִנֵּה הַמֶּלֶךְ ׀ מִתְהַלֵּךְ לִפְנֵיכֶם וַאֲנִי זָקַנְתִּי וָשַׂבְתִּי

y-he-encanecido he-envejecido y-yo ante-vosotros marcha el-rey he-aquí-que Y-ahora (2) . rey

וּבָנַי הִנָּם אִתְּכֶם וַאֲנִי הִתְהַלַּכְתִּי לִפְנֵיכֶם מִנְּעֻרַי

desde-mi-juventud ante-vosotros he-caminado y-yo con-vosotros ahí-están y-mis-hijos

עַד־ הַיּוֹם הַזֶּה׃ הִנְנִי עֲנוּ בִי נֶגֶד יְהוָה

Yahweh frente-a contra-mí testificad Aquí-estoy (3) . el-este el-día hasta

וְנֶגֶד מְשִׁיחוֹ אֶת־ שׁוֹר ׀ מִי לָקַחְתִּי וַחֲמוֹר מִי לָקַחְתִּי וְאֶת־

y-a tomé quién y-asno-de tomé quién buey-de ** : su-ungido y-frente-a

מִי עָשַׁקְתִּי אֶת־ מִי רַצּוֹתִי וּמִיַּד־ מִי לָקַחְתִּי
he-tomado quién y-de-mano-de he-oprimido quién a he-vejado quién

כֹפֶר וְאַעְלִים עֵינַי בּוֹ וְאָשִׁיב לָכֶם׃
. a-vosotros y-yo-devolveré por-él mis-ojos y-he-cerrado soborno

וַיֹּאמְרוּ לֹא עֲשַׁקְתָּנוּ וְלֹא רַצּוֹתָנוּ וְלֹא־
y-no nos-has-oprimido y-no nos-has-vejado no : Y-dijeron (4)

לָקַחְתָּ מִיַּד־ אִישׁ מְאוּמָה׃ וַיֹּאמֶר אֲלֵיהֶם עֵד יְהוָה
Yahweh testigo : a-ellos Y-dijo (5) . nada hombre de-mano-de has-tomado

בָּכֶם וְעֵד מְשִׁיחוֹ הַיּוֹם הַזֶּה כִּי לֹא מְצָאתֶם
habéis-encontrado no que el-este el-día su-ungido y-testigo contra-vosotros

בְּיָדִי מְאוּמָה וַיֹּאמֶר עֵד׃ וַיֹּאמֶר שְׁמוּאֵל אֶל־
a Samuel Y-dijo (6) . testigo : y-dijo nada en-mi-mano

הָעָם יְהוָה אֲשֶׁר עָשָׂה אֶת־ מֹשֶׁה וְאֶת־אַהֲרֹן וַאֲשֶׁר הֶעֱלָה
hizo-subir y-que Aarón y-a Moisés a hizo el-que Yahweh : el-pueblo

אֶת־ אֲבֹתֵיכֶם מֵאֶרֶץ מִצְרָיִם׃ וְעַתָּה הִתְיַצְּבוּ וְאִשָּׁפְטָה
y-juzgaré presentaos Y-ahora (7) . Egipto de-(el)país-de vuestros-padres a

אִתְּכֶם לִפְנֵי יְהוָה אֵת כָּל־ צִדְקוֹת יְהוָה אֲשֶׁר־ עָשָׂה
hizo que Yahweh (los)beneficios-de todos ** Yahweh ante a-vosotros

אִתְּכֶם וְאֶת־ אֲבוֹתֵיכֶם׃ כַּאֲשֶׁר־ בָּא יַעֲקֹב מִצְרָיִם
a-Egipto Jacob llegó Cuando (8) . vuestros-padres y-con con-vosotros

וַיִּזְעֲקוּ אֲבוֹתֵיכֶם אֶל־ יְהוָה וַיִּשְׁלַח יְהוָה אֶת־ מֹשֶׁה וְאֶת־
y-a Moisés a Yahweh y-envió Yahweh a vuestros-padres y-clamaron

אַהֲרֹן וַיּוֹצִיאוּ אֶת־ אֲבֹתֵיכֶם מִמִּצְרַיִם וַיֹּשִׁבוּם
y-los-colocaron de-Egipto vuestros-padres a y-sacaron Aarón

בַּמָּקוֹם הַזֶּה׃ וַיִּשְׁכְּחוּ אֶת־ יְהוָה אֱלֹהֵיהֶם וַיִּמְכֹּר
y-vendió su-Dios Yahweh a Y-olvidaron (9) . el-este en-el-lugar

אֹתָם בְּיַד סִֽיסְרָא שַׂר־ צְבָא חָצוֹר וּבְיַד־ פְּלִשְׁתִּים
filisteos y-en-mano-de Hazor (el)-ejército-de príncipe-de Sísara en-mano-de a-ellos

וּבְיַד מֶלֶךְ מוֹאָב וַיִּֽלָּחֲמוּ בָּֽם׃ וַיִּזְעֲקוּ
Y-clamaron (10) . contra-ellos y-lucharon Moab (el)rey-de y-en-mano-de

אֶל־ יְהוָה וַיֹּאמְרֻ חָטָאנוּ כִּי עָזַבְנוּ אֶת־ יְהוָה וַנַּעֲבֹד
y-hemos-servido Yahweh a abandonamos pues hemos-pecado : y-dijeron Yahweh a

אֶת־ הַבְּעָלִים וְאֶת־ הָעַשְׁתָּרוֹת וְעַתָּה הַצִּילֵנוּ מִיַּד
de-(la)mano-de líbranos y-ahora las-astartés y-a los-baales a

אֹיְבֵינוּ וְנַעַבְדֶךָּ׃ וַיִּשְׁלַח יְהוָה אֶת־
a Yahweh Y-envió (11) . y-te-serviremos nuestros-enemigos

יְרֻבַּעַל וְאֶת־ בְּדָן וְאֶת־ יִפְתָּח וְאֶת־ שְׁמוּאֵל וַיַּצֵּל אֶתְכֶם מִיַּד
de-(la)mano-de a-vosotros y-libró Samuel y-a Jefté y-a Barac y-a Jerubaal

אֹיְבֵיכֶם מִסָּבִיב וַתֵּשְׁבוּ בֶּֽטַח׃ וַתִּרְאוּ
Y-visteis (12) . de-forma-segura y-habitasteis de-alrededor vuestros-enemigos

כִּי־ נָחָשׁ מֶלֶךְ בְּנֵֽי־ עַמּוֹן בָּא עֲלֵיכֶם וַתֹּאמְרוּ לִי
: a-mí y-dijisteis contra-vosotros venía Amón (los)hijos-de rey-de Nahás que

לֹא כִּי־ מֶלֶךְ יִמְלֹךְ עָלֵינוּ וַיהוָה אֱלֹהֵיכֶם מַלְכְּכֶֽם׃
. vuestro-rey vuestro-Dios y-Yahweh sobre-nosotros ha-de-reinar rey ciertamente no

וְעַתָּה הִנֵּה הַמֶּלֶךְ אֲשֶׁר בְּחַרְתֶּם אֲשֶׁר שְׁאֶלְתֶּם וְהִנֵּה נָתַן
puso y-he-aquí-que pedisteis que habéis-elegido que el-rey ahí-está Y-ahora (13)

יְהוָה עֲלֵיכֶם מֶלֶךְ׃ אִם־ תִּירְאוּ אֶת־ יְהוָה וַעֲבַדְתֶּם אֹתוֹ
a-él y-servís Yahweh a teméis Si (14) . rey sobre-vosotros Yahweh

וּשְׁמַעְתֶּם בְּקֹלוֹ וְלֹא תַמְרוּ אֶת־ פִּי יְהוָה
Yahweh (la)boca-de contra os-rebeláis y-no a-su-voz y-escucháis

וִהְיִתֶם גַּם־אַתֶּם וְגַם־ הַמֶּלֶךְ אֲשֶׁר מָלַךְ עֲלֵיכֶם אַחַר יְהוָה
Yahweh tras sobre-vosotros reine que el-rey y-como vosotros tanto estaréis

אֱלֹהֵיכֶם׃ וְאִם־ לֹא תִשְׁמְעוּ בְּקוֹל יְהוָה וּמְרִיתֶם אֶת־
contra y-os-rebeláis Yahweh a-la-voz-de escucháis no Y-si (15) . vuestro-Dios

פִּי יְהוָה וְהָיְתָה יַד־ יְהוָה בָּכֶם
contra-vosotros Yahweh la-mano-de estará Yahweh (la)boca-de

וּבַאֲבֹתֵיכֶם׃ גַּם־ עַתָּה הִתְיַצְּבוּ וּרְאוּ אֶת־ הַדָּבָר
la-cosa ** y-ved permaneced ahora También (16) . y-contra-vuestros-padres

הַגָּדוֹל הַזֶּה אֲשֶׁר יְהוָה עֹשֶׂה לְעֵינֵיכֶם׃ הֲלוֹא קְצִיר־
la-cosecha-de ¿Acaso-no (17) . a-vuestros-ojos hace Yahweh que la-ésta la-grande

חִטִּים הַיּוֹם אֶקְרָא אֶל־ יְהוָה וְיִתֵּן קֹלוֹת וּמָטָר
y-lluvia truenos y-pondrá Yahweh a voy-a-invocar ? este-día trigos

וּדְעוּ וּרְאוּ כִּי־ רָעַתְכֶם רַבָּה אֲשֶׁר עֲשִׂיתֶם בְּעֵינֵי יְהוָה
Yahweh a-(los)ojos-de habéis-hecho que mucha vuestra-maldad que y-veréis y-sabréis

לִשְׁאוֹל לָכֶם מֶלֶךְ׃ וַיִּקְרָא שְׁמוּאֵל אֶל־ יְהוָה וַיִּתֵּן יְהוָה
Yahweh y-dio Yahweh a Samuel E-invocó (18) . rey para-vosotros al-pedir

קֹלֹת וּמָטָר בַּיּוֹם הַהוּא וַיִּירָא כָל־ הָעָם
el-pueblo todo y-temió el-aquel en-el-día y-lluvia truenos

מְאֹד אֶת־ יְהוָה וְאֶת־ שְׁמוּאֵל׃ וַיֹּאמְרוּ כָל־ הָעָם אֶל־שְׁמוּאֵל
Samuel a el-pueblo todo Y-dijeron (19) . Samuel y-a Yahweh a mucho

הִתְפַּלֵּל בְּעַד־ עֲבָדֶיךָ אֶל־ יְהוָה אֱלֹהֶיךָ וְאַל־ נָמוּת כִּי־
pues muramos y-no tu-Dios Yahweh a tus-siervos por ruega

יָסַפְנוּ עַל־ כָּל־ חַטֹּאתֵינוּ רָעָה לִשְׁאֹל לָנוּ מֶלֶךְ׃ וַיֹּאמֶר
Y-dijo (20) . rey para-nosotros al-pedir maldad nuestros-pecados todos sobre hemos-añadido

שְׁמוּאֵל אֶל־ הָעָם אַל־ תִּירָאוּ אַתֶּם עֲשִׂיתֶם אֵת כָּל־ הָרָעָה
la-maldad toda ** habéis-hecho vosotros temáis no : el-pueblo a Samuel

הַזֹּאת אַךְ אַל־ תָּסוּרוּ מֵאַחֲרֵי יְהוָה וַעֲבַדְתֶּם אֶת־ יְהוָה
Yahweh a y-servid Yahweh de-tras os-apartéis no ahora la-esta

בְּכָל־ לְבַבְכֶם׃ וְלֹא תָּסוּרוּ כִּי ׀ אַחֲרֵי הַתֹּהוּ

el-caos tras ciertamente os-apartéis Y-no (21) . vuestro-corazón con-todo

אֲשֶׁר לֹא־ יוֹעִילוּ וְלֹא יַצִּילוּ כִּי־ תֹהוּ הֵמָּה׃ כִּי לֹא־

no Cierta-mente (22) . ellos caos pues salvan y-no sirven no que

יִטֹּשׁ יְהוָה אֶת־ עַמּוֹ בַּעֲבוּר שְׁמוֹ הַגָּדוֹל

el-grande su-nombre a-causa-de su-pueblo a Yahweh rechazará

כִּי הוֹאִיל יְהוָה לַעֲשׂוֹת אֶתְכֶם לוֹ לְעָם׃ גַּם אָנֹכִי חָלִילָה

lejos yo También (23) . pueblo para-Él a-vosotros hacer Yahweh ha-querido pues

לִּי מֵחֲטֹא לַיהוָה מֵחֲדֹל לְהִתְפַּלֵּל בַּעַדְכֶם וְהוֹרֵיתִי

y-enseñaré por-vosotros de-rogar cesando contra-Yahweh de-pecar de-mí

אֶתְכֶם בְּדֶרֶךְ הַטּוֹבָה וְהַיְשָׁרָה׃ אַךְ ׀ יְראוּ אֶת־ יְהוָה וַעֲבַדְתֶּם

y-servid Yahweh a temed Sólo (24) . y-la-rectitud el-bien por-(el)ca-mino-de a-voso-tros

אֹתוֹ בֶּאֱמֶת בְּכָל־ לְבַבְכֶם כִּי רְאוּ אֵת אֲשֶׁר־ הִגְדִּל

ha-hecho-grandezas que ** mirad cierta-mente vuestro-corazón con-todo en-verdad a-él

עִמָּכֶם׃ וְאִם־ הָרֵעַ תָּרֵעוּ גַּם־ אַתֶּם גַּם־ מַלְכְּכֶם

vuestro-rey como vosotros tanto hacéis-maldad hacer-maldad Y-si (25) . con-vosotros

תִּסָּפוּ׃ בֶּן־ שָׁנָה שָׁאוּל בְּמָלְכוֹ וּשְׁתֵּי

y-dos en-su-reinado Saúl un-año Hijo-de (1) . pereceréis **Cap. 13**

שְׁנִים מָלַךְ עַל־ יִשְׂרָאֵל׃ וַיִּבְחַר־ לוֹ שָׁאוּל שְׁלֹשֶׁת

tres Saúl para-él Y-eligió (2) . Israel sobre reinó años

אֲלָפִים מִיִּשְׂרָאֵל וַיִּהְיוּ עִם־ שָׁאוּל אַלְפַּיִם בְּמִכְמָשׂ

en-Micmás dos-mil Saúl con y-estuvieron de-Israel millares

וּבְהַר בֵּית־ אֵל וְאֶלֶף הָיוּ עִם־ יוֹנָתָן

Jonatán con estuvieron y-mil el Bet- y-en-(la)montaña-de

בְּגִבְעַת בִּנְיָמִן וְיֶתֶר הָעָם שִׁלַּח אִישׁ לְאֹהָלָיו׃

. a-sus-tiendas cada-hombre envió el-pueblo y-(el)resto-de Benjamín en-Guibeá-de

וַיַּךְ יוֹנָתָן אֵת נְצִיב פְּלִשְׁתִּים אֲשֶׁר בְּגֶבַע
en-Gebá que filisteos (la)-guarnición-de a Jonatán Y-golpeó (3)

וַיִּשְׁמְעוּ פְּלִשְׁתִּים וְשָׁאוּל תָּקַע בַּשּׁוֹפָר בְּכָל־
por-todo con-el-cuerno tocó y-Saúl filisteos y-escucharon

הָאָרֶץ לֵאמֹר יִשְׁמְעוּ הָעִבְרִים׃ וְכָל־ יִשְׂרָאֵל שָׁמְעוּ
escucharon Israel Y-todo (4) . los-hebreos que-escuchen : diciendo el-país

לֵאמֹר הִכָּה שָׁאוּל אֶת־ נְצִיב פְּלִשְׁתִּים וְגַם־ נִבְאַשׁ
se-ha-hecho-odioso y-también filisteos (la)guarnición-de a Saúl ha-golpeado : decir

יִשְׂרָאֵל בַּפְּלִשְׁתִּים וַיִּצָּעֲקוּ הָעָם אַחֲרֵי שָׁאוּל
Saúl tras el-pueblo y-se-congregaron a-los-filisteos Israel

הַגִּלְגָּל׃ וּפְלִשְׁתִּים נֶאֶסְפוּ ׀ לְהִלָּחֵם עִם־ יִשְׂרָאֵל שְׁלֹשִׁים
treinta Israel contra para-combatir se-reunieron Y-filisteos (5) . en-Gilgal

אֶלֶף רֶכֶב וְשֵׁשֶׁת אֲלָפִים פָּרָשִׁים וְעָם כַּחוֹל אֲשֶׁר
que como-la-arena y-pueblo jinetes mil y-seis carros mil

עַל־ שְׂפַת־ הַיָּם לָרֹב וַיַּעֲלוּ וַיַּחֲנוּ בְמִכְמָשׂ
en-Micmás y-acamparon y-subieron en-cantidad el-mar la-orilla-de junto-a

קִדְמַת בֵּית אָוֶן׃ וְאִישׁ יִשְׂרָאֵל רָאוּ כִּי צַר־
angustia que vieron Israel Y-hombres-de (6) . avén Bet- al-este-de

לוֹ כִּי נִגַּשׂ הָעָם וַיִּתְחַבְּאוּ הָעָם בַּמְּעָרוֹת
en-las-cavernas el-pueblo y-se-escondieron el-pueblo estaba-en-aprieto pues para-él

וּבַחֲוָחִים וּבַסְּלָעִים וּבַצְּרִחִים וּבַבֹּרוֹת׃
. y-en-las-cisternas y-en-los-subterráneos y-en-las-peñas y-en-los-agujeros

וְעִבְרִים עָבְרוּ אֶת־ הַיַּרְדֵּן אֶרֶץ גָּד וְגִלְעָד וְשָׁאוּל
mas-Saúl y-Galaad Gad país-de el-Jordán ** cruzaron Y-hebreos (7)

עוֹדֶנּוּ בַגִּלְגָּל וְכָל־ הָעָם חָרְדוּ אַחֲרָיו׃
. tras-él estaban-atemorizados el-pueblo y-todo en-Gilgal todavía-él

(8) וַיִּיחֶל ׀ שִׁבְעַת יָמִים לַמּוֹעֵד אֲשֶׁר שְׁמוּאֵל וְלֹא־בָא

vino y-no Samuel que según-el-tiempo-fijado días siete Y-esperó (8)

שְׁמוּאֵל הַגִּלְגָּל וַיָּפֶץ הָעָם מֵעָלָיו׃ (9) וַיֹּאמֶר

Y-dijo (9) . de-junto-a-él el-pueblo y-se-dispersó (a)el-Gilgal Samuel

שָׁאוּל הַגִּשׁוּ אֵלַי הָעֹלָה וְהַשְּׁלָמִים וַיַּעַל

e-inmoló y-las-ofrendas-de-paz el-holocausto a-mí acercad : Saúl

הָעֹלָה׃ (10) וַיְהִי כְּכַלֹּתוֹ לְהַעֲלוֹת הָעֹלָה

el-holocausto de-inmolar cuando-su-terminar Y-sucedió (10) . el-holocausto

וְהִנֵּה שְׁמוּאֵל בָּא וַיֵּצֵא שָׁאוּל לִקְרָאתוֹ לְבָרְכוֹ׃

. para-saludarlo a-su-encuentro Saúl y-salió llegó Samuel que-he-aquí-que

(11) וַיֹּאמֶר שְׁמוּאֵל מֶה עָשִׂיתָ וַיֹּאמֶר שָׁאוּל כִּי־רָאִיתִי כִּי־

que vi ciertamente : Saúl y-dijo ? has-hecho ¿qué : Samuel Y-dijo (11)

נָפַץ הָעָם מֵעָלַי וְאַתָּה לֹא־בָאתָ לְמוֹעֵד

en-(el)tiempo-fijado-de llegabas no y-tú de-junto-a-mí el-pueblo se-dispersaba

הַיָּמִים וּפְלִשְׁתִּים נֶאֱסָפִים מִכְמָשׂ׃ (12) וָאֹמַר עַתָּה

ahora : Y-dije (12) . Micmás reunidos y-filisteos los-días

יֵרְדוּ פְלִשְׁתִּים אֵלַי הַגִּלְגָּל וּפְנֵי יְהוָה

Yahweh y-(el)rostro-de al-Gilgal contra-mí filisteos bajarán

לֹא חִלִּיתִי וָאֶתְאַפַּק וָאַעֲלֶה הָעֹלָה׃

. el-holocausto y-he-inmolado y-me-he-visto-forzado he-aplacado no

(13) וַיֹּאמֶר שְׁמוּאֵל אֶל־שָׁאוּל נִסְכָּלְתָּ לֹא שָׁמַרְתָּ אֶת־מִצְוַת

(el)mandato-de ** has-guardado no has-sido-necio : Saúl a Samuel Y-dijo (13)

יְהוָה אֱלֹהֶיךָ אֲשֶׁר צִוָּךְ כִּי עַתָּה הֵכִין יְהוָה אֶת־

** Yahweh hubiera-afianzado ahora ciertamente mandó que tu-Dios Yahweh

מַמְלַכְתְּךָ אֶל־יִשְׂרָאֵל עַד־עוֹלָם׃ (14) וְעַתָּה מַמְלַכְתְּךָ לֹא־

no tu-reino Y-ahora (14) . siempre para Israel sobre tu-reinado

תָקוּם בִּקֵּשׁ יְהוָה לוֹ אִישׁ כִּלְבָבוֹ

según-su-corazón un-hombre para-él Yahweh ha-buscado ; se-mantendrá

וַיְצַוֵּהוּ יְהוָה לְנָגִיד עַל־ עַמּוֹ כִּי לֹא שָׁמַרְתָּ

has-guardado no pues su-pueblo sobre como-caudillo Yahweh y-lo-ha-designado

אֵת אֲשֶׁר־ צִוְּךָ יְהוָה׃ (15) וַיָּקָם שְׁמוּאֵל וַיַּעַל

y-subió Samuel Y-se-levantó (15) . Yahweh te-ordenó lo-que **

מִן־ הַגִּלְגָּל גִּבְעַת בִּנְיָמִן וַיִּפְקֹד שָׁאוּל אֶת־ הָעָם

el-pueblo a Saúl y-pasó-revista Benjamín (a)Guibeá-de el-Gilgal de

הַנִּמְצְאִים עִמּוֹ כְּשֵׁשׁ מֵאוֹת אִישׁ׃ (16) וְשָׁאוּל

Y-Saúl (16) . hombres cientos como-seis con-él los-que-se-encontraban

וְיוֹנָתָן בְּנוֹ וְהָעָם הַנִּמְצָא עִמָּם

con-ellos el-que-se-encontraba y-el-pueblo su-hijo y-Jonatán

יֹשְׁבִים בְּגֶבַע בִּנְיָמִן וּפְלִשְׁתִּים חָנוּ בְמִכְמָשׂ׃

. en-Micmás habían-acampado y-filisteos Benjamín en-Guibeá-de estaban

(17) וַיֵּצֵא הַמַּשְׁחִית מִמַּחֲנֵה פְלִשְׁתִּים שְׁלֹשָׁה

tres filisteos de-(el)campamento-de la-fuerza-destructora Y-salió (17)

רָאשִׁים הָרֹאשׁ אֶחָד יִפְנֶה אֶל־ דֶּרֶךְ עָפְרָה אֶל־ אֶרֶץ

(la)tierra-de hacia Ofrá (el)camino-de hacia se-dirigió una la-sección secciones

שׁוּעָל׃ (18) וְהָרֹאשׁ אֶחָד יִפְנֶה דֶּרֶךְ בֵּית חֹרוֹן

horón Bet- camino-de se-dirigió una Y-la-sección (18) . Sual

וְהָרֹאשׁ אֶחָד יִפְנֶה דֶּרֶךְ הַגְּבוּל הַנִּשְׁקָף

que-mira el-territorio camino-de se-dirigió una y-la-sección

עַל־ גֵּי הַצְּבֹעִים הַמִּדְבָּרָה׃ (19) וְחָרָשׁ לֹא יִמָּצֵא

se-encontraba no Y-herrero (19) . hacia-el-desierto el-Zeboím (el)valle-de sobre

בְּכֹל אֶרֶץ יִשְׂרָאֵל כִּי־ אָמְרוּ פְלִשְׁתִּים פֶּן יַעֲשׂוּ

hagan que-no filisteos decían pues Israel (el)país-de en-todo

הָעִבְרִים חֶרֶב אוֹ חֲנִית׃ וַיֵּרְדוּ כָל־ יִשְׂרָאֵל
Israel todo Y-bajaban (20) . lanza o espada los-hebreos

הַפְּלִשְׁתִּים לִלְטוֹשׁ אִישׁ אֶת־ מַחֲרַשְׁתּוֹ וְאֶת־ אֵתוֹ וְאֶת־
y su-azada y su-reja ** hombre para-afilar (a)los-filisteos

קַרְדֻּמּוֹ וְאֵת מַחֲרֵשָׁתוֹ׃ וְהָיְתָה הַפְּצִירָה פִים
un-pim el-precio Y-era (21) . su-hoz y su-hacha

לַמַּחֲרֵשֹׁת וְלָאֵתִים וְלִשְׁלֹשׁ קִלְּשׁוֹן וּלְהַקַּרְדֻּמִּים
y-por-las-hachas dientes y-por-tres y-por-la-azada por-la-reja

וּלְהַצִּיב הַדָּרְבָן׃ וְהָיָה בְּיוֹם מִלְחֶמֶת וְלֹא נִמְצָא
se-encontró que-no combate en-día-de Y-sucedió (22) . el-aguijón y-por-fijar

חֶרֶב וַחֲנִית בְּיַד כָּל־ הָעָם אֲשֶׁר אֶת־שָׁאוּל וְאֶת־ יוֹנָתָן
Jonatán y-con Saúl con que el-pueblo todo en-mano-de ni-lanza espada

וַתִּמָּצֵא לְשָׁאוּל וּלְיוֹנָתָן בְּנוֹ׃ וַיֵּצֵא
Y-salió (23) . su-hijo y-para-Jonatán para-Saúl y-se-encontró

מַצַּב פְּלִשְׁתִּים אֶל־ מַעֲבַר מִכְמָשׂ׃ וַיְהִי הַיּוֹם
el-día Y-fue (1) . Micmás (el)paso-de hacia filisteos el-destacamento-de Cap. 4

וַיֹּאמֶר יוֹנָתָן בֶּן־ שָׁאוּל אֶל־ הַנַּעַר נֹשֵׂא כֵלָיו
: sus-armas que-llevaba el-joven a Saúl hijo-de Jonatán y-dijo

לְכָה וְנַעְבְּרָה אֶל־ מַצַּב פְּלִשְׁתִּים אֲשֶׁר מֵעֵבֶר
del-otro-lado-de que filisteos (el)destacamento-de hacia y-crucemos ven

הַלָּז וּלְאָבִיו לֹא הִגִּיד׃ וְשָׁאוּל יוֹשֵׁב בִּקְצֵה
en-(el)límite-de permanecía Y-Saúl (2) . informó no y-a-su-padre el-allí

הַגִּבְעָה תַּחַת הָרִמּוֹן אֲשֶׁר בְּמִגְרוֹן וְהָעָם אֲשֶׁר
que y-el-pueblo en-Migrón que el-granado bajo la-Guibeá

עִמּוֹ כְּשֵׁשׁ מֵאוֹת אִישׁ׃ וַאֲחִיָּה בֶן־ אֲחִטוּב אֲחִי
hermano-de Ahitub hijo-de Y-Ahías (3) . hombres cientos como-seis con-él

אִיכָבוֹד ׀ בֶּן־ פִּינְחָס בֶּן־ עֵלִי כֹּהֵן ׀ יְהוָה בְּשִׁלוֹ נֹשֵׂא אֵפוֹד
efod llevaba en-Silo Yahweh sacerdote-de Elí hijo-de Fineés hijo-de Icabod

וְהָעָם לֹא יָדַע כִּי הָלַךְ יוֹנָתָן׃ וּבֵין
Y-entre (4) . Jonatán se-había-ido que sabía no y-el-pueblo

הַמַּעְבְּרוֹת אֲשֶׁר בִּקֵּשׁ יוֹנָתָן לַעֲבֹר עַל־ מַצַּב פְּלִשְׁתִּים
filisteos (el)destacamento-de hacia cruzar Jonatán intentaba que los-pasos

שֵׁן־ הַסֶּלַע מֵהָעֵבֶר מִזֶּה וְשֵׁן־ הַסֶּלַע מֵהָעֵבֶר
de-el-paso la-roca y-(el)diente-de de-aquí de-el-paso la-roca (el)diente-de

מִזֶּה וְשֵׁם הָאֶחָד בּוֹצֵץ וְשֵׁם הָאֶחָד סֶנֶּה׃
. Sené el-uno y-nombre-de Bosés el-uno y-nombre-de de-aquí

הַשֵּׁן הָאֶחָד מָצוּק מִצָּפוֹן מוּל מִכְמָשׂ וְהָאֶחָד מִנֶּגֶב
por-sur y-el-uno Micmás frente-a por-norte erigido el-uno El-diente (5)

מוּל גָּבַע׃ וַיֹּאמֶר יְהוֹנָתָן אֶל־ הַנַּעַר ׀ נֹשֵׂא כֵלָיו
sus-armas que-llevaba el-joven a Jonatán Y-dijo (6) . Guibeá frente-a

לְכָה וְנַעְבְּרָה אֶל־ מַצַּב הָעֲרֵלִים הָאֵלֶּה
los-estos los-incircuncisos (el)destacamento-de hacia y-crucemos ven

אוּלַי יַעֲשֶׂה יְהוָה לָנוּ כִּי אֵין לַיהוָה מַעְצוֹר לְהוֹשִׁיעַ
para-salvar impedimento para-Yahweh no-hay pues por-nosotros Yahweh actúe quizá

בְּרַב אוֹ בִמְעָט׃ וַיֹּאמֶר לוֹ נֹשֵׂא כֵלָיו עֲשֵׂה כָּל־
todo haz : sus-armas el-que-llevaba a-él Y-dijo (7) . con-poco o con-mucho

אֲשֶׁר בִּלְבָבֶךָ נְטֵה לָךְ הִנְנִי עִמְּךָ כִּלְבָבֶךָ׃
. según-tu-corazón contigo aquí-estoy para-ti inclínate en-tu-corazón lo-que

וַיֹּאמֶר יְהוֹנָתָן הִנֵּה אֲנַחְנוּ עֹבְרִים אֶל־ הָאֲנָשִׁים וְנִגְלֵינוּ
y-nos-dejamos-ver los-hombres hacia cruzamos nosotros he-aquí-que : Jonatán Y-dijo (8)

אֲלֵיהֶם׃ אִם־כֹּה יֹאמְרוּ אֵלֵינוּ דֹּמּוּ עַד־ הַגִּיעֵנוּ אֲלֵיכֶם וְעָמַדְנוּ
y-permaneceremos a-vosotros nuestro-alcanzar hasta deteneos : a-nosotros dicen así Si (9) . a-ellos

תַחְתֵּינוּ וְלֹא נַעֲלֶה אֲלֵיהֶם׃ וְאִם־כֹּה יֹאמְרוּ עֲלוּ

en-nuestro-lugar y-no subiremos hacia-ellos. (10) Y-si así dicen: subid

עָלֵינוּ וְעָלִינוּ כִּי־נְתָנָם יְהוָה בְּיָדֵנוּ וְזֶה־

a-nosotros y-subiremos pues los-pone Yahweh en-nuestras-manos y-esto

לָּנוּ הָאוֹת׃ וַיִּגָּלוּ שְׁנֵיהֶם אֶל־מַצַּב

para-nosotros la-señal. (11) Y-se-dejaron-ver ellos-dos a (el)destacamento-de

פְּלִשְׁתִּים וַיֹּאמְרוּ פְלִשְׁתִּים הִנֵּה עִבְרִים יֹצְאִים מִן־

filisteos y-dijeron filisteos ahí-están hebreos saliendo de

הַחֹרִים אֲשֶׁר הִתְחַבְּאוּ־שָׁם׃ וַיַּעֲנוּ אַנְשֵׁי הַמַּצָּבָה אֶת־

los-agujeros que se-habían-escondido allí. (12) Y-contestaron (los)hombres-de el-destacamento a

יוֹנָתָן ׀ וְאֶת־ נֹשֵׂא כֵלָיו וַיֹּאמְרוּ עֲלוּ אֵלֵינוּ

Jonatán y-a el-que-llevaba sus-armas y-dijeron: subid a-nosotros

וְנוֹדִיעָה אֶתְכֶם דָּבָר וַיֹּאמֶר יוֹנָתָן אֶל־נֹשֵׂא כֵלָיו

y-comunicaremos a-vosotros una-cosa y-dijo Jonatán a el-que-llevaba sus-armas

עֲלֵה אַחֲרַי כִּי־נְתָנָם יְהוָה בְּיַד יִשְׂרָאֵל׃

sube tras-de-mí pues los-pone Yahweh en-mano-de Israel.

וַיַּעַל יוֹנָתָן עַל־יָדָיו וְעַל־רַגְלָיו

(13) Y-subió Jonatán sobre sus-manos y-sobre sus-pies

וְנֹשֵׂא כֵלָיו אַחֲרָיו וַיִּפְּלוּ לִפְנֵי יוֹנָתָן

y-el-que-llevaba sus-armas tras-él y-cayeron ante Jonatán

וְנֹשֵׂא כֵלָיו מְמוֹתֵת אַחֲרָיו׃ וַתְּהִי הַמַּכָּה

y-el-que-llevaba sus-armas remataba tras-él. (14) Y-fue la-derrota

הָרִאשֹׁנָה אֲשֶׁר הִכָּה יוֹנָתָן וְנֹשֵׂא כֵלָיו כְּעֶשְׂרִים

la-primera que golpeó Jonatán y-el-que-llevaba sus-armas como-veinte

אִישׁ כְּבַחֲצִי מַעֲנָה צֶמֶד שָׂדֶה׃ וַתְּהִי חֲרָדָה

hombres como-en-la-mitad-de un-surco yugada-de campo. (15) Y-hubo terror

בַמַּחֲנֶה בַשָּׂדֶה וּבְכָל־ הָעָם הַמַּצָּב וְהַמַּשְׁחִית

y-la-fuerza-destructora el-destacamento el-pueblo y-en-todo en-el-campo en-el-campamento

חָרְדוּ גַּם־ הֵמָּה וַתִּרְגַּז הָאָרֶץ וַתְּהִי לְחֶרְדַּת אֱלֹהִים׃

. Dios terror-de y-se-hizo la-tierra y-tembló ellos también quedaron-aterrados

וַיִּרְאוּ הַצֹּפִים לְשָׁאוּל בְּגִבְעַת בִּנְיָמִן וְהִנֵּה

y-he-aquí-que Benjamín en-Guibeá-de de-Saúl los-oteadores Y-vieron (16)

הֶהָמוֹן נָמוֹג וַיֵּלֶךְ וַהֲלֹם׃ וַיֹּאמֶר שָׁאוּל

Saúl Y-dijo (17) . aquí e-iba se-agitaba la-multitud

לָעָם אֲשֶׁר אִתּוֹ פִּקְדוּ־ נָא וּרְאוּ מִי הָלַךְ

se-fue quién y-mirad os-ruego pasad-revista : con-él que al-pueblo

מֵעִמָּנוּ וַיִּפְקְדוּ וְהִנֵּה אֵין יוֹנָתָן

Jonatán no-estaba y-he-aquí-que pasaron-revista de-con-nosotros

וְנֹשֵׂא כֵלָיו׃ וַיֹּאמֶר שָׁאוּל לַאֲחִיָּה הַגִּישָׁה אֲרוֹן

(el)Arca-de acerca : a-Ahías Saúl Y-dijo (18) . sus-armas y-el-que-llevaba

הָאֱלֹהִים כִּי־ הָיָה אֲרוֹן הָאֱלֹהִים בַּיּוֹם הַהוּא וּבְנֵי יִשְׂרָאֵל׃

. Israel y-(los)hijos-de el-aquél en-el-día Dios (el)Arca-de estaba pues Dios

וַיְהִי עַד דִּבֶּר שָׁאוּל אֶל־ הַכֹּהֵן וְהֶהָמוֹן אֲשֶׁר

que y-el-tumulto el-sacerdote a Saúl hablaba mientras Y-sucedió (19)

בְּמַחֲנֵה פְלִשְׁתִּים וַיֵּלֶךְ הָלוֹךְ וָרָב וַיֹּאמֶר שָׁאוּל אֶל־

a Saúl y-dijo y-aumentaba ir e-iba filisteos en-(el)campamento-de

הַכֹּהֵן אֱסֹף יָדֶךָ׃ וַיִּזָּעֵק שָׁאוּל וְכָל־

y-todo Saúl Y-fue-convocado (20) . tu-mano retira : el-sacerdote

הָעָם אֲשֶׁר אִתּוֹ וַיָּבֹאוּ עַד־הַמִּלְחָמָה וְהִנֵּה הָיְתָה חֶרֶב

(la)espada-de estaba y-he-aquí-que el-combate hasta y-llegaron con-él que el-pueblo

אִישׁ בְּרֵעֵהוּ מְהוּמָה גְּדוֹלָה מְאֹד׃ וְהָעִבְרִים הָיוּ

estaban Y-los-hebreos (21) . mucho grande confusión contra-su-compañero cada-hombre

לַפְּלִשְׁתִּים כְּאֶתְמוֹל שִׁלְשׁוֹם אֲשֶׁר עָלוּ עִמָּם

con-ellos habían-subido los-que anteayer como-ayer para-los-filisteos

בַּמַּחֲנֶה סָבִיב וְגַם־הֵמָּה לִהְיוֹת עִם־יִשְׂרָאֵל אֲשֶׁר עִם־שָׁאוּל וְיוֹנָתָן׃

. y-Jonatán Saúl con que Israel con para-estar ellos y-también en-torno al-campamento

וְכֹל אִישׁ יִשְׂרָאֵל הַמִּתְחַבְּאִים בְּהַר־אֶפְרַיִם

Efraín en-(la)montaña-de que-se-había-escondido Israel hombre-de Y-todo (22)

שָׁמְעוּ כִּי־נָסוּ פְּלִשְׁתִּים וַיַּדְבְּקוּ גַם־הֵמָּה אַחֲרֵיהֶם

tras-ellos ellos también y-se-unieron filisteos huían que escucharon

בַּמִּלְחָמָה׃ וַיּוֹשַׁע יְהוָה בַּיּוֹם הַהוּא אֶת־יִשְׂרָאֵל

Israel a el-aquel en-el-día Yahweh Y-salvó (23) . en-el-combate

וְהַמִּלְחָמָה עָבְרָה אֶת־בֵּית אָוֶן׃ וְאִישׁ־יִשְׂרָאֵל

Israel Y-hombre-de (24) . avén Bet- ** pasó y-el-combate

נִגַּשׂ בַּיּוֹם הַהוּא וַיֹּאֶל שָׁאוּל אֶת־הָעָם

el-pueblo a Saúl e-hizo-jurar el-aquel en-el-día estuvo-en-aprietos

לֵאמֹר אָרוּר הָאִישׁ אֲשֶׁר־יֹאכַל לֶחֶם עַד־הָעֶרֶב וְנִקַּמְתִּי

y-me-haya-vengado la-tarde hasta pan coma que el-hombre maldito : diciendo

מֵאֹיְבַי וְלֹא טָעַם כָּל־הָעָם לָחֶם׃ וְכָל־

Y-todo (25) . pan el-pueblo todo probó y-no de-mis-enemigos

הָאָרֶץ בָּאוּ בַיָּעַר וַיְהִי דְבַשׁ עַל־פְּנֵי הַשָּׂדֶה׃

. el-campo (la)superficie-de sobre miel y-había al-bosque llegaron el-país

וַיָּבֹא הָעָם אֶל־הַיַּעַר וְהִנֵּה הֵלֶךְ דְּבָשׁ וְאֵין־

y-no-hubo miel destilaba y-he-aquí-que el-bosque a el-pueblo Y-llegó (26)

מַשִּׂיג יָדוֹ אֶל־פִּיו כִּי־יָרֵא הָעָם אֶת־הַשְּׁבֻעָה׃

. el-juramento ** el-pueblo temía pues su-boca a su-mano quien-alcanzase

וְיוֹנָתָן לֹא־שָׁמַע בְּהַשְׁבִּיעַ אָבִיו אֶת־הָעָם

al-pueblo a su-padre en-(el)conjurar-de había-escuchado no Y-Jonatán (27)

וַיִּשְׁלַח אֶת־ קְצֵה הַמַּטֶּה אֲשֶׁר בְּיָדוֹ וַיִּטְבֹּל אוֹתָהּ
a-ella y-mojó en-su-mano que la-vara (el)extremo-de ** y-extendió

בְּיַעְרַת הַדְּבָשׁ וַיָּשֶׁב יָדוֹ אֶל־ פִּיו
su-boca a su-mano e-hizo-volver la-miel en-(el)panal-de

וַתָּרֹאנָה עֵינָיו׃ (28) וַיַּעַן אִישׁ מֵהָעָם
del-pueblo un-hombre Y-habló (28) . sus-ojos y-resplandecían

וַיֹּאמֶר הַשְׁבֵּעַ הִשְׁבִּיעַ אָבִיךָ אֶת־ הָעָם לֵאמֹר
: diciendo el-pueblo a tu-padre conjuró conjurar : y-dijo

אָרוּר הָאִישׁ אֲשֶׁר־ יֹאכַל לֶחֶם הַיּוֹם וַיָּעַף הָעָם׃
. el-pueblo y-desfallecía este-día pan coma que el-hombre maldito

(29) וַיֹּאמֶר יוֹנָתָן עָכַר אָבִי אֶת־ הָאָרֶץ רְאוּ־
mirad el-país a mi-padre ha-perturbado : Jonatán Y-dijo (29)

נָא כִּי־ אֹרוּ עֵינַי כִּי טָעַמְתִּי מְעַט דְּבַשׁ הַזֶּה׃
. la-esta miel un-poco-de probé pues mis-ojos resplandecen ciertamente pues

(30) אַף כִּי לוּא אָכֹל אָכַל הַיּוֹם הָעָם מִשְּׁלַל
de-(el)botín-de el-pueblo este-día hubiera-comido comer si más Cuánto (30)

אֹיְבָיו אֲשֶׁר מָצָא כִּי עַתָּה לֹא־ רָבְתָה מַכָּה
derrota sería-mayor ¿no ahora ciertamente encontró que los-enemigos

בַּפְּלִשְׁתִּים׃ (31) וַיַּכּוּ בַּיּוֹם הַהוּא
el-aquel en-el-día Y-mataron (31) ? con-los-filisteos

בַּפְּלִשְׁתִּים מִמִּכְמָשׂ אַיָּלֹנָה וַיָּעַף הָעָם מְאֹד׃
. mucho el-pueblo y-desfallecía a-Ajalón desde-Micmás en-los-filisteos

(32) וַיַּעַשׂ הָעָם אֶל־ שָׁלָל וַיִּקְחוּ צֹאן וּבָקָר
y-ganado-vacuno ganado-menor y-cogieron el-botín hacia el-pueblo E-hizo (32)

וּבְנֵי בָקָר וַיִּשְׁחֲטוּ־ אָרְצָה וַיֹּאכַל הָעָם עַל־
con el-pueblo y-comió en-tierra y-degollaron ganado-vacuno y-crías-de

הַדָּם׃ וַיַּגִּדוּ לְשָׁאוּל לֵאמֹר הִנֵּה הָעָם חֹטְאִים
peca el-pueblo he-aquí-que : diciendo a-Saúl Y-contaron (13) . la-sangre

לַיהוָה לֶאֱכֹל עַל־ הַדָּם וַיֹּאמֶר בְּגַדְתֶּם גֹּלּוּ־
rodad habéis-sido-infieles : y-dijo la-sangre con al-comer contra-Yahweh

אֵלַי הַיּוֹם אֶבֶן גְּדוֹלָה׃ וַיֹּאמֶר שָׁאוּל פֻּצוּ בָעָם
entre-el-pueblo dispersaos : Saúl Y-dijo (34) . grande una-piedra este-día hacia-mí

וַאֲמַרְתֶּם לָהֶם הַגִּישׁוּ אֵלַי אִישׁ שׁוֹרוֹ וְאִישׁ שֵׂיֵהוּ
su-oveja y-cada-hombre su-toro cada-hombre a-mí acercad : a-ellos y-decid

וּשְׁחַטְתֶּם בָּזֶה וַאֲכַלְתֶּם וְלֹא־ תֶחֶטְאוּ לַיהוָה לֶאֱכֹל
al-comer contra-Yahweh pecaréis y-no y-comeréis en-esto y-degollaremos

אֶל־ הַדָּם וַיַּגִּשׁוּ כָל־ הָעָם אִישׁ שׁוֹרוֹ בְיָדוֹ
en-su-mano su-toro cada-hombre el-pueblo todo y-acercó la-sangre con

הַלַּיְלָה וַיִּשְׁחֲטוּ־ שָׁם׃ וַיִּבֶן שָׁאוּל מִזְבֵּחַ לַיהוָה
a-Yahweh un-altar Saúl Y-erigió (35) . allí y-degollaron por-la-noche

אֹתוֹ הֵחֵל לִבְנוֹת מִזְבֵּחַ לַיהוָה׃ וַיֹּאמֶר שָׁאוּל נֵרְדָה
bajemos : Saúl Y-dijo (36) . a-Yahweh altar a-erigir comenzó aquél

אַחֲרֵי פְלִשְׁתִּים ׀ לַיְלָה וְנָבֹזָּה בָהֶם ׀ עַד־ אוֹר הַבֹּקֶר
la-mañana (la)luz-de hasta a-ellos y-expoliemos de-noche filisteos tras

וְלֹא־ נַשְׁאֵר בָּהֶם אִישׁ וַיֹּאמְרוּ כָּל־ הַטּוֹב
lo-bueno todo : y-dijeron hombre entre-ellos dejemos y-no

בְּעֵינֶיךָ עֲשֵׂה וַיֹּאמֶר הַכֹּהֵן נִקְרְבָה הֲלֹם אֶל־הָאֱלֹהִים׃
. Dios a aquí acerquémonos : el-sacerdote y-dijo ; haz a-tus-ojos

וַיִּשְׁאַל שָׁאוּל בֵּאלֹהִים הַאֵרֵד אַחֲרֵי פְּלִשְׁתִּים
? filisteos tras ¿debo-bajar : a-Dios Saúl Y-preguntó (37)

הֲתִתְּנֵם בְּיַד יִשְׂרָאֵל וְלֹא עָנָהוּ בַּיּוֹם
en-el-día le-contestó y-no ? Israel en-mano-de ¿los-pondrás

הַהֽוּא׃ וַיֹּאמֶר שָׁאוּל גֹּשׁוּ הֲלֹם כֹּל פִּנּוֹת הָעָם

el-pueblo (los)líderes-de todos aquí acercaos : Saúl Y-dijo (38) . el-aquel

וּדְעוּ וּרְאוּ בַּמָּה הָיְתָה הַחַטָּאת הַזֹּאת הַיּֽוֹם׃

. este-día el-este el-pecado estuvo en-qué y-ved y-sabed

כִּי חַי־יְהוָה הַמּוֹשִׁיעַ אֶת־יִשְׂרָאֵל כִּי אִם־יֶשְׁנוֹ

esté-él aunque que Israel a el-que-salva Yahweh vive Pues (39)

בְּיוֹנָתָן בְּנִי כִּי מוֹת יָמוּת וְאֵין עֹנֵהוּ

quien-le-respondiera y-no-hubo morirá morir ciertamente mi-hijo con-Jonatán

מִכָּל־הָעָֽם׃ וַיֹּאמֶר אֶל־כָּל־יִשְׂרָאֵל אַתֶּם תִּהְיוּ

estaréis vosotros Israel todo a Y-dijo (40) . el-pueblo de-todo

לְעֵבֶר אֶחָד וַאֲנִי וְיוֹנָתָן בְּנִי נִהְיֶה לְעֵבֶר

a-lado estaremos mi-hijo y-Jonatán y-yo uno a-lado

אֶחָד וַיֹּאמְרוּ הָעָם אֶל־שָׁאוּל הַטּוֹב בְּעֵינֶיךָ עֲשֵׂה׃

. haz a-tus-ojos lo-bueno : Saúl a el-pueblo y-dijeron uno

וַיֹּאמֶר שָׁאוּל אֶל־יְהוָה אֱלֹהֵי יִשְׂרָאֵל הָבָה תָמִים

verdad da : Israel Dios-de Yahweh a Saúl Y-dijo (41)

וַיִּלָּכֵד יוֹנָתָן וְשָׁאוּל וְהָעָם יָצָֽאוּ׃

. quedaron-fuera y-el-pueblo y-Saúl Jonatán y-fue-designado

וַיֹּאמֶר שָׁאוּל הַפִּילוּ בֵּינִי וּבֵין יוֹנָתָן בְּנִי

mi-hijo Jonatán y-entre entre-yo echad-suertes : Saúl Y-dijo (42)

וַיִּלָּכֵד יוֹנָתָֽן׃ וַיֹּאמֶר שָׁאוּל אֶל־יוֹנָתָן הַגִּידָה לִּי מֶה

qué a-mí refiere : Jonatán a Saúl Y-dijo (43) . Jonatán y-fue-designado

עָשִׂיתָה וַיַּגֶּד־לוֹ יוֹנָתָן וַיֹּאמֶר טָעֹם טָעַמְתִּי בִּקְצֵה

con-(el) extremo-de he-probado probar : y-dijo Jonatán a-él y-refirió has-hecho

הַמַּטֶּה אֲשֶׁר־בְּיָדִי מְעַט דְּבַשׁ הִנְנִי אָמֽוּת׃ וַיֹּאמֶר

Y-dijo (44) . debo-morir aquí-estoy miel un-poco-de en-mi-mano que la-vara

שָׁאוּל כֹּה־יַעֲשֶׂה אֱלֹהִים וְכֹה יוֹסֵף כִּי־מוֹת תָּמוּת יוֹנָתָן׃
. Jonatán mueras morir si-no añada y-así Dios haga así : Saúl

וַיֹּאמֶר הָעָם אֶל־שָׁאוּל הֲיוֹנָתָן ׀ יָמוּת אֲשֶׁר עָשָׂה
ha-hecho el-que ha-de-morir ¿acaso-Jonatán : Saúl a el-pueblo Y-dijo (45)

הַיְשׁוּעָה הַגְּדוֹלָה הַזֹּאת בְּיִשְׂרָאֵל חָלִילָה חַי־יְהוָה אִם־
si Yahweh vive no-sea-así ? en-Israel la-esta la-grande la-salvación

יִפֹּל מִשַּׂעֲרַת רֹאשׁוֹ אַרְצָה כִּי־עִם־אֱלֹהִים עָשָׂה
actuó Dios con ciertamente a-tierra su-cabeza de-(el)cabello-de cae

הַיּוֹם הַזֶּה וַיִּפְדּוּ הָעָם אֶת־יוֹנָתָן וְלֹא־מֵת׃
. murió y-no Jonatán a el-pueblo y-liberaron el-éste el-día

וַיַּעַל שָׁאוּל מֵאַחֲרֵי פְּלִשְׁתִּים וּפְלִשְׁתִּים הָלְכוּ
se-fueron y-filisteos filisteos de-tras Saúl Y-subió (46)

לִמְקוֹמָם׃ וְשָׁאוּל לָכַד הַמְּלוּכָה עַל־יִשְׂרָאֵל וַיִּלָּחֶם
y-combatió Israel sobre la-realeza asumió Y-saúl (47) . a-su-lugar

סָבִיב ׀ בְּכָל־אֹיְבָיו בְּמוֹאָב ׀ וּבִבְנֵי־
y-contra-(los)hijos-de contra-Moab sus-enemigos contra-todos en-derredor

עַמּוֹן וּבֶאֱדוֹם וּבְמַלְכֵי צוֹבָה וּבַפְּלִשְׁתִּים
y-contra-los-filisteos Sobá y-contra-(los)reyes-de y-contra-Edom Amón

וּבְכֹל אֲשֶׁר־יִפְנֶה יַרְשִׁיעַ׃ וַיַּעַשׂ
E-hizo (48) . infligía-daño se-dirigía el-que y-contra-todo

חַיִל וַיַּךְ אֶת־עֲמָלֵק וַיַּצֵּל אֶת־יִשְׂרָאֵל מִיַּד
de-(la)mano-de Israel a y-libró Amalec a y-golpeó proeza

שֹׁסֵהוּ׃ וַיִּהְיוּ בְּנֵי שָׁאוּל יוֹנָתָן וְיִשְׁוִי
e-Isví Jonatán Saúl (los)hijos-de Y-fueron (49) . quien-lo-asolaba

וּמַלְכִּי־שׁוּעַ וְשֵׁם שְׁתֵּי בְנֹתָיו שֵׁם הַבְּכִירָה
la-primogénita (el)nombre-de sus-hijas (las)dos y-(el)nombre-de súa Malqui-

מֵרַב וְשֵׁם הַקְּטַנָּה מִיכַל׃ וְשֵׁם אֵשֶׁת שָׁאוּל אֲחִינֹעַם
Ahinoam Saúl (la)mujer-de Y-(el)nombre-de (50) . Mical la-pequeña y-(el)nombre-de Merab

בַּת־אֲחִימָעַץ וְשֵׁם שַׂר־צְבָאוֹ אֲבִינֵר בֶּן־נֵר
Ner hijo-de Abner su-ejército (el)jefe-de y-(el)nombre-de Ahimaas hijo-de

דּוֹד שָׁאוּל׃ וְקִישׁ אֲבִי־שָׁאוּל וְנֵר אֲבִי־אַבְנֵר בֶּן־
hijo-de Abner padre-de y-Ner Saúl padre-de Y-Cis (51) . Saúl tío-de

אֲבִיאֵל׃ וַתְּהִי הַמִּלְחָמָה חֲזָקָה עַל־פְּלִשְׁתִּים כֹּל יְמֵי שָׁאוּל
Saúl (los)días-de todos filisteos con dura la-guerra Y-fue (52) . Abiel

וְרָאָה שָׁאוּל כָּל־אִישׁ גִּבּוֹר וְכָל־בֶּן־חַיִל וַיַּאַסְפֵהוּ
y-lo-reunía valor hijo-de y-todo fuerte hombre todo Saúl y-veía

אֵלָיו׃ וַיֹּאמֶר שְׁמוּאֵל אֶל־שָׁאוּל אֹתִי שָׁלַח יְהוָה לִמְשָׁחֳךָ
Cap. 15 para-ungirte Yahweh envió a-mí : Saúl a Samuel Y-dijo (1) . hacia-él

לְמֶלֶךְ עַל־עַמּוֹ עַל־יִשְׂרָאֵל וְעַתָּה שְׁמַע לְקוֹל דִּבְרֵי
(las)palabras-de a-(la)voz-de escucha y-ahora Israel sobre su-pueblo sobre como-rey

יְהוָה׃ כֹּה אָמַר יְהוָה צְבָאוֹת פָּקַדְתִּי אֵת אֲשֶׁר־עָשָׂה עֲמָלֵק
Amalec ha-hecho lo-que ** voy-a-castigar : Sebaot Yahweh dice Así (2) . Yahweh

לְיִשְׂרָאֵל אֲשֶׁר־שָׂם לוֹ בַּדֶּרֶךְ בַּעֲלֹתוֹ מִמִּצְרָיִם׃
. de-Egipto en-su-subir en-el-camino a-él puso que a-Israel

עַתָּה לֵךְ וְהִכִּיתָה אֶת־עֲמָלֵק וְהַחֲרַמְתֶּם אֶת־כָּל־אֲשֶׁר־לוֹ
para-él lo-que todo ** y-consagraréis-al-anatema Amalec a y-ataca ve Ahora (3)

וְלֹא תַחְמֹל עָלָיו וְהֵמַתָּה מֵאִישׁ עַד־אִשָּׁה מֵעֹלֵל
desde-niño mujer hasta desde-hombre y-harás-morir sobre-él tendrás-compasión y-no

וְעַד־יוֹנֵק מִשּׁוֹר וְעַד־שֶׂה מִגָּמָל וְעַד־חֲמוֹר׃
. asno y-hasta desde-camello oveja y-hasta desde-toro lactante y-hasta

וַיְשַׁמַּע שָׁאוּל אֶת־הָעָם וַיִּפְקְדֵם בַּטְּלָאִים
en-Telaím y-los-pasó-revista el-pueblo a Saúl Y-llamó (4)

מָאתַיִם אֶלֶף רַגְלִי וַעֲשֶׂרֶת אֲלָפִים אֶת־אִישׁ יְהוּדָה׃
. Judá hombres-de ** mil y-diez infantes mil doscientos

וַיָּבֹא שָׁאוּל עַד־עִיר עֲמָלֵק וַיָּרֶב בַּנָּחַל׃
. en-el-torrente y-se-emboscó Amalec la-ciudad-de hasta Saúl Y-llegó (5)

וַיֹּאמֶר שָׁאוּל אֶל־הַקֵּינִי לְכוּ סֻרוּ רְדוּ מִתּוֹךְ עֲמָלֵקִי
amalecita de-en-medio-de bajad apartaos marchaos el-ceneo a Saúl Y-dijo (6)

פֶּן־אֹסִפְךָ עִמּוֹ וְאַתָּה עָשִׂיתָה חֶסֶד עִם־כָּל־בְּנֵי
(los)hijos-de todos con misericordia obraste y-tú con-él te-destruya no-sea-que

יִשְׂרָאֵל בַּעֲלוֹתָם מִמִּצְרָיִם וַיָּסַר קֵינִי מִתּוֹךְ
de-en-medio-de ceneo y-se-apartó de-Egipto en-su-subir Israel

עֲמָלֵק׃ וַיַּךְ שָׁאוּל אֶת־עֲמָלֵק מֵחֲוִילָה בּוֹאֲךָ שׁוּר אֲשֶׁר
que a-Shur tu-venir desde-Havilá Amalec a Saúl Y-golpeó (7) . Amalec

עַל־פְּנֵי מִצְרָיִם׃ וַיִּתְפֹּשׂ אֶת־אֲגַג מֶלֶךְ־עֲמָלֵק חָי וְאֶת־כָּל־
todo y vivo Amalec rey-de Agag a Y-capturó (8) . Egipto este-de al

הָעָם הֶחֱרִים לְפִי־חָרֶב׃ וַיַּחְמֹל שָׁאוּל וְהָעָם
y-el-pueblo Saúl Y-se-compadeció (9) . espada a-filo-de consagró-al-anatema el-pueblo

עַל־אֲגָג וְעַל־מֵיטַב הַצֹּאן וְהַבָּקָר וְהַמִּשְׁנִים וְעַל־
y-sobre y-las-segundas-crías y-el-ganado-vacuno el-ganado-menor (lo)mejor-de y-sobre Agag sobre

הַכָּרִים וְעַל־כָּל־הַטּוֹב וְלֹא אָבוּ הַחֲרִימָם
consagrarlos-al-anatema quisieron y-no lo-bueno todo y-sobre los-carneros

וְכָל־הַמְּלָאכָה נְמִבְזָה וְנָמֵס אֹתָהּ הֶחֱרִימוּ׃
. consagraron-al-anatema ella y-de-poco-valor despreciable la-obra y-toda

וַיְהִי דְּבַר־יְהוָה אֶל־שְׁמוּאֵל לֵאמֹר׃ נִחַמְתִּי כִּי־
que Estoy-arrepentido (11) : diciendo Samuel a Yahweh (la)palabra-de Y-fue (10)

הִמְלַכְתִּי אֶת־שָׁאוּל לְמֶלֶךְ כִּי־שָׁב מֵאַחֲרַי וְאֶת־דְּבָרַי
mis-palabras y de-detrás-de-mí ha-vuelto pues por-rey Saúl a hice-reinar

לֹא הֵקִים וַיִּחַר לִשְׁמוּאֵל וַיִּזְעַק אֶל־ יְהוָה כָּל־
toda Yahweh a y-clamó a-Samuel y-subió-la-ira ha-mantenido no

הַלָּיְלָה׃ וַיַּשְׁכֵּם שְׁמוּאֵל לִקְרַאת שָׁאוּל בַּבֹּקֶר וַיֻּגַּד
y-se-informó por-la-mañana Saúl para-encontrar-a Samuel Y-madrugó (12) . la-noche

לִשְׁמוּאֵל לֵאמֹר בָּא־ שָׁאוּל הַכַּרְמֶלָה וְהִנֵּה מַצִּיב לוֹ
para-él ha-erigido y-he-aquí-que al-Carmel Saúl ha-llegado : diciendo a-Samuel

יָד וַיִּסֹּב וַיַּעֲבֹר וַיֵּרֶד הַגִּלְגָּל׃
. el-Gilgal y-ha-bajado y-ha-cruzado y-ha-dado-la-vuelta monumento

וַיָּבֹא שְׁמוּאֵל אֶל־שָׁאוּל וַיֹּאמֶר לוֹ שָׁאוּל בָּרוּךְ
bendito : Saúl a-él y-dijo Saúl a Samuel Y-llegó (13)

אַתָּה לַיהוָה הֲקִימֹתִי אֶת־ דְּבַר יְהוָה׃ וַיֹּאמֶר שְׁמוּאֵל
: Samuel Y-dijo (14) . Yahweh la-palabra-de ** he-mantenido por-Yahweh tú

וּמֶה קוֹל־ הַצֹּאן הַזֶּה בְּאָזְנָי וְקוֹל
y-(el)ruido-de en-mis-oídos el-éste el-ganado-menor (el)ruido-de ¿y-qué

הַבָּקָר אֲשֶׁר אָנֹכִי שֹׁמֵעַ׃ וַיֹּאמֶר שָׁאוּל מֵעֲמָלֵקִי
de-amalecita : Saúl Y-dijo (15) ? escucho yo que el-ganado-vacuno

הֱבִיאוּם אֲשֶׁר חָמַל הָעָם עַל־ מֵיטַב הַצֹּאן
el-ganado-menor (lo)mejor-de sobre el-pueblo tuvo-compasión que los-trajeron

וְהַבָּקָר לְמַעַן זְבֹחַ לַיהוָה אֱלֹהֶיךָ וְאֶת־ הַיּוֹתֵר
el-resto y tu-Dios a-Yahweh sacrificar a-fin-de y-el-ganado-vacuno

הֶחֱרַמְנוּ׃ וַיֹּאמֶר שְׁמוּאֵל אֶל־שָׁאוּל הֶרֶף וְאַגִּידָה לְּךָ
a-ti y-voy-a-contar para : Saúl a Samuel Y-dijo (16) . consagramos-al-anatema

אֵת אֲשֶׁר דִּבֶּר יְהוָה אֵלַי הַלָּיְלָה וַיֹּאמְרוּ לוֹ דַּבֵּר׃
. habla : a-él y-dijo esta-noche a-mí Yahweh ha-dicho lo-que **

וַיֹּאמֶר שְׁמוּאֵל הֲלוֹא אִם־ קָטֹן אַתָּה בְּעֵינֶיךָ רֹאשׁ
cabeza-de a-tus-ojos tú pequeño si ¿acaso-no : Samuel Y-dijo (17)

שִׁבְטֵי יִשְׂרָאֵל אָתָּה וַיִּמְשָׁחֲךָ יְהוָה לְמֶלֶךְ עַל־יִשְׂרָאֵל׃
? Israel sobre como-rey Yahweh y-te-ungió tú Israel las-tribus-de

וַיִּשְׁלָחֲךָ יְהוָה בְּדָרֶךְ וַיֹּאמֶר לֵךְ וְהַחֲרַמְתָּה אֶת־
a consagrarás-al-anatema ve y-dijo por-camino Yahweh Y-te-envió (18)

הַחַטָּאִים אֶת־עֲמָלֵק וְנִלְחַמְתָּ בוֹ עַד כַּלּוֹתָם
acabar-los hasta contra-él y-has-de-combatir Amalec a los-pecadores

אֹתָם׃ וְלָמָּה לֹא־שָׁמַעְתָּ בְּקוֹל יְהוָה וַתַּעַט אֶל־
sobre y-te-has-arrojado Yahweh a-(la)voz-de has-escuchado no ¿Y-por-qué (19) . a-ellos

הַשָּׁלָל וַתַּעַשׂ הָרַע בְּעֵינֵי יְהוָה׃ וַיֹּאמֶר שָׁאוּל אֶל־
a Saúl Y-dijo (20) ? Yahweh a-los-ojos-de lo-malo y-has-hecho el-botín

שְׁמוּאֵל אֲשֶׁר שָׁמַעְתִּי בְּקוֹל יְהוָה וָאֵלֵךְ בַּדֶּרֶךְ אֲשֶׁר־
que por-el-camino y-he-caminado Yahweh a-(la)voz-de he-escuchado pues-ya : Samuel

שְׁלָחַנִי יְהוָה וָאָבִיא אֶת־אֲגַג מֶלֶךְ עֲמָלֵק וְאֶת־עֲמָלֵק
Amalec y-a Amalec rey-de Agag a y-traje Yahweh me-envió

הֶחֱרַמְתִּי׃ וַיִּקַּח הָעָם מֵהַשָּׁלָל צֹאן וּבָקָר
y-ganado-vacuno ganado-menor de-el-botín el-pueblo Y-tomó (21) . consagré-al-anatema

רֵאשִׁית הַחֵרֶם לִזְבֹּחַ לַיהוָה אֱלֹהֶיךָ בַּגִּלְגָּל׃
. en-el-Gilgal tu-Dios a-Yahweh para-sacrificar el-anatema (las)primicias-de

וַיֹּאמֶר שְׁמוּאֵל הַחֵפֶץ לַיהוָה בְּעֹלוֹת וּזְבָחִים
y-sacrificios en-holocaustos para-Yahweh ¿acaso-complacencia : Samuel Y-dijo (22)

כִּשְׁמֹעַ בְּקוֹל יְהוָה הִנֵּה שְׁמֹעַ מִזֶּבַח טוֹב לְהַקְשִׁיב
atender bueno más-que-sacrificio obedecer he-aquí-que ? Yahweh a-(la)voz-de como-escuchar

מֵחֵלֶב אֵילִים׃ כִּי חַטַּאת־קֶסֶם מֶרִי וְאָוֶן וּתְרָפִים
y-terafim y-delito rebeldía magia pecado-de Pues (23) . carneros más-que-grasa-de

הַפְצַר יַעַן מָאַסְתָּ אֶת־דְּבַר יְהוָה וַיִּמְאָסְךָ
y-te-ha-rechazado Yahweh (la)palabra-de ** rechazaste ya-que ser-obstinado

מִמֶּלֶךְ׃ וַיֹּאמֶר שָׁאוּל אֶל־שְׁמוּאֵל חָטָאתִי כִּֽי־עָבַרְתִּי אֶת־

** transgredí ciertamente he-pecado : Samuel a Saúl Y-dijo (24) . por-rey

פִּֽי־יְהוָה וְאֶת־דְּבָרֶיךָ כִּי יָרֵאתִי אֶת־הָעָם

el-pueblo a temí pues tus-palabras y Yahweh (el)mandato-de

וָאֶשְׁמַע בְּקוֹלָם׃ וְעַתָּה שָׂא נָא אֶת־חַטָּאתִי

mi-pecado ** te-ruego perdona Y-ahora (25) . a-(la)voz-de-ellos y-escuché

וְשׁוּב עִמִּי וְאֶשְׁתַּחֲוֶה לַיהוָה׃ וַיֹּאמֶר שְׁמוּאֵל

Samuel Y-dijo (26) . a-Yahweh y-me-postraré conmigo y-vuelve

אֶל־שָׁאוּל לֹא אָשׁוּב עִמָּךְ כִּי מָאַסְתָּה אֶת־דְּבַר יְהוָה

Yahweh (la)palabra-de ** has-rechazado pues contigo volveré no : Saúl a

וַיִּמְאָסְךָ יְהוָה מִהְיוֹת מֶלֶךְ עַל־יִשְׂרָאֵל׃ וַיִּסֹּב

Y-se-volvió (27) . Israel sobre rey de-ser Yahweh y-te-ha-rechazado

שְׁמוּאֵל לָלֶכֶת וַיַּחֲזֵק בִּכְנַף־מְעִילוֹ וַיִּקָּרַע׃

. y-se-rasgó su-manto en-(el)extremo-de y-agarró para-marchar Samuel

וַיֹּאמֶר אֵלָיו שְׁמוּאֵל קָרַע יְהוָה אֶת־מַמְלְכוּת יִשְׂרָאֵל

Israel (el)reino-de ** Yahweh ha-rasgado : Samuel a-él Y-dijo (28)

מֵעָלֶיךָ הַיּוֹם וּנְתָנָהּ לְרֵעֲךָ הַטּוֹב מִמֶּךָּ׃

. más-que-tú el-bueno a-tu-compañero y-lo-ha-dado este-día de-junto-a-ti

וְגַם נֵצַח יִשְׂרָאֵל לֹא יְשַׁקֵּר וְלֹא יִנָּחֵם כִּי לֹא

no pues se-arrepiente y-no miente no Israel (la)gloria-de Y-también (29)

אָדָם הוּא לְהִנָּחֵם׃ וַיֹּאמֶר חָטָאתִי עַתָּה כַּבְּדֵנִי נָא נֶגֶד

frente-a te-ruego hónrame ahora he-pecado : Y-dijo (30) . para-arrepentirse él hombre

זִקְנֵי־עַמִּי וְנֶגֶד יִשְׂרָאֵל וְשׁוּב עִמִּי וְהִשְׁתַּחֲוֵיתִי

y-me-postraré conmigo y-vuelve Israel y-frente-a mi-pueblo los-ancianos-de

לַיהוָה אֱלֹהֶיךָ׃ וַיָּשָׁב שְׁמוּאֵל אַחֲרֵי שָׁאוּל וַיִּשְׁתַּחוּ

y-se-postró Saúl tras Samuel Y-volvió (31) . tu-Dios a-Yahweh

שָׁאוּל לַיהוָה׃ וַיֹּאמֶר שְׁמוּאֵל הַגִּישׁוּ אֵלַי אֶת־אֲגַג מֶלֶךְ עֲמָלֵק
Amalec rey-de Agag a a-mí acercad : Samuel Y-dijo (32) . a-Yahweh Saúl

וַיֵּלֶךְ אֵלָיו אֲגַג מַעֲדַנֹּת וַיֹּאמֶר אֲגָג אָכֵן סָר
se-ha-apartado ciertamente : Agag y-dijo complacido Agag a-él y-marchó

מַר־הַמָּוֶת׃ וַיֹּאמֶר שְׁמוּאֵל כַּאֲשֶׁר שִׁכְּלָה
dejó-sin-hijos como : Samuel Y-dijo (33) . la-muerte (el)amargor-de

נָשִׁים חַרְבֶּךָ כֵּן־תִּשְׁכַּל מִנָּשִׁים אִמֶּךָ
tu-madre entre-mujeres quedará-sin-hijos así tu-espada mujeres

וַיְשַׁסֵּף שְׁמוּאֵל אֶת־אֲגָג לִפְנֵי יְהוָה בַּגִּלְגָּל׃ וַיֵּלֶךְ
Y-fue (34) . en-el-Gilgal Yahweh ante Agag a Samuel y-descuartizó

שְׁמוּאֵל הָרָמָתָה וְשָׁאוּל עָלָה אֶל־בֵּיתוֹ גִּבְעַת שָׁאוּל׃
. Saúl Guibeá-de su-casa a subió y-Saúl a-Ramá Samuel

וְלֹא־יָסַף שְׁמוּאֵל לִרְאוֹת אֶת־שָׁאוּל עַד־יוֹם מוֹתוֹ
su-muerte (el)día-de hasta Saúl a a-ver Samuel volvió Y-no (35)

כִּי־הִתְאַבֵּל שְׁמוּאֵל אֶל־שָׁאוּל וַיהוָה נִחָם כִּי־הִמְלִיךְ
había-hecho-reinar que se-arrepintió y-Yahweh Saúl por Samuel se-condolía ciertamente

אֶת־שָׁאוּל עַל־יִשְׂרָאֵל׃ וַיֹּאמֶר יְהוָה אֶל־שְׁמוּאֵל עַד־מָתַי אַתָּה
tú cuándo ¿hasta : Samuel a Yahweh Y-dijo (1) . Israel sobre Saúl a **Cap. 16**

מִתְאַבֵּל אֶל־שָׁאוּל וַאֲנִי מְאַסְתִּיו מִמְּלֹךְ עַל־יִשְׂרָאֵל מַלֵּא קַרְנְךָ
tu-cuerno llena ; Israel sobre de-reinar lo-he-rechazado y-yo ? Saúl por lamentando

שֶׁמֶן וְלֵךְ אֶשְׁלָחֲךָ אֶל־יִשַׁי בֵּית־הַלַּחְמִי כִּי־רָאִיתִי בְּבָנָיו
en-sus-hijos he-visto pues betlemita Isaí a yo-te-envío y-ve aceite

לִי מֶלֶךְ׃ וַיֹּאמֶר שְׁמוּאֵל אֵיךְ אֵלֵךְ וְשָׁמַע שָׁאוּל
Saúl y-escuchará ? voy-a-ir ¿cómo : Samuel Y-dijo (2) . un-rey para-mí

וַהֲרָגָנִי וַיֹּאמֶר יְהוָה עֶגְלַת בָּקָר תִּקַּח בְּיָדֶךָ
en-tu-mano tomarás ganado-vacuno novillo-de : Yahweh y-dijo y-me-matará

וְאָמַרְתָּ לִזְבֹּחַ לַיהוָה בָּאתִי׃ (3) וְקָרָאתָ לְיִשַׁי

a-Isaí Y-llamarás (3) . he-venido a-Yahweh a-sacrificar y-dirás

בַּזָּבַח וְאָנֹכִי אוֹדִיעֲךָ אֵת אֲשֶׁר־תַּעֲשֶׂה וּמָשַׁחְתָּ

y-ungirás has-de-hacer lo-que ** te-haré-saber y-yo a-el-sacrificio

לִי אֵת אֲשֶׁר־אֹמַר אֵלֶיךָ׃ (4) וַיַּעַשׂ שְׁמוּאֵל אֵת אֲשֶׁר דִּבֶּר

había-dicho lo-que ** Samuel E-hizo (4) . a-ti diga quien a para-mí

יְהוָה וַיָּבֹא בֵּית לָחֶם וַיֶּחֶרְדוּ זִקְנֵי הָעִיר

la-ciudad (los)ancianos-de y-se-asustaron a-Belén y-llegó Yahweh

לִקְרָאתוֹ וַיֹּאמֶר שָׁלֹם בּוֹאֶךָ׃ (5) וַיֹּאמֶר ׀ שָׁלוֹם

paz : Y-dijo (5) ? tu-venir ¿paz : y-dijo a-su-encuentro

לִזְבֹּחַ לַיהוָה בָּאתִי הִתְקַדְּשׁוּ וּבָאתֶם אִתִּי

conmigo y-vendréis santificaos he-venido a-Yahweh para-sacrificar

בַּזָּבַח וַיְקַדֵּשׁ אֶת־יִשַׁי וְאֶת־בָּנָיו וַיִּקְרָא

y-llamó sus-hijos y-a Isaí a y-santificó al-sacrificio

לָהֶם לַזָּבַח׃ (6) וַיְהִי בְּבוֹאָם וַיַּרְא אֶת־

a que-vio cuando-su-llegar Y-sucedió (6) . al-sacrificio a-ellos

אֱלִיאָב וַיֹּאמֶר אַךְ נֶגֶד יְהוָה מְשִׁיחוֹ׃ (7) וַיֹּאמֶר

Y-dijo (7) . su-ungido Yahweh frente-a de-cierto : y-dijo Eliab

יְהוָה אֶל־שְׁמוּאֵל אַל־תַּבֵּט אֶל־מַרְאֵהוּ וְאֶל־גְּבֹהַּ

(lo)elevado-de y-a su-aspecto a mires no : Samuel a Yahweh

קוֹמָתוֹ כִּי מְאַסְתִּיהוּ כִּי ׀ לֹא אֲשֶׁר יִרְאֶה הָאָדָם כִּי הָאָדָם

el-hombre pues el-hombre ve lo-que no pues lo-he-rechazado pues su-estatura

יִרְאֶה לַעֵינַיִם וַיהוָה יִרְאֶה לַלֵּבָב׃ (8) וַיִּקְרָא

Y-llamó (8) . al-corazón ve y-Yahweh a-los-ojos ve

יִשַׁי אֶל־אֲבִינָדָב וַיַּעֲבִרֵהוּ לִפְנֵי שְׁמוּאֵל וַיֹּאמֶר גַּם־

también : y-dijo Samuel ante y-lo-hizo-pasar Abinabad a Isaí

בָּזֶה לֹא־ בָחַר יְהוָה׃ וַיַּעֲבֵר יִשַׁי שַׁמָּה וַיֹּאמֶר
: y-dijo (a)Samá Isaí E-hizo-pasar (9) . Yahweh ha-elegido no a-éste

גַּם־ בָּזֶה לֹא־ בָחַר יְהוָה׃ וַיַּעֲבֵר יִשַׁי שִׁבְעַת
(los)siete Isaí E-hizo-pasar (10) . Yahweh ha-elegido no a-éste también

בָּנָיו לִפְנֵי שְׁמוּאֵל וַיֹּאמֶר שְׁמוּאֵל אֶל־יִשַׁי לֹא־ בָחַר יְהוָה
Yahweh ha-elegido no : Isaí a Samuel y-dijo Samuel ante sus-hijos

בָּאֵלֶּה׃ וַיֹּאמֶר שְׁמוּאֵל אֶל־יִשַׁי הֲתַמּוּ הַנְּעָרִים וַיֹּאמֶר
: y-dijo ? los-muchachos ¿acaso-se-han-acabado Isaí a Samuel Y-dijo (11) . a-éstos

עוֹד שָׁאַר הַקָּטָן וְהִנֵּה רֹעֶה בַּצֹּאן וַיֹּאמֶר שְׁמוּאֵל
Samuel y-dijo con-el-ganado-menor pastoreando y-he-aquí-que el-pequeño queda aún

אֶל־יִשַׁי שְׁלְחָה וְקָחֶנּוּ כִּי לֹא־ נָסֹב עַד־ בֹּאוֹ פֹה׃
. aquí su-llegar hasta nos-sentaremos-a-la-mesa no pues y-tómalo envía : Isaí a

וַיִּשְׁלַח וַיְבִיאֵהוּ וְהוּא אַדְמוֹנִי עִם־ יְפֵה עֵינַיִם
ojos hermosura-de con rubio y-él y-lo-trajo Y-envió (12)

וְטוֹב רֹאִי וַיֹּאמֶר יְהוָה קוּם מְשָׁחֵהוּ כִּי־ זֶה הוּא׃
. él éste pues úngelo levanta : Yahweh y-dijo aspecto y-bueno-de

וַיִּקַּח שְׁמוּאֵל אֶת־ קֶרֶן הַשֶּׁמֶן וַיִּמְשַׁח אֹתוֹ בְּקֶרֶב
en-medio-de a-él y-ungió el-aceite (el)cuerno-de ** Samuel Y-cogió (13)

אֶחָיו וַתִּצְלַח רוּחַ־ יְהוָה אֶל־ דָּוִד מֵהַיּוֹם הַהוּא
el-aquel desde-el-día David sobre Yahweh (el)Espíritu-de y-vino sus-hermanos

וָמָעְלָה וַיָּקָם שְׁמוּאֵל וַיֵּלֶךְ הָרָמָתָה׃ וְרוּחַ
Y-el-Espíritu-de (14) . a-Ramá y-se-fue Samuel y-se-levantó y-en-adelante

יְהוָה סָרָה מֵעִם שָׁאוּל וּבִעֲתַתּוּ רוּחַ־ רָעָה מֵאֵת
de-con mal espíritu-de y-le-atormentó Saúl de-con se-apartó Yahweh

יְהוָה׃ וַיֹּאמְרוּ עַבְדֵי־ שָׁאוּל אֵלָיו הִנֵּה־ נָא רוּחַ־אֱלֹהִים
Dios (el)Espíritu-de pues ahí-está : a-él Saúl (los)servidores-de Y-dijeron (15) . Yahweh

רָעָה מְבַעִתֶּךָ׃ יֹאמַר־ נָא אֲדֹנֵנוּ עֲבָדֶיךָ
tus-servidores señor-nuestro pues Diga (16) . atormentándote malo

לְפָנֶיךָ יְבַקְשׁוּ אִישׁ יֹדֵעַ מְנַגֵּן בַּכִּנּוֹר וְהָיָה
y-sucederá con-el-arpa tocar que-sepa un-hombre busquen ante-ti

בִּהְיוֹת עָלֶיךָ רוּחַ־ אֱלֹהִים רָעָה וְנִגֵּן בְּיָדוֹ
con-su-mano que-él-tocará malo Dios Espíritu-de sobre-ti cuando-esté

וְטוֹב לָךְ׃ וַיֹּאמֶר שָׁאוּל אֶל־ עֲבָדָיו רְאוּ־ נָא
os-ruego mirad : sus-servidores a Saúl Y-dijo (17) . para-ti y-bien

לִי אִישׁ מֵיטִיב לְנַגֵּן וַהֲבִיאוֹתֶם אֵלָי׃ וַיַּעַן
Y-respondió (18) . a-mí y-traed tocar que-haga-bien un-hombre para-mí

אֶחָד מֵהַנְּעָרִים וַיֹּאמֶר הִנֵּה רָאִיתִי בֵּן לְיִשַׁי בֵּית הַלַּחְמִי
el-de-Belén de-Isaí un-hijo he-visto he-aquí-que : y-dijo de-los-muchachos uno

יֹדֵעַ נַגֵּן וְגִבּוֹר חַיִל וְאִישׁ מִלְחָמָה וּנְבוֹן דָּבָר
palabra e-inteligente-de guerra y-hombre-de fuerza y-valiente-de tocar que-sabe

וְאִישׁ תֹּאַר וַיהוָה עִמּוֹ׃ וַיִּשְׁלַח שָׁאוּל מַלְאָכִים
mensajeros Saúl Y-envió (19) . con-él y-Yahweh belleza y-hombre-de

אֶל־ יִשָׁי וַיֹּאמֶר שִׁלְחָה אֵלַי אֶת־ דָּוִד בִּנְךָ אֲשֶׁר בַּצֹּאן׃
. con-el-ganado-menor que tu-hijo David a a-mí envía : y-dijo Isaí a

וַיִּקַּח יִשַׁי חֲמוֹר לֶחֶם וְנֹאד יַיִן וּגְדִי
y-cabrito-de vino y-un-odre-de pan asno-de Isaí Y-tomó (20)

עִזִּים אֶחָד וַיִּשְׁלַח בְּיַד־ דָּוִד בְּנוֹ אֶל־ שָׁאוּל׃ וַיָּבֹא
Y-vino (21) . Saúl a su-hijo David en-mano-de y-envió uno cabras

דָוִד אֶל־ שָׁאוּל וַיַּעֲמֹד לְפָנָיו וַיֶּאֱהָבֵהוּ מְאֹד
mucho y-le-quiso ante-él y-estuvo-en-pie Saúl a David

וַיְהִי־ לוֹ נֹשֵׂא כֵלִים׃ וַיִּשְׁלַח שָׁאוּל אֶל־ יִשַׁי
Isaí a Saúl Y-envió (22) . armas el-que-porta para-él y-fue

לֵאמֹ֔ר יַֽעֲמָד־ נָ֤א דָוִד֙ לְפָנַ֔י כִּֽי־ מָ֥צָא חֵ֖ן בְּעֵינָֽי׃

. a-mis-ojos gracia ha-encontrado pues ante-mí David te-ruego esté-en-pie : a-decir

וְהָיָ֗ה בִּֽהְי֣וֹת רֽוּחַ־ אֱלֹהִים֮ אֶל־שָׁאוּל֒ וְלָקַ֥ח דָּוִ֛ד אֶת־

** David que-tomaba Saúl sobre Dios (el)Espíritu-de cuando-estaba Y-sucedía (23)

הַכִּנּ֖וֹר וְנִגֵּ֣ן בְּיָד֑וֹ וְרָוַ֤ח לְשָׁאוּל֙ וְט֣וֹב

y-bien para-Saúl y-alivio con-su-mano y-tocaba el-arpa

ל֔וֹ וְסָ֥רָה מֵעָלָ֖יו ר֥וּחַ הָרָעָֽה׃ וַיַּאַסְפ֨וּ

Cap. 17 Y-reunieron (1) . el-mal el-espíritu-de de-sobre-él y-se-retiraba para-él

פְלִשְׁתִּ֤ים אֶת־ מַֽחֲנֵיהֶם֙ לַמִּלְחָמָ֔ה וַיֵּאָ֣סְפ֔וּ שֹׂכֹ֖ה אֲשֶׁ֣ר

que en-Soco y-se-reunieron para-la-guerra sus-tropas a filisteos

לִיהוּדָ֑ה וַֽיַּחֲנ֛וּ בֵּין־ שׂוֹכֹ֥ה וּבֵין־ עֲזֵקָ֖ה בְּאֶ֥פֶס דַּמִּֽים׃

. damim en-Efes- Azeca y-entre Soco entre y-acamparon en-Judá

וְשָׁא֤וּל וְאִֽישׁ־ יִשְׂרָאֵל֙ נֶאֶסְפ֔וּ וַֽיַּחֲנ֖וּ בְּעֵ֣מֶק

en-(el)valle y-acamparon se-reunieron Israel y-(los)hombres-de Y-Saúl (2)

הָאֵלָ֑ה וַיַּעַרְכ֥וּ מִלְחָמָ֖ה לִקְרַ֥את פְּלִשְׁתִּֽים׃ וּפְלִשְׁתִּ֞ים

Y-filisteos (3) . filisteos frente-a batalla y-dispusieron de-la-Elah

עֹמְדִ֤ים אֶל־ הָהָר֙ מִזֶּ֔ה וְיִשְׂרָאֵ֛ל עֹמְדִ֥ים אֶל־ הָהָ֖ר

la-colina hacia estaban e-Israel de-éste la-colina hacia estaban

מִזֶּ֑ה וְהַגַּ֖יְא בֵּינֵיהֶֽם׃ וַיֵּצֵ֤א אִֽישׁ־

un-hombre-de Y-salió (4) . entre-ellos y-el-valle de-éste

הַבֵּנַ֙יִם֙ מִמַּחֲנ֣וֹת פְּלִשְׁתִּ֔ים גָּלְיָ֥ת שְׁמ֖וֹ מִגַּ֑ת

de-Gat su-nombre Goliat filisteos de-(los)campamentos-de en-medio

גָּבְה֕וֹ שֵׁ֥שׁ אַמּ֖וֹת וָזָֽרֶת׃ וְכ֤וֹבַע נְחֹ֙שֶׁת֙ עַל־ רֹאשׁ֔וֹ

su-cabeza sobre bronce Y-casco-de (5) . y-palmo codos seis su-altura

וְשִׁרְי֥וֹן קַשְׂקַשִּׂ֖ים ה֣וּא לָב֑וּשׁ וּמִשְׁקַל֙ הַשִּׁרְי֔וֹן חֲמֵשֶׁת־ אֲלָפִ֖ים

mil cinco la-coraza y-(el)peso-de vestido él escamas y-coraza-de

שְׁקָלִים נְחֹשֶׁת׃ וּמִצְחַת נְחֹשֶׁת עַל־רַגְלָיו וְכִידוֹן נְחֹשֶׁת

bronce y-venablo-de sus-piernas sobre bronce Y-greba-de (6) . bronce siclos

בֵּין כְּתֵפָיו׃ וְחֵץ חֲנִיתוֹ כִּמְנוֹר אֹרְגִים

los-que-tejen como-rodillo-de su-lanza Y-(el)asta-de (7) . sus-hombros entre

וְלַהֶבֶת חֲנִיתוֹ שֵׁשׁ־מֵאוֹת שְׁקָלִים בַּרְזֶל וְנֹשֵׂא הַצִּנָּה

el-escudo y-el-portador-de hierro siclos cientos seis su-lanza y-(la)punta-de

הֹלֵךְ לְפָנָיו׃ וַיַּעֲמֹד וַיִּקְרָא אֶל־מַעַרְכֹת יִשְׂרָאֵל

Israel (las)filas-de a y-gritó Y-se-alzó (8) . ante-él yendo

וַיֹּאמֶר לָהֶם לָמָּה תֵצְאוּ לַעֲרֹךְ מִלְחָמָה הֲלוֹא אָנֹכִי הַפְּלִשְׁתִּי

el-filisteo yo ¿acaso-no ? batalla para-disponer salís ¿por-qué : a-ellos y-dijo

וְאַתֶּם עֲבָדִים לְשָׁאוּל בְּרוּ־לָכֶם אִישׁ וְיֵרֵד אֵלָי׃

. a-mí y-baje hombre para-vosotros elegid ? de-Saúl servidores y-vosotros

אִם־יוּכַל לְהִלָּחֵם אִתִּי וְהִכָּנִי וְהָיִינוּ לָכֶם

para-vosotros nosotros-seremos y-me-mata conmigo luchar es-capaz-de Si (9)

לַעֲבָדִים וְאִם־אֲנִי אוּכַל־לוֹ וְהִכִּיתִיו וִהְיִיתֶם

vosotros-seréis y-le-mato a-él puedo yo y-si para-siervos

לָנוּ לַעֲבָדִים וַעֲבַדְתֶּם אֹתָנוּ׃ וַיֹּאמֶר הַפְּלִשְׁתִּי אֲנִי

yo el-filisteo Y-dijo (10) . a-nosotros y-serviréis para-siervos para-nosotros

חֵרַפְתִּי אֶת־מַעַרְכוֹת יִשְׂרָאֵל הַיּוֹם הַזֶּה תְּנוּ־לִי אִישׁ וְנִלָּחֲמָה

y-lucharemos un-hombre a-mí dad el-éste el-día de-Israel (las)filas a he-desafiado

יָחַד׃ וַיִּשְׁמַע שָׁאוּל וְכָל־יִשְׂרָאֵל אֶת־דִּבְרֵי

(las)palabras-de ** Israel y-todo Saúl Y-escuchó (11) . juntos

הַפְּלִשְׁתִּי הָאֵלֶּה וַיֵּחַתּוּ וַיִּרְאוּ מְאֹד׃

. mucho y-temieron y-se-desconcertaron las-estas el-filisteo

וְדָוִד בֶּן־אִישׁ אֶפְרָתִי הַזֶּה מִבֵּית לֶחֶם יְהוּדָה

Judá de-Belén-de el-este efrateo hombre hijo-de Y-David (12)

וּשְׁמוֹ יִשַׁי וְלוֹ שְׁמֹנָה בָנִים וְהָאִישׁ בִּימֵי שָׁאוּל
Saúl en-días-de y-el-hombre hijos ocho y-para-él Isaí y-su-nombre

זָקֵן בָּא בַאֲנָשִׁים׃ (13) וַיֵּלְכוּ שְׁלֹשֶׁת בְּנֵי־
hijos-de (los)tres-de Y-marcharon (13) . en-años entrado era-anciano

יִשַׁי הַגְּדֹלִים הָלְכוּ אַחֲרֵי־שָׁאוּל לַמִּלְחָמָה וְשֵׁם ׀ שְׁלֹשֶׁת
(los)-tres- y-(el)nombre-de a-la-guerra Saúl tras fueron los-mayores Isaí

בָּנָיו אֲשֶׁר הָלְכוּ בַּמִּלְחָמָה אֱלִיאָב הַבְּכוֹר וּמִשְׁנֵהוּ
y-su-segundo el-primogénito Eliab a-la-guerra fueron que sus-hijos

אֲבִינָדָב וְהַשְּׁלִשִׁי שַׁמָּה׃ (14) וְדָוִד הוּא הַקָּטָן וּשְׁלֹשָׁה
y-(los)tres el-pequeño él Y-David (14) . Samá y-el-tercero Abinadab

הַגְּדֹלִים הָלְכוּ אַחֲרֵי שָׁאוּל׃ (15) וְדָוִד הֹלֵךְ וָשָׁב
y-regresando yendo Y-David (15) . Saúl tras fueron los-mayores

מֵעַל שָׁאוּל לִרְעוֹת אֶת־צֹאן אָבִיו בֵּית־לָחֶם׃
. (en)Belén su-padre (el)ganado-menor-de ** para-pastorear Saúl de-con

(16) וַיִּגַּשׁ הַפְּלִשְׁתִּי הַשְׁכֵּם וְהַעֲרֵב
y-a-la-tarde madrugando el-filisteo Y-se-acercaba (16)

וַיִּתְיַצֵּב אַרְבָּעִים יוֹם׃ (17) וַיֹּאמֶר יִשַׁי לְדָוִד בְּנוֹ קַח־
toma : su-hijo a-David Isaí Y-dijo (17) . días cuarenta y-se-presentó

נָא לְאַחֶיךָ אֵיפַת הַקָּלִיא הַזֶּה וַעֲשָׂרָה לֶחֶם
pan y-diez el-este el-grano-tostado efa-de para-tus-hermanos te-ruego

הַזֶּה וְהָרֵץ הַמַּחֲנֶה לְאַחֶיךָ׃ (18) וְאֵת עֲשֶׂרֶת חֲרִצֵי
quesos-de diez Y (18) . para-tus-hermanos al-campamento y-corre el-este

הֶחָלָב הָאֵלֶּה תָּבִיא לְשַׂר־הָאָלֶף וְאֶת־אַחֶיךָ
tus-hermanos y-a el-millar a-(el)jefe-de lleva los-estos la-leche

תִּפְקֹד לְשָׁלוֹם וְאֶת־עֲרֻבָּתָם תִּקָּח׃ (19) וְשָׁאוּל
Y-Saúl (19) . toma prenda-de-ellos y sobre-salud comprueba

וְהֵמָּה וְכָל־ אִישׁ יִשְׂרָאֵל בְּעֵמֶק הָאֵלָה נִלְחָמִים עִם־

con luchando el-Terebinto en-(el)valle-de Israel (los)hombres-de y-todos y-ellos

פְּלִשְׁתִּים׃ וַיַּשְׁכֵּם דָּוִד בַּבֹּקֶר וַיִּטֹּשׁ אֶת־ הַצֹּאן

el-ganado-menor ** y-dejó por-la-mañana David Y-madrugó (20) . filisteos

עַל־ שֹׁמֵר וַיִּשָּׂא וַיֵּלֶךְ כַּאֲשֶׁר צִוָּהוּ

le-había-mandado como-que y-se-fue y-cargó (el)que-guardaba junto-a

יִשָׁי וַיָּבֹא הַמַּעְגָּלָה וְהַחַיִל הַיֹּצֵא אֶל־ הַמַּעֲרָכָה

la-línea-de-batalla a saliendo y-el-ejército al-campamento y-llegó Isaí

וְהֵרֵעוּ בַּמִּלְחָמָה׃ וַתַּעֲרֹךְ יִשְׂרָאֵל וּפְלִשְׁתִּים

y-filisteos Israel Y-dispuso (21) . para-la-lucha y-ellos-gritaban

מַעֲרָכָה לִקְרַאת מַעֲרָכָה׃ וַיִּטֹּשׁ דָּוִד אֶת־ הַכֵּלִים מֵעָלָיו עַל־

junto-a de-sobre-él los-bagajes ** David Y-dejó (22) . línea-de-batalla frente-a línea-de-batalla

יַד שׁוֹמֵר הַכֵּלִים וַיָּרָץ הַמַּעֲרָכָה וַיָּבֹא

y-llegó hacia-la-línea-de-batalla y-corrió los-bagajes el-que-guardaba (la)mano-de

וַיִּשְׁאַל לְאֶחָיו לְשָׁלוֹם׃ וְהוּא ׀ מְדַבֵּר עִמָּם

con-ellos hablando Y-él (23) . por-salud a-sus-hermanos y-preguntó

וְהִנֵּה אִישׁ הַבֵּנַיִם עוֹלֶה גָּלְיָת הַפְּלִשְׁתִּי

el-filisteo Goliat subiendo en-medio hombre-de y-he-aquí-que

שְׁמוֹ מִגַּת מִמַּעַרְוֹת פְּלִשְׁתִּים וַיְדַבֵּר כַּדְּבָרִים

como-las-palabras y-dijo filisteos de-líneas-de de-Gat su-nombre

הָאֵלֶּה וַיִּשְׁמַע דָּוִד׃ וְכֹל אִישׁ יִשְׂרָאֵל בִּרְאוֹתָם

cuando-su-ver Israel hombre-de Y-todo (24) . David y-escuchó las-éstas

אֶת־ הָאִישׁ וַיָּנֻסוּ מִפָּנָיו וַיִּירְאוּ מְאֹד׃

. mucho y-temieron de-ante-él y-huyeron el-hombre a

וַיֹּאמֶר ׀ אִישׁ יִשְׂרָאֵל הַרְאִיתֶם הָאִישׁ הָעֹלֶה הַזֶּה

? el éste que-sube al-hombre ¿acaso-visteis : Israel hombre-de Y-dijo (25)

כִּֽי לְחָרֵף אֶת־יִשְׂרָאֵל עֹלֶה וְהָיָה הָאִישׁ אֲשֶׁר־יַכֶּנּוּ

le-mate que el-hombre y-será sube Israel a a-desafiar ciertamente

יַעְשְׁרֶנּוּ הַמֶּלֶךְ ׀ עֹשֶׁר גָּדוֹל וְאֶת־בִּתּוֹ יִתֶּן־לוֹ

a-él dará su-hija y-a grande riqueza el-rey le-enriquecerá

וְאֵת בֵּית אָבִיו יַעֲשֶׂה חָפְשִׁי בְּיִשְׂרָאֵל׃ וַיֹּאמֶר

Y-habló (26) . en-Israel libre-de-cargas hará su-padre (la)casa-de y-a

דָּוִד אֶל־הָאֲנָשִׁים הָעֹמְדִים עִמּוֹ לֵאמֹר מַה־יֵּעָשֶׂה

se-hará ¿qué diciendo con-él los-que-estaban-de-pie los-hombres a David

לָאִישׁ אֲשֶׁר יַכֶּה אֶת־הַפְּלִשְׁתִּי הַלָּז וְהֵסִיר חֶרְפָּה

oprobio y-aparte el-este el-filisteo a mate que al-hombre

מֵעַל יִשְׂרָאֵל כִּי מִי הַפְּלִשְׁתִּי הֶעָרֵל הַזֶּה כִּי

que el-este el-incircunciso el-filisteo ¿quién pues ? Israel de-sobre

חֵרֵף מַעַרְכוֹת אֱלֹהִים חַיִּים׃ וַיֹּאמֶר לוֹ הָעָם

el-pueblo a-él Y-dijo (27) ? el-viviente Dios las-líneas-de desafía

כַּדָּבָר הַזֶּה לֵאמֹר כֹּה יֵעָשֶׂה לָאִישׁ אֲשֶׁר יַכֶּנּוּ׃

. le-mate que al-hombre se-hará así : diciendo la-ésta como-la-palabra

וַיִּשְׁמַע אֱלִיאָב אָחִיו הַגָּדוֹל בְּדַבְּרוֹ אֶל־הָאֲנָשִׁים

los-hombres a en-su-hablar el-mayor su-hermano Eliab Y-escuchó (28)

וַיִּחַר־אַף אֱלִיאָב בְּדָוִד וַיֹּאמֶר ׀ לָמָּה־זֶּה יָרַדְתָּ

? has-bajado aquí ¿por-qué : y-dijo contra-David Eliab (la)ira-de y-se-encendió

וְעַל־מִי נָטַשְׁתָּ מְעַט הַצֹּאן הָהֵנָּה בַּמִּדְבָּר אֲנִי יָדַעְתִּי

conozco yo ? en-el-desierto los-aquellos el-ganado-menor poco-de has-dejado quién ¿y-junto-a

אֶת־זְדֹנְךָ וְאֵת רֹעַ לְבָבֶךָ כִּי לְמַעַן רְאוֹת

ver para pues tu-corazón (la)malicia-de y tu-insolencia **

הַמִּלְחָמָה יָרָדְתָּ׃ וַיֹּאמֶר דָּוִד מֶה עָשִׂיתִי עַתָּה הֲלוֹא דָּבָר

palabra ¿no ? ahora he-hecho ¿qué : David Y-dijo (29) . has-bajado la-batalla

הוּא׃ וַיִּסֹּב מֵאֶצְלוֹ אֶל־ מוּל אַחֵר וַיֹּאמֶר
y-dijo otro frente-a hacia de-junto-a-él Y-volvió (30) ? ello

כַּדָּבָר הַזֶּה וַיְשִׁבֻהוּ הָעָם דָּבָר כַּדָּבָר
como-la-palabra palabra el-pueblo y-le-respondió la-ésta como-la-palabra

הָרִאשׁוֹן׃ וַיִּשָּׁמְעוּ הַדְּבָרִים אֲשֶׁר דִּבֶּר דָּוִד
David pronunció que las-palabras Y-fueron-escuchadas (31) . la-primera

וַיַּגִּדוּ לִפְנֵי־ שָׁאוּל וַיִּקָּחֵהוּ׃ וַיֹּאמֶר דָּוִד
David Y-dijo (32) . y-él-le-tomó Saúl ante y-refirieron

אֶל־ שָׁאוּל אַל־ יִפֹּל לֵב־ אָדָם עָלָיו עַבְדְּךָ
tu-siervo ; por-él hombre corazón-de caiga no : Saúl a

יֵלֵךְ וְנִלְחַם עִם־ הַפְּלִשְׁתִּי הַזֶּה׃ וַיֹּאמֶר
Y-dijo (33) . el-este el-filisteo con y-luchará irá

שָׁאוּל אֶל־ דָּוִד לֹא תוּכַל לָלֶכֶת אֶל־ הַפְּלִשְׁתִּי הַזֶּה
el-este el-filisteo hacia ir puedes no : David a Saúl

לְהִלָּחֵם עִמּוֹ כִּי־ נַעַר אַתָּה וְהוּא אִישׁ מִלְחָמָה מִנְּעֻרָיו׃
. desde-su-mocedad guerra hombre-de y-él tú muchacho pues con-él para-luchar

וַיֹּאמֶר דָּוִד אֶל־ שָׁאוּל רֹעֶה הָיָה עַבְדְּךָ
tu-siervo ha-sido pastor : Saúl a David Y-dijo (34)

לְאָבִיו בַּצֹּאן וּבָא הָאֲרִי וְאֶת־ הַדּוֹב
el-oso y el-león y-venía con-el-ganado-menor para-su-padre

וְנָשָׂא שֶׂה מֵהָעֵדֶר׃ וְיָצָאתִי אַחֲרָיו
tras-él Y-yo-salía (35) . del-rebaño res-menor y-se-llevaba

וְהִכִּתִיו וְהִצַּלְתִּי מִפִּיו וַיָּקָם עָלָי
contra-mí y-se-alzaba de-su-boca y-rescataba y-lo-hería

וְהֶחֱזַקְתִּי בִּזְקָנוֹ וְהִכִּתִיו וַהֲמִיתִּיו׃ גַּם אֶת־
** También (36) . y-lo-mataba y-lo-hería por-su-quijada y-yo-agarraba

הָאֲרִי גַּם־ הַדּוֹב הִכָּה עַבְדֶּךָ וְהָיָה הַפְּלִשְׁתִּי

el-filisteo y-será tu-siervo mató el-oso también el-león

הֶעָרֵל הַזֶּה כְּאַחַד מֵהֶם כִּי חֵרֵף מַעַרְכֹת אֱלֹהִים

Dios (las)líneas-de-batalla-de él-ha-desafiado pues de-ellos como-uno el-este el-incircunciso

חַיִּים׃ וַיֹּאמֶר דָּוִד יְהוָה אֲשֶׁר הִצִּלַנִי מִיַּד

de-(la)mano-de me-ha-liberado que Yahweh : David Y-dijo (37) . viviente

הָאֲרִי וּמִיַּד הַדֹּב הוּא יַצִּילֵנִי מִיַּד

de-(la)mano-de me-liberará él el-oso y-de-(la)mano-de el-león

הַפְּלִשְׁתִּי הַזֶּה וַיֹּאמֶר שָׁאוּל אֶל־ דָּוִד לֵךְ וַיהוָה יִהְיֶה

esté y-Yahweh ve : David a Saúl y-dijo el-este el-filisteo

עִמָּךְ׃ וַיַּלְבֵּשׁ שָׁאוּל אֶת־ דָּוִד מַדָּיו וְנָתַן

y-puso vestidos-suyos David a Saúl Y-vistió (38) . contigo

קוֹבַע נְחֹשֶׁת עַל־ רֹאשׁוֹ וַיַּלְבֵּשׁ אֹתוֹ שִׁרְיוֹן׃

. coraza a-él y-vistió su-cabeza sobre bronce casco-de

וַיַּחְגֹּר דָּוִד אֶת־ חַרְבּוֹ מֵעַל לְמַדָּיו

sus-vestiduras sobre su-espada ** David Y-se-ciñó (39)

וַיֹּאֶל לָלֶכֶת כִּי לֹא־ נִסָּה וַיֹּאמֶר דָּוִד אֶל־שָׁאוּל לֹא אוּכַל

puedo no : Saúl a David y-dijo estaba-avezado no pues caminar e-intentó

לָלֶכֶת בָּאֵלֶּה כִּי לֹא נִסִּיתִי וַיְסִרֵם דָּוִד מֵעָלָיו׃

. de-sobre-él David y-los-retiró estoy-avezado no pues con-éstos caminar

וַיִּקַּח מַקְלוֹ בְּיָדוֹ וַיִּבְחַר־ לוֹ חֲמִשָּׁה

cinco para-él y-escogió en-su-mano su-cayado Y-tomó (40)

חַלֻּקֵי־ אֲבָנִים ׀ מִן־ הַנַּחַל וַיָּשֶׂם אֹתָם בִּכְלִי הָרֹעִים

los-pastores en-(el)saco-de a-ellos y-puso el-arroyo de piedras pulidas

אֲשֶׁר־ לוֹ וּבַיַּלְקוּט וְקַלְעוֹ בְיָדוֹ וַיִּגַּשׁ

y-se-acercó en-su-mano y-su-honda y-en-el-zurrón para-él que

אֶל־הַפְּלִשְׁתִּי׃ וַיֵּלֶךְ הַפְּלִשְׁתִּי הֹלֵךְ וְקָרֵב אֶל־דָּוִד
David a y-acercándose caminando el filisteo Y-fue (41) . el-filisteo a

וְהָאִישׁ נֹשֵׂא הַצִּנָּה לְפָנָיו׃ וַיַּבֵּט
Y-miró (42) . ante-él el-escudo que-portaba y-el-hombre

הַפְּלִשְׁתִּי וַיִּרְאֶה אֶת־דָּוִד וַיִּבְזֵהוּ כִּי־הָיָה נַעַר
muchacho era pues y-le-despreció David a y-vio el-filisteo

וְאַדְמֹנִי עִם־יְפֵה מַרְאֶה׃ וַיֹּאמֶר הַפְּלִשְׁתִּי אֶל־דָּוִד
: David a el-filisteo Y-dijo (43) . aspecto hermosura-de con y-rubio

הֲכֶלֶב אָנֹכִי כִּי־אַתָּה בָא־אֵלַי בַּמַּקְלוֹת וַיְקַלֵּל הַפְּלִשְׁתִּי
el-filisteo y-maldijo ? con-los-palos a-mí vienes tú pues yo ¿acaso-perro

אֶת־דָּוִד בֵּאלֹהָיו׃ וַיֹּאמֶר הַפְּלִשְׁתִּי אֶל־דָּוִד לְכָה
ven : David a el-filisteo Y-dijo (44) . por-sus-dioses David a

אֵלַי וְאֶתְּנָה אֶת־בְּשָׂרְךָ לְעוֹף הַשָּׁמַיִם וּלְבֶהֱמַת
y-a-bestia-de los-cielos a-ave-de tu-carne ** y-daré a-mí

הַשָּׂדֶה׃ וַיֹּאמֶר דָּוִד אֶל־הַפְּלִשְׁתִּי אַתָּה בָּא אֵלַי
a-mí vienes tú : el-filisteo a David Y-dijo (45) . el-campo

בְּחֶרֶב וּבַחֲנִית וּבְכִידוֹן וְאָנֹכִי בָא־אֵלֶיךָ בְּשֵׁם
con-nombre-de a-ti vengo y-yo y-con-venablo y-con-lanza con-espada

יְהוָה צְבָאוֹת אֱלֹהֵי מַעַרְכוֹת יִשְׂרָאֵל אֲשֶׁר חֵרַפְתָּ׃ הַיּוֹם
El-día (46) . tú-has-desafiado que Israel (las)filas-de Dios-de Sebaot Yahweh

הַזֶּה יְסַגֶּרְךָ יְהוָה בְּיָדִי וְהִכִּיתִךָ
y-yo-te-mataré en-mi-mano Yahweh te-entregará el-éste

וַהֲסִרֹתִי אֶת־רֹאשְׁךָ מֵעָלֶיךָ וְנָתַתִּי פֶּגֶר
cadáver-de y-daré de-sobre-ti tu-cabeza ** y-separaré

מַחֲנֵה פְלִשְׁתִּים הַיּוֹם הַזֶּה לְעוֹף הַשָּׁמַיִם וּלְחַיַּת
y-a-bestia-de los-cielos a-ave-de el-éste el-día filisteos (el)campamento-de

הָאָרֶץ וְיֵדְעוּ כָּל־ הָאָרֶץ כִּי יֵשׁ אֱלֹהִים לְיִשְׂרָאֵל׃
. para-Israel Dios hay que la-tierra toda y-sabrán la-tierra

וְיֵדְעוּ כָּל־ הַקָּהָל הַזֶּה כִּי־ לֹא בְּחֶרֶב
por-espada no que la-esta la-asamblea toda Y-sabrá (47)

וּבַחֲנִית יְהוֹשִׁיעַ יְהוָה כִּי לַיהוָה הַמִּלְחָמָה וְנָתַן אֶתְכֶם
a-vosotros y-entregará la-batalla de-Yahweh pues Yahweh salva y-por-lanza

בְּיָדֵנוּ׃ וְהָיָה כִּי־ קָם הַפְּלִשְׁתִּי וַיֵּלֶךְ
y-fue el-filisteo se-levantó cuando Y-sucedió (48) . en-nuestras-manos

וַיִּקְרַב לִקְרַאת דָּוִד וַיְמַהֵר דָּוִד וַיָּרָץ
y-corrió David que-se-apresuró a-David a-encontrar y-se-acercó

הַמַּעֲרָכָה לִקְרַאת הַפְּלִשְׁתִּי׃ וַיִּשְׁלַח דָּוִד אֶת־
** David Y-alargó (49) . al-filisteo para-encontrar hacia-la-línea-de-batalla

יָדוֹ אֶל־ הַכֶּלִי וַיִּקַּח מִשָּׁם אֶבֶן וַיְקַלַּע
y-lanzó-la-honda piedra de-allí y-tomó la-bolsa a su-mano

וַיַּךְ אֶת־ הַפְּלִשְׁתִּי אֶל־ מִצְחוֹ וַתִּטְבַּע הָאֶבֶן
la-piedra y-se-hundió su-frente en el-filisteo a e-hirió

בְּמִצְחוֹ וַיִּפֹּל עַל־ פָּנָיו אָרְצָה׃ וַיֶּחֱזַק
Y-fue-fuerte (50) . a-tierra su-cara sobre y-cayó en-su-frente

דָּוִד מִן־ הַפְּלִשְׁתִּי בַּקֶּלַע וּבָאֶבֶן וַיַּךְ
e-hirió y-con-la-piedra con-la-honda el-filisteo más-que David

אֶת־ הַפְּלִשְׁתִּי וַיְמִיתֵהוּ וְחֶרֶב אֵין בְּיַד־ דָּוִד׃
. de-David en-mano no-había y-espada y-le-mató el-filisteo a

וַיָּרָץ דָּוִד וַיַּעֲמֹד אֶל־ הַפְּלִשְׁתִּי וַיִּקַּח אֶת־
** y-tomó al-filisteo junto y-se-puso-en-pie David Y-corrió (51)

חַרְבּוֹ וַיִּשְׁלְפָהּ מִתַּעְרָהּ וַיְמֹתְתֵהוּ
y-le-mató de-su-vaina y-la-sacó su-espada

וַיִּכְרָת־ בָּהּ אֶת־ רֹאשׁוֹ וַיִּרְאוּ הַפְּלִשְׁתִּים כִּי־

que los-filisteos y-vieron su-cabeza ** con-ella y-cortó

מֵת גִּבּוֹרָם וַיָּנֻסוּ׃ וַיָּקֻמוּ אַנְשֵׁי

(los)hombres-de Y-se-alzaron (52) . y-huyeron su-héroe había-muerto

יִשְׂרָאֵל וִיהוּדָה וַיָּרִעוּ וַיִּרְדְּפוּ אֶת־ הַפְּלִשְׁתִּים עַד־

hasta los-filisteos a y-siguieron y-gritaron y-Judá Israel

בּוֹאֲךָ גַיְא וְעַד שַׁעֲרֵי עֶקְרוֹן וַיִּפְּלוּ חַלְלֵי

muertos-de y-cayeron Ecrón (las)puertas-de y-hasta a-valle tu-entrar

פְלִשְׁתִּים בְּדֶרֶךְ שַׁעֲרַיִם וְעַד־ גַּת וְעַד־ עֶקְרוֹן

. Ecrón y-hasta Gat y-hasta Saaráyim en-(el)camino-de filisteos

וַיָּשֻׁבוּ בְּנֵי יִשְׂרָאֵל מִדְּלֹק אַחֲרֵי פְּלִשְׁתִּים

filisteos tras de-perseguir Israel (los)hijos-de Y-regresaron (53)

וַיָּשֹׁסּוּ אֶת־ מַחֲנֵיהֶם׃ וַיִּקַּח דָּוִד אֶת־ רֹאשׁ

(la)cabeza-de ** David Y-tomó (54) . sus-campamentos ** y-saquearon

הַפְּלִשְׁתִּי וַיְבִאֵהוּ יְרוּשָׁלָם וְאֶת־ כֵּלָיו שָׂם

puso sus-armas y (a)Jerusalén y-la-llevó el-filisteo

בְּאָהֳלוֹ׃ וְכִרְאוֹת שָׁאוּל אֶת־ דָּוִד יֹצֵא לִקְרַאת

para-encontrar saliendo David a Saúl Y-al-ver (55) . en-su-tienda

הַפְּלִשְׁתִּי אָמַר אֶל־ אַבְנֵר שַׂר הַצָּבָא בֶּן־ מִי־ זֶה

ese quién ¿hijo-de : el-ejército jefe-de Abner a dijo al-filisteo

הַנַּעַר אַבְנֵר וַיֹּאמֶר אַבְנֵר חֵי־ נַפְשְׁךָ הַמֶּלֶךְ אִם־

no oh-rey tu-alma por-vida-de : Abner y-dijo ? Abner muchacho

יָדָעְתִּי׃ וַיֹּאמֶר הַמֶּלֶךְ שְׁאַל אַתָּה בֶּן־ מִי־ זֶה הָעָלֶם׃

. el-joven este quién hijo-de tú pregunta : el-rey Y-dijo (56) . sé

וּכְשׁוּב דָּוִד מֵהַכּוֹת אֶת־ הַפְּלִשְׁתִּי וַיִּקַּח אֹתוֹ

a-él y-tomó el-filisteo a de-matar David Y-al-volver (57)

אַבְנֵר וַיְבִאֵהוּ לִפְנֵי שָׁאוּל וְרֹאשׁ הַפְּלִשְׁתִּי בְּיָדוֹ׃

. en-su-mano el-filisteo y-(la)cabeza-de Saúl ante y-lo-llevó Abner

וַיֹּאמֶר אֵלָיו שָׁאוּל בֶּן־מִי אַתָּה הַנָּעַר וַיֹּאמֶר

y-dijo ? muchacho tú quién ¿hijo-de : Saúl a-él Y-dijo (58)

דָּוִד בֶּן־עַבְדְּךָ יִשַׁי בֵּית הַלַּחְמִי׃ וַיְהִי

Y-sucedió (1) . el-de-Belén Isaí tu-siervo hijo-de : David **Cap. 18**

כְּכַלֹּתוֹ לְדַבֵּר אֶל־שָׁאוּל וְנֶפֶשׁ יְהוֹנָתָן נִקְשְׁרָה

quedó-ligada Jonatán que-(el)alma-de Saúl con de-hablar cuando-su-terminar

בְּנֶפֶשׁ דָּוִד וַיֶּאֱהָבֵו יְהוֹנָתָן כְּנַפְשׁוֹ׃

. como-su-alma Jonatán y-lo-amó David con-(el)alma-de

וַיִּקָּחֵהוּ שָׁאוּל בַּיּוֹם הַהוּא וְלֹא נְתָנוֹ לָשׁוּב

regresar le-concedió y-no el-aquel en-el-día Saúl Y-le-retuvo (2)

בֵּית אָבִיו׃ וַיִּכְרֹת יְהוֹנָתָן וְדָוִד בְּרִית

alianza y-David Jonatán Y-pactó (3) . su-padre a-casa-de

בְּאַהֲבָתוֹ אֹתוֹ כְּנַפְשׁוֹ׃ וַיִּתְפַּשֵּׁט יְהוֹנָתָן אֶת־

** Jonatán Y-se-quitó (4) . como-su-alma a-él por-su-amor

הַמְּעִיל אֲשֶׁר עָלָיו וַיִּתְּנֵהוּ לְדָוִד וּמַדָּיו וְעַד־

y-hasta y-sus-vestidos a-David y-se-lo-dio sobre-él que el-manto

חַרְבּוֹ וְעַד־קַשְׁתּוֹ וְעַד־חֲגֹרוֹ׃ וַיֵּצֵא

Y-salía (5) . su-cinturón y-hasta su-arco y-hasta su-espada

דָוִד בְּכֹל אֲשֶׁר יִשְׁלָחֶנּוּ שָׁאוּל יַשְׂכִּיל וַיְשִׂמֵהוּ

y-le-puso tenía-éxito Saúl le-enviaba lo-que en-todo David

שָׁאוּל עַל אַנְשֵׁי הַמִּלְחָמָה וַיִּיטַב בְּעֵינֵי כָל־הָעָם

el-pueblo todo a-(los)ojos-de y-parecía-bien la-guerra (los)hombres-de sobre Saúl

וְגַם בְּעֵינֵי עַבְדֵי שָׁאוּל׃ וַיְהִי בְּבוֹאָם

cuando-el-venir-de-ellos Y-sucedió (6) . Saúl (los)siervos-de a-ojos-de y-también

בְּשׁוּב דָּוִד מֵהַכּוֹת אֶת־ הַפְּלִשְׁתִּי וַתֵּצֶאנָה

que-salieron el-filisteo a de-matar David cuando-el-volver-de

הַנָּשִׁים מִכָּל־ עָרֵי יִשְׂרָאֵל לָשִׁיר וְהַמְּחֹלוֹת לִקְרַאת שָׁאוּל

(a)Saúl a-encontrar y-danzando a-contar Israel (las)ciudades-de de-todas las-mujeres

הַמֶּלֶךְ בְּתֻפִּים בְּשִׂמְחָה וּבְשָׁלִשִׁים׃ וַתַּעֲנֶינָה

Y-cantaban (7) . y-con-instrumentos-de-música con-alegría con-panderos el-rey

הַנָּשִׁים הַמְשַׂחֲקוֹת וַתֹּאמַרְןָ הִכָּה שָׁאוּל בַּאֲלָפָו

a-sus-miles Saúl hirió : y-decían las-que-festejaban las-mujeres

וְדָוִד בְּרִבְבֹתָיו׃ וַיִּחַר לְשָׁאוּל מְאֹד

mucho Saúl Y-se-enfadó (8) . a-sus-diez-millares y-David

וַיֵּרַע בְּעֵינָיו הַדָּבָר הַזֶּה וַיֹּאמֶר

: y-pensó el-este el-dicho a-sus-ojos y-pareció-mal

נָתְנוּ לְדָוִד רְבָבוֹת וְלִי נָתְנוּ הָאֲלָפִים

los-miles han-dado y-a-mí diez-millares a-David han-dado

וְעוֹד לוֹ אַךְ הַמְּלוּכָה׃ וַיְהִי שָׁאוּל עָוֵן אֶת־

a mirando-mal Saúl Y-estuvo (9) . el-reino sólo para-él y-aún

דָּוִד מֵהַיּוֹם הַהוּא וָהָלְאָה׃ וַיְהִי מִמָּחֳרָת וַתִּצְלַח

que-vino el-día-siguiente Y-sucedió (10) . y-en-adelante el-aquel desde-el-día David

רוּחַ אֱלֹהִים ׀ רָעָה ׀ אֶל־שָׁאוּל וַיִּתְנַבֵּא בְתוֹךְ־ הַבַּיִת וְדָוִד

y-David la-casa en-medio-de y-profetizó Saúl sobre malo Dios (el)espíritu-de

מְנַגֵּן בְּיָדוֹ כְּיוֹם ׀ בְּיוֹם וְהַחֲנִית בְּיַד־ שָׁאוּל׃

. Saúl en-mano-de y-la-lanza en-día como-día con-su-mano tocando

וַיָּטֶל שָׁאוּל אֶת־ הַחֲנִית וַיֹּאמֶר אַכֶּה בְּדָוִד

en-David clavaré : y-dijo la-lanza ** Saúl Y-arrojó (11)

וּבַקִּיר וַיִּסֹּב דָּוִד מִפָּנָיו פַּעֲמָיִם׃ וַיִּרָא

Y-temió (12) . dos-veces de-ante-él David y-esquivó y-en-la-pared

שָׁאוּל מִלִּפְנֵי דָוִד כִּי־ הָיָה יְהוָה עִמּוֹ וּמֵעִם שָׁאוּל סָר׃
. se-había-apartado Saúl y-de-con con-él Yahweh estaba pues David a-causa-de Saúl

וַיְסִרֵהוּ שָׁאוּל מֵעִמּוֹ וַיְשִׂמֵהוּ לוֹ שַׂר־
jefe-de a-él y-le-puso de-con-él Saúl Y-lo-apartó (13)

אֶלֶף וַיֵּצֵא וַיָּבֹא לִפְנֵי הָעָם׃ וַיְהִי דָוִד
David Y-fue (14) . el-pueblo ante y-entraba y-él-salía mil

לְכָל־ דְּרָכָו מַשְׂכִּיל וַיהוָה עִמּוֹ׃ וַיַּרְא שָׁאוּל
Saúl Y-vio (15) . con-él y-Yahweh teniendo-éxito su-camino en-todo

אֲשֶׁר־הוּא מַשְׂכִּיל מְאֹד וַיָּגָר מִפָּנָיו׃ וְכָל־
Y-todo (16) . a-causa-de-él y-temió grande tenía-éxito él que

יִשְׂרָאֵל וִיהוּדָה אֹהֵב אֶת־ דָּוִד כִּי־ הוּא יוֹצֵא וָבָא לִפְנֵיהֶם׃
. ante-ellos y-entrando saliendo él pues David a quería y-Judá Israel

וַיֹּאמֶר שָׁאוּל אֶל־ דָּוִד הִנֵּה בִתִּי הַגְּדוֹלָה מֵרַב אֹתָהּ
a-ella Merab la-mayor mi-hija aquí-está : David a Saúl Y-dijo (17)

אֶתֶּן־ לְךָ לְאִשָּׁה אַךְ הֱיֵה־ לִּי לְבֶן־ חַיִל וְהִלָּחֵם
y-lucha valor como-hombre-de para-mí sé sólo como-mujer a-ti entregaré

מִלְחֲמוֹת יְהוָה וְשָׁאוּל אָמַר אַל־ תְּהִי יָדִי בּוֹ
contra-él mi-mano será no : dijo y-Saúl Yahweh (las)batallas-de

וּתְהִי־ בוֹ יַד־ פְּלִשְׁתִּים׃ וַיֹּאמֶר דָּוִד אֶל־
a David Y-dijo (18) . filisteos mano-de contra-él y-será

שָׁאוּל מִי אָנֹכִי וּמִי חַיַּי מִשְׁפַּחַת אָבִי בְּיִשְׂרָאֵל כִּי־
para-que en-Israel mi-padre el-clan-de mis-familiares y-quién yo ¿quién : Saúl

אֶהְיֶה חָתָן לַמֶּלֶךְ׃ וַיְהִי בְּעֵת תֵּת אֶת־ מֵרַב
Merab a dar en-tiempo-de Y-sucedió (19) ? del-rey yerno yo-sea

בַּת־ שָׁאוּל לְדָוִד וְהִיא נִתְּנָה לְעַדְרִיאֵל הַמְּחֹלָתִי
el-meholatita a-Adriel fue-entregada que-ella a-David Saúl hija-de

לְאִשָּׁה׃ וַתֶּאֱהַב מִיכַל בַּת־ שָׁאוּל אֶת־דָּוִד וַיַּגִּדוּ
y-dijeron David a Saúl hija-de Mical Y-amaba (20) . para-mujer

לְשָׁאוּל וַיִּשַׁר הַדָּבָר בְּעֵינָיו׃ וַיֹּאמֶר
Y-dijo (21) . a-sus-ojos la-cosa y-pareció-recta a-Saúl

שָׁאוּל אֶתְּנֶנָּה לּוֹ וּתְהִי־ לוֹ לְמוֹקֵשׁ וּתְהִי־
y-será para-lazo para-él y-será a-él la-daré : Saúl

בוֹ יַד־ פְּלִשְׁתִּים וַיֹּאמֶר שָׁאוּל אֶל־ דָּוִד בִּשְׁתַּיִם
: por-dos David a Saúl y-dijo filisteos mano-de contra-él

תִּתְחַתֵּן בִּי הַיּוֹם׃ וַיְצַו שָׁאוּל אֶת־
a Saúl Y-ordenó (22) . este-día de-mí tú-serás-yerno

עֲבָדָו דַּבְּרוּ אֶל־ דָוִד בַּלָּט לֵאמֹר הִנֵּה חָפֵץ
quiere he-aquí-que : diciendo en-secreto David a hablad : sus-siervos

בְּךָ הַמֶּלֶךְ וְכָל־ עֲבָדָיו אֲהֵבוּךָ וְעַתָּה
y-ahora te-aman siervos y-todos-sus el-rey a-ti

הִתְחַתֵּן בַּמֶּלֶךְ׃ וַיְדַבְּרוּ עַבְדֵי שָׁאוּל
Saúl (los)siervos-de Y-hablaron (23) . del-rey sé-yerno

בְּאָזְנֵי דָוִד אֶת־ הַדְּבָרִים הָאֵלֶּה וַיֹּאמֶר דָּוִד הֲנְקַלָּה
¿acaso-poco : David y-dijo las-estas las-palabras ** David en-oídos-de

בְעֵינֵיכֶם הִתְחַתֵּן בַּמֶּלֶךְ וְאָנֹכִי אִישׁ־ רָשׁ
pobre hombre y-yo del-rey ser-yerno a-vuestros-ojos

וְנִקְלֶה׃ וַיַּגִּדוּ עַבְדֵי שָׁאוּל לוֹ לֵאמֹר
: diciendo a-él Saúl (los)siervos-de E-informaron (24) ? e-insignificante

כַּדְּבָרִים הָאֵלֶּה דִּבֶּר דָּוִד׃ וַיֹּאמֶר שָׁאוּל כֹּה־תֹאמְרוּ
diréis así : Saúl Y-dijo (25) . David ha-dicho las-éstas como-las-palabras

לְדָוִד אֵין־ חֵפֶץ לַמֶּלֶךְ בְּמֹהַר כִּי בְּמֵאָה
cien sino por-dote del-rey deseo no-hay : a-David

עָרְלוֹת פְּלִשְׁתִּים לְהִנָּקֵם בְּאֹיְבֵי הַמֶּלֶךְ וְשָׁאוּל

y-Saúl el-rey de-(los)enemigos-de para-tomar-venganza filisteos prepucios-de

חָשַׁב לְהַפִּיל אֶת־ דָּוִד בְּיַד־ פְּלִשְׁתִּים׃ (26) וַיַּגִּדוּ

Y-dijeron (26) . filisteos en-mano-de David a hacer-caer pensaba

עֲבָדָיו לְדָוִד אֶת־ הַדְּבָרִים הָאֵלֶּה וַיִּשַׁר

y-pareció-recto las-estas las-palabras ** a-David sus-siervos

הַדָּבָר בְּעֵינֵי דָוִד לְהִתְחַתֵּן בַּמֶּלֶךְ וְלֹא

y-no del-rey ser-yerno David a-ojos-de el-asunto

מָלְאוּ הַיָּמִים׃ (27) וַיָּקָם דָּוִד וַיֵּלֶךְ ׀ הוּא וַאֲנָשָׁיו

y-sus-hombres él y-fue David Y-se-levantó (27) . los-días se-habían-completado

וַיַּךְ בַּפְּלִשְׁתִּים מָאתַיִם אִישׁ וַיָּבֵא דָוִד אֶת־

** David y-trajo hombres doscientos entre-los-filisteos y-mató

עָרְלֹתֵיהֶם וַיְמַלְאוּם לַמֶּלֶךְ לְהִתְחַתֵּן

para-ser-yerno para-el-rey y-fueron-completos sus-prepucios

בַּמֶּלֶךְ וַיִּתֶּן־ לוֹ שָׁאוּל אֶת־ מִיכַל בִּתּוֹ לְאִשָּׁה׃

. para-mujer su-hija Mical a Saúl a-él y-entregó del-rey

(28) וַיַּרְא שָׁאוּל וַיֵּדַע כִּי יְהוָה עִם־ דָּוִד וּמִיכַל

y-Mical David con Yahweh que y-supo Saúl Y-vio (28)

בַּת־ שָׁאוּל אֲהֵבַתְהוּ׃ (29) וַיֹּאסֶף שָׁאוּל לֵרֹא מִפְּנֵי

ante el-temer Saúl Y-aumentó (29) . le-amaba Saúl hija-de

דָוִד עוֹד וַיְהִי שָׁאוּל אֹיֵב אֶת־ דָּוִד כָּל־ הַיָּמִים׃

. los-días todos David ** enemigo Saúl y-fue todavía David

(30) וַיֵּצְאוּ שָׂרֵי פְלִשְׁתִּים וַיְהִי ׀ מִדֵּי

cada-vez-que y-sucedía filisteos (los)jefes-de Y-salieron (30)

צֵאתָם שָׂכַל דָּוִד מִכֹּל עַבְדֵי שָׁאוּל

Saúl (los)siervos-de más-que-todos David tenía-éxito el-salir-de-ellos

וַיִּיקַר שְׁמוֹ מְאֹד׃ וַיְדַבֵּר שָׁאוּל אֶל־יוֹנָתָן
Jonatán a Saúl Y-habló (1) . mucho su-nombre y-fue-estimado

בְּנוֹ וְאֶל־כָּל־עֲבָדָיו לְהָמִית אֶת־דָּוִד וִיהוֹנָתָן
y-Jonatán David a para-matar sus-siervos todos y-a su-hijo

בֶּן־שָׁאוּל חָפֵץ בְּדָוִד מְאֹד׃ וַיַּגֵּד יְהוֹנָתָן לְדָוִד
a-David Jonatán Y-avisó (2) . mucho a-David quería Saúl hijo-de

לֵאמֹר מְבַקֵּשׁ שָׁאוּל אָבִי לַהֲמִיתְךָ וְעַתָּה הִשָּׁמֶר־נָא
te-ruego ten-cuidado y-ahora matarte mi-padre Saúl buscando : diciendo

בַבֹּקֶר וְיָשַׁבְתָּ בַסֵּתֶר וְנַחְבֵּאתָ׃ וַאֲנִי אֵצֵא
saldré Y-yo (3) . y-escóndete en-lo-oculto y-quédate por-la-mañana

וְעָמַדְתִּי לְיַד־אָבִי בַּשָּׂדֶה אֲשֶׁר אַתָּה שָׁם וַאֲנִי
y-yo allí tú donde en-el-campo mi-padre a-mano-de y-permaneceré

אֲדַבֵּר בְּךָ אֶל־אָבִי וְרָאִיתִי מָה וְהִגַּדְתִּי
e-informaré qué y-veré mi-padre a de-ti hablaré

לָךְ׃ וַיְדַבֵּר יְהוֹנָתָן בְּדָוִד טוֹב אֶל־שָׁאוּל אָבִיו
su-padre Saúl a bien de-David Jonatán Y-habló (4) . a-ti

וַיֹּאמֶר אֵלָיו אַל־יֶחֱטָא הַמֶּלֶךְ בְּעַבְדּוֹ בְדָוִד
contra-David contra-su-siervo el-rey falte no : a-él y-dijo

כִּי לוֹא חָטָא לָךְ וְכִי מַעֲשָׂיו טוֹב־לְךָ מְאֹד׃
. mucho para-ti buenos sus-hechos y-ciertamente contra-ti ha-faltado-él no pues

וַיָּשֶׂם אֶת־נַפְשׁוֹ בְכַפּוֹ וַיַּךְ אֶת־
a y-mató en-su-palma su-alma ** Y-puso (5)

הַפְּלִשְׁתִּי וַיַּעַשׂ יְהוָה תְּשׁוּעָה גְדוֹלָה לְכָל־יִשְׂרָאֵל רָאִיתָ
tú-viste Israel para-todo grande salvación Yahweh e-hizo el-filisteo

וַתִּשְׂמָח וְלָמָּה תֶחֱטָא בְּדָם נָקִי לְהָמִית
al-matar inocente con-sangre vas a-pecar ¿y-por-qué y-te-alegraste

אֶת־ דָּוִד חִנָּם׃ וַיִּשְׁמַע שָׁאוּל בְּקוֹל יְהוֹנָתָן
Jonatán a-(la)voz-de Saúl Y-escuchó (6) ? sin-causa David a

וַיִּשָּׁבַע שָׁאוּל חַי־ יְהוָה אִם־ יוּמָת׃ וַיִּקְרָא
Y-llamó (7) . será-matado no Yahweh por-vida-de Saúl y-juró

יְהוֹנָתָן לְדָוִד וַיַּגֶּד־ לוֹ יְהוֹנָתָן אֵת כָּל־ הַדְּבָרִים
las-palabras todas ** Jonatán a-él y-contó a-David Jonatán

הָאֵלֶּה וַיָּבֵא יְהוֹנָתָן אֶת־ דָּוִד אֶל־שָׁאוּל וַיְהִי לְפָנָיו
ante-él y-estuvo Saúl a David a Jonatán y-trajo las-estas

כְּאֶתְמוֹל שִׁלְשׁוֹם׃ וַתּוֹסֶף הַמִּלְחָמָה לִהְיוֹת וַיֵּצֵא
y-salió a-ser la-guerra Y-volvió (8) . anteayer como-ayer

דָוִד וַיִּלָּחֶם בַּפְּלִשְׁתִּים וַיַּךְ בָּהֶם מַכָּה
derrota contra-ellos y-golpeó contra-los-filisteos y-luchó David

גְדוֹלָה וַיָּנֻסוּ מִפָּנָיו׃ וַתְּהִי רוּחַ יְהוָה ׀ רָעָה
malo Yahweh espíritu-de Y-hubo (9) . de-ante-él y-ellos-huyeron grande

אֶל־ שָׁאוּל וְהוּא בְּבֵיתוֹ יוֹשֵׁב וַחֲנִיתוֹ בְּיָדוֹ
en-su-mano y-su-lanza sentado en-su-casa y-él Saúl sobre

וְדָוִד מְנַגֵּן בְּיָד׃ וַיְבַקֵּשׁ שָׁאוּל לְהַכּוֹת בַּחֲנִית
con-la-lanza golpear Saúl Y-buscó (10) . con-mano tocando y-David

בְּדָוִד וּבַקִּיר וַיִּפְטַר מִפְּנֵי שָׁאוּל וַיַּךְ
y-golpeó Saúl de-ante y-esquivó y-en-la-pared en-David

אֶת־ הַחֲנִית בַּקִּיר וְדָוִד נָס וַיִּמָּלֵט בַּלַּיְלָה
en-la-noche y-escapó huyó y-David en-la-pared la-lanza **

הוּא׃ וַיִּשְׁלַח שָׁאוּל מַלְאָכִים אֶל־ בֵּית דָּוִד לְשָׁמְרוֹ
para-vigilarle David casa-de a mensajeros Saúl Y-envió (11) . aquella

וְלַהֲמִיתוֹ בַּבֹּקֶר וַתַּגֵּד לְדָוִד מִיכַל אִשְׁתּוֹ
su-mujer Mical a-David y-avisó en-la-mañana y-para-matarle

לֵאמֹר אִם־אֵינְךָ מְמַלֵּט אֶת־נַפְשְׁךָ הַלַּיְלָה מָחָר אַתָּה מוּמָת׃

. serás muerto tú mañana esta-noche tu-alma ** salvas tú-no si : diciendo

וַתֹּרֶד מִיכַל אֶת־דָּוִד בְּעַד הַחַלּוֹן וַיֵּלֶךְ

y-él-fue la-ventana por David a Mical E-hizo-bajar (12)

וַיִּבְרַח וַיִּמָּלֵט׃ וַתִּקַּח מִיכַל אֶת־הַתְּרָפִים

los-ídolos ** Mical Y-tomó (13) . y-escapó y-huyó

וַתָּשֶׂם אֶל־הַמִּטָּה וְאֵת כְּבִיר הָעִזִּים שָׂמָה מְרַאֲשֹׁתָיו

a-(la)cabeza-de-él puso de-las-cabras un-paño-de-pelo y la-cama sobre y-puso

וַתְּכַס בַּבָּגֶד׃ וַיִּשְׁלַח שָׁאוּל מַלְאָכִים לָקַחַת אֶת־

a a-coger emisarios Saúl Y-envió (14) . con-la-ropa y-cubrió

דָּוִד וַתֹּאמֶר חֹלֶה הוּא׃ וַיִּשְׁלַח שָׁאוּל אֶת־הַמַּלְאָכִים

los-emisarios a Saúl Y-envió (15) . él enfermo y-dijo-ella David

לִרְאוֹת אֶת־דָּוִד לֵאמֹר הַעֲלוּ אֹתוֹ בַמִּטָּה אֵלַי לַהֲמִתוֹ׃

. para-matarle a-mí en-la-cama a-él traed : diciendo David a para-ver

וַיָּבֹאוּ הַמַּלְאָכִים וְהִנֵּה הַתְּרָפִים אֶל־הַמִּטָּה וּכְבִיר

y-el-paño-de-pelo la-cama en los-ídolos y-he-aquí-que los-emisarios Y-llegaron (16)

הָעִזִּים מְרַאֲשֹׁתָיו׃ וַיֹּאמֶר שָׁאוּל אֶל־מִיכַל לָמָּה כָּכָה

así ¿por-qué : Mical a Saúl Y-dijo (17) . a-su-cabeza de-las-cabras

רִמִּיתִנִי וַתְּשַׁלְּחִי אֶת־ אֹיְבִי וַיִּמָּלֵט

? y-él-ha-escapado mi-enemigo a y-has-dejado-ir me-has-engañado

וַתֹּאמֶר מִיכַל אֶל־שָׁאוּל הוּא־אָמַר אֵלַי שַׁלְּחִנִי לָמָה

¿por-qué déjame-ir : a-mí dijo él : Saúl a Mical y-dijo

אֲמִיתֵךְ׃ וְדָוִד בָּרַח וַיִּמָּלֵט וַיָּבֹא אֶל־

a y-fue y-escapó huyó Y-David (18) ? he-de-matarte

שְׁמוּאֵל הָרָמָתָה וַיַּגֶּד־לוֹ אֵת כָּל־אֲשֶׁר עָשָׂה־לוֹ שָׁאוּל

Saúl a-él había-hecho lo-que todo ** a-él y-refirió a-Ramá Samuel

וַיֵּלֶךְ הוּא וּשְׁמוּאֵל וַיֵּשְׁבוּ בְּנָוֹית׃ וַיֻּגַּד

Y-se-informó (19) . en-Nayot y-habitaron y-Samuel él y-fue

לְשָׁאוּל לֵאמֹר הִנֵּה דָוִד בְּנָוֹית בָּרָמָה׃ וַיִּשְׁלַח שָׁאוּל מַלְאָכִים

emisarios Saúl Y-envió (20) . en-Ramá en-Nayot David he-aquí-que : diciendo a-Saúl

לָקַחַת אֶת־ דָּוִד וַיַּרְא אֶת־ לַהֲקַת הַנְּבִיאִים נִבְּאִים

profetizando profetas (el)grupo-de a y-vieron David a para-coger

וּשְׁמוּאֵל עֹמֵד נִצָּב עֲלֵיהֶם וַתְּהִי עַל־ מַלְאֲכֵי שָׁאוּל

Saúl (los)emisarios-de sobre y-sobrevino sobre-ellos erguido en-pie y-Samuel

רוּחַ אֱלֹהִים וַיִּתְנַבְּאוּ גַּם־ הֵמָּה׃ וַיַּגִּדוּ לְשָׁאוּל

a-Saúl E-informaron (21) . ellos también y-profetizaron Dios (el)Espíritu-de

וַיִּשְׁלַח מַלְאָכִים אֲחֵרִים וַיִּתְנַבְּאוּ גַּם־ הֵמָּה וַיֹּסֶף שָׁאוּל

Saúl y-añadió ellos también y-profetizaron otros emisarios y-envió

וַיִּשְׁלַח מַלְאָכִים שְׁלִשִׁים וַיִּתְנַבְּאוּ גַּם־ הֵמָּה׃ וַיֵּלֶךְ

Y-fue (22) . ellos también y-profetizaron terceros emisarios y-envió

גַּם־ הוּא הָרָמָתָה וַיָּבֹא עַד־ בּוֹר הַגָּדוֹל אֲשֶׁר בַּשֶּׂכוּ

en-Secú que la-grande (la)cisterna hasta y-fue a-Ramá él también

וַיִּשְׁאַל וַיֹּאמֶר אֵיפֹה שְׁמוּאֵל וְדָוִד וַיֹּאמֶר הִנֵּה בְּנָיוֹת

en-Nayot he-aquí-que : y-dijo ? y-David Samuel ¿dónde : y-dijo y-preguntó

בָּרָמָה׃ וַיֵּלֶךְ שָׁם אֶל־ נָוֹית בָּרָמָה וַתְּהִי

y-vino en-Ramá Nayot a allí Y-fue (23) . en-Ramá

עָלָיו גַּם־ הוּא רוּחַ אֱלֹהִים וַיֵּלֶךְ הָלוֹךְ וַיִּתְנַבֵּא עַד־

hasta y-profetizaba yendo y marchó Dios (el)Espíritu-de él-también sobre-él

בֹּאוֹ בְּנָוֹית בָּרָמָה׃ וַיִּפְשַׁט גַּם־ הוּא

él también Y-se-quitó (24) . en-Ramá a-Nayot su-llegar

בְּגָדָיו וַיִּתְנַבֵּא גַם־ הוּא לִפְנֵי שְׁמוּאֵל וַיִּפֹּל עָרֹם

desnudo y-cayó Samuel ante él-también y-profetizó sus-vestidos

כָּל־ הַיּוֹם הַהוּא וְכָל־ הַלָּיְלָה עַל־ כֵּן יֹאמְרוּ הֲגַם שָׁאוּל

Saúl ¿también : dijeron esto por la-noche y-toda el-aquel el-día todo

בַּנְּבִיאִם׃ וַיִּבְרַח דָּוִד מִנָּוֺת בָּרָמָה

Cap. 20 en-Ramá de-Nayot David Y-huyó (1) ? entre-los-profetas

וַיָּבֹא וַיֹּאמֶר ׀ לִפְנֵי יְהוֹנָתָן מֶה עָשִׂיתִי מֶה־ עֲוֺנִי וּמֶה־

¿y-qué ? mi-pecado ¿cuál ? he-hecho ¿qué : Jonatán ante y-dijo y-fue

חַטָּאתִי לִפְנֵי אָבִיךָ כִּי מְבַקֵּשׁ אֶת־ נַפְשִׁי׃ וַיֹּאמֶר

Y-dijo (2) ? mi-vida ** él-buscando pues tu-padre ante he-pecado

לוֹ חָלִילָה לֹא תָמוּת הִנֵּה לוֹ־ עָשָׂה אָבִי דָּבָר גָּדוֹל

grande cosa mi-padre hace no he-aquí-que morirás no lejos : a-él

אוֹ דָּבָר קָטֹן וְלֹא יִגְלֶה אֶת־ אָזְנִי וּמַדּוּעַ יַסְתִּיר

escondería ¿y-por-qué mi-oído a descubra que-no pequeña cosa o

אָבִי מִמֶּנִּי אֶת־ הַדָּבָר הַזֶּה אֵין זֹאת׃ וַיִּשָּׁבַע

Y-juró (3) . así no ? la-ésta la-cosa ** de-mí mi-padre

עוֹד דָּוִד וַיֹּאמֶר יָדֹעַ יָדַע אָבִיךָ כִּי־ מָצָאתִי חֵן

gracia he-encontrado que tu-padre sabe saber : y-dijo David otra-vez

בְּעֵינֶיךָ וַיֹּאמֶר אַל־ יֵדַע־ זֹאת יְהוֹנָתָן פֶּן־ יֵעָצֵב

se-entristezca para-que-no Jonatán esto sepa no : y-dirá a-tus-ojos

וְאוּלָם חַי־ יְהוָה וְחֵי נַפְשֶׁךָ כִּי כְפֶשַׂע בֵּינִי

entre-mí como-un-paso ciertamente tu-alma y-vida-de Yahweh por-vida-de y-con-todo

וּבֵין הַמָּוֶת׃ וַיֹּאמֶר יְהוֹנָתָן אֶל־ דָּוִד מַה־ תֹּאמַר

diga lo-que : David a Jonatán Y-dijo (4) . la-muerte y-entre

נַפְשְׁךָ וְאֶעֱשֶׂה־ לָּךְ׃ וַיֹּאמֶר דָּוִד אֶל־ יְהוֹנָתָן הִנֵּה־

he-aquí-que : Jonatán a David Y-dijo (5) . por-ti haré-yo tu-alma

חֹדֶשׁ מָחָר וְאָנֹכִי יָשֹׁב־ אֵשֵׁב עִם־ הַמֶּלֶךְ לֶאֱכוֹל

a-comer el-rey con he-de-sentarme sentar y-yo mañana luna-nueva

וְשִׁלַּחְתַּנִי וְנִסְתַּרְתִּי בַשָּׂדֶה עַד הָעֶרֶב הַשְּׁלִשִׁית׃

. la-tercera la-tarde hasta en-el-campo y-me-esconderé y-déjame-ir

אִם־פָּקֹד יִפְקְדֵנִי אָבִיךָ וְאָמַרְתָּ נִשְׁאֹל נִשְׁאַל

pidió pedir : y-dirás tu-padre me-echa-en-falta echar-en-falta Si (6)

מִמֶּנִּי דָוִד לָרוּץ בֵּית־לֶחֶם עִירוֹ כִּי זֶבַח הַיָּמִים

los-días sacrificio-de pues su-ciudad a-Belén correr David de-mí

שָׁם לְכָל־הַמִּשְׁפָּחָה׃ אִם־כֹּה יֹאמַר טוֹב שָׁלוֹם

paz , bien : dice así Si (7) . la-familia para-toda allí

לְעַבְדֶּךָ וְאִם־חָרֹה יֶחֱרֶה לוֹ דַּע כִּי־

que sabe para-él se-enfada enfadarse y-si para-tu-siervo

כָלְתָה הָרָעָה מֵעִמּוֹ׃ וְעָשִׂיתָ חֶסֶד עַל־

a misericordia Y-harás (8) . de-con-él la-maldad está-consumada

עַבְדֶּךָ כִּי בִּבְרִית יְהוָה הֵבֵאתָ אֶת־עַבְדְּךָ

tu-siervo a tú-has-traído Yahweh en-alianza-de pues tu-siervo

עִמָּךְ וְאִם־יֶשׁ־בִּי עָוֺן הֲמִיתֵנִי אַתָּה וְעַד־אָבִיךָ לָמָּה־

¿por-qué tu-padre pues-hasta tú mátame culpa en-mí hay y-si contigo

זֶּה תְבִיאֵנִי׃ וַיֹּאמֶר יְהוֹנָתָן חָלִילָה לָּךְ כִּי ׀ אִם־יָדֹעַ

saber si pues de-ti lejos : Jonatán Y-dijo (9) ? me-vas-a-llevar así

אֵדַע כִּי־כָלְתָה הָרָעָה מֵעִם אָבִי לָבוֹא

para-venir mi-padre de-con la-maldad está-consumada que yo-supiera

עָלֶיךָ וְלֹא אֹתָהּ אַגִּיד לָךְ׃ וַיֹּאמֶר דָּוִד אֶל־

a David Y-dijo (10) ? a-ti informaría de-ella ¿y-no contra-ti

יְהוֹנָתָן מִי יַגִּיד לִי אוֹ מַה־יַּעַנְךָ אָבִיךָ

tu-padre te-responde qué o a-mí informa ¿quién : Jonatán

קָשָׁה׃ וַיֹּאמֶר יְהוֹנָתָן אֶל־דָּוִד לְכָה וְנֵצֵא הַשָּׂדֶה

al-campo y-salgamos ven : David a Jonatán Y-dijo (11) ? duramente

וַיֵּצְאוּ שְׁנֵיהֶם הַשָּׂדֶה׃ וַיֹּאמֶר יְהוֹנָתָן אֶל־דָּוִד
: David a Jonatán Y-dijo (12) . al-campo ellos-dos y-salieron

יְהוָה אֱלֹהֵי יִשְׂרָאֵל כִּי־אֶחְקֹר אֶת־אָבִי כָּעֵת ׀
por-este-tiempo mi-padre a yo-sondearé que Israel Dios-de Yahweh

מָחָר הַשְּׁלִשִׁית וְהִנֵּה־טוֹב אֶל־דָּוִד וְלֹא־אָז אֶשְׁלַח
enviaré entonces y-no David para bien y-si la-tercera mañana

אֵלֶיךָ וְגָלִיתִי אֶת־אָזְנֶךָ׃ כֹּה־יַעֲשֶׂה יְהוָה
Yahweh haga Así (13) . tu-oído a y-descubriré a-ti

לִיהוֹנָתָן וְכֹה יֹסִיף כִּי־יֵיטִב אֶל־אָבִי אֶת־
** mi-padre a parece-bien si añada y-así a-Jonatán

הָרָעָה עָלֶיךָ וְגָלִיתִי אֶת־אָזְנֶךָ וְשִׁלַּחְתִּיךָ וְהָלַכְתָּ
y-marcharás y-te-enviaré tu-oído a y-descubriré contra-ti la-maldad

לְשָׁלוֹם וִיהִי יְהוָה עִמָּךְ כַּאֲשֶׁר הָיָה עִם־אָבִי׃
. mi-padre con estuvo como contigo Yahweh y-sea en-paz

וְלֹא אִם־עוֹדֶנִּי חָי וְלֹא־תַעֲשֶׂה עִמָּדִי חֶסֶד יְהוָה
Yahweh misericordia-de conmigo harás ¿y-no vivo yo-aún si Y-no (14)

וְלֹא אָמוּת׃ וְלֹא־תַכְרִת אֶת־חַסְדְּךָ מֵעִם
de-con tu-misericordia ** apartarás Y-no (15) ? muera para-que-no

בֵּיתִי עַד־עוֹלָם וְלֹא בְּהַכְרִת יְהוָה אֶת־אֹיְבֵי
enemigos-de a Yahweh en-el-aniquilar y-no siempre para mi-casa

דָוִד אִישׁ מֵעַל פְּנֵי הָאֲדָמָה׃ וַיִּכְרֹת יְהוֹנָתָן עִם־
con Jonatán E-hizo-alianza (16) . de-la-tierra la-faz de-sobre cada-hombre David

בֵּית דָּוִד וּבִקֵּשׁ יְהוָה מִיַּד אֹיְבֵי
(los)enemigos-de de-mano-de Yahweh y-pedirá-cuentas David la-casa-de

דָוִד׃ וַיּוֹסֶף יְהוֹנָתָן לְהַשְׁבִּיעַ אֶת־דָּוִד בְּאַהֲבָתוֹ
por-su-amor David a hacer-jurar Jonatán Y-añadió (17) . David

אֹתוֹ כִּי־אַהֲבַת נַפְשׁוֹ אֲהֵבוֹ׃ וַיֹּאמֶר־לוֹ יְהוֹנָתָן

: Jonatán a-él Y-dijo (18) . le-amaba sí-mismo amor-de pues-como a-él

מָחָר חֹדֶשׁ וְנִפְקַדְתָּ כִּי יִפָּקֵד

se-echará-en-falta pues y-se-te-echará-de-menos novilunio mañana

מוֹשָׁבֶךָ׃ וְשִׁלַּשְׁתָּ תֵּרֵד מְאֹד וּבָאתָ אֶל־

a y-vendrás mucho bajarás Y-al-tercer-día (19) . tu-asiento

הַמָּקוֹם אֲשֶׁר־נִסְתַּרְתָּ שָּׁם בְּיוֹם הַמַּעֲשֶׂה וְיָשַׁבְתָּ אֵצֶל הָאֶבֶן

la-piedra junto-a y-permanecerás el-suceso en-(el)día-de allí te-escondías donde el-lugar

הָאָזֶל׃ וַאֲנִי שְׁלֹשֶׁת הַחִצִּים צִדָּה אוֹרֶה לְשַׁלַּח־

para-tirar dispararé a-su-lado las-flechas tres Y-yo (20) . Ezel

לִי לְמַטָּרָה׃ וְהִנֵּה אֶשְׁלַח אֶת־הַנַּעַר לֵךְ מְצָא אֶת־

** encuentra ve el-muchacho a yo-enviaré Y-he-aquí-que (21) . al-blanco para-mí

הַחִצִּים אִם־אָמֹר אֹמַר לַנַּעַר הִנֵּה הַחִצִּים׀ מִמְּךָ וָהֵנָּה

y-hacia-acá más-de-ti las-flechas he-aquí-que al-muchacho digo decir si ; las-flechas

קָחֶנּוּ׀ וָבֹאָה כִּי־שָׁלוֹם לְךָ וְאֵין דָּבָר חַי־יְהוָה׃

. Yahweh vida-de cosa y-no-hay para-ti paz pues y-ven cógelas

וְאִם־כֹּה אֹמַר לָעֶלֶם הִנֵּה הַחִצִּים מִמְּךָ וָהָלְאָה לֵךְ

vete y-hacia-allá más-de-ti las-flechas he-aquí-que : al-muchacho digo así Pero-si (22)

כִּי שִׁלַּחֲךָ יְהוָה׃ וְהַדָּבָר אֲשֶׁר דִּבַּרְנוּ אֲנִי וָאָתָּה

y-tú yo hemos-hablado que Y-el-asunto (23) . Yahweh te-hace-partir pues

הִנֵּה יְהוָה בֵּינִי וּבֵינְךָ עַד־עוֹלָם׃ וַיִּסָּתֵר דָּוִד

David Y-se-escondió (24) . siempre para y-entre-tú entre-yo Yahweh he-aquí-que

בַּשָּׂדֶה וַיְהִי הַחֹדֶשׁ וַיֵּשֶׁב הַמֶּלֶךְ עַל־

junto-a el-rey y-se-sentó el novilunio y-fue en-el-campo

הַלֶּחֶם לֶאֱכוֹל׃ וַיֵּשֶׁב הַמֶּלֶךְ עַל־מוֹשָׁבוֹ כְּפַעַם׀ בְּפַעַם אֶל־

hacia en-vez como-vez su-asiento en el-rey Y-se-sentó (25) . para-comer la-comida

מוֹשַׁב הַקִּיר וַיָּקָם יְהוֹנָתָן וַיֵּשֶׁב אַבְנֵר מִצַּד שָׁאוּל
Saúl al-lado-de Abner y-se-sentó Jonatán y-se-levantó la-pared asiento-de

וַיִּפָּקֵד מְקוֹם דָּוִד׃ (26) וְלֹא־ דִבֶּר שָׁאוּל מְאוּמָה בַּיּוֹם
en-el-día nada Saúl dijo Y-no (26) . David lugar-de y-se-echaba-en-falta

הַהוּא כִּי אָמַר מִקְרֶה הוּא בִּלְתִּי טָהוֹר הוּא כִּי־ לֹא טָהוֹר׃
. puro no ciertamente él puro no ello casualidad : se-dijo pues el-aquél

(27) וַיְהִי מִמָּחֳרַת הַחֹדֶשׁ הַשֵּׁנִי וַיִּפָּקֵד
y-se-echó-falta el-segundo el-novilunio el-día-siguiente-de Y-fue (27)

מְקוֹם דָּוִד וַיֹּאמֶר שָׁאוּל אֶל־יְהוֹנָתָן בְּנוֹ מַדּוּעַ לֹא־ בָא
ha-venido no ¿por-qué : su-hijo Jonatán a Saúl y-dijo David lugar-de

בֶן־ יִשַׁי גַּם־ תְּמוֹל גַּם־ הַיּוֹם אֶל־ הַלָּחֶם׃ (28) וַיַּעַן
Y-contestó (28) ? la-comida a este-día ni ayer ni Isaí hijo-de

יְהוֹנָתָן אֶת־ שָׁאוּל נִשְׁאֹל נִשְׁאַל דָּוִד מֵעִמָּדִי עַד־ בֵּית לָחֶם׃
. Belén hasta de-conmigo David pidió pedir : Saúl a Jonatán

(29) וַיֹּאמֶר שַׁלְּחֵנִי נָא כִּי זֶבַח מִשְׁפָּחָה לָנוּ בָּעִיר
en-la-ciudad para-nosotros familia sacrificio-de pues por-favor déjame-ir : Y-dijo (29)

וְהוּא צִוָּה־ לִי אָחִי וְעַתָּה אִם־מָצָאתִי חֵן בְּעֵינֶיךָ
a-tus-ojos gracia he-hallado si y-ahora mi-hermano a-mí ha-ordenado y-ello

אִמָּלְטָה נָּא וְאֶרְאֶה אֶת־ אֶחָי עַל־ כֵּן לֹא־ בָא
ha-venido no esto por mis-hermanos a y-veré te-ruego haré-una-escapada

אֶל־ שֻׁלְחַן הַמֶּלֶךְ׃ (30) וַיִּחַר־ אַף שָׁאוּל בִּיהוֹנָתָן
contra-Jonatán Saúl (la)ira-de Y-se-encendió (30) . el-rey la-mesa-de a

וַיֹּאמֶר לוֹ בֶּן־ נַעֲוַת הַמַּרְדּוּת הֲלוֹא יָדַעְתִּי
sé-yo ¿acaso-no la-rebelión perversa-de hijo-de : a-él y-dijo

כִּי־ בֹחֵר אַתָּה לְבֶן־ יִשַׁי לְבָשְׁתְּךָ וּלְבֹשֶׁת עֶרְוַת
la-desnudez-de y-la-vergüenza-de para-tu-vergüenza Isaí al-hijo-de tú eliges que

אִמֶּךָ׃ כִּי כָל־הַיָּמִים אֲשֶׁר בֶּן־יִשַׁי חַי עַל־הָאֲדָמָה

la-tierra sobre viva Isaí (el)hijo-de que los-días todos Pues (31) ? tu-madre

לֹא תִכּוֹן אַתָּה וּמַלְכוּתֶךָ וְעַתָּה שְׁלַח וְקַח

y-trae envía y-ahora ni-tu-reino ni-tú estarás-seguro no

אֹתוֹ אֵלַי כִּי בֶן־מָוֶת הוּא׃ וַיַּעַן יְהוֹנָתָן אֶת־שָׁאוּל

Saúl a Jonatán Y-respondió (32) . él muerte hijo-de pues a-mí a-él

אָבִיו וַיֹּאמֶר אֵלָיו לָמָּה יוּמַת מֶה עָשָׂה׃

? ha-hecho ¿qué ? ha-de-morir ¿por-qué : a-él y-dijo su-padre

וַיָּטֶל שָׁאוּל אֶת־הַחֲנִית עָלָיו לְהַכֹּתוֹ וַיֵּדַע

y-supo para-matarle hacia-él la-lanza ** Saúl Y-arrojó (33)

יְהוֹנָתָן כִּי־כָלָה הִיא מֵעִם אָבִיו לְהָמִית אֶת־דָּוִד׃

. David a matar su-padre de-con esto consumado que Jonatán

וַיָּקָם יְהוֹנָתָן מֵעִם הַשֻּׁלְחָן בָּחֳרִי־אָף וְלֹא־

y-no ira con-ardor-de la-mesa de-junto-a Jonatán Y-se-levantó (34)

אָכַל בְּיוֹם־הַחֹדֶשׁ הַשֵּׁנִי לֶחֶם כִּי נֶעְצַב אֶל־דָּוִד כִּי

pues David por estaba-apenado pues comida el-segundo el-novilunio en-(el)día-de comió

הִכְלִמוֹ אָבִיו׃ וַיְהִי בַבֹּקֶר וַיֵּצֵא

y-salió por-la-mañana Y-fue (35) . su-padre le-había-ultrajado

יְהוֹנָתָן הַשָּׂדֶה לְמוֹעֵד דָּוִד וְנַעַר קָטֹן עִמּוֹ׃ וַיֹּאמֶר

Y-dijo (36) . con-él pequeño y-muchacho David a-tiempo-fijado-de al-campo Jonatán

לְנַעֲרוֹ רֻץ מְצָא נָא אֶת־הַחִצִּים אֲשֶׁר אָנֹכִי מוֹרֶה הַנַּעַר רָץ

corrió el-muchacho dispare yo que las-flechas ** te-ruego encuentra corre : a-su-muchacho

וְהוּא־יָרָה הַחֵצִי לְהַעֲבִרוֹ׃ וַיָּבֹא הַנַּעַר עַד־

a el-muchacho Y-llegó (37) . para-que-le-rebasara la-flecha disparó y-él

מְקוֹם הַחֵצִי אֲשֶׁר יָרָה יְהוֹנָתָן וַיִּקְרָא יְהוֹנָתָן אַחֲרֵי

tras Jonatán y-gritó Jonatán había-disparado que la-flecha (el)lugar-de

הַנַּעַר וַיֹּאמֶר הֲלוֹא הַחֵצִי מִמְּךָ וָהָלְאָה׃ וַיִּקְרָא

Y-gritó (38) ? hacia-allá más-de-ti la-flecha ¿acaso-no : y-dijo el-muchacho

יְהוֹנָתָן אַחֲרֵי הַנַּעַר מְהֵרָה חוּשָׁה אַל־תַּעֲמֹד וַיְלַקֵּט נַעַר

(el)muchacho-de y-recogió te-pares no date-prisa corre : el-muchacho tras Jonatán

יְהוֹנָתָן אֶת־הַחִצִּי וַיָּבֹא אֶל־אֲדֹנָיו׃ וְהַנַּעַר

Y-el-muchacho (39) . su-señor hacia y-regresó la-flecha ** Jonatán

לֹא־יָדַע מְאוּמָה אַךְ יְהוֹנָתָן וְדָוִד יָדְעוּ אֶת־הַדָּבָר׃

. el-asunto ** supieron y-David Jonatán sólo nada supo no

וַיִּתֵּן יְהוֹנָתָן אֶת־כֵּלָיו אֶל־הַנַּעַר אֲשֶׁר־לוֹ

con-él que el-muchacho a sus-armas ** Jonatán Y-dio (40)

וַיֹּאמֶר לוֹ לֵךְ הָבֵיא הָעִיר׃ הַנַּעַר בָּא וְדָוִד

y-David se-fue El-muchacho (41) . (a)la-ciudad lleva ve : a-él y-dijo

קָם מֵאֵצֶל הַנֶּגֶב וַיִּפֹּל לְאַפָּיו אַרְצָה

a-tierra sobre-su-rostro y-cayó el-sur de-(el)lado-de se-levantó

וַיִּשְׁתַּחוּ שָׁלֹשׁ פְּעָמִים וַיִּשְּׁקוּ ׀ אִישׁ אֶת־רֵעֵהוּ וַיִּבְכּוּ

y-lloraron su-compañero a cada-hombre y-besaron veces tres y-se-posternó

אִישׁ אֶת־רֵעֵהוּ עַד־דָּוִד הִגְדִּיל׃ וַיֹּאמֶר יְהוֹנָתָן

Jonatán Y-dijo (42) . llevó-ventaja David pero-aún su-compañero con hombre

לְדָוִד לֵךְ לְשָׁלוֹם אֲשֶׁר נִשְׁבַּעְנוּ שְׁנֵינוּ אֲנַחְנוּ בְּשֵׁם יְהוָה לֵאמֹר

: diciendo Yahweh en-nombre-de nosotros los-dos hemos-jurado pues en-paz ve a-David

יְהוָה יִהְיֶה ׀ בֵּינִי וּבֵינֶךָ וּבֵין זַרְעִי

mi-descendencia y-entre y-entre-tú entre-yo esté Yahweh

וּבֵין זַרְעֲךָ עַד־עוֹלָם׃ וַיָּקָם וַיֵּלַךְ

Cap. 21 y-se-marchó Y-se-levantó (1) . siempre para tu-descendencia y-entre

וִיהוֹנָתָן בָּא הָעִיר׃ וַיָּבֹא דָוִד נֹבֶה אֶל־אֲחִימֶלֶךְ

Ahimélec a a-Nob David Y-vino (2) . (a)la-ciudad vino y-Jonatán

הַכֹּהֵן וַיֶּחֱרַד אֲחִימֶלֶךְ לִקְרַאת דָּוִד וַיֹּאמֶר לוֹ מַדּוּעַ
¿por-qué : a-él y-dijo David al-encuentro-de Ahimélec y-se-atemorizó el-sacerdote

אַתָּה לְבַדֶּךָ וְאִישׁ אֵין אִתָּךְ׃ וַיֹּאמֶר דָּוִד
David Y-dijo (3) ? contigo no-hay y-hombre sólo tú

לַאֲחִימֶלֶךְ הַכֹּהֵן הַמֶּלֶךְ צִוַּנִי דָבָר וַיֹּאמֶר אֵלַי אִישׁ
hombre : a-mí y-dijo asunto me-ordenó el-rey : el-sacerdote a-Ahimélec

אַל־יֵדַע מְאוּמָה אֶת־הַדָּבָר אֲשֶׁר־אָנֹכִי שֹׁלֵחֲךָ וַאֲשֶׁר
y-que te-envío yo que el-asunto ** nada debe-saber no

צִוִּיתִךָ וְאֶת־הַנְּעָרִים יוֹדַעְתִּי אֶל־מְקוֹם פְּלֹנִי אַלְמוֹנִי׃ וְעַתָּה מַה־
¿qué Y-ahora (4) . tal tal lugar a he-convocado los-muchachos y te-ordeno

יֵּשׁ תַּחַת־יָדְךָ חֲמִשָּׁה־לֶחֶם תְּנָה בְיָדִי אוֹ
o en-mi-mano da panes cinco ? tu-mano bajo hay

הַנִּמְצָא׃ וַיַּעַן הַכֹּהֵן אֶת־דָּוִד וַיֹּאמֶר
: y-dijo David a el-sacerdote Y-respondió (5) . lo-que-se-encuentre

אֵין־לֶחֶם חֹל אֶל־תַּחַת יָדִי כִּי־אִם־לֶחֶם קֹדֶשׁ יֵשׁ
hay consagrado pan sino mi-mano bajo a común pan no-hay

אִם־נִשְׁמְרוּ הַנְּעָרִים אַךְ מֵאִשָּׁה׃ וַיַּעַן דָּוִד אֶת־
a David Y-respondió (6) . de-mujer al-menos los-muchachos se-han-guardado si

הַכֹּהֵן וַיֹּאמֶר לוֹ כִּי אִם־אִשָּׁה עֲצֻרָה־לָנוּ
de-nosotros ha-estado-alejada mujer ciertamente que a-él y-dijo el-sacerdote

כִּתְמוֹל שִׁלְשֹׁם בְּצֵאתִי וַיִּהְיוּ כְלֵי־הַנְּעָרִים קֹדֶשׁ
santos los-muchachos los-instrumentos-de y-estaban en-mi-salir anteayer como-ayer

וְהוּא דֶּרֶךְ חֹל וְאַף כִּי הַיּוֹם יִקְדַּשׁ בַּכֶּלִי׃
. en-el-instrumento será-santo este-día que y-más profano un-viaje pero-era

וַיִּתֶּן־לוֹ הַכֹּהֵן קֹדֶשׁ כִּי לֹא־הָיָה שָׁם לֶחֶם
pan allí había no pues sagrado el-sacerdote a-él Y-entregó (7)

כִּי־ אִם־ לֶחֶם הַפָּנִים הַמּוּסָרִים מִלִּפְנֵי יְהוָה
Yahweh de-ante los-retirados la-proposición (el)pan-de sino

לָשׂוּם לֶחֶם חֹם בְּיוֹם הִלָּקְחוֹ׃ וְשָׁם אִישׁ
un-hombre Y-allí (8) . de-su-ser-quitado en-día caliente pan para-poner

מֵעַבְדֵי שָׁאוּל בַּיּוֹם הַהוּא נֶעְצָר לִפְנֵי יְהוָה
Yahweh ante detenido el-aquel en-el-día Saúl de-(los)siervos-de

וּשְׁמוֹ דֹּאֵג הָאֲדֹמִי אַבִּיר הָרֹעִים אֲשֶׁר לְשָׁאוּל׃
. de-Saúl que los-que-pastorean mayoral-de el-edomita Doeg y-su-nombre

וַיֹּאמֶר דָּוִד לַאֲחִימֶלֶךְ וְאִין יֶשׁ־ פֹּה תַחַת־ יָדְךָ
tu-mano bajo aquí hay ¿y-no : a-Ahimélec David Y-dijo (9)

חֲנִית אוֹ־ חָרֶב כִּי גַם־ חַרְבִּי וְגַם־ כֵּלַי לֹא־ לָקַחְתִּי
cogí no mis-armas ni mi-espada ni pues ? espada o lanza

בְיָדִי כִּי־ הָיָה דְבַר־ הַמֶּלֶךְ נָחוּץ׃ וַיֹּאמֶר
Y-dijo (10) . urgente el-rey el-asunto-de era pues en-mi-mano

הַכֹּהֵן חֶרֶב גָּלְיָת הַפְּלִשְׁתִּי אֲשֶׁר־ הִכִּיתָ׀ בְּעֵמֶק
en-(el)valle-de tú-mataste al-que el-filisteo Goliat espada-de : el-sacerdote

הָאֵלָה הִנֵּה־ הִיא לוּטָה בַשִּׂמְלָה אַחֲרֵי הָאֵפוֹד אִם־ אֹתָהּ
ella si el-efod detrás-de con-un-paño envuelta ella ahí-está el-Tebe rinto

תִּקַּח־ לְךָ קָח כִּי אֵין אַחֶרֶת זוּלָתָהּ בָּזֶה וַיֹּאמֶר
y-dijo en-éste fuera-de-ella otra no-hay pues coge para-ti quieres-coger

דָּוִד אֵין כָּמוֹהָ תְּנֶנָּה לִּי׃ וַיָּקָם דָּוִד וַיִּבְרַח
y-huyó David Y-se-levantó (11) . a-mí dala como-ella no-hay : David

בַּיּוֹם־ הַהוּא מִפְּנֵי שָׁאוּל וַיָּבֹא אֶל־ אָכִישׁ מֶלֶךְ גַּת׃
. Gat rey-de Aquís a y-se-fue Saúl de-ante el-aquel en-el-día

וַיֹּאמְרוּ עַבְדֵי אָכִישׁ אֵלָיו הֲלוֹא־ זֶה דָוִד מֶלֶךְ
rey-de David éste ¿acaso-no : a-él Aquís los-siervos-de Y-dijeron (12)

הָאָ֔רֶץ הֲל֣וֹא לָזֶ֗ה יַעֲנ֤וּ בַמְּחֹלוֹת֙ לֵאמֹ֔ר הִכָּ֤ה שָׁאוּל֙
Saúl mató : diciendo en-las-danzas cantaban a-éste ¿acaso-no ? la-tierra

בַּאֲלָפָ֔ו וְדָוִ֖ד בְּרִבְבֹתָֽו׃ (13) וַיָּ֤שֶׂם
Y-puso (13) ? a-sus-diez-millares y-David a-sus-miles

דָּוִד֙ אֶת־ הַדְּבָרִ֣ים הָאֵ֔לֶּה בִּלְבָב֑וֹ וַיִּרָ֣א מְאֹ֔ד
mucho y-temió en-su-corazón las-éstas las-palabras ** David

מִפְּנֵ֖י אָכִ֥ישׁ מֶֽלֶךְ־ גַּֽת׃ (14) וַיְשַׁנּ֤וֹ אֶת־ טַעְמוֹ֙
su-juicio ** Y-cambió (14) . Gat rey-de Aquís de-ante

בְּעֵ֣ינֵיהֶ֔ם וַיִּתְהֹלֵ֖ל בְּיָדָ֑ם וַיְתָו֙
y-hacía-señales en-sus-manos y-simuló-locura a-sus-ojos

עַל־ דַּלְת֣וֹת הַשַּׁ֔עַר וַיּ֥וֹרֶד רִיר֖וֹ אֶל־ זְקָנֽוֹ׃
. su-barba en su-saliva y-dejaba-caer la-puerta las-hojas-de sobre

(15) וַיֹּ֥אמֶר אָכִ֖ישׁ אֶל־ עֲבָדָ֑יו הִנֵּ֤ה תִרְאוּ֙ אִ֣ישׁ מִשְׁתַּגֵּ֔עַ
loco un-hombre veis ahí-está : sus-siervos a Aquís Y-dijo (15)

לָ֥מָּה תָבִ֖יאוּ אֹת֥וֹ אֵלָֽי׃ (16) חֲסַ֤ר מְשֻׁגָּעִים֙ אָ֔נִי כִּֽי־ הֲבֵאתֶ֣ם
traéis pues yo locos ¿Falto-de (16) ? a-mí a-él traéis ¿por-qué

אֶת־ זֶ֔ה לְהִשְׁתַּגֵּ֖עַ עָלָ֑י הֲזֶ֖ה יָב֥וֹא אֶל־ בֵּיתִֽי׃
? mi-casa a ha-de-venir ¿éste ? ante-mí para-hacer-el-loco éste a

Cap. 22 (1) וַיֵּ֤לֶךְ דָּוִד֙ מִשָּׁ֔ם וַיִּמָּלֵ֖ט אֶל־ מְעָרַ֣ת עֲדֻלָּ֑ם
Adulam (la)cueva-de a y-se-escapó de-allí David Y-se-fue (1) **Cap. 22**

וַיִּשְׁמְע֤וּ אֶחָיו֙ וְכָל־ בֵּ֣ית אָבִ֔יו
su-padre (la)casa-de y-toda sus-hermanos y-lo-oyeron

וַיֵּ֥רְדוּ אֵלָ֖יו שָֽׁמָּה׃ (2) וַיִּֽתְקַבְּצ֣וּ אֵ֠לָיו כָּל־
todo junto-a-él Y-se-reunieron (2) . allí hacia-él y-bajaron

אִ֨ישׁ מָצ֜וֹק וְכָל־ אִ֨ישׁ אֲשֶׁר־ ל֤וֹ נֹשֶׁא֙ וְכָל־
y-todo acreedor para-él que hombre y-todo oprimido hombre

אִישׁ מַר־ נֶפֶשׁ וַיְהִי עֲלֵיהֶם לְשָׂר וַיִּהְיוּ
y-estuvieron como-jefe sobre-ellos y-él-fue espíritu amargo-de hombre

עִמּוֹ כְּאַרְבַּע מֵאוֹת אִישׁ׃ וַיֵּלֶךְ דָּוִד מִשָּׁם מִצְפֵּה
a-Mizpá-de de-allí David Y-fue (3) . hombres cientos como-cuatro con-él

מוֹאָב וַיֹּאמֶר ׀ אֶל־ מֶלֶךְ מוֹאָב יֵצֵא־ נָא אָבִי
mi-padre te-ruego quede : Moab (el)rey-de a y-dijo Moab

וְאִמִּי אִתְּכֶם עַד אֲשֶׁר אֵדַע מַה־ יַּעֲשֶׂה־ לִּי אֱלֹהִים׃
. Dios para-mí hará qué sepa-yo que hasta con-vosotros y-mi-madre

וַיַּנְחֵם אֶת־ פְּנֵי מֶלֶךְ מוֹאָב וַיֵּשְׁבוּ עִמּוֹ
con-él y-permanecieron Moab (el)rey-de presencia-de a Y-los-trajo (4)

כָּל־ יְמֵי הֱיוֹת־ דָּוִד בַּמְּצוּדָה׃ וַיֹּאמֶר גָּד הַנָּבִיא
el-profeta Gad Y-dijo (5) . en-la-fortaleza David estar-de los-días-de todos

אֶל־ דָּוִד לֹא תֵשֵׁב בַּמְּצוּדָה לֵךְ וּבָאתָ־ לְּךָ אֶרֶץ
a-tierra-de te y-ve- anda en-la-fortaleza te-asientes no : David a

יְהוּדָה וַיֵּלֶךְ דָּוִד וַיָּבֹא יַעַר חָרֶת׃ וַיִּשְׁמַע שָׁאוּל
Saúl Y-escuchó (6) . Haret (al)bosque-de y-vino David y-fue Judá

כִּי נוֹדַע דָּוִד וַאֲנָשִׁים אֲשֶׁר אִתּוֹ וְשָׁאוּל יוֹשֵׁב
estando-sentado y-Saúl con-él que y-de-hombres de-David se-había-sabido que

בַּגִּבְעָה תַּחַת־ הָאֶשֶׁל בָּרָמָה וַחֲנִיתוֹ בְיָדוֹ
en-su-mano y-su-lanza en-la-colina el-tamarisco bajo en-la-Guibeá

וְכָל־ עֲבָדָיו נִצָּבִים עָלָיו׃ וַיֹּאמֶר שָׁאוּל
Saúl Y-dijo (7) . junto-a-él estaban-en-pie sus-siervos y-todos

לַעֲבָדָיו הַנִּצָּבִים עָלָיו שִׁמְעוּ־ נָא בְּנֵי יְמִינִי
benjaminitas os-ruego escuchad : junto-a-él los-que-estaban-en-pie a-sus-servidores

גַּם־ לְכֻלְּכֶם יִתֵּן בֶּן־ יִשַׁי שָׂדוֹת וּכְרָמִים
? y-viñedos campos Isaí (el)hijo-de entregará a-todos-vosotros ¿también

לְכֻלְּכֶם יָשִׂים שָׂרֵי אֲלָפִים וְשָׂרֵי מֵאוֹת׃
, centenas y-jefes-de millares jefes-de hará ¿a-todos-vosotros

(8) כִּי קְשַׁרְתֶּם כֻּלְּכֶם עָלַי וְאֵין־ גֹּלֶה אֶת־
a quien-descubriera y-no-ha-habido contra-mí todos-vosotros os-habéis-unido que (8)

אָזְנִי בִּכְרָת־ בְּנִי עִם־ בֶּן־ יִשַׁי וְאֵין־
y-no-ha-habido Isaí hijo-de con mi-hijo sobre-el-hacer-alianza-de mi-oído

חֹלֶה מִכֶּם עָלַי וְגֹלֶה אֶת־ אָזְנִי כִּי הֵקִים
ha-levantado que mi-oído a y-descubriera de-mí entre-vosotros quien-se-preocupara

בְּנִי אֶת־ עַבְדִּי עָלַי לְאֹרֵב כַּיּוֹם הַזֶּה׃
? el-éste como-el-día para-acechar contra-mí mi-siervo a mi-hijo

(9) וַיַּעַן דֹּאֵג הָאֲדֹמִי וְהוּא נִצָּב עַל־ עַבְדֵי־ שָׁאוּל
Saúl los-siervos-de sobre levantado y-él el-edomita Doeg Y-respondió (9)

וַיֹּאמַר רָאִיתִי אֶת־ בֶּן־ יִשַׁי בָּא נֹבֶה אֶל־ אֲחִימֶלֶךְ בֶּן־אֲחִטוּב׃
. Ahitub hijo-de Ahimélec a (a)Nob viniendo Isaí hijo-de a yo-vi : y-dijo

(10) וַיִּשְׁאַל־ לוֹ בַּיהוָה וְצֵידָה נָתַן לוֹ וְאֵת
y a-él entregó y-provisión a-Yahweh por-él Y-consultó (10)

חֶרֶב גָּלְיָת הַפְּלִשְׁתִּי נָתַן לוֹ׃ (11) וַיִּשְׁלַח הַמֶּלֶךְ
el-rey Y-envió (11) . a-él le-entregó el-filisteo Goliat espada-de

לִקְרֹא אֶת־ אֲחִימֶלֶךְ בֶּן־ אֲחִיטוּב הַכֹּהֵן וְאֵת כָּל־ בֵּית
(la)casa toda y-a el-sacerdote Ahitub hijo-de Ahimélec a a-llamar

אָבִיו הַכֹּהֲנִים אֲשֶׁר בְּנֹב וַיָּבֹאוּ כֻלָּם אֶל־ הַמֶּלֶךְ׃
. el-rey a todos-ellos y-vinieron en-Nob que los-sacerdotes de-su-padre

(12) וַיֹּאמֶר שָׁאוּל שְׁמַע־ נָא בֶּן־ אֲחִיטוּב וַיֹּאמֶר הִנְנִי
heme-aquí : y-él-contestó Ahitub hijo-de pues escucha : Saúl Y-dijo (12)

אֲדֹנִי׃ (13) וַיֹּאמֶר אֵלָיו שָׁאוּל לָמָּה קְשַׁרְתֶּם עָלַי אַתָּה
tú contra-mí os-habéis-unido ¿por-qué : Saúl a-él Y-dijo (13) . mi-señor

וּבֶן־ יִשַׁי בְּתִתְּךָ לוֹ לֶחֶם וְחֶרֶב וְשָׁאוֹל

y-consultar y-espada pan a-él cuando-tu-entregar Isaí y-(el)hijo-de

לוֹ בֵּאלֹהִים לָקוּם אֵלַי לְאֹרֵב כַּיּוֹם הַזֶּה׃

? el-éste como-el-día para-acechar contra-mí para-levantar a-Dios por-él

וַיַּעַן אֲחִימֶלֶךְ אֶת־ הַמֶּלֶךְ וַיֹּאמַר וּמִי בְכָל־

de-todos ¿y-quién : y-dijo el-rey a Ahimélec Y-respondió (14)

עֲבָדֶיךָ כְּדָוִד נֶאֱמָן וַחֲתַן הַמֶּלֶךְ וְסָר

y-jefe el-rey y-yerno-de es-fiel como-David tus-siervos

אֶל־ מִשְׁמַעְתֶּךָ וְנִכְבָּד בְּבֵיתֶךָ׃ הַיּוֹם

¿Acaso-este-día (15) ? en-tu-casa y-es-respetado tu-guardia sobre

הַחִלֹּתִי לִשְׁאָול־ לוֹ בֵאלֹהִים חָלִילָה לִּי אַל־ יָשֵׂם הַמֶּלֶךְ

el-rey ponga no de-mí lejos ? a-Dios por-él a-consultar he-comenzado

בְּעַבְדּוֹ דָבָר בְּכָל־ בֵּית אָבִי כִּי

pues mi-padre (la)casa-de contra-toda palabra contra-su-siervo

לֹא־ יָדַע עַבְדְּךָ בְּכָל־ זֹאת דָּבָר קָטֹן אוֹ גָדוֹל׃

. mucho ni poco asunto este de-todo tu-siervo sabía no

וַיֹּאמֶר הַמֶּלֶךְ מוֹת תָּמוּת אֲחִימֶלֶךְ אַתָּה וְכָל־

y-toda tú Ahimélec morirás morir el-rey Y-dijo (16)

בֵּית אָבִיךָ׃ וַיֹּאמֶר הַמֶּלֶךְ לָרָצִים

a-los-guardas el-rey Y-dijo (17) . tu-padre (la)casa-de

הַנִּצָּבִים עָלָיו סֹבּוּ וְהָמִיתוּ ׀ כֹּהֲנֵי יְהוָה כִּי גַם־

también pues Yahweh sacerdotes-de y-matad volveos : junto-a-él que-estaban-en-pie

יָדָם עִם־ דָּוִד וְכִי יָדְעוּ כִּי־ בֹרֵחַ הוּא וְלֹא גָלוּ

desvelaron y-no él escapando que sabían y-pues David con su-mano

אֶת־ אָזְנוֹ וְלֹא־ אָבוּ עַבְדֵי הַמֶּלֶךְ לִשְׁלֹחַ אֶת־

** alargar el-rey (los)siervos-de quisieron mas-no mi-oído a

יָדָם לִפְגֹּעַ בְּכֹהֲנֵי יְהוָה׃ וַיֹּאמֶר
Y-dijo (18) . Yahweh a-(los)sacerdotes-de p ara-herir su-mano

הַמֶּלֶךְ לְדוֹיֵג סֹב אַתָּה וּפְגַע בַּכֹּהֲנִים וַיִּסֹּב דּוֹיֵג
Doeg y-se-volvió a-los-sacerdotes y-hiere tú vuélvete : a-Doeg el-rey

הָאֲדֹמִי וַיִּפְגַּע־ הוּא בַּכֹּהֲנִים וַיָּמֶת ׀ בַּיּוֹם
en-el-día y-mató a-los-sacerdotes él e-hirió el-edomita

הַהוּא שְׁמֹנִים וַחֲמִשָּׁה אִישׁ נֹשֵׂא אֵפוֹד בָּד׃ וְאֵת נֹב עִיר־
la-ciudad-de Nob Y-a (19) . de-lino efod que-portaban hombre y-cinco ochenta el-aquel

הַכֹּהֲנִים הִכָּה לְפִי־ חֶרֶב מֵאִישׁ וְעַד־ אִשָּׁה מֵעוֹלֵל
desde-muchacho mujer y-hasta desde-hombre espada a-filo-de golpeó los-sacerdotes

וְעַד־ יוֹנֵק וְשׁוֹר וַחֲמוֹר וָשֶׂה לְפִי־ חָרֶב׃
. espada a-filo-de y-oveja y-asno y-toro niño-de-pecho y-hasta

וַיִּמָּלֵט בֵּן־ אֶחָד לַאֲחִימֶלֶךְ בֶּן־ אֲחִטוּב וּשְׁמוֹ
y-su-nombre Ahitub hijo-de de-Ahimélec uno hijo Y-escapó (20)

אֶבְיָתָר וַיִּבְרַח אַחֲרֵי דָוִד׃ וַיַּגֵּד אֶבְיָתָר לְדָוִד כִּי
que a-David Abiatar Y-contó (21) . David tras y-huyó Abiatar

הָרַג שָׁאוּל אֵת כֹּהֲנֵי יְהוָה׃ וַיֹּאמֶר דָּוִד לְאֶבְיָתָר
: a-Abiatar David Y-dijo (22) . de-Yahweh sacerdotes a Saúl había-matado

יָדַעְתִּי בַּיּוֹם הַהוּא כִּי־ שָׁם דּוֹיֵג הָאֲדֹמִי כִּי־ הַגֵּד
informar ciertamente el-edomita Doeg allí que el-aquel en-el-día supe

יַגִּיד לְשָׁאוּל אָנֹכִי סַבֹּתִי בְּכָל־ נֶפֶשׁ בֵּית
la-casa-de muerte-de de-toda soy-causante yo a-Saúl informaría

אָבִיךָ׃ שְׁבָה אִתִּי אַל־ תִּירָא כִּי אֲשֶׁר־ יְבַקֵּשׁ אֶת־
** busca quien pues temas no conmigo Quédate (23) . tu-padre

נַפְשִׁי יְבַקֵּשׁ אֶת־ נַפְשֶׁךָ כִּי־ מִשְׁמֶרֶת אַתָּה עִמָּדִי׃
. conmigo tú custodia pues tu-vida ** busca mi-vida

וַיַּגִּדוּ לְדָוִד לֵאמֹר הִנֵּה פְלִשְׁתִּים נִלְחָמִים
están-luchando filisteos he-aquí-que : diciendo a-David E-informaron (1)

בִּקְעִילָה וְהֵמָּה שֹׁסִים אֶת־ הַגֳּרָנוֹת׃
. las-eras ** están-expoliando y-ellos contra-Keilá

וַיִּשְׁאַל דָּוִד בַּיהוָה לֵאמֹר הַאֵלֵךְ וְהִכֵּיתִי
y-golpearé ¿iré : diciendo a-Yahweh David Y-consultó (2)

בַּפְּלִשְׁתִּים הָאֵלֶּה וַיֹּאמֶר יְהוָה אֶל־ דָּוִד לֵךְ
ve : David a Yahweh y-dijo ? los-estos a-los-filisteos

וְהִכִּיתָ בַפְּלִשְׁתִּים וְהוֹשַׁעְתָּ אֶת־ קְעִילָה׃ וַיֹּאמְרוּ
Y-dijeron (3) . Keilá a y-libera a-los-filisteos y-golpea

אַנְשֵׁי דָוִד אֵלָיו הִנֵּה אֲנַחְנוּ פֹּה בִּיהוּדָה יְרֵאִים וְאַף כִּי־
si y-más temerosos en-Judá aquí nosotros he-aquí-que : a-él David hombres-de

נֵלֵךְ קְעִלָה אֶל־ מַעַרְכוֹת פְּלִשְׁתִּים׃ וַיּוֹסֶף עוֹד דָּוִד
David aún Y-volvió (4) . de-filisteos batallones contra a-Keilá vamos

לִשְׁאֹל בַּיהוָה וַיַּעֲנֵהוּ יְהוָה וַיֹּאמֶר קוּם רֵד
baja levanta : y-le-dijo Yahweh y-le-respondió a-Yahweh a-consultar

קְעִילָה כִּי־ אֲנִי נֹתֵן אֶת־ פְּלִשְׁתִּים בְּיָדֶךָ׃ וַיֵּלֶךְ דָּוִד
David Y-fue (5) . en-tu-mano filisteos a entrego yo pues a-Keilá

וַאֲנָשָׁו קְעִילָה וַיִּלָּחֶם בַּפְּלִשְׁתִּים וַיִּנְהַג
y-se-llevó contra-los-filisteos y-lucharon a-Keilá y-sus-hombres

אֶת־ מִקְנֵיהֶם וַיַּךְ בָּהֶם מַכָּה גְדוֹלָה וַיֹּשַׁע
y-liberó grande derrota a-ellos y-golpeó sus-ganados **

דָּוִד אֵת יֹשְׁבֵי קְעִילָה׃ וַיְהִי בִּבְרֹחַ אֶבְיָתָר בֶּן־
hijo-de Abiatar al-huir-de Y-sucedió (6) . Keilá (los)habitantes-de a David

אֲחִימֶלֶךְ אֶל־ דָּוִד קְעִילָה אֵפוֹד יָרַד בְּיָדוֹ׃
. en-su-mano bajaba efod a-Keilá David hacia Ahimélec

וַיֻּגַּד לְשָׁאוּל כִּי־ בָא דָוִד קְעִילָה וַיֹּאמֶר שָׁאוּל

: Saúl y-dijo a-Keilá David había-ido que a-Saúl Y-fue-relatado (7)

נִכַּר אֹתוֹ אֱלֹהִים בְּיָדִי כִּי נִסְגַּר לָבוֹא בְּעִיר

a-ciudad-de al-venir se-ha-encerrado pues en-mi-mano Dios a-él ha-entregado

דְּלָתַיִם וּבְרִיחַ׃ וַיְשַׁמַּע שָׁאוּל אֶת־ כָּל־ הָעָם לַמִּלְחָמָה

para-la-guerra el-pueblo todo a Saúl Y-convocó (8) . y-cerrojo puertas

לָרֶדֶת קְעִילָה לָצוּר אֶל־ דָּוִד וְאֶל־ אֲנָשָׁיו׃

. sus-hombres y-a David a para-sitiar a-Keilá para-bajar

וַיֵּדַע דָּוִד כִּי עָלָיו שָׁאוּל מַחֲרִישׁ הָרָעָה וַיֹּאמֶר

y-dijo el-mal tramando Saúl contra-él que David Y-supo (9)

אֶל־אֶבְיָתָר הַכֹּהֵן הַגִּישָׁה הָאֵפוֹד׃ וַיֹּאמֶר דָּוִד יְהוָה אֱלֹהֵי

Dios-de Yahweh : David Y-dijo (10) . el-efod trae : el-sacerdote Abiatar a

יִשְׂרָאֵל שָׁמֹעַ שָׁמַע עַבְדְּךָ כִּי־ מְבַקֵּשׁ שָׁאוּל לָבוֹא אֶל־קְעִילָה

Keilá a de-venir Saúl trata que tu-siervo ha-escuchado escuchar Israel

לְשַׁחֵת לָעִיר בַּעֲבוּרִי׃ הֲיַסְגִּרֻנִי בַעֲלֵי

señores-de ¿Acaso-me-entregarán (11) . por-mi-causa la-ciudad a-destruir

קְעִילָה בְיָדוֹ הֲיֵרֵד שָׁאוּל כַּאֲשֶׁר שָׁמַע עַבְדֶּךָ

? tu-siervo ha-escuchado como Saúl ¿acaso-bajará ? en-su-mano Keilá

יְהוָה אֱלֹהֵי יִשְׂרָאֵל הַגֶּד־ נָא לְעַבְדֶּךָ וַיֹּאמֶר יְהוָה

: Yahweh y-dijo a-tu-siervo por-favor informa Israel Dios-de Yahweh

יֵרֵד׃ וַיֹּאמֶר דָּוִד הֲיַסְגִּרוּ בַּעֲלֵי

señores-de ¿acaso-entregarán : David Y-dijo (12) . él-bajará

קְעִילָה אֹתִי וְאֶת־ אֲנָשַׁי בְּיַד־ שָׁאוּל וַיֹּאמֶר יְהוָה יַסְגִּירוּ׃

. ellos-entregarán : Yahweh y-dijo ? Saúl en-mano-de mis-hombres y-a a-mí Keilá

וַיָּקָם דָּוִד וַאֲנָשָׁיו כְּשֵׁשׁ־ מֵאוֹת אִישׁ וַיֵּצְאוּ

y-salieron hombres cientos como-seis y-sus-hombres David Y-se-levantó (13)

מִקְּעִלָה וַיִּתְהַלְּכוּ בַּאֲשֶׁר יִתְהַלָּכוּ וּלְשָׁאוּל הֻגַּד כִּי־
que fue-relatado y-a-Saúl anduvieron en-donde y-anduvieron de-Keilá

נִמְלַט דָּוִד מִקְּעִילָה וַיֶּחְדַּל לָצֵאת׃ וַיֵּשֶׁב דָּוִד
David Y-habitó (14) . de-salir y-él-desistió de-Keilá David había-escapado

בַּמִּדְבָּר בַּמְּצָדוֹת וַיֵּשֶׁב בָּהָר בְּמִדְבַּר־ זִיף
Zif en-desierto-de en-la-colina y-habitó en-las-fortalezas en-el-desierto

וַיְבַקְשֵׁהוּ שָׁאוּל כָּל־ הַיָּמִים וְלֹא־ נְתָנוֹ אֱלֹהִים
Dios le-entregó y-no los-días todos Saúl y-le-buscó

בְּיָדוֹ׃ וַיַּרְא דָוִד כִּי־ יָצָא שָׁאוּל לְבַקֵּשׁ
a-buscar Saúl había-salido que David Y-vio (15) . en-su-mano

אֶת־ נַפְשׁוֹ וְדָוִד בְּמִדְבַּר־ זִיף בַּחֹרְשָׁה׃ וַיָּקָם
Y-se-levantó (16) . en-el-Hores Zif en-desierto-de y-David su-vida **

יְהוֹנָתָן בֶּן־ שָׁאוּל וַיֵּלֶךְ אֶל־ דָּוִד חֹרְשָׁה וַיְחַזֵּק אֶת־
** y-fortaleció a-Hores David hacia y-fue Saúl hijo-de Jonatán

יָדוֹ בֵּאלֹהִים׃ וַיֹּאמֶר אֵלָיו אַל־ תִּירָא כִּי לֹא
no pues temas no : a-él Y-dijo (17) . en-Dios su-mano

תִמְצָאֲךָ יַד שָׁאוּל אָבִי וְאַתָּה תִּמְלֹךְ עַל־
sobre reinarás y-tú mi-padre Saúl mano-de te-hallará

יִשְׂרָאֵל וְאָנֹכִי אֶהְיֶה־ לְּךָ לְמִשְׁנֶה וְגַם־ שָׁאוּל אָבִי יֹדֵעַ
sabe mi-padre Saúl e-incluso en-segundo para-ti me-convertiré y-yo Israel

כֵּן׃ וַיִּכְרְתוּ שְׁנֵיהֶם בְּרִית לִפְנֵי יְהוָה וַיֵּשֶׁב
y-permaneció Yahweh ante alianza ellos-dos Y-pactaron (18) . esto

דָּוִד בַּחֹרְשָׁה וִיהוֹנָתָן הָלַךְ לְבֵיתוֹ׃ וַיַּעֲלוּ
Y-subieron (19) . a-su-casa se-fue y-Jonatán en-el-Hores David

זִפִים אֶל־ שָׁאוּל הַגִּבְעָתָה לֵאמֹר הֲלוֹא דָוִד מִסְתַּתֵּר עִמָּנוּ
con-nosotros está-oculto David ¿acaso-no : diciendo a-Guibeá Saúl hacia zifeos

בִּמְצָדוֹת בַּחֹרְשָׁה בְּגִבְעַת הַחֲכִילָה אֲשֶׁר מִימִין
en-los-fuertes en-Hores en-(el)collado-de la-Haquilá que al-sur-de

הַיְשִׁימוֹן׃ וְעַתָּה לְכָל־ אַוַּת נַפְשְׁךָ הַמֶּלֶךְ
? el-Yesimón (20) Y-ahora según-todo deseo-de tu-alma oh-rey

לָרֶדֶת רֵד וְלָנוּ הַסְגִּירוֹ בְּיַד הַמֶּלֶךְ׃
para-bajar baja y-para-nosotros el-entregar-le en-mano-de el-rey .

וַיֹּאמֶר שָׁאוּל בְּרוּכִים אַתֶּם לַיהוָה כִּי חֲמַלְתֶּם
(21) Y-dijo : Saúl benditos vosotros por-Yahweh pues os-habéis-compadecido

עָלָי׃ לְכוּ־ נָא הָכִינוּ עוֹד וּדְעוּ וּרְאוּ אֶת־ מְקוֹמוֹ
. de-mí (22) Id os-ruego preparad más y-averiguad y-ved ** su-lugar

אֲשֶׁר תִּהְיֶה רַגְלוֹ מִי רָאָהוּ שָׁם כִּי אָמַר אֵלַי
dónde está su-pie quién lo-ha-visto allí pues se-dijo a-mí

עָרוֹם יַעְרִם הוּא׃ וּרְאוּ וּדְעוּ מִכֹּל
ser-astuto es-astuto él . (23) Y-ved y-averiguad de-todos

הַמַּחֲבֹאִים אֲשֶׁר יִתְחַבֵּא שָׁם וְשַׁבְתֶּם אֵלַי אֶל־
los-escondrijos donde se-oculta allí y-regresad a-mí con

נָכוֹן וְהָלַכְתִּי אִתְּכֶם וְהָיָה אִם־ יֶשְׁנוֹ
certeza y-yo-iré con-vosotros y-sucederá si está-él

בָאָרֶץ וְחִפַּשְׂתִּי אֹתוֹ בְּכֹל אַלְפֵי יְהוּדָה׃
en-el-país que-yo-buscaré a-él entre-todos millares-de Judá .

וַיָּקוּמוּ וַיֵּלְכוּ זִיפָה לִפְנֵי שָׁאוּל וְדָוִד
(24) Y-se-levantaron y-fueron a-Zif delante-de Saúl y-David

וַאֲנָשָׁיו בְּמִדְבַּר מָעוֹן בָּעֲרָבָה אֶל יְמִין הַיְשִׁימוֹן׃
y-sus-hombres en-desierto-de Maón en-la-Arabá hacia (el)sur-de el-Yesimón .

וַיֵּלֶךְ שָׁאוּל וַאֲנָשָׁיו לְבַקֵּשׁ וַיַּגִּדוּ לְדָוִד
(25) Y-fue Saúl y-sus-hombres a-buscar y-contaron a-David

וַיֵּרֶד הַסֶּלַע וַיֵּשֶׁב בְּמִדְבַּר מָעוֹן וַיִּשְׁמַע
y-oyó ; Maón en-desierto-de y-permaneció a-la-roca y-bajó

שָׁאוּל וַיִּרְדֹּף אַחֲרֵי־דָוִד מִדְבַּר מָעוֹן׃ וַיֵּלֶךְ שָׁאוּל
Saúl E-iba (26) . Maón por-el-desierto-de David tras y-persiguió Saúl

מִצַּד הָהָר מִזֶּה וְדָוִד וַאֲנָשָׁיו מִצַּד
del-lado-de y-sus-hombres y-David de-aquí la-montaña del-lado-de

הָהָר מִזֶּה וַיְהִי דָוִד נֶחְפָּז לָלֶכֶת מִפְּנֵי שָׁאוּל
Saúl delante-de para-ir apresurándose David y-estaba de-aquí la-montaña

וְשָׁאוּל וַאֲנָשָׁיו עֹטְרִים אֶל־דָּוִד וְאֶל־אֲנָשָׁיו
sus-hombres y-a David a estaban-cercando y-sus-hombres y-Saúl

לְתָפְשָׂם׃ וּמַלְאָךְ בָּא אֶל־שָׁאוּל לֵאמֹר מַהֲרָה וְלֵכָה
y-marcha date-prisa : diciendo Saúl a vino Y-un-mensajero (27) . para-capturar-los

כִּי־פָשְׁטוּ פְלִשְׁתִּים עַל־הָאָרֶץ׃ וַיָּשָׁב שָׁאוּל
Saúl Y-volvió (28) . el-país por filisteos han-hecho-una incursión pues

מִרְדֹף אַחֲרֵי דָוִד וַיֵּלֶךְ לִקְרַאת פְּלִשְׁתִּים עַל־כֵּן קָרְאוּ
llamaron esto por filisteos a-encontrar y-fue David tras de-perseguir

לַמָּקוֹם הַהוּא סֶלַע הַמַּחְלְקוֹת׃ וַיַּעַל דָּוִד מִשָּׁם
Cap. 24 de-allí David Y-subió (1) . hamalcot Sela- aquél al-lugar

וַיֵּשֶׁב בִּמְצָדוֹת עֵין־גֶּדִי׃ וַיְהִי כַּאֲשֶׁר שָׁב
volvió cuando Y-sucedió (2) . gadi En- en-los-lugares-fuertes-de y-habitó

שָׁאוּל מֵאַחֲרֵי פְּלִשְׁתִּים וַיַּגִּדוּ לוֹ לֵאמֹר הִנֵּה דָוִד
David he-aquí-que : diciendo a-él que-informaron filisteos de-detrás-de Saúl

בְּמִדְבַּר עֵין גֶּדִי׃ וַיִּקַּח שָׁאוּל שְׁלֹשֶׁת אֲלָפִים אִישׁ בָּחוּר
elegidos hombres mil tres Saúl Y-tomó (3) . gadi En- en-desierto-de

מִכָּל־יִשְׂרָאֵל וַיֵּלֶךְ לְבַקֵּשׁ אֶת־דָּוִד וַאֲנָשָׁיו
y-sus-hombres David a a-buscar y-fue Israel de-todo

עַל־ פְּנֵי צוּרֵי הַיְּעֵלִים׃ וַיָּבֹא אֶל־ גִּדְרוֹת הַצֹּאן
el-ganado- (los)rediles-de a Y-llegó (4) . de-las-cabras-montesas los-peñascos superficie-de hasta

עַל־ הַדֶּרֶךְ וְשָׁם מְעָרָה וַיָּבֹא שָׁאוּל לְהָסֵךְ אֶת־ רַגְלָיו
sus-pies ** para-cubrir Saúl y-entró una-cueva y-allí el-camino junto-a

וְדָוִד וַאֲנָשָׁיו בְּיַרְכְּתֵי הַמְּעָרָה יֹשְׁבִים׃
. estaban-sentados la-cueva en-las-partes-traseras-de y-sus-hombres y-David

וַיֹּאמְרוּ אַנְשֵׁי דָוִד אֵלָיו הִנֵּה הַיּוֹם אֲשֶׁר־ אָמַר יְהוָה
Yahweh dijo que el-día ahí-está : a-él David (los)hombres-de Y-dijeron (5)

אֵלֶיךָ הִנֵּה אָנֹכִי נֹתֵן אֶת־ אֹיִבְךָ בְּיָדֶךָ וְעָשִׂיתָ
y-haz en-tu-mano tu-enemigo a entrego yo he-aquí-que a-ti

לּוֹ כַּאֲשֶׁר יִטַב בְּעֵינֶיךָ וַיָּקָם דָּוִד וַיִּכְרֹת
y-cortó David y-se-levantó a-tus-ojos sea-bueno como con-él

אֶת־ כְּנַף־ הַמְּעִיל אֲשֶׁר־לְשָׁאוּל בַּלָּט׃ וַיְהִי אַחֲרֵי־ כֵן
esto tras Y-sucedió (6) . sin-ruido para-Saúl que el-manto (el)borde-de **

וַיַּךְ לֵב־ דָּוִד אֹתוֹ עַל אֲשֶׁר כָּרַת אֶת־ כָּנָף אֲשֶׁר
que borde ** había-cortado que por a-él David corazón-de que-latía

לְשָׁאוּל׃ וַיֹּאמֶר לַאֲנָשָׁיו חָלִילָה לִּי מֵיהוָה אִם־
que de-Yahweh para-mí lejos a-sus-hombres Y-dijo (7) . para-Saúl

אֶעֱשֶׂה אֶת־ הַדָּבָר הַזֶּה לַאדֹנִי לִמְשִׁיחַ יְהוָה
Yahweh a-ungido-de a-mi-señor la-ésta la-cosa ** haga

לִשְׁלֹחַ יָדִי בּוֹ כִּי־ מְשִׁיחַ יְהוָה הוּא׃ וַיְשַׁסַּע
Y-disuadió (8) . él Yahweh ungido-de pues contra-él mi-mano extender

דָּוִד אֶת־ אֲנָשָׁיו בַּדְּבָרִים וְלֹא נְתָנָם לָקוּם אֶל־
contra alzarse les-permitió y-no con-las-palabras sus-hombres a David

שָׁאוּל וְשָׁאוּל קָם מֵהַמְּעָרָה וַיֵּלֶךְ בַּדָּרֶךְ׃ וַיָּקָם
Y-se-levantó (9) . por-el-camino y-fue de-la-cueva se-levantó y-Saúl Saúl

דָּוִד אַחֲרֵי־כֵן וַיֵּצֵא מִן־הַמְּעָרָה וַיִּקְרָא אַחֲרֵי־שָׁאוּל

Saúl tras y-gritó la-cueva de y-salió esto tras David

לֵאמֹר אֲדֹנִי הַמֶּלֶךְ וַיַּבֵּט שָׁאוּל אַחֲרָיו וַיִּקֹּד דָּוִד

David y-se-inclinó tras-él Saúl y-miró el-rey mi-señor : diciendo

אַפַּיִם אַרְצָה וַיִּשְׁתָּחוּ׃ וַיֹּאמֶר דָּוִד לְשָׁאוּל לָמָּה

¿por-qué : a-Saúl David Y-dijo (10) . y-se-postemó a-tierra rostro

תִשְׁמַע אֶת־דִּבְרֵי אָדָם לֵאמֹר הִנֵּה דָוִד מְבַקֵּשׁ רָעָתֶךָ׃ הִנֵּה

He-aquí (11) ? tu-mal que-busca David he-aquí : diciendo hombre (las)pala-bras-de ** escuchas

הַיּוֹם הַזֶּה רָאוּ עֵינֶיךָ אֵת אֲשֶׁר־נְתָנְךָ יְהוָה ׀ הַיּוֹם ׀

este-día Yahweh te-había-entregado que ** tus-ojos han-visto el-éste el-día

בְּיָדִי בַּמְּעָרָה וְאָמַר לַהֲרָגְךָ וַתָּחָס עָלֶיךָ

de-ti pero-se-apiadó de-matarte y-se-habló en-la-cueva en-mi-mano

וָאֹמַר לֹא־אֶשְׁלַח יָדִי בַּאדֹנִי כִּי־מְשִׁיחַ

ungido-de pues contra-mi-señor mi-mano extenderé no y-yo-dije

יְהוָה הוּא׃ וְאָבִי רְאֵה גַּם רְאֵה אֶת־כְּנַף מְעִילְךָ

tu-manto el-borde-de ** mira también mira Y-padre-mío (12) . él Yahweh

בְּיָדִי כִּי בְּכָרְתִי אֶת־כְּנַף מְעִילְךָ וְלֹא הֲרַגְתִּיךָ

te-he-matado y-no tu-manto (el)borde-de ** en-mi-cortar pues en-mi-mano

דַּע וּרְאֵה כִּי אֵין בְּיָדִי רָעָה וָפֶשַׁע

ni-rebelión maldad en-mi-mano no-hay que y-mira sabe

וְלֹא־חָטָאתִי לָךְ וְאַתָּה צֹדֶה אֶת־נַפְשִׁי לְקַחְתָּהּ׃

. para-tomarla mi-alma a estás-cazando y-tú contra-ti he-pecado y-no

יִשְׁפֹּט יְהוָה בֵּינִי וּבֵינֶךָ וּנְקָמַנִי

y-me-vengue y-entre-tú entre-yo Yahweh Juzgue (13)

יְהוָה מִמֶּךָּ וְיָדִי לֹא תִהְיֶה־בָּךְ׃ כַּאֲשֶׁר

Como (14) . contra-ti estará no pero-mi-mano ; de-ti Yahweh

יֹאמַר מְשַׁל הַקַּדְמֹנִי מֵרְשָׁעִים יֵצֵא רֶשַׁע וְיָדִי

pero-mi-mano impiedad sale de-impíos : el-antiguo (el)proverbio-de dice

לֹא תִהְיֶה־בָּךְ׃ אַחֲרֵי מִי יָצָא מֶלֶךְ יִשְׂרָאֵל

? Israel rey-de ha-salido quién ¿Tras (15) . contra-ti estará no

אַחֲרֵי מִי אַתָּה רֹדֵף אַחֲרֵי כֶּלֶב מֵת אַחֲרֵי פַּרְעֹשׁ אֶחָד

? una pulga ¿tras ? muerto un-perro ¿tras ? estás-persi guiendo tú quién ¿tras

וְהָיָה יְהוָה לְדַיָּן וְשָׁפַט בֵּינִי וּבֵינֶךָ

y-entre-tú entre-yo y-juzgue para-juez Yahweh Y-sea (16)

וְיֵרֶא וְיָרֵב אֶת־רִיבִי וְיִשְׁפְּטֵנִי

y-me-haga-justicia mi-causa ** y-pleitee y-vea

מִיָּדֶךָ׃ וַיְהִי כְּכַלּוֹת דָּוִד לְדַבֵּר אֶת־הַדְּבָרִים

las-palabras ** de-decir David al-terminar Y-sucedió (17) . de-tu-mano

הָאֵלֶּה אֶל־שָׁאוּל וַיֹּאמֶר שָׁאוּל הֲקֹלְךָ זֶה בְּנִי דָוִד

? David hijo-mío ésta ¿acaso-tu-voz : Saúl que-dijo Saúl a las-estas

וַיִּשָּׂא שָׁאוּל קֹלוֹ וַיֵּבְךְּ׃ וַיֹּאמֶר אֶל־דָּוִד

: David a Y-dijo (18) . y-lloró su-voz Saúl y-alzó

צַדִּיק אַתָּה מִמֶּנִּי כִּי אַתָּה גְּמַלְתַּנִי הַטּוֹבָה וַאֲנִי גְּמַלְתִּיךָ

te-he-dado y-yo el-bien me-has-dado tú pues más-que-yo tú justo

הָרָעָה׃ וְאַתְּ הִגַּדְתָּ הַיּוֹם אֵת אֲשֶׁר־עָשִׂיתָה אִתִּי טוֹבָה אֵת אֲשֶׁר

que ** bien a-mí has-hecho que ** el-día has-dicho Y-tú (19) . el-mal

סִגְּרַנִי יְהוָה בְּיָדְךָ וְלֹא הֲרַגְתָּנִי׃ וְכִי־

¿Pues-si (20) . me-has-matado y-no en-tu-mano Yahweh me-ha-entregado

יִמְצָא אִישׁ אֶת־אֹיְבוֹ וְשִׁלְּחוֹ בְּדֶרֶךְ טוֹבָה

? bueno por-camino y-le-deja-ir su-enemigo a hombre encuentra

וַיהוָה יְשַׁלֶּמְךָ טוֹבָה תַּחַת הַיּוֹם הַזֶּה אֲשֶׁר עָשִׂיתָה

hiciste lo-que el-este el-día por bien te-pague y-Yahweh

לִי׃ וְעַתָּה הִנֵּה יָדַעְתִּי כִּי מָלֹךְ תִּמְלוֹךְ
reinarás reinar que yo-sé he-aquí-que Y-ahora (21) . a-mí

וְקָמָה בְּיָדְךָ מַמְלֶכֶת יִשְׂרָאֵל׃ וְעַתָּה
Y-ahora (22) . Israel reino-de en-tu-mano y-se-alzará

הִשָּׁבְעָה לִּי בַּיהוָה אִם־ תַּכְרִית אֶת־ זַרְעִי אַחֲרָי
tras-mí mi-descendencia a exterminarás que-no por-Yahweh a-mí jura

וְאִם־ תַּשְׁמִיד אֶת־ שְׁמִי מִבֵּית אָבִי׃
. mi-padre de-(la)casa-de mi-nombre ** extinguirás y-no

וַיִּשָּׁבַע דָּוִד לְשָׁאוּל וַיֵּלֶךְ שָׁאוּל אֶל־ בֵּיתוֹ
su-casa a Saúl y-fue a-Saúl David Y-juró (23)

וְדָוִד וַאֲנָשָׁיו עָלוּ עַל־ הַמְּצוּדָה׃ וַיָּמָת
Cap. 25 Y-murió (1) . la-fortaleza a subieron y-sus-hombres y-David

שְׁמוּאֵל וַיִּקָּבְצוּ כָל־ יִשְׂרָאֵל וַיִּסְפְּדוּ־ לוֹ
por-él y-lloraron Israel todos-(los)de y-se-reunieron Saúl

וַיִּקְבְּרֻהוּ בְּבֵיתוֹ בָּרָמָה וַיָּקָם דָּוִד
David y-se-levantó en-Ramá en-su-casa y-lo-enterraron

וַיֵּרֶד אֶל־ מִדְבַּר פָּארָן׃ וְאִישׁ בְּמָעוֹן וּמַעֲשֵׂהוּ
y-su-hacienda en-Maón Y-hombre (2) . Parán desierto-de a y-bajó

בַכַּרְמֶל וְהָאִישׁ גָּדוֹל מְאֹד וְלוֹ צֹאן שְׁלֹשֶׁת־ אֲלָפִים
mil tres ganado-menor y-para-él mucho grande y-el-hombre en-el-Carmel

וְאֶלֶף עִזִּים וַיְהִי בִּגְזֹז אֶת־ צֹאנוֹ בַּכַּרְמֶל׃
. en-el-Carmel su-ganado-menor a en-el-esquilar y-estaba cabras y-mil

וְשֵׁם הָאִישׁ נָבָל וְשֵׁם אִשְׁתּוֹ אֲבִגָיִל וְהָאִשָּׁה
y-la-mujer Abigail su-mujer y-nombre-de Nabal el-hombre Y-el-nombre-de (3)

טוֹבַת־ שֶׂכֶל וִיפַת תֹּאַר וְהָאִישׁ קָשֶׁה וְרַע
y-malo duro pero-el-hombre aspecto y-hermosa-de inteligencia buena-de

מַעֲלָלִים וְהוּא כָלִבּוֹ: וַיִּשְׁמַע דָּוִד בַּמִּדְבָּר כִּי־ גֹזֵז

estaba-esquilando que en-el-desierto David Y-escuchó (4) . calebita y-él de-obras

נָבָל אֶת־ צֹאנוֹ: וַיִּשְׁלַח דָּוִד עֲשָׂרָה נְעָרִים וַיֹּאמֶר דָּוִד

David y-dijo muchachos diez David Y-envió (5) . su-ganado-menor ** Nabal

לַנְּעָרִים עֲלוּ כַרְמֶלָה וּבָאתֶם אֶל־ נָבָל וּשְׁאֶלְתֶּם־ לוֹ

a-él y-preguntaréis Nabal a y-vendréis al-Carmel subid a-los-muchachos

בִשְׁמִי לְשָׁלוֹם: וַאֲמַרְתֶּם כֹּה לֶחָי וְאַתָּה שָׁלוֹם

paz y-tú para-vida así : Y-diréis (6) . por-salud en-mi-nombre

וּבֵיתְךָ שָׁלוֹם וְכֹל אֲשֶׁר־ לְךָ שָׁלוֹם: וְעַתָּה שָׁמַעְתִּי

he-escuchado Y-ahora (7) . paz para-ti lo-que y-todo paz y-tu-casa

כִּי גֹזְזִים לָךְ עַתָּה הָרֹעִים אֲשֶׁר־ לְךָ הָיוּ עִמָּנוּ

con-nosotros han-estado para-ti que los-pastores ahora para-ti están-esquilando que

לֹא הֶכְלַמְנוּם וְלֹא־ נִפְקַד לָהֶם מְאוּמָה כָּל־ יְמֵי

los-días-de todos nada para-ellos se-echó-en-falta y-no los-hemos-tratado-mal no

הֱיוֹתָם בַּכַּרְמֶל: שְׁאַל אֶת־ נְעָרֶיךָ וְיַגִּידוּ

y-ellos-relatarán tus-muchachos a Pregunta (8) . en-Carmel su-estar

לָךְ וְיִמְצְאוּ הַנְּעָרִים חֵן בְּעֵינֶיךָ כִּי־ עַל־ יוֹם

día en pues a-tus-ojos gracia los-muchachos y-encuentren a-ti

טוֹב בָּנוּ תְּנָה־ נָּא אֵת אֲשֶׁר תִּמְצָא יָדְךָ לַעֲבָדֶיךָ

a-tus-siervos tu-mano encuentre lo-que ** te-ruego da entre-nosotros festivo

וּלְבִנְךָ לְדָוִד: וַיָּבֹאוּ נַעֲרֵי דָוִד וַיְדַבְּרוּ

y-dijeron David los-muchachos-de Y-llegaron (9) . a-David y-a-tu-hijo

אֶל־נָבָל כְּכָל־ הַדְּבָרִים הָאֵלֶּה בְּשֵׁם דָּוִד וַיָּנוּחוּ:

. y-aguardaron David en-nombre-de las-estas las-palabras como-todas Nabal a

וַיַּעַן נָבָל אֶת־ עַבְדֵי דָוִד וַיֹּאמֶר מִי דָוִד

? David ¿quién-es : y-dijo David siervos-de a Nabal Y-respondió (10)

וּמִ֣י בֶן־ יִשָׁ֑י הַיּוֹם֙ רַבּ֣וּ עֲבָדִ֔ים הַמִּתְפָּ֣רְצִ֔ים
los-que-se-escapan siervos son-muchos este-día ? Isaí hijo-de ¿y-quién

אִ֖ישׁ מִפְּנֵ֥י אֲדֹנָֽיו׃ וְלָקַחְתִּ֤י אֶת־ לַחְמִי֙ וְאֶת־
y mi-pan ** ¿Y-debo-tomar (11) . su-señor de-ante cada-hombre

מֵימַ֔י וְאֵת֙ טִבְחָתִ֔י אֲשֶׁ֥ר טָבַ֖חְתִּי לְגֹזְזָ֑י
para-mis-esquiladores he-sacrificado que mi-pieza y mis-aguas

וְנָֽתַתִּי֙ לַאֲנָשִׁ֔ים אֲשֶׁר֙ לֹ֣א יָדַ֔עְתִּי אֵ֥י מִזֶּ֖ה הֵֽמָּה׃ וַיַּהַפְכ֥וּ
Y-volvieron (12) ? ellos de-aquí dónde sé no que a-hombres y-entregarla

נַעֲרֵֽי־ דָוִ֖ד לְדַרְכָּ֑ם וַיָּשֻׁ֕בוּ וַיָּבֹ֕אוּ וַיַּגִּ֣דוּ
e-informaron y-llegaron y-regresaron a-su-camino David los-muchachos-de

ל֔וֹ כְּכֹ֖ל הַדְּבָרִ֥ים הָאֵֽלֶּה׃ וַיֹּאמֶר֩ דָּוִ֨ד לַאֲנָשָׁ֜יו
: a-sus-hombres David Y-dijo (13) . las-estas las-palabras como-todas a-él

חִגְר֣וּ ׀ אִ֣ישׁ אֶת־ חַרְבּ֗וֹ וַֽיַּחְגְּרוּ֙ אִ֣ישׁ אֶת־ חַרְבּ֔וֹ
su-espada ** cada-hombre y-se-ciñeron su-espada ** cada-hombre ceñid

וַיַּחְגֹּ֥ר גַּם־ דָּוִ֖ד אֶת־ חַרְבּ֑וֹ וַיַּעֲל֣וּ ׀ אַחֲרֵ֣י דָוִ֗ד
David tras y-subieron su-espada ** David también y-se-ciñó

כְּאַרְבַּ֤ע מֵאוֹת֙ אִ֔ישׁ וּמָאתַ֖יִם יָשְׁב֥וּ עַל־ הַכֵּלִֽים׃
. los-bagajes con permanecieron y-doscientos hombres cientos como-cuatro

וְלַאֲבִיגַ֙יִל֙ אֵ֣שֶׁת נָבָ֔ל הִגִּ֧יד נַֽעַר־ אֶחָ֛ד מֵהַנְּעָרִ֖ים לֵאמֹ֑ר
: diciendo de-los-muchachos uno muchacho informó Nabal mujer-de Y-a-Abigail (14)

הִנֵּה֩ שָׁלַ֨ח דָּוִ֧ד מַלְאָכִ֛ים ׀ מֵהַמִּדְבָּ֖ר לְבָרֵ֣ךְ אֶת־ אֲדֹנֵ֑ינוּ
nuestro-señor a a-saludar del-desierto mensajeros David envió he-aquí-que

וַיָּ֥עַט בָּהֶֽם׃ וְהָ֣אֲנָשִׁ֔ים טֹבִ֥ים לָ֖נוּ מְאֹ֑ד וְלֹ֤א
y-no mucho para-nosotros buenos Y-los-hombres (15) . a-ellos y-él-increpó

הָכְלַ֙מְנוּ֙ וְלֹֽא־ פָקַ֣דְנוּ מְא֔וּמָה כָּל־ יְמֵי֙ הִתְהַלַּ֣כְנוּ
nuestro-andar los-días-de todos nada echamos-en-falta y-no fuimos-vejados

אִתָּם בִּהְיוֹתֵנוּ בַּשָּׂדֶה׃ חוֹמָה הָיוּ עָלֵינוּ גַּם־

tanto en-torno-nuestro fueron Muro (16) . en-el-campo cuando-nuestro-estar con-ellos

לַיְלָה גַּם־ יוֹמָם כָּל־ יְמֵי הֱיוֹתֵנוּ עִמָּם רֹעִים הַצֹּאן׃

. el-ganado-menor pastoreando con-ellos nuestro-estar los-días-de todos de-día como de-noche

(17) וְעַתָּה דְּעִי וּרְאִי מַה־ תַּעֲשִׂי כִּי־ כָלְתָה הָרָעָה

el-mal está-consumado pues harás qué y-ve sabe Y-ahora (17)

אֶל־ אֲדֹנֵינוּ וְעַל כָּל־ בֵּיתוֹ וְהוּא בֶּן־ בְּלִיַּעַל

perversión hijo-de y-él su-casa toda y-sobre nuestro-señor sobre

מִדַּבֵּר אֵלָיו׃ (18) וַתְּמַהֵר אֲבוֹגַיִל וַתִּקַּח מָאתַיִם

doscientos y-tomó Abigail Y-se-apresuró (18) . a-él para-hablar

לֶחֶם וּשְׁנַיִם נִבְלֵי־ יַיִן וְחָמֵשׁ צֹאן עֲשׂוּוֹת וְחָמֵשׁ

y-cinco preparadas ovejas y-cinco vino odres-de y-dos panes

סְאִים קָלִי וּמֵאָה צִמֻּקִים וּמָאתַיִם דְּבֵלִים

tortas-de-higos-secos y-doscientas racimos-de-uvas-pasas y-cien grano-tostado seas

וַתָּשֶׂם עַל־ הַחֲמֹרִים׃ (19) וַתֹּאמֶר לִנְעָרֶיהָ עִבְרוּ

pasad : a-sus-muchachos Y-dijo-ella (19) . los-asnos sobre y-puso

לְפָנַי הִנְנִי אַחֲרֵיכֶם בָּאָה וּלְאִישָׁהּ נָבָל לֹא

no Nabal y-a-su-marido vengo tras-vosotros he-aquí-que-yo ante-mí

הִגִּידָה׃ (20) וְהָיָה הִיא רֹכֶבֶת עַל־הַחֲמוֹר וְיֹרֶדֶת בְּסֵתֶר

a-abrigo y-bajando el-asno sobre montando ella Y-estaba (20) . informó

הָהָר וְהִנֵּה דָוִד וַאֲנָשָׁיו יֹרְדִים לִקְרָאתָהּ

a-encontrarla bajando y-sus-hombres David y-he-aquí-que del-monte

וַתִּפְגֹּשׁ אֹתָם׃ (21) וְדָוִד אָמַר אַךְ לַשֶּׁקֶר שָׁמַרְתִּי

he-guardado en-vano en-verdad : había-dicho Y-David (21) . con-ellos y-ella-se-encontró

אֶת־ כָּל־ אֲשֶׁר לָזֶה בַּמִּדְבָּר וְלֹא־ נִפְקַד מִכָּל־ אֲשֶׁר־

lo-que de-todo se-echó-en-falta y-no en-el-desierto para-éste lo-que todo **

לוֹ מְאוּמָה וַיָּשֶׁב־ לִי רָעָה תַּחַת טוֹבָה׃ כֹּה־ יַעֲשֶׂה
haga Así (22) . bien por mal a-mí y-devolvió nada para-él

אֱלֹהִים לְאֹיְבֵי דָוִד וְכֹה יֹסִיף אִם־ אַשְׁאִיר
yo-dejo-vivo si añada y-así David a-enemigos-de Dios

מִכָּל־אֲשֶׁר־ לוֹ עַד־ הַבֹּקֶר מַשְׁתִּין בְּקִיר׃ וַתֵּרֶא
Y-vio (23) . en-pared los-que-orinan la-mañana hasta para-él lo-que de-todo

אֲבִיגַיִל אֶת־ דָּוִד וַתְּמַהֵר וַתֵּרֶד מֵעַל הַחֲמוֹר
el-asno de-sobre y-bajó y-se-apresuró David a Abigail

וַתִּפֹּל לְאַפֵּי דָוִד עַל־ פָּנֶיהָ וַתִּשְׁתַּחוּ אָרֶץ׃
a-tierra y-se-posternó su-rostro sobre David ante-(la)faz-de y-cayó

וַתִּפֹּל עַל־ רַגְלָיו וַתֹּאמֶר בִּי־ אֲנִי אֲדֹנִי הֶעָוֺן
el-delito mi-señor yo sobre-mí : y-dijo sus pies a y-cayó (24)

וּתְדַבֶּר־ נָא אֲמָתְךָ בְּאָזְנֶיךָ וּשְׁמַע אֵת דִּבְרֵי
las-palabras-de ** y-escucha a-tus-oídos tu-sierva te-ruego y-pueda-hablar

אֲמָתֶךָ׃ אַל־ נָא יָשִׂים אֲדֹנִי אֶת־ לִבּוֹ אֶל־
a su-corazón ** mi-señor ponga te-ruego No (25) . tu-sierva

אִישׁ הַבְּלִיַּעַל הַזֶּה עַל־ נָבָל כִּי כִשְׁמוֹ כֶּן־ הוּא נָבָל
estúpido ; él así como-su-nombre pues Nabal a el-este la-perversión hombre-de

שְׁמוֹ וּנְבָלָה עִמּוֹ וַאֲנִי אֲמָתְךָ לֹא רָאִיתִי אֶת־ נַעֲרֵי
muchachos-de a vi no tu-sierva y-yo con-él y-estupidez su-nombre

אֲדֹנִי אֲשֶׁר שָׁלָחְתָּ׃ וְעַתָּה אֲדֹנִי חַי־ יְהוָה
Yahweh vida-de mi-señor Y-ahora (26) . enviaste a-los-que mi-señor

וְחֵי־ נַפְשְׁךָ אֲשֶׁר מְנָעֲךָ יְהוָה מִבּוֹא בְדָמִים
a-sangres llegar Yahweh te-ha-impedido que tu-alma y-vida-de

וְהוֹשֵׁעַ יָדְךָ לָךְ וְעַתָּה יִהְיוּ כְנָבָל
como-Nabal sean y-ahora para-ti tu-mano y-venir-en-ayuda

וְעַתָּה		רָעָה׃	אֲדֹנִי	אֶל־	וְהַֽמְבַקְשִׁים	אֹיְבֶיךָ
Y-ahora	(27)	. mal	mi-señor	a	y-los-que-buscan	tus-enemigos

לַֽאדֹנִי	שִׁפְחָתְךָ	הֵבִיא	אֲשֶׁר־	הַזֹּאת	הַבְּרָכָה
a-mí-señor	tu-sierva	ha-traído	que	la-esta	la-bendición

אֲדֹנִי׃	בְּרַגְלֵי	הַמִּתְהַלְּכִים	לַנְּעָרִים	וְנִתְּנָה
mi-señor	a-(los)pies-de	los-que-van-caminando	a-los-muchachos	sea-dada

יַעֲשֶׂה	עָשֹׂה־	כִּי	אֲמָתֶךָ	לְפֶשַׁע	נָא	שָׂא	
hará	hacer	pues	tu-sierva	al-delito-de	te-ruego	Perdona	(28)

אֲדֹנִי	יְהוָה	מִלְחֲמוֹת	כִּי־	נֶאֱמָן	בַּיִת	לַאדֹנִי	יְהוָה
mi-señor	Yahweh	batallas-de	pues	estable	casa	para-mi-señor	Yahweh

מִיָּמֶיךָ׃	בְךָ	תִמָּצֵא	לֹא־	וְרָעָה	נִלְחָם
durante-tus-días	en-ti	hallará	no	y-mal	ha-luchado

נַפְשֶׁךָ	אֶת־	וּלְבַקֵּשׁ	לִרְדָפְךָ	אָדָם	וַיָּקָם	
tu-vida	**	y-buscar	para-perseguirte	hombre	Y-se-levantará	(29)

הַחַיִּים	בִּצְרוֹר	צְרוּרָה ׀	אֲדֹנִי	נֶפֶשׁ	וְהָיְתָה
los-vivos	en-(el)haz-de	atada	mi-señor	(el)alma-de	y-estará

יְקַלְּעֶנָּה	אֹיְבֶיךָ	נֶפֶשׁ	וְאֵת	אֱלֹהֶיךָ	יְהוָה	אֵת
la-arrojará	tus-enemigos	(el)alma-de	y	tu-Dios	Yahweh	con

יְהוָה	יַעֲשֶׂה	כִּי־	וְהָיָה		הַקָּלַע׃	כַּף	בְּתוֹךְ
Yahweh	hará	que	Y-sucederá	(30)	. la-honda	el-hueco-de	dentro-de

עָלֶיךָ	הַטּוֹבָה	אֶת־	דִּבֶּר	אֲשֶׁר־	כְּכֹל	לַאדֹנִי
sobre-ti	el-bien	**	ha-hablado	lo-que	como-todo	a-mi-señor

זֹאת ׀	תִהְיֶה	וְלֹא		יִשְׂרָאֵל׃	עַל־	לְנָגִיד	וְצִוְּךָ
esto	será	Y-no	(31)	. Israel	sobre	para-jefe	y-te-constituirá

וְלִשְׁפָּךְ־	לַאדֹנִי	לֵב	וּלְמִכְשׁוֹל	לְפוּקָה	לְךָ
y-por-derramar	para-mi-señor	corazón	y-para-tropiezo-de	para-remordimiento	para-ti

דָּם חִנָּם וּלְהוֹשִׁיעַ אֲדֹנִי לוֹ וְהֵיטִב

y-hará-bien a-él mi-señor y-por-venir-en-ayuda sin-causa sangre

יְהוָה לַאדֹנִי וְזָכַרְתָּ אֶת־אֲמָתֶךָ׃ וַיֹּאמֶר

Y-dijo (32) . tu-sierva a y-recordarás a-mi-señor Yahweh

דָּוִד לַאֲבִיגַל בָּרוּךְ יְהוָה אֱלֹהֵי יִשְׂרָאֵל אֲשֶׁר שְׁלָחֵךְ הַיּוֹם

el-día te-ha-enviado que Israel Dios-de Yahweh bendito-sea : a-Abigail David

הַזֶּה לִקְרָאתִי׃ וּבָרוּךְ טַעְמֵךְ וּבְרוּכָה

y-bendita-seas tu-juicio Y-bendito-sea (33) . a-encontrarme el-este

אָתְּ אֲשֶׁר כְּלִתִנִי הַיּוֹם הַזֶּה מִבּוֹא בְדָמִים וְהֹשֵׁעַ

y-venir-en-ayuda con-sangres de-venir el-este el-día me-has-impedido que tú

יָדִי לִי׃ וְאוּלָם חַי־יְהוָה אֱלֹהֵי יִשְׂרָאֵל אֲשֶׁר

que Israel Dios-de Yahweh vida-de Y-no-obstante (34) . para-mí mi-mano

מְנָעַנִי מֵהָרַע אֹתָךְ כִּי ׀ לוּלֵי מִהַרְתְּ וַתָּבֹאתִי לִקְרָאתִי

a-encontrarme y-venido te-hubieras-apre surado si-no pues a-ti de-hacer-daño me-ha-impedido

כִּי אִם־נוֹתַר לְנָבָל עַד־אוֹר הַבֹּקֶר מַשְׁתִּין

uno-que-orine la-mañana (la)luz-de hasta para-Nabal quedaría no en-verdad

בְּקִיר׃ וַיִּקַּח דָּוִד מִיָּדָהּ אֵת אֲשֶׁר־הֵבִיאָה

ella-había-traído lo-que ** de-su-mano David Y-tomó (35) . en-pared

לוֹ וְלָהּ אָמַר עֲלִי לְשָׁלוֹם לְבֵיתֵךְ רְאִי שָׁמַעְתִּי

he-escuchado mira a-tu-casa en-paz ve : dijo y-a-ella para-él

בְקוֹלֵךְ וָאֶשָּׂא פָּנָיִךְ׃ וַתָּבֹא אֲבִיגַיִל ׀

Abigail Y-vino (36) . tu-rostro y-he-alzado a-tu-voz

אֶל־נָבָל וְהִנֵּה־לוֹ מִשְׁתֶּה בְּבֵיתוֹ כְּמִשְׁתֵּה הַמֶּלֶךְ

el-rey como-banquete-de en-su-casa banquete para-él y-he-aquí-que Nabal a

וְלֵב נָבָל טוֹב עָלָיו וְהוּא שִׁכֹּר עַד־מְאֹד וְלֹא־הִגִּידָה לּוֹ

a-él informó-ella y-no mucho hasta borracho y-él en-él contento Nabal y-corazón-de

דָּבָר קָטֹן וְגָדוֹל עַד־ אוֹר הַבֹּקֶר׃ וַיְהִי בַבֹּקֶר
por-la-mañana Y-sucedió (37) . la-mañana (la)luz-de hasta y-grande pequeña cosa

בְּצֵאת הַיַּיִן מִנָּבָל וַתַּגֶּד־ לוֹ אִשְׁתּוֹ אֶת־
** su-mujer a-él que-refirió de-Nabal el-vino al-salir

הַדְּבָרִים הָאֵלֶּה וַיָּמָת לִבּוֹ בְּקִרְבּוֹ וְהוּא הָיָה
se-hizo y-él en-su-interior su-corazón y-murió las-estas las-cosas

לְאָבֶן׃ וַיְהִי כַּעֲשֶׂרֶת הַיָּמִים וַיִּגֹּף יְהוָה אֶת־
a Yahweh que-hirió los-días cuando-diez Y-sucedió (38) . como-una-piedra

נָבָל וַיָּמֹת׃ וַיִּשְׁמַע דָּוִד כִּי מֵת נָבָל וַיֹּאמֶר
: y-dijo Nabal había-muerto que David Y-escuchó (39) . y-murió Nabal

בָּרוּךְ יְהוָה אֲשֶׁר רָב אֶת־ רִיב חֶרְפָּתִי מִיַּד
de-mano-de mi-afrenta (el)pleito-de ** litigó que Yahweh bendito-sea

נָבָל וְאֶת־ עַבְדּוֹ חָשַׂךְ מֵרָעָה וְאֵת רָעַת נָבָל
Nabal (el)mal-de y de-mal preservó su-siervo y-a Nabal

הֵשִׁיב יְהוָה בְּרֹאשׁוֹ וַיִּשְׁלַח דָּוִד וַיְדַבֵּר בַּאֲבִיגַיִל
a-Abigail y-habló David y-envió sobre-su-cabeza Yahweh trajo

לְקַחְתָּהּ לוֹ לְאִשָּׁה׃ וַיָּבֹאוּ עַבְדֵי דָוִד אֶל־אֲבִיגַיִל
Abigail a David (los)siervos-de Y-vinieron (40) . por-mujer para-él para-tomarla

הַכַּרְמֶלָה וַיְדַבְּרוּ אֵלֶיהָ לֵאמֹר דָּוִד שְׁלָחָנוּ אֵלַיִךְ לְקַחְתֵּךְ
para-tomarte a-ti nos-ha-enviado David : diciendo a-ella y-hablaron al-Carmel

לוֹ לְאִשָּׁה׃ וַתָּקָם וַתִּשְׁתַּחוּ אַפַּיִם אָרְצָה וַתֹּאמֶר
: y-dijo en-tierra rostro y-se-postemó Y-se-levantó (41) . por-mujer para-él

הִנֵּה אֲמָתְךָ לְשִׁפְחָה לִרְחֹץ רַגְלֵי עַבְדֵי אֲדֹנִי׃
. mi-señor (los)siervos-de (los)pies-de para-lavar para-esclava tu-sierva he-aquí-que

וַתְּמַהֵר וַתָּקָם אֲבִיגַיִל וַתִּרְכַּב עַל־ הַחֲמוֹר
el-asno sobre y-se-montó Abigail y-se-levantó Y-se-apresuró (42)

וְחָמֵשׁ נַעֲרֹתֶיהָ הַהֹלְכוֹת לְרַגְלָהּ וַתֵּלֶךְ אַחֲרֵי
tras y-fue a-sus-pies las-que-iban doncellas-de-ella y-cinco

מַלְאֲכֵי דָוִד וַתְּהִי־לוֹ לְאִשָּׁה׃ וְאֶת־אֲחִינֹעַם לָקַח
tomó Ahinoam Y-a (43) . en-esposa para-él y-se-convirtió David mensajeros-de

דָּוִד מִיִּזְרְעֶאל וַתִּהְיֶיןָ גַּם־שְׁתֵּיהֶן לוֹ לְנָשִׁים׃
. en-esposas para-él ellas-dos también y-se-convirtieron de-Jizreel David

וְשָׁאוּל נָתַן אֶת־מִיכַל בִּתּוֹ אֵשֶׁת דָּוִד לְפַלְטִי
a-Paltí David mujer-de su-hija Mical a entregó Y-Saúl (44)

בֶן־לַיִשׁ אֲשֶׁר מִגַּלִּים׃ וַיָּבֹאוּ הַזִּפִים אֶל־שָׁאוּל
Cap. 26 Saúl a los-zifeos Y-vinieron (1) . de-Galim quien Layis hijo-de

הַגִּבְעָתָה לֵאמֹר הֲלוֹא דָוִד מִסְתַּתֵּר בְּגִבְעַת הַחֲכִילָה עַל פְּנֵי
(la)faz-de sobre la-Haquilá en-collado-de escondiéndose David ¿acaso-no : para-decir a-la-Guibeá

הַיְשִׁימֹן׃ וַיָּקָם שָׁאוּל וַיֵּרֶד אֶל־מִדְבַּר־זִיף
Zif desierto-de a y-bajó Saúl Y-se-levantó (2) ? el-Yesimon

וְאִתּוֹ שְׁלֹשֶׁת־אֲלָפִים אִישׁ בְּחוּרֵי יִשְׂרָאֵל לְבַקֵּשׁ
para-buscar Israel elegidos-de hombres mil tres y-con-él

אֶת־דָּוִד בְּמִדְבַּר־זִיף׃ וַיִּחַן שָׁאוּל בְּגִבְעַת הַחֲכִילָה
el-Haquilá en-collado-de Saúl Y-acampó (3) . Zif en-desierto-de David a

אֲשֶׁר עַל־פְּנֵי הַיְשִׁימֹן עַל־הַדָּרֶךְ וְדָוִד יֹשֵׁב בַּמִּדְבָּר
en-el-desierto permanecía y-David el-camino junto-a el-Yesimón (la)faz-de sobre que

וַיַּרְא כִּי בָא שָׁאוּל אַחֲרָיו הַמִּדְבָּרָה׃ וַיִּשְׁלַח
Y-envió (4) . al-desierto tras-él Saúl iba que y-vio

דָּוִד מְרַגְּלִים וַיֵּדַע כִּי־בָא שָׁאוּל אֶל־נָכוֹן׃
. certeza con Saúl había-venido que y-supo oteadores David

וַיָּקָם דָּוִד וַיָּבֹא אֶל־הַמָּקוֹם אֲשֶׁר חָנָה־שָׁם
allí había-acampado donde el-lugar hacia y-vino David Y-se-levantó (5)

שָׁאוּל וַיַּרְא דָּוִד אֶת־הַמָּקוֹם אֲשֶׁר שָׁכַב־שָׁם שָׁאוּל וְאַבְנֵר

y-Abner Saúl allí yacía donde el-lugar ** David y-vio Saúl

בֶּן־נֵר שַׂר־צְבָאוֹ וְשָׁאוּל שֹׁכֵב בַּמַּעְגָּל

en-el-campamento yacía y-Saúl su-ejército jefe-de Ner hijo-de

וְהָעָם חֹנִים סְבִיבֹתָו׃ וַיַּעַן דָּוִד וַיֹּאמֶר ׀ אֶל־

a y-dijo David Y-habló (6) . alrededor-suyo estaba-acampando y-el-pueblo

אֲחִימֶלֶךְ הַחִתִּי וְאֶל־אֲבִישַׁי בֶּן־צְרוּיָה אֲחִי יוֹאָב לֵאמֹר

: diciendo Joab hermano-de Sarvia hijo-de Abisay y-a el-heteo Ahimélec

מִי־יֵרֵד אִתִּי אֶל־שָׁאוּל אֶל־הַמַּחֲנֶה וַיֹּאמֶר אֲבִישַׁי אֲנִי

yo : Abisay y-dijo ? el-campamento a Saúl hacia conmigo bajará ¿quién

אֵרֵד עִמָּךְ׃ וַיָּבֹא דָוִד וַאֲבִישַׁי ׀ אֶל־הָעָם לַיְלָה

noche el-pueblo hacia y-Abisay David Y-vino (7) . contigo bajaré

וְהִנֵּה שָׁאוּל שֹׁכֵב יָשֵׁן בַּמַּעְגָּל וַחֲנִיתוֹ מְעוּכָה־

clavada y-su-lanza en-el-campamento dormido yacía Saúl y-he-aquí-que

בָאָרֶץ מְרַאֲשֹׁתָו וְאַבְנֵר וְהָעָם שֹׁכְבִים

yacían y-el-pueblo y-Abner a-su-cabeza en-la-tierra

סְבִיבֹתָו׃ וַיֹּאמֶר אֲבִישַׁי אֶל־דָּוִד סִגַּר אֱלֹהִים הַיּוֹם אֶת־

a este-día Dios ha-entregado : David a Abisay Y-dijo (8) . alrededor-suyo

אוֹיִבְךָ בְּיָדֶךָ וְעַתָּה אַכֶּנּוּ נָא בַחֲנִית

con-la-lanza te-ruego he-de-herirle y-ahora en-tu-mano tu-enemigo

וּבָאָרֶץ פַּעַם אַחַת וְלֹא אֶשְׁנֶה לוֹ׃ וַיֹּאמֶר

Y-dijo (9) . a-él repetiré y-no una vez y-en-la-tierra

דָּוִד אֶל־אֲבִישַׁי אַל־תַּשְׁחִיתֵהוּ כִּי מִי שָׁלַח יָדוֹ

su-mano ha-extendido ¿quién pues la-matarás no : Abisay a David

בִּמְשִׁיחַ יְהוָה וְנִקָּה׃ וַיֹּאמֶר דָּוִד חַי־

vida-de : David Y-dijo (10) ? y-ha-quedado-sin-culpa Yahweh contra-ungido-de

יְהוָה כִּי אִם־ יְהוָה יִגָּפֶנּוּ אוֹ־ יוֹמוֹ יָבוֹא

llegará su-día o le-heriría Yahweh cierta mente que Yahweh

וָמֵת אוֹ בַמִּלְחָמָה יֵרֵד וְנִסְפָּה׃

. y-perecerá bajará a-la-batalla o y-él-morirá

חָלִילָה לִּי מֵיהוָה מִשְּׁלֹחַ יָדִי בִּמְשִׁיחַ

contra-ungido-de mi-mano de-extender por-Yahweh de-mí Lejos (11)

יְהוָה וְעַתָּה קַח־ נָא אֶת־ הַחֲנִית אֲשֶׁר מְרַאֲשֹׁתָו וְאֶת־צַפַּחַת

(la)jarra-de y a-su-cabeza que la-lanza ** te-ruego toma y-ahora Yahweh

הַמַּיִם וְנֵלְכָה לָּנוּ׃ וַיִּקַּח דָּוִד אֶת־ הַחֲנִית וְאֶת־

y la-lanza ** David Y-tomó (12) . nos y-vayamos el-agua

צַפַּחַת הַמַּיִם מֵרַאֲשֹׁתֵי שָׁאוּל וַיֵּלְכוּ לָהֶם וְאֵין רֹאֶה

vio y-nadie para-ellos y-se-fueron Saúl de-cabeza-de el-agua (la)jarra-de

וְאֵין יוֹדֵעַ וְאֵין מֵקִיץ כִּי כֻלָּם יְשֵׁנִים כִּי

pues dormían todos-ellos pues se-despertó y-nadie supo y-nadie

תַּרְדֵּמַת יְהוָה נָפְלָה עֲלֵיהֶם׃ וַיַּעֲבֹר דָּוִד

David Y-cruzó (13) . sobre-ellos había-caído Yahweh profundo-sueño-de

הָעֵבֶר וַיַּעֲמֹד עַל־ רֹאשׁ־ הָהָר מֵרָחֹק רַב הַמָּקוֹם

el-espacio mucho a-lo-lejos la-colina (la)cumbre-de sobre y-se-puso la-parte-opuesta

בֵּינֵיהֶם׃ וַיִּקְרָא דָוִד אֶל־ הָעָם וְאֶל־ אַבְנֵר בֶּן־ נֵר

Ner hijo-de Abner y-a el-pueblo a David Y-gritó (14) . entre-ellos

לֵאמֹר הֲלוֹא תַעֲנֶה אַבְנֵר וַיַּעַן אַבְנֵר וַיֹּאמֶר מִי אַתָּה

tú ¿quién : y-dijo Abner y-contestó ? Abner responderás ¿acaso-no : diciendo

קָרָאתָ אֶל־הַמֶּלֶךְ׃ וַיֹּאמֶר דָּוִד אֶל־אַבְנֵר הֲלוֹא־אִישׁ אַתָּה וּמִי

¿y-quién ? tú hombre ¿acaso : Abner a David Y-dijo (15) ? el-rey a gritas

כָמוֹךָ בְּיִשְׂרָאֵל וְלָמָּה לֹא שָׁמַרְתָּ אֶל־ אֲדֹנֶיךָ הַמֶּלֶךְ כִּי־

pues ? el-rey tu-señor a has-guardado no ¿y-por-qué ? en-Israel como-tú

בָּא אַחַד הָעָם לְהַשְׁחִית אֶת־הַמֶּלֶךְ אֲדֹנֶיךָ׃ (16) לֹא־טוֹב

bueno No (16) . tu-señor el-rey a a-matar el-pueblo uno-de ha-venido

הַדָּבָר הַזֶּה אֲשֶׁר עָשִׂיתָ חַי־יְהוָה כִּי בְנֵי־מָוֶת אַתֶּם אֲשֶׁר

que vosotros muerte hijos-de ciertamente Yahweh vida-de has-hecho que el-éste el-asunto

לֹא־שְׁמַרְתֶּם עַל־אֲדֹנֵיכֶם עַל־מְשִׁיחַ יְהוָה וְעַתָּה ׀ רְאֵה

: mira y-ahora Yahweh ungido-de a vuestro-señor a habéis-guardado no

אֵי־חֲנִית הַמֶּלֶךְ וְאֶת־צַפַּחַת הַמַּיִם אֲשֶׁר מְרַאֲשֹׁתָו׃

. a-su-cabeza que el-agua (la)jarra-de y el-rey (la)lanza-de dónde

(17) וַיַּכֵּר שָׁאוּל אֶת־קוֹל דָּוִד וַיֹּאמֶר הֲקוֹלְךָ זֶה

ésta ¿acaso-tu-voz : y-dijo David (la)voz-de ** Saúl Y-reconoció (17)

בְּנִי דָוִד וַיֹּאמֶר דָּוִד קוֹלִי אֲדֹנִי הַמֶּלֶךְ׃

. el-rey mi-señor mi-voz : David y-dijo ? David hijo-mío

(18) וַיֹּאמֶר לָמָּה זֶּה אֲדֹנִי רֹדֵף אַחֲרֵי עַבְדּוֹ כִּי

pues ? su-siervo tras persigue mi-señor así ¿por-qué : Y-dijo (18)

מֶה עָשִׂיתִי וּמַה־בְּיָדִי רָעָה׃ (19) וְעַתָּה יִשְׁמַע־נָא

por-favor escuche Y-ahora (19) ? malo en-mi-mano y-qué he-hecho ¿qué

אֲדֹנִי הַמֶּלֶךְ אֵת דִּבְרֵי עַבְדּוֹ אִם־יְהוָה הֱסִיתְךָ

te-he-incitado Yahweh si ; su-siervo (las)palabras-de ** el-rey mi-señor

בִי יָרַח מִנְחָה וְאִם ׀ בְּנֵי הָאָדָם אֲרוּרִים

malditos-sean el-hombre hijos-de pero-si ofrenda aspire contra-mí

הֵם לִפְנֵי יְהוָה כִּי־גֵרְשׁוּנִי הַיּוֹם מֵהִסְתַּפֵּחַ בְּנַחֲלַת

en-heredad-de de-tener-parte este-día me-han-expulsado pues Yahweh ante ellos

יְהוָה לֵאמֹר לֵךְ עֲבֹד אֱלֹהִים אֲחֵרִים׃ (20) וְעַתָּה אַל־יִפֹּל

caiga no Y-ahora (20) . otros dioses sirve ve : diciendo Yahweh

דָמִי אַרְצָה מִנֶּגֶד פְּנֵי יְהוָה כִּי־יָצָא מֶלֶךְ

(el)rey-de salió ciertamente Yahweh (la)faz-de de-frente-a a-tierra mi-sangre

יִשְׂרָאֵל לְבַקֵּשׁ אֶת־פַּרְעֹשׁ אֶחָד כַּאֲשֶׁר יִרְדֹּף הַקֹּרֵא בֶּהָרִים׃
. en-los-montes la-perdiz persigue como una pulga ** a-buscar Israel

וַיֹּאמֶר שָׁאוּל חָטָאתִי שׁוּב בְּנִי־דָוִד כִּי לֹא־אָרַע
haré-mal no pues David hijo-mío regresa he-pecado : Saúl Y-dijo (21)

לְךָ עוֹד תַּחַת אֲשֶׁר יָקְרָה נַפְשִׁי בְּעֵינֶיךָ הַיּוֹם
el-día a-tus-ojos mi-alma ha-sido-preciosa que puesto otra-vez a-ti

הַזֶּה הִנֵּה הִסְכַּלְתִּי וָאֶשְׁגֶּה הַרְבֵּה מְאֹד׃ וַיַּעַן
Y-respondió (22) . muy mucho y-he-errado he-sido-necio he-aquí-que el-éste

דָּוִד וַיֹּאמֶר הִנֵּה הַחֲנִית הַמֶּלֶךְ וְיַעֲבֹר אֶחָד
uno y-cruce el-rey (la)lanza-de ve-aquí : y-dijo David

מֵהַנְּעָרִים וְיִקָּחֶהָ׃ וַיהוָה יָשִׁיב לָאִישׁ
a-hombre devuelva Y-Yahweh (23) . y-la-coja de-los-muchachos

אֶת־צִדְקָתוֹ וְאֶת־אֱמֻנָתוֹ אֲשֶׁר נְתָנְךָ יְהוָה ׀
Yahweh te-entregó pues su-lealtad y su-justicia **

הַיּוֹם בְּיָד וְלֹא אָבִיתִי לִשְׁלֹחַ יָדִי בִּמְשִׁיחַ יְהוָה׃
. Yahweh contra-(el)ungido-de mi-mano extender quise y-no en-mano este-día

וְהִנֵּה כַּאֲשֶׁר גָּדְלָה נַפְשְׁךָ הַיּוֹם הַזֶּה
el-éste el-día tu-alma ha-sido-grande como Y-he-aquí-que (24)

בְּעֵינָי כֵּן תִּגְדַּל נַפְשִׁי בְּעֵינֵי יְהוָה
Yahweh a-ojos-de mi-alma sea-grande así en-mis-ojos

וְיַצִּלֵנִי מִכָּל־צָרָה׃ וַיֹּאמֶר שָׁאוּל אֶל־דָּוִד
: David a Saúl Y-dijo (25) . apuro de-todo y-me-libre

בָּרוּךְ אַתָּה בְּנִי דָוִד גַּם עָשֹׂה תַעֲשֶׂה וְגַם
y-ciertamente harás hacer ciertamente David hijo-mío tú bendito-seas

יָכֹל תּוּכָל וַיֵּלֶךְ דָּוִד לְדַרְכּוֹ וְשָׁאוּל
y-Saúl por-su-camino David y-se-fue podrás poder

שָׁב לִמְקוֹמוֹ׃ וַיֹּאמֶר דָּוִד אֶל־לִבּוֹ עַתָּה
ahora : su-corazón a David Y-dijo (1) . a-su-lugar volvió

אֶסָּפֶה יוֹם־אֶחָד בְּיַד־שָׁאוּל אֵין־לִי טוֹב כִּי הִמָּלֵט
escapar que mejor para-mí no-hay Saúl por-mano-de uno días yo-seré-destruido

אִמָּלֵט ׀ אֶל־אֶרֶץ פְּלִשְׁתִּים וְנוֹאַשׁ מִמֶּנִּי שָׁאוּל
Saúl de-mí y-desistirá filisteos tierra-de a escaparme

לְבַקְשֵׁנִי עוֹד בְּכָל־גְּבוּל יִשְׂרָאֵל וְנִמְלַטְתִּי
y-yo-me-escaparé Israel (el)territorio-de en-todo otra-vez para-buscarme

מִיָּדוֹ׃ וַיָּקָם דָּוִד וַיַּעֲבֹר הוּא וְשֵׁשׁ־מֵאוֹת אִישׁ
hombres cientos y-seis él y-pasó David Y-se-levantó (2) . de-su-mano

אֲשֶׁר עִמּוֹ אֶל־אָכִישׁ בֶּן־מָעוֹךְ מֶלֶךְ גַּת׃ וַיֵּשֶׁב דָּוִד
David Y-habitó (3) . Gat rey-de Maoc hijo-de Aquís a con-él que

עִם־אָכִישׁ בְּגַת הוּא וַאֲנָשָׁיו אִישׁ וּבֵיתוֹ דָּוִד וּשְׁתֵּי
y-dos David y-su-familia cada-hombre y-sus-hombres él en-Gat Aquís con

נָשָׁיו אֲחִינֹעַם הַיִּזְרְעֵאלִית וַאֲבִיגַיִל אֵשֶׁת־נָבָל הַכַּרְמְלִית׃
. el-carmelita Nabal mujer-de y-Abigail la-jizreelita Ahinoam sus-mujeres

וַיֻּגַּד לְשָׁאוּל כִּי־בָרַח דָּוִד גַּת וְלֹא־יָסַף
volvió y-no a-Gat David había-huido que a-Saúl Y-se-informó (4)

עוֹד לְבַקְשׁוֹ׃ וַיֹּאמֶר דָּוִד אֶל־אָכִישׁ אִם־נָא מָצָאתִי
he-hallado por-favor si : Aquís a David Y-dijo (5) . a-perseguirle otra-vez

חֵן בְּעֵינֶיךָ יִתְּנוּ־לִי מָקוֹם בְּאַחַת עָרֵי
(las)ciudades-de en-una-de lugar a-mí entreguen a-tus-ojos gracia

הַשָּׂדֶה וְאֵשְׁבָה שָּׁם וְלָמָּה יֵשֵׁב עַבְדְּךָ
tu-siervo ha-de-habitar ¿y-por-qué allí y-habitaré el-campo

בְּעִיר הַמַּמְלָכָה עִמָּךְ׃ וַיִּתֶּן־לוֹ אָכִישׁ בַּיּוֹם
en-el-día Aquís a-él Y-entregó (6) ? contigo la-realeza en-(la)ciudad-de

הַהוּא אֶת־צִקְלָג לָכֵן הָיְתָה צִקְלַג לְמַלְכֵי יְהוּדָה עַד הַיּוֹם
el-día hasta Judá para-reyes-de Siclag fue por-eso Siclag a el-aquel

הַזֶּה׃ וַיְהִי מִסְפַּר הַיָּמִים אֲשֶׁר־יָשַׁב דָּוִד בִּשְׂדֵה
en-campo-de David habitó que los-días número-de Y-fue (7) . el-éste

פְלִשְׁתִּים יָמִים וְאַרְבָּעָה חֳדָשִׁים׃ וַיַּעַל דָּוִד וַאֲנָשָׁיו
y-sus-hombres David Y-subió (8) . meses y-cuatro días filisteos

וַיִּפְשְׁטוּ אֶל־הַגְּשׁוּרִי וְהַגִּרְזִי וְהָעֲמָלֵקִי כִּי הֵנָּה
ellos pues y-el-amalecita y-el-gezrita el-gesurita a y-despojaron

יֹשְׁבוֹת הָאָרֶץ אֲשֶׁר מֵעוֹלָם בּוֹאֲךָ שׁוּרָה וְעַד־אֶרֶץ
(la)tierra-de y-hasta a-Shur en-tu-ir desde-antiguo que la-tierra habitaban

מִצְרָיִם׃ וְהִכָּה דָוִד אֶת־הָאָרֶץ וְלֹא יְחַיֶּה אִישׁ
hombre dejaba-vivo y-no el-país ** David Y-golpeaba (9) . Egipto

וְאִשָּׁה וְלָקַח צֹאן וּבָקָר וַחֲמֹרִים וּגְמַלִּים וּבְגָדִים
y-ropas y-camellos y-asnos y-ganado-mayor ganado-menor y-tomaba ni-mujer

וַיָּשָׁב וַיָּבֹא אֶל־אָכִישׁ׃ וַיֹּאמֶר אָכִישׁ אַל־
¿no : Aquís Y-preguntaba (10) . Aquís a y-venía y-volvía

פְּשַׁטְתֶּם הַיּוֹם וַיֹּאמֶר דָּוִד עַל־נֶגֶב יְהוּדָה וְעַל־
o-hacia Judá (el)sur-de hacia : David y-decía ? este-día habéis-despojado

נֶגֶב הַיְּרַחְמְאֵלִי וְאֶל־נֶגֶב הַקֵּינִי׃ וְאִישׁ וְאִשָּׁה
y-mujer Y-hombre (11) . el-ceneo (el)sur-de o-hacia el-jerameelita (el)sur-de

לֹא־יְחַיֶּה דָוִד לְהָבִיא גַת לֵאמֹר פֶּן־יַגִּדוּ עָלֵינוּ לֵאמֹר
: diciendo sobre-nosotros informen no-sea-que : diciendo a-Gat para-llevar David dejaba-vivo no

כֹּה־עָשָׂה דָוִד וְכֹה מִשְׁפָּטוֹ כָּל־הַיָּמִים אֲשֶׁר יָשַׁב
habitó que los-días todos su-norma y-así David ha-hecho así

בִּשְׂדֵה פְלִשְׁתִּים׃ וַיַּאֲמֵן אָכִישׁ בְּדָוִד לֵאמֹר
: diciendo en-David Aquís Y-confió (12) . filisteos en-campo-de

הַבְאֵשׁ הִבְאִישׁ בְּעַמּוֹ בְיִשְׂרָאֵל וְהָיָה
y-él-será en-Israel en-su-pueblo él-se-ha-hecho-odioso hacerse-odioso

לִי לְעֶבֶד עוֹלָם׃ וַיְהִי בַּיָּמִים הָהֵם
los-aquellos en-los-días Y-sucedió (1) . siempre para-siervo para-mí **Cap. 28**

וַיִּקְבְּצוּ פְלִשְׁתִּים אֶת־ מַחֲנֵיהֶם לַצָּבָא לְהִלָּחֵם
para-luchar para-el-ejército sus-fuerzas a filisteos que-reunieron

בְּיִשְׂרָאֵל וַיֹּאמֶר אָכִישׁ אֶל־ דָּוִד יָדֹעַ תֵּדַע
sabrás saber : David a Aquís y-dijo contra-Israel

כִּי אִתִּי תֵּצֵא בַמַּחֲנֶה אַתָּה וַאֲנָשֶׁיךָ׃ וַיֹּאמֶר
Y-dijo (2) . y-tus-hombres tú en-la-campaña saldrás conmigo que

דָּוִד אֶל־אָכִישׁ לָכֵן אַתָּה תֵדַע אֵת אֲשֶׁר־ יַעֲשֶׂה עַבְדֶּךָ
tu-siervo hace lo-que ** sabrás tú por-eso : Aquís a David

וַיֹּאמֶר אָכִישׁ אֶל־ דָּוִד לָכֵן שֹׁמֵר לְרֹאשִׁי
para-mi-cabeza guardián por-tanto : David a Aquís y-dijo

אֲשִׂימְךָ כָּל־ הַיָּמִים׃ וּשְׁמוּאֵל מֵת וַיִּסְפְּדוּ־
y-había-llorado había-muerto Y-Samuel (3) . los-días todos te-hago

לוֹ כָּל־ יִשְׂרָאֵל וַיִּקְבְּרֻהוּ בָרָמָה וּבְעִירוֹ
en-su-ciudad en-Ramá y-le-habían-enterrado Israel todo por-él

וְשָׁאוּל הֵסִיר הָאֹבוֹת וְאֶת־ הַיִּדְּעֹנִים מֵהָאָרֶץ׃
. de-la-tierra los-adivinos y los-encantadores había-expulsado y-Saúl

וַיִּקָּבְצוּ פְלִשְׁתִּים וַיָּבֹאוּ וַיַּחֲנוּ בְשׁוּנֵם
en-Sunem y-acamparon y-vinieron filisteos Y-se-reunieron (4)

וַיִּקְבֹּץ שָׁאוּל אֶת־ כָּל־ יִשְׂרָאֵל וַיַּחֲנוּ בַּגִּלְבֹּעַ׃
. en-el-Gilboa y-acamparon Israel todo a Saúl y-reunió

וַיַּרְא שָׁאוּל אֶת־ מַחֲנֵה פְלִשְׁתִּים וַיִּרָא וַיֶּחֱרַד
y-tembló y-temió filisteos campamento-de ** Saúl Y-vio (5)

לִבּוֹ מְאֹד׃ וַיִּשְׁאַל שָׁאוּל בַּיהוָה וְלֹא עָנָהוּ

le-respondió pero-no a-Yahweh Saúl Y-consultó (6) . mucho su-corazón

יְהוָה גַּם בַּחֲלֹמוֹת גַּם בָּאוּרִים גַּם בַּנְּבִיאִם׃ וַיֹּאמֶר

Y-dijo (7) . por-los-profetas ni por-los-Urim ni por-los-sueños ni Yahweh

שָׁאוּל לַעֲבָדָיו בַּקְּשׁוּ־לִי אֵשֶׁת בַּעֲלַת־אוֹב וְאֵלְכָה

e-iré adivinación dueña-de mujer-de para-mí buscad : a-sus-siervos Saúl

אֵלֶיהָ וְאֶדְרְשָׁה־בָּהּ וַיֹּאמְרוּ עֲבָדָיו אֵלָיו הִנֵּה

he-aquí-que : a-él sus-siervos y-dijeron por-ella y-consultaré a-ella

אֵשֶׁת בַּעֲלַת־אוֹב בְּעֵין דּוֹר׃ וַיִּתְחַפֵּשׂ שָׁאוּל

Saúl Y-se-disfrazó (8) . en-Endor adivinación dueña-de mujer-de

וַיִּלְבַּשׁ בְּגָדִים אֲחֵרִים וַיֵּלֶךְ הוּא וּשְׁנֵי אֲנָשִׁים עִמּוֹ

con-él hombres y-dos él y-fue otras ropas y-se-vistió

וַיָּבֹאוּ אֶל־הָאִשָּׁה לָיְלָה וַיֹּאמֶר קָסֳמִי־נָא לִי

para-mí por-favor adivina : y-él-dijo noche la-mujer a y-llegaron

בָּאוֹב וְהַעֲלִי לִי אֵת אֲשֶׁר־אֹמַר אֵלָיִךְ׃ וַתֹּאמֶר

Y-dijo (9) . a-ti yo-diga quien a para-mí y-haz-subir por-el-espectro

הָאִשָּׁה אֵלָיו הִנֵּה אַתָּה יָדַעְתָּ אֵת אֲשֶׁר־עָשָׂה שָׁאוּל אֲשֶׁר הִכְרִית אֶת־

a ha-exterminado que Saúl ha-hecho lo-que ** sabes tú he-aquí-que : a-él la-mujer

הָאֹבוֹת וְאֶת־הַיִּדְּעֹנִי מִן־הָאָרֶץ וְלָמָה אַתָּה מִתְנַקֵּשׁ

tiendes-trampa tú ¿y-por-qué la-tierra de los-adivinos y-a los-nigromantes

בְּנַפְשִׁי לַהֲמִיתֵנִי׃ וַיִּשָּׁבַע לָהּ שָׁאוּל בַּיהוָה לֵאמֹר

: diciendo por-Yahweh Saúl a-ella Y-juró (10) ? para-matarme a-mi-alma

חַי־יְהוָה אִם־יִקְּרֵךְ עָוֹן בַּדָּבָר הַזֶּה׃

. el-éste por-el-asunto castigo te-ocurrirá no Yahweh vida-de

וַתֹּאמֶר הָאִשָּׁה אֶת־מִי אַעֲלֶה־לָּךְ וַיֹּאמֶר

: y-dijo ? para-ti haré-subir quién ¿a : la-mujer Y-dijo (11)

אֶת־שְׁמוּאֵל הַעֲלִי־לִי׃ וַתֵּרֶא הָאִשָּׁה אֶת־שְׁמוּאֵל
Samuel a la-mujer Y-vio (12) . para-mí haz-subir Samuel a

וַתִּזְעַק בְּקוֹל גָּדוֹל וַתֹּאמֶר הָאִשָּׁה אֶל־שָׁאוּל לֵאמֹר לָמָּה
¿por-qué : diciendo Saúl a la-mujer y-habló alta con-voz y-gritó

רִמִּיתָנִי וְאַתָּה שָׁאוּל׃ וַיֹּאמֶר לָהּ הַמֶּלֶךְ אַל־תִּירְאִי
temas no : el-rey a-ella Y-dijo (13) . Saúl y-tú ? me-has-engañado

כִּי מָה רָאִית וַתֹּאמֶר הָאִשָּׁה אֶל־שָׁאוּל אֱלֹהִים רָאִיתִי עֹלִים
subiendo he-visto dioses : Saúl a la-mujer y-dijo ? has-visto ¿qué pues

מִן־הָאָרֶץ׃ וַיֹּאמֶר לָהּ מַה־תָּאֳרוֹ וַתֹּאמֶר אִישׁ
hombre : y-dijo ? su-aspecto ¿cuál : a-ella Y-dijo (14) . la-tierra de

זָקֵן עֹלֶה וְהוּא עֹטֶה מְעִיל וַיֵּדַע שָׁאוּל כִּי־שְׁמוּאֵל הוּא
él Samuel que Saúl y-supo manto está-cubierto y-él subiendo anciano

וַיִּקֹּד אַפַּיִם אַרְצָה וַיִּשְׁתָּחוּ׃ וַיֹּאמֶר שְׁמוּאֵל
Samuel Y-dijo (15) . y-se-posternó a-tierra rostro e-inclinó

אֶל־שָׁאוּל לָמָּה הִרְגַּזְתַּנִי לְהַעֲלוֹת אֹתִי וַיֹּאמֶר שָׁאוּל צַר־
angustia : Saúl y-dijo ? a-mí para-hacer-subir me-has-turbado ¿por-qué : Saúl a

לִי מְאֹד וּפְלִשְׁתִּים ׀ נִלְחָמִים בִּי וֵאלֹהִים סָר
se-ha-apartado y-Dios contra-mí están-luchando y-filisteos grande para-mí

מֵעָלַי וְלֹא־עָנָנִי עוֹד גַּם בְּיַד־הַנְּבִאִים גַּם־
ni los-profetas por-mano-de ni ya me-responde y-no de-conmigo

בַּחֲלֹמוֹת וָאֶקְרָאֶה לְךָ לְהוֹדִיעֵנִי מָה אֶעֱשֶׂה׃ וַיֹּאמֶר
Y-dijo (16) . debo-hacer qué para-hacerme-saber a-ti y-llamé en-los-sueños

שְׁמוּאֵל וְלָמָּה תִּשְׁאָלֵנִי וַיהוָה סָר מֵעָלֶיךָ וַיְהִי
y-se-ha-hecho de-contigo se-ha-apartado y-Yahweh me-consultas ¿y-por-qué Samuel

עָרֶךָ׃ וַיַּעַשׂ יְהוָה לוֹ כַּאֲשֶׁר דִּבֶּר בְּיָדִי
por-mi-mano había-dicho como a-ti Yahweh Y-ha-hecho (17) ? tu-adversario

וַיִּקְרַע יְהוָה אֶת־ הַמַּמְלָכָה מִיָּדֶךָ וַיִּתְּנָהּ
y-lo-ha-dado de-tu-mano el-reino ** Yahweh y-ha-arrancado

לְרֵעֲךָ לְדָוִד׃ כַּאֲשֶׁר לֹא־ שָׁמַעְתָּ בְּקוֹל יְהוָה
Yahweh en-la-voz-de escuchaste no Como (18) . a-David a-tu-compañero

וְלֹא־ עָשִׂיתָ חֲרוֹן־ אַפּוֹ בַּעֲמָלֵק עַל־ כֵּן
esto por contra-Amalec su-ira el-ardor-de hiciste y-no

הַדָּבָר הַזֶּה עָשָׂה־ לְךָ יְהוָה הַיּוֹם הַזֶּה׃ וְיִתֵּן
Y-entregará (19) . el-éste el-día Yahweh a-ti ha-hecho la-ésta la-cosa

יְהוָה גַּם אֶת־ יִשְׂרָאֵל עִמְּךָ בְּיַד־ פְּלִשְׁתִּים וּמָחָר אַתָּה
tú y-mañana filisteos en-mano-de contigo Israel a también Yahweh

וּבָנֶיךָ עִמִּי גַּם אֶת־ מַחֲנֵה יִשְׂרָאֵל יִתֵּן יְהוָה
Yahweh entregará Israel campamento-de ** también conmigo y-tus-hijos

בְּיַד־ פְּלִשְׁתִּים׃ וַיְמַהֵר שָׁאוּל וַיִּפֹּל מְלֹא־
plenitud-de y-cayó Saúl Y-se-apresuró (20) . filisteos en-mano-de

קוֹמָתוֹ אַרְצָה וַיִּרָא מְאֹד מִדִּבְרֵי שְׁמוּאֵל גַּם־
también Samuel de-(las)palabras-de mucho y-temió al-suelo su-altura

כֹּחַ לֹא־ הָיָה בוֹ כִּי לֹא אָכַל לֶחֶם כָּל־ הַיּוֹם וְכָל־
y-toda el-día todo pan había-comido no pues en-él había no fuerza

הַלָּיְלָה׃ וַתָּבוֹא הָאִשָּׁה אֶל־שָׁאוּל וַתֵּרֶא כִּי־ נִבְהַל
se-estaba-agitando que y-vio Saúl a la-mujer Y-vino (21) . la-noche

מְאֹד וַתֹּאמֶר אֵלָיו הִנֵּה שָׁמְעָה שִׁפְחָתְךָ בְּקוֹלֶךָ
en-tu-voz tu-sierva ha-escuchado he-aquí-que : a-él y-dijo mucho

וָאָשִׂים נַפְשִׁי בְּכַפִּי וָאֶשְׁמַע אֶת־ דְּבָרֶיךָ אֲשֶׁר דִּבַּרְתָּ
has-hablado que tus-palabras ** y-he-escuchado en-mi-palma mi-alma y-he-puesto

אֵלָי׃ וְעַתָּה שְׁמַע־ נָא גַם־ אַתָּה בְּקוֹל שִׁפְחָתֶךָ
tu-sierva en-la-voz-de tú también pues escucha Y-ahora (22) . a-mí

וְאָשִׂמָה לְפָנֶיךָ פַּת־ לֶחֶם וֶאֱכוֹל וִיהִי בְךָ כֹּחַ
fuerza en-ti y-habrá y-come pan un-trozo-de ante-ti y-pondré

כִּי תֵלֵךְ בַּדָּרֶךְ׃ (23) וַיְמָאֵן וַיֹּאמֶר לֹא אֹכַל
comeré no : y-dijo Y-rechazó (23) . por-el-camino podrás-andar y-así

וַיִּפְרְצוּ־ בוֹ עֲבָדָיו וְגַם־ הָאִשָּׁה וַיִּשְׁמַע
y-escuchó la-mujer y-también sus-siervas con-él e-insistieron

לְקֹלָם וַיָּקָם מֵהָאָרֶץ וַיֵּשֶׁב אֶל־ הַמִּטָּה׃
. la-cama sobre y-se-sentó de-la-tierra y-se-levantó a-sus-voces

(24) וְלָאִשָּׁה עֵגֶל־ מַרְבֵּק בַּבַּיִת וַתְּמַהֵר
y-se-apresuró en-la-casa engorde ternero-de Y-para-la-mujer (24)

וַתִּזְבָּחֵהוּ וַתִּקַּח־ קֶמַח וַתָּלָשׁ וַתֹּפֵהוּ
y-coció y-amasó harina y-tomó y-lo-sacrificó

מַצּוֹת׃ (25) וַתַּגֵּשׁ לִפְנֵי־ שָׁאוּל וְלִפְנֵי עֲבָדָיו
sus-siervos y-ante Saúl ante Y-acercó (25) . panes-sin-levadura

וַיֹּאכֵלוּ וַיָּקֻמוּ וַיֵּלְכוּ בַּלַּיְלָה הַהוּא׃
. la-aquella en-la-noche y-se-fueron y-se-levantaron y-comieron

Cap. 29 (1) וַיִּקְבְּצוּ פְלִשְׁתִּים אֶת־ כָּל־ מַחֲנֵיהֶם אֲפֵקָה
Afec sus-campamentos todos ** filisteos Y-se-reunieron (1) **Cap. 29**

וְיִשְׂרָאֵל חֹנִים בַּעַיִן אֲשֶׁר בְּיִזְרְעֶאל׃ (2) וְסַרְנֵי
Y-los-príncipes-de (2) . en-Jezreel que en-la-fuente estaba-acampando e-Israel

פְלִשְׁתִּים עֹבְרִים לְמֵאוֹת וְלַאֲלָפִים וְדָוִד
y-David y-a-miles a-cientos desfilaban filisteos

וַאֲנָשָׁיו עֹבְרִים בָּאַחֲרֹנָה עִם־ אָכִישׁ׃ (3) וַיֹּאמְרוּ
Y-dijeron (3) . Aquís con en-la-retaguardia iban-desfilando y-sus-hombres

שָׂרֵי פְלִשְׁתִּים מָה הָעִבְרִים הָאֵלֶּה וַיֹּאמֶר אָכִישׁ
Aquís y-dijo ? los-éstos los-hebreos ¿qué : filisteos (los)jefes-de

אֶל־ שָׂרֵי פְּלִשְׁתִּים הֲלוֹא־ זֶה דָוִד עֶבֶד ׀ שָׁאוּל מֶלֶךְ־יִשְׂרָאֵל
Israel rey-de Saúl siervo-de David éste ¿acaso-no : los-filisteos los-jefes-de a

אֲשֶׁר הָיָה אִתִּי זֶה יָמִים אוֹ־ זֶה שָׁנִים וְלֹא־ מָצָאתִי בוֹ מְאוּמָה
nada en-él he-encontrado y-no años hace o días hace conmigo ha-estado que

מִיּוֹם נָפְלוֹ עַד־ הַיּוֹם הַזֶּה׃ וַיִּקְצְפוּ עָלָיו
con-él Y-se-enojaron (4) el-éste? el-día hasta de-su-caer desde-(el)día

שָׂרֵי פְּלִשְׁתִּים וַיֹּאמְרוּ לוֹ שָׂרֵי פְּלִשְׁתִּים
filisteos (los)jefes-de a-él y-dijeron filisteos (los)jefes-de

הָשֵׁב אֶת־ הָאִישׁ וְיָשֹׁב אֶל־ מְקוֹמוֹ אֲשֶׁר הִפְקַדְתּוֹ
tú-le-ordenaste que su-lugar a y-regrese el-hombre a haz-volver

שָׁם וְלֹא־ יֵרֵד עִמָּנוּ בַּמִּלְחָמָה וְלֹא־ יִהְיֶה־
se-convierta y-no a-la-batalla con-nosotros baje y-no allí

לָּנוּ לְשָׂטָן בַּמִּלְחָמָה וּבַמֶּה יִתְרַצֶּה
pueda-complacer ¿y-mediante-qué en-la-batalla en-adversario para-nosotros

זֶה אֶל־ אֲדֹנָיו הֲלוֹא בְּרָאשֵׁי הָאֲנָשִׁים הָהֵם׃ הֲלוֹא־ זֶה
éste ¿Acaso-no (5) ? los-éstos los-hombres con-las-cabezas-de ¿acaso-no ? su-señor a éste

דָוִד אֲשֶׁר יַעֲנוּ־ לוֹ בַּמְּחֹלוֹת לֵאמֹר הִכָּה שָׁאוּל
Saúl hirió : diciendo en-las-danzas para-él cantaron que David

בַּאֲלָפָיו וְדָוִד בְּרִבְבֹתָו׃ וַיִּקְרָא
Y-gritó (6) ? a-sus-diezmillares y-David a-sus-miles

אָכִישׁ אֶל־ דָּוִד וַיֹּאמֶר אֵלָיו חַי־ יְהוָה כִּי־ יָשָׁר אַתָּה
tú recto ciertamente Yahweh vida-de : a-él y-dijo David a Aquís

וְטוֹב בְּעֵינַי צֵאתְךָ וּבֹאֲךָ אִתִּי בַּמַּחֲנֶה
en-el-campamento conmigo y-tú-venir tú-salir a-mis-ojos y-bueno

כִּי לֹא־ מָצָאתִי בְךָ רָעָה מִיּוֹם בֹּאֲךָ אֵלַי עַד־ הַיּוֹם
el-día hasta a-mí tú-venir desde-(el)día-de mal en-ti he-encontrado no pues

הַזֶּה וּבְעֵינֵי הַסְּרָנִים לֹא־טוֹב אָתָּה׃ וְעַתָּה שׁוּב

regresa Y-ahora (7) . tú bueno no los-príncipes y-a-l(os)ojos-de el-éste

וְלֵךְ בְּשָׁלוֹם וְלֹא־תַעֲשֶׂה רָע בְּעֵינֵי סַרְנֵי פְלִשְׁתִּים׃

. filisteos (los)príncipes-de a-l(os)ojos-de mal hagas y-no en-paz y-ve

וַיֹּאמֶר דָּוִד אֶל־אָכִישׁ כִּי מֶה עָשִׂיתִי וּמַה־מָּצָאתָ

has-encontrado y-qué ? he-hecho ¿qué pues : Aquís a David Y-dijo (8)

בְעַבְדְּךָ מִיּוֹם אֲשֶׁר הָיִיתִי לְפָנֶיךָ עַד הַיּוֹם הַזֶּה

el-éste el-día hasta ante-ti estuve en-que desde-día contra-tu-siervo

כִּי לֹא אָבוֹא וְנִלְחַמְתִּי בְּאֹיְבֵי אֲדֹנִי הַמֶּלֶךְ׃

? el-rey mi-señor contra-los-enemigos-de y-luche venga no para-que

וַיַּעַן אָכִישׁ וַיֹּאמֶר אֶל־דָּוִד יָדַעְתִּי כִּי טוֹב אַתָּה

tú bueno que yo-sé : David a y-dijo Aquís Y-respondió (9)

בְּעֵינַי כְּמַלְאַךְ אֱלֹהִים אַךְ שָׂרֵי פְלִשְׁתִּים אָמְרוּ

: han-dicho filisteos (los)jefes-de pero Dios como-ángel-de a-mis-ojos

לֹא־יַעֲלֶה עִמָּנוּ בַּמִּלְחָמָה׃ וְעַתָּה הַשְׁכֵּם בַּבֹּקֶר

por-la-mañana madruga Y-ahora (10) . a-la-batalla con-nosotros suba no

וְעַבְדֵי אֲדֹנֶיךָ אֲשֶׁר־בָּאוּ אִתָּךְ וְהִשְׁכַּמְתֶּם

y-madrugad contigo han-venido que tu-señor y-(los)siervos-de

בַּבֹּקֶר וְאוֹר לָכֶם וָלֵכוּ׃ וַיַּשְׁכֵּם דָּוִד

David Y-madrugó (11) . y-marchad para-vosotros y-luz en-la-mañana

הוּא וַאֲנָשָׁיו לָלֶכֶת בַּבֹּקֶר לָשׁוּב אֶל־אֶרֶץ פְּלִשְׁתִּים

filisteos tierra-de a para-volver por-la-mañana para-marchar y-sus-hombres él

וּפְלִשְׁתִּים עָלוּ יִזְרְעֶאל׃ וַיְהִי בְּבֹא דָוִד

David al-llegar Y-sucedió (1) . (a)Jizreel subieron y-filisteos **Cap. 30**

וַאֲנָשָׁיו צִקְלַג בַּיּוֹם הַשְּׁלִישִׁי וַעֲמָלֵקִי פָּשְׁטוּ אֶל־נֶגֶב

Négueb en habían-hecho-incursión que-amalequitas el-tercero en-el-día (a)Siclag y-sus-hombres

וְאֶל־צִקְלַג וַיַּכּוּ אֶת־צִקְלַג וַיִּשְׂרְפוּ אֹתָהּ בָּאֵשׁ׃

. con fuego a-ella y-habían quemado Siclag a y-habían-golpeado Siclag y-en

וַיִּשְׁבּוּ אֶת־הַנָּשִׁים אֲשֶׁר־בָּהּ מִקָּטֹן וְעַד־גָּדוֹל לֹא

no grande y-hasta de-pequeño en-ella que las-mujeres a Y-habían-capturado (2)

הֵמִיתוּ אִישׁ וַיִּנְהֲגוּ וַיֵּלְכוּ לְדַרְכָּם׃

. por-su-camino y-se-fueron y-llevaron ningún-hombre había-matado

וַיָּבֹא דָוִד וַאֲנָשָׁיו אֶל־הָעִיר וְהִנֵּה שְׂרוּפָה

quemada y-he-aquí-que la-ciudad a y-sus-hombres David Y-llegó (3)

בָּאֵשׁ וּנְשֵׁיהֶם וּבְנֵיהֶם וּבְנֹתֵיהֶם

y-sus-hijas y-sus-hijos y-sus-mujeres por-fuego

נִשְׁבּוּ׃ וַיִּשָּׂא דָוִד וְהָעָם אֲשֶׁר־אִתּוֹ אֶת־

** con-él que y-la-gente David Y-alzó (4) . habían-sido-capturados

קוֹלָם וַיִּבְכּוּ עַד אֲשֶׁר אֵין־בָּהֶם כֹּחַ לִבְכּוֹת׃

. para-llorar fuerza en-ellos no-había que hasta y-lloraron su-voz

וּשְׁתֵּי נְשֵׁי־דָוִד נִשְׁבּוּ אֲחִינֹעַם הַיִּזְרְעֵלִית

la-jizreelita Ahinoam habían-sido-capturadas David mujeres-de Y-dos (5)

וַאֲבִיגַיִל אֵשֶׁת נָבָל הַכַּרְמְלִי׃ וַתֵּצֶר לְדָוִד

a-David Y-le-entró-angustia (6) . el-carmelita Nabal mujer-de y-Abigail

מְאֹד כִּי־אָמְרוּ הָעָם לְסָקְלוֹ כִּי־מָרָה נֶפֶשׁ

alma-de amarga pues de-apedrearlo el-pueblo hablaba pues mucho

כָּל־הָעָם אִישׁ עַל־בָּנָו וְעַל־בְּנֹתָיו

sus-hijas y-por sus-hijos por cada-hombre el-pueblo todo

וַיִּתְחַזֵּק דָוִד בַּיהוָה אֱלֹהָיו׃ וַיֹּאמֶר דָוִד אֶל־

a David Y-dijo (7) . su-Dios en-Yahweh David y-se-fortaleció

אֶבְיָתָר הַכֹּהֵן בֶּן־אֲחִימֶלֶךְ הַגִּישָׁה־נָּא לִי הָאֵפֹד וַיַּגֵּשׁ

y-acercó el-efod a-mí te-ruego acerca : Ahimélec hijo-de el-sacerdote Abiatar

אֶבְיָתָר אֶת־הָאֵפֹד אֶל־דָּוִד׃ וַיִּשְׁאַל דָּוִד בַּיהוָה לֵאמֹר

: diciendo a-Yahweh David Y-consultó (8) . David a el-efod ** Abiatar

אֶרְדֹּף אַחֲרֵי הַגְּדוּד־הַזֶּה הַאַשִּׂגֶנּוּ

¿la-alcanzaré? ¿ la-ésta la-horda tras ¿debo-perseguir

וַיֹּאמֶר לוֹ רְדֹף כִּי־הַשֵּׂג תַּשִּׂיג וְהַצֵּל

y-librar alcanzarás alcanzar pues persigue : a-él y-dijo

תַּצִּיל׃ וַיֵּלֶךְ דָּוִד הוּא וְשֵׁשׁ־מֵאוֹת אִישׁ אֲשֶׁר אִתּוֹ

con-él que hombres cientos y-seis él David Y-fue (9) . librarás

וַיָּבֹאוּ עַד־נַחַל הַבְּשׂוֹר וְהַנּוֹתָרִים עָמָדוּ׃

. permanecieron y-los-restantes Besor torrente-de a y-llegaron

וַיִּרְדֹּף דָּוִד הוּא וְאַרְבַּע־מֵאוֹת אִישׁ וַיַּעַמְדוּ מָאתַיִם

doscientos y-permanecieron hombres cientos y-cuatro él David Y-persiguió (10)

אִישׁ אֲשֶׁר פִּגְּרוּ מֵעֲבֹר אֶת־נַחַל הַבְּשׂוֹר׃

. Besor torrente-de ** para-cruzar cansados que hombres

וַיִּמְצְאוּ אִישׁ־מִצְרִי בַּשָּׂדֶה וַיִּקְחוּ אֹתוֹ אֶל־דָּוִד

David para a-él y-tomaron en-el-campo egipcio un-hombre Y-encontraron (11)

וַיִּתְּנוּ־לוֹ לֶחֶם וַיֹּאכַל וַיַּשְׁקֻהוּ מָיִם׃

. agua y-le-dieron-de-beber y-comió pan a-él y-le-dieron

וַיִּתְּנוּ־לוֹ פֶלַח דְּבֵלָה וּשְׁנֵי צִמֻּקִים

racimos-de-uvas-pasas y-dos torta-de-higos-secos trozo-de a-él Y-le-dieron (12)

וַיֹּאכַל וַתָּשָׁב רוּחוֹ אֵלָיו כִּי לֹא־אָכַל לֶחֶם וְלֹא־

y-no pan había-comido no pues a-él su-espíritu y-volvió y-comió

שָׁתָה מַיִם שְׁלֹשָׁה יָמִים וּשְׁלֹשָׁה לֵילוֹת׃ וַיֹּאמֶר לוֹ דָוִד

: David a-él Y-dijo (13) . noches y-tres días tres agua había-bebido

לְמִי־אַתָּה וְאֵי מִזֶּה אָתָּה וַיֹּאמֶר נַעַר מִצְרִי אָנֹכִי עֶבֶד

siervo yo egipcio muchacho : y-dijo ? tú de-aquí y-dónde tú ¿de-quién

לְאִישׁ עֲמָלֵקִי וַיַּעַזְבֵנִי אֲדֹנִי כִּי חָלִיתִי הַיּוֹם

el-día enfermé pues mi-señor y-me-ha-abandonado amalecita de-hombre

שְׁלֹשָׁה׃ אֲנַחְנוּ פָּשַׁטְנוּ נֶגֶב הַכְּרֵתִי וְעַל־ אֲשֶׁר לִיהוּדָה וְעַל־

y-por para-Judá lo-que y-por el-cereteo (al)Négueb-de hicimos-incursión Nosotros (14) . tres

נֶגֶב כָּלֵב וְאֶת־צִקְלַג שָׂרַפְנוּ בָאֵשׁ׃ וַיֹּאמֶר אֵלָיו דָּוִד

: David a-él Y-dijo (15) . con-fuego quemamos Siclag y-a Caleb (el)Négueb-de

הֲתוֹרִדֵנִי אֶל־ הַגְּדוּד הַזֶּה וַיֹּאמֶר הִשָּׁבְעָה לִּי

a-mí jura : y-dijo ? la-ésta la-horda a ¿acaso-tú-me-conducirás

בֵאלֹהִים אִם־ תְּמִיתֵנִי וְאִם־ תַּסְגִּרֵנִי בְּיַד־

en-mano-de me-entregarás y-no me-matarás que-no por-Dios

אֲדֹנִי וְאוֹרִדְךָ אֶל־ הַגְּדוּד הַזֶּה׃

. la-esta la-horda a y-te-conduciré mi-señor

וַיֹּרִדֵהוּ וְהִנֵּה נְטֻשִׁים עַל־ פְּנֵי כָל־

toda (la)faz-de sobre estaban-dispersos y-he-aquí-que Y-le-condujo (16)

הָאָרֶץ אֹכְלִים וְשֹׁתִים וְחֹגְגִים בְּכֹל

por-todo y-festejando y-bebiendo comiendo la-tierra

הַשָּׁלָל הַגָּדוֹל אֲשֶׁר לָקְחוּ מֵאֶרֶץ פְּלִשְׁתִּים וּמֵאֶרֶץ

y-de-tierra-de filisteos de-tierra-de habían-tomado que el-grande el-botín

יְהוּדָה׃ וַיַּכֵּם דָּוִד מֵהַנֶּשֶׁף וְעַד־ הָעֶרֶב

la-tarde y-hasta el-alba desde Y-les-golpeó (17) . Judá

לְמָחֳרָתָם וְלֹא־ נִמְלַט מֵהֶם אִישׁ כִּי אִם־אַרְבַּע

cuatro sino hombre de-ellos escapó y-no de-día-siguiente

מֵאוֹת אִישׁ־ נַעַר אֲשֶׁר־ רָכְבוּ עַל־ הַגְּמַלִּים וַיָּנֻסוּ׃

. y-huyeron los-camellos sobre montaron que jóvenes hombres cientos

וַיַּצֵּל דָּוִד אֵת כָּל־אֲשֶׁר לָקְחוּ עֲמָלֵק וְאֶת־ שְׁתֵּי

dos y Amalec había-tomado lo-que todo ** David Y-liberó (18)

נָשָׁיו הִצִּיל דָּוִד׃ וְלֹא נֶעְדַּר־ לָהֶם מִן־
de a-ellos faltó Y-no (19) . David liberó mujeres-suyas

הַקָּטֹן וְעַד־ הַגָּדוֹל וְעַד־ בָּנִים וּבָנוֹת וּמִשָּׁלָל וְעַד
y-hasta y-de-botín e-hijas hijos y-hasta el-grande y-hasta el-pequeño

כָּל־ אֲשֶׁר לָקְחוּ לָהֶם הַכֹּל הֵשִׁיב דָּוִד׃
. David recuperó la-totalidad a-ellos habían-tomado lo-que todo

וַיִּקַּח דָּוִד אֶת־ כָּל־ הַצֹּאן וְהַבָּקָר נָהֲגוּ לִפְנֵי
delante llevaban y-el-ganado-mayor el-ganado-menor todo ** David Y-tomó (20)

הַמִּקְנֶה הַהוּא וַיֹּאמְרוּ זֶה שְׁלַל דָּוִד׃ וַיָּבֹא
Y-llegó (21) . David botín-de éste : y-decían la-ésta la-posesión

דָוִד אֶל־ מָאתַיִם הָאֲנָשִׁים אֲשֶׁר־ פִּגְּרוּ מִלֶּכֶת אַחֲרֵי
tras para-ir estaban-cansados que los-hombres doscientos a David

דָוִד וַיֹּשִׁבֻם בְּנַחַל הַבְּשׂוֹר וַיֵּצְאוּ לִקְרַאת
al-encuentro-de y-ellos-salieron Besor en-el-torrente-de y-los-había-asentado David

דָּוִד וְלִקְרַאת הָעָם אֲשֶׁר־ אִתּוֹ וַיִּגַּשׁ דָּוִד אֶת־
a David y-se-acercó con-él que el-pueblo y-al-encuentro-de David

הָעָם וַיִּשְׁאַל לָהֶם לְשָׁלוֹם׃ וַיַּעַן כָּל־ אִישׁ־
hombre todo Y-respondió (22) . por-salud a-ellos y-preguntó el-pueblo

רָע וּבְלִיַּעַל מֵהָאֲנָשִׁים אֲשֶׁר הָלְכוּ עִם־ דָּוִד וַיֹּאמְרוּ
: y-dijeron David con habían-ido que de-los-hombres y-perverso malo

יַעַן אֲשֶׁר לֹא־ הָלְכוּ עִמִּי לֹא־ נִתֵּן לָהֶם
a-ellos se-entregue no conmigo han-ido no que puesto

מֵהַשָּׁלָל אֲשֶׁר הִצַּלְנוּ כִּי־ אִם־ אִישׁ אֶת־ אִשְׁתּוֹ וְאֶת־
y-a su-mujer a hombre sino hemos-liberado que del-botín

בָּנָיו וְיִנְהֲגוּ וְיֵלֵכוּ׃ וַיֹּאמֶר דָּוִד
: David Y-dijo (23) . y-se-vayan y-que-lleven sus-hijos

לֹא־תַעֲשׂוּ כֵן אֶחָי אֵת אֲשֶׁר־נָתַן יְהוָה לָנוּ וַיִּשְׁמֹר
y-ha-guardado a-vosotros Yahweh ha-dado lo-que con hermanos-míos así haréis no

אֹתָנוּ וַיִּתֵּן אֶת־הַגְּדוּד הַבָּא עָלֵינוּ בְּיָדֵנוּ׃
. en-nuestra-mano contra-nosotros que-venía la-horda a y-ha-entregado vosotros

וּמִי יִשְׁמַע לָכֶם לַדָּבָר הַזֶּה כִּי כְּחֵלֶק
como-(la)parte-de pues ? la-esta para-la-palabra a-vosotros escuchará ¿Y-quién (24)

הַיֹּרֵד בַּמִּלְחָמָה וּכְחֵלֶק הַיֹּשֵׁב עַל־הַכֵּלִים
el-bagaje con el-que-permanece y-como-(la)parte- a-la-batalla el-que-baja

יַחְדָּו יַחֲלֹקוּ׃ וַיְהִי מֵהַיּוֹם הַהוּא וָמָעְלָה
y-en-adelante el-aquel desde-el-día Y-sucedió (25) . repartirán a-una

וַיְשִׂמֶהָ לְחֹק וּלְמִשְׁפָּט לְיִשְׂרָאֵל עַד הַיּוֹם הַזֶּה׃
. el-éste el-día hasta para-Israel y-para-norma para-ley que-la-estableció

וַיָּבֹא דָוִד אֶל־צִקְלַג וַיְשַׁלַּח מֵהַשָּׁלָל לְזִקְנֵי
a-ancianos-de del-botín y-envió Siclag a David Y-llegó (26)

יְהוּדָה לְרֵעֵהוּ לֵאמֹר הִנֵּה לָכֶם בְּרָכָה מִשְּׁלַל
de-botín-de bendición para-vosotros he-aquí : diciendo a-sus-amigos Judá

אֹיְבֵי יְהוָה׃ לַאֲשֶׁר בְּבֵית־אֵל וְלַאֲשֶׁר בְּרָמוֹת־נֶגֶב
Négueb en-Ramot y-para-los-que el en-Bet- Para-los-que (27) . Yahweh enemigos-de

וְלַאֲשֶׁר בְּיַתִּר׃ וְלַאֲשֶׁר בַּעֲרֹעֵר וְלַאֲשֶׁר בְּשִׂפְמוֹת
en-Sifmot y-para-los-que en-Aroer Y-para-los-que (28) . en-Jatir y-para-los-que

וְלַאֲשֶׁר בְּאֶשְׁתְּמֹעַ׃ וְלַאֲשֶׁר בְּרָכָל וְלַאֲשֶׁר בְּעָרֵי
en-ciudades-de y-para-los-que en-Racal Y-para-los-que (29) . en-Estemoa y-para-los-que

הַיְּרַחְמְאֵלִי וְלַאֲשֶׁר בְּעָרֵי הַקֵּינִי׃ וְלַאֲשֶׁר בְּחָרְמָה
en-Hormá Y-para-los-que (30) . el-ceneo en-ciudades-de y-para-los-que el-jerameelita

וְלַאֲשֶׁר בְּבוֹר־עָשָׁן וְלַאֲשֶׁר בַּעֲתָךְ׃ וְלַאֲשֶׁר בְּחֶבְרוֹן
en-Hebrón Y-a-los-que (31) . en-Atac y-para-los-que asán en-Cor- y-para-los-que

וּלְכָל־ הַמְּקֹמוֹת אֲשֶׁר־ הִתְהַלֶּךְ־ שָׁם דָּוִד הוּא וַאֲנָשָׁיו׃
. y-sus-hombres él David allí había-andado donde los-lugares y-a-todos

Cap. 31

וּפְלִשְׁתִּים נִלְחָמִים בְּיִשְׂרָאֵל וַיָּנֻסוּ אַנְשֵׁי יִשְׂרָאֵל
Israel (los)hombres-de y-huyeron contra-Israel estaban-luchando Y-filisteos (1)

מִפְּנֵי פְּלִשְׁתִּים וַיִּפְּלוּ חֲלָלִים בְּהַר הַגִּלְבֹּעַ׃
. Gilboa en-monte-de heridos-de-muerte y-cayeron filisteos de-ante

וַיַּדְבְּקוּ פְלִשְׁתִּים אֶת־ שָׁאוּל וְאֶת־ בָּנָיו וַיַּכּוּ
y-mataron a-sus-hijos y Saúl a filisteos Y-siguieron-de-cerca (2)

פְלִשְׁתִּים אֶת־ יְהוֹנָתָן וְאֶת־ אֲבִינָדָב וְאֶת־ מַלְכִּי־ שׁוּעַ בְּנֵי שָׁאוּל׃
. Saúl hijos-de súa Malqui- y-a Abinadab y-a Jonatán a filisteos

וַתִּכְבַּד הַמִּלְחָמָה אֶל־ שָׁאוּל וַיִּמְצָאֻהוּ
y-le-encontraron Saúl contra la-batalla Y-se-hizo-pesada (3)

הַמּוֹרִים אֲנָשִׁים בַּקָּשֶׁת וַיָּחֶל מְאֹד
mucho y-temió con-el-arco hombres los-que-disparan

מֵהַמּוֹרִים׃ וַיֹּאמֶר שָׁאוּל לְנֹשֵׂא כֵלָיו שְׁלֹף
saca : sus-armas al-que-llevaba Saúl Y-dijo (4) . por-los-que-disparan

חַרְבְּךָ ׀ וְדָקְרֵנִי בָהּ פֶּן־ יָבוֹאוּ
lleguen no-sea-que con-ella y-atraviésame tu-espada

הָעֲרֵלִים הָאֵלֶּה וּדְקָרֻנִי וְהִתְעַלְּלוּ־
y-hagan-escarnio y-me-atraviesen los-estos los-incircuncisos

בִּי וְלֹא אָבָה נֹשֵׂא כֵלָיו כִּי יָרֵא מְאֹד
mucho temía pues sus-armas el-que-llevaba quería y-no de-mí

וַיִּקַּח שָׁאוּל אֶת־ הַחֶרֶב וַיִּפֹּל עָלֶיהָ׃ וַיַּרְא נֹשֵׂא־
el-que-llevaba Y-vio (5) . sobre-ella y-cayó la-espada ** Saúl y-tomó

כֵלָיו כִּי מֵת שָׁאוּל וַיִּפֹּל גַּם־ הוּא עַל־ חַרְבּוֹ
su-espada sobre él también y-cayó Saúl había-muerto que sus-armas

וַיָּמָת עִמּוֹ׃ וַיָּמָת שָׁאוּל וּשְׁלֹשֶׁת בָּנָיו
sus-hijos y-tres-de Saúl Y-murió (6) . con-él y-murió

וְנֹשֵׂא כֵלָיו גַּם כָּל־ אֲנָשָׁיו בַּיּוֹם הַהוּא
el-aquel en-el-día sus-hombres todos también sus-armas y-el-que-llevaba

יַחְדָּו׃ וַיִּרְאוּ אַנְשֵׁי־ יִשְׂרָאֵל אֲשֶׁר־ בְּעֵבֶר הָעֵמֶק וַאֲשֶׁר ׀
y-que del-valle al-otro-lado que Israel hombres-de Y-vieron (7) . juntamente

בְּעֵבֶר הַיַּרְדֵּן כִּי־ נָסוּ אַנְשֵׁי יִשְׂרָאֵל וְכִי־ מֵתוּ
habían-muerto y-que Israel (los)hombres-de habían-huido que el-Jordán al-otro-lado-de

שָׁאוּל וּבָנָיו וַיַּעַזְבוּ אֶת־ הֶעָרִים וַיָּנֻסוּ
y-huyeron las-ciudades a y-abandonaron y-sus-hijos Saúl

וַיָּבֹאוּ פְלִשְׁתִּים וַיֵּשְׁבוּ בָּהֶן׃ וַיְהִי
Y-sucedió (8) . en-ellas y-habitaron filisteos y-llegaron

מִמָּחֳרָת וַיָּבֹאוּ פְלִשְׁתִּים לְפַשֵּׁט אֶת־ הַחֲלָלִים
los-muertos a a-despojar filisteos que-vinieron al-día-siguiente

וַיִּמְצְאוּ אֶת־ שָׁאוּל וְאֶת־ שְׁלֹשֶׁת בָּנָיו נֹפְלִים
caídos sus-hijos tres-de y-a Saúl a y-encontraron

בְּהַר הַגִּלְבֹּעַ׃ וַיִּכְרְתוּ אֶת־ רֹאשׁוֹ וַיַּפְשִׁטוּ
y-despojaron su-cabeza ** Y-cortaron (9) . el-Gilboa en-el-monte-de

אֶת־ כֵּלָיו וַיְשַׁלְּחוּ בְאֶרֶץ־ פְּלִשְׁתִּים סָבִיב
alrededor filisteos por-tierra-de y-enviaron sus-armas **

לְבַשֵּׂר בֵּית עֲצַבֵּיהֶם וְאֶת־ הָעָם׃ וַיָּשִׂמוּ אֶת־
** Y-pusieron (10) . el-pueblo y-a sus-ídolos (al)templo-de para-anunciar

כֵּלָיו בֵּית עַשְׁתָּרוֹת וְאֶת־ גְּוִיָּתוֹ תָּקְעוּ בְּחוֹמַת
en-(la)muralla-de colgaron su-cuerpo y Astarot en-(el)templo-de sus-armas

בֵּית שַׁן׃ וַיִּשְׁמְעוּ אֵלָיו יֹשְׁבֵי יָבֵישׁ גִּלְעָד אֵת
** Galaad Jabés-de los-habitantes-de sobre-él Y-escucharon (11) . sán Bet-

אֲשֶׁר־ עָשׂוּ פְלִשְׁתִּים לְשָׁאוּל׃ וַיָּקוּמוּ כָּל־ אִישׁ חַיִל

valor hombres-de todos Y-se-levantaron (12) . a-Saúl filisteos habían-hecho lo-que

וַיֵּלְכוּ כָל־ הַלַּיְלָה וַיִּקְחוּ אֶת־ גְּוִיַּת שָׁאוּל וְאֵת

y Saúl (el)cuerpo-de ** y-tomaron la-noche toda y-anduvieron

גְּוִיֹּת בָּנָיו מֵחוֹמַת בֵּית שָׁן וַיָּבֹאוּ יָבֵשָׁה

a-Jabés y-vinieron sán Bet- de-(la)muralla-de sus-hijos los-cuerpos-de

וַיִּשְׂרְפוּ אֹתָם שָׁם׃ וַיִּקְחוּ אֶת־ עַצְמֹתֵיהֶם

sus-huesos ** Y-tomaron (13) . allí a-ellos y-quemaron

וַיִּקְבְּרוּ תַחַת־ הָאֶשֶׁל בְּיָבֵשָׁה וַיָּצֻמוּ שִׁבְעַת יָמִים׃

. días siete y-ayunaron en-Jabés el-tamarisco bajo y-enterraron

2 SAMUEL

וַיְהִי אַחֲרֵי מוֹת שָׁאוּל וְדָוִד שָׁב מֵהַכּוֹת
de-golpear volvió que-David Saúl muerte-de después-de Y-sucedió

אֶת־הָעֲמָלֵק וַיֵּשֶׁב דָּוִד בְּצִקְלָג יָמִים שְׁנָיִם׃ וַיְהִי ׀
Y-sucedió (2) . dos días en-Siclag David y-estuvo el-Amalec a

בַּיּוֹם הַשְּׁלִישִׁי וְהִנֵּה אִישׁ בָּא מִן־הַמַּחֲנֶה מֵעִם שָׁאוּל
Saúl de-con el-campamento de vino hombre y-he-aquí-que el-tercero en-el-día

וּבְגָדָיו קְרֻעִים וַאֲדָמָה עַל־רֹאשׁוֹ וַיְהִי
y-sucedió su-cabeza sobre y-tierra rotos y-sus-vestidos

בְּבֹאוֹ אֶל־דָּוִד וַיִּפֹּל אַרְצָה וַיִּשְׁתָּחוּ׃
. y-se-postró a-tierra que-cayó David hacia en-su-venir

וַיֹּאמֶר לוֹ דָּוִד אֵי מִזֶּה תָּבוֹא וַיֹּאמֶר
y-dijo ? vienes de-éste ¿dónde : David a-él Y-dijo (3)

אֵלָיו מִמַּחֲנֵה יִשְׂרָאֵל נִמְלָטְתִּי׃ וַיֹּאמֶר אֵלָיו דָּוִד מֶה־
¿cómo : David a-él Y-dijo (4) . escapé Israel de-campo-de : a-él

הָיָה הַדָּבָר הַגֶּד־נָא לִי וַיֹּאמֶר אֲשֶׁר־נָס הָעָם
el-pueblo huyó que : y-dijo a-mí pues di ? la-cosa fue

מִן־הַמִּלְחָמָה וְגַם־הַרְבֵּה נָפַל מִן־הָעָם וַיָּמֻתוּ
y-murieron el-pueblo de cayó mucho y-también la-batalla de

וְגַם שָׁאוּל וִיהוֹנָתָן בְּנוֹ מֵתוּ׃ וַיֹּאמֶר דָּוִד אֶל־
a David Y-dijo (5) . murieron su-hijo y-Jonatán Saúl y-también

הַנַּעַר הַמַּגִּיד לוֹ אֵיךְ יָדַעְתָּ כִּי־מֵת שָׁאוּל
Saúl murió que has-sabido ¿cómo : a-él que-anunciaba el-joven

וִיהוֹנָתָן בְּנוֹ׃ וַיֹּאמֶר הַנַּעַר ׀ הַמַּגִּיד
que-anunciaba el-joven Y-dijo (6) ? su-hijo y-Jonatán

לוֹ נִקְרֹא נִקְרֵיתִי בְּהַר הַגִּלְבֹּעַ וְהִנֵּה שָׁאוּל נִשְׁעָן עַל־
sobre se-apoyaba Saúl y-he-aquí-que el-Gilboa en-el-monte-de me-encontraba encontrar : a-él

חֲנִיתוֹ וְהִנֵּה הָרֶכֶב וּבַעֲלֵי הַפָּרָשִׁים הִדְבְּקֻהוּ׃
. le-seguían las-caballerías y-los-dueños-de el-carro y-he-aquí-que su-lanza

וַיִּפֶן אַחֲרָיו וַיִּרְאֵנִי וַיִּקְרָא אֵלָי וָאֹמַר
: y-dije a-mí y-llamó y-me-vio detrás-de-él Y-volvió (7)

הִנֵּנִי׃ וַיֹּאמֶר לִי מִי־אָתָּה וָאֹמַר אֵלָיו עֲמָלֵקִי אָנֹכִי׃
. yo amalecita : a-él y-dije ? tú ¿quién : a-mí Y-dijo (8) . heme-aquí

וַיֹּאמֶר אֵלַי עֲמָד־נָא עָלַי וּמֹתְתֵנִי כִּי אֲחָזַנִי
me-sobrecogió pues y-mátame sobre-mí pues ponte : a-mí Y-dijo (9)

הַשָּׁבָץ כִּי־כָל־עוֹד נַפְשִׁי בִּי׃ וָאֶעֱמֹד עָלָיו
sobre-él Y-permanecí (10) . en-mí mi-vida todavía pues la-angustia

וַאֲמֹתְתֵהוּ כִּי יָדַעְתִּי כִּי לֹא יִחְיֶה אַחֲרֵי נִפְלוֹ
su-caída después-de viviría no que supe pues y-le-maté

וָאֶקַּח הַנֵּזֶר ׀ אֲשֶׁר עַל־רֹאשׁוֹ וְאֶצְעָדָה אֲשֶׁר עַל־זְרֹעוֹ
su-brazo sobre que y-pulsera su-cabeza sobre que la-corona y-cogí

וָאֲבִיאֵם אֶל־אֲדֹנִי הֵנָּה׃ וַיַּחֲזֵק דָּוִד
David Y-agarró (11) . aquí mi-señor a y-las-he-traído

בִּבְגָדָו וַיִּקְרָעֵם וְגַם כָּל־הָאֲנָשִׁים אֲשֶׁר אִתּוֹ׃
. con-él que los-hombres todos y-también y-los-rompió de-sus-vestidos

וַיִּסְפְּדוּ וַיִּבְכּוּ וַיָּצֻמוּ עַד־הָעֶרֶב עַל־
por la-tarde hasta y-ayunaron y-lloraron Y-se-lamentaron (12)

שָׁאוּל וְעַל־ יְהוֹנָתָן בְּנוֹ וְעַל־ עַם יְהוָה וְעַל־ בֵּית
(la)casa-de y-por Yahweh (el)pueblo-de y-por su-hijo Jonatán y-por Saúl

יִשְׂרָאֵל כִּי נָפְלוּ בֶּחָרֶב׃ וַיֹּאמֶר דָּוִד אֶל־ הַנַּעַר
el-joven a David Y-dijo (13) . por-la-espada habían-caído pues Israel

הַמַּגִּיד לוֹ אֵי מִזֶּה אָתָּה וַיֹּאמֶר בֶּן־ אִישׁ
hombre hijo-de y-dijo ? tú de-éste ¿dónde a-él que-anunciaba

גֵּר עֲמָלֵקִי אָנֹכִי׃ וַיֹּאמֶר אֵלָיו דָּוִד אֵיךְ לֹא יָרֵאתָ
temiste no ¿cómo : David a-él Y-dijo (14) . yo amalecita extranjero

לִשְׁלֹחַ יָדְךָ לְשַׁחֵת אֶת־ מְשִׁיחַ יְהוָה׃ וַיִּקְרָא
Y-llamó (15) ? Yahweh (el)ungido-de a a-matar tu-mano enviar

דָוִד לְאַחַד מֵהַנְּעָרִים וַיֹּאמֶר גַּשׁ פְּגַע־ בּוֹ
a-él golpea acércate : y-dijo de-los-jóvenes a-uno David

וַיַּכֵּהוּ וַיָּמֹת׃ וַיֹּאמֶר אֵלָיו דָּוִד דָּמְיךָ עַל־
sobre tu-sangre : David a-él Y-dijo (16) . y-murió y-lo-hirió

רֹאשֶׁךָ כִּי פִיךָ עָנָה בְךָ לֵאמֹר אָנֹכִי מֹתַתִּי
he-matado yo : al-decir contra-ti atestiguó tu-boca pues tu-cabeza

אֶת־ מְשִׁיחַ יְהוָה׃ וַיְקֹנֵן דָּוִד אֶת־ הַקִּינָה הַזֹּאת
la-esta la-elegía ** David Y-entonó (17) . Yahweh (el)ungido-de a

עַל־ שָׁאוּל וְעַל־ יְהוֹנָתָן בְּנוֹ׃ וַיֹּאמֶר
Y-dijo (18) . su-hijo Jonatán y-por Saúl por

לְלַמֵּד בְּנֵי־ יְהוּדָה קָשֶׁת הִנֵּה כְתוּבָה עַל־ סֵפֶר הַיָּשָׁר׃
. el-justo (el)libro-de en está-escrito he-aquí-que Arco : Judá (a-los)hijos- para-enseñar

הַצְּבִי יִשְׂרָאֵל עַל־ בָּמוֹתֶיךָ חָלָל אֵיךְ נָפְלוּ גִבּוֹרִים׃
. héroes han-perecido cómo ha-perecido tus-alturas sobre Israel Gloria-de (19)

אַל־ תַּגִּידוּ בְגַת אַל־ תְּבַשְּׂרוּ בְּחוּצֹת אַשְׁקְלוֹן פֶּן־
para-que-no Ascalón en-plazas-de proclaméis no en-Gat digáis No (20)

תִּשְׂמַחְנָה בְּנוֹת פְּלִשְׁתִּים פֶּן־ תַּעֲלֹזְנָה בְּנוֹת
(las)hijas-de se-regocijen para-que-no filisteos (las)hijas-de se-alegren

הָעֲרֵלִים׃ הָרֵי בַגִּלְבֹּעַ אַל־ טַל וְאַל־ מָטָר עֲלֵיכֶם
sobre-vosotros lluvia y-no rocío no en-el-Gilboa Montes-que (21) . los-incircuncisos

וּשְׂדֵי תְרוּמֹת כִּי שָׁם נִגְעַל מָגֵן גִּבּוֹרִים
héroes escudo-de fue-mancillado allí pues ofrendas ni-tierras-de

מָגֵן שָׁאוּל בְּלִי מָשִׁיחַ בַּשָּׁמֶן׃ מִדַּם חֲלָלִים
heridos De-sangre-de (22) . con-aceite ungido no Saúl escudo-de

מֵחֵלֶב גִּבּוֹרִים קֶשֶׁת יְהוֹנָתָן לֹא נָשׂוֹג אָחוֹר וְחֶרֶב
y-espada-de atrás volvió no Jonatán arco-de héroes de-grasa-de

שָׁאוּל לֹא תָשׁוּב רֵיקָם׃ שָׁאוּל וִיהוֹנָתָן הַנֶּאֱהָבִים
los-amados y-Jonatán Saúl (23) . vacía regresó no Saúl

וְהַנְּעִימִם בְּחַיֵּיהֶם וּבְמוֹתָם לֹא נִפְרָדוּ
se-separaron no y-en-sus-muertes en-sus-vidas y-los-agradables

מִנְּשָׁרִים קַלּוּ מֵאֲרָיוֹת גָּבֵרוּ׃
. eran-fuertes más-que-leones eran-ligeros más-que-águilas

בְּנוֹת יִשְׂרָאֵל אֶל־ שָׁאוּל בְּכֶינָה הַמַּלְבִּשְׁכֶם שָׁנִי עִם־
con escarlata el-que-os-vestía llorad Saúl por Israel Hijas-de (24)

עֲדָנִים הַמַּעֲלֶה עֲדִי זָהָב עַל לְבוּשְׁכֶן׃ אֵיךְ
Cómo (25) . vuestro-vestido sobre oro ornamento-de el-que-adornaba alhajas

נָפְלוּ גִבֹּרִים בְּתוֹךְ הַמִּלְחָמָה יְהוֹנָתָן עַל־ בָּמוֹתֶיךָ חָלָל׃
. traspasado tus-alturas sobre Jonatán la-batalla en-medio-de héroes han-caído

צַר־ לִי עָלֶיךָ אָחִי יְהוֹנָתָן נָעַמְתָּ לִּי
para-mí fuiste-grato Jonatán mi-hermano por-ti para-mí Angustia (26)

מְאֹד נִפְלְאַתָה אַהֲבָתְךָ לִי מֵאַהֲבַת נָשִׁים׃ אֵיךְ
Cómo (27) . mujeres más-que-amor-de para-mí tu-amor maravilloso mucho

נָפְלוּ גִבּוֹרִים וַיֹּאבְדוּ כְּלֵי מִלְחָמָה׃ וַיְהִי
Y-sucedió (1) . guerra armas-de y-han-perecido héroes han-caído

אַחֲרֵי־כֵן וַיִּשְׁאַל דָּוִד בַּיהוָה ׀ לֵאמֹר הַאֶעֱלֶה בְּאַחַת
a-una-de ¿podré-subir : diciendo de-Yahweh David que-preguntó esto después-de

עָרֵי יְהוּדָה וַיֹּאמֶר יְהוָה אֵלָיו עֲלֵה וַיֹּאמֶר דָּוִד אָנָה
¿a-dónde : David y-dijo sube : a-él Yahweh y-dijo ? Judá las-ciudades-de

אֶעֱלֶה וַיֹּאמֶר חֶבְרֹנָה׃ וַיַּעַל שָׁם דָּוִד וְגַם
y-también David allí Y-subió (2) . a-Hebrón : y-dijo ? subiré

שְׁתֵּי נָשָׁיו אֲחִינֹעַם הַיִּזְרְעֵלִית וַאֲבִיגַיִל אֵשֶׁת נָבָל
Nabal mujer-de y-Abigail la-jezreelita Ahinoam sus-mujeres dos-de

הַכַּרְמְלִי׃ וַאֲנָשָׁיו אֲשֶׁר־עִמּוֹ הֶעֱלָה דָוִד אִישׁ
cada-hombre David hizo-subir con-él que Y-sus-hombres (3) . el-de-Carmel

וּבֵיתוֹ וַיֵּשְׁבוּ בְּעָרֵי חֶבְרוֹן׃ וַיָּבֹאוּ
Y-vinieron (4) . Hebrón en-(las)ciudades-de y-se-establecieron y-su-casa

אַנְשֵׁי יְהוּדָה וַיִּמְשְׁחוּ־שָׁם אֶת־דָּוִד לְמֶלֶךְ עַל־בֵּית יְהוּדָה
Judá (la)casa-de sobre como-rey David a allí y-ungieron Judá los-hombres-de

וַיַּגִּדוּ לְדָוִד לֵאמֹר אַנְשֵׁי יָבֵישׁ גִּלְעָד אֲשֶׁר קָבְרוּ אֶת־שָׁאוּל׃
. Saúl a sepultaron que Galaad Jabés-de hombres-de : diciendo a-David y-hablaron

וַיִּשְׁלַח דָּוִד מַלְאָכִים אֶל־אַנְשֵׁי יָבֵישׁ גִּלְעָד וַיֹּאמֶר אֲלֵיהֶם
: a-ellos y-dijo Galaad Jabés-de hombres-de a mensajeros David Y-envió (5)

בְּרֻכִים אַתֶּם לַיהוָה אֲשֶׁר עֲשִׂיתֶם הַחֶסֶד הַזֶּה עִם־
con la-esta la-misericordia habéis-hecho que por-Yahweh vosotros benditos

אֲדֹנֵיכֶם עִם־שָׁאוּל וַתִּקְבְּרוּ אֹתוֹ׃ וְעַתָּה יַעַשׂ־ יְהוָה
Yahweh haga Y-ahora (6) . a-él y-sepultasteis Saúl con vuestro-señor

עִמָּכֶם חֶסֶד וֶאֱמֶת וְגַם אָנֹכִי אֶעֱשֶׂה אִתְּכֶם הַטּוֹבָה
el-favor con-vosotros haré yo y-también y-verdad misericordia con-vosotros

הַזֹּאת אֲשֶׁר עֲשִׂיתֶם הַדָּבָר הַזֶּה׃ וְעַתָּה ׀ תֶּחֱזַקְנָה
esfuércense Y-ahora (7) . la-ésta la-cosa hicisteis ya-que el-éste

יְדֵיכֶם וִהְיוּ לִבְנֵי־ חַיִל כִּי־ מֵת אֲדֹנֵיכֶם שָׁאוּל וְגַם־
pero-también Saúl vuestro-señor muerto pues valor como-hijos-de y-sed vuestras-manos

אֹתִי מָשְׁחוּ בֵית־ יְהוּדָה לְמֶלֶךְ עֲלֵיהֶם׃ וְאַבְנֵר בֶּן־ נֵר
Ner hijo-de Y-Abner (8) . sobre-ellos como-rey Judá (la)casa-de ungieron a-mí

שַׂר־ צָבָא אֲשֶׁר לְשָׁאוּל לָקַח אֶת־ אִישׁ בֹּשֶׁת בֶּן־ שָׁאוּל
Saúl hijo-de boset Is- a cogió de-Saúl que ejército general-del

וַיַּעֲבִרֵהוּ מַחֲנָיִם׃ וַיַּמְלִכֵהוּ אֶל־ הַגִּלְעָד
el-Galaad sobre Y-lo-hizo rey (9) . a-Mahanáyim y-lo-llevó

וְאֶל־ הָאֲשׁוּרִי וְאֶל־ יִזְרְעֶאל וְעַל־ אֶפְרַיִם וְעַל־ בִּנְיָמִן
Benjamín y-sobre Efraín y-sobre Jezreel y-sobre el-Asurí y-sobre

וְעַל־ יִשְׂרָאֵל כֻּלֹּה׃ בֶּן־ אַרְבָּעִים שָׁנָה אִישׁ־ בֹּשֶׁת בֶּן־ שָׁאוּל
Saúl hijo-de boset Is- años cuarenta Hijo-de (10) . todo-él Israel y-sobre

בְּמָלְכוֹ עַל־ יִשְׂרָאֵל וּשְׁתַּיִם שָׁנִים מָלָךְ אַךְ בֵּית
(la)casa-de solamente ; reinó años y-dos Israel sobre en-su-reinar

יְהוּדָה הָיוּ אַחֲרֵי דָוִד׃ וַיְהִי מִסְפַּר הַיָּמִים אֲשֶׁר הָיָה
fue que los-días el-número-de Y-fue (11) . David detrás-de estuvieron Judá

דָוִד מֶלֶךְ בְּחֶבְרוֹן עַל־ בֵּית יְהוּדָה שֶׁבַע שָׁנִים וְשִׁשָּׁה חֳדָשִׁים׃
. meses y-seis años siete Judá (la)casa-de sobre en-Hebrón rey David

וַיֵּצֵא אַבְנֵר בֶּן־ נֵר וְעַבְדֵי אִישׁ־ בֹּשֶׁת בֶּן־ שָׁאוּל מִמַּחֲנַיִם
de-Mahanáyim Saúl hijo-de boset Is- y-siervos-de Ner hijo-de Abner Y-salió (12)

גִּבְעוֹנָה׃ וְיוֹאָב בֶּן־ צְרוּיָה וְעַבְדֵי דָוִד יָצְאוּ
salieron David y-siervos-de Sarvia hijo-de Y-Joab (13) . a-Gabaón

וַיִּפְגְּשׁוּם עַל־ בְּרֵכַת גִּבְעוֹן יַחְדָּו וַיֵּשְׁבוּ אֵלֶּה עַל־הַבְּרֵכָה
el-estanque junto-a éstos y-quedaron juntos Gabaón estanque-de en y-los-encontraron

מִזֶּה וְאֵלֶּה עַל־הַבְּרֵכָה מִזֶּה׃ וַיֹּאמֶר אַבְנֵר אֶל־
a Abner Y-dijo (14) . de-éste el-estanque junto-a y-éstos de-éste

יוֹאָב יָקוּמוּ נָא הַנְּעָרִים וִישַׂחֲקוּ לְפָנֵינוּ
delante-de-nosotros y-luchen los-jóvenes pues levántense : Joab

וַיֹּאמֶר יוֹאָב יָקֻמוּ׃ וַיָּקֻמוּ וַיַּעַבְרוּ בְמִסְפָּר
en-número y-pasaron Y-se-levantaron (15) . levántense : Joab y-dijo

שְׁנֵים עָשָׂר לְבִנְיָמִן וּלְאִישׁ בֹּשֶׁת בֶּן־שָׁאוּל וּשְׁנֵים עָשָׂר מֵעַבְדֵי
de-(los)siervos-de y-doce Saúl hijo-de boset y-para-Is- de-Benjamín doce

דָוִד׃ וַיַּחֲזִקוּ אִישׁ ׀ בְּרֹאשׁ רֵעֵהוּ וְחַרְבּוֹ
y-su-espada su-adversario por-(la)cabeza-de cada-hombre Y-agarraron (16) . David

בְּצַד רֵעֵהוּ וַיִּפְּלוּ יַחְדָּו וַיִּקְרָא לַמָּקוֹם
al-lugar y-llamó juntos y-cayeron su-adversario en-(el)costado-de

הַהוּא חֶלְקַת הַצֻּרִים אֲשֶׁר בְּגִבְעוֹן׃ וַתְּהִי הַמִּלְחָמָה קָשָׁה
difícil la-batalla Y-fue (17) . en-Gabaón que hazurim Helcat- el-aquel

עַד־מְאֹד בַּיּוֹם הַהוּא וַיִּנָּגֶף אַבְנֵר וְאַנְשֵׁי יִשְׂרָאֵל
Israel y(los)-hombres-de Abner y-fue-vencido el-aquel en-el-día mucho hasta

לִפְנֵי עַבְדֵי דָוִד׃ וַיִּהְיוּ־שָׁם שְׁלֹשָׁה בְּנֵי צְרוּיָה יוֹאָב
Joab Sarvia hijos-de tres allí Y-estaban (18) . David (los)siervos-de delante-de

וַאֲבִישַׁי וַעֲשָׂהאֵל וַעֲשָׂהאֵל קַל בְּרַגְלָיו כְּאַחַד הַצְּבָיִם
las-gacelas como-una-de en-sus-pies ligero y-Asael y-Asael y-Abisay

אֲשֶׁר בַּשָּׂדֶה׃ וַיִּרְדֹּף עֲשָׂהאֵל אַחֲרֵי אַבְנֵר וְלֹא־נָטָה
torció y-no Abner detrás-de Asael Y-persiguió (19) . en-el-campo que

לָלֶכֶת עַל־הַיָּמִין וְעַל־הַשְּׂמֹאול מֵאַחֲרֵי אַבְנֵר׃ וַיִּפֶן אַבְנֵר
Abner Y-se-volvió (20) . Abner de-detrás-de la-izquierda ni-a la-derecha a para-ir

אַחֲרָיו וַיֹּאמֶר הַאַתָּה זֶה עֲשָׂהאֵל וַיֹּאמֶר אָנֹכִי׃ וַיֹּאמֶר
Y-dijo (21) . yo : y-dijo ? Asael este ¿eres-tú : y-dijo detrás-de-él

לוֹ אַבְנֵר נְטֵה לְךָ עַל־יְמִינְךָ אוֹ עַל־שְׂמֹאלֶךָ וֶאֱחֹז
y-coge tu-izquierda hacia o tu-derecha hacia a-ti tuerce : Abner a-él

לְךָ אֶחָד מֵהַנְּעָרִים וְקַח־לְךָ אֶת־חֲלִצָתוֹ וְלֹא־
pero-no sus-despojos ** para-ti y-toma de-los-jóvenes uno para-ti

אָבָה עֲשָׂהאֵל לָסוּר מֵאַחֲרָיו׃ וַיֹּסֶף עוֹד אַבְנֵר
Abner aún Y-volvió (22) . de-detrás-de-él apartarse Asael quiso

לֵאמֹר אֶל־עֲשָׂהאֵל סוּר לְךָ מֵאַחֲרָי לָמָּה אַכֶּכָּה
he-de-derribar ¿por-qué de-detrás-de-mí a-ti aparta : Asael a a-decir

אַרְצָה וְאֵיךְ אֶשָּׂא פָנַי אֶל־יוֹאָב אָחִיךָ׃
? tu-hermano Joab a mi-rostro levantaré y-¿cómo ? a-tierra

וַיְמָאֵן לָסוּר וַיַּכֵּהוּ אַבְנֵר בְּאַחֲרֵי הַחֲנִית
la-lanza con-el-detrás-de Abner y-lo-hirió retirarse Y-rehusó (23)

אֶל־הַחֹמֶשׁ וַתֵּצֵא הַחֲנִית מֵאַחֲרָיו וַיִּפָּל־
y-cayó de-detrás-de-él la-lanza y-salió la-quinta-costilla por

שָׁם וַיָּמָת תַּחְתָּו וַיְהִי כָּל־הַבָּא אֶל־
a el-(que)venía todo y-sucedía ; debajo-de-él y-murió allí

הַמָּקוֹם אֲשֶׁר־נָפַל שָׁם עֲשָׂהאֵל וַיָּמֹת וַיַּעֲמֹדוּ׃
. que-se-detenían y-murió Asael allí cayó que el-lugar

וַיִּרְדְּפוּ יוֹאָב וַאֲבִישַׁי אַחֲרֵי אַבְנֵר וְהַשֶּׁמֶשׁ בָּאָה
se-puso y-el-sol Abner detrás-de y-Abisay Joab Y-persiguieron (24)

וְהֵמָּה בָּאוּ עַד־גִּבְעַת אַמָּה אֲשֶׁר עַל־פְּנֵי־גִיחַ דֶּרֶךְ
camino-de Gía frente-de sobre que Ammá collado-de a vinieron y-ellos

מִדְבַּר גִּבְעוֹן׃ וַיִּתְקַבְּצוּ בְנֵי־בִנְיָמִן אַחֲרֵי אַבְנֵר
Abner detrás-de Benjamín (los)hijos-de Y-se-juntaron (25) . Gabaón desierto-de

וַיִּהְיוּ לַאֲגֻדָּה אֶחָת וַיַּעַמְדוּ עַל רֹאשׁ־גִּבְעָה אֶחָת׃ וַיִּקְרָא
Y-llamó (26) . uno collado cima-de sobre y-se-detuvieron uno como-grupo y-fueron

אַבְנֵר אֶל־יוֹאָב וַיֹּאמֶר הֲלָנֶצַח תֹּאכַל חֶרֶב הֲלוֹא יָדַעְתָּה

sabes ¿acaso-no ? espada consumirá ¿para-siempre : y-dijo Joab a Abner

כִּי־ מָרָה תִהְיֶה בָּאַחֲרוֹנָה וְעַד־ מָתַי לֹא־ תֹאמַר

ordenarás no cuándo ¿y-hasta ? en-el-final habrá amargura que

לָעָם לָשׁוּב מֵאַחֲרֵי אֲחֵיהֶם׃ וַיֹּאמֶר יוֹאָב

: Joab Y-dijo (27) ? sus-hermanos de-detrás-de volver a-el-pueblo

חַי הָאֱלֹהִים כִּי לוּלֵא דִּבַּרְתָּ כִּי אָז מֵהַבֹּקֶר

desde-la-mañana entonces pues hubieras-hablado si-no que Dios vive

נַעֲלָה הָעָם אִישׁ מֵאַחֲרֵי אָחִיו׃ וַיִּתְקַע

Y-sopló (28) . su-hermano de-detrás-de cada-hombre el-pueblo habría-desistido

יוֹאָב בַּשּׁוֹפָר וַיַּעַמְדוּ כָּל־ הָעָם וְלֹא־ יִרְדְּפוּ

persiguieron y-no el-pueblo todo y-se-detuvieron en-el-cuerno Joab

עוֹד אַחֲרֵי יִשְׂרָאֵל וְלֹא־ יָסְפוּ עוֹד לְהִלָּחֵם׃ וְאַבְנֵר

Y-Abner (29) . para-combatirles más insistieron y-no Israel detrás-de más

וַאֲנָשָׁיו הָלְכוּ בָּעֲרָבָה כֹּל הַלַּיְלָה הַהוּא

la-aquella la-noche toda por-el-Arabá fueron y-sus-hombres

וַיַּעַבְרוּ אֶת־ הַיַּרְדֵּן וַיֵּלְכוּ כָּל־ הַבִּתְרוֹן

el-Bitrón todo y-caminaron el-Jordán ** y-cruzaron

וַיָּבֹאוּ מַחֲנָיִם׃ וְיוֹאָב שָׁב מֵאַחֲרֵי אַבְנֵר

Abner detrás-de volvió Y-Joab (30) . (a)-Mahanáyim y-vinieron

וַיִּקְבֹּץ אֶת־ כָּל־ הָעָם וַיִּפָּקְדוּ מֵעַבְדֵי דָוִד

David de-siervos-de y-faltaban el-pueblo todo a y-juntó

תִּשְׁעָה־ עָשָׂר אִישׁ וַעֲשָׂהאֵל׃ וְעַבְדֵי דָוִד הִכּוּ מִבִּנְיָמִן

de-Benjamín hirieron David Y-(los)siervos-de (31) . y-Asael hombres diecinueve

וּבְאַנְשֵׁי אַבְנֵר שְׁלֹשׁ־ מֵאוֹת וְשִׁשִּׁים אִישׁ מֵתוּ׃ וַיִּשְׂאוּ

Y-cogieron (32) . murieron hombres y-seis cientos tres Abner y-de-hombres-de

אֶת־עֲשָׂהאֵל וַיִּקְבְּרֻהוּ בְּקֶבֶר אָבִיו אֲשֶׁר בֵּית לָחֶם
Belén que su-padre en-tumba-de y-lo-enterraron Asael a

וַיֵּלְכוּ כָל־הַלַּיְלָה יוֹאָב וַאֲנָשָׁיו וַיֵּאֹר לָהֶם
a-ellos y-amaneció y-sus-hombres Joab la-noche toda y-caminaron

Cap. 3

בְּחֶבְרוֹן׃ וַתְּהִי הַמִּלְחָמָה אֲרֻכָּה בֵּין בֵּית שָׁאוּל וּבֵין
y-entre Saúl (la)casa-de entre larga la-guerra Y-fue (1) . en-Hebrón

בֵּית דָּוִד וְדָוִד הֹלֵךְ וְחָזֵק וּבֵית שָׁאוּל
Saúl y-(la)casa-de y-se-fortalecía iba y-David David (la)casa-de

הֹלְכִים וְדַלִּים׃ וַיִּוָּלְדוּ לְדָוִד בָּנִים בְּחֶבְרוֹן
en-Hebrón hijos a-David Y-nacieron (2) . y-se-debilitaban iban

וַיְהִי בְכוֹרוֹ אַמְנוֹן לַאֲחִינֹעַם הַיִּזְרְעֵאלִת׃
. la-jezreelita de-Ahinoam Amnón su-primogénito y-fue

וּמִשְׁנֵהוּ כִלְאָב לַאֲבִיגַל אֵשֶׁת נָבָל הַכַּרְמְלִי
el-de-Carmel Nabal mujer-de de-Abigail Quileab Y-su-segundo (3)

וְהַשְּׁלִשִׁי אַבְשָׁלוֹם בֶּן־מַעֲכָה בַּת־תַּלְמַי מֶלֶךְ גְּשׁוּר׃
. Gesur rey-de Talmay hija-de Maacá hijo-de Absalón y-el-tercero

וְהָרְבִיעִי אֲדֹנִיָּה בֶן־חַגִּית וְהַחֲמִישִׁי שְׁפַטְיָה בֶן־
hijo-de Sefatías y-el-quinto Haguit hijo-de Adonías Y-el-cuarto (4)

אֲבִיטָל׃ וְהַשִּׁשִּׁי יִתְרְעָם לְעֶגְלָה אֵשֶׁת דָּוִד אֵלֶּה יֻלְּדוּ
nacieron éstos David mujer-de de-Eglá Itream Y-el-sexto (5) . Abital

לְדָוִד בְּחֶבְרוֹן׃ וַיְהִי בִּהְיוֹת הַמִּלְחָמָה בֵּין בֵּית שָׁאוּל
Saúl (la)casa-de entre la-guerra en-ser Y-sucedió (6) . en-Hebrón a-David

וּבֵין בֵּית דָּוִד וְאַבְנֵר הָיָה מִתְחַזֵּק בְּבֵית
en-(la)casa-de fortaleciéndose iba que-Abner David (la)casa-de y-entre

שָׁאוּל׃ וּלְשָׁאוּל פִּלֶגֶשׁ וּשְׁמָהּ רִצְפָּה בַת־אַיָּה
Ayá hija-de Rizpá y-su-nombre concubina Y-para-Saúl (7) . Saúl

וַיֹּאמֶר אֶל־אַבְנֵר מַדּוּעַ בָּאתָה אֶל־פִּילֶגֶשׁ אָבִי׃
? mi-padre la-concubina-de a has-venido ¿por-qué : Abner a y-dijo

וַיִּחַר לְאַבְנֵר מְאֹד עַל־דִּבְרֵי אִישׁ־בֹּשֶׁת וַיֹּאמֶר
: y-dijo boset Is- palabras-de por mucho a-Abner Y-enojó (8)

הֲרֹאשׁ כֶּלֶב אָנֹכִי אֲשֶׁר לִיהוּדָה הַיּוֹם אֶעֱשֶׂה־חֶסֶד עִם־בֵּית ׀ שָׁאוּל
Saúl (la)casa-de con misericordia haré este-día ? para-Judá que yo perro ¿acaso-cabeza-de

אָבִיךָ אֶל־אֶחָיו וְאֶל־מֵרֵעֵהוּ וְלֹא הִמְצִיתִךָ
te-he-entregado y-no su-amigo y-a sus-hermanos a tu-padre

בְּיַד־דָּוִד וַתִּפְקֹד עָלַי עֲוֹן הָאִשָּׁה הַיּוֹם׃
. este-día la-mujer (el)pecado-de a-mí y-acusas David en-mano-de

כֹּה־יַעֲשֶׂה אֱלֹהִים לְאַבְנֵר וְכֹה יֹסִיף לוֹ כִּי
si a-él añada y-así a-Abner Dios haga Así (9)

כַּאֲשֶׁר נִשְׁבַּע יְהוָה לְדָוִד כִּי־כֵן אֶעֱשֶׂה־לּוֹ׃ לְהַעֲבִיר
Al-hacer-pasar (10) . a-él he-de-hacer así si-no a-David Yahweh ha-jurado como

הַמַּמְלָכָה מִבֵּית שָׁאוּל וּלְהָקִים אֶת־כִּסֵּא דָוִד עַל־
sobre David (el)trono-de ** y-establecer Saúl de-(la)casa-de el-reino

יִשְׂרָאֵל וְעַל־יְהוּדָה מִדָּן וְעַד־בְּאֵר שָׁבַע׃ וְלֹא־יָכֹל
pudo y-no (11) . seba Beer- y-hasta desde-Dan Judá y-sobre Israel

עוֹד לְהָשִׁיב אֶת־אַבְנֵר דָּבָר מִיִּרְאָתוֹ אֹתוֹ׃ וַיִּשְׁלַח
Y-envió (12) . a-él por-su-temor palabra Abner a responder aún

אַבְנֵר מַלְאָכִים ׀ אֶל־דָּוִד תַּחְתָּו לֵאמֹר לְמִי־אָרֶץ לֵאמֹר
: diciendo país para-quién para-decir en-lugar-de-él David a mensajeros Abner

כָּרְתָה בְרִיתְךָ אִתִּי וְהִנֵּה יָדִי עִמָּךְ לְהָסֵב
para-traer contigo mi-mano y-he-aquí-que conmigo tu-alianza has-de-cortar

אֵלֶיךָ אֶת־כָּל־יִשְׂרָאֵל׃ וַיֹּאמֶר טוֹב אֲנִי אֶכְרֹת אִתְּךָ
contigo cortaré yo bien : Y-dijo (13) . Israel todo a a-ti

בְּרִית אַךְ דָּבָר אֶחָד אָנֹכִי שֹׁאֵל מֵאִתְּךָ לֵאמֹר לֹא־תִרְאֶה
verás no al-decir de-ti pido yo una cosa pero alianza

אֶת־פָּנַי כִּי ׀ אִם־לִפְנֵי הֱבִיאֲךָ אֵת מִיכַל בַּת־שָׁאוּל
Saúl hija-de Mical a tu-traer ante si pues mi-rostro **

בְּבֹאֲךָ לִרְאוֹת אֶת־פָּנָי׃ וַיִּשְׁלַח דָּוִד מַלְאָכִים
mensajeros David Y-envió (14) . mi-rostro ** a-ver en-tu-venir

אֶל־אִישׁ־בֹּשֶׁת בֶּן־שָׁאוּל לֵאמֹר תְּנָה אֶת־אִשְׁתִּי אֶת־מִיכַל אֲשֶׁר
a-quien Mical a mi-mujer a dame : diciendo Saúl hijo-de boset Is- a

אֵרַשְׂתִּי לִי בְּמֵאָה עָרְלוֹת פְּלִשְׁתִּים׃ וַיִּשְׁלַח
Y-envió (15) . filisteos prepucios-de por-cien para-mí desposé

אִישׁ בֹּשֶׁת וַיִּקָּחֶהָ מֵעִם אִישׁ מֵעִם פַּלְטִיאֵל בֶּן־
hijo-de Paltiel de-junto marido de-junto-a y-la-cogió boset Is-

לָוִשׁ׃ וַיֵּלֶךְ אִתָּהּ אִישָׁהּ הָלוֹךְ וּבָכֹה אַחֲרֶיהָ
detrás-de-ella y-llorando caminando su-marido con-ella Y-fue (16) . Layis

עַד־בַּחֻרִים וַיֹּאמֶר אֵלָיו אַבְנֵר לֵךְ שׁוּב וַיָּשֹׁב׃
. y-regresó vuelve vete : Abner a-él y-dijo Bahurim hasta

וּדְבַר־אַבְנֵר הָיָה עִם־זִקְנֵי יִשְׂרָאֵל לֵאמֹר גַּם־
también : diciendo Israel (los)ancianos-de con fue Abner Y-(la)palabra-de (17)

תְּמוֹל גַּם־שִׁלְשֹׁם הֱיִיתֶם מְבַקְשִׁים אֶת־דָּוִד לְמֶלֶךְ עֲלֵיכֶם׃
. sobre-vosotros como-rey David a pidiendo estuvisteis antes-de-ayer también ayer

וְעַתָּה עֲשׂוּ כִּי יְהוָה אָמַר אֶל־דָּוִד לֵאמֹר בְּיַד ׀ דָּוִד
David por-mano-de : diciendo David sobre habló Yahweh pues actuad Y-ahora (18)

עַבְדִּי הוֹשִׁיעַ אֶת־עַמִּי יִשְׂרָאֵל מִיַּד פְּלִשְׁתִּים
filisteos de-mano-de Israel mi-pueblo a librará mi-siervo

וּמִיַּד כָּל־אֹיְבֵיהֶם׃ וַיְדַבֵּר גַּם־אַבְנֵר
Abner también Y-habló (19) . sus-enemigos todos y-de-mano-de

בְּאָזְנֵי בִנְיָמִן וַיֵּלֶךְ גַּם־ אַבְנֵר לְדַבֵּר בְּאָזְנֵי דָוִד
David a-oídos-de a-decir Abner también y-fue Benjamín a-oídos-de

בְּחֶבְרוֹן אֵת כָּל־ אֲשֶׁר־ טוֹב בְּעֵינֵי יִשְׂרָאֵל וּבְעֵינֵי כָּל־
toda y-a-(los)ojos-de Israel a-(los)ojos-de bueno lo-que todo ** en-Hebrón

בֵּית בִּנְיָמִן׃ וַיָּבֹא אַבְנֵר אֶל־ דָּוִד חֶבְרוֹן וְאִתּוֹ
y-con-él (a)Hebrón David a Abner Y-vino (20) . Benjamín (la)casa-de

עֶשְׂרִים אֲנָשִׁים וַיַּעַשׂ דָּוִד לְאַבְנֵר וְלַאֲנָשִׁים אֲשֶׁר־ אִתּוֹ מִשְׁתֶּה׃
. banquete con-él que y-a-los-hombres a-Abner David e-hizo hombres veinte

וַיֹּאמֶר אַבְנֵר אֶל־ דָּוִד אָקוּמָה ׀ וְאֵלֵכָה וְאֶקְבְּצָה
y-he-de-juntar e-ir he-de-levantarme : David a Abner Y-dijo (21)

אֶל־ אֲדֹנִי הַמֶּלֶךְ אֶת־ כָּל־ יִשְׂרָאֵל וְיִכְרְתוּ אִתְּךָ בְּרִית
alianza contigo y-cortarán Israel todo a el-rey mi-señor para

וּמָלַכְתָּ בְּכֹל אֲשֶׁר־ תְּאַוֶּה נַפְשֶׁךָ וַיְשַׁלַּח דָּוִד
David y-envió tu-alma desee lo-que en-todo y-reinarás

אֶת־אַבְנֵר וַיֵּלֶךְ בְּשָׁלוֹם׃ וְהִנֵּה עַבְדֵי דָוִד וְיוֹאָב בָּא
vino y-Joab David siervos-de Y-he-aquí-que (22) . en-paz y-marchó Abner a

מֵהַגְּדוּד וְשָׁלָל רָב עִמָּם הֵבִיאוּ וְאַבְנֵר אֵינֶנּוּ
no-estaba y-Abner trajeron con-ellos mucho y-botín de-la-correría

עִם־ דָּוִד בְּחֶבְרוֹן כִּי שִׁלְּחוֹ וַיֵּלֶךְ בְּשָׁלוֹם׃ וְיוֹאָב
Y-Joab (23) . en-paz y-se-fue lo-había-enviado pues en-Hebrón David con

וְכָל־ הַצָּבָא אֲשֶׁר־ אִתּוֹ בָּאוּ וַיַּגִּדוּ לְיוֹאָב לֵאמֹר
: diciendo a-Joab y-hablaron habían-venido con-él que el-ejército y-todo

בָּא־ אַבְנֵר בֶּן־ נֵר אֶל־ הַמֶּלֶךְ וַיְשַׁלְּחֵהוּ וַיֵּלֶךְ
y-se-fue y-le-ha-enviado el-rey a Ner hijo-de Abner ha-venido

בְּשָׁלוֹם׃ וַיָּבֹא יוֹאָב אֶל־ הַמֶּלֶךְ וַיֹּאמֶר מֶה עָשִׂיתָה הִנֵּה־
he-aquí-que ? has-hecho ¿qué : y-dijo el-rey a Joab Y-vino (24) . en-paz

בָא אַבְנֵר אֵלֶיךָ לָמָּה־זֶּה שִׁלַּחְתּוֹ וַיֵּלֶךְ הָלוֹךְ׃ יָדַעְתָּ
Conoces (25) ? a-irse y-volvió le-enviaste esto ¿por-qué a-ti Abner vino

אֶת־אַבְנֵר בֶּן־נֵר כִּי לְפַתֹּתְךָ בָּא וְלָדַעַת אֶת־
** y-a-saber vino a-engañarte que Ner hijo-de Abner a

מוֹצָאֲךָ וְאֶת־מְבוֹאֶךָ וְלָדַעַת אֵת כָּל־אֲשֶׁר אַתָּה עֹשֶׂה׃
. haces tú lo-que todo ** y-a-saber tu-venida y tu-salida

וַיֵּצֵא יוֹאָב מֵעִם דָּוִד וַיִּשְׁלַח מַלְאָכִים אַחֲרֵי אַבְנֵר
Abner detrás-de mensajeros y-envió David de-con Joab Y-salió (26)

וַיָּשִׁבוּ אֹתוֹ מִבּוֹר הַסִּרָה וְדָוִד לֹא יָדָע׃
. se-enteró no y-David de-Sirá del-pozo a-él e-hicieron-volver

וַיָּשָׁב אַבְנֵר חֶבְרוֹן וַיַּטֵּהוּ יוֹאָב אֶל־תּוֹךְ
medio-de al Joab lo-desvió a-Hebrón Abner Y-volvió (27)

הַשַּׁעַר לְדַבֵּר אִתּוֹ בַּשֶּׁלִי וַיַּכֵּהוּ שָׁם
allí y-le-hirió en-secreto con-él para-hablar la-puerta

הַחֹמֶשׁ וַיָּמָת בְּדַם עֲשָׂה־אֵל אָחִיו׃ וַיִּשְׁמַע
Y-oyó (28) . su-hermano Asael por-(la)sangre-de y-murió por-la-quinta-costilla

דָּוִד מֵאַחֲרֵי כֵן וַיֹּאמֶר נָקִי אָנֹכִי וּמַמְלַכְתִּי מֵעִם
de-con y-mi-reino yo inocente : y-dijo esto después-de David

יְהוָה עַד־עוֹלָם מִדְּמֵי אַבְנֵר בֶּן־נֵר׃ יָחֻלוּ
Caigan (29) . Ner hijo-de Abner de-sangre-de siempre hasta Yahweh

עַל־רֹאשׁ יוֹאָב וְאֶל כָּל־בֵּית אָבִיו וְאַל־
y-no su-padre (la)casa-de toda y-sobre Joab cabeza-de sobre

יִכָּרֵת מִבֵּית יוֹאָב זָב וּמְצֹרָע
ni-leproso gonorreico Joab de-(la)casa-de sea-cortado

וּמַחֲזִיק בַּפֶּלֶךְ וְנֹפֵל בַּחֶרֶב וַחֲסַר־לָחֶם׃
. pan ni-quien-carezca-de por-la-espada ni-quien-caiga al-bastón ni-quien-se-cuelgue

וְיוֹאָב וַאֲבִישַׁי אָחִיו הָרְגוּ לְאַבְנֵר עַל אֲשֶׁר
que por a-Abner mataron su-hermano y-Abisay Y-Joab (30)

הֵמִית אֶת־עֲשָׂהאֵל אֲחִיהֶם בְּגִבְעוֹן בַּמִּלְחָמָה׃ וַיֹּאמֶר
Y-dijo (31) . en-la-batalla en-Gabaón su-hermano Asael a había-matado

דָּוִד אֶל־יוֹאָב וְאֶל־כָּל־הָעָם אֲשֶׁר־אִתּוֹ קִרְעוּ בִגְדֵיכֶם
vuestros-vestidos rasgad : con-él que el-pueblo todo y-a Joab a David

וְחִגְרוּ שַׂקִּים וְסִפְדוּ לִפְנֵי אַבְנֵר וְהַמֶּלֶךְ דָּוִד
David y-el-rey Abner delante-de y-haced-duelo cilicios y-ceñíos

הֹלֵךְ אַחֲרֵי הַמִּטָּה׃ וַיִּקְבְּרוּ אֶת־אַבְנֵר בְּחֶבְרוֹן וַיִּשָּׂא
y-alzó en-Hebrón Abner a Y-enterraron (32) . el-féretro detrás-de marchó

הַמֶּלֶךְ אֶת־קוֹלוֹ וַיֵּבְךְּ אֶל־קֶבֶר אַבְנֵר וַיִּבְכּוּ כָּל־
todo y-lloró Abner (la)tumba-de junto-a y-lloró su-voz ** el-rey

הָעָם׃ וַיְקֹנֵן הַמֶּלֶךְ אֶל־אַבְנֵר וַיֹּאמַר הַכְּמוֹת
¿cómo-muerte-de : y-dijo Abner por el-rey Y-entonó-una-endecha (33) . el-pueblo

נָבָל יָמוּת אַבְנֵר׃ יָדֶךָ לֹא־אֲסֻרוֹת וְרַגְלֶיךָ
y-tus-pies atadas no Tus-manos (34) ? Abner morirá villano

לֹא־לִנְחֻשְׁתַּיִם הֻגָּשׁוּ כִּנְפוֹל לִפְנֵי בְנֵי־עַוְלָה נָפָלְתָּ
has-caído maldad hijos-de delante-de como-caer ligados con-grilletes no

וַיֹּסִפוּ כָל־הָעָם לִבְכּוֹת עָלָיו׃ וַיָּבֹא כָל־
todo Y-vino (35) . por-él a-llorar el-pueblo todo y-volvieron

הָעָם לְהַבְרוֹת אֶת־דָּוִד לֶחֶם בְּעוֹד הַיּוֹם וַיִּשָּׁבַע
y-juró este-día en-aún pan David a en-hacer-tomar el-pueblo

דָּוִד לֵאמֹר כֹּה יַעֲשֶׂה־לִּי אֱלֹהִים וְכֹה יֹסִיף כִּי אִם־
si pues añada y-así Dios a-mí haga así : diciendo David

לִפְנֵי בוֹא־הַשֶּׁמֶשׁ אֶטְעַם־לֶחֶם אוֹ כָל־מְאוּמָה׃ וְכָל־
Y-todo (36) . cosa cualquier o pan gustare el-sol ponerse antes-de

הָעָם הִכִּירוּ וַיִּיטַב בְּעֵינֵיהֶם כְּכֹל אֲשֶׁר
lo-que como-todo a-sus-ojos y-estuvo-bien conoció el-pueblo

עָשָׂה הַמֶּלֶךְ בְּעֵינֵי כָל־ הָעָם טוֹב׃ וַיֵּדְעוּ
Y-supo (37) . bueno el-pueblo todo a-(los)ojos-de el-rey hacía

כָל־ הָעָם וְכָל־ יִשְׂרָאֵל בַּיּוֹם הַהוּא כִּי לֹא הָיְתָה
fue no que el-este en-el-día Israel y-todo el-pueblo todo

מֵהַמֶּלֶךְ לְהָמִית אֶת־ אַבְנֵר בֶּן־ נֵר׃ וַיֹּאמֶר הַמֶּלֶךְ אֶל־
a el-rey Y-dijo (38) . Ner hijo-de Abner a el-dar-muerte del-rey

עֲבָדָיו הֲלוֹא תֵדְעוּ כִּי־ שַׂר וְגָדוֹל נָפַל הַיּוֹם
el-día ha-caído y-grande príncipe que sabéis ¿acaso-no : sus-siervos

הַזֶּה בְּיִשְׂרָאֵל׃ וְאָנֹכִי הַיּוֹם רַךְ וּמָשׁוּחַ מֶלֶךְ
rey pero-ungido débil este-día Y-yo (39) ? en-Israel el-éste

וְהָאֲנָשִׁים הָאֵלֶּה בְּנֵי צְרוּיָה קָשִׁים מִמֶּנִּי יְשַׁלֵּם
pague más-que-yo duros Sarvia hijos-de los-estos y-los-hombres

יְהוָה לְעֹשֵׂה הָרָעָה כְּרָעָתוֹ׃ וַיִּשְׁמַע בֶּן־ שָׁאוּל
Saúl (el)hijo-de Y-oyó (1) . según-su-mal el-mal al-que-hace Yahweh **Cap. 4**

כִּי מֵת אַבְנֵר בְּחֶבְרוֹן וַיִּרְפּוּ יָדָיו וְכָל־ יִשְׂרָאֵל
Israel y-todo sus-manos y-se-debilitaron en-Hebrón Abner había-muerto que

נִבְהָלוּ׃ וּשְׁנֵי אֲנָשִׁים שָׂרֵי־ גְדוּדִים הָיוּ
eran hordas jefes-de hombres Y-dos (2) . fueron-atemorizados

בֶן־ שָׁאוּל שֵׁם הָאֶחָד בַּעֲנָה וְשֵׁם הַשֵּׁנִי רֵכָב בְּנֵי רִמּוֹן
Rimón hijos-de Recab el-segundo y-el-nombre-de Baaná el-uno el-nombre-de Saúl (para)hijo-de

הַבְּאֱרֹתִי מִבְּנֵי בִנְיָמִן כִּי גַּם־ בְּאֵרוֹת תֵּחָשֵׁב עַל־
con era-considerado Beerot también pues Benjamín de-(los)hijos-de el-beerotita

בִּנְיָמִן׃ וַיִּבְרְחוּ הַבְּאֵרֹתִים גִּתָּיְמָה וַיִּהְיוּ־ שָׁם
allí y-estuvieron a-Gitáyim los-beerotitas Y-habían-huido (3) . Benjamín

גָּרִים עַד הַיּוֹם הַזֶּה׃ וְלִיהוֹנָתָן בֶּן־שָׁאוּל בֵּן

un-hijo Saúl hijo-de Y-para-Jonatán (4) . el-éste el-día hasta viniendo

נְכֵה רַגְלָיִם בֶּן־חָמֵשׁ שָׁנִים הָיָה בְּבֹא שְׁמֻעַת שָׁאוּל

Saúl (la)noticia-de al-llegar era años cinco hijo-de los-pies lisiado-de

וִיהוֹנָתָן מִיִּזְרְעֶאל וַתִּשָּׂאֵהוּ אֹמַנְתּוֹ וַתָּנֹס

y-huyó su-nodriza y-lo-tomó de-Jezreel y-Jonatán

וַיְהִי בְּחָפְזָהּ לָנוּס וַיִּפֹּל וַיִּפָּסֵחַ

y-quedó-cojo que-cayó a-huir en-su-apresurarse y-sucedió

וּשְׁמוֹ מְפִיבֹשֶׁת׃ וַיֵּלְכוּ בְּנֵי־רִמּוֹן הַבְּאֵרֹתִי

el-beerotita Rimón (los)hijos-de Y-fueron (5) . Mefi-bóset y-su-nombre

רֵכָב וּבַעֲנָה וַיָּבֹאוּ כְּחֹם הַיּוֹם אֶל־בֵּית אִישׁ בֹּשֶׁת

boset Is- casa-de a el-día cuando-el-calor-de y-vinieron y-Baaná Recab

וְהוּא שֹׁכֵב אֵת מִשְׁכַּב הַצָּהֳרָיִם׃ וְהֵנָּה בָּאוּ עַד־

hasta vinieron Y-he-aquí-que (6) . el-mediodía la-siesta-de ** dormía y-él

תּוֹךְ הַבַּיִת לֹקְחֵי חִטִּים וַיַּכֻּהוּ אֶל־

en y-le-hirieron trigo cosechadores-de la-casa el-centro-de

הַחֹמֶשׁ וְרֵכָב וּבַעֲנָה אָחִיו נִמְלָטוּ׃

. se-escaparon su-hermano y-Baaná y-Recab la-quinta-costilla

וַיָּבֹאוּ הַבַּיִת וְהוּא־שֹׁכֵב עַל־מִטָּתוֹ בַּחֲדַר

en-la-habitación-de su-lecho sobre yacía y-él a-la-casa Y-vinieron (7)

מִשְׁכָּבוֹ וַיַּכֻּהוּ וַיְמִתֻהוּ וַיָּסִירוּ אֶת־

** y-le-cortaron y-lo-mataron y-lo-hirieron su-lecho

רֹאשׁוֹ וַיִּקְחוּ אֶת־רֹאשׁוֹ וַיֵּלְכוּ דֶּרֶךְ הָעֲרָבָה

el-Arabá camino-de y-se-fueron su-cabeza ** y-cogieron su-cabeza

כָּל־הַלָּיְלָה׃ וַיָּבִאוּ אֶת־רֹאשׁ אִישׁ־בֹּשֶׁת אֶל־דָּוִד

David a boset Is- (la)cabeza-de ** Y-llevaron (8) . la-noche toda

חֶבְרוֹן וַיֹּאמְרוּ אֶל־הַמֶּלֶךְ הִנֵּה־רֹאשׁ אִישׁ־בֹּשֶׁת בֶּן־שָׁאוּל
Saúl hijo-de boset Is- (la)cabeza-de he-aquí el-rey a y-dijeron a-Hebrón

אֹיִבְךָ אֲשֶׁר בִּקֵּשׁ אֶת־נַפְשֶׁךָ וַיִּתֵּן יְהוָה
Yahweh y-ha-dado tu-vida ** buscaba que tu-enemigo

לַאדֹנִי הַמֶּלֶךְ נְקָמוֹת הַיּוֹם הַזֶּה מִשָּׁאוּל
de-Saúl el-éste el-día .enganzas el-rey a-mi-señor

וּמִזַּרְעוֹ׃ וַיַּעַן דָּוִד אֶת־רֵכָב ׀ וְאֶת־בַּעֲנָה
Baaná y-a Recab a David Y-respondió (9) . y-de-su-linaje

אָחִיו בְּנֵי רִמּוֹן הַבְּאֵרֹתִי וַיֹּאמֶר לָהֶם חַי־
vive : a-ellos y-dijo el-beerotita Rimón hijos-de su-hermano

יְהוָה אֲשֶׁר־פָּדָה אֶת־נַפְשִׁי מִכָּל־צָרָה׃ כִּי
Si (10) . angustia de-toda mi-alma ** ha-redimido que Yahweh

הַמַּגִּיד לִי לֵאמֹר הִנֵּה־מֵת שָׁאוּל וְהוּא־הָיָה
era y-él Saúl está-muerto he-aquí-que : diciendo a-mí al-que-habló

כִמְבַשֵּׂר בְּעֵינָיו וָאֹחֲזָה בוֹ
a-él y-yo-cogí a-sus-ojos como-portador-de-buenas-nuevas

וָאֶהְרְגֵהוּ בְּצִקְלָג אֲשֶׁר לְתִתִּי־לוֹ בְּשֹׂרָה׃ אַף
¿Cuánto-más (11) . albricias a-él en-mi-pagar como en-Siclag y-lo-maté

כִּי־אֲנָשִׁים רְשָׁעִים הָרְגוּ אֶת־אִישׁ־צַדִּיק בְּבֵיתוֹ עַל־
sobre en-su-casa justo hombre a mataron malos hombres cuando

מִשְׁכָּבוֹ וְעַתָּה הֲלוֹא אֲבַקֵּשׁ אֶת־דָּמוֹ מִיֶּדְכֶם
de-vuestra-mano su-sangre ** he-de-reclamar ¿acaso-no y-ahora ? su-lecho

וּבִעַרְתִּי אֶתְכֶם מִן־הָאָרֶץ׃ וַיְצַו דָּוִד אֶת־הַנְּעָרִים
los-jóvenes a David Y-ordenó (12) ? la-tierra de a-vosotros y-extirpar

וַיַּהַרְגוּם וַיְקַצְּצוּ אֶת־יְדֵיהֶם וְאֶת־רַגְלֵיהֶם
sus-pies y sus-manos ** y-cortaron y-los-mataron

וַיִּתְלוּ עַל־הַבְּרֵכָה בְּחֶבְרוֹן וְאֵת רֹאשׁ אִישׁ־בֹּשֶׁת לָקְחוּ
cogieron boset Is- (la)cabeza-de pero en-Hebrón el-estanque sobre y-colgaron

וַיִּקְבְּרוּ בְקֶבֶר־אַבְנֵר בְּחֶבְרוֹן׃ וַיָּבֹאוּ כָּל־
Cap. 5 todas Y-vinieron (1) . en-Hebrón Abner en-(la)tumba-de y-enterraron

שִׁבְטֵי יִשְׂרָאֵל אֶל־דָּוִד חֶבְרוֹנָה וַיֹּאמְרוּ לֵאמֹר הִנְנוּ עַצְמְךָ
hueso-tuyo he-aquí-que-nosotros diciendo y-hablaron a-Hebrón David a Israel (las)tribus-de

וּבְשָׂרְךָ אֲנָחְנוּ׃ גַּם־אֶתְמוֹל גַּם־שִׁלְשׁוֹם בִּהְיוֹת שָׁאוּל מֶלֶךְ
rey Saúl al-ser antes-de-ayer también ayer También (2) . nosotros y-carne-tuya

עָלֵינוּ אַתָּה הָיִיתָה מוֹצִיא וְהַמֵּבִי אֶת־יִשְׂרָאֵל
Israel a y-el-que-traías el-que-sacabas eras tú sobre-nosotros

וַיֹּאמֶר יְהוָה לְךָ אַתָּה תִרְעֶה אֶת־עַמִּי אֶת־יִשְׂרָאֵל
Israel ** mi-pueblo a apacentarás tú : a-ti Yahweh y-dijo

וְאַתָּה תִּהְיֶה לְנָגִיד עַל־יִשְׂרָאֵל׃ וַיָּבֹאוּ כָּל־
todos Y-vinieron (3) . Israel sobre como-caudillo serás y-tú

זִקְנֵי יִשְׂרָאֵל אֶל־הַמֶּלֶךְ חֶבְרוֹנָה וַיִּכְרֹת לָהֶם הַמֶּלֶךְ דָּוִד
David el-rey con-ellos y-cortó a-Hebrón el-rey a Israel (los)ancianos-de

בְּרִית בְּחֶבְרוֹן לִפְנֵי יְהוָה וַיִּמְשְׁחוּ אֶת־דָּוִד לְמֶלֶךְ עַל־
sobre como-rey David a y-ungieron Yahweh delante-de en-Hebrón pacto

יִשְׂרָאֵל׃ בֶּן־שְׁלֹשִׁים שָׁנָה דָּוִד בְּמָלְכוֹ אַרְבָּעִים שָׁנָה
años cuarenta en-su-reinar David años treinta Hijo-de (4) . Israel

מָלָךְ׃ בְּחֶבְרוֹן מָלַךְ עַל־יְהוּדָה שֶׁבַע שָׁנִים וְשִׁשָּׁה חֳדָשִׁים
meses y-seis años siete Judá sobre reinó En-Hebrón (5) . reinó

וּבִירוּשָׁלַם מָלַךְ שְׁלֹשִׁים וְשָׁלֹשׁ שָׁנָה עַל כָּל־יִשְׂרָאֵל
Israel todo sobre años y-tres treinta reinó y-en-Jerusalén

וִיהוּדָה׃ וַיֵּלֶךְ הַמֶּלֶךְ וַאֲנָשָׁיו יְרוּשָׁלַם אֶל־
contra (a)Jerusalén y-sus-hombres el-rey Y-fue (6) . y-Judá

הַיְבֻסִי יוֹשֵׁב הָאָרֶץ וַיֹּאמֶר לְדָוִד לֵאמֹר לֹא־ תָבוֹא

vendrás no : diciendo a-David y-habló el-país que-moraba el-jebuseo

הֵנָּה כִּי אִם־ הֱסִירְךָ הַעִוְרִים וְהַפִּסְחִים

y-los-cojos (a)los-ciegos al-echar-tú sino aquí

לֵאמֹר לֹא־ יָבוֹא דָוִד הֵנָּה׃ וַיִּלְכֹּד דָּוִד אֵת

** David Pero-capturó (7) . aquí David vendrá no : diciendo

מְצֻדַת צִיּוֹן הִיא עִיר דָּוִד׃ וַיֹּאמֶר דָּוִד בַּיּוֹם הַהוּא

: el-aquel en-el-día David Y-dijo (8) . David ciudad-de ella Sión (la)fortaleza-de

כָּל־ מַכֵּה יְבֻסִי וְיִגַּע בַּצִּנּוֹר

por-el-canal que-se-llegue (a)jebuseo el-que-hiera todo

וְאֶת־ הַפִּסְחִים וְאֶת־ הַעִוְרִים שְׂנֻאֵו נֶפֶשׁ דָּוִד עַל־ כֵּן

eso por David (el)alma-de odiados-de los-ciegos y-a los-cojos y-a

יֹאמְרוּ עִוֵּר וּפִסֵּחַ לֹא יָבוֹא אֶל־ הַבָּיִת׃ וַיֵּשֶׁב

Y-moró (9) . la-Casa en entrará no y-cojo ciego : dijeron

דָּוִד בַּמְּצֻדָה וַיִּקְרָא־ לָהּ עִיר דָּוִד וַיִּבֶן דָּוִד

David y-construyó David ciudad-de a-ella y-llamó en-la-fortaleza David

סָבִיב מִן־ הַמִּלּוֹא וָבָיְתָה׃ וַיֵּלֶךְ דָּוִד הָלוֹךְ

a-seguir David E-iba (10) . y-hacia-el-interior el-Miló de alrededor

וְגָדוֹל וַיהוָה אֱלֹהֵי צְבָאוֹת עִמּוֹ׃ וַיִּשְׁלַח חִירָם מֶלֶךְ־

rey-de Hiram Y-envió (11) . con-él ejércitos Dios-de y-Yahweh y-a-engrandecer

צֹר מַלְאָכִים אֶל־ דָּוִד וַעֲצֵי אֲרָזִים וְחָרָשֵׁי עֵץ וְחָרָשֵׁי

y-artesanos-de madera y-artesanos-de cedros y-maderas-de David a mensajeros Tiro

אֶבֶן קִיר וַיִּבְנוּ־ בַיִת לְדָוִד׃ וַיֵּדַע דָּוִד כִּי־

que David Y-supo (12) . a-David casa y-construyeron muro piedra-de

הֱכִינוֹ יְהוָה לְמֶלֶךְ עַל־ יִשְׂרָאֵל וְכִי נִשֵּׂא

había-elevado y-que Israel sobre como-rey Yahweh le-había-establecido

מַמְלַכְתּוֹ בַּעֲבוּר עַמּוֹ יִשְׂרָאֵל׃ וַיִּקַּח דָּוִד עוֹד

más David Y-cogió (13) . Israel su-pueblo en-favor-de su-reino

פִּלַגְשִׁים וְנָשִׁים מִירוּשָׁלִַם אַחֲרֵי בֹּאוֹ מֵחֶבְרוֹן

de-Hebrón su-venir después-de de-Jerusalén y-mujeres concubinas

וַיִּוָּלְדוּ עוֹד לְדָוִד בָּנִים וּבָנוֹת׃ וְאֵלֶּה שְׁמוֹת

los-nombres-de Y-éstos (14) . e-hijas hijos a-David más y-nacieron

הַיִּלֹּדִים לוֹ בִּירוּשָׁלִָם שַׁמּוּעַ וְשׁוֹבָב וְנָתָן וּשְׁלֹמֹה׃

. y-Salomón y-Natán y-Sobab Samúa : en-Jerusalén a-él los-que-nacieron

וְיִבְחָר וֶאֱלִישׁוּעַ וָנֶפֶג וְיָפִיעַ׃ וֶאֱלִישָׁמָע וְאֶלְיָדָע

y-Eliadá y-Elisamá (16) . y-Jafía y-Nefeg y-Elisúa e-Ibhar (15)

וֶאֱלִיפָלֶט׃ וַיִּשְׁמְעוּ פְלִשְׁתִּים כִּי־ מָשְׁחוּ אֶת־ דָּוִד

David a habían-ungido que filisteos Y-oyeron (17) . y-Elifélet

לְמֶלֶךְ עַל־ יִשְׂרָאֵל וַיַּעֲלוּ כָל־ פְּלִשְׁתִּים לְבַקֵּשׁ אֶת־

a a-buscar filisteos todos y-subieron Israel sobre como-rey

דָּוִד וַיִּשְׁמַע דָּוִד וַיֵּרֶד אֶל־ הַמְּצוּדָה׃ וּפְלִשְׁתִּים

Y-filisteos (18) . la-fortaleza a y-bajó David y-oyó David

בָּאוּ וַיִּנָּטְשׁוּ בְּעֵמֶק רְפָאִים׃ וַיִּשְׁאַל דָּוִד

David Y-preguntó (19) . Refaím en-valle-de y-se-desplegaron vinieron

בַּיהוָה לֵאמֹר הַאֶעֱלֶה אֶל־ פְּלִשְׁתִּים הֲתִתְּנֵם

¿los-pondrás ? filisteos contra ¿he-de-subir : diciendo a-Yahweh

בְּיָדִי וַיֹּאמֶר יְהוָה אֶל־ דָּוִד עֲלֵה כִּי־ נָתֹן אֶתֵּן

entregaré entregar pues sube : David a Yahweh y-dijo ? en-mi-mano

אֶת־ הַפְּלִשְׁתִּים בְּיָדֶךָ׃ וַיָּבֹא דָוִד בְּבַעַל־ פְּרָצִים

perazim a-Baal- David Y-vino (20) . en-tu-mano los-filisteos a

וַיַּכֵּם שָׁם דָּוִד וַיֹּאמֶר פָּרַץ יְהוָה אֶת־

a Yahweh abrió-brecha : y-dijo David allí y-los-venció

אֹיְבַי לְפָנַי כְּפֶרֶץ מָיִם עַל־כֵּן קָרָא
llamó esto por agua como-brecha-de delante-de-mí mis-enemigos

שֵׁם־הַמָּקוֹם הַהוּא בַּעַל פְּרָצִים׃ וַיַּעַזְבוּ־שָׁם אֶת־
a allí Y-abandonaron (21) . perazim Baal- el-aquel el-lugar (el)nombre-de

עֲצַבֵּיהֶם וַיִּשָּׂאֵם דָּוִד וַאֲנָשָׁיו׃ וַיֹּסִפוּ
Y-volvieron (22) . y-sus-hombres David y-los-acarrearon sus-ídolos

עוֹד פְּלִשְׁתִּים לַעֲלוֹת וַיִּנָּטְשׁוּ בְּעֵמֶק רְפָאִים׃
. Refaím en-valle-de y-se-desplegaron a-subir filisteos aún

וַיִּשְׁאַל דָּוִד בַּיהוָה וַיֹּאמֶר לֹא תַעֲלֶה הָסֵב
da-la-vuelta subas no : y-dijo a-Yahweh David Y-preguntó (23)

אֶל־אַחֲרֵיהֶם וּבָאתָ לָהֶם מִמּוּל בְּכָאִים׃
. balsameras por-enfrente-de a-ellos y-has-de-ir detrás-de-ellos por

וִיהִי בְּשָׁמְעֲךָ אֶת־קוֹל צְעָדָה בְּרָאשֵׁי
en-(las)copas-de paso ruido-de ** en-tu-oír Y-sucederá (24)

הַבְּכָאִים אָז תֶּחֱרָץ כִּי אָז יָצָא יְהוָה לְפָנֶיךָ
delante-de-ti Yahweh ha-salido entonces pues te-apresurarás entonces las-balsameras

לְהַכּוֹת בְּמַחֲנֵה פְלִשְׁתִּים׃ וַיַּעַשׂ דָּוִד כֵּן כַּאֲשֶׁר
como así David E-hizo (25) . filisteos en-campamento-de a-batir

צִוָּהוּ יְהוָה וַיַּךְ אֶת־פְּלִשְׁתִּים מִגֶּבַע עַד־
hasta desde-Geba filisteos a y-batió Yahweh le-había-ordenado

בֹּאֲךָ גָזֶר׃ וַיֹּסֶף עוֹד דָּוִד אֶת־כָּל־
todo a David aún Y-reunió (1) . (en)Gézer tu-entrar **Cap. 6**

בָּחוּר בְּיִשְׂרָאֵל שְׁלֹשִׁים אָלֶף׃ וַיָּקָם ׀ וַיֵּלֶךְ דָּוִד
David y-fue Y-se-levantó (2) . mil treinta en-Israel muchacho

וְכָל־הָעָם אֲשֶׁר אִתּוֹ מִבַּעֲלֵי יְהוּדָה לְהַעֲלוֹת מִשָּׁם
de-allí para-hacer-subir Judá desde-Baalá con-él que el-pueblo y-todo

אֶת אֲרוֹן הָאֱלֹהִים אֲשֶׁר־ נִקְרָא שֵׁם שֵׁם יְהוָה צְבָאוֹת
Sebaot Yahweh-de nombre-de : nombre se-llamaba que Dios (el)arca-de **

יֹשֵׁב הַכְּרֻבִים עָלָיו׃ וַיַּרְכִּבוּ אֶת־ אֲרוֹן הָאֱלֹהִים
Dios (el)arca-de ** Y-montaron (3) . sobre-él los-querubines el-que-está-sentado

אֶל־עֲגָלָה חֲדָשָׁה וַיִּשָּׂאֻהוּ מִבֵּית אֲבִינָדָב אֲשֶׁר בַּגִּבְעָה
en-el-collado que Abinadab de-casa-de y-se-la-llevaron nuevo un-carro sobre

וְעֻזָּא וְאַחְיוֹ בְּנֵי אֲבִינָדָב נֹהֲגִים אֶת־ הָעֲגָלָה חֲדָשָׁה׃
. nuevo el-carro ** guiaban Abinadab hijos-de y-Ayó y-Uzá

וַיִּשָּׂאֻהוּ מִבֵּית אֲבִינָדָב אֲשֶׁר בַּגִּבְעָה עִם אֲרוֹן
(el)arca-de con en-el-collado que Abinadab de-casa-de Y-se-la-llevaron (4)

הָאֱלֹהִים וְאַחְיוֹ הֹלֵךְ לִפְנֵי הָאָרוֹן׃ וְדָוִד ׀ וְכָל־
y-toda Y-David (5) . el-arca delante-de iba y-Ayó Dios

בֵּית יִשְׂרָאֵל מְשַׂחֲקִים לִפְנֵי יְהוָה בְּכֹל עֲצֵי
maderas-de con-todas Yahweh delante-de danzaban Israel (la)casa-de

בְרוֹשִׁים וּבְכִנֹּרוֹת וּבִנְבָלִים וּבְתֻפִּים וּבִמְנַעַנְעִים
y-con-flautas y-con-panderos y-con-salterios y-con-arpas enebros

וּבְצֶלְצֱלִים׃ וַיָּבֹאוּ עַד־ גֹּרֶן נָכוֹן וַיִּשְׁלַח
y-extendió Nacón (la)era-de hasta Y-vinieron (6) . y-con-címbalos

עֻזָּא אֶל־ אֲרוֹן הָאֱלֹהִים וַיֹּאחֶז בּוֹ כִּי שָׁמְטוּ הַבָּקָר׃
. los-bueyes iban-a-caer pues a-ella y-cogió el-Dios (el)arca-de hacia Uzá

וַיִּחַר־ אַף יְהוָה בְּעֻזָּה וַיַּכֵּהוּ שָׁם
allí y-lo-hirió contra-Uzá Yahweh (el)furor-de Y-se-encendió (7)

הָאֱלֹהִים עַל־ הַשַּׁל וַיָּמָת שָׁם עִם אֲרוֹן הָאֱלֹהִים׃
. Dios (el)arca-de con allí y-murió la-negligencia por el-Dios

וַיִּחַר לְדָוִד עַל אֲשֶׁר פָּרַץ יְהוָה פֶּרֶץ
brecha Yahweh abrió que por para-David Y-hubo-irritación (8)

בְּעֻזָּה וַיִּקְרָא לַמָּקוֹם הַהוּא פֶּרֶץ עֻזָּה עַד הַיּוֹם

el-día hasta uzá Pérez- el-aquel al-lugar y-llamó contra-Uzá

הַזֶּה׃ וַיִּרָא דָוִד אֶת־יְהוָה בַּיּוֹם הַהוּא וַיֹּאמֶר

: y-dijo el-aquel en-el-día Yahweh a David Y-temió (9) . el-éste

אֵיךְ יָבוֹא אֵלַי אֲרוֹן יְהוָה׃ וְלֹא־אָבָה דָוִד

David quiso Y-no (10) ? Yahweh (el)arca-de a-mí vendrá ¿cómo

לְהָסִיר אֵלָיו אֶת־אֲרוֹן יְהוָה עַל־עִיר דָּוִד וַיַּטֵּהוּ דָוִד

David y-la-hizo-llevar David (la)ciudad-de a Yahweh (el)arca-de ** hacia-él traer

בֵּית עֹבֵד־אֱדוֹם הַגִּתִּי׃ וַיֵּשֶׁב אֲרוֹן יְהוָה בֵּית

(en)casa-de Yahweh (el)arca-de Y-estuvo (11) . el geteo edom Obed- a-casa-de

עֹבֵד אֱדֹם הַגִּתִּי שְׁלֹשָׁה חֳדָשִׁים וַיְבָרֶךְ יְהוָה אֶת־עֹבֵד אֱדֹם וְאֶת־

y-a edom Obed- a Yahweh y-bendijo meses tres el-geteo edom Obed-

כָּל־בֵּיתוֹ׃ וַיֻּגַּד לַמֶּלֶךְ דָּוִד לֵאמֹר

: diciendo David al-rey Se-comunicó (12) . su-casa toda

בֵּרַךְ יְהוָה אֶת־בֵּית עֹבֵד אֱדֹם וְאֶת־כָּל־אֲשֶׁר־לוֹ בַּעֲבוּר

a-causa-de de-él lo-que todo y edom Obed- (la)casa-de ** Yahweh ha-bendecido

אֲרוֹן הָאֱלֹהִים וַיֵּלֶךְ דָּוִד וַיַּעַל אֶת־אֲרוֹן הָאֱלֹהִים

Dios (el)arca-de ** y-subió David y-fue Dios (el)arca-de

מִבֵּית עֹבֵד אֱדֹם עִיר דָּוִד בְּשִׂמְחָה׃ וַיְהִי כִּי

que Y-sucedió (13) . con-alegría David (a-la)ciudad-de edom Obed- de-casa-de

צָעֲדוּ נֹשְׂאֵי אֲרוֹן־יְהוָה שִׁשָּׁה צְעָדִים וַיִּזְבַּח שׁוֹר

buey y-sacrificó pasos seis Yahweh (el)arca-de (los)portadores-de anduvieron

וּמְרִיא׃ וְדָוִד מְכַרְכֵּר בְּכָל־עֹז לִפְנֵי יְהוָה

Yahweh delante-de fuerza con-toda danzaba Y-David (14) . y-cebón

וְדָוִד חָגוּר אֵפוֹד בָּד׃ וְדָוִד וְכָל־בֵּית יִשְׂרָאֵל

Israel (la)casa-de y-toda Y-David (15) . lino de-efod ceñía y-David

מַעֲלִים אֶת־ אֲרוֹן יְהוָה בִּתְרוּעָה וּבְקוֹל שׁוֹפָר׃

. cuerno y-con-sonido-de con-júbilo Yahweh (el)arca- ** hacían-subir

וְהָיָה אֲרוֹן יְהוָה בָּא עִיר דָּוִד וּמִיכַל בַּת־

hija-de y-Mical David (en-la)ciudad-de entrando Yahweh (el)arca-de Y-estaba (6)

שָׁאוּל נִשְׁקְפָה ׀ בְּעַד הַחַלּוֹן וַתֵּרֶא אֶת־ הַמֶּלֶךְ דָּוִד מְפַזֵּז

saltando David al-rey ** y-vio la-ventana desde miró Saúl

וּמְכַרְכֵּר לִפְנֵי יְהוָה וַתִּבֶז לוֹ בְּלִבָּהּ׃

. en-su-corazón a-él y-menospreció Yahweh delante-de y-bailando

וַיָּבִאוּ אֶת־ אֲרוֹן יְהוָה וַיַּצִּגוּ אֹתוֹ בִּמְקוֹמוֹ

en-su-lugar a-ella y-dejaron Yahweh (el)arca-de ** Y-trajeron (17)

בְּתוֹךְ הָאֹהֶל אֲשֶׁר נָטָה־ לוֹ דָּוִד וַיַּעַל דָּוִד

David y-sacrificó David para-ella había-extendido que la-tienda en-medio-de

עֹלוֹת לִפְנֵי יְהוָה וּשְׁלָמִים׃ וַיְכַל

Y-acabó (18) . y-ofrendas-de-paz Yahweh delante-de holocaustos

דָּוִד מֵהַעֲלוֹת הָעוֹלָה וְהַשְּׁלָמִים

y-las-ofrendas-de-paz el-holocausto de-sacrificar David

וַיְבָרֶךְ אֶת־ הָעָם בְּשֵׁם יְהוָה צְבָאוֹת׃ וַיְחַלֵּק

Y-repartió (19) . Sebaot Yahweh en-nombre-de el-pueblo a y-bendijo

לְכָל־ הָעָם לְכָל־ הֲמוֹן יִשְׂרָאֵל לְמֵאִישׁ וְעַד־ אִשָּׁה

mujer y-hasta desde-hombre Israel multitud-de a-toda el-pueblo a-todo

לְאִישׁ חַלַּת לֶחֶם אַחַת וְאֶשְׁפָּר אֶחָד וַאֲשִׁישָׁה אֶחָת וַיֵּלֶךְ

y-fue una y-torta-de-pasas uno y-pedazo-de-carne una pan porción-de a-cada hombre

כָּל־ הָעָם אִישׁ לְבֵיתוֹ׃ וַיָּשָׁב דָּוִד לְבָרֵךְ

a-bendecir David Y-volvió (20) . a-su-casa cada-hombre el-pueblo todo

אֶת־ בֵּיתוֹ וַתֵּצֵא מִיכַל בַּת־ שָׁאוּל לִקְרַאת דָּוִד

David al-encuentro-de Saúl hija-de Mical y-salió su-casa **

וַתֹּאמֶר מַה־ נִּכְבַּד הַיּוֹם מֶלֶךְ יִשְׂרָאֵל אֲשֶׁר

cuando Israel (el)rey-de este-día ha-sido-honrado cómo : y-dijo

נִגְלָה הַיּוֹם לְעֵינֵי אַמְהוֹת עֲבָדָיו כְּהִגָּלוֹת

como-desnudar sus-siervos (las)criadas-de ante-los-ojos-de este-día se-ha-desnudado

נִגְלוֹת אַחַד הָרֵקִים׃ (21) וַיֹּאמֶר דָּוִד אֶל־ מִיכַל לִפְנֵי

delante-de : Mical a David Y-dijo (21) . los-vacuos uno-de desnudar

יְהוָה אֲשֶׁר בָּחַר־ בִּי מֵאָבִיךָ וּמִכָּל־

y-que-a-toda más-que-a-tu-padre a-mí eligió que Yahweh

בֵּיתוֹ לְצַוֺּת אֹתִי נָגִיד עַל־ עַם יְהוָה עַל־יִשְׂרָאֵל

Israel sobre Yahweh (el)pueblo-de sobre caudillo a-mí para-constituir su-casa

וְשִׂחַקְתִּי לִפְנֵי יְהוָה׃ (22) וּנְקַלֹּתִי עוֹד

más Y-me-envileceré (22) . Yahweh delante-de y-danzaré

מִזֹּאת וְהָיִיתִי שָׁפָל בְּעֵינָי וְעִם־ הָאֲמָהוֹת אֲשֶׁר

que las-criadas pero-por a-mis-ojos humilde y-seré que-esto

אָמַרְתְּ עִמָּם אִכָּבֵדָה׃ (23) וּלְמִיכַל בַּת־ שָׁאוּל לֹא־

no Saúl hija-de Y-a-Mical (23) . seré honrado por-ellos dijiste

הָיָה לָהּ יָלֶד עַד יוֹם מוֹתָהּ׃ (1) וַיְהִי כִּי־

que Y-sucedió (1) . su-muerte el-día-de hasta hijo para-ella hubo **Cap. 7**

יָשַׁב הַמֶּלֶךְ בְּבֵיתוֹ וַיהוָה הֵנִיחַ־ לוֹ מִסָּבִיב

de-alrededor a-él dio-reposo y-Yahweh en-su-casa el-rey moraba

מִכָּל־ אֹיְבָיו׃ (2) וַיֹּאמֶר הַמֶּלֶךְ אֶל־ נָתָן

Natán a el-rey Y-dijo (2) . sus-enemigos de-todos

הַנָּבִיא רְאֵה נָא אָנֹכִי יוֹשֵׁב בְּבֵית אֲרָזִים וַאֲרוֹן הָאֱלֹהִים

Dios pero-(el)arca-de cedros en-casa-de vivo yo pues mira : el-profeta

יֹשֵׁב בְּתוֹךְ הַיְרִיעָה׃ (3) וַיֹּאמֶר נָתָן אֶל־ הַמֶּלֶךְ כֹּל אֲשֶׁר

lo-que todo : el-rey a Natán Y-dijo (3) . la-cortina entre permanece

בִּלְבָבְךָ לֵךְ עֲשֵׂה כִּי יְהוָה עִמָּךְ׃ וַיְהִי בַּלַּיְלָה
en-la-noche Y-sucedió (4) . contigo Yahweh pues haz ve en-tu-corazón

הַהוּא וַיְהִי דְּבַר־יְהוָה אֶל־נָתָן לֵאמֹר׃ לֵךְ וְאָמַרְתָּ
y-di Ve (5) : diciendo Natán a Yahweh palabra-de que-hubo la-aquella

אֶל־עַבְדִּי אֶל־דָּוִד כֹּה אָמַר יְהוָה הַאַתָּה תִּבְנֶה־לִּי
a-mí has-de-edificar ¿acas-tú : Yahweh ha-dicho así David a mi-siervo a

בַיִת לְשִׁבְתִּי׃ כִּי לֹא יָשַׁבְתִּי בְּבַיִת לְמִיּוֹם הַעֲלֹתִי אֶת־
a de-mi-hacer-subir desde-día en-casa he-morado no Pues (6) ? para-mi-morada casa

בְּנֵי יִשְׂרָאֵל מִמִּצְרַיִם וְעַד הַיּוֹם הַזֶּה וָאֶהְיֶה מִתְהַלֵּךְ בְּאֹהֶל
en-tienda yendo y-he-estado el-éste el-día y-hasta de-Egipto Israel (los)hijos-de

וּבְמִשְׁכָּן׃ בְּכֹל אֲשֶׁר־הִתְהַלַּכְתִּי בְּכָל־בְּנֵי יִשְׂרָאֵל
Israel (los)hijos-de con-todos he-andado lo-que En todo (7) . y-en-tabernáculo

הֲדָבָר דִּבַּרְתִּי אֶת־אַחַד שִׁבְטֵי יִשְׂרָאֵל אֲשֶׁר צִוִּיתִי לִרְעוֹת אֶת־
a apacentar he-ordenado a-quien Israel (las)tribus-de alguna-de a dije ¿uno-palabra

עַמִּי אֶת־יִשְׂרָאֵל לֵאמֹר לָמָּה לֹא־בְנִיתֶם לִי בֵּית אֲרָזִים׃
? cedros casa-de a-mí habéis-construido no por-qué : diciendo Israel a mi-pueblo

וְעַתָּה כֹּה־תֹאמַר לְעַבְדִּי לְדָוִד כֹּה אָמַר יְהוָה
Yahweh ha-dicho así : a-David a-mi-siervo dirás así Y-ahora (8)

צְבָאוֹת אֲנִי לְקַחְתִּיךָ מִן־הַנָּוֶה מֵאַחַר הַצֹּאן לִהְיוֹת נָגִיד עַל־
sobre caudillo para-ser el-rebaño de-detrás-de el-pastizal de te-he-tomado yo : Sebaot

עַמִּי עַל־יִשְׂרָאֵל׃ וָאֶהְיֶה עִמְּךָ בְּכֹל אֲשֶׁר הָלַכְתָּ
has-andado lo-que en-todo contigo Y-he-estado (9) . Israel sobre mi-pueblo

וָאַכְרִתָה אֶת־כָּל־אֹיְבֶיךָ מִפָּנֶיךָ וְעָשִׂתִי
y-he-hecho de-delante-de-ti tus-enemigos todos a y-he-derrotado

לְךָ שֵׁם גָּדוֹל כְּשֵׁם הַגְּדֹלִים אֲשֶׁר בָּאָרֶץ׃
. en-la-tierra que los-grandes como-(el)nombre-de grande nombre para-ti

וְשַׂמְתִּי מָקוֹם לְעַמִּי לְיִשְׂרָאֵל וּנְטַעְתִּיו

y-lo-plantaré para-Israel para-mi-pueblo un-lugar Y-pondré (10)

וְשָׁכַן תַּחְתָּיו וְלֹא יִרְגַּז עוֹד וְלֹא־

y-no nunca será-removido y-no en-su-lugar y-morará

יֹסִיפוּ בְנֵי־ עַוְלָה לְעַנּוֹתוֹ כַּאֲשֶׁר בָּרִאשׁוֹנָה׃

. al-principio como afligiendo-le inquidad hijos-de continuarán

וּלְמִן־ הַיּוֹם אֲשֶׁר צִוִּיתִי שֹׁפְטִים עַל־ עַמִּי

mi-pueblo sobre jueces puse que el-día Y-desde (11)

יִשְׂרָאֵל וַהֲנִיחֹתִי לְךָ מִכָּל־ אֹיְבֶיךָ

tus-enemigos de-todos a-ti e-hice-descansar Israel

וְהִגִּיד לְךָ יְהוָה כִּי־ בַיִת יַעֲשֶׂה־ לְּךָ יְהוָה׃

. Yahweh para-ti haría casa que Yahweh a-ti y-declaró

כִּי ׀ יִמְלְאוּ יָמֶיךָ וְשָׁכַבְתָּ אֶת־ אֲבֹתֶיךָ

tus-padres con y-duermas tus-días se-cumplan Cuando (12)

וַהֲקִימֹתִי אֶת־ זַרְעֲךָ אַחֲרֶיךָ אֲשֶׁר יֵצֵא

saldrá el-cual detrás-de-ti tu-descendiente a y-yo-suscitaré

מִמֵּעֶיךָ וַהֲכִינֹתִי אֶת־ מַמְלַכְתּוֹ׃ הוּא

Él (13) . su-realeza ** y-consolidaré de-tus-entrañas

יִבְנֶה־ בַּיִת לִשְׁמִי וְכֹנַנְתִּי אֶת־ כִּסֵּא

(el)trono-de ** y-yo-consolidaré a-mi-Nombre una-casa edificará

מַמְלַכְתּוֹ עַד־ עוֹלָם׃ אֲנִי אֶהְיֶה־ לּוֹ לְאָב וְהוּא יִהְיֶה־

será y-él como-padre para-él seré Yo (14) . siempre para su-realeza

לִּי לְבֵן אֲשֶׁר בְּהַעֲוֹתוֹ וְהֹכַחְתִּיו בְּשֵׁבֶט אֲנָשִׁים

hombres con-vara-de y-yo-le-castigaré en-su-obrar-mal que como-hijo para-mí

וּבְנִגְעֵי בְּנֵי אָדָם׃ וְחַסְדִּי לֹא־ יָסוּר

se-apartará no Pero-mi-misericordia (15) . hombre hijos-de y-con-azotes-de

מִמֶּנּוּ כַּאֲשֶׁר הֲסִרֹתִי מֵעִם שָׁאוּל אֲשֶׁר הֲסִרֹתִי מִלְּפָנֶיךָ׃

. de-delante-de-ti aparté a-quien Saúl de-con aparté como de-él

וְנֶאְמַן בֵּיתְךָ וּמַמְלַכְתְּךָ עַד־עוֹלָם לְפָנֶיךָ

delante-de-ti siempre para y-tu-realeza tu-casa Y-será-afirmada (16)

כִּסְאֲךָ יִהְיֶה נָכוֹן עַד־עוֹלָם׃ כְּכֹל

Según-todas (17) . siempre por estable será tu-trono

הַדְּבָרִים הָאֵלֶּה וּכְכֹל הַחִזָּיוֹן הַזֶּה כֵּן דִּבֶּר

habló así la-esta la-revelación y-con-toda las-estas las-palabras

נָתָן אֶל־דָּוִד׃ וַיָּבֹא הַמֶּלֶךְ דָּוִד וַיֵּשֶׁב לִפְנֵי יְהוָה

Yahweh delante-de y-se-puso David el-rey Y-vino (18) . David a Natán

וַיֹּאמֶר מִי אָנֹכִי אֲדֹנָי יְהוִה וּמִי בֵיתִי כִּי הֲבִיאֹתַנִי

tú-me-has-traído pues mi-casa y-quién Yahweh mi-Señor yo ¿quién : y-dijo

עַד־הֲלֹם׃ וַתִּקְטַן עוֹד זֹאת בְּעֵינֶיךָ אֲדֹנָי יְהוִה

Yahweh mi-señor a-tus-ojos esto aun Pero-ha-sido-poco (19) ? aquí hasta

וַתְּדַבֵּר גַּם אֶל־בֵּית־עַבְדְּךָ לְמֵרָחוֹק וְזֹאת

¿y-ésta en-lo-por-venir tu-siervo casa-de a también y-hablaste

תּוֹרַת הָאָדָם אֲדֹנָי יְהוִה׃ וּמַה־יּוֹסִיף דָּוִד עוֹד

aún David añadirá ¿Y-qué (20) ? Yahweh mi-Señor el-hombre la-ley-de

לְדַבֵּר אֵלֶיךָ וְאַתָּה יָדַעְתָּ אֶת־עַבְדְּךָ אֲדֹנָי יְהוִה׃ בַּעֲבוּר

A-causa-de (21) . Yahweh mi-Señor tu-siervo a conoces pues-tú ? a-ti para-decir

דְּבָרְךָ וּכְלִבְּךָ עָשִׂיתָ אֵת כָּל־הַגְּדוּלָּה

la-grandeza toda ** has-hecho y-según-tu-corazón tu-palabra

הַזֹּאת לְהוֹדִיעַ אֶת־עַבְדֶּךָ׃ עַל־כֵּן גָּדַלְתָּ אֲדֹנָי

mi-señor te-has-engran eso Por (22) . tu-siervo a para-hacer-conocer la-esta
decido

יְהוִה כִּי־אֵין כָּמוֹךָ וְאֵין אֱלֹהִים זוּלָתֶךָ בְּכֹל אֲשֶׁר־שָׁמַעְנוּ

hemos-oído lo-que en-todo excepto-tú Dios y-no-hay como-tú no-hay pues Yahweh

בְּאָזְנֵינוּ׃ וּמִי כְעַמְּךָ כְּיִשְׂרָאֵל גּוֹי אֶחָד
única nación como-Israel como-tu-pueblo ¿Y-quién (23) . con-nuestros oídos

בָּאָרֶץ אֲשֶׁר הָלְכוּ־ אֱלֹהִים לִפְדּוֹת־ לוֹ לְעָם וְלָשׂוּם
y-a-poner como-pueblo para-él a-rescatar Dios haya-venido a-la-que en-la-tierra

לוֹ שֵׁם וְלַעֲשׂוֹת לָכֶם הַגְּדוּלָּה וְנֹרָאוֹת
y-prodigios la-grandeza a-vosotros y-para-hacer nombre a-él

לְאַרְצֶךָ מִפְּנֵי עַמְּךָ אֲשֶׁר פָּדִיתָ לְּךָ
para-ti rescataste que tu-pueblo de-delante-de para-tu-tierra

מִמִּצְרַיִם גּוֹיִם וֵאלֹהָיו׃ וַתְּכוֹנֵן לְךָ אֶת־
a para-ti Y-estableciste (24) ? y-sus-dioses naciones de-Egipto

עַמְּךָ יִשְׂרָאֵל ׀ לְךָ לְעָם עַד־ עוֹלָם וְאַתָּה יְהוָה הָיִיתָ
fuiste Yahweh y-tú siempre para como-pueblo para-ti Israel tu-pueblo

לָהֶם לֵאלֹהִים׃ וְעַתָּה יְהוָה אֱלֹהִים הַדָּבָר אֲשֶׁר דִּבַּרְתָּ עַל־
sobre dijiste que la-palabra Dios Yahweh Y-ahora (25) . como-Dios para-ellos

עַבְדְּךָ וְעַל־ בֵּיתוֹ הָקֵם עַד־ עוֹלָם וַעֲשֵׂה כַּאֲשֶׁר
como y-haz siempre para mantén su-casa y-sobre tu-siervo

דִּבַּרְתָּ׃ וְיִגְדַּל שִׁמְךָ עַד־ עוֹלָם לֵאמֹר יְהוָה
Yahweh : diciendo siempre por tu-nombre Y-sea-engrandecido (26) . dijiste

צְבָאוֹת אֱלֹהִים עַל־ יִשְׂרָאֵל וּבֵית עַבְדְּךָ דָוִד יִהְיֶה
será David tu-siervo y-(la)casa-de Israel de Dios Sebaot

נָכוֹן לְפָנֶיךָ׃ כִּי־ אַתָּה יְהוָה צְבָאוֹת אֱלֹהֵי יִשְׂרָאֵל
Israel Dios-de Sebaot Yahweh tú Pues (27) . delante-de-ti firme

גָּלִיתָה אֶת־ אֹזֶן עַבְדְּךָ לֵאמֹר בַּיִת אֶבְנֶה־ לָּךְ
para-ti edificaré una-casa : diciendo tu-siervo (el)oído-de a revelaste

עַל־ כֵּן מָצָא עַבְדְּךָ אֶת־ לִבּוֹ לְהִתְפַּלֵּל אֵלֶיךָ אֶת־
** a-ti para-suplicar su-corazón ** tu-siervo encontró esto por

הַתְּפִלָּה הַזֹּאת׃ וְעַתָּה ׀ אֲדֹנָי יְהוִה אַתָּה־הוּא הָאֱלֹהִים וּדְבָרֶיךָ
y-tus-palabras el Dios eres tú Yahweh mi-Señor Y-ahora (28) . la-esta la-súplica

יִהְיוּ אֱמֶת וַתְּדַבֵּר אֶל־עַבְדְּךָ אֶת־הַטּוֹבָה הַזֹּאת׃
. el-éste el-bien ** tu-siervo a y-prometiste verdad son

וְעַתָּה הוֹאֵל וּבָרֵךְ אֶת־בֵּית עַבְדְּךָ לִהְיוֹת
para-permanecer tu-siervo (la)casa-de ** y-bendice consiente Y-ahora (29)

לְעוֹלָם לְפָנֶיךָ כִּי־אַתָּה אֲדֹנָי יְהוִה דִּבַּרְתָּ וּמִבִּרְכָתְךָ
y-con-tu-bendición has-hablado Yahweh mi-Señor tú pues ante-ti por-siempre

יְבֹרַךְ בֵּית־עַבְדְּךָ לְעוֹלָם׃ וַיְהִי אַחֲרֵי־
Cap. 8 después-de Y-sucedió (1) . por-siempre tu-siervo (la)casa-de será-bendita

כֵן וַיַּךְ דָּוִד אֶת־פְּלִשְׁתִּים וַיַּכְנִיעֵם וַיִּקַּח
y-cogió y-los-sometió filisteos a David que-derrotó esto

דָּוִד אֶת־מֶתֶג הָאַמָּה מִיַּד פְּלִשְׁתִּים׃ וַיַּךְ אֶת־
a Y-derrotó (2) . filisteos de-mano-de el-amá Méteg- a David

מוֹאָב וַיְמַדְּדֵם בַּחֶבֶל הַשְׁכֵּב אוֹתָם אַרְצָה
a-tierra a-ellos hizo-tumbar con-la-cuerda y-los-midió Moab

וַיְמַדֵּד שְׁנֵי־חֲבָלִים לְהָמִית וּמְלֹא הַחֶבֶל לְהַחֲיוֹת
para-dejar-vivos la-cuerda y-extensión-de para-matar cuerdas dos y-midió

וַתְּהִי מוֹאָב לְדָוִד לַעֲבָדִים נֹשְׂאֵי מִנְחָה׃
. tributo pagadores-de como-siervos para-David Moab y-fue

וַיַּךְ דָּוִד אֶת־הֲדַדְעֶזֶר בֶּן־רְחֹב מֶלֶךְ צוֹבָה בְּלֶכְתּוֹ
en-su-ir Sobá rey-de Rehob hijo-de Hadadézer a David Y-derrotó (3)

לְהָשִׁיב יָדוֹ בִּנְהַר־ ׃ וַיִּלְכֹּד דָּוִד
David Y-capturó (4) . Éufrates al-río su-dominio a-restablecer

מִמֶּנּוּ אֶלֶף וּשְׁבַע־מֵאוֹת פָּרָשִׁים וְעֶשְׂרִים אֶלֶף אִישׁ
hombres mil y-veinte jinetes cientos y-siete mil de-él

רַגְלִי וַיְעַקֵּר דָּוִד אֶת־ כָּל־ הָרֶכֶב וַיּוֹתֵר
pero-dejó el-conjunto-de-carros todo ** David y-destrozó de-a-pie

מִמֶּנּוּ מֵאָה רָכֶב׃ וַתָּבֹא אֲרַם דַּמֶּשֶׂק לַעְזֹר
a-ayudar Damasco Aram-de Y-vino (5) . carros cien de-ello

לַהֲדַדְעֶזֶר מֶלֶךְ צוֹבָה וַיַּךְ דָּוִד בַּאֲרָם עֶשְׂרִים־ וּשְׁנַיִם
y-dos veinte a-Aram David y-derrotó Sobá rey-de a-Hadadézer

אֶלֶף אִישׁ׃ וַיָּשֶׂם דָּוִד נְצִבִים בַּאֲרַם דַּמֶּשֶׂק וַתְּהִי
y-fue Damasco en-Aram-de guarniciones David Y-puso (6) . hombres mil

אֲרָם לְדָוִד לַעֲבָדִים נוֹשְׂאֵי מִנְחָה וַיֹּשַׁע יְהוָה
Yahweh y-daba-victoria tributo pagadores-de como-siervos para-David Aram

אֶת־ דָּוִד בְּכֹל אֲשֶׁר הָלָךְ׃ וַיִּקַּח דָּוִד אֵת שִׁלְטֵי
(los)escudos-de ** David Y-tomó (7) . fuera que dondequiera David a

הַזָּהָב אֲשֶׁר הָיוּ אֶל עַבְדֵי הֲדַדְעָזֶר וַיְבִיאֵם יְרוּשָׁלִָם׃
. a-Jerusalén y-los-llevó Hadadézer (los)siervos-de en estaban que oro

וּמִבֶּטַח וּמִבֵּרֹתַי עָרֵי הֲדַדְעָזֶר לָקַח הַמֶּלֶךְ
el-rey cogió Hadadézer ciudades-de y-de-Berotay Y-de-Beta (8)

דָּוִד נְחֹשֶׁת הַרְבֵּה מְאֹד׃ וַיִּשְׁמַע תֹּעִי מֶלֶךְ חֲמָת כִּי
que Hamat rey-de Toi Y-oyó (9) . muy mucho bronce David

הִכָּה דָוִד אֵת כָּל־ חֵיל הֲדַדְעָזֶר׃ וַיִּשְׁלַח תֹּעִי
Toi Y-envió (10) . Hadadézer (el)jército-de todo a David había-derrotado

אֶת־ יוֹרָם־ בְּנוֹ אֶל־ הַמֶּלֶךְ־ דָּוִד לִשְׁאָל־ לוֹ לְשָׁלוֹם
en-paz a-él para-pedir David el-rey a su-hijo Joram a

וּלְבָרֲכוֹ עַל אֲשֶׁר נִלְחַם בַּהֲדַדְעֶזֶר
con-Hadadézer había-peleado que por y-para-felicitarle

וַיַּכֵּהוּ כִּי־ אִישׁ מִלְחֲמוֹת תֹּעִי הָיָה הֲדַדְעָזֶר וּבְיָדוֹ
y-en-su-mano Hadadézer era Toi guerras-de hombre-de pues y-lo-había-vencido

הָיוּ כְּלֵי־ כֶסֶף וּכְלֵי־ זָהָב וּכְלֵי נְחֹשֶׁת׃
. bronce y-utensilios-de oro y-utensilios-de plata utensilios-de habían

גַּם־ אֹתָם הִקְדִּישׁ הַמֶּלֶךְ דָּוִד לַיהוָה עִם־ הַכֶּסֶף
la-plata con a-Yahweh David el-rey había-consagrado a-ellos También (11)

וְהַזָּהָב אֲשֶׁר הִקְדִּישׁ מִכָּל־ הַגּוֹיִם אֲשֶׁר כִּבֵּשׁ׃
: había-sometido que las-naciones de-todas había-consagrado que y-el-oro

מֵאֲרָם וּמִמּוֹאָב וּמִבְּנֵי עַמּוֹן וּמִפְּלִשְׁתִּים
y-de-filisteos Amón y-de-(los)hijos-de y-de-Moab De-Aram (12)

וּמֵעֲמָלֵק וּמִשְּׁלַל הֲדַדְעֶזֶר בֶּן־ רְחֹב מֶלֶךְ צוֹבָה׃
. Sobá rey-de Rehob hijo-de Hadadézer y-(el)botín-de y-de-Amalec

וַיַּעַשׂ דָּוִד שֵׁם בְּשֻׁבוֹ מֵהַכּוֹתוֹ אֶת־
a de-su-derrotar en-su-regresar nombre David E-hizo (13)

אֲרָם בְּגֵיא־ מֶלַח שְׁמוֹנָה עָשָׂר אָלֶף׃ וַיָּשֶׂם בֶּאֱדוֹם
en-Edom Y-puso (14) . mil dieciocho sal en-valle-de Aram

נְצִבִים בְּכָל־ אֱדוֹם שָׂם נְצִבִים וַיְהִי כָל־ אֱדוֹם עֲבָדִים
siervos Edom todo y-fue guarniciones puso Edom en-todo guarniciones

לְדָוִד וַיּוֹשַׁע יְהוָה אֶת־ דָּוִד בְּכֹל אֲשֶׁר הָלָךְ׃
. fuera que dondequiera David a Yahweh y-daba-victoria de-David

וַיִּמְלֹךְ דָּוִד עַל־ כָּל־ יִשְׂרָאֵל וַיְהִי דָוִד עֹשֶׂה מִשְׁפָּט
justicia haciendo David y-estuvo Israel todo sobre David Y-reinó (15)

וּצְדָקָה לְכָל־ עַמּוֹ׃ וְיוֹאָב בֶּן־ צְרוּיָה עַל־ הַצָּבָא
el-ejército sobre Sarvia hijo-de Y-Joab (16) . su-pueblo en-todo y-equidad

וִיהוֹשָׁפָט בֶּן־ אֲחִילוּד מַזְכִּיר׃ וְצָדוֹק בֶּן־ אֲחִיטוּב
Ahitub hijo-de Y-Sadoc (17) . canciller Ahilud hijo-de y-Josafat

וַאֲחִימֶלֶךְ בֶּן־ אֶבְיָתָר כֹּהֲנִים וּשְׂרָיָה סוֹפֵר׃
. escriba y-Serayá sacerdotes Abiatar hijo-de y-Ahimélec

וּבְנָיָהוּ בֶּן־ יְהוֹיָדָע וְהַכְּרֵתִי וְהַפְּלֵתִי

y-el-peleteo y-el-cereteo Joyadá hijo-de Y-Benayahu (18)

וּבְנֵי דָוִד כֹּהֲנִים הָיוּ׃ וַיֹּאמֶר דָּוִד הֲכִי

¿acaso : David Y-dijo (1) . eran sacerdotes David y-(los)hijos- **Cap. 9**

יֶשׁ־ עוֹד אֲשֶׁר נוֹתַר לְבֵית שָׁאוּל וְאֶעֱשֶׂה עִמּוֹ חֶסֶד

misericordia con-él para-que-haga Saúl de-(la)casa-de haya-quedado quien aún hay

בַּעֲבוּר יְהוֹנָתָן׃ וּלְבֵית שָׁאוּל עֶבֶד וּשְׁמוֹ

y-su-nombre un-siervo Saúl Y-de-casa-de (2) ? Jonatán a-causa-de

צִיבָא וַיִּקְרְאוּ־ לוֹ אֶל־ דָּוִד וַיֹּאמֶר הַמֶּלֶךְ אֵלָיו הַאַתָּה צִיבָא

? Sibá ¿acaso-tú : a-él el-rey y-dijo David a a-él y-llamaron Sibá

וַיֹּאמֶר עַבְדֶּךָ׃ וַיֹּאמֶר הַמֶּלֶךְ הַאֶפֶס עוֹד אִישׁ

hombre ningún ¿no-hay : el-rey Y-dijo (3) . servidor tuyo : y-respondió

לְבֵית שָׁאוּל וְאֶעֱשֶׂה עִמּוֹ חֶסֶד אֱלֹהִים וַיֹּאמֶר צִיבָא

Sibá y-dijo ? Dios misericordia-de con-él para-que-haga Saúl de-(la)casa-de

אֶל־ הַמֶּלֶךְ עוֹד בֵּן לִיהוֹנָתָן נְכֵה רַגְלָיִם׃ וַיֹּאמֶר־

Y-dijo (4) . pies lisiado-de de-Jonatán hijo aún : el-rey a

לוֹ הַמֶּלֶךְ אֵיפֹה הוּא וַיֹּאמֶר צִיבָא אֶל־הַמֶּלֶךְ הִנֵּה־הוּא בֵּית

(en)casa-de él he-aquí-que : el-rey a Sibá y-respondió ? él ¿dónde : el-rey a-él

מָכִיר בֶּן־ עַמִּיאֵל בְּלוֹ דְבָר׃ וַיִּשְׁלַח הַמֶּלֶךְ דָּוִד

David el-rey Y-envió (5) . debar en-Lo- Amiel hijo-de Maquir

וַיִּקָּחֵהוּ מִבֵּית מָכִיר בֶּן־ עַמִּיאֵל מִלּוֹ דְבָר׃

. debar de-Lo- Amiel hijo-de Maquir de-casa-de y-le-trajo

וַיָּבֹא מְפִיבֹשֶׁת בֶּן־ יְהוֹנָתָן בֶּן־ שָׁאוּל אֶל־ דָּוִד

David hacia Saúl hijo-de Jonatán hijo-de Mefi-bóset Y-vino (6)

וַיִּפֹּל עַל־ פָּנָיו וַיִּשְׁתָּחוּ וַיֹּאמֶר דָּוִד מְפִיבֹשֶׁת

Mefi-bóset : David Y-dijo y-se-prosternó su-rostro sobre y-cayó

וַיֹּאמֶר הִנֵּה עַבְדֶּךָ׃ וַיֹּאמֶר לוֹ דָוִד אַל־תִּירָא
temas no : David a-él Y-dijo (7) . tu servidor he-aquí-a : y-dijo

כִּי עָשֹׂה אֶעֱשֶׂה עִמְּךָ חֶסֶד בַּעֲבוּר יְהוֹנָתָן אָבִיךָ
tu-padre Jonatán a-causa-de benevolencia contigo haré hacer pues

וַהֲשִׁבֹתִי לְךָ אֶת־כָּל־שְׂדֵה שָׁאוּל אָבִיךָ וְאַתָּה
y-tú tu-padre Saúl (la)tierra-de toda ** a-ti y-devolveré

תֹּאכַל לֶחֶם עַל־שֻׁלְחָנִי תָּמִיד׃ וַיִּשְׁתַּחוּ וַיֹּאמֶר מֶה
¿qué : y-dijo Y-se-inclinó (8) . siempre mi-mesa sobre pan comerás

עַבְדֶּךָ כִּי פָנִיתָ אֶל־הַכֶּלֶב הַמֵּת אֲשֶׁר כָּמוֹנִי׃
? como-yo que el-muerto el-perro a te-has-vuelto que tu-siervo

וַיִּקְרָא הַמֶּלֶךְ אֶל־צִיבָא נַעַר שָׁאוּל וַיֹּאמֶר אֵלָיו
: a-él y-dijo Saúl siervo-de Sibá a el-rey Y-llamó (9)

כֹּל אֲשֶׁר הָיָה לְשָׁאוּל וּלְכָל־בֵּיתוֹ נָתַתִּי לְבֶן־
a-(el)hijo-de he-dado su-casa y-de-toda de-Saúl sea lo-que todo

אֲדֹנֶיךָ׃ וְעָבַדְתָּ לּוֹ אֶת־הָאֲדָמָה אַתָּה וּבָנֶיךָ
y-tus-hijos tú la-tierra ** para-él Y-trabajarás (10) . tu-señor

וַעֲבָדֶיךָ וְהֵבֵאתָ וְהָיָה לְבֶן־אֲדֹנֶיךָ
tu-señor para-(el)hijo-de y-habrá y-traerás y-tus-siervos

לֶּחֶם וַאֲכָלוֹ וּמְפִיבֹשֶׁת בֶּן־אֲדֹנֶיךָ
tu-señor hijo-de y-Mefi-bóset y-lo-comerá pan

יֹאכַל תָּמִיד לֶחֶם עַל־שֻׁלְחָנִי וּלְצִיבָא חֲמִשָּׁה עָשָׂר בָּנִים וְעֶשְׂרִים
y-veinte hijos quince y-para-Sibá mi-mesa sobre pan siempre comerá

עֲבָדִים׃ וַיֹּאמֶר צִיבָא אֶל־הַמֶּלֶךְ כְּכֹל אֲשֶׁר יְצַוֶּה
ha-mandado lo-que como-todo : el-rey a Sibá Y-dijo (11) . siervos

אֲדֹנִי הַמֶּלֶךְ אֶת־עַבְדּוֹ כֵּן יַעֲשֶׂה עַבְדֶּךָ
tu-siervo hará así su-siervo a el-rey mi-señor

וּמְפִיבֹשֶׁת אֹכֵל עַל־ שֻׁלְחָנִי כְּאַחַד מִבְּנֵי הַמֶּלֶךְ׃
. el-rey de-(los)hijos-de como-uno mi-mesa sobre comía y-Mefi-bóset

וְלִמְפִיבֹשֶׁת בֵּן־ קָטָן וּשְׁמוֹ מִיכָא וְכֹל
y-toda Micá y-su-nombre pequeño hijo Y-para-Mefi-bóset (12)

מוֹשַׁב בֵּית־ צִיבָא עֲבָדִים לִמְפִיבֹשֶׁת׃ וּמְפִיבֹשֶׁת
Y-Mefi-bóset (13) . de-Mefi-bóset siervos Sibá (la)casa-de (la)familia-de

יֹשֵׁב בִּירוּשָׁלִַם כִּי עַל־שֻׁלְחַן הַמֶּלֶךְ תָּמִיד הוּא אֹכֵל וְהוּא
y-él comía él siempre el-rey (la)mesa-de sobre pues en-Jerusalén vivía

Cap. 10 פִּסֵּחַ שְׁתֵּי רַגְלָיו׃ וַיְהִי אַחֲרֵי־ כֵן וַיָּמָת
que-murió esto después-de Y-sucedió (1) . sus-pies dos-de lisiado-de

מֶלֶךְ בְּנֵי עַמּוֹן וַיִּמְלֹךְ חָנוּן בְּנוֹ תַּחְתָּיו׃
. en-su-lugar su-hijo Hanún y-reinó Amón (los)hijos-de (el)rey-de

וַיֹּאמֶר דָּוִד אֶעֱשֶׂה־ חֶסֶד ׀ עִם־ חָנוּן בֶּן־ נָחָשׁ כַּאֲשֶׁר
como Nahás hijo-de Hanún con misericordia haré : David Y-dijo (2)

עָשָׂה אָבִיו עִמָּדִי חֶסֶד וַיִּשְׁלַח דָּוִד לְנַחֲמוֹ
para-consolarlo David y-envió misericordia conmigo su-padre hizo

בְּיַד־ עֲבָדָיו אֶל־ אָבִיו וַיָּבֹאוּ עַבְדֵי
(los)siervos-de y-vinieron su-padre respecto-a sus-siervos por-mano-de

דָוִד אֶרֶץ בְּנֵי עַמּוֹן׃ וַיֹּאמְרוּ שָׂרֵי בְנֵי־ עַמּוֹן אֶל־
a Amón (los)hijos-de (los)príncipes-de Y-dijeron (3) . Amón (los)hijos-de (a-la)tierra-de David

חָנוּן אֲדֹנֵיהֶם הַמְכַבֵּד דָּוִד אֶת־ אָבִיךָ בְּעֵינֶיךָ כִּי־
pues a-tus-ojos tu-padre a David ¿acaso-honra : su-señor Hanún

שָׁלַח לְךָ מְנַחֲמִים הֲלוֹא בַּעֲבוּר חֲקוֹר אֶת־ הָעִיר
la-ciudad ** investigar para ¿acaso-no ? consoladores a-ti ha-enviado

וּלְרַגְּלָהּ וּלְהָפְכָהּ שָׁלַח דָּוִד אֶת־ עֲבָדָיו אֵלֶיךָ׃
? a-ti sus-siervos a David ha-enviado y-destruirla y-espiarla

וַיִּקַּח חָנוּן אֶת־עַבְדֵי דָוִד וַיְגַלַּח אֶת־חֲצִי

(la)mitad-de ** y-rapó David (los)siervos-de a Hanún Y-cogió (4)

זְקָנָם וַיִּכְרֹת אֶת־מַדְוֵיהֶם בַּחֵצִי עַד שְׁתוֹתֵיהֶם

sus-nalgas hasta por-medio sus-vestidos ** y-cortó su-barba

וַיְשַׁלְּחֵם׃ וַיַּגִּדוּ לְדָוִד וַיִּשְׁלַח לִקְרָאתָם

a-encontrarles y-envió a-David E-informaron (5) . y-los-despidió

כִּי־הָיוּ הָאֲנָשִׁים נִכְלָמִים מְאֹד וַיֹּאמֶר הַמֶּלֶךְ

: el-rey y-dijo mucho avergonzados los-hombres estaban pues

שְׁבוּ בִירֵחוֹ עַד־יְצַמַּח זְקַנְכֶם וְשַׁבְתֶּם׃

. y-volved vuestra-barba crezca hasta-que en-Jericó quedaos

וַיִּרְאוּ בְּנֵי עַמּוֹן כִּי נִבְאֲשׁוּ בְּדָוִד

a-David se-habían-hecho-odiosos que Amón (los)hijos-de Y-vieron (6)

וַיִּשְׁלְחוּ בְנֵי־עַמּוֹן וַיִּשְׂכְּרוּ אֶת־אֲרַם בֵּית־רְחוֹב וְאֶת־

y-a rehob Bet- Aram a y-alquilaron Amón (los)hijos-de y-enviaron

אֲרַם צוֹבָא עֶשְׂרִים אֶלֶף רַגְלִי וְאֶת־מֶלֶךְ מַעֲכָה אֶלֶף אִישׁ

hombres mil Maacá (el)rey-de y-a infantes mil veinte Sobá Aram

וְאִישׁ טוֹב שְׁנֵים־עָשָׂר אֶלֶף אִישׁ׃ וַיִּשְׁמַע דָּוִד וַיִּשְׁלַח אֶת־

a y-envió David Y-oyó (7) . hombres mil doce Tob y

יוֹאָב וְאֵת כָּל־הַצָּבָא הַגִּבֹּרִים׃ וַיֵּצְאוּ בְּנֵי

(los)hijos-de Y-salieron (8) . los-más-valientes el-ejército todo y-a Joab

עַמּוֹן וַיַּעַרְכוּ מִלְחָמָה פֶּתַח הַשַּׁעַר וַאֲרַם

pero-Aram-de la-puerta a-la-entrada-de batalla y-se-pusieron-en-orden Amón

צוֹבָא וּרְחוֹב וְאִישׁ־טוֹב וּמַעֲכָה לְבַדָּם בַּשָּׂדֶה׃

. en-el-campo ellos-solos y-Maacá Tob y y-Rehob Sobá

וַיַּרְא יוֹאָב כִּי־הָיְתָה אֵלָיו פְּנֵי הַמִּלְחָמָה מִפָּנִים

de-frente la-batalla frentes-de para-él había que Joab Y-vio (9)

וּמֵאָחוֹר וַיִּבְחַר מִכֹּל בְּחוּרֵי בְּיִשְׂרָאֵל

Israel elegidos-de de-todos y-eligió y-de-atrás

וַיַּעֲרֹךְ לִקְרַאת אֲרָם׃ וְאֵת יֶתֶר הָעָם נָתַן בְּיַד

en-mano-de dio el-pueblo (el)resto-de Y (10) . Aram ante y-se-desplegó

אַבְשַׁי אָחִיו וַיַּעֲרֹךְ לִקְרַאת בְּנֵי עַמּוֹן׃ וַיֹּאמֶר

Y-dijo (11) . Amón (los)hijos-de ante y-se-preparó su-hermano Abisay

אִם־תֶּחֱזַק אֲרָם מִמֶּנִּי וְהָיִיתָה לִּי לִישׁוּעָה

para-salvación para-mí y-serás más-que-yo Aram fuera-fuerte si

וְאִם־בְּנֵי עַמּוֹן יֶחֶזְקוּ מִמְּךָ וְהָלַכְתִּי לְהוֹשִׁיעַ

a-ayudar iré más-que-tú fueran-fuertes Amón hijos-de y-si

לָךְ׃ חֲזַק וְנִתְחַזַּק בְּעַד־עַמֵּנוּ וּבְעַד

y-por nuestro-pueblo por y-esforcémonos Esfuérzate (12) . a-ti

עָרֵי אֱלֹהֵינוּ וַיהוָה יַעֲשֶׂה הַטּוֹב בְּעֵינָיו׃

. a-sus-ojos el-bien hará y-Yahweh nuestro-Dios (las)ciudades-de

וַיִּגַּשׁ יוֹאָב וְהָעָם אֲשֶׁר עִמּוֹ לַמִּלְחָמָה בַּאֲרָם

con-Aram para-la-guerra con-él que y-el-pueblo Joab Y-se-acercó (13)

וַיָּנֻסוּ מִפָּנָיו׃ וּבְנֵי עַמּוֹן רָאוּ כִּי־נָס

había-huido que vieron Amón Y-(los)hijos-de (14) . de-delante-de-él y-huyeron

אֲרָם וַיָּנֻסוּ מִפְּנֵי אֲבִישַׁי וַיָּבֹאוּ הָעִיר

a-la-ciudad y-vinieron Abisay delante-de y-huyeron Aram

וַיָּשָׁב יוֹאָב מֵעַל בְּנֵי עַמּוֹן וַיָּבֹא יְרוּשָׁלָםִ׃

. a-Jerusalén y-vino Amón (los)hijos-de de-contra Joab y-volvió

וַיַּרְא אֲרָם כִּי נִגַּף לִפְנֵי יִשְׂרָאֵל וַיֵּאָסְפוּ

y-se-reunieron Israel delante-de había-sido-derrotado que Aram Y-vio (15)

יָחַד׃ וַיִּשְׁלַח הֲדַדְעֶזֶר וַיֹּצֵא אֶת־אֲרָם אֲשֶׁר מֵעֵבֶר

de-allende que Aram a e-hizo-salir Hadadézer Y-envió (16) . juntamente

הַנָּהָר וַיָּבֹאוּ חֵילָם וְשׁוֹבַךְ שַׂר־ צְבָא הֲדַדְעֶזֶר

Hadadézer (el)ejército-de jefe-de y-Sobac Helam y-vinieron el-río

לִפְנֵיהֶם׃ וַיֻּגַּד לְדָוִד וַיֶּאֱסֹף אֶת־ כָּל־יִשְׂרָאֵל

Israel todo a y-reunió a-David Y-se-informó (17) . ante-ellos

וַיַּעֲבֹר אֶת־ הַיַּרְדֵּן וַיָּבֹא חֵלָאמָה וַיַּעַרְכוּ אֲרָם

Aram y-se-prepararon Helam y-vino el-Jordán ** y-cruzó

לִקְרַאת דָּוִד וַיִּלָּחֲמוּ עִמּוֹ׃ וַיָּנָס אֲרָם מִפְּנֵי

de-delante-de Aram Y-huyó (18) . contra-él y-pelearon David ante

יִשְׂרָאֵל וַיַּהֲרֹג דָּוִד מֵאֲרָם שְׁבַע מֵאוֹת רֶכֶב וְאַרְבָּעִים

y-cuarenta carros cientos siete de-Aram David y-mató Israel

אֶלֶף פָּרָשִׁים וְאֵת שׁוֹבַךְ שַׂר־ צְבָאוֹ הִכָּה

hirió su-ejército general-de Sobac y-a jinetes mil

וַיָּמָת שָׁם׃ וַיִּרְאוּ כָל־ הַמְּלָכִים עַבְדֵי הֲדַדְעֶזֶר

Hadadézer siervos-de los-reyes todos Y-vieron (19) . allí y-murió

כִּי נִגְּפוּ לִפְנֵי יִשְׂרָאֵל וַיַּשְׁלִמוּ אֶת־ יִשְׂרָאֵל

Israel con e-hicieron-paz Israel delante-de fueron-derrotados que

וַיַּעַבְדוּם וַיִּרְאוּ אֲרָם לְהוֹשִׁיעַ עוֹד אֶת־

a más de-ayudar Aram y-temieron y-les-sirvieron

בְּנֵי עַמּוֹן׃ וַיְהִי לִתְשׁוּבַת הַשָּׁנָה לְעֵת ׀ צֵאת

Cap. 11 salir al-tiempo-de el-año a-la-vuelta-de Y-sucedió (1) . Amón (los)hijos-de

הַמְּלָאכִים וַיִּשְׁלַח דָּוִד אֶת־ יוֹאָב וְאֶת־ עֲבָדָיו עִמּוֹ וְאֶת־ כָּל־

todo y-a con-él sus-siervos y-a Joab a David que-envió los-reyes

יִשְׂרָאֵל וַיַּשְׁחִתוּ אֶת־ בְּנֵי עַמּוֹן וַיָּצֻרוּ עַל־ רַבָּה

Rabá sobre y-sitiaron Amón (los)hijos-de a y-destruyeron Israel

וְדָוִד יוֹשֵׁב בִּירוּשָׁלִָם׃ וַיְהִי ׀ לְעֵת הָעֶרֶב

la-tarde en-tiempo-de Y-sucedió (2) . en-Jerusalén se-quedó pero-David

וַיָּקָם דָּוִד מֵעַל מִשְׁכָּבוֹ וַיִּתְהַלֵּךְ עַל־ גַּג בֵּית־
(la)casa-de (el)terrado-de sobre y-se-paseaba su-lecho de-sobre David que-se-levantó

הַמֶּלֶךְ וַיַּרְא אִשָּׁה רֹחֶצֶת מֵעַל הַגָּג וְהָאִשָּׁה טוֹבַת
bella-de y-la-mujer el-terrado desde-sobre bañándose una-mujer y-vio el-rey

מַרְאֶה מְאֹד׃ וַיִּשְׁלַח דָּוִד וַיִּדְרֹשׁ לָאִשָּׁה
por-la-mujer y-preguntó David Y-envió (3) . mucho apariencia

וַיֹּאמֶר הֲלוֹא־ זֹאת בַּת־ שֶׁבַע בַּת־ אֱלִיעָם אֵשֶׁת אוּרִיָּה הַחִתִּי׃
? el-heteo Urías mujer-de Eliam hija-de sabé Bet- está ¿acaso-no : y-dijo

וַיִּשְׁלַח דָּוִד מַלְאָכִים וַיִּקָּחֶהָ וַתָּבוֹא אֵלָיו
a-él y-vino y-la-tomó mensajeros David Y-envió (4)

וַיִּשְׁכַּב עִמָּהּ וְהִיא מִתְקַדֶּשֶׁת מִטֻּמְאָתָהּ
de-su-inmundicia se-purificó y-ella con-ella y-durmió

וַתָּשָׁב אֶל־ בֵּיתָהּ׃ וַתַּהַר הָאִשָּׁה וַתִּשְׁלַח
y-envió la-mujer Y-concibió (5) . su-casa a y-volvió

וַתַּגֵּד לְדָוִד וַתֹּאמֶר הָרָה אָנֹכִי׃ וַיִּשְׁלַח דָּוִד אֶל־יוֹאָב
: Joab a David Y-envió (6) . yo encinta : y-dijo a-David e-informó

שְׁלַח אֵלַי אֶת־ אוּרִיָּה הַחִתִּי וַיִּשְׁלַח יוֹאָב אֶת־ אוּרִיָּה אֶל־ דָּוִד׃
. David a Urías a Joab y-envió el-heteo Urías a a-mí envía

וַיָּבֹא אוּרִיָּה אֵלָיו וַיִּשְׁאַל דָּוִד לִשְׁלוֹם יוֹאָב
Joab por-salud-de David y-preguntó a-él Urías Y-vino (7)

וְלִשְׁלוֹם הָעָם וְלִשְׁלוֹם הַמִּלְחָמָה׃ וַיֹּאמֶר
Y-dijo (8) . la-guerra y-por-(el)estado-de el-pueblo y-por-(la)salud-de

דָּוִד לְאוּרִיָּה רֵד לְבֵיתְךָ וּרְחַץ רַגְלֶיךָ וַיֵּצֵא
y-salió tres-pies y-lava a-tu-casa desciende : a-Urías David

אוּרִיָּה מִבֵּית הַמֶּלֶךְ וַתֵּצֵא אַחֲרָיו מַשְׂאַת הַמֶּלֶךְ׃
. el-rey (el)presente-de tras-él y-salió el-rey de-la-casa-de Urías

וַיִּשְׁכַּב אוּרִיָּה פֶּתַח בֵּית הַמֶּלֶךְ אֵת כָּל־ עַבְדֵי

(los)siervos-de todo con el-rey (la)casa-de a-(la)puerta-de Urías Pero-durmió (9)

אֲדֹנָיו וְלֹא יָרַד אֶל־ בֵּיתוֹ׃ וַיַּגִּדוּ

E-informaron (10) . su-casa a descendió y-no su-señor

לְדָוִד לֵאמֹר לֹא־ יָרַד אוּרִיָּה אֶל־ בֵּיתוֹ וַיֹּאמֶר דָּוִד

David y-dijo su-casa a Urías bajó no : diciendo a-David

אֶל־אוּרִיָּה הֲלוֹא מִדֶּרֶךְ אַתָּה בָא מַדּוּעַ לֹא־ יָרַדְתָּ אֶל־ בֵּיתֶךָ׃

? tu-casa a bajaste no ¿por-qué ? has-venido tú de-camino ¿no : Urías a

וַיֹּאמֶר אוּרִיָּה אֶל־ דָּוִד הָאָרוֹן וְיִשְׂרָאֵל וִיהוּדָה יֹשְׁבִים

están y-Judá e-Israel el-Arca : David a Urías Y-dijo (11)

בַּסֻּכּוֹת וַאדֹנִי יוֹאָב וְעַבְדֵי אֲדֹנִי עַל־ פְּנֵי

(la)superficie-de sobre mi-señor y-(los)siervos-de Joab y-mi-señor en-tiendas

הַשָּׂדֶה חֹנִים וַאֲנִי אָבוֹא אֶל־ בֵּיתִי לֶאֱכֹל וְלִשְׁתּוֹת

y-a-beber a-comer mi-casa a había-de-venir ¿y-yo acampados el-suelo

וְלִשְׁכַּב עִם־ אִשְׁתִּי חַיֶּךָ וְחֵי נַפְשֶׁךָ אִם־ אֶעֱשֶׂה

hiciera si tu-alma y-vida-de por-tu-vida ? mi-mujer con y-a-dormir

אֶת־ הַדָּבָר הַזֶּה׃ וַיֹּאמֶר דָּוִד אֶל־אוּרִיָּה שֵׁב בָּזֶה גַּם־

también en-éste quédate : Urías a David Y-dijo (12) . la-ésta la-cosa **

הַיּוֹם וּמָחָר אֲשַׁלְּחֶךָּ וַיֵּשֶׁב אוּרִיָּה בִּירוּשָׁלַםִ

en-Jerusalén Urías y-se-quedó te-enviaré y-mañana este-día

בַּיּוֹם הַהוּא וּמִמָּחֳרָת׃ וַיִּקְרָא־ לוֹ דָוִד

David a-él Y-convidó (13) . y-desde-el-día-siguiente el-aquel en-el-día

וַיֹּאכַל לְפָנָיו וַיֵּשְׁתְּ וַיְשַׁכְּרֵהוּ וַיֵּצֵא

pero-salió y-lo-embriagó y-bebió ante-él y-comió

בָעֶרֶב לִשְׁכַּב בְּמִשְׁכָּבוֹ עִם־ עַבְדֵי אֲדֹנָיו וְאֶל־

y-a su-señor (los)siervos-de con en-su-lecho a-dormir por-la-tarde

בֵּיתוֹ לֹא יָרָד׃ וַיְהִי בַבֹּקֶר וַיִּכְתֹּב דָּוִד
David que-escribió por-la-mañana Y-sucedió (14) . bajó no su-casa

סֵפֶר אֶל־יוֹאָב וַיִּשְׁלַח בְּיַד אוּרִיָּה׃ וַיִּכְתֹּב בַּסֵּפֶר
en-la-carta Y-escribió (15) . Urías en-mano-de y-envió Joab a carta

לֵאמֹר הָבוּ אֶת־אוּרִיָּה אֶל־מוּל פְּנֵי הַמִּלְחָמָה הַחֲזָקָה וְשַׁבְתֶּם
y-retiraos la-fuerte la-batalla delante-de frente en Urías a poned : diciendo

מֵאַחֲרָיו וְנִכָּה וָמֵת׃ וַיְהִי
Y-sucedió (16) . y-muerto y-será-herido de-detrás-de-él

בִּשְׁמוֹר יוֹאָב אֶל־הָעִיר וַיִּתֵּן אֶת־אוּרִיָּה אֶל־הַמָּקוֹם
el-lugar en Urías a que-puso la-ciudad contra Joab al-sitiar

אֲשֶׁר יָדַע כִּי אַנְשֵׁי־חַיִל שָׁם׃ וַיֵּצְאוּ אַנְשֵׁי
(los)hombres-de Y-salieron (17) . allí valor hombres-de que sabía que

הָעִיר וַיִּלָּחֲמוּ אֶת־יוֹאָב וַיִּפֹּל מִן־הָעָם מֵעַבְדֵי דָוִד
David de-siervos-de el-pueblo de y-cayó Joab a e-hicieron-guerra la-ciudad

וַיָּמָת גַּם אוּרִיָּה הַחִתִּי׃ וַיִּשְׁלַח יוֹאָב וַיַּגֵּד לְדָוִד
a-David y-anunció Joab Y-envió (18) . el-heteo Urías también y-murió

אֶת־כָּל־דִּבְרֵי הַמִּלְחָמָה׃ וַיְצַו אֶת־הַמַּלְאָךְ
el-mensajero a Y-ordenó (19) . la-batalla (las)cosas-de todas **

לֵאמֹר כְּכַלּוֹתְךָ אֵת כָּל־דִּבְרֵי הַמִּלְחָמָה לְדַבֵּר אֶל־
a de-decir la-batalla (las)cosas-de todas ** cuando-acabes : diciendo

הַמֶּלֶךְ׃ וְהָיָה אִם־תַּעֲלֶה חֲמַת הַמֶּלֶךְ וְאָמַר
y-dice el-rey (la)ira-de sube si Y-sucederá (20) . el-rey

לְךָ מַדּוּעַ נִגַּשְׁתֶּם אֶל־הָעִיר לְהִלָּחֵם הֲלוֹא יְדַעְתֶּם אֵת אֲשֶׁר־
que ** sabíais ¿acaso-no ? a-luchar la-ciudad a os-acercasteis ¿por-qué : a-ti

יֹרוּ מֵעַל הַחוֹמָה׃ מִי־הִכָּה אֶת־אֲבִימֶלֶךְ בֶּן־
hijo-de Abimélec a hirió ¿Quién (21) ? la-muralla desde-sobre dispararían

יְרֻבֶּשֶׁת הֲלוֹא־אִשָּׁה הִשְׁלִיכָה עָלָיו פֶּלַח רֶכֶב מֵעַל הַחוֹמָה
la-muralla de-sobre rueda-de-molino trozo-de sobre-él echó mujer ¿acaso-no ? Jerobaal

וַיָּמָת בְּתֵבֵץ לָמָּה נִגַּשְׁתֶּם אֶל־הַחוֹמָה וְאָמַרְתָּ גַּם
también : y-tú-dirás ? la-muralla a os-acercasteis ¿por-qué ? en-Tebes y-murió

עַבְדְּךָ אוּרִיָּה הַחִתִּי מֵת׃ וַיֵּלֶךְ הַמַּלְאָךְ
el-mensajero Y-fue (22) . ha-muerto el-heteo Urías tu-siervo

וַיָּבֹא וַיַּגֵּד לְדָוִד אֵת כָּל־אֲשֶׁר שְׁלָחוֹ יוֹאָב׃
. Joab le-había-mandado lo-que todo ** a-David e-informó y-vino

וַיֹּאמֶר הַמַּלְאָךְ אֶל־דָּוִד כִּי־גָבְרוּ עָלֵינוּ
sobre-nosotros prevalecieron ciertamente David a el-mensajero Y-dijo (23)

הָאֲנָשִׁים וַיֵּצְאוּ אֵלֵינוּ הַשָּׂדֶה וַנִּהְיֶה עֲלֵיהֶם עַד־
hasta sobre-ellos y-estuvimos (a)el-campo contra-nosotros y-salieron los-hombres

פֶּתַח הַשָּׁעַר׃ וַיֹּרְאוּ הַמּוֹרְאִים אֶל־
hacia los-flecheros Y-tiraron (24) . la-puerta (la)entrada-de

עֲבָדֶךָ מֵעַל הַחוֹמָה וַיָּמוּתוּ מֵעַבְדֵי הַמֶּלֶךְ וְגַם
y-también el-rey de-(los)siervos-de y-murieron la-muralla de-sobre tu-siervo

עַבְדְּךָ אוּרִיָּה הַחִתִּי מֵת׃ וַיֹּאמֶר דָּוִד אֶל־
a David Y-dijo (25) . ha-muerto el-heteo Urías tu-siervo

הַמַּלְאָךְ כֹּה־תֹאמַר אֶל־יוֹאָב אַל־יֵרַע בְּעֵינֶיךָ אֶת־
** en-tus-ojos tengas-pesar no : Joab a dirás así : el-mensajero

הַדָּבָר הַזֶּה כִּי־כָזֹה וְכָזֶה תֹּאכַל הֶחָרֶב
la-espada consume y-como-aquél como-éste pues la-ésta la-cosa

הַחֲזֵק מִלְחַמְתְּךָ אֶל־הָעִיר וְהָרְסָהּ וְחַזְּקֵהוּ׃
. y-tú-aliéntale y-ríndela la-ciudad contra tu-ataque refuerza

וַתִּשְׁמַע אֵשֶׁת אוּרִיָּה כִּי־מֵת אוּרִיָּה אִישָׁהּ
su-marido Urías había-muerto que Urías (la)mujer-de Y-oyó (26)

וַתִּסְפֹּד עַל־ בַּעְלָהּ׃ וַיַּעֲבֹר הָאֵבֶל

el-luto Y-pasó (27) . su-marido por e-hizo-duelo

וַיִּשְׁלַח דָּוִד וַיַּאַסְפָהּ אֶל־ בֵּיתוֹ וַתְּהִי־

y-fue su-casa a y-la-trajo David y-envió

לוֹ לְאִשָּׁה וַתֵּלֶד לוֹ בֵּן וַיֵּרַע הַדָּבָר אֲשֶׁר־

que la-cosa pero-desagradó un-hijo a-él y-dio-a-luz como-mujer para-él

עָשָׂה דָוִד בְּעֵינֵי יְהוָה׃ וַיִּשְׁלַח יְהוָה אֶת־ נָתָן אֶל־ דָּוִד

David a Natán a Yahweh Y-envió (1) . Yahweh a-ojos-de David había-hecho Cap. 12

וַיָּבֹא אֵלָיו וַיֹּאמֶר לוֹ שְׁנֵי אֲנָשִׁים הָיוּ בְּעִיר אֶחָת

una en-ciudad había hombres dos : a-él y-dijo a-él y-vino

אֶחָד עָשִׁיר וְאֶחָד רָאשׁ׃ לְעָשִׁיר הָיָה צֹאן וּבָקָר הַרְבֵּה

mucho y-mayor ganado-menor había Para-el-rico (2) . pobre y-otro rico uno

מְאֹד׃ וְלָרָשׁ אֵין־ כֹּל כִּי אִם־ כִּבְשָׂה אַחַת קְטַנָּה

pequeña una oveja sólo pues nada no-había Para-el-pobre (3) . muy

אֲשֶׁר קָנָה וַיְחַיֶּהָ וַתִּגְדַּל עִמּוֹ וְעִם־

y-con con-él y-había-crecido y-vivía había-comprado que

בָּנָיו יַחְדָּו מִפִּתּוֹ תֹאכַל וּמִכֹּסוֹ

y-de-su-vaso comía de-su-boca juntamente sus-hijos

תִשְׁתֶּה וּבְחֵיקוֹ תִשְׁכָּב וַתְּהִי־ לוֹ כְּבַת׃

. como-hija para-él y-era dormía y-en-su-seno bebía

וַיָּבֹא הֵלֶךְ לְאִישׁ הֶעָשִׁיר וַיַּחְמֹל לָקַחַת

tomar y-rehusó el-rico al-hombre caminante Y-vino (4)

מִצֹּאנוֹ וּמִבְּקָרוֹ לַעֲשׂוֹת לָאֹרֵחַ

para-el-huésped para-preparar y-de-su-ganado-mayor de-su-ganado-menor

הַבָּא־ לוֹ וַיִּקַּח אֶת־ כִּבְשַׂת הָאִישׁ הָרָאשׁ

el-pobre el-hombre la-oveja-de ** y-cogió a-él el-venido

וַֽיַּעֲשֶׂהָ לָאִישׁ הַבָּא אֵלָיו׃ וַיִּֽחַר־

Y-se-encendió (5) . a-él el-venido para-el-hombre y-la-preparó

אַף דָּוִד בָּאִישׁ מְאֹד וַיֹּאמֶר אֶל־נָתָן חַי־יְהוָה

Yahweh vive : Natán a y-dijo mucho contra-el-hombre David (el)furor-de

כִּי בֶן־מָוֶת הָאִישׁ הָעֹשֶׂה זֹאת׃ וְאֶת־הַכִּבְשָׂה יְשַׁלֵּם

pagará la-cordera Y (6) . esto el-que-hizo el-hombre muerte hijo-de ciertamente

אַרְבַּעְתָּיִם עֵקֶב אֲשֶׁר עָשָׂה אֶת־הַדָּבָר הַזֶּה וְעַל אֲשֶׁר לֹא־

no que y-por la-ésta la-cosa ** hizo que a-causa-de cuatro-veces

חָמָל׃ וַיֹּאמֶר נָתָן אֶל־דָּוִד אַתָּה הָאִישׁ כֹּה־אָמַר יְהוָה

Yahweh ha-dicho así el-hombre tú : David a Natán Y-dijo (7) . tuvo-piedad

אֱלֹהֵי יִשְׂרָאֵל אָנֹכִי מְשַׁחְתִּיךָ לְמֶלֶךְ עַל־יִשְׂרָאֵל וְאָנֹכִי הִצַּלְתִּיךָ

te-libré y-yo Israel sobre como-rey te-ungí yo : Israel Dios-de

מִיַּד שָׁאוּל׃ וָאֶתְּנָה לְךָ אֶת־בֵּית אֲדֹנֶיךָ וְאֶת־

y tu-señor (la)casa-de ** a-ti Y-di (8) . Saúl de-mano-de

נְשֵׁי אֲדֹנֶיךָ בְּחֵיקֶךָ וָאֶתְּנָה לְךָ אֶת־בֵּית יִשְׂרָאֵל

Israel (la)casa-de ** a-ti y-di en-tu-seno tu-señor (las)mujeres-de

וִיהוּדָה וְאִם־מְעָט וְאֹסִפָה לְּךָ כָּהֵנָּה וְכָהֵנָּה׃

. y-como-aquello como-esto a-ti y-añadí poco y-si y-Judá

מַדּוּעַ בָּזִיתָ ׀ אֶת־דְּבַר יְהוָה לַעֲשׂוֹת הָרַע בְּעֵינָו אֵת

a ? a-sus-ojos el-mal al-hacer Yahweh (la)palabra-de ** despreciaste ¿Por-qué (9)

אוּרִיָּה הַחִתִּי הִכִּיתָ בַחֶרֶב וְאֶת־אִשְׁתּוֹ לָקַחְתָּ

tomaste su-mujer y-a con-espada heriste el-heteo Urías

לְּךָ לְאִשָּׁה וְאֹתוֹ הָרַגְתָּ בְּחֶרֶב בְּנֵי עַמּוֹן׃ וְעַתָּה

Y-ahora (10) . Amón (los)hijos-de con-espada-de mataste y-a-él como-esposa para-ti

לֹא־תָסוּר חֶרֶב מִבֵּיתְךָ עַד־עוֹלָם עֵקֶב כִּי

ciertamente porque nunca hasta de-tu-casa espada se-apartará no

בְזִתָ֫נִי וַתִּקַּח אֶת־אֵשֶׁת אוּרִיָּה הַחִתִּי לִהְיוֹת לְךָ
para-ti para-ser el-heteo Urías (la)mujer-de a y-tomaste me-menospreciaste

לְאִשָּׁה׃ כֹּה ׀ אָמַר יְהוָה הִנְנִי מֵקִים עָלֶיךָ רָעָה
mal sobre-ti suscito he-aquí-que-yo : Yahweh ha-dicho Así (11) . como-esposa

מִבֵּיתֶךָ וְלָקַחְתִּי אֶת־נָשֶׁיךָ לְעֵינֶיךָ
ante-tus-ojos tus-mujeres ** y-tomaré de-tu-casa

וְנָתַתִּי לְרֵעֶיךָ וְשָׁכַב עִם־נָשֶׁיךָ
tus-mujeres con y-yacerá a-tu-prójimo y-daré

לְעֵינֵי הַשֶּׁמֶשׁ הַזֹּאת׃ כִּי אַתָּה עָשִׂיתָ בַסָּתֶר וַאֲנִי
y-yo en-secreto obraste tú Pues (12) . el-éste el-sol ante-(los)ojos-

אֶעֱשֶׂה אֶת־הַדָּבָר הַזֶּה נֶגֶד כָּל־יִשְׂרָאֵל וְנֶגֶד הַשָּׁמֶשׁ׃
. el-sol y-delante-de Israel todo delante-de la-ésta la-cosa ** haré

וַיֹּאמֶר דָּוִד אֶל־נָתָן חָטָאתִי לַיהוָה וַיֹּאמֶר
y-dijo contra-Yahweh pequé : Natán a David Y-dijo (13)

נָתָן אֶל־דָּוִד גַּם־יְהוָה הֶעֱבִיר חַטָּאתְךָ לֹא תָמוּת׃ אֶפֶס
Mas (14) . morirás no tu-pecado ha-remitido Yahweh también : David a Natán

כִּי־נִאֵץ נִאַצְתָּ אֶת־אֹיְבֵי
enemigos-de a ultrajaste ultrajar pues

יְהוָה בַּדָּבָר הַזֶּה גַּם הַבֵּן הַיִּלּוֹד לְךָ מוֹת
morir a-ti el-nacido el-hijo también la-esta con-la-cosa Yahweh

יָמוּת׃ וַיֵּלֶךְ נָתָן אֶל־בֵּיתוֹ וַיִּגֹּף יְהוָה
Yahweh y-golpeó su-casa a Natán Y-fue (15) . morirá

אֶת־הַיֶּלֶד אֲשֶׁר יָלְדָה אֵשֶׁת־אוּרִיָּה לְדָוִד וַיֵּאָנַשׁ׃
. y-enfermó a-David Urías (la)mujer-de había-parido que el-niño a

וַיְבַקֵּשׁ דָּוִד אֶת־הָאֱלֹהִים בְּעַד הַנָּעַר וַיָּצָם דָּוִד
David y-ayunó el-niño por Dios a David Y-pidió (16)

צוֹם וּבָא וְלָן וְשָׁכַב אָרְצָה׃ וַיָּקֻמוּ
Y-se-levantaron (17) . en-tierra y-se-acostó y-pernoctó y-vino ayuno

זִקְנֵי בֵיתוֹ עָלָיו לַהֲקִימוֹ מִן־הָאָרֶץ וְלֹא
pero-no la-tierra de para-hacerlo- junto-a-él su-casa ancianos-de

אָבָה וְלֹא־בָרָא אִתָּם לָחֶם׃ וַיְהִי בַּיּוֹם הַשְּׁבִיעִי
el-séptimo en-el-día Y-sucedió (18) . pan con-ellos comió y-no quiso

וַיָּמָת הַיָּלֶד וַיִּרְאוּ עַבְדֵי דָוִד לְהַגִּיד לוֹ ׀
a-él de-informar David (los)siervos-de y-temieron el-niño que-murió

כִּי־מֵת הַיֶּלֶד כִּי אָמְרוּ הִנֵּה בִהְיוֹת הַיֶּלֶד חַי
vivo el-niño estando he-aquí-que : dijeron pues el-niño había-muerto que

דִּבַּרְנוּ אֵלָיו וְלֹא־שָׁמַע בְּקוֹלֵנוּ וְאֵיךְ נֹאמַר
diremos y-¿cómo a-nuestra-voz obedeció y-no a-él hablamos

אֵלָיו מֵת הַיֶּלֶד וְעָשָׂה רָעָה׃ וַיַּרְא
Y-vio (19) . mal pues-hará ? el-niño ha-muerto a-él

דָּוִד כִּי עֲבָדָיו מִתְלַחֲשִׁים וַיָּבֶן דָּוִד כִּי
que David y-entendió hablaban-entre-sí sus-siervos que David

מֵת הַיָּלֶד וַיֹּאמֶר דָּוִד אֶל־עֲבָדָיו הֲמֵת
¿acaso-ha-muerto : sus-siervos a David y-dijo ; el-niño había-muerto

הַיֶּלֶד וַיֹּאמְרוּ מֵת׃ וַיָּקָם דָּוִד מֵהָאָרֶץ
de-la-tierra David Y-se-levantó (20) . ha-muerto : y-respondieron ? el-niño

וַיִּרְחַץ וַיָּסֶךְ וַיְחַלֵּף שִׂמְלֹתָו וַיָּבֹא
y-vino sus-vestidos y-cambió y-se-ungió y-se-lavó

בֵית־יְהוָה וַיִּשְׁתָּחוּ וַיָּבֹא אֶל־בֵּיתוֹ וַיִּשְׁאַל
y-pidió su-casa a y-vino y-se-postró Yahweh a-(la)-casa-de

וַיָּשִׂימוּ לוֹ לֶחֶם וַיֹּאכַל׃ וַיֹּאמְרוּ עֲבָדָיו
sus-siervos Y-dijeron (21) . y-comió pan a-él y-pusieron

אֵלָיו מֶה־ הַדָּבָר הַזֶּה אֲשֶׁר עָשִׂיתָה בַּעֲבוּר הַיֶּלֶד חַי
vivo el-niño por ? has-hecho que la-ésta la-cosa ¿qué : a-él

צַמְתָּ וַתֵּבְךְּ וְכַאֲשֶׁר מֵת הַיֶּלֶד קַמְתָּ וַתֹּאכַל
y-comiste te-levantaste el-niño murió pero-cuando y-lloraste ayunaste

לָחֶם׃ וַיֹּאמֶר בְּעוֹד הַיֶּלֶד חַי צַמְתִּי וָאֶבְכֶּה כִּי
pues y-lloré ayuné vivo el-niño mientras : Y-dijo (22) . pan

אָמַרְתִּי מִי יוֹדֵעַ יְחַנַּנִי יְהוָה וְחַי
y-viva Yahweh se-apiade-de-mí sabe ¿quién : dije

הַיָּלֶד׃ וְעַתָּה ׀ מֵת לָמָּה זֶּה אֲנִי צָם הַאוּכַל לַהֲשִׁיבוֹ
hacerle-volver ¿acaso-podré ? ayuno yo esto ¿por-qué ha-muerto Y-ahora (23) ? el-niño

עוֹד אֲנִי הֹלֵךְ אֵלָיו וְהוּא לֹא־ יָשׁוּב אֵלָי׃ וַיְנַחֵם
Y-consoló (24) . a-mí volverá no pero-él a-él voy yo ? aún

דָּוִד אֵת בַּת־ שֶׁבַע אִשְׁתּוֹ וַיָּבֹא אֵלֶיהָ וַיִּשְׁכַּב עִמָּהּ
con-ella y-se-acostó a-ella y-vino su-mujer sabé Bet- a David

וַתֵּלֶד בֵּן וַיִּקְרָא אֶת־ שְׁמוֹ שְׁלֹמֹה וַיהוָה
y-Yahweh Salomón su-nombre ** y-llamó un-hijo y-dio-a-luz

אֲהֵבוֹ׃ וַיִּשְׁלַח בְּיַד נָתָן הַנָּבִיא וַיִּקְרָא אֶת־
** y-llamó el-profeta Natán por-mano-de Y-envió (25) . lo-amó

שְׁמוֹ יְדִידְיָהּ בַּעֲבוּר יְהוָה׃ וַיִּלָּחֶם יוֹאָב בְּרַבַּת
contra-Rabá-de Joab Y-peleó (26) . Yahweh a-causa-de Jedidyá su-nombre

בְּנֵי עַמּוֹן וַיִּלְכֹּד אֶת־ עִיר הַמְּלוּכָה׃ וַיִּשְׁלַח
Y-envió (27) . el-reino (la)ciudad-de ** y-capturó Amón hijos-de

יוֹאָב מַלְאָכִים אֶל־ דָּוִד וַיֹּאמֶר נִלְחַמְתִּי בְרַבָּה גַּם־ לָכַדְתִּי אֶת־
** he-capturado también contra-Rabá he-luchado : y-dijo David a mensajeros Joab

עִיר הַמָּיִם׃ וְעַתָּה אֱסֹף אֶת־ יֶתֶר הָעָם וַחֲנֵה
y-acampa el-pueblo (el)resto-de ** reúne Y-ahora (28) . las-aguas (la)ciudad-de

עַל־הָעִיר וְלָכְדָהּ פֶּן־אֶלְכֹּד אֲנִי אֶת־הָעִיר
la-ciudad ** yo tome no-sea-que y-tómala la-ciudad contra

וְנִקְרָא שְׁמִי עָלֶיהָ׃ (29) וַיֶּאֱסֹף דָּוִד אֶת־כָּל־
todo ** David Y-reunió (29) . a-ella mi-nombre y-llame

הָעָם וַיֵּלֶךְ רַבָּתָה וַיִּלָּחֶם בָּהּ וַיִּלְכְּדָהּ׃
. y-la-tomó contra-ella y-luchó a-Rabá y-fue el-pueblo

(30) וַיִּקַּח אֶת־עֲטֶרֶת־מַלְכָּם מֵעַל רֹאשׁוֹ
su-cabeza de-sobre su-rey (la)corona-de ** Y-tomó (30)

וּמִשְׁקָלָהּ כִּכַּר זָהָב וְאֶבֶן יְקָרָה וַתְּהִי עַל־רֹאשׁ
(la)cabeza-de sobre y-estuvo preciosa y-piedra oro un-talento-de y-su-peso

דָּוִד וּשְׁלַל הָעִיר הוֹצִיא הַרְבֵּה מְאֹד׃ (31) וְאֶת־הָעָם
el-pueblo Y (31) . muy mucho sacó la-ciudad y-(el)botín-de David

אֲשֶׁר־בָּהּ הוֹצִיא וַיָּשֶׂם בַּמְּגֵרָה וּבַחֲרִצֵי
y-con-(los)picos-de con-la-sierra y-puso hizo-salir en-ella que

הַבַּרְזֶל וּבְמַגְזְרֹת הַבַּרְזֶל וְהֶעֱבִיר אוֹתָם בַּמַּלְכֵּן
en-el-moldeado-de-ladrillos a-ellos e-hizo-trabajar el-hierro y-con-hachas-de el-hierro

וְכֵן יַעֲשֶׂה לְכֹל עָרֵי בְנֵי־עַמּוֹן וַיָּשָׁב דָּוִד
David y-volvió Amón (los)hijos-de las-ciudades-de con-todas hizo y-así

וְכָל־הָעָם יְרוּשָׁלִָם׃ (1) וַיְהִי אַחֲרֵי־כֵן וּלְאַבְשָׁלוֹם
Cap. 13 que-para-Absalón esto después-de Y-sucedió (1) . a-Jerusalén el-pueblo y-todo

בֶּן־דָּוִד אָחוֹת יָפָה וּשְׁמָהּ תָּמָר וַיֶּאֱהָבֶהָ אַמְנוֹן
Amnón y-se-enamoró-de-ella Tamar y-su-nombre bella hermana David hijo-de

בֶּן־דָּוִד׃ (2) וַיֵּצֶר לְאַמְנוֹן לְהִתְחַלּוֹת בַּעֲבוּר
por-causa-de para-enfermar para-Amnón Y-hubo-angustia (2) . David hijo-de

תָּמָר אֲחֹתוֹ כִּי בְתוּלָה הִיא וַיִּפָּלֵא בְּעֵינֵי אַמְנוֹן
Amnón a-ojos-de y-era-imposible ella virgen pues su-hermana Tamar

לַעֲשׂוֹת לָהּ מְאוּמָה׃ וּלְאַמְנוֹן רֵעַ וּשְׁמוֹ יוֹנָדָב בֶּן־
hijo-de Jonadab y-su-nombre amigo Y-para-Amnón (3) . nada a-ella hacer

שִׁמְעָה אֲחִי דָוִד וְיוֹנָדָב אִישׁ חָכָם מְאֹד׃ וַיֹּאמֶר לוֹ
: a-él Y-dijo (4) . muy sabio hombre y-Jonadab David hermano-de Simá

מַדּוּעַ אַתָּה כָּכָה דַּל בֶּן־הַמֶּלֶךְ בַּבֹּקֶר בַּבֹּקֶר הֲלוֹא
¿acaso-no ? por-la-mañana por-la-mañana el-rey hijo-de delgado tan tú ¿por-qué

תַּגִּיד לִי וַיֹּאמֶר לוֹ אַמְנוֹן אֶת־תָּמָר אֲחוֹת אַבְשָׁלֹם
Absalón hermana-de Tamar a : Amnón a-él y-dijo ? a-mí dirás

אָחִי אֲנִי אֹהֵב׃ וַיֹּאמֶר לוֹ יְהוֹנָדָב שְׁכַב עַל־מִשְׁכָּבְךָ
tu-lecho en acuéstate : Jonadab a-él Y-dijo (5) . amo yo mi-hermano

וְהִתְחָל וּבָא אָבִיךָ לִרְאוֹתֶךָ וְאָמַרְתָּ אֵלָיו
: a-él y-dirás a-verte tu-padre y-vendrá y-fíngete-enfermo

תָּבֹא נָא תָמָר אֲחוֹתִי וְתַבְרֵנִי לֶחֶם
pan y-me-dé-de-comer mi-hermana Tamar pues venga

וְעָשְׂתָה לְעֵינַי אֶת־הַבִּרְיָה לְמַעַן אֲשֶׁר אֶרְאֶה
pueda-ver que para el-alimento ** ante-mis-ojos y-prepare

וְאָכַלְתִּי מִיָּדָהּ׃ וַיִּשְׁכַּב אַמְנוֹן וַיִּתְחָל
y-se-fingió-enfermo Amnón Y-se-acostó (6) . de-su-mano y-coma

וַיָּבֹא הַמֶּלֶךְ לִרְאֹתוֹ וַיֹּאמֶר אַמְנוֹן אֶל־הַמֶּלֶךְ תָּבוֹא־
venga : el-rey a Amnón y-dijo a-verle el-rey y-vino

נָא תָּמָר אֲחֹתִי וּתְלַבֵּב לְעֵינַי שְׁתֵּי
dos ante-mis-ojos y-prepare mi-hermana Tamar pues

לְבִבוֹת וְאֶבְרֶה מִיָּדָהּ׃ וַיִּשְׁלַח דָּוִד אֶל־תָּמָר
Tamar a David Y-envió (7) . de-su-mano y-coma-yo pastelillos

הַבַּיְתָה לֵאמֹר לְכִי נָא בֵּית אַמְנוֹן אָחִיךְ וַעֲשִׂי־
y-haz tu-hermano Amnón a-casa-de pues ve : diciendo a-la-casa

לוֹ הַבִּרְיָה׃ וַתֵּלֶךְ תָּמָר בֵּית אַמְנוֹן אָחִיהָ וְהוּא
y-él su-hermano Amnón a-casa-de Tamar Y-fue (8) . la-comida para-él

שֹׁכֵב וַתִּקַּח אֶת־ הַבָּצֵק וַתָּלוֹשׁ וַתְּלַבֵּב
y-preparó y-amasó la-masa ** y-cogió acostado

לְעֵינָיו וַתְּבַשֵּׁל אֶת־הַלְּבִבוֹת׃ וַתִּקַּח אֶת־ הַמַּשְׂרֵת
la-sartén ** Y-tomó (9) . los-pastelillos ** y-cocinó ante-sus-ojos

וַתִּצֹק לְפָנָיו וַיְמָאֵן לֶאֱכוֹל וַיֹּאמֶר אַמְנוֹן הוֹצִיאוּ
echad-fuera : Amnón y-dijo comer y-rehusó delante-de-él y-sirvió

כָל־ אִישׁ מֵעָלַי וַיֵּצְאוּ כָל־ אִישׁ מֵעָלָיו׃
. de-con-él hombre todo y-salió de-conmigo hombre todo

וַיֹּאמֶר אַמְנוֹן אֶל־ תָּמָר הָבִיאִי הַבִּרְיָה הַחֶדֶר וְאֶבְרֶה
y-comeré a-la-alcoba la-comida tráeme : Tamar a Amnón Y-dijo (10)

מִיָּדֵךְ וַתִּקַּח תָּמָר אֶת־ הַלְּבִבוֹת אֲשֶׁר עָשָׂתָה
había-hecho que los-pastelillos ** Tamar y-cogió de-tu-mano

וַתָּבֵא לְאַמְנוֹן אָחִיהָ הֶחָדְרָה׃ וַתַּגֵּשׁ
Y-presentó (11) . a-la-alcoba su-hermano a-Amnón y-trajo

אֵלָיו לֶאֱכֹל וַיַּחֲזֶק־ בָּהּ וַיֹּאמֶר לָהּ בּוֹאִי שִׁכְבִי
acuéstate ven : a-ella y-dijo a-ella y-agarró para-comer a-él

עִמִּי אֲחוֹתִי׃ וַתֹּאמֶר לוֹ אַל־ אָחִי אַל־
no hermano-mío no : a-él Y-dijo (12) . hermana-mía conmigo

תְּעַנֵּנִי כִּי לֹא־ יֵעָשֶׂה כֵן בְּיִשְׂרָאֵל אַל־תַּעֲשֵׂה אֶת־
** hagas no en-Israel así se-ha-de-hacer no pues me-fuerces

הַנְּבָלָה הַזֹּאת׃ וַאֲנִי אָנָה אוֹלִיךְ אֶת־ חֶרְפָּתִי
? mi-oprobio ** llevaría ¿dónde Y-yo (13) . la-ésta la-vileza

וְאַתָּה תִּהְיֶה כְּאַחַד הַנְּבָלִים בְּיִשְׂרָאֵל וְעַתָּה דַּבֶּר־
habla y-ahora en-Israel los-perversos como-uno-de serías y-tu

נָא אֶל־הַמֶּלֶךְ כִּי לֹא יִמְנָעֵנִי מִמֶּךָּ׃ וְלֹא אָבָה
quiso Pero-no (14) . a-ti me-rehusará no pues el-rey a pues

לִשְׁמֹעַ בְּקוֹלָהּ וַיֶּחֱזַק מִמֶּנָּה וַיְעַנֶּהָ
y-la-forzó que-ella y-era-más-fuerte a-su-voz oír

וַיִּשְׁכַּב אֹתָהּ׃ וַיִּשְׂנָאֶהָ אַמְנוֹן שִׂנְאָה גְּדוֹלָה מְאֹד כִּי
pues muy grande odio Amnón Y-la-aborreció (15) . con-ella y-se-acostó

גְדוֹלָה הַשִּׂנְאָה אֲשֶׁר שְׂנֵאָהּ מֵאַהֲבָה אֲשֶׁר אֲהֵבָהּ
la-amó que que-amor la-odió que el-odio mayor

וַיֹּאמֶר־לָהּ אַמְנוֹן קוּמִי לֵכִי׃ וַתֹּאמֶר לוֹ אַל־
no : a-él Y-dijo (16) . vete levántate : Amnón a-ella y-dijo

אוֹדֹת הָרָעָה הַגְּדוֹלָה הַזֹּאת מֵאַחֶרֶת אֲשֶׁר־עָשִׂיתָ עִמִּי
conmigo hiciste que que-otra la-ésta la-mayor la-maldad motivo

לְשַׁלְּחֵנִי וְלֹא אָבָה לִשְׁמֹעַ לָהּ׃ וַיִּקְרָא אֶת־
a Y-llamó (17) . a-ella oír quiso pero-no al-arrojarme

נַעֲרוֹ מְשָׁרְתוֹ וַיֹּאמֶר שִׁלְחוּ־נָא אֶת־זֹאת
ésta a pues echad : y-dijo que-le-servía su-muchacho

מֵעָלַי הַחוּצָה וּנְעֹל הַדֶּלֶת אַחֲרֶיהָ׃ וְעָלֶיהָ
Y-sobre-ella (18) . tras-ella la-puerta y-cierra afuera de-mi-presencia

כְּתֹנֶת פַּסִּים כִּי כֵן תִּלְבַּשְׁןָ בְנוֹת־הַמֶּלֶךְ הַבְּתוּלֹת
las-vírgenes el-rey (las)hijas-de vestían así pues colores túnica-de

מְעִילִים וַיֹּצֵא אוֹתָהּ מְשָׁרְתוֹ הַחוּץ וְנָעַל
y-cerró afuera el-que-le-servía a-ella y-echó vestidos

הַדֶּלֶת אַחֲרֶיהָ׃ וַתִּקַּח תָּמָר אֵפֶר עַל־רֹאשָׁהּ וּכְתֹנֶת
y-túnica-de su-cabeza sobre ceniza Tamar Y-tomó (19) . tras-ella la-puerta

הַפַּסִּים אֲשֶׁר עָלֶיהָ קָרָעָה וַתָּשֶׂם יָדָהּ עַל־רֹאשָׁהּ
su-cabeza sobre su-mano y-puso rasgó sobre-ella que los-colores

וַתֵּ֥לֶךְ הָל֖וֹךְ וְזָעָֽקָה׃ וַיֹּ֨אמֶר אֵלֶ֜יהָ אַבְשָׁל֣וֹם אָחִ֗יהָ
su-hermano Absalón a-ella Y-dijo (20) . y-gritó caminar y-caminó

הַאֲמִינ֨וֹן אָחִ֜יךְ הָיָ֣ה עִמָּ֗ךְ וְעַתָּ֞ה אֲחוֹתִ֤י הַחֲרִ֙ישִׁי֙
cállate hermana-mía y-ahora ? contigo ha-estado tu-hermano ¿acaso-Amnón

אָחִ֣יךְ ה֔וּא אַל־ תָּשִׁ֥יתִי אֶת־ לִבֵּ֖ךְ לַדָּבָ֣ר הַזֶּ֑ה
la-ésta por-la-cosa tu-corazón ** se-angustie no él tu-hermano

וַתֵּ֤שֶׁב תָּמָר֙ וְשֹׁ֣מֵמָ֔ה בֵּ֖ית אַבְשָׁל֥וֹם אָחִֽיהָ׃
. su-hermano Absalón en-casa-de y-desconsolada Tamar y-quedó

וְהַמֶּ֣לֶךְ דָּוִ֔ד שָׁמַ֕ע אֵ֥ת כָּל־ הַדְּבָרִ֖ים הָאֵ֑לֶּה
las-éstas las-cosas todas ** oyó David Y-el-rey (21)

וַיִּ֥חַר ל֖וֹ מְאֹֽד׃ וְלֹֽא־ דִבֶּ֧ר אַבְשָׁל֛וֹם עִם־ אַמְנ֖וֹן
Amnón con Absalón habló Y-no (22) . mucho a-él y-encolerizó

לְמֵרָ֣ע וְעַד־ ט֑וֹב כִּֽי־ שָׂנֵ֤א אַבְשָׁלוֹם֙ אֶת־ אַמְנ֔וֹן עַל־ דְּבַר֙ אֲשֶׁ֣ר
que causa-de por Amnón a Absalón odiaba pues bien ni-tampoco para-mal

עִנָּ֔ה אֵ֖ת תָּמָ֥ר אֲחֹתֽוֹ׃ וַיְהִ֗י לִשְׁנָתַ֣יִם יָמִ֔ים
días a-los-dos-años Y-sucedió (23) . su-hermana Tamar a había-ultrajado

וַיִּהְי֤וּ גֹֽזְזִים֙ לְאַבְשָׁל֔וֹם בְּבַ֥עַל חָצ֖וֹר אֲשֶׁ֣ר עִם־ אֶפְרָ֑יִם
Efraín junto-a que hazor en-Baal- para-Absalón esquiladores que-había

וַיִּקְרָ֣א אַבְשָׁל֔וֹם לְכָל־ בְּנֵ֖י הַמֶּֽלֶךְ׃ וַיָּבֹ֤א אַבְשָׁלוֹם֙
Absalón Y-vino (24) . el-rey (los)hijos-de a-todos Absalón y-llamó

אֶל־ הַמֶּ֔לֶךְ וַיֹּ֕אמֶר הִנֵּה־ נָ֥א גֹזְזִ֖ים לְעַבְדֶּ֑ךָ יֵֽלֶךְ־
vaya para-tu-siervo esquiladores pues he-aquí : y-dijo el-rey hacia

נָ֥א הַמֶּ֛לֶךְ וַעֲבָדָ֖יו עִם־ עַבְדֶּֽךָ׃ וַיֹּ֨אמֶר
Y-dijo (25) . tu-siervo con y-sus-siervos el-rey pues

הַמֶּ֜לֶךְ אֶל־ אַבְשָׁל֗וֹם אַל־ בְּנִי֙ אַל־ נָ֣א נֵלֵ֣ךְ כֻּלָּ֔נוּ וְלֹ֥א
y no todos-nosotros iremos pues no hijo-mío no : Absalón a el-rey

נִכְבַּד עָלֶיךָ וַיִּפְרָץ־ בּוֹ וְלֹא־ אָבָה לָלֶכֶת

ir quiso pero-no a-él e-insistió ; a-ti seremos-gravosos

וַיְבָרְכֵהוּ׃ וַיֹּאמֶר אַבְשָׁלוֹם וָלֹא יֵלֶךְ־ נָא אִתָּנוּ

con-nosotros pues venga si-no : Absalón Y-dijo (26) . y-lo-bendijo

אַמְנוֹן אָחִי וַיֹּאמֶר לוֹ הַמֶּלֶךְ לָמָּה יֵלֵךְ עִמָּךְ׃

? contigo ha-de-ir ¿por-qué : el-rey a-él y-dijo mi-hermano Amnón

וַיִּפְרָץ־ בּוֹ אַבְשָׁלוֹם וַיִּשְׁלַח אִתּוֹ אֶת־ אַמְנוֹן וְאֵת כָּל־

todos y-a Amnón a con-él y-envió Absalón a-él E-insistió (27)

בְּנֵי הַמֶּלֶךְ׃ וַיְצַו אַבְשָׁלוֹם אֶת־ נְעָרָיו לֵאמֹר רְאוּ נָא

pues mirad : diciendo sus-jóvenes a Absalón Y-ordenó (28) . el-rey (los)hijos-de

כְּטוֹב לֵב־ אַמְנוֹן בַּיַּיִן וְאָמַרְתִּי אֲלֵיכֶם הַכּוּ

herid : a-vosotros y-diga-yo por-el-vino Amnón (el)corazón-de cuando-esté-bien

אֶת־ אַמְנוֹן וַהֲמִתֶּם אֹתוֹ אַל־ תִּירָאוּ הֲלוֹא כִּי אָנֹכִי צִוִּיתִי אֶתְכֶם

? a-vosotros he-ordenado yo que ¿acaso-no temáis no a-él y-matadle Amnón a

חִזְקוּ וִהְיוּ לִבְנֵי־ חָיִל׃ וַיַּעֲשׂוּ נַעֲרֵי אַבְשָׁלוֹם

Absalón (los)jóvenes-de E-hicieron (29) . valentía cual-hijos-de y-sed esforzaos

לְאַמְנוֹן כַּאֲשֶׁר צִוָּה אַבְשָׁלוֹם וַיָּקֻמוּ | כָּל־ בְּנֵי הַמֶּלֶךְ

el-rey (los)hijos-de todos y-se-levantaron Absalón había-ordenado como-lo-que a-Amnón

וַיִּרְכְּבוּ אִישׁ עַל־ פִּרְדּוֹ וַיָּנֻסוּ׃ וַיְהִי הֵמָּה

ellos Y-sucedió (30) . y-huyeron su-mula sobre cada-hombre y-montaron

בַדֶּרֶךְ וְהַשְּׁמֻעָה בָּאָה אֶל־ דָּוִד לֵאמֹר הִכָּה אַבְשָׁלוֹם

Absalón ha-dado-muerte : diciendo David a vino que-la-noticia en-camino

אֶת־ כָּל־ בְּנֵי הַמֶּלֶךְ וְלֹא־ נוֹתַר מֵהֶם אֶחָד׃ וַיָּקָם

Y-se-levantó (31) . uno de-ellos ha-quedado y-no el-rey (los)hijos-de todos a

הַמֶּלֶךְ וַיִּקְרַע אֶת־ בְּגָדָיו וַיִּשְׁכַּב אַרְצָה וְכָל־

y-todos a-tierra y-se-echó sus-vestiduras ** y-rasgó el-rey

עֲבָדָיו נִצָּבִים קְרֻעֵי בְגָדִים׃ (32) וַיַּעַן
Y-habló (32) . vestidos rasgados-de presentes sus-siervos

יוֹנָדָב ׀ בֶּן־ שִׁמְעָה אֲחִי־ דָוִד וַיֹּאמֶר אַל־ יֹאמַר
diga no : y-dijo David hermano-de Simá hijo-de Jonadab

אֲדֹנִי אֵת כָּל־ הַנְּעָרִים בְּנֵי־ הַמֶּלֶךְ הֵמִיתוּ כִּי־ אַמְנוֹן
Amnón pues hicieron-morir el-rey hijos-de los-jóvenes todos a mi-señor

לְבַדּוֹ מֵת כִּי־ עַל־ פִּי אַבְשָׁלוֹם הָיְתָה שׂוּמָה מִיּוֹם
desde-el-día-de puesta estaba Absalón boca-de sobre pues ha-muerto sólo-él

עַנֹּתוֹ אֵת תָּמָר אֲחֹתוֹ׃ (33) וְעַתָּה אַל־ יָשֵׂם אֲדֹנִי
mi-señor ponga no Y-ahora (33) . su-hermana Tamar a su-ultrajar

הַמֶּלֶךְ אֶל־ לִבּוֹ דָּבָר לֵאמֹר כָּל־ בְּנֵי הַמֶּלֶךְ מֵתוּ
han-muerto el-rey (los)hijos-de todos : diciendo palabra su-corazón en el-rey

כִּי־ אִם־ אַמְנוֹן לְבַדּוֹ מֵת׃ (34) וַיִּבְרַח אַבְשָׁלוֹם וַיִּשָּׂא
y-alzó Absalón Y-huyó (34) . ha-muerto sólo-él Amnón que ya

הַנַּעַר הַצֹּפֶה אֶת־ עֵינָו וַיַּרְא וְהִנֵּה עַם־
pueblo y-he-aquí-que y-miró sus-ojos ** el-vigilante el-joven

רַב הֹלְכִים מִדֶּרֶךְ אַחֲרָיו מִצַּד הָהָר׃ (35) וַיֹּאמֶר
Y-dijo (35) . el-monte de-(el)lado-de tras-él de-camino iba numeroso

יוֹנָדָב אֶל־הַמֶּלֶךְ הִנֵּה בְנֵי־ הַמֶּלֶךְ בָּאוּ כִּדְבַר עַבְדְּךָ
tu-siervo como-palabra-de vienen el-rey (los)hijos-de he-aquí-que : el-rey a Jonadab

כֵּן הָיָה׃ (36) וַיְהִי ׀ כְּכַלֹּתוֹ לְדַבֵּר וְהִנֵּה בְנֵי־
(los)hijos-de que-he-aquí-que de-hablar al-acabar-él Y-sucedió (36) . ha-sido así

הַמֶּלֶךְ בָּאוּ וַיִּשְׂאוּ קוֹלָם וַיִּבְכּוּ וְגַם־
y-también y-lloraron su-voz y-alzaron vinieron el-rey

הַמֶּלֶךְ וְכָל־ עֲבָדָיו בָּכוּ בְּכִי גָּדוֹל מְאֹד׃
. mucho grande llanto lloraron sus-siervos y-todos el-rey

וְאַבְשָׁלוֹם בָּרַח וַיֵּלֶךְ אֶל־תַּלְמַי בֶּן־עַמִּיחוּר מֶלֶךְ גְּשׁוּר

; Gesur rey-de Amiud hijo-de Talmay a y-fue huyó Y-Absalón (37)

וַיִּתְאַבֵּל עַל־בְּנוֹ כָּל־הַיָּמִים׃ וְאַבְשָׁלוֹם בָּרַח

huyó Y-Absalón (38) . los-días todos su-hijo por y-guardó-luto

וַיֵּלֶךְ גְּשׁוּר וַיְהִי־שָׁם שָׁלֹשׁ שָׁנִים׃ וַתְּכַל דָּוִד

David Y-cesó (39) . años tres allí y-estuvo a-Gesur y-fue

הַמֶּלֶךְ לָצֵאת אֶל־אַבְשָׁלוֹם כִּי־נִחַם עַל־אַמְנוֹן כִּי־מֵת׃

. había-muerto que Amnón por estaba-consolado pues Absalón hacia de-salir el-rey

וַיֵּדַע יוֹאָב בֶּן־צְרֻיָה כִּי־לֵב הַמֶּלֶךְ עַל־אַבְשָׁלוֹם׃

. Absalón para el-rey (el)corazón-de que Sarvia hijo-de Joab Y-supo (1) **Cap. 14**

וַיִּשְׁלַח יוֹאָב תְּקוֹעָה וַיִּקַּח מִשָּׁם אִשָּׁה חֲכָמָה

sabía mujer de-allí y-tomó a-Tecoa Joab Y-envió (2)

וַיֹּאמֶר אֵלֶיהָ הִתְאַבְּלִי־נָא וְלִבְשִׁי־נָא בִגְדֵי־אֵבֶל

duelo vestidos-de pues y-viste pues ponte-de-luto : a-ella y-dijo

וְאַל־תָּסוּכִי שֶׁמֶן וְהָיִית כְּאִשָּׁה זֶה יָמִים רַבִּים מִתְאַבֶּלֶת עַל־

por está-de-duelo muchos días esto como-mujer y-sé óleo te-unjas y-no

מֵת׃ וּבָאת אֶל־הַמֶּלֶךְ וְדִבַּרְתְּ אֵלָיו כַּדָּבָר הַזֶּה

; la-esta según-la-palabra a-él y-hablarás el-rey hacia Y-vendrás (3) . un-muerto

וַיָּשֶׂם יוֹאָב אֶת־הַדְּבָרִים בְּפִיהָ׃ וַתֹּאמֶר הָאִשָּׁה

la-mujer Y-habló (4) . en-su-boca las-palabras ** Joab y-puso

הַתְּקֹעִית אֶל־הַמֶּלֶךְ וַתִּפֹּל עַל־אַפֶּיהָ אַרְצָה וַתִּשְׁתָּחוּ

y-se-postró a-tierra su-rostro sobre y-cayó el-rey a la-tecoita

וַתֹּאמֶר הוֹשִׁעָה הַמֶּלֶךְ׃ וַיֹּאמֶר־לָהּ הַמֶּלֶךְ מַה־לָּךְ

? a-ti ¿qué : el-rey a-ella Y-dijo (5) . oh-rey salvación : y-dijo

וַתֹּאמֶר אֲבָל אִשָּׁה־אַלְמָנָה אָנִי וַיָּמָת אִישִׁי׃

. mi-marido y-ha-muerto yo viuda mujer en-verdad : y-dijo

וּלְשִׁפְחָתְךָ שְׁנֵי בָנִים וַיִּנָּצוּ שְׁנֵיהֶם בַּשָּׂדֶה

en-el-campo ellos-dos y-riñeron hijos dos Y-para-tu-sierva (6)

וְאֵין מַצִּיל בֵּינֵיהֶם וַיַּכּוּ הָאֶחָד אֶת־הָאֶחָד

el-uno a el-uno e-hirieron entre-ellos separador y-no-hubo

וַיָּמֶת אֹתוֹ׃ וְהִנֵּה קָמָה כָל־הַמִּשְׁפָּחָה עַל־

contra la-familia toda se-ha-levantado Y-he-aquí-que (7) . a-él y-mató

שִׁפְחָתֶךָ וַיֹּאמְרוּ תְּנִי ׀ אֶת־מַכֵּה אָחִיו

a-su-hermano el-que-mató a entrega y-han-dicho tu-sierva

וּנְמִתֵהוּ בְּנֶפֶשׁ אָחִיו אֲשֶׁר הָרָג וְנַשְׁמִידָה

y-matemos-pues mató que su-hermano por-(la)vida-de y-le-haremos-morir

גַּם אֶת־הַיּוֹרֵשׁ וְכִבּוּ אֶת־גַּחַלְתִּי אֲשֶׁר

que mi-ascua ** y-extinguirán el-heredero a también

נִשְׁאָרָה לְבִלְתִּי שׂוּם־לְאִישִׁי שֵׁם וּשְׁאֵרִית עַל־פְּנֵי

(la)faz-de sobre ni-resto nombre a-mi-marido quedar sin ha-quedado

הָאֲדָמָה׃ וַיֹּאמֶר הַמֶּלֶךְ אֶל־הָאִשָּׁה לְכִי לְבֵיתֵךְ וַאֲנִי

y-yo a-tu-casa ve : la-mujer a el-rey Y-dijo (8) . la-tierra

אֲצַוֶּה עָלָיִךְ׃ וַתֹּאמֶר הָאִשָּׁה הַתְּקוֹעִית אֶל־הַמֶּלֶךְ

: el-rey a la-tecoita la-mujer Y-dijo (9) . sobre-ti ordenaré

עָלַי אֲדֹנִי הַמֶּלֶךְ הֶעָוֹן וְעַל־בֵּית אָבִי וְהַמֶּלֶךְ

pero-el-rey mi-padre (la)casa-de y-sobre la-maldad el-rey mi-señor sobre-mí

וְכִסְאוֹ נָקִי׃ וַיֹּאמֶר הַמֶּלֶךְ הַמְדַבֵּר

el-que-hable : el-rey Y-dijo (10) . limpio y-su-trono

אֵלַיִךְ וַהֲבֵאתוֹ אֵלַי וְלֹא־יֹסִיף עוֹד לָגַעַת

tocar aun añadirá y-no a-mí y-tráelo contra-ti

בָּךְ׃ וַתֹּאמֶר יִזְכָּר־נָא הַמֶּלֶךְ אֶת־יְהוָה

Yahweh a oh-rey pues recuerde : Y-dijo-ella (11) . a-ti

אֱלֹהֶיךָ מֵהַרְבַּית גֹּאֵל הַדָּם לְשַׁחֵת וְלֹא
y-no para-destruir la-sangre (el)vengador-de de-aumentar tu-Dios

יַשְׁמִידוּ אֶת־ בְּנִי וַיֹּאמֶר חַי־ יְהוָה אִם־ יִפֹּל
caerá no Yahweh viva : y-dijo -él ; mi-hijo a destruyan

מִשַּׂעֲרַת בִּנְךָ אָרְצָה׃ וַתֹּאמֶר הָאִשָּׁה תְּדַבֶּר־
hable : la-mujer Y-dijo (12) . a-tierra tu-hijo de-cabello-de

נָא שִׁפְחָתְךָ אֶל־ אֲדֹנִי הַמֶּלֶךְ דָּבָר וַיֹּאמֶר דַּבֵּרִי׃
. habla : y-dijo ; palabra el-rey mi-señor a tu-sierva pues

וַתֹּאמֶר הָאִשָּׁה וְלָמָּה חָשַׁבְתָּה כָּזֹאת עַל־ עַם
(el)pueblo-de sobre como-esto has-pensado ¿y-por-qué : la-mujer Y-dijo (13)

אֱלֹהִים וּמִדַּבֵּר הַמֶּלֶךְ הַדָּבָר הַזֶּה כְּאָשֵׁם לְבִלְתִּי
sin como-culpable la-esta la-palabra el-rey y-al-hablar ? Dios

הָשִׁיב הַמֶּלֶךְ אֶת־ נִדְּחוֹ׃ כִּי־ מוֹת
morir Pues (14) . su-desterrado a el-rey hacer-volver

נָמוּת וְכַמַּיִם הַנִּגָּרִים אַרְצָה אֲשֶׁר לֹא
no que por-tierra las-derramadas y-como-(las)aguas moriremos

יֵאָסֵפוּ וְלֹא־ יִשָּׂא אֱלֹהִים נֶפֶשׁ וְחָשַׁב מַחֲשָׁבוֹת
pensamientos y-ha-pensado vida Dios quitará y-no pueden-recogerse

לְבִלְתִּי יִדַּח מִמֶּנּוּ נִדָּח׃ וְעַתָּה אֲשֶׁר־
que Y-ahora (15) . el-expulsado de-él siga-alejado para-que-no

בָּאתִי לְדַבֵּר אֶל־ הַמֶּלֶךְ אֲדֹנִי אֶת־ הַדָּבָר הַזֶּה כִּי
pues la-esta la-palabra ** mi-señor el-rey a a-hablar he-venido

יֵרְאֻנִי הָעָם וַתֹּאמֶר שִׁפְחָתְךָ אֲדַבְּרָה־
y-hablaré : tu-sierva y-dijo el-pueblo me-atemorizó

נָּא אֶל־ הַמֶּלֶךְ אוּלַי יַעֲשֶׂה הַמֶּלֶךְ אֶת־ דְּבַר אֲמָתוֹ׃
. su-sierva (la)palabra-de ** el-rey haga quizás el-rey a pues

כִּי יִשְׁמַע הַמֶּלֶךְ לְהַצִּיל אֶת־אֲמָתוֹ מִכַּף
de-mano-de su-sierva a para-librar el-rey atenderá Quizás (16)

הָאִישׁ לְהַשְׁמִיד אֹתִי וְאֶת־בְּנִי יַחַד מִנַּחֲלַת אֱלֹהִים׃
. Dios de-(la)heredad-de juntos mi-hijo y-a a-mí para-destruir el-hombre

וַתֹּאמֶר שִׁפְחָתְךָ יִהְיֶה־נָּא דְּבַר־אֲדֹנִי הַמֶּלֶךְ
el-rey mi-señor palabra-de pues sirva : tu-sierva Y-dice (17)

לִמְנוּחָה כִּי ׀ כְּמַלְאַךְ הָאֱלֹהִים כֵּן אֲדֹנִי הַמֶּלֶךְ לִשְׁמֹעַ הַטּוֹב
lo-bueno para-discernir el-rey mi-señor así el-Dios como-ángel-de pues de-consuelo

וְהָרָע וַיהוָה אֱלֹהֶיךָ יְהִי עִמָּךְ׃ וַיַּעַן
Y-contestó (18) . contigo estará tu-Dios y-Yahweh y-lo-malo

הַמֶּלֶךְ וַיֹּאמֶר אֶל־הָאִשָּׁה אַל־נָא תְכַחֲדִי מִמֶּנִּי דָּבָר אֲשֶׁר אָנֹכִי
yo que palabra a-mí ocultes pues no : la-mujer a y-dijo el-rey

שֹׁאֵל אֹתָךְ וַתֹּאמֶר הָאִשָּׁה יְדַבֶּר־נָא אֲדֹנִי הַמֶּלֶךְ׃
. el-rey mi-señor pues hable : la-mujer y-dijo a-ti pregunte

וַיֹּאמֶר הַמֶּלֶךְ הֲיַד יוֹאָב אִתָּךְ בְּכָל־זֹאת
? esto en-todo contigo Joab ¿acaso-(la)mano-de el-rey Y-dijo (19)

וַתַּעַן הָאִשָּׁה וַתֹּאמֶר חֵי־נַפְשְׁךָ אֲדֹנִי
mi-señor tu-alma por-vida-de : y-dijo la-mujer y-contestó

הַמֶּלֶךְ אִם־אִשׁ ׀ לְהֵמִין וּלְהַשְׂמִיל מִכֹּל אֲשֶׁר־דִּבֶּר
dijo lo-que de-todo o-a-la-izquierda desviar-a-la-derecha hombre si el-rey

אֲדֹנִי הַמֶּלֶךְ כִּי־עַבְדְּךָ יוֹאָב הוּא צִוָּנִי וְהוּא
y-él me-ha-ordenado él Joab tu-siervo pues el-rey mi-señor

שָׂם בְּפִי שִׁפְחָתְךָ אֵת כָּל־הַדְּבָרִים הָאֵלֶּה׃
. las-estas las-palabras todas ** tu-sierva en-boca-de ha-puesto

לְבַעֲבוּר סַבֵּב אֶת־פְּנֵי הַדָּבָר עָשָׂה עַבְדְּךָ
tu-siervo ha-hecho la-cosa (el)aspecto-de ** cambiar Para (20)

יוֹאָב אֶת־ הַדָּבָר הַזֶּה וַאדֹנִי חָכָם כְּחָכְמַת מַלְאַךְ
ángel-de como-sabiduría-de es-sabio y-mi-señor la-ésta la-cosa ** Joab

הָאֱלֹהִים לָדַעַת אֶת־ כָּל־ אֲשֶׁר בָּאָרֶץ׃ וַיֹּאמֶר הַמֶּלֶךְ אֶל־
a el-rey Y-dijo (21) . en-la-tierra lo-que todo ** para-saber el-Dios

יוֹאָב הִנֵּה־ נָא עָשִׂיתִי אֶת־ הַדָּבָר הַזֶּה וְלֵךְ הָשֵׁב אֶת־
a haz-volver y-ve la-ésta la-cosa ** haré pues he-aquí-que Joab

הַנַּעַר אֶת־אַבְשָׁלוֹם׃ וַיִּפֹּל יוֹאָב אֶל־ פָּנָיו אַרְצָה
a-tierra su-rostro sobre Joab Y-cayó (22) . Absalón a el-joven

וַיִּשְׁתַּחוּ וַיְבָרֶךְ אֶת־ הַמֶּלֶךְ וַיֹּאמֶר יוֹאָב הַיּוֹם
este-día : Joab y-dijo el-rey a y-bendijo y-se-postró

יָדַע עַבְדְּךָ כִּי־ מָצָאתִי חֵן בְּעֵינֶיךָ אֲדֹנִי
mi-señor a-tus-ojos gracia he-encontrado que tu-siervo ha-sabido

הַמֶּלֶךְ אֲשֶׁר־ עָשָׂה הַמֶּלֶךְ אֶת־ דְּבַר עַבְדֶּךָ׃
. su-siervo (la)palabra-de ** el-rey ha-hecho ya-que el-rey

וַיָּקָם יוֹאָב וַיֵּלֶךְ גְּשׁוּרָה וַיָּבֵא אֶת־אַבְשָׁלוֹם
Absalón a y-trajo a-Gesur y-fue Joab Y-se-levantó (23)

יְרוּשָׁלָם׃ וַיֹּאמֶר הַמֶּלֶךְ יִסֹּב אֶל־ בֵּיתוֹ וּפָנַי
y-mi-rostro su-casa a vuelva : el-rey Y-dijo (24) . a-Jerusalén

לֹא יִרְאֶה וַיִּסֹּב אַבְשָׁלוֹם אֶל־ בֵּיתוֹ וּפְנֵי הַמֶּלֶךְ
el-rey y-(el)rostro-de su-casa a Absalón y-volvió vea no

לֹא רָאָה׃ וּכְאַבְשָׁלוֹם לֹא־ הָיָה אִישׁ־ יָפֶה בְּכָל־יִשְׂרָאֵל
Israel en-todo hermoso hombre había no Y-como Absalón (25) . vio no

לְהַלֵּל מְאֹד מִכַּף רַגְלוֹ וְעַד קָדְקֳדוֹ לֹא־ הָיָה
había no su-coronilla y-hasta su-pie desde-(la)planta-de mucho para-alabar

בוֹ מוּם׃ וּבְגַלְּחוֹ אֶת־ רֹאשׁוֹ וְהָיָה מִקֵּץ
desde-(el)fin-de y-era su-cabeza ** Y-al-raparse (26) . defecto en-él

יָמִים׀ לַיָּמִים אֲשֶׁר יְגַלֵּחַ כִּי־ כָבֵד עָלָיו וְגִלְּחוֹ
y-se-rapaba sobre-él pesaba pues se-rapaba que a-días días

וְשָׁקַל אֶת־ שְׂעַר רֹאשׁוֹ מָאתַיִם שְׁקָלִים בְּאֶבֶן
en-piedra-de siclos doscientos su-cabeza (el)pelo-de ** y-pesaba

הַמֶּלֶךְ׃ וַיִּוָּלְדוּ לְאַבְשָׁלוֹם שְׁלוֹשָׁה בָנִים וּבַת אַחַת
una e-hija hijos tres a-Absalón Y-nacieron (27) . el-rey

וּשְׁמָהּ תָּמָר הִיא הָיְתָה אִשָּׁה יְפַת מַרְאֶה׃
. aspecto bella-de mujer era ella Tamar y-su-nombre

וַיֵּשֶׁב אַבְשָׁלוֹם בִּירוּשָׁלַםִ שְׁנָתַיִם יָמִים וּפְנֵי הַמֶּלֶךְ
el-rey pero-(el)rostro-de días dos-años en-Jerusalén Absalón Y-se-quedó (28)

לֹא רָאָה׃ וַיִּשְׁלַח אַבְשָׁלוֹם אֶל־יוֹאָב לִשְׁלֹחַ אֹתוֹ אֶל־הַמֶּלֶךְ וְלֹא
y-no el-rey a a-él para-enviar Joab por Absalón Y-envió (29) . vio no

אָבָה לָבוֹא אֵלָיו וַיִּשְׁלַח עוֹד שֵׁנִית וְלֹא אָבָה לָבוֹא׃
. venir quiso y-no segunda-vez aún y-envió a-él venir quiso

וַיֹּאמֶר אֶל־ עֲבָדָיו רְאוּ חֶלְקַת יוֹאָב אֶל־ יָדִי
mi-mano a Joab (el)campo-de mirad : sus-siervos a Y-dijo (30)

וְלוֹ־ שָׁם שְׂעֹרִים לְכוּ וְהוֹצִתִיהָ בָאֵשׁ וַיַּצִּתוּ
e-incendiaron con-fuego e-incendiadlo id cebada allí y-para-él

עַבְדֵי אַבְשָׁלוֹם אֶת־הַחֶלְקָה בָּאֵשׁ׃ וַיָּקָם יוֹאָב וַיָּבֹא
y-vino Joab Y-se-levantó (31) . con-fuego el-campo ** Absalón siervos-de

אֶל־ אַבְשָׁלוֹם הַבָּיְתָה וַיֹּאמֶר אֵלָיו לָמָּה הִצִּיתוּ
incendiaron ¿por-qué : a-él y-dijo a-la-casa Absalón hacia

עֲבָדֶךָ אֶת־ הַחֶלְקָה אֲשֶׁר־ לִי בָּאֵשׁ׃ וַיֹּאמֶר אַבְשָׁלוֹם
Absalón Y-dijo (32) ? con-fuego de-mí que el-campo ** tu-servidumbre

אֶל־יוֹאָב הִנֵּה שָׁלַחְתִּי אֵלֶיךָ׀ לֵאמֹר בֹּא הֵנָּה וְאֶשְׁלְחָה אֹתְךָ אֶל־
a a-ti y-he-de-enviar aquí ven : diciendo hacia-ti he-enviado he-aquí-que : Joab a

הַמֶּלֶךְ לֵאמֹר לָמָּה בָּאתִי מִגְּשׁוּר טוֹב לִי עֹד אֲנִי־שָׁם וְעַתָּה
y-ahora allí yo aún para-mí mejor ? de-Gesur vine ¿por-qué : diciendo el-rey

אֶרְאֶה פְּנֵי הַמֶּלֶךְ וְאִם־יֶשׁ־בִּי עָוֺן וֶהֱמִתָנִי׃
. que-me-haga-morir pecado en-mí hay y-si el-rey (el)rostro-de quiero-ver

(33) וַיָּבֹא יוֹאָב אֶל־הַמֶּלֶךְ וַיַּגֶּד־לוֹ וַיִּקְרָא אֶל־
a y-llamó a-él y-dijo el-rey a Joab Y-vino (33)

אַבְשָׁלוֹם וַיָּבֹא אֶל־הַמֶּלֶךְ וַיִּשְׁתַּחוּ לוֹ עַל־אַפָּיו
su-rostro sobre a-él y-se-postró el-rey a y-vino Absalón

אַרְצָה לִפְנֵי הַמֶּלֶךְ וַיִּשַּׁק הַמֶּלֶךְ לְאַבְשָׁלוֹם׃ (1) וַיְהִי
Y-sucedió (1) . a-Absalón el-rey y-besó el-rey ante a-tierra Cap. 15

מֵאַחֲרֵי כֵן וַיַּעַשׂ לוֹ אַבְשָׁלוֹם מֶרְכָּבָה וְסֻסִים וַחֲמִשִּׁים
y-cincuenta y-caballos de-carruaje Absalón para-él que-proveyó esto después-de

אִישׁ רָצִים לְפָנָיו׃ (2) וְהִשְׁכִּים אַבְשָׁלוֹם וְעָמַד עַל־
sobre y-se-ponía-de-pie Absalón Y-se-levantaba (2) . delante-de-él corriendo hombres

יַד דֶּרֶךְ הַשָּׁעַר וַיְהִי כָּל־הָאִישׁ אֲשֶׁר־יִהְיֶה־לּוֹ־
para-él había que el-hombre todo y-sucedía la-puerta (el)camino-de (el)lado-de

רִיב לָבוֹא אֶל־הַמֶּלֶךְ לַמִּשְׁפָּט וַיִּקְרָא אַבְשָׁלוֹם
Absalón que-llamaba para-el-juicio el-rey hacia para-venir pleito

אֵלָיו וַיֹּאמֶר אֵי־מִזֶּה עִיר אַתָּה וַיֹּאמֶר מֵאַחַד
de-una-de : y-decía ? tú ciudad de-esta ¿dónde : y-decía a-él

שִׁבְטֵי־יִשְׂרָאֵל עַבְדֶּךָ׃ (3) וַיֹּאמֶר אֵלָיו אַבְשָׁלוֹם רְאֵה
mira : Absalón a-él Y-decía (3) . tu-siervo Israel tribus-de

דְבָרֶךָ טוֹבִים וּנְכֹחִים וְשֹׁמֵעַ אֵין־לְךָ מֵאֵת
de-parte-de para-ti no-hay pero-oyente y-correctas buenas tus-palabras

הַמֶּלֶךְ׃ (4) וַיֹּאמֶר אַבְשָׁלוֹם מִי־יְשִׂמֵנִי שֹׁפֵט
juez me-nombrará ¿quién : Absalón Y-decía (4) . el-rey

בָּאָרֶץ וְעָלַי יָבוֹא כָּל־ אִישׁ אֲשֶׁר־ יִהְיֶה־ לּוֹ־

para-él hubiera que hombre todo vendría pues-a-mí en-la-tierra

רִיב וּמִשְׁפָּט וְהִצְדַּקְתִּיו׃ וְהָיָה

Y-sucedía (5) . y-le-haría-justicia y-juicio pleito

בִּקְרָב־ אִישׁ לְהִשְׁתַּחֲוֺת לוֹ וְשָׁלַח אֶת־ יָדוֹ

su-mano ** que-extendía a-él a-inclinarse un-hombre al-acercarse

וְהֶחֱזִיק לוֹ וְנָשַׁק לוֹ׃ וַיַּעַשׂ אַבְשָׁלוֹם

Absalón Y-hacía (6) . a-él y-besaba a-él y-tomaba

כַּדָּבָר הַזֶּה לְכָל־ יִשְׂרָאֵל אֲשֶׁר־ יָבֹאוּ לַמִּשְׁפָּט אֶל־

hacia al-juicio venían que Israel a-cualquiera-de la-ésta como-la-cosa

הַמֶּלֶךְ וַיְגַנֵּב אַבְשָׁלוֹם אֶת־ לֵב אַנְשֵׁי יִשְׂרָאֵל׃ וַיְהִי

Y-sucedió (7) . Israel (los)hombres-de (el)corazón-de ** Absalón y-robaba el-rey

מִקֵּץ אַרְבָּעִים שָׁנָה וַיֹּאמֶר אַבְשָׁלוֹם אֶל־ הַמֶּלֶךְ אֵלְכָה נָּא

pues he-de-ir : el-rey a Absalón que-dijo años cuarenta al-cabo-de

וַאֲשַׁלֵּם אֶת־ נִדְרִי אֲשֶׁר־ נָדַרְתִּי לַיהוָה בְּחֶבְרוֹן׃ כִּי־

Pues (8) . en-Hebrón a-Yahweh he-prometido que mi-voto ** y-he-de-cumplir

נֵדֶר נָדַר עַבְדְּךָ בְּשִׁבְתִּי בִגְשׁוּר בַּאֲרָם לֵאמֹר אִם־

si : diciendo en-Aram en-Gesur al-vivir-yo tu-siervo hizo-voto voto

יָשׁוֹב יְשִׁיבֵנִי יְהוָה יְרוּשָׁלִַם וְעָבַדְתִּי אֶת־

a he-de-dar-culto a-Jerusalén Yahweh me-hiciere-volver hacer-volver

יְהוָה׃ וַיֹּאמֶר־ לוֹ הַמֶּלֶךְ לֵךְ בְּשָׁלוֹם וַיָּקָם וַיֵּלֶךְ

y-fue y-se-levantó en-paz ve : el-rey a-él Y-dijo (9) . Yahweh

חֶבְרוֹנָה׃ וַיִּשְׁלַח אַבְשָׁלוֹם מְרַגְּלִים בְּכָל־

por-todas mensajeros Absalón Y-envió (10) . a-Hebrón

שִׁבְטֵי יִשְׂרָאֵל לֵאמֹר כְּשָׁמְעֲכֶם אֶת־ קוֹל הַשֹּׁפָר וַאֲמַרְתֶּם

: y-diréis la-trompeta (el)sonido-de ** cuando-oigáis : diciendo Israel (las)tribus-de

מָלַךְ אַבְשָׁלוֹם בְּחֶבְרוֹן׃ וְאֶת־ אַבְשָׁלוֹם הָלְכוּ

fueron Absalón Y-con (11) . en-Hebrón Absalón reina

מָאתַיִם אִישׁ מִירוּשָׁלִַם קְרֻאִים וְהֹלְכִים

e-iban convidados de-Jerusalén hombres doscientos

לְתֻמָּם וְלֹא יָדְעוּ כָּל־ דָּבָר׃ וַיִּשְׁלַח אַבְשָׁלוֹם

Absalón Y-envió (12) . cosa ninguna sabían y-no en-su-inocencia

אֶת־ אֲחִיתֹפֶל הַגִּילֹנִי יוֹעֵץ דָּוִד מֵעִירוֹ

de-su-ciudad David consejero-de el-gilonita Ahitófel a

מִגִּלֹה בְּזָבְחוֹ אֶת־ הַזְּבָחִים וַיְהִי הַקֶּשֶׁר

la-conjura y-fue los-sacrificios ** mientras-su-ofrecer de-Gilo

אַמִּץ וְהָעָם הוֹלֵךְ וָרָב אֶת־ אַבְשָׁלוֹם׃ וַיָּבֹא

Y-vino (13) . Absalón con y-aumentaba seguía y-el-pueblo fuerte

הַמַּגִּיד אֶל־ דָּוִד לֵאמֹר הָיָה לֶב־ אִישׁ יִשְׂרָאֵל אַחֲרֵי

detrás-de Israel (los)hom (el)corazón- está : diciendo David a el-mensajero
bres-de de

אַבְשָׁלוֹם׃ וַיֹּאמֶר דָּוִד לְכָל־ עֲבָדָיו אֲשֶׁר־ אִתּוֹ

con-él que sus-siervos a-todos David Y-dijo (14) . Absalón

בִירוּשָׁלִַם קוּמוּ וְנִבְרָחָה כִּי לֹא־ תִהְיֶה־ לָּנוּ פְלֵיטָה

escape para-nosotros habrá no pues y-huyamos levantaos : en-Jerusalén

מִפְּנֵי אַבְשָׁלוֹם מַהֲרוּ לָלֶכֶת פֶּן־ יְמַהֵר

se-apresure no-sea-que a-marchar apresuraos Absalón delante-de

וְהִשִּׂגָנוּ וְהִדִּיחַ עָלֵינוּ אֶת־ הָרָעָה וְהִכָּה

y-golpee el-mal ** sobre-nosotros y-arroje y-nos-alcance

הָעִיר לְפִי־ חָרֶב׃ וַיֹּאמְרוּ עַבְדֵי־ הַמֶּלֶךְ אֶל־

a el-rey (los)siervos-de Y-dijeron (15) . espada a-filo-de la-ciudad

הַמֶּלֶךְ כְּכֹל אֲשֶׁר־ יִבְחַר אֲדֹנִי הַמֶּלֶךְ הִנֵּה עֲבָדֶיךָ׃

. tus-siervos he-aquí el-rey mi-señor escoja cuanto como-todo el-rey

וַיֵּצֵא הַמֶּלֶךְ וְכָל־ בֵּיתוֹ בְּרַגְלָיו

a-sus-pies su-casa y-toda el-rey Y-salió (16)

וַיַּעֲזֹב הַמֶּלֶךְ אֵת עֶשֶׂר נָשִׁים פִּלַגְשִׁים לִשְׁמֹר הַבָּיִת׃

. la-casa para-guardar concubinas mujeres diez ** el-rey y-dejó

וַיֵּצֵא הַמֶּלֶךְ וְכָל־ הָעָם בְּרַגְלָיו

a-sus-pies el-pueblo y-todo el-rey Y-salió (17)

וַיַּעַמְדוּ בֵּית הַמֶּרְחָק׃ וְכָל־ עֲבָדָיו עֹבְרִים

pasaban sus-siervos Y-todos (18) . la-lejanía en-casa-de y-se-detuvieron

עַל־ יָדוֹ וְכָל־ הַכְּרֵתִי וְכָל־ הַפְּלֵתִי וְכָל־

y-todos el-peleteo y-todo el-cereteo y-todo su-mano sobre

הַגִּתִּים שֵׁשׁ־ מֵאוֹת אִישׁ אֲשֶׁר־ בָּאוּ בְרַגְלוֹ מִגַּת

desde-Gat a-su-pie habían-venido que hombres cientos seis los-geteos

עֹבְרִים עַל־ פְּנֵי הַמֶּלֶךְ׃ וַיֹּאמֶר הַמֶּלֶךְ אֶל־ אִתַּי

Itay a el-rey Y-dijo (19) . el-rey faz-de ante pasaban

הַגִּתִּי לָמָּה תֵלֵךְ גַּם־ אַתָּה אִתָּנוּ שׁוּב וְשֵׁב עִם־ הַמֶּלֶךְ

el-rey con y-quédate vuelve ? con-nosotros tú también vienes ¿por-qué el-geteo

כִּי־ נָכְרִי אַתָּה וְגַם־ גֹּלֶה אַתָּה לִמְקוֹמֶךָ׃

. de-tu-lugar tú desterrado y-también tú extranjero pues

תְּמוֹל ׀ בּוֹאֶךָ וְהַיּוֹם אֲנוּעֲךָ עִמָּנוּ לָלֶכֶת

para-ir ? con-nosotros te-haré-mover ¿y-este-día tú-venir Ayer (20)

וַאֲנִי הוֹלֵךְ עַל אֲשֶׁר־ אֲנִי הוֹלֵךְ שׁוּב וְהָשֵׁב אֶת־ אַחֶיךָ

tus-hermanos a y-haz-volver vuelve voy yo lo-que sobre voy y-yo

עִמָּךְ חֶסֶד וֶאֱמֶת׃ וַיַּעַן אִתַּי אֶת־ הַמֶּלֶךְ

el-rey a Itay Y-respondió (21) . y-fidelidad benevolencia contigo

וַיֹּאמַר חַי־ יְהוָה וְחֵי אֲדֹנִי הַמֶּלֶךְ כִּי אִם־

si pues el-rey mi-señor y-por-vida-de Yahweh por-vida-de : y-dijo

בִּמְקוֹם אֲשֶׁר יִהְיֶה־שָּׁם ׀ אֲדֹנִי הַמֶּלֶךְ אִם־לְמָוֶת אִם־

sea para-morir sea el-rey mi-señor allí esté donde (el)en-lugar

לְחַיִּים כִּי־שָׁם יִהְיֶה עַבְדֶּךָ׃ וַיֹּאמֶר דָּוִד אֶל־

a David Y-dijo (22) . tu-siervo estará allí que para-vivir

אִתַּי לֵךְ וַעֲבֹר וַיַּעֲבֹר אִתַּי הַגִּתִּי וְכָל־

y-todos el-geteo Itay y-cruzó y-cruza ven : Itay

אֲנָשָׁיו וְכָל־הַטַּף אֲשֶׁר אִתּוֹ׃ וְכָל־הָאָרֶץ

el-país Y-todo (23) . con-él que la-prole y-toda sus-hombres

בּוֹכִים קוֹל גָּדוֹל וְכָל־הָעָם עֹבְרִים וְהַמֶּלֶךְ

y-el-rey cruzando el-pueblo y-todo grande voz llorando

עֹבֵר בְּנַחַל קִדְרוֹן וְכָל־הָעָם עֹבְרִים עַל־

por cruzaron el-pueblo y-todo Cedrón por-(el)torrente-de cruzó

פְּנֵי־דֶרֶךְ אֶת־הַמִּדְבָּר׃ וְהִנֵּה גַם־צָדוֹק וְכָל־הַלְוִיִּם

los-levitas y-todos Sadoc también Y-he-aquí-que (24) . el-desierto ** (el)camino-de la-superficie-de

אִתּוֹ נֹשְׂאִים אֶת־אֲרוֹן בְּרִית הָאֱלֹהִים וַיַּצִּקוּ אֶת־

** y-asentaron el-Dios (la)Alianza- (el)arca-de ** llevando con-él

אֲרוֹן הָאֱלֹהִים וַיַּעַל אֶבְיָתָר עַד־תֹּם כָּל־הָעָם

el-pueblo todo acabar hasta Abiatar y-subió el-Dios (el)arca-de

לַעֲבוֹר מִן־הָעִיר׃ וַיֹּאמֶר הַמֶּלֶךְ לְצָדוֹק הָשֵׁב אֶת־

** vuelve : a-Sadoc el-rey Y-dijo (25) . la-ciudad de de-pasar

אֲרוֹן הָאֱלֹהִים הָעִיר אִם־אֶמְצָא חֵן בְּעֵינֵי יְהוָה וֶהֱשִׁבַנִי

y-me-hará-volver Yahweh en-ojos-de gracia encuentro si a-la-ciudad el-Dios (el)arca-de

וְהִרְאַנִי אֹתוֹ וְאֶת־נָוֵהוּ׃ וְאִם כֹּה יֹאמַר לֹא

no : dijere así Mas-si (26) . su-tabernáculo y a-Él y-me-mostrará

חָפַצְתִּי בָּךְ הִנְנִי יַעֲשֶׂה־לִּי כַּאֲשֶׁר טוֹב בְּעֵינָיו׃

. a-sus-ojos bien como conmigo haga heme-aquí contigo me-complazco

וַיֹּאמֶר הַמֶּלֶךְ אֶל־צָדוֹק הַכֹּהֵן הֲרוֹאֶה אַתָּה שֻׁבָה הָעִיר
a-la-ciudad vuelve ? tú ¿vidente : el-sacerdote Sadoc a el-rey Y-dijo (27)

בְּשָׁלוֹם וַאֲחִימַעַץ בִּנְךָ וִיהוֹנָתָן בֶּן־אֶבְיָתָר שְׁנֵי
dos Abiatar hijo-de y-Jonatán tu-hijo y-Ahimaas en-paz

בְנֵיכֶם אִתְּכֶם׃ רְאוּ אָנֹכִי מִתְמַהְמֵהַּ בְּעַבְרוֹת הַמִּדְבָּר עַד בּוֹא
venga hasta-que el-desierto en-(los)vados-de me-detendré yo Mirad (28) . con-vosotros hijos-vuestros

דָבָר מֵעִמָּכֶם לְהַגִּיד לִי׃ וַיָּשֶׁב צָדוֹק וְאֶבְיָתָר
y-Abiatar Sadoc Y-volvió (29) . a-mí informando de-con-vosotros palabra

אֶת־אֲרוֹן הָאֱלֹהִים יְרוּשָׁלִָם וַיֵּשְׁבוּ שָׁם׃ וְדָוִד עֹלֶה
subió Y-David (30) . allí y-se-quedaron a-Jerusalén el-Dios (el)arca-de **

בְמַעֲלֵה הַזֵּיתִים עֹלֶה ׀ וּבוֹכֶה וְרֹאשׁ לוֹ חָפוּי
cubierta de-él y-cabeza y-lloraba subía los-olivos por-(la)cuesta-de

וְהוּא הֹלֵךְ יָחֵף וְכָל־הָעָם אֲשֶׁר־אִתּוֹ חָפוּ אִישׁ
cada-hombre cubrieron con-él que el-pueblo y-todo descalzo caminaba y-él

רֹאשׁוֹ וְעָלוּ עָלֹה וּבָכֹה׃ וְדָוִד הִגִּיד
informó Y-David (31) . y-llorar subir y-subieron su-cabeza

לֵאמֹר אֲחִיתֹפֶל בַּקֹּשְׁרִים עִם־אַבְשָׁלוֹם וַיֹּאמֶר דָּוִד
: David y-dijo Absalón con entre-los-conjurados Ahitófel : diciendo

סַכֶּל־נָא אֶת־עֲצַת אֲחִיתֹפֶל יְהוָה׃ וַיְהִי דָוִד
David Y-estaba (32) . Yahweh Ahitófel (el)designio-de ** pues entorpece

בָּא עַד־הָרֹאשׁ אֲשֶׁר־יִשְׁתַּחֲוֶה שָׁם לֵאלֹהִים וְהִנֵּה לִקְרָאתוֹ
a-su-encuentro y-he-aquí-que a-Dios allí se-adorara donde la-cima hasta llegando

חוּשַׁי הָאַרְכִּי קָרוּעַ כֻּתָּנְתּוֹ וַאֲדָמָה עַל־רֹאשׁוֹ׃
. su-cabeza sobre y-tierra su-vestido desgarrado el-arquita Husay

וַיֹּאמֶר לוֹ דָּוִד אִם עָבַרְתָּ אִתִּי וְהָיִתָ עָלַי
para-mí entonces-serás conmigo cruzas si : David a-él Y-dijo (33)

לְמַשָּׂא׃ וְאִם־ הָעִיר תָּשׁוּב וְאָמַרְתָּ לְאַבְשָׁלוֹם

: a-Absalón y-dices vuelves a-la-ciudad Pero-si (34) . como carga

עַבְדְּךָ אֲנִי הַמֶּלֶךְ אֶהְיֶה עֶבֶד אָבִיךָ וַאֲנִי מֵאָז

de-antiguo también-yo tu-padre siervo-de seré oh-rey yo tu-siervo

וְעַתָּה וַאֲנִי עַבְדֶּךָ וְהֵפַרְתָּה לִי אֵת עֲצַת

(el)consejo-de ** para-mí entonces-desbaratarás tu-siervo también-yo y-ahora

אֲחִיתֹפֶל׃ וַהֲלוֹא עִמְּךָ שָׁם צָדוֹק וְאֶבְיָתָר הַכֹּהֲנִים

? los-sacerdotes y-Abiatar Sadoc allí contigo ¿Es-que-no (35) . Ahitófel

וְהָיָה כָּל־ הַדָּבָר אֲשֶׁר תִּשְׁמַע מִבֵּית הַמֶּלֶךְ תַּגִּיד

informarás el-rey de-(la)casa-de oigas que la-cosa toda y-será

לְצָדוֹק וּלְאֶבְיָתָר הַכֹּהֲנִים׃ הִנֵּה־ שָׁם עִמָּם שְׁנֵי

dos con-ellos allí He-aquí-que (36) . los-sacerdotes y-a-Abiatar a-Sadoc

בְנֵיהֶם אֲחִימַעַץ לְצָדוֹק וִיהוֹנָתָן לְאֶבְיָתָר וּשְׁלַחְתֶּם

y-enviaréis de-Abiatar y-Jonatán de-Sadoc Ahimaas sus-hijos

בְּיָדָם אֵלַי כָּל־ דָּבָר אֲשֶׁר תִּשְׁמָעוּ׃ וַיָּבֹא חוּשַׁי

Husay Y-vino (37) . oigáis que palabra toda a-mí por-su-mano

רֵעֶה דָוִד הָעִיר וְאַבְשָׁלֹם יָבֹא יְרוּשָׁלִָם׃ וְדָוִד

Y-David (1) . a-Jerusalén vino y-Absalón a-la-ciudad David amigo-de **Cap. 16**

עָבַר מְעַט מֵהָרֹאשׁ וְהִנֵּה צִיבָא נַעַר מְפִי־ בֹשֶׁת

Mefi-bóset criado-de Sibá y-he-aquí-que de-la-cima un-poco pasó

לִקְרָאתוֹ וְצֶמֶד חֲמֹרִים חֲבֻשִׁים וַעֲלֵיהֶם מָאתַיִם

doscientos y-sobre-ellos ensillados asnos y-un-par-de a-su-encuentro

לֶחֶם וּמֵאָה צִמּוּקִים וּמֵאָה קַיִץ וְנֵבֶל יָיִן׃

. vino y-un-odre-de frutos y-cien racimos-de-pasas y-cien panes

וַיֹּאמֶר הַמֶּלֶךְ אֶל־ צִיבָא מָה־ אֵלֶּה לָּךְ וַיֹּאמֶר צִיבָא

: Sibá y-dijo ? contigo estas-cosas ¿qué : Sibá a el-rey Y-dijo (2)

הַחֲמוֹרִים לְבֵית־ הַמֶּלֶךְ לִרְכֹּב וּלְהַלֶּחֶם וְהַקַּיִץ
y-los-frutos y-el-pan para-montar el-rey para-(la)casa-de los-asnos

לֶאֱכוֹל הַנְּעָרִים וְהַיַּיִן לִשְׁתּוֹת הַיָּעֵף בַּמִּדְבָּר׃
. en-el-desierto el-que-se-canse para-beber y-el-vino los-criados para-comer

וַיֹּאמֶר הַמֶּלֶךְ וְאַיֵּה בֶּן־ אֲדֹנֶיךָ וַיֹּאמֶר צִיבָא
Sibá y-dijo ? tu-señor (el)hijo-de ¿y-dónde : el-rey Y-dijo (3)

אֶל־הַמֶּלֶךְ הִנֵּה יוֹשֵׁב בִּירוּשָׁלַםִ כִּי אָמַר הַיּוֹם יָשִׁיבוּ
devolverán este-día : ha-dicho pues en-Jerusalén permanece he-aquí-que : el-rey a

לִי בֵּית יִשְׂרָאֵל אֵת מַמְלְכוּת אָבִי׃ וַיֹּאמֶר הַמֶּלֶךְ
el-rey Y-dijo (4) . mi-padre (el)reino-de ** Israel (la)casa-de a-mí

לְצִבָא הִנֵּה לְךָ כֹּל אֲשֶׁר לִמְפִי־ בֹשֶׁת וַיֹּאמֶר צִיבָא הִשְׁתַּחֲוֵיתִי
me-inclino : Sibá y-dijo de-Mefi-bóset lo-que todo para-ti he-aquí-que a-Sibá

אֶמְצָא־ חֵן בְּעֵינֶיךָ אֲדֹנִי הַמֶּלֶךְ׃ וּבָא
Y-vino (5) . el-rey mi-señor a-tus-ojos gracia halle-yo

הַמֶּלֶךְ דָּוִד עַד־ בַּחוּרִים וְהִנֵּה מִשָּׁם אִישׁ יוֹצֵא מִמִּשְׁפַּחַת
de-(la)familia-de salía un-hombre de-allí y-he-aquí-que Bahurim hasta David el-rey

בֵּית־ שָׁאוּל וּשְׁמוֹ שִׁמְעִי בֶּן־ גֵּרָא יֹצֵא יָצוֹא
salir salía Gerá hijo-de Simeí y-su-nombre Saúl casa-de

וּמְקַלֵּל׃ וַיְסַקֵּל בָּאֲבָנִים אֶת־ דָּוִד וְאֶת־ כָּל־ עַבְדֵי
(los)siervos-de todos y-a David a con-piedras Y-apedreó (6) . y-maldiciendo

הַמֶּלֶךְ דָּוִד וְכָל־ הָעָם וְכָל־ הַגִּבֹּרִים מִימִינוֹ
de-su-derecha los-valientes y-todos el-pueblo y-todo David el-rey

וּמִשְּׂמֹאלוֹ׃ וְכֹה־ אָמַר שִׁמְעִי בְּקַלְלוֹ צֵא
fuera : al-maldecirle Simeí decía Y-así (7) . y-de-su-izquierda

צֵא אִישׁ הַדָּמִים וְאִישׁ הַבְּלִיָּעַל׃ הֵשִׁיב עָלֶיךָ
a-ti Ha-devuelto (8) . la-maldad y-hombre-de las-sangres hombre-de fuera

יְהוָה כֹּל ׀ דְּמֵי בֵית־שָׁאוּל אֲשֶׁר מָלַכְתָּ תַּחְתָּו
en-su-lugar reinaste que Saúl (la)casa-de (las)sangres-de todas Yahweh

וַיִּתֵּן יְהוָה אֶת־הַמְּלוּכָה בְּיַד אַבְשָׁלוֹם בְּנֶךָ
tu-hijo Absalón en-mano-de el-reino ** Yahweh y-ha-dado

וְהִנְּךָ בְּרָעָתֶךָ כִּי אִישׁ דָּמִים אָתָּה׃ וַיֹּאמֶר אֲבִישַׁי
Abisay Y-dijo (9) . tú sangres hombre-de pues en-tu-maldad y-hete-aquí

בֶּן־צְרוּיָה אֶל־הַמֶּלֶךְ לָמָּה יְקַלֵּל הַכֶּלֶב הַמֵּת הַזֶּה
el-este el-muerto el-perro maldice ¿por-qué : el-rey a Sarvia hijo-de

אֶת־אֲדֹנִי הַמֶּלֶךְ אֶעְבְּרָה־נָּא וְאָסִירָה אֶת־רֹאשׁוֹ׃
. su-cabeza ** y-he-de-quitar pues he-de-pasar ? el-rey mi-señor a

וַיֹּאמֶר הַמֶּלֶךְ מַה־לִּי וְלָכֶם בְּנֵי צְרֻיָה כִּי
si ? Sarvia hijos-de y-para-vosotros para-mí ¿qué : el-rey Y-dijo (10)

יְקַלֵּל וְכִי יְהוָה אָמַר לוֹ קַלֵּל אֶת־דָּוִד וּמִי יֹאמַר
dirá ¿y-quién David a maldice : a-él ha-dicho Yahweh y-si maldice

מַדּוּעַ עָשִׂיתָה כֵּן׃ וַיֹּאמֶר דָּוִד אֶל־אֲבִישַׁי וְאֶל־כָּל־
todos -a Abisay a David Y-dijo (11) ? esto has-hecho por-qué

עֲבָדָיו הִנֵּה בְנִי אֲשֶׁר־יָצָא מִמֵּעַי מְבַקֵּשׁ אֶת־
** acecha de-mis-entrañas ha-salido que mi-hijo he-aquí-que : sus-siervos

נַפְשִׁי וְאַף כִּי־עַתָּה בֶּן־הַיְמִינִי הַנִּחוּ לוֹ
a-él dejadle un-benjamita ahora pues y-más mi-vida

וִיקַלֵּל כִּי אָמַר־לוֹ יְהוָה׃ אוּלַי יִרְאֶה יְהוָה
Yahweh verá Quizás (12) . Yahweh a-él ha-dicho pues y-maldiga

בְּעֵונִי וְהֵשִׁיב יְהוָה לִי טוֹבָה תַּחַת קִלְלָתוֹ
su-maldición por bien a-mí Yahweh y-devolverá en-mi-aflicción

הַיּוֹם הַזֶּה׃ וַיֵּלֶךְ דָּוִד וַאֲנָשָׁיו בַּדֶּרֶךְ
por-el-camino y-sus-hombres David E-iba (13) . el-éste el-día

וְשִׁמְעִי הֹלֵךְ בְּצֵלַע הָהָר לְעֻמָּתוֹ הָלוֹךְ וַיְקַלֵּל
y-maldecía ir enfrente-de-él el-monte por-(el)flanco-de iba y-Simeí

וַיְסַקֵּל בָּאֲבָנִים לְעֻמָּתוֹ וְעִפַּר בֶּעָפָר׃
. con-polvo y-espolvoreaba delante-de-él con-piedras y-apedreaba

וַיָּבֹא הַמֶּלֶךְ וְכָל־הָעָם אֲשֶׁר־אִתּוֹ עֲיֵפִים
cansados con-él que el-pueblo y-todo el-rey Y-llegó (14)

וַיִּנָּפֵשׁ שָׁם׃ וְאַבְשָׁלוֹם וְכָל־הָעָם אִישׁ
(los)hombres-de el-pueblo y-todo Y-Absalón (15) . allí y-descansaron

יִשְׂרָאֵל בָּאוּ יְרוּשָׁלִָם וַאֲחִיתֹפֶל אִתּוֹ׃ וַיְהִי כַּאֲשֶׁר־
cuando Y-sucedió (16) . con-él y-Ahitófel a-Jerusalén vinieron Israel

בָּא חוּשַׁי הָאַרְכִּי רֵעֶה דָוִד אֶל־אַבְשָׁלוֹם וַיֹּאמֶר חוּשַׁי אֶל־
a Husay y-dijo Absalón hacia David amigo-de el-arquita Husay vino

אַבְשָׁלֹם יְחִי הַמֶּלֶךְ יְחִי הַמֶּלֶךְ׃ וַיֹּאמֶר אַבְשָׁלוֹם
Absalón Y-dijo (17) . el-rey viva el-rey viva : Absalón

אֶל־חוּשַׁי זֶה חַסְדְּךָ אֶת־רֵעֶךָ לָמָּה לֹא־הָלַכְתָּ אֶת־
con fuiste no ¿por-qué ? tu-amigo para tu-benevolencia ¿ésta : Husay a

רֵעֶךָ׃ וַיֹּאמֶר חוּשַׁי אֶל־אַבְשָׁלֹם לֹא כִּי אֲשֶׁר בָּחַר יְהוָה
Yahweh eligió al-que pues no : Absalón a Husay Y-dijo (18) ? tu-amigo

וְהָעָם הַזֶּה וְכָל־אִישׁ יִשְׂרָאֵל לֹא אֶהְיֶה וְאִתּוֹ
y-con-él seré para-él Israel (los)hombres-de y-todos el-este y-el-pueblo

אֵשֵׁב׃ וְהַשֵּׁנִית לְמִי אֲנִי אֶעֱבֹד הֲלוֹא לִפְנֵי
ante ¿acaso ? he-de-servir yo ¿a-quién Y-en-segundo-lugar (19) . permaneceré

בְנוֹ כַּאֲשֶׁר עָבַדְתִּי לִפְנֵי אָבִיךָ כֵּן אֶהְיֶה לְפָנֶיךָ׃
. delante-de-ti estaré así tu-padre ante he-servido como ? su-hijo

וַיֹּאמֶר אַבְשָׁלֹם אֶל־אֲחִיתֹפֶל הָבוּ לָכֶם עֵצָה מַה־נַּעֲשֶׂה׃
? vamos-a-hacer ¿qué consejo para-vosotros dad : Ahitófel a Absalón Y-dijo (20)

אָבִיךָ פִּלַגְשֵׁי אֶל־ בּוֹא אֶל־אַבְשָׁלֹם אֶל־ אֲחִיתֹפֶל וַיֹּאמֶר
tu-padre (las)concubinas-de a ve : Absalón a Ahitófel Y-dijo (21)

כִּי־ יִשְׂרָאֵל כָּל־ וְשָׁמַע הַבָּיִת לִשְׁמוֹר הִנִּיחַ אֲשֶׁר
que Israel todo y-oirá la-casa para-guardar dejó que

וְחָזְקוּ אָבִיךָ אֶת־ נִבְאַשְׁתָּ
y-fortalecerán tu-padre a te-has-hecho-aborrecible

עַל־ הָאֹהֶל לְאַבְשָׁלוֹם וַיַּטּוּ אִתָּךְ׃ אֲשֶׁר כָּל־ יְדֵי
sobre la-tienda para-Absalón Y-extendieron (22) . contigo el-que todo (las)manos-de

לְעֵינֵי אָבִיו פִּלַגְשֵׁי אֶל־ אַבְשָׁלוֹם וַיָּבֹא הַגָּג
ante-(los)ojos-de su-padre (las)concubinas-de a Absalón y-se-llegó el-tejado

הָהֵם בַּיָּמִים יָעַץ אֲשֶׁר אֲחִיתֹפֶל וַעֲצַת כָּל־יִשְׂרָאֵל׃
los-aquellos en-los-días aconsejaba que Ahitófel Y-consejo-de (23) . Israel todo

אֲחִיתֹפֶל עֲצַת כָּל־ כֵּן הָאֱלֹהִים בִּדְבַר יִשְׁאַל־ כַּאֲשֶׁר
Ahitófel consejo-de todo así el-Dios a-(la)palabra-de consultara como-si

אֶל־אַבְשָׁלֹם אֲחִיתֹפֶל וַיֹּאמֶר לְאַבְשָׁלֹם׃ גַּם לְדָוִד גַּם־
: Absalón a Ahitófel Y-dijo (1) . para-Absalón como para-David tanto **Cap. 17**

וְאֶרְדְּפָה וְאָקוּמָה אִישׁ אֶלֶף שְׁנֵים־עָשָׂר נָּא אֶבְחֲרָה
y-perseguiré y-me-levantaré hombres mil doce pues yo-escogeré

יָגֵעַ וְהוּא עָלָיו וְאָבוֹא הַלָּיְלָה׃ דָוִד אַחֲרֵי־
cansado mientras-él sobre-él Y-vendré (2) . esta-noche David detrás-de

הָעָם כָּל־ וְנָס אֹתוֹ וְהַחֲרַדְתִּי יָדַיִם וּרְפֵה
el-pueblo todo y-huirá a-él y-atemorizaré manos y-débil-de

לְבַדּוֹ׃ הַמֶּלֶךְ אֶת־ וְהִכֵּיתִי אִתּוֹ אֲשֶׁר־
. sólo-él el-rey a y-mataré con-él que

הַכֹּל כְּשׁוּב אֵלֶיךָ הָעָם כָּל־ וְאָשִׁיבָה
el-todo como-volver a-ti el-pueblo todo Y-haré-volver (3)

הָאִישׁ אֲשֶׁר אַתָּה מְבַקֵּשׁ כָּל־ הָעָם יִהְיֶה שָׁלוֹם׃
. (en)paz estará el-pueblo todo buscas tú que al-hombre

(4) וַיִּישַׁר הַדָּבָר בְּעֵינֵי אַבְשָׁלֹם וּבְעֵינֵי כָּל־
todos y-a-(los)ojos-de Absalón a-(los)ojos-de la-palabra Y-pareció-bien (4)

זִקְנֵי יִשְׂרָאֵל׃ (5) וַיֹּאמֶר אַבְשָׁלוֹם קְרָא נָא גַּם לְחוּשַׁי
a-Husay también pues llama : Absalón Y-dijo (5) . Israel (los)ancianos-de

הָאַרְכִּי וְנִשְׁמְעָה מַה־ בְּפִיו גַּם־ הוּא׃ (6) וַיָּבֹא
Y-vino (6) . él también en-su-boca lo-que y-oiremos el-arquita

חוּשַׁי אֶל־אַבְשָׁלוֹם וַיֹּאמֶר אַבְשָׁלוֹם אֵלָיו לֵאמֹר כַּדָּבָר הַזֶּה
la-esta como-la-palabra : diciendo a-él Absalón y-habló Absalón a Husay

דִּבֶּר אֲחִיתֹפֶל הֲנַעֲשֶׂה אֶת־ דְּבָרוֹ אִם־ אַיִן אַתָּה דַבֵּר׃
. habla tú ? no o su-palabra ** ¿acaso-haremos Ahitófel habló

(7) וַיֹּאמֶר חוּשַׁי אֶל־אַבְשָׁלוֹם לֹא־טוֹבָה הָעֵצָה אֲשֶׁר־יָעַץ אֲחִיתֹפֶל
Ahitófel ha-dado que el-consejo bueno no : Absalón a Husay Y-dijo (7)

בַּפַּעַם הַזֹּאת׃ (8) וַיֹּאמֶר חוּשַׁי אַתָּה יָדַעְתָּ אֶת־ אָבִיךָ
tu-padre a conoces tú : Husay Y-dijo (8) . la-esta en-la-vez

וְאֶת־ אֲנָשָׁיו כִּי גִבֹּרִים הֵמָּה וּמָרֵי נֶפֶשׁ הֵמָּה כְּדֹב
cual-oso ellos espíritu y-amargados-de ellos valientes que sus-hombres y

שַׁכּוּל בַּשָּׂדֶה וְאָבִיךָ אִישׁ מִלְחָמָה וְלֹא
y-no guerra hombre-de y-tu-padre en-el-campo privado-de-crías

יָלִין אֶת־ הָעָם׃ (9) הִנֵּה עַתָּה הוּא־ נֶחְבָּא בְּאַחַת
en-una-de escondido él ahora He-aquí-que (9) . el-pueblo con dormirá

הַפְּחָתִים אוֹ בְּאַחַד הַמְּקוֹמֹת וְהָיָה כִּנְפֹל בָּהֶם
en-ellos al-caer y-sucederá los-lugares en-uno-de o las-cuevas

בַּתְּחִלָּה וְשָׁמַע הַשֹּׁמֵעַ וְאָמַר הָיְתָה מַגֵּפָה
mortalidad ha-habido : y-diga el-que-oye que-oiga en-el-principio

בָּעָם אֲשֶׁר אַחֲרֵי אַבְשָׁלֹם׃ וְהוּא גַם־בֶּן־חַיִל אֲשֶׁר

que valentía hijo-de incluso Y-él (10) . Absalón detrás-de que en-el-pueblo

לִבּוֹ כְּלֵב הָאַרְיֵה הִמֵּס יִמָּס כִּי־יֹדֵעַ כָּל־

todo sabe pues desmayará desmayar el-león como-corazón-de su-corazón

יִשְׂרָאֵל כִּי־גִבּוֹר אָבִיךָ וּבְנֵי־חַיִל אֲשֶׁר אִתּוֹ׃ כִּי

Pues (11) . con-él los-que valentía e-hijos-de tu-padre valiente que Israel

יָעַצְתִּי הֵאָסֹף יֵאָסֵף עָלֶיךָ כָל־יִשְׂרָאֵל מִדָּן

desde-Dan Israel todo contigo se-juntará juntarse aconsejo

וְעַד־בְּאֵר שֶׁבַע כַּחוֹל אֲשֶׁר־עַל־הַיָּם לָרֹב וּפָנֶיךָ

y-tu-rostro en-cantidad el-mar sobre que como-arena seba Beer- y-hasta

הֹלְכִים בַּקְרָב׃ וּבָאנוּ אֵלָיו בְּאַחַת

en-uno-de contra-él Y-vendremos (12) . a-la-batalla yendo

הַמְּקוֹמֹת אֲשֶׁר נִמְצָא שָׁם וְנַחְנוּ עָלָיו כַּאֲשֶׁר יִפֹּל הַטַּל

el-rocío cae como sobre-él y-caeremos allí se-encuentre que los-lugares

עַל־הָאֲדָמָה וְלֹא־נוֹתַר בּוֹ וּבְכָל־הָאֲנָשִׁים אֲשֶׁר־

que los-hombres ni-de-todos de-él dejaremos y-no la-tierra sobre

אִתּוֹ גַּם־אֶחָד׃ וְאִם־אֶל־עִיר יֵאָסֵף וְהִשִּׂיאוּ

y-llevarán se-refugiare ciudad a Y-si (13) . uno tampoco con-él

כָל־יִשְׂרָאֵל אֶל־הָעִיר הַהִיא חֲבָלִים וְסָחַבְנוּ אֹתוֹ עַד־הַנַּחַל

el-arroyo a a-él y-arrastraremos cuerdas la-aquella la-ciudad a Israel todo

עַד אֲשֶׁר־לֹא־נִמְצָא שָׁם גַּם־צְרוֹר׃ וַיֹּאמֶר אַבְשָׁלוֹם

Absalón Y-dijo (14) . piedra tampoco allí se-encuentre no que hasta

וְכָל־אִישׁ יִשְׂרָאֵל טוֹבָה עֲצַת חוּשַׁי הָאַרְכִּי מֵעֲצַת

que-(el)consejo-de el-arquita Husay (el)consejo-de mejor : Israel hombre-de y-todo

אֲחִיתֹפֶל וַיהוָה צִוָּה לְהָפֵר אֶת־עֲצַת אֲחִיתֹפֶל

Ahitófel (el)consejo-de y frustrar había-ordenado pues-Yahweh Ahitófel

הַטּוֹבָה לְבַעֲבוּר הָבִיא יְהוָה אֶל־אַבְשָׁלוֹם אֶת־הָרָעָה׃
. el-mal ** Absalón a Yahweh traer para el-bueno

וַיֹּאמֶר חוּשַׁי אֶל־צָדוֹק וְאֶל־אֶבְיָתָר הַכֹּהֲנִים כָּזֹאת
como-esto : los-sacerdotes Abiatar y-a Sadoc a Husay Y-dijo (15)

וְכָזֹאת יָעַץ אֲחִיתֹפֶל אֶת־אַבְשָׁלֹם וְאֵת זִקְנֵי יִשְׂרָאֵל וְכָזֹאת
y-como-esto Israel (los)ancianos-de y-a Absalón a Ahitófel aconsejó y-como-esto

וְכָזֹאת יָעַצְתִּי אָנִי׃ וְעַתָּה שִׁלְחוּ מְהֵרָה וְהַגִּידוּ לְדָוִד
a-David e-informad rápidamente enviad Y-ahora (16) . yo he-aconsejado y-como-esto

לֵאמֹר אַל־תָּלֶן הַלַּיְלָה בְּעַרְבוֹת הַמִּדְבָּר וְגַם
y-también el-desierto en-(los)vados-de esta-noche pernoctes no : diciendo

עָבוֹר תַּעֲבוֹר פֶּן יְבֻלַּע לַמֶּלֶךְ
al-rey pase-algo-malo no-sea-que pasarás pasar

וּלְכָל־הָעָם אֲשֶׁר אִתּוֹ׃ וִיהוֹנָתָן וַאֲחִימַעַץ
y-Ahimaas Y-Jonatán (17) . con-él que el-pueblo y-a-todo

עֹמְדִים בְּעֵין־רֹגֵל וְהָלְכָה הַשִּׁפְחָה וְהִגִּידָה
e-informó la-criada y-fue Rogel en-(la)fuente-de estaban-de-pie

לָהֶם וְהֵם יֵלְכוּ וְהִגִּידוּ לַמֶּלֶךְ דָּוִד כִּי לֹא
no pues David al-rey e-informaron fueron y-ellos a-ellos

יוּכְלוּ לְהֵרָאוֹת לָבוֹא הָעִירָה׃ וַיַּרְא אֹתָם נַעַר
un-joven a-ellos Y-vio (18) . a-la-ciudad para-venir mostrarse podían

וַיַּגֵּד לְאַבְשָׁלֹם וַיֵּלְכוּ שְׁנֵיהֶם מְהֵרָה וַיָּבֹאוּ ׀ אֶל־
a y-vinieron rápidamente ellos-dos y-partieron a-Absalón y-dijo

בֵּית־אִישׁ בְּבַחוּרִים וְלוֹ בְאֵר בַּחֲצֵרוֹ וַיֵּרְדוּ
y-descendieron en-su-patio un-pozo y-para-él en-Bahurim un-hombre casa-de

שָׁם׃ וַתִּקַּח הָאִשָּׁה וַתִּפְרֹשׂ אֶת־הַמָּסָךְ עַל־
sobre la-manta ** y-extendió la-mujer Y-tomó (19) . allí

פְּנֵי הַבְּאֵר וַתִּשְׁטַח עָלָיו הָרִפוֹת וְלֹא

y-no los-granos sobre-ella y-esparció el-pozo (la)boca-de

נוֹדַע דָּבָר׃ (20) וַיָּבֹאוּ עַבְדֵי אַבְשָׁלוֹם אֶל־הָאִשָּׁה

la-mujer a Absalón criados-de Y-vinieron (20) . nada se-notaba

הַבַּיְתָה וַיֹּאמְרוּ אַיֵּה אֲחִימַעַץ וִיהוֹנָתָן וַתֹּאמֶר

y-dijo ? y-Jonatán Ahimaas ¿dónde : y-dijeron a-la-casa

לָהֶם הָאִשָּׁה עָבְרוּ מִיכַל הַמָּיִם וַיְבַקְשׁוּ

y-buscaron las-aguas el-canal-de han-pasado : la-mujer a-ellos

וְלֹא מָצָאוּ וַיָּשֻׁבוּ יְרוּשָׁלִָם׃ (21) וַיְהִי אַחֲרֵי

después-de Y-sucedió (21) . a-Jerusalén y-volvieron encontraron y-no

לֶכְתָּם וַיַּעֲלוּ מֵהַבְּאֵר וַיֵּלְכוּ וַיַּגִּדוּ

e-informaron y-se-fueron del-pozo que-subieron irse-ellos

לַמֶּלֶךְ דָּוִד וַיֹּאמְרוּ אֶל־ דָּוִד קוּמוּ וְעִבְרוּ מְהֵרָה אֶת־

** rápidamente y-pasad levantaos David a y-dijeron David al-rey

הַמַּיִם כִּי־ כָכָה יָעַץ עֲלֵיכֶם אֲחִיתֹפֶל׃ (22) וַיָּקָם

Y-se-levantó (22) . Ahitófel contra-vosotros ha-aconsejado así pues las-aguas

דָּוִד וְכָל־ הָעָם אֲשֶׁר אִתּוֹ וַיַּעַבְרוּ אֶת־ הַיַּרְדֵּן

el-Jordán ** y-pasaron con-él que el-pueblo y-todo David

עַד־ אוֹר הַבֹּקֶר עַד־ אַחַד לֹא נֶעְדָּר אֲשֶׁר לֹא־ עָבַר אֶת־

** cruzara no que faltó no uno incluso la-mañana (la)luz-de hasta

הַיַּרְדֵּן׃ (23) וַאֲחִיתֹפֶל רָאָה כִּי לֹא נֶעֶשְׂתָה עֲצָתוֹ

su-consejo se-había-hecho no que vio Y-Ahitófel (23) . el-Jordán

וַיַּחֲבֹשׁ אֶת־ הַחֲמוֹר וַיָּקָם וַיֵּלֶךְ אֶל־ בֵּיתוֹ

su-casa a y-se-fue y-se-levantó el-asno ** y-ensilló

אֶל־ עִירוֹ וַיְצַו אֶל־ בֵּיתוֹ וַיֵּחָנַק

y-se-ahorcó su-casa a y-ordenó su-ciudad a

וַיָּמָת וַיִּקָּבֵר בְּקֶבֶר אָבִיו׃ וְדָוִד בָּא
vino Y-David (24) . su-padre en-la-tumba-de y-fue-sepultado y-murió

מַחֲנָיְמָה וְאַבְשָׁלֹם עָבַר אֶת־ הַיַּרְדֵּן הוּא וְכָל־ אִישׁ
hombre-de y-todo él el-Jordán ** cruzó y-Absalón a-Mahanáyim

יִשְׂרָאֵל עִמּוֹ׃ וְאֶת־עֲמָשָׂא שָׂם אַבְשָׁלֹם תַּחַת יוֹאָב עַל־
sobre Joab bajo Absalón colocó Amasá Y-a (25) . con-él Israel

הַצָּבָא וַעֲמָשָׂא בֶן־ אִישׁ וּשְׁמוֹ יִתְרָא הַיִּשְׂרְאֵלִי אֲשֶׁר־
que el-israelita Itrá y-su-nombre hombre hijo-de y-Amasá el-ejército

בָּא אֶל־ אֲבִיגַל בַּת־ נָחָשׁ אֲחוֹת צְרוּיָה אֵם יוֹאָב׃
. Joab madre-de Sarvia hermana-de Nahás hija-de Abigail hacia había-ido

וַיִּחַן יִשְׂרָאֵל וְאַבְשָׁלֹם אֶרֶץ הַגִּלְעָד׃ וַיְהִי
Y-sucedió (27) . Galaad (en)tierra-de y-Absalón Israel Y-acampó (26)

כְּבוֹא דָוִד מַחֲנָיְמָה וְשֹׁבִי בֶן־ נָחָשׁ מֵרַבַּת בְּנֵי־
hijos-de de-Rabá-de Nahás hijo-de y-Sobí a-Mahanáyim David al-venir

עַמּוֹן וּמָכִיר בֶּן־ עַמִּיאֵל מִלֹּא דְבָר וּבַרְזִלַּי הַגִּלְעָדִי
el-galaadita y-Barzilay de-Lodebar Amiel hijo-de y-Maquir Amón

מֵרֹגְלִים׃ מִשְׁכָּב וְסַפּוֹת וּכְלִי יוֹצֵר
artesano y-vasijas-de y-tazas Cama (28) . de-Rogelim

וְחִטִּים וּשְׂעֹרִים וְקֶמַח וְקָלִי וּפוֹל וַעֲדָשִׁים
y-lentejas y-habas y-grano-tostado y-harina y-cebadas y-trigos

וְקָלִי׃ וּדְבַשׁ וְחֶמְאָה וְצֹאן וּשְׁפוֹת בָּקָר
vaca y-quesos-de y-ganado-menor y-manteca Y-miel (29) . y-garbanzo-tostado

הִגִּישׁוּ לְדָוִד וְלָעָם אֲשֶׁר־ אִתּוֹ לֶאֱכוֹל כִּי אָמְרוּ
dijeron pues para-comer con-él que y-a-el-pueblo a-David trajeron

הָעָם רָעֵב וְעָיֵף וְצָמֵא בַּמִּדְבָּר׃ וַיִּפְקֹד
Cap. 18 Y-pasó-revista (1) . en-el-desierto y-sediento y-cansado hambriento el-pueblo

דָּוִד אֶת־ הָעָם אֲשֶׁר אִתּוֹ וַיָּשֶׂם עֲלֵיהֶם שָׂרֵי
jefes-de sobre-ellos y-puso con-él que el-pueblo a David

אֲלָפִים וְשָׂרֵי מֵאוֹת׃ וַיְשַׁלַּח דָּוִד אֶת־ הָעָם
el-pueblo a David Y-envió (2) . cientos y-jefes-de millares

הַשְּׁלִשִׁית בְּיַד־ יוֹאָב וְהַשְּׁלִשִׁית בְּיַד אֲבִישַׁי בֶּן־
hijo-de Abisay en-mano-de y-el-tercio Joab en-mano-de el-tercio

צְרוּיָה אֲחִי יוֹאָב וְהַשְּׁלִשִׁת בְּיַד אִתַּי הַגִּתִּי
el-geteo Itay en-mano-de y-el-tercio Joab hermano-de Sarvia

וַיֹּאמֶר הַמֶּלֶךְ אֶל־ הָעָם יָצֹא אֵצֵא גַּם־ אֲנִי
yo también saldré salir : el-pueblo a el-rey y-dijo

עִמָּכֶם׃ וַיֹּאמֶר הָעָם לֹא תֵצֵא כִּי אִם־ נֹס
huir si pues salgas no : el-pueblo Y-dijo (3) . con-vosotros

נָנוּס לֹא־ יָשִׂימוּ אֵלֵינוּ לֵב וְאִם־ יָמֻתוּ חֶצְיֵנוּ לֹא־
no (la)mitad-de-nosotros muriéramos y-si atención a-nosotros prestarían no huyéramos

יָשִׂימוּ אֵלֵינוּ לֵב כִּי־ עַתָּה כָמֹנוּ עֲשָׂרָה אֲלָפִים וְעַתָּה טוֹב כִּי־
que mejor y-ahora miles diez como-nosotros ahora pues atención a-nosotros prestarían

תִהְיֶה־ לָּנוּ מֵעִיר לַעְזִיר׃ וַיֹּאמֶר אֲלֵיהֶם הַמֶּלֶךְ
: el-rey a-ellos Y-dijo (4) . para-ayudar desde-ciudad para-nosotros tú-estés

אֲשֶׁר־ יִיטַב בְּעֵינֵיכֶם אֶעֱשֶׂה וַיַּעֲמֹד הַמֶּלֶךְ אֶל־ יַד
(el)lado-de a el-rey y-se-puso haré a-vuestros-ojos sea-bueno lo-que

הַשַּׁעַר וְכָל־ הָעָם יָצְאוּ לְמֵאוֹת וְלַאֲלָפִים׃
. y-en-millares en-cientos salieron el-pueblo y-todo la-puerta

וַיְצַו הַמֶּלֶךְ אֶת־ יוֹאָב וְאֶת־ אֲבִישַׁי וְאֶת־ אִתַּי לֵאמֹר
: diciendo Itay y-a Abisay y-a Joab a el-rey Y-ordenó (5)

לְאַט־ לִי לַנַּעַר לְאַבְשָׁלוֹם וְכָל־ הָעָם
el-pueblo y-todo a-Absalón al-joven por-mí con-cuidado

שָׁמְעוּ בְּצַוֺּת הַמֶּלֶךְ אֶת־ כָּל־ הַשָּׂרִים עַל־ דְּבַר
(el)asunto-de sobre los-jefes todos a el-rey cuando-ordenar oyeron

אַבְשָׁלוֹם׃ וַיֵּצֵא הָעָם הַשָּׂדֶה לִקְרַאת יִשְׂרָאֵל
Israel al-encuentro-de al-campo el-pueblo Y-salió (6) . Absalón

וַתְּהִי הַמִּלְחָמָה בְּיַעַר אֶפְרָיִם׃ וַיִּנָּגְפוּ שָׁם
allí Y-cayó (7) . Efraín en-(el)bosque-de la-batalla y-fue

עַם יִשְׂרָאֵל לִפְנֵי עַבְדֵי דָוִד וַתְּהִי־ שָׁם הַמַּגֵּפָה גְדוֹלָה
grande la-matanza allí y-fue David (los)siervos-de delante-de Israel (el)pueblo-de

בַּיּוֹם הַהוּא עֶשְׂרִים אָלֶף׃ וַתְּהִי־ שָׁם הַמִּלְחָמָה
la-batalla allí Y-fue (8) . mil veinte el-aquel en-el-día

נְפֹצֶית עַל־ פְּנֵי כָל־ הָאָרֶץ וַיֶּרֶב
y-aumentó el-país todo (la)superficie-de por extendiéndose

הַיַּעַר לֶאֱכֹל בָּעָם מֵאֲשֶׁר אָכְלָה הַחֶרֶב
la-espada había-consumido más-de-lo-que en-el-pueblo al-consumir el-bosque

בַּיּוֹם הַהוּא׃ וַיִּקָּרֵא אַבְשָׁלוֹם לִפְנֵי עַבְדֵי דָוִד וְאַבְשָׁלוֹם
y-Absalón David (los)siervos-de ante Absalón Y-se-encontró (9) . el-aquel en-el-día

רֹכֵב עַל־ הַפֶּרֶד וַיָּבֹא הַפֶּרֶד תַּחַת שׂוֹבֶךְ הָאֵלָה הַגְּדוֹלָה
la-grande la-encina el-ramaje-de bajo el-mulo y-vino el-mulo sobre montaba

וַיֶּחֱזַק רֹאשׁוֹ בָאֵלָה וַיֻּתַּן בֵּין הַשָּׁמַיִם
los-cielos entre y-quedó en-la-encina su-cabeza y-se-atrapó

וּבֵין הָאָרֶץ וְהַפֶּרֶד אֲשֶׁר־ תַּחְתָּיו עָבָר׃
. pasó bajo-él que pero-el-mulo la-tierra y-entre

וַיַּרְא אִישׁ אֶחָד וַיַּגֵּד לְיוֹאָב וַיֹּאמֶר הִנֵּה רָאִיתִי אֶת־
a he-visto he-aquí-que y-dijo a-Joab e-informó uno hombre Y-vio (10)

אַבְשָׁלֹם תָּלוּי בָּאֵלָה׃ וַיֹּאמֶר יוֹאָב לָאִישׁ הַמַּגִּיד
que-informaba al-hombre Joab Y-dijo (11) . en-la-encina colgado Absalón

לוֹ וְהִנֵּה רָאִיתָ וּמַדּוּעַ לֹא־ הִכִּיתוֹ שָׁם אָרְצָה

? a-tierra allí lo-mataste no ¿y-por-qué has-visto y-he-aquí-que : a-él

וְעָלַי לָתֶת לְךָ עֲשָׂרָה כֶסֶף וַחֲגֹרָה אֶחָת׃ וַיֹּאמֶר

Y-dijo (12) . uno y-cinturón siclos-de-plata diez a-ti dar y-sobre-mí

הָאִישׁ אֶל־יוֹאָב וְלֹא אָנֹכִי שֹׁקֵל עַל־ כַּפַּי אֶלֶף כֶּסֶף לֹא־

no siclos-de-plata mil mi-mano sobre pesara yo aunque : Joab a el-hombre

אֶשְׁלַח יָדִי אֶל־ בֶּן־ הַמֶּלֶךְ כִּי בְאָזְנֵינוּ צִוָּה

ordenó en-nuestros-oídos pues el-rey (el)hijo-de contra mi-mano extendería

הַמֶּלֶךְ אֹתְךָ וְאֶת־ אֲבִישַׁי וְאֶת־אִתַּי לֵאמֹר שִׁמְרוּ־ מִי בַּנַּעַר

al-joven cualquiera cuidad : diciendo Itay y-a Abisay y-a a-ti el-rey

בְּאַבְשָׁלוֹם׃ אוֹ־עָשִׂיתִי בְנַפְשׁוֹ שֶׁקֶר וְכָל־ דָּבָר

cosa y-ninguna traición contra-mi-vida hiciera Si (13) . a-Absalón

לֹא־ יִכָּחֵד מִן־ הַמֶּלֶךְ וְאַתָּה תִּתְיַצֵּב מִנֶּגֶד׃

. de-frente te-mantendrías y-tú el-rey de se-escondería no

וַיֹּאמֶר יוֹאָב לֹא־ כֵן אֹחִילָה לְפָנֶיךָ וַיִּקַּח שְׁלֹשָׁה

tres y-tomó ante-ti esperaré así no : Joab Y-dijo (14)

שְׁבָטִים בְּכַפּוֹ וַיִּתְקָעֵם בְּלֵב אַבְשָׁלוֹם עוֹדֶנּוּ

aún-él Absalón en-(el)corazón-de y-los-clavó en-su-mano dardos

חַי בְּלֵב הָאֵלָה׃ וַיָּסֹבּוּ עֲשָׂרָה נְעָרִים נֹשְׂאֵי

que-portan jóvenes diez Y-rodearon (15) . la-encina en-corazón-de vivo

כְּלֵי יוֹאָב וַיַּכּוּ אֶת־ אַבְשָׁלוֹם וַיְמִיתֻהוּ׃

. y-le-mataron Absalón a e-hirieron Joab (las)armas-de

וַיִּתְקַע יוֹאָב בַּשֹּׁפָר וַיָּשָׁב הָעָם

el-pueblo y-se-volvió en-el-cuerno Joab Y-tocó (16)

מִרְדֹּף אַחֲרֵי יִשְׂרָאֵל כִּי־ חָשַׂךְ יוֹאָב אֶת־ הָעָם׃ וַיִּקְחוּ

Y-tomaron (17) . el-pueblo a Joab detuvo pues Israel detrás-de de-perseguir

אֶת־אַבְשָׁלוֹם וַיַּשְׁלִיכוּ אֹתוֹ בַיַּעַר אֶל־הַפַּחַת הַגָּדוֹל
el-grande el-hoyo a en-el-bosque a-él y-echaron Absalón a

וַיַּצִּבוּ עָלָיו גַּל־אֲבָנִים גָּדוֹל מְאֹד וְכָל־יִשְׂרָאֵל נָסוּ
huyó Israel y-todo mucho grande piedras un-montón-de sobre-él y-apilaron

אִישׁ לְאֹהָלוֹ׃ וְאַבְשָׁלֹם לָקַח וַיַּצֶּב־לוֹ
para-él y-erigido había-cogido Y-Absalón (18) . a-su-tienda cada-hombre

בְחַיָּו אֶת־מַצֶּבֶת אֲשֶׁר בְּעֵמֶק־הַמֶּלֶךְ כִּי אָמַר אֵין־
no : había-dicho pues el-rey en-(el)valle-de que monumento ** en-su-vida

לִי בֵן בַּעֲבוּר הַזְכִּיר שְׁמִי וַיִּקְרָא לַמַּצֶּבֶת
al-monumento y-llamó mi-nombre recordar para hijo para-mí

עַל־שְׁמוֹ וַיִּקָּרֵא לָהּ יַד אַבְשָׁלֹם עַד הַיּוֹם
el-día hasta Absalón monumento-de a-él y-se-ha-llamado su-nombre por

הַזֶּה׃ וַאֲחִימַעַץ בֶּן־צָדוֹק אָמַר אָרוּצָה נָּא
pues ¿correré : dijo Sadoc hijo-de Y-Ahimaas (19) . el-éste

וַאֲבַשְּׂרָה אֶת־הַמֶּלֶךְ כִּי־שְׁפָטוֹ יְהוָה מִיַּד
de-mano-de Yahweh le-ha-defendido pues el-rey a y-daré-nuevas

אֹיְבָיו׃ וַיֹּאמֶר לוֹ יוֹאָב לֹא אִישׁ בְּשֹׂרָה אַתָּה הַיּוֹם
el-día tú albricias hombre-de no : Joab a-él Y-dijo (20) ? sus-enemigos

הַזֶּה וּבִשַּׂרְתָּ בְּיוֹם אַחֵר וְהַיּוֹם הַזֶּה לֹא
no el-éste pero-el-día otro en-día y-albriciarás el-éste

תְבַשֵּׂר כִּי־עַל בֶּן־הַמֶּלֶךְ מֵת׃ וַיֹּאמֶר
Y-dijo (21) . ha-muerto el-rey (el)hijo-de por pues albriciarás

יוֹאָב לַכּוּשִׁי לֵךְ הַגֵּד לַמֶּלֶךְ אֲשֶׁר רָאִיתָה וַיִּשְׁתַּחוּ כוּשִׁי
(el)cusita y-se-postró has-visto lo-que al-rey informa ve : al-cusita Joab

לְיוֹאָב וַיָּרֹץ׃ וַיֹּסֶף עוֹד אֲחִימַעַץ בֶּן־צָדוֹק
Sadoc hijo-de Ahimaas aún Y-repitió (22) . y-corrió a-Joab

וַיֹּאמֶר אֶל־יוֹאָב וִיהִי מָה אָרֻצָה־נָּא גַם־אָנִי אַחֲרֵי

detrás-de yo también pues correré lo-que-sea y-sea : Joab a y-dijo

הַכּוּשִׁי וַיֹּאמֶר יוֹאָב לָמָּה־זֶּה אַתָּה רָץ בְּנִי וּלְכָה

y-para-ti hijo-mío has-de-correr tú esto ¿por-qué : Joab y-dijo el-cusita

אֵין־בְּשׂוֹרָה מֹצֵאת׃ וִיהִי־מָה אָרוּץ וַיֹּאמֶר לוֹ

: a-él y-dijo correré lo-que-sea Y-sea (23) ? traídas albricias no-hay

רוּץ וַיָּרָץ אֲחִימַעַץ דֶּרֶךְ הַכִּכָּר וַיַּעֲבֹר אֶת־הַכּוּשִׁי׃

. el-cusita a y-adelantó la-llanura camino-de Ahimaas y-corrió corre

וְדָוִד יוֹשֵׁב בֵּין־שְׁנֵי הַשְּׁעָרִים וַיֵּלֶךְ

y-fue las-puertas dos-de entre estaba-sentado Y-David (24)

הַצֹּפֶה אֶל־גַּג הַשַּׁעַר אֶל־הַחוֹמָה וַיִּשָּׂא אֶת־

** y-alzó el-muro en la-puerta (el)terrado-de hacia el-vigilante

עֵינָיו וַיַּרְא וְהִנֵּה־אִישׁ רָץ לְבַדּוֹ׃ וַיִּקְרָא

Y-llamó (25) . sólo-él corriendo un-hombre y-he-aquí-que y-miró sus-ojos

הַצֹּפֶה וַיַּגֵּד לַמֶּלֶךְ וַיֹּאמֶר הַמֶּלֶךְ אִם־

si : el-rey y-dijo al-rey e-informó el-vigilante

לְבַדּוֹ בְּשׂוֹרָה בְּפִיו וַיֵּלֶךְ הָלוֹךְ וְקָרֵב׃

. y-se-acercaba venir y-venía en-su-boca albricias sólo-él

וַיַּרְא הַצֹּפֶה אִישׁ־אַחֵר רָץ וַיִּקְרָא

y-llamó corriendo otro hombre el-vigilante Y-vio (26)

הַצֹּפֶה אֶל־הַשֹּׁעֵר וַיֹּאמֶר הִנֵּה־אִישׁ רָץ לְבַדּוֹ

sólo-él corriendo un-hombre he-aquí : y-dijo el-portero a el-vigilante

וַיֹּאמֶר הַמֶּלֶךְ גַּם־זֶה מְבַשֵּׂר׃ וַיֹּאמֶר

Y-dijo (27) . trae-albricias éste también : el-rey y-dijo

הַצֹּפֶה אֲנִי רֹאֶה אֶת־מְרוּצַת הָרִאשׁוֹן כִּמְרֻצַת אֲחִימַעַץ בֶּן־

hijo-de Ahimaas como-correr-de el-primero correr-de ** veo yo : el-vigilante

צָדוֹק וַיֹּאמֶר הַמֶּלֶךְ אִישׁ־טוֹב זֶה וְאֶל־בְּשׂוֹרָה טוֹבָה יָבוֹא׃
. viene buenas nuevas y-con éste bueno hombre : el-rey y-dijo Sadoc

(28) וַיִּקְרָא אֲחִימַעַץ וַיֹּאמֶר אֶל־הַמֶּלֶךְ שָׁלוֹם וַיִּשְׁתַּחוּ
y-se-postró paz : el-rey a y-dijo Ahimaas Y-llamó (28)

לַמֶּלֶךְ לְאַפָּיו אָרְצָה וַיֹּאמֶר בָּרוּךְ יְהוָה
Yahweh bendito : y-dijo a-tierra con-su-rostro al-rey

אֱלֹהֶיךָ אֲשֶׁר סִגַּר אֶת־הָאֲנָשִׁים אֲשֶׁר־נָשְׂאוּ אֶת־יָדָם
su-mano ** levantaron que los-hombres a ha-entregado que tu-Dios

בַּאדֹנִי הַמֶּלֶךְ׃ (29) וַיֹּאמֶר הַמֶּלֶךְ שָׁלוֹם לַנַּעַר
para-el-joven ¿hay-paz : el-rey Y-dijo (29) . el-rey contra-mi-señor

לְאַבְשָׁלוֹם וַיֹּאמֶר אֲחִימַעַץ רָאִיתִי הֶהָמוֹן הַגָּדוֹל לִשְׁלֹחַ
al-enviar el-grande el-alboroto vi : Ahimaas y-dijo ? para-Absalón

אֶת־עֶבֶד הַמֶּלֶךְ יוֹאָב וְאֶת־עַבְדֶּךָ וְלֹא יָדַעְתִּי מָה׃
. qué supe y-no tu-siervo y-a Joab el-rey (el)siervo-de a

(30) וַיֹּאמֶר הַמֶּלֶךְ סֹב הִתְיַצֵּב כֹּה וַיִּסֹּב
y-se-retiró aquí quédate retírate : el-rey Y-dijo (30)

וַיַּעֲמֹד׃ (31) וְהִנֵּה הַכּוּשִׁי בָּא וַיֹּאמֶר הַכּוּשִׁי
: el-cusita y-dijo vino el-cusita Y-he-aquí-que (31) . y-se-quedó-de-pie

יִתְבַּשֵּׂר אֲדֹנִי הַמֶּלֶךְ כִּי־שְׁפָטְךָ יְהוָה הַיּוֹם
este-día Yahweh te-ha-defendido pues el-rey mi-señor reciba-nuevas

מִיַּד כָּל־הַקָּמִים עָלֶיךָ׃ (32) וַיֹּאמֶר הַמֶּלֶךְ
el-rey Y-dijo (32) . contra-ti los-que-se-levantaron todos de-mano-de

אֶל־הַכּוּשִׁי הֲשָׁלוֹם לַנַּעַר לְאַבְשָׁלוֹם וַיֹּאמֶר הַכּוּשִׁי
: el-cusita y-dijo ? para-Absalón para-el-joven ¿acaso-paz : el-cusita a

יִהְיוּ כַנַּעַר אֹיְבֵי אֲדֹנִי הַמֶּלֶךְ
el-rey mi-señor los-enemigos-de como-el-joven sean

וְכֹל אֲשֶׁר־ קָמוּ עָלֶיךָ לְרָעָה׃ וַיִּרְגַּז הַמֶּלֶךְ
el-rey Y-se-turbó (1) . para-mal contra-ti se-levantaron los-que y-todos

וַיַּעַל עַל־ עֲלִיַּת הַשַּׁעַר וַיֵּבְךְּ וְכֹה ׀ אָמַר
decía y-así y-lloró la-puerta la-sala-de a y-subió

בְּלֶכְתּוֹ בְּנִי אַבְשָׁלוֹם בְּנִי בְנִי אַבְשָׁלוֹם מִי־ יִתֵּן
diera quién Absalón hijo-mío hijo-mío Absalón hijo-mío : en-su-ir

מוּתִי אֲנִי תַחְתֶּיךָ אַבְשָׁלוֹם בְּנִי בְנִי׃ וַיֻּגַּד
Y-dieron-aviso (2) . hijo-mío hijo-mío Absalón en-tu-lugar yo mi-morir

לְיוֹאָב הִנֵּה הַמֶּלֶךְ בֹּכֶה וַיִּתְאַבֵּל עַל־ אַבְשָׁלֹם׃ וַתְּהִי
Y-fue (3) . Absalón por y-hace-duelo llora el-rey he-aquí-que : a-Joab

הַתְּשֻׁעָה בַּיּוֹם הַהוּא לְאֵבֶל לְכָל־ הָעָם כִּי־
pues el-pueblo para-todo para-duelo el-aquel en-el-día la-victoria

שָׁמַע הָעָם בַּיּוֹם הַהוּא לֵאמֹר נֶעֱצַב הַמֶּלֶךְ עַל־
por el-rey se-entristeció : decir el-aquel en-el-día el-pueblo oyó

בְּנוֹ׃ וַיִּתְגַּנֵּב הָעָם בַּיּוֹם הַהוּא לָבוֹא הָעִיר
a-la-ciudad al-venir el-aquel en-el-día el-pueblo Y-se-hurtó (4) . su-hijo

כַּאֲשֶׁר יִתְגַּנֵּב הָעָם הַנִּכְלָמִים בְּנוּסָם
en-su-huir los-avergonzados el-pueblo se-hurta como

בַּמִּלְחָמָה׃ וְהַמֶּלֶךְ לָאַט אֶת־ פָּנָיו וַיִּזְעַק
y-gritó su-rostro ** se-cubrió Y-el-rey (5) . en-la-batalla

הַמֶּלֶךְ קוֹל גָּדוֹל בְּנִי אַבְשָׁלוֹם אַבְשָׁלוֹם בְּנִי בְנִי׃
. hijo-mío hijo-mío Absalón Absalón hijo-mío : alta voz el-rey

וַיָּבֹא יוֹאָב אֶל־ הַמֶּלֶךְ הַבָּיִת וַיֹּאמַר הֹבַשְׁתָּ
has-avergonzado : y-dijo a-la-casa el-rey a Joab Y-vino (6)

הַיּוֹם אֶת־ פְּנֵי כָל־ עֲבָדֶיךָ הַמְמַלְּטִים אֶת־ נַפְשְׁךָ
tu-vida ** los-que-han-salvado tus-siervos todos (el)rostro-de ** este-día

הַיּוֹם וְאֵת נֶפֶשׁ בָּנֶיךָ וּבְנֹתֶיךָ וְנֶפֶשׁ נָשֶׁיךָ

tus-mujeres y-(la)vida-de y-tus-hijas tus-hijos (la)vida-de y este-día

וְנֶפֶשׁ פִּלַגְשֶׁיךָ׃ לְאַהֲבָה אֶת־ שֹׂנְאֶיךָ וְלִשְׂנֹא

y-al-odiar los-que-te-odian a Por-amor (7) . tus-concubinas y-(la)vida-de

אֶת־ אֹהֲבֶיךָ כִּי ׀ הִגַּדְתָּ הַיּוֹם כִּי אֵין לְךָ שָׂרִים

príncipes para-ti no-hay que este-día has-dicho pues (los)que-te-quieren a

וַעֲבָדִים כִּי ׀ יָדַעְתִּי הַיּוֹם כִּי לֹא אַבְשָׁלוֹם חַי וְכֻלָּנוּ הַיּוֹם

este-día y-todos-nosotros vivo Absalón si que este-día he-sabido pues ni-siervos

מֵתִים כִּי־ אָז יָשָׁר בְּעֵינֶיךָ׃ וְעַתָּה קוּם צֵא

sal levántate Y-ahora (8) . a-tus-ojos recto entonces ciertamente muertos

וְדַבֵּר עַל־ לֵב עֲבָדֶיךָ כִּי בַיהוָה נִשְׁבַּעְתִּי כִּי־אֵינְךָ יוֹצֵא

sales tú-no si juro por-Yahweh pues tus-siervos corazón-de al y-habla

אִם־ יָלִין אִישׁ אִתְּךָ הַלַּיְלָה וְרָעָה לְךָ זֹאת מִכָּל־

que-todo esto para-ti y-peor esta-noche contigo hombre dormirá no

הָרָעָה אֲשֶׁר־ בָּאָה עָלֶיךָ מִנְּעֻרֶיךָ עַד־ עָתָּה׃

. ahora hasta desde-tu-juventud sobre-ti ha-venido que el-mal

וַיָּקָם הַמֶּלֶךְ וַיֵּשֶׁב בַּשָּׁעַר וּלְכָל־ הָעָם

el-pueblo y-a-todo a-la-puerta y-se-sentó el-rey Y-se-levantó (9)

הִגִּידוּ לֵאמֹר הִנֵּה הַמֶּלֶךְ יוֹשֵׁב בַּשַּׁעַר וַיָּבֹא כָל־

todo y-vino a-la-puerta está-sentado el-rey he-aquí-que : diciendo informaron

הָעָם לִפְנֵי הַמֶּלֶךְ וְיִשְׂרָאֵל נָס אִישׁ לְאֹהָלָיו׃

. a-su-tienda cada-hombre había-huido e-Israel el-rey delante-de el-pueblo

וַיְהִי כָל־ הָעָם נָדוֹן בְּכָל־ שִׁבְטֵי יִשְׂרָאֵל

Israel (las)tribus-de en-todas discutiendo el-pueblo todo Y-estuvo (10)

לֵאמֹר הַמֶּלֶךְ הִצִּילָנוּ ׀ מִכַּף אֹיְבֵינוּ וְהוּא

y-él nuestros-enemigos de-mano-de nos-ha-liberado el-rey : diciendo

מִלְטָנוּ מִכַּף פְּלִשְׁתִּים וְעַתָּה בָּרַח מִן־הָאָרֶץ
el-país de ha-huido y-ahora filisteos de-mano-de nos-ha-salvado

מֵעַל אַבְשָׁלוֹם׃ וְאַבְשָׁלוֹם אֲשֶׁר מָשַׁחְנוּ עָלֵינוּ מֵת
ha-muerto sobre-nosotros habíamos-ungido que Y-Absalón (11) . Absalón por

בַּמִּלְחָמָה וְעַתָּה לָמָה אַתֶּם מַחֲרִשִׁים לְהָשִׁיב אֶת־הַמֶּלֶךְ׃
? el-rey a para-hacer-volver estáis-callados vosotros ¿por-qué y-ahora en-la-batalla

וְהַמֶּלֶךְ דָּוִד שָׁלַח אֶל־צָדוֹק וְאֶל־אֶבְיָתָר הַכֹּהֲנִים לֵאמֹר
: diciendo los-sacerdotes Abiatar y-a Sadoc a envió David Y-el-rey (12)

דַּבְּרוּ אֶל־זִקְנֵי יְהוּדָה לֵאמֹר לָמָּה תִהְיוּ אַחֲרֹנִים לְהָשִׁיב
para-hacer-volver últimos seréis ¿por-qué : diciendo Judá (los)ancianos-de a hablad

אֶת־הַמֶּלֶךְ אֶל־בֵּיתוֹ וּדְבַר כָּל־יִשְׂרָאֵל בָּא אֶל־
a llegó Israel todo y-(el)dicho-de ? su-palacio a el-rey a

הַמֶּלֶךְ אֶל־בֵּיתוֹ׃ אַחַי אַתֶּם עַצְמִי וּבְשָׂרִי
y-carne-mía hueso-mío vosotros Hermanos-míos (13) . su-palacio a el-rey

אַתֶּם וְלָמָּה תִהְיוּ אַחֲרֹנִים לְהָשִׁיב אֶת־הַמֶּלֶךְ׃
? el-rey a para-hacer-volver últimos seréis ¿por-qué vosotros

וְלַעֲמָשָׂא תֹּמְרוּ הֲלוֹא עַצְמִי וּבְשָׂרִי אַתָּה כֹּה יַעֲשֶׂה־
haga así ? tú y-carne-mía hueso-mío ¿acaso-no : diréis Y-a-Amasá (14)

לִּי אֱלֹהִים וְכֹה יוֹסִיף אִם־לֹא שַׂר־צָבָא תִּהְיֶה
serás ejército jefe-de no si añada y-así Dios a-mí

לְפָנַי כָּל־הַיָּמִים תַּחַת יוֹאָב׃ וַיַּט אֶת־לְבַב
(el)corazón-de ** E-inclinó (15) . Joab en-lugar-de los-días todos ante-mí

כָּל־אִישׁ־יְהוּדָה כְּאִישׁ אֶחָד וַיִּשְׁלְחוּ אֶל־הַמֶּלֶךְ שׁוּב אַתָּה
tú vuelve : el-rey a y-enviaron uno como-hombre Judá hombre-de todo

וְכָל־עֲבָדֶיךָ׃ וַיָּשָׁב הַמֶּלֶךְ וַיָּבֹא עַד־
hasta y-vino el-rey Y-volvió (16) . tus-siervos y-todos

הַיַּרְדֵּן וִיהוּדָה בָּא הַגִּלְגָּלָה לָלֶכֶת לִקְרַאת הַמֶּלֶךְ
el-rey al-encuentro-de para-ir a-Gilgal había-venido y-Judá el-Jordán

לְהַעֲבִיר אֶת־ הַמֶּלֶךְ אֶת־ הַיַּרְדֵּן׃ וַיְמַהֵר שִׁמְעִי בֶן־
hijo-de Simeí Y-se-apresuró (17) . el-Jordán ** el-rey a para-hacer-pasar

גֵּרָא בֶּן־הַיְמִינִי אֲשֶׁר מִבַּחוּרִים וַיֵּרֶד עִם־ אִישׁ יְהוּדָה
Judá hombres-de con y-bajó de-Bahurim que benjaminita Gerá

לִקְרַאת הַמֶּלֶךְ דָּוִד׃ וְאֶלֶף אִישׁ עִמּוֹ מִבִּנְיָמִן וְצִיבָא
y-Sibá de-Benjamín con-él hombres Y-mil (18) . David el-rey al-encuentro-de

נַעַר בֵּית שָׁאוּל וַחֲמֵשֶׁת עָשָׂר בָּנָיו וְעֶשְׂרִים
y-veinte sus-hijos diez y-cinco Saúl casa-de joven-de

עֲבָדָיו אִתּוֹ וְצָלְחוּ הַיַּרְדֵּן לִפְנֵי הַמֶּלֶךְ׃
. el-rey antes-de el-Jordán y-cruzaron con-él sus-siervos

וְעָבְרָה הָעֲבָרָה לַעֲבִיר אֶת־ בֵּית הַמֶּלֶךְ וְלַעֲשׂוֹת
y-para-hacer el-rey la-casa-de a para-pasar el-vado Y-pasó (19)

הַטּוֹב בְּעֵינָו וְשִׁמְעִי בֶן־ גֵּרָא נָפַל לִפְנֵי הַמֶּלֶךְ
el-rey delante-de cayó Gerá hijo-de y-Simeí a-sus-ojos el-bien

בְּעָבְרוֹ בַּיַּרְדֵּן׃ וַיֹּאמֶר אֶל־ הַמֶּלֶךְ אַל־
no el-rey a Y-dijo (20) . por-el-Jordán en-su-pasar

יַחֲשָׁב־ לִי אֲדֹנִי עָוֹן וְאַל־ תִּזְכֹּר אֵת אֲשֶׁר
que ** recuerde y-no culpa mi-señor a-mí considere

הֶעֱוָה עַבְדְּךָ בַּיּוֹם אֲשֶׁר־ יָצָא אֲדֹנִי־ הַמֶּלֶךְ
el-rey mi-señor salió que en-el-día tu-siervo hizo-mal

מִירוּשָׁלִָם לָשׂוּם הַמֶּלֶךְ אֶל־ לִבּוֹ׃ כִּי יָדַע
sabe Pues (21) . su-corazón en el-rey para-poner de-Jerusalén

עַבְדְּךָ כִּי אֲנִי חָטָאתִי וְהִנֵּה־ בָאתִי הַיּוֹם רִאשׁוֹן לְכָל־
de-toda primero este-día he-venido y-he-aquí-que he-pecado yo que tu-siervo

בֵּית יוֹסֵף לָרֶדֶת לִקְרַאת אֲדֹנִי הַמֶּלֶךְ׃ וַיַּעַן

Y-respondió (22) . el-rey mi-señor al-encuentro-de para-bajar José casa-de

אֲבִישַׁי בֶּן־ צְרוּיָה וַיֹּאמַר הֲתַחַת זֹאת לֹא יוּמַת שִׁמְעִי

Simeí morirá no esto ¿acaso-por : y-dijo Sarvia hijo-de Abisay

כִּי קִלֵּל אֶת־ מְשִׁיחַ יְהוָה׃ וַיֹּאמֶר דָּוִד מַה־ לִּי

para-mí ¿qué David Y-dijo (23) ? Yahweh (el)ungido-de a maldijo pues

וְלָכֶם בְּנֵי צְרוּיָה כִּי־ תִהְיוּ־ לִי הַיּוֹם לְשָׂטָן הַיּוֹם

¿este-día ? como-adversario este-día para-mí seáis para-que Sarvia hijos-de y-para-vosotros

יוּמַת אִישׁ בְּיִשְׂרָאֵל כִּי הֲלוֹא יָדַעְתִּי כִּי הַיּוֹם

este-día que sé ¿acaso-no pues ? en-Israel alguien morirá

אֲנִי־מֶלֶךְ עַל־יִשְׂרָאֵל׃ וַיֹּאמֶר הַמֶּלֶךְ אֶל־ שִׁמְעִי לֹא תָמוּת

morirás no : Simeí a el-rey Y-dijo (24) Israel? sobre rey yo

וַיִּשָּׁבַע לוֹ הַמֶּלֶךְ׃ וּמְפִבֹשֶׁת בֶּן־ שָׁאוּל

Saúl hijo-de Y-Mefi-bóset (25) . el-rey a-él y-juró

יָרַד לִקְרַאת הַמֶּלֶךְ וְלֹא־ עָשָׂה רַגְלָיו וְלֹא־

y-no sus-pies había-hecho y-no el-rey al-encuentro-de bajó

עָשָׂה שְׂפָמוֹ וְאֶת־ בְּגָדָיו לֹא כִבֵּס לְמִן־ הַיּוֹם

el-día desde había-lavado no sus-vestidos y su-barba había-hecho

לֶכֶת הַמֶּלֶךְ עַד־ הַיּוֹם אֲשֶׁר־ בָּא בְשָׁלוֹם׃ וַיְהִי

Y-sucedió (26) . en-paz vino que el-día hasta el-rey salir

כִּי־ בָא יְרוּשָׁלַם לִקְרַאת הַמֶּלֶךְ וַיֹּאמֶר לוֹ הַמֶּלֶךְ לָמָּה

¿por-qué : el-rey a-él y-dijo el-rey al-encuentro-de a-Jerusalén vino que

לֹא־ הָלַכְתָּ עִמִּי מְפִיבֹשֶׁת׃ וַיֹּאמַר אֲדֹנִי הַמֶּלֶךְ

el-rey mi-señor : Y-dijo (27) ? Mefi-bóset conmigo fuiste no

עַבְדִּי רִמָּנִי כִּי־ אָמַר עַבְדְּךָ אֶחְבְּשָׁה־

ensillaré tu-siervo había-dicho pues me-engañó mi-criado

לִי הַחֲמוֹר וְאֶרְכַּב עָלֶיהָ וְאֵלֵךְ אֶת־הַמֶּלֶךְ כִּי פִסֵּחַ

cojo pues el-rey con e-iré sobre-él y-montaré el-asno para-mí

עַבְדֶּךָ׃ וַיְרַגֵּל בְּעַבְדְּךָ אֶל־אֲדֹנִי

mi-señor ante a-tu-siervo Y-calumnió (28) . tu-siervo

הַמֶּלֶךְ וַאדֹנִי הַמֶּלֶךְ כְּמַלְאַךְ הָאֱלֹהִים וַעֲשֵׂה הַטּוֹב

el-bien y-haz el-Dios como-un-ángel-de el-rey y-mi-señor el-rey

בְּעֵינֶיךָ׃ כִּי לֹא הָיָה כָּל־בֵּית אָבִי

mi-padre (la)casa-de toda era no Pues (29) . a-tus-ojos

כִּי אִם־אַנְשֵׁי־מָוֶת לַאדֹנִי הַמֶּלֶךְ וַתָּשֶׁת אֶת־

a y-pusiste el-rey para-mi-señor muerte hombres-de sólo sino

עַבְדְּךָ בְּאֹכְלֵי שֻׁלְחָנֶךָ וּמַה־יֶּשׁ־לִי

para-mí hay ¿y-qué tu-mesa con-(los)comensales-de tu-siervo

עוֹד צְדָקָה וְלִזְעֹק עוֹד אֶל־הַמֶּלֶךְ׃ וַיֹּאמֶר לוֹ

a-él Y-dijo (30) ? el-rey a aún para-clamar justicia aún

הַמֶּלֶךְ לָמָּה תְּדַבֵּר עוֹד דְּבָרֶיךָ אָמַרְתִּי אַתָּה וְצִיבָא תַּחְלְקוּ

dividiréis y-Sibá tú he-dicho tus-palabras aún ? hablas ¿por-qué : el-rey

אֶת־הַשָּׂדֶה׃ וַיֹּאמֶר מְפִיבֹשֶׁת אֶל־הַמֶּלֶךְ גַּם אֶת־הַכֹּל

el-todo ** también : el-rey a Mefi-bóset Y-dijo (31) . la-tierra **

יִקָּח אַחֲרֵי אֲשֶׁר־בָּא אֲדֹנִי הַמֶּלֶךְ בְּשָׁלוֹם אֶל־

a en-paz el-rey mi-señor ha-venido que después coja

בֵּיתוֹ׃ וּבַרְזִלַּי הַגִּלְעָדִי יָרַד מֵרֹגְלִים

de-Rogelim bajó el-galaadita Y-Barzilay (32) . su-palacio

וַיַּעֲבֹר אֶת־הַמֶּלֶךְ הַיַּרְדֵּן לְשַׁלְּחוֹ אֶת־בַּיַּרְדֵּן׃

. en-el-Jordán ** para-separarse-de-él el-Jordán el-rey con y-pasó

וּבַרְזִלַּי זָקֵן מְאֹד בֶּן־שְׁמֹנִים שָׁנָה וְהוּא־כִלְכַּל

proveyó y-él años ochenta hijo-de mucho anciano Y-Barzilay (33)

אֶת־ הַמֶּ֫לֶךְ בְּשִׁיבָתוֹ בְמַחֲנַיִם כִּי־ אִישׁ גָּדוֹל הוּא מְאֹד׃
. mucho él grande hombre pues en-Mahanáyim en-su-estancia el-rey a

וַיֹּאמֶר הַמֶּלֶךְ אֶל־ בַּרְזִלָּי אַתָּה עֲבֹר אִתִּי
conmigo pasa tú Barzilay a el-rey Y-dijo (34)

וְכִלְכַּלְתִּי אֹתְךָ עִמָּדִי בִּירוּשָׁלִָם׃ וַיֹּאמֶר בַּרְזִלַּי
Barzilay Y-dijo (35) . en-Jeursalén junto-a-mí a-ti y-sustentaré

אֶל־ הַמֶּלֶךְ כַּמָּה יְמֵי שְׁנֵי חַיַּי כִּי־ אֶעֱלֶה
suba para-que mi-vida años-de días-de ¿cuántos : el-rey a

אֶת־ הַמֶּלֶךְ יְרוּשָׁלִָם׃ בֶּן־ שְׁמֹנִים שָׁנָה אָנֹכִי הַיּוֹם הַאֵדַע ׀
¿distinguiré este-día yo años ochenta Hijo-de (36) ? a-Jerusalén el-rey con

בֵּין־ טוֹב לְרָע אִם־ יִטְעַם עַבְדְּךָ אֶת־ אֲשֶׁר אֹכַל וְאֶת־
y coma lo-que ** tu-siervo gustará ¿o ? y-malo bueno entre

אֲשֶׁר אֶשְׁתֶּה אִם־ אֶשְׁמַע עוֹד בְּקוֹל שָׁרִים וְשָׁרוֹת
? y-cantoras cantores a-voz-de aún oiré ¿o ? beba lo-que

וְלָמָּה יִהְיֶה עַבְדְּךָ עוֹד לְמַשָּׂא אֶל־ אֲדֹנִי הַמֶּלֶךְ׃
? el-rey mi-señor para como-carga aún tu-siervo será ¿por-qué

כִּמְעַט יַעֲבֹר עַבְדְּךָ אֶת־ הַיַּרְדֵּן אֶת־ הַמֶּלֶךְ
el-rey con el-Jordán ** tu-siervo pasará Como-un-poco (37)

וְלָמָּה יִגְמְלֵנִי הַמֶּלֶךְ הַגְּמוּלָה הַזֹּאת׃ יָשָׁב־
Deja-volver (38) ? la-ésta la-recompensa el-rey me-recompensará mas-¿por-qué

נָא עַבְדְּךָ וְאָמֻת בְּעִירִי עִם קֶבֶר אָבִי
mi-padre (la)tumba-de cerca-de en-mi-ciudad y-muera a-tu-siervo pues

וְאִמִּי וְהִנֵּה ׀ עַבְדְּךָ כִמְהָם יַעֲבֹר עִם־
con pasará Quimam tu-siervo he-aquí-que y-mi-madre

אֲדֹנִי הַמֶּלֶךְ וַעֲשֵׂה־ לוֹ אֵת אֲשֶׁר־ טוֹב בְּעֵינֶיךָ׃
. a-tus-ojos bueno lo-que ** a-él y-haz el-rey mi-señor

וַיֹּאמֶר הַמֶּלֶךְ אִתִּי יַעֲבֹר כִּמְהָם וַאֲנִי אֶעֱשֶׂה־
haré y-yo Quimam pasará conmigo : el-rey Y-dijo (39)

לּוֹ אֶת־ הַטּוֹב בְּעֵינֶיךָ וְכֹל אֲשֶׁר־ תִּבְחַר עָלַי אֶעֱשֶׂה־
haré sobre-mí decidas lo-que y-todo a-tus-ojos el-bien ** a-él

לָּךְ׃ וַיַּעֲבֹר כָּל־ הָעָם אֶת־ הַיַּרְדֵּן וְהַמֶּלֶךְ
y-el-rey el-Jordán ** el-pueblo todo Y-cruzó (40) . a-ti

עָבָר וַיִּשַּׁק הַמֶּלֶךְ לְבַרְזִלַּי וַיְבָרְכֵהוּ
y-lo-bendijo a-Barzilay el-rey y-besó cruzó

וַיָּשָׁב לִמְקֹמוֹ׃ וַיַּעֲבֹר הַמֶּלֶךְ הַגִּלְגָּלָה
a-Gilgal el-rey Y-pasó (41) . a-su-lugar y-volvió

וְכִמְהָן עָבַר עִמּוֹ וְכָל־ עַם יְהוּדָה וַיֶּעֶבְרוּ אֶת־
** y-cruzaron Judá (el)pueblo-de y-todo con-él pasó y-Quimam

הַמֶּלֶךְ וְגַם חֲצִי עַם יִשְׂרָאֵל׃ וְהִנֵּה כָּל־ אִישׁ
hombre-de todo Y-he-aquí-que (42) . Israel (el)pueblo-de mitad-de y-también el-rey

יִשְׂרָאֵל בָּאִים אֶל־ הַמֶּלֶךְ וַיֹּאמְרוּ אֶל־ הַמֶּלֶךְ מַדּוּעַ גְּנָבוּךָ
te-han-robado ¿por-qué : el-rey a y-dijeron el-rey a vinieron Israel

אַחֵינוּ אִישׁ יְהוּדָה וַיַּעֲבִרוּ אֶת־ הַמֶּלֶךְ וְאֶת־
y-a el-rey a y-han-hecho-pasar Judá hombre-de nuestros-hermanos

בֵּיתוֹ אֶת־ הַיַּרְדֵּן וְכָל־ אַנְשֵׁי דָוִד עִמּוֹ׃
? con-él David (los)hombres-de y-todos el-Jordán ** su-casa

וַיַּעַן כָּל־ אִישׁ יְהוּדָה עַל־ אִישׁ יִשְׂרָאֵל כִּי־ קָרוֹב
pariente porque : Israel hombre-de a Judá hombre-de todo Y-respondió (43)

הַמֶּלֶךְ אֵלַי וְלָמָּה זֶּה חָרָה לְךָ עַל־ הַדָּבָר הַזֶּה
? la-ésta la-cosa por a-ti ha-enojado esto ¿y-por-qué para-mí el-rey

הֶאָכוֹל אָכַלְנוּ מִן־ הַמֶּלֶךְ אִם־ נִשֵּׂאת נִשָּׂא לָנוּ׃ וַיַּעַן
Y-respondió (44) ? para-nosotros tomamos ofrenda u el-rey de comimos ¿acaso-comer

אִישׁ־יִשְׂרָאֵל אֶת־אִישׁ יְהוּדָה וַיֹּאמֶר עֶשֶׂר־יָדוֹת לִי בַמֶּלֶךְ

en-el-rey para-mí partes diez : y-dijo Judá hombre-de a Israel hombre-

וְגַם־בְּדָוִד אֲנִי מִמְּךָ וּמַדּוּעַ הֱקִלֹּתַנִי

? me-has-menospreciado ¿y-por-qué más-que-tu yo con-David y-también

וְלֹא־הָיָה דְבָרִי רִאשׁוֹן לִי לְהָשִׁיב אֶת־מַלְכִּי

? mi-rey a para-hacer-volver para-mí primera mi-palabra ha-sido ¿y-no

וַיִּקֶשׁ דְּבַר־אִישׁ יְהוּדָה מִדְּבַר אִישׁ יִשְׂרָאֵל׃

. Israel hombre-de más-que-(la)palabra-de Judá hombre-de (la)palabra-de y-violenta

וְשָׁם נִקְרָא אִישׁ בְּלִיַּעַל וּשְׁמוֹ שֶׁבַע בֶּן־

hijo-de Seba y-su-nombre perverso hombre se-encontraba Y-allí (1) **Cap. 20**

בִּכְרִי אִישׁ יְמִינִי וַיִּתְקַע בַּשֹּׁפָר וַיֹּאמֶר אֵין־

no-hay : y-dijo en-la-trompeta y-tocó Benjamín hombre-de Bicrí

לָנוּ חֵלֶק בְּדָוִד וְלֹא נַחֲלָה־לָנוּ בְּבֶן־יִשַׁי אִישׁ לְאֹהָלָיו

a-sus-tiendas cada-hombre Isay con-(el)hijo-de para-nosotros heredad y-no con-David parte para-nosotros

יִשְׂרָאֵל׃ וַיַּעַל כָּל־אִישׁ יִשְׂרָאֵל מֵאַחֲרֵי דָוִד אַחֲרֵי שֶׁבַע

Seba tras-de David de-detrás-de Israel hombre-de todo Y-se-retiró (2) . Israel

בֶּן־בִּכְרִי וְאִישׁ יְהוּדָה דָּבְקוּ בְמַלְכָּם מִן־הַיַּרְדֵּן

el-Jordán desde con-su-rey permanecieron Judá pero-hombres-de Bicrí hijo-de

וְעַד־יְרוּשָׁלָםִ׃ וַיָּבֹא דָוִד אֶל־בֵּיתוֹ יְרוּשָׁלַםִ

Jerusalén su-palacio a David Y-volvió (3) . Jerusalén y-hasta

וַיִּקַּח הַמֶּלֶךְ אֵת עֶשֶׂר־נָשִׁים ׀ פִּלַגְשִׁים אֲשֶׁר הִנִּיחַ לִשְׁמֹר

para-cuidar había-dejado que concubinas mujeres diez ** el-rey y-tomó

הַבַּיִת וַיִּתְּנֵם בֵּית־מִשְׁמֶרֶת וַיְכַלְכְּלֵם וַאֲלֵיהֶם

pero-a-ellas y-las-proveyó guardia casa-de y-las-puso la-casa

לֹא־בָא וַתִּהְיֶינָה צְרֻרוֹת עַד־יוֹם מֻתָן

su-muerte (el)día-de hasta encerradas y-estuvieron vino no

אַלְמְנוּת חַיּוּת׃ וַיֹּאמֶר הַמֶּלֶךְ אֶל־עֲמָשָׂא הַזְעֶק־לִי אֶת־
a para-mí convoca : Amasá a el-rey Y-dijo (4) . vida viudez-de

אִישׁ־יְהוּדָה שְׁלֹשֶׁת יָמִים וְאַתָּה פֹּה עֲמֹד׃ וַיֵּלֶךְ עֲמָשָׂא
Amasá Y-fue (5) . preséntate aquí y-tú días tres Judá hombre-de

לְהַזְעִיק אֶת־יְהוּדָה וַיּיחֶר מִן־הַמּוֹעֵד אֲשֶׁר יְעָדוֹ׃
. le-señalara que el-plazo de pero-se-retrasó Judá a a-convocar

וַיֹּאמֶר דָּוִד אֶל־אֲבִישַׁי עַתָּה יֵרַע לָנוּ שֶׁבַע בֶּן־בִּכְרִי
Bicrí hijo-de Seba a-nosotros dañará ahora : Abisay a David Y-dijo (6)

מִן־אַבְשָׁלוֹם אַתָּה קַח אֶת־עַבְדֵי אֲדֹנֶיךָ וּרְדֹף אַחֲרָיו
detrás-de-él y-persigue tu-señor (los)siervos-de ** toma tú Absalón más-que

פֶּן־מָצָא לוֹ עָרִים בְּצֻרוֹת וְהִצִּיל
y-escape fortificadas ciudades para-él encuentre no-sea-que

עֵינֵנוּ׃ וַיֵּצְאוּ אַחֲרָיו אַנְשֵׁי יוֹאָב וְהַכְּרֵתִי
y-el-cereteo Joab (los)hombres-de tras Y-salieron (7) . (de)nuestros-ojos

וְהַפְּלֵתִי וְכָל־הַגִּבֹּרִים וַיֵּצְאוּ מִירוּשָׁלִַם
de-Jerusalén y-salieron los-valientes y-todos y-el-peleteo

לִרְדֹּף אַחֲרֵי שֶׁבַע בֶּן־בִּכְרִי׃ הֵם עִם־הָאֶבֶן הַגְּדוֹלָה אֲשֶׁר
que la-grande la-piedra con Ellos (8) . Bicrí hijo-de Seba tras-de a-perseguir

בְּגִבְעוֹן וַעֲמָשָׂא בָּא לִפְנֵיהֶם וְיוֹאָב חָגוּר ׀ מִדּוֹ
su-túnica-militar ceñida y-Joab delante-de-ellos vino y-Amasá en-Gabaón

לְבֻשׁוֹ וְעָלָו חֲגוֹר חֶרֶב מְצֻמֶּדֶת עַל־מָתְנָיו
sus-lomos sobre sujeta espada cinto-de y-sobre-él su-vestido

בְּתַעְרָהּ וְהוּא יָצָא וַתִּפֹּל׃ וַיֹּאמֶר
Y-dijo (9) . y-cayó salió y-él en-su-vaina

יוֹאָב לַעֲמָשָׂא הֲשָׁלוֹם אַתָּה אָחִי וַתֹּחֶז יַד־יְמִין
derecha-de mano y-agarró ? hermano-mío tú ¿acaso-paz : a-Amasá Joab

יוֹאָב בִּזְקַן עֲמָשָׂא לִנְשָׁק־לוֹ׃ וַעֲמָשָׂא לֹא־נִשְׁמַר
se-cuidó no Y-Amasá (10) . a-él para-besar Amasá por-barba-de Joab

בַּחֶרֶב ׀ אֲשֶׁר בְּיַד־יוֹאָב וַיַּכֵּהוּ בָהּ אֶל־
en con-ella y-le-hirió Joab en-mano-de que contra-la-daga

הַחֹמֶשׁ וַיִּשְׁפֹּךְ מֵעָיו אַרְצָה וְלֹא־שָׁנָה
repitió y-no por-tierra sus-entrañas y-derramó el-abdomen

לוֹ וַיָּמֹת וְיוֹאָב וַאֲבִישַׁי אָחִיו רָדַף אַחֲרֵי
detrás-de persiguió su-hermano y-Abisay y-Joab y-murió a-él

שֶׁבַע בֶּן־בִּכְרִי׃ וְאִישׁ עָמַד עָלָיו מִנַּעֲרֵי יוֹאָב
Joab de-(los)jóvenes-de junto-a-él se-paró Y-un-hombre (11) . Bicrí hijo-de Seba

וַיֹּאמֶר מִי אֲשֶׁר חָפֵץ בְּיוֹאָב וּמִי אֲשֶׁר־לְדָוִד אַחֲרֵי יוֹאָב׃
. Joab detrás-de para-David que y-quien quiera a-Joab ame que quien quiera : y-dijo

וַעֲמָשָׂא מִתְגֹּלֵל בַּדָּם בְּתוֹךְ הַמְסִלָּה וַיַּרְא
y-veía el-camino en-medio-de en-la-sangre se-revolcaba Y-Amasá (12)

הָאִישׁ כִּי־עָמַד כָּל־הָעָם וַיַּסֵּב אֶת־עֲמָשָׂא מִן־
desde Amasá a y-apartó el-pueblo todo se-paraba que el-hombre

הַמְסִלָּה הַשָּׂדֶה וַיַּשְׁלֵךְ עָלָיו בֶּגֶד כַּאֲשֶׁר רָאָה
vio cuando paño sobre-él y-echó al-campo el-camino

כָּל־הַבָּא עָלָיו וְעָמָד׃ כַּאֲשֶׁר הֹגָה
fue-apartado Cuando (13) . y-se-paraba sobre-él el-que-venía todo

מִן־הַמְסִלָּה עָבַר כָּל־אִישׁ אַחֲרֵי יוֹאָב לִרְדֹּף אַחֲרֵי שֶׁבַע בֶּן־
hijo-de Seba detrás-de para-perseguir Joab detrás-de hombre todo pasó el-camino de

בִּכְרִי׃ וַיַּעֲבֹר בְּכָל־שִׁבְטֵי יִשְׂרָאֵל אָבֵלָה וּבֵית
y-bet- hacia-Abel- Israel (las)tribus-de por-todas Y-pasó (14) . Bicrí

מַעֲכָה וְכָל־הַבֵּרִים וַיִּקָּלֲהוּ וַיָּבֹאוּ אַף־
también y-vinieron y-se-juntaron los-bicritas y-todos maacá

אַחֲרָיו׃ וַיָּבֹאוּ וַיָּצֻרוּ עָלָיו בְּאָבֵלָה בֵּית
bet- en-Abel- contra-él y-sitiaron Y-vinieron (15) . tras-de-él

הַמַּעֲכָה וַיִּשְׁפְּכוּ סֹלְלָה אֶל־ הָעִיר וַתַּעֲמֹד
y-quedó-erguido la-ciudad hacia terraplén y-levantaron el-maacá

בַּחֵל וְכָל־ הָעָם אֲשֶׁר אֶת־ יוֹאָב
Joab con que el-pueblo y-todo en-el-antemural

מַשְׁחִיתִם לְהַפִּיל הַחוֹמָה׃ וַתִּקְרָא אִשָּׁה חֲכָמָה מִן־
desde sabia una-mujer Y-llamó (16) . la-muralla para-derribar los-destruían

הָעִיר שִׁמְעוּ שִׁמְעוּ אִמְרוּ־ נָא אֶל־יוֹאָב קְרַב עַד־הֵנָּה וַאֲדַבְּרָה
y-yo-hablaré aquí hasta acércate Joab a pues decid oíd oíd : la-ciudad

אֵלֶיךָ׃ וַיִּקְרַב אֵלֶיהָ וַתֹּאמֶר הָאִשָּׁה הַאַתָּה יוֹאָב
? Joab ¿eres-tú : la-mujer y-dijo a-ella Y-se-acercó (17) . contigo

וַיֹּאמֶר אָנִי וַתֹּאמֶר לוֹ שְׁמַע דִּבְרֵי אֲמָתֶךָ
tu-sierva (las)palabras-de escucha : a-él y-dijo yo y-dijo

וַיֹּאמֶר שֹׁמֵעַ אָנֹכִי׃ וַתֹּאמֶר לֵאמֹר דַּבֵּר יְדַבְּרוּ
hablaban hablar : diciendo Y-habló (18) . yo escucho : y-dijo

בָרִאשֹׁנָה לֵאמֹר שָׁאֹל יְשָׁאֲלוּ בְּאָבֵל וְכֵן הֵתַמּוּ׃
. concluían y-así en-Abel pregunten preguntar : diciendo en-el-prin cipio

אָנֹכִי שְׁלֻמֵי אֱמוּנֵי יִשְׂרָאֵל אַתָּה מְבַקֵּשׁ
tratas tú Israel (los)fieles-de pacíficos-de Yo (19)

לְהָמִית עִיר וְאֵם בְּיִשְׂרָאֵל לָמָּה תְבַלַּע נַחֲלַת
heredad-de vas-a-destruir ¿por-qué en-Israel y-madre ciudad de-destruir

יְהוָה׃ וַיַּעַן יוֹאָב וַיֹּאמַר חָלִילָה חָלִילָה לִּי אִם־
si de-mí lejos lejos : y-dijo Joab Y-respondió (20) ? Yahweh

אֲבַלַּע וְאִם־ אַשְׁחִית׃ לֹא־ כֵן הַדָּבָר כִּי אִישׁ מֵהַר
de-monte-de un-hombre pues la-cosa así No (21) . destruyo y-si aniquilo

אֶפְרַיִם שֶׁבַע בֶּן־ בִּכְרִי שְׁמוֹ נָשָׂא יָדוֹ בַּמֶּלֶךְ

contra-el-rey su-mano ha-levantado su-nombre Bicrí hijo-de Seba Efraín

בְּדָוִד תְּנוּ־ אֹתוֹ לְבַדּוֹ וְאֵלְכָה מֵעַל

de-contra y-me-iré sólo a-él dad contra-David

הָעִיר וַתֹּאמֶר הָאִשָּׁה אֶל־יוֹאָב הִנֵּה רֹאשׁוֹ מֻשְׁלָךְ אֵלֶיךָ

a-ti será-arrojada su-cabeza he-aquí-que : Joab a la-mujer y-dijo la-ciudad

בְּעַד הַחוֹמָה׃ וַתָּבוֹא הָאִשָּׁה אֶל־ כָּל־ הָעָם

el-pueblo todo a la-mujer Y-vino (22) . el-muro desde

בְּחָכְמָתָהּ וַיִּכְרְתוּ אֶת־ רֹאשׁ שֶׁבַע בֶּן־ בִּכְרִי

Bicrí hijo-de Seba (la)cabeza-de ** y-cortaron con-su-sabiduría

וַיַּשְׁלִכוּ אֶל־ יוֹאָב וַיִּתְקַע בַּשּׁוֹפָר וַיָּפֻצוּ

y-se-dispersaron en-la-trompeta y-tocó Joab a y-arrojaron

מֵעַל־ הָעִיר אִישׁ לְאֹהָלָיו וְיוֹאָב שָׁב יְרוּשָׁלִָם

a-Jerusalén se-volvió y-Joab a-su-tienda cada-hombre la-ciudad de-contra

אֶל־הַמֶּלֶךְ׃ וְיוֹאָב אֶל כָּל־ הַצָּבָא יִשְׂרָאֵל וּבְנָיָה בֶּן־

hijo-de y-Benayá Israel (el)ejército-de todo sobre Y-Joab (23) . el-rey a

יְהוֹיָדָע עַל־ הַכְּרֵתִי וְעַל־ הַפְּלֵתִי׃ וַאֲדֹרָם עַל־

sobre Y-Adoram (24) . el-peleteo y-sobre el-cereteo sobre Joyadá

הַמַּס וִיהוֹשָׁפָט בֶּן־ אֲחִילוּד הַמַּזְכִּיר׃

. el-canciller Ahilud hijo-de y-Josafat el-tributo

וּשְׁיָא סֹפֵר וְצָדוֹק וְאֶבְיָתָר כֹּהֲנִים׃ וְגַם עִירָא

Irá Y-también (26) . sacerdotes y-Abiatar y-Sador escriba Y-Sevá (25)

הַיָּאִרִי הָיָה כֹהֵן לְדָוִד׃ וַיְהִי רָעָב בִּימֵי דָוִד

David en-(los)días-de hambre Y-hubo (1) . para-David sacerdote era el-jaireo Cap. 21

שָׁלֹשׁ שָׁנִים שָׁנָה אַחֲרֵי שָׁנָה וַיְבַקֵּשׁ דָּוִד אֶת־ פְּנֵי יְהוָה

Yahweh (el)rostro-de ** David y-buscó año después-de año años tres

וַיֹּאמֶר יְהוָה אֶל־שָׁאוּל וְאֶל־בֵּית הַדָּמִים

las-sangres casa-de y-a-causa-de Saúl a-causa-de : Yahweh y-dijo

עַל־אֲשֶׁר־הֵמִית אֶת־הַגִּבְעֹנִים׃ (2) וַיִּקְרָא הַמֶּלֶךְ

el-rey Y-llamó (2) . los-gabaonitas a mató porque

לַגִּבְעֹנִים וַיֹּאמֶר אֲלֵיהֶם וְהַגִּבְעֹנִים לֹא מִבְּנֵי

de-(los)hijos-de no y-los-gabaonitas a-ellos y-habló a-los-gabaonitas

יִשְׂרָאֵל הֵמָּה כִּי אִם־מִיֶּתֶר הָאֱמֹרִי וּבְנֵי יִשְׂרָאֵל

Israel y-(los)hijos-de el-amorreo del-resto-de sino ellos Israel

נִשְׁבְּעוּ לָהֶם וַיְבַקֵּשׁ שָׁאוּל לְהַכֹּתָם בְּקַנֹּאתוֹ

en-su-celo matarlos Saúl pero-buscaba a-ellos habían-jurado

לִבְנֵי־יִשְׂרָאֵל וִיהוּדָה׃ (3) וַיֹּאמֶר דָּוִד אֶל־הַגִּבְעֹנִים מָה

¿qué : los-gabaonitas a David Y-dijo (3) . y-Judá Israel por-(los)hijos-de

אֶעֱשֶׂה לָכֶם וּבַמָּה אֲכַפֵּר וּבָרְכוּ אֶת־

a y-bendeciréis satisfaré y-en-qué a-vosotros haré

נַחֲלַת יְהוָה׃ (4) וַיֹּאמְרוּ לוֹ הַגִּבְעֹנִים אֵין־לִי

para-nosotros no-hay : los-gabaonitas a-él Y-dijeron (4) ? Yahweh (la)heredad-de

כֶּסֶף וְזָהָב עִם־שָׁאוּל וְעִם־בֵּיתוֹ וְאֵין־לָנוּ אִישׁ לְהָמִית

para-matar hombre para-nosotros y-no-hay su-casa y-con Saúl con y-oro plata

בְּיִשְׂרָאֵל וַיֹּאמֶר מָה־אַתֶּם אֹמְרִים אֶעֱשֶׂה לָכֶם׃

. a-vosotros haré digáis vosotros lo-que : y-dijo en-Israel

(5) וַיֹּאמְרוּ אֶל־הַמֶּלֶךְ הָאִישׁ אֲשֶׁר כִּלָּנוּ וַאֲשֶׁר

y-que nos-destruyó que el-hombre : el-rey a Y-dijeron (5)

דִּמָּה־לָנוּ נִשְׁמַדְנוּ מֵהִתְיַצֵּב בְּכָל־גְּבֻל

territorio-de en-todo de-estar-estables fuéramos-exterminados contra-nosotros maquinó

יִשְׂרָאֵל׃ (6) יֻנַּתַן־לָנוּ שִׁבְעָה אֲנָשִׁים מִבָּנָיו

de-sus-hijos hombres siete a-nosotros sea-dado (6) , Israel

וְהוֹקַעֲנוּם לַיהוָה בְּגִבְעַת שָׁאוּל בְּחִיר יְהוָה
Yahweh escogido-de Saúl en-Guibeá-de ante-Yahweh y-los-crucificaremos

וַיֹּאמֶר הַמֶּלֶךְ אֲנִי אֶתֵּן׃ וַיַּחְמֹל הַמֶּלֶךְ עַל־ מְפִיבֹשֶׁת
Mefi-bóset a el-rey Y-perdonó (7) . entregaré yo : el-rey y-dijo

בֶּן־ יְהוֹנָתָן בֶּן־ שָׁאוּל עַל־ שְׁבֻעַת יְהוָה אֲשֶׁר בֵּינֹתָם
entre-ellos que Yahweh juramento-de por Saúl hijo-de Jonatán hijo-de

בֵּין דָּוִד וּבֵין יְהוֹנָתָן בֶּן־ שָׁאוּל׃ וַיִּקַּח הַמֶּלֶךְ אֶת־
** el-rey Y-tomó (8) . Saúl hijo-de Jonatán y-entre David entre

שְׁנֵי בְּנֵי רִצְפָּה בַת־ אַיָּה אֲשֶׁר יָלְדָה לְשָׁאוּל אֶת־ אַרְמֹנִי
Armoní a para-Saúl había-engendrado que Ajá hija-de Rizpá (los)hijos-de dos-de

וְאֶת־ מְפִבֹשֶׁת וְאֶת־ חֲמֵשֶׁת בְּנֵי מִיכַל בַּת־ שָׁאוּל אֲשֶׁר יָלְדָה
había-tenido que Saúl hija-de Merab (los)hijos-de cinco-de y-a Mefi-bóset y-a

לְעַדְרִיאֵל בֶּן־ בַּרְזִלַּי הַמְּחֹלָתִי׃ וַיִּתְּנֵם בְּיַד
en-mano-de Y-los-entregó (9) . el-meholatita Barzilay hijo-de de-Adriel

הַגִּבְעֹנִים וַיֹּקִיעֻם בָּהָר לִפְנֵי יְהוָה וַיִּפְּלוּ
y-cayeron Yahweh delante-de en-el-monte y-los-crucificaron los-gabaonitas

שְׁבַעְתָּם יָחַד וְהֵם הֻמְתוּ בִּימֵי קָצִיר
siega en-días-de fueron-muertos y-ellos juntos ellos-siete

בָּרִאשֹׁנִים תְּחִלַּת קְצִיר שְׂעֹרִים׃ וַתִּקַּח
Y-tomó (10) . cebadas siega-de al-comienzo-de en-los-primeros

רִצְפָּה בַת־ אַיָּה אֶת־ הַשַּׂק וַתַּטֵּהוּ לָהּ אֶל־
sobre para-ella y-lo-tendió el-saco ** Ajá hija-de Rizpá

הַצּוּר מִתְּחִלַּת קָצִיר עַד נִתַּךְ־ מַיִם עֲלֵיהֶם מִן־
de sobre-ellos aguas llovió hasta-que siega desde-el-principio-de la-roca

הַשָּׁמַיִם וְלֹא־ נָתְנָה עוֹף הַשָּׁמַיִם לָנוּחַ עֲלֵיהֶם יוֹמָם וְאֶת־
ni de-día sobre-ellos descansar los-cielos ave-de dejó y-no los-cielos

תַּיַּת הַשָּׂדֶה לָיְלָה׃ וַיֻּגַּד לְדָוִד אֵת אֲשֶׁר־עָשְׂתָה
había-hecho lo-que ** a-David Y-fue-dicho (11) . noche el-campo bestia-de

רִצְפָּה בַת־אַיָּה פִּלֶגֶשׁ שָׁאוּל׃ וַיֵּלֶךְ דָּוִד וַיִּקַּח
y-tomó David Y-fue (12) . Saúl concubina-de Ajá hija-de Rizpá

אֶת־עַצְמוֹת שָׁאוּל וְאֶת־עַצְמוֹת יְהוֹנָתָן בְּנוֹ מֵאֵת בַּעֲלֵי יָבֵישׁ
Jabés-de (los)habitantes-de de su-hijo Jonatán (los)huesos-de y Saúl (los)huesos-de **

גִּלְעָד אֲשֶׁר גָּנְבוּ אֹתָם מֵרְחֹב בֵּית־שַׁן אֲשֶׁר
donde sán Bet- de-(la)plaza-de a-ellos habían-robado que Galaad

תְּלָוּם שָׁם הַפְּלִשְׁתִּים בְּיוֹם הַכּוֹת פְּלִשְׁתִּים אֶת־שָׁאוּל
Saúl a filisteos el-matar en-día-de filisteos allí los-habían-colgado

בַּגִּלְבֹּעַ׃ וַיַּעַל מִשָּׁם אֶת־עַצְמוֹת שָׁאוּל וְאֶת־עַצְמוֹת
(los)huesos-de y Saúl (los)huesos-de ** de-allí E-hizo-subir (13) . en-el-Gilboa

יְהוֹנָתָן בְּנוֹ וַיַּאַסְפוּ אֶת־עַצְמוֹת הַמּוּקָעִים׃
. los-crucificados (los)huesos-de ** y-recogieron su-hijo Jonatán

וַיִּקְבְּרוּ אֶת־עַצְמוֹת־שָׁאוּל וִיהוֹנָתָן־בְּנוֹ בְּאֶרֶץ
en-(la)tierra-de su-hijo y-Jonatán Saúl (los)huesos-de ** Y-enterraron (14)

בִּנְיָמִן בְּצֵלָע בְּקֶבֶר קִישׁ אָבִיו וַיַּעֲשׂוּ כֹּל אֲשֶׁר־
lo-que todo e-hicieron su-padre Cis en-(la)tumba-de en-Zelá Benjamín

צִוָּה הַמֶּלֶךְ וַיֵּעָתֵר אֱלֹהִים לָאָרֶץ אַחֲרֵי־כֵן׃
. esto después-de para-la-tierra Dios y-fue-propicio el-rey había-ordenado

וַתְּהִי־עוֹד מִלְחָמָה לַפְּלִשְׁתִּים אֶת־יִשְׂרָאֵל
Israel contra para-los-filisteos guerra aún Y-hubo (15)

וַיֵּרֶד דָּוִד וַעֲבָדָיו עִמּוֹ וַיִּלָּחֲמוּ אֶת־
contra y-lucharon con-él y-sus-siervos David y-bajó

פְּלִשְׁתִּים וַיָּעַף דָּוִד׃ וְיִשְׁבּוֹ בְּנֹב אֲשֶׁר ׀
que benob E-Ibsí- (16) . David y-se-fatigó filisteos

בִּילִידֵי הָרָפָה וּמִשְׁקַל קֵינוֹ שְׁלֹשׁ מֵאוֹת

cientos tres su-lanza y-(el)peso-de el-Rafa de-(los)descendien tes-de

מִשְׁקַל נְחֹשֶׁת וְהוּא חָגוּר חֲדָשָׁה וַיֹּאמֶר לְהַכּוֹת אֶת־דָּוִד׃

. David a matar y-dijo nueva iba-ciñendo y-él bronce peso-de

וַיַּעֲזָר־לוֹ אֲבִישַׁי בֶּן־צְרוּיָה וַיַּךְ אֶת־

a e-hirió Sarvia hijo-de de Abisay a-él Pero-ayudó (17)

הַפְּלִשְׁתִּי וַיְמִיתֵהוּ אָז נִשְׁבְּעוּ אַנְשֵׁי־דָוִד לוֹ לֵאמֹר

: diciendo a-él David (los)hombres-de juraron entonces y-lo-mató el-filisteo

לֹא־תֵצֵא עוֹד אִתָּנוּ לַמִּלְחָמָה וְלֹא תְכַבֶּה אֶת־

** extingas para-que-no a-la-batalla con-nosotros más has-de-salir no

נֵר יִשְׂרָאֵל׃ וַיְהִי אַחֲרֵי־כֵן וַתְּהִי־עוֹד הַמִּלְחָמָה

la-batalla aún que-hubo esto después-de Y-sucedió (18) . Israel (la)lámpara-de

בְּגוֹב עִם־פְּלִשְׁתִּים אָז הִכָּה סִבְּכַי הַחֻשָׁתִי אֶת־סַף

Saf a el-husatita Sibecay mató entonces filisteos con en-Gob

אֲשֶׁר בִּילִדֵי הָרָפָה׃ וַתְּהִי־עוֹד הַמִּלְחָמָה בְּגוֹב

en-Gob la-batalla aún Y-hubo (19) . el-Rafa de-(los)descendientes-de que

עִם־פְּלִשְׁתִּים וַיַּךְ אֶלְחָנָן בֶּן־יַעְרֵי אֹרְגִים בֵּית הַלַּחְמִי

Belén oregim-de Jaaré- hijo-de Elhanán y-mató filisteos con

אֵת גָּלְיָת הַגִּתִּי וְעֵץ חֲנִיתוֹ כִּמְנוֹר אֹרְגִים׃

. tejedores como-enjullo-de su-lanza y-(el)fuste-de el-geteo Goliat a

וַתְּהִי־עוֹד מִלְחָמָה בְּגַת וַיְהִי ׀ אִישׁ מָדִין וְאֶצְבְּעֹת

y-(los)dedos-de alto un-hombre y-había en-Gat batalla aún Y-hubo (20)

יָדָיו וְאֶצְבְּעוֹת רַגְלָיו שֵׁשׁ וָשֵׁשׁ עֶשְׂרִים וְאַרְבַּע מִסְפָּר

total y-cuatro veinte y-seis seis sus-pies y-(los)dedos-de sus-manos

וְגַם־הוּא יֻלַּד לְהָרָפָה׃ וַיְחָרֵף אֶת־יִשְׂרָאֵל

Israel a E-injurió (21) . del-Rafa descendiente él y-también

וַיַּכֵּהוּ יְהוֹנָתָן בֶּן־ שִׁמְעִי אֲחִי דָוִד׃ אֶת־אַרְבַּעַת
Cuatro-de ** (22) . David hermano-de Simá hijo-de Jonatán y-lo-mató

אֵלֶּה יֻלְּדוּ לְהָרָפָה בְּגַת וַיִּפְּלוּ בְיַד־
en-mano-de y-cayeron en-Gat del-Rafa eran-descendientes éstos

דָּוִד וּבְיַד עֲבָדָיו׃ וַיְדַבֵּר דָּוִד לַיהוָה אֶת־
Cap. 22 ** a-Yahweh David Y-habló (1) . sus-siervos y-en-mano-de David

דִּבְרֵי הַשִּׁירָה הַזֹּאת בְּיוֹם הִצִּיל יְהוָה אֹתוֹ מִכַּף כָּל־
todos de-mano-de a-él Yahweh libró en-día la-esta la-canción (las)palabras-de

אֹיְבָיו וּמִכַּף שָׁאוּל׃ וַיֹּאמַר יְהוָה סַלְעִי
mi-roca Yahweh : Y-dijo (2) . Saúl y-de-mano-de sus-enemigos

וּמְצֻדָתִי וּמְפַלְטִי־ לִי׃ אֱלֹהֵי צוּרִי
roca-mía Dios-mío (3) . para-mí y-mi-libertador y-mi-fortaleza

אֱחֱסֶה־ בּוֹ מָגִנִּי וְקֶרֶן יִשְׁעִי מִשְׂגַּבִּי
mi-protección mi-salvación y-cuerno-de mi-escudo en-él confiaré

וּמְנוּסִי מֹשִׁעִי מֵחָמָס תֹּשִׁעֵנִי׃ מְהֻלָּל
Alabado (4) . me-salvas de-violencia salvador-mío y-mi-refugio

אֶקְרָא יְהוָה וּמֵאֹיְבַי אִוָּשֵׁעַ׃ כִּי
Pues (5) . seré-salvado y-de-mis-enemigos (a)Yahweh invocaré

אֲפָפֻנִי מִשְׁבְּרֵי־ מָוֶת נַחֲלֵי בְלִיַּעַל
perversidad torrentes-de muerte ondas-de me-envolvieron

יְבַעֲתֻנִי׃ חֶבְלֵי שְׁאוֹל סַבֻּנִי
me-rodearon Seol Ligaduras-de (6) . me-atemorizaron

קִדְּמֻנִי מֹקְשֵׁי־ מָוֶת׃ בַּצַּר־ לִי אֶקְרָא יְהוָה
(a)Yahweh invocaré de-mí En-la-angustia (7) . muerte lazos-de me-tendieron

וְאֶל־ אֱלֹהַי אֶקְרָא וַיִּשְׁמַע מֵהֵיכָלוֹ קוֹלִי
mi-voz desde-su-templo ha-oído clamaré mi-Dios y-a

וְשַׁוְעָתִי בְּאָזְנָיו׃ (8) וַתִּגְעַשׁ וַתִּרְעַשׁ הָאָרֶץ

la-tierra y-tembló Y-fue-conmovida (8) . en-sus-oídos y-mi-clamor

מוֹסְדוֹת הַשָּׁמַיִם יִרְגָּזוּ וַיִּתְגָּעֲשׁוּ כִּי־ חָרָה

encolerizó pues y-se-estremecieron se-conmovieron los-cielos (los)cimientos-de

לוֹ׃ (9) עָלָה עָשָׁן בְּאַפּוֹ וְאֵשׁ מִפִּיו

de-su-boca y-fuego en-su-nariz humo Subió (9) . a-él

תֹּאכֵל גֶּחָלִים בָּעֲרוּ מִמֶּנּוּ׃ (10) וַיֵּט שָׁמַיִם

cielos E-inclinó (10) . desde-él ardían brasas devoraba

וַיֵּרַד וַעֲרָפֶל תַּחַת רַגְלָיו׃ (11) וַיִּרְכַּב עַל־

sobre Y-cabalgó (11) . sus-pies bajo y-tiniebla y-descendió

כְּרוּב וַיָּעֹף וַיֵּרָא עַל־ כַּנְפֵי־ רוּחַ׃ (12) וַיָּשֶׁת

Y-puso (12) . (el)viento (las)alas-de sobre y-apareció y-voló un-querube

חֹשֶׁךְ סְבִיבֹתָיו סֻכּוֹת חַשְׁרַת־ מַיִם עָבֵי שְׁחָקִים׃

. espesos-nubarrones nubes-de aguas oscuridad-de tiendas alrededor-de-él oscuridad

(13) מִנֹּגַהּ נֶגְדּוֹ בָּעֲרוּ גַּחֲלֵי־ אֵשׁ׃

. fuego brasas-de se-encendían su-presencia Por-fulgor-de (13)

(14) יַרְעֵם מִן־ שָׁמַיִם יְהוָה וְעֶלְיוֹן יִתֵּן

emitió y-Altísimo Yahweh cielos desde Y-tronó (14)

קוֹלוֹ׃ (15) וַיִּשְׁלַח חִצִּים וַיְפִיצֵם בָּרָק

rayo y-los-dispersó saetas Y-envió (15) . su-voz

וַיָּהֹמם׃ (16) וַיֵּרָאוּ אֲפִקֵי יָם יִגָּלוּ

quedaron-al-descubierto mar corrientes-de Y-aparecieron (16) . y-los-destruyó

מֹסְדוֹת תֵּבֵל בְּגַעֲרַת יְהוָה מִנִּשְׁמַת רוּחַ אַפּוֹ׃

. su-nariz (el)aliento-de al-soplo-de Yahweh a-amenaza-de orbe cimientos-de

(17) יִשְׁלַח מִמָּרוֹם יִקָּחֵנִי יַמְשֵׁנִי מִמַּיִם

de-aguas me-sacó me-tomó desde-lo-alto Envió (17)

רַבִּים׃ יַצִּילֵנִי מֵאֹיְבִי עָז

poderoso de-mi-enemigo Me-libró (18) . caudalosas

מִשֹּׂנְאַי כִּי אָמְצוּ מִמֶּנִּי׃ יְקַדְּמֻנִי

Me-asaltaron (19) . más-que-yo fuertes pues de-mis-odiadores

בְּיוֹם אֵידִי וַיְהִי יְהוָה מִשְׁעָן לִי׃

. para-mí apoyo Yahweh y-fue mi-quebranto en-día-de

וַיֹּצֵא לַמֶּרְחָב אֹתִי יְחַלְּצֵנִי כִּי־

pues me-libró a-mí a-lugar-espacioso Y-sacó (20)

חָפֵץ בִּי׃ יִגְמְלֵנִי יְהוָה כְּצִדְקָתִי

según-mi-justicia Yahweh Me-premia (21) . en-mí se-deleitó

כְּבֹר יָדַי יָשִׁיב לִי׃ כִּי שָׁמַרְתִּי דַּרְכֵי

(los)caminos-de he-guardado Pues (22) . a-mí recompensa mis-manos según-limpieza-de

יְהוָה וְלֹא רָשַׁעְתִּי מֵאֱלֹהָי׃ כִּי כָל־ מִשְׁפָּטָו

sus-decretos todos Pues (23) . para-mi-Dios fui-culpable y-no Yahweh

לְנֶגְדִּי וְחֻקֹּתָיו לֹא־ אָסוּר מִמֶּנָּה׃ וָאֶהְיֶה

Y-fui (24) . de-ellos me-aparto no y-sus-estatutos ante-mí

תָמִים לוֹ וָאֶשְׁתַּמְּרָה מֵעֲוֺנִי׃ וַיָּשֶׁב

Y-ha-recompensado (25) . de-mi-pecado y-me-preservó para-él recto

יְהוָה לִי כְּצִדְקָתִי כְּבֹרִי לְנֶגֶד עֵינָיו׃

. sus-ojos ante según-mi-limpieza según-mi-justicia a-mí Yahweh

עִם־ חָסִיד תִּתְחַסָּד עִם־ גִּבּוֹר תָּמִים

integridad varón-de con sé-misericordioso misericordioso Con (26)

תִּתַּמָּם׃ עִם־ נָבָר תִּתָּבָר

sé-puro puro Con (27) . sé-íntegro

וְעִם־ עִקֵּשׁ תִּתַּפָּל׃ וְאֶת־ עַם עָנִי תּוֹשִׁיעַ

salvas afligido pueblo Y-al (28) . sé-tortuoso perverso y-con

וְעֵינֶיךָ עַל־ רָמִים תַּשְׁפִּיל׃ כִּי־ אַתָּה

tú Pues (29) abates altivos sobre y-tus-ojos

נֵירִי יְהוָה וַיהוָה יַגִּיהַּ חָשְׁכִּי׃ כִּי

Pues (30) . mi-oscuridad alumbrará y-Yahweh Yahweh mi-candela

בְכָה אָרוּץ גְּדוּד בֵּאלֹהַי אֲדַלֶּג־ שׁוּר׃ הָאֵל

El-Dios (31) . muro escalaré con-mi-Dios tropa ahuyentaré contigo

תָּמִים דַּרְכּוֹ אִמְרַת יְהוָה צְרוּפָה מָגֵן הוּא לְכֹל

para-todos él escudo acrisolada Yahweh palabra-de su-camino perfecto

הַחֹסִים בּוֹ׃ כִּי מִי־ אֵל מִבַּלְעֲדֵי יְהוָה וּמִי צוּר

Roca ¿quién ? Yahweh fuera-de Dios ¿quién Pues (32) . en-él los-que-se-refugian

מִבַּלְעֲדֵי אֱלֹהֵינוּ׃ הָאֵל מָעוּזִּי חָיִל וַיַּתֵּר תָּמִים

perfectamente y-despeja potente mi-refugio El-Dios (33) ? nuestro-Dios fuera-de

דַּרְכּוֹ׃ מְשַׁוֶּה רַגְלָיו כָּאַיָּלוֹת וְעַל בָּמוֹתַי

mis-alturas y-sobre como-de-ciervas mis-pies Hace (34) . mi-camino

יַעֲמִדֵנִי׃ מְלַמֵּד יָדַי לַמִּלְחָמָה

para-la-batalla mis-manos Adiestra (35) . me-mantiene

וְנִחַת קֶשֶׁת־ נְחוּשָׁה זְרֹעֹתָי׃ וַתִּתֶּן־ לִי מָגֵן

escudo-de a-mí Y-diste (36) . a-mis-brazos bronce el-arco-de y-hace-tensar

יִשְׁעֶךָ וַעֲנֹתְךָ תַּרְבֵּנִי׃ תַּרְחִיב

Ensanchaste (37) . me-engrandece y-tu-benignidad tu-salvación

צַעֲדִי תַּחְתֵּנִי וְלֹא מָעֲדוּ קַרְסֻלָּי׃ אֶרְדְּפָה

Persigo (38) . mis-tobillos titubean y-no debajo-de-mí mis-pasos

אֹיְבַי וָאַשְׁמִידֵם וְלֹא אָשׁוּב עַד־

hasta regreso y-no y-los-destruyo mis-enemigos

כַּלּוֹתָם׃ וָאֲכַלֵּם וָאֶמְחָצֵם וְלֹא

y-no y-los-aplasté Los-devoré (39) . destruirlos

יְקוּמוּן וַיִּפְּלוּ תַּחַת רַגְלָי׃ וַתַּזְרֵנִי
Y-me-ceñiste-de (40) . de-mis-pies debajo y-cayeron se-levantan

חַיִל לַמִּלְחָמָה תַּכְרִיעַ קָמַי תַּחְתֵּנִי׃
. debajo-de-mí a-mis-adversarios humillas para-la-batalla fuerza

וְאֹיְבַי תַּתָּה לִּי עֹרֶף מְשַׂנְאַי
los-que-me-odian (de)espalda a-mí pones Y-mis-enemigos (41)

וָאַצְמִיתֵם׃ יִשְׁעוּ וְאֵין מֹשִׁיעַ אֶל־ יְהוָה
Yahweh hacia salvador y-no-había Se-volvieron (42) . también-yo-destruyo

וְלֹא עָנָם׃ וְאֶשְׁחָקֵם כַּעֲפַר־ אֶרֶץ
tierra como-polvo-de Y-los-desmenuzo (43) . les-respondió pero-no

כְּטִיט־ חוּצוֹת אֲדִקֵּם אֶרְקָעֵם׃ וַתְּפַלְּטֵנִי
Y-me-libras (44) . los-pisoteo los-trituro calles como-lado-de

מֵרִיבֵי עַמִּי תִּשְׁמְרֵנִי לְרֹאשׁ גּוֹיִם עַם לֹא־
no pueblo naciones para-cabeza-de me-conservas mi-pueblo de-(las)contiendas-de

יָדַעְתִּי יַעַבְדֻנִי׃ בְּנֵי נֵכָר יִתְכַּחֲשׁוּ־
se-someten extranjero Hijos-de (45) . me-sirven conocía

לִי לִשְׁמוֹעַ אֹזֶן יִשָּׁמְעוּ לִי׃ בְּנֵי נֵכָר יִבֹּלוּ
se-debilitan extranjero Hijos-de (46) . a-mí obedecerán oído al-escuchar a-mí

וְיַחְגְּרוּ מִמִּסְגְּרוֹתָם׃ חַי־ יְהוָה
Yahweh Vida-de (47) . de-sus-fortines y-se-ciñen

וּבָרוּךְ צוּרִי וְיָרֻם אֱלֹהֵי צוּר
Roca-de Dios-de y-sea-exaltado mi-Roca y-bendita

יִשְׁעִי׃ הָאֵל הַנֹּתֵן נְקָמֹת לִי וּמוֹרִיד
y-sojuzga a-mí venganzas que-de El-Dios (48) . mi-salvación

עַמִּים תַּחְתֵּנִי׃ וּמוֹצִיאִי מֵאֹיְבָי
de-mis-enemigos Y-me-libra (49) . debajo-de-mí pueblos

וּמִקָּמַי תְּרוֹמְמֵנִי מֵאִישׁ חֲמָסִים תַּצִּילֵנִי׃
. me-libera violencias del-hombre-de me-enaltece y-más-que-a-mis-rivales

עַל־ כֵּן אוֹדְךָ יְהוָה בַּגּוֹיִם וּלְשִׁמְךָ
y-a-tu-nombre entre-las-naciones Yahweh te-alabaré eso Por (50)

אֲזַמֵּר׃ מִגְדּוֹל יְשׁוּעוֹת מַלְכּוֹ וְעֹשֶׂה־
y-hace su-rey victorias-de Por-grandeza-de (51) . cantaré

חֶסֶד לִמְשִׁיחוֹ לְדָוִד וּלְזַרְעוֹ
y-para-su-descendencia para-David para-su-ungido benevolencia

עַד־ עוֹלָם׃ וְאֵלֶּה דִּבְרֵי דָוִד הָאַחֲרֹנִים נְאֻם דָּוִד
David oráculo-de las-últimas David palabras-de Y-estas (1) . siempre por **Cap. 23**

בֶּן־ יִשַׁי וּנְאֻם הַגֶּבֶר הֻקַם עָל מְשִׁיחַ אֱלֹהֵי
Dios-de ungido-de arriba fue-puesto el-hombre y-oráculo-de Isaí hijo-de

יַעֲקֹב וּנְעִים זְמִרוֹת יִשְׂרָאֵל׃ רוּחַ יְהוָה דִּבֶּר־ בִּי
conmigo ha-hablado Yahweh (el)Espíritu-de (2) . Israel cantos-de y-dulce-cantor-de Jacob

וּמִלָּתוֹ עַל־ לְשׁוֹנִי׃ אָמַר אֱלֹהֵי יִשְׂרָאֵל לִי דִבֶּר
ha-hablado a-mí Israel Dios-de Ha-dicho (3) . mi-lengua sobre y-su-palabra

צוּר יִשְׂרָאֵל מוֹשֵׁל בָּאָדָם צַדִּיק מוֹשֵׁל יִרְאַת
(el)temor-de gobierna justamente en-el-hombre gobierna : Israel (la)Roca-de

אֱלֹהִים׃ וּכְאוֹר בֹּקֶר יִזְרַח־ שָׁמֶשׁ בֹּקֶר לֹא עָבוֹת
nubes sin mañana sol lucirá mañana Y-como-luz-de (4) . Dios

מִנֹּגַהּ מִמָּטָר דֶּשֶׁא מֵאָרֶץ׃ כִּי־ לֹא־ כֵן
así ¿no-es Pues (5) . de-tierra césped por-lluvia como-brilla

בֵּיתִי עִם־ אֵל כִּי בְרִית עוֹלָם שָׂם לִי
conmigo estableció perpetua alianza pues ? Dios con mi-casa

עֲרוּכָה בַכֹּל וּשְׁמֻרָה כִּי־ כָל־ יִשְׁעִי
mi-salvación toda ¿pues y-guardada en-todo ordenada

וְכָל־ חֵפֶץ כִּי־ לֹא יַצְמִיחַ׃ וּבְלִיַּעַל

Pero-impío (6) ? hará-florecer no pues deseo y-todo

כְּקוֹץ מֻנָד כֻּלָּהֶם כִּי־ לֹא בְיָד יִקָּחוּ׃

. pueden-cogerse con-mano no pues todos-ellos arrancada como-espina

וְאִישׁ יִגַּע בָּהֶם יִמָּלֵא בַרְזֶל וְעֵץ חֲנִית

lanza o-fuste-de hierro se-sirve-de a-ellos toque Y-cualquiera (7)

וּבָאֵשׁ שָׂרוֹף יִשָּׂרְפוּ בַּשָּׁבֶת׃ אֵלֶּה שְׁמוֹת

los-nombres-de Éstos (8) . en-el-sitio son-quemados quemar y-con-fuego

הַגִּבֹּרִים אֲשֶׁר לְדָוִד יֹשֵׁב בַּשֶּׁבֶת תַּחְכְּמֹנִי ׀ רֹאשׁ הַשָּׁלִשִׁי

la-guardia jefe-de tacmonita basébet Joseb- para-David que los-héroes

הוּא עֲדִינוֹ הָעֶצְנוֹ עַל־ שְׁמֹנֶה מֵאוֹת חָלָל בְּפַעַם אֶחָד׃

. una en-vez atravesados cientos ocho contra el-eznita Adino él

וְאַחֲרָו אֶלְעָזָר בֶּן־ דֹדִי בֶּן־ אֲחֹחִי בִּשְׁלֹשָׁה

de-tres Ahohí hijo-de Dodó hijo-de Eleazar Y-después-de-él (9)

גִבֹּרִים עִם־ דָּוִד בְּחָרְפָם בַּפְּלִשְׁתִּים

contra-los-filisteos al-desafiarles David con valientes

נֶאֶסְפוּ־ שָׁם לַמִּלְחָמָה וַיַּעֲלוּ אִישׁ יִשְׂרָאֵל׃

. Israel (los)hombre-de y-se-retiraron para-la-batalla allí se-habían-reunido

הוּא קָם וַיַּךְ בַּפְּלִשְׁתִּים עַד ׀ כִּי־

que hasta a-los-filisteos e-hirió se-levantó Él (10)

יָגְעָה יָדוֹ וַתִּדְבַּק יָדוֹ אֶל־ הַחֶרֶב

la-espada a su-mano y-se-pegó su-mano se-cansó

וַיַּעַשׂ יְהוָה תְּשׁוּעָה גְדוֹלָה בַּיּוֹם הַהוּא וְהָעָם

y-el-pueblo el-aquel en-el-día grande victoria Yahweh e-hizo

יָשֻׁבוּ אַחֲרָיו אַךְ־ לְפַשֵּׁט׃ וְאַחֲרָיו שַׁמָּא בֶן־ אָגֵא

Agé hijo-de Samá Y-después-de-él (11) . para-despojar sólo detrás-de-él volvieron

הָרָרִי וַיֵּאָסְפוּ פְלִשְׁתִּים לַחַיָּה וַתְּהִי־ שָׁם
allí y-había en-Lehí filisteos y-se-habían-reunido ararita

חֶלְקַת הַשָּׂדֶה מְלֵאָה עֲדָשִׁים וְהָעָם נָס מִפְּנֵי
delante-de huyó y-el-pueblo lentejas llena-de el-campo parcela-de

פְלִשְׁתִּים׃ (12) וַיִּתְיַצֵּב בְּתוֹךְ־ הַחֶלְקָה וַיַּצִּילֶהָ
y-la-defendió la-parcela en-medio-de Y-se-paró (12) . filisteos

וַיַּךְ אֶת־ פְּלִשְׁתִּים וַיַּעַשׂ יְהוָה תְּשׁוּעָה גְדוֹלָה׃
. grande victoria Yahweh y-realizó filisteos a y-venció

(13) וַיֵּרְדוּ שְׁלֹשִׁים מֵהַשְּׁלֹשִׁים רֹאשׁ וַיָּבֹאוּ אֶל־
durante y-vinieron jefes de-los-treinta tres Y-descendieron (13)

קָצִיר אֶל־ דָּוִד אֶל־ מְעָרַת עֲדֻלָּם וְחַיַּת פְּלִשְׁתִּים חֹנָה
acampaba filisteos y-campamento-de Adulam (la)cueva-de a David a siega

בְּעֵמֶק רְפָאִים׃ (14) וְדָוִד אָז בַּמְּצוּדָה וּמַצַּב
y-guarnición-de en-la-fortaleza entonces Y-David (14) . Refaím en-valle-de

פְּלִשְׁתִּים אָז בֵּית לָחֶם׃ (15) וַיִּתְאַוֶּה דָוִד וַיֹּאמַר מִי
quién : y-dijo David Y-tuvo-un-deseo (15) . (en)Belén entonces filisteos

יַשְׁקֵנִי מַיִם מִבֹּאר בֵּית־ לֶחֶם אֲשֶׁר בַּשָּׁעַר׃
. en-la-puerta que Belén de-pozo-de aguas me-diera-a-beber

(16) וַיִּבְקְעוּ שְׁלֹשֶׁת הַגִּבֹּרִים בְּמַחֲנֵה פְלִשְׁתִּים
filisteos en-(el)campamento-de los-valientes tres-de E-irrumpieron (16)

וַיִּשְׁאֲבוּ־ מַיִם מִבֹּאר בֵּית־ לֶחֶם אֲשֶׁר בַּשַּׁעַר
en-la-puerta que Belén de-pozo-de aguas y-sacaron

וַיִּשְׂאוּ וַיָּבִאוּ אֶל־ דָּוִד וְלֹא אָבָה לִשְׁתּוֹתָם
beberlas quiso pero-no David a y-trajeron y-tomaron

וַיַּסֵּךְ אֹתָם לַיהוָה׃ (17) וַיֹּאמֶר חָלִילָה לִּי
a-mí líbreme : Y-dijo (17) . para-Yahweh a-ellas y-derramó

יְהוָה מֵעֲשֹׂתִי זֹאת הֲדַם הָאֲנָשִׁים הַהֹלְכִים בְּנַפְשׁוֹתָם
? con-sus-vidas que-fueron los-hombres ¿sangre-de esto de-mi-hacer Yahweh

וְלֹא אָבָה לִשְׁתּוֹתָם אֵלֶּה עָשׂוּ שְׁלֹשֶׁת הַגִּבֹּרִים׃
. los-valientes tres-de hicieron esto beberlas quiso y-no

(18) וַאֲבִישַׁי אֲחִי ׀ יוֹאָב בֶּן־צְרוּיָה הוּא רֹאשׁ הַשְּׁלֹשִׁי וְהוּא
y-él la-guardia jefe-de él-era Sarvia hijo-de Joab hermano-de Y-Abisay (18)

עוֹרֵר אֶת־חֲנִיתוֹ עַל־שְׁלֹשׁ מֵאוֹת חָלָל וְלוֹ־
y-para-él atravesados cientos tres contra su-lanza ** alzó

שֵׁם בַּשְּׁלֹשָׁה׃ (19) מִן־הַשְּׁלֹשָׁה הֲכִי נִכְבָּד
es-honrado ¿acaso los-tres De (19) . con-los-tres fama

וַיְהִי לָהֶם לְשָׂר וְעַד־הַשְּׁלֹשָׁה לֹא־בָא׃
. llegó no los-tres pero-hasta como-jefe para-ellos y-llegó-a-ser

(20) וּבְנָיָהוּ בֶן־יְהוֹיָדָע בֶּן־אִישׁ־חַי רַב־פְּעָלִים
proezas grande-de valor hombre-de hijo-de Joyadá hijo-de Benayá (20)

מִקַּבְצְאֵל הוּא הִכָּה אֵת שְׁנֵי אֲרִאֵל מוֹאָב וְהוּא
y-él Moab ariel-de dos-de a mató él de-Cabseel

יָרַד וְהִכָּה אֶת־הָאֲרִיה בְּתוֹךְ הַבֹּאר בְּיוֹם הַשָּׁלֶג׃
. la-nieve en-día-de el-pozo en-medio-de el-león a y-mató bajó

(21) וְהוּא־הִכָּה אֶת־אִישׁ מִצְרִי אֲשֶׁר מַרְאֶה וּבְיַד
y-en-mano-de aparente que egipcio hombre a mató Y-él (21)

הַמִּצְרִי חֲנִית וַיֵּרֶד אֵלָיו בַּשָּׁבֶט וַיִּגְזֹל אֶת־
** y-arrebató con-la-vara contra-él y-bajó lanza el-egipcio

הַחֲנִית מִיַּד הַמִּצְרִי וַיַּהַרְגֵהוּ בַּחֲנִיתוֹ׃
. con-su-lanza y-lo-mató el-egipcio de-(la)mano-de la-lanza

(22) אֵלֶּה עָשָׂה בְּנָיָהוּ בֶּן־יְהוֹיָדָע וְלוֹ־שֵׁם בַּשְּׁלֹשָׁה
con-tres fama y-para-él Joyadá hijo-de Benayá hizo Esto (22)

הַגִּבֹּרִים׃ מִן־ הַשְּׁלֹשִׁים נִכְבָּד וְאֶל־ הַשְּׁלֹשָׁה
los-tres pero-a honrado los-treinta De (23) . los-valientes

לֹא־ בָא וַיְשִׂמֵהוּ דָוִד אֶל־ מִשְׁמַעְתּוֹ׃
. su-guardia-personal sobre David y-lo-puso llegó no

עֲשָׂה־אֵל אֲחִי־ יוֹאָב בַּשְּׁלֹשִׁים אֶלְחָנָן בֶּן־ דֹּדוֹ בֵּית לָחֶם׃
. Belén Dodó hijo-de Elhanán entre-los-treinta Joab hermano-de Asael (24)

שַׁמָּה הַחֲרֹדִי אֱלִיקָא הַחֲרֹדִי׃ חֶלֶץ הַפַּלְטִי עִירָא
Irá el-paltita Heles (26) . el-harodita Elicá el-harodita Samá (25)

בֶן־ עִקֵּשׁ הַתְּקוֹעִי׃ אֲבִיעֶזֶר הָעַנְּתֹתִי מְבֻנַּי
Mebunay el-anatotita Abiezer (27) . el-tecoíta Iqués hijo-de

הַחֻשָׁתִי׃ צַלְמוֹן הָאֲחֹחִי מַהְרַי הַנְּטֹפָתִי׃ חֵלֶב
Héleb (29) . el-netofatita Maharay el-ahohíta Salmón (28) . el-husatita

בֶּן־ בַּעֲנָה הַנְּטֹפָתִי אִתַּי בֶּן־ רִיבַי מִגִּבְעַת בְּנֵי
hijos-de de-Guibeá-de Ribay hijo-de Itay el-netofatita Baaná hijo-de

בִנְיָמִן׃ בְּנָיָהוּ פִּרְעָתֹנִי הִדַּי מִנַּחֲלֵי גָעַשׁ׃ אֲבִי־עַלְבוֹן
albón Abí- (31) . Gaas de-arroyos-de Hiday piratonita Benayá (30) . Benjamín

הָעַרְבָתִי עַזְמָוֶת הַבַּרְחֻמִי׃ אֶלְיַחְבָּא הַשַּׁעַלְבֹנִי בְּנֵי
hijos-de el-saalbonita Elyabá (32) . barhumita Azmávet el-arbatita

יָשֵׁן יְהוֹנָתָן׃ שַׁמָּה הַהֲרָרִי אֲחִיאָם בֶּן־ שָׁרָר הָאֲרָרִי׃
. el-ararita Sarar hijo-de Ahiam el-ararita Samá (33) . Jonatán Jasén

אֱלִיפֶלֶט בֶּן־ אֲחַסְבַּי בֶּן־ הַמַּעֲכָתִי אֱלִיעָם בֶּן־ אֲחִיתֹפֶל
Ahitófel hijo-de Eliam el-macatita hijo-de Ahasbay hijo-de Elifélet (34)

הַגִּלֹנִי׃ חֶצְרַו הַכַּרְמְלִי פַּעֲרַי הָאַרְבִּי׃ יִגְאָל בֶּן־
hijo-de Igal (36) . el-arbita Paaray el-carmelita Hezray (35) . el-gilonita

נָתָן מִצֹּבָה בָּנִי הַגָּדִי׃ צֶלֶק הָעַמֹּנִי נַחְרַי
Naharay el-amonita Sélec (37) . el-gadita Baní de-Sobá Natán

הַבְּאֶרֹתִי נֹשֵׂאי כְּלֵי יוֹאָב בֶּן־צְרֻיָה׃ עִירָא הַיִּתְרִי

el-itrita Irá (38) . Sarvia hijo-de Joab armas-de que-lleva el-beerotita

גָּרֵב הַיִּתְרִי׃ אוּרִיָּה הַחִתִּי כֹּל שְׁלֹשִׁים וְשִׁבְעָה׃

. y-siete treinta total el-heteo Urías (39) . el-itrita Gareb

וַיֹּסֶף אַף־יְהוָה לַחֲרוֹת בְּיִשְׂרָאֵל וַיָּסֶת

Cap. 24 e-incitó contra-Israel a-encenderse Yahweh (la)ira-de Y-volvió (1)

אֶת־דָּוִד בָּהֶם לֵאמֹר לֵךְ מְנֵה אֶת־יִשְׂרָאֵל וְאֶת־יְהוּדָה׃ וַיֹּאמֶר

Y-dijo (2) . Judá y-a Israel a cuenta ve : diciendo contra-ellos David a

הַמֶּלֶךְ אֶל־יוֹאָב׀ שַׂר־הַחַיִל אֲשֶׁר־אִתּוֹ שׁוּט־נָא בְּכָל־

por-todas pues recorre : con-él que el-ejército jefe-de Joab a el-rey

שִׁבְטֵי יִשְׂרָאֵל מִדָּן וְעַד־בְּאֵר שֶׁבַע וּפִקְדוּ אֶת־הָעָם

el-pueblo a e-inspeccionad seba Beer- y-hasta desde-Dan Israel (las)tribus-de

וְיָדַעְתִּי אֵת מִסְפַּר הָעָם׃ וַיֹּאמֶר יוֹאָב אֶל־הַמֶּלֶךְ

: el-rey a Joab Y-dijo (3) . la-gente (el)número-de ** y-sepa-yo

וְיוֹסֵף יְהוָה אֱלֹהֶיךָ אֶל־הָעָם כָּהֵם׀ וְכָהֵם

y-como-ellos como-ellos el-pueblo a tu-Dios Yahweh añada

מֵאָה פְעָמִים וְעֵינֵי אֲדֹנִי־הַמֶּלֶךְ רֹאוֹת וַאדֹנִי

y-mi-señor vean el-rey mi-señor y-ojos-de veces cien

הַמֶּלֶךְ לָמָּה חָפֵץ בַּדָּבָר הַזֶּה׃ וַיֶּחֱזַק דְּבַר־

(la)palabra-de Y-se-endureció (4) ? la-ésta en-la-cosa se-complace ¿por-qué el-rey

הַמֶּלֶךְ אֶל־יוֹאָב וְעַל שָׂרֵי הֶחָיִל וַיֵּצֵא יוֹאָב

Joab y-salió el-ejército (los)jefes-de y-sobre Joab sobre el-rey

וְשָׂרֵי הַחַיִל לִפְנֵי הַמֶּלֶךְ לִפְקֹד אֶת־הָעָם

el-pueblo a para-inspeccionar el-rey ante el-ejército y-los-jefes-de

אֶת־יִשְׂרָאֵל׃ וַיַּעַבְרוּ אֶת־הַיַּרְדֵּן וַיַּחֲנוּ בַעֲרוֹעֵר

en-Aroer y-acamparon el-Jordán ** Y-cruzaron (5) . Israel a

יְמִין הָעִיר אֲשֶׁר בְּתוֹךְ־ הַנַּחַל הַגָּד וְאֶל־ יַעְזֵר׃

. Jazer y-hacia el-Gad el-valle en-medio-de que la-ciudad a-derecha-de

וַיָּבֹאוּ הַגִּלְעָדָה וְאֶל־ אֶרֶץ תַּחְתִּים חָדְשִׁי וַיָּבֹאוּ

y-fueron Hodsí Tahtim (la)tierra-de y-hacia a-Galaad Y-fueron (6)

דָּנָה יַּעַן וְסָבִיב אֶל־ צִידוֹן׃ וַיָּבֹאוּ מִבְצַר־ צֹר

Tiro a-(la)fortaleza-de Y-fueron (7) . Sidón hacia y-alrededor jaán a-Dana-

וְכָל־ עָרֵי הַחִוִּי וְהַכְּנַעֲנִי וַיֵּצְאוּ אֶל־ נֶגֶב

(el)sur-de hacia y-salieron y-el-cananeo el-heveo (las)ciudades-de y-todas

יְהוּדָה בְּאֵר שָׁבַע׃ וַיָּשֻׁטוּ בְּכָל־ הָאָרֶץ וַיָּבֹאוּ

y-llegaron la-tierra por-toda Y-recorrieron (8) . seba a-Beer- Judá

מִקְצֵה תִשְׁעָה חֳדָשִׁים וְעֶשְׂרִים יוֹם יְרוּשָׁלִָם׃ וַיִּתֵּן יוֹאָב אֶת־

** Joab Y-dio (9) . a-Jerusalén días y-veinte meses nueve (al)final-de

מִסְפַּר מִפְקַד־ הָעָם אֶל־ הַמֶּלֶךְ וַתְּהִי יִשְׂרָאֵל שְׁמֹנֶה מֵאוֹת

cientos ocho Israel y-era el-rey a el-pueblo el-censo-de (el)número-de

אֶלֶף אִישׁ־ חַיִל שֹׁלֵף חֶרֶב וְאִישׁ יְהוּדָה חֲמֵשׁ־ מֵאוֹת

cientos cinco Judá y-hombres-de espada que-desenvainan valor hombres-de mil

אֶלֶף אִישׁ׃ וַיַּךְ לֵב־ דָּוִד אֹתוֹ אַחֲרֵי־ כֵן סָפַר

él-hubo-contado esto tras a-él David (el)corazón-de Y-golpeó (10) . hombres mil

אֶת־ הָעָם וַיֹּאמֶר דָּוִד אֶל־ יְהוָה חָטָאתִי מְאֹד אֲשֶׁר עָשִׂיתִי

he-hecho con-lo-que mucho he-pecado : Yahweh a David y-dijo el-pueblo a

וְעַתָּה יְהוָה הַעֲבֶר־ נָא אֶת־ עֲוֺן עַבְדְּךָ כִּי נִסְכַּלְתִּי

fui-necio pues tu-siervo culpa-de ** pues haz-pasar Yahweh y-ahora

מְאֹד׃ וַיָּקָם דָּוִד בַּבֹּקֶר וּדְבַר־ יְהוָה הָיָה אֶל־

sobre estuvo Yahweh y-palabra-de por-la-mañana David Y-se-levantó (11) . mucho

גָּד הַנָּבִיא חֹזֵה דָוִד לֵאמֹר׃ הָלוֹךְ וְדִבַּרְתָּ אֶל־ דָּוִד כֹּה

así : David a y-di Ve (12) . diciendo David vidente-de el-profeta Gad

אָמַר יְהוָה שָׁלֹשׁ אָנֹכִי נוֹטֵל עָלֶיךָ בְּחַר־ לְךָ אַחַת־ מֵהֶם
de-ellas una para-ti elige a-ti propongo yo tres : Yaweh ha-dicho

וְאֶעֱשֶׂה־ לָּךְ׃ וַיָּבֹא־ גָד אֶל־ דָּוִד וַיַּגֶּד־ לוֹ
a-él y-contó David a Gad Y-fue (13) . a-ti y-yo-haré

וַיֹּאמֶר לוֹ הֲתָבוֹא לְךָ שֶׁבַע שָׁנִים ׀ רָעָב ׀ בְּאַרְצֶךָ
en-tu-tierra hambre años siete para-ti ¿acaso-vendrá : a-él y-dijo

אִם־ שְׁלֹשָׁה חֳדָשִׁים נֻסְךָ לִפְנֵי־ צָרֶיךָ וְהוּא רֹדְפֶךָ
persiguiéndote y-él tus-adversarios ante de-huir-tú meses tres o

וְאִם־ הֱיוֹת שְׁלֹשֶׁת יָמִים דֶּבֶר בְּאַרְצֶךָ עַתָּה דַּע וּרְאֵה מָה־
¿qué y-mira piensa ahora ? en-tu-tierra peste días tres haber o

אָשִׁיב שֹׁלְחִי דָּבָר׃ וַיֹּאמֶר דָּוִד אֶל־ גָּד צַר־
angustia : Gad a David Y-dijo (14) ? palabra al-que-me-envía responderé

לִי מְאֹד נִפְּלָה־ נָּא בְיַד־ יְהוָה כִּי־ רַבִּים רַחֲמָו
sus-misericordias grandes pues Yahweh en-mano-de pues caigamos grande para-mí

וּבְיַד־ אָדָם אַל־ אֶפֹּלָה׃ וַיִּתֵּן יְהוָה דֶּבֶר בְּיִשְׂרָאֵל
contra-Israel peste Yahweh Y-envió (15) . caiga-yo no hombres y-en-mano-de

מֵהַבֹּקֶר וְעַד־ עֵת מוֹעֵד וַיָּמָת מִן־ הָעָם
el-pueblo de y-murió fijado tiempo y-hasta de-la-mañana

מִדָּן וְעַד־ בְּאֵר שֶׁבַע שִׁבְעִים אֶלֶף אִישׁ׃ וַיִּשְׁלַח
Y-extendió (16) . hombres mil setenta seba Beer- y-hasta desde-Dan

יָדוֹ הַמַּלְאָךְ ׀ יְרוּשָׁלַםִ לְשַׁחֲתָהּ וַיִּנָּחֶם יְהוָה
Yahweh pero-se-compadeció para-destruirla a-Jersualén el-ángel su-mano

אֶל־ הָרָעָה וַיֹּאמֶר לַמַּלְאָךְ הַמַּשְׁחִית
que-estaba-destruyendo al-ángel y-dijo la-desgracia de

בָּעָם רַב עַתָּה הֶרֶף יָדֶךָ וּמַלְאַךְ יְהוָה
Yahweh y-(el)ángel-de ; tu-mano detén ahora basta al-pueblo

הָיָה עִם־ גֹּרֶן הָאֳוַרְנָה הַיְבֻסִי׃ וַיֹּאמֶר דָּוִד
David Y-dijo (17) . el-jebuseo Arauna (la)era-de en estaba

אֶל־ יְהוָה בִּרְאֹתוֹ ׀ אֶת־ הַמַּלְאָךְ ׀ הַמַּכֶּה בָעָם
contra-el-pueblo que-estaba-golpeando el-ángel a al-ver-él Yahweh a

וַיֹּאמֶר הִנֵּה אָנֹכִי חָטָאתִי וְאָנֹכִי הֶעֱוֵיתִי וְאֵלֶּה הַצֹּאן מֶה
¿qué el-rebaño pero-estos he-faltado y-yo he-pecado yo he-aquí-que : y-dijo

עָשׂוּ תְּהִי נָא יָדְךָ בִּי וּבְבֵית אָבִי׃
. mi-padre y-contra-(la)casa-de contra-mí tu-mano pues sea ? han-hecho

וַיָּבֹא־ גָד אֶל־ דָּוִד בַּיּוֹם הַהוּא וַיֹּאמֶר לוֹ עֲלֵה
sube : a-él y-dijo el-aquel en-el-día David a Gad Y-vino (18)

הָקֵם לַיהוָה מִזְבֵּחַ בְּגֹרֶן אֲרַנְיָה הַיְבֻסִי׃
. el-jebuseo Arauna en-era-de un-altar para-Yahweh levanta

וַיַּעַל דָּוִד כִּדְבַר־ גָּד כַּאֲשֶׁר צִוָּה יְהוָה׃
. Yahweh había-ordenado según Gad como-palabra-de David Y-subió (19)

וַיַּשְׁקֵף אֲרַוְנָה וַיַּרְא אֶת־ הַמֶּלֶךְ וְאֶת־ עֲבָדָיו
sus-siervos y-a el-rey a y-vio Arauna Y-miró (20)

עֹבְרִים עָלָיו וַיֵּצֵא אֲרַוְנָה וַיִּשְׁתַּחוּ לַמֶּלֶךְ
ante-el-rey y-se-posternó Arauna y-salió hacia-él cruzando

אַפָּיו אָרְצָה׃ וַיֹּאמֶר אֲרַוְנָה מַדּוּעַ בָּא אֲדֹנִי־
mi-señor viene ¿por-qué : Arauna Y-dijo (21) . a-tierra su-rostro

הַמֶּלֶךְ אֶל־ עַבְדּוֹ וַיֹּאמֶר דָּוִד לִקְנוֹת מֵעִמְּךָ אֶת־
** de-contigo a-comprar : David y-dijo ? su-siervo a el-rey

הַגֹּרֶן לִבְנוֹת מִזְבֵּחַ לַיהוָה וְתֵעָצַר הַמַּגֵּפָה
la-plaga y-sea-detenida a-Yahweh un-altar para-construir la-era

מֵעַל הָעָם׃ וַיֹּאמֶר אֲרַוְנָה אֶל־ דָּוִד יִקַּח
tome : David a Arauna Y-dijo (22) . el-pueblo de-sobre

וְיַעַל אֲדֹנִי הַמֶּלֶךְ הַטּוֹב בְּעֵינָו רְאֵה הַבָּקָר
la-res ve a-sus-ojos lo-bueno el-rey mi-señor y-ofrezca

לָעֹלָה וְהַמֹּרִגִּים וּכְלֵי הַבָּקָר
la-res y-arreos-de y-los-trillos para-el-holocausto

לָעֵצִים׃ הַכֹּל נָתַן אֲרַוְנָה הַמֶּלֶךְ לַמֶּלֶךְ
al-rey oh-rey Arauna ha-entregado todo (23) . para-leña

וַיֹּאמֶר אֲרַוְנָה אֶל־ הַמֶּלֶךְ יְהוָה אֱלֹהֶיךָ יִרְצֶךָ׃
. te-sea-favorable tu-Dios Yahweh : el-rey a Arauna y-dijo

וַיֹּאמֶר הַמֶּלֶךְ אֶל־ אֲרַוְנָה לֹא כִּי־ קָנוֹ אֶקְנֶה
compraré comprar ciertamente no : Arauna a el-rey Y-dijo (24)

מֵאוֹתְךָ בִּמְחִיר וְלֹא אַעֲלֶה לַיהוָה אֱלֹהַי
mi-Dios a-Yahweh ofreceré pues-no por-precio de-ti

עֹלוֹת חִנָּם וַיִּקֶן דָּוִד אֶת־ הַגֹּרֶן
la-era ** David y-compró gratuitos holocaustos

וְאֶת־ הַבָּקָר בְּכֶסֶף שְׁקָלִים חֲמִשִּׁים׃ וַיִּבֶן שָׁם דָּוִד מִזְבֵּחַ
un-altar David allí Y-construyó (25) . cincuenta siclos por-plata la-res

לַיהוָה וַיַּעַל עֹלוֹת וּשְׁלָמִים
y-sacrificios-pacíficos holocaustos y-ofreció a-Yahweh

וַיֵּעָתֵר יְהוָה לָאָרֶץ וַתֵּעָצַר
y-fue-detenida respecto-al-país Yahweh y-se-aplacó

הַמַּגֵּפָה מֵעַל יִשְׂרָאֵל׃
. Israel de-sobre la-plaga

1 REYES

בַּיָּמִים	בָּא	זָקֵן	דָּוִד	וְהַמֶּלֶךְ	
en-los-días	entrado	era-anciano	David	Y-el-rey	(1)

לוֹ׃	יִחַם	וְלֹא	בַּבְּגָדִים	וַיְכַסֻּהוּ
. para-él	había-calor	y-no	con-ropas	y-le-cubrían

לַאדֹנִי	יְבַקְשׁוּ	עֲבָדָיו	לוֹ	וַיֹּאמְרוּ	
para-mi-señor	busquen	: sus-siervos	a-él	Y-dijeron	(2)

וּתְהִי־	הַמֶּלֶךְ	לִפְנֵי	וְעָמְדָה	בְתוּלָה	נַעֲרָה	הַמֶּלֶךְ
y-sea	el-rey	ante	y-permanezca	doncella	una-joven	el-rey

וְחַם	בְחֵיקֶךָ	וְשָׁכְבָה	סֹכֶנֶת	לוֹ
y-haya-calor	en-tu-regazo	y-se-acueste	cuidadora	para-él

בְּכֹל	יָפָה	נַעֲרָה	וַיְבַקְשׁוּ		הַמֶּלֶךְ׃	לַאדֹנִי
en-todo	hermosa	una-joven	Y-buscaron	(3)	. el-rey	para-mi-señor

וַיָּבִאוּ	הַשּׁוּנַמִּית	אֲבִישַׁג	אֶת־	וַיִּמְצְאוּ	יִשְׂרָאֵל	גְּבוּל
y-trajeron	la-sunamita	Abisag	a	y-encontraron	Israel	(el)territorio-de

וַתְּהִי	מְאֹד	עַד־	יָפָה	וְהַנַּעֲרָה		לַמֶּלֶךְ׃	אֹתָהּ
y-fue	mucho	hasta	hermosa	Y-la-joven	(4)	. al-rey	a-ella

יְדָעָהּ׃	לֹא	וְהַמֶּלֶךְ	וַתְּשָׁרְתֵהוּ	סֹכֶנֶת	לַמֶּלֶךְ
. la-conoció	no	y-el-rey	y-le-sirvió	cuidadora	para-el-rey

אֶמְלֹךְ	אֲנִי	לֵאמֹר	מִתְנַשֵּׂא	חַגִּית	בֶּן־	וַאֲדֹנִיָּה	
reinaré	yo	: diciendo	se-engreía	Haguit	hijo-de	Y-Adonías	(5)

וַיַּעַשׂ לוֹ רֶכֶב וּפָרָשִׁים וַחֲמִשִּׁים אִישׁ רָצִים
que-corrían hombres y-cincuenta y-jinetes un-carro para-él e-hizo

לְפָנָיו׃ וְלֹא־עֲצָבוֹ אָבִיו מִיָּמָיו
en-sus-días su-padre le-había-reprochado Y-no (6) . ante-él

לֵאמֹר מַדּוּעַ כָּכָה עָשִׂיתָ וְגַם־הוּא טוֹב־תֹּאַר מְאֹד וְאֹתוֹ יָלְדָה
ella-había-parido y-a-él mucho aspecto hermoso-de él y-también ? has-hecho así ¿por-qué : diciendo

אַחֲרֵי אַבְשָׁלוֹם׃ וַיִּהְיוּ דְבָרָיו עִם יוֹאָב בֶּן־צְרוּיָה
Sarvia hijo-de Joab con palabras-suyas Y-había (7) . Absalón tras

וְעִם אֶבְיָתָר הַכֹּהֵן וַיַּעְזְרוּ אַחֲרֵי אֲדֹנִיָּה׃ וְצָדוֹק
Pero-Sadoc (8) . Adonías tras y-ellos-ayudaban el-sacerdote Abiatar y-con

הַכֹּהֵן וּבְנָיָהוּ בֶן־יְהוֹיָדָע וְנָתָן הַנָּבִיא וְשִׁמְעִי
y-Simeí el-profeta y-Natán Joyadá hijo-de y-Benayá el-sacerdote

וְרֵעִי וְהַגִּבּוֹרִים אֲשֶׁר לְדָוִד לֹא הָיוּ עִם־אֲדֹנִיָּהוּ׃
. Adonías con estaban no para-David que y-los-valientes y-Reí

וַיִּזְבַּח אֲדֹנִיָּהוּ צֹאן וּבָקָר וּמְרִיא עִם אֶבֶן
(la)piedra-de junto-a y-animales-cebados ganado-mayor ganado-menor Adonías Y-sacrificó (9)

הַזֹּחֶלֶת אֲשֶׁר־אֵצֶל עֵין רֹגֵל וַיִּקְרָא אֶת־כָּל־אֶחָיו
sus-hermanos todos a y-llamó Rogel en junto-a que Zohélet

בְּנֵי הַמֶּלֶךְ וּלְכָל־אַנְשֵׁי יְהוּדָה עַבְדֵי הַמֶּלֶךְ׃ וְאֶת־
Pero-a (10) . el-rey siervos-de Judá (los)hombres-de y-a-todos el-rey hijos-de

נָתָן הַנָּבִיא וּבְנָיָהוּ וְאֶת־הַגִּבּוֹרִים וְאֶת־שְׁלֹמֹה אָחִיו
su-hermano Salomón y-a los-valientes y-a y-Benayá el-profeta Natán

לֹא קָרָא׃ וַיֹּאמֶר נָתָן אֶל־בַּת־שֶׁבַע אֵם־שְׁלֹמֹה
Salomón madre-de sabé Bet- a Natán Y-habló (11) . llamó no

לֵאמֹר הֲלוֹא שָׁמַעַתְּ כִּי מָלַךְ אֲדֹנִיָּהוּ בֶן־חַגִּית
Haguit hijo-de Adonías se-ha-hecho-rey que has-escuchado ¿acaso-no : diciendo

וַאֲדֹנֵינוּ דָוִד לֹא יָדָע׃ וְעַתָּה לְכִי אִיעָצֵךְ נָא

pues yo-te-aconsejaré ve Y-ahora (12) ? ha-sabido no David y-nuestro-señor

עֵצָה וּמַלְּטִי אֶת־ נַפְשֵׁךְ וְאֶת־ נֶפֶשׁ בְּנֵךְ שְׁלֹמֹה׃ לְכִי

Ve (13) . Salomón tu-hijo la-vida-de y tu-vida ** y-salva un-consejo

וּבֹאִי ׀ אֶל־ הַמֶּלֶךְ דָּוִד וְאָמַרְתְּ אֵלָיו הֲלֹא־אַתָּה אֲדֹנִי הַמֶּלֶךְ

el-rey mi-señor tú ¿acaso-no : a-él y-di David el-rey a y-llega

נִשְׁבַּעְתָּ לַאֲמָתְךָ לֵאמֹר כִּי־ שְׁלֹמֹה בְנֵךְ יִמְלֹךְ

reinará tu-hijo Salomón en-verdad : diciendo a-tu-servidora juraste

אַחֲרַי וְהוּא יֵשֵׁב עַל־ כִּסְאִי וּמַדּוּעַ מָלַךְ אֲדֹנִיָהוּ׃

? Adonías se-ha-hecho-rey ¿y-por-qué ? mi-trono sobre se-sentará y-él tras-mí

הִנֵּה עוֹדָךְ מְדַבֶּרֶת שָׁם עִם־ הַמֶּלֶךְ וַאֲנִי אָבוֹא אַחֲרַיִךְ

tras-ti llegaré y-yo el-rey con allí estarás-hablando aún-tú He-aquí-que (14)

וּמִלֵּאתִי אֶת־ דְּבָרָיִךְ׃ וַתָּבֹא בַת־ שֶׁבַע אֶל־הַמֶּלֶךְ

el-rey a sabé Bet- Y-fue (15) . tus-palabras ** y-completaré

הַחַדְרָה וְהַמֶּלֶךְ זָקֵן מְאֹד וַאֲבִישַׁג הַשּׁוּנַמִּית מְשָׁרַת

sirviendo la-sunamita y-Abisag mucho anciano y-el-rey a-la-habitación

אֶת־הַמֶּלֶךְ׃ וַתִּקֹּד בַּת־ שֶׁבַע וַתִּשְׁתַּחוּ לַמֶּלֶךְ

ante-el-rey y-se-prosternó sabé Bet- Y-se-inclinó (16) . el-rey a

וַיֹּאמֶר הַמֶּלֶךְ מַה־ לָּךְ׃ וַתֹּאמֶר לוֹ אֲדֹנִי

mi-señor : a-él Y-dijo (17) ? para-ti ¿qué : el-rey y-dijo

אַתָּה נִשְׁבַּעְתָּ בַּיהוָה אֱלֹהֶיךָ לַאֲמָתֶךָ כִּי־ שְׁלֹמֹה

Salomón ciertamente : a-tu-servidora tu-Dios por-Yahweh juraste tú

בְנֵךְ יִמְלֹךְ אַחֲרָי וְהוּא יֵשֵׁב עַל־ כִּסְאִי׃

. mi-trono sobre se-sentará y-él tras-mí reinará tu-hijo

וְעַתָּה הִנֵּה אֲדֹנִיָּה מָלָךְ וְעַתָּה אֲדֹנִי הַמֶּלֶךְ לֹא

no el-rey mi-señor y-ahora se-ha-hecho-rey Adonías he-aquí-que Y-ahora (18)

יָדָעְתָּ׃ וַיִּזְבַּח שׁוֹר וּמְרִיא־ וְצֹאן

y-ganado-menor y-animales-cebados toros Y-ha-sacrificado (19) . ha-sabido

לָרֹב וַיִּקְרָא לְכָל־ בְּנֵי הַמֶּלֶךְ וּלְאֶבְיָתָר

y-a-Abiatar el-rey (los)hijos-de a-todos y-ha-llamado en-abundancia

הַכֹּהֵן וּלְיֹאָב שַׂר הַצָּבָא וְלִשְׁלֹמֹה עַבְדְּךָ

tu-siervo pero-a-Salomón el-ejército (el)jefe-de y-a-Joab el-sacerdote

לֹא קָרָא׃ וְאַתָּה אֲדֹנִי הַמֶּלֶךְ עֵינֵי כָל־ יִשְׂרָאֵל עָלֶיךָ

sobre-ti Israel todo (los)ojos-de el-rey mi-señor Y-tú (20) . ha-llamado no

לְהַגִּיד לָהֶם מִי יֵשֵׁב עַל־ כִּסֵּא אֲדֹנִי־ הַמֶּלֶךְ אַחֲרָיו׃

. tras-él el-rey mi-señor (el)trono-de sobre se-sentará quién a-ellos para-decir

וְהָיָה כִּשְׁכַב אֲדֹנִי־ הַמֶּלֶךְ עִם־ אֲבֹתָיו

sus-padres con el-rey mi-señor cuando-(el)yacer-de Y-sucederá (21)

וְהָיִיתִי אֲנִי וּבְנִי שְׁלֹמֹה חַטָּאִים׃ וְהִנֵּה עוֹדֶנָּה

aún-ella Y-he-aquí-que (22) . culpables Salomón y-mi-hijo yo que-seré

מְדַבֶּרֶת עִם־ הַמֶּלֶךְ וְנָתָן הַנָּבִיא בָּא׃ וַיַּגִּידוּ

E-informaron (23) . llegó el-profeta y-Natán el-rey con estaba-hablando

לַמֶּלֶךְ לֵאמֹר הִנֵּה נָתָן הַנָּבִיא וַיָּבֹא לִפְנֵי הַמֶּלֶךְ

el-rey ante y-llegó el-profeta Natán he-aquí : diciendo al-rey

וַיִּשְׁתַּחוּ לַמֶּלֶךְ עַל־ אַפָּיו אָרְצָה׃ וַיֹּאמֶר

Y-dijo (24) . a-tierra su-rostro sobre ante-el-rey y-se-prosternó

נָתָן אֲדֹנִי הַמֶּלֶךְ אַתָּה אָמַרְתָּ אֲדֹנִיָּהוּ יִמְלֹךְ

reinará Adonías has-dicho ¿tú el-rey mi-señor : Natán

אַחֲרָי וְהוּא יֵשֵׁב עַל־ כִּסְאִי׃ כִּי יָרַד הַיּוֹם

este-día ha-bajado Pues (25) ? mi-trono sobre se-sentará y-él tras-mí

וַיִּזְבַּח שׁוֹר וּמְרִיא־ וְצֹאן לָרֹב

en-abundancia y-reses-menores y-animales-cebados toros y-ha-sacrificado

וַיִּקְרָא לְכָל־ בְּנֵי הַמֶּלֶךְ וּלְשָׂרֵי הַצָּבָא
el-ejército y-a-(los)jefes-de el-rey (los)hijos-de a-todos y-ha-llamado

וּלְאֶבְיָתָר הַכֹּהֵן וְהִנָּם אֹכְלִים וְשֹׁתִים
y-están-bebiendo están-comiendo y-he-aquí-que el-sacerdote y-a-Abiatar

לְפָנָיו וַיֹּאמְרוּ יְחִי הַמֶּלֶךְ אֲדֹנִיָּהוּ׃ וְלִי אֲנִי־
yo Pero-a-mí (26) . Adonías el-rey viva : y-dicen ante-él

עַבְדֶּךָ וּלְצָדֹק הַכֹּהֵן וְלִבְנָיָהוּ בֶן־ יְהוֹיָדָע
Joyadá hijo-de y-a-Benayá el-sacerdote y-a-Sadoc tu-siervo

וְלִשְׁלֹמֹה עַבְדְּךָ לֹא קָרָא׃ אִם מֵאֵת אֲדֹנִי
mi-señor de-parte-de ¿Acaso (27) . ha-llamado no tu-siervo y-a-Salomón

הַמֶּלֶךְ נִהְיָה הַדָּבָר הַזֶּה וְלֹא הוֹדַעְתָּ אֶת־
a has-hecho-saber y-no la-ésta la-cosa se-ha-hecho el-rey

עַבְדֶּיךָ מִי יֵשֵׁב עַל־ כִּסֵּא אֲדֹנִי־ הַמֶּלֶךְ אַחֲרָיו׃
? tras-él el-rey mi-señor (el)trono-de sobre se-sentará quién tus-siervos

וַיַּעַן הַמֶּלֶךְ דָּוִד וַיֹּאמֶר קִרְאוּ־ לִי לְבַת־ שָׁבַע
sabé a-Bet- a-mí llamad : y-dijo David el-rey Y-respondió (28)

וַתָּבֹא לִפְנֵי הַמֶּלֶךְ וַתַּעֲמֹד לִפְנֵי הַמֶּלֶךְ׃
. el-rey ante y-permaneció el-rey ante y-vino

וַיִּשָּׁבַע הַמֶּלֶךְ וַיֹּאמַר חַי־ יְהוָה אֲשֶׁר־ פָּדָה
ha-librado que Yahweh por-vida-de : y-dijo el-rey Y-juró (29)

אֶת־ נַפְשִׁי מִכָּל־ צָרָה׃ כִּי כַּאֲשֶׁר נִשְׁבַּעְתִּי לְךָ
a-ti he-jurado como-lo-que Ciertamente (30) . angustia de-toda mi-alma **

בַּיהוָה אֱלֹהֵי יִשְׂרָאֵל לֵאמֹר כִּי־ שְׁלֹמֹה בְנֵךְ יִמְלֹךְ
reinará tu-hijo Salomón ciertamente : diciendo Israel Dios-de por-Yahweh

אַחֲרַי וְהוּא יֵשֵׁב עַל־ כִּסְאִי תַּחְתָּי כִּי כֵּן
así ciertamente en-mi-lugar mi-trono sobre se-sentará y-él tras-mí

אֶעֱשֶׂה הַיּוֹם הַזֶּה׃ וַתִּקֹּד בַּת־ שֶׁבַע אַפַּיִם
rostro sabé Bet- Y-se-inclinó (31) . el-éste el-día haré

אֶרֶץ וַתִּשְׁתַּחוּ לַמֶּלֶךְ וַתֹּאמֶר יְחִי אֲדֹנִי
mi-señor viva : y-dijo ante-el-rey y-se-prosternó a-tierra

הַמֶּלֶךְ דָּוִד לְעֹלָם׃ וַיֹּאמֶר ׀ הַמֶּלֶךְ דָּוִד קִרְאוּ־ לִי
a-mí llamad : David el-rey Y-dijo (32) . para-siempre David el-rey

לְצָדוֹק הַכֹּהֵן וּלְנָתָן הַנָּבִיא וְלִבְנָיָהוּ בֶּן־ יְהוֹיָדָע
Joyadá hijo-de y-a-Benayá el-profeta y-a-Natán el-sacerdote a-Sadoc

וַיָּבֹאוּ לִפְנֵי הַמֶּלֶךְ׃ וַיֹּאמֶר הַמֶּלֶךְ לָהֶם קְחוּ
tomad : a-ellos el-rey Y-dijo (33) . el-rey ante y-vinieron

עִמָּכֶם אֶת־ עַבְדֵי אֲדֹנֵיכֶם וְהִרְכַּבְתֶּם אֶת־ שְׁלֹמֹה בְּנִי עַל־
sobre mi-hijo Salomón a y-montad nuestro-señor (los)siervos-de a con-vosotros

הַפִּרְדָּה אֲשֶׁר־ לִי וְהוֹרַדְתֶּם אֹתוֹ אֶל־ גִּחוֹן׃ וּמָשַׁח
Y-ungirá (34) . Guijón a a-él y-bajad para-mí que la-mula

אֹתוֹ שָׁם צָדוֹק הַכֹּהֵן וְנָתָן הַנָּבִיא לְמֶלֶךְ עַל־ יִשְׂרָאֵל
Israel sobre para-rey el-profeta y-Natán el-sacerdote Sadoc allí a-él

וּתְקַעְתֶּם בַּשּׁוֹפָר וַאֲמַרְתֶּם יְחִי הַמֶּלֶךְ שְׁלֹמֹה׃
. Salomón el-rey viva : y-diréis en-el-cuerno y-tocaréis

וַעֲלִיתֶם אַחֲרָיו וּבָא וְיָשַׁב עַל־
sobre y-se-sentará y-él-vendrá tras-él Y-subiréis (35)

כִּסְאִי וְהוּא יִמְלֹךְ תַּחְתָּי וְאֹתוֹ צִוִּיתִי לִהְיוֹת
para-ser yo-he-instituido y-a-él en-mi-lugar reinará y-él mi-trono

נָגִיד עַל־ יִשְׂרָאֵל וְעַל־ יְהוּדָה׃ וַיַּעַן בְּנָיָהוּ בֶּן־ יְהוֹיָדָע
Joyadá hijo-de Benayá Y-respondió (36) . Judá y-sobre Israel sobre caudillo

אֶת־ הַמֶּלֶךְ וַיֹּאמֶר ׀ אָמֵן כֵּן יֹאמַר יְהוָה אֱלֹהֵי אֲדֹנִי
mi-señor Dios-de Yahweh diga así amén : y-dijo el-rey a

הַמֶּלֶךְ׃ כַּאֲשֶׁר הָיָה יְהוָה עִם־ אֲדֹנִי הַמֶּלֶךְ כֵּן יְהִי
esté así el-rey mi-señor con Yahweh estuvo Como (37) . el-rey

עִם־ שְׁלֹמֹה וִיגַדֵּל אֶת־ כִּסְאוֹ מִכִּסֵּא
más-que-(el)trono-de su-trono ** y-engrandezca Salomón con

אֲדֹנִי הַמֶּלֶךְ דָּוִד׃ וַיֵּרֶד צָדוֹק הַכֹּהֵן וְנָתָן
y-Natán el-sacerdote Sadoc Y-bajó (38) . David el-rey mi-señor

הַנָּבִיא וּבְנָיָהוּ בֶּן־ יְהוֹיָדָע וְהַכְּרֵתִי וְהַפְּלֵתִי
y-(los)peleteos y-(los)cereteos Joyadá hijo-de y-Benayá el-profeta

וַיַּרְכִּבוּ אֶת־ שְׁלֹמֹה עַל־ פִּרְדַּת הַמֶּלֶךְ דָּוִד וַיֹּלִכוּ אֹתוֹ
a-él y-condujeron David el-rey (la)mula-de sobre Salomón a y-montaron

עַל־ גִּחוֹן׃ וַיִּקַּח צָדוֹק הַכֹּהֵן אֶת־ קֶרֶן הַשֶּׁמֶן מִן־ הָאֹהֶל
la-tienda de el-aceite (el)cuerno-de ** el-sacerdote Sadoc Y-tomó (39) . Guijón a

וַיִּמְשַׁח אֶת־ שְׁלֹמֹה וַיִּתְקְעוּ בַּשּׁוֹפָר וַיֹּאמְרוּ
: y-dijeron en-el-cuerno y-tocaron Salomón a y-ungió

כָּל־ הָעָם יְחִי הַמֶּלֶךְ שְׁלֹמֹה׃ וַיַּעֲלוּ כָל־
todos-los-de Y-subieron (40) . Salomón el-rey viva el-pueblo todos-los-de

הָעָם אַחֲרָיו וְהָעָם מְחַלְּלִים בַּחֲלִלִים וּשְׂמֵחִים
y-alegrándose en-las-flautas estaban-tocando y-el-pueblo tras-él el-pueblo

שִׂמְחָה גְדוֹלָה וַתִּבָּקַע הָאָרֶץ בְּקוֹלָם׃ וַיִּשְׁמַע
Y-escuchó (41) . con-sus-voces la-tierra y-se-hendía grande alegría

אֲדֹנִיָּהוּ וְכָל־ הַקְּרֻאִים אֲשֶׁר אִתּוֹ וְהֵם כִּלּוּ
habían-terminado y-ellos con-él que los-invitados y-todos Adonías

לֶאֱכֹל וַיִּשְׁמַע יוֹאָב אֶת־ קוֹל הַשּׁוֹפָר וַיֹּאמֶר מַדּוּעַ
¿por-qué : y-dijo el-cuerno la-voz-de ** Joab y-escuchó de-comer

קוֹל־ הַקִּרְיָה הוֹמָה׃ עוֹדֶנּוּ מְדַבֵּר וְהִנֵּה יוֹנָתָן בֶּן־
hijo-de Jonatán y-he-aquí-que estaban-hablando Aún-él (42) ? ruidosa la-ciudad la-voz-de

אֶבְיָתָר הַכֹּהֵן בָּא וַיֹּאמֶר אֲדֹנִיָּהוּ בֹּא כִּי אִישׁ חַיִל

valor hombre-de pues ven : Adonías y-dijo llegó el-sacerdote Abiatar

אַתָּה וְטוֹב תְּבַשֵּׂר׃ וַיַּעַן יוֹנָתָן וַיֹּאמֶר

y-dijo Jonatán Y-respondió (43) . anunciarás y-bueno tú

לַאֲדֹנִיָּהוּ אֲבָל אֲדֹנֵינוּ הַמֶּלֶךְ־דָּוִד הִמְלִיךְ אֶת־שְׁלֹמֹה׃

. Salomón a ha-hecho-rey David el-rey nuestro-señor al-contrario : a-Adonías

וַיִּשְׁלַח אִתּוֹ־הַמֶּלֶךְ אֶת־צָדוֹק הַכֹּהֵן וְאֶת־נָתָן

Natán y-a el-sacerdote Sadoc a el-rey con-él Y-ha-enviado (44)

הַנָּבִיא וּבְנָיָהוּ בֶּן־יְהוֹיָדָע וְהַכְּרֵתִי וְהַפְּלֵתִי

y-(los)peleteos y-(los)cereteos Joyadá hijo-de y-Benayá el-profeta

וַיַּרְכִּבוּ אֹתוֹ עַל פִּרְדַּת הַמֶּלֶךְ׃ וַיִּמְשְׁחוּ אֹתוֹ צָדוֹק

Sadoc a-él Y-han-ungido (45) . el-rey la-mula-de sobre a-él y-han-montado

הַכֹּהֵן וְנָתָן הַנָּבִיא לְמֶלֶךְ בְּגִחוֹן וַיַּעֲלוּ מִשָּׁם

de-allí y-han-subido en-Guijón para-rey el-profeta y-Natán el-sacerdote

שְׂמֵחִים וַתֵּהֹם הַקִּרְיָה הוּא הַקּוֹל אֲשֶׁר שְׁמַעְתֶּם׃

. habéis-escuchado que la-voz ésta ; la-ciudad y-se-ha-agitado alegrándose

וְגַם יָשַׁב שְׁלֹמֹה עַל כִּסֵּא הַמְּלוּכָה׃ וְגַם־בָּאוּ

han-venido Y-también (47) . la-realeza el-trono-de sobre Salomón se-ha-sentado Y-también (46)

עַבְדֵי הַמֶּלֶךְ לְבָרֵךְ אֶת־אֲדֹנֵינוּ הַמֶּלֶךְ דָּוִד לֵאמֹר

: diciendo David el-rey nuestro-señor a a-bendecir el-rey (los)siervos-de

יֵיטֵב אֱלֹהֶיךָ אֶת־שֵׁם שְׁלֹמֹה מִשְּׁמֶךָ

más-que-tu-nombre Salomón (el)nombre-de ** Dios haga-bueno

וִיגַדֵּל אֶת־כִּסְאוֹ מִכִּסְאֶךָ וַיִּשְׁתַּחוּ

y-se-inclinó más-que-tu-trono su-trono ** y-engrandezca

הַמֶּלֶךְ עַל־הַמִּשְׁכָּב׃ וְגַם־כָּכָה אָמַר הַמֶּלֶךְ בָּרוּךְ יְהוָה

Yahweh bendito-sea : el-rey ha-dicho así Y-también (48) . el-lecho sobre el-rey

אֱלֹהֵי יִשְׂרָאֵל אֲשֶׁר נָתַן הַיּוֹם יֹשֵׁב עַל־ כִּסְאִי וְעֵינַי
y-mis-ojos mi-trono sobre quien-se-siente este-día ha-dado que Israel Dios-de

רֹאוֹת׃ וַיֶּחֶרְדוּ וַיָּקֻמוּ כָּל־
todos y-se-levantaron Y-temblaron (49) . están-viendo

הַקְּרֻאִים אֲשֶׁר לַאֲדֹנִיָּהוּ וַיֵּלְכוּ אִישׁ לְדַרְכּוֹ׃
. por-su-camino cada-hombre y-fueron para-Adonías que los-invitados

וַאֲדֹנִיָּהוּ יָרֵא מִפְּנֵי שְׁלֹמֹה וַיָּקָם וַיֵּלֶךְ
y-fue y-se-levantó Salomón ante temió Y-Adonías (50)

וַיַּחֲזֵק בְּקַרְנוֹת הַמִּזְבֵּחַ׃ וַיֻּגַּד לִשְׁלֹמֹה
a-Salomón Y-fue-contado (51) . el-altar en-(los)cuernos-de y-se-agarró

לֵאמֹר הִנֵּה אֲדֹנִיָּהוּ יָרֵא אֶת־ הַמֶּלֶךְ שְׁלֹמֹה וְהִנֵּה אָחַז
se-asió y-he-aquí-que Salomón el-rey a teme Adonías he-aquí-que : diciendo

בְּקַרְנוֹת הַמִּזְבֵּחַ לֵאמֹר יִשָּׁבַע־ לִי כַיּוֹם הַמֶּלֶךְ שְׁלֹמֹה
Salomón el-rey según-este-día a-mí jure : diciendo el-altar a-(los)cuernos-de

אִם־ יָמִית אֶת־ עַבְדּוֹ בֶּחָרֶב׃ וַיֹּאמֶר
Y-dijo (52) . con-espada su-siervo a matará que-no

שְׁלֹמֹה אִם יִהְיֶה לְבֶן־ חַיִל לֹא־ יִפֹּל מִשַּׂעֲרָתוֹ
de-sus-cabellos caerá no valor como-hijo-de fuera si : Salomón

אַרְצָה וְאִם־ רָעָה תִמָּצֵא־ בוֹ וָמֵת׃ וַיִּשְׁלַח
Y-envió (53) . morirá en-él se-encuentra mal pero-si a-tierra

הַמֶּלֶךְ שְׁלֹמֹה וַיֹּרִדֻהוּ מֵעַל הַמִּזְבֵּחַ וַיָּבֹא
y-vino el-altar de-sobre y-lo-bajaron Salomón el-rey

וַיִּשְׁתַּחוּ לַמֶּלֶךְ שְׁלֹמֹה וַיֹּאמֶר־ לוֹ שְׁלֹמֹה לֵךְ
ve : Salomón a-él y-dijo Salomón ante-el-rey y-se-prosternó

לְבֵיתֶךָ׃ וַיִּקְרְבוּ יְמֵי־ דָוִד לָמוּת וַיְצַו
y-ordenó-él para-morir David días-de Y-se-acercaron (1) . a-tu-casa **Cap. 2**

אֶת־שְׁלֹמֹה בְנוֹ לֵאמֹר׃ אָנֹכִי הֹלֵךְ בְּדֶרֶךְ כָּל־הָאָרֶץ

la-tierra toda por-(el)camino-de voy Yo (2) : diciendo su-hijo Salomón a

וְחָזַקְתָּ וְהָיִיתָ לְאִישׁ׃ וְשָׁמַרְתָּ אֶת־מִשְׁמֶרֶת ׀

la-orden-de ** Y-guarda (3) . como-hombre y-sé y-tú-sé-fuerte

יְהוָה אֱלֹהֶיךָ לָלֶכֶת בִּדְרָכָיו לִשְׁמֹר חֻקֹּתָיו

sus-leyes para-guardar por-sus-caminos para-andar tu-Dios Yahweh

מִצְוֺתָיו וּמִשְׁפָּטָיו וְעֵדְוֺתָיו כַּכָּתוּב

según-está-escrito y-sus-preceptos y-sus-dictámenes sus-mandamientos

בְּתוֹרַת מֹשֶׁה לְמַעַן תַּשְׂכִּיל אֵת כָּל־אֲשֶׁר תַּעֲשֶׂה וְאֵת כָּל־

todo y-en hagas lo-que todo en tengas-éxito para-que Moisés en-ley-de

אֲשֶׁר תִּפְנֶה שָׁם׃ לְמַעַן יָקִים יְהוָה אֶת־דְּבָרוֹ אֲשֶׁר

que su-palabra ** Yahweh mantenga para-que (4) ; allí te-dirijas adonde

דִּבֶּר עָלַי לֵאמֹר אִם־יִשְׁמְרוּ בָנֶיךָ אֶת־דַּרְכָּם

su-camino ** tus-hijos guardan si : diciendo a-mí habló

לָלֶכֶת לְפָנַי בֶּאֱמֶת בְּכָל־לְבָבָם וּבְכָל־

y-en-toda su-corazón en-todo con-fidelidad ante-mí para-andar

נַפְשָׁם לֵאמֹר לֹא־יִכָּרֵת לְךָ אִישׁ מֵעַל כִּסֵּא

(el)trono-de de-sobre hombre para-ti se-cortará no : diciendo su-alma

יִשְׂרָאֵל׃ וְגַם אַתָּה יָדַעְתָּ אֵת אֲשֶׁר־עָשָׂה לִי יוֹאָב בֶּן־צְרוּיָה

Sarvia hijo-de Joab a-mí hizo lo-que ** sabes tú Y-también (5) . Israel

אֲשֶׁר עָשָׂה לִשְׁנֵי־שָׂרֵי צִבְאוֹת יִשְׂרָאֵל לְאַבְנֵר בֶּן־נֵר

Ner hijo-de a-Abner Israel (los)ejércitos-de jefes-de a-dos hizo lo-que

וְלַעֲמָשָׂא בֶן־יֶתֶר וַיַּהַרְגֵם וַיָּשֶׂם דְּמֵי־מִלְחָמָה

guerra sangres-de y-puso y-él-les-mató Jéter hijo-de y-a-Amasá

בְּשָׁלֹם וַיִּתֵּן דְּמֵי מִלְחָמָה בַּחֲגֹרָתוֹ אֲשֶׁר

que en-su-cinturón guerra sangres-de y-puso en-paz

בְּמָתְנָיו וּבְנַעֲלוֹ אֲשֶׁר בְּרַגְלָיו׃ וְעָשִׂיתָ

Haz (6) . en-sus-pies que y-en-su-sandalia en-sus-lomos

כְּחָכְמָתֶךָ וְלֹא־ תוֹרֵד שֵׂיבָתוֹ בְּשָׁלֹם שְׁאֹל׃

. a-(el)Seol en-paz sus-canas dejes-bajar y-no como-tu-sabiduría

וְלִבְנֵי בַרְזִלַּי הַגִּלְעָדִי תַּעֲשֶׂה־ חֶסֶד וְהָיוּ

y-estén gracia haz el-galaadita Barzilay Y-a-(los)hijos-de (7)

בְּאֹכְלֵי שֻׁלְחָנֶךָ כִּי־ כֵן קָרְבוּ אֵלַי

a-mí se-acercaron así pues tu-mesa entre-(los)que-comen-de

בְּבָרְחִי מִפְּנֵי אַבְשָׁלוֹם אָחִיךָ׃ וְהִנֵּה עִמְּךָ

contigo Y-he-aquí- (8) . tu-hermano Absalón de-ante en-mi-huir

שִׁמְעִי בֶן־ גֵּרָא בֶן־הַיְמִינִי מִבַּחֻרִים וְהוּא קִלְלַנִי קְלָלָה

maldición me-maldijo y-él de-Bahurim benjaminita Gerá hijo-de Simeí

נִמְרֶצֶת בְּיוֹם לֶכְתִּי מַחֲנָיִם וְהוּא־ יָרַד לִקְרָאתִי

a-encontrarme bajó y-él a-Mahanáyim mi-ir en-día-de atroz

הַיַּרְדֵּן וָאֶשָּׁבַע לוֹ בַיהוָה לֵאמֹר אִם־ אֲמִיתְךָ

te-mataré no diciendo por-Yahweh a-él y-yo-juré al-Jordán

בֶּחָרֶב׃ וְעַתָּה אַל־ תְּנַקֵּהוּ כִּי אִישׁ חָכָם אָתָּה

tú sabio hombre pues le-absuelvas no Y-ahora (9) . por-la-espada

וְיָדַעְתָּ אֵת אֲשֶׁר תַּעֲשֶׂה־ לּוֹ וְהוֹרַדְתָּ אֶת־

** y-harás-bajar a-él debes-hacer lo-que ** y-sabrás

שֵׂיבָתוֹ בְּדָם שְׁאוֹל׃ וַיִּשְׁכַּב דָּוִד עִם־ אֲבֹתָיו

sus-padres con David Y-durmió (10) . a-(el)Seol con-sangre sus-canas

וַיִּקָּבֵר בְּעִיר דָּוִד׃ וְהַיָּמִים אֲשֶׁר מָלַךְ דָּוִד

David reinó que Y-los-días (11) . David en-(la)ciudad-de y-fue-enterrado

עַל־יִשְׂרָאֵל אַרְבָּעִים שָׁנָה בְּחֶבְרוֹן מָלַךְ שֶׁבַע שָׁנִים וּבִירוּשָׁלַםִ

y-en-Jerusalén años siete reinó en-Hebrón años cuarenta Israel sobre

מָלַךְ שְׁלֹשִׁים וְשָׁלֹשׁ שָׁנִים׃ וּשְׁלֹמֹה יָשַׁב עַל־ כִּסֵּא דָּוִד
David (el)trono-de sobre se-sentó Y-Salomón (12) . años y-tres treinta reinó

אָבִיו וַתִּכֹּן מַלְכֻתוֹ מְאֹד׃ וַיָּבֹא
Y-llegó (13) . mucho su-reino y-se-asentó su-padre

אֲדֹנִיָּהוּ בֶן־ חַגִּית אֶל־ בַּת־ שֶׁבַע אֵם־ שְׁלֹמֹה וַתֹּאמֶר
: y-dijo ella Salomón madre-de sabé Bet- a Haguit hijo-de Adonías

הֲשָׁלוֹם בֹּאֶךָ וַיֹּאמֶר שָׁלוֹם׃ וַיֹּאמֶר דָּבָר
palabra : Y-dijo (14) . pacífico : y-dijo-él ? tu-venir ¿es-pacífico

לִי אֵלָיִךְ וַתֹּאמֶר דַּבֵּר׃ וַיֹּאמֶר אַתְּ יָדַעַתְּ כִּי־ לִי
para-mí que sabes tú : Y-dijo (15) . habla : y-dijo-ella ; a-ti de-mí

הָיְתָה הַמְּלוּכָה וְעָלַי שָׂמוּ כָל־ יִשְׂרָאֵל פְּנֵיהֶם
sus-rostros Israel todos-(los)de pusieron y-sobre-mí el-reino era

לִמְלֹךְ וַתִּסֹּב הַמְּלוּכָה וַתְּהִי לְאָחִי כִּי
pues para-mi-hermano y-fue el-reino y-giró para-ser-rey

מֵיְהוָה הָיְתָה לּוֹ׃ וְעַתָּה שְׁאֵלָה אַחַת אָנֹכִי שֹׁאֵל מֵאִתָּךְ
de-contigo estoy-pidiendo yo una petición Y-ahora (16) . para-él ha-sido de-Yahweh

אַל־ תָּשִׁבִי אֶת־ פָּנָי וַתֹּאמֶר אֵלָיו דַּבֵּר׃ וַיֹּאמֶר
: Y-dijo (17) . habla : a-él y-dijo-ella ; mi-rostro ** rechaces no

אִמְרִי־ נָא לִשְׁלֹמֹה הַמֶּלֶךְ כִּי לֹא־ יָשִׁיב אֶת־ פָּנָיִךְ
tu-rostro ** rechazará no pues el-rey a-Salomón pues di

וְיִתֶּן־ לִי אֶת־ אֲבִישַׁג הַשּׁוּנַמִּית לְאִשָּׁה׃ וַתֹּאמֶר
Y-dijo (18) . para-mujer la-sunamita Abisag a a-mí que-entregue

בַּת־ שֶׁבַע טוֹב אָנֹכִי אֲדַבֵּר עָלַיִךְ אֶל־ הַמֶּלֶךְ׃ וַתָּבֹא
Y-fue (19) . el-rey a por-ti hablaré yo bien : sabé Bet-

בַת־ שֶׁבַע אֶל־ הַמֶּלֶךְ שְׁלֹמֹה לְדַבֶּר־ לוֹ עַל־ אֲדֹנִיָּהוּ וַיָּקָם
y-se-levantó Adonías por a-él para-hablar Salomón el-rey a sabé Bet-

הַמֶּלֶךְ לִקְרָאתָהּ וַיִּשְׁתַּחוּ לָהּ וַיֵּשֶׁב עַל־ כִּסְאוֹ
su-trono sobre y-se-sentó ante-ella y-se-inclinó a-encontrarla el-rey

וַיָּשֶׂם כִּסֵּא לְאֵם הַמֶּלֶךְ וַתֵּשֶׁב לִימִינוֹ׃
. a-su-derecha y-ella-se-sentó el-rey para-(la)madre-de un-trono e-hizo-poner

וַתֹּאמֶר שְׁאֵלָה אַחַת קְטַנָּה אָנֹכִי שֹׁאֶלֶת מֵאִתָּךְ אַל־ תָּשֶׁב
rechaces no de-contigo pido yo pequeña una petición : Y-dijo (20)

אֶת־ פָּנָי וַיֹּאמֶר־ לָהּ הַמֶּלֶךְ שַׁאֲלִי אִמִּי כִּי לֹא־
no pues madre-mía pide : el-rey a-ella y-dijo mi-rostro **

אָשִׁיב אֶת־ פָּנָיִךְ׃ וַתֹּאמֶר יֻתַּן אֶת־ אֲבִישַׁג
Abisag ** sea-entregada : Y-dijo ella (21) . tu-rostro ** rechazaré

הַשֻּׁנַמִּית לַאֲדֹנִיָּהוּ אָחִיךָ לְאִשָּׁה׃ וַיַּעַן
Y-respondió (22) . para-mujer tu-hermano a-Adonías la-sunamita

הַמֶּלֶךְ שְׁלֹמֹה וַיֹּאמֶר לְאִמּוֹ וְלָמָה אַתְּ שֹׁאֶלֶת אֶת־
a estás-pidiendo tú ¿y-por-qué : a-su-madre y-dijo Salomón el-rey

אֲבִישַׁג הַשֻּׁנַמִּית לַאֲדֹנִיָּהוּ וְשַׁאֲלִי־ לוֹ אֶת־ הַמְּלוּכָה כִּי
pues el-reino ** para-él y-pide ? para-Adonías la-sunamita Abisag

הוּא אָחִי הַגָּדוֹל מִמֶּנִּי וְלוֹ וּלְאֶבְיָתָר הַכֹּהֵן
el-sacerdote y-para-Abiatar y-para-él más-que-yo el-mayor mi-hermano él

וּלְיוֹאָב בֶּן־ צְרוּיָה׃ וַיִּשָּׁבַע הַמֶּלֶךְ שְׁלֹמֹה בַּיהוָה
por-Yahweh Salomón el-rey Y-juró (23) . Sarvia hijo-de y-a-Joab

לֵאמֹר כֹּה יַעֲשֶׂה־ לִּי אֱלֹהִים וְכֹה יוֹסִיף כִּי
si-no añada y-así Dios a-mí haga así : diciendo

בְנַפְשׁוֹ דִּבֶּר אֲדֹנִיָּהוּ אֶת־ הַדָּבָר הַזֶּה׃ וְעַתָּה
Y-ahora (24) . la-esta la-palabra ** Adonías ha-dicho contra-su-vida

חַי־ יְהוָה אֲשֶׁר הֱכִינַנִי וַיּוֹשִׁיבַנִי עַל־ כִּסֵּא דָּוִד
David (el)trono-de sobre y-me-ha-hecho-sentar me-ha-colocado que Yahweh por-vida-de

אָבִי וַאֲשֶׁר עָשָׂה־ לִי בַּיִת כַּאֲשֶׁר דִּבֵּר כִּי

ciertamente había-dicho como-lo-que casa para-mí ha-hecho y-que mi-padre

הַיּוֹם יוּמַת אֲדֹנִיָּהוּ׃ (25) וַיִּשְׁלַח הַמֶּלֶךְ שְׁלֹמֹה

Salomón el-rey Y-envió (25) . Adonías será-muerto este-día

בְּיַד בְּנָיָהוּ בֶן־ יְהוֹיָדָע וַיִּפְגַּע־ בּוֹ וַיָּמֹת׃

. y-murió contra-él y-golpeó Joyadá hijo-de Benayá por-mano-de

(26) וּלְאֶבְיָתָר הַכֹּהֵן אָמַר הַמֶּלֶךְ עֲנָתֹת לֵךְ עַל־

hacia ve a-Anatot : el-rey había-dicho el-sacerdote Y-a-Abiatar (26)

שָׂדֶיךָ כִּי אִישׁ מָוֶת אָתָּה וּבַיּוֹם הַזֶּה לֹא

no el-éste y-en-el-día tú muerte hombre-de pues tus-campos

אֲמִיתֶךָ כִּי־ נָשָׂאתָ אֶת־ אֲרוֹן אֲדֹנָי יְהוִה לִפְנֵי דָּוִד

David ante Yahweh mi-señor el-Arca-de ** tú-llevaste pues te-mataré

אָבִי וְכִי הִתְעַנִּיתָ בְּכֹל אֲשֶׁר־ הִתְעַנָּה

sufrió lo-que con-todo sufriste y-pues mi-padre

אָבִי׃ (27) וַיְגָרֶשׁ שְׁלֹמֹה אֶת־ אֶבְיָתָר מִהְיוֹת כֹּהֵן

sacerdote de-ser Abiatar a Salomón Y-expulsó (27) . mi-padre

לַיהוָה לְמַלֵּא אֶת־ דְּבַר יְהוָה אֲשֶׁר דִּבֶּר עַל־ בֵּית עֵלִי

Elí (la)casa-de sobre había-dicho que Yahweh (la)palabra-de ** para-cumplir de-Yahweh

בְּשִׁלֹה׃ (28) וְהַשְּׁמֻעָה בָּאָה עַד־ יוֹאָב כִּי יוֹאָב נָטָה אַחֲרֵי

tras se-había-inclinado Joab pues Joab a llegó Y-la-noticia (28) . en-Silo

אֲדֹנִיָּה וְאַחֲרֵי אַבְשָׁלוֹם לֹא נָטָה וַיָּנָס יוֹאָב אֶל־ אֹהֶל

(la)tienda-de a Joab y-huyó se-había-inclinado no Absalón pero-tras Adonías

יְהוָה וַיַּחֲזֵק בְּקַרְנוֹת הַמִּזְבֵּחַ׃ (29) וַיֻּגַּד

Y-fue-contado (29) . el-altar a-(los)cuernos-de y-se-agarró Yahweh

לַמֶּלֶךְ שְׁלֹמֹה כִּי נָס יוֹאָב אֶל־ אֹהֶל יְהוָה וְהִנֵּה אֵצֶל

junto-a y-he-aquí-que Yahweh (la)tienda-de a Joab había-huido que Salomón al-rey

הַמִּזְבֵּחַ וַיִּשְׁלַח שְׁלֹמֹה אֶת־בְּנָיָהוּ בֶן־יְהוֹיָדָע לֵאמֹר לֵךְ
ve : diciendo Joyadá hijo-de a-Benayá ** Salomón y-envió el-altar

פְּגַע־בּוֹ׃ וַיָּבֹא בְנָיָהוּ אֶל־אֹהֶל יְהוָה
Yahweh (la)tienda-de a Benayá Y-llegó (30) . contra-él golpea

וַיֹּאמֶר אֵלָיו כֹּה־אָמַר הַמֶּלֶךְ צֵא וַיֹּאמֶר ׀ לֹא כִּי
pues no : y-dijo sal : el-rey ha-dicho así : a-él y-dijo

פֹה אָמוּת וַיָּשֶׁב בְּנָיָהוּ אֶת־הַמֶּלֶךְ דָּבָר לֵאמֹר כֹּה־דִבֶּר
ha-dicho así : diciendo palabra el-rey a Benayá y-devolvió moriré aquí

יוֹאָב וְכֹה עָנָנִי׃ וַיֹּאמֶר לוֹ הַמֶּלֶךְ עֲשֵׂה
haz : el-rey a-él Y-dijo (31) . me-ha-respondido y-así Joab

כַּאֲשֶׁר דִּבֶּר וּפְגַע־בּוֹ וּקְבַרְתּוֹ וַהֲסִירֹתָ ׀
y-apartarás y-entiérralo contra-él y-golpea ha-dicho como

דְּמֵי חִנָּם אֲשֶׁר שָׁפַךְ יוֹאָב מֵעָלַי וּמֵעַל
y-de-sobre de-sobre-mí Joab ha-derramado que inocente sangres-de

בֵּית אָבִי׃ וְהֵשִׁיב יְהוָה אֶת־דָּמוֹ עַל־
sobre su-sangre ** Yahweh Y-hará-volver (32) . mi-padre (la)casa-de

רֹאשׁוֹ אֲשֶׁר פָּגַע בִּשְׁנֵי־אֲנָשִׁים צַדִּקִים וְטֹבִים
y-buenos justos hombres contra-dos él-golpeó porque su-cabeza

מִמֶּנּוּ וַיַּהַרְגֵם בַּחֶרֶב וְאָבִי דָוִד לֹא
no David y-mi-padre por-espada y-les-mató más-que-él

יָדָע אֶת־אַבְנֵר בֶּן־נֵר שַׂר־צְבָא יִשְׂרָאֵל וְאֶת־עֲמָשָׂא בֶן־
hijo-de Amasá y-a Israel (el)ejército- jefe-de Ner hijo-de Abner a : supo

יֶתֶר שַׂר־צְבָא יְהוּדָה׃ וְשָׁבוּ דְמֵיהֶם
sus-sangres Y-reviertan (33) . Judá (el)ejército-de jefe-de Jéter

בְּרֹאשׁ יוֹאָב וּבְרֹאשׁ זַרְעוֹ לְעֹלָם וּלְדָוִד
pero-para-David por-siempre su-descendencia y-sobre-(la)cabeza-de Joab sobre-(la)cabeza-de

וּלְזַרְעוֹ וּלְבֵיתוֹ וּלְכִסְאוֹ יִהְיֶה
haya y-para-su-trono y-para-su-casa y-para-su-descendencia

שָׁלוֹם עַד־עוֹלָם מֵעִם יְהוָה׃ וַיַּעַל בְּנָיָהוּ בֶּן־יְהוֹיָדָע
Joyadá hijo-de Benayá Y-subió (34) . Yahweh de-con siempre hasta paz

וַיִּפְגַּע־בּוֹ וַיְמִתֵהוּ וַיִּקָּבֵר בְּבֵיתוֹ
en-su-casa y-fue-enterrado y-le-mató contra-él y-golpeó

בַּמִּדְבָּר׃ וַיִּתֵּן הַמֶּלֶךְ אֶת־בְּנָיָהוּ בֶן־יְהוֹיָדָע
Joyadá hijo-de Benayá a el-rey Y-puso (35) . en-el-desierto

תַּחְתָּיו עַל־הַצָּבָא וְאֶת־צָדוֹק הַכֹּהֵן נָתַן הַמֶּלֶךְ
el-rey puso el-sacerdote Sadoc y-a el-ejército sobre en-su-lugar

תַּחַת אֶבְיָתָר׃ וַיִּשְׁלַח הַמֶּלֶךְ וַיִּקְרָא לְשִׁמְעִי
a-Simeí y-llamó el-rey Y-envió (36) . Abiatar en-lugar-de

וַיֹּאמֶר לוֹ בְּנֵה־לְךָ בַיִת בִּירוּשָׁלִַם וְיָשַׁבְתָּ שָׁם
allí y-habita en-Jerusalén una-casa para-ti construye : a-él y-dijo

וְלֹא־תֵצֵא מִשָּׁם אָנֶה וָאָנָה׃ וְהָיָה | בְּיוֹם
en-el-día Y-sucederá (37) . y-allá acá de-allá salgas y-no

צֵאתְךָ וְעָבַרְתָּ אֶת־נַחַל קִדְרוֹן יָדֹעַ תֵּדַע
sabrás saber Cedrón el-torrente-de ** que-cruzarás de-tu-salir

כִּי מוֹת תָּמוּת דָּמְךָ יִהְיֶה בְרֹאשֶׁךָ׃
. en-tu-cabeza estará tu-sangre morirás morir que

וַיֹּאמֶר שִׁמְעִי לַמֶּלֶךְ טוֹב הַדָּבָר כַּאֲשֶׁר דִּבֶּר
ha-dicho como la-palabra buena : al-rey Simeí Y-dijo (38)

אֲדֹנִי הַמֶּלֶךְ כֵּן יַעֲשֶׂה עַבְדֶּךָ וַיֵּשֶׁב שִׁמְעִי
Simeí y-habitó ; tu-siervo hará así el-rey mi-señor

בִּירוּשָׁלִַם יָמִים רַבִּים׃ וַיְהִי מִקֵּץ שָׁלֹשׁ שָׁנִים וַיִּבְרְחוּ
que-huyeron años tres (al)fin-de Y-sucedió (39) . muchos días en-Jerusalén

שְׁנֵי־ עֲבָדִים לְשִׁמְעִי אֶל־אָכִישׁ בֶּן־ מַעֲכָה מֶלֶךְ גַּת וַיַּגִּידוּ
y-contaron Gat rey-de Maacá hijo-de Aquís a de-Simeí siervos dos

לְשִׁמְעִי לֵאמֹר הִנֵּה עֲבָדֶיךָ בְּגַת׃ וַיָּקָם שִׁמְעִי
Simeí Y-se-levantó (40) . en-Gat tus-siervos he-aquí-que : diciendo a-Simeí

וַיַּחֲבֹשׁ אֶת־ חֲמֹרוֹ וַיֵּלֶךְ גַּתָה אֶל־ אָכִישׁ לְבַקֵּשׁ
a-buscar Aquís a a-Gat y-fue su-asno ** y-aparejó

אֶת־ עֲבָדָיו וַיֵּלֶךְ שִׁמְעִי וַיָּבֵא אֶת־ עֲבָדָיו
sus-siervos a y-trajo Simeí y-fue sus-siervos a

מִגַּת׃ וַיֻּגַּד לִשְׁלֹמֹה כִּי־ הָלַךְ שִׁמְעִי מִירוּשָׁלִַם
de-Jerusalén Simeí había-ido que a-Salomón Y-fue-contado (41) . de-Gat

גַּת וַיָּשֹׁב׃ וַיִּשְׁלַח הַמֶּלֶךְ וַיִּקְרָא לְשִׁמְעִי
a-Simeí y-llamó el-rey Y-envió (42) . y-había-vuelto a-Gat

וַיֹּאמֶר אֵלָיו הֲלוֹא הִשְׁבַּעְתִּיךָ בַיהוָה וָאָעִד בְּךָ
a-ti y-advertí por-Yahweh te-hice-jurar ¿acaso-no : a-él y-dijo

לֵאמֹר בְּיוֹם צֵאתְךָ וְהָלַכְתָּ אָנֶה וָאָנָה יָדֹעַ
saber y-allá aquí y-vayas que-salgas en-el-día : diciendo

תֵּדַע כִּי מוֹת תָּמוּת וַתֹּאמֶר אֵלַי טוֹב הַדָּבָר
la-palabra buena : a-mí y-tú-dijiste ? morirás morir que sabe

שָׁמָעְתִּי׃ וּמַדּוּעַ לֹא שָׁמַרְתָּ אֵת שְׁבֻעַת יְהוָה וְאֶת־ הַמִּצְוָה
el-mandato y Yahweh (el)juramento-de ** has-guardado no ¿Y-por-qué (43) . he-escuchado

אֲשֶׁר־צִוִּיתִי עָלֶיךָ׃ וַיֹּאמֶר הַמֶּלֶךְ אֶל־שִׁמְעִי אַתָּה יָדַעְתָּ אֵת
** sabes tú : Simeí a el-rey Y-dijo (44) ? a-ti te-ordené que

כָּל־ הָרָעָה אֲשֶׁר יָדַע לְבָבְךָ אֲשֶׁר עָשִׂיתָ לְדָוִד אָבִי
mi-padre a-David hiciste que tu-corazón sabe que el-mal todo

וְהֵשִׁיב יְהוָה אֶת־ רָעָתְךָ בְּרֹאשֶׁךָ׃ וְהַמֶּלֶךְ
Y-el-rey (45) . sobre-tu-cabeza tu-mal ** Yahweh y-devuelve

שְׁלֹמֹה בָּרוּךְ וְכִסֵּא דָוִד יִהְיֶה נָכוֹן לִפְנֵי
ante firme será David y-(el)trono-de bendito-sea Salomón

יְהוָה עַד־עוֹלָם׃ וַיְצַו הַמֶּלֶךְ אֶת־בְּנָיָהוּ בֶּן־יְהוֹיָדָע
Joyadá hijo-de Benayá a el-rey Y-mandó (46) . siempre hasta Yahweh

וַיֵּצֵא וַיִּפְגַּע־בּוֹ וַיָּמֹת וְהַמַּמְלָכָה
y-el-reino y-murió contra-él y-golpeó y-salió

נְכוֹנָה בְּיַד־שְׁלֹמֹה׃ וַיִּתְחַתֵּן שְׁלֹמֹה אֶת־
Cap. 3 con Salomón Y-emparentó (1) . Salomón en-mano-de fue-firme

פַּרְעֹה מֶלֶךְ מִצְרָיִם וַיִּקַּח אֶת־בַּת־פַּרְעֹה וַיְבִיאֶהָ
y-la-trajo Faraón (la)hija-de a y-tomó Egipto rey-de Faraón

אֶל־עִיר דָּוִד עַד כַּלֹּתוֹ לִבְנוֹת אֶת־בֵּיתוֹ וְאֶת־בֵּית
(la)casa-de y su-casa ** de-construir su-terminar hasta David (la)ciudad-de a

יְהוָה וְאֶת־חוֹמַת יְרוּשָׁלִַם סָבִיב׃ רַק הָעָם מְזַבְּחִים
estaba-haciendo-sacrificios el-pueblo Sólo-que (2) . alrededor Jerusalén (la)muralla-de y Yahweh

בַּבָּמוֹת כִּי לֹא־נִבְנָה בַיִת לְשֵׁם יְהוָה עַד
hasta Yahweh para-nombre-de casa se-había-construido no pues en-los-lugares-altos

הַיָּמִים הָהֵם׃ וַיֶּאֱהַב שְׁלֹמֹה אֶת־יְהוָה לָלֶכֶת
para-marchar a-Yahweh ** Salomón Y-amaba (3) . los-ellos los-días

בְּחֻקּוֹת דָּוִד אָבִיו רַק בַּבָּמוֹת הוּא מְזַבֵּחַ
sacrificaba él en-los-lugares-altos sólo-que su-padre David en-(los)preceptos-de

וּמַקְטִיר׃ וַיֵּלֶךְ הַמֶּלֶךְ גִּבְעֹנָה לִזְבֹּחַ שָׁם כִּי
pues allí para-sacrificar a-Gabaón el-rey Y-fue (4) . y-quemaba-incienso

הִיא הַבָּמָה הַגְּדוֹלָה אֶלֶף עֹלוֹת יַעֲלֶה שְׁלֹמֹה
Salomón ofreció holocaustos mil ; el-grande el-lugar-alto él

עַל הַמִּזְבֵּחַ הַהוּא׃ בְּגִבְעוֹן נִרְאָה יְהוָה אֶל־שְׁלֹמֹה בַּחֲלוֹם
en-sueño-de Salomón a Yahweh se-apareció En-Gabaón (5) . el-aquel el-altar sobre

הַלָּיְלָה וַיֹּאמֶר אֱלֹהִים שְׁאַל מָה אֶתֶּן־לָךְ׃ וַיֹּאמֶר

Y-dijo (6) . a-ti he-de-dar qué pide : Dios y-dijo la-noche

שְׁלֹמֹה אַתָּה עָשִׂיתָ עִם־עַבְדְּךָ דָוִד אָבִי חֶסֶד גָּדוֹל

grande misericordia mi-padre David tu-siervo con has-hecho tú : Salomón

כַּאֲשֶׁר הָלַךְ לְפָנֶיךָ בֶּאֱמֶת וּבִצְדָקָה

y-con-justicia con-fidelidad ante-ti anduvo porque

וּבְיִשְׁרַת לֵבָב עִמָּךְ וַתִּשְׁמָר־לוֹ אֶת־הַחֶסֶד

la-misericordia ** para-él y-tú-has-guardado contigo corazón y-con-rectitud-de

הַגָּדוֹל הַזֶּה וַתִּתֶּן־לוֹ בֵן יֹשֵׁב עַל־כִּסְאוֹ

su-trono sobre que-se-sienta hijo a-él y-has-dado la-esta la-grande

כַּיּוֹם הַזֶּה׃ וְעַתָּה יְהוָה אֱלֹהָי אַתָּה הִמְלַכְתָּ אֶת־

a has-hecho-rey tú mi-Dios Yahweh Y-ahora (7) . el-este como-el-día

עַבְדְּךָ תַּחַת דָּוִד אָבִי וְאָנֹכִי נַעַר קָטֹן לֹא אֵדַע

sé no pequeño muchacho y-yo mi-padre David en-lugar-de tu-siervo

צֵאת וָבֹא׃ וְעַבְדְּךָ בְּתוֹךְ עַמְּךָ אֲשֶׁר בָּחָרְתָּ

tú-elegiste al-que tu-pueblo en-medio-de Y-tu-siervo (8) . y-venir salir

עַם־רָב אֲשֶׁר לֹא־יִמָּנֶה וְלֹא יִסָּפֵר מֵרֹב׃

. por-numeroso puede-numerarse y-no puede-contarse no que grande pueblo

וְנָתַתָּ לְעַבְדְּךָ לֵב שֹׁמֵעַ לִשְׁפֹּט אֶת־עַמְּךָ

tu-pueblo a para-juzgar que-escucha corazón a-tu-siervo Y-entrega (9)

לְהָבִין בֵּין־טוֹב לְרָע כִּי מִי יוּכַל לִשְׁפֹּט אֶת־

a juzgar podrá ¿quién pues y-mal bien entre para-discernir

עַמְּךָ הַכָּבֵד הַזֶּה׃ וַיִּיטַב הַדָּבָר

la-cosa Y-pareció-bien (10) ? el-éste el-grande tu-pueblo

בְּעֵינֵי אֲדֹנָי כִּי שָׁאַל שְׁלֹמֹה אֶת־הַדָּבָר הַזֶּה׃ וַיֹּאמֶר

Y-dijo (11) . la-ésta la-cosa ** Salomón había-perdido pues Adonay a-los-ojos-de

אֱלֹהִים אֵלָיו יַעַן אֲשֶׁר שָׁאַלְתָּ אֶת־ הַדָּבָר הַזֶּה וְלֹא־ שָׁאַלְתָּ

has-pedido y-no la-ésta la-cosa ** has-pedido que puesto : a-él Dios

לְּךָ יָמִים רַבִּים וְלֹא־ שָׁאַלְתָּ לְּךָ עֹשֶׁר וְלֹא שָׁאַלְתָּ נֶפֶשׁ

(la)vida-de has-pedido y-no riqueza para-ti has-pedido y-no muchos días para-ti

אֹיְבֶיךָ וְשָׁאַלְתָּ לְּךָ הָבִין לִשְׁמֹעַ מִשְׁפָּט׃

. derecho para-comprender entender para-ti y-has-pedido tus-enemigos

הִנֵּה עָשִׂיתִי כִּדְבָרֶיךָ הִנֵּה ׀ נָתַתִּי לְךָ לֵב חָכָם

sabio corazón a-ti he-dado he-aquí-que como-tu-palabra yo-hago He-aquí-que (12)

וְנָבוֹן אֲשֶׁר כָּמוֹךָ לֹא־ הָיָה לְפָנֶיךָ וְאַחֲרֶיךָ לֹא־

no y-tras-ti antes-de-ti ha-habido no como-tú que e-inteligente

יָקוּם כָּמוֹךָ׃ וְגַם אֲשֶׁר לֹא־ שָׁאַלְתָּ נָתַתִּי לָךְ

a-ti he-dado has-pedido no lo-que Y-también (13) . como-tú se-levantará

גַּם־ עֹשֶׁר גַּם־ כָּבוֹד אֲשֶׁר לֹא־ הָיָה כָמוֹךָ אִישׁ בַּמְּלָכִים

entre-los-reyes hombre como-tú haya no que gloria y-también riqueza también

כָּל־ יָמֶיךָ׃ וְאִם ׀ תֵּלֵךְ בִּדְרָכַי לִשְׁמֹר חֻקַּי

mis-preceptos para-guardar en-mis-caminos marchas Y-si (14) . tus-días todos

וּמִצְוֺתַי כַּאֲשֶׁר הָלַךְ דָּוִיד אָבִיךָ וְהַאַרַכְתִּי

yo-alargaré tu-padre David anduvo como y-mis-mandamientos

אֶת־ יָמֶיךָ׃ וַיִּקַץ שְׁלֹמֹה וְהִנֵּה חֲלוֹם וַיָּבוֹא

y-llegó sueño y-he-aquí-que Salomón Y-se-despertó (15) . tus-días **

יְרוּשָׁלַםִ וַיַּעֲמֹד ׀ לִפְנֵי ׀ אֲרוֹן בְּרִית־ אֲדֹנָי וַיַּעַל

y-ofreció Adonay (la)Alianza-de (el)arca-de ante y-se-puso Jerusalén

עֹלוֹת וַיַּעַשׂ שְׁלָמִים וַיַּעַשׂ מִשְׁתֶּה

banquete e-hizo ofrendas-pacíficas e-hizo sacrificios

לְכָל־ עֲבָדָיו׃ אָז תָּבֹאנָה שְׁתַּיִם נָשִׁים זֹנוֹת

prostitutas mujeres dos vinieron Entonces (16) . sus-siervos para-todos

אֶל־ הַמֶּלֶךְ וַתַּעֲמֹדְנָה לְפָנָיו׃ וַתֹּאמֶר הָאִשָּׁה הָאַחַת
: la-una la-mujer Y-dijo (17) . ante-él y-se-pusieron el-rey a

בִּי אֲדֹנִי אֲנִי וְהָאִשָּׁה הַזֹּאת יֹשְׁבֹת בְּבַיִת אֶחָד
una en-casa vivimos la-esta y-la-mujer yo mi-señor por-mí

וָאֵלֵד עִמָּהּ בַּבָּיִת׃ וַיְהִי בַּיּוֹם הַשְּׁלִישִׁי
el-tercero en-el-día Y-sucedió (18) . en-la-casa con-ella y-yo-parí

לְלִדְתִּי וַתֵּלֶד גַּם־ הָאִשָּׁה הַזֹּאת וַאֲנַחְנוּ יַחְדָּו
juntas y-nosotras la-ésta la-mujer también que-parió de-mi-parir

אֵין־ זָר אִתָּנוּ בַּבַּיִת זוּלָתִי שְׁתַּיִם־אֲנַחְנוּ בַּבָּיִת׃
. en-la-casa nosotras dos fuera-de en-la-casa con-nosotras extraño no-había

וַיָּמָת בֶּן־ הָאִשָּׁה הַזֹּאת לָיְלָה אֲשֶׁר שָׁכְבָה עָלָיו׃
. sobre-él se-acostó porque una-noche la-esta la-mujer (el)hijo-de Y-murió (19)

וַתָּקָם בְּתוֹךְ הַלַּיְלָה וַתִּקַּח אֶת־ בְּנִי
mi-hijo a y-tomó la-noche en-medio-de Y-se-levantó (20)

מֵאֶצְלִי וַאֲמָתְךָ יְשֵׁנָה וַתַּשְׁכִּיבֵהוּ
y-le-acostó estaba-dormida y-tu-sierva de-junto-a-mí

בְּחֵיקָהּ וְאֶת־ בְּנָהּ הַמֵּת הִשְׁכִּיבָה בְחֵיקִי׃
. en-mi-regazo acostó el-muerto su-hijo y-a en-su-regazo

וָאָקֻם בַּבֹּקֶר לְהֵינִיק אֶת־ בְּנִי וְהִנֵּה־ מֵת
estaba-muerto he-aquí-que mi-hijo a para-amamantar en-la-mañana Y-me-levanté (21)

וָאֶתְבּוֹנֵן אֵלָיו בַּבֹּקֶר וְהִנֵּה לֹא־ הָיָה בְנִי
mi-hijo era no y-he-aquí-que en-la-mañana a-él y-observé

אֲשֶׁר יָלָדְתִּי׃ וַתֹּאמֶר הָאִשָּׁה הָאַחֶרֶת לֹא כִי בְּנִי הַחַי
el-vivo mi-hijo pues no : la-otra la-mujer Y-dijo (22) . yo-había-parido que

וּבְנֵךְ הַמֵּת וְזֹאת אֹמֶרֶת לֹא כִי בְּנֵךְ הַמֵּת
el-muerto tu-hijo pues no : dice pero-ésta el-muerto y-tu-hijo

וּבְנִי הֶחָי וַתְּדַבֵּרְנָה לִפְנֵי הַמֶּלֶךְ׃ וַיֹּאמֶר

Y-dijo (23) . el-rey ante y-hablaban el-vivo y-mi-hijo

הַמֶּלֶךְ זֹאת אֹמֶרֶת זֶה־ בְּנִי הַחַי וּבְנֵךְ הַמֵּת

el-muerto y-tu-hijo el-vivo mi-hijo éste : dice ésta : el-rey

וְזֹאת אֹמֶרֶת לֹא כִּי בְּנֵךְ הַמֵּת וּבְנִי הֶחָי׃

. el-vivo y-mi-hijo el-muerto tu-hijo pues no : dice y-ésta

וַיֹּאמֶר הַמֶּלֶךְ קְחוּ לִי־ חָרֶב וַיָּבִאוּ הַחֶרֶב

la-espada y-trajeron espada para-mí tomad : el-rey Y-dijo (24)

לִפְנֵי הַמֶּלֶךְ׃ וַיֹּאמֶר הַמֶּלֶךְ גִּזְרוּ אֶת־ הַיֶּלֶד הַחַי

el-vivo el-niño ** cortad : el-rey Y-dijo (25) . el-rey ante

לִשְׁנָיִם וּתְנוּ אֶת־ הַחֲצִי לְאַחַת וְאֶת־ הַחֲצִי לְאֶחָת׃ וַתֹּאמֶר

Y-dijo (26) . a-una la-mitad y a-una la-mitad ** y-dad en-dos

הָאִשָּׁה אֲשֶׁר־ בְּנָהּ הַחַי אֶל־ הַמֶּלֶךְ כִּי־ נִכְמְרוּ

se-calentaron pues el-rey a el-vivo hijo-de-ella cuyo la-mujer

רַחֲמֶיהָ עַל־ בְּנָהּ וַתֹּאמֶר ׀ בִּי אֲדֹנִי תְּנוּ־

entrega mi-señor por-mí : y-dijo su-hijo por sus-entrañas

לָהּ אֶת־ הַיָּלוּד הַחַי וְהָמֵת אַל־ תְּמִיתֻהוּ

le-mates no y-matar el-vivo el-nacido ** a-ella

וְזֹאת אֹמֶרֶת גַּם־ לִי גַם־ לָךְ לֹא יִהְיֶה גְּזֹרוּ׃

. cortad será no para-ti ni para-mí ni estaba-diciendo y-ésta

וַיַּעַן הַמֶּלֶךְ וַיֹּאמֶר תְּנוּ־ לָהּ אֶת־ הַיָּלוּד

el-nacido ** a-ella dad : y-dijo el-rey Y-contestó (27)

הַחַי וְהָמֵת לֹא תְמִיתֻהוּ הִיא אִמּוֹ׃ וַיִּשְׁמְעוּ

Y-escuchó (28) . su-madre ella le-matéis no y-matar el-vivo

כָל־ יִשְׂרָאֵל אֶת־ הַמִּשְׁפָּט אֲשֶׁר שָׁפַט הַמֶּלֶךְ וַיִּרְאוּ

y-temieron el-rey había-juzgado que la-sentencia ** Israel todo

מִפְּנֵי הַמֶּלֶךְ כִּי רָאוּ כִּי־ חָכְמַת אֱלֹהִים בְּקִרְבּוֹ

en-su-interior Dios sabiduría-de que vieron pues el-rey ante

לַעֲשׂוֹת מִשְׁפָּט׃ וַיְהִי הַמֶּלֶךְ שְׁלֹמֹה מֶלֶךְ עַל־ כָּל־

todo sobre rey Salomón el-rey Y-fue (1) . justicia para-hacer **Cap. 4**

יִשְׂרָאֵל׃ וְאֵלֶּה הַשָּׂרִים אֲשֶׁר־ לוֹ עֲזַרְיָהוּ בֶן־ צָדוֹק

Sadoc hijo-de Azaraías : para-él que los-jefes Y-éstos (2) . Israel

הַכֹּהֵן׃ אֱלִיחֹרֶף וַאֲחִיָּה בְּנֵי שִׁישָׁא סֹפְרִים יְהוֹשָׁפָט

Josafat escribanos Sisá hijos-de y-Ahías Elihóref (3) . el-sacerdote

בֶּן־ אֲחִילוּד הַמַּזְכִּיר׃ וּבְנָיָהוּ בֶן־ יְהוֹיָדָע עַל־

sobre Joyadá hijo-de Y-Benayá (4) . el-canciller Ahilud hijo-de

הַצָּבָא וְצָדוֹק וְאֶבְיָתָר כֹּהֲנִים׃ וַעֲזַרְיָהוּ בֶן־ נָתָן עַל־

sobre Natán hijo-de Y-Azarías (5) . sacerdotes y-Abiatar y-Sadoc el-ejército

הַנִּצָּבִים וְזָבוּד בֶּן־ נָתָן כֹּהֵן רֵעֶה

amigo-de sacerdote Natán hijo-de y-Zabud los-superintendentes

הַמֶּלֶךְ׃ וַאֲחִישָׁר עַל־ הַבָּיִת וַאֲדֹנִירָם בֶּן־ עַבְדָּא עַל־

sobre Abdá hijo-de y-Adoniram la-casa sobre Y-Ahisar (6) . el-rey

הַמַּס׃ וְלִשְׁלֹמֹה שְׁנֵים־ עָשָׂר נִצָּבִים עַל־ כָּל־

todo sobre gobernadores doce Y-para-Salomón (7) . el-tributo

יִשְׂרָאֵל וְכִלְכְּלוּ אֶת־ הַמֶּלֶךְ וְאֶת־ בֵּיתוֹ חֹדֶשׁ

mes su-casa y-a el-rey a y-abastecían Israel

בַּשָּׁנָה יִהְיֶה עַל־ אֶחָד לְכַלְכֵּל׃ וְאֵלֶּה שְׁמוֹתָם

: sus-nombres Y-éstos-son (8) . el abastecer uno para uno en-el-año

בֶּן־ חוּר בְּהַר אֶפְרָיִם׃ בֶּן־ דֶּקֶר בְּמָקַץ וּבְשַׁעַלְבִים

y-en-Saalbim en-Macaz Decar Ben (9) . Efraín en-montaña-de Hur Ben

וּבֵית שֶׁמֶשׁ וְאֵילוֹן בֵּית חָנָן׃ בֶּן־ חֶסֶד בָּאֲרֻבּוֹת לוֹ

para-él en-Arubot Hésed Ben (10) . hanán Bet- y-Elón semes y-Bet-

שֹׂכֹה וְכָל־ אֶרֶץ חֵפֶר׃ בֶּן־ אֲבִינָדָב כָּל־ נָפַת דֹּאר טָפַת

Tafat Dor colina-de toda Abinadab Ben (11) . Hefer tierra-de y-toda Soco

בַּת־ שְׁלֹמֹה הָיְתָה לּוֹ לְאִשָּׁה׃ בַּעֲנָא בֶּן־ אֲחִילוּד תַּעְנַךְ

en-Taanac Ahilud hijo-de Baaná (12) . para-mujer para-él era Salomón hija-de

וּמְגִדּוֹ וְכָל־ בֵּית שְׁאָן אֲשֶׁר אֵצֶל צָרְתַנָה מִתַּחַת לְיִזְרְעֶאל

de-Jizreel debajo Saretán junto-a que seán Bet- y-todo y-Megidó

מִבֵּית שְׁאָן עַד אָבֵל מְחוֹלָה עַד מֵעֵבֶר לְיָקְמְעָם׃ בֶּן־ גֶּבֶר

Géber Ben (13) . de-Jocmeam el-otro-lado hasta meholá Abel- hasta seán desde-Bet-

בְּרָמֹת גִּלְעָד לוֹ חַוֺּת יָאִיר בֶּן־ מְנַשֶּׁה אֲשֶׁר בַּגִּלְעָד

en-Galaad que Manasés hijo-de Jaír aldeas-de para-él Galaad en-Ramot

לוֹ חֶבֶל אַרְגֹּב אֲשֶׁר בַּבָּשָׁן שִׁשִּׁים עָרִים גְּדֹלוֹת חוֹמָה

muralla grandes ciudades sesenta en-el-Basán que Argob (el)distrito-de para-él

וּבְרִיחַ נְחֹשֶׁת׃ אֲחִינָדָב בֶּן־ עִדֹּא מַחֲנָיְמָה׃ אֲחִימַעַץ

Ahimaas (15) . en-Mahanáyim Iddó hijo-de Ahinadab (14) . bronce y-cerrojo-de

בְּנַפְתָּלִי גַּם־ הוּא לָקַח אֶת־ בָּשְׂמַת בַּת־ שְׁלֹמֹה לְאִשָּׁה׃

. para-mujer Salomón hija-de Basemat a había-tomado él también en-Neftalí

בַּעֲנָא בֶּן־ חוּשַׁי בְּאָשֵׁר וּבְעָלוֹת׃ יְהוֹשָׁפָט בֶּן־

hijo-de Josafat (17) . y-Alot en-Aser Husay hijo-de Baaná (16)

פָּרוּחַ בְּיִשָּׂשכָר׃ שִׁמְעִי בֶן־ אֵלָא בְּבִנְיָמִן׃ גֶּבֶר בֶּן־ אֻרִי

Uri hijo-de Géber (19) . en-Benjamín Ela hijo-de Simeí (18) . en-Isacar Parúa

בְּאֶרֶץ גִּלְעָד אֶרֶץ סִיחוֹן מֶלֶךְ הָאֱמֹרִי וְעֹג מֶלֶךְ

rey-de y-Og el-amorreo rey-de Sehón tierra-de Galaad en-tierra-de

הַבָּשָׁן וּנְצִיב אֶחָד אֲשֶׁר בָּאָרֶץ׃ יְהוּדָה וְיִשְׂרָאֵל

e-Israel Judá (20) . en-el-país que único y-encargado el-Basán

רַבִּים כַּחוֹל אֲשֶׁר־ עַל־ הַיָּם לָרֹב אֹכְלִים

comiendo en-número el-mar junto-a que como-arena numerosos

וְשֹׁתִים וּשְׂמֵחִים׃ וּשְׁלֹמֹה הָיָה מוֹשֵׁל
gobernante era Y-Salomón (1) . y-alegrándose y-bebiendo

בְּכָל־ הַמַּמְלָכוֹת מִן־ הַנָּהָר אֶרֶץ פְּלִשְׁתִּים וְעַד
y-hasta filisteos a-(la)tierra-de el-río desde los-reinos sobre-todos

גְּבוּל מִצְרָיִם מַגִּשִׁים מִנְחָה וְעֹבְדִים אֶת־ שְׁלֹמֹה כָּל־
todos Salomón a y-servían tributo acercaban Egipto (el)límite-de

יְמֵי חַיָּיו׃ וַיְהִי לֶחֶם־ שְׁלֹמֹה לְיוֹם אֶחָד
uno por-día Salomón (el)pan-de Y-era (2) . sus-vidas (los)días-de

שְׁלֹשִׁים כֹּר סֹלֶת וְשִׁשִּׁים כֹּר קָמַח׃ עֲשָׂרָה בָקָר בְּרִאִים
cebadas reses Diez (3) . harina coros-de y-sesenta flor-de-harina coros-de treinta

וְעֶשְׂרִים בָּקָר רְעִי וּמֵאָה צֹאן לְבַד מֵאַיָּל
de-ciervos fuera ovejas y-cien de-pasto reses y-veinte

וּצְבִי וְיַחְמוּר וּבַרְבֻּרִים אֲבוּסִים׃ כִּי־ הוּא רֹדֶה ׀
dominaba él Pues (4) . cebados y-aves y-gansos y-gacelas

בְּכָל־ עֵבֶר הַנָּהָר מִתִּפְסַח וְעַד־ עַזָּה בְּכָל־
en-todos Gaza y-hasta desde-Tifsá el-río (el)lado-de en-todo

מַלְכֵי עֵבֶר הַנָּהָר וְשָׁלוֹם הָיָה לוֹ מִכָּל־ עֲבָרָיו
sus-lados de-todos para-él había y-paz el-río el-lado-de reyes-de

מִסָּבִיב׃ וַיֵּשֶׁב יְהוּדָה וְיִשְׂרָאֵל לָבֶטַח אִישׁ תַּחַת
bajo cada-hombre con-seguridad e-Israel Judá Y-habitó (5) . alrededor

גַּפְנוֹ וְתַחַת תְּאֵנָתוֹ מִדָּן וְעַד־ בְּאֵר שָׁבַע כֹּל יְמֵי
(los)días-de todos seba Beer- y-hasta desde-Dan su-higuera y-bajo su-parra

שְׁלֹמֹה׃ וַיְהִי לִשְׁלֹמֹה אַרְבָּעִים אֶלֶף אֻרְוֹת סוּסִים
caballos establos-de mil cuarenta para-Salomón Y-había (6) . Salomón

לְמֶרְכָּבוֹ וּשְׁנֵים־ עָשָׂר אֶלֶף פָּרָשִׁים׃ וְכִלְכְּלוּ
Y-abastecían (7) . jinetes mil diez y-dos para-su-carro

הַנִּצָּבִים הָאֵלֶּה אֶת־הַמֶּלֶךְ שְׁלֹמֹה וְאֵת כָּל־
todo y-a Salomón el-rey a los-estos los-encargados

הַקָּרֵב אֶל־שֻׁלְחַן הַמֶּלֶךְ־שְׁלֹמֹה אִישׁ חָדְשׁוֹ לֹא יְעַדְּרוּ
dejaban-que-faltara no su-mes cada-hombre Salomón el-rey (la)mesa-de a el-que-se-acerca

דָּבָר׃ וְהַשְּׂעֹרִים וְהַתֶּבֶן לַסּוּסִים
para-los-caballos y-la-paja Y-las-cebadas (8) . nada

וְלָרֶכֶשׁ יָבִאוּ אֶל־הַמָּקוֹם אֲשֶׁר יִהְיֶה־שָּׁם אִישׁ
cada-hombre allí estaba donde el-lugar a llevaban y-para-el-corcel

כְּמִשְׁפָּטוֹ׃ וַיִּתֵּן אֱלֹהִים חָכְמָה לִשְׁלֹמֹה וּתְבוּנָה
y-entendimiento a-Salomón sabiduría Dios Y-dio (9) . según-su-sentencia

הַרְבֵּה מְאֹד וְרֹחַב לֵב כַּחוֹל אֲשֶׁר עַל־שְׂפַת
la-orilla-de sobre que como-la-arena corazón y-amplitud-de muy mucho

הַיָּם׃ וַתֵּרֶב חָכְמַת שְׁלֹמֹה מֵחָכְמַת
(la)más-que-sabiduría-de Salomón (la)sabiduría-de Y-fue-mucha (10) . el-mar

כָּל־בְּנֵי־קֶדֶם וּמִכֹּל חָכְמַת מִצְרָיִם׃ וַיֶּחְכַּם
Y-era-sabio (11) . Egipto (la)sabiduría-de y-más-que-toda Oriente (los)hijos-de todos

מִכָּל־הָאָדָם מֵאֵיתָן הָאֶזְרָחִי וְהֵימָן וְכַלְכֹּל
y-Calcol y-Hemán el-ezraíta más-que-Etán el-hombre más-que-todo

וְדַרְדַּע בְּנֵי מָחוֹל וַיְהִי־שְׁמוֹ בְכָל־הַגּוֹיִם סָבִיב׃
. alrededor las-naciones en-todas su-nombre y-estuvo Mahol hijos-de y-Dardá

וַיְדַבֵּר שְׁלֹשֶׁת אֲלָפִים מָשָׁל וַיְהִי שִׁירוֹ חֲמִשָּׁה
cinco su-canto y-fue proverbios mil tres Y-dijo (12)

וָאָלֶף׃ וַיְדַבֵּר עַל־הָעֵצִים מִן־הָאֶרֶז אֲשֶׁר
que el-cedro desde los-árboles sobre Y-habló (13) . y-mil

בַּלְּבָנוֹן וְעַד הָאֵזוֹב אֲשֶׁר יֹצֵא בַּקִּיר וַיְדַבֵּר
y-habló en-la-pared sale que el-hisopo y-hasta en-el-Líbano

עַל־ הַבְּהֵמָה וְעַל־ הָעוֹף וְעַל־ הָרֶמֶשׂ וְעַל־ הַדָּגִים׃

. los-peces y-sobre el-reptil y-sobre el-ave y-sobre la-bestia sobre

וַיָּבֹאוּ מִכָּל־ הָעַמִּים לִשְׁמֹעַ אֵת חָכְמַת

(la)sabiduría-de ** a-escuchar los-pueblos de-todos Y-venían (14)

שְׁלֹמֹה מֵאֵת כָּל־ מַלְכֵי הָאָרֶץ אֲשֶׁר שָׁמְעוּ אֶת־ חָכְמָתוֹ׃

. su-sabiduría ** habían-escuchado que la-tierra (los)reyes-de todos de-con Salomón

וַיִּשְׁלַח חִירָם מֶלֶךְ־ צוֹר אֶת־ עֲבָדָיו אֶל־ שְׁלֹמֹה כִּי

pues Salomón a sus-siervos a Tiro rey-de Hiram Y-envió (15)

שָׁמַע כִּי אֹתוֹ מָשְׁחוּ לְמֶלֶךְ תַּחַת אָבִיהוּ כִּי

pues su-padre en-lugar-de para-rey habían-ungido a-él que oyó

אֹהֵב הָיָה חִירָם לְדָוִד כָּל־ הַיָּמִים׃ וַיִּשְׁלַח

Y-envió (16) . los-días todos para-David Hiram fue amigo

שְׁלֹמֹה אֶל־חִירָם לֵאמֹר׃ אַתָּה יָדַעְתָּ אֶת־ דָּוִד אָבִי כִּי

que mi-padre David a conociste Tú (17) : a-decir Hiram a Salomón

לֹא יָכֹל לִבְנוֹת בַּיִת לְשֵׁם יְהוָה אֱלֹהָיו מִפְּנֵי הַמִּלְחָמָה

la-guerra por-causa-de su-Dios Yahweh para-nombre-de casa construir pudo no

אֲשֶׁר סְבָבֻהוּ עַד תֵּת־ יְהוָה אֹתָם תַּחַת כַּפּוֹת רַגְלָו׃

. sus-pies (las)plantas-de bajo a-ellos Yahweh dar hasta le-rodearon que

וְעַתָּה הֵנִיחַ יְהוָה אֱלֹהַי לִי מִסָּבִיב אֵין שָׂטָן

adversario no-hay de-alrededor a-mí mi-Dios Yahweh ha-dado-reposo Y-ahora (18)

וְאֵין פֶּגַע רָע׃ וְהִנְנִי אֹמֵר לִבְנוֹת בַּיִת

casa para-sabiduría hablo Y-he-aquí-que-yo (19) . malo acontecimiento y-no-hay

לְשֵׁם יְהוָה אֱלֹהָי כַּאֲשֶׁר ׀ דִּבֶּר יְהוָה אֶל־ דָּוִד אָבִי

mi-padre David a Yahweh había-hablado como-lo-que mi-Dios Yahweh para-nombre-de

לֵאמֹר בִּנְךָ אֲשֶׁר אֶתֵּן תַּחְתֶּיךָ עַל־ כִּסְאֶךָ הוּא־

él tu-trono sobre en-tu-lugar pondré que tu-hijo : diciendo

יִבְנֶה הַבַּיִת לִשְׁמִי׃ וְעַתָּה צַוֵּה

ordena Y-ahora (20) . para-mi-nombre la-casa construirá

וְיִכְרְתוּ־לִי אֲרָזִים מִן־הַלְּבָנוֹן וַעֲבָדַי יִהְיוּ עִם־

con estén y-mis-siervos el-Líbano de cedros para-mí que-corten

עֲבָדֶיךָ וּשְׂכַר עֲבָדֶיךָ אֶתֵּן לְךָ כְּכֹל אֲשֶׁר תֹּאמֵר

digas lo-que según-todo a-ti daré tus-siervos y-(el)salario-de tus-siervos

כִּי ׀ אַתָּה יָדַעְתָּ כִּי אֵין בָּנוּ אִישׁ יֹדֵעַ לִכְרָת־עֵצִים

maderas cortar que-sepa hombre entre-nosotros no-hay que sabes tú pues

כַּצִּדֹנִים׃ וַיְהִי כִּשְׁמֹעַ חִירָם אֶת־דִּבְרֵי שְׁלֹמֹה

Salomón (las)palabras- ** Hiram al-escuchar Y-sucedió (21) . como-los-sidonios

וַיִּשְׂמַח מְאֹד וַיֹּאמֶר בָּרוּךְ יְהוָה הַיּוֹם אֲשֶׁר

que el-día Yahweh bendito-sea : y-dijo mucho que-se-alegró

נָתַן לְדָוִד בֵּן חָכָם עַל־הָעָם הָרָב הַזֶּה׃ וַיִּשְׁלַח

Y-envió (22) . el-este el-numeroso el-pueblo sobre sabio hijo a-David entregó

חִירָם אֶל־שְׁלֹמֹה לֵאמֹר שָׁמַעְתִּי אֵת אֲשֶׁר־שָׁלַחְתָּ אֵלָי אֲנִי אֶעֱשֶׂה אֶת־

** haré yo a-mí mandaste lo-que ** he-escuchado : a-decir Salomón a Hiram

כָּל־חֶפְצְךָ בַּעֲצֵי אֲרָזִים וּבַעֲצֵי בְרוֹשִׁים׃ עֲבָדַי

Mis-siervos (23) . ciprés y-maderas-de cedro en-maderas-de tu-deseo todo

יֹרִדוּ מִן־הַלְּבָנוֹן יָמָּה וַאֲנִי אֲשִׂימֵם דֹּבְרוֹת

en-balsas las-haré-poner y-yo a-(el)mar el-Líbano desde harán-bajar

בַּיָּם עַד־הַמָּקוֹם אֲשֶׁר־תִּשְׁלַח אֵלַי וְנִפַּצְתִּים שָׁם

allí y-yo-las-separaré a-mí envíes que el-lugar hasta por-el-mar

וְאַתָּה תִּשָּׂא וְאַתָּה תַּעֲשֶׂה אֶת־חֶפְצִי לָתֵת לֶחֶם

pan de-dar mi-deseo ** harás y-tú cogerás y-tú

בֵּיתִי׃ וַיְהִי חִירוֹם נֹתֵן לִשְׁלֹמֹה עֲצֵי אֲרָזִים

cedro maderas-de a-Salomón dando Hiram Y-estuvo (24) . mi-casa

וַעֲצֵי בְרוֹשִׁים כָּל־ חֶפְצוֹ׃ (25) וּשְׁלֹמֹה נָתַן לְחִירָם
a-Hiram daba Y-Salomón (25) . su-deseo todo ciprés y-maderas-de

עֶשְׂרִים אֶלֶף כֹּר חִטִּים מַכֹּלֶת לְבֵיתוֹ וְעֶשְׂרִים כֹּר שֶׁמֶן
aceite coros-de y-veinte para-su-casa alimento trigo coros-de mil veinte

כָּתִית כֹּה־ יִתֵּן שְׁלֹמֹה לְחִירָם שָׁנָה בְשָׁנָה׃ (26) וַיהוָה
Y-Yahweh (26) . en-año año a-Hiram Salomón dio así prensado

נָתַן חָכְמָה לִשְׁלֹמֹה כַּאֲשֶׁר דִּבֶּר־ לוֹ וַיְהִי שָׁלֹם
paz y-hubo a-él había-dicho como-lo-que a-Salomón sabiduría dio

בֵּין חִירָם וּבֵין שְׁלֹמֹה וַיִּכְרְתוּ בְרִית שְׁנֵיהֶם׃
. ellos-dos alianza y-cortaron Salomón y-entre Hiram entre

(27) וַיַּעַל הַמֶּלֶךְ שְׁלֹמֹה מַס מִכָּל־ יִשְׂרָאֵל
Israel de-todo prestación Salomón el-rey E-impuso (27)

וַיְהִי הַמַּס שְׁלֹשִׁים אֶלֶף אִישׁ׃ (28) וַיִּשְׁלָחֵם
Y-les-envió (28) . hombres mil treinta la-prestación y-era

לְבָנוֹנָה עֲשֶׂרֶת אֲלָפִים בַּחֹדֶשׁ חֲלִיפוֹת חֹדֶשׁ יִהְיוּ בַלְּבָנוֹן
en-el-Líbano estaban un-mes por-turno por-mes mil diez a(el)Líbano

שְׁנַיִם חֳדָשִׁים בְּבֵיתוֹ וַאֲדֹנִירָם עַל־ הַמַּס׃ (29) וַיְהִי
Y-había (29) . la-prestación sobre y-Adoniram en-su-casa meses dos

לִשְׁלֹמֹה שִׁבְעִים אֶלֶף נֹשֵׂא סַבָּל וּשְׁמֹנִים אֶלֶף חֹצֵב
cortadores mil y-ochenta carga llevando mil setenta para-Salomón

בָּהָר׃ (30) לְבַד מִשָּׂרֵי הַנִּצָּבִים
los-encargados de-los-jefes-de Aparte-de (30) . en-la-montaña

לִשְׁלֹמֹה אֲשֶׁר עַל־ הַמְּלָאכָה שְׁלֹשֶׁת אֲלָפִים וּשְׁלֹשׁ מֵאוֹת
cientos y-tres mil tres el-trabajo sobre que para-Salomón

הָרֹדִים בָּעָם הָעֹשִׂים בַּמְּלָאכָה׃
. el-trabajo que-hacían a-la-gente los-que-controlaban

וַיְצַו הַמֶּלֶךְ וַיַּסִּעוּ אֲבָנִים גְּדֹלוֹת אֲבָנִים

piedras grandes piedras que-extrajeran el-rey Y-ordenó (31)

יְקָרוֹת לְיַסֵּד הַבָּיִת אַבְנֵי גָזִית׃

. sillar piedras-de la-casa para-fundar costosas

וַיִּפְסְלוּ בֹּנֵי שְׁלֹמֹה וּבֹנֵי

y-(los)constructores-de Salomón (los)constructores-de Y-tallaban (32)

חִירוֹם וְהַגִּבְלִים וַיָּכִינוּ הָעֵצִים וְהָאֲבָנִים לִבְנוֹת

para-construir y-las-piedras las-maderas y-preparaban y-los-gebalitas Hiram

הַבָּיִת׃ וַיְהִי בִשְׁמוֹנִים שָׁנָה וְאַרְבַּע מֵאוֹת שָׁנָה לְצֵאת

Cap. 6 de-salir años cientos y-cuatro años en-ochenta Y-sucedió (1) . el-Templo

בְנֵי־יִשְׂרָאֵל מֵאֶרֶץ־מִצְרַיִם בַּשָּׁנָה הָרְבִיעִית בְּחֹדֶשׁ זִו

Zif en-(el)mes-de cuarto en-el-año Egipto de-tierra-de Israel (los)hijos-de

הוּא הַחֹדֶשׁ הַשֵּׁנִי לִמְלֹךְ שְׁלֹמֹה עַל־יִשְׂרָאֵל וַיִּבֶן

y-edificó Israel sobre Salomón de-reinar-de el-segundo el-mes él

הַבַּיִת לַיהוָה׃ וְהַבַּיִת אֲשֶׁר בָּנָה הַמֶּלֶךְ שְׁלֹמֹה

Salomón el-rey construyó que Y-el-templo (2) . para-Yahweh el-templo

לַיהוָה שִׁשִּׁים־אַמָּה אָרְכּוֹ וְעֶשְׂרִים רָחְבּוֹ וּשְׁלֹשִׁים

y-treinta su-anchura y-veinte su-longitud codos sesenta para-Yahweh

אַמָּה קוֹמָתוֹ׃ וְהָאוּלָם עַל־פְּנֵי הֵיכַל הַבַּיִת

el-templo el-santuario-de frente-de al Y-el-atrio (3) . su-altura codos

עֶשְׂרִים אַמָּה אָרְכּוֹ עַל־פְּנֵי רֹחַב הַבָּיִת עֶשֶׂר בָּאַמָּה

por-el-codo diez el-templo (la)anchura-de frente-de al su-longitud codos veinte

רָחְבּוֹ עַל־פְּנֵי הַבָּיִת׃ וַיַּעַשׂ לַבַּיִת

para-el-templo E-hizo (4) . el-templo frente-de al su-anchura

חַלּוֹנֵי שְׁקֻפִים אֲטֻמִים׃ וַיִּבֶן עַל־קִיר

(el)muro-de junto-a Y-edificó (5) . cerradas celosías ventanas-de

הַבַּיִת יָצוֹעַ סָבִיב אֶת־ קִירוֹת הַבַּיִת סָבִיב לַהֵיכָל

del-santuario alrededor el-templo (los)muros-de ** alrededor-de una-galería el-templo

וְלַדְּבִיר וַיַּעַשׂ צְלָעוֹת סָבִיב׃ הַיָּצוֹעַ

Y-la-galería (6) . alrededor habitáculos e-hizo y-de-el-Debir

הַתַּחְתֹּנָה חָמֵשׁ בָּאַמָּה רָחְבָּהּ וְהַתִּיכֹנָה שֵׁשׁ בָּאַמָּה

por-el-codo seis y-la-intermedia su-anchura por-el-codo cinco la-inferior

רָחְבָּהּ וְהַשְּׁלִישִׁית שֶׁבַע בָּאַמָּה רָחְבָּהּ כִּי

pues su-anchura por-el-codo siete y-la-tercera su-anchura

מִגְרָעוֹת נָתַן לַבַּיִת סָבִיב חוּצָה לְבִלְתִּי אֲחֹז

interferir para-no hacia-fuera alrededor al-templo dio reducciones

בְּקִירוֹת־ הַבָּיִת׃ וְהַבַּיִת בְּהִבָּנֹתוֹ אֶבֶן־ שְׁלֵמָה

intacta-de piedra en-su-ser-construido Y-el-templo (7) . el-templo en-(los)muros-de

מַסָּע נִבְנָה וּמַקָּבוֹת וְהַגַּרְזֶן כָּל־ כְּלִי בַרְזֶל לֹא־

no hierro instrumento-de ni-ningún ni-cincel ni-martillos fue-construido cantera

נִשְׁמַע בַּבַּיִת בְּהִבָּנֹתוֹ׃ פֶּתַח הַצֵּלָע

la-planta La-entrada-de (8) . en-su-ser-construido en-el-templo se-escuchó

הַתִּיכֹנָה אֶל־ כֶּתֶף הַבַּיִת הַיְמָנִית וּבְלוּלִּים יַעֲלוּ עַל־

sobre subían y-por-escaleras el-derecho el-templo (el)costado-de hacia la-intermedia

הַתִּיכֹנָה וּמִן־ הַתִּיכֹנָה אֶל־ הַשְּׁלִשִׁים׃ וַיִּבֶן אֶת־

** Y-edificó (9) . las-terceras a la-intermedia y-desde la-intermedia

הַבַּיִת וַיְכַלֵּהוּ וַיִּסְפֹּן אֶת־ הַבַּיִת גֵּבִים וּשְׂדֵרֹת

y-paneles (con)artesanados el-templo ** y-cubrió y-lo-acabó el-templo

בָּאֲרָזִים׃ וַיִּבֶן אֶת־ הַיָּצוּעַ עַל־ כָּל־ הַבַּיִת

el-templo todo junto-a la-galería ** Y-construyó (10) . con-los-cedros

חָמֵשׁ אַמּוֹת קוֹמָתוֹ וַיֶּאֱחֹז אֶת־ הַבַּיִת בַּעֲצֵי אֲרָזִים׃

. cedros con-maderas-de el-templo ** y-sujetó su-altura codos cinco

וַיְהִי דְּבַר־ יְהוָה אֶל־ שְׁלֹמֹה לֵאמֹר׃ הַבַּיִת הַזֶּה

el-este El-templo (12) : diciendo Salomón a Yahweh (la)palabra-de Y-fue (11)

אֲשֶׁר־אַתָּה בֹנֶה אִם־ תֵּלֵךְ בְּחֻקֹּתַי וְאֶת־ מִשְׁפָּטַי

mis-dictámenes y por-mis-decretos caminas si edificas tú que

תַּעֲשֶׂה וְשָׁמַרְתָּ אֶת־ כָּל־ מִצְוֺתַי לָלֶכֶת בָּהֶם

por-ellos para-marchar mis-mandamientos todos ** y-guardas practicas

וַהֲקִמֹתִי אֶת־ דְּבָרִי אִתָּךְ אֲשֶׁר דִּבַּרְתִּי אֶל־ דָּוִד

David a dije que contigo mi-palabra ** y-yo-mantendré

אָבִיךָ׃ וְשָׁכַנְתִּי בְּתוֹךְ בְּנֵי יִשְׂרָאֵל וְלֹא אֶעֱזֹב

abandonaré y-no Israel (los)hijos-de en-medio-de Y-moraré (13) . tu-padre

אֶת־ עַמִּי יִשְׂרָאֵל׃ וַיִּבֶן שְׁלֹמֹה אֶת־ הַבַּיִת

el-templo ** Salomón Y-edificó (14) . Israel mi-pueblo a

וַיְכַלֵּהוּ׃ וַיִּבֶן אֶת־ קִירוֹת הַבַּיִת מִבַּיְתָה

interiormente el-templo (los)muros-de ** Y-construyó (15) . y-lo-acabó

בְּצַלְעוֹת אֲרָזִים מִקַּרְקַע הַבַּיִת עַד־ קִירוֹת הַסִּפֻּן

el-techo (los)muros-de hasta el-templo desde-el-suelo-de cedros con-tablas-de

צִפָּה עֵץ מִבָּיִת וַיְצַף אֶת־ קַרְקַע הַבַּיִת

el-templo (el)suelo-de ** y-recubrió por-dentro (de)madera recubrió

בְּצַלְעוֹת בְּרוֹשִׁים׃ וַיִּבֶן אֶת־עֶשְׂרִים אַמָּה מִיַּרְכּוֹתֵי

de-las-partes-posteriores-de codos veinte ** Y-construyó (16) . cipreses con-tablas-de

הַבַּיִת בְּצַלְעוֹת אֲרָזִים מִן־ הַקַּרְקַע עַד־הַקִּירוֹת וַיִּבֶן

y-construyó los-muros hasta el-suelo desde cedros con-tablas-de el-templo

לוֹ מִבַּיִת לִדְבִיר לְקֹדֶשׁ הַקֳּדָשִׁים׃

. los-santos para-el-santo-de para-el-Debir en-el-interior-del-templo para-él

וְאַרְבָּעִים בָּאַמָּה הָיָה הַבָּיִת הוּא הַהֵיכָל

el-santuario esto-es la-casa fue por-el-codo Y-cuarenta (17)

לְפָנָי׃ וְאֶרֶז אֶל־הַבַּיִת פְּנִימָה מִקְלַעַת פְּקָעִים
coloquíntidas entalla dura-de al-interior el-templo sobre Y-cedro (18) . ante-mí

וּפְטוּרֵי צִצִּים הַכֹּל אֶרֶז אֵין אֶבֶן נִרְאָה׃
. visible piedra no-había cedro la-totalidad-de flores y-guirnaldas-de

וּדְבִיר בְּתוֹךְ־הַבַּיִת מִפְּנִימָה הֵכִין לְתִתֵּן
para-poner preparó en-el-interior el-templo en-medio-de Y-Debir (19)

שָׁם אֶת־אֲרוֹן בְּרִית יְהוָה׃ וְלִפְנֵי הַדְּבִיר
el-Debir Y-ante (20) . Yahweh (la)Alianza-de (el)arca-de ** allí

עֶשְׂרִים אַמָּה אֹרֶךְ וְעֶשְׂרִים אַמָּה רֹחַב וְעֶשְׂרִים אַמָּה קוֹמָתוֹ
su-altura codos y-veinte anchura codos y-veinte longitud codos veinte

וַיְצַפֵּהוּ זָהָב סָגוּר וַיְצַף מִזְבֵּחַ אָרֶז׃ וַיְצַף
Y-recubrió (21) . (de)cedro altar pero-cubrió acendrado (de)oro y-lo-recubrió

שְׁלֹמֹה אֶת־הַבַּיִת מִפְּנִימָה זָהָב סָגוּר וַיְעַבֵּר בְּרַתִּיקוֹת
cadenas-de e-hizo-pasar acendrado (de)oro interiormente el-templo ** Salomón

זָהָב לִפְנֵי הַדְּבִיר וַיְצַפֵּהוּ זָהָב׃ וְאֶת־כָּל־
toda Y (22) . (de)oro y-lo-recubrió el-Debir ante oro

הַבַּיִת צִפָּה זָהָב עַד־תֹּם כָּל־הַבַּיִת
la-casa toda acabar hasta (de)oro recubrió la-casa

וְכָל־הַמִּזְבֵּחַ אֲשֶׁר־לַדְּבִיר צִפָּה זָהָב׃ וַיַּעַשׂ
E-hizo (23) . (de)oro recubrió para-el-Debir que el-altar y-todo

בַּדְּבִיר שְׁנֵי כרוּבִים עֲצֵי־שָׁמֶן עֶשֶׂר אַמּוֹת קוֹמָתוֹ׃
. su-altura codos diez olivo-silvestre maderas-de querubines dos en-el-Debir

וְחָמֵשׁ אַמּוֹת כְּנַף הַכְּרוּב הָאֶחָת וְחָמֵשׁ אַמּוֹת כְּנַף
ala-de codos y-cinco la-una el-querube ala-de codos Y-cinco (24)

הַכְּרוּב הַשֵּׁנִית עֶשֶׂר אַמּוֹת מִקְצוֹת כְּנָפָיו וְעַד־קְצוֹת
(los)extremos-de y-hasta sus-alas de-extremos-de codos diez la-segunda el-querube

כְּנָפָיו׃ (25) וְעֶשֶׂר בָּאַמָּה הַכְּרוּב הַשֵּׁנִי מִדָּה אַחַת

una medida el-segundo el-querube por-el-codo Y-diez (25) . sus-alas

וְקֶצֶב אֶחָד לִשְׁנֵי הַכְּרֻבִים׃ (26) קוֹמַת הַכְּרוּב

el-querube (La)altura-de (26) . los-querubines para-dos-de una y-talla

הָאֶחָד עֶשֶׂר בָּאַמָּה וְכֵן הַכְּרוּב הַשֵּׁנִי׃ (27) וַיִּתֵּן

Y-puso (27) . el-segundo el-querube y-así por-el-codo diez el-uno

אֶת־ הַכְּרוּבִים בְּתוֹךְ ׀ הַבַּיִת הַפְּנִימִי וַיִּפְרְשׂוּ אֶת־

** y-extendían el-interior el-templo en-medio-de los-querubines a

כַּנְפֵי הַכְּרֻבִים וַתִּגַּע כְּנַף־ הָאֶחָד בַּקִּיר וּכְנַף

y-(el)ala-de en-el-muro el-uno (el)ala-de y-alcanzaba los-querubines sus-alas

הַכְּרוּב הַשֵּׁנִי נֹגַעַת בַּקִּיר הַשֵּׁנִי וְכַנְפֵיהֶם אֶל־

hacia sus-alas el-segundo en-el-muro tocaba el-segundo el-querube

תּוֹךְ הַבַּיִת נֹגְעֹת כָּנָף אֶל־ כָּנָף׃ (28) וַיְצַף אֶת־

** Y-recubrió (28) . ala con ala tocaban el-templo (el)centro-de

הַכְּרוּבִים זָהָב׃ (29) וְאֵת כָּל־ קִירוֹת הַבַּיִת מֵסַב ׀ קָלַע

esculpió alrededor el-templo los-muros-de todos Y (29) . (de)oro los-querubines

פִּתּוּחֵי מִקְלְעוֹת כְּרוּבִים וְתִמֹרֹת וּפְטוּרֵי

y-guirnaldas-de y-palmas querubines tallas bajo-relieves-de

צִצִּים מִלִּפְנִים וְלַחִיצוֹן׃ (30) וְאֶת־ קַרְקַע הַבַּיִת צִפָּה

recubrió el-templo (el)suelo-de Y (30) . y-por-fuera por-dentro flores

זָהָב לִפְנִימָה וְלַחִיצוֹן׃ (31) וְאֵת פֶּתַח הַדְּבִיר

el-Debir a-(la)entrada-de Y (31) . y-en-el-exterior en-el-interior (de)oro

עָשָׂה דַּלְתוֹת עֲצֵי־ שָׁמֶן הָאַיִל מְזֻזוֹת חֲמִשִׁית׃ (32) וּשְׁתֵּי

Y-dos (32) . pentagonales jambas el-dintel olivo-silvestre maderas-de batientes-de hizo

דַּלְתוֹת עֲצֵי־ שֶׁמֶן וְקָלַע עֲלֵיהֶם מִקְלְעוֹת כְּרוּבִים

querubines tallas-de sobre-ellos y-esculpió olivo-silvestre maderas-de batientes-de

וְתִמֹרוֹת וּפְטוּרֵי צִצִּים וְצִפָּה זָהָב

(de)oro -recubrió flores y-guirnaldas-de y-palmas

וַיָּרֶד עַל־ הַכְּרוּבִים וְעַל־ הַתִּמֹרוֹת אֶת־ הַזָּהָב׃

. el-oro ** las-palmas y-sobre los-querubines sobre y-aplicó

(33) וְכֵן עָשָׂה לְפֶתַח הַהֵיכָל מְזוּזוֹת עֲצֵי־ שָׁמֶן

olivo-silvestre maderas-de jambas-de el-santuario a-(la)puerta-de hizo Y-así (33)

מֵאֵת רְבִעִית׃ (34) וּשְׁתֵּי דַלְתוֹת עֲצֵי בְרוֹשִׁים שְׁנֵי צְלָעִים

tablas dos cipreses maderas-de batientes-de Y-dos (34) . un-cuarto de

הַדֶּלֶת הָאַחַת גְּלִילִים וּשְׁנֵי קְלָעִים הַדֶּלֶת

el-batiente tablas y-dos giratorias el-uno el-batiente

הַשֵּׁנִית גְּלִילִים׃ (35) וְקִלַּע כְּרוּבִים וְתִמֹרוֹת

y-palmas querubines Y-esculpió (35) . giratorias el-segundo

וּפְטֻרֵי צִצִּים וְצִפָּה זָהָב מְיֻשָּׁר עַל־

sobre laminado (de)oro y-recubrió flores y-guirnaldas-de

הַמְּחֻקֶּה׃ (36) וַיִּבֶן אֶת־ הֶחָצֵר הַפְּנִימִית שְׁלֹשָׁה טוּרֵי

hileras-de tres el-interior el-patio ** Y-construyó (36) . lo-grabado

גָזִית וְטוּר כְּרֻתֹת אֲרָזִים׃ (37) בַּשָּׁנָה

En-el-año (37) . cedros vigas-de e-hilera sillar

הָרְבִיעִית יֻסַּד בֵּית יְהוָה בְּיֶרַח זִו׃ (38) וּבַשָּׁנָה

Y-en-el-año (38) . Zif en-el-mes-de Yahweh el-templo-de fue-cimentado el-cuarto

הָאַחַת עֶשְׂרֵה בְּיֶרַח בּוּל הוּא הַחֹדֶשׁ הַשְּׁמִינִי כָּלָה הַבַּיִת

el-templo terminó el-octavo el-mes él Bul en-(el)mes-de el-undécimo

לְכָל־ דְּבָרָיו וּלְכָל־ מִשְׁפָּטָו וַיִּבְנֵהוּ

y-lo-construyó sus-disposiciones y-en-todas sus-detalles en-todos

Cap. 7 שֶׁבַע שָׁנִים׃ (1) וְאֶת־ בֵּיתוֹ בָּנָה שְׁלֹמֹה שְׁלֹשׁ עֶשְׂרֵה שָׁנָה

años (en)trece Salomón construyó su-casa Y (1) . años siete

וַיְכַל אֶת־ כָּל־ בֵּיתוֹ׃ וַיִּבֶן אֶת־ בֵּית ׀
(la)casa-de ** Y-construyó (2) . su-casa toda ** y-terminó

יַעַר הַלְּבָנוֹן מֵאָה אַמָּה אָרְכּוֹ וַחֲמִשִּׁים אַמָּה רָחְבּוֹ
su-anchura codos y-cincuenta su-longitud codos cien el-Líbano (el)bosque-de

וּשְׁלֹשִׁים אַמָּה קוֹמָתוֹ עַל אַרְבָּעָה טוּרֵי עַמּוּדֵי אֲרָזִים
cedros columnas-de hileras-de cuatro sobre su-altura codos y-treinta

וּכְרֻתוֹת אֲרָזִים עַל־ הָעַמּוּדִים׃ וְסָפֻן
Y-techumbre (3) . las-columnas sobre cedros y-vigas-de

בָּאֶרֶז מִמַּעַל עַל־ הַצְּלָעֹת אֲשֶׁר עַל־ הָעַמּוּדִים אַרְבָּעִים וַחֲמִשָּׁה
y-cinco cuarenta las-columnas sobre que las-vigas sobre por-encima con-cedro

חֲמִשָּׁה עָשָׂר הַטּוּר׃ וּשְׁקֻפִים שְׁלֹשָׁה טוּרִים וּמֶחֱזָה אֶל־מֶחֱזָה שָׁלֹשׁ פְּעָמִים׃
. veces tres vano hacia y-vano hileras tres Y-celosías (4) . la-fila quince

וְכָל־ הַפְּתָחִים וְהַמְּזוּזוֹת רְבֻעִים שָׁקֶף וּמוּל
y-enfrente marco cuadrangulares y-las-jambas las-puertas Y-todas (5)

מֶחֱזָה אֶל־מֶחֱזָה שָׁלֹשׁ פְּעָמִים׃ וְאֵת אוּלָם הָעַמּוּדִים עָשָׂה חֲמִשִּׁים
cincuenta hizo las-columnas pórtico-de Y (6) . veces tres vano hacia vano

אַמָּה אָרְכּוֹ וּשְׁלֹשִׁים אַמָּה רָחְבּוֹ וְאוּלָם עַל־ פְּנֵיהֶם
su-parte-delantera sobre y-pórtico su-anchura codos y-treinta su-longitud codos

וְעַמֻּדִים וְעָב עַל־ פְּנֵיהֶם׃ וְאוּלָם הַכִּסֵּא
el-trono Y-pórtico-de (7) . su-parte-delantera sobre y-cornisa y-columnas

אֲשֶׁר יִשְׁפָּט־ שָׁם אֻלָם הַמִּשְׁפָּט עָשָׂה וְסָפוּן
y-revistió hizo el-juicio pórtico-de allí juzgaba donde

בָּאֶרֶז מֵהַקַּרְקַע עַד־ הַקַּרְקָע׃ וּבֵיתוֹ אֲשֶׁר־
que Y-su-casa (8) . el-suelo hasta desde-el-suelo con-el-cedro

יֵשֶׁב שָׁם חָצֵר הָאַחֶרֶת מִבֵּית לָאוּלָם
del-pórtico por-dentro el-otro un-patio allí iba-a-habitar

כְּמַעֲשֵׂה הַזֶּה הָיָה וּבַיִת יַעֲשֶׂה לְבַת־ פַּרְעֹה
Faraón para-hija-de hizo y-casa era el-éste según-diseño

אֲשֶׁר לָקַח שְׁלֹמֹה כָּאוּלָם הַזֶּה׃ כָּל־ אֵלֶּה אֲבָנִים
piedras estas Todas (9) . el-éste según-el-pórtico Salomón tomó que

יְקָרֹת כְּמִדֹּת גָּזִית מְגֹרָרוֹת בַּמְּגֵרָה מִבַּיִת
por-dentro con-sierra cortadas sillar según-medidas-de costosas

וּמִחוּץ וּמִמַּסָּד עַד־ הַטְּפָחוֹת וּמִחוּץ עַד־ הֶחָצֵר
el-patio hasta y-por-fuera las-cornisas hasta y-desde-cimiento y-por-fuera

הַגְּדוֹלָה׃ וּמְיֻסָּד אֲבָנִים יְקָרוֹת אֲבָנִים גְּדֹלוֹת
grandes piedras costosas piedras Y-fue-cimentada (10) . el-grande

אַבְנֵי עֶשֶׂר אַמּוֹת וְאַבְנֵי שְׁמֹנֶה אַמּוֹת׃ וּמִלְמַעְלָה אֲבָנִים
piedras Y-por-arriba (11) . codos ocho y-piedras-de codos diez piedras-de

יְקָרוֹת כְּמִדּוֹת גָּזִית וָאָרֶז׃ וְחָצֵר הַגְּדוֹלָה
el-grande Y-patio (12) . y-cedro sillar según-medidas-de costosas

סָבִיב שְׁלֹשָׁה טוּרִים גָּזִית וְטוּר כְּרֻתֹת אֲרָזִים
cedros vigas-de e-hilera sillar hileras tres alrededor

וְלַחֲצַר בֵּית־ יְהוָה הַפְּנִימִית וּלְאֻלָם הַבָּיִת׃
. el-templo y-para-pórtico-de el-interior Yahweh templo-de y-para-patio-de

וַיִּשְׁלַח הַמֶּלֶךְ שְׁלֹמֹה וַיִּקַּח אֶת־ חִירָם מִצֹּר׃
. desde-Tiro Hiram a y-tomó Salomón el-rey Y-envió (13)

בֶּן־ אִשָּׁה אַלְמָנָה הוּא מִמַּטֵּה נַפְתָּלִי וְאָבִיו אִישׁ־
hombre y-su-padre Neftalí de-(la)tribu-de él viuda mujer Hijo-de (14)

צֹרִי חֹרֵשׁ נְחֹשֶׁת וַיִּמָּלֵא אֶת־ הַחָכְמָה וְאֶת־ הַתְּבוּנָה
la-inteligencia y la-sabiduría ** y-estaba-lleno bronce trabajaban tirio

וְאֶת־ הַדַּעַת לַעֲשׂוֹת כָּל־ מְלָאכָה בַּנְּחֹשֶׁת וַיָּבוֹא אֶל־ הַמֶּלֶךְ
el-rey a y-vino con-bronce obra toda para-hacer la-ciencia y

שְׁלֹמֹה וַיַּעַשׂ אֶת־ כָּל־ מְלַאכְתּוֹ׃ וַיָּצַר אֶת־ שְׁנֵי
dos ** Y-modeló (15) . su-obra toda ** e-hizo Salomón

הָעַמּוּדִים נְחֹשֶׁת שְׁמֹנֶה עֶשְׂרֵה אַמָּה קוֹמַת הָעַמּוּד הָאֶחָד וְחוּט
e-hilo la-una la-columna altura-de codos dieciocho bronce las-columnas

שְׁתֵּים־עֶשְׂרֵה אַמָּה יָסֹב אֶת־ הָעַמּוּד הַשֵּׁנִי׃ וּשְׁתֵּי
Y-dos (16) . la-segunda la-columna a daba-vuelta codos doce

כֹתָרֹת עָשָׂה לָתֵת עַל־ רָאשֵׁי הָעַמּוּדִים מֻצַק נְחֹשֶׁת חָמֵשׁ
cinco bronce fundido-de las-columnas cabezas-de sobre para-poner hizo capiteles

אַמּוֹת קוֹמַת הַכֹּתֶרֶת הָאֶחָת וְחָמֵשׁ אַמּוֹת קוֹמַת הַכֹּתֶרֶת
el-capitel altura-de codos y-cinco el-uno el-capitel altura-de codos

הַשֵּׁנִית׃ שְׂבָכִים מַעֲשֵׂה שְׂבָכָה גְּדִלִים מַעֲשֵׂה שַׁרְשְׁרוֹת לַכֹּתָרֹת
para-los-capiteles cadenillas obra-de cordones red obra-de Redes (17) . el-segundo

אֲשֶׁר עַל־ רֹאשׁ הָעַמּוּדִים שִׁבְעָה לַכֹּתֶרֶת הָאֶחָת וְשִׁבְעָה
y-siete el-uno para-el-capitel siete las-columnas cabeza-de sobre que

לַכֹּתֶרֶת הַשֵּׁנִית׃ וַיַּעַשׂ אֶת־ הָעַמּוּדִים וּשְׁנֵי טוּרִים
hileras y-dos las-columnas ** E-hizo (18) . el-segundo para-el-capitel

סָבִיב עַל־ הַשְּׂבָכָה הָאֶחָת לְכַסּוֹת אֶת־ הַכֹּתָרֹת אֲשֶׁר עַל־
sobre que los-capiteles ** para-cubrir la-una la-red sobre en-torno

רֹאשׁ הָרִמֹּנִים וְכֵן עָשָׂה לַכֹּתֶרֶת הַשֵּׁנִית׃
. el-segundo al-capitel hizo y-así las-granadas cabeza-de

וְכֹתָרֹת אֲשֶׁר עַל־ רֹאשׁ הָעַמּוּדִים מַעֲשֵׂה שׁוּשַׁן בָּאוּלָם
en-el-pórtico lirio hechura-de las-columnas la-cabeza-de sobre que Y-capiteles (19)

אַרְבַּע אַמּוֹת׃ וְכֹתָרֹת עַל־ שְׁנֵי הָעַמּוּדִים גַּם־ מִמַּעַל
por-arriba también las-columnas dos sobre Y-capiteles (20) . codos cuatro

מִלְּעֻמַּת הַבֶּטֶן אֲשֶׁר לְעֵבֶר שְׂבָכָה וְהָרִמּוֹנִים
y-las-granadas red al-otro-lado-de que la-prominencia de-frente-a

מָאתַ֛יִם טֻרִ֥ים סָבִ֖יב עַ֥ל הַכֹּתֶ֥רֶת הַשֵּׁנִֽית׃ וַיָּ֨קֶם֙ אֶת־
** Y-erigió (21) . el-segundo el-capitel sobre alrededor hileras doscientas

הָֽעַמֻּדִ֔ים לְאֻלָ֖ם הַֽהֵיכָ֑ל וַיָּ֜קֶם אֶת־הָעַמּ֣וּד הַיְמָנִ֗י
la-derecha la-columna ** y-erigió el-santuario para-pórtico-de las-columnas

וַיִּקְרָ֤א אֶת־שְׁמוֹ֙ יָכִ֔ין וַיָּ֨קֶם֙ אֶת־הָעַמּ֣וּד הַשְּׂמָאלִ֔י
la-izquierda la-columna ** y-erigió Jaquín su-nombre ** y-llamó

וַיִּקְרָ֥א אֶת־שְׁמ֖וֹ בֹּֽעַז׃ וְעַ֛ל רֹ֥אשׁ הָעַמּוּדִ֖ים מַעֲשֵׂ֣ה
hechura-de las-columnas cabeza-de Y-sobre (22) . Boaz su-nombre ** y-llamó

שׁוֹשָׁ֑ן וַתִּתֹּ֖ם מְלֶ֥אכֶת הָעַמּוּדִֽים׃ וַיַּ֥עַשׂ אֶת־הַיָּ֖ם
el-mar ** E-hizo (23) . las-columnas obra-de y-fue-acabada lirio

מוּצָ֑ק עֶ֣שֶׂר בָּֽאַמָּ֡ה מִשְּׂפָת֣וֹ עַד־שְׂפָת֞וֹ עָגֹ֣ל ׀ סָבִ֗יב
alrededor redondo su-borde hasta desde-su-borde por-el-codo diez fundido

וְחָמֵ֤שׁ בָּֽאַמָּה֙ קוֹמָת֔וֹ וְקָוֹה֙ שְׁלֹשִׁ֣ים בָּֽאַמָּ֔ה
por-el-codo treinta y-cuerda su-altura por-el-codo y-cinco

יָסֹ֥ב אֹת֖וֹ סָבִֽיב׃ וּפְקָעִ֨ים מִתַּ֤חַת לִשְׂפָת֨וֹ ׀ סָבִיב֙
alrededor de-su-borde por-debajo Y-coloquíntidas (24) . alrededor a-él rodeaba

סֹבְבִ֣ים אֹת֔וֹ עֶ֚שֶׂר בָּֽאַמָּ֔ה מַקִּפִ֥ים אֶת־הַיָּ֖ם סָבִ֑יב
alrededor el-mar a daban-la-vuelta por-el-codo diez él rodeaban

שְׁנֵ֤י טוּרִים֙ הַפְּקָעִ֔ים יְצֻקִ֖ים בִּיצֻקָתֽוֹ׃ עֹמֵד֮ עַל־שְׁנֵ֣י
do- sobre Colocado (25) . en-la-fundición-de-él fundidas las-coloquíntidas hileras dos

עָשָׂ֣ר בָּקָר֒ שְׁלֹשָׁ֣ה פֹנִ֣ים ׀ צָפ֡וֹנָה וּשְׁלֹשָׁה֩ פֹנִ֨ים ׀ יָ֜מָּה וּשְׁלֹשָׁ֣ה ׀
y-tres al-oeste volviéndose y-tres al-norte volviéndose tres toros ce

פֹּנִ֣ים נֶ֗גְבָּה וּשְׁלֹשָׁה֙ פֹּנִ֣ים מִזְרָ֔חָה וְהַיָּ֥ם עֲלֵיהֶ֖ם
sobre-ellos y-el-mar al-este volviéndose y-tres al-sur volviéndose

מִלְמָ֑עְלָה וְכָל־אֲחֹרֵיהֶ֖ם בָּֽיְתָה׃ וְעָבְי֣וֹ
Y-su-grosor (26) . hacia-el-interior sus-traseros y-todos por-arriba

טֶפַח וּשְׂפָתוֹ כְּמַעֲשֵׂה שְׂפַת־ כּוֹס פֶּרַח שׁוֹשָׁן
lirio flor-de cáliz-de borde-de como-forma-de y-su-borde palmo

אַלְפַּיִם בַּת יָכִיל׃ וַיַּעַשׂ אֶת־ הַמְּכֹנוֹת עֶשֶׂר
diez las-basas ** E-hizo (27) . contenía batos dos-mil

נְחֹשֶׁת אַרְבַּע בָּאַמָּה אֹרֶךְ הַמְּכוֹנָה הָאַחַת וְאַרְבַּע בָּאַמָּה
por-el-codo y-cuatro la-una la-basa la-longitud-de por-el-codo cuatro bronce

רָחְבָּהּ וְשָׁלֹשׁ בָּאַמָּה קוֹמָתָהּ׃ וְזֶה מַעֲשֵׂה
la-factura-de Y-esto (28) . su-altura por-el-codo y-tres su-anchura

הַמְּכוֹנָה מִסְגְּרֹת לָהֶם וּמִסְגְּרֹת בֵּין הַשְּׁלַבִּים׃ וְעַל־
Y-sobre (29) . las-molduras entre y-paneles para-ellos paneles : la-basa

הַמִּסְגְּרוֹת אֲשֶׁר | בֵּין הַשְּׁלַבִּים אֲרָיוֹת | בָּקָר וּכְרוּבִים וְעַל־
y-sobre y-querubines toros leones las-molduras entre que los-paneles

הַשְּׁלַבִּים כֵּן מִמַּעַל וּמִתַּחַת לַאֲרָיוֹת וְלַבָּקָר לֹיוֹת
guirnaldas y-del-toro de-los-leones y-por-debajo por-encima así las-molduras

מַעֲשֵׂה מוֹרָד׃ וְאַרְבָּעָה אוֹפַנֵּי נְחֹשֶׁת לַמְּכוֹנָה הָאַחַת
la-una para-la-basa bronce ruedas-de Y-cuatro (30) . repujado de-trabajo

וְסַרְנֵי נְחֹשֶׁת וְאַרְבָּעָה פַעֲמֹתָיו כְּתֵפֹת לָהֶם מִתַּחַת לַכִּיֹּר
de-la-pila por-debajo para-ellos respaldos sus-pies y-cuatro bronce y-ejes-de

הַכְּתֵפֹת יְצֻקוֹת מֵעֵבֶר אִישׁ לֹיוֹת׃ וּפִיהוּ
Y-su-boca (31) . guirnaldas cada-una de-(el)otro-lado-de fundidos los-respaldos

מִבֵּית לַכֹּתֶרֶת וָמַעְלָה בָּאַמָּה וּפִיהָ עָגֹל
redonda y-su-boca por-el-codo y-hacia-arriba del-capitel por-dentro

מַעֲשֵׂה־ כֵן אַמָּה וַחֲצִי הָאַמָּה וְגַם־ עַל־ פִּיהָ
su-embocadura sobre y-también el-codo y-mitad-de codo soporte factura-de

מִקְלָעוֹת וּמִסְגְּרֹתֵיהֶם מְרֻבָּעוֹת לֹא עֲגֻלּוֹת׃ וְאַרְבַּעַת
Y-cuatro (32) . redondos no cuadrados y-sus-paneles tallas

הָאוֹפַנִּים לְמִתַּחַת לַמִּסְגְּרוֹת וִידוֹת הָאוֹפַנִּים בַּמְּכוֹנָה
en-la-basa las-ruedas y-los-ejes-de de-los-paneles de-por-debajo las-ruedas

וְקוֹמַת הָאוֹפַן הָאֶחָד אַמָּה וַחֲצִי הָאַמָּה׃
. el-codo y-la-mitad-de codo la-una la-rueda y-la-altura-de

וּמַעֲשֵׂה הָאוֹפַנִּים כְּמַעֲשֵׂה אוֹפַן הַמֶּרְכָּבָה יְדוֹתָם
sus-ejes el-carro (la)rueda-de como-(la)factura-de las ruedas Y-la-factura-de (33)

וְגַבֵּיהֶם וְחִשֻּׁקֵיהֶם וְחִשֻּׁרֵיהֶם הַכֹּל מוּצָק׃
. fundido la-totalidad y-sus-cubos y-sus-rayos y-sus-llantas

וְאַרְבַּע כְּתֵפוֹת אֶל אַרְבַּע פִּנּוֹת הַמְּכֹנָה הָאֶחָת מִן־ הַמְּכֹנָה
la-basa desde la-una la-basa ángulos-de cuatro en respaldos Y-cuatro (34)

כְּתֵפֶיהָ׃ וּבְרֹאשׁ הַמְּכוֹנָה חֲצִי הָאַמָּה קוֹמָה
altura el-codo mitad-de la-basa Y-en-cabeza-de (35) . sus-respaldos

עָגֹל ׀ סָבִיב וְעַל רֹאשׁ הַמְּכֹנָה יְדֹתֶיהָ וּמִסְגְּרֹתֶיהָ
y-sus-paneles sus-soportes la-basa cabeza-de y-sobre alrededor círculo

מִמֶּנָּה׃ וַיְפַתַּח עַל־ הַלֻּחֹת יְדֹתֶיהָ וְעַל
y-sobre sus-soportes las-planchas sobre Y-grabó (36) . desde-ella

וּמִסְגְּרֹתֶיהָ כְּרוּבִים אֲרָיוֹת וְתִמֹרֹת כְּמַעַר־ אִישׁ וְלֹיוֹת
y-guirnaldas cada-uno según-espacio-libre-de y-palmas leones querubines sus-paneles

סָבִיב׃ כָּזֹאת עָשָׂה אֵת עֶשֶׂר הַמְּכֹנוֹת מוּצָק אֶחָד מִדָּה אַחַת
una medida una fundición las-basas diez ** hizo Según-esto (37) . alrededor

קֶצֶב אֶחָד לְכֻלָּהְנָה׃ וַיַּעַשׂ עֲשָׂרָה כִיֹּרוֹת נְחֹשֶׁת
bronce pilas-de diez E-hizo (38) . para todas-ellas una forma

אַרְבָּעִים בַּת יָכִיל ׀ הַכִּיּוֹר הָאֶחָד אַרְבַּע בָּאַמָּה הַכִּיּוֹר הָאֶחָד
la-una la-pila por-el-codo cuatro la-una la-pila contenía batos cuarenta

כִּיּוֹר אֶחָד עַל־הַמְּכוֹנָה הָאַחַת לְעֶשֶׂר הַמְּכֹנוֹת׃ וַיִּתֵּן אֶת־
** Y-puso (39) . las-basas por-diez la-una la-basa sobre una pila

הַמְּכֹנוֹת חָמֵשׁ עַל־כֶּתֶף הַבַּיִת מִיָּמִין וְחָמֵשׁ עַל־כֶּתֶף הַבַּיִת
el-templo lado-de junto y-cinco de-derecha el-templo lado-de junto cinco las-basas

מִשְּׂמֹאלוֹ וְאֶת־הַיָּם נָתַן מִכֶּתֶף הַבַּיִת הַיְמָנִית
el-derecho el-templo del-lado-de puso el-mar y de-su-izquierda

קֵדְמָה מִמּוּל נֶגֶב׃ וַיַּעַשׂ חִירוֹם אֶת־הַכִּיֹּרוֹת וְאֶת־
y las-pilas ** Hiram E-hizo (40) . sur de-frente-a hacia-el-este

הַיָּעִים וְאֶת־הַמִּזְרָקוֹת וַיְכַל חִירָם לַעֲשׂוֹת אֶת־כָּל־
toda ** de-hacer Hiram y-terminó los-aspersorios y las-badilas

הַמְּלָאכָה אֲשֶׁר עָשָׂה לַמֶּלֶךְ שְׁלֹמֹה בֵּית יְהוָה׃
. Yahweh templo-de Salomón para-el-rey hizo que la-obra

עַמֻּדִים שְׁנַיִם וְגֻלֹּת הַכֹּתָרֹת אֲשֶׁר־עַל־רֹאשׁ הָעַמֻּדִים שְׁתָּיִם
dos las-columnas cabeza-de sobre que los-capiteles y-esferas-de dos Columnas (41)

וְהַשְּׂבָכוֹת שְׁתַּיִם לְכַסּוֹת אֶת־שְׁתֵּי גֻּלֹּת הַכֹּתָרֹת אֲשֶׁר עַל־
sobre que los-capiteles esferas-de dos ** para-cubrir dos y-las-redes

רֹאשׁ הָעַמּוּדִים׃ וְאֶת־הָרִמֹּנִים אַרְבַּע מֵאוֹת לִשְׁתֵּי
para-dos cientos cuatro las-granadas Y (42) . las-columnas cabeza-de

הַשְּׂבָכוֹת שְׁנֵי־טוּרִים רִמֹּנִים לַשְּׂבָכָה הָאֶחָת לְכַסּוֹת
para-cubrir la-una para-la-red granadas hileras dos las-redes

אֶת־שְׁתֵּי גֻּלֹּת הַכֹּתָרֹת אֲשֶׁר עַל־פְּנֵי הָעַמּוּדִים׃ וְאֶת־
Y (43) . las-columnas frente-de sobre que los-capiteles (las)esferas-de dos **

הַמְּכֹנוֹת עֶשֶׂר וְאֶת־הַכִּיֹּרֹת עֲשָׂרָה עַל־הַמְּכֹנוֹת׃ וְאֶת־הַיָּם הָאֶחָד
el-uno el-mar Y (44) . las-basas sobre diez las-pilas y diez las-basas

וְאֶת־הַבָּקָר שְׁנֵים־עָשָׂר תַּחַת הַיָּם׃ וְאֶת־הַסִּירוֹת וְאֶת־הַיָּעִים
las-badilas y los-calderos Y (45) . el-mar bajo doce el-toro y

וְאֶת־הַמִּזְרָקוֹת וְאֵת כָּל־הַכֵּלִים הָאֹהֶל אֲשֶׁר עָשָׂה חִירָם
Hiram hizo que los-éstos los-objetos todos y los-aspersorios y

לַמֶּ֣לֶךְ שְׁלֹמֹ֑ה בֵּ֣ית יְהוָ֔ה נְחֹ֖שֶׁת מְמֹרָֽט׃ בְּכִכַּ֤ר
En-cuenca-de (46) . bruñido bronce Yahweh templo-de Salomón para-el-rey

הַיַּרְדֵּן֙ יְצָקָ֣ם הַמֶּ֔לֶךְ בְּמַעֲבֵ֖ה הָאֲדָמָ֑ה בֵּ֥ין סֻכּ֖וֹת
Sucot entre la-arcilla en-molde-de el-rey los-fundió el-Jordán

וּבֵ֥ין צָרְתָֽן׃ וַיַּנַּ֤ח שְׁלֹמֹה֙ אֶת־ כָּל־ הַכֵּלִ֔ים
los-utensilios todos ** Salomón E-hizo-poner (46) . Saretán y-entre

מֵרֹ֖ב מְאֹ֣ד מְאֹ֑ד לֹ֥א נֶחְקַ֖ר מִשְׁקַ֥ל הַנְּחֹֽשֶׁת׃
. el-bronce (el)peso-de fue-calculado no mucho mucho por-cantidad

וַיַּ֣עַשׂ שְׁלֹמֹ֔ה אֵ֚ת כָּל־ הַכֵּלִ֔ים אֲשֶׁ֖ר בֵּ֣ית יְהוָ֑ה
Yahweh templo-de que los-objetos todos ** Salomón E-hizo (48)

אֵ֚ת מִזְבַּ֣ח הַזָּהָ֔ב וְאֶת־ הַשֻּׁלְחָ֗ן אֲשֶׁ֥ר עָלָ֛יו לֶ֥חֶם הַפָּנִ֖ים
las-proposiciones pan-de sobre-él que la-mesa y el-oro altar-de **

זָהָֽב׃ וְאֶת־ הַמְּנֹר֡וֹת חָמֵשׁ֩ מִיָּמִ֨ין וְחָמֵ֤שׁ מִשְּׂמֹאול֙ לִפְנֵ֣י
ante a-izquierda y-cinco a-derecha cinco los-candelabros Y (49) . (de)oro

הַדְּבִ֔יר זָהָ֖ב סָג֑וּר וְהַפֶּ֧רַח וְהַנֵּרֹ֛ת וְהַמֶּלְקַחַ֖יִם
y-las-despabiladeras y-las-lámparas y-la-flor puro (de)oro el-Debir

זָהָֽב׃ וְהַסִּפּ֣וֹת וְהַֽמְזַמְּר֗וֹת וְהַמִּזְרָק֛וֹת
y-los-aspersorios y-los-cuchillos Y-las-copas (50) . (de)oro

וְהַכַּפּ֥וֹת וְהַמַּחְתּ֖וֹת זָהָ֣ב סָג֑וּר וְהַפֹּת֞וֹת לְדַלְתוֹת֩
de-las-puertas-de y-los-goznes puro (de)oro y-los-ceniceros y-las-palas

הַבַּ֨יִת הַפְּנִימִ֜י לְקֹ֣דֶשׁ הַקֳּדָשִׁ֗ים לְדַלְתֵ֥י הַבַּ֖יִת
el templo de-puertas-de los-santos de-santo-de el-interior el-templo

לַהֵיכָ֖ל זָהָֽב׃ וַתִּשְׁלַם֙ כָּל־ הַמְּלָאכָ֔ה אֲשֶׁ֥ר
que la-obra toda Y-fue-terminada (51) . (de)oro del-santuario

עָשָׂ֛ה הַמֶּ֥לֶךְ שְׁלֹמֹ֖ה בֵּ֣ית יְהוָ֑ה וַיָּבֵ֨א שְׁלֹמֹ֜ה אֶת־
** Salomón y-trajo Yahweh templo-de Salomón el-rey hizo

קָדְשֵׁי ׀ דָּוִד אָבִיו אֶת־ הַכֶּסֶף וְאֶת־ הַזָּהָב וְאֶת־
y el-oro y la-plata ** su-padre David dones-sagrados-de

הַכֵּלִים נָתַן בְּאֹצְרוֹת בֵּית יְהוָה׃ אָז
Cap. 8 Entonces (1) . Yahweh (el)templo-de en-tesoros-de puso los-utensilios

יַקְהֵל שְׁלֹמֹה אֶת־ זִקְנֵי יִשְׂרָאֵל אֶת־ כָּל־ רָאשֵׁי הַמַּטּוֹת
las-tribus (los)cabezas-de todos ** Israel (los)ancianos-de a Salomón congregó

נְשִׂיאֵי הָאָבוֹת לִבְנֵי יִשְׂרָאֵל אֶל־ הַמֶּלֶךְ שְׁלֹמֹה יְרוּשָׁלִָם
(a)Jerusalén Salomón el-rey hacia Israel de-(los)hijos-de los-padres príncipes-de

לְהַעֲלוֹת אֶת־ אֲרוֹן בְּרִית־ יְהוָה מֵעִיר דָּוִד הִיא צִיּוֹן׃
. Sión ella David desde-(la)ciudad-de Yahweh la-Alianza-de (el)arca-de ** para-subir

וַיִּקָּהֲלוּ אֶל־ הַמֶּלֶךְ שְׁלֹמֹה כָּל־ אִישׁ יִשְׂרָאֵל בְּיֶרַח
en-(el)mes-de Israel hombre-de todo Salomón el-rey junto-a Y-fueron-congregados (2)

הָאֵתָנִים בֶּחָג הוּא הַחֹדֶשׁ הַשְּׁבִיעִי׃ וַיָּבֹאוּ
Y-llegaron (3) . el-séptimo el-mes aquella en-la-fiesta los-Etanim

כֹּל זִקְנֵי יִשְׂרָאֵל וַיִּשְׂאוּ הַכֹּהֲנִים אֶת־ הָאָרוֹן׃
. el-arca ** los-sacerdotes y-alzaron Israel (los)ancianos-de todos

וַיַּעֲלוּ אֶת־ אֲרוֹן יְהוָה וְאֶת־ אֹהֶל מוֹעֵד וְאֶת־ כָּל־
todos y reunión tienda-de y Yahweh (el)arca-de ** Y-subieron (4)

כְּלֵי הַקֹּדֶשׁ אֲשֶׁר בָּאֹהֶל וַיַּעֲלוּ אֹתָם
ellos y-subieron en-la-tienda que lo-sagrado (los)utensilios-de

הַכֹּהֲנִים וְהַלְוִיִּם׃ וְהַמֶּלֶךְ שְׁלֹמֹה וְכָל־ עֲדַת
(la)asamblea-de y-toda Salomón Y-el-rey (5) . y-los-levitas los-sacerdotes

יִשְׂרָאֵל הַנּוֹעָדִים עָלָיו אִתּוֹ לִפְנֵי הָאָרוֹן מְזַבְּחִים
sacrificaban el-arca ante con-él junto-a-él que-habían-acudido Israel

צֹאן וּבָקָר אֲשֶׁר לֹא־ יִסָּפְרוּ וְלֹא יִמָּנוּ
podían-ser-calculados y-no podían-ser-contados no que y-ganado-vacuno ganado-menor

מֵרֹב׃ וַיָּבִאוּ הַכֹּהֲנִים אֶת־אֲרוֹן בְּרִית־יְהוָה

Yahweh (la)Alianza-de (el)arca-de ** los-sacerdotes Y-trajeron (6) . por-multitud

אֶל־מְקוֹמוֹ אֶל־דְּבִיר הַבַּיִת אֶל־קֹדֶשׁ הַקֳּדָשִׁים

los-santos (el)santo-de a el-templo Debir-de a su-lugar a

אֶל־תַּחַת כַּנְפֵי הַכְּרוּבִים׃ כִּי הַכְּרוּבִים פֹּרְשִׂים כְּנָפַיִם

alas desplegaban los-querubines Pues (7) . los-querubines (las)alas-de debajo-de a

אֶל־מְקוֹם הָאָרוֹן וַיָּסֹכּוּ הַכְּרֻבִים עַל־הָאָרוֹן וְעַל־

y-sobre el-arca sobre los-querubines y-cubrían el-Arca (el)lugar-de hacia

בַּדָּיו מִלְמָעְלָה׃ וַיַּאֲרִכוּ הַבַּדִּים וַיֵּרָאוּ

y-se-veían los-varales Y-eran-largos (8) . por-encima sus-varales

רָאשֵׁי הַבַּדִּים מִן־הַקֹּדֶשׁ עַל־פְּנֵי הַדְּבִיר וְלֹא

y-no el-Debir delante-de hasta el-santo desde los-varales extremos-de

יֵרָאוּ הַחוּצָה וַיִּהְיוּ שָׁם עַד הַיּוֹם הַזֶּה׃

. el-éste el-día hasta allí y-están hacia-afuera se-veían

אֵין בָּאָרוֹן רַק שְׁנֵי לֻחוֹת הָאֲבָנִים אֲשֶׁר הִנִּחַ

hizo-poner que las-piedras tablas-de dos sino en-el-arca No-había (9)

שָׁם מֹשֶׁה בְּחֹרֵב אֲשֶׁר כָּרַת יְהוָה עִם־בְּנֵי יִשְׂרָאֵל

Israel hijos-de con Yahweh estableció que en-Horeb Moisés allí

בְּצֵאתָם מֵאֶרֶץ מִצְרָיִם׃ וַיְהִי בְּצֵאת

cuando-el-salir-de Y-sucedió (10) . Egipto de-(el)país-de en-su-salir

הַכֹּהֲנִים מִן־הַקֹּדֶשׁ וְהֶעָנָן מָלֵא אֶת־בֵּית

(el)templo-de ** llenó que-la-nube el-santo de los-sacerdotes

יְהוָה׃ וְלֹא־יָכְלוּ הַכֹּהֲנִים לַעֲמֹד לְשָׁרֵת מִפְּנֵי

ante sirviendo permanecer los-sacerdotes pudieron Y-no (11) . Yahweh

הֶעָנָן כִּי־מָלֵא כְבוֹד־יְהוָה אֶת־בֵּית יְהוָה׃ אָז

Entonces (12) . Yahweh (el)templo-de ** Yahweh (la)gloria-de llenaba pues la-nube

אָמַר שְׁלֹמֹה יְהוָה אָמַר לִשְׁכֹּן בָּעֲרָפֶל׃ בָּנֹה

Construir (13) . en-la-oscuridad morar dijo Yahweh : Salomón dijo

בָנִיתִי בֵּית זְבֻל לָךְ מָכוֹן לְשִׁבְתְּךָ עוֹלָמִים׃

. por-siempre para-tú-habitar lugar para-ti morada templo-de he-construido

וַיַּסֵּב הַמֶּלֶךְ אֶת־ פָּנָיו וַיְבָרֶךְ אֵת כָּל־

toda a y-bendijo su-rostro ** el-rey Y-volvió (14)

קְהַל יִשְׂרָאֵל וְכָל־ קְהַל יִשְׂרָאֵל עֹמֵד׃ וַיֹּאמֶר

: Y-dijo (15) . permanecía-en-pie Israel (la)asamblea-de y-toda Israel (la)asamblea-de

בָּרוּךְ יְהוָה אֱלֹהֵי יִשְׂרָאֵל אֲשֶׁר דִּבֶּר בְּפִיו אֵת

a por-su-boca habló que Israel Dios-de Yahweh bendito

דָּוִד אָבִי וּבְיָדוֹ מִלֵּא לֵאמֹר׃ מִן־ הַיּוֹם

el-día Desde (16) : al-decir ha-cumplido y-con-su-mano mi-padre David

אֲשֶׁר הוֹצֵאתִי אֶת־ עַמִּי אֶת־יִשְׂרָאֵל מִמִּצְרַיִם לֹא־ בָחַרְתִּי בְעִיר

a-ciudad he-elegido no de-Egipto Israel a mi-pueblo a saqué que

מִכֹּל שִׁבְטֵי יִשְׂרָאֵל לִבְנוֹת בַּיִת לִהְיוֹת שְׁמִי שָׁם וָאֶבְחַר

y-he-elegido allí mi-nombre para-estar templo para-construir Israel (las)tribus-de entre-todas

בְּדָוִד לִהְיוֹת עַל־ עַמִּי יִשְׂרָאֵל׃ וַיְהִי עִם־ לְבַב דָּוִד

David corazón-de con Y-estuvo (17) . Israel mi-pueblo sobre para-estar a-David

אָבִי לִבְנוֹת בַּיִת לְשֵׁם יְהוָה אֱלֹהֵי יִשְׂרָאֵל׃ וַיֹּאמֶר

Y-dijo (18) . Israel Dios-de Yahweh para-nombre-de templo construir mi-padre

יְהוָה אֶל־ דָּוִד אָבִי יַעַן אֲשֶׁר הָיָה עִם־ לְבָבְךָ לִבְנוֹת

construir tu-corazón con estuvo que a-causa-de : mi-padre David a Yahweh

בַּיִת לִשְׁמִי הֱטִיבֹתָ כִּי הָיָה עִם־ לְבָבֶךָ׃ רַק

Solo (19) . tu-corazón con estuvo pues has-hecho-bien para-mi-nombre templo

אַתָּה לֹא תִבְנֶה הַבָּיִת כִּי אִם־ בִּנְךָ הַיֹּצֵא

el-que-salga tu-hijo sino el-templo construirás no tú

מֵחֲלָצֶיךָ הוּא־ יִבְנֶה הַבַּיִת לִשְׁמִי׃ וַיָּקֶם
Y-mantuvo (20) . para-mi-nombre el-templo construirá él de-tus-lomos

יְהוָה אֶת־ דְּבָרוֹ אֲשֶׁר דִּבֵּר וָאָקֻם תַּחַת דָּוִד
David tras y-yo-me-levanté dijo que su-palabra ** Yahweh

אָבִי וָאֵשֵׁב עַל־ כִּסֵּא יִשְׂרָאֵל כַּאֲשֶׁר דִּבֶּר יְהוָה
Yahweh había-dicho como Israel (el)trono-de sobre y-me-senté mi-padre

וָאֶבְנֶה הַבַּיִת לְשֵׁם יְהוָה אֱלֹהֵי יִשְׂרָאֵל׃ וָאָשִׂם
Y-puse (21) . Israel Dios-de Yahweh para-nombre-de el-templo y-he-construido

שָׁם מָקוֹם לָאָרוֹן אֲשֶׁר־ שָׁם בְּרִית יְהוָה אֲשֶׁר כָּרַת עִם־
con estableció que Yahweh Alianza-de allí que para-el-arca un-lugar allí

אֲבֹתֵינוּ בְּהוֹצִיאוֹ אֹתָם מֵאֶרֶץ מִצְרָיִם׃ וַיַּעֲמֹד
Y-estaba-en-pie (22) . Egipto de-(el)país-de a-ellos en-su-sacar nuestros-padres

שְׁלֹמֹה לִפְנֵי מִזְבַּח יְהוָה נֶגֶד כָּל־ קְהַל יִשְׂרָאֵל
Israel (la)asamblea-de toda frente-a Yahweh (el)altar-de ante Salomón

וַיִּפְרֹשׂ כַּפָּיו הַשָּׁמָיִם׃ וַיֹּאמַר יְהוָה אֱלֹהֵי
Dios-de Yahweh : Y-dijo (23) . al-cielo sus-palmas y-tendió

יִשְׂרָאֵל אֵין־כָּמוֹךָ אֱלֹהִים בַּשָּׁמַיִם מִמַּעַל וְעַל־ הָאָרֶץ מִתָּחַת
por-abajo la-tierra y-sobre por-arriba en-los-cielos Dios como-tú no-hay Israel

שֹׁמֵר הַבְּרִית וְהַחֶסֶד לַעֲבָדֶיךָ הַהֹלְכִים
los-que-caminan con-tus-siervos y-la-misericordia la-Alianza guardando

לְפָנֶיךָ בְּכָל־ לִבָּם׃ אֲשֶׁר שָׁמַרְתָּ לְעַבְדְּךָ
con-tu-siervo guardaste Que (24) . su-corazón con-todo ante-ti

דָּוִד אָבִי אֵת אֲשֶׁר־ דִּבַּרְתָּ לוֹ וַתְּדַבֵּר
y-hablaste a-él dijiste que ** mi-padre David

בְּפִיךָ וּבְיָדְךָ מִלֵּאתָ כַּיּוֹם הַזֶּה׃
. el-este como-el-día cumpliste y-por-tu-mano por-tu-boca

וְעַתָּה יְהוָה ׀ אֱלֹהֵי יִשְׂרָאֵל שְׁמֹר לְעַבְדְּךָ דָוִד אָבִי

mi-padre David a-tu-siervo guarda Israel Dios-de Yahweh Y-ahora (25)

אֵת אֲשֶׁר דִּבַּרְתָּ לּוֹ לֵאמֹר לֹא־ יִכָּרֵת לְךָ אִישׁ

hombre por-ti será-suprimido no : diciendo a-él hablaste que **

מִלְּפָנַי יֹשֵׁב עַל־ כִּסֵּא יִשְׂרָאֵל רַק אִם־ יִשְׁמְרוּ

guardan si sólo Israel trono-de sobre sentado de-ante-mí

בָנֶיךָ אֶת־ דַּרְכָּם לָלֶכֶת לְפָנַי כַּאֲשֶׁר הָלַכְתָּ לְפָנָי׃

. ante-mí tú-caminaste como ante-mí para-caminar su-camino ** tus-hijos

וְעַתָּה אֱלֹהֵי יִשְׂרָאֵל יֵאָמֶן נָא דְּבָרֶיךָ אֲשֶׁר

que tus-palabras te-ruego sea-verdad Israel Dios-de Y-ahora (26)

דִּבַּרְתָּ לְעַבְדְּךָ דָּוִד אָבִי׃ כִּי הַאֻמְנָם

¿acaso Ciertamente (27) . mi-padre David a-tu-siervo dijiste

יֵשֵׁב אֱלֹהִים עַל־הָאָרֶץ הִנֵּה הַשָּׁמַיִם וּשְׁמֵי הַשָּׁמַיִם

los-cielos y-(los)cielos-de los-cielos he-aquí-que ? la-tierra sobre Dios habitará

לֹא יְכַלְכְּלוּךָ אַף כִּי־ הַבַּיִת הַזֶּה אֲשֶׁר

que el-este el-templo ¿cuanto-menos pueden-contenerte no

בָּנִיתִי׃ וּפָנִיתָ אֶל־ תְּפִלַּת עַבְדְּךָ וְאֶל־

y-hacia tu-siervo (la)oración-de hacia Y-vuelve-tu-rostro (28) ? yo-he-construido

תְּחִנָּתוֹ יְהוָה אֱלֹהָי לִשְׁמֹעַ אֶל־ הָרִנָּה וְאֶל־ הַתְּפִלָּה

la-oración y-a el-grito a para-oír mi-Dios Yahweh su-súplica

אֲשֶׁר עַבְדְּךָ מִתְפַּלֵּל לְפָנֶיךָ הַיּוֹם׃ לִהְיוֹת

Estando (29) . este-día ante-ti implora tu-siervo que

עֵינֶךָ פְתֻחוֹת אֶל־ הַבַּיִת הַזֶּה לַיְלָה וָיוֹם אֶל־

hacia y-día noche el-este el-templo a abiertos tus-ojos

הַמָּקוֹם אֲשֶׁר אָמַרְתָּ יִהְיֶה שְׁמִי שָׁם לִשְׁמֹעַ אֶל־ הַתְּפִלָּה

la-oración a escuchando allí mi-nombre estará : tú-dijiste que el-lugar

אֲשֶׁר יִתְפַּלֵּל עַבְדְּךָ אֶל־ הַמָּקוֹם הַזֶּה׃ (30) וְשָׁמַעְתָּ אֶל־

a Y-escucha (30) . el-este el-lugar hacia tu-siervo implora que

תְּחִנַּת עַבְדְּךָ וְעַמְּךָ יִשְׂרָאֵל אֲשֶׁר יִתְפַּלְלוּ אֶל־

hacia implorarán que Israel y-tu-pueblo tu-siervo la-súplica-de

הַמָּקוֹם הַזֶּה וְאַתָּה תִּשְׁמַע אֶל - מְקוֹם שִׁבְתְּךָ אֶל -

en tu-morar el-lugar-de hacia has-de escuchar y-tú el-este el-lugar

הַשָּׁמַיִם וְשָׁמַעְתָּ וְסָלָחְתָּ׃ (31) אֵת אֲשֶׁר יֶחֱטָא אִישׁ

hombre peque En-caso-de-que (31) . y-perdonarás y-escucharás el-cielo

לְרֵעֵהוּ וְנָשָׁא ־ בוֹ אָלָה לְהַאֲלֹתוֹ וּבָא

y-venga jurándole juramento sobre-él y-cargue contra-su-compañero

אָלָה לִפְנֵי מִזְבַּחֲךָ בַּבַּיִת הַזֶּה׃ (32) וְאַתָּה ׀

Y-tú (32) . el-este en-el-templo tu-altar ante (a)prestar-jura
mento

תִּשְׁמַע הַשָּׁמַיִם וְעָשִׂיתָ וְשָׁפַטְתָּ אֶת־ עֲבָדֶיךָ לְהַרְשִׁיעַ

para-declarar-
culpable tus-siervos a y-juzgarás y-actuarás los-cielos escucharás

רָשָׁע לָתֵת דַּרְכּוֹ בְּרֹאשׁוֹ וּלְהַצְדִּיק צַדִּיק

(al)justo y-para-declarar-justo en-su-cabeza su-conducta para-
dar (al)culpable

לָתֶת לוֹ כְּצִדְקָתוֹ׃ (33) בְּהִנָּגֵף עַמְּךָ

tu-pueblo Al-ser-derrotado (33) . según-su-justicia a-él para-dar

יִשְׂרָאֵל לִפְנֵי אוֹיֵב אֲשֶׁר יֶחֶטְאוּ־ לָךְ וְשָׁבוּ

y-vuelven contra-ti pecaron porque enemigo ante Israel

אֵלֶיךָ וְהוֹדוּ אֶת־ שְׁמֶךָ וְהִתְפַּלְלוּ וְהִתְחַנְּנוּ

y-suplican e-imploran tu-nombre ** y-alaban a-ti

אֵלֶיךָ בַּבַּיִת הַזֶּה׃ (34) וְאַתָּה תִּשְׁמַע הַשָּׁמַיִם

los-cielos escucharás Y-tú (34) . el-este en-templo a-ti

וְסָלַחְתָּ לְחַטַּאת עַמְּךָ יִשְׂרָאֵל וַהֲשֵׁבֹתָם אֶל־

a y-los-harás-volver Israel tu-pueblo al-pecado-de y-perdonarás

הָאֲדָמָה אֲשֶׁר נָתַתָּ לַאֲבוֹתָם׃ (35) בְּהֵעָצֵר שָׁמַיִם
la-tierra que diste a-sus-padres. (35) Al-estar-cerrados cielos

וְלֹא־ יִהְיֶה מָטָר כִּי יֶחֶטְאוּ־ לָךְ וְהִתְפַּלְלוּ אֶל־
y-no haya lluvia pues pequen contra-ti e-imploren en

הַמָּקוֹם הַזֶּה וְהוֹדוּ אֶת־ שְׁמֶךָ וּמֵחַטָּאתָם
el-lugar el-este y-alaben ** tu-nombre y-de-su-pecado

יְשׁוּבוּן כִּי תַעֲנֵם׃ (36) וְאַתָּה תִּשְׁמַע הַשָּׁמַיִם
vuelven pues los-humillas. (36) Y-tú escucharás los-cielos

וְסָלַחְתָּ לְחַטַּאת עֲבָדֶיךָ וְעַמְּךָ יִשְׂרָאֵל כִּי
y-perdonarás a-(el)pecado-de tus-siervos y-tu-pueblo Israel pues

תּוֹרֵם אֶת־ הַדֶּרֶךְ הַטּוֹבָה אֲשֶׁר יֵלְכוּ־ בָהּ
les-enseñarás ** el-camino el-bueno que caminarán por-él

וְנָתַתָּה מָטָר עַל־ אַרְצְךָ אֲשֶׁר־ נָתַתָּה לְעַמְּךָ
y-darás lluvia sobre tu-país que diste a-tu-pueblo

לְנַחֲלָה׃ (37) רָעָב כִּי־ יִהְיֶה בָאָרֶץ דֶּבֶר כִּי־ יִהְיֶה
en-heredad. (37) Hambre si hubiera en-el-país peste si hubiera

שִׁדָּפוֹן יֵרָקוֹן אַרְבֶּה חָסִיל כִּי יִהְיֶה כִּי יָצַר־ לוֹ
tizón añublo langosta neguilla si hubiera cuando asedie a-él

אֹיְבוֹ בְּאֶרֶץ שְׁעָרָיו כָּל־ נֶגַע כָּל־ מַחֲלָה׃
su-enemigo en-tierra-de sus-puertas toda plaga toda enfermedad.

(38) כָּל־ תְּפִלָּה כָל־ תְּחִנָּה אֲשֶׁר תִהְיֶה לְכָל־ הָאָדָם
(38) Toda plegaria toda súplica que sea para-todo el-hombre

לְכֹל עַמְּךָ יִשְׂרָאֵל אֲשֶׁר יֵדְעוּן אִישׁ נֶגַע
para-todo tu-pueblo Israel que conozcan cada-hombre remordimiento-de

לְבָבוֹ וּפָרַשׂ כַּפָּיו אֶל־ הַבַּיִת הַזֶּה׃
su-corazón y-tienda sus-palmas hacia el-templo el-este.

וְאַתָּה תִּשְׁמַע הַשָּׁמַיִם מְכוֹן שִׁבְתֶּךָ וְסָלַחְתָּ

y-perdonarás tu-sentar lugar-de los-cielos escucharás Y-tú (39)

וְעָשִׂיתָ וְנָתַתָּ לָאִישׁ כְּכָל־ דְּרָכָיו אֲשֶׁר תֵּדַע

tú-conoces que sus-palabras según-todas al-hombre y-darás y-actuarás

אֶת־ לְבָבוֹ כִּי־ אַתָּה יָדַעְתָּ לְבַדְּךָ אֶת־ לְבַב כָּל־ בְּנֵי

hijo-de todo (el)corazón-de ** tú-sólo conoces tú pues su-corazón **

הָאָדָם׃ לְמַעַן יִרָאוּךָ כָּל־ הַיָּמִים אֲשֶׁר־ הֵם חַיִּים

vivos ellos que los-días todos te-teman A-fin-de-que (40) . el-hombre

עַל־ פְּנֵי הָאֲדָמָה אֲשֶׁר נָתַתָּה לַאֲבֹתֵינוּ׃ וְגַם אֶל־

al Y-también (41) . a-nuestros-padres diste que la-tierra (la)faz-de sobre

הַנָּכְרִי אֲשֶׁר לֹא־ מֵעַמְּךָ יִשְׂרָאֵל הוּא וּבָא מֵאֶרֶץ

de-tierra y-viene él Israel de-tu-pueblo no que extranjero

רְחוֹקָה לְמַעַן שְׁמֶךָ׃ כִּי יִשְׁמְעוּן אֶת־ שִׁמְךָ

tu-nombre ** escucharán –Pues (42) . tu-nombre a-causa-de lejana

הַגָּדוֹל וְאֶת־ יָדְךָ הַחֲזָקָה וּזְרֹעֲךָ הַנְּטוּיָה

el-extendido– y-tu-brazo la-fuerte tu-mano y el-grande

וּבָא וְהִתְפַּלֵּל אֶל־ הַבַּיִת הַזֶּה׃ אַתָּה תִּשְׁמַע

escucharás Tú (43) . el-este el-templo en y-suplicará y-vendrá

הַשָּׁמַיִם מְכוֹן שִׁבְתֶּךָ וְעָשִׂיתָ כְּכֹל אֲשֶׁר־ יִקְרָא אֵלֶיךָ

a-ti clame lo-que según-todo y-obrarás tu-sentar lugar-de los-cielos

הַנָּכְרִי לְמַעַן יֵדְעוּן כָּל־ עַמֵּי הָאָרֶץ אֶת־

** la-tierra (los)pueblos-de todos conozcan para-que el-extranjero

שְׁמֶךָ לְיִרְאָה אֹתְךָ כְּעַמְּךָ יִשְׂרָאֵל וְלָדַעַת כִּי־ שִׁמְךָ

tu-nombre que y-para-saber Israel como-tu-pueblo a-ti para-temer tu-nombre

נִקְרָא עַל־ הַבַּיִת הַזֶּה אֲשֶׁר בָּנִיתִי׃ כִּי־ יֵצֵא

sale Si (44) . he-construido que el-este el-templo en es-invocado

עַמְּךָ לַמִּלְחָמָה עַל־ אֹיְבוֹ בַּדֶּרֶךְ אֲשֶׁר
que por-camino su-enemigo contra a-la-guerra tu-pueblo

תִּשְׁלָחֵם וְהִתְפַּלְלוּ אֶל־ יְהוָה דֶּרֶךְ הָעִיר אֲשֶׁר בָּחַרְתָּ
elegiste que la-ciudad camino-de Yahweh a y-suplican los-envíes

בָּהּ וְהַבַּיִת אֲשֶׁר־ בָּנִתִי לִשְׁמֶךָ׃ וְשָׁמַעְתָּ
Y-escucharás (45) . para-tu-nombre he-construido que y-el-templo a-ella

הַשָּׁמַיִם אֶת־ תְּפִלָּתָם וְאֶת־ תְּחִנָּתָם וְעָשִׂיתָ מִשְׁפָּטָם׃
. su-juicio y-harás su-súplica y su-plegaria ** los-cielos

כִּי יֶחֶטְאוּ־ לָךְ כִּי אֵין אָדָם אֲשֶׁר לֹא־יֶחֱטָא וְאָנַפְתָּ
y-estás-irritado peque no que hombre no-hay pues contra-ti han-pecado Si (46)

בָם וּנְתַתָּם לִפְנֵי אוֹיֵב וְשָׁבוּם
y-los-llevan-prisioneros enemigo ante y-les-pones contra-ellos

שֹׁבֵיהֶם אֶל־ אֶרֶץ הָאוֹיֵב רְחוֹקָה אוֹ קְרוֹבָה׃
. cercana o lejana el-enemigo tierra-de a sus-cautivadores

וְהֵשִׁיבוּ אֶל־ לִבָּם בָּאָרֶץ אֲשֶׁר נִשְׁבּוּ־
estén-cautivos que en-la-tierra su-corazón hacia Y-vuelven (47)

שָׁם וְשָׁבוּ וְהִתְחַנְּנוּ אֵלֶיךָ בְּאֶרֶץ שֹׁבֵיהֶם
sus-cautivadores en-tierra-de a-ti y-suplican y-se-arrepienten allí

לֵאמֹר חָטָאנוּ וְהֶעֱוִינוּ רָשָׁעְנוּ׃ וְשָׁבוּ
Y-vuelven (48) . somos-culpables y-hemos-faltado hemos-pecado : diciendo

אֵלֶיךָ בְּכָל־ לְבָבָם וּבְכָל־ נַפְשָׁם בְּאֶרֶץ
en-tierra-de su-alma y-con-toda su-corazón con-todo a-ti

אֹיְבֵיהֶם אֲשֶׁר־ שָׁבוּ אֹתָם וְהִתְפַּלְלוּ אֵלֶיךָ
a-ti e-imploran a-ellos capturaron que sus-enemigos

דֶּרֶךְ אַרְצָם אֲשֶׁר נָתַתָּה לַאֲבוֹתָם הָעִיר אֲשֶׁר
que la-ciudad a-sus-padres diste que su-tierra camino-de

בָּחַרְתָּ וְהַבַּיִת אֲשֶׁר־בָּנִית לִשְׁמֶךָ׃ וְשָׁמַעְתָּ
Escucharás (49) . a-tu-nombre he-edificado que y-el-templo elegiste

הַשָּׁמַיִם מְכוֹן שִׁבְתְּךָ אֶת־תְּפִלָּתָם וְאֶת־תְּחִנָּתָם
su-súplica y su-plegaria ** tu-sentar lugar-de los-cielos

וְעָשִׂיתָ מִשְׁפָּטָם׃ וְסָלַחְתָּ לְעַמְּךָ אֲשֶׁר
que a-tu-pueblo Y-perdonarás (50) . su-juicio y-harás

חָטְאוּ־לָךְ וּלְכָל־פִּשְׁעֵיהֶם אֲשֶׁר פָּשְׁעוּ־
se-rebelaron que sus-rebeldías y-a-todas contra-ti pecaron

בָךְ וּנְתַתָּם לְרַחֲמִים לִפְנֵי שֹׁבֵיהֶם
sus-cautivadores ante para-misericordias y-les-darás contra-ti

וְרִחֲמוּם׃ כִּי־עַמְּךָ וְנַחֲלָתְךָ הֵם
ellos y-tu-heredad tu-pueblo Pues (51) . y-les-tengan-piedad

אֲשֶׁר הוֹצֵאתָ מִמִּצְרַיִם מִתּוֹךְ כּוּר הַבַּרְזֶל׃ לִהְיוֹת
Para-estar (52) . el-hierro la-hornaza-de de-en-medio-de de-Egipto sacaste que

עֵינֶיךָ פְתֻחוֹת אֶל־תְּחִנַּת עַבְדְּךָ וְאֶל־תְּחִנַּת
la-súplica-de y-a tu-siervo la-súplica-de a abiertos tus-ojos

עַמְּךָ יִשְׂרָאֵל לִשְׁמֹעַ אֲלֵיהֶם בְּכֹל קָרְאָם אֵלֶיךָ׃ כִּי־
Pues (53) . a-ti su-clamar en-todo a-ellos para-escuchar Israel tu-pueblo

אַתָּה הִבְדַּלְתָּם לְךָ לְנַחֲלָה מִכֹּל עַמֵּי
(los)pueblos-de entre-todos por-heredad para-ti los-separaste tú

הָאָרֶץ כַּאֲשֶׁר דִּבַּרְתָּ בְּיַד ׀ מֹשֶׁה עַבְדֶּךָ
tu-siervo Moisés por-mano-de dijiste según la-tierra

בְּהוֹצִיאֲךָ אֶת־אֲבֹתֵינוּ מִמִּצְרַיִם אֲדֹנָי יְהוִה׃ וַיְהִי ׀
Y-sucedió (54) . Yahweh Señor de-Egipto nuestros-padres a en-tu-sacar

כְּכַלּוֹת שְׁלֹמֹה לְהִתְפַּלֵּל אֶל־יְהוָה אֵת כָּל־הַתְּפִלָּה
la-plegaria toda ** Yahweh a de-implorar Salomón al-acabar

וְהַתְּחִנָּה הַזֹּאת קָם מִלִּפְנֵי מִזְבַּח יְהוָה
Yahweh (el)altar-de de-delante-de se-levantó la-esta y-la-súplica

מִכְּרֹעַ עַל־ בִּרְכָּיו וְכַפָּיו פְּרֻשׂוֹת
tendidas y-sus-palmas sus-rodillas sobre de-estar-arrodillado

הַשָּׁמָיִם׃ וַיַּעֲמֹד וַיְבָרֶךְ אֵת כָּל־ קְהַל יִשְׂרָאֵל
Israel (la)asamblea-de toda a y-bendijo Y-se-puso-en-pie (55) . al-cielo

קוֹל גָּדוֹל לֵאמֹר׃ בָּרוּךְ יְהוָה אֲשֶׁר נָתַן מְנוּחָה לְעַמּוֹ
a-su-pueblo lugar-de-descanso dio que Yahweh Bendito (56) : diciendo grande voz

יִשְׂרָאֵל כְּכֹל אֲשֶׁר דִּבֵּר לֹא־ נָפַל דָּבָר אֶחָד מִכֹּל דְּבָרוֹ
su-palabra de-toda una palabra cayó no había-dicho lo-que según-todo Israel

הַטּוֹב אֲשֶׁר דִּבֶּר בְּיַד מֹשֶׁה עַבְדּוֹ׃ יְהִי
Esté (57) . su-siervo Moisés por-mano-de dijo que la-buena

יְהוָה אֱלֹהֵינוּ עִמָּנוּ כַּאֲשֶׁר הָיָה עִם־ אֲבֹתֵינוּ אַל־
no nuestros-padres con estuvo como con-nosotros nuestro-Dios Yahweh

יַעַזְבֵנוּ וְאַל־ יִטְּשֵׁנוּ׃ לְהַטּוֹת לְבָבֵנוּ אֵלָיו
a-él nuestro-corazón Inclinar (58) . nos-abandone y-no nos-deje

לָלֶכֶת בְּכָל־ דְּרָכָיו וְלִשְׁמֹר מִצְוֹתָיו וְחֻקָּיו
y-sus-preceptos sus-mandamientos y-guardar sus-caminos por-todos para-caminar

וּמִשְׁפָּטָיו אֲשֶׁר צִוָּה אֶת־ אֲבֹתֵינוּ׃ וְיִהְיוּ
Y-estén (59) . nuestros-padres a mandó que y-sus-sentencias

דְבָרַי אֵלֶּה אֲשֶׁר הִתְחַנַּנְתִּי לִפְנֵי יְהוָה קְרֹבִים אֶל־ יְהוָה אֱלֹהֵינוּ
nuestro-Dios Yahweh a próximas Yahweh ante he-suplicado que estas mis-palabras

יוֹמָם וָלָיְלָה לַעֲשׂוֹת ׀ מִשְׁפַּט עַבְדּוֹ וּמִשְׁפַּט עַמּוֹ
su-pueblo y-la-causa-de su-siervo la-causa-de para-hacer y-noche día

יִשְׂרָאֵל דְּבַר־ יוֹם בְּיוֹמוֹ׃ לְמַעַן דַּעַת כָּל־ עַמֵּי
(los)pueblos-de todos conocer A-fin-de (6) . en-su-día día cosa-de Israel

הָאָֽרֶץ כִּי יְהוָה הוּא הָאֱלֹהִים אֵין עוֹד׃ וְהָיָה לְבַבְכֶם
vuestro-corazón Y-será (61) . más no-hay Dios él Yahweh que a-tierra

שָׁלֵם עִם יְהוָה אֱלֹהֵינוּ לָלֶכֶת בְּחֻקָּיו וְלִשְׁמֹר
y-guardar por-sus-preceptos para-caminar nuestro-Dios Yahweh con íntegro

מִצְוֺתָיו כַּיּוֹם הַזֶּה׃ וְהַמֶּלֶךְ וְכָל־ יִשְׂרָאֵל
Israel y-todo Y-el-rey (62) . el-éste como-el-día sus-mandamientos

עִמּוֹ זֹבְחִים זֶבַח לִפְנֵי יְהוָה׃ וַיִּזְבַּח שְׁלֹמֹה
Salomón Y-sacrificó (63) . Yahweh ante sacrificio sacrificaron con-él

אֵת זֶבַח הַשְּׁלָמִים אֲשֶׁר זָבַח לַיהוָה בָּקָר
ganado-vacuno a-Yahweh sacrificó que ofrendas-pacíficas sacrificio-de **

עֶשְׂרִים וּשְׁנַיִם אֶלֶף וְצֹאן מֵאָה וְעֶשְׂרִים אֶלֶף וַיַּחְנְכוּ
e-inauguraron mil y-veinte cien y-ganado-menor mil y-veintidós

אֶת־ בֵּית יְהוָה הַמֶּלֶךְ וְכָל־ בְּנֵי יִשְׂרָאֵל׃ בַּיּוֹם
En-el-día (64) . Israel (los)hijos-de y-todos el-rey Yahweh (el)templo-de **

הַהוּא קִדַּשׁ הַמֶּלֶךְ אֶת־ תּוֹךְ הֶחָצֵר אֲשֶׁר לִפְנֵי
ante que el-patio el-interior-de ** el-rey consagró el-aquel

בֵית־ יְהוָה כִּי־ עָשָׂה שָׁם אֶת־ הָעֹלָה וְאֶת־
y el-holocausto ** allí hizo pues Yahweh (el)templo-de

הַמִּנְחָה וְאֵת חֶלְבֵי הַשְּׁלָמִים כִּי־ מִזְבַּח
altar-de ciertamente los-sacrificios-pacíficos las-grosuras-de y la-oblación

הַנְּחֹשֶׁת אֲשֶׁר לִפְנֵי יְהוָה קָטֹן מֵהָכִיל אֶת־ הָעֹלָה וְאֶת־
y el-holocausto ** para-contener pequeño Yahweh ante que el-bronce

הַמִּנְחָה וְאֵת חֶלְבֵי הַשְּׁלָמִים׃ וַיַּעַשׂ
E-hizo (65) . los-sacrificios-pacíficos las-grosuras-de y la-oblación

שְׁלֹמֹה בָעֵת־ הַהִיא ׀ אֶת־ הֶחָג וְכָל־ יִשְׂרָאֵל עִמּוֹ
con-él Israel y-todo la-fiesta ** el-aquel en-el-tiempo Salomón

קָהָל גָּדוֹל מִלְּבוֹא חֲמָת׀ עַד־ נַחַל מִצְרַיִם לִפְנֵי יְהוָה אֱלֹהֵינוּ
nuestro-Dios Yahweh ante Egipto torrente-de hasta Hamat desde-entrar grande asamblea

שִׁבְעַת יָמִים וְשִׁבְעַת יָמִים אַרְבָּעָה עָשָׂר יוֹם׃ בַּיּוֹם הַשְּׁמִינִי
el-octavo En-el-día (66) . días catorce días y-siete días siete

שִׁלַּח אֶת־ הָעָם וַיְבָרְכוּ אֶת־ הַמֶּלֶךְ וַיֵּלְכוּ
y-se-fueron el-rey a y-bendijeron el-pueblo a despidió

לְאָהֳלֵיהֶם שְׂמֵחִים וְטוֹבֵי לֵב עַל כָּל־ הַטּוֹבָה
lo-bueno todo por corazón y-alegres-de contentos a-sus-tiendas

אֲשֶׁר עָשָׂה יְהוָה לְדָוִד עַבְדּוֹ וּלְיִשְׂרָאֵל עַמּוֹ׃
. su-pueblo y-a-Israel su-siervo a-David Yahweh había-hecho que

וַיְהִי כְּכַלּוֹת שְׁלֹמֹה לִבְנוֹת אֶת־ בֵּית־ יְהוָה וְאֶת־
Cap. 9 y Yahweh (el)templo-de ** de-construir Salomón al-acabar Y-sucedió (1)

בֵּית הַמֶּלֶךְ וְאֵת כָּל־ חֵשֶׁק שְׁלֹמֹה אֲשֶׁר חָפֵץ לַעֲשׂוֹת׃
. realizar se-había-complacido que Salomón deseo-de todo y el-rey (la)casa-de

וַיֵּרָא יְהוָה אֶל־ שְׁלֹמֹה שֵׁנִית כַּאֲשֶׁר נִרְאָה
se-había-manifestado como segunda-vez Salomón a Yahweh Y-se-manifestó (2)

אֵלָיו בְּגִבְעוֹן׃ וַיֹּאמֶר יְהוָה אֵלָיו שָׁמַעְתִּי אֶת־ תְּפִלָּתְךָ
tu-plegaria ** he-escuchado : a-él Yahweh Y-dijo (3) . en-Gabaón a-él

וְאֶת־ תְּחִנָּתְךָ אֲשֶׁר הִתְחַנַּנְתָּה לְפָנַי הִקְדַּשְׁתִּי אֶת־ הַבַּיִת
el-templo ** he-santificado ante-mí suplicaste que tu-súplica y

הַזֶּה אֲשֶׁר בָּנִתָה לָשׂוּם־ שְׁמִי שָׁם עַד־ עוֹלָם וְהָיוּ
y-estarán siempre hasta allí mi-nombre para-poner has-construido que el-este

עֵינַי וְלִבִּי שָׁם כָּל־ הַיָּמִים׃ וְאַתָּה אִם־ תֵּלֵךְ
caminas si Y-tú (4) . los-días todos allí y-mi-corazón mis-ojos

לְפָנַי כַּאֲשֶׁר הָלַךְ דָּוִד אָבִיךָ בְּתָם־ לֵבָב
corazón con-integridad-de tu-padre David caminó como ante-mí

וּבְיֹשֶׁר לַעֲשׂוֹת כְּכֹל אֲשֶׁר צִוִּיתִיךָ חֻקַּי
mis-preceptos te-he-mandado lo-que según-todo actuando y-con-rectitud

וּמִשְׁפָּטַי תִּשְׁמֹר׃ וַהֲקִמֹתִי אֶת־ כִּסֵּא
(el)trono-de ** Y-yo-mantendré-en-pie (5) . guardarás y-mis-decretos

מַמְלַכְתְּךָ עַל־ יִשְׂרָאֵל לְעֹלָם כַּאֲשֶׁר דִּבַּרְתִּי עַל־ דָּוִד
David a hablé como por-siempre Israel sobre tu-reinado

אָבִיךָ לֵאמֹר לֹא־ יִכָּרֵת לְךָ אִישׁ מֵעַל כִּסֵּא
(el)trono-de de-sobre hombre para-ti será-extirpado no : diciendo tu-padre

יִשְׂרָאֵל׃ אִם־ שׁוֹב תְּשֻׁבוּן אַתֶּם וּבְנֵיכֶם מֵאַחֲרַי וְלֹא
y-no de-detrás-de-mí y-vuestros-hijos vosotros volvéis volver Si (6) . Israel

תִשְׁמְרוּ מִצְוֹתַי חֻקֹּתַי אֲשֶׁר נָתַתִּי לִפְנֵיכֶם וַהֲלַכְתֶּם
y-camináis ante-vosotros di que mis-preceptos mis-mandamientos guardáis

וַעֲבַדְתֶּם אֱלֹהִים אֲחֵרִים וְהִשְׁתַּחֲוִיתֶם לָהֶם׃ וְהִכְרַתִּי
Yo-extirparé (7) . a-ellos y-os-postráis otros dioses y-servís

אֶת־יִשְׂרָאֵל מֵעַל פְּנֵי הָאֲדָמָה אֲשֶׁר נָתַתִּי לָהֶם וְאֶת־ הַבַּיִת
el-templo y-a a-ellos di que la-tierra (la)faz-de de-sobre Israel a

אֲשֶׁר הִקְדַּשְׁתִּי לִשְׁמִי אֲשַׁלַּח מֵעַל פָּנָי
mi-rostro de-junto-a despediré a-mi-nombre he-consagrado que

וְהָיָה יִשְׂרָאֵל לְמָשָׁל וְלִשְׁנִינָה בְּכָל־
entre-todos y-para-escarnio para-proverbios Israel y-será

הָעַמִּים׃ וְהַבַּיִת הַזֶּה יִהְיֶה עֶלְיוֹן כָּל־ עֹבֵר
el-que-pase todo sublime será el-este Y-el-templo (8) . los-pueblos

עָלָיו יִשֹּׁם וְשָׁרָק וְאָמְרוּ עַל־ מֶה
qué ¿por : y-dirá y-silbará se-pasmará junto-a-él

עָשָׂה יְהוָה כָּכָה לָאָרֶץ הַזֹּאת וְלַבַּיִת הַזֶּה׃
? el-este y-con-el-templo el-este con-el-país así Yahweh ha-obrado

וְאָמְרוּ עַל אֲשֶׁר עָזְבוּ אֶת־ יְהוָה אֱלֹהֵיהֶם
su-Dios Yahweh a abandonaron que por : Y-dirán (9)

אֲשֶׁר הוֹצִיא אֶת־ אֲבֹתָם מֵאֶרֶץ מִצְרַיִם וַיַּחֲזִקוּ
y-se-aferraron Egipto de-(el)país-de sus-padres a sacó que

בֵּאלֹהִים אֲחֵרִים וַיִּשְׁתַּחֲוּ לָהֶם וַיַּעַבְדֻם עַל־ כֵּן
esto por y-los-sirvieron a-ellos y-se-postraron otros a-dioses

הֵבִיא יְהוָה עֲלֵיהֶם אֵת כָּל־ הָרָעָה הַזֹּאת׃ וַיְהִי
Y-fue (10) . la-esta la-desgracia toda ** su-Dios Yahweh hizo-llegar

מִקְצֵה עֶשְׂרִים שָׁנָה אֲשֶׁר־ בָּנָה שְׁלֹמֹה אֶת־ שְׁנֵי הַבָּתִּים אֶת־
** las-casas dos ** Salomón construyó que años veinte al-cabo-de

בֵּית יְהוָה וְאֶת־ בֵּית הַמֶּלֶךְ׃ חִירָם מֶלֶךְ־ צֹר נִשָּׂא
apoyó Tiro rey-de Hiram (11) . el-rey casa-de y Yahweh casa-de

אֶת־ שְׁלֹמֹה בַּעֲצֵי אֲרָזִים וּבַעֲצֵי בְרוֹשִׁים וּבַזָּהָב
y-con-el-oro cipreses y-con-maderas-de cedros con-maderas-de Salomón a

לְכָל־ חֶפְצוֹ אָז יִתֵּן הַמֶּלֶךְ שְׁלֹמֹה לְחִירָם עֶשְׂרִים עִיר
ciudades veinte a-Hiram Salomón el-rey dio entonces su-deseo según-todo

בְּאֶרֶץ הַגָּלִיל׃ וַיֵּצֵא חִירָם מִצֹּר לִרְאוֹת אֶת־ הֶעָרִים
las-ciudades ** para-ver de-Tiro Hiram Y-salió (12) . la-Galilea en-(la)tierra-de

אֲשֶׁר נָתַן־ לוֹ שְׁלֹמֹה וְלֹא יָשְׁרוּ בְּעֵינָיו׃
. a-sus-ojos fueron-rectas y-no Salomón a-él había-dado que

וַיֹּאמֶר מָה הֶעָרִים הָאֵלֶּה אֲשֶׁר־ נָתַתָּה לִּי אָחִי
? hermano-mío a-mí has-dado que las-éstas las-ciudades ¿qué : Y-dijo (13)

וַיִּקְרָא לָהֶם אֶרֶץ כָּבוּל עַד הַיּוֹם הַזֶּה׃ וַיִּשְׁלַח
Y-había-enviado (14) . el-éste el-día hasta Cabul país-de a-ellas y-llamó

חִירָם לַמֶּלֶךְ מֵאָה וְעֶשְׂרִים כִּכַּר זָהָב׃ וְזֶה דְבַר־
(el)-asunto-de Y-esto (15) . oro talentos-de y-veinte cien al-rey Hiram

הַמַּס אֲשֶׁר־ הֶעֱלָה ׀ הַמֶּלֶךְ שְׁלֹמֹה לִבְנוֹת אֶת־ בֵּית

(el)templo-de ** para-construir Salomón (a)el-rey impuso que el-vasallaje

יְהוָה וְאֶת־ בֵּיתוֹ וְאֶת־ הַמִּלּוֹא וְאֵת חוֹמַת יְרוּשָׁלִָם

Jerusalén (la)muralla-de y el-Miló y su-casa y Yahweh

וְאֶת־ חָצֹר וְאֶת־ מְגִדּוֹ וְאֶת־ גָּזֶר׃ פַּרְעֹה מֶלֶךְ־ מִצְרַיִם עָלָה

subió Egipto rey-de Faraón (16) . Gézer y Meguidó y Hazor y

וַיִּלְכֹּד אֶת־ גֶּזֶר וַיִּשְׂרְפָהּ בָּאֵשׁ וְאֶת־ הַכְּנַעֲנִי

el-cananeo y-a con-fuego y-la-quemó Gézer ** y-capturó

הַיֹּשֵׁב בָּעִיר הָרָג וַיִּתְּנָהּ שִׁלֻּחִים

dote y-la-dio mató en-la-ciudad que-habitaba

לְבִתּוֹ אֵשֶׁת שְׁלֹמֹה׃ וַיִּבֶן שְׁלֹמֹה אֶת־ גֶּזֶר וְאֶת־

y Gézer ** Salomón Y-reconstruyó (17) . Salomón mujer-de a-su-hija

בֵּית חֹרֹן תַּחְתּוֹן׃ וְאֶת־ בַּעֲלָת וְאֶת־ תַּמֹר בַּמִּדְבָּר בָּאָרֶץ׃

. en-el-país en-el-desierto Tamar y Balaat Y (18) . inferior horón Bet-

וְאֵת כָּל־ עָרֵי הַמִּסְכְּנוֹת אֲשֶׁר הָיוּ לִשְׁלֹמֹה וְאֵת עָרֵי

(las)ciudades-de y para-Salomón eran que los-depósitos (las)ciudades-de todas Y (19)

הָרֶכֶב וְאֵת עָרֵי הַפָּרָשִׁים וְאֵת ׀ חֵשֶׁק שְׁלֹמֹה אֲשֶׁר חָשַׁק

deseaba que Salomón (el)deseo-de y los-caballos (las)ciudades-de y el-carro

לִבְנוֹת בִּירוּשָׁלַםִ וּבַלְּבָנוֹן וּבְכֹל אֶרֶץ

(el)territorio-de y-en-todo y-en-el-Líbano en-Jerusalén construir

מֶמְשַׁלְתּוֹ׃ כָּל־ הָעָם הַנּוֹתָר מִן־ הָאֱמֹרִי

el-amorreo de el-que-quedaba el-pueblo Todo (20) . su-gobierno

הַחִתִּי הַפְּרִזִּי הַחִוִּי וְהַיְבוּסִי אֲשֶׁר לֹא־ מִבְּנֵי

hijos-de no que el-jebuseo el-heveo el-ferezeo el-heteo

יִשְׂרָאֵל הֵמָּה׃ בְּנֵיהֶם אֲשֶׁר נֹתְרוּ אַחֲרֵיהֶם בָּאָרֶץ

en-el-país tras-ellos quedaron que Sus-hijos (21) . ellos Israel

אֲשֶׁר לֹא־ יָכְלוּ בְּנֵי יִשְׂרָאֵל לְהַחֲרִימָם וַיַּעֲלֵם
y-los-sometió consagrarlos-al-anatema Israel (los)hijos-de habían-podido no que

שְׁלֹמֹה לְמַס־ עֹבֵד עַד הַיּוֹם הַזֶּה׃ וּמִבְּנֵי
Pero-de-(los)hijos-de (22) . el-éste el-día hasta siervo a-tributo-de Salomón

יִשְׂרָאֵל לֹא־ נָתַן שְׁלֹמֹה עָבֶד כִּי־ הֵם אַנְשֵׁי הַמִּלְחָמָה וַעֲבָדָיו
y-sus-servidores la-guerra hombres-de ellos pues esclavo Salomón puso no Israel

וְשָׂרָיו וְשָׁלִשָׁיו וְשָׂרֵי רִכְבּוֹ
su-carro y-comandantes-de y-sus-oficiales y-sus-jefes

וּפָרָשָׁיו׃ אֵלֶּה ׀ שָׂרֵי הַנִּצָּבִים אֲשֶׁר עַל־
sobre que los-encargados jefes-de Éstos (23) . y-su-caballería

הַמְּלָאכָה לִשְׁלֹמֹה חֲמִשִּׁים וַחֲמֵשׁ מֵאוֹת הָרֹדִים
los-que-inspeccionaban cientos y-cinco cincuenta de-Salomón la-obra

בָּעָם הָעֹשִׂים בַּמְּלָאכָה׃ אַךְ בַּת־ פַּרְעֹה
faraón (la)hija-de Apenas (24) . en-la-obra que-trabajaban al-pueblo

עָלְתָה מֵעִיר דָּוִד אֶל־ בֵּיתָהּ אֲשֶׁר בָּנָה־ לָהּ אָז
entonces para-ella había-construido que su-casa a David de-la-ciudad-de subió

בָּנָה אֶת־ הַמִּלּוֹא׃ וְהֶעֱלָה שְׁלֹמֹה שָׁלֹשׁ
tres Salomón E-inmolaba (25) . el-Miló ** construyó

פְּעָמִים בַּשָּׁנָה עֹלוֹת וּשְׁלָמִים עַל־ הַמִּזְבֵּחַ אֲשֶׁר
que el-altar sobre y-sacrificios-pacíficos holocaustos por-el-año veces

בָּנָה לַיהוָה וְהַקְטֵיר אִתּוֹ אֲשֶׁר לִפְנֵי יְהוָה
Yahweh ante que en-el y-quemaba-incienso a-Yahweh había-construido

וְשִׁלַּם אֶת־ הַבָּיִת׃ וָאֳנִי עָשָׂה הַמֶּלֶךְ שְׁלֹמֹה
Salomón el-rey hizo Y-flota (26) . el-templo ** y-terminó

בְּעֶצְיוֹן־ גֶּבֶר אֲשֶׁר אֶת־ אֵלוֹת עַל־שְׂפַת יַם־ סוּף בְּאֶרֶץ אֱדוֹם׃
. Edom en-(el)país-de Suf (el)mar-de orilla-de junto-a Elot con que géber en-Ezyón-

וַיִּשְׁלַח חִירָם בָּאֳנִי אֶת־ עֲבָדָיו אַנְשֵׁי אֳנִיּוֹת יֹדְעֵי
conocedores-de naves hombres-de sus-siervos ** con-la-flota Hiram Y-envió (27)

הַיָּם עִם עַבְדֵי שְׁלֹמֹה׃ וַיָּבֹאוּ אוֹפִירָה וַיִּקְחוּ
y-tomaron a-Ofir Y-llegaron (28) . Salomón (los)siervos-de con el-mar

מִשָּׁם זָהָב אַרְבַּע־מֵאוֹת וְעֶשְׂרִים כִּכָּר וַיָּבִאוּ אֶל־ הַמֶּלֶךְ
el-rey a y-trajeron talentos y-veinte cientos cuatro oro de-allí

שְׁלֹמֹה׃ וּמַלְכַּת־ שְׁבָא שֹׁמַעַת אֶת־ שֵׁמַע שְׁלֹמֹה לְשֵׁם
en-nombre-de Salomón fama-de ** que-había-escuchado Sebá Y-reina-de (1) . Salomón **Cap. 10**

יְהוָה וַתָּבֹא לְנַסֹּתוֹ בְּחִידוֹת׃ וַתָּבֹא
Y-llegó (2) . con-enigmas para-probarlo y-vino Yahweh

יְרוּשָׁלַ͏ְמָה בְּחַיִל כָּבֵד מְאֹד גְּמַלִּים נֹשְׂאִים בְּשָׂמִים וְזָהָב
y-oro aromas que-cargaban camellos mucho importante con-séquito a-Jerusalén

רַב־ מְאֹד וְאֶבֶן יְקָרָה וַתָּבֹא אֶל־ שְׁלֹמֹה וַתְּדַבֵּר אֵלָיו
a-él y-dijo Salomón a y-vino valiosa y-piedra mucho numeroso

אֵת כָּל־אֲשֶׁר הָיָה עִם־ לְבָבָהּ׃ וַיַּגֶּד־ לָהּ שְׁלֹמֹה אֶת־
** Salomón a-ella Y-aclaró (3) . su-corazón en había (lo)que todo **

כָּל־ דְּבָרֶיהָ לֹא־ הָיָה דָּבָר נֶעְלָם מִן־ הַמֶּלֶךְ אֲשֶׁר
que el-rey para oculta cosa hubo no sus-asuntos todos

לֹא הִגִּיד לָהּ׃ וַתֵּרֶא מַלְכַּת־ שְׁבָא אֵת כָּל־ חָכְמַת
sabiduría-de toda ** Sebá (la)reina-de Y-vio (4) . a-ella aclarase no

שְׁלֹמֹה וְהַבַּיִת אֲשֶׁר בָּנָה׃ וּמַאֲכַל שֻׁלְחָנוֹ
su-mesa Y-(la)comida-de (5) . había-construido que y-la-casa Salomón

וּמוֹשַׁב עֲבָדָיו וּמַעֲמַד מְשָׁרְתָו
sus-asistentes y-(el)puesto-de sus-servidores y-(la)posición-de

וּמַלְבֻּשֵׁיהֶם וּמַשְׁקָיו וְעֹלָתוֹ אֲשֶׁר
que y-sus-holocaustos y-sus-bebidas y-(los)vestidos-de-ellos

יַעֲלֶה בֵּית יְהוָה וְלֹא־הָיָה בָהּ עוֹד רוּחַ׃
. aliento más en-ella hubo y-no Yahweh (al)templo-de ofrecía

וַתֹּאמֶר אֶל־הַמֶּלֶךְ אֱמֶת הָיָה הַדָּבָר אֲשֶׁר שָׁמַעְתִּי
había-oído que la-cosa era verdad : el-rey a Y-dijo (6)

בְּאַרְצִי עַל־דְּבָרֶיךָ וְעַל־חָכְמָתֶךָ׃
. tu-sabiduría y-sobre tus-cosas sobre en-mi-tierra

וְלֹא־הֶאֱמַנְתִּי לַדְּבָרִים עַד אֲשֶׁר־בָּאתִי וַתִּרְאֶינָה
y-han-visto he-venido que hasta a-las-palabras di-crédito Y-no (7)

עֵינַי וְהִנֵּה לֹא־הֻגַּד־לִי הַחֵצִי הוֹסַפְתָּ חָכְמָה
sabiduría tu-sobrepasas la-mitad a-mí fue-relatado no y-he-aquí-que mis-ojos

וָטוֹב אֶל־הַשְּׁמוּעָה אֲשֶׁר שָׁמָעְתִּי׃ אַשְׁרֵי אֲנָשֶׁיךָ
tus-hombres Felices (8) . yo-había-oído que la-fama a y-excelencia

אַשְׁרֵי עֲבָדֶיךָ אֵלֶּה הָעֹמְדִים לְפָנֶיךָ תָּמִיד
siempre ante-ti los-que-están estos tus-servidores felices

הַשֹּׁמְעִים אֶת־חָכְמָתֶךָ׃ יְהִי יְהוָה אֱלֹהֶיךָ
tu-Dios Yahweh Sea (9) . tu-sabiduría ** los-que-escuchan

בָּרוּךְ אֲשֶׁר חָפֵץ בְּךָ לְתִתְּךָ עַל־כִּסֵּא יִשְׂרָאֵל
Israel (el)trono-de sobre poniéndote en-ti se-ha-complacido que bendito

בְּאַהֲבַת יְהוָה אֶת־יִשְׂרָאֵל לְעֹלָם וַיְשִׂימְךָ לְמֶלֶךְ
como-rey y-te-ha-colocado por-siempre Israel a Yahweh por-amor-de

לַעֲשׂוֹת מִשְׁפָּט וּצְדָקָה׃ וַתִּתֵּן לַמֶּלֶךְ מֵאָה
cien al-rey Y-dio (10) . y-justicia derecho para-hacer

וְעֶשְׂרִים ׀ כִּכַּר זָהָב וּבְשָׂמִים הַרְבֵּה מְאֹד וְאֶבֶן יְקָרָה
valiosa y-piedra muy mucho y-aromas oro talentos-de y-veinte

לֹא־בָא כַבֹּשֶׂם הַהוּא עוֹד לָרֹב אֲשֶׁר־נָתְנָה
dio que en-cantidad más el-aquel como-el-aroma vino no

מַלְכַּת־ שְׁבָא לַמֶּלֶךְ שְׁלֹמֹה׃ וְגַם אֳנִי חִירָם אֲשֶׁר־

que Hiram flota-de Y-también (11) . Salomón al-rey Sebá (la)reina-de

נָשָׂא זָהָב מֵאוֹפִיר הֵבִיא מֵאֹפִיר עֲצֵי אַלְמֻגִּים הַרְבֵּה

mucha almugim maderas-de de-Ofir trajo de-Ofir oro cargaba

מְאֹד וְאֶבֶן יְקָרָה׃ וַיַּעַשׂ הַמֶּלֶךְ אֶת־ עֲצֵי הָאַלְמֻגִּים

los-almugim maderas-de con el-rey E-hizo (12) . valiosa y-piedra muy

מִסְעָד לְבֵית־ יְהוָה וּלְבֵית הַמֶּלֶךְ וְכִנֹּרוֹת וּנְבָלִים

y-arpas y-cítaras el-rey y-para-casa-de Yahweh para-templo-de grada

לַשָּׁרִים לֹא בָא־ כֵן עֲצֵי אַלְמֻגִּים וְלֹא

y-no almugim maderas-de así había-llegado no para-los-cantores

נִרְאָה עַד הַיּוֹם הַזֶּה׃ וְהַמֶּלֶךְ שְׁלֹמֹה נָתַן לְמַלְכַּת־

a-(la)reina-de dio Salomón Y-el-rey (13) . el-éste el-día hasta fue-visto

שְׁבָא אֶת־ כָּל־ חֶפְצָהּ אֲשֶׁר שָׁאָלָה מִלְּבַד אֲשֶׁר נָתַן־

él-dio que fuera-de pidió que su-deseo todo ** Sebá

לָהּ כְּיַד הַמֶּלֶךְ שְׁלֹמֹה וַתֵּפֶן וַתֵּלֶךְ

y-regresó y-ella-dio-la-vuelta Salomón el-rey según-mano-de a-ella

לְאַרְצָהּ הִיא וַעֲבָדֶיהָ׃ וַיְהִי מִשְׁקַל הַזָּהָב

el-oro (el)peso-de Y-era (14) . y-sus-servidores ella a-su-tierra

אֲשֶׁר־ בָּא לִשְׁלֹמֹה בְּשָׁנָה אֶחָת שֵׁשׁ מֵאוֹת שִׁשִּׁים וָשֵׁשׁ כִּכַּר

talentos-de y-seis sesenta cientos seis uno por-año a-Salomón llegaba que

זָהָב׃ לְבַד מֵאַנְשֵׁי הַתָּרִים וּמִסְחַר

y-(el)comercio-de los-exploradores de-(los)hombres-de Aparte (15) . oro

הָרֹכְלִים וְכָל־ מַלְכֵי הָעֶרֶב וּפַחוֹת הָאָרֶץ׃

. el-país y-(los)gobernadores-de la-Arabia (los)reyes-de y-todos los-comerciantes

וַיַּעַשׂ הַמֶּלֶךְ שְׁלֹמֹה מָאתַיִם צִנָּה זָהָב שָׁחוּט

batido (de)oro paveses doscientos Salomón el-rey E-hizo (16)

שֵׁשׁ־מֵאוֹת זָהָב יַעֲלֶה עַל־הַצִּנָּה הָאֶחָת׃ וּשְׁלֹשׁ־מֵאוֹת

cientos Y-tres (17) . el-uno el-pavés sobre ponía oro cientos seis

מָגִנִּים זָהָב שָׁחוּט שְׁלֹשֶׁת מָנִים זָהָב יַעֲלֶה עַל־הַמָּגֵן

el-escudo sobre ponía (de)oro minas tres batido (de)oro escudos

הָאֶחָת וַיִּתְּנֵם הַמֶּלֶךְ בֵּית יַעַר הַלְּבָנוֹן׃

. el-Líbano el-bosque-de (en-la)casa-de el-rey y-los-colocó el-uno

וַיַּעַשׂ הַמֶּלֶךְ כִּסֵּא־שֵׁן גָּדוֹל וַיְצַפֵּהוּ זָהָב

(de)oro y-lo-recubrió grande marfil un-trono-de el-rey E-hizo (18)

מוּפָז׃ שֵׁשׁ מַעֲלוֹת לַכִּסֵּה וְרֹאשׁ־עָגֹל לַכִּסֵּה

para-el-trono redonda y-cabeza para-el-trono gradas Seis (19) . puro

מֵאַחֲרָיו וְיָדֹת מִזֶּה וּמִזֶּה אֶל־מְקוֹם

(el)lugar-de hacia y-por-aquí por-aquí y-brazos por-detrás-de-él

הַשָּׁבֶת וּשְׁנַיִם אֲרָיוֹת עֹמְדִים אֵצֶל הַיָּדוֹת׃ וּשְׁנַיִם עָשָׂר

Y-doce (20) . los-brazos junto-a de-pie leones y-dos el-asiento

אֲרָיִים עֹמְדִים שָׁם עַל־שֵׁשׁ הַמַּעֲלוֹת מִזֶּה וּמִזֶּה לֹא־

no y-por-aquí por-aquí las-gradas seis sobre allí de-pie leones

נַעֲשָׂה כֵן לְכָל־מַמְלָכוֹת׃ וְכֹל כְּלֵי מַשְׁקֵה

bebida-de los-vasos-de Y-todos (21) . reino para-ningún así se-había-hecho

הַמֶּלֶךְ שְׁלֹמֹה זָהָב וְכֹל כְּלֵי בֵּית־יַעַר הַלְּבָנוֹן

el-Líbano el-bosque-de (la)casa-de los-utensilios-de y-todos (de)oro Salomón el-rey

זָהָב סָגוּר אֵין כֶּסֶף לֹא נֶחְשָׁב בִּימֵי שְׁלֹמֹה

Salomón en-días-de se-estimaba no plata no-había puro oro

לִמְאוּמָה׃ כִּי אֳנִי תַרְשִׁישׁ לַמֶּלֶךְ בַּיָּם עִם אֳנִי

flota-de con en-el-mar para-el-rey Tarsis flota-de En-verdad (22) . para-nada

חִירָם אַחַת לְשָׁלֹשׁ שָׁנִים תָּבוֹא ׀ אֳנִי תַרְשִׁישׁ נֹשְׂאֵת זָהָב

oro cargando Tarsis flota-de llegaba años de-tres cada-uno Hiram

וְכֶסֶף שֶׁנְהַבִּים וְקֹפִים וְתֻכִּיִּים׃ וַיִּגְדַּל הַמֶּלֶךְ

el-rey Y-se-hizo-grande (23) . y-pavos-reales y-monos marfiles y-plata

שְׁלֹמֹה מִכֹּל מַלְכֵי הָאָרֶץ לְעֹשֶׁר וּלְחָכְמָה׃

. y-sabiduría en-riqueza la-tierra (los)reyes-de más-que-todos Salomón

וְכָל־ הָאָרֶץ מְבַקְשִׁים אֶת־ פְּנֵי שְׁלֹמֹה לִשְׁמֹעַ אֶת־

** para-escuchar Salomón (el)rostro-de ** buscaba el-país Y-todo (24)

חָכְמָתוֹ אֲשֶׁר־ נָתַן אֱלֹהִים בְּלִבּוֹ׃ וְהֵמָּה מְבִאִים

traían Y-ellos (25) . en-su-corazón Dios había-puesto que su-sabiduría

אִישׁ מִנְחָתוֹ כְּלֵי כֶסֶף וּכְלֵי זָהָב וּשְׂלָמוֹת וְנֵשֶׁק

y-armas y-vestidos oro y-utensilios-de plata utensilios-de : su-ofrenda cada-uno

וּבְשָׂמִים סוּסִים וּפְרָדִים דְּבַר־ שָׁנָה בְּשָׁנָה׃ וַיֶּאֱסֹף

Y-reunió (26) . en-año año cosa-de y-mulas caballos y-aromas

שְׁלֹמֹה רֶכֶב וּפָרָשִׁים וַיְהִי־ לוֹ אֶלֶף וְאַרְבַּע־ מֵאוֹת

cientos y-cuatro mil para-él y-hubo y-caballos carro Salomón

רֶכֶב וּשְׁנֵים־ עָשָׂר אֶלֶף פָּרָשִׁים וַיַּנְחֵם בְּעָרֵי הָרֶכֶב

el-carro a-(las)ciudades-de y-los-llevó caballos mil y-doce carros

וְעִם־ הַמֶּלֶךְ בִּירוּשָׁלָםִ׃ וַיִּתֵּן הַמֶּלֶךְ אֶת־ הַכֶּסֶף

la-plata ** el-rey Y-puso (27) . en-Jerusalén el-rey y-con

בִּירוּשָׁלַםִ כָּאֲבָנִים וְאֵת הָאֲרָזִים נָתַן כַּשִּׁקְמִים

como-los-sicómoros puso los-cedros y como-las-piedras en-Jerusalén

אֲשֶׁר־ בַּשְּׁפֵלָה לָרֹב׃ וּמוֹצָא הַסּוּסִים אֲשֶׁר

que los-caballos Y-origen-de (28) . en-cantidad en-la-llanura que

לִשְׁלֹמֹה מִמִּצְרָיִם וּמִקְוֵה סֹחֲרֵי הַמֶּלֶךְ

el-rey mercaderes-de y-de-Qweh de-Egipto para-Salomón

יִקְחוּ מִקְוֵה בִּמְחִיר׃ וַתַּעֲלֶה וַתֵּצֵא

y-salía Y-subía (29) . por-precio de-Qweh tomaban

מֶרְכָּבָה מִמִּצְרַיִם בְּשֵׁשׁ מֵאוֹת כֶּסֶף וְסוּס בַּחֲמִשִּׁים וּמֵאָה

y-cien en-cincuenta y-un-caballo plata cientos en-seis desde-Egipto carroza

וְכֵן לְכָל־ מַלְכֵי הַחִתִּים וּלְמַלְכֵי אֲרָם בְּיָדָם

en-sus-manos Aram y-para-(los)reyes-de los-heteos (los)reyes-de para-todos y-así

יֵצִאוּ׃ וְהַמֶּלֶךְ שְׁלֹמֹה אָהַב נָשִׁים נָכְרִיּוֹת רַבּוֹת

Cap. 11 muchas extranjeras mujeres amó Salomón Pero-el-rey (1) . hacían-salir

וְאֶת־ בַּת־ פַּרְעֹה מוֹאֲבִיּוֹת עַמֳּנִיּוֹת אֲדֹמִיֹּת צֵדְנִיֹּת חִתִּיֹּת׃

. heteas sidonias edomitas amonitas moabitas Faraón (la)hija-de y-a

מִן־ הַגּוֹיִם אֲשֶׁר אָמַר־ יְהוָה אֶל־ בְּנֵי יִשְׂרָאֵל לֹא־ תָבֹאוּ

iréis no Israel (los)hijos-de a Yahweh había-dicho que las-naciones De (2)

בָהֶם וְהֵם לֹא־ יָבֹאוּ בָכֶם אָכֵן יַטּוּ אֶת־

** extraviarán pues-ciertamente a-vosotros vengan no y-ellos con-ellos

לְבַבְכֶם אַחֲרֵי אֱלֹהֵיהֶם בָּהֶם דָּבַק שְׁלֹמֹה לְאַהֲבָה׃

. con-amor Salomón se-apegó con-ellos sus-dioses tras vuestro-corazón

וַיְהִי־ לוֹ נָשִׁים שָׂרוֹת שְׁבַע מֵאוֹת וּפִלַגְשִׁים

y-concubinas cientas siete princesas mujeres para-él Y-hubo (3)

שְׁלֹשׁ מֵאוֹת וַיַּטּוּ נָשָׁיו אֶת־ לִבּוֹ׃

. su-corazón ** sus-mujeres y-extraviaron cientas tres

וַיְהִי לְעֵת זִקְנַת שְׁלֹמֹה נָשָׁיו הִטּוּ אֶת־

** extraviaron sus-mujeres Salomón (la)vejez-de en-tiempo-de Y-sucedió (4)

לְבָבוֹ אַחֲרֵי אֱלֹהִים אֲחֵרִים וְלֹא־ הָיָה לְבָבוֹ שָׁלֵם

entero su-corazón estuvo y-no otros dioses tras su-corazón

עִם־ יְהוָה אֱלֹהָיו כִּלְבַב דָּוִיד אָבִיו׃ וַיֵּלֶךְ

Y-caminó (5) . su-padre David como-corazón-de su-Dios Yahweh con

שְׁלֹמֹה אַחֲרֵי עַשְׁתֹּרֶת אֱלֹהֵי צִדֹנִים וְאַחֲרֵי מִלְכֹּם שִׁקֻּץ

abominación-de Milcom y-tras sidonios dios-de Astarté tras Salomón

עַמֹּנִים׃ וַיַּעַשׂ שְׁלֹמֹה הָרַע בְּעֵינֵי יְהוָה וְלֹא

y-no Yahweh a-(los)ojos-de el-mal Salomón E-hizo (6) . amonitas

מִלֵּא אַחֲרֵי יְהוָה כְּדָוִד אָבִיו׃ אָז יִבְנֶה

construyó Entonces (7) . su-padre como-David Yahweh tras fue-íntegro

שְׁלֹמֹה בָּמָה לִכְמוֹשׁ שִׁקֻּץ מוֹאָב בָּהָר אֲשֶׁר עַל־

junto-a que en-la-montaña Moab abominación-de a-Quemós un-lugar-alto Salomón

פְּנֵי יְרוּשָׁלָםִ וּלְמֹלֶךְ שִׁקֻּץ בְּנֵי עַמּוֹן׃

. Amón (los)hijos-de abominación-de y-a-Moloc Jerusalén enfrente-de

וְכֵן עָשָׂה לְכָל־ נָשָׁיו הַנָּכְרִיּוֹת מַקְטִירוֹת

que-quemaban-incienso las-extranjeras sus-mujeres a-todas hizo Y-así (8)

וּמְזַבְּחוֹת לֵאלֹהֵיהֶן׃ וַיִּתְאַנַּף יְהוָה

Yahweh Y-se-irritó (9) . a-sus-dioses y-ofrecían-sacrificios

בִּשְׁלֹמֹה כִּי־ נָטָה לְבָבוֹ מֵעִם יְהוָה אֱלֹהֵי

Dios-de Yahweh de-con su-corazón había-desviado pues con-Salomón

יִשְׂרָאֵל הַנִּרְאָה אֵלָיו פַּעֲמָיִם׃ וְצִוָּה אֵלָיו עַל־

acerca-de a-él Y-había-mandado (10) . dos-veces a-él que-se-había-revelado Israel

הַדָּבָר הַזֶּה לְבִלְתִּי־ לֶכֶת אַחֲרֵי אֱלֹהִים אֲחֵרִים וְלֹא שָׁמַר אֵת

** guardó pero-uno otros dioses tras caminar no el-éste el-asunto

אֲשֶׁר־ צִוָּה יְהוָה׃ וַיֹּאמֶר יְהוָה לִשְׁלֹמֹה יַעַן אֲשֶׁר

que a-causa-de : a-Salomón Yahweh Y-dijo (11) . Yahweh había-mandado lo-que

הָיְתָה־ זֹּאת עִמָּךְ וְלֹא שָׁמַרְתָּ בְּרִיתִי וְחֻקֹּתַי

y-mis-preceptos mi-alianza has-guardado y-no contigo esto ocurrió

אֲשֶׁר צִוִּיתִי עָלֶיךָ קָרֹעַ אֶקְרַע אֶת־ הַמַּמְלָכָה

el-reino ** arrancaré arrancar sobre-ti ordené que

מֵעָלֶיךָ וּנְתַתִּיהָ לְעַבְדֶּךָ׃ אַךְ־

Sin-embargo (12) . a-un-siervo-tuyo y-lo-daré de-junto-a-ti

בְּיָמֶיךָ לֹא אֶעֱשֶׂנָּה לְמַעַן דָּוִד אָבִיךָ מִיַּד
de-mano-de tu-padre David a-causa-de lo-haré no en-tus-días

בִּנְךָ אֶקְרָעֶנָּה׃ רַק אֶת־ כָּל־ הַמַּמְלָכָה לֹא
no el-reino todo ** Sólo (13) . lo-arrancaré tu-hijo

אֶקְרָע שֵׁבֶט אֶחָד אֶתֵּן לִבְנֶךָ לְמַעַן דָּוִד
David a-causa-de a-tu-hijo daré una tribu arrancaré

עַבְדִּי וּלְמַעַן יְרוּשָׁלַםִ אֲשֶׁר בָּחָרְתִּי׃ וַיָּקֶם
Y-suscitó (14) . yo-elegí que Jerusalén y-a-causa-de mi-siervo

יְהוָה שָׂטָן לִשְׁלֹמֹה אֵת הֲדַד הָאֲדֹמִי מִזֶּרַע הַמֶּלֶךְ
el-rey de-(el)linaje-de el-edomita Hadad a contra-Salomón adversario Yahweh

הוּא בֶּאֱדוֹם׃ וַיְהִי בִּהְיוֹת דָּוִד אֶת־ אֱדוֹם בַּעֲלוֹת יוֹאָב
Joab al-subir Edom contra David al-estar Y-había-sucedido (15) . en-Edom él

שַׂר הַצָּבָא לְקַבֵּר אֶת־ הַחֲלָלִים וַיַּךְ כָּל־
todo y-mató los-muertos ** para-enterrar el-ejército general-de

זָכָר בֶּאֱדוֹם׃ כִּי שֵׁשֶׁת חֳדָשִׁים יָשַׁב־ שָׁם יוֹאָב וְכָל־ יִשְׂרָאֵל
Israel y-todo Joab allí permaneció meses seis Pues (16) . en-Edom varón

עַד־ הִכְרִית כָּל־ זָכָר בֶּאֱדוֹם׃ וַיִּבְרַח אֲדַד הוּא וַאֲנָשִׁים
y-hombres él Hadad Y-escapó (17) . en-Edom varón todo hubo-matado hasta-que

אֲדֹמִיִּים מֵעַבְדֵי אָבִיו אִתּוֹ לָבוֹא מִצְרָיִם וַהֲדַד נַעַר
muchacho y-Hadad (a)Egipto para-ir con-él su-padre de-(los)siervos-de edomitas

קָטָן׃ וַיָּקֻמוּ מִמִּדְיָן וַיָּבֹאוּ פָּארָן וַיִּקְחוּ
y-tomaron (a)Parán y-llegaron de-Madián Y-se-levantaron (18) . pequeño

אֲנָשִׁים עִמָּם מִפָּארָן וַיָּבֹאוּ מִצְרַיִם אֶל־ פַּרְעֹה מֶלֶךְ־ מִצְרַיִם
Egipto rey-de Faraón a (a)Egipto y-llegaron de-Parán con-ellos hombres

וַיִּתֶּן־ לוֹ בַיִת וְלֶחֶם אָמַר לוֹ וְאֶרֶץ נָתַן
dio y-tierra para-él dijo y-pan casa a-él y-dio

לוֹ׃ וַיִּמְצָא הֲדַד חֵן בְּעֵינֵי פַרְעֹה מְאֹד וַיִּתֶּן־
y-dio mucho Faraón a-ojos-de gracia Hadad Y-encontró (19) . a-él

לוֹ אִשָּׁה אֶת־אֲחוֹת אִשְׁתּוֹ אֲחוֹת תַּחְפְּנֵיס הַגְּבִירָה׃
. la-gran-señora Tahpenés hermana-de su-mujer hermana-de ** mujer a-él

וַתֵּלֶד לוֹ אֲחוֹת תַּחְפְּנֵיס אֵת גְּנֻבַת בְּנוֹ
su-hijo Genubat a Tahpenés (la)hermana-de para-él Y-parió (20)

וַתִּגְמְלֵהוּ תַחְפְּנֵס בְּתוֹךְ בֵּית פַּרְעֹה וַיְהִי
y-estuvo Faraón (la)casa-de en-medio-de Tahpenés y-lo-crió

גְנֻבַת בֵּית פַּרְעֹה בְּתוֹךְ בְּנֵי פַרְעֹה׃ וַהֲדַד
Y-Hadad (21) . Faraón (los)hijos-de en-medio-de Faraón (en)casa-de Genubat

שָׁמַע בְּמִצְרַיִם כִּי־שָׁכַב דָּוִד עִם־אֲבֹתָיו וְכִי־
y-que sus-padres con David se-había-acostado que en-Egipto escuchó

מֵת יוֹאָב שַׂר־הַצָּבָא וַיֹּאמֶר הֲדַד אֶל־פַּרְעֹה
: Faraón a Hadad y-dijo el-ejército general-de Joab había-muerto

שַׁלְּחֵנִי וְאֵלֵךְ אֶל־אַרְצִי׃ וַיֹּאמֶר לוֹ פַרְעֹה
: Faraón a-él Y-dijo (22) . mi-tierra a y-marcharé déjame-ir

כִּי מָה־אַתָּה חָסֵר עִמִּי וְהִנְּךָ מְבַקֵּשׁ לָלֶכֶת אֶל־
a marchar solicitas he-he-aquí-que-tú conmigo añoras tú ¿qué ciertamente

אַרְצֶךָ וַיֹּאמֶר ׀ לֹא כִּי שַׁלֵּחַ תְּשַׁלְּחֵנִי׃
. déjame-ir dejar-ir sin-embargo no : y-dijo ? tu-tierra

וַיָּקֶם אֱלֹהִים לוֹ שָׂטָן אֶת־רְזוֹן בֶּן־אֶלְיָדָע אֲשֶׁר
que Elyadá hijo-de Rezón ** adversario a-él Dios Y-suscitó (23)

בָּרַח מֵאֵת הֲדַדְעֶזֶר מֶלֶךְ־צוֹבָה אֲדֹנָיו׃ וַיִּקְבֹּץ
Y-reunió (24) . su-señor Sobá rey-de Hadad-ézer de-con había-huido

עָלָיו אֲנָשִׁים וַיְהִי שַׂר־גְּדוּד בַּהֲרֹג דָּוִד
David con-el-matar-de ; partida jefe-de y-fue hombres junto-a-él

אִתָּם וַיֵּלְכוּ דַמֶּשֶׂק וַיֵּשְׁבוּ בָהּ וַיִּמְלְכוּ
y-reinaron en-ella y-habitaron a-Damasco y-fueron a-ellos

בְּדַמָּשֶׂק׃ וַיְהִי שָׂטָן לְיִשְׂרָאֵל כָּל־ יְמֵי שְׁלֹמֹה
Salomón (los)días-de todos para-Israel adversario Y-fue (25) . en-Damasco

וְאֶת־ הָרָעָה אֲשֶׁר הֲדָד וַיָּקָץ בְּיִשְׂרָאֵל וַיִּמְלֹךְ
y-reinó contra-Israel y-sintió-aversión Hadad que el-mal y

עַל־אֲרָם׃ וְיָרָבְעָם בֶּן־ נְבָט אֶפְרָתִי מִן־ הַצְּרֵדָה
el-Seredá de efrateo Nebat hijo-de Jeroboam (26) . Aram sobre

וְשֵׁם אִמּוֹ צְרוּעָה אִשָּׁה אַלְמָנָה עֶבֶד לִשְׁלֹמֹה
de-Salomón servidor viuda mujer Zeruá su-madre y-nombre-de

וַיָּרֶם יָד בַּמֶּלֶךְ׃ וְזֶה הַדָּבָר אֲשֶׁר־ הֵרִים
alzó que el-asunto Y-esto (27) . contra-el-rey mano y-alzó

יָד בַּמֶּלֶךְ שְׁלֹמֹה בָּנָה אֶת־ הַמִּלּוֹא סָגַר
cerró el-Miló ** construyó Salomón contra-el-rey mano

אֶת־פֶּרֶץ עִיר דָּוִד אָבִיו׃ וְהָאִישׁ יָרָבְעָם גִּבּוֹר חָיִל
valor héroe-de Jeroboam Y-el-hombre (28) . su-padre David ciudad-de brecha-de **

וַיַּרְא שְׁלֹמֹה אֶת־ הַנַּעַר כִּי־ עֹשֵׂה מְלָאכָה הוּא וַיַּפְקֵד
y-encargó él obra hacía que el-muchacho a Salomón y-vio

אֹתוֹ לְכָל־ סֵבֶל בֵּית יוֹסֵף׃ וַיְהִי בָּעֵת
en-el-tiempo Y-sucedió (29) . José (la)casa-de trabajo-de de-todo a-él

הַהִיא וְיָרָבְעָם יָצָא מִירוּשָׁלִַם וַיִּמְצָא אֹתוֹ אֲחִיָּה
Ahías a-él y-encontró de-Jerusalén salió que-Jeroboam el-este

הַשִּׁילֹנִי הַנָּבִיא בַּדֶּרֶךְ וְהוּא מִתְכַּסֶּה בְּשַׂלְמָה חֲדָשָׁה
nuevo con-manto se-cubría y-él por-el-camino el-profeta el-silonita

וּשְׁנֵיהֶם לְבַדָּם בַּשָּׂדֶה׃ וַיִּתְפֹּשׂ אֲחִיָּה
Ahías Y-tomó (30) . en-el-campo ellos-solos y-ellos-dos

בַּשַּׂלְמָה הַחֲדָשָׁה אֲשֶׁר עָלָיו וַיִּקְרָעֶהָ שְׁנֵים עָשָׂר קְרָעִים׃
. pedazos (en)doce y-lo-rasgó sobre-él que el-nuevo en-el-manto

וַיֹּאמֶר לְיָרָבְעָם קַח־ לְךָ עֲשָׂרָה קְרָעִים כִּי כֹה אָמַר
ha-dicho así pues pedazos diez para-ti toma : a-Jeroboam Y-dijo (31)

יְהוָה אֱלֹהֵי יִשְׂרָאֵל הִנְנִי קֹרֵעַ אֶת־ הַמַּמְלָכָה מִיַּד שְׁלֹמֹה
Salomón de-mano-de el-reino ** arranco he-aquí-que-yo : Israel Dios-de Yahweh

וְנָתַתִּי לְךָ אֵת עֲשָׂרָה הַשְּׁבָטִים׃ וְהַשֵּׁבֶט הָאֶחָד
la-una Y-la-tribu (32) . las-tribus diez ** a-ti y-doy

יִהְיֶה־ לּוֹ לְמַעַן ׀ עַבְדִּי דָוִד וּלְמַעַן יְרוּשָׁלִַם
Jerusalén y-a-causa-de David mi-siervo a-causa-de para-él será

הָעִיר אֲשֶׁר בָּחַרְתִּי בָהּ מִכֹּל שִׁבְטֵי יִשְׂרָאֵל׃ יַעַן ׀ אֲשֶׁר
que A-causa-de (33) . Israel (las)tribus-de entre-todas a-ella escogí que la-ciudad

עֲזָבוּנִי וַיִּשְׁתַּחֲווּ לְעַשְׁתֹּרֶת אֱלֹהֵי צִדֹנִין לִכְמוֹשׁ
a-Quemós sidonio dios-de a-Astarté y-se-han-postrado me-han-abandonado

אֱלֹהֵי מוֹאָב וּלְמִלְכֹּם אֱלֹהֵי בְנֵי־ עַמּוֹן וְלֹא־ הָלְכוּ
han-caminado y-no Amón (los)hijos-de dios-de y-a-Moloc Moab dios-de

בִדְרָכַי לַעֲשׂוֹת הַיָּשָׁר בְּעֵינַי וְחֻקֹּתַי וּמִשְׁפָּטַי
y-mis-decretos y-mis-preceptos a-mis-ojos lo-recto para-hacer por-mis-caminos

כְּדָוִד אָבִיו׃ וְלֹא־ אֶקַּח אֶת־ כָּל־ הַמַּמְלָכָה
el-reino todo ** tomará Y-no (34) . su-padre como-David

מִיָּדוֹ כִּי ׀ נָשִׂיא אֲשִׁתֶנּוּ כֹּל יְמֵי חַיָּיו
su-vida (los)días-de todos lo-mantendré príncipe pues de-su-mano

לְמַעַן דָּוִד עַבְדִּי אֲשֶׁר בָּחַרְתִּי אֹתוֹ אֲשֶׁר שָׁמַר
guardó que a-él escogí que mi-siervo David a-causa-de

מִצְוֺתַי וְחֻקֹּתָי׃ וְלָקַחְתִּי הַמְּלוּכָה
el-reino Y-tomaré (35) . y-mis-preceptos mis-mandamientos

מִיַּד בְּנוֹ וּנְתַתִּיהָ לְּךָ אֵת עֲשֶׂרֶת הַשְּׁבָטִים׃
. las-tribus diez ** a-ti y-lo-daré su-hijo de-mano-de

וְלִבְנוֹ אֶתֵּן שֵׁבֶט־אֶחָד לְמַעַן הֱיוֹת־נִיר לְדָוִיד־
de-David lámpara estar para una tribu daré Y-a-su-hijo (36)

עַבְדִּי כָּל־הַיָּמִים ׀ לְפָנַי בִּירוּשָׁלִַם הָעִיר אֲשֶׁר בָּחַרְתִּי
escogí que la-ciudad en-Jerusalén ante-mí los-días todos mi-siervo

לִי לָשׂוּם שְׁמִי שָׁם׃ וְאֹתְךָ אֶקַּח וּמָלַכְתָּ
y-reinarás cogeré Y-a-ti (37) . allí mi-nombre para-poner para-mí

בְּכֹל אֲשֶׁר־תְּאַוֶּה נַפְשֶׁךָ וְהָיִיתָ מֶּלֶךְ עַל־יִשְׂרָאֵל׃
. Israel sobre rey y-serás tu-alma desee lo-que en-todo

וְהָיָה אִם־תִּשְׁמַע אֶת־כָּל־אֲשֶׁר אֲצַוֶּךָ וְהָלַכְתָּ
y-caminas te-ordené lo-que todo ** escuchas si Y-sucederá (38)

בִדְרָכַי וְעָשִׂיתָ הַיָּשָׁר בְּעֵינַי לִשְׁמוֹר חֻקּוֹתַי
mis-preceptos guardando a-mis-ojos lo-recto y-haces por-mis-caminos

וּמִצְוֹתַי כַּאֲשֶׁר עָשָׂה דָּוִד עַבְדִּי וְהָיִיתִי עִמָּךְ
contigo que-estaré mi-siervo David hizo como y-mis-mandamientos

וּבָנִיתִי לְךָ בַיִת־ נֶאֱמָן כַּאֲשֶׁר בָּנִיתִי לְדָוִד
para-David construí como fiel casa para-ti y-construiré

וְנָתַתִּי לְךָ אֶת־יִשְׂרָאֵל׃ וַאְעַנֶּה אֶת־זֶרַע
(la)descendencia-de a Y-humillaré (39) . Israel a a-ti y-daré

דָּוִד לְמַעַן זֹאת אַךְ לֹא כָל־הַיָּמִים׃ וַיְבַקֵּשׁ שְׁלֹמֹה
Salomón Y-buscó (40) . los-días todos no sin-embargo esto a-causa-de David

לְהָמִית אֶת־יָרָבְעָם וַיָּקָם יָרָבְעָם וַיִּבְרַח מִצְרַיִם אֶל־שִׁישַׁק
Sisac hacia Egipto y-huyó Jeroboam y-se-levantó Jeroboam a hacer-morir

מֶלֶךְ־מִצְרַיִם וַיְהִי בְמִצְרַיִם עַד־מוֹת שְׁלֹמֹה׃ וְיֶתֶר
Y-(el)resto-de (41) . Salomón (la)muerte-de hasta en-Egipto y-estuvo Egipto rey-de

דִּבְרֵי שְׁלֹמֹה וְכָל־אֲשֶׁר עָשָׂה וְחָכְמָתוֹ הֲלוֹא־הֵם
ellos ¿acaso-no y-su-sabiduría hizo lo-que y-todo Salomón (los)hechos-de

כְּתֻבִים עַל־סֵפֶר דִּבְרֵי שְׁלֹמֹה׃ וְהַיָּמִים אֲשֶׁר
que Y-los-días (42) ? Salomón (los)hechos-de (el)libro-de sobre escritos

מָלַךְ שְׁלֹמֹה בִירוּשָׁלִַם עַל־כָּל־יִשְׂרָאֵל אַרְבָּעִים שָׁנָה׃
. años cuarenta Israel todo sobre en-Jerusalén Salomón reinó

וַיִּשְׁכַּב שְׁלֹמֹה עִם־אֲבֹתָיו וַיִּקָּבֵר בְּעִיר
en-(la)ciudad-de y-fue-enterrado sus-padres con Salomón Y-se-acostó (43)

דָּוִד אָבִיו וַיִּמְלֹךְ רְחַבְעָם בְּנוֹ תַּחְתָּיו׃
. detrás-de-él su-hijo Roboam y-reinó su-padre David

וַיֵּלֶךְ רְחַבְעָם שְׁכֶם כִּי שְׁכֶם בָּא כָל־יִשְׂרָאֵל
Israel todo había-ido a-Siquem pues a-Siquem Roboam Y-fue (1) **Cap. 12**

לְהַמְלִיךְ אֹתוֹ׃ וַיְהִי כִּשְׁמֹעַ ׀ יָרָבְעָם בֶּן־נְבָט וְהוּא
y-él Nebat hijo-de Jeroboam al-escuchar Y-sucedió (2) . a-él para-nombrar-rey

עוֹדֶנּוּ בְמִצְרַיִם אֲשֶׁר בָּרַח מִפְּנֵי הַמֶּלֶךְ שְׁלֹמֹה וַיֵּשֶׁב
y-habitaba Salomón el-rey de-ante había-huido que en-Egipto aún-él

יָרָבְעָם בְּמִצְרָיִם׃ וַיִּשְׁלְחוּ וַיִּקְרְאוּ־לוֹ וַיָּבֹאוּ
y-vino a-él y-llamaron Que-enviaron (3) . en-Egipto Jeroboam

יָרָבְעָם וְכָל־קְהַל יִשְׂרָאֵל וַיְדַבְּרוּ אֶל־רְחַבְעָם לֵאמֹר׃
: diciendo Roboam a y-hablaron Israel (la)asamblea-de y-toda Jeroboam

אָבִיךָ הִקְשָׁה אֶת־עֻלֵּנוּ וְאַתָּה עַתָּה הָקֵל
aligera ahora y-tú nuestro-yugo ** endureció Tu-padre (4)

מֵעֲבֹדַת אָבִיךָ הַקָּשָׁה וּמֵעֻלּוֹ הַכָּבֵד אֲשֶׁר־
que el-pesado y-de-su-yugo la-dura tu-padre de-servidumbre-de

נָתַן עָלֵינוּ וְנַעַבְדֶךָּ׃ וַיֹּאמֶר אֲלֵיהֶם לְכוּ עֹד
aún marchad : a-ellos Y-dijo (5) . y-te-serviremos sobre-nosotros puso

שְׁלֹשָׁה יָמִים וְשׁוּבוּ אֵלָי וַיֵּלְכוּ הָעָם׃

. el-pueblo y-se-fue a-mí y-volved días tres

וַיִּוָּעַץ הַמֶּלֶךְ רְחַבְעָם אֶת־הַזְּקֵנִים אֲשֶׁר־הָיוּ

estaban que los-ancianos con Roboam el-rey Y-se-aconsejó (6)

עֹמְדִים אֶת־פְּנֵי שְׁלֹמֹה אָבִיו בִּהְיֹתוֹ חַי לֵאמֹר

: diciendo vivo cuando-su-estar su-padre Salomón ante ** en-pie

אֵיךְ אַתֶּם נוֹעָצִים לְהָשִׁיב אֶת־הָעָם־הַזֶּה דָּבָר׃

? palabra el-este el-pueblo a responder aconsejáis vosotros ¿cómo

וַיְדַבֵּר אֵלָיו לֵאמֹר אִם־הַיּוֹם תִּהְיֶה־עֶבֶד לָעָם

para-el-pueblo siervo fueses este-día si : diciendo a-él Y-hablaron (7)

הַזֶּה וַעֲבַדְתָּם וַעֲנִיתָם וְדִבַּרְתָּ אֲלֵיהֶם

a-ellos y-dices y-les-respondes y-los-sirves el-este

דְּבָרִים טוֹבִים וְהָיוּ לְךָ עֲבָדִים כָּל־הַיָּמִים׃

. los-días todos siervos para-ti y-serán buenas palabras

וַיַּעֲזֹב אֶת־עֲצַת הַזְּקֵנִים אֲשֶׁר יְעָצֻהוּ וַיִּוָּעַץ

y-consultó habían-aconsejado que los-ancianos (el)consejo-de ** Y-abandonó (8)

אֶת־הַיְלָדִים אֲשֶׁר גָּדְלוּ אִתּוֹ אֲשֶׁר הָעֹמְדִים

estaban-en-pie que con-él habían-crecido que los-muchachos a

לְפָנָיו׃ וַיֹּאמֶר אֲלֵיהֶם מָה אַתֶּם נוֹעָצִים וְנָשִׁיב

y-respondamos aconsejáis vosotros ¿qué : a-ellos Y-dijo (9) . ante-él

דָּבָר אֶת־הָעָם הַזֶּה אֲשֶׁר דִּבְּרוּ אֵלַי לֵאמֹר הָקֵל מִן־

de aligera : diciendo a-mí hablaron que el-este el-pueblo a palabra

הָעֹל אֲשֶׁר־נָתַן אָבִיךָ עָלֵינוּ׃ וַיְדַבְּרוּ אֵלָיו

a-él Y-hablaron (10) ? sobre-nosotros tu-padre puso que el-yugo

הַיְלָדִים אֲשֶׁר גָּדְלוּ אִתּוֹ לֵאמֹר כֹּה־תֹאמַר לָעָם

al-pueblo has-de-hablar así : diciendo con-él habían-crecido que los-muchachos

הַזֶּה אֲשֶׁר דִּבְּרוּ אֵלֶיךָ לֵאמֹר אָבִיךָ הִכְבִּיד אֶת־

** ha-hecho-pesado tu-padre : diciendo a-ti hablaron que el-este

עֻלֵּנוּ וְאַתָּה הָקֵל מֵעָלֵינוּ כֹּה תְּדַבֵּר אֲלֵיהֶם

: a-ellos has-de-hablar así de-sobre-nosotros aligera y-tú nuestro-yugo

קָטָנִּי עָבָה מִמָּתְנֵי אָבִי׃ וְעַתָּה

Y-ahora (11) . mi-padre más-que-lomos-de es-grueso mi-meñique

אָבִי הֶעְמִיס עֲלֵיכֶם עֹל כָּבֵד וַאֲנִי אוֹסִיף עַל־ עֻלְּכֶם

vuestro-yugo sobre aumentaré y-yo pesado yugo sobre-vosotros cargó mi-padre

אָבִי יִסַּר אֶתְכֶם בַּשּׁוֹטִים וַאֲנִי אֲיַסֵּר אֶתְכֶם

a-vosotros castigaré y-yo con-azotes a-vosotros castigó mi-padre

בָּעַקְרַבִּים׃ וַיָּבוֹ יָרָבְעָם וְכָל־ הָעָם אֶל־

a el-pueblo y-todo Jeroboam Y-llegó (12) . con-los-escorpiones

רְחַבְעָם בַּיּוֹם הַשְּׁלִישִׁי כַּאֲשֶׁר דִּבֶּר הַמֶּלֶךְ לֵאמֹר שׁוּבוּ

volved : diciendo el-rey había-dicho como el-tercero en-el-día Roboam

אֵלַי בַּיּוֹם הַשְּׁלִישִׁי׃ וַיַּעַן הַמֶּלֶךְ אֶת־ הָעָם

el-pueblo a el-rey Y-contestó (13) . el-tercero en-el-día a-mí

קָשָׁה וַיַּעֲזֹב אֶת־ עֲצַת הַזְּקֵנִים אֲשֶׁר יְעָצֻהוּ׃

le-habían-aconsejado que los-ancianos (el)consejo-de ** y-abandonó duramente

וַיְדַבֵּר אֲלֵיהֶם כַּעֲצַת הַיְלָדִים לֵאמֹר אָבִי

mi-padre : diciendo los-jóvenes según-(el)consejo-de a-ellos Y-habló (14)

הִכְבִּיד אֶת־ עֻלְּכֶם וַאֲנִי אֹסִיף עַל־ עֻלְּכֶם אָבִי

mi-padre vuestro-yugo sobre aumentaré y-yo vuestro-yugo ** hizo-pesado

יִסַּר אֶתְכֶם בַּשּׁוֹטִים וַאֲנִי אֲיַסֵּר אֶתְכֶם בָּעַקְרַבִּים׃

. con-los-escorpiones a-vosotros castigaré y-yo con-azotes a-vosotros castigó

וְלֹא־ שָׁמַע הַמֶּלֶךְ אֶל־ הָעָם כִּי־ הָיְתָה סִבָּה

disposición era pues el-pueblo a el-rey escuchó Y-no (15)

מֵעִם יְהוָה לְמַעַן הָקִים אֶת־ דְּבָרוֹ אֲשֶׁר דִּבֶּר יְהוָה
Yahweh había-dicho que su-palabra ** mantener a-fin-de Yahweh de-con

בְּיַד אֲחִיָּה הַשִּׁילֹנִי אֶל־ יָרָבְעָם בֶּן־ נְבָט׃ וַיַּרְא
Y-vio (16) . Nebat hijo-de Jeroboam a el-silonita Ahías por-mano-de

כָּל־ יִשְׂרָאֵל כִּי לֹא־ שָׁמַע הַמֶּלֶךְ אֲלֵהֶם וַיָּשִׁבוּ הָעָם
el-pueblo y-respondieron a-ellos el-rey había-escuchado no que Israel todo

אֶת־הַמֶּלֶךְ דָּבָר ׀ לֵאמֹר מַה־ לָּנוּ חֵלֶק בְּדָוִד וְלֹא־ נַחֲלָה בְּבֶן־
con-(el)hijo-de heredad y-no con-David parte para-mostrar ¿qué : diciendo palabra el-rey a

יִשַׁי לְאֹהָלֶיךָ יִשְׂרָאֵל עַתָּה רְאֵה בֵיתְךָ דָּוִד וַיֵּלֶךְ
y-marchó David tu-casa mira ahora Israel a-tus-tiendas ? Isay

יִשְׂרָאֵל לְאֹהָלָיו׃ וּבְנֵי יִשְׂרָאֵל הַיֹּשְׁבִים בְּעָרֵי
en-(las)ciudades-de los-que-habitaban Israel Y-(los)hijos-de (17) . a-sus-tiendas Israel

יְהוּדָה וַיִּמְלֹךְ עֲלֵיהֶם רְחַבְעָם׃ וַיִּשְׁלַח הַמֶּלֶךְ רְחַבְעָם
Roboam el-rey Y-envió (18) . Roboam sobre-ellos y-reinaba Judá

אֶת־אֲדֹרָם אֲשֶׁר עַל־ הַמַּס וַיִּרְגְּמוּ כָל־ יִשְׂרָאֵל בּוֹ
contra-él Israel todo y-lapidaron el-tributo sobre que Adoram a

אֶבֶן וַיָּמֹת וְהַמֶּלֶךְ רְחַבְעָם הִתְאַמֵּץ לַעֲלוֹת בַּמֶּרְכָּבָה
en-el-carro a-subir se-apresuró Roboam y-el-rey y-murió piedras

לָנוּס יְרוּשָׁלִָם׃ וַיִּפְשְׁעוּ יִשְׂרָאֵל בְּבֵית דָּוִד עַד
hasta David contra-(la)casa-de Israel Y-se-rebelaron (19) . a-Jerusalén para-huir

הַיּוֹם הַזֶּה׃ וַיְהִי כִּשְׁמֹעַ כָּל־ יִשְׂרָאֵל כִּי־ שָׁב
había-vuelto que Israel todo al-escuchar Y-sucedió (20) . el-éste el-día

יָרָבְעָם וַיִּשְׁלְחוּ וַיִּקְרְאוּ אֹתוֹ אֶל־ הָעֵדָה וַיַּמְלִיכוּ
e-hicieron-rey la-asamblea a a-él y-llamaron que-enviaron Jeroboam

אֹתוֹ עַל־ כָּל־ יִשְׂרָאֵל לֹא הָיָה אַחֲרֵי בֵית־ דָּוִד זוּלָתִי שֵׁבֶט־
(la)tribu-de excepto-de David (la)casa-de tras hubo no ; Israel todo sobre a-él

יְהוּדָה לְבַדּוֹ׃ וַיָּבֹאוּ רְחַבְעָם יְרוּשָׁלַםִ וַיַּקְהֵל אֶת־
** y-consagró Jerusalén Roboam Y-llegó (21) . ella-sola Judá

כָּל־ בֵּית יְהוּדָה וְאֶת־ שֵׁבֶט בִּנְיָמִן מֵאָה וּשְׁמֹנִים אֶלֶף
mil y-ochenta ciento Benjamín (la)tribu-de y Judá (la)casa-de toda

בָּחוּר עֹשֵׂה מִלְחָמָה לְהִלָּחֵם עִם־ בֵּית יִשְׂרָאֵל לְהָשִׁיב אֶת־
** para-hacer-volver Israel (la)casa-de contra para-luchar combate hacedores-de varones-escogidos

הַמְּלוּכָה לִרְחַבְעָם בֶּן־ שְׁלֹמֹה׃ וַיְהִי דְּבַר הָאֱלֹהִים
el-Dios (la)palabra-de Y-fue (22) . Salomón hijo-de a-Roboam la-realeza

אֶל־שְׁמַעְיָה אִישׁ־ הָאֱלֹהִים לֵאמֹר׃ אֱמֹר אֶל־רְחַבְעָם בֶּן־ שְׁלֹמֹה
Salomón hijo-de Roboam a Habla (23) : diciendo Dios hombre-de Semaías a

מֶלֶךְ יְהוּדָה וְאֶל־ כָּל־ בֵּית יְהוּדָה וּבִנְיָמִין וְיֶתֶר
y-al-resto-de y-Benjamín Judá (la)casa-de toda y-a Judá rey-de

הָעָם לֵאמֹר׃ כֹּה אָמַר יְהוָה לֹא־ תַעֲלוּ וְלֹא־ תִלָּחֲמוּן
combatáis y-no subáis no : Yahweh dice Así (24) : diciendo el-pueblo

עִם־ אֲחֵיכֶם בְנֵי־ יִשְׂרָאֵל שׁוּבוּ אִישׁ לְבֵיתוֹ כִּי
pues a-su-casa cada-hombre volved Israel (los)hijos-de vuestros-hermanos contra

מֵאִתִּי נִהְיָה הַדָּבָר הַזֶּה וַיִּשְׁמְעוּ אֶת־ דְּבַר יְהוָה
Yahweh (la)palabra-de ** y-escucharon la-ésta la-cosa ha-sucedido de-conmigo

וַיָּשֻׁבוּ לָלֶכֶת כִּדְבַר יְהוָה׃ וַיִּבֶן יָרָבְעָם
Jeroboam Y-construyó (25) . Yahweh según-(la)palabra-de para-ir y-se-volvieron

אֶת־ שְׁכֶם בְּהַר אֶפְרַיִם וַיֵּשֶׁב בָּהּ וַיֵּצֵא
y-salió en-ella y-habitó Efraín en-(la)montaña-de Siquem **

מִשָּׁם וַיִּבֶן אֶת־ פְּנוּאֵל׃ וַיֹּאמֶר יָרָבְעָם
Jeroboam Y-dijo (26) . Penuel ** y-construyó de-allí

בְּלִבּוֹ עַתָּה תָּשׁוּב הַמַּמְלָכָה לְבֵית דָּוִד׃ אִם־
Si (27) . David a-(la)casa-de el-reino podría-volver ahora : en-su-corazón

יַעֲלֶה ׀ הָעָם הַזֶּה לַעֲשׂוֹת זְבָחִים בְּבֵית־ יְהוָה
Yahweh en-(el)templo-de sacrificios a-ofrecer el-este el-pueblo sube

בִּירוּשָׁלִַם וְשָׁב לֵב הָעָם הַזֶּה אֶל־ אֲדֹנֵיהֶם
su-señor a el-este el-pueblo (el)corazón-de y-vuelve en-Jerusalén

אֶל־ רְחַבְעָם מֶלֶךְ יְהוּדָה וַהֲרָגֻנִי וְשָׁבוּ אֶל־
a y-volverán y-me-matarán Judá rey-de Roboam a

רְחַבְעָם מֶלֶךְ־ יְהוּדָה׃ וַיִּוָּעַץ הַמֶּלֶךְ וַיַּעַשׂ שְׁנֵי
dos e-hizo el-rey Y-se-aconsejó (28) . Judá rey-de Roboam

עֶגְלֵי זָהָב וַיֹּאמֶר אֲלֵהֶם רַב־ לָכֶם מֵעֲלוֹת יְרוּשָׁלִַם
a-Jerusalén subir para-vosotros demasiado : a-ellos y-dijo oro becerros-de

הִנֵּה אֱלֹהֶיךָ יִשְׂרָאֵל אֲשֶׁר הֶעֱלוּךָ מֵאֶרֶץ מִצְרָיִם׃
. Egipto de-(el)país-de te-hicieron-subir que Israel tus-dioses he-aquí

(29) וַיָּשֶׂם אֶת־ הָאֶחָד בְּבֵית־ אֵל וְאֶת־ הָאֶחָד נָתַן בְּדָן׃
. en-Dan puso el-uno y el en-Bet- el-uno ** Y-puso (29)

(30) וַיְהִי הַדָּבָר הַזֶּה לְחַטָּאת וַיֵּלְכוּ הָעָם לִפְנֵי
ante el-pueblo y-fueron como-pecado la-ésta la-cosa Y-fue (30)

הָאֶחָד עַד־ דָּן׃ (31) וַיַּעַשׂ אֶת־ בֵּית בָּמוֹת
lugares-altos casa-de ** E-hizo (31) . Dan hasta el-uno

וַיַּעַשׂ כֹּהֲנִים מִקְצוֹת הָעָם אֲשֶׁר לֹא־ הָיוּ
eran no que el-pueblo de-los-extremos-de sacerdotes e-instituyó

מִבְּנֵי לֵוִי׃ (32) וַיַּעַשׂ יָרָבְעָם ׀ חָג בַּחֹדֶשׁ
en-el-mes una-fiesta Jeroboam E-instauró (32) . Leví de-hijos-de

הַשְּׁמִינִי בַּחֲמִשָּׁה־ עָשָׂר יוֹם ׀ לַחֹדֶשׁ כֶּחָג ׀ אֲשֶׁר בִּיהוּדָה
en-Judá que como-fiesta del-mes día diez en-cinco el-octavo

וַיַּעַל עַל־ הַמִּזְבֵּחַ כֵּן עָשָׂה בְּבֵית־ אֵל לְזַבֵּחַ לָעֲגָלִים
a-los-becerros para-ofrecer-sacrificios el en-Bet- hizo así el-altar sobre e-inmoló

אֲשֶׁר־עָשָׂה וְהֶעֱמִיד בְּבֵית אֵל אֶת־כֹּהֲנֵי הַבָּמוֹת אֲשֶׁר

que los-lugares-altos sacerdotes-de ** el en-Bet- y-había-colocado había-hecho que

עָשָׂה׃ וַיַּעַל עַל־הַמִּזְבֵּחַ ׀ אֲשֶׁר־עָשָׂה בְּבֵית־אֵל בַּחֲמִשָּׁה

en-cinco el en-Bet- había-hecho que el-altar sobre E-inmoló (33) . había-ins tituido

עָשָׂר יוֹם בַּחֹדֶשׁ הַשְּׁמִינִי בַּחֹדֶשׁ אֲשֶׁר־בָּדָא מִלְּבַד

de-su-corazón inventó que en-el-mes el-octavo en-el-mes día diez

וַיַּעַשׂ חָג לִבְנֵי יִשְׂרָאֵל וַיַּעַל עַל־הַמִּזְבֵּחַ

el-altar sobre y-subió Israel para-hijos-de una-fiesta e-instituyó

לְהַקְטִיר׃ וְהִנֵּה ׀ אִישׁ אֱלֹהִים בָּא מִיהוּדָה בִּדְבַר

con-palabra-de de-Judá vino Dios un-hombre-de Y-he-aquí- (1) . para-quemar-incienso Cap. 13

יְהוָה אֶל־בֵּית־אֵל וְיָרָבְעָם עֹמֵד עַל־הַמִּזְבֵּחַ לְהַקְטִיר׃

. para-quemar-incienso el-altar sobre estaba-en-pie y-Jeroboam el Bet- a Yahweh

וַיִּקְרָא עַל־הַמִּזְבֵּחַ בִּדְבַר יְהוָה וַיֹּאמֶר מִזְבֵּחַ

altar : y-dijo Yahweh con-palabra-de el-altar contra Y-gritó (2)

מִזְבֵּחַ כֹּה אָמַר יְהוָה הִנֵּה־בֵן נוֹלָד לְבֵית־דָּוִד יֹאשִׁיָּהוּ

Josías David para-casa-de va-a-nacer un-hijo he-aquí-que : Yahweh dice así altar

שְׁמוֹ וְזָבַח עָלֶיךָ אֶת־כֹּהֲנֵי הַבָּמוֹת

los-lugares-altos (los)sacerdotes-de ** sobre-ti y-ofrecerá-en-sacrificio su-nombre

הַמַּקְטִרִים עָלֶיךָ וְעַצְמוֹת אָדָם יִשְׂרְפוּ עָלֶיךָ׃

. sobre-ti quemarán hombre y-huesos-de sobre-ti los-que-queman-incienso

וְנָתַן בַּיּוֹם הַהוּא מוֹפֵת לֵאמֹר זֶה הַמּוֹפֵת אֲשֶׁר

que la-señal esto : diciendo señal el-aquel en-el-día Y-dio (3)

דִּבֶּר יְהוָה הִנֵּה הַמִּזְבֵּחַ נִקְרָע וְנִשְׁפַּךְ

y-se-derrama se-parte el-altar he-aquí-que : Yahweh ha-hablado

הַדֶּשֶׁן אֲשֶׁר־עָלָיו׃ וַיְהִי כִשְׁמֹעַ הַמֶּלֶךְ אֶת־דְּבַר אִישׁ־

(el)hombre-de (la)palabra-de ** el-rey al-escuchar Y-sucedió (4) . sobre-él que la-grasa

הָאֱלֹהִים אֲשֶׁר קָרָא עַל־ הַמִּזְבֵּחַ בְּבֵית־ אֵל וַיִּשְׁלַח

que-extendió el en-Bet- el-altar contra había-gritado que el-Dios

יָרָבְעָם אֶת־ יָדוֹ מֵעַל הַמִּזְבֵּחַ לֵאמֹר ׀ תִּפְשֻׂהוּ וַתִּיבַשׁ

y-se-secó cogedlo : diciendo el-altar de-sobre su-mano ** Jeroboam

יָדוֹ אֲשֶׁר שָׁלַח עָלָיו וְלֹא יָכֹל לַהֲשִׁיבָהּ

hacerla-volver pudo y-no contra-él había-tendido que su-mano

אֵלָיו׃ וְהַמִּזְבֵּחַ נִקְרָע וַיִּשָּׁפֵךְ הַדֶּשֶׁן

la-grasa y-se-derramó se-partió Y-el-altar (5) . hacia-él

מִן־ הַמִּזְבֵּחַ כַּמּוֹפֵת אֲשֶׁר נָתַן אִישׁ הָאֱלֹהִים בִּדְבַר יְהוָה׃

. Yahweh por-palabra-de el-Dios (el)hombre-de dio que como-la-señal el-altar de

וַיַּעַן הַמֶּלֶךְ וַיֹּאמֶר ׀ אֶל־ אִישׁ הָאֱלֹהִים חַל־ נָא

te-ruego aplaca : el-Dios (el)hombre-de a y-dijo el-rey Y-tomó-la-palabra (6)

אֶת־ פְּנֵי יְהוָה אֱלֹהֶיךָ וְהִתְפַּלֵּל בַּעֲדִי וְתָשֹׁב

y-vuelva por-mí e-implora tu-Dios Yahweh (el)rostro-de **

יָדִי אֵלָי וַיְחַל אִישׁ־ הָאֱלֹהִים אֶת־ פְּנֵי יְהוָה

Yahweh (el)rostro-de ** el-Dios (el)hombre-de y-aplacó a-mí mi-mano

וַתָּשָׁב יַד־ הַמֶּלֶךְ אֵלָיו וַתְּהִי כְּבָרִאשֹׁנָה׃

. como-en-el-principio y-fue a-él el-rey (la)mano-de y-volvió

וַיְדַבֵּר הַמֶּלֶךְ אֶל־ אִישׁ הָאֱלֹהִים בֹּאָה־ אִתִּי הַבַּיְתָה

a-casa conmigo ven : el-Dios (el)hombre-de a el-rey Y-habló (7)

וּסְעָדָה וְאֶתְּנָה לְךָ מַתָּת׃ וַיֹּאמֶר אִישׁ־ הָאֱלֹהִים

el-Dios (el)hombre-de Y-dijo (8) . un-regalo a-ti y-daré y-reconfórtate

אֶל־הַמֶּלֶךְ אִם־ תִּתֶּן־ לִי אֶת־ חֲצִי בֵיתֶךָ לֹא אָבֹא

volvería no tu-casa mitad-de ** a-mí dieses si : el-rey a

עִמָּךְ וְלֹא־ אֹכַל לֶחֶם וְלֹא אֶשְׁתֶּה־ מַּיִם בַּמָּקוֹם

en-el-lugar agua beberé y-no pan comeré y-no contigo

הַזֶּֽה׃ כִּֽי־ כֵ֣ן ׀ צִוָּ֣ה אֹתִ֗י בִּדְבַ֤ר יְהוָה֙ לֵאמֹ֔ר לֹֽא־

no : diciendo Yahweh por-palabra-de a-mí ha-ordenado así Pues (9) . el-este

תֹ֥אכַל לֶ֖חֶם וְלֹ֣א תִשְׁתֶּה־ מָּ֑יִם וְלֹ֣א תָשׁ֔וּב

volverás y-no agua beberás y-no pan comerás

בַּדֶּ֖רֶךְ אֲשֶׁ֥ר הָלָֽכְתָּ׃ וַיֵּ֖לֶךְ בְּדֶ֣רֶךְ אַחֵ֑ר וְלֹא־ שָׁ֣ב

volvió y-no otro por-camino Y-se-fue (10) . fuiste que por-el-camino

בַּדֶּ֔רֶךְ אֲשֶׁ֥ר בָּ֛א בָ֖הּ אֶל־בֵּֽית־ אֵֽל׃ וְנָבִ֤יא אֶחָד֙ זָקֵ֔ן

anciano uno Y-profeta (11) . el Bet- a por-él había-venido que por-el-camino

יֹשֵׁ֖ב בְּבֵֽית־ אֵ֑ל וַיָּב֣וֹא בְנ֡וֹ וַיְסַפֶּר־ ל֣וֹ אֶֽת־ כָּל־

todo ** a-él y-contó su-hijo y-vino el en-Bet- habitaba

הַֽמַּעֲשֶׂ֣ה אֲשֶׁר־ עָשָׂה֩ אִישׁ־הָאֱלֹהִ֨ים ׀ הַיּ֜וֹם בְּבֵית־אֵ֗ל אֶת־ הַדְּבָרִים֙ אֲשֶׁ֣ר

que las-cosas ** el en-Bet- ese-día el-Dios (el)hombre-de había-realizado que el-hecho

דִּבֶּ֣ר אֶל־ הַמֶּ֔לֶךְ וַֽיְסַפְּר֖וּם לַאֲבִיהֶֽם׃ וַיְדַבֵּ֤ר

Y-dijo (12) . a-su-padre y-las-contaron el-rey a había-dicho

אֲלֵהֶם֙ אֲבִיהֶ֔ם אֵֽי־ זֶ֥ה הַדֶּ֖רֶךְ הָלָ֑ךְ וַיִּרְא֣וּ

y-vieron ? siguió el-camino ¿cuál : su-padre a-ellos

בָנָ֗יו אֶת־ הַדֶּ֙רֶךְ֙ אֲשֶׁ֤ר הָלַךְ֙ אִ֣ישׁ הָאֱלֹהִ֔ים אֲשֶׁר־ בָּ֖א מִיהוּדָֽה׃

. de-Judá había-venido que el-Dios (el)hombre-de había-seguido que el-camino ** sus-hijos

וַיֹּ֙אמֶר֙ אֶל־ בָּנָ֔יו חִבְשׁוּ־ לִ֖י הַחֲמ֑וֹר וַֽיַּחְבְּשׁוּ־

y-aparejaron el-burro para-mí aparejad : sus-hijos a Y-dijo (13)

ל֥וֹ הַחֲמ֖וֹר וַיִּרְכַּ֥ב עָלָֽיו׃ וַיֵּ֗לֶךְ אַחֲרֵי֙ אִ֣ישׁ

(el)hombre-de tras Y-fue (14) . sobre-él y-montó el-burro para-él

הָֽאֱלֹהִ֔ים וַֽיִּמְצָאֵ֔הוּ יֹשֵׁ֖ב תַּ֣חַת הָאֵלָ֑ה וַיֹּ֣אמֶר אֵלָ֗יו

: a-él y-dijo el-terebinto bajo sentado y-lo-encontró el-Dios

הַאַתָּ֛ה אִישׁ־ הָאֱלֹהִ֛ים אֲשֶׁר־ בָּ֥אתָ מִֽיהוּדָ֖ה וַיֹּ֥אמֶר אָֽנִי׃ וַיֹּ֥אמֶר

Y-dijo (15) . yo : y-dijo ? de-Judá vino que el-Dios (el)hombre ¿acaso-tú

אֵלָיו לֵךְ אִתִּי הַבָּיְתָה וֶאֱכֹל לָחֶם׃ וַיֹּאמֶר לֹא אוּכַל
puedo no : Y-dijo (16) . pan y-come a-casa conmigo ven : a-él

לָשׁוּב אִתָּךְ וְלָבוֹא אִתָּךְ וְלֹא־ אֹכַל לֶחֶם וְלֹא־
y-no pan comeré y-no contigo e-ir contigo volver

אֶשְׁתֶּה אִתְּךָ מַיִם בַּמָּקוֹם הַזֶּה׃ כִּי־ דָבָר אֵלַי
a-mí dijo Pues (17) . el-este en-(el)lugar agua contigo beberé

בִּדְבַר יְהוָה לֹא־ תֹאכַל לֶחֶם וְלֹא־ תִשְׁתֶּה שָׁם מָיִם
agua allí beberás y-no pan comerás no : Yahweh por-pala bra-de

לֹא־ תָשׁוּב לָלֶכֶת בַּדֶּרֶךְ אֲשֶׁר־ הָלַכְתָּ בָּהּ׃ וַיֹּאמֶר
Y-dijo (18) . por-él fuiste que por-el-camino a-venir volverás no

לוֹ גַּם־ אֲנִי נָבִיא כָּמוֹךָ וּמַלְאָךְ דִּבֶּר אֵלַי בִּדְבַר יְהוָה
Yahweh con-palabra-de a-mí habló y-un-ángel como-tú profeta yo también : a-él

לֵאמֹר הֲשִׁבֵהוּ אִתְּךָ אֶל־ בֵּיתֶךָ וְיֹאכַל לֶחֶם
pan y-que-coma tu-casa a contigo hazlo-volver : diciendo

וְיֵשְׁתְּ מָיִם כִּחֵשׁ לוֹ׃ וַיָּשָׁב אִתּוֹ
con-él Y-volvió (19) . a-él engañó agua y-beba

וַיֹּאכַל לֶחֶם בְּבֵיתוֹ וַיֵּשְׁתְּ מָיִם׃ וַיְהִי הֵם
ellos Y-sucedió (20) . agua y-bebió en-su-casa pan y-comió

יֹשְׁבִים אֶל־ הַשֻּׁלְחָן וַיְהִי דְּבַר־ יְהוָה אֶל־ הַנָּבִיא אֲשֶׁר
que el-profeta a Yahweh (la)palabra-de y-fue la-mesa a sentados

הֱשִׁיבוֹ׃ וַיִּקְרָא אֶל־ אִישׁ הָאֱלֹהִים אֲשֶׁר־ בָּא
había-venido que el-Dios (el)hombre-de a Y-gritó (21) . lo-había-hecho-volver

מִיהוּדָה לֵאמֹר כֹּה אָמַר יְהוָה יַעַן כִּי מָרִיתָ פִּי יְהוָה
Yahweh (a-la)orden-de te-has-rebelado que a-causa-de : Yahweh ha-dicho así : diciendo de-Judá

וְלֹא שָׁמַרְתָּ אֶת־ הַמִּצְוָה אֲשֶׁר צִוְּךָ יְהוָה אֱלֹהֶיךָ׃
. tu-Dios Yahweh te-mandó que el-mandato ** has-guardado y-no

וַתָּשָׁב וַתֹּאכַל לֶחֶם וַתֵּשְׁתְּ מַיִם בַּמָּקוֹם

en-el-lugar agua y-has-bebido pan y-has-comido Y-has-vuelto (22)

אֲשֶׁר דִּבֶּר אֵלֶיךָ אַל־תֹּאכַל לֶחֶם וְאַל־תֵּשְׁתְּ מָיִם לֹא־

no agua beberás y-no pan comerás no a-ti había-dicho que

תָבוֹא נִבְלָתְךָ אֶל־קֶבֶר אֲבֹתֶיךָ׃ וַיְהִי אַחֲרֵי

después-de Y-sucedió (23) . tus-padres (la)tumba-de a tu-cadáver entrará

אָכְלוֹ לֶחֶם וְאַחֲרֵי שְׁתוֹתוֹ וַיַּחֲבָשׁ־לוֹ הַחֲמוֹר

el-burro para-él y-aparejó su-beber y-después-de pan su-comer

לַנָּבִיא אֲשֶׁר הֱשִׁיבוֹ׃ וַיֵּלֶךְ וַיִּמְצָאֵהוּ

y-lo-encontró Y-marchó (24) . lo-había-hecho-volver que para-el-profeta

אַרְיֵה בַּדֶּרֶךְ וַיְמִיתֵהוּ וַתְּהִי נִבְלָתוֹ מֻשְׁלֶכֶת

tendido su-cadáver y-estuvo y-lo-mató por-el-camino un-león

בַּדֶּרֶךְ וְהַחֲמוֹר עֹמֵד אֶצְלָהּ וְהָאַרְיֵה עֹמֵד אֵצֶל

junto-a estaba-en-pie y-el-león junto-a-él estaba-en-pie y-el-burro en-el-camino

הַנְּבֵלָה׃ וְהִנֵּה אֲנָשִׁים עֹבְרִים וַיִּרְאוּ אֶת־הַנְּבֵלָה

el-cadáver ** y-vieron pasaban hombres Y-he-aquí-que (25) . el-cadáver

מֻשְׁלֶכֶת בַּדֶּרֶךְ וְאֶת־הָאַרְיֵה עֹמֵד אֵצֶל הַנְּבֵלָה

el-cadáver junto-a que-estaba-en-pie el-león y por-el-camino tendido

וַיָּבֹאוּ וַיְדַבְּרוּ בָעִיר אֲשֶׁר הַנָּבִיא הַזָּקֵן יֹשֵׁב

habitaba el-anciano el-profeta que en-la-ciudad y-dijeron y-llegaron

בָּהּ׃ וַיִּשְׁמַע הַנָּבִיא אֲשֶׁר הֱשִׁיבוֹ מִן־

de lo-había-hecho-volver que el-profeta Y-escuchó (26) . en-ella

הַדֶּרֶךְ וַיֹּאמֶר אִישׁ הָאֱלֹהִים הוּא אֲשֶׁר מָרָה אֶת־פִּי יְהוָה

Yahweh (a-la)orden-de ** fue-rebelde que él el-Dios (el)hombre-de y-dijo el-camino

וַיִּתְּנֵהוּ יְהוָה לָאַרְיֵה וַיִּשְׁבְּרֵהוּ וַיְמִתֵהוּ

y-lo-ha-matado y-lo-ha-destrozado al-león Yahweh y-lo-dio

כִּדְבַר יְהוָה אֲשֶׁר דִּבֶּר־ לוֹ׃ וַיְדַבֵּר אֶל־ בָּנָיו

sus-hijos a Y-habló (27) . a-él había-dicho que Yahweh según-(la)palabra-de

לֵאמֹר חִבְשׁוּ־ לִי אֶת־ הַחֲמוֹר וַיַּחֲבֹשׁוּ׃ וַיֵּלֶךְ

Y-marchó (28) . y-aparejaron el-burro ** para-mí aparejad : diciendo

וַיִּמְצָא אֶת־ נִבְלָתוֹ מֻשְׁלֶכֶת בַּדֶּרֶךְ וַחֲמוֹר

y-el-burro en-el-camino tendido su-cadáver ** y-encontró

וְהָאַרְיֵה עֹמְדִים אֵצֶל הַנְּבֵלָה לֹא־ אָכַל הָאַרְיֵה אֶת־ הַנְּבֵלָה

el-cadáver ** el-león había-comido no el-cadáver junto-a estaban-en-pie y-el-león

וְלֹא שָׁבַר אֶת־ הַחֲמוֹר׃ וַיִּשָּׂא הַנָּבִיא אֶת־

** el-profeta Y-alzó (29) . el-burro a había-destrozado y-no

נִבְלַת אִישׁ־ הָאֱלֹהִים וַיַּנִּחֵהוּ אֶל־ הַחֲמוֹר וַיְשִׁיבֵהוּ

y-lo-hizo-volver el-burro sobre y-lo-colocó el-Dios (el)hombre-de (el)cadáver-de

וַיָּבֹא אֶל־ עִיר הַנָּבִיא הַזָּקֵן לִסְפֹּד וּלְקָבְרוֹ׃

. y-enterrarlo para-hacer-duelo el-anciano el-profeta ciudad a y-llegó

וַיַּנַּח אֶת־ נִבְלָתוֹ בְּקִבְרוֹ וַיִּסְפְּדוּ עָלָיו

: sobre-él e-hicieron-duelo en-su-tumba su-cadáver ** Y-colocó (30)

הוֹי אָחִי׃ וַיְהִי אַחֲרֵי קָבְרוֹ אֹתוֹ וַיֹּאמֶר אֶל־

a que-habló a-él su-enterrar después-de Y-sucedió (31) . hermano-mío ay

בָּנָיו לֵאמֹר בְּמוֹתִי וּקְבַרְתֶּם אֹתִי בַּקֶּבֶר אֲשֶׁר

que en-la-tumba a-mí y-enterraréis cuando-mi-muerte : diciendo sus-hijos

אִישׁ הָאֱלֹהִים קָבוּר בּוֹ אֵצֶל עַצְמֹתָיו הַנִּיחוּ אֶת־ עַצְמֹתָי׃

. mis-huesos ** colocad sus-huesos junto-a en-ella enterrado el-Dios (el)hombre-de

כִּי הָיֹה יִהְיֶה הַדָּבָר אֲשֶׁר קָרָא בִּדְבַר

con-palabra-de gritó que la-cosa será ser Ciertamente (32)

יְהוָה עַל־ הַמִּזְבֵּחַ אֲשֶׁר בְּבֵית־ אֵל וְעַל כָּל־ בָּתֵּי

(las)casas-de todas y-contra el en-Bet- que el-altar contra Yahweh

הַבָּמוֹת אֲשֶׁר בְּעָרֵי שֹׁמְרוֹן׃ אַחַר הַדָּבָר הַזֶּה לֹא־
no el-éste el-asunto Después-de (33) . Samaria en-(las)ciudades-de que los-lugares-altos

שָׁב יָרָבְעָם מִדַּרְכּוֹ הָרָעָה וַיָּשָׁב וַיַּעַשׂ
e-instituyó y-volvió el-malo de-su-camino Jeroboam volvió

מִקְצוֹת הָעָם כֹּהֲנֵי בָמוֹת הֶחָפֵץ יְמַלֵּא
investía el-que-deseaba lugares-altos sacerdotes-de el-pueblo de-los-extremos-de

אֶת־ יָדוֹ וִיהִי כֹּהֲנֵי בָמוֹת׃ וַיְהִי
Y-fue (34) . lugares-altos sacerdotes-de y-se-hacía su-mano **

בַּדָּבָר הַזֶּה לְחַטַּאת בֵּית יָרָבְעָם וּלְהַכְחִיד
y-para-hacer-perecer Jeroboam (la)casa-de para-pecado-de el-éste por-el-asunto

וּלְהַשְׁמִיד מֵעַל פְּנֵי הָאֲדָמָה׃ בָּעֵת הַהִיא
el-aquel Por-el-tiempo (1) . la-tierra (la)faz-de de-sobre y-para-destruir Cap. 14

חָלָה אֲבִיָּה בֶן־ יָרָבְעָם׃ וַיֹּאמֶר יָרָבְעָם לְאִשְׁתּוֹ
a-su-mujer Jeroboam Y-dijo (2) . Jeroboam hijo-de Abías enfermó

קוּמִי נָא וְהִשְׁתַּנִּית וְלֹא יֵדְעוּ כִּי־ אַתְּ אֵשֶׁת
mujer-de tú que reconozcan y-no y-disfrázate te-ruego levanta

יָרָבְעָם וְהָלַכְתְּ שִׁלֹה הִנֵּה־ שָׁם אֲחִיָּה הַנָּבִיא הוּא־ דִבֶּר עָלַי
sobre-mí habló él el-profeta Ahías allí he-aquí-que (a)Silo e-irás Jeroboam

לְמֶלֶךְ עַל־ הָעָם הַזֶּה׃ וְלָקַחַתְּ בְּיָדֵךְ עֲשָׂרָה לֶחֶם
panes diez con-tu-mano Y-cogerás (3) . el-este el-pueblo sobre como-rey

וְנִקֻּדִים וּבַקְבֻּק דְּבַשׁ וּבָאת אֵלָיו הוּא יַגִּיד לָךְ מַה־
qué a-ti contará él a-él y-llegarás miel y-tarro-de y-pastas

יִּהְיֶה לַנָּעַר׃ וַתַּעַשׂ כֵּן אֵשֶׁת יָרָבְעָם וַתָּקָם
y-se-levantó Jeroboam la-mujer-de así Y-actuó (4) . al-muchacho sucederá

וַתֵּלֶךְ שִׁלֹה וַתָּבֹא בֵּית אֲחִיָּה וַאֲחִיָּהוּ לֹא־ יָכֹל
podía no y-Ahías Ahías (a)casa-de y-llegó (a)Silo y-fue

לִרְאוֹת כִּי קָמוּ עֵינָיו מִשֵּׂיבוֹ׃ וַיהוָה
Y-Yahweh (5) . por-su-vejez sus-ojos habían-quedado-rígidos pues ver

אָמַר אֶל־אֲחִיָּהוּ הִנֵּה אֵשֶׁת יָרָבְעָם בָּאָה לִדְרֹשׁ דָּבָר מֵעִמְּךָ
de-contigo asunto para-consultar viene Jeroboam (la)mujer-de he-aquí-que : Ahías a dijo

אֶל־בְּנָהּ כִּי־חֹלֶה הוּא כָּזֹה וְכָזֶה תְּדַבֵּר אֵלֶיהָ
a-ella hablarás y-según-esto según-esto él enfermo pues su-hijo sobre

וִיהִי כְבֹאָהּ וְהִיא מִתְנַכֵּרָה׃ וַיְהִי
Y-sucedió (6) . intentará-pasar-inadvertida que-ella cuando-su-llegar y-sucederá

כִשְׁמֹעַ אֲחִיָּהוּ אֶת־קוֹל רַגְלֶיהָ בָּאָה בַפֶּתַח וַיֹּאמֶר
: y-dijo a-la-puerta que-llegaba sus-pies el-ruido-de ** Ahías cuando-él-escuchar-de

בֹּאִי אֵשֶׁת יָרָבְעָם לָמָּה זֶּה אַתְּ מִתְנַכֵּרָה וְאָנֹכִי שָׁלוּחַ אֵלַיִךְ
a-ti enviado y-yo intentas-pasar-inadvertida tú esto ¿por-qué Jeroboam mujer-de entra

קָשָׁה׃ לְכִי אִמְרִי לְיָרָבְעָם כֹּה־אָמַר יְהוָה אֱלֹהֵי יִשְׂרָאֵל יַעַן
a-causa-de : Israel Dios-de Yahweh dice así : a-Jeroboam di Ve (7) ? dureza

אֲשֶׁר הֲרִימֹתִיךָ מִתּוֹךְ הָעָם וָאֶתֶּנְךָ נָגִיד עַל
sobre príncipe y-te-puse el-pueblo de-en-medio-de yo-te-ensalcé que

עַמִּי יִשְׂרָאֵל׃ וָאֶקְרַע אֶת־הַמַּמְלָכָה מִבֵּית דָּוִד
David de-casa-de el-reino ** Y-arranqué (8) . Israel mi-pueblo

וָאֶתְּנֶהָ לָךְ וְלֹא־הָיִיתָ כְּעַבְדִּי דָוִד אֲשֶׁר שָׁמַר
guardó que David como-mi-siervo has-sido y-no a-ti y-lo-di

מִצְוֹתַי וַאֲשֶׁר־הָלַךְ אַחֲרַי בְּכָל־לְבָבוֹ לַעֲשׂוֹת
para-hacer su-corazón con-todo tras-de-mí caminó y-que mis-mandamientos

רַק הַיָּשָׁר בְּעֵינָי׃ וַתָּרַע לַעֲשׂוֹת מִכֹּל אֲשֶׁר־
los-que más-que-todos al-obrar Y-tú-has-hecho-mal (9) . a-mis-ojos lo-recto sólo

הָיוּ לְפָנֶיךָ וַתֵּלֶךְ וַתַּעֲשֶׂה־לְּךָ אֱלֹהִים אֲחֵרִים
otros dioses para-ti e-hiciste y-fuiste antes-de-ti fueron

וּמַסֵּכוֹת לְהַכְעִיסֵנִי וְאֹתִי הִשְׁלַכְתָּ אַחֲרֵי גַוֶּךָ׃
. tu-espalda tras arrojaste y-a-mí ofendiéndome e-ídolos-de-fundición

לָכֵן הִנְנִי מֵבִיא רָעָה אֶל־ בֵּית יָרָבְעָם וְהִכְרַתִּי
y-suprimiré Jeroboam (la)casa-de sobre mal traigo he-aquí-que-yo Por-esto (10)

לְיָרָבְעָם מַשְׁתִּין בְּקִיר עָצוּר וְעָזוּב בְּיִשְׂרָאֵל
en-Israel y-libre esclavo en-muro (a)quien-orina de-Jeroboam

וּבִעַרְתִּי אַחֲרֵי בֵית־ יָרָבְעָם כַּאֲשֶׁר יְבַעֵר הַגָּלָל עַד־
hasta el-estiércol se-barre como Jeroboam (la)casa-de tras y-barreré

תֻּמּוֹ׃ הַמֵּת לְיָרָבְעָם בָּעִיר יֹאכְלוּ הַכְּלָבִים
los-perros comerán en-la-ciudad de-Jeroboam El-muerto (11) . su-desaparecer

וְהַמֵּת בַּשָּׂדֶה יֹאכְלוּ עוֹף הַשָּׁמָיִם כִּי יְהוָה
Yahweh pues los-cielos (los)pájaros-de comerán en-el-campo y-el-muerto

דִּבֵּר׃ וְאַתְּ קוּמִי לְכִי לְבֵיתֵךְ בְּבֹאָה
al-llegar a-tu-casa ve levanta Y-tú (12) . ha-hablado

רַגְלַיִךְ הָעִירָה וּמֵת הַיָּלֶד׃ וְסָפְדוּ־
Y-hará-duelo (13) . el-niño y-morirá a-la-ciudad tus-pies

לוֹ כָל־ יִשְׂרָאֵל וְקָבְרוּ אֹתוֹ כִּי־ זֶה לְבַדּוֹ
sólo-él éste pues a-él y-enterrarán Israel todo por-él

יָבֹא לְיָרָבְעָם אֶל־ קָבֶר יַעַן נִמְצָא־ בוֹ דָּבָר טוֹב אֶל־
hacia buena cosa en-él se-ha-encontrado a-causa-de-que tumba a para-Jeroboam llegará

יְהוָה אֱלֹהֵי יִשְׂרָאֵל בְּבֵית יָרָבְעָם׃ וְהֵקִים יְהוָה
Yahweh Y-suscitará (14) . Jeroboam en-(la)casa-de Israel Dios-de Yahweh

לוֹ מֶלֶךְ עַל־ יִשְׂרָאֵל אֲשֶׁר יַכְרִית אֶת־ בֵּית יָרָבְעָם זֶה
éste Jeroboam (la)casa-de ** suprima que Israel sobre un-rey para-él

הַיּוֹם וּמֶה גַּם־ עָתָּה׃ וְהִכָּה יְהוָה אֶת־ יִשְׂרָאֵל
Israel a Yahweh Y-vapuleará (15) . ahora incluso y-qué el-día

כַּאֲשֶׁר יָנוּד הַקָּנֶה בַּמַּיִם וְנָתַשׁ אֶת־יִשְׂרָאֵל
Israel a y-arrancará en-el-agua la-caña se-mueve como

מֵעַל הָאֲדָמָה הַטּוֹבָה הַזֹּאת אֲשֶׁר נָתַן לַאֲבוֹתֵיהֶם
a-sus-padres dio que la-esta la-buena la-tierra de-sobre

וְזֵרָם מֵעֵבֶר לַנָּהָר יַעַן אֲשֶׁר עָשׂוּ אֶת־
** hicieron que a-causa-de del-río al-otro-lado y-los-dispersará

אֲשֵׁרֵיהֶם מַכְעִיסִים אֶת־ יְהוָה׃ וְיִתֵּן
Y-entregará (16) . Yahweh a irritando sus-Aserás

אֶת־יִשְׂרָאֵל בִּגְלַל חַטֹּאות יָרָבְעָם אֲשֶׁר חָטָא וַאֲשֶׁר
y-que pecó que Jeroboam los-pecados-de por-causa-de Israel a

הֶחֱטִיא אֶת־ יִשְׂרָאֵל׃ וַתָּקָם אֵשֶׁת יָרָבְעָם
Jeroboam (la)mujer-de Se-levantó (17) . Israel a hizo-pecar

וַתֵּלֶךְ וַתָּבֹא תִרְצָתָה הִיא בָּאָה בְסַף־ הַבַּיִת
la-casa a-umbral-de llegaba ella a-Tirsá y-llegó y-marchó

וְהַנַּעַר מֵת׃ וַיִּקְבְּרוּ אֹתוֹ וַיִּסְפְּדוּ־ לוֹ כָל־
todo por-él e-hicieron-duelo a-él Y-enterraron (18) . murió y-el-niño

יִשְׂרָאֵל כִּדְבַר יְהוָה אֲשֶׁר דִּבֶּר בְּיַד־ עַבְדּוֹ אֲחִיָּהוּ
Ahías su-siervo por-mano-de había-dicho que Yahweh según-palabra-de Israel

הַנָּבִיא׃ וְיֶתֶר דִּבְרֵי יָרָבְעָם אֲשֶׁר נִלְחָם וַאֲשֶׁר
y-que guerreó que Jeroboam (los)hechos-de Y-(el)resto-de (19) . el-profeta

מָלָךְ הִנָּם כְּתוּבִים עַל־ סֵפֶר דִּבְרֵי הַיָּמִים
los-días (los)hechos-de (el)libro-de sobre escritos he-aquí-ellos reinó

לְמַלְכֵי יִשְׂרָאֵל׃ וְהַיָּמִים אֲשֶׁר מָלַךְ יָרָבְעָם עֶשְׂרִים וּשְׁתַּיִם
veintidós Jeroboam reinó que Y-los-días (20) . Israel de-(los)reyes-de

שָׁנָה וַיִּשְׁכַּב עִם־ אֲבֹתָיו וַיִּמְלֹךְ נָדָב בְּנוֹ
su-hijo Nadab y-reinó sus-padres con y-se-acostó años

תַּחְתָּיו׃ (21) וּרְחַבְעָם בֶּן־ שְׁלֹמֹה מָלַךְ בִּיהוּדָה בֶּן־
en-su-lugar . (21) Y-Roboam hijo-de Salomón reinó en-Judá hijo-de

אַרְבָּעִים וְאַחַת שָׁנָה רְחַבְעָם בְּמָלְכוֹ וּשְׁבַע עֶשְׂרֵה
cuarenta y-un años Roboam al-empezar-a-reinar y-diecisiete

שָׁנָה ׀ מָלַךְ בִּירוּשָׁלַםִ הָעִיר אֲשֶׁר־ בָּחַר יְהוָה לָשׂוּם אֶת־
años reinó en-Jerusalén la-ciudad que había-escogido Yahweh para-poner **

שְׁמוֹ שָׁם מִכֹּל שִׁבְטֵי יִשְׂרָאֵל וְשֵׁם אִמּוֹ
su-nombre allí de-todas (las)tribus-de Israel y-(el)nombre-de su-madre

נַעֲמָה הָעַמֹּנִית׃ (22) וַיַּעַשׂ יְהוּדָה הָרַע בְּעֵינֵי יְהוָה
Naamá la-amonita . (22) E-hizo Judá el-mal a-(los)ojos-de Yahweh

וַיְקַנְאוּ אֹתוֹ מִכֹּל אֲשֶׁר עָשׂוּ אֲבֹתָם
y-pusieron-celoso a-Él más-que-todo lo-que habían-hecho sus-padres

בְּחַטֹּאתָם אֲשֶׁר חָטָאוּ׃ (23) וַיִּבְנוּ גַם־ הֵמָּה לָהֶם
con-su-pecado que pecaron . (23) Y-construyeron también ellos para-ellos

בָּמוֹת וּמַצֵּבוֹת וַאֲשֵׁרִים עַל כָּל־ גִּבְעָה גְבֹהָה
lugares-altos y-masebás y-Aserás sobre toda colina elevada

וְתַחַת כָּל־ עֵץ רַעֲנָן׃ (24) וְגַם־ קָדֵשׁ הָיָה
y-bajo todo árbol frondoso . (24) Y-también hieródula hubo

בָאָרֶץ עָשׂוּ כְּכֹל הַתּוֹעֲבֹת הַגּוֹיִם אֲשֶׁר
en-el-país hicieron según-todas las-abominaciones (de)los-gentiles que

הוֹרִישׁ יְהוָה מִפְּנֵי בְּנֵי יִשְׂרָאֵל׃ (25) וַיְהִי בַּשָּׁנָה
había-arrojado Yahweh de-ante (los)hijos-de Israel . (25) Y-sucedió en-el-año

הַחֲמִישִׁית לַמֶּלֶךְ רְחַבְעָם עָלָה שׁוּשַׁק מֶלֶךְ־ מִצְרַיִם עַל־
el-quinto para-el-rey Roboam subió Sisac rey-de Egipto contra

יְרוּשָׁלָםִ׃ (26) וַיִּקַּח אֶת־ אֹצְרוֹת בֵּית־ יְהוָה וְאֶת־
Jerusalén . (26) Y-tomó ** tesoros-de (el)templo-de Yahweh y

אוֹצְרוֹת בֵּית הַמֶּלֶךְ וְאֶת־הַכֹּל לָקָח וַיִּקַּח אֶת־כָּל־
todos ** y-cogió cogió la-totalidad y el-rey (la)casa-de tesoros-de

מָגִנֵּי הַזָּהָב אֲשֶׁר עָשָׂה שְׁלֹמֹה׃ וַיַּעַשׂ הַמֶּלֶךְ רְחַבְעָם
Roboam el-rey E-hizo (27) . Salomón había-hecho que el-oro (los)escudos-de

תַּחְתָּם מָגִנֵּי נְחֹשֶׁת וְהִפְקִיד עַל־יַד שָׂרֵי
(los)jefes-de mano-de sobre y-colocó bronce escudos-de en-lugar-de-aquellos

הָרָצִים הַשֹּׁמְרִים פֶּתַח בֵּית הַמֶּלֶךְ׃
. el-rey (la)casa-de (la)puerta-de los-que-guardaban los-guardias

וַיְהִי מִדֵּי־בֹא הַמֶּלֶךְ בֵּית יְהוָה יִשָּׂאוּם
los-cogían Yahweh (a)templo-de el-rey el-llegar-de siempre-que Y-sucedía (28)

הָרָצִים וֶהֱשִׁיבוּם אֶל־תָּא הָרָצִים׃
. los-guardias (el)puesto-de a y-los-hacían-volver los-guardias

וְיֶתֶר דִּבְרֵי רְחַבְעָם וְכָל־אֲשֶׁר עָשָׂה הֲלֹא־הֵמָּה
ellos ¿acaso-no hizo lo-que y-todo Roboam (los)hechos-de Y-(el)resto-de (29)

כְתוּבִים עַל־סֵפֶר דִּבְרֵי הַיָּמִים לְמַלְכֵי יְהוּדָה׃
? Judá de-reyes-de los-días (los)hechos-de (el)libro-de en escritos

וּמִלְחָמָה הָיְתָה בֵין־רְחַבְעָם וּבֵין יָרָבְעָם כָּל־הַיָּמִים׃
. los-días todos Jeroboam y-entre Roboam entre hubo Y-guerra (30)

וַיִּשְׁכַּב רְחַבְעָם עִם־אֲבֹתָיו וַיִּקָּבֵר עִם־
con y-fue-enterrado sus-padres con Roboam Y-se-acostó (31)

אֲבֹתָיו בְּעִיר דָּוִד וְשֵׁם אִמּוֹ נַעֲמָה הָעַמֹּנִית
la-amonita Naamá su-madre y-(el)nombre-de David en-(la)ciudad-de sus-padres

וַיִּמְלֹךְ אֲבִיָּם בְּנוֹ תַּחְתָּיו׃ וּבִשְׁנַת
Cap. 15 Y-en-año-de (1) . en-su-lugar su-hijo Abiyam y-reinó

שְׁמֹנֶה עֶשְׂרֵה לַמֶּלֶךְ יָרָבְעָם בֶּן־נְבָט מָלַךְ אֲבִיָּם עַל־יְהוּדָה׃
. Judá sobre Abiyam reinó Nebat hijo-de Jeroboam para-el-rey dieciocho

שָׁלֹשׁ שָׁנִים מָלַךְ בִּירוּשָׁלִָם וְשֵׁם אִמּוֹ מַעֲכָה

Maacá su-madre y-(el)nombre-de en-Jerusalén reinó años Tres (2)

בַּת־אֲבִישָׁלוֹם׃ וַיֵּלֶךְ בְּכָל־חַטֹּאות אָבִיו

su-padre (los)pecados-de por-todos Y-caminó (3) . Abisalom hija-de

אֲשֶׁר־עָשָׂה לְפָנָיו וְלֹא־הָיָה לְבָבוֹ שָׁלֵם עִם־יְהוָה

Yahweh con entero su-corazón estuvo y-no antes-que-él había-hecho que

אֱלֹהָיו כִּלְבַב דָּוִד אָבִיו׃ כִּי לְמַעַן

a-causa-de Ciertamente (4) . su-padre David como-(el)corazón-de su-Dios

דָּוִד נָתַן יְהוָה אֱלֹהָיו לוֹ נִיר בִּירוּשָׁלִָם לְהָקִים אֶת־

a para-elevar en-Jerusalén lámpara para-él su-Dios Yahweh puso David

בְּנוֹ אַחֲרָיו וּלְהַעֲמִיד אֶת־יְרוּשָׁלִָם׃ אֲשֶׁר עָשָׂה דָוִד

David había-hecho Pues (5) . Jerusalén a y-para-mantener-en-pie tras-él su-hijo

אֶת־הַיָּשָׁר בְּעֵינֵי יְהוָה וְלֹא־סָר מִכֹּל אֲשֶׁר־

lo-que de-todo se-había-apartado y-no Yahweh a-ojos-de lo-recto **

צִוָּהוּ כֹּל יְמֵי חַיָּיו רַק בִּדְבַר אוּרִיָּה

Urías en-(el)asunto-de excepto su-vida (los)días-de todos le-había-mandado

הַחִתִּי׃ וּמִלְחָמָה הָיְתָה בֵין־רְחַבְעָם וּבֵין יָרָבְעָם כָּל־

todos Jeroboam y-entre Roboam entre hubo Y-guerra (6) . el-heteo

יְמֵי חַיָּיו׃ וְיֶתֶר דִּבְרֵי אֲבִיָּם וְכָל־אֲשֶׁר עָשָׂה

hizo lo-que y-todo Abiyam (los)hechos-de Y-(el)resto-de (7) . su-vida (los)días-de

הֲלוֹא־הֵם כְּתוּבִים עַל־סֵפֶר דִּבְרֵי הַיָּמִים לְמַלְכֵי יְהוּדָה

? Judá de-reyes-de los-días (los)hechos-de (el)libro-de en escritos ellos ¿acaso-no

וּמִלְחָמָה הָיְתָה בֵּין אֲבִיָּם וּבֵין יָרָבְעָם׃ וַיִּשְׁכַּב אֲבִיָּם

Abiyam Y-se-acostó (8) . Jeroboam y-entre Abiyam entre hubo y-guerra

עִם־אֲבֹתָיו וַיִּקְבְּרוּ אֹתוֹ בְּעִיר דָּוִד וַיִּמְלֹךְ

y-reinó David en-(la)ciudad-de a-él y-enterraron sus-padres con

אָסָא בְּנוֹ תַּחְתָּיו׃ וּבִשְׁנַת עֶשְׂרִים לְיָרָבְעָם מֶלֶךְ

rey-de de-Jeroboam veinte Y-en-año (9) . en-su-lugar su-hijo Asá

יִשְׂרָאֵל מָלַךְ אָסָא מֶלֶךְ יְהוּדָה׃ וְאַרְבָּעִים וְאַחַת שָׁנָה

años y-un Y-cuarenta (10) . Judá rey-de Asá empezó-a-reinar Israel

מָלַךְ בִּירוּשָׁלִָם וְשֵׁם אִמּוֹ מַעֲכָה בַּת־

hija-de Maacá su-madre y-nombre-de en-Jerusalén reinó

אֲבִישָׁלוֹם׃ וַיַּעַשׂ אָסָא הַיָּשָׁר בְּעֵינֵי יְהוָה כְּדָוִד

como-David Yahweh a-ojos-de lo-recto Asá E-hizo (11) . Abisalom

אָבִיו׃ וַיַּעֲבֵר הַקְּדֵשִׁים מִן־ הָאָרֶץ

el-país de las-hieródulas Y-despidió (12) . su-padre

וַיָּסַר אֶת־ כָּל־ הַגִּלֻּלִים אֲשֶׁר עָשׂוּ אֲבֹתָיו׃

. sus-padres habían-hecho que los-ídolos todos ** y-apartó

וְגַם ׀ אֶת־ מַעֲכָה אִמּוֹ וַיְסִרֶהָ מִגְּבִירָה

de-gran-señora y-la-retiró su-madre Maacá a Y-también (13)

אֲשֶׁר־ עָשְׂתָה מִפְלֶצֶת לָאֲשֵׁרָה וַיִּכְרֹת אָסָא אֶת־

** Asá y-destruyó para-Aserá ídolo-abominable había-hecho ya-que

מִפְלַצְתָּהּ וַיִּשְׂרֹף בְּנַחַל קִדְרוֹן׃ וְהַבָּמוֹת

Pero-los-lugares-altos (14) . Cedrón en-(el)valle-de y-quemó su-ídolo-abominable

לֹא־ סָרוּ רַק לְבַב־ אָסָא הָיָה שָׁלֵם עִם־ יְהוָה

Yahweh con entero estuvo Asá (el)corazón-de aunque desaparecieron no

כָּל־ יָמָיו׃ וַיָּבֵא אֶת־ קָדְשֵׁי אָבִיו

su-padre los-dones-sagrados-de ** Y-trajo (15) . sus-días todos

וְקָדְשָׁו בֵּית יְהוָה כֶּסֶף וְזָהָב וְכֵלִים׃

. y-utensilios y-oro plata Yahweh (al)templo-de y-sus-dones-sagrados

וּמִלְחָמָה הָיְתָה בֵּין אָסָא וּבֵין בַּעְשָׁא מֶלֶךְ־ יִשְׂרָאֵל כָּל־

todos Israel rey-de Basá y-entre Asá entre hubo Y-guerra (16)

יָמֵיהֶם׃ וַיַּעַל בַּעְשָׁא מֶלֶךְ־יִשְׂרָאֵל עַל־יְהוּדָה
Judá contra Israel rey-de Basá Y-subió (17) . los-días-de-ellos

וַיִּבֶן אֶת־הָרָמָה לְבִלְתִּי תֵּת יֹצֵא וָבָא
y-al-que-entra al-que-sale dejar para-no Ramá ** y-fortificó

לְאָסָא מֶלֶךְ יְהוּדָה׃ וַיִּקַּח אָסָא אֶת־כָּל־הַכֶּסֶף וְהַזָּהָב
y-el-oro la-plata toda ** Asá Y-cogió (18) . Judá rey-de para-Asá

הַנּוֹתָרִים ׀ בְּאוֹצְרוֹת בֵּית־יְהוָה וְאֶת־אוֹצְרוֹת
tesoros-de y Yahweh (el)templo-de en-(los)tesoros-de los-que-quedaban

בֵּית מֶלֶךְ וַיִּתְּנֵם בְּיַד־עֲבָדָיו
sus-servidores en-mano-de y-los-puso el-rey (la)casa-de

וַיִּשְׁלָחֵם הַמֶּלֶךְ אָסָא אֶל־בֶּן־הֲדַד בֶּן־טַבְרִמֹּן בֶּן־חֶזְיוֹן
Hezyón hijo-de Tabrimón hijo-de adad Ben- a Asá el-rey y-los-envió

מֶלֶךְ אֲרָם הַיֹּשֵׁב בְּדַמֶּשֶׂק לֵאמֹר׃ בְּרִית בֵּינִי
entre-yo Alianza (19) : diciendo en-Damasco el-que-habitaba Siria rey-de

וּבֵינֶךָ בֵּין אָבִי וּבֵין אָבִיךָ הִנֵּה שָׁלַחְתִּי
envío he-aquí-que tu-padre y-entre mi-padre entre y-entre-tú

לְךָ שֹׁחַד כֶּסֶף וְזָהָב לֵךְ הָפֵרָה אֶת־בְּרִיתְךָ אֶת־בַּעְשָׁא
Basá con tu-alianza ** rompe anda y-oro plata obsequio-de a-ti

מֶלֶךְ־יִשְׂרָאֵל וְיַעֲלֶה מֵעָלָי׃ וַיִּשְׁמַע בֶּן־
Ben- Y-escuchó (20) . de-contra-mí y-suba Israel rey-de

הֲדַד אֶל־הַמֶּלֶךְ אָסָא וַיִּשְׁלַח אֶת־שָׂרֵי הַחֲיָלִים אֲשֶׁר־לוֹ
para-él que los-ejércitos (los)jefes-de a y-envió Asá el-rey a adad

עַל־עָרֵי יִשְׂרָאֵל וַיַּךְ אֶת־עִיּוֹן וְאֶת־דָּן וְאֵת אָבֵל בֵּית־מַעֲכָה
maacá bet- Abel- y Dan y Ijón ** y-golpeó Israel (las)ciudades contra

וְאֵת כָּל־כִּנְּרוֹת עַל כָּל־אֶרֶץ נַפְתָּלִי׃ וַיְהִי כִּשְׁמֹעַ
cuando-el-escuchar-de Y-sucedió (21) . Neftalí (el)país-de todo sobre Cinerot todo y

בַּעְשָׁא וַיֶּחְדַּל מִבְּנוֹת אֶת־ הָרָמָה וַיֵּשֶׁב בְּתִרְצָה׃

. en-Tirsá y-se-quedó Ramá ** de-fortificar que-cesó Basá

וְהַמֶּלֶךְ אָסָא הִשְׁמִיעַ אֶת־ כָּל־ יְהוּדָה אֵין נָקִי

exento no-hubo Judá todo a hizo-escuchar Asá Y-el-rey (22)

וַיִּשְׂאוּ אֶת־ אַבְנֵי הָרָמָה וְאֶת־ עֵצֶיהָ אֲשֶׁר

que sus-maderas y Ramá piedras-de ** y-cargaron

בָּנָה בַּעְשָׁא וַיִּבֶן בָּם הַמֶּלֶךְ אָסָא אֶת־ גֶּבַע בִּנְיָמִן

Benjamín Geba-de ** Asá el-rey con-ellos y-fortificó Basá había-construido

וְאֶת־ הַמִּצְפָּה׃ וְיֶתֶר כָּל־ דִּבְרֵי־ אָסָא וְכָל־

y-todo Asá (los)hechos-de todos Y-(el)resto-de (23) . Mizpá y

גְּבוּרָתוֹ וְכָל־ אֲשֶׁר עָשָׂה וְהֶעָרִים אֲשֶׁר בָּנָה הֲלֹא־

¿acaso-no construyó que y-las-ciudades hizo lo-que y-todo su-poderío

הֵמָּה כְּתוּבִים עַל־ סֵפֶר דִּבְרֵי הַיָּמִים לְמַלְכֵי יְהוּדָה

? Judá de-reyes-de los-días (los)hechos-de (el)libro-de en escritos ellos

רַק לְעֵת זִקְנָתוֹ חָלָה אֶת־ רַגְלָיו׃

. sus-pies ** enfermó su-vejez en-tiempo-de sólo

וַיִּשְׁכַּב אָסָא עִם־ אֲבֹתָיו וַיִּקָּבֵר עִם־

con y-fue-enterrado sus-padres con Asá Y-se-acostó (24)

אֲבֹתָיו בְּעִיר דָּוִד אָבִיו וַיִּמְלֹךְ יְהוֹשָׁפָט

Josafat y-reinó su-padre David en-(la)ciudad-de sus-padres

בְּנוֹ תַּחְתָּיו׃ וְנָדָב בֶּן־ יָרָבְעָם מָלַךְ עַל־

sobre reinó Jeroboam hijo-de Y-Nadab (25) . en-su-lugar su-hijo

יִשְׂרָאֵל בִּשְׁנַת שְׁתַּיִם לְאָסָא מֶלֶךְ יְהוּדָה וַיִּמְלֹךְ עַל־יִשְׂרָאֵל

Israel sobre y-reinó Judá rey-de de-Asá dos en-año Israel

שְׁנָתָיִם׃ וַיַּעַשׂ הָרַע בְּעֵינֵי יְהוָה וַיֵּלֶךְ בְּדֶרֶךְ

por-camino-de y-caminó Yahweh a-ojos-de lo-malo E-hizo (26) . dos-años

אָבִיו וּבְחַטָּאתוֹ אֲשֶׁר הֶחֱטִיא אֶת־יִשְׂרָאֵל׃
. Israel a hizo-pecar que y-por-su-pecado su-padre

וַיִּקְשֹׁר עָלָיו בַּעְשָׁא בֶן־אֲחִיָּה לְבֵית יִשָּׂשכָר
Isacar de-(la)casa-de Ahías hijo-de Basá contra-él Y-se-conjuró (27)

וַיַּכֵּהוּ בַעְשָׁא בְּגִבְּתוֹן אֲשֶׁר לַפְּלִשְׁתִּים וְנָדָב
y-Nadab para-filisteos que en-Gibetón Basá y-lo-mató

וְכָל־יִשְׂרָאֵל צָרִים עַל־גִּבְּתוֹן׃ וַיְמִתֵהוּ
Y-lo-mató (28) . Gibetón contra asediaban Israel y-todo

בַעְשָׁא בִּשְׁנַת שָׁלֹשׁ לְאָסָא מֶלֶךְ יְהוּדָה וַיִּמְלֹךְ
y-reinó Judá rey-de de-Asá tres en-año Basá

תַּחְתָּיו׃ וַיְהִי כְמָלְכוֹ הִכָּה אֶת־כָּל־
toda a mató cuando-su-reinar Y-sucedió (29) . en-su-lugar

בֵּית יָרָבְעָם לֹא־הִשְׁאִיר כָּל־נְשָׁמָה לְיָרָבְעָם עַד־הִשְׁמִדוֹ
lo-exterminó hasta-que a-Jeroboam alma ninguna quedó no Jeroboam (la)casa-de

כִּדְבַר יְהוָה אֲשֶׁר דִּבֶּר בְּיַד־עַבְדּוֹ אֲחִיָּה הַשִּׁילֹנִי׃
. el-silonita Ahías su-siervo por-mano-de había-dicho que Yahweh según-la-palabra-de

עַל־חַטֹּאות יָרָבְעָם אֲשֶׁר חָטָא וַאֲשֶׁר הֶחֱטִיא
hizo-pecar y-que pecó que Jeroboam (los)pecados-de Por (30)

אֶת־יִשְׂרָאֵל בְּכַעְסוֹ אֲשֶׁר הִכְעִיס אֶת־יְהוָה אֱלֹהֵי
Dios-de Yahweh a había-enojado que con-su-enojo Israel a

יִשְׂרָאֵל׃ וְיֶתֶר דִּבְרֵי נָדָב וְכָל־אֲשֶׁר עָשָׂה הֲלֹא־הֵם
ellos ¿acaso-no hizo lo-que y-todo Nadab (los)hechos-de Y-(el)resto-de (31) . Israel

כְּתוּבִים עַל־סֵפֶר דִּבְרֵי הַיָּמִים לְמַלְכֵי יִשְׂרָאֵל׃
? Israel de-reyes-de los-días (los)hechos-de (el)libro-de en escritos

וּמִלְחָמָה הָיְתָה בֵּין אָסָא וּבֵין בַּעְשָׁא מֶלֶךְ־יִשְׂרָאֵל כָּל־
todos Israel rey-de Basá y-entre Asá entre hubo Y-guerra (32)

יְמֵיהֶם׃ בִּשְׁנַת שָׁלֹשׁ לְאָסָא מֶלֶךְ יְהוּדָה מָלַךְ
reinó Judá rey-de para-Asá tres Y-en-año (33) . días-de-ellos

בַּעְשָׁא בֶן־אֲחִיָּה עַל־כָּל־יִשְׂרָאֵל בְּתִרְצָה עֶשְׂרִים וְאַרְבַּע שָׁנָה׃
. año veinticuatro en-Tirsá Israel todo sobre Ahías hijo-de Basá

וַיַּעַשׂ הָרַע בְּעֵינֵי יְהוָה וַיֵּלֶךְ בְּדֶרֶךְ יָרָבְעָם
Jeroboam por-camino-de y-caminó Yahweh a-ojos-de lo-malo Y-obró (34)

וּבְחַטָּאתוֹ אֲשֶׁר הֶחֱטִיא אֶת־יִשְׂרָאֵל׃ וַיְהִי
Cap. 16 Y-fue (1) . Israel a había-hecho-pecar que y-por-su-pecado

דְבַר־יְהוָה אֶל־יֵהוּא בֶן־חֲנָנִי עַל־בַּעְשָׁא לֵאמֹר׃ יַעַן אֲשֶׁר
que A-causa-de (2) : diciendo Basá contra Hanani hijo-de Jehú a Yahweh (la)palabra-de

הֲרִימֹתִיךָ מִן־הֶעָפָר וָאֶתֶּנְךָ נָגִיד עַל עַמִּי יִשְׂרָאֵל
Israel mi-pueblo sobre príncipe y-te-había-puesto el-polvo desde te-había-exaltado

וַתֵּלֶךְ ׀ בְּדֶרֶךְ יָרָבְעָם וַתַּחֲטִא אֶת־עַמִּי
mi-pueblo a y-has-hecho-pecar Jeroboam por-(el)camino-de y-tú-has-caminado

יִשְׂרָאֵל לְהַכְעִיסֵנִי בְּחַטֹּאתָם׃ הִנְנִי מַבְעִיר אַחֲרֵי
tras quemo He-aquí-que-yo (3) . con-sus-pecados para-ofenderme Israel

בַעְשָׁא וְאַחֲרֵי בֵיתוֹ וְנָתַתִּי אֶת־בֵּיתְךָ כְּבֵית
como-casa-de tu-casa ** y-pondré su-casa y-tras Basá

יָרָבְעָם בֶּן־נְבָט׃ הַמֵּת לְבַעְשָׁא בָּעִיר יֹאכְלוּ
comerán en-la-ciudad de-Basá El-muerto (4) . Nebat hijo-de Jeroboam

הַכְּלָבִים וְהַמֵּת לוֹ בַּשָּׂדֶה יֹאכְלוּ עוֹף הַשָּׁמָיִם׃
. el-cielo aves-de comerán en-el-campo de-él y-el-muerto los-perros

וְיֶתֶר דִּבְרֵי בַעְשָׁא וַאֲשֶׁר עָשָׂה וּגְבוּרָתוֹ הֲלֹא־
¿acaso-no y-su-poderío hizo y-lo-que Basá (los)hechos-de Y-(el)resto-de (5)

הֵם כְּתוּבִים עַל־סֵפֶר דִּבְרֵי הַיָּמִים לְמַלְכֵי יִשְׂרָאֵל׃
? Israel de-reyes-de los-días (los)hechos-de (el)libro-de en escritos ellos

וַיִּשְׁכַּב בַּעְשָׁא עִם־ אֲבֹתָיו וַיִּקָּבֵר בְּתִרְצָה
en-Tirsá y-fue-enterrado sus-padres con Basá Y-se-acostó (6)

וַיִּמְלֹךְ אֵלָה בְנוֹ תַּחְתָּיו׃ וְגַם בְּיַד־
por-mano-de Y-también (7) . en-su-lugar su-hijo Elá y-reinó

יֵהוּא בֶן־ חֲנָנִי הַנָּבִיא דְּבַר־ יְהוָה הָיָה אֶל־בַּעְשָׁא וְאֶל־
y-a Basá a fue Yahweh (la)palabra-de el-profeta Hanani hijo-de Jehú

בֵּיתוֹ וְעַל כָּל־ הָרָעָה ׀ אֲשֶׁר־ עָשָׂה ׀ בְּעֵינֵי יְהוָה
Yahweh a-ojos-de había-hecho que el-mal todo y-sobre su-casa

לְהַכְעִיסוֹ בְּמַעֲשֵׂה יָדָיו לִהְיוֹת כְּבֵית
como-(la)casa-de para-ser sus-manos con-obra-de para-ofenderlo

יָרָבְעָם וְעַל אֲשֶׁר־ הִכָּה אֹתוֹ׃ בִּשְׁנַת עֶשְׂרִים וָשֵׁשׁ
y-veintiséis En-año (8) . a-él mató que y-por Jeroboam

שָׁנָה לְאָסָא מֶלֶךְ יְהוּדָה מָלַךְ אֵלָה בֶן־ בַּעְשָׁא עַל־יִשְׂרָאֵל
Israel sobre Basá hijo-de Elá empezó-a-reinar Judá rey-de para-Asá año

בְּתִרְצָה שְׁנָתָיִם׃ וַיִּקְשֹׁר עָלָיו עַבְדּוֹ זִמְרִי
Zimri su-siervo contra-él Y-se-conjuró (9) . dos-años en-Tirsá

שַׂר מַחֲצִית הָרָכֶב וְהוּא בְתִרְצָה שֹׁתֶה שִׁכּוֹר בֵּית
(en)casa-de borracho bebía en-Tirsá y-él ; el-carro (la)mitad-de jefe-de

אַרְצָא אֲשֶׁר עַל־הַבַּיִת בְּתִרְצָה׃ וַיָּבֹא זִמְרִי וַיַּכֵּהוּ
y-lo-golpeó Zimrí Y-llegó (10) . en-Tirsá la-casa sobre que Asá

וַיְמִיתֵהוּ בִּשְׁנַת עֶשְׂרִים וָשֶׁבַע לְאָסָא מֶלֶךְ יְהוּדָה
Judá rey-de de-Asá y-veintisiete en-año y-le-dio-muerte

וַיִּמְלֹךְ תַּחְתָּיו׃ וַיְהִי בְּמָלְכוֹ
en-su-reinar Y-sucedió (11) . en-su-lugar y-reinó

כְּשִׁבְתּוֹ עַל־ כִּסְאוֹ הִכָּה אֶת־ כָּל־ בֵּית בַּעְשָׁא לֹא־
no Basá (la)casa-de toda a mató su-trono sobre cuando-su-sentar

הִשְׁאִיר לוֹ מַשְׁתִּין בְּקִיר וְגֹאֲלָיו
ni-sus-parientes en-muro que-orina para-él dejó

וְרֵעֵהוּ׃ וַיַּשְׁמֵד זִמְרִי אֵת כָּל־ בֵּית בַּעְשָׁא
Basá (la)casa-de toda a Zimrí Y-exterminó (12) . ni-su-amigo

כִּדְבַר יְהוָה אֲשֶׁר דִּבֶּר אֶל־ בַּעְשָׁא בְּיַד יֵהוּא הַנָּבִיא׃
. el-profeta Jehú por-mano-de Basá a había-dicho que Yahweh según-la-pa
labra-de

אֶל כָּל־ חַטֹּאות בַּעְשָׁא וְחַטֹּאות אֵלָה בְנוֹ אֲשֶׁר
que su-hijo Elá y-(los)pecados-de Basá (los)pecados-de todos Por (13)

חָטְאוּ וַאֲשֶׁר הֶחֱטִיאוּ אֶת־יִשְׂרָאֵל לְהַכְעִיס
para-irritar Israel a hicieron-pecar y-que pecaron

אֶת־ יְהוָה אֱלֹהֵי יִשְׂרָאֵל בְּהַבְלֵיהֶם׃ וְיֶתֶר דִּבְרֵי
(los)hechos-de Y-(el)resto-de (14) . con-sus-ídolos-vanos Israel Dios-de Yahweh a

אֵלָה וְכָל־ אֲשֶׁר עָשָׂה הֲלוֹא־ הֵם כְּתוּבִים עַל־ סֵפֶר דִּבְרֵי
(los)hechos-de (el)libro-de en escritos ellos ¿acaso-no hizo lo-que y-todo Elá

הַיָּמִים לְמַלְכֵי יִשְׂרָאֵל׃ בִּשְׁנַת עֶשְׂרִים וָשֶׁבַע שָׁנָה לְאָסָא
de-Asá año y-veintisiete En-año (15) ? Israel de-reyes-de los-días

מֶלֶךְ יְהוּדָה מָלַךְ זִמְרִי שִׁבְעַת יָמִים בְּתִרְצָה וְהָעָם
y-el-pueblo en-Tirsá días siete Zimrí reinó Judá rey-de

חֹנִים עַל־ גִּבְּתוֹן אֲשֶׁר לַפְּלִשְׁתִּים׃ וַיִּשְׁמַע
Y-escuchó (16) . de-los-filisteos que Gibetón contra acampados

הָעָם הַחֹנִים לֵאמֹר קָשַׁר זִמְרִי וְגַם הִכָּה אֶת־
a ha-matado y-también Zimrí se-ha-conju
rado : decir los-acampados el-pueblo

הַמֶּלֶךְ וַיַּמְלִכוּ כָל־ יִשְׂרָאֵל אֶת־עָמְרִי שַׂר־ צָבָא עַל־
sobre ejército jefe-de Omrí a Israel todo y-nombraron-rey el-rey

יִשְׂרָאֵל בַּיּוֹם הַהוּא בַּמַּחֲנֶה׃ וַיַּעֲלֶה עָמְרִי וְכָל־
y-todo Omrí Y-subió (17) . en-el-campamento el-aquel en-el-día Israel

יִשְׂרָאֵל עִמּוֹ מִגִּבְּתוֹן וַיָּצֻרוּ עַל־תִּרְצָה׃ וַיְהִי
Y-sucedió (18) . Tirsá contra y-sitiaron de-Gibetón con-él Israel

כִּרְאוֹת זִמְרִי כִּי־ נִלְכְּדָה הָעִיר וַיָּבֹא אֶל־ אַרְמוֹן
(la)ciudadela-de a que-llegó la-ciudad iba-a-ser-capturada que Zimrí al-ver

בֵּית־ הַמֶּלֶךְ וַיִּשְׂרֹף עָלָיו אֶת־ בֵּית־ מֶלֶךְ בָּאֵשׁ
con-el-fuego rey (la)casa-de ** sobre-él e-incendió el-rey (la)casa-de

וַיָּמֹת׃ עַל־ חַטֹּאתָו אֲשֶׁר חָטָא לַעֲשׂוֹת הָרַע
el-mal cometiendo pecó que sus-pecados A-causa-de (19) . y-murió

בְּעֵינֵי יְהוָה לָלֶכֶת בְּדֶרֶךְ יָרָבְעָם וּבְחַטָּאתוֹ אֲשֶׁר
que y-con-su-pecado Jeroboam por-camino-de caminando Yahweh a-ojos-de

עָשָׂה לְהַחֲטִיא אֶת־ יִשְׂרָאֵל׃ וְיֶתֶר דִּבְרֵי זִמְרִי
Zimrí (los)hechos-de Y-(el)resto-de (20) . Israel a haciendo-pecar cometió

וְקִשְׁרוֹ אֲשֶׁר קָשָׁר הֲלֹא־ הֵם כְּתוּבִים עַל־
en escritos ellos ¿acaso-no conspiró que y-su-conspiración

סֵפֶר דִּבְרֵי הַיָּמִים לְמַלְכֵי יִשְׂרָאֵל׃ אָז יֵחָלֵק הָעָם
el-pueblo se-dividió Entonces (21) ? Israel de-reyes-de los-días (los)hechos-de (el)libro-de

יִשְׂרָאֵל לַחֵצִי חֲצִי הָעָם הָיָה אַחֲרֵי תִבְנִי בֶן־ גִּינַת
Ginat hijo-de Tibní tras estuvo el-pueblo (la)mitad-de por-la-mitad Israel

לְהַמְלִיכוֹ וְהַחֵצִי אַחֲרֵי עָמְרִי׃ וַיֶּחֱזַק הָעָם
el-pueblo Y-aventajó-en-fuerza (22) . Omrí tras y-la-mitad para-hacerlo-rey

אֲשֶׁר אַחֲרֵי עָמְרִי אֶת־ הָעָם אֲשֶׁר אַחֲרֵי תִּבְנִי בֶן־ גִּינַת וַיָּמָת
y-murió Ginat hijo-de Tibní tras que el-pueblo a Omrí tras que

תִּבְנִי וַיִּמְלֹךְ עָמְרִי׃ בִּשְׁנַת שְׁלֹשִׁים וְאַחַת שָׁנָה לְאָסָא
de-Asá año y-uno treinta En-año (23) . Omrí y-reinó Tibní

מֶלֶךְ יְהוּדָה מָלַךְ עָמְרִי עַל־יִשְׂרָאֵל שְׁתֵּים עֶשְׂרֵה שָׁנָה בְּתִרְצָה
en-Tirsá años doce Israel sobre Omrí reinó Judá rey-de

מָלַךְ שֵׁשׁ־שָׁנִים׃ וַיִּקֶן אֶת־הָהָר שֹׁמְרוֹן מֵאֶת שֶׁמֶר
Sémer de-con Samaria la-montaña ** Y-compró (24) . años seis reinó

בְּכִכְּרַיִם כָּסֶף וַיִּבֶן אֶת־הָהָר וַיִּקְרָא אֶת־שֵׁם
nombre-de ** y-llamó el-monte ** y-construyó plata por-dos-talentos

הָעִיר אֲשֶׁר בָּנָה עַל שֶׁם־שֶׁמֶר אֲדֹנֵי הָהָר שֹׁמְרוֹן׃
. Samaria la-montaña dueño-de Sémer nombre-de conforme-a había-construido que la-ciudad

וַיַּעֲשֶׂה עָמְרִי הָרַע בְּעֵינֵי יְהוָה וַיָּרַע מִכֹּל
más-que-todos y-fue-malo Yahweh a-ojos-de lo-malo Omrí E-hizo (25)

אֲשֶׁר לְפָנָיו׃ וַיֵּלֶךְ בְּכָל־דֶּרֶךְ יָרָבְעָם בֶּן־נְבָט
Nebat hijo-de Jeroboam (el)camino-de por-todo Y-caminó (26) . antes-de-él (los)que

וּבְחַטָּאתוֹ אֲשֶׁר הֶחֱטִיא אֶת־יִשְׂרָאֵל לְהַכְעִיס
irritando Israel a hizo-pecar que y-con-sus-pecados

אֶת־יְהוָה אֱלֹהֵי יִשְׂרָאֵל בְּהַבְלֵיהֶם׃ וְיֶתֶר דִּבְרֵי
(los)hechos-de Y-(el)resto-de (27) . con-sus-ídolos-vanos Israel Dios-de Yahweh a

עָמְרִי אֲשֶׁר עָשָׂה וּגְבוּרָתוֹ אֲשֶׁר עָשָׂה הֲלֹא־הֵם
ellos ¿acaso-no hizo que y-su-poderío hizo que Omrí

כְּתוּבִים עַל־סֵפֶר דִּבְרֵי הַיָּמִים לְמַלְכֵי יִשְׂרָאֵל׃
? Israel de-reyes-de los-días (los)hechos-de (el)libro-de sobre escritos

וַיִּשְׁכַּב עָמְרִי עִם־אֲבֹתָיו וַיִּקָּבֵר בְּשֹׁמְרוֹן
en-Samaria y-fue-enterrado sus-padres con Omrí Y-se-acostó (28)

וַיִּמְלֹךְ אַחְאָב בְּנוֹ תַּחְתָּיו׃ וְאַחְאָב בֶּן־עָמְרִי
Omrí hijo-de Y-Acab (29) . en-su-lugar su-hijo Acab y-reinó

מָלַךְ עַל־יִשְׂרָאֵל בִּשְׁנַת שְׁלֹשִׁים וּשְׁמֹנֶה שָׁנָה לְאָסָא מֶלֶךְ
rey-de de-Asá año y-ocho treinta en-año Israel sobre reinó

יְהוּדָה וַיִּמְלֹךְ אַחְאָב בֶּן־עָמְרִי עַל־יִשְׂרָאֵל בְּשֹׁמְרוֹן עֶשְׂרִים וּשְׁתַּיִם
veintidós en-Samaria Israel sobre Omrí hijo-de Acab y-reinó Judá

שָׁנָה׃ וַיַּעַשׂ אַחְאָב בֶּן־עָמְרִי הָרַע בְּעֵינֵי יְהוָה מִכֹּל

más-que-todos Yahweh a-(los)ojos- lo-malo Omrí hijo-de Acab E-hizo (30) . años

אֲשֶׁר לְפָנָיו׃ וַיְהִי הֲנָקֵל לֶכְתּוֹ בְּחַטֹּאות יָרָבְעָם

Jeroboam por-pecados-de su-caminar ¿acaso-fue-poco Y-sucedió (31) . ante-él los-que

בֶּן־נְבָט וַיִּקַּח אִשָּׁה אֶת־אִיזֶבֶל בַּת־אֶתְבַּעַל מֶלֶךְ

rey-de Et-baal hija-de Jezabel a mujer y-tomó Nebat hijo-de

צִידֹנִים וַיֵּלֶךְ וַיַּעֲבֹד אֶת־הַבַּעַל וַיִּשְׁתַּחוּ לוֹ׃

? a-él y-se-postró Baal a y-sirvió y-fue sidonios

וַיָּקֶם מִזְבֵּחַ לַבָּעַל בֵּית הַבַּעַל אֲשֶׁר בָּנָה

construyó que Baal (en-el)templo-de a-Baal un-altar Y-erigió (32)

בְּשֹׁמְרוֹן׃ וַיַּעַשׂ אַחְאָב אֶת־הָאֲשֵׁרָה וַיּוֹסֶף אַחְאָב

Acab y-volvió la-Aserá ** Acab E-hizo (33) . en-Samaria

לַעֲשׂוֹת לְהַכְעִיס אֶת־יְהוָה אֱלֹהֵי יִשְׂרָאֵל מִכֹּל מַלְכֵי

(los)reyes-de más-que-todos Israel Dios-de Yahweh a irritando a-obrar

יִשְׂרָאֵל אֲשֶׁר הָיוּ לְפָנָיו׃ בְּיָמָיו בָּנָה חִיאֵל

Hiel reconstruyó Y-en-sus-días (34) . antes-que-él fueron que Israel

בֵּית הָאֱלִי אֶת־יְרִיחֹה בַּאֲבִירָם בְּכֹרוֹ יִסְּדָהּ

y-la-cimentó su-primogénito con-Abiram Jericó ** betelita

וּבִשְׂגִיב צְעִירוֹ הִצִּיב דְּלָתֶיהָ כִּדְבַר יְהוָה אֲשֶׁר

que Yahweh según-(la)pala-bra-de sus-puertas afirmó su-pequeño y-con-Segub

דִּבֶּר בְּיַד יְהוֹשֻׁעַ בִּן־נוּן׃ וַיֹּאמֶר אֵלִיָּהוּ הַתִּשְׁבִּי

el-tisbita Elías Y-dijo (1) . Nun hijo-de Josué por-mano-de había-dicho Cap. 17

מִתֹּשָׁבֵי גִלְעָד אֶל־אַחְאָב חַי־יְהוָה אֱלֹהֵי יִשְׂרָאֵל אֲשֶׁר עָמַדְתִּי

yo-estoy-en-pie que Israel Dios-de Yahweh vive : Acab a Galaad de-(los)morado-res-de

לְפָנָיו אִם־יִהְיֶה הַשָּׁנִים הָאֵלֶּה טַל וּמָטָר כִּי אִם־

sino y-lluvia rocío los-estos los-años habrá que-no ante-Él

לְפִי דְבָרִי׃ וַיְהִי דְבַר־יְהוָה אֵלָיו לֵאמֹר׃
: diciendo a-él Yahweh (la)palabra-de Y-sobrevino (2) . mi-palabra según

לֵךְ מִזֶּה וּפָנִיתָ לְּךָ קֵדְמָה וְנִסְתַּרְתָּ בְּנַחַל
en-(el)torrente-de y-te-ocultarás al-este para-ti y-vuelve de-aquí Vete (3)

כְּרִית אֲשֶׁר עַל־פְּנֵי הַיַּרְדֵּן׃ וְהָיָה מֵהַנַּחַל
del-torrente Y-sucederá (4) . el-Jordán frente-de al que Querit

תִּשְׁתֶּה וְאֶת־הָעֹרְבִים צִוִּיתִי לְכַלְכֶּלְךָ שָׁם׃ וַיֵּלֶךְ
Y-fue (5) . allí para-sustentarte mandé los-cuervos y-a beberás

וַיַּעַשׂ כִּדְבַר יְהוָה וַיֵּלֶךְ וַיֵּשֶׁב בְּנַחַל כְּרִית
Querit en-(el)torrente-de y-habitó y-marchó Yahweh según-(la)palabra-de y-obró

אֲשֶׁר עַל־פְּנֵי הַיַּרְדֵּן׃ וְהָעֹרְבִים מְבִיאִים לוֹ לֶחֶם
pan a-él hacían-llegar Y-los-cuervos (6) . el-Jordán frente-de al que

וּבָשָׂר בַּבֹּקֶר וְלֶחֶם וּבָשָׂר בָּעָרֶב וּמִן־הַנַּחַל
el-torrente y-de por-la-tarde y-carne y-pan por-la-mañana y-carne

יִשְׁתֶּה׃ וַיְהִי מִקֵּץ יָמִים וַיִּיבַשׁ הַנָּחַל כִּי
pues el-torrente que-se-secó días al-cabo-de Y-sucedió (7) . bebía

לֹא־הָיָה גֶשֶׁם בָּאָרֶץ׃ וַיְהִי דְבַר־יְהוָה אֵלָיו לֵאמֹר׃
: diciendo a-él Yahweh (la)palabra-de Y-fue (8) . en-el-país lluvia había no

קוּם לֵךְ צָרְפַתָה אֲשֶׁר לְצִידוֹן וְיָשַׁבְתָּ שָׁם הִנֵּה צִוִּיתִי
yo-he-mandado he-aquí-que allí y-habitarás en-Sidón que a-Sarepta ve Levanta (9)

שָׁם אִשָּׁה אַלְמָנָה לְכַלְכְּלֶךָ׃ וַיָּקָם ׀ וַיֵּלֶךְ צָרְפַתָה
a-Sarepta y-se-fue Y-se-levantó (10) . para-sustentarte viuda una-mujer allí

וַיָּבֹא אֶל־פֶּתַח הָעִיר וְהִנֵּה־שָׁם אִשָּׁה אַלְמָנָה מְקֹשֶׁשֶׁת
recogiendo viuda una-mujer allí y-he-aquí-que la-ciudad (la)entrada-a a y-llegó

עֵצִים וַיִּקְרָא אֵלֶיהָ וַיֹּאמַר קְחִי־נָא לִי מְעַט־מַיִם
agua una-poca-de para-mí te-ruego coge : y-dijo a-ella y-llamó ramas

בִּכְּלִי וְאֶשְׁתֶּה׃ וַתֵּלֶךְ לָקַחַת וַיִּקְרָא אֵלֶיהָ

a-ella y-llamó a-coger Y-ella-fue (11) . y-pueda-beber con-la-vasija

וַיֹּאמַר לִקְחִי־נָא לִי פַּת־לֶחֶם בְּיָדֵךְ׃ וַתֹּאמֶר

: Y-ella-dijo (12) . en-tu-mano pan un-pedazo-de para-mí te-ruego coge : y-dijo

חַי־יְהוָה אֱלֹהֶיךָ אִם־יֶשׁ־לִי מָעוֹג כִּי אִם־מְלֹא

lo-que-lleva sino torta para-mí hay que-no tu-Dios Yahweh vive

כַף־קֶמַח בַּכַּד וּמְעַט־שֶׁמֶן בַּצַּפָּחַת וְהִנְנִי מְקֹשֶׁשֶׁת

recogiendo y-he-aquí-que yo en-la-alianza aceite y-un-poco-de en-la-tinaja harina un-puño-de

שְׁנַיִם עֵצִים וּבָאתִי וַעֲשִׂיתִיהוּ לִי וְלִבְנִי

y-para-mi-hijo para-mí y-lo-haré e-iré ramas dos

וַאֲכַלְנֻהוּ וָמָתְנוּ׃ וַיֹּאמֶר אֵלֶיהָ אֵלִיָּהוּ אַל־תִּירְאִי

temas no Elías a-ella Y-dijo (13) . y-moriremos y-lo-comeremos

בֹּאִי עֲשִׂי כִדְבָרֵךְ אַךְ עֲשִׂי־לִי מִשָּׁם עֻגָה קְטַנָּה בָרִאשֹׁנָה

lo-primero pequeña torta de-allí para-mí haz sólo según-tu-palabra haz ve

וְהוֹצֵאת לִי וְלָךְ וְלִבְנֵךְ תַּעֲשִׂי בָּאַחֲרֹנָה׃

. después harás y-para-tu-hijo y-para-ti a-mí y-trae

כִּי כֹה אָמַר יְהוָה אֱלֹהֵי יִשְׂרָאֵל כַּד הַקֶּמַח לֹא

no la-harina (la)tinaja-de : Israel Dios-de Yahweh dijo así Ciertamente (14)

תִכְלָה וְצַפַּחַת הַשֶּׁמֶן לֹא תֶחְסָר עַד יוֹם תֵּתֶן־

de día hasta se-vaciará no el-aceite ni-(la)orza-de se-terminará

יְהוָה גֶּשֶׁם עַל־פְּנֵי הָאֲדָמָה׃ וַתֵּלֶךְ וַתַּעֲשֶׂה כִּדְבַר

según-(la)palabra-de e-hizo Y-fue (15) . la-tierra (la)faz-de sobre lluvia Yahweh

אֵלִיָּהוּ וַתֹּאכַל הוּא־וָהִיא וּבֵיתָהּ יָמִים׃ כַּד הַקֶּמַח

la-harina (La)tinaja-de (16) . días y-su-casa y-ella ella y-comió Elías

לֹא כָלָתָה וְצַפַּחַת הַשֶּׁמֶן לֹא חָסֵר כִּדְבַר יְהוָה

Yahweh como-(la)palabra-de se-vació no el-aceite y-(la)orza-de se-terminó no

אֲשֶׁר דִּבֶּר בְּיַד אֵלִיָּהוּ׃ וַיְהִי אַחַר הַדְּבָרִים הָאֵלֶּה

las-estas las-cosas tras Y-sucedió (17) . Elías por-mano-de había-dicho que

חָלָה בֶּן־ הָאִשָּׁה בַּעֲלַת הַבָּיִת וַיְהִי חָלְיוֹ

su-enfermedad y-fue la-casa dueña-de la-mujer (el)hijo-de cayó-enfermo

חָזָק מְאֹד עַד אֲשֶׁר לֹא־ נוֹתְרָה־ בּוֹ נְשָׁמָה׃ וַתֹּאמֶר אֶל־

a Y-dijo (18) . aliento en-él quedó no que hasta mucho fuerte

אֵלִיָּהוּ מַה־ לִּי וָלָךְ אִישׁ הָאֱלֹהִים בָּאתָ אֵלַי לְהַזְכִּיר אֶת־

** para-recordar a-mí ¿has-venido ? Dios hombre-de y-para-ti para-mí ¿qué : Elías

עֲוֺנִי וּלְהָמִית אֶת־ בְּנִי׃ וַיֹּאמֶר אֵלֶיהָ תְּנִי־ לִי

a-mí da : a-ella Y-dijo (19) ? mi-hijo a y-para-matar mi-culpa

אֶת־ בְּנֵךְ וַיִּקָּחֵהוּ מֵחֵיקָהּ וַיַּעֲלֵהוּ אֶל־

a y-lo-subió de-su-regazo y-lo-cogió tu-hijo a

הָעֲלִיָּה אֲשֶׁר־ הוּא יֹשֵׁב שָׁם וַיַּשְׁכִּבֵהוּ עַל־ מִטָּתוֹ׃

. su-cama sobre y-lo-acostó allí habitaba él que la-habitación-superior

וַיִּקְרָא אֶל־ יְהוָה וַיֹּאמַר יְהוָה אֱלֹהָי הֲגַם עַל־

sobre ¿acaso-también Dios-mío Yahweh : y-dijo Yahweh a E-invocó (20)

הָאַלְמָנָה אֲשֶׁר־אֲנִי מִתְגּוֹרֵר עִמָּהּ הֲרֵעוֹתָ לְהָמִית אֶת־ בְּנָהּ׃

? su-hijo a haciendo-morir causas-mal con-ella me-hospedo yo que la-viuda

וַיִּתְמֹדֵד עַל־ הַיֶּלֶד שָׁלֹשׁ פְּעָמִים וַיִּקְרָא אֶל־ יְהוָה

Yahweh a e-invocó veces tres el-niño sobre Y-se-tendió (21)

וַיֹּאמַר יְהוָה אֱלֹהָי תָּשָׁב נָא נֶפֶשׁ־ הַיֶּלֶד הַזֶּה

el-este el-niño la-vida-de te-ruego vuelva Dios-mío Yahweh : y-dijo

עַל־ קִרְבּוֹ׃ וַיִּשְׁמַע יְהוָה בְּקוֹל אֵלִיָּהוּ וַתָּשָׁב

y-volvió Elías a-la-voz-de Yahweh Y-escuchó (22) . su-interior a

נֶפֶשׁ־ הַיֶּלֶד עַל־ קִרְבּוֹ וַיֶּחִי׃ וַיִּקַּח אֵלִיָּהוּ

Elías Y-cogió (23) . y-vivió su-interior a el-niño (la)vida-de

אֶת־הַיֶּלֶד וַיֹּרִדֵהוּ מִן־הָעֲלִיָּה הַבַּיְתָה
a-la-casa la-habitación-superior desde y-lo-hizo-bajar el-niño a

וַיִּתְּנֵהוּ לְאִמּוֹ וַיֹּאמֶר אֵלִיָּהוּ רְאִי חַי בְּנֵךְ׃
. tu-hijo vivo mira : Elías y-dijo a-su-madre y-lo-dio

וַתֹּאמֶר הָאִשָּׁה אֶל־אֵלִיָּהוּ עַתָּה זֶה יָדַעְתִּי כִּי אִישׁ אֱלֹהִים
Dios hombre-de que sé esto ahora : Elías a la-mujer Y-dijo (24)

אָתָּה וּדְבַר־יְהוָה בְּפִיךָ אֱמֶת׃ וַיְהִי יָמִים רַבִּים
muchos días Y-estuvo (1) . verdad en-tu-boca Yahweh y-(la)palabra-de tú **Cap.18**

וּדְבַר־יְהוָה הָיָה אֶל־אֵלִיָּהוּ בַּשָּׁנָה הַשְּׁלִישִׁית לֵאמֹר לֵךְ
ve : diciendo el-tercero en-el-año Elías a sobrevino Yahweh y-(la)palabra-de

הֵרָאֵה אֶל־אַחְאָב וְאֶתְּנָה מָטָר עַל־פְּנֵי הָאֲדָמָה׃
. la-tierra (la)faz-de sobre lluvia y-daré Acab a preséntate

וַיֵּלֶךְ אֵלִיָּהוּ לְהֵרָאוֹת אֶל־אַחְאָב וְהָרָעָב חָזָק
fuerte y-el-hambre Acab a a-presentarse Elías Y-fue (2)

בְּשֹׁמְרוֹן׃ וַיִּקְרָא אַחְאָב אֶל־עֹבַדְיָהוּ אֲשֶׁר עַל־הַבָּיִת
la-casa sobre que Abdías a Acab Y-llamó (3) . en-Samaria

וְעֹבַדְיָהוּ הָיָה יָרֵא אֶת־יְהוָה מְאֹד׃ וַיְהִי בְּהַכְרִית
cuando-(el)exterminar-de Y-sucedió (4) . mucho Yahweh a temeroso era y-Abdías

אִיזֶבֶל אֵת נְבִיאֵי יְהוָה וַיִּקַּח עֹבַדְיָהוּ מֵאָה נְבִאִים
profetas cien Abdías que-había-cogido Yahweh (los)profetas-de a Jezabel

וַיַּחְבִּיאֵם חֲמִשִּׁים אִישׁ בַּמְּעָרָה וְכִלְכְּלָם לֶחֶם וָמָיִם׃
. y-agua pan y-los-proveyó en-cada-cueva hombres cincuenta y-los-había-ocultado

וַיֹּאמֶר אַחְאָב אֶל־עֹבַדְיָהוּ לֵךְ בָּאָרֶץ אֶל־כָּל־מַעְיְנֵי
(las)fuentes-de todas hacia por-el-país ve : Abdías a Acab Y-dijo (5)

הַמַּיִם וְאֶל כָּל־הַנְּחָלִים אוּלַי ׀ נִמְצָא חָצִיר
hierba encontremos quizás los-torrentes todos y-a el-agua

וּנְחַיֶּה סוּס וָפֶרֶד וְלוֹא נַכְרִית מֵהַבְּהֵמָה׃

. de-las-bestias tengamos-que-matar y-no y-mulo caballo y-podamos-conservar-vivos

וַיְחַלְּקוּ לָהֶם אֶת־הָאָרֶץ לַעֲבָר־בָּהּ אַחְאָב

Acab por-ella para-cruzar la-tierra ** para-ellos Y-se-dividieron (6)

הָלַךְ בְּדֶרֶךְ אֶחָד לְבַדּוֹ וְעֹבַדְיָהוּ הָלַךְ בְּדֶרֶךְ־אֶחָד

uno por-camino fue y-Abdías él-solo uno por-camino fue

לְבַדּוֹ׃ וַיְהִי עֹבַדְיָהוּ בַּדֶּרֶךְ וְהִנֵּה אֵלִיָּהוּ לִקְרָאתוֹ

a-su-encuentro Elías y-he-aquí-que por-el-camino Abdías Y-estaba (7) . él-solo

וַיַּכִּרֵהוּ וַיִּפֹּל עַל־פָּנָיו וַיֹּאמֶר הַאַתָּה זֶה

este ¿acaso-tú : y-dijo su-rostro sobre y-cayó y-él-lo-reconoció

אֲדֹנִי אֵלִיָּהוּ׃ וַיֹּאמֶר לוֹ אָנִי לֵךְ אֱמֹר לַאדֹנֶיךָ

a-tu-señor di ve yo : a-él Y-dijo (8) ? Elías mi-señor

הִנֵּה אֵלִיָּהוּ׃ וַיֹּאמֶר מֶה חָטָאתִי כִּי־אַתָּה נֹתֵן אֶת־

a pones tú pues pecado-he-cometido ¿qué : Y-dijo (9) . Elías he-aquí

עַבְדְּךָ בְּיַד־אַחְאָב לַהֲמִיתֵנִי׃ חַי ׀ יְהוָה אֱלֹהֶיךָ

tu-Dios Yahweh Vive (10) ? para-matarme Acab en-mano-de tu-siervo

אִם־יֶשׁ־גּוֹי וּמַמְלָכָה אֲשֶׁר לֹא־שָׁלַח אֲדֹנִי שָׁם

allí mi-señor haya-enviado no que o-reino nación hay que-no

לְבַקֶּשְׁךָ וְאָמְרוּ אָיִן וְהִשְׁבִּיעַ אֶת־הַמַּמְלָכָה

el-reino a y-hacía-jurar no-está : y-decían a-buscarte

וְאֶת־הַגּוֹי כִּי לֹא יִמְצָאֶכָּה׃ וְעַתָּה אַתָּה אֹמֵר לֵךְ

ve : dices tú Y-ahora (11) . te-había-encontrado no que la-nación y-a

אֱמֹר לַאדֹנֶיךָ הִנֵּה אֵלִיָּהוּ׃ וְהָיָה אֲנִי ׀ אֵלֵךְ

iré yo Y-sucederá (12) . Elías he-aquí : a-tu-señor di

מֵאִתָּךְ וְרוּחַ יְהוָה ׀ יִשָּׂאֲךָ עַל אֲשֶׁר לֹא־אֵדָע

conozco no donde a te-llevará Yahweh y-Espíritu-de de-contigo

וּבָאתִי לְהַגִּיד לְאַחְאָב וְלֹא יִמְצָאֲךָ וַהֲרָגָנִי

y-me-matará te-encontrará y-no a-Acab a-informar y-llegaré

וְעַבְדְּךָ יָרֵא אֶת־ יְהוָה מִנְּעֻרָי׃ הֲלֹא־

¿Acaso-no (13) . desde-su-juventud Yahweh a teme y-tu-siervo

הֻגַּד לַאדֹנִי אֵת אֲשֶׁר־ עָשִׂיתִי בַּהֲרֹג אִיזֶבֶל אֵת

a Jezabel cuando-el-matar-de yo-hice lo-que ** a-mi-señor ha-sido-informado

נְבִיאֵי יְהוָה וָאַחְבִּא מִנְּבִיאֵי יְהוָה מֵאָה אִישׁ חֲמִשִּׁים

cincuenta hombres cien Yahweh de-los-profetas-de y-oculté Yahweh (los)profetas-de

חֲמִשִּׁים אִישׁ בַּמְּעָרָה וָאֲכַלְכְּלֵם לֶחֶם וָמָיִם׃ וְעַתָּה

Y-ahora (14) ? y-agua pan y-los-mantuve en-cada-cueva hombre cincuenta

אַתָּה אֹמֵר לֵךְ אֱמֹר לַאדֹנֶיךָ הִנֵּה אֵלִיָּהוּ וַהֲרָגָנִי׃

. y-me-matará Elías he-aquí a-tu-señor di ve : dices tú

וַיֹּאמֶר אֵלִיָּהוּ חַי יְהוָה צְבָאוֹת אֲשֶׁר עָמַדְתִּי לְפָנָיו

ante-él permanezco que Sebaot Yahweh vive : Elías Y-dijo (15)

כִּי הַיּוֹם אֵרָאֶה אֵלָיו׃ וַיֵּלֶךְ עֹבַדְיָהוּ לִקְרַאת

a-encontrar Abdías Y-fue (16) . a-él me-presentaré este-día que

אַחְאָב וַיַּגֶּד־ לוֹ וַיֵּלֶךְ אַחְאָב לִקְרַאת אֵלִיָּהוּ׃ וַיְהִי

Y-sucedió (17) . Elías a-encontrar Acab y-fue a-él y-alcanzó Acab

כִּרְאוֹת אַחְאָב אֶת־אֵלִיָּהוּ וַיֹּאמֶר אַחְאָב אֵלָיו הַאַתָּה זֶה עֹכֵר

el-que-perturba éste ¿acaso-tú : a-él Acab que-dijo Elías a Acab al-ver

יִשְׂרָאֵל׃ וַיֹּאמֶר לֹא עָכַרְתִּי אֶת־ יִשְׂרָאֵל כִּי אִם־ אַתָּה

tú sino Israel a he-perturbado no : Y-dijo (18) ? Israel

וּבֵית אָבִיךָ בַּעֲזָבְכֶם אֶת־ מִצְוֺת יְהוָה

Yahweh (los)mandamientos-de ** con-vuestro-abandonar tu-padre y-(la)casa-de

וַתֵּלֶךְ אַחֲרֵי הַבְּעָלִים׃ וְעַתָּה שְׁלַח קְבֹץ אֵלַי אֶת־

a junto-a-mí congrega envía Y-ahora (19) . los-baales tras y-caminaste

כָּל־יִשְׂרָאֵל אֶל־הַר הַכַּרְמֶל וְאֶת־נְבִיאֵי הַבַּעַל אַרְבַּע מֵאוֹת
cientos cuatro el-Baal los-profetas-de y-a el-Carmel (el)monte en Israel todo

וַחֲמִשִּׁים וּנְבִיאֵי הָאֲשֵׁרָה אַרְבַּע מֵאוֹת אֹכְלֵי שֻׁלְחַן
(la)mesa-de comensales-de cientos cuatro Aserá y-profetas-de y-cincuenta

אִיזָבֶל׃ וַיִּשְׁלַח אַחְאָב בְּכָל־בְּנֵי יִשְׂרָאֵל וַיִּקְבֹּץ
y-congregó Israel (los)hijos-de por-todos Acab Y-envió (20) . Jezabel

אֶת־הַנְּבִיאִים אֶל־הַר הַכַּרְמֶל׃ וַיִּגַּשׁ אֵלִיָּהוּ אֶל־
a Elías Y-se-acercó (21) . el-Carmel monte en los-profetas a

כָּל־הָעָם וַיֹּאמֶר עַד־מָתַי אַתֶּם פֹּסְחִים עַל־שְׁתֵּי
dos sobre andaréis-cojeando vosotros cuándo ¿hasta : y-dijo el-pueblo todo

הַסְּעִפִּים אִם־יְהוָה הָאֱלֹהִים לְכוּ אַחֲרָיו וְאִם־הַבַּעַל לְכוּ
caminad el-Baal y-si tras-él caminad el-Dios Yahweh si ? las-muletas

אַחֲרָיו וְלֹא־עָנוּ הָעָם אֹתוֹ דָּבָר׃ וַיֹּאמֶר אֵלִיָּהוּ
Elías Y-dijo (22) . palabra a-él el-pueblo contestaron y-no tras-él

אֶל־הָעָם אֲנִי נוֹתַרְתִּי נָבִיא לַיהוָה לְבַדִּי וּנְבִיאֵי
y-profetas-de yo-solo de-Yahweh profeta he-quedado yo : el-pueblo a

הַבַּעַל אַרְבַּע־מֵאוֹת וַחֲמִשִּׁים אִישׁ׃ וְיִתְּנוּ־לָנוּ שְׁנַיִם פָּרִים
novillos dos a-nosotros Y-se-darán (23) . hombres y-cincuenta cientos cuatro el-Baal

וְיִבְחֲרוּ לָהֶם הַפָּר הָאֶחָד וִינַתְּחֻהוּ
y-lo-despedazarán el-uno el-novillo para-ellos y-escogerán

וְיָשִׂימוּ עַל־הָעֵצִים וְאֵשׁ לֹא יָשִׂימוּ וַאֲנִי אֶעֱשֶׂה׀
prepararé y-yo pondrán no y-fuego los-leños sobre y-colocarán

אֶת־הַפָּר הָאֶחָד וְנָתַתִּי עַל־הָעֵצִים וְאֵשׁ לֹא אָשִׂים׃
. pondré no y-fuego los-leños sobre y-pondré el-uno el-novillo **

וּקְרָאתֶם בְּשֵׁם אֱלֹהֵיכֶם וַאֲנִי אֶקְרָא בְשֵׁם־
en-nombre-de invocaré y-yo vuestros-dioses en-nombre-de E-invocaréis (24)

יְהוָה וְהָיָה הָאֱלֹהִים אֲשֶׁר־יַעֲנֶה בָאֵשׁ הוּא הָאֱלֹהִים

el-Dios él con-el-fuego conteste que el-dios y-será Yahweh

וַיַּעַן כָּל־הָעָם וַיֹּאמְרוּ טוֹב הַדָּבָר׃

. la-cosa buena : y-dijeron el-pueblo todo y-contestó

וַיֹּאמֶר אֵלִיָּהוּ לִנְבִיאֵי הַבַּעַל בַּחֲרוּ לָכֶם הַפָּר

el-novillo para-vosotros escoged : Baal a-(los)profetas-de Elías Y-dijo (25)

הָאֶחָד וַעֲשׂוּ רִאשֹׁנָה כִּי אַתֶּם הָרַבִּים וְקִרְאוּ בְּשֵׁם אֱלֹהֵיכֶם

vuestros-dioses en-nombre-de e-invocad los-muchos vosotros pues primero y-preparad el-uno

וְאֵשׁ לֹא תָשִׂימוּ׃ וַיִּקְחוּ אֶת־הַפָּר אֲשֶׁר־נָתַן לָהֶם

a-ellos había-dado que el-novillo ** Y-cogieron (26) . pongáis no y-fuego

וַיַּעֲשׂוּ וַיִּקְרְאוּ בְשֵׁם־הַבַּעַל מֵהַבֹּקֶר

desde-la-mañana el-Baal en-nombre-de e-invocaron y-prepararon

וְעַד־הַצָּהֳרַיִם לֵאמֹר הַבַּעַל עֲנֵנוּ וְאֵין קוֹל וְאֵין עֹנֶה

quien-respondiese y-no-hubo voz y-no-hubo respóndenos oh-Baal : diciendo el-mediodía y-hasta

וַיְפַסְּחוּ עַל־הַמִּזְבֵּחַ אֲשֶׁר עָשָׂה׃ וַיְהִי בַצָּהֳרַיִם

al-mediodía Y-sucedió (27) . había-hecho que el-altar junto-a y-daban-saltos

וַיְהַתֵּל בָּהֶם אֵלִיָּהוּ וַיֹּאמֶר קִרְאוּ בְקוֹל־גָּדוֹל כִּי־

pues grande con-voz gritad : y-decía Elías de-ellos que-se-burlaba

אֱלֹהִים הוּא כִּי שִׂיחַ וְכִי־שִׂיג לוֹ וְכִי־דֶרֶךְ לוֹ

para-él camino o-que para-él defecación o-que cháchara que él dios

אוּלַי יָשֵׁן הוּא וְיִקָץ׃ וַיִּקְרְאוּ בְּקוֹל גָּדוֹל

grande con-voz E-invocaron (28) . y-se-despertará él durmiendo quizás

וַיִּתְגֹּדְדוּ כְּמִשְׁפָּטָם בַּחֲרָבוֹת וּבָרְמָחִים

y-con-las-lanzas con-las-espadas según-su-costumbre y-se-hacían incisiones

עַד־שְׁפָךְ־דָּם עֲלֵיהֶם׃ וַיְהִי כַּעֲבֹר הַצָּהֳרַיִם

el-mediodía al-pasar Y-sucedió (29) . sobre-ellos sangre derramar hasta

וַיִּתְנַבְּאוּ עַד לַעֲלוֹת הַמִּנְחָה וְאֵין־קוֹל
voz y-no-hubo la-oblación ofrecer hasta que-profetizaron

וְאֵין־עֹנֶה וְאֵין קָשֶׁב׃ וַיֹּאמֶר אֵלִיָּהוּ לְכָל־
a-todo Elías Y-dijo (30) . quien-atendiera y-no-hubo quien-respondiese y-no-hubo

הָעָם גְּשׁוּ אֵלַי וַיִּגְּשׁוּ כָל־הָעָם אֵלָיו וַיְרַפֵּא
y-reparó a-él el-pueblo todo y-se-acercaron a-mí acercaos : el-pueblo

אֶת־מִזְבַּח יְהוָה הֶהָרוּס׃ וַיִּקַּח אֵלִיָּהוּ שְׁתֵּים
do- Elías Y-tomó (31) . el-que-había-sido-destruido Yahweh (el)altar-de **

עֶשְׂרֵה אֲבָנִים כְּמִסְפַּר שִׁבְטֵי בְנֵי־יַעֲקֹב אֲשֶׁר הָיָה דְבַר־
(la)palabra-de estuvo que Jacob (los)hijos-de (las)tribus-de según-(el)número-de piedras ce

יְהוָה אֵלָיו לֵאמֹר יִשְׂרָאֵל יִהְיֶה שְׁמֶךָ׃ וַיִּבְנֶה אֶת־
** Y-construyó (32) . tu-nombre será Israel : diciendo con-él Yahweh

הָאֲבָנִים מִזְבֵּחַ בְּשֵׁם יְהוָה וַיַּעַשׂ תְּעָלָה כְּבֵית
como-casa-de una-zanja e-hizo Yahweh en-nombre-de un-altar las-piedras

סָאתַיִם זֶרַע סָבִיב לַמִּזְבֵּחַ׃ וַיַּעֲרֹךְ אֶת־הָעֵצִים
los-leños ** Y-dispuso (33) . del-altar alrededor sembradura dos-seas

וַיְנַתַּח אֶת־הַפָּר וַיָּשֶׂם עַל־הָעֵצִים׃ וַיֹּאמֶר
Y-dijo (34) . los-leños sobre y-puso el-novillo ** y-despedazó

מִלְאוּ אַרְבָּעָה כַדִּים מַיִם וְיִצְקוּ עַל־הָעֹלָה וְעַל־הָעֵצִים
los-leños y-sobre el-holocausto sobre y-verted (de)agua cántaro cuatro llenad

וַיֹּאמֶר שְׁנוּ וַיִּשְׁנוּ וַיֹּאמֶר שַׁלֵּשׁוּ
haced-por-tercera-vez : y-dijo y-repitieron repetid : y-dijo

וַיְשַׁלֵּשׁוּ׃ וַיֵּלְכוּ הַמַּיִם סָבִיב לַמִּזְבֵּחַ
del-altar alrededor las-aguas Y-marcharon (35) . y-por-tercera-vez-hicieron

וְגַם אֶת־הַתְּעָלָה מִלֵּא־מָיִם׃ וַיְהִי ׀ בַּעֲלוֹת
al-ofrecer Y-sucedió (36) . (de)agua llenó la-zanja ** y-también

הַמִּנְחָה וַיִּגַּשׁ אֵלִיָּהוּ הַנָּבִיא וַיֹּאמַר

: y-dijo el-profeta Elías que-se-acercó la-oblación

יְהוָה אֱלֹהֵי אַבְרָהָם יִצְחָק וְיִשְׂרָאֵל הַיּוֹם יִוָּדַע כִּי־אַתָּה

tú que se-sabrá este-día e-Israel Isaac Abraham Dios-de Yahweh

אֱלֹהִים בְּיִשְׂרָאֵל וַאֲנִי עַבְדֶּךָ וּבִדְבָרֶיךָ עָשִׂיתִי אֵת כָּל־

todas ** he-hecho y-por-tus-palabras tu-siervo y-yo en-Israel Dios

הַדְּבָרִים הָאֵלֶּה׃ עֲנֵנִי יְהוָה עֲנֵנִי וְיֵדְעוּ

y-sabrá respóndeme Yahweh Respóndeme (37) . las-estas las-cosas

הָעָם הַזֶּה כִּי־אַתָּה יְהוָה הָאֱלֹהִים וְאַתָּה הֲסִבֹּתָ אֶת־

** has-hecho-volver y-tú Dios Yahweh tú que el-este el-pueblo

לִבָּם אֲחֹרַנִּית׃ וַתִּפֹּל אֵשׁ־יְהוָה וַתֹּאכַל אֶת־

** y-consumió Yahweh (el)fuego-de Y-cayó (38) . atrás su-corazón

הָעֹלָה וְאֶת־הָעֵצִים וְאֶת־הָאֲבָנִים וְאֶת־הֶעָפָר וְאֶת־הַמַּיִם אֲשֶׁר־

que el-agua y el-polvo y las-piedras y los-leños y el-holocausto

בַּתְּעָלָה לִחֵכָה׃ וַיַּרְא כָּל־הָעָם וַיִּפְּלוּ

y-cayeron el-pueblo todo Y-vio (39) . lamió en-la-zanja

עַל־פְּנֵיהֶם וַיֹּאמְרוּ יְהוָה הוּא הָאֱלֹהִים יְהוָה הוּא הָאֱלֹהִים׃

. el-Dios Él Yahweh el-Dios Él Yahweh : y-dijeron su-rostro sobre

וַיֹּאמֶר אֵלִיָּהוּ לָהֶם תִּפְשׂוּ ׀ אֶת־נְבִיאֵי הַבַּעַל אִישׁ

hombre el-Baal (los)profetas-de a prended : a-ellos Elías Y-dijo (40)

אַל־יִמָּלֵט מֵהֶם וַיִּתְפְּשׂוּם וַיּוֹרִדֵם

y-los-bajó y-los-prendieron de-ellos se-escape no

אֵלִיָּהוּ אֶל־נַחַל קִישׁוֹן וַיִּשְׁחָטֵם שָׁם׃ וַיֹּאמֶר

Y-dijo (41) . allí y-los-degolló Cisón el-torrente a Elías

אֵלִיָּהוּ לְאַחְאָב עֲלֵה אֱכֹל וּשְׁתֵה כִּי־קוֹל הֲמוֹן הַגָּשֶׁם׃

. la-lluvia ruido-de sonido-de pues y-bebe come sube : a-Acab Elías

וַיַּעֲלֶה אַחְאָב לֶאֱכֹל וְלִשְׁתּוֹת וְאֵלִיָּהוּ עָלָה אֶל־

a subió y-Elías y-a-beber a-comer Acab Y-subió (42)

רֹאשׁ הַכַּרְמֶל וַיִּגְהַר אַרְצָה וַיָּשֶׂם פָּנָיו בֵּין

entre su-rostro y-puso a-tierra y-se-inclinó el-Carmel (la)cumbre-de

בִּרְכָּו׃ וַיֹּאמֶר אֶל־ נַעֲרוֹ עֲלֵה־ נָא הַבֵּט דֶּרֶךְ־

camino-de mira te-ruego sube : su-muchacho a Y-dijo (43) . sus-rodillas

יָם וַיַּעַל וַיַּבֵּט וַיֹּאמֶר אֵין מְאוּמָה

nada no-hay : y-dijo y-miró y-subió mar

וַיֹּאמֶר שֻׁב שֶׁבַע פְּעָמִים׃ וַיְהִי בַּשְּׁבִעִית וַיֹּאמֶר

que-dijo en-la-séptima Y-sucedió (44) . veces siete vuelve : y-dijo

הִנֵּה־ עָב קְטַנָּה כְּכַף־ אִישׁ עֹלָה מִיָּם וַיֹּאמֶר עֲלֵה אֱמֹר אֶל־

a di sube : y-dijo de-mar sube hombre como-palma-de pequeña nube he-aquí-que

אַחְאָב אֱסֹר וָרֵד וְלֹא יַעַצָרְכָה הַגָּשֶׁם׃ וַיְהִי ׀

Y-fue (45) . la-lluvia te-detenga y-no y-baja cíñete : Acab

עַד־ כֹּה וְעַד־ כֹּה וְהַשָּׁמַיִם הִתְקַדְּרוּ עָבִים וְרוּחַ

y-viento nubes se-oscurecieron y-los-cielos esto y-hasta esto hasta

וַיְהִי גֶּשֶׁם גָּדוֹל וַיִּרְכַּב אַחְאָב וַיֵּלֶךְ יִזְרְעֶאלָה׃

. a-Jizreel y-marchó Acab y-cabalgó grande lluvia y-hubo

וְיַד־ יְהוָה הָיְתָה אֶל ־ אֵלִיָּהוּ וַיְשַׁנֵּס

y-se-ciñó Elías sobre estuvo Yahweh Y-(la)mano-de (46)

מָתְנָיו וַיָּרָץ לִפְנֵי אַחְאָב עַד־ בֹּאֲכָה יִזְרְעֶאלָה׃

. a-Jizreel tu-llegar hasta Acab ante y-corrió sus-lomos

וַיַּגֵּד אַחְאָב לְאִיזֶבֶל אֵת כָּל־אֲשֶׁר עָשָׂה אֵלִיָּהוּ וְאֵת כָּל־ אֲשֶׁר

Cap. 19 (lo)que todo y Elías había-hecho lo-que todo ** a-Jezabel Acab E-informó (1)

הָרַג אֶת־ כָּל־ הַנְּבִיאִים בֶּחָרֶב׃ וַתִּשְׁלַח אִיזֶבֶל

Jezabel Y-envió (2) . con-la-espada los-profetas todos a había-matado

מַלְאָךְ אֶל־אֵלִיָּהוּ לֵאמֹר כֹּה־יַעֲשׂוּן אֱלֹהִים וְכֹה יוֹסִפוּן

añadan y-así dioses hagan así : diciendo Elías a un-mensajero

כִּי־כָעֵת מָחָר אָשִׂים אֶת־נַפְשְׁךָ כְּנֶפֶשׁ אַחַד מֵהֶם׃

. de-ellos uno como-vida-de tu-vida ** pondré mañana por-este-tiempo que

וַיַּרְא וַיָּקָם וַיֵּלֶךְ אֶל־נַפְשׁוֹ וַיָּבֹא

y-llegó su-vida por y-se-fue y-se-levantó Y-vio (3)

בְּאֵר שֶׁבַע אֲשֶׁר לִיהוּדָה וַיַּנַּח אֶת־נַעֲרוֹ שָׁם׃ וְהוּא־

Y-él (4) . allí su-muchacho a y-dejó de-Judá que seba (a)Beer-

הָלַךְ בַּמִּדְבָּר דֶּרֶךְ יוֹם וַיָּבֹא וַיֵּשֶׁב תַּחַת

bajo y-se-sentó y-llegó mar camino-de por-el-desierto fue

רֹתֶם אֶחָת וַיִּשְׁאַל אֶת־נַפְשׁוֹ לָמוּת וַיֹּאמֶר ׀ רַב עַתָּה

ahora demasiado : y-dijo morir su-vida ** y-pidió una retama

יְהוָה קַח נַפְשִׁי כִּי־לֹא־טוֹב אָנֹכִי מֵאֲבֹתָי׃ וַיִּשְׁכַּב

Y-se-acostó (5) . más-que-mis-padres yo bueno no pues mi-vida toma Yahweh

וַיִּישַׁן תַּחַת רֹתֶם אֶחָד וְהִנֵּה־זֶה מַלְאָךְ נֹגֵעַ בּוֹ

a-él toca un-ángel esto y-he-aquí-que una retama bajo y-se-durmió

וַיֹּאמֶר לוֹ קוּם אֱכוֹל׃ וַיַּבֵּט וְהִנֵּה מְרַאֲשֹׁתָיו

a-su-cabecera y-he-aquí-que Y-miró (6) . come levanta : a-él y-dice

עֻגַת רְצָפִים וְצַפַּחַת מָיִם וַיֹּאכַל וַיֵּשְׁתְּ וַיָּשָׁב

y-volvió y-bebió y-comió agua y-jarro-de piedras-incandescentes torta-de

וַיִּשְׁכָּב׃ וַיָּשָׁב מַלְאַךְ יְהוָה ׀ שֵׁנִית וַיִּגַּע־

y-tocó segunda-vez Yahweh (el)ángel-de Y-volvió (7) . y-se-acostó

בּוֹ וַיֹּאמֶר קוּם אֱכֹל כִּי רַב מִמְּךָ הַדָּרֶךְ׃

. el-camino para-ti mucho pues come levanta : y-dijo a-él

וַיָּקָם וַיֹּאכַל וַיִּשְׁתֶּה וַיֵּלֶךְ בְּכֹחַ ׀

con-fuerza-de y-marchó y-bebió y-comió Y-se-levantó (8)

הָאֲכִילָה הַהִיא אַרְבָּעִים יוֹם וְאַרְבָּעִים לַיְלָה עַד הַר הָאֱלֹהִים חֹרֵב׃

. Horeb el-Dios (la)montaña-de hasta noches y-cuarenta días cuarenta la-esta la-comida

וַיָּבֹא־ שָׁם אֶל־ הַמְּעָרָה וַיָּלֶן שָׁם וְהִנֵּה

y-he-aquí-que allí y-pasó-la-noche la-cueva a allí Y-llegó (9)

דְבַר־ יְהוָה אֵלָיו וַיֹּאמֶר לוֹ מַה־ לְּךָ פֹה אֵלִיָּהוּ׃

? Elías aquí para-ti ¿qué : a-él y-dijo a-él Yahweh (la)palabra-de

וַיֹּאמֶר קַנֹּא קִנֵּאתִי לַיהוָה ׀ אֱלֹהֵי צְבָאוֹת כִּי־

pues Sebaot Dios de-Yahweh soy-celoso ser-celoso : Y-dijo (10)

עָזְבוּ בְרִיתְךָ בְּנֵי יִשְׂרָאֵל אֶת־ מִזְבְּחֹתֶיךָ הָרָסוּ

han-destruido tus-altares ** Israel (los)hijos-de tu-Alianza han-abandonado

וְאֶת־ נְבִיאֶיךָ הָרְגוּ בֶחָרֶב וָאִוָּתֵר אֲנִי לְבַדִּי

sólo-yo yo y-he-quedado con-la-espada han-matado tus-profetas y-a

וַיְבַקְשׁוּ אֶת־ נַפְשִׁי לְקַחְתָּהּ׃ וַיֹּאמֶר צֵא וְעָמַדְתָּ

y-permanecerás-en-pie sal : Y-dijo (11) . para-cogerla mi-vida ** y-buscan

בָהָר לִפְנֵי יְהוָה וְהִנֵּה יְהוָה עֹבֵר וְרוּחַ

y-viento pasaba Yahweh y-he-aquí-que Yahweh ante en-el-monte

גְּדוֹלָה וְחָזָק מְפָרֵק הָרִים וּמְשַׁבֵּר סְלָעִים לִפְנֵי יְהוָה

Yahweh ante piedras y-quebraba montañas descuajaba y-fuerte grande

לֹא בָרוּחַ יְהוָה וְאַחַר הָרוּחַ רַעַשׁ לֹא בָרַעַשׁ

en-el-terremoto no terremoto el-viento y-tras Yahweh en-el-viento no

יְהוָה׃ וְאַחַר הָרַעַשׁ אֵשׁ לֹא בָאֵשׁ יְהוָה וְאַחַר

y-tras Yahweh en-el-fuego no fuego el-terremoto Y-tras (12) . Yahweh

הָאֵשׁ קוֹל דְּמָמָה דַקָּה׃ וַיְהִי ׀ כִּשְׁמֹעַ אֵלִיָּהוּ

Elías al-escuchar Y-sucedió (13) . suave calma un-ruido-de el-fuego

וַיָּלֶט פָּנָיו בְּאַדַּרְתּוֹ וַיֵּצֵא וַיַּעֲמֹד

y-permaneció-en-pie y-salió con-su-manto su-rostro que-cubrió

פֶּתַח הַמְּעָרָה וְהִנֵּה אֵלָיו קוֹל וַיֹּאמֶר מַה־ לְּךָ פֹה
aquí para-ti ¿qué : y-dijo una-voz a-él y-he-aquí-que la-cueva (a-la)entrada-de

אֵלִיָּהוּ׃ וַיֹּאמֶר קַנֹּא קִנֵּאתִי לַיהוָה ׀ אֱלֹהֵי
Dios de-Yahweh soy-celoso ser-celoso : Y-dijo (14) ? Elías

צְבָאוֹת כִּי־ עָזְבוּ בְרִיתְךָ בְּנֵי יִשְׂרָאֵל אֶת־ מִזְבְּחֹתֶיךָ
tus-altares ** Israel (los)hijos-de tu-Alianza han-abandonado pues Sebaot

הָרָסוּ וְאֶת־ נְבִיאֶיךָ הָרְגוּ בֶחָרֶב וָאִוָּתֵר
y-he-quedado con-la-espada han-matado tus-profetas y han-destruido

אֲנִי לְבַדִּי וַיְבַקְשׁוּ אֶת־ נַפְשִׁי לְקַחְתָּהּ׃ וַיֹּאמֶר יְהוָה
Yahweh Y-dijo (15) . para-cogerla mi-vida ** y-buscan yo-sólo yo

אֵלָיו לֵךְ שׁוּב לְדַרְכְּךָ מִדְבַּרָה דַמָּשֶׂק וּבָאתָ
y-llegarás Damasco al-desierto por-tu-camino vuelve ve : a-él

וּמָשַׁחְתָּ אֶת־ חֲזָאֵל לְמֶלֶךְ עַל־ אֲרָם׃ וְאֵת יֵהוּא בֶן־ נִמְשִׁי
Nimsí hijo-de Jehú Y-a (16) . Aram sobre por-rey Hazael a y-ungirás

תִּמְשַׁח לְמֶלֶךְ עַל־יִשְׂרָאֵל וְאֶת־אֱלִישָׁע בֶּן־ שָׁפָט מֵאָבֵל מְחוֹלָה
meholá de-Abel- Safat hijo-de Eliseo y-a Israel sobre por-rey ungirás

תִּמְשַׁח לְנָבִיא תַּחְתֶּיךָ׃ וְהָיָה הַנִּמְלָט
el-que-escape Y-será (17) . en-tu-lugar por-profeta ungirás

מֵחֶרֶב חֲזָאֵל יָמִית יֵהוּא וְהַנִּמְלָט מֵחֶרֶב
de-(la)espada-de y-el-que-escape Jehú matará Hazael de-(la)espada-de

יֵהוּא יָמִית אֱלִישָׁע׃ וְהִשְׁאַרְתִּי בְיִשְׂרָאֵל שִׁבְעַת אֲלָפִים
mil siete en-Israel Y-dejaré (18) . Eliseo matará Jehú

כָּל־ הַבִּרְכַּיִם אֲשֶׁר לֹא־ כָרְעוּ לַבַּעַל וְכָל־ הַפֶּה אֲשֶׁר
que la-boca y-toda a-Baal se-arrodillaron no que las-rodillas todas

לֹא־ נָשַׁק לוֹ׃ וַיֵּלֶךְ מִשָּׁם וַיִּמְצָא אֶת־אֱלִישָׁע
Eliseo a y-encontró de-allí Y-marchó (19) . a-él besó no

בֶּן־שָׁפָט וְהוּא חֹרֵשׁ שְׁנֵים־עָשָׂר צְמָדִים לְפָנָיו וְהוּא בִּשְׁנֵים

en-dos y-él ante-él y-jugadas doce araba y-él Safat hijo-de

הֶעָשָׂר וַיַּעֲבֹר אֵלִיָּהוּ אֵלָיו וַיַּשְׁלֵךְ אַדַּרְתּוֹ אֵלָיו׃

. hacia-él su-manto y-tendió junto-a-él Elías y-pasó la-diez

וַיַּעֲזֹב אֶת־הַבָּקָר וַיָּרָץ אַחֲרֵי אֵלִיָּהוּ וַיֹּאמֶר אֶשְּׁקָה־

voy-a-besar : y-dijo Elías tras y-corrió el-ganado ** Y-él-abandonó (20)

נָּא לְאָבִי וּלְאִמִּי וְאֵלְכָה אַחֲרֶיךָ

tras-de-ti y-volveré y-a-mi-madre a-mi-padre pues

וַיֹּאמֶר לוֹ לֵךְ שׁוּב כִּי מֶה־עָשִׂיתִי לָךְ׃ וַיָּשָׁב

Y-volvió (21) ? a-ti he-hecho ¿qué pues vuelve ve : a-él y-dijo

מֵאַחֲרָיו וַיִּקַּח אֶת־צֶמֶד הַבָּקָר וַיִּזְבָּחֵהוּ

y-lo-inmoló el-ganado (la)yunta-de ** y-cogió de-tras-él

וּבִכְלִי הַבָּקָר בִּשְּׁלָם הַבָּשָׂר וַיִּתֵּן לָעָם

al-pueblo y-dio la-carne los-cocinó el-ganado y-con-el-atalaje-de

וַיֹּאכֵלוּ וַיָּקָם וַיֵּלֶךְ אַחֲרֵי אֵלִיָּהוּ וַיְשָׁרְתֵהוּ׃

. y-estuvo-a-su-servicio Elías tras y-se-fue y-se-levantó y-comieron

וּבֶן־הֲדַד מֶלֶךְ־אֲרָם קָבַץ אֶת־כָּל־חֵילוֹ

Cap. 20 su-ejército todo a reunió Aram rey-de adad Y-Ben- (1)

וּשְׁלֹשִׁים וּשְׁנַיִם מֶלֶךְ אִתּוֹ וְסוּס וָרָכֶב וַיַּעַל

y-subió y-carro y-caballo con-él reyes y-dos y-treinta

וַיָּצַר עַל־שֹׁמְרוֹן וַיִּלָּחֶם בָּהּ׃ וַיִּשְׁלַח

Y-envió (2) . con-ella y-combatió Samaria contra y-asedió

מַלְאָכִים אֶל־אַחְאָב מֶלֶךְ־יִשְׂרָאֵל הָעִירָה׃ וַיֹּאמֶר לוֹ כֹּה

así : a-él Y-dijo (3) . a-la-ciudad Israel rey-de Acab a mensajeros

אָמַר בֶּן־הֲדַד כַּסְפְּךָ וּזְהָבְךָ לִי־הוּא וְנָשֶׁיךָ

y-tus-mujeres ello para-mí y-tu-oro tu-plata : adad Ben- ha-dicho

וּבָנֶיךָ הַטּוֹבִים לִי־הֵם׃ וַיַּעַן מֶלֶךְ־יִשְׂרָאֵל
Israel (el)rey-de Y-contestó (4) . ellos para-mí los-mejores y-tus-hijos

וַיֹּאמֶר כִּדְבָרְךָ אֲדֹנִי הַמֶּלֶךְ לְךָ אֲנִי וְכָל־אֲשֶׁר־לִי׃
. para-mí lo-que y-todo yo para-ti el-rey mi-señor según-tu-palabra : y-dijo

וַיָּשֻׁבוּ הַמַּלְאָכִים וַיֹּאמְרוּ כֹּה־אָמַר בֶּן־הֲדַד
adad Ben- ha-hablado así : y-dijeron los-mensajeros Y-regresaron (5)

לֵאמֹר כִּי־שָׁלַחְתִּי אֵלֶיךָ לֵאמֹר כַּסְפְּךָ וּזְהָבְךָ
y-tu-oro tu-plata : a-decir a-ti he-enviado cierta mente : diciendo

וְנָשֶׁיךָ וּבָנֶיךָ לִי תִתֵּן׃ כִּי ׀ אִם־כָּעֵת
por-este-tiempo que Cierta mente (6) . darás a-mí y-tus-hijos y-tus-mujeres

מָחָר אֶשְׁלַח אֶת־עֲבָדַי אֵלֶיךָ וְחִפְּשׂוּ אֶת־
** y-registrarán hacia-ti mis-siervos a enviaré mañana

בֵּיתְךָ וְאֵת בָּתֵּי עֲבָדֶיךָ וְהָיָה כָּל־מַחְמַד
(lo)deseable-de todo y-sucederá tus-súbditos (las)casas-de y tu-casa

עֵינֶיךָ יָשִׂימוּ בְיָדָם וְלָקָחוּ׃
. y-cogerán en-su-muro pondrán tus-ojos

וַיִּקְרָא מֶלֶךְ־יִשְׂרָאֵל לְכָל־זִקְנֵי הָאָרֶץ וַיֹּאמֶר
: y-dijo el-país los-ancianos-de a-todos Israel (el)rey-de Y-llamó (7)

דְּעוּ־נָא וּרְאוּ כִּי רָעָה זֶה מְבַקֵּשׁ כִּי־שָׁלַח אֵלַי
hacia-mí envía pues busca éste mal que y-ved os-ruego sabed

לְנָשַׁי וּלְבָנַי וּלְכַסְפִּי וְלִזְהָבִי
y-por-mi-oro y-por-mi-plata y-por-mis-hijos por-mis-mujeres

וְלֹא מָנַעְתִּי מִמֶּנּוּ׃ וַיֹּאמְרוּ אֵלָיו כָּל־הַזְּקֵנִים
los-ancianos todos a-él Y-dijeron (8) . de-él he-negado y-no

וְכָל־הָעָם אַל־תִּשְׁמַע וְלוֹא תֹאבֶה׃ וַיֹּאמֶר
Y-dijo (9) . aceptes y-no escuches no : el-pueblo y-todo

לְמַלְאֲכֵי בֶן־הֲדַד אִמְרוּ לַאדֹנִי הַמֶּלֶךְ כֹּל אֲשֶׁר־שָׁלַחְתָּ
enviaste lo-que todo : el-rey a-mi-señor decid : adad Ben- a-mensajeros-de

אֶל־עַבְדְּךָ בָרִאשֹׁנָה אֶעֱשֶׂה וְהַדָּבָר הַזֶּה לֹא אוּכַל
puedo no la-ésta y-la-cosa haré en-primer-lugar tu-siervo a

לַעֲשׂוֹת וַיֵּלְכוּ הַמַּלְאָכִים וַיְשִׁבֻהוּ דָּבָר׃
. palabra y-le-respondieron los-mensajeros y-se-fueron hacer

(10) וַיִּשְׁלַח אֵלָיו בֶּן־הֲדַד וַיֹּאמֶר כֹּה־יַעֲשׂוּן לִי
a-mí hagan así : y-dijo adad Ben- a-él Y-envió (10)

אֱלֹהִים וְכֹה יוֹסִפוּ אִם־יִשְׂפֹּק עֲפַר שֹׁמְרוֹן לִשְׁעָלִים
para-puñados Samaria (el)polvo-de es-bastante si añadan y-así dioses

לְכָל־הָעָם אֲשֶׁר בְּרַגְלָי׃ (11) וַיַּעַן מֶלֶךְ־יִשְׂרָאֵל
Israel (el)rey-de Y-contestó (11) . a-mis-pies que el-pueblo para-todo

וַיֹּאמֶר דַּבְּרוּ אַל־יִתְהַלֵּל חֹגֵר כִּמְפַתֵּחַ׃
. como-quien-se-suelta quien-se-ciñe se-alabe no decid : y-dijo

(12) וַיְהִי כִּשְׁמֹעַ אֶת־הַדָּבָר הַזֶּה וְהוּא שֹׁתֶה
bebía que-él la-esta la-palabra ** al-escuchar Y-sucedió (12)

הוּא וְהַמְּלָכִים בַּסֻּכּוֹת וַיֹּאמֶר אֶל־עֲבָדָיו שִׂימוּ
poned : sus-siervos a y-dijo en-las-tiendas y-los-reyes él

וַיָּשִׂימוּ עַל־הָעִיר׃ (13) וְהִנֵּה נָבִיא אֶחָד נִגַּשׁ אֶל־
a se-acercó uno profeta Y-he-aquí-que (13) . la-ciudad contra y-pusieron

אַחְאָב מֶלֶךְ־יִשְׂרָאֵל וַיֹּאמֶר כֹּה אָמַר יְהוָה הֲרָאִיתָ אֵת כָּל־
todo ** ¿acaso-has-visto Yahweh ha-dicho así : y-dijo Israel rey-de Acab

הֶהָמוֹן הַגָּדוֹל הַזֶּה הִנְנִי נֹתְנוֹ בְיָדְךָ הַיּוֹם
este-día en-tu-mano lo-pongo he-aquí-que-yo ? la-esta la-grande la-muchedumbre

וְיָדַעְתָּ כִּי־אֲנִי יְהוָה׃ (14) וַיֹּאמֶר אַחְאָב בְּמִי
¿por-quién? : Acab Y-dijo (14) . Yahweh yo que y-sabrás

וַיֹּאמֶר כֹּה־ אָמַר יְהוָה בְּנַעֲרֵי שָׂרֵי הַמְּדִינוֹת

las-provincias (los)jefes-de por-jóvenes-de : Yahweh dice así : y-dijo

וַיֹּאמֶר מִי־ יֶאְסֹר הַמִּלְחָמָה וַיֹּאמֶר אָתָּה׃

. tú : y-dijo ? el-combate entablará ¿quién : y-dijo

וַיִּפְקֹד אֶת־ נַעֲרֵי שָׂרֵי הַמְּדִינוֹת

las-provincias (los)jefes-de (los)jóvenes-de a Y-pasó-revista (15)

וַיִּהְיוּ מָאתַיִם שְׁנַיִם וּשְׁלֹשִׁים וְאַחֲרֵיהֶם פָּקַד אֶת־

a pasó-revista y-tras-ellos y-treinta dos doscientos y-eran

כָּל־ הָעָם כָּל־ בְּנֵי יִשְׂרָאֵל שִׁבְעַת אֲלָפִים׃ וַיֵּצְאוּ

Y-salieron (16) . mil siete Israel (los)hijos-de todos el-pueblo todo

בַּצָּהֳרָיִם וּבֶן־ הֲדַד שֹׁתֶה שִׁכּוֹר בַּסֻּכּוֹת הוּא וְהַמְּלָכִים

y-los-reyes él en-las-tiendas borracho bebía adad y-Ben- al-mediodía

שְׁלֹשִׁים־וּשְׁנַיִם מֶלֶךְ עֹזֵר אֹתוֹ׃ וַיֵּצְאוּ נַעֲרֵי

(los)jóvenes-de Y-salieron (17) . a-él ayudaba cada-rey y-dos treinta

שָׂרֵי הַמְּדִינוֹת בָּרִאשֹׁנָה וַיִּשְׁלַח בֶּן־ הֲדַד

adad Ben- y-envió en-el-primer-lugar las-provincias (los)jefes-de

וַיַּגִּידוּ לוֹ לֵאמֹר אֲנָשִׁים יָצְאוּ מִשֹּׁמְרוֹן׃ וַיֹּאמֶר

: Y-dijo (18) . de-Samaria han-salido hombres : diciendo a-él e-informaron

אִם־ לְשָׁלוֹם יָצָאוּ תִּפְשׂוּם חַיִּים וְאִם לְמִלְחָמָה

para-guerra y-si vivos prendedlos han-salido para-paz si

יָצָאוּ חַיִּים תִּפְשׂוּם׃ וְאֵלֶּה יָצְאוּ מִן־

de salieron Y-éstos (19) . prendedlos vivos han-salido

הָעִיר נַעֲרֵי שָׂרֵי הַמְּדִינוֹת וְהַחַיִל אֲשֶׁר אַחֲרֵיהֶם׃

. tras-ellos que y-el-ejército las-provincias (los)jefes-de (los)jóvenes-de la-ciudad

וַיַּכּוּ אִישׁ אִישׁוֹ וַיָּנֻסוּ אֲרָם

(a)Aram y-huyeron (a)su-hombre cada-hombre Y-golpearon (20)

וַיִּרְדְּפֵם יִשְׂרָאֵל וַיִּמָּלֵט בֶּן־הֲדַד מֶלֶךְ אֲרָם עַל־סוּס
caballo a Aram rey-de adad Ben- y-se-puso-a-salvo Israel y-los-persiguió

וּפָרָשִׁים׃ (21) וַיֵּצֵא מֶלֶךְ יִשְׂרָאֵל וַיַּךְ אֶת־
a y-golpeó Israel (el)rey-de Y-salió (21) . y-jinetes

הַסּוּס וְאֶת־הָרָכֶב וְהִכָּה בַאֲרָם מַכָּה גְדוֹלָה׃
. grande derrota en-Aram y-golpeó el-carro y-a el-caballo

(22) וַיִּגַּשׁ הַנָּבִיא אֶל־מֶלֶךְ יִשְׂרָאֵל וַיֹּאמֶר לוֹ לֵךְ
ve : a-él y-dijo Israel (el)rey-de a el-profeta Y-se-acercó (22)

הִתְחַזַּק וְדַע וּרְאֵה אֵת אֲשֶׁר־תַּעֲשֶׂה כִּי לִתְשׁוּבַת
a-vuelta-de pues haces que ** y-mira y-considera afiánzate

הַשָּׁנָה מֶלֶךְ אֲרָם עֹלֶה עָלֶיךָ׃ (23) וְעַבְדֵי מֶלֶךְ־
(el)rey-de Y-(los)siervos-de (23) . contra-ti sube Aram (el)rey-de el-año

אֲרָם אָמְרוּ אֵלָיו אֱלֹהֵי הָרִים אֱלֹהֵיהֶם עַל־כֵּן חָזְקוּ
han-sido-fuertes esto por sus-dioses montañas dioses-de : a-él dijeron Aram

מִמֶּנּוּ וְאוּלָם נִלָּחֵם אִתָּם בַּמִּישׁוֹר אִם־לֹא
ciertamente en-la-llanura con-ellos lucharemos y-por-el-contrario más-que-nosotros

נֶחֱזַק מֵהֶם׃ (24) וְאֶת־הַדָּבָר הַזֶּה עֲשֵׂה הָסֵר
aparta : haz la-esta la-cosa Y (24) . más-que-ellos seremos-fuertes

הַמְּלָכִים אִישׁ מִמְּקֹמוֹ וְשִׂים פַּחוֹת תַּחְתֵּיהֶם׃
. en-su-lugar gobernadores y-pon de-su-lugar cada-hombre los-reyes

(25) וְאַתָּה תִמְנֶה־לְךָ ׀ חַיִל כַּחַיִל הַנֹּפֵל
el-que-ha-caído como-el-ejército un-ejército para-ti destina Y-tú (25)

מֵאוֹתָךְ וְסוּס כַּסּוּס ׀ וְרֶכֶב כָּרֶכֶב וְנִלָּחֲמָה
y-combatiremos como-carro y-carro como-caballo y-caballo de-contigo

אוֹתָם בַּמִּישׁוֹר אִם־לֹא נֶחֱזַק מֵהֶם וַיִּשְׁמַע
y-escuchó más-que-ellos seremos-fuertes ciertamente en-la-llanura a-ellos

לְקֹלָם וַיַּעַשׂ כֵּן׃ וַיְהִי לִתְשׁוּבַת

a-vuelta-de Y-sucedió (26) . así e-hizo a-su-voz

הַשָּׁנָה וַיִּפְקֹד בֶּן־הֲדַד אֶת־אֲרָם וַיַּעַל אֲפֵקָה

a-Afec y-subió Aram a adad Ben- que-pasó-revista el-año

לַמִּלְחָמָה עִם־יִשְׂרָאֵל׃ וּבְנֵי יִשְׂרָאֵל הָתְפָּקְדוּ

fueron-inspeccionados Israel Y-(los)hijos-de (27) . Israel con para-la-guerra

וְכָלְכְּלוּ וַיֵּלְכוּ לִקְרָאתָם וַיַּחֲנוּ

y-acamparon a-su-encuentro y-se-fueron y-fueron-abastecidos

בְנֵי־יִשְׂרָאֵל נֶגְדָּם כִּשְׁנֵי חֲשִׂפֵי עִזִּים וַאֲרָם

y-Aram cabras hatillos-de como-dos frente-a-ellos Israel (los)hijos-de

מִלְאוּ אֶת־הָאָרֶץ׃ וַיִּגַּשׁ אִישׁ הָאֱלֹהִים

el-Dios un-hombre-de Y-se-acercó (28) . la-tierra ** llenaban

וַיֹּאמֶר אֶל־מֶלֶךְ יִשְׂרָאֵל וַיֹּאמֶר כֹּה־אָמַר יְהוָה יַעַן אֲשֶׁר

que a-causa-de : Yahweh dice así : y-dijo Israel (el)-rey-de a y-habló

אָמְרוּ אֲרָם אֱלֹהֵי הָרִים יְהוָה וְלֹא־אֱלֹהֵי עֲמָקִים הוּא וְנָתַתִּי

y-yo-pondré él valles Dios-de y-no Yahweh montes Dios-de Aram han-dicho

אֶת־כָּל־הֶהָמוֹן הַגָּדוֹל הַזֶּה בְּיָדֶךָ וִידַעְתֶּם

y-sabréis en-tu-mano la-esta la-grande la-muchedumbre toda **

כִּי־אֲנִי יְהוָה׃ וַיַּחֲנוּ אֵלֶּה נֹכַח אֵלֶּה שִׁבְעַת יָמִים

días siete éstos frente-a éstos Y-acamparon (29) . Yahweh Yo que

וַיְהִי ׀ בַּיּוֹם הַשְּׁבִיעִי וַתִּקְרַב הַמִּלְחָמָה

la-batalla que-se-entabló el-séptimo en-el-día y-sucedió

וַיַּכּוּ בְנֵי־יִשְׂרָאֵל אֶת־אֲרָם מֵאָה־אֶלֶף

mil cien Aram a Israel (los)hijos-de y-golpearon

רַגְלִי בְּיוֹם אֶחָד׃ וַיָּנֻסוּ הַנּוֹתָרִים ׀ אֲפֵקָה

a-Afec los-restantes Y-huyeron (30) . uno en-día infantes

אֶל־הָעִיר וַתִּפֹּל הַחוֹמָה עַל־עֶשְׂרִים וְשִׁבְעָה אֶלֶף אִישׁ
hombres mil y-siete veinte sobre la-muralla y-se-derrumbó la-ciudad a

הַנּוֹתָרִים וּבֶן־הֲדַד נָס וַיָּבֹא אֶל־הָעִיר חֶדֶר
(de)apo la-ciudad a y-llegó huyó adad y-Ben- los-que-quedaban
sento

בְּחָדֶר׃ וַיֹּאמְרוּ אֵלָיו עֲבָדָיו הִנֵּה־נָא שָׁמַעְנוּ כִּי
que hemos-oído por-favor mira : sus-siervos a-él Y-dijeron (31) . en-aposento

מַלְכֵי בֵּית יִשְׂרָאֵל כִּי־מַלְכֵי חֶסֶד הֵם נָשִׂימָה נָּא שַׂקִּים
sacos por-favor pongámonos ellos miseri reyes-de cierta Israel (la)casa- (los)reyes-
cordia mente de de

בְּמָתְנֵינוּ וַחֲבָלִים בְּרֹאשֵׁנוּ וְנֵצֵא אֶל־מֶלֶךְ
(el)rey-de hacia y-salgamos en-nuestras-cabezas y-cuerdas en-nuestros-lomos

יִשְׂרָאֵל אוּלַי יְחַיֶּה אֶת־נַפְשֶׁךָ׃ וַיַּחְגְּרוּ שַׂקִּים
sacos Y-se-ciñeron (32) . tu-vida ** deje-con-vida quizás Israel

בְּמָתְנֵיהֶם וַחֲבָלִים בְּרָאשֵׁיהֶם וַיָּבֹאוּ אֶל־מֶלֶךְ
(el)rey-de a y-vinieron en-sus-cabezas y-cuerdas en-sus-lomos

יִשְׂרָאֵל וַיֹּאמְרוּ עַבְדְּךָ בֶן־הֲדַד אָמַר תְּחִי־נָא
te-ruego quede-con- : ha-dicho adad Ben- tu-siervo : y-dijeron Israel
vida

נַפְשִׁי וַיֹּאמֶר הַעוֹדֶנּוּ חַי אָחִי הוּא׃ וְהָאֲנָשִׁים
Y-los-hombres (33) . él ? mi-hermano vivo ¿acaso-aún-él : y-dijo mi-alma

יְנַחֲשׁוּ וַיְמַהֲרוּ וַיַּחְלְטוּ הֲמִמֶּנּוּ
sí-de-él e-hicieron-decidir y-se-apresuraron tomaron-por-buen-augurio

וַיֹּאמְרוּ אָחִיךָ בֶּן־הֲדַד וַיֹּאמֶר בֹּאוּ קָחֻהוּ וַיֵּצֵא
y-salió tomadlo id : y-dijo adad Ben- tu-hermano : y-dijeron

אֵלָיו בֶּן־הֲדַד וַיַּעֲלֵהוּ עַל־הַמֶּרְכָּבָה׃ וַיֹּאמֶר
Y-dijo (34) . el-carro a y-lo-subió adad Ben- a-él

אֵלָיו הֶעָרִים אֲשֶׁר־לָקַח־אָבִי מֵאֵת אָבִיךָ אָשִׁיב
devolveré tu-padre de-con mi-padre cogió que las-ciudades : a-él

וְחוּצוֹת תָּשִׂים לְךָ בְדַמֶּשֶׂק כַּאֲשֶׁר־שָׂם

puso como en-Damasco para-ti podrás-poner y-calles

אָבִי בְּשֹׁמְרוֹן וַאֲנִי בַּבְּרִית אֲשַׁלְּחֶךָּ וַיִּכְרָת־

y-estableció te-dejaré-libre por-el-pacto y-yo en-Samaria mi-padre

לוֹ בְרִית וַיְשַׁלְּחֵהוּ׃ וְאִישׁ אֶחָד מִבְּנֵי הַנְּבִיאִים

los-profetas de-(los)hijos-de uno Y-hombre (35) . y-lo-dejó-marchar pacto para-él

אָמַר אֶל־ רֵעֵהוּ בִּדְבַר יְהוָה הַכֵּינִי נָא וַיְמָאֵן

y-se-negó te-ruego golpéame : Yahweh por-palabra-de su-compañero a dijo

הָאִישׁ לְהַכֹּתוֹ׃ וַיֹּאמֶר לוֹ יַעַן אֲשֶׁר לֹא־ שָׁמַעְתָּ

has-escuchado no que a-causa-de : a-él Y-dijo (36) . a-golpearlo el-hombre

בְּקוֹל יְהוָה הִנְּךָ הוֹלֵךְ מֵאִתִּי וְהִכְּךָ

y-te-matará de-conmigo te-vas he-aquí-que-tú Yahweh a-la-voz-de

הָאַרְיֵה וַיֵּלֶךְ מֵאֶצְלוֹ וַיִּמְצָאֵהוּ הָאַרְיֵה וַיַּכֵּהוּ׃

. y-lo-mató el-león y-lo-encontró de-junto-a-él y-se-fue el-león

וַיִּמְצָא אִישׁ אַחֵר וַיֹּאמֶר הַכֵּינִי נָא וַיַּכֵּהוּ

y-lo-golpeó te-ruego golpéame : y-dijo otro hombre Y-encontró (37)

הָאִישׁ הַכֵּה וּפָצֹעַ׃ וַיֵּלֶךְ הַנָּבִיא וַיַּעֲמֹד

y-se-puso-en-pie el-profeta Y-fue (38) . y-herir golpear el-hombre

לַמֶּלֶךְ עַל־ הַדָּרֶךְ וַיִּתְחַפֵּשׂ בָּאֲפֵר עַל־

sobre con-la-venda y-se-disfrazó el-camino en ante-el-rey

עֵינָיו׃ וַיְהִי הַמֶּלֶךְ עֹבֵר וְהוּא צָעַק אֶל־

a gritó y-él pasaba el-rey Y-sucedió (39) . sus-ojos

הַמֶּלֶךְ וַיֹּאמֶר עַבְדְּךָ ׀ יָצָא בְקֶרֶב־ הַמִּלְחָמָה וְהִנֵּה־

y-he-aquí-que el-combate de-en-medio-de ha-salido tu-siervo : y-dijo el-rey

אִישׁ סָר וַיָּבֵא אֵלַי אִישׁ וַיֹּאמֶר שְׁמֹר אֶת־ הָאִישׁ הַזֶּה

el-este el-hombre a guarda : y-dijo un-hombre a-mí y-trajo se-apartó un-hombre

אִם־הִפָּקֵד יִפָּקֵד וְהָיְתָה נַפְשְׁךָ תַּחַת נַפְשׁוֹ
su-vida en-lugar-de tu-vida será llegase-a-faltar faltar si

אוֹ כִכַּר־כֶּסֶף תִּשְׁקוֹל׃ וַיְהִי עַבְדְּךָ עֹשֶׂה
actuaba tu-siervo Y-sucedió (40) . habrás-de-pagar plata talento-de o

הֵנָּה וָהֵנָּה וְהוּא אֵינֶנּוּ וַיֹּאמֶר אֵלָיו מֶלֶךְ־יִשְׂרָאֵל כֵּן
así : Israel (el)rey-de a-él y-dijo no-estaba y-él y-allí aquí

מִשְׁפָּטֶךָ אַתָּה חָרָצְתָּ׃ וַיְמַהֵר וַיָּסַר אֶת־
** y-retiró Y-se-apresuró (41) . has-pronunciado tú tu-sentencia

הָאֲפֵר מֵעַל עֵינָיו וַיַּכֵּר אֹתוֹ מֶלֶךְ יִשְׂרָאֵל כִּי
pues Israel (el)rey-de a-él y-reconoció sus-ojos de-sobre la-venda

מֵהַנְּבִאִים הוּא׃ וַיֹּאמֶר אֵלָיו כֹּה אָמַר יְהוָה יַעַן
ya-que : Yahweh dice así : a -él Y-dijo (42) . él de-los-profetas

שִׁלַּחְתָּ אֶת־אִישׁ־חֶרְמִי מִיָּד וְהָיְתָה נַפְשְׁךָ
tu-vida y-estará por-mano mi-anatema (el)hombre-de a dejaste-ir

תַּחַת נַפְשׁוֹ וְעַמְּךָ תַּחַת עַמּוֹ׃ וַיֵּלֶךְ מֶלֶךְ־
(el)rey-de Y-se-fue (43) . su-pueblo en-lugar-de y-tu-pueblo su-vida en-lugar-de

יִשְׂרָאֵל עַל־בֵּיתוֹ סַר וְזָעֵף וַיָּבֹא שֹׁמְרוֹנָה׃
. a-Samaria y-llegó e-irritado malhumorado su-casa a Israel

וַיְהִי אַחַר הַדְּבָרִים הָאֵלֶּה כֶּרֶם הָיָה לְנָבוֹת
Cap. 21 para-Nabot había viña las-estas las-cosas tras Y-sucedió (1)

הַיִּזְרְעֵאלִי אֲשֶׁר בְּיִזְרְעֶאל אֵצֶל הֵיכַל אַחְאָב מֶלֶךְ שֹׁמְרוֹן׃
. Samaria rey-de Acab (el)palacio-de junto-a en-Jizreel que el-jizreelita

וַיְדַבֵּר אַחְאָב אֶל־נָבוֹת ׀ לֵאמֹר ׀ תְּנָה־לִּי אֶת־כַּרְמְךָ
tu-viña ** a-mí da : diciendo Nabot a Acab Y-habló (2)

וִיהִי־לִי לְגַן־יָרָק כִּי הוּא קָרוֹב אֵצֶל
junto-a próxima ella pues verduras como-jardín-de para mí y-será

בֵּיתִי וְאֶתְּנָה לְךָ תַּחְתָּיו כֶּרֶם טוֹב

buena viña en-su-lugar a-ti y-daré mi-casa

מִמֶּנּוּ אִם טוֹב בְּעֵינֶיךָ אֶתְּנָה־ לְךָ כֶסֶף מְחִיר זֶה׃

. esto precio-de plata a-ti daré a-tus-ojos bien si más-que-ella

וַיֹּאמֶר נָבוֹת אֶל־ אַחְאָב חָלִילָה לִּי מֵיהוָה

por-Yahweh de-mí lejos : Acab a Nabot Y-dijo (3)

מִתִּתִּי אֶת־ נַחֲלַת אֲבֹתַי לָךְ׃ וַיָּבֹא אַחְאָב

Acab Y-entró (4) . a-ti mis-padres heredad-de ** de-mi-dar

אֶל־ בֵּיתוֹ סַר וְזָעֵף עַל־ הַדָּבָר אֲשֶׁר־ דִּבֶּר אֵלָיו

a-él había-dicho que la-palabra por e-irritado malhumorado su-casa a

נָבוֹת הַיִּזְרְעֵאלִי וַיֹּאמֶר לֹא־ אֶתֵּן לְךָ אֶת־ נַחֲלַת

heredad-de ** a-ti daré no : y-había-dicho el-jizreelita Nabot

אֲבוֹתָי וַיִּשְׁכַּב עַל־ מִטָּתוֹ וַיַּסֵּב אֶת־ פָּנָיו וְלֹא־

y-no su-rostro ** y-volvió su-cama sobre y-se-acostó mis-padres

אָכַל לָחֶם׃ וַתָּבֹא אֵלָיו אִיזֶבֶל אִשְׁתּוֹ וַתְּדַבֵּר אֵלָיו

: a-él y-dijo su-mujer Jezabel a-él Y-vino (5) . pan comió

מַה־ זֶּה רוּחֲךָ סָרָה וְאֵינְךָ אֹכֵל לָחֶם׃ וַיְדַבֵּר

Y-habló (6) ? pan comes y-tú-no disgustado tu-ánimo esto ¿qué

אֵלֶיהָ כִּי־ אֲדַבֵּר אֶל־ נָבוֹת הַיִּזְרְעֵאלִי וָאֹמַר לוֹ תְּנָה־ לִּי

a-mí da : a-él y-digo el-jizreelita Nabot a hablo cierta mente : a-ella

אֶת־ כַּרְמְךָ בְּכֶסֶף אוֹ אִם־ חָפֵץ אַתָּה אֶתְּנָה־ לְךָ

a-ti daré tú deseas si o por-plata tu-viña **

כֶרֶם תַּחְתָּיו וַיֹּאמֶר לֹא־ אֶתֵּן לְךָ אֶת־ כַּרְמִי׃

. mi-viña ** a-ti daré no : y-él-dijo en-su-lugar viña

וַתֹּאמֶר אֵלָיו אִיזֶבֶל אִשְׁתּוֹ אַתָּה עַתָּה תַּעֲשֶׂה מְלוּכָה עַל־ יִשְׂרָאֵל

? Israel sobre realeza ejerces ahora ¿tú : su-mujer Jezabel a-él Y-dijo (7)

קוּם אֱכָל־לֶחֶם וְיִטַב לִבֶּךָ אֲנִי אֶתֵּן לָךְ
a-ti daré yo tu-corazón y-alégrese pan come levanta

אֶת־כֶּרֶם נָבוֹת הַיִּזְרְעֵאלִי׃ וַתִּכְתֹּב סְפָרִים בְּשֵׁם
en-nombre-de cartas Y-escribió (8) . el-jizreelita Nabot viña-de **

אַחְאָב וַתַּחְתֹּם בְּחֹתָמוֹ וַתִּשְׁלַח הספרים אֶל־הַזְּקֵנִים
los-ancianos a las-cartas y-envió con-sello-de-él y-selló Acab

וְאֶל־הַחֹרִים אֲשֶׁר בְּעִירוֹ הַיֹּשְׁבִים אֶת־נָבוֹת׃
. Nabot con los-que-vivían en-su-ciudad que los-notables y-a

וַתִּכְתֹּב בַּסְּפָרִים לֵאמֹר קִרְאוּ־צוֹם וְהוֹשִׁיבוּ אֶת־נָבוֹת
Nabot a y-haced-sentar ayuno proclamad : diciendo en-las-cartas Y-escribió (9)

בְּרֹאשׁ הָעָם׃ וְהוֹשִׁיבוּ שְׁנַיִם אֲנָשִׁים בְּנֵי־בְלִיַּעַל נֶגְדּוֹ
frente-a-él vileza hijos-de hombres dos Y-haced-sentar (10) . el-pueblo a-(la)cabeza-de

וִיעִדֻהוּ לֵאמֹר בֵּרַכְתָּ אֱלֹהִים וָמֶלֶךְ
y-rey Dios has-maldecido : diciendo y-darán-testimonio-contra-él

וְהוֹצִיאֻהוּ וְסִקְלֻהוּ וְיָמֹת׃ וַיַּעֲשׂוּ אַנְשֵׁי
(los)hombres-los E-hicieron (11) . y-morirá y-lo-apedrearán y-lo-sacarán

עִירוֹ הַזְּקֵנִים וְהַחֹרִים אֲשֶׁר הַיֹּשְׁבִים בְּעִירוֹ
en-su-ciudad los-que-habitaban que y-los-notables (a)los-ancianos su-ciudad

כַּאֲשֶׁר שָׁלְחָה אֲלֵיהֶם אִיזָבֶל כַּאֲשֶׁר כָּתוּב בַּסְּפָרִים
en-las-cartas escrito como Jezabel a-ellos había-enviado como

אֲשֶׁר שָׁלְחָה אֲלֵיהֶם׃ קָרְאוּ צוֹם וְהֹשִׁיבוּ אֶת־נָבוֹב
Nabot a e-hicieron-sentar ayuno Proclamaron (12) . a-ellos había-enviado que

בְּרֹאשׁ הָעָם׃ וַיָּבֹאוּ שְׁנֵי הָאֲנָשִׁים בְּנֵי־בְלִיַּעַל
vileza hijos-de los-hombres dos Y-vinieron (13) . el-pueblo a-(la)cabeza-de

וַיֵּשְׁבוּ נֶגְדּוֹ וַיְעִדֻהוּ אַנְשֵׁי הַבְּלִיַּעַל
la-vileza (los)hombres-de y-dieron-testimonio-contra-él frente-a-él y-se-sentaron

אֶת־ נָבוֹת נֶגֶד הָעָם לֵאמֹר בֵּרַךְ נָבוֹת אֱלֹהִים וָמֶלֶךְ

y-rey Dios Nabot ha-maldecido : diciendo el-pueblo frente-a Nabot contra

וַיֹּצִאֻהוּ מִחוּץ לָעִיר וַיִּסְקְלֻהוּ בָאֲבָנִים

con-las-piedras y-lo-lapidaron de-la-ciudad afuera y-lo-sacaron

וַיָּמֹת׃ וַיִּשְׁלְחוּ אֶל־ אִיזֶבֶל לֵאמֹר סֻקַּל נָבוֹת

Nabot ha-sido-lapidado : diciendo Jezabel a Y-enviaron (14) . y-murió

וַיָּמֹת׃ וַיְהִי כִּשְׁמֹעַ אִיזֶבֶל כִּי־ סֻקַּל

había-sido-lapidado que Jezabel al-oír Y-sucedió (15) . y-ha-muerto

נָבוֹת וַיָּמֹת וַתֹּאמֶר אִיזֶבֶל אֶל־אַחְאָב קוּם רֵשׁ אֶת־

** toma-posesión levanta : Acab a Jezabel que-dijo y-había-muerto Nabot

כֶּרֶם ׀ נָבוֹת הַיִּזְרְעֵאלִי אֲשֶׁר מֵאֵן לָתֶת־ לְךָ בְכֶסֶף

por-plata a-ti dar rehusó que el-jizreelita Nabot (la)viña-de

כִּי אֵין נָבוֹת חַי כִּי־ מֵת׃ וַיְהִי כִשְׁמֹעַ אַחְאָב כִּי

que Acab al-oír Y-sucedió (16) . muerto sino vivo Nabot no-está pues

מֵת נָבוֹת וַיָּקָם אַחְאָב לָרֶדֶת אֶל־ כֶּרֶם נָבוֹת

Nabot (la)viña-de a para-bajar Acab y-se-levantó Nabot había-muerto

הַיִּזְרְעֵאלִי לְרִשְׁתּוֹ׃ וַיְהִי דְּבַר־ יְהוָה אֶל־ אֵלִיָּהוּ

Elías a Yahweh (la)palabra-de Y-fue (17) . para-tomarla-en-posesión el-jezreelita

הַתִּשְׁבִּי לֵאמֹר׃ קוּם רֵד לִקְרַאת אַחְאָב מֶלֶךְ־יִשְׂרָאֵל

Israel rey-de Acab al-encuentro-de baja Levanta (18) : diciendo el-tisbita

אֲשֶׁר בְּשֹׁמְרוֹן הִנֵּה בְּכֶרֶם נָבוֹת אֲשֶׁר־ יָרַד שָׁם לְרִשְׁתּוֹ׃

. para-tomarla-en-posesión allí ha-bajado que Nabot en-viña-de he-aquí-que en-Samaria que

וְדִבַּרְתָּ אֵלָיו לֵאמֹר כֹּה אָמַר יְהוָה הֲרָצַחְתָּ וְגַם־

y-también ¿acaso-has-asesinado Yahweh dice así : diciendo a-él Y-hablarás (19)

יָרָשְׁתָּ וְדִבַּרְתָּ אֵלָיו לֵאמֹר כֹּה אָמַר יְהוָה

: Yahweh dice así : diciendo a-él y-hablarás ? has-tomado-en-posesión

בִּמְקוֹם אֲשֶׁר לָקְקוּ הַכְּלָבִים אֶת־ דַּם נָבוֹת יָלֹקּוּ

lamerán Nabot (la)sangre-de ** los-perros lamieron que en-lugar

הַכְּלָבִים אֶת־ דָּמְךָ גַּם־ אָתָּה׃ וַיֹּאמֶר אַחְאָב אֶל־אֵלִיָּהוּ

: Elías a Acab Y-dijo (20) . tú también tu-sangre ** los-perros

הַמְצָאתַנִי אֹיְבִי וַיֹּאמֶר מָצָאתִי יַעַן הִתְמַכֶּרְךָ

tú-venderte a-causa-de he-encontrado : y-dijo ? enemigo-mío ¿acaso-me-has-encontrado

לַעֲשׂוֹת הָרַע בְּעֵינֵי יְהוָה׃ הִנְנִי מֵבִי אֵלֶיךָ רָעָה

desgracia a-ti traigo He-aquí-que-yo (21) . Yahweh a-ojos-de el-mal para-hacer

וּבִעַרְתִּי אַחֲרֶיךָ וְהִכְרַתִּי לְאַחְאָב מַשְׁתִּין

(a)quien-orina de-Acab y-aniquilaré tras-de-ti y-exterminaré

בְּקִיר וְעָצוּר וְעָזוּב בְּיִשְׂרָאֵל׃ וְנָתַתִּי

Y-pondré (22) . en-Israel y-libre y-esclavo en-muro

אֶת־ בֵּיתְךָ כְּבֵית יָרָבְעָם בֶּן־ נְבָט וּכְבֵית בַּעְשָׁא

Basá y-como-(la)casa-de Nebat hijo-de Jeroboam como-(la)casa-de tu-casa **

בֶּן־ אֲחִיָּה אֶל־ הַכַּעַס אֲשֶׁר הִכְעַסְתָּ וַתַּחֲטִא

e-hiciste-pecar irritaste que la-ofensa por Ahías hijo-de

אֶת־יִשְׂרָאֵל׃ וְגַם־ לְאִיזֶבֶל דִּבֶּר יְהוָה לֵאמֹר הַכְּלָבִים

los-perros : diciendo Yahweh habló para-Jezabel Y-también (23) . Israel a

יֹאכְלוּ אֶת־ אִיזֶבֶל בְּחֵל יִזְרְעֶאל׃ הַמֵּת לְאַחְאָב

de-Acab El-muerto (24) . Jizreel en-(el)muro-de Jezabel a comerán

בָּעִיר יֹאכְלוּ הַכְּלָבִים וְהַמֵּת בַּשָּׂדֶה יֹאכְלוּ

comerán en-el-campo y-el-muerto los-perros comerán en-la-ciudad

עוֹף הַשָּׁמָיִם׃ רַק לֹא־ הָיָה כְאַחְאָב אֲשֶׁר הִתְמַכֵּר לַעֲשׂוֹת

para-hacer se-vendió que como-Acab hubo no Sólo (25) . el-cielo (los)pájaros-de

הָרַע בְּעֵינֵי יְהוָה אֲשֶׁר־ הֵסַתָּה אֹתוֹ אִיזֶבֶל אִשְׁתּוֹ׃

. su-mujer Jezabel a-él había-seducido ya-que Yahweh a-(los)ojos-de lo-malo

וַיַּתְעֵב מְאֹד לָלֶכֶת אַחֲרֵי הַגִּלֻּלִים כְּכֹל אֲשֶׁר עָשׂוּ

habían-hecho lo-que como-todo los-ídolos tras para-ir mucho Y-obró-abominación (26)

הָאֱמֹרִי אֲשֶׁר הוֹרִישׁ יְהוָה מִפְּנֵי בְּנֵי יִשְׂרָאֵל׃

. Israel (los)hijos-de de-ante Yahweh había-expulsado que el-amorreo

וַיְהִי כִשְׁמֹעַ אַחְאָב אֶת־ הַדְּבָרִים הָאֵלֶּה וַיִּקְרַע

que-rasgó las-estas las-palabras ** Acab al-oír Y-sucedió (27)

בְּגָדָיו וַיָּשֶׂם־ שַׂק עַל־ בְּשָׂרוֹ וַיָּצוֹם וַיִּשְׁכַּב

y-se-acostó y-ayunó su-carne sobre un-saco y-puso sus-vestidos

בַּשָּׂק וַיְהַלֵּךְ אַט׃ וַיְהִי דְּבַר־ יְהוָה אֶל־

a Yahweh (la)palabra-de Y-fue (28) . despacio y-caminaba con-(el)saco

אֵלִיָּהוּ הַתִּשְׁבִּי לֵאמֹר׃ הֲרָאִיתָ כִּי־ נִכְנַע אַחְאָב

Acab se-ha-humillado cómo ¿Acaso-has-visto (29) : diciendo el-tisbita Elías

מִלְּפָנָי יַעַן כִּי־ נִכְנַע מִפָּנַי לֹא־ אָבִי

traeré no de-ante-mí se-ha-humillado que a-causa-de ? ante-mí

הָרָעָה בְּיָמָיו בִּימֵי בְנוֹ אָבִיא הָרָעָה

la-desgracia traeré su-hijo en-días-de en-sus-días la-desgracia

עַל־ בֵּיתוֹ׃ וַיֵּשְׁבוּ שָׁלֹשׁ שָׁנִים אֵין מִלְחָמָה בֵּין

entre guerra no-hubo años tres Y-pasaron-tranquilos (1) . su-casa sobre **Cap. 22**

אֲרָם וּבֵין יִשְׂרָאֵל׃ וַיְהִי בַּשָּׁנָה הַשְּׁלִישִׁית וַיֵּרֶד

que-bajó el-tercero en-(el)año Y-sucedió (2) . Israel y-entre Aram

יְהוֹשָׁפָט מֶלֶךְ־ יְהוּדָה אֶל־ מֶלֶךְ יִשְׂרָאֵל׃ וַיֹּאמֶר מֶלֶךְ־יִשְׂרָאֵל

Israel (el)rey-de Y-dijo (3) . Israel (el)rey-de hacia Judá rey-de Josafat

אֶל־ עֲבָדָיו הַיְדַעְתֶּם כִּי־ לָנוּ רָמֹת גִּלְעָד וַאֲנַחְנוּ

y-nosotros Galaad Ramot-de de-nosotros que ¿acaso-sabéis : sus-servidores a

מַחְשִׁים מִקַּחַת אֹתָהּ מִיַּד מֶלֶךְ אֲרָם׃

? Aram (el)rey-de de-mano-de ella de-tomar estamos-pasivos

וַיֹּאמֶר אֶל־יְהוֹשָׁפָט הֲתֵלֵךְ אִתִּי לַמִּלְחָמָה רָמֹת גִּלְעָד

? Galaad Ramot-de a-la-guerra conmigo ¿acaso-irás : Josafat a Y-dijo (4)

וַיֹּאמֶר יְהוֹשָׁפָט אֶל־מֶלֶךְ יִשְׂרָאֵל כָּמוֹנִי כָמוֹךָ כְּעַמִּי

tanto-mi-pueblo como-tú tanto-yo : Israel (el)rey-de a Josafat y-dijo

כְעַמֶּךָ כְּסוּסַי כְּסוּסֶיךָ׃ וַיֹּאמֶר יְהוֹשָׁפָט

Josafat Y-dijo (5) . como-tus-caballos tanto-mis-caballos como-tu-pueblo

אֶל־מֶלֶךְ יִשְׂרָאֵל דְּרָשׁ־נָא כַיּוֹם אֶת־דְּבַר יְהוָה׃

. Yahweh (la)palabra-de ** como-este-día te-ruego consulta : Israel (el)rey-de a

וַיִּקְבֹּץ מֶלֶךְ־יִשְׂרָאֵל אֶת־הַנְּבִיאִים כְּאַרְבַּע מֵאוֹת אִישׁ

hombres cientos como-cuatro los-profetas a Israel (el)rey-de Y-reunió (6)

וַיֹּאמֶר אֲלֵהֶם הַאֵלֵךְ עַל־רָמֹת גִּלְעָד לַמִּלְחָמָה אִם־

o para-la-guerra Galaad Ramot-de a ¿acaso-he-de-ir : a-ellos y-dijo

אֶחְדָּל וַיֹּאמְרוּ עֲלֵה וְיִתֵּן אֲדֹנָי בְּיַד

en-mano-de Señor y-pondrá sube : y-dijeron ? he-de-desistir

הַמֶּלֶךְ׃ וַיֹּאמֶר יְהוֹשָׁפָט הַאֵין פֹּה נָבִיא לַיהוָה עוֹד

aún de-Yahweh profeta aquí ¿acaso-no-hay : Josafat Y-dijo (7) . el-rey

וְנִדְרְשָׁה מֵאוֹתוֹ׃ וַיֹּאמֶר מֶלֶךְ־יִשְׂרָאֵל ׀ אֶל־יְהוֹשָׁפָט

: Josafat a Israel (el)rey-de Y-dijo (8) ? de-con-él y-consultaremos

עוֹד אִישׁ־אֶחָד לִדְרֹשׁ אֶת־יְהוָה מֵאֹתוֹ וַאֲנִי שְׂנֵאתִיו כִּי

pues lo-odio pero-yo de-con-él Yahweh a para-consultar uno hombre aún

לֹא־יִתְנַבֵּא עָלַי טוֹב כִּי אִם־רָע מִיכָיְהוּ בֶּן־יִמְלָה

Yimlá hijo-de Miqueas mal sino bien sobre-mí ha-profetizado no

וַיֹּאמֶר יְהוֹשָׁפָט אַל־יֹאמַר הַמֶּלֶךְ כֵּן׃ וַיִּקְרָא

Y-llamó (9) . así el-rey hable no : Josafat y-dijo

מֶלֶךְ יִשְׂרָאֵל אֶל־סָרִיס אֶחָד וַיֹּאמֶר מַהֲרָה מִיכָיְהוּ בֶן־

hijo-de (a)Miqueas trae-pronto : y-dijo uno eunuco a Israel (el)rey-de

יִמְלָה׃ וּמֶלֶךְ יִשְׂרָאֵל וִיהוֹשָׁפָט מֶלֶךְ־ יְהוּדָה יֹשְׁבִים
sentados Judá rey-de y-Josafat Israel Y-(el)rey-de (10) . Yimlá

אִישׁ עַל־ כִּסְאוֹ מְלֻבָּשִׁים בְּגָדִים בְּגֹרֶן פֶּתַח
(a)la-entrada-de en-una-era vestiduras y-estaban-vestidos su-trono sobre cada-hombre

שַׁעַר שֹׁמְרוֹן וְכָל־ הַנְּבִיאִים מִתְנַבְּאִים לִפְנֵיהֶם׃
. ante-ellos profetizaban los-profetas y-todos Samaria (la)puerta-

וַיַּעַשׂ לוֹ צִדְקִיָּה בֶן־ כְּנַעֲנָה קַרְנֵי בַרְזֶל וַיֹּאמֶר
: y-dijo hierro cuernos-de Quenaaná hijo-de Sedecías para-él Y-había-hecho (11)

כֹּה־ אָמַר יְהוָה בְּאֵלֶּה תְּנַגַּח אֶת־ אֲרָם עַד־ כַּלֹּתָם׃
. destruirlos hasta Aram a acornearás con-éstos : Yahweh ha-dicho así

וְכָל־ הַנְּבִאִים נִבְּאִים כֵּן לֵאמֹר עֲלֵה רָמֹת
(a)Ramot-de sube : diciendo así profetizaban los-profetas Y-todos (12)

גִּלְעָד וְהַצְלַח וְנָתַן יְהוָה בְּיַד הַמֶּלֶךְ׃
. el-rey en-mano-de Yahweh y-pondrá y-tendrás-éxito Galaad

וְהַמַּלְאָךְ אֲשֶׁר־ הָלַךְ ׀ לִקְרֹא מִיכָיְהוּ דִּבֶּר אֵלָיו לֵאמֹר
: diciendo a-él habló a-Miqueas a-llamar había-ido que Y-el-mensajero (13)

הִנֵּה־ נָא דִּבְרֵי הַנְּבִיאִים פֶּה־ אֶחָד טוֹב אֶל־ הַמֶּלֶךְ
el-rey para bien una boca los-profetas (las)palabras-de te-ruego mira

יְהִי־ נָא דְבָרְךָ כִּדְבַר אַחַד מֵהֶם וְדִבַּרְתָּ טּוֹב׃
. bien y-habla de-ellos uno como-(la)palabra-de tu-palabra te-ruego sea

וַיֹּאמֶר מִיכָיְהוּ חַי־ יְהוָה כִּי אֶת־ אֲשֶׁר יֹאמַר יְהוָה אֵלַי
a-mí Yahweh ha-dicho lo-que ** que Yahweh vive : Miqueas Y-dijo (14)

אֹתוֹ אֲדַבֵּר׃ וַיָּבוֹא אֶל־ הַמֶּלֶךְ וַיֹּאמֶר הַמֶּלֶךְ
el-rey y-dijo el-rey a Y-vino (15) . voy-a-decir a-él

אֵלָיו מִיכָיְהוּ הֲנֵלֵךְ אֶל־ רָמֹת גִּלְעָד לַמִּלְחָמָה אִם־
o para-la-guerra Galaad Ramot-de contra ¿acaso-hemos-de-ir Miqueas : a-él

נֶחְדָּל וַיֹּאמֶר אֵלָיו עֲלֵה וְהַצְלַח

y-tendrás-éxito sube : a-él y-dijo ? hemos-de-desistir

וְנָתַן יְהוָה בְּיַד הַמֶּלֶךְ׃ וַיֹּאמֶר אֵלָיו

a-él Y-dijo (16) . el-rey en-mano-de Yahweh y-pondrá

הַמֶּלֶךְ עַד־ כַּמֶּה פְעָמִים אֲנִי מַשְׁבִּעֶךָ אֲשֶׁר לֹא־ תְדַבֵּר

digas no que te-he-de-conjurar yo veces cuántas ¿hasta : el-rey

אֵלַי רַק־ אֱמֶת בְּשֵׁם יְהוָה׃ וַיֹּאמֶר רָאִיתִי אֶת־ כָּל־

todo a he-visto : Y-dijo (17) ? Yahweh en-nombre-de verdad sino a-mí

יִשְׂרָאֵל נְפֹצִים אֶל־ הֶהָרִים כַּצֹּאן אֲשֶׁר אֵין־ לָהֶם

para-ellos no-hay que como-el-ganado las-montañas en dispersos Israel

רֹעֶה וַיֹּאמֶר יְהוָה לֹא־ אֲדֹנִים לָאֵלֶּה יָשׁוּבוּ אִישׁ־

cada-hombre que-vuelva ; para-ellos señores no : Yahweh y-dijo pastor

לְבֵיתוֹ בְּשָׁלוֹם׃ וַיֹּאמֶר מֶלֶךְ־ יִשְׂרָאֵל אֶל־ יְהוֹשָׁפָט הֲלוֹא

¿acaso-no : Josafat a Israel (el)rey-de Y-dijo (18) . en-paz a-su-casa

אָמַרְתִּי אֵלֶיךָ לוֹא־ יִתְנַבֵּא עָלַי טוֹב כִּי אִם־ רָע׃ וַיֹּאמֶר

: Y-dijo (19) ? mal sino bien sobre-mí profetizará no : a-ti había-dicho-yo

לָכֵן שְׁמַע דְּבַר־ יְהוָה רָאִיתִי אֶת־ יְהוָה יֹשֵׁב עַל־ כִּסְאוֹ

su-trono sobre sentado Yahweh a he-visto Yahweh (la)palabra-de escucha por-esto

וְכָל־ צְבָא הַשָּׁמַיִם עֹמֵד עָלָיו מִימִינוֹ

a-su-derecha junto-a-él estaba-en-pie el-cielo (el)ejército-de y-todo

וּמִשְּׂמֹאלוֹ׃ וַיֹּאמֶר יְהוָה מִי יְפַתֶּה אֶת־ אַחְאָב

Acab a seducirá ¿quién : Yahweh Y-dijo (20) . y-a-su-izquierda

וְיַעַל וְיִפֹּל בְּרָמֹת גִּלְעָד וַיֹּאמֶר זֶה בְּכֹה

así éste y-dijo ? Galaad en-Ramot-de y-caerá y-subirá

וְזֶה אֹמֵר בְּכֹה׃ וַיֵּצֵא הָרוּחַ וַיַּעֲמֹד

y-se-puso-en-pie el-espíritu Y-salió (21) . así hablaba y-éste

לִפְנֵי יְהוָה וַיֹּאמֶר אֲנִי אֲפַתֶּנּוּ וַיֹּאמֶר יְהוָה אֵלָיו

: a-él Yahweh y-dijo lo-seduciré Yo : y-dijo Yahweh ante

בַּמָּה׃ וַיֹּאמֶר אֵצֵא וְהָיִיתִי רוּחַ שֶׁקֶר

mentira espíritu-de y-seré saldré : Y-dijo (22) ¿con-qué?

בְּפִי כָּל־ נְבִיאָיו וַיֹּאמֶר תְּפַתֶּה וְגַם־

y-aun seducirás : y-dijo sus-profetas todos en-boca-de

תּוּכָל צֵא וַעֲשֵׂה־ כֵן׃ וְעַתָּה הִנֵּה נָתַן יְהוָה רוּחַ

espíritu-de Yahweh ha-puesto he-aquí-que Y-ahora (23) . así y-haz sal triunfarás

שֶׁקֶר בְּפִי כָּל־ נְבִיאֶיךָ אֵלֶּה וַיהוָה דִּבֶּר

ha-dicho y-Yahweh éstos tus-profetas todos en-boca-de mentira

עָלֶיךָ רָעָה׃ וַיִּגַּשׁ צִדְקִיָּהוּ בֶן־ כְּנַעֲנָה וַיַּכֶּה

y-golpeó Quenaaná hijo-de Sedequías Y-se-acercó (24) . mal sobre-ti

אֶת־מִיכָיְהוּ עַל־ הַלֶּחִי וַיֹּאמֶר אֵי־ זֶה עָבַר רוּחַ־ יְהוָה

Yahweh (el)espíritu-de pasó esto ¿dónde : y-dijo la-mejilla sobre Miqueas a

מֵאִתִּי לְדַבֵּר אוֹתָךְ׃ וַיֹּאמֶר מִיכָיְהוּ הִנְּךָ

he-aquí-que-tú : Miqueas Y-dijo (25) ? a-ti para-hablar de-conmigo

רֹאֶה בַּיּוֹם הַהוּא אֲשֶׁר תָּבֹא חֶדֶר בְּחֶדֶר לְהֵחָבֵה׃

. para-esconderte en-aposento (de)aposento irás que el-aquel en-el-día ves

וַיֹּאמֶר מֶלֶךְ יִשְׂרָאֵל קַח אֶת־ מִיכָיְהוּ וַהֲשִׁיבֵהוּ אֶל־

a y-hazlo-volver Miqueas a coge : Israel (el)rey-de Y-dijo (26)

אָמֹן שַׂר־ הָעִיר וְאֶל־ יוֹאָשׁ בֶּן־ הַמֶּלֶךְ׃ וְאָמַרְתָּ כֹּה

así : Y-dirás (27) . el-rey hijo-de Joás y-a la-ciudad prefecto-de Amón

אָמַר הַמֶּלֶךְ שִׂימוּ אֶת־ זֶה בֵּית הַכֶּלֶא וְהַאֲכִילֻהוּ

y-hacedle-comer el-cautiverio (en)casa-de éste a poned : el-rey ha-dicho

לֶחֶם לַחַץ וּמַיִם לַחַץ עַד בֹּאִי בְשָׁלוֹם׃ וַיֹּאמֶר

Y-dijo (28) . en-paz mi-volver hasta racionada y-agua racionado pan

מִיכָיְהוּ אִם־ שׁוֹב תָּשׁוּב בְּשָׁלוֹם לֹא־ דִבֶּר יְהוָה בִּי
por-mí Yahweh ha-hablado no en-paz vuelves volver si : Miqueas

וַיֹּאמֶר שִׁמְעוּ עַמִּים כֻּלָּם׃ וַיַּעַל מֶלֶךְ־
(el)rey-de Y-subió (29) . todos-ellos pueblos escuchad : y-dijo

יִשְׂרָאֵל וִיהוֹשָׁפָט מֶלֶךְ־יְהוּדָה רָמֹת גִּלְעָד׃ וַיֹּאמֶר מֶלֶךְ
(el)rey-de Y-dijo (30) . Galaad (a)Ramot-de Judá (el)rey-de y-Josafat Israel

יִשְׂרָאֵל אֶל־יְהוֹשָׁפָט הִתְחַפֵּשׂ וָבֹא בַמִּלְחָמָה
en-el-combate y-entra disfrázate : Josafat a Israel

וְאַתָּה לְבַשׁ בְּגָדֶיךָ וַיִּתְחַפֵּשׂ מֶלֶךְ יִשְׂרָאֵל וַיָּבוֹא
y-entró Israel (el)rey-de y-se-disfrazó tus-vestiduras viste y-tú

בַּמִּלְחָמָה׃ וּמֶלֶךְ אֲרָם צִוָּה אֶת־ שָׂרֵי
(a-los)comandantes-de ** había-ordenado Aram Y-(el)rey-de (31) . en-el-combate

הָרֶכֶב אֲשֶׁר־ לוֹ שְׁלֹשִׁים וּשְׁנַיִם לֵאמֹר לֹא תִּלָּחֲמוּ אֶת־קָטֹן וְאֶת־
ni-a pequeño a ataquéis no : diciendo y-dos treinta para-él que el-carro

גָּדוֹל כִּי אִם־ אֶת־ מֶלֶךְ יִשְׂרָאֵל לְבַדּוֹ׃ וַיְהִי כִּרְאוֹת
al-ver Y-sucedió (32) . sólo-él Israel (el)rey-de a sino grande

שָׂרֵי הָרֶכֶב אֶת־ יְהוֹשָׁפָט וְהֵמָּה אָמְרוּ אַךְ
de-cierto : dijeron que-ellos Josafat a el-carro (los)comandantes-de

מֶלֶךְ־ יִשְׂרָאֵל הוּא וַיָּסֻרוּ עָלָיו לְהִלָּחֵם וַיִּזְעַק
y-gritó para-atacar contra-él y-se-dirigieron él Israel rey-de

יְהוֹשָׁפָט׃ וַיְהִי כִּרְאוֹת שָׂרֵי הָרֶכֶב כִּי־לֹא־
no que el-carro (los)comandantes-de al-ver Y-sucedió (33) . Josafat

מֶלֶךְ יִשְׂרָאֵל הוּא וַיָּשׁוּבוּ מֵאַחֲרָיו׃ וְאִישׁ מָשַׁךְ
tiró Y-un-hombre (34) . de-tras-él que-volvieron él Israel rey-de

בַּקֶּשֶׁת לְתֻמּוֹ וַיַּכֶּה אֶת־ מֶלֶךְ יִשְׂרָאֵל בֵּין
entre Israel (el)rey-de a e-hirió sin-fijarse con-el-arco

הַדְּבָקִים וּבֵין הַשִּׁרְיָן וַיֹּאמֶר לְרַכָּבוֹ

los-tirantes y-entre la-coraza y-dijo a-su-conductor-de-carro :

הֲפֹךְ יָדְךָ וְהוֹצִיאֵנִי מִן־ הַמַּחֲנֶה כִּי הָחֳלֵיתִי׃

vuelve tu-mano y-hazme-salir de la-formación pues me-encuentro-mal .

(35) וַתַּעֲלֶה הַמִּלְחָמָה בַּיּוֹם הַהוּא וְהַמֶּלֶךְ הָיָה

(35) Y-se-acrecentó el-combate en-el-día el-aquel y-el-rey estuvo

מָעֳמָד בַּמֶּרְכָּבָה נֹכַח אֲרָם וַיָּמָת בָּעֶרֶב

puesto-en-pie en-el-carro frente-a Aram y-murió por-la-tarde

וַיִּצֶק דַּם־ הַמַּכָּה אֶל־ חֵיק הָרָכֶב׃ (36) וַיַּעֲבֹר

y-se-derramó (la)sangre-de la-herida por (el)fondo-de el-carro . (36) Y-cruzó

הָרִנָּה בַּמַּחֲנֶה כְּבֹא הַשֶּׁמֶשׁ לֵאמֹר אִישׁ אֶל־ עִירוֹ

el-grito por-el-campamento al-ponerse el-sol diciendo : cada-hombre a su-ciudad

וְאִישׁ אֶל־ אַרְצוֹ׃ (37) וַיָּמָת הַמֶּלֶךְ וַיָּבוֹא שֹׁמְרוֹן

y-cada-hombre a su-tierra . (37) Y-ha-muerto el-rey y-vino a-Samaria

וַיִּקְבְּרוּ אֶת־ הַמֶּלֶךְ בְּשֹׁמְרוֹן׃ (38) וַיִּשְׁטֹף אֶת־ הָרֶכֶב

y-sepultaron a el-rey en-Samaria . (38) Y-se-lavó ** el-carro

עַל ׀ בְּרֵכַת שֹׁמְרוֹן וַיָּלֹקּוּ הַכְּלָבִים אֶת־ דָּמוֹ

junto-a (la)alberca-de Samaria y-lamieron los-perros ** su-sangre

וְהַזֹּנוֹת רָחָצוּ כִּדְבַר יְהוָה אֲשֶׁר

y-las-prostitutas se-bañaron según-(la)palabra-de Yahweh que

דִּבֵּר׃ (39) וְיֶתֶר דִּבְרֵי אַחְאָב וְכָל־ אֲשֶׁר עָשָׂה וּבֵית

había-dicho . (39) Y-(el)resto-de (los)hechos-de Acab y-todo lo-que hizo y-(la)casa-de

הַשֵּׁן אֲשֶׁר בָּנָה וְכָל־ הֶעָרִים אֲשֶׁר בָּנָה הֲלוֹא־

el-marfil que construyó y-todas las-ciudades que construyó ¿acaso-no

הֵם כְּתוּבִים עַל־ סֵפֶר דִּבְרֵי הַיָּמִים לְמַלְכֵי יִשְׂרָאֵל׃

ellos escritos en (el)libro-de (los)hechos-de los-días de-reyes-de Israel ?

וַיִּשְׁכַּב אַחְאָב עִם־ אֲבֹתָיו וַיִּמְלֹךְ אֲחַזְיָהוּ

Ocozías y-reinó sus-padres con Acab Y-se-acostó (40)

בְּנוֹ תַּחְתָּיו׃ וִיהוֹשָׁפָט בֶּן־ אָסָא מָלַךְ

reinó Asá hijo-de Y-Josafat (41) . en-su-lugar su-hijo

עַל־ יְהוּדָה בִּשְׁנַת אַרְבַּע לְאַחְאָב מֶלֶךְ יִשְׂרָאֵל׃ יְהוֹשָׁפָט בֶּן־

hijo-de Josafat (42) . Israel rey-de de-Acab cuatro en-año Judá sobre

שְׁלֹשִׁים וְחָמֵשׁ שָׁנָה בְּמָלְכוֹ וְעֶשְׂרִים וְחָמֵשׁ שָׁנָה

años y-veinticinco al-empezar-a-reinar años y-cinco treinta

מָלַךְ בִּירוּשָׁלִָם וְשֵׁם אִמּוֹ עֲזוּבָה בַּת־

hija-de Azubá su-madre y-(el)nombre-de en-Jerusalén reinó

שִׁלְחִי׃ וַיֵּלֶךְ בְּכָל־ דֶּרֶךְ אָסָא אָבִיו לֹא־ סָר

se-apartó no su-padre Asá (el)camino-de por-todo Y-caminó (43) . Silhí

מִמֶּנּוּ לַעֲשׂוֹת הַיָּשָׁר בְּעֵינֵי יְהוָה׃ אַךְ הַבָּמוֹת

los-lugares-altos Sin-embargo (44) . Yahweh a-(los)ojos-de lo-recto haciendo de-él

לֹא־ סָרוּ עוֹד הָעָם מְזַבְּחִים

sacrificaban el-pueblo aún apartó no

וּמְקַטְּרִים בַּבָּמוֹת׃ וַיַּשְׁלֵם

Y-estuvo-en-paz (45) . en-los-lugares-altos y-quemaban-incienso

יְהוֹשָׁפָט עִם־ מֶלֶךְ יִשְׂרָאֵל׃ וְיֶתֶר דִּבְרֵי יְהוֹשָׁפָט

Josafat (los)hechos-de Y-(el)resto-de (46) . Israel (el)rey-de con Josafat

וּגְבוּרָתוֹ אֲשֶׁר־ עָשָׂה וַאֲשֶׁר נִלְחָם הֲלֹא־ הֵם

ellos ¿acaso-no combatió y-que hizo lo-que y-su-poderío

כְּתוּבִים עַל־ סֵפֶר דִּבְרֵי הַיָּמִים לְמַלְכֵי יְהוּדָה׃

? Judá de-reyes-de los-días (los)hechos-de (el)libro-de en escritos

וְיֶתֶר הַקָּדֵשׁ אֲשֶׁר נִשְׁאַר בִּימֵי אָסָא

Asá en-días-de quedaba que el-hieródulo Y-(el)resto-de (47)

אָבִיו בִּעֵר מִן־הָאָרֶץ׃ וּמֶלֶךְ אֵין בֶּאֱדוֹם
en-Edom no-había Y-(el)rey (48) . el-país de barrió su-padre

נִצָּב מֶלֶךְ׃ יְהוֹשָׁפָט עָשָׂר אֳנִיּוֹת תַּרְשִׁישׁ לָלֶכֶת
para-ir Tarsis naves-de diez Josafat (49) . rey un-prefecto

אוֹפִירָה לַזָּהָב וְלֹא הָלָךְ כִּי־נִשְׁבְּרָה אֳנִיּוֹת
las-naves fueron-destrozadas pues fue y-no por-el-oro a-Ofir

בְּעֶצְיוֹן גָּבֶר׃ אָז אָמַר אֲחַזְיָהוּ בֶן־אַחְאָב אֶל־יְהוֹשָׁפָט
: Josafat a Acab hijo-de Ocozías dijo Entonces (50) . géber en-Ezyón-

יֵלְכוּ עֲבָדַי עִם־עֲבָדֶיךָ בָּאֳנִיּוֹת וְלֹא אָבָה
quiso y-no en-las-naves mis-siervos con tus-siervos vayan

יְהוֹשָׁפָט׃ וַיִּשְׁכַּב יְהוֹשָׁפָט עִם־אֲבֹתָיו
sus-padres con Josafat Y-se-acostó (51) . Josafat

וַיִּקָּבֵר עִם־אֲבֹתָיו בְּעִיר דָּוִד אָבִיו
su-padre David en-(la)ciudad-de sus-padres con y-fue-enterrado

וַיִּמְלֹךְ יְהוֹרָם בְּנוֹ תַּחְתָּיו׃ אֲחַזְיָהוּ בֶן־
hijo-de Ocozías (52) . en-su-lugar su-hijo Joram y-reinó

אַחְאָב מָלַךְ עַל־יִשְׂרָאֵל בְּשֹׁמְרוֹן בִּשְׁנַת שְׁבַע עֶשְׂרֵה
diecisiete en-(el)año en-Samaria Israel sobre reinó Acab

לִיהוֹשָׁפָט מֶלֶךְ יְהוּדָה וַיִּמְלֹךְ עַל־יִשְׂרָאֵל שְׁנָתָיִם׃
. dos-años Israel sobre y-reinó Judá rey-de de-Josafat

וַיַּעַשׂ הָרַע בְּעֵינֵי יְהוָה וַיֵּלֶךְ בְּדֶרֶךְ
por-(el)camino-de y-caminó Yahweh a-ojos-de lo-malo Y-obró (53)

אָבִיו וּבְדֶרֶךְ אִמּוֹ וּבְדֶרֶךְ יָרָבְעָם בֶּן־
hijo-de Jeroboam y-por-camino-de su-madre y-por-(el)camino-de su-padre

נְבָט אֲשֶׁר הֶחֱטִיא אֶת־יִשְׂרָאֵל׃ וַיַּעֲבֹד אֶת־הַבַּעַל
el-Baal a Y-sirvió (54) . Israel a hizo-pecar que Nebat

יִשְׂרָאֵל	אֱלֹהֵי	יְהוָה	אֶת־	וַיַּכְעֵס	לוֹ	וַיִּשְׁתַּחֲוֶה
Israel	Dios-de	Yahweh	a	e-irritó	ante-él	y-se-postró

אָבִיו׃	עָשָׂה	אֲשֶׁר־	כְּכֹל
. su-padre	había-hecho	lo-que	según-todo

2 REYES

וַיִּפְשַׁע מוֹאָב בְּיִשְׂרָאֵל אַחֲרֵי מוֹת אַחְאָב׃ וַיִּפֹּל

Y-cayó (2) . Acab la-muerte-de tras contra-Israel Moab Y-se-rebeló (1)

אֲחַזְיָה בְּעַד הַשְּׂבָכָה בַּעֲלִיָּתוֹ אֲשֶׁר בְּשֹׁמְרוֹן

en-Samaria que en-su-aposento-superior la-reja por-entre Ocozías

וַיָּחַל וַיִּשְׁלַח מַלְאָכִים וַיֹּאמֶר אֲלֵהֶם לְכוּ דִרְשׁוּ

consultad id : a-ellos y-dijo mensajeros y-envió y-cayó-enfermo

בְּבַעַל זְבוּב אֱלֹהֵי עֶקְרוֹן אִם־ אֶחְיֶה מֵחֳלִי זֶה׃

. esta de-enfermedad sobreviviré si Ecrón dios-de zebub con-Baal-

וּמַלְאַךְ יְהוָה דִּבֶּר אֶל־אֵלִיָּה הַתִּשְׁבִּי קוּם עֲלֵה לִקְרַאת

al-encuentro-de sube levanta : el-tisbita Elías a dijo Yahweh Y-(el)ángel-de (3)

מַלְאֲכֵי מֶלֶךְ־ שֹׁמְרוֹן וְדַבֵּר אֲלֵהֶם הַמִבְּלִי אֵין־

no-hay ¿acaso-porque-no : a-ellos y-di Samaria (el)rey-de (los)mensajeros-de

אֱלֹהִים בְּיִשְׂרָאֵל אַתֶּם הֹלְכִים לִדְרֹשׁ בְּבַעַל זְבוּב אֱלֹהֵי עֶקְרוֹן׃

? Ecrón dios-de zebub con-Baal- a-consultar vais vosotros en-Israel Dios

וְלָכֵן כֹּה־ אָמַר יְהוָה הַמִּטָּה אֲשֶׁר־ עָלִיתָ שָּׁם לֹא־

no allí subiste a-la-que la-cama : Yahweh dice así Y-por-esto (4)

תֵרֵד מִמֶּנָּה כִּי מוֹת תָּמוּת וַיֵּלֶךְ אֵלִיָּה׃

. Elías y-se-fue morirás morir pues de-ella bajarás

וַיָּשׁוּבוּ הַמַּלְאָכִים אֵלָיו וַיֹּאמֶר אֲלֵיהֶם מַה־ זֶּה

esto ¿por-qué : a-ellos y-dijo a-él los-mensajeros Y-volvieron (5)

שַׁבְתֶּם׃ וַיֹּאמְרוּ אֵלָיו אִישׁ ׀ עָלָה לִקְרָאתֵנוּ וַיֹּאמֶר
y-dijo a-nuestro-encuentro subió un-hombre : a-él Y-dijeron (6) ? habéis-vuelto

אֵלֵינוּ לְכוּ שׁוּבוּ אֶל־הַמֶּלֶךְ אֲשֶׁר־שָׁלַח אֶתְכֶם וְדִבַּרְתֶּם אֵלָיו כֹּה
así : a-él y-decid a-vosotros ha-enviado que el-rey a volved id : a-nosotros

אָמַר יְהוָה הֲמִבְּלִי אֵין־אֱלֹהִים בְּיִשְׂרָאֵל אַתָּה שֹׁלֵחַ לִדְרֹשׁ
a-consultar envías tú en-Israel Dios no-hay ¿acaso-porque-no : Yahweh dice

בְּבַעַל זְבוּב אֱלֹהֵי עֶקְרוֹן לָכֵן הַמִּטָּה אֲשֶׁר־עָלִיתָ שָּׁם לֹא־
no allí subiste a-la-que la-cama por-esto Ecrón días-de zebub con-Baal

תֵרֵד מִמֶּנָּה כִּי־מוֹת תָּמוּת׃ וַיְדַבֵּר אֲלֵהֶם
: a-ellos Y-dijo (7) . morirás morir pues de-ella bajarás

מֶה מִשְׁפַּט הָאִישׁ אֲשֶׁר עָלָה לִקְרַאתְכֶם וַיְדַבֵּר אֲלֵיכֶם אֶת־
** a-vosotros y-dijo a-vuestro-encuentro subió que el-hombre (el)aspecto-de ¿cuál

הַדְּבָרִים הָאֵלֶּה׃ וַיֹּאמְרוּ אֵלָיו אִישׁ בַּעַל שֵׂעָר
pelliza dueño-de hombre : a-él Y-dijeron (8) ? las-estas las-palabras

וְאֵזוֹר עוֹר אָזוּר בְּמָתְנָיו וַיֹּאמַר אֵלִיָּה
Elías : y-dijo por-sus-lomos ceñido cuero y-ceñidor-de

הַתִּשְׁבִּי הוּא׃ וַיִּשְׁלַח אֵלָיו שַׂר־חֲמִשִּׁים וַחֲמִשָּׁיו
y-sus-cincuenta cincuenta un-capitán-de a-él Y-envió (9) . él el-tisbita

וַיַּעַל אֵלָיו וְהִנֵּה יֹשֵׁב עַל־רֹאשׁ הָהָר וַיְדַבֵּר אֵלָיו
: a-él y-habló el-monte (la)cumbre-sobre-de estaba-sentado y-he-aquí-que a-él y-subió

אִישׁ הָאֱלֹהִים הַמֶּלֶךְ דִּבֶּר רֵדָה׃ וַיַּעֲנֶה אֵלִיָּהוּ
Elías Y-contestó (10) . baja : ha-dicho el-rey Dios hombre-de

וַיְדַבֵּר אֶל־שַׂר הַחֲמִשִּׁים וְאִם־אִישׁ אֱלֹהִים אָנִי תֵּרֶד
baje yo Dios hombre-de y-si : los-cincuenta (el)capitán-de a y-dijo

אֵשׁ מִן־הַשָּׁמַיִם וְתֹאכַל אֹתְךָ וְאֶת־חֲמִשֶּׁיךָ וַתֵּרֶד
y-bajó tus-cincuenta y ti y-devore el-cielo de fuego

אֵשׁ מִן־הַשָּׁמַיִם וַתֹּאכַל אֹתוֹ וְאֶת־חֲמִשָּׁיו׃ וַיָּשָׁב

Y-volvió (11) . sus-cincuenta y-a a-él y-devoró el-cielo de fuego

וַיִּשְׁלַח אֵלָיו שַׂר־חֲמִשִּׁים אַחֵר וַחֲמִשָּׁיו וַיַּעַן

y-contestó y-sus-cincuenta otro cincuenta un-capitán-de a-él y-envió

וַיְדַבֵּר אֵלָיו אִישׁ הָאֱלֹהִים כֹּה־אָמַר הַמֶּלֶךְ מְהֵרָה רֵדָה׃

. baja deprisa : el-rey dice así Dios hombre-de : a-él y-dijo

וַיַּעַן אֵלִיָּה וַיְדַבֵּר אֲלֵיהֶם אִם־אִישׁ הָאֱלֹהִים אָנִי

yo Dios hombre-de si : a-ellos y-dijo Elías Y-contestó (12)

תֵּרֶד אֵשׁ מִן־הַשָּׁמַיִם וְתֹאכַל אֹתְךָ וְאֶת־

y-a a-ti y-devore el-cielo de fuego baje

חֲמִשֶּׁיךָ וַתֵּרֶד אֵשׁ־אֱלֹהִים מִן־הַשָּׁמַיִם וַתֹּאכַל אֹתוֹ

a-él y-devoró el-cielo de Dios fuego-de y-bajó tus-cincuenta

וְאֶת־חֲמִשָּׁיו׃ וַיָּשָׁב וַיִּשְׁלַח שַׂר־חֲמִשִּׁים שְׁלִשִׁים

tercero cincuenta un-capitán-de y-envió Y-volvió (13) . sus-cincuenta y-a

וַחֲמִשָּׁיו וַיַּעַל וַיָּבֹא שַׂר־הַחֲמִשִּׁים הַשְּׁלִישִׁי

el-tercero los-cincuenta (el)capitán-de y-llegó y-subió y-sus-cincuenta

וַיִּכְרַע עַל־בִּרְכָּיו ׀ לְנֶגֶד אֵלִיָּהוּ וַיִּתְחַנֵּן אֵלָיו

a-él e-imploró-compasión Elías en-frente-de sus-rodillas sobre y-se-arrodilló

וַיְדַבֵּר אֵלָיו אִישׁ הָאֱלֹהִים תִּיקַר־נָא נַפְשִׁי

mi-vida te-ruego sea-valiosa Dios hombre-de : a-él y-dijo

וְנֶפֶשׁ עֲבָדֶיךָ אֵלֶּה חֲמִשִּׁים בְּעֵינֶיךָ׃ הִנֵּה יָרְדָה

ha-bajado He-aquí-que (14) . a-tus-ojos cincuenta estos tus-siervos y-(la)vida-de

אֵשׁ מִן־הַשָּׁמַיִם וַתֹּאכַל אֶת־שְׁנֵי שָׂרֵי הַחֲמִשִּׁים

los-cincuenta los-capitanes-de dos a y-ha-devorado el-cielo de fuego

הָרִאשֹׁנִים חֲמִשֵּׁיהֶם וְעַתָּה תִּיקַר נַפְשִׁי

mi-vida sea-valiosa y-ahora sus-cincuenta los-primeros

בְּעֵינֶֽיךָ׃ וַיְדַבֵּר מַלְאַךְ יְהוָה אֶל־אֵלִיָּהוּ רֵד אוֹתוֹ
con-él baja : Elías a Yahweh (el)ángel-de Y-dijo (15) . a-tus-ojos

אַל־תִּירָא מִפָּנָיו וַיָּקָם וַיֵּרֶד אוֹתוֹ אֶל־
hacia con-él y-bajó y-se-levantó ante-él tengas-temor no

הַמֶּֽלֶךְ׃ וַיְדַבֵּר אֵלָיו כֹּה־אָמַר יְהוָה יַעַן אֲשֶׁר־שָׁלַחְתָּ
has-enviado que a-causa-de : Yahweh dice así : a-él Y-dijo (16) . el-rey

מַלְאָכִים לִדְרֹשׁ בְּבַעַל זְבוּב אֱלֹהֵי עֶקְרוֹן הַמִבְּלִי אֵין־
no-hay ¿acaso-porque-no Ecrón dios-de zebub con-Baal- a-consultar mensajeros

אֱלֹהִים בְּיִשְׂרָאֵל לִדְרֹשׁ בִּדְבָרוֹ לָכֵן הַמִּטָּה אֲשֶׁר־עָלִיתָ
subiste a-la-que la-cama por-esto ? con-su-palabra para-consultar en-Israel Dios

שָׁם לֹא־תֵרֵד מִמֶּנָּה כִּי־מוֹת תָּמוּת׃ וַיָּמָת
Y-murió (17) . morirás morir pues de-ella bajarás no allí

כִּדְבַר יְהוָה׀ אֲשֶׁר־דִּבֶּר אֵלִיָּהוּ וַיִּמְלֹךְ יְהוֹרָם
Joram y-reinó Elías había-dicho que Yahweh según-(la)palabra-de

תַּחְתָּיו בִּשְׁנַת שְׁתַּיִם לִיהוֹרָם בֶּן־יְהוֹשָׁפָט מֶלֶךְ יְהוּדָה
Judá rey-de Josafat hijo-de de-Joram dos en-año en-su-lugar

כִּי לֹא־הָיָה לוֹ בֵּן׃ וְיֶתֶר דִּבְרֵי אֲחַזְיָהוּ אֲשֶׁר עָשָׂה
hizo que Ocozías (los)hechos-de Y-(el)resto-de (18) . hijo para-él hubo no pues

הֲלוֹא־הֵמָּה כְּתוּבִים עַל־סֵפֶר דִּבְרֵי הַיָּמִים לְמַלְכֵי יִשְׂרָאֵל׃
? Israel de-reyes-de los-días (los)hechos-de (el)libro-de en escritos ellos ¿acaso-no

וַיְהִי בְּהַעֲלוֹת יְהוָה אֶת־אֵלִיָּהוּ בַּסְעָרָה הַשָּׁמָיִם
Cap. 2 al-cielo en-el-torbellino Elías a Yahweh cuando-el-hacer-subir-de Y-sucedió (1)

וַיֵּלֶךְ אֵלִיָּהוּ וֶאֱלִישָׁע מִן־הַגִּלְגָּל׃ וַיֹּאמֶר אֵלִיָּהוּ אֶל־
a Elías Y-dijo (2) . el-Gilgal desde y-Eliseo Elías que-ha-ido

אֱלִישָׁע שֵׁב־נָא פֹה כִּי יְהוָה שְׁלָחַנִי עַד־בֵּית־אֵל וַיֹּאמֶר אֱלִישָׁע
: Eliseo y-dijo el Bet- a me-envía Yahweh pues aquí te-ruego quédate : Eliseo

חַי־יְהוָה וְחֵי־נַפְשְׁךָ אִם־אֶעֶזְבֶךָּ וַיֵּרְדוּ

y-bajaron te-abandono si tu-alma y-vive Yahweh vive

בֵּית־אֵל׃ וַיֵּצְאוּ בְנֵי־הַנְּבִיאִים אֲשֶׁר־בֵּית־אֵל אֶל־אֱלִישָׁע

Eliseo a el (en)Bet- que los-profetas (los)hijos-de Y-salieron (3) . el a-Bet-

וַיֹּאמְרוּ אֵלָיו הֲיָדַעְתָּ כִּי הַיּוֹם יְהוָה לֹקֵחַ אֶת־

** toma Yahweh este-día que ¿acaso-sabes : a-él y-dijeron

אֲדֹנֶיךָ מֵעַל רֹאשֶׁךָ וַיֹּאמֶר גַּם־אֲנִי יָדַעְתִּי

sé yo también : y-dijo ? tu-cabeza de-sobre tu-señor

הֶחֱשׁוּ׃ וַיֹּאמֶר לוֹ אֵלִיָּהוּ אֱלִישָׁע ׀ שֵׁב־נָא פֹה כִּי

pues aquí te-ruego quédate Eliseo : Elías a-él Y-dijo (4) . callad

יְהוָה שְׁלָחַנִי יְרִיחוֹ וַיֹּאמֶר חַי־יְהוָה וְחֵי־

y-vive Yahweh vive : y-dijo (a)Jericó me-envía Yahweh

נַפְשְׁךָ אִם־אֶעֶזְבֶךָּ וַיָּבֹאוּ יְרִיחוֹ׃ וַיִּגְּשׁוּ

Y-se-acercaron (5) . (a)Jericó y-llegaron te-abandono si tu-alma

בְנֵי־הַנְּבִיאִים אֲשֶׁר־בִּירִיחוֹ אֶל־אֱלִישָׁע וַיֹּאמְרוּ אֵלָיו

a-él y-dijeron Eliseo a en-Jericó que los-profetas (los)hijos-de

הֲיָדַעְתָּ כִּי הַיּוֹם יְהוָה לֹקֵחַ אֶת־אֲדֹנֶיךָ מֵעַל

de-sobre tu-señor a toma Yahweh este-día que ¿acaso-sabes

רֹאשֶׁךָ וַיֹּאמֶר גַּם־אֲנִי יָדַעְתִּי הֶחֱשׁוּ׃ וַיֹּאמֶר

Y-dijo (6) . callad sé yo también : y-dijo ? tu-cabeza

לוֹ אֵלִיָּהוּ שֵׁב־נָא פֹה כִּי יְהוָה שְׁלָחַנִי הַיַּרְדֵּנָה

al-Jordán me-envía Yahweh pues aquí te-ruego quédate : Elías a-él

וַיֹּאמֶר חַי־יְהוָה וְחֵי־נַפְשְׁךָ אִם־אֶעֶזְבֶךָּ

te-abandono si tu-alma y-vive Yahweh vive : y-dijo

וַיֵּלְכוּ שְׁנֵיהֶם׃ וַחֲמִשִּׁים אִישׁ מִבְּנֵי הַנְּבִיאִים

los-profetas de-(los)hijos-de hombres Y-cincuenta (7) . ellos-dos y-fueron

הָלְכוּ וַיַּעַמְדוּ מִנֶּגֶד מֵרָחוֹק וּשְׁנֵיהֶם עָמְדוּ

se-quedaron y-ellos-dos a-lo-lejos de-en-frente y-se-quedaron fueron

עַל־הַיַּרְדֵּן׃ וַיִּקַּח אֵלִיָּהוּ אֶת־אַדַּרְתּוֹ וַיִּגְלֹם

y-enrolló su-manto ** Elías Y-cogió (8) . el-Jordán junto-a

וַיַּכֶּה אֶת־הַמַּיִם וַיֵּחָצוּ הֵנָּה וָהֵנָּה

y-acá aquí y-se-dividieron las-aguas ** y-golpeó

וַיַּעַבְרוּ שְׁנֵיהֶם בֶּחָרָבָה׃ וַיְהִי

Y-sucedió (9) . por-tierra-seca ellos-dos y-cruzaron

כְעָבְרָם וְאֵלִיָּהוּ אָמַר אֶל־אֱלִישָׁע שְׁאַל מָה אֶעֱשֶׂה־

puedo-hacer ¿qué pide : Eliseo a dijo que-Elías cuando-su-cruzar

לָּךְ בְּטֶרֶם אֶלָּקַח מֵעִמָּךְ וַיֹּאמֶר אֱלִישָׁע

: Eliseo y-dijo ? de-contigo sea-arrebatado antes-de-que por-ti

וִיהִי־ נָא פִּי־ שְׁנַיִם בְּרוּחֲךָ אֵלָי׃ וַיֹּאמֶר

: Y-dijo (10) . para-mí en-tu-espíritu dos porción-de te-ruego y-sea

הִקְשִׁיתָ לִשְׁאוֹל אִם־תִּרְאֶה אֹתִי לֻקָּח מֵאִתָּךְ יְהִי־

será de-contigo siendo-arrebatado a-mí puedes-ver si pedir has-hecho-difícil

לְךָ כֵן וְאִם־אַיִן לֹא יִהְיֶה׃ וַיְהִי הֵמָּה הֹלְכִים

iban ellos Y-sucedió (11) . será no no-es y-si así para-ti

הָלוֹךְ וְדַבֵּר וְהִנֵּה רֶכֶב־ אֵשׁ וְסוּסֵי אֵשׁ

fuego y-caballos-de fuego un-carro-de y-he-aquí y-hablando caminando

וַיַּפְרִדוּ בֵּין שְׁנֵיהֶם וַיַּעַל אֵלִיָּהוּ בַּסְּעָרָה

en-el-torbellino Elías y-subió ellos-dos entre y-separaron

הַשָּׁמָיִם׃ וֶאֱלִישָׁע רֹאֶה וְהוּא מְצַעֵק אָבִי׀ אָבִי

padre-mío padre-mío : gritaba y-él veía Y-Eliseo (12) (a)el-cielo

רֶכֶב יִשְׂרָאֵל וּפָרָשָׁיו וְלֹא רָאָהוּ עוֹד

más lo-vio y-no y-su-caballería Israel carro-de

וַיַּחֲזֵק בִּבְגָדָיו וַיִּקְרָעֵם לִשְׁנַיִם קְרָעִים׃

. pedazos en-dos y-los-rasgó en-sus-vestidos y-agarró

וַיָּרֶם אֶת־ אַדֶּרֶת אֵלִיָּהוּ אֲשֶׁר נָפְלָה מֵעָלָיו

de-sobre-él había-caído que Elías (el)manto-de ** Y-alzó (13)

וַיָּשָׁב וַיַּעֲמֹד עַל־ שְׂפַת הַיַּרְדֵּן׃ וַיִּקַּח אֶת־

** Y-cogió (14) . el-Jordán (la)orilla-de a y-se-quedó-en-pie y-volvió

אַדֶּרֶת אֵלִיָּהוּ אֲשֶׁר־ נָפְלָה מֵעָלָיו וַיַּכֶּה אֶת־ הַמַּיִם

el-agua ** y-golpeó de-sobre-él había-caído que Elías el-manto-de

וַיֹּאמַר אַיֵּה יְהוָה אֱלֹהֵי אֵלִיָּהוּ אַף־הוּא ׀ וַיַּכֶּה אֶת־ הַמַּיִם

las-aguas ** y-golpeó él también ? Elías Dios-de Yahweh ¿dónde-está : y-dijo

וַיֵּחָצוּ הֵנָּה וָהֵנָּה וַיַּעֲבֹר אֱלִישָׁע׃

. Eliseo y-cruzó y-acá aquí y-se-dividieron

וַיִּרְאֻהוּ בְנֵי־ הַנְּבִיאִים אֲשֶׁר־ בִּירִיחוֹ מִנֶּגֶד

de-en-frente en-Jericó que los-profetas (los)hijos-de Y-lo-vieron (15)

וַיֹּאמְרוּ נָחָה רוּחַ אֵלִיָּהוּ עַל־אֱלִישָׁע וַיָּבֹאוּ לִקְרָאתוֹ

a-su-encuentro y-llegaron Eliseo sobre Elías (el)espíritu-de ha-descansado : y-dijeron

וַיִּשְׁתַּחֲווּ־ לוֹ אָרְצָה׃ וַיֹּאמְרוּ אֵלָיו הִנֵּה־ נָא

te-ruego mira : a-él Y-dijeron (16) . a-tierra a-él y-se-postraron

יֵשׁ־ אֶת־ עֲבָדֶיךָ חֲמִשִּׁים אֲנָשִׁים בְּנֵי־ חַיִל יֵלְכוּ נָא

pues vayan valentía hijos-de hombres cincuenta tus-siervos con hay

וִיבַקְשׁוּ אֶת־ אֲדֹנֶיךָ פֶּן־ נְשָׂאוֹ רוּחַ

(el)Espíritu-de lo-haya-alzado no-sea-que tu-señor a y-busquen

יְהוָה וַיַּשְׁלִכֵהוּ בְּאַחַד הֶהָרִים אוֹ בְּאַחַת הַגֵּיאָוֹת

los-valles en-uno-de o las-montañas en-una-de y-lo-haya-arrojado Yahweh

וַיֹּאמֶר לֹא תִשְׁלָחוּ׃ וַיִּפְצְרוּ־ בוֹ עַד־

hasta a-él E-insistieron (17) . enviaréis no : y-dijo

בֹּשׁ וַיֹּאמֶר שְׁלָחוּ וַיִּשְׁלְחוּ חֲמִשִּׁים אִישׁ וַיְבַקְשׁוּ

y-buscaron hombres cincuenta y-enviaron enviad : y-dijo dar-vergüenza

שְׁלֹשָׁה־יָמִים וְלֹא מְצָאֻהוּ׃ וַיָּשֻׁבוּ אֵלָיו וְהוּא

y-él a-él Y-volvieron (18) . lo-encontraron y-no días tres

יֹשֵׁב בִּירִיחוֹ וַיֹּאמֶר אֲלֵהֶם הֲלוֹא־אָמַרְתִּי אֲלֵיכֶם אַל־תֵּלֵכוּ׃

? vayáis no : a-vosotros dije ¿acaso-no : a-ellos y-dijo en-Jericó estaba-sentado

וַיֹּאמְרוּ אַנְשֵׁי הָעִיר אֶל־אֱלִישָׁע הִנֵּה־נָא מוֹשַׁב הָעִיר

la-ciudad (la)situación-de te-ruego mira : Eliseo a la-ciudad (los)hombres-de Y-dijeron (19)

טוֹב כַּאֲשֶׁר אֲדֹנִי רֹאֶה וְהַמַּיִם רָעִים וְהָאָרֶץ

y-la-tierra malas y-las-aguas ve mi-señor como buena

מְשַׁכָּלֶת׃ וַיֹּאמֶר קְחוּ־לִי צְלֹחִית חֲדָשָׁה וְשִׂימוּ שָׁם

allí y-poned nueva escudilla para-mí coged : Y-dijo (20) . queda-estéril

מֶלַח וַיִּקְחוּ אֵלָיו׃ וַיֵּצֵא אֶל־מוֹצָא הַמַּיִם

el-agua (el)manantial-de a Y-salió (21) . hacia-él y-cogieron sal

וַיַּשְׁלֶךְ־שָׁם מֶלַח וַיֹּאמֶר כֹּה־אָמַר יְהוָה רִפִּאתִי

yo-he-saneado Yahweh dice así : y-dijo sal allí y-arrojó

לַמַּיִם הָאֵלֶּה לֹא־יִהְיֶה מִשָּׁם עוֹד מָוֶת

muerte de-nuevo de-allí habrá no las-estas las-aguas

וּמְשַׁכָּלֶת׃ וַיֵּרָפוּ הַמַּיִם עַד הַיּוֹם

el-día hasta las-aguas Y-quedaron-saneadas (22) . ni-que-deja-estéril

הַזֶּה כִּדְבַר אֱלִישָׁע אֲשֶׁר דִּבֵּר׃ וַיַּעַל מִשָּׁם

de-allí Y-subió (23) . había-dicho que Eliseo según-(la)palabra-de el-éste

בֵּית־אֵל וְהוּא ׀ עֹלֶה בַדֶּרֶךְ וּנְעָרִים קְטַנִּים יָצְאוּ

salieron pequeños y-muchachos por-el-camino subía y-él el (a)Bet-

מִן־הָעִיר וַיִּתְקַלְּסוּ־בוֹ וַיֹּאמְרוּ לוֹ עֲלֵה קֵרֵחַ

calvo sube : a-él y-decían de-él y-se-burlaron la-ciudad de

עֲלֵה קֵרֵחַ׃ וַיִּפֶן אַחֲרָיו וַיִּרְאֵם

y-los-vio tras-ellos Y-se-volvió (24) . calvo sube

וַיְקַלְלֵם בְּשֵׁם יְהוָה וַתֵּצֶאנָה שְׁתַּיִם דֻּבִּים מִן־

de osas dos y-salieron Yahweh en-nombre-de y-los-maldijo

הַיַּעַר וַתְּבַקַּעְנָה מֵהֶם אַרְבָּעִים וּשְׁנֵי יְלָדִים׃ וַיֵּלֶךְ

Y-se-fue (25) . niños y-dos cuarenta de-ellos y-desgarraron el-bosque

מִשָּׁם אֶל־ הַר הַכַּרְמֶל וּמִשָּׁם שָׁב שֹׁמְרוֹן׃

. (a)Samaria volvió y-de-allí el-Carmel (el)monte-de a de-allí

וִיהוֹרָם בֶּן־ אַחְאָב מָלַךְ עַל־יִשְׂרָאֵל בְּשֹׁמְרוֹן בִּשְׁנַת

en-año en-Samaria Israel sobre reinó Acab hijo-de Y-Joram (1) **Cap. 3**

שְׁמֹנֶה עֶשְׂרֵה לִיהוֹשָׁפָט מֶלֶךְ יְהוּדָה וַיִּמְלֹךְ שְׁתֵּים־עֶשְׂרֵה שָׁנָה׃

. años doce y-reino Judá rey-de de-Josafat dieciocho

וַיַּעֲשֶׂה הָרַע בְּעֵינֵי יְהוָה רַק לֹא כְאָבִיו

como-su-padre no sólo Yahweh a-ojos-de lo-malo Y-obró (2)

וּכְאִמּוֹ וַיָּסַר אֶת־ מַצְּבַת הַבַּעַל אֲשֶׁר עָשָׂה

había-hecho que Baal (la)maseba-de ** pues-apartó y-como-su-madre

אָבִיו׃ רַק בְּחַטֹּאות יָרָבְעָם בֶּן־ נְבָט אֲשֶׁר־

que Nebat hijo-de Jeroboam con-(los)pecados-de Sólo (3) . su-padre

הֶחֱטִיא אֶת־יִשְׂרָאֵל דָּבֵק לֹא־ סָר מִמֶּנָּה׃ וּמֵישַׁע

Y-Mesá (4) . de-ello se-apartó no se-unió Israel a había-hecho-pecar

מֶלֶךְ־ מוֹאָב הָיָה נֹקֵד וְהֵשִׁיב לְמֶלֶךְ־ יִשְׂרָאֵל מֵאָה־

cien Israel a-(el)rey-de y-entregaba pastor era Moab rey-de

אֶלֶף כָּרִים וּמֵאָה אֶלֶף אֵילִים צָמֶר׃ וַיְהִי כְּמוֹת

cuando-el-morir-de Y-sucedió (5) . lana carneros mil y-cien corderos mil

אַחְאָב וַיִּפְשַׁע מֶלֶךְ־ מוֹאָב בְּמֶלֶךְ יִשְׂרָאֵל׃ וַיֵּצֵא

Y-salió (6) . Israel contra-(el)rey-de Moab (el)rey-de que-se-rebeló Acab

הַמֶּלֶךְ יְהוֹרָם בַּיּוֹם הַהוּא מִשֹּׁמְרוֹן וַיִּפְקֹד אֶת־כָּל־
todo a y-pasó-revista de-Samaria el-aquel en-el-día Joram el-rey

יִשְׂרָאֵל׃ וַיֵּלֶךְ וַיִּשְׁלַח אֶל־יְהוֹשָׁפָט מֶלֶךְ־יְהוּדָה לֵאמֹר
: a-decir Judá rey-de Josafat hacia y-envió Y-fue (7) . Israel

מֶלֶךְ מוֹאָב פָּשַׁע בִּי הֲתֵלֵךְ אִתִּי אֶל־מוֹאָב
Moab contra conmigo ¿acaso-vas-a-venir contra-mí se-ha-rebelado Moab (el)rey-de

לַמִּלְחָמָה וַיֹּאמֶר אֶעֱלֶה כָּמוֹנִי כָמוֹךָ כְּעַמִּי
tanto-mi-pueblo como-tú tanto-yo voy-a-subir : y-dijo ? para-la-guerra

כְעַמֶּךָ כְּסוּסַי כְּסוּסֶיךָ׃ וַיֹּאמֶר אֵי־
¿cuál : Y-dijo (8) . como-tus-caballos tanto-mis-caballos como-tu-pueblo

זֶה הַדֶּרֶךְ נַעֲלֶה וַיֹּאמֶר דֶּרֶךְ מִדְבַּר אֱדוֹם׃
. Edom el-desierto-de (el)camino-de : y-dijo ? subiremos el-camino éste

וַיֵּלֶךְ מֶלֶךְ יִשְׂרָאֵל וּמֶלֶךְ־יְהוּדָה וּמֶלֶךְ אֱדוֹם
Edom y-(el)rey-de Judá y-(el)rey-de Israel (el)rey-de Y-fue (9)

וַיָּסֹבּוּ דֶּרֶךְ שִׁבְעַת יָמִים וְלֹא־הָיָה מַיִם
agua había y-no días siete camino-de y-dieron-un-rodeo

לַמַּחֲנֶה וְלַבְּהֵמָה אֲשֶׁר בְּרַגְלֵיהֶם׃ וַיֹּאמֶר
Y-dijo (10) . a-sus-pies que y-para-las-bestias para-el-ejército

מֶלֶךְ יִשְׂרָאֵל אֲהָהּ כִּי־קָרָא יְהוָה לִשְׁלֹשֶׁת הַמְּלָכִים הָאֵלֶּה
los-estos los-reyes a-tres Yahweh ha-convocado ciertamente ay : Israel (el)rey-de

לָתֵת אוֹתָם בְּיַד־מוֹאָב׃ וַיֹּאמֶר יְהוֹשָׁפָט הַאֵין
¿acaso-no-hay : Josafat Y-dijo (11) . Moab en-mano-de a-ellos para-poner

פֹּה נָבִיא לַיהוָה וְנִדְרְשָׁה אֶת־יְהוָה מֵאוֹתוֹ
? por-su-medio Yahweh a y-consultaremos de-Yahweh profeta aquí

וַיַּעַן אֶחָד מֵעַבְדֵי מֶלֶךְ־יִשְׂרָאֵל וַיֹּאמֶר פֹּה אֱלִישָׁע
Eliseo aquí : y-dijo Israel (el)rey-de de-(los)siervos-de uno : y-contestó

בֶּן־שָׁפָט אֲשֶׁר־יָצַק מַיִם עַל־יְדֵי אֵלִיָּהוּ׃ וַיֹּאמֶר

Y-dijo (12) . Elías (las)manos-de sobre agua vertía que Safat hijo-de

יְהוֹשָׁפָט יֵשׁ אוֹתוֹ דְּבַר־יְהוָה וַיֵּרְדוּ אֵלָיו מֶלֶךְ

(el)rey-de a-él y-bajaron Yahweh (la)palabra-de con-él está : Josafat

יִשְׂרָאֵל וִיהוֹשָׁפָט וּמֶלֶךְ אֱדוֹם׃ וַיֹּאמֶר אֱלִישָׁע אֶל־מֶלֶךְ

(el)rey-de a Eliseo Y-dijo (13) . Edom y-(el)rey-de y-Josafat Israel

יִשְׂרָאֵל מַה־לִּי וָלָךְ לֵךְ אֶל־נְבִיאֵי אָבִיךָ וְאֶל־

y-a tu-padre (los)profetas-de a ve ? y-para-ti para-mí ¿qué : Israel

נְבִיאֵי אִמֶּךָ וַיֹּאמֶר לוֹ מֶלֶךְ יִשְׂרָאֵל אַל כִּי־

ciertamente no : Israel el-rey-de a-él y-dijo tu-madre (los)profetas-de

קָרָא יְהוָה לִשְׁלֹשֶׁת הַמְּלָכִים הָאֵלֶּה לָתֵת אוֹתָם בְּיַד־

en-mano-de a-ellos para-poner los-estos los-reyes a-tres Yahweh ha-invocado

מוֹאָב׃ וַיֹּאמֶר אֱלִישָׁע חַי־יְהוָה צְבָאוֹת אֲשֶׁר עָמַדְתִּי לְפָנָיו

ante-él estoy-en-pie que Sebaot Yahweh vive : Eliseo Y-dijo (14) . Moab

כִּי לוּלֵי פְּנֵי יְהוֹשָׁפָט מֶלֶךְ־יְהוּדָה אֲנִי נֹשֵׂא אִם־

no respetase yo Judá rey-de Josafat (el)rostro-de si-no ciertamente

אַבִּיט אֵלֶיךָ וְאִם־אֶרְאֶךָּ׃ וְעַתָּה קְחוּ־לִי

para-mí coged Y-ahora (15) . te-vería y-no hacia-ti miraría

מְנַגֵּן וְהָיָה כְּנַגֵּן הַמְנַגֵּן וַתְּהִי

que-sobrevino el-tañedor al-tañer-de y-sucedió tañedor

עָלָיו יַד־יְהוָה׃ וַיֹּאמֶר כֹּה אָמַר יְהוָה עָשֹׂה

haz : Yahweh dice así : Y-dijo (16) . Yahweh (la)mano-de sobre-él

הַנַּחַל הַזֶּה גֵּבִים ׀ גֵּבִים׃ כִּי־כֹה ׀ אָמַר יְהוָה לֹא־

no : Yahweh dice así Pues (17) . aljibes aljibes el-este el-valle

תִרְאוּ רוּחַ וְלֹא־תִרְאוּ גֶשֶׁם וְהַנַּחַל הַהוּא

el-este y-el-valle lluvia veréis y-no viento veréis

יִמָּלֵא מַיִם וּשְׁתִיתֶם אַתֶּם וּמִקְנֵיכֶם

y-vuestros-ganados vosotros y-beberéis (de)agua se-llenará

וּבְהֶמְתְּכֶם׃ וְנָקַל זֹאת בְּעֵינֵי יְהוָה וְנָתַן

y-pondrá Yahweh a-ojos-de esto Y-es-cosa-leve (18) . y-vuestras-bestias

אֶת־ מוֹאָב בְּיֶדְכֶם׃ וְהִכִּיתֶם כָּל־ עִיר

ciudad-de toda Y-destruiréis (19) . en-vuestra-mano Moab a

מִבְצָר וְכָל־ עִיר מִבְחוֹר וְכָל־ עֵץ טוֹב

bueno árbol y-todo importancia ciudad-de y-toda fortificación

תַּפִּילוּ וְכָל־ מַעְיְנֵי־ מַיִם תִּסְתֹּמוּ וְכֹל

y-toda cegaréis agua (las)fuentes-de y-todas derribaréis

הַחֶלְקָה הַטּוֹבָה תַּכְאִבוּ בָּאֲבָנִים׃ וַיְהִי

Y-sucedió (20) . con-las-piedras devastaréis la-buena la-parcela

בַבֹּקֶר כַּעֲלוֹת הַמִּנְחָה וְהִנֵּה־ מַיִם בָּאִים

llegaban aguas que-he-aquí-que la-oblación al-subir por-la-mañana

מִדֶּרֶךְ אֱדוֹם וַתִּמָּלֵא הָאָרֶץ אֶת־ הַמָּיִם׃ וְכָל־

Y-todo (21) . el-agua con la-tierra y-se-llenó Edom del-camino-de

מוֹאָב שָׁמְעוּ כִּי־ עָלוּ הַמְּלָכִים לְהִלָּחֵם בָּם וַיִּצָּעֲקוּ

y-fueron-convocadas con-ellos para-luchar los-reyes habían-subido que escucharon Moab

מִכֹּל חֹגֵר חֲגֹרָה וָמַעְלָה וַיַּעַמְדוּ עַל־ הַגְּבוּל׃

. la-frontera en y-se-colocaron y-en-adelante ceñidor el-que-ciñe desde-todo

וַיַּשְׁכִּימוּ בַבֹּקֶר וְהַשֶּׁמֶשׁ זָרְחָה עַל־ הַמָּיִם

el-agua sobre brilló y-el-sol por-la-mañana Y-madrugaron (22)

וַיִּרְאוּ מוֹאָב מִנֶּגֶד אֶת־ הַמַּיִם אֲדֻמִּים כַּדָּם׃

. como-la-sangre rojas las-aguas ** en-frente Moab y-vieron

וַיֹּאמְרוּ דָּם זֶה הָחֳרֵב נֶחֶרְבוּ הַמְּלָכִים

los-reyes se-han-destruido destruirse esto sangre : Y-dijeron (23)

וַיַּכּוּ אִישׁ אֶת־ רֵעֵהוּ וְעַתָּה לַשָּׁלָל מוֹאָב׃
. Moab al-botín y-ahora su-compañero a cada-hombre y-han-golpeado

(24) וַיָּבֹאוּ אֶל־ מַחֲנֵה יִשְׂרָאֵל וַיָּקֻמוּ יִשְׂרָאֵל וַיַּכּוּ
y-golpearon Israel y-se-levantaron Israel (el)campamento-de a Y-llegaron (24)

אֶת־ מוֹאָב וַיָּנֻסוּ מִפְּנֵיהֶם וַיַּבּוּ־ בָהּ
en-ella y-entraron de-ante-ellos y-huyeron Moab a

וְהַכּוֹת אֶת־ מוֹאָב׃ (25) וְהֶעָרִים יַהֲרֹסוּ וְכָל־
y-toda demolieron Y-las-ciudades (25) . Moab a y-golpeando

חֶלְקָה טוֹבָה יַשְׁלִיכוּ אִישׁ־ אַבְנוֹ וּמִלְאוּהָ וְכָל־
y-toda y-la-llenaron su-piedra cada-hombre arrojaron buena parcela

מַעְיַן־ מַיִם יִסְתֹּמוּ וְכָל־ עֵץ־ טוֹב יַפִּילוּ עַד־
hasta derribaron bueno árbol y-todo cegaron agua fuente-de

הִשְׁאִיר אֲבָנֶיהָ בְּקִיר חֲרָשֶׂת וַיָּסֹבּוּ הַקַּלָּעִים
los-honderos y-rodearon haráset en-Kir- sus-piedras dejar

וַיַּכּוּהָ׃ (26) וַיַּרְא מֶלֶךְ מוֹאָב כִּי־ חָזַק
era-fuerte que Moab (el)rey-de Y-vio (26) . y-la-batieron

מִמֶּנּוּ הַמִּלְחָמָה וַיִּקַּח אוֹתוֹ שְׁבַע־ מֵאוֹת אִישׁ שֹׁלֵף
que-blandían hombres cientos siete con-él y-tomó el-combate más-que-él

חֶרֶב לְהַבְקִיעַ אֶל־ מֶלֶךְ אֱדוֹם וְלֹא יָכֹלוּ׃ (27) וַיִּקַּח
Y-tomó (27) . pudieron pero-no Edom el-rey-de hacia para-abrirse-paso espada

אֶת־ בְּנוֹ הַבְּכוֹר אֲשֶׁר־ יִמְלֹךְ תַּחְתָּיו
en-su-lugar había-de-reinar que el-primogénito su-hijo a

וַיַּעֲלֵהוּ עֹלָה עַל־ הַחֹמָה וַיְהִי קֶצֶף־ גָּדוֹל עַל־
contra grande enojo y-hubo la-muralla sobre holocausto y-lo-ofreció

יִשְׂרָאֵל וַיִּסְעוּ מֵעָלָיו וַיָּשֻׁבוּ לָאָרֶץ׃
. al-país y-volvieron de-contra-él y-partieron Israel

וְאִשָּׁה אַחַת מִנְּשֵׁי בְנֵי־הַנְּבִיאִים צָעֲקָה אֶל־
a gritó los-profetas (los)hijos-de de-(las)mujeres-de una Y-mujer (1)

אֱלִישָׁע לֵאמֹר עַבְדְּךָ אִישִׁי מֵת וְאַתָּה יָדַעְתָּ כִּי
que sabes y-tú ha-muerto mi-marido tu-siervo : diciendo Eliseo

עַבְדְּךָ הָיָה יָרֵא אֶת־יְהוָה וְהַנֹּשֶׁה בָּא
ha-venido y-el-acreedor Yahweh de temeroso era tu-siervo

לָקַחַת אֶת־שְׁנֵי יְלָדַי לוֹ לַעֲבָדִים׃ וַיֹּאמֶר אֵלֶיהָ
a-ella Y-dijo (2) . como-esclavos par-él mis-niños dos a a-coger

אֱלִישָׁע מָה אֶעֱשֶׂה־לָּךְ הַגִּידִי לִי מַה־יֶּשׁ־לָכִי בַּבָּיִת
? en-la-casa para-ti hay ¿qué : a-mí di ? por-ti puedo-hacer ¿qué : Eliseo

וַתֹּאמֶר אֵין לְשִׁפְחָתְךָ כֹל בַּבַּיִת כִּי אִם־
sino en-la-casa nada para-tu-sierva no-hay : y-dijo

אָסוּךְ שָׁמֶן׃ וַיֹּאמֶר לְכִי שַׁאֲלִי־לָךְ כֵּלִים מִן־הַחוּץ מֵאֵת
de la-calle de vasijas para-ti pide ve : Y-dijo (3) . aceite una-orza-de

כָּל־שְׁכֵנָיִךְ כֵּלִים רֵקִים אַל־תַּמְעִיטִי׃ וּבָאת
E-irás (4) . te-quedes-corta no vacías vasijas tus-vecinas todas

וְסָגַרְתְּ הַדֶּלֶת בַּעֲדֵךְ וּבְעַד־בָּנַיִךְ וְיָצַקְתְּ עַל
sobre y-vertirás tus-hijos y-detrás-de detrás-de-ti la-puerta y-cerrarás

כָּל־הַכֵּלִים הָאֵלֶּה וְהַמָּלֵא תַּסִּיעִי׃ וַתֵּלֶךְ
Y-se-fue (5) . pondrás-aparte y-la-llena las-estas las-vasijas todas

מֵאִתּוֹ וַתִּסְגֹּר הַדֶּלֶת בַּעֲדָהּ וּבְעַד בָּנֶיהָ הֵם
ellos sus-hijos y-detrás-de detrás-de-ella la-puerta y-cerró de-con-él

מַגִּשִׁים אֵלֶיהָ וְהִיא מוֹצָקֶת׃ וַיְהִי כִּמְלֹאת הַכֵּלִים
las-vasijas cuando-el-llenar-de Y-sucedió (6) . vertía y-ella a-ella acercaban

וַתֹּאמֶר אֶל־בְּנָהּ הַגִּישָׁה אֵלַי עוֹד כֶּלִי וַיֹּאמֶר אֵלֶיהָ
: a-ella y-dijo una-vasija aún a-mí acerca : su-hijo a que-dijo

אֵין עוֹד כֶּלִי וַיַּעֲמֹד הַשָּׁמֶן׃ וַתָּבֹא וַתַּגֵּד
y-contó Y-llegó (7) . el-aceite y-se-detuvo vasija más no-hay

לְאִישׁ הָאֱלֹהִים וַיֹּאמֶר לְכִי מִכְרִי אֶת־ הַשֶּׁמֶן וְשַׁלְּמִי אֶת־ נִשְׁיֵכִי
tus-acreedores a y-paga el-aceite ** vende ve : y-dijo-él el-Dios a-(el)hombre-de

וְאַתְּ בָּנַיִכְי תִחְיִי בַּנּוֹתָר׃ וַיְהִי
Y-sucedió (8) . con-lo-que-quede vivirás tus-hijos y-tú

הַיּוֹם וַיַּעֲבֹר אֱלִישָׁע אֶל־ שׁוּנֵם וְשָׁם אִשָּׁה גְדוֹלָה וַתַּחֲזֶק־
e-insistía grande una-mujer y-allí Sunem a Eliseo que-pasó aquel-día

בּוֹ לֶאֱכָל־לָחֶם וַיְהִי מִדֵּי עָבְרוֹ יָסֻר שָׁמָּה
allí se-llegaba su-pasar cada-vez-de y-sucedía pan para-comer a-él

לֶאֱכָל־לָחֶם׃ וַתֹּאמֶר אֶל־ אִישָׁהּ הִנֵּה־ נָא יָדַעְתִּי כִּי אִישׁ
(el)hombre-de que sé te-ruego mira : su-marido a Y-dijo (9) . pan a-comer

אֱלֹהִים קָדוֹשׁ הוּא עֹבֵר עָלֵינוּ תָּמִיד׃ נַעֲשֶׂה־ נָּא עֲלִיַּת־ קִיר
pared habitación-superior-de te-ruego Hagamos (10) . siempre junto-a-nosotros pasa él santo Dios

קְטַנָּה וְנָשִׂים לוֹ שָׁם מִטָּה וְשֻׁלְחָן וְכִסֵּא וּמְנוֹרָה
y-lámpara y-silla y-mesa cama allí para-él y-pongamos pequeña

וְהָיָה בְּבֹאוֹ אֵלֵינוּ יָסוּר שָׁמָּה׃ וַיְהִי
Y-sucedió (11) . allí se-retirará a-nosotros cuando-su-llegar y-sucederá

הַיּוֹם וַיָּבֹא שָׁמָּה וַיָּסַר אֶל־ הָעֲלִיָּה וַיִּשְׁכַּב־ שָׁמָּה׃
. allí y-se-acostó el-aposento-superior a y-se-retiró allí que-llegó aquel-día

וַיֹּאמֶר אֶל־ גֵּחֲזִי נַעֲרוֹ קְרָא לַשּׁוּנַמִּית הַזֹּאת
la-esta a-la-sunamita llama : su-siervo Guejazí a Y-dijo (12)

וַיִּקְרָא־ לָהּ וַתַּעֲמֹד לְפָנָיו׃ וַיֹּאמֶר לוֹ אֱמָר־
di : a-él Y-dijo (13) . ante-él y-ella-se-presentó a-ella y-llamó

נָא אֵלֶיהָ הִנֵּה חָרַדְתְּ ׀ אֵלֵינוּ אֶת־ כָּל־ הַחֲרָדָה הַזֹּאת
el-este el-desvelo todo con por-nosotros te-has-desvelado mira : a-ella te-ruego

מֶה לַעֲשׂוֹת לָךְ הֲיֵשׁ לְדַבֶּר־ לָךְ אֶל־הַמֶּלֶךְ אוֹ אֶל־ שַׂר

(el)jefe-de a o el-rey a por-ti que-hablar ¿acaso-hay ? por-ti hacer ¿qué

הַצָּבָא וַתֹּאמֶר בְּתוֹךְ עַמִּי אָנֹכִי יֹשָׁבֶת׃ וַיֹּאמֶר

: Y-dijo (14) . habito yo mi-pueblo en-medio-de : y-ella-dijo ? el-ejército

וּמֶה לַעֲשׂוֹת לָהּ וַיֹּאמֶר גֵּיחֲזִי אֲבָל בֵּן אֵין־ לָהּ

para-ella no-hay hijo en-verdad : Guejazí y-dijo ? por-ella hacer ¿qué

וְאִישָׁהּ זָקֵן׃ וַיֹּאמֶר קְרָא־ לָהּ וַיִּקְרָא־

y-llamó a-ella llama : Y-dijo (15) . anciano y-su-marido

לָהּ וַתַּעֲמֹד בַּפָּתַח׃ וַיֹּאמֶר לַמּוֹעֵד הַזֶּה

el-este en-el-plazo : Y-dijo (16) . en-la-puerta y-se-presentó a-ella

כָּעֵת חַיָּה אַתְּי חֹבֶקֶת בֵּן וַתֹּאמֶר אַל־ אֲדֹנִי אִישׁ הָאֱלֹהִים

el-Dios hombre-de mi-señor no : y-ella-dijo hijo abrazas tú el-revivir al-tiempo-de

אַל־ תְּכַזֵּב בְּשִׁפְחָתֶךָ׃ וַתַּהַר הָאִשָּׁה

la-mujer Y-concibió (17) . a-tu-sierva engañes no

וַתֵּלֶד בֵּן לַמּוֹעֵד הַזֶּה כָּעֵת חַיָּה אֲשֶׁר־ דִּבֶּר

había-dicho que el-revivir al-tiempo-de el-éste en-el-plazo un-hijo y-parió

אֵלֶיהָ אֱלִישָׁע׃ וַיִּגְדַּל הַיֶּלֶד וַיְהִי הַיּוֹם וַיֵּצֵא

que-salió aquel-día y-sucedió el-niño Y-creció (18) . Eliseo a-ella

אֶל־ אָבִיו אֶל־ הַקֹּצְרִים׃ וַיֹּאמֶר אֶל־ אָבִיו

: su-padre a Y-dijo (19) . los-segadores hacia su-padre hacia

רֹאשִׁי ׀ רֹאשִׁי וַיֹּאמֶר אֶל־ הַנַּעַר שָׂאֵהוּ אֶל־ אִמּוֹ׃

. su-madre a llévalo : el-muchacho a y-dijo mi-cabeza mi-cabeza

וַיִּשָּׂאֵהוּ וַיְבִיאֵהוּ אֶל־ אִמּוֹ וַיֵּשֶׁב עַל־

sobre y-se-sentó su-madre a y-lo-llevó Y-lo-levantó (20)

בִּרְכֶּיהָ עַד־ הַצָּהֳרַיִם וַיָּמֹת׃ וַתַּעַל וַתַּשְׁכִּבֵהוּ

y-lo-acostó Y-ella-subió (21) . y-murió el-mediodía hasta sus-rodillas

עַל־ מִטַּת אִישׁ הָאֱלֹהִים וַתִּסְגֹּר בַּעֲדוֹ וַתֵּצֵא׃

. y-ella-salió tras-él y-cerró el-Dios (el)hombre-de la-cama-de sobre

וַתִּקְרָא אֶל־ אִישָׁהּ וַתֹּאמֶר שִׁלְחָה נָא לִי אֶחָד

uno a-mí te-ruego envía : y-dijo su-marido a Y-llamó (22)

מִן־ הַנְּעָרִים וְאַחַת הָאֲתֹנוֹת וְאָרוּצָה עַד־ אִישׁ

(el)hombre-de hasta e-iré-corriendo las-asnas y-una-de los-muchachos de

הָאֱלֹהִים וְאָשׁוּבָה׃ וַיֹּאמֶר מַדּוּעַ אַתְּי הֹלֶכְתִּי אֵלָיו הַיּוֹם

? este-día a-él vas tú ¿por-qué : Y-dijo (23) . y-volveré el-Dios

לֹא־ חֹדֶשׁ וְלֹא שַׁבָּת וַתֹּאמֶר שָׁלוֹם׃ וַתַּחֲבֹשׁ

Y-aparejó (24) . paz : y-dijo-ella sábado y-no novilunio no

הָאָתוֹן וַתֹּאמֶר אֶל־ נַעֲרָהּ נְהַג וָלֵךְ אַל־ תַּעֲצָר־

retengas no y-camina guía : su-muchacho a y-dijo la-burra

לִי לִרְכֹּב כִּי אִם־אָמַרְתִּי לָךְ׃ וַתֵּלֶךְ וַתָּבוֹא אֶל־

a y-llegó Y-fue (25) . a-ti digo si excepto al-cabalgar a-mí

אִישׁ הָאֱלֹהִים אֶל־ הַר הַכַּרְמֶל וַיְהִי כִּרְאוֹת אִישׁ־הָאֱלֹהִים

el-Dios (el)hombre-de cuando-el-ver-de y-sucedió el-Carmel monte a el-Dios (el)hombre-de

אֹתָהּ מִנֶּגֶד וַיֹּאמֶר אֶל־ גֵּיחֲזִי נַעֲרוֹ הִנֵּה הַשּׁוּנַמִּית

la-sunamita ahí-está : su-criado Guejazí a que-dijo de-frente a-ella

הַלָּז׃ עַתָּה רוּץ־ נָא לִקְרָאתָהּ וֶאֱמָר־ לָהּ הֲשָׁלוֹם לָךְ

? para-ti ¿salud : a-ella y-di a-su-encuentro pues corre Ahora (26) . la-esa

הֲשָׁלוֹם לְאִישֵׁךְ הֲשָׁלוֹם לַיָּלֶד וַתֹּאמֶר

: y-ella-dijo ? para-el-niño ¿hay-salud ? para-tu-marido ¿hay-salud

שָׁלוֹם׃ וַתָּבֹא אֶל־ אִישׁ הָאֱלֹהִים אֶל־ הָהָר

la-montaña a el-Dios (el)hombre-de a Y-llegó (27) . paz

וַתַּחֲזֵק בְּרַגְלָיו וַיִּגַּשׁ גֵּיחֲזִי לְהָדְפָהּ

para-separarla Guejazí y-se-acercó a-sus-pies y-se-agarró

וַיֹּאמֶר אִישׁ־הָאֱלֹהִים הַרְפֵּה־לָהּ כִּי־נַפְשָׁהּ מָרָה־

está-amarga su-alma pues a-ella deja : el-Dios el-hombre-de y-dijo

לָהּ וַיהוָה הֶעְלִים מִמֶּנִּי וְלֹא הִגִּיד לִי׃ וַתֹּאמֶר

: Y-dijo ella (28) . a-mí ha-informado y-no de-mí ha-ocultado y-Yahweh para-ella

הֲשָׁאַלְתִּי בֵן מֵאֵת אֲדֹנִי הֲלֹא אָמַרְתִּי לֹא תַשְׁלֶה אֹתִי׃

? a-mí engañes no dije ¿acaso-no ? mi-señor de un-hijo ¿acaso-pedí

וַיֹּאמֶר לְגֵיחֲזִי חֲגֹר מָתְנֶיךָ וְקַח מִשְׁעַנְתִּי

mi-bastón y-coge tus-lomos ciñe : a-Guejazí Y-dijo (29)

בְיָדְךָ וָלֵךְ כִּי־תִמְצָא אִישׁ לֹא תְבָרְכֶנּוּ וְכִי־

y-si lo-bendigas no un-hombre encuentras si y-ve en-tu-mano

יְבָרֶכְךָ אִישׁ לֹא תַעֲנֶנּוּ וְשַׂמְתָּ מִשְׁעַנְתִּי עַל־פְּנֵי

(el)rostro-de sobre mi-bastón y-pon contestes no un-hombre te-bendice

הַנָּעַר׃ וַתֹּאמֶר אֵם הַנַּעַר חַי־יְהוָה וְחֵי־

y-vive Yahweh vive : el-niño (la)madre-de Y-dijo (30) . el-niño

נַפְשְׁךָ אִם־אֶעֶזְבֶךָּ וַיָּקָם וַיֵּלֶךְ אַחֲרֶיהָ׃

. tras-ella y-fue y-él-se-levantó te-abandonaré que-no tu-alma

וְגֵחֲזִי עָבַר לִפְנֵיהֶם וַיָּשֶׂם אֶת־הַמִּשְׁעֶנֶת עַל־

sobre el-bastón ** y-puso delante-de-ellos pasó Y-Guejazí (31)

פְּנֵי הַנַּעַר וְאֵין קוֹל וְאֵין קָשֶׁב

atención y-no-hubo voz y-no-hubo el-niño (el)rostro-de

וַיָּשָׁב לִקְרָאתוֹ וַיַּגֶּד־לוֹ לֵאמֹר לֹא הֵקִיץ הַנָּעַר׃

. el-niño ha-despertado no : diciendo a-él e-informó a-su-encuentro y-volvió

וַיָּבֹא אֱלִישָׁע הַבָּיְתָה וְהִנֵּה הַנַּעַר מֵת מֻשְׁכָּב

acostado muerto el-niño y-ahí-estaba a-la-casa Eliseo Y-llegó (32)

עַל־מִטָּתוֹ׃ וַיָּבֹא וַיִּסְגֹּר הַדֶּלֶת בְּעַד שְׁנֵיהֶם

ellos-dos tras la-puerta y-cerró Y-entró (33) . su-cama sobre

וַיִּתְפַּלֵּל אֶל־ יְהוָה׃ וַיַּעַל וַיִּשְׁכַּב עַל־ הַיֶּלֶד
el-niño sobre y-se-acostó Y-subió (34) . Yahweh a e-imploró

וַיָּשֶׂם פִּיו עַל־ פִּיו וְעֵינָיו עַל־ עֵינָיו
sus-ojos sobre y-sus-ojos su-boca sobre su-boca y-puso

וְכַפָּיו עַל־ כַּפָּו וַיִּגְהַר עָלָיו וַיָּחָם
y-se-calentó sobre-él y-se-inclinó sus-palmas sobre y-sus-palmas

בְּשַׂר הַיָּלֶד׃ וַיָּשָׁב וַיֵּלֶךְ בַּבַּיִת אַחַת
uno por-la-casa y-fue Y-volvió (35) . el-niño (la)carne-de

הֵנָּה וְאַחַת הֵנָּה וַיַּעַל וַיִּגְהַר עָלָיו
sobre-él y-se-inclinó y-subió aquí y-uno aquí

וַיְזוֹרֵר הַנַּעַר עַד־ שֶׁבַע פְּעָמִים וַיִּפְקַח הַנַּעַר אֶת־ עֵינָיו׃
. sus-ojos ** el-niño y-abrió veces siete hasta el-niño y-estornudó

וַיִּקְרָא אֶל־ גֵּיחֲזִי וַיֹּאמֶר קְרָא אֶל־ הַשֻּׁנַמִּית הַזֹּאת
la-esta la-sunamita a llama : y-dijo Guejazí a Y-llamó (36)

וַיִּקְרָאֶהָ וַתָּבוֹא אֵלָיו וַיֹּאמֶר שְׂאִי בְנֵךְ׃
. tu-hijo levanta : y-dijo a-él y-ella-entró y-la-llamó

וַתָּבֹא וַתִּפֹּל עַל־ רַגְלָיו וַתִּשְׁתַּחוּ אָרְצָה
a-tierra y-se-postró sus-pies a y-cayó Y-entró (37)

וַתִּשָּׂא אֶת־ בְּנָהּ וַתֵּצֵא׃ וֶאֱלִישָׁע שָׁב
volvió Y-Eliseo (38) . y-salió su-hijo a y-levantó

הַגִּלְגָּלָה וְהָרָעָב בָּאָרֶץ וּבְנֵי הַנְּבִיאִים
los-profetas y-los-hijos-de en-el-país y-el-hombre a-el-Gilgal

יֹשְׁבִים לְפָנָיו וַיֹּאמֶר לְנַעֲרוֹ שְׁפֹת הַסִּיר
la-olla pon : a-su-criado y-dijo ante-él estaban-sentados

הַגְּדוֹלָה וּבַשֵּׁל נָזִיד לִבְנֵי הַנְּבִיאִים׃ וַיֵּצֵא אֶחָד
uno Y-salió (39) . los-profetas para-(los)hijos-de un-guiso y-cocina la-grande

אֶל־ הַשָּׂדֶה לְלַקֵּט אֹרֹת וַיִּמְצָא גֶּפֶן שָׂדֶה וַיְלַקֵּט
a el-campo a-recoger hierbas y-encontró una-cepa-de campo y-recogió

מִמֶּנּוּ פַּקֻּעֹת שָׂדֶה מְלֹא בִגְדוֹ וַיָּבֹא
de-ella coloquíntidas-de campo (la)capacidad-de su-vestido y-llegó

וַיְפַלַּח אֶל־ סִיר הַנָּזִיד כִּי־ לֹא יָדָעוּ׃ וַיִּצְקוּ
y-partió para (la)olla-de el-guiso pues no sabían. (40) Y-sirvieron

לַאֲנָשִׁים לֶאֱכוֹל וַיְהִי כְּאָכְלָם מֵהַנָּזִיד וְהֵמָּה
a-los-hombres para-comer y-sucedió cuando-su-comer del-guiso que-ellos

צָעָקוּ וַיֹּאמְרוּ מָוֶת בַּסִּיר אִישׁ הָאֱלֹהִים וְלֹא
gritaron y-dijeron: muerte en-la-olla hombre-de el-Dios y-no

יָכְלוּ לֶאֱכֹל׃ וַיֹּאמֶר וּקְחוּ־ קֶמַח וַיַּשְׁלֵךְ אֶל־ הַסִּיר
podían comer. (41) Y-dijo: y-coged harina y-echó a la-olla

וַיֹּאמֶר צַק לָעָם וְיֹאכֵלוּ וְלֹא הָיָה דָּבָר רָע
y-dijo: sirve al-pueblo comieron y-no hubo cosa mala

בַּסִּיר׃ וְאִישׁ בָּא מִבַּעַל שָׁלִשָׁה וַיָּבֵא לְאִישׁ
en-la-olla. (42) Y-un-hombre vino de-Baal- salisa y-trajo a-(el)hombre-de

הָאֱלֹהִים לֶחֶם בִּכּוּרִים עֶשְׂרִים־ לֶחֶם שְׂעֹרִים וְכַרְמֶל
el-Dios pan-de primicias veinte panes-de cebada y-grano-tierno

בְּצִקְלֹנוֹ וַיֹּאמֶר תֵּן לָעָם וְיֹאכֵלוּ׃ וַיֹּאמֶר
en-su-alforja y-él-dijo: da al-pueblo y-que-coman. (43) Y-dijo

מְשָׁרְתוֹ מָה אֶתֵּן זֶה לִפְנֵי מֵאָה אִישׁ וַיֹּאמֶר תֵּן
su-sirviente: ¿cómo voy-a-dar esto ante cien hombres? y-él-dijo: da

לָעָם וְיֹאכֵלוּ כִּי כֹה אָמַר יְהוָה אָכֹל וְהוֹתֵר׃
al-pueblo y-que-coman pues así dice Yahweh: comer y-sobrar.

וַיִּתֵּן לִפְנֵיהֶם וַיֹּאכְלוּ וַיּוֹתִרוּ כִּדְבַר
(44) Y-dio ante-ellos y-comieron y-sobró según-(la)palabra-de

יְהוָה׃ וְנַעֲמָן שַׂר־ צְבָא מֶלֶךְ־ אֲרָם הָיָה אִישׁ גָּדוֹל

grande hombre era Aram (el)rey-de (el)ejército-de (el)jefe-de Y-Naamán (1) . Yahweh

לִפְנֵי אֲדֹנָיו וּנְשֻׂא פָנִים כִּי־ בוֹ

por-él pues rostro y-excelso-de su-señor ante

נָתַן־ יְהוָה תְּשׁוּעָה לַאֲרָם וְהָאִישׁ הָיָה גִּבּוֹר חַיִל

valor héroe-de era y-el-hombre a-Aram victoria Yahweh había-dado

מְצֹרָע׃ וַאֲרָם יָצְאוּ גְדוּדִים וַיִּשְׁבּוּ

y-llevaron-cautiva en-bandas habían-salido Y-(de)Aram (2) . leproso

מֵאֶרֶץ יִשְׂרָאֵל נַעֲרָה קְטַנָּה וַתְּהִי לִפְנֵי אֵשֶׁת נַעֲמָן׃

. Naamán (la)mujer-de ante y-estaba pequeña una-muchacha Israel del-país-de

וַתֹּאמֶר אֶל־ גְּבִרְתָּהּ אַחֲלֵי אֲדֹנִי לִפְנֵי הַנָּבִיא

el-profeta ante mi-señor ojalá : su-señora a Y-dijo (3)

אֲשֶׁר בְּשֹׁמְרוֹן אָז יֶאֱסֹף אֹתוֹ מִצָּרַעְתּוֹ׃ וַיָּבֹא

Y-él-vino (4) . de-su-lepra a-él libraría entonces en-Samaria que

וַיַּגֵּד לַאדֹנָיו לֵאמֹר כָּזֹאת וְכָזֹאת דִּבְּרָה הַנַּעֲרָה

la-muchacha ha-dicho y-como-esto como-esto : diciendo a-su-señor e-informó

אֲשֶׁר מֵאֶרֶץ יִשְׂרָאֵל׃ וַיֹּאמֶר מֶלֶךְ־ אֲרָם לֶךְ־ בֹּא

llégate ve : Aram (el)rey-de Y-dijo (5) . Israel del-país-de que

וְאֶשְׁלְחָה סֵפֶר אֶל־ מֶלֶךְ יִשְׂרָאֵל וַיֵּלֶךְ וַיִּקַּח בְּיָדוֹ

en-su-mano y-tomó y-fue Israel (el)rey-de a carta y-yo-enviaré

עֶשֶׂר כִּכְּרֵי־ כֶסֶף וְשֵׁשֶׁת אֲלָפִים זָהָב וְעֶשֶׂר חֲלִיפוֹת בְּגָדִים׃

. vestidos mudas-de y-diez oro millares y-seis plata talentos-de diez

וַיָּבֵא הַסֵּפֶר אֶל־ מֶלֶךְ יִשְׂרָאֵל לֵאמֹר וְעַתָּה כְּבוֹא

cuando-el-llegar-de y-ahora diciendo Israel (el)rey-de a la-carta Y-trajo (6)

הַסֵּפֶר הַזֶּה אֵלֶיךָ הִנֵּה שָׁלַחְתִּי אֵלֶיךָ אֶת־ נַעֲמָן עַבְדִּי

mi-siervo Naamán a a-ti envío he-aquí-que a-ti la-esta la-carta

וְאָסַפְתּוֹ מִצָּרַעְתּוֹ׃ וַיְהִי כִּקְרֹא מֶלֶךְ־
(el)rey-de al-leer Y-sucedió (7) . de-su-lepra y-lo-librarás

יִשְׂרָאֵל אֶת־ הַסֵּפֶר וַיִּקְרַע בְּגָדָיו וַיֹּאמֶר הַאֱלֹהִים אָנִי
yo ¿acaso-Dios : y-dijo sus-vestiduras que-rasgó la-carta ** Israel

לְהָמִית וּלְהַחֲיוֹת כִּי־ זֶה שֹׁלֵחַ אֵלַי לֶאֱסֹף אִישׁ
hombre para-librar a-mí envía éste pues y-para-dar-vida para-dar-muerte

מִצָּרַעְתּוֹ כִּי אַךְ־ דְּעוּ־ נָא וּרְאוּ כִּי־ מִתְאַנֶּה הוּא
él busca-querella que y-ved os-ruego sabed sólo ciertamente ? de-su-lepra

לִי׃ וַיְהִי כִּשְׁמֹעַ ׀ אֱלִישָׁע אִישׁ־ הָאֱלֹהִים כִּי־ קָרַע
había-rasgado que el-Dios (el)hombre-de Eliseo cuando-el-oír-de Y-sucedió (8) . para-mí

מֶלֶךְ־ יִשְׂרָאֵל אֶת־ בְּגָדָיו וַיִּשְׁלַח אֶל־ הַמֶּלֶךְ לֵאמֹר לָמָּה
¿por-qué : a-decir el-rey a que-envió sus-vestiduras ** Israel (el)rey-de

קָרַעְתָּ בְּגָדֶיךָ יָבֹא־ נָא אֵלַי וְיֵדַע כִּי
que y-sabrá a-mí te-ruego que-venga ? tus-vestiduras has-rasgado

יֵשׁ נָבִיא בְּיִשְׂרָאֵל׃ וַיָּבֹא נַעֲמָן בְּסוּסָו
con-sus-caballos Naamán Y-vino (9) . en-Israel profeta hay

וּבְרִכְבּוֹ וַיַּעֲמֹד פֶּתַח־ הַבַּיִת לֶאֱלִישָׁע׃
. de-Eliseo la-casa a-(la)entrada-de y-se-presentó y-con-su-carro

וַיִּשְׁלַח אֵלָיו אֱלִישָׁע מַלְאָךְ לֵאמֹר הָלוֹךְ וְרָחַצְתָּ שֶׁבַע־
siete y-te-bañarás ve : a-decir (un)mensajero Eliseo a-él Y-envió (10)

פְּעָמִים בַּיַּרְדֵּן וְיָשֹׁב בְּשָׂרְךָ לְךָ וּטְהָר׃
. y-quedarás-limpio a-ti tu-carne y-volverá en-el-Jordán veces

וַיִּקְצֹף נַעֲמָן וַיֵּלַךְ וַיֹּאמֶר הִנֵּה אָמַרְתִּי
yo-había-dicho he-aquí-que : y-dijo y-se-fue Naamán Y-se-enojó (11)

אֵלַי ׀ יֵצֵא יָצוֹא וְעָמַד וְקָרָא
e-invocará y-se-parará salir saldrá : a-mí

בְּשֵׁם־ יְהוָה אֱלֹהָיו וְהֵנִיף יָדוֹ אֶל־ הַמָּקוֹם

el-lugar sobre su-mano y-moverá su-Dios Yahweh en-nombre-de

וְאָסַף הַמְּצֹרָע׃ הֲלֹא טוֹב אֲבָנָה וּפַרְפַּר

y-Farpar Abaná bueno ¿Acaso-no (12) . la-lepra y-librará

נַהֲרוֹת דַּמֶּשֶׂק מִכֹּל מֵימֵי יִשְׂרָאֵל הֲלֹא־ אֶרְחַץ בָּהֶם

en-ellos podría-bañarme ¿acaso-no ? Israel (las)aguas-de más-que-todas Damasco ríos-de

וְטָהָרְתִּי וַיִּפֶן וַיֵּלֶךְ בְּחֵמָה׃ וַיִּגְּשׁוּ

Y-se-acercaron (13) . con-enojo y-se-fue y-se-volvió ? y-quedaría-limpio

עֲבָדָיו וַיְדַבְּרוּ אֵלָיו וַיֹּאמְרוּ אָבִי דָּבָר גָּדוֹל

grande cosa padre-mío : y-dijeron a-él y-hablaron sus-siervos

הַנָּבִיא דִּבֶּר אֵלֶיךָ הֲלוֹא תַעֲשֶׂה וְאַף כִּי־ אָמַר

ha-dicho que y-más habrías-hecho ¿acaso-no a-ti hubiese-dicho el-profeta

אֵלֶיךָ רְחַץ וּטְהָר׃ וַיֵּרֶד וַיִּטְבֹּל בַּיַּרְדֵּן

en-el-Jordán y-se-sumergió Y-bajó (14) ? y-quedarás-limpio báñate : a-ti

שֶׁבַע פְּעָמִים כִּדְבַר אִישׁ הָאֱלֹהִים וַיָּשָׁב בְּשָׂרוֹ

su-carne y-se-volvió el-Dios (el)hombre-de según-(la)palabra-de veces siete

כִּבְשַׂר נַעַר קָטֹן וַיִּטְהָר׃ וַיָּשָׁב אֶל־ אִישׁ

(el)hombre-de a Y-volvió (15) . y-quedó-limpio pequeño niño como-carne-de

הָאֱלֹהִים הוּא וְכָל־ מַחֲנֵהוּ וַיָּבֹא וַיַּעֲמֹד לְפָנָיו

ante-él y-se-presentó y-vino su-comitiva y-toda él el-Dios

וַיֹּאמֶר הִנֵּה־ נָא יָדַעְתִּי כִּי אֵין אֱלֹהִים בְּכָל־ הָאָרֶץ כִּי

si- la-tierra en-toda Dios no-hay que sé te-ruego mira : y-dijo

אִם־ בְּיִשְׂרָאֵל וְעַתָּה קַח־ נָא בְרָכָה מֵאֵת עַבְדֶּךָ׃ וַיֹּאמֶר

: Y-dijo (16) . tu-siervo de un-regalo te-ruego toma y-ahora en-Israel no

חַי־ יְהוָה אֲשֶׁר־ עָמַדְתִּי לְפָנָיו אִם־ אֶקָּח וַיִּפְצַר־

e-insistió aceptaré que-no ante-Él estoy-en-pie que Yahweh vive

בּוֹ לָקַחַת וַיְמָאֵן׃ וַיֹּאמֶר נַעֲמָן וָלֹא

y-no : Naamán Y-dijo (17) . y-él-rehusó para-aceptar a-él

יֻתַּן־ נָא לְעַבְדְּךָ מַשָּׂא צֶמֶד־ פְּרָדִים אֲדָמָה כִּי לוֹא־

no pues tierra mulas pareja-de carga-de a-tu-siervo te-ruego sea-dado

יַעֲשֶׂה עוֹד עַבְדְּךָ עֹלָה וָזֶבַח לֵאלֹהִים

a-dioses y-sacrificio holocausto tu-siervo más hará

אֲחֵרִים כִּי אִם־ לַיהוָה׃ לַדָּבָר הַזֶּה יִסְלַח

perdone la-esta A-la-cosa (18) . a-Yahweh sino otros

יְהוָה לְעַבְדֶּךָ בְּבוֹא אֲדֹנִי בֵית־ רִמּוֹן

Rimón (en-el)templo-de mi-señor al-entrar : a-tu-siervo Yahweh

לְהִשְׁתַּחֲוֹת שָׁמָּה וְהוּא ׀ נִשְׁעָן עַל־ יָדִי וְהִשְׁתַּחֲוֵיתִי בֵּית

(en-el)templo-de y-me-postre mi-mano sobre se-apoye y-él allí para-postrarse

רִמֹּן בְּהִשְׁתַּחֲוָיָתִי בֵּית רִמֹּן יִסְלַח־ נא יְהוָה

Yahweh te-ruego perdone Rimón (en-el)templo-de cuando-mi-postrarme Rimón

לְעַבְדְּךָ בַּדָּבָר הַזֶּה׃ וַיֹּאמֶר לוֹ לֵךְ לְשָׁלוֹם

en-paz ve : a-él Y-dijo (19) . la-esta en-la-cosa a-tu-siervo

וַיֵּלֶךְ מֵאִתּוֹ כִּבְרַת־ אָרֶץ׃ וַיֹּאמֶר גֵּיחֲזִי נַעַר

siervo-de Guejazí Y-dijo (20) . tierra cierta-distancia-de de-con-él y-se-fue

אֱלִישָׁע אִישׁ־ הָאֱלֹהִים הִנֵּה ׀ חָשַׂךְ אֲדֹנִי אֶת־ נַעֲמָן הָאֲרַמִּי

el-arameo Naamán a mi-señor ha-rehusado mira : el-Dios hombre-de Eliseo

הַזֶּה מִקַּחַת מִיָּדוֹ אֵת אֲשֶׁר־ הֵבִיא חַי־ יְהוָה

Yahweh vive trajo lo-que ** de-su-mano de-aceptar el-este

כִּי־ אִם־ רַצְתִּי אַחֲרָיו וְלָקַחְתִּי מֵאִתּוֹ מְאוּמָה׃

. algo de-con-él y-cogeré tras-él corro si que

וַיִּרְדֹּף גֵּיחֲזִי אַחֲרֵי נַעֲמָן וַיִּרְאֶה נַעֲמָן רָץ אַחֲרָיו

tras-él corriendo Naamán y-vio Naamán tras Guejazí Y-salió-en-persecución (21)

וַיִּפֹּל מֵעַל הַמֶּרְכָּבָה לִקְרָאתוֹ וַיֹּאמֶר הֲשָׁלוֹם׃
¿salud? : y-dijo a-su-encuentro la-carroza de-sobre y-bajó

וַיֹּאמֶר ׀ שָׁלוֹם אֲדֹנִי שִׁלְּחַנִי לֵאמֹר הִנֵּה עַתָּה זֶה
esto ahora he-aquí-que : a-decir me-envía mi-señor salud : Y-dijo (22)

בָּאוּ אֵלַי שְׁנֵי־ נְעָרִים מֵהַר אֶפְרַיִם מִבְּנֵי
de-los-hijos-de Efraín de-la-montaña-de jóvenes dos a-mí han-llegado

הַנְּבִיאִים תְּנָה־ נָּא לָהֶם כִּכַּר־ כֶּסֶף וּשְׁתֵּי חֲלִפוֹת בְּגָדִים׃
. vestidos mudas-de y-dos plata talento-de para-ellos te-ruego da los-profetas

וַיֹּאמֶר נַעֲמָן הוֹאֵל קַח כִּכָּרָיִם וַיִּפְרָץ־ בּוֹ
a-él e-instó dos-talentos toma dígnate : Naamán Y-dijo (23)

וַיָּצַר כִּכְּרַיִם כֶּסֶף בִּשְׁנֵי חֲרִטִים וּשְׁתֵּי חֲלִפוֹת בְּגָדִים
vestidos mudas-de y-dos talegas a-dos plata dos-talentos y-ató

וַיִּתֵּן אֶל־ שְׁנֵי נְעָרָיו וַיִּשְׂאוּ לְפָנָיו׃
. ante-él y-cargaron sus-muchachos dos a y-dio

וַיָּבֹא אֶל־ הָעֹפֶל וַיִּקַּח מִיָּדָם וַיִּפְקֹד
y-puso de-mano-de-ellos y-cogió el-ofel a Y-vino (24)

בַּבָּיִת וַיְשַׁלַּח אֶת־ הָאֲנָשִׁים וַיֵּלֵכוּ׃ וְהוּא־
Y-él (25) . y-se-fueron los-hombres a y-despidió en-la-casa

בָא וַיַּעֲמֹד אֶל־ אֲדֹנָיו וַיֹּאמֶר אֵלָיו אֱלִישָׁע
: Eliseo a-él y-dijo su-señor a y-se-presentó vino

מֵאַן גֵּחֲזִי וַיֹּאמֶר לֹא־ הָלַךְ עַבְדְּךָ אָנֶה
aquí tu-siervo ha-ido no : y-dijo ? Guejazí ¿de-dónde

וָאָנָה׃ וַיֹּאמֶר אֵלָיו לֹא־ לִבִּי הָלַךְ כַּאֲשֶׁר
cuando ha-ido mi-corazón ¿no : a-él Y-dijo (26) . y-allá

הָפַךְ־ אִישׁ מֵעַל מֶרְכַּבְתּוֹ לִקְרָאתֶךָ הַעֵת לָקַחַת אֶת־
** de-coger ¿acaso-tiempo ? a-tu-encuentro su-carroza de-sobre un-hombre se-volvió

הַכֶּסֶף וְלָקַחַת בְּגָדִים וְזֵיתִים וּכְרָמִים וְצֹאן וּבָקָר

y-ganado-vacuno y-ganado-menor y-viñas y-olivares vestidos y-aceptar la-plata

וַעֲבָדִים וּשְׁפָחוֹת׃ וְצָרַעַת נַעֲמָן תִּדְבַּק־

se-pegue Naamán Y-(la)lepra-de (27) ? y-siervas y-criados

בְּךָ וּבְזַרְעֲךָ לְעוֹלָם וַיֵּצֵא מִלְּפָנָיו

de-ante-él y-salió por-siempre y-a-tu-descendencia a-ti

מְצֹרָע כַּשָּׁלֶג׃ וַיֹּאמְרוּ בְנֵי־ הַנְּבִיאִים אֶל־אֱלִישָׁע

Cap. 6 : Eliseo a los-profetas (los)hijos-de Y-dijeron (1) . como-la-nieve leproso

הִנֵּה־ נָא הַמָּקוֹם אֲשֶׁר אֲנַחְנוּ יֹשְׁבִים שָׁם לְפָנֶיךָ צַר מִמֶּנּוּ׃

. para-nosotros angosto ante-ti allí habitamos nosotros que el-lugar te-ruego mira

נֵלְכָה־ נָּא עַד־ הַיַּרְדֵּן וְנִקְחָה מִשָּׁם אִישׁ קוֹרָה אֶחָת

una viga cada-hombre de-allí y-cogeremos el-Jordán hasta pues Iremos (2)

וְנַעֲשֶׂה־ לָּנוּ שָׁם מָקוֹם לָשֶׁבֶת שָׁם וַיֹּאמֶר לֵכוּ׃

. id : y-dijo allí para-habitar un-lugar allí para-nosotros y-haremos

וַיֹּאמֶר הָאֶחָד הוֹאֶל נָא וְלֵךְ אֶת־ עֲבָדֶיךָ

tus-siervos con y-ven te-rogamos dígnate : el-uno Y-dijo (3)

וַיֹּאמֶר אֲנִי אֵלֵךְ׃ וַיֵּלֶךְ אִתָּם וַיָּבֹאוּ

y-vinieron con-ellos Y-se-fue (4) . iré yo : y-dijo

הַיַּרְדֵּנָה וַיִּגְזְרוּ הָעֵצִים׃ וַיְהִי הָאֶחָד מַפִּיל

cortaba el-uno Y-sucedió (5) . los-árboles y-cortaron al-Jordán

הַקּוֹרָה וְאֶת־ הַבַּרְזֶל נָפַל אֶל־ הַמָּיִם וַיִּצְעַק וַיֹּאמֶר

: y-decía y-se-puso-a-gritar el-agua a cayó el-hierro y la-viga

אֲהָהּ אֲדֹנִי וְהוּא שָׁאוּל׃ וַיֹּאמֶר אִישׁ־ הָאֱלֹהִים

el-Dios (el)hombre-de Y-dijo (6) . prestado que-él mi-señor ay

אָנָה נָפָל וַיַּרְאֵהוּ אֶת־ הַמָּקוֹם וַיִּקְצָב־ עֵץ

un-palo y-cortó el-lugar ** y-le-mostró ? ha-caído ¿dónde

וַיַּשְׁלֶךְ־ שָׁמָּה וַיָּצֶף הַבַּרְזֶל׃ וַיֹּאמֶר הָרֶם

levanta : Y-dijo (7) . el-hierro e-hizo-flotar allí y-arrojó

לָךְ וַיִּשְׁלַח יָדוֹ וַיִּקָּחֵהוּ׃ וּמֶלֶךְ אֲרָם

Aram Y-(el)rey-de (8) . y-lo-cogió su-mano y-extendió para-ti

הָיָה נִלְחָם בְּיִשְׂרָאֵל וַיִּוָּעַץ אֶל־ עֲבָדָיו לֵאמֹר אֶל־

a : diciendo sus-siervos con y-se-aconsejó con-Israel combatiendo estaba

מְקוֹם פְּלֹנִי אַלְמֹנִי תַּחֲנֹתִי׃ וַיִּשְׁלַח אִישׁ הָאֱלֹהִים אֶל־ מֶלֶךְ

(el)rey-de hacia el-Dios (el)hombre-de Y-envió (9) . mi-campamento mengano fulano lugar-de

יִשְׂרָאֵל לֵאמֹר הִשָּׁמֶר מֵעֲבֹר הַמָּקוֹם הַזֶּה כִּי־ שָׁם אֲרָם

Aram allí pues el-este el-lugar de-cruzar guárdate : a-decir Israel

נְחִתִּים׃ וַיִּשְׁלַח מֶלֶךְ יִשְׂרָאֵל אֶל־ הַמָּקוֹם אֲשֶׁר אָמַר־

había-dicho que el-lugar a Israel (el)rey-de Y-envió (10) . bajando

לוֹ אִישׁ־ הָאֱלֹהִים וְהִזְהִירֹה וְנִשְׁמַר שָׁם לֹא אַחַת

una no allí y-se-guardara y-le-había-prevenido el-Dios (el)hombre-de a-él

וְלֹא שְׁתָּיִם׃ וַיִּסָּעֵר לֵב מֶלֶךְ־ אֲרָם עַל־ הַדָּבָר

el-asunto por Aram (el)rey-de (el)corazón-de Y-se-inquietó (11) . dos y-no

הַזֶּה וַיִּקְרָא אֶל־ עֲבָדָיו וַיֹּאמֶר אֲלֵיהֶם הֲלוֹא תַּגִּידוּ

informaréis ¿acaso-no : a-ellos y-dijo sus-servidores a y-llamó el-éste

לִי מִי מִשֶּׁלָּנוּ אֶל־ מֶלֶךְ יִשְׂרָאֵל׃ וַיֹּאמֶר אַחַד

uno Y-dijo (12) ? Israel el-rey-de a de-nosotros quién a-mí

מֵעֲבָדָיו לוֹא אֲדֹנִי הַמֶּלֶךְ כִּי־ אֱלִישָׁע הַנָּבִיא אֲשֶׁר

que el-profeta Eliseo que el-rey mi-señor no : de-sus-servidores

בְּיִשְׂרָאֵל יַגִּיד לְמֶלֶךְ יִשְׂרָאֵל אֶת־ הַדְּבָרִים אֲשֶׁר תְּדַבֵּר בַּחֲדַר

en-(el)aposento-de tú-has-dicho que las-cosas ** Israel a-(el)rey-de informó en-Israel

מִשְׁכָּבֶךָ׃ וַיֹּאמֶר לְכוּ וּרְאוּ אֵיכֹה הוּא וְאֶשְׁלַח

y-enviaré él dónde y-mirad id : Y-dijo (13) . tu-techo

וְאֶקָּחֵהוּ וַיֻּגַּד־ לוֹ לֵאמֹר הִנֵּה בְדֹתָן׃
. en-Dotán he-aquí-que : diciendo a-él y-se-informó y-lo-cogeré

וַיִּשְׁלַח־ שָׁמָּה סוּסִים וְרֶכֶב וְחַיִל כָּבֵד וַיָּבֹאוּ
y-vinieron pesado y-ejército y-carro caballos hacia-allí Y-envió (14)

לַיְלָה וַיַּקִּפוּ עַל־ הָעִיר׃ וַיַּשְׁכֵּם מְשָׁרֵת
(el)servidor-de Y-madrugó (15) . la-ciudad sobre y-pusieron-cerco (de)noche

אִישׁ הָאֱלֹהִים לָקוּם וַיֵּצֵא וְהִנֵּה־ חַיִל סוֹבֵב אֶת־
** rodeaba un-ejército y-he-aquí-que y-salió para-levantarse el-Dios (el)hombre-de

הָעִיר וְסוּס וָרָכֶב וַיֹּאמֶר נַעֲרוֹ אֵלָיו אֲהָהּ
ay : a-él su-muchacho y-dijo y-carro y-caballo la-ciudad

אֲדֹנִי אֵיכָה נַעֲשֶׂה׃ וַיֹּאמֶר אַל־ תִּירָא כִּי
pues temas no : Y-dijo (16) ? haremos ¿cómo mi-Señor

רַבִּים אֲשֶׁר אִתָּנוּ מֵאֲשֶׁר אוֹתָם׃ וַיִּתְפַּלֵּל אֱלִישָׁע
Eliseo Y-oró (17) . con-ellos más-que con-nosotros los-que muchos

וַיֹּאמַר יְהוָה פְּקַח־ נָא אֶת־ עֵינָיו וְיִרְאֶה וַיִּפְקַח
y-abrió y-vea sus-ojos ** te-ruego abre Yahweh : y-dijo

יְהוָה אֶת־ עֵינֵי הַנַּעַר וַיַּרְא וְהִנֵּה הָהָר מָלֵא
llena-de la-montaña y-he-aquí-que y-vio el-muchacho (los)ojos-de ** Yahweh

סוּסִים וְרֶכֶב אֵשׁ סְבִיבֹת אֱלִישָׁע׃ וַיֵּרְדוּ
Y-bajaron (18) . Eliseo alrededor-de fuego y-carro-de caballos

אֵלָיו וַיִּתְפַּלֵּל אֱלִישָׁע אֶל־ יְהוָה וַיֹּאמַר הַךְ־ נָא אֶת־
** te-ruego hiere : y-dijo Yahweh a Eliseo y-oró hacia-él

הַגּוֹי־ הַזֶּה בַּסַּנְוֵרִים וַיַּכֵּם בַּסַּנְוֵרִים
con-la-ceguera y-los-hirió con-la-ceguera el-este el-pueblo

כִּדְבַר אֱלִישָׁע׃ וַיֹּאמֶר אֲלֵהֶם אֱלִישָׁע לֹא זֶה הַדֶּרֶךְ
el-camino éste no : Eliseo a-ellos Y-dijo (19) . Eliseo según-palabra-de

וְלֹא זֶה הָעִיר לְכוּ אַחֲרַי וְאוֹלִיכָה אֶתְכֶם אֶל־הָאִישׁ

el-hombre hacia a-vosotros y-haré-ir tras-de-mí id la-ciudad ésta y-no

אֲשֶׁר תְּבַקֵּשׁוּן וַיֵּלֶךְ אוֹתָם שֹׁמְרוֹנָה׃ וַיְהִי כְּבֹאָם

cuando-su-llegar Y-sucedió (20) . a-Samaria ellos e-hizo-ir buscáis que

שֹׁמְרוֹן וַיֹּאמֶר אֱלִישָׁע יְהוָה פְּקַח אֶת־עֵינֵי־אֵלֶּה וְיִרְאוּ

y-vean éstos (los)ojos-de ** abre Yahweh : Eliseo que-dijo (a)Samaria

וַיִּפְקַח יְהוָה אֶת־עֵינֵיהֶם וַיִּרְאוּ וְהִנֵּה בְּתוֹךְ

en-medio-de y-he-aquí-que y-vieron sus-ojos ** Yahweh y-abrió

שֹׁמְרוֹן׃ וַיֹּאמֶר מֶלֶךְ־יִשְׂרָאֵל אֶל־אֱלִישָׁע כִּרְאֹתוֹ אוֹתָם

: a-ellos al-ver-él Eliseo a Israel (el)rey-de Y-dijo (21) . Samaria

הַאַכֶּה אַכֶּה אָבִי׃ וַיֹּאמֶר לֹא תַכֶּה

mates no : Y-dijo (22) ? padre-mío mataré ¿acaso-mataré

הַאֲשֶׁר שָׁבִיתָ בְּחַרְבְּךָ וּבְקַשְׁתְּךָ אַתָּה מַכֶּה

? matas tú y-con-tu-arco con-tu-espada has-capturado ¿acaso-a-los-que

שִׂים לֶחֶם וָמַיִם לִפְנֵיהֶם וְיֹאכְלוּ וְיִשְׁתּוּ

y-beban y-coman ante-ellos y-agua pan pon

וְיֵלְכוּ אֶל־אֲדֹנֵיהֶם׃ וַיִּכְרֶה לָהֶם

para-ellos Y-dispuso-banquete (23) . sus-señores a y-se-irán

כֵּרָה גְדוֹלָה וַיֹּאכְלוּ וַיִּשְׁתּוּ וַיְשַׁלְּחֵם וַיֵּלְכוּ

y-se-fueron y-los-envió y-bebieron y-comieron grande banquete

אֶל־אֲדֹנֵיהֶם וְלֹא־יָסְפוּ עוֹד גְּדוּדֵי אֲרָם לָבוֹא

a-volver Aram (las)bandas-de más volvieron y-no sus-señores a

בְּאֶרֶץ יִשְׂרָאֵל׃ וַיְהִי אַחֲרֵי־כֵן וַיִּקְבֹּץ בֶּן־הֲדַד

adad Ben- que-reunió esto tras Y-sucedió (24) . Israel por-(el)país-de

מֶלֶךְ־אֲרָם אֶת־כָּל־מַחֲנֵהוּ וַיַּעַל וַיָּצַר

y-puso-sitio y-subió su-ejército todo a Aram rey-de

עַל־שֹׁמְרוֹן׃ וַיְהִי רָעָב גָּדוֹל בְּשֹׁמְרוֹן וְהִנֵּה צָרִים
habían-puesto-sitio y-he-aquí-que en-Samaria grande hambre Y-hubo (25) . Samaria sobre

עָלֶיהָ עַד הֱיוֹת רֹאשׁ־חֲמוֹר בִּשְׁמֹנִים כֶּסֶף וְרֹבַע הַקַּב
el-qab y-el-cuarto-de plata por-ochenta asno cabeza-de ser hasta sobre-ella

חִרְייוֹנִים בַּחֲמִשָּׁה־כָסֶף׃ וַיְהִי מֶלֶךְ יִשְׂרָאֵל עֹבֵר עַל־
sobre paseando Israel (el)rey-de Y-estaba (26) . plata por-cinco excremento-de-palomas

הַחֹמָה וְאִשָּׁה צָעֲקָה אֵלָיו לֵאמֹר הוֹשִׁיעָה אֲדֹנִי הַמֶּלֶךְ׃
. el-rey mi-señor salva : diciendo a-él gritó y-una-mujer la-muralla

וַיֹּאמֶר אַל־יוֹשִׁעֵךְ יְהוָה מֵאַיִן אוֹשִׁיעֵךְ
? te-voy-a-salvar-yo ¿de-dónde Yahweh te-salva no : Y-dijo (27)

הֲמִן־הַגֹּרֶן אוֹ מִן־הַיָּקֶב׃ וַיֹּאמֶר־לָהּ
a-ella Y-dijo (28) . el-lagar de o la-era acaso-de

הַמֶּלֶךְ מַה־לָּךְ וַתֹּאמֶר הָאִשָּׁה הַזֹּאת אָמְרָה אֵלַי
: a-mí dijo la-esta la-mujer : y-dijo ? para-ti ¿qué : el-rey

תְּנִי אֶת־בְּנֵךְ וְנֹאכְלֶנּוּ הַיּוֹם וְאֶת־בְּנִי נֹאכַל
comeremos mi-hijo y-a hoy y-lo-comeremos tu-hijo a da

מָחָר׃ וַנְּבַשֵּׁל אֶת־בְּנִי וַנֹּאכְלֵהוּ וָאֹמַר אֵלֶיהָ
a-ella y-yo-dije y-lo-comimos mi-hijo a Y-cocinamos (29) . mañana

בַּיּוֹם הָאַחֵר תְּנִי אֶת־בְּנֵךְ וְנֹאכְלֶנּוּ וַתַּחְבִּא
y-ocultó y-lo-comeremos tu-hijo a da : el-otro en-el-día

אֶת־בְּנָהּ׃ וַיְהִי כִשְׁמֹעַ הַמֶּלֶךְ אֶת־דִּבְרֵי הָאִשָּׁה
la-mujer las-palabras-de ** el-rey cuando-el-oír-de Y-sucedió (30) . su-hijo a

וַיִּקְרַע אֶת־בְּגָדָיו וְהוּא עֹבֵר עַל־הַחֹמָה וַיַּרְא
y-vio la-muralla sobre cruzaba y-él sus-vestiduras ** que-rasgó

הָעָם וְהִנֵּה הַשַּׂק עַל־בְּשָׂרוֹ מִבָּיִת׃ וַיֹּאמֶר
: Y-dijo (31) . por-dentro su-carne sobre el-saco y-he-aquí-que el-pueblo

כֹּה־ יַעֲשֶׂה־ לִּי אֱלֹהִים וְכֹה יוֹסִף אִם־ יַעֲמֹד רֹאשׁ
(la)cabeza-de queda si añada y-así Dios a-mí haga así

אֱלִישָׁע בֶּן־ שָׁפָט עָלָיו הַיּוֹם׃ וֶאֱלִישָׁע יֹשֵׁב בְּבֵיתוֹ
en-su-casa estaba-sentado Y-Eliseo (32) . este-día sobre-él Safat hijo-de Eliseo

וְהַזְּקֵנִים יֹשְׁבִים אִתּוֹ וַיִּשְׁלַח אִישׁ מִלְּפָנָיו
por-delante-de-él un-hombre y-envió con-él estaban-sentados y-los-ancianos

בְּטֶרֶם יָבֹא הַמַּלְאָךְ אֵלָיו וְהוּא ׀ אָמַר אֶל־ הַזְּקֵנִים
: los-ancianos a dijo y-él a-él el-mensajero viniera antes-de-que

הַרְּאִיתֶם כִּי־ שָׁלַח בֶּן־ הַמְרַצֵּחַ הַזֶּה לְהָסִיר אֶת־
** a-cortar el-este el-asesino (el)hijo-de ha-enviado que ¿acaso-habéis-visto

רֹאשִׁי רְאוּ ׀ כְּבֹא הַמַּלְאָךְ סִגְרוּ הַדֶּלֶת וּלְחַצְתֶּם
y-apretad la-puerta cerrad el-mensajero al-llegar mirad ? mi-cabeza

אֹתוֹ בַּדֶּלֶת הֲלוֹא קוֹל רַגְלֵי אֲדֹנָיו אַחֲרָיו׃
? tras-de-él su-señor los-pies-de el-ruido-de ¿acaso-no con-la-puerta a-él

עוֹדֶנּוּ מְדַבֵּר עִמָּם וְהִנֵּה הַמַּלְאָךְ יֹרֵד אֵלָיו
a-él bajaba el-mensajero y-he-aquí-que con-ellos hablando Aún-él (33)

וַיֹּאמֶר הִנֵּה־ זֹאת הָרָעָה מֵאֵת יְהֹוָה מָה־ אוֹחִיל לַיהֹוָה
de-Yahweh he-de-esperar ¿qué Yahweh de la-desgracia esta mira : y-dijo

עוֹד׃ וַיֹּאמֶר אֱלִישָׁע שִׁמְעוּ דְּבַר־ יְהֹוָה כֹּה ׀ אָמַר יְהֹוָה
: Yahweh dice así Yahweh (la)palabra-de escuchad : Eliseo Y-dijo (1) ? aún Cap. 7

כָּעֵת ׀ מָחָר סְאָה־ סֹלֶת בְּשֶׁקֶל וְסָאתַיִם שְׂעֹרִים
cebada y-dos-seahs por-siclo sémola un-seah mañana por-este-tiempo

בְּשֶׁקֶל בְּשַׁעַר שֹׁמְרוֹן׃ וַיַּעַן הַשָּׁלִישׁ אֲשֶׁר־ לַמֶּלֶךְ
para-el-rey que el-oficial Y-respondió (2) . Samaria en-la-puerta-de por-siclo

נִשְׁעָן עַל־ יָדוֹ אֶת־ אִישׁ הָאֱלֹהִים וַיֹּאמַר הִנֵּה יְהֹוָה עֹשֶׂה
hace Yahweh mira : y-dijo el-Dios (el)hombre-de a su-mano en apoyándose

אֲרֻבּוֹת בַּשָּׁמַיִם הֲיִהְיֶה הַדָּבָר הַזֶּה וַיֹּאמֶר
: y-dijo ? la-ésta la-cosa ¿acaso-sucederá en-el-cielo ventanas

הִנְּכָה רֹאֶה בְּעֵינֶיךָ וּמִשָּׁם לֹא תֹאכֵל׃ וְאַרְבָּעָה
Y-cuatro (3) . comerás no y-de-allí con-tus-ojos ves he-aquí-que-tú

אֲנָשִׁים הָיוּ מְצֹרָעִים פֶּתַח הַשָּׁעַר וַיֹּאמְרוּ אִישׁ
cada-hombre y-dijeron la-puerta a-(la)entrada-de leprosos había hombres

אֶל־רֵעֵהוּ מָה אֲנַחְנוּ יֹשְׁבִים פֹּה עַד־מָתְנוּ׃ אִם־אָמַרְנוּ
decimos Si (4) ? muramos hasta-que aquí estamos-sentados nosotros ¿qué : su-compañero a

נָבוֹא הָעִיר וְהָרָעָב בָּעִיר וָמַתְנוּ שָׁם
allí y-moriremos en-la-ciudad y-el-hambre a-la-ciudad entremos

וְאִם־יָשַׁבְנוּ פֹה וָמָתְנוּ וְעַתָּה לְכוּ וְנִפְּלָה אֶל־
a y-pasémonos id y-ahora y-moriremos aquí nos-quedamos y-si

מַחֲנֵה אֲרָם אִם־יְחַיֻּנוּ נִחְיֶה וְאִם־יְמִיתֻנוּ וָמָתְנוּ׃
. moriremos nos-dan-muerte y-si viviremos nos-dejan-vivir si Aram (el)campamento-de

וַיָּקוּמוּ בַנֶּשֶׁף לָבוֹא אֶל־מַחֲנֵה אֲרָם וַיָּבֹאוּ עַד־
hasta y-llegaron Aram (el)campamento-de a para-ir en-el-crepúsculo Y-se-levantaron (5)

קְצֵה מַחֲנֵה אֲרָם וְהִנֵּה אֵין־שָׁם אִישׁ׃ וַאדֹנָי
Y-el-Señor (6) . hombre allí no-había y-he-aquí-que Aram (el)campamento-de (el)límite-de

הִשְׁמִיעַ| אֶת־מַחֲנֵה אֲרָם קוֹל רֶכֶב קוֹל סוּס קוֹל
ruido-de caballo ruido-de carro ruido-de Aram (el)campamento-de a había-hecho-oír

חַיִל גָּדוֹל וַיֹּאמְרוּ אִישׁ אֶל־אָחִיו הִנֵּה שָׂכַר־עָלֵינוּ
contra-nosotros tomó-a-jornal he-aquí-que : su-hermano a cada-hombre y-dijeron grande ejército

מֶלֶךְ יִשְׂרָאֵל אֶת־מַלְכֵי הַחִתִּים וְאֶת־מַלְכֵי מִצְרַיִם לָבוֹא
para-venir Egipto (los)reyes-de y-a los-hititas (los)reyes-de a Israel (el)rey-de

עָלֵינוּ׃ וַיָּקוּמוּ וַיָּנוּסוּ בַנֶּשֶׁף וַיַּעַזְבוּ
y-abandonaron en-el-crepúsculo y-huyeron Y-se-levantaron (7) . contra-nosotros

אֶת־ אָהֳלֵיהֶם וְאֶת־ סוּסֵיהֶם וְאֶת־ חֲמֹרֵיהֶם הַמַּחֲנֶה כַּאֲשֶׁר־

como el-campamento sus-burros y sus-caballos y sus-tiendas **

הִיא וַיָּנֻסוּ אֶל־ נַפְשָׁם׃ וַיָּבֹאוּ הַמְצֹרָעִים

los-leprosos Y-vinieron (8) . su-vida por y-huyeron él

הָאֵלֶּה עַד־ קְצֵה הַמַּחֲנֶה וַיָּבֹאוּ אֶל־ אֹהֶל אֶחָד וַיֹּאכְלוּ

y-comieron una tienda a y-entraron el-campa mento (el)límite-de hasta los-estos

וַיִּשְׁתּוּ וַיִּשְׂאוּ מִשָּׁם כֶּסֶף וְזָהָב וּבְגָדִים

y-vestidos y-oro plata de-allí y-cogieron y-bebieron

וַיֵּלְכוּ וַיַּטְמִנוּ וַיָּשֻׁבוּ וַיָּבֹאוּ אֶל־ אֹהֶל

tienda a y-entraron y-volvieron y-se-escondieron y-se-fueron

אַחֵר וַיִּשְׂאוּ מִשָּׁם וַיֵּלְכוּ וַיַּטְמִנוּ׃ וַיֹּאמְרוּ

Y-dijeron (9) . y-escondieron y-se-fueron de-allí y-llevaron otra

אִישׁ אֶל־ רֵעֵהוּ לֹא־ כֵן אֲנַחְנוּ עֹשִׂים הַיּוֹם הַזֶּה יוֹם־

día-de el-éste el-día debemos-hacer nosotros así no : su-compañero a cada-hombre

בְּשֹׂרָה הוּא וַאֲנַחְנוּ מַחְשִׁים וְחִכִּינוּ עַד־ אוֹר

(la)luz-de hasta y-esperamos callamos y-nosotros él albricias

הַבֹּקֶר וּמְצָאָנוּ עָווֹן וְעַתָּה לְכוּ וְנָבֹאָה

y-vengamos id y-ahora culpa y-hallaremos la-mañana

וְנַגִּידָה בֵּית הַמֶּלֶךְ׃ וַיָּבֹאוּ וַיִּקְרְאוּ אֶל־

a y-llamaron Y-vinieron (10) . el-rey a-(la)casa-de e-informemos

שֹׁעֵר הָעִיר וַיַּגִּידוּ לָהֶם לֵאמֹר בָּאנוּ אֶל־ מַחֲנֵה

(el)campa mento-de a fuimos : diciendo a-ellos e-informaron la-ciudad (el)portero-de

אֲרָם וְהִנֵּה אֵין־ שָׁם אִישׁ וְקוֹל אָדָם כִּי אִם־

sino hombre ni-voz-de hombre allí no-hay y-he-aquí-que Aram

הַסּוּס אָסוּר וְהַחֲמוֹר אָסוּר וְאֹהָלִים כַּאֲשֶׁר־

como y-tiendas atado y-el-burro atado el-caballo

הֵמָּה׃ וַיִּקְרָא הַשֹּׁעֲרִים וַיַּגִּידוּ בֵּית הַמֶּלֶךְ
el-rey a-(la)casa-de e-informaron los-porteros Y-gritaron (11) . ellos

פְּנִימָה׃ וַיָּקָם הַמֶּלֶךְ לַיְלָה וַיֹּאמֶר אֶל־ עֲבָדָיו
: sus-siervos a y-dijo de-noche el-rey Y-se-levantó (12) . al-interior

אַגִּידָה־ נָּא לָכֶם אֵת אֲשֶׁר־ עָשׂוּ לָנוּ אֲרָם יָדְעוּ כִּי־
que saben Aram a-nosotros ha-hecho que ** a-vosotros os-ruego voy-a-in formar

רְעֵבִים אֲנַחְנוּ וַיֵּצְאוּ מִן־ הַמַּחֲנֶה לְהֵחָבֵה בהשָּׂדֶה לֵאמֹר
: diciendo en-el-campo a-esconderse el-campa mento de y-han-salido nosotros estamos-hambrientos

כִּי־ יֵצְאוּ מִן־ הָעִיר וְנִתְפְּשֵׂם חַיִּים
vivos y-los-capturaremos la-ciudad de saldrán ciertamente

וְאֶל־ הָעִיר נָבֹא׃ וַיַּעַן אֶחָד מֵעֲבָדָיו
de-sus-siervos uno Y-contestó (13) . entraremos la-ciudad y-a

וַיֹּאמֶר וְיִקְחוּ־ נָא חֲמִשָּׁה מִן־ הַסּוּסִים הַנִּשְׁאָרִים
los-restantes los-caballos de cinco te-ruego y-cojan : y-dijo

אֲשֶׁר נִשְׁאֲרוּ־ בָהּ הִנָּם כְּכָל־ ההָמוֹן יִשְׂרָאֵל אֲשֶׁר נִשְׁאֲרוּ־
han-quedado que Israel (la)muche dumbre-de como-toda he-aquí-que-ellos en-ella han-quedado que

בָהּ הִנָּם כְּכָל־ הֲמוֹן יִשְׂרָאֵל אֲשֶׁר־ תָּמּוּ וְנִשְׁלְחָה
y-enviemos han-perecido que Israel (la)muche dumbre-de como-toda he-aquí-que-ellos en-ella

וְנִרְאֶה׃ וַיִּקְחוּ שְׁנֵי רֶכֶב סוּסִים וַיִּשְׁלַח
y-envió caballos carros-de dos Y-cogieron (14) . y-veamos

הַמֶּלֶךְ אַחֲרֵי מַחֲנֵה־ אֲרָם לֵאמֹר לְכוּ וּרְאוּ׃ וַיֵּלְכוּ
Y-fueron (15) . y-ved id : diciendo Aram (el)campa mento-de tras el-rey

אַחֲרֵיהֶם עַד־ הַיַּרְדֵּן וְהִנֵּה כָל־ הַדֶּרֶךְ מְלֵאָה בְגָדִים
vestidos lleno el-camino todo y-he-aquí-que el-Jordán hasta tras-ellos

וְכֵלִים אֲשֶׁר־ הִשְׁלִיכוּ אֲרָם בהחפזם וַיָּשֻׁבוּ
y-volvieron en-su-salir-precipitado Aram Labían-arrojado que y-útiles

הַמַּלְאָכִים וַיַּגִּדוּ לַמֶּלֶךְ׃ וַיֵּצֵא הָעָם
el-pueblo Y-salió (16) . al-rey e-informaron los-mensajeros

וַיָּבֹזּוּ אֵת מַחֲנֵה אֲרָם וַיְהִי סְאָה־סֹלֶת בְּשֶׁקֶל
por-siclo sémola seah y-estuvo Aram (el)campamento-de ** y-saquearon

וְסָאתַיִם שְׂעֹרִים בְּשֶׁקֶל כִּדְבַר יְהוָה׃ וְהַמֶּלֶךְ
Y-el-rey (17) . Yahweh según-palabra-de por-siclo cebada y-dos-seahs

הִפְקִיד אֶת־ הַשָּׁלִישׁ אֲשֶׁר־ נִשְׁעָן עַל־ יָדוֹ עַל־ הַשַּׁעַר
la-puerta sobre su-mano sobre se-apoyaba que el-oficial a puso-al-mando

וַיִּרְמְסֻהוּ הָעָם בַּשַּׁעַר וַיָּמֹת כַּאֲשֶׁר
según y-murió en-la-puerta el-pueblo y-lo-pisotearon

דִּבֶּר אִישׁ הָאֱלֹהִים אֲשֶׁר דִּבֶּר בְּרֶדֶת הַמֶּלֶךְ אֵלָיו׃
. a-él el-rey en-el-bajar-de había-hablado que el-Dios (el)hombre-de había-dicho

וַיְהִי כְּדַבֵּר אִישׁ הָאֱלֹהִים אֶל־ הַמֶּלֶךְ לֵאמֹר סָאתַיִם
dos-seahs : diciendo el-rey a el-Dios (el)hombre-de al-hablar Y-ocurrió (18)

שְׂעֹרִים בְּשֶׁקֶל וּסְאָה־ סֹלֶת בְּשֶׁקֶל יִהְיֶה כָּעֵת
por-este-tiempo estará por-siclo harina y-un-seah por-siclo cebada

מָחָר בְּשַׁעַר שֹׁמְרוֹן׃ וַיַּעַן הַשָּׁלִישׁ אֶת־ אִישׁ
(el)hombre-de a el-oficial Y-contestó (19) . Samaria a-(la)puerta-de mañana

הָאֱלֹהִים וַיֹּאמַר וְהִנֵּה יְהוָה עֹשֶׂה אֲרֻבּוֹת בַּשָּׁמַיִם
en-el-cielo ventanas hace Yahweh y-he-aquí-que : y-dijo el-Dios

הֲיִהְיֶה כַּדָּבָר הַזֶּה וַיֹּאמֶר הִנְּכָה רֹאֶה
vas-a-ver he-aquí-que-tú : y-dijo ? la-ésta según-la-palabra ¿acaso-sucederá

בְּעֵינֶיךָ וּמִשָּׁם לֹא תֹאכֵל׃ וַיְהִי־ לוֹ
para-él Y-sucedió (20) . comerás no y-de-allí con-tus-ojos

כֵן וַיִּרְמְסוּ אֹתוֹ הָעָם בַּשַּׁעַר וַיָּמֹת׃
. y-murió en-la-puerta el-pueblo a-él y-pisotearon así

וֶאֱלִישָׁע דִּבֶּר אֶל־ הָאִשָּׁה אֲשֶׁר־ הֶחֱיָה אֶת־ בְּנָהּ
su-hijo a él-había-hecho-revivir que la-mujer a habló Y-Eliseo (1)

לֵאמֹר קוּמִי וּלְכִי אַתְּ וּבֵיתֵךְ וְגוּרִי בַּאֲשֶׁר
en-donde y-reside y-tu-casa tú y-ve levanta : diciendo

תָּגוּרִי כִּי־ קָרָא יְהוָה לָרָעָב וְגַם־ בָּא
viene y-también al-hambre Yahweh ha-llamado pues quisieras-residir

אֶל־ הָאָרֶץ שֶׁבַע שָׁנִים׃ וַתָּקָם הָאִשָּׁה וַתַּעַשׂ כִּדְבַר
según-palabra-de e-hizo la-mujer Y-se-levantó (2) . años siete el-país a

אִישׁ הָאֱלֹהִים וַתֵּלֶךְ הִיא וּבֵיתָהּ וַתָּגָר
y-residió y-su-casa ella y-se-fue el-Dios hombre-de

בְּאֶרֶץ־ פְּלִשְׁתִּים שֶׁבַע שָׁנִים׃ וַיְהִי מִקְצֵה שֶׁבַע שָׁנִים
años siete al-término-de Y-sucedió (3) . años siete filisteos en-país-de

וַתָּשָׁב הָאִשָּׁה מֵאֶרֶץ פְּלִשְׁתִּים וַתֵּצֵא לִצְעֹק
a-clamar y-salió filisteos de-(el)país-de la-mujer que-volvió

אֶל־ הַמֶּלֶךְ אֶל־ בֵּיתָהּ וְאֶל־ שָׂדָהּ׃ וְהַמֶּלֶךְ מְדַבֵּר
hablando Y-el-rey (4) . su-campo y-por su-casa por el-rey a

אֶל־ גֵּחֲזִי נַעַר אִישׁ־ הָאֱלֹהִים לֵאמֹר סַפְּרָה־ נָּא לִי אֵת כָּל־
todas ** a-mí te-ruego di : diciendo el-Dios (el)hombre-de (el)muchacho-de Guejazí a

הַגְּדֹלוֹת אֲשֶׁר־ עָשָׂה אֱלִישָׁע׃ וַיְהִי הוּא מְסַפֵּר לַמֶּלֶךְ
al-rey relatando él Y-estaba (5) . Eliseo ha-hecho que las-grandezas

אֵת אֲשֶׁר־ הֶחֱיָה אֶת־ הַמֵּת וְהִנֵּה הָאִשָּׁה אֲשֶׁר־
que la-mujer y-he-aquí-que el-muerto a había-hecho-revivir que **

הֶחֱיָה אֶת־ בְּנָהּ צֹעֶקֶת אֶל־ הַמֶּלֶךְ עַל־ בֵּיתָהּ
su-casa por el-rey a clamando su-hijo a él-había-hecho-revivir

וְעַל־ שָׂדָהּ וַיֹּאמֶר גֵּחֲזִי אֲדֹנִי הַמֶּלֶךְ זֹאת הָאִשָּׁה
la-mujer ésta el-rey mi-señor : Guejazí y-dijo su-campo y-por

וְזֶה־ בְּנָהּ אֲשֶׁר־ הֶחֱיָה אֱלִישָׁע׃ וַיִּשְׁאַל הַמֶּלֶךְ

el-rey Y-pidió (6) . Eliseo hizo-revivir que su-hijo y-éste

לָאִשָּׁה וַתְּסַפֶּר־ לוֹ וַיִּתֶּן־ לָהּ הַמֶּלֶךְ סָרִיס

eunuco el-rey a-ella y-dio a-él y-ella-relató a-la-mujer

אֶחָד לֵאמֹר הָשֵׁיב אֶת־ כָּל־ אֲשֶׁר־ לָהּ וְאֵת כָּל־ תְּבוּאֹת הַשָּׂדֶה

el-campo producción-de toda y de-ella lo-que todo ** devuelve : diciendo uno

מִיּוֹם עָזְבָה אֶת־ הָאָרֶץ וְעַד־ עָתָּה׃ וַיָּבֹא אֱלִישָׁע דַּמֶּשֶׂק

a-Damasco Eliseo Y-vino (7) . ahora y-hasta el-país ** abandonó desde-día

וּבֶן־ הֲדַד מֶלֶךְ־ אֲרָם חֹלֶה וַיֻּגַּד־ לוֹ לֵאמֹר בָּא

ha-venido : diciendo a-él y-se-informó estaba-enfermo Aram rey-de adad y-Ben-

אִישׁ הָאֱלֹהִים עַד־ הֵנָּה׃ וַיֹּאמֶר הַמֶּלֶךְ אֶל־ חֲזָהאֵל קַח

coge : Hazael a el-rey Y-dijo (8) . aquí hasta el-Dios hombre-de

בְּיָדְךָ מִנְחָה וְלֵךְ לִקְרַאת אִישׁ הָאֱלֹהִים וְדָרַשְׁתָּ אֶת־

a y-consulta el-Dios (el)hombre-de al-encuentro-de y-ve ofrenda en-tu-mano

יְהוָה מֵאוֹתוֹ לֵאמֹר הַאֶחְיֶה מֵחֳלִי זֶה׃ וַיֵּלֶךְ

Y-fue (9) ? ésta de-enfermedad ¿acaso-voy-a-vivir : diciendo de-parte-de-él Yahweh

חֲזָאֵל לִקְרָאתוֹ וַיִּקַּח מִנְחָה בְיָדוֹ וְכָל־ טוּב

bueno-de y-todo en-su-mano ofrenda y-cogió a-su-encuentro Hazael

דַּמֶּשֶׂק מַשָּׂא אַרְבָּעִים גָּמָל וַיָּבֹא וַיַּעֲמֹד לְפָנָיו וַיֹּאמֶר

: y-dijo ante-él y-se-presentó y-vino camello cuarenta carga-de Damasco

בִּנְךָ בֶן־ הֲדַד מֶלֶךְ־ אֲרָם שְׁלָחַנִי אֵלֶיךָ לֵאמֹר הַאֶחְיֶה

¿acaso-voy-a-vivir : decir a-ti me-envía Aram rey-de adad Ben- tu-hijo

מֵחֳלִי זֶה׃ וַיֹּאמֶר אֵלָיו אֱלִישָׁע לֵךְ אֱמָר־ לֹא

: a-él di ve : Eliseo a-él Y-dijo (10) ? ésta de-enfermedad

חָיֹה תִחְיֶה וְהִרְאַנִי יְהוָה כִּי־ מוֹת

morir que Yahweh y-me-ha-hecho-ver vivirás vivir

יָמוּת׃ וַיַּעֲמֵד אֶת־ פָּנָיו וַיָּשֶׂם עַד־
hasta y-puso su-rostro ** Y-detuvo (11) . morirá

בֹּשׁ וַיֵּבְךְּ אִישׁ הָאֱלֹהִים׃ וַיֹּאמֶר חֲזָאֵל מַדּוּעַ
¿por-qué : Hazael Y-dijo (12) . el-Dios hombre-de y-lloró avergonzarse

אֲדֹנִי בֹכֶה וַיֹּאמֶר כִּי־ יָדַעְתִּי אֵת אֲשֶׁר־ תַּעֲשֶׂה
harás que ** sé pues : y-dijo ? llora mi-señor

לִבְנֵי יִשְׂרָאֵל רָעָה מִבְצְרֵיהֶם תְּשַׁלַּח בָּאֵשׁ
con-fuego despacharás sus-fortalezas mal Israel a-hijos-de

וּבַחֻרֵיהֶם בַּחֶרֶב תַּהֲרֹג וְעֹלְלֵיהֶם
y-sus-niños matarás con-la-espada y-sus-jóvenes

תְּרַטֵּשׁ וְהָרֹתֵיהֶם תְּבַקֵּעַ׃
. hendirás y-sus-embarazadas aplastarás

וַיֹּאמֶר חֲזָהאֵל כִּי מָה עַבְדְּךָ הַכֶּלֶב כִּי יַעֲשֶׂה
hará que el-perro tu-siervo ¿qué-es pues : Hazael Y-dijo (13)

הַדָּבָר הַגָּדוֹל הַזֶּה וַיֹּאמֶר אֱלִישָׁע הִרְאַנִי יְהוָה אֹתְךָ
a-ti Yahweh me-ha-hecho-ver : Eliseo y-dijo la-esta? la-grande la-cosa

מֶלֶךְ עַל־אֲרָם׃ וַיֵּלֶךְ ׀ מֵאֵת אֱלִישָׁע וַיָּבֹא אֶל־ אֲדֹנָיו
su-señor a y-llegó Eliseo de-con Y-se-fue (14) . Aram sobre rey

וַיֹּאמֶר לוֹ מָה־ אָמַר לְךָ אֱלִישָׁע וַיֹּאמֶר אָמַר
ha-dicho : y-dijo ? Eliseo a-ti ha-dicho ¿qué : a-él y-dijo

לִי חָיֹה תִחְיֶה׃ וַיְהִי מִמָּחֳרָת וַיִּקַּח
que-cogió en-el-día-siguiente Y-sucedió (15) . vivirás vivir a mí

הַמַּכְבֵּר וַיִּטְבֹּל בַּמַּיִם וַיִּפְרֹשׂ עַל־ פָּנָיו
su-rostro sobre y-extendió con-el-agua y-mojó la-manta

וַיָּמֹת וַיִּמְלֹךְ חֲזָהאֵל תַּחְתָּיו׃ וּבִשְׁנַת חָמֵשׁ
cinco Y-en-año (16) . en-su-lugar Hazael y-reinó y-murió

לְיוֹרָם בֶּן־אַחְאָב מֶלֶךְ יִשְׂרָאֵל וִיהוֹשָׁפָט מֶלֶךְ יְהוּדָה
Judá rey-de y-Josafat Israel rey-de Acab hijo-de de-Joram

מָלַךְ יְהוֹרָם בֶּן־יְהוֹשָׁפָט מֶלֶךְ יְהוּדָה׃ בֶּן־שְׁלֹשִׁים
treinta Hijo-de (17) . Judá rey-de Josafat hijo-de Joram reinó

וּשְׁתַּיִם שָׁנָה הָיָה בְמָלְכוֹ וּשְׁמֹנֶה שָׁנָה מָלַךְ
reinó años y-ocho cuando-su-llegar-a-reinar era años y-dos

בִּירוּשָׁלָ͏ִם׃ וַיֵּלֶךְ בְּדֶרֶךְ ׀ מַלְכֵי יִשְׂרָאֵל כַּאֲשֶׁר עָשׂוּ
habían-hecho según Israel (los)reyes-de por-(el)camino-de Y-caminó (18) . en-Jerusalén

בֵּית אַחְאָב כִּי בַּת־אַחְאָב הָיְתָה־לּוֹ לְאִשָּׁה וַיַּעַשׂ
y-él-obró por-mujer para-él era Acab hija-de pues Acab la-casa-de

הָרַע בְּעֵינֵי יְהוָה׃ וְלֹא־אָבָה יְהוָה לְהַשְׁחִית
aniquilar Yahweh quiso Y-no (19) . Yahweh a-ojos-de lo-malo

אֶת־יְהוּדָה לְמַעַן דָּוִד עַבְדּוֹ כַּאֲשֶׁר אָמַר־לוֹ
a-él había-dicho según su-siervo David a-causa-de Judá a

לָתֵת לוֹ נִיר לְבָנָיו כָּל־הַיָּמִים׃
. los-días todos a-sus-hijos lámpara para-él para-dar

בְּיָמָיו פָּשַׁע אֱדוֹם מִתַּחַת יַד־יְהוּדָה וַיַּמְלִכוּ
y-entronizaron Judá mano-de de-bajo Edom se-rebeló En-sus-días (20)

עֲלֵיהֶם מֶלֶךְ׃ וַיַּעֲבֹר יוֹרָם צָעִירָה וְכָל־הָרֶכֶב עִמּוֹ
con-él los-carros y-todos a-Zaír Joram Y-cruzó (21) . un-rey sobre-ellos

וַיְהִי־הוּא קָם לַיְלָה וַיַּכֶּה אֶת־אֱדוֹם הַסֹּבֵיב
el-que-rodeaba Edom a y-golpeó de-noche se-levantó él y-sucedió

אֵלָיו וְאֵת שָׂרֵי הָרֶכֶב וַיָּנָס הָעָם לְאֹהָלָיו׃
. a-sus-tiendas el-pueblo y-huyó los-carros los-comandantes-de y-a a-él

וַיִּפְשַׁע אֱדוֹם מִתַּחַת יַד־יְהוּדָה עַד הַיּוֹם הַזֶּה אָז
entonces el-éste el-día hasta Judá mano-de de-bajo Edom Y-se-rebeló (22)

תִּפְשַׁע לִבְנָה בָּעֵת הַהִיא׃ וְיֶתֶר דִּבְרֵי יוֹרָם
Joram los-hechos-de Y-el-resto-de (23) . el-aquel en-el-tiempo Libná se-rebeló

וְכָל־ אֲשֶׁר עָשָׂה הֲלוֹא־ הֵם כְּתוּבִים עַל־ סֵפֶר דִּבְרֵי
(los)hechos-de (el)libro-de en escritos ellos ¿acaso-no hizo lo-que y-todo

הַיָּמִים לְמַלְכֵי יְהוּדָה׃ וַיִּשְׁכַּב יוֹרָם עִם־ אֲבֹתָיו
sus-padres con Joram Y-se-acostó (24) ? Judá de-los-reyes-de los-días

וַיִּקָּבֵר עִם־ אֲבֹתָיו בְּעִיר דָּוִד וַיִּמְלֹךְ
y-reinó David en-ciudad-de sus-padres con y-fue-enterrado

אֲחַזְיָהוּ בְנוֹ תַּחְתָּיו׃ בִּשְׁנַת שְׁתֵּים־עֶשְׂרֵה שָׁנָה לְיוֹרָם
de-Joram año doce En-año (25) . en-su-lugar su-hijo Ocozías

בֶּן־ אַחְאָב מֶלֶךְ יִשְׂרָאֵל מָלַךְ אֲחַזְיָהוּ בֶן־ יְהוֹרָם מֶלֶךְ
rey-de Joram hijo-de Ocozías reinó Israel rey-de Acab hijo-de

יְהוּדָה׃ בֶּן־ עֶשְׂרִים וּשְׁתַּיִם שָׁנָה אֲחַזְיָהוּ בְמָלְכוֹ
cuando-su-reinar Ocozías años veintidós Hijo-de (26) . Judá

וְשָׁנָה אַחַת מָלַךְ בִּירוּשָׁלִָם וְשֵׁם אִמּוֹ עֲתַלְיָהוּ
Atalía su-madre y-nombre-de en-Jerusalén reinó uno y-año

בַּת־ עָמְרִי מֶלֶךְ יִשְׂרָאֵל׃ וַיֵּלֶךְ בְּדֶרֶךְ בֵּית אַחְאָב
Acab (la)casa-de por-camino-de Y-caminó (27) . Israel rey-de Omrí hija-de

וַיַּעַשׂ הָרַע בְּעֵינֵי יְהוָה כְּבֵית אַחְאָב כִּי חֲתַן
pariente-de pues Acab como-(la)casa-de Yahweh a-ojos-de lo-malo y-obró

בֵּית־ אַחְאָב הוּא׃ וַיֵּלֶךְ אֶת־ יוֹרָם בֶּן־ אַחְאָב לַמִּלְחָמָה עִם־
contra a-la-guerra Acab hijo-de Joram con Y-fue (28) . él Acab (la)casa-de

חֲזָהאֵל מֶלֶךְ־ אֲרָם בְּרָמֹת גִּלְעָד וַיַּכּוּ אֲרַמִּים אֶת־יוֹרָם׃
. Joram a arameos e-hirieron Galaad en-Ramot Aram rey-de Hazael

וַיָּשָׁב יוֹרָם הַמֶּלֶךְ לְהִתְרַפֵּא בְיִזְרְעֶאל מִן־ הַמַּכִּים
las-heridas de en-Jizreel para-curarse el-rey Joram Y-volvió (29)

אֲשֶׁר יַכֻּהוּ אֲרַמִּים בָּרָמָה בְּהִלָּחֲמוֹ אֶת־
** en-su-combatir en-Ramot arameos lo-habían-herido que

חֲזָהאֵל מֶלֶךְ אֲרָם וַאֲחַזְיָהוּ בֶן־ יְהוֹרָם מֶלֶךְ יְהוּדָה יָרַד
bajó Judá rey-de Joram hijo-de y-Ocozías Aram rey-de Hazael

לִרְאוֹת אֶת־יוֹרָם בֶּן־ אַחְאָב בְּיִזְרְעֶאל כִּי־ חֹלֶה הוּא׃ וֶאֱלִישָׁע
Y-Eliseo (1) . él enfermo pues a-Jizreel Acab hijo-de Joram a a-ver Cap. 9

הַנָּבִיא קָרָא לְאַחַד מִבְּנֵי הַנְּבִיאִים וַיֹּאמֶר לוֹ
: a-él y-dijo los-profetas de-(los)hijos-de a-uno llamó el-profeta

חֲגֹר מָתְנֶיךָ וְקַח פַּךְ הַשֶּׁמֶן הַזֶּה בְּיָדֶךָ
en-tu-mano la-esta el-aceite (la)vasija-de y-coge tus-lomos ciñe

וְלֵךְ רָמֹת גִּלְעָד׃ וּבָאתָ שָׁמָּה וּרְאֵה־ שָׁם יֵהוּא בֶן־
hijo-de Jehú allí y-mira allí Y-vendrás (2) . Galaad a-Ramot y-ve

יְהוֹשָׁפָט בֶּן־ נִמְשִׁי וּבָאתָ וַהֲקֵמֹתוֹ מִתּוֹךְ
de-en-medio-de y-le-harás-levantarse y-vendrás Nimsí hijo-de Josafat

אֶחָיו וַהֲבֵיאתָ אֹתוֹ חֶדֶר בְּחָדֶר׃ וְלָקַחְתָּ פַךְ־
(la)vasija-de Y-tomarás (3) . en-aposento aposento a-él y-harás-entrar sus-hermanos

הַשֶּׁמֶן וְיָצַקְתָּ עַל־ רֹאשׁוֹ וְאָמַרְתָּ כֹּה־ אָמַר יְהוָה
: Yahweh dice así : y-dirás su-cabeza sobre y-verterás el-aceite

מְשַׁחְתִּיךָ לְמֶלֶךְ אֶל־יִשְׂרָאֵל וּפָתַחְתָּ הַדֶּלֶת וְנַסְתָּה וְלֹא
y-no y-huirás la-puerta y-abrirás Israel sobre por-rey te-he-ungido

תְחַכֶּה׃ וַיֵּלֶךְ הַנַּעַר הַנַּעַר הַנָּבִיא רָמֹת
a-Ramot el-profeta el-joven el-joven Y-se-fue (4) . esperarás

גִּלְעָד׃ וַיָּבֹא וְהִנֵּה שָׂרֵי הַחַיִל יֹשְׁבִים
sentados el-ejército (los)jefes-de y-he-aquí-que Y-llegó (5) . Galaad

וַיֹּאמֶר דָּבָר לִי אֵלֶיךָ הַשָּׂר וַיֹּאמֶר יֵהוּא אֶל־
¿a : Jehú y-dijo oh-jefe a-ti de-mí palabra : y-dijo

מִי מִכֻּלָּנוּ וַיֹּאמֶר אֵלֶיךָ הַשָּׂר׃ וַיָּקָם

Y-se-levantó (6) . oh-jefe a-ti : y-dijo ? de-todos-nosotros quién

וַיָּבֹא הַבַּיְתָה וַיִּצֹק הַשֶּׁמֶן אֶל רֹאשׁוֹ

su-cabeza sobre el-aceite y-vertió a-la-casa y-fue

וַיֹּאמֶר לוֹ כֹּה־אָמַר יְהוָה אֱלֹהֵי יִשְׂרָאֵל מְשַׁחְתִּיךָ

te-he-ungido : Israel Dios-de Yahweh dice así : a-él y-dijo

לְמֶלֶךְ אֶל־עַם יְהוָה אֶל־יִשְׂרָאֵל׃ וְהִכִּיתָה אֶת־

a Y-tú-exterminarás (7) . Israel sobre Yahweh (el)pueblo-de sobre por-rey

בֵּית אַחְאָב אֲדֹנֶיךָ וְנִקַּמְתִּי דְּמֵי ׀ עֲבָדַי

mis-siervos (las)sangres-de y-vengaré tu-señor Acab (la)casa-de

הַנְּבִיאִים וּדְמֵי כָּל־עַבְדֵי יְהוָה מִיַּד אִיזָבֶל׃

. Jezabel de-mano-de Yahweh (los)siervos-de todos y-(las)sangres-de los-profetas

וְאָבַד כָּל־בֵּית אַחְאָב וְהִכְרַתִּי לְאַחְאָב

para-Acab y-exterminaré Acab (la)casa-de toda Y-perecerá (8)

מַשְׁתִּין בְּקִיר וְעָצוּר וְעָזוּב בְּיִשְׂרָאֵל׃

. en-Israel y-libre y-esclavo en-muro al-que-orina

וְנָתַתִּי אֶת־בֵּית אַחְאָב כְּבֵית יָרָבְעָם בֶּן־נְבָט

Nebat hijo-de Jeroboam como-(la)casa-de Acab (la)casa-de ** Y-pondré (9)

וּכְבֵית בַּעְשָׁא בֶן־אֲחִיָּה׃ וְאֶת־אִיזֶבֶל יֹאכְלוּ

devorarán Jezabel Y-a (10) . Ahías hijo-de Baasá y-como-(la)casa-de

הַכְּלָבִים בְּחֵלֶק יִזְרְעֶאל וְאֵין קֹבֵר וַיִּפְתַּח

y-abrió quien-entierre y-no-habrá Jizreel en-parcela-de los-perros

הַדֶּלֶת וַיָּנֹס׃ וְיֵהוּא יָצָא אֶל־עַבְדֵי אֲדֹנָיו

su-señor (los)servidores-de a salió Y-Jehú (11) . y-huyó la-puerta

וַיֹּאמֶר לוֹ הֲשָׁלוֹם מַדּוּעַ בָּא־הַמְשֻׁגָּע הַזֶּה

el-este el-loco ha-venido ¿por-qué ¿acaso-paz? : a-él y-dijo

אֵלֶיךָ וַיֹּאמֶר אֲלֵיהֶם אַתֶּם יְדַעְתֶּם אֶת־הָאִישׁ וְאֶת־שִׂיחוֹ׃

. su-palabrería y el-hombre a conocéis vosotros : a-ellos y-dijo ? a-ti

וַיֹּאמְרוּ שֶׁקֶר הַגֶּד־נָא לָנוּ וַיֹּאמֶר כָּזֹאת וְכָזֹאת

y-como-esto como-esto : y-dijo a-nosotros por-favor informa mentira : Y-dijeron (12)

אָמַר אֵלַי לֵאמֹר כֹּה אָמַר יְהוָה מְשַׁחְתִּיךָ לְמֶלֶךְ אֶל־יִשְׂרָאֵל׃

. Israel sobre como-rey te-he-ungido : Yahweh dice así : diciendo a-mí ha-dicho

וַיְמַהֲרוּ וַיִּקְחוּ אִישׁ בִּגְדוֹ וַיָּשִׂימוּ

y-pusieron su-vestido hombre y-tomaron Y-se-apresuraron (13)

תַחְתָּיו אֶל־גֶּרֶם הַמַּעֲלוֹת וַיִּתְקְעוּ בַּשּׁוֹפָר וַיֹּאמְרוּ

: y-dijeron con-el-sofar y-tocaron las-gradas (lo)duro-de sobre bajo-él

מָלַךְ יֵהוּא׃ וַיִּתְקַשֵּׁר יֵהוּא בֶּן־יְהוֹשָׁפָט בֶּן־נִמְשִׁי

Nimsí hijo-de Josafat hijo-de Jehú Y-se-conjuró (14) . Jehú es-rey

אֶל־יוֹרָם וְיוֹרָם הָיָה שֹׁמֵר בְּרָמֹת גִּלְעָד הוּא וְכָל־

y-todo él Galaad en-Ramot vigilando estaba y-Joram Joram contra

יִשְׂרָאֵל מִפְּנֵי חֲזָאֵל מֶלֶךְ־אֲרָם׃ וַיָּשָׁב יְהוֹרָם הַמֶּלֶךְ

el-rey Joram Y-había-vuelto (15) . Aram rey-de Hazael a-causa-de Israel

לְהִתְרַפֵּא בְיִזְרְעֶאל מִן־הַמַּכִּים אֲשֶׁר יַכֻּהוּ אֲרַמִּים

arameos lo-habían-herido que las-heridas de en-Jizreel para-curarse

בְּהִלָּחֲמוֹ אֶת־חֲזָאֵל מֶלֶךְ אֲרָם וַיֹּאמֶר יֵהוּא אִם־יֵשׁ

hay si : Jehú y-dijo Aram rey-de Hazael a en-su-combatir

נַפְשְׁכֶם אַל־יֵצֵא פָלִיט מִן־הָעִיר לָלֶכֶת לַגִּיד

a-informar para-ir la-ciudad de evadido salga no vuestra-vida

בְּיִזְרְעֶאל׃ וַיִּרְכַּב יֵהוּא וַיֵּלֶךְ יִזְרְעֶאלָה כִּי

pues a-Jizreel y-fue Jehú Y-montó-en-carro (16) . en-Jizreel

יוֹרָם שֹׁכֵב שָׁמָּה וַאֲחַזְיָה מֶלֶךְ יְהוּדָה יָרַד לִרְאוֹת

a-ver había-bajado Judá rey-de y-Ocozías allí yacía Joram

אֶת־יוֹרָם׃ וְהַצֹּפֶה עֹמֵד עַל־הַמִּגְדָּל בְּיִזְרְעֶאל

en-Jizreel la-torre sobre estaba Y-el-centinela (17) . Joram a

וַיַּרְא אֶת־שִׁפְעַת יֵהוּא בְּבֹאוֹ וַיֹּאמֶר

: y-dijo en-su-llegar Jehú (la)multitud-de a y-vio

שִׁפְעַת אֲנִי רֹאֶה וַיֹּאמֶר יְהוֹרָם קַח רַכָּב וּשְׁלַח לִקְרָאתָם

a-su-encuentro y-envía un-jinete coge : Joram y-dijo veo yo multitud

וְיֹאמַר הֲשָׁלוֹם׃ וַיֵּלֶךְ רֹכֵב הַסּוּס לִקְרָאתוֹ

a-su-encuentro el-caballo uno-montando Y-fue (18) ¿acaso-paz? : y-diga

וַיֹּאמֶר כֹּה־אָמַר הַמֶּלֶךְ הֲשָׁלוֹם וַיֹּאמֶר יֵהוּא מַה־לְּךָ

para-ti ¿qué : Jehú y-dijo ¿acaso-paz? : el-rey dice así : y-dijo

וּלְשָׁלוֹם סֹב אֶל־אַחֲרָי וַיַּגֵּד הַצֹּפֶה

el-centinela e-informó tras-de-mí hacia da-la-vuelta ? y-para-paz

לֵאמֹר בָּא־הַמַּלְאָךְ עַד־הֵם וְלֹא־שָׁב׃ וַיִּשְׁלַח

Y-envió (19) . ha-vuelto y-no ellos hasta el-mensajero ha-llegado : diciendo

רֹכֵב סוּס שֵׁנִי וַיָּבֹא אֲלֵהֶם וַיֹּאמֶר כֹּה־אָמַר

dice así : y-dijo a-ellos y-llegó segundo caballo uno-montando

הַמֶּלֶךְ שָׁלוֹם וַיֹּאמֶר יֵהוּא מַה־לְּךָ וּלְשָׁלוֹם סֹב אֶל־

hacia da-la-vuelta ? y-para-paz para-ti ¿qué : Jehú y-dijo paz : el-rey

אַחֲרָי׃ וַיַּגֵּד הַצֹּפֶה לֵאמֹר בָּא עַד־

hasta ha-llegado : diciendo el-centinela E-informó (20) . tras-mí

אֲלֵיהֶם וְלֹא־שָׁב וְהַמִּנְהָג כְּמִנְהַג יֵהוּא בֶן־

hijo-de Jehú como-la-forma-de-guiar-de y-la-forma-de-guiar-de ha-vuelto y-no hacia-ellos

נִמְשִׁי כִּי בְשִׁגָּעוֹן יִנְהָג׃ וַיֹּאמֶר יְהוֹרָם אֱסֹר

engancha : Joram Y-dijo (21) . guía con-locura pues Nimsí

וַיֶּאְסֹר רִכְבּוֹ וַיֵּצֵא יְהוֹרָם מֶלֶךְ־יִשְׂרָאֵל

Israel rey-de Joram y-salió su-carro y-enganchó

וַאֲחַזְיָהוּ מֶלֶךְ־ יְהוּדָה אִישׁ בְּרִכְבּוֹ וַיֵּצְאוּ לִקְרַאת
al-encuentro-de y-salieron en-su-carro hombre Judá rey-de y-Ocozías

יֵהוּא וַיִּמְצָאֻהוּ בְּחֶלְקַת נָבוֹת הַיִּזְרְעֵאלִי׃
. el-jizreelita Nabot en-la-parcela-de y-lo-encontraron Jehú

וַיְהִי כִּרְאוֹת יְהוֹרָם אֶת־ יֵהוּא וַיֹּאמֶר הֲשָׁלוֹם יֵהוּא
? Jehú ¿acaso-paz : que-dijo Jehú a Joram cuando-(el)ver-de Y-sucedió (22)

וַיֹּאמֶר מָה הַשָּׁלוֹם עַד־ זְנוּנֵי אִיזֶבֶל אִמְּךָ
tu-madre Jezabel prostituciones-de hasta la-paz ¿qué : y-dijo

וּכְשָׁפֶיהָ הָרַבִּים׃ וַיַּהֲפֹךְ יְהוֹרָם
Joram Y-volvió (23) ? las-muchas y-sus-hechicerías

יָדָיו וַיָּנָס וַיֹּאמֶר אֶל־ אֲחַזְיָהוּ מִרְמָה אֲחַזְיָה׃
. Ocozías traición : Ocozías a y-dijo y-huyó sus-manos

וְיֵהוּא מִלֵּא יָדוֹ בַקֶּשֶׁת וַיַּךְ אֶת־ יְהוֹרָם
Joram a e-hirió con-el-arco su-mano llenó Y-Jehú (24)

בֵּין זְרֹעָיו וַיֵּצֵא הַחֵצִי מִלִּבּוֹ
de-su-corazón la-mitad y-salió sus-brazos entre

וַיִּכְרַע בְּרִכְבּוֹ׃ וַיֹּאמֶר אֶל־ בִּדְקַר שָׁלִשֹׁה
: su-oficial Bidcar a Y-dijo (25) . en-su-carro y-se-desplomó

שָׂא הַשְׁלִכֵהוּ בְּחֶלְקַת שְׂדֵה נָבוֹת הַיִּזְרְעֵאלִי כִּי־
pues el-jizreelita Nabot (el)campo-de en-(la)parcela-de arrójalo lleva

זְכֹר אֲנִי וָאַתָּה אֵת רֹכְבִים צְמָדִים אַחֲרֵי אַחְאָב אָבִיו
su-padre Acab tras emparejados cabalgábamos ** y-tú yo recuerda

וַיהוָה נָשָׂא עָלָיו אֶת־ הַמַּשָּׂא הַזֶּה׃ אִם־
Si (26) . la-esta la-sentencia ** sobre-él alzó y-Yahweh

לֹא אֶת־ דְּמֵי נָבוֹת וְאֶת־ דְּמֵי בָנָיו רָאִיתִי אָמֶשׁ
ayer vi sus-hijos (las)sangres-de y Nabot (las)sangres-de ** no

נְאֻם־ יְהוָה וְשִׁלַּמְתִּי לְךָ בַּחֶלְקָה
en-la-parcela a-ti y-yo-daré-paga Yahweh oráculo-de

הַזֹּאת נְאֻם־ יְהוָה וְעַתָּה שָׂא הַשְׁלִכֵהוּ בַּחֶלְקָה
en-la-parcela arrójalo lleva y-ahora Yahweh oráculo-de la-esta

כִּדְבַר יְהוָה׃ (27) וַאֲחַזְיָה מֶלֶךְ־ יְהוּדָה רָאָה וַיָּנָס
y-había-huido había-visto Judá rey-de Y-Ocozías (27) . Yahweh según-palabra-de

דֶּרֶךְ בֵּית הַגָּן וַיִּרְדֹּף אַחֲרָיו יֵהוּא וַיֹּאמֶר גַּם־ אֹתוֹ
a-él también : y-dijo Jehú tras-él y-persiguió hagan Bet- camino-de

הַכֻּהוּ אֶל־ הַמֶּרְכָּבָה בְּמַעֲלֵה־ גוּר אֲשֶׁר אֶת־ יִבְלְעָם וַיָּנָס
y-huyó Ibleam con que Gur en-la-subida-de el-carro sobre heridlo

מְגִדּוֹ וַיָּמָת שָׁם׃ (28) וַיַּרְכִּבוּ אֹתוֹ עֲבָדָיו
sus-siervos él Y-llevaron-en-carro (28) . allí y-murió a-Meguidó

יְרוּשָׁלְָמָה וַיִּקְבְּרוּ אֹתוֹ בִקְבֻרָתוֹ עִם־ אֲבֹתָיו
sus-padres con en-su-tumba a-él y-enterraron a-Jerusalén

בְּעִיר דָּוִד׃ (29) וּבִשְׁנַת אַחַת עֶשְׂרֵה שָׁנָה לְיוֹרָם בֶּן־
hijo-de de-Joram año once Y-en-año (29) . David en-ciudad-de

אַחְאָב מָלַךְ אֲחַזְיָה עַל־ יְהוּדָה׃ (30) וַיָּבוֹא יֵהוּא יִזְרְעֶאלָה
en-Jizreel Jehú Y-entró (30) . Judá sobre Ocozías fue-rey Acab

וְאִיזֶבֶל שָׁמְעָה וַתָּשֶׂם בַּפּוּךְ עֵינֶיהָ
sus-ojos con-cosmético y-había-puesto había-escuchado y-Jezabel

וַתֵּיטֶב אֶת־ רֹאשָׁהּ וַתַּשְׁקֵף בְּעַד הַחַלּוֹן׃
. la-ventana a-través-de y-miraba su-cabeza ** y-había-arreglado

(31) וְיֵהוּא בָּא בַשַּׁעַר וַתֹּאמֶר הֲשָׁלוֹם זִמְרִי
Zimrí ¿acaso-paz : y-dijo por-la-puerta entró Y-Jehú (31)

הֹרֵג אֲדֹנָיו׃ (32) וַיִּשָּׂא פָנָיו אֶל־ הַחַלּוֹן
la-ventana hacia su-rostro Y-él-alzó (32) ? su-señor asesino-de

וַיֹּאמֶר מִי אִתִּי מִי וַיַּשְׁקִיפוּ אֵלָיו שְׁנַיִם שְׁלֹשָׁה
tres dos a-él y-miraron ¿quién? ? conmigo ¿quién : y-dijo

סָרִיסִים׃ וַיֹּאמֶר שִׁמְטֻהוּ וַיִּשְׁמְטוּהָ
y-la-arrojaron arrojadla : Y-dijo (33) . eunucos

וַיִּז מִדָּמָהּ אֶל־ הַקִּיר וְאֶל־ הַסּוּסִים
los-caballos y-a el-muro a de-su-sangre y-salpicó

וַיִּרְמְסֶנָּה׃ וַיָּבֹא וַיֹּאכַל וַיֵּשְׁתְּ וַיֹּאמֶר
: y-dijo y-bebió y-comió Y-entró (34) . y-la-pisoteó

פִּקְדוּ־ נָא אֶת־ הָאֲרוּרָה הַזֹּאת וְקִבְרוּהָ כִּי
pues y-enterradla la-esa la-maldita a os-ruego buscad

בַת־ מֶלֶךְ הִיא׃ וַיֵּלְכוּ לְקָבְרָהּ וְלֹא־ מָצְאוּ
encontraron y-no a-enterrarla Y-fueron (35) . ella rey hija-de

בָהּ כִּי אִם־ הַגֻּלְגֹּלֶת וְהָרַגְלַיִם וְכַפּוֹת הַיָּדָיִם׃
. las-manos y-(las)palmas-de y-los-pies el-cráneo sino de-ella

וַיָּשֻׁבוּ וַיַּגִּידוּ לוֹ וַיֹּאמֶר דְּבַר־ יְהוָה
Yahweh palabra-de : y-dijo a-él e-informaron Y-volvieron (36)

הוּא אֲשֶׁר דִּבֶּר בְּיַד־ עַבְדּוֹ אֵלִיָּהוּ הַתִּשְׁבִּי לֵאמֹר
: diciendo el-tisbita Elías su-siervo por-mano-de dijo que ello

בְּחֵלֶק יִזְרְעֶאל יֹאכְלוּ הַכְּלָבִים אֶת־ בְּשַׂר אִיזָבֶל׃
. Jezabel (la)carne-de ** los-perros comerán Jizreel en-(la)parcela-de

וְהָיְתָ נִבְלַת אִיזֶבֶל כְּדֹמֶן עַל־ פְּנֵי הַשָּׂדֶה
el-campo (la)superficie-de sobre como-abono Jezabel (el)cadáver-de Y-fue (37)

בְּחֵלֶק יִזְרְעֶאל אֲשֶׁר לֹא־ יֹאמְרוּ זֹאת אִיזָבֶל׃ וּלְאַחְאָב
Y-para-Acab (1) . Jezabel ésta puedan-decir no que Jizreel en-(la)parcela-de Cap. 10

שִׁבְעִים בָּנִים בְּשֹׁמְרוֹן וַיִּכְתֹּב יֵהוּא סְפָרִים וַיִּשְׁלַח שֹׁמְרוֹן אֶל־
a a-Samaria y-envió cartas Jehú y-escribió en-Samaria hijos setenta

שָׂרֵי יִזְרְעֶאל הַזְּקֵנִים וְאֶל־ הָאֹמְנִים אַחְאָב לֵאמֹר׃
: diciendo Acab los-ayos(de) y-a los-ancianos Jizreel magnates-de

וְעַתָּה כְּבֹא הַסֵּפֶר הַזֶּה אֲלֵיכֶם וְאִתְּכֶם בְּנֵי
hijos-de y-con-vosotros a-vosotros la-esta la-carta cuando-(el)llegar-de Y-ahora (2)

אֲדֹנֵיכֶם וְאִתְּכֶם הָרֶכֶב וְהַסּוּסִים וְעִיר מִבְצָר
fortificada y-ciudad y-los-caballos el-carro y-con-vosotros vuestro-señor

וְהַנָּשֶׁק׃ וּרְאִיתֶם הַטּוֹב וְהַיָּשָׁר מִבְּנֵי
de-(los)hijos-de y-lo-recto lo-bueno Y-veréis (3) . y-la-armadura

אֲדֹנֵיכֶם וְשַׂמְתֶּם עַל־ כִּסֵּא אָבִיו וְהִלָּחֲמוּ עַל־
por y-combatid su-padre (el)trono-de sobre y-pondréis vuestro-señor

בֵּית אֲדֹנֵיכֶם׃ וַיִּרְאוּ מְאֹד מְאֹד וַיֹּאמְרוּ
: y-dijeron mucho mucho Y-tuvieron-temor (4) . vuestro-señor casa-de

הִנֵּה שְׁנֵי הַמְּלָכִים לֹא עָמְדוּ לְפָנָיו וְאֵיךְ נַעֲמֹד
resistiremos-en-pie ¿y-cómo ante-él han-permanecido-en-pie no los-reyes dos he-aquí-que

אֲנָחְנוּ׃ וַיִּשְׁלַח אֲשֶׁר־ עַל־ הַבַּיִת וַאֲשֶׁר עַל־ הָעִיר וְהַזְּקֵנִים
y-los-ancianos la-ciudad sobre y-al-que la-casa sobre al-que Y-envió (5) ? nosotros

וְהָאֹמְנִים אֶל־ יֵהוּא ׀ לֵאמֹר עֲבָדֶיךָ אֲנַחְנוּ וְכֹל אֲשֶׁר־
lo-que y-todo nosotros tus-siervos : diciendo Jehú a y-los-ayos

תֹּאמַר אֵלֵינוּ נַעֲשֶׂה לֹא־ נַמְלִיךְ אִישׁ הַטּוֹב
lo-bueno hombre proclamaremos-rey no haremos a-nosotros digas

בְּעֵינֶיךָ עֲשֵׂה׃ וַיִּכְתֹּב אֲלֵיהֶם סֵפֶר ׀ שֵׁנִית לֵאמֹר אִם־ לִי
para-mí si : diciendo segunda carta a-ellos Y-escribió (6) . haz a-tus-ojos

אַתֶּם וּלְקֹלִי ׀ אַתֶּם שֹׁמְעִים קְחוּ אֶת־ רָאשֵׁי אַנְשֵׁי בְנֵי־
(los)hijos-de (los)hombres-de cabezas-de ** coged escucháis vosotros y-a-mi-voz vosotros

אֲדֹנֵיכֶם וּבֹאוּ אֵלַי כָּעֵת מָחָר יִזְרְעֶאלָה וּבְנֵי
y-(los)hijos-de a-Jizreel mañana por-este-tiempo a-mí y-venid vuestro-señor

הַמֶּלֶךְ שִׁבְעִים אִישׁ אֶת־ גְּדֹלֵי הָעִיר מְגַדְּלִים אוֹתָם׃
. a-ellos criaban la-ciudad (los)grandes-de con hombres setenta el-rey

וַיְהִי כְּבֹא הַסֵּפֶר אֲלֵיהֶם וַיִּקְחוּ אֶת־ בְּנֵי
(los)hijos-de ** que-cogieron a-ellos la-carta cuando-llegar-de Y-sucedió (7)

הַמֶּלֶךְ וַיִּשְׁחֲטוּ שִׁבְעִים אִישׁ וַיָּשִׂימוּ אֶת־ רָאשֵׁיהֶם
sus-cabezas ** y-pusieron hombres setenta y-degollaron el-rey

בַּדּוּדִים וַיִּשְׁלְחוּ אֵלָיו יִזְרְעֶאלָה׃ וַיָּבֹא
Y-llegó (8) . a-Jizreel a-él y-enviaron en-los-cestos

הַמַּלְאָךְ וַיַּגֶּד־ לוֹ לֵאמֹר הֵבִיאוּ רָאשֵׁי בְנֵי־
(los)hijos-de (las)cabezas-de han-hecho-traer : diciendo a-él y-contó el-mensajero

הַמֶּלֶךְ וַיֹּאמֶר שִׂימוּ אֹתָם שְׁנֵי צִבֻּרִים פֶּתַח הַשַּׁעַר
la-puerta (a-la)entrada-de montones dos a-ellos poned : y-dijo el-rey

עַד־ הַבֹּקֶר׃ וַיְהִי בַבֹּקֶר וַיֵּצֵא וַיַּעֲמֹד
y-se-paró que-salió por-la-mañana Y-sucedió (9) . la-mañana hasta

וַיֹּאמֶר אֶל־ כָּל־ הָעָם צַדִּקִים אַתֶּם הִנֵּה אֲנִי קָשַׁרְתִּי
conspiré yo he-aquí-que vosotros justos : el-pueblo todo a y-dijo

עַל־ אֲדֹנִי וָאֶהֶרְגֵהוּ וּמִי הִכָּה אֶת־ כָּל־ אֵלֶּה׃
? éstos todos a ha-matado ¿pero-quién y-lo-maté mi-señor contra

דְּעוּ אֵפוֹא כִּי לֹא יִפֹּל מִדְּבַר יְהוָה אַרְצָה אֲשֶׁר־
lo-que a-tierra Yahweh de-la-palabra-de cae no que por-tanto Sabed (10)

דִּבֶּר יְהוָה עַל־ בֵּית אַחְאָב וַיהוָה עָשָׂה אֵת אֲשֶׁר
lo-que ** ha-hecho y-Yahweh Acab (la)casa-de contra Yahweh dijo

דִּבֶּר בְּיַד עַבְדּוֹ אֵלִיָּהוּ׃ וַיַּךְ יֵהוּא אֵת
a Jehú Y-mató (11) . Elías su-siervo por-mano-de dijo

כָּל־ הַנִּשְׁאָרִים לְבֵית־ אַחְאָב בְּיִזְרְעֶאל וְכָל־
y-todos en-Jizreel Acab de-(la)casa-de los-restantes todos

גְּדֹלָיו וּמְיֻדָּעָיו וְכֹהֲנָיו עַד־בִּלְתִּי הִשְׁאִיר־

dejar no hasta y-sus-sacerdotes y-sus-íntimos sus-grandes

לוֹ שָׂרִיד׃ וַיָּקָם וַיָּבֹא וַיֵּלֶךְ שֹׁמְרוֹן הוּא

él a-Samaria y-se-fue y-vino Y-se-levantó (12) . sobrevi-viente para-él

בֵּית־ עֵקֶד הָרֹעִים בַּדָּרֶךְ׃ וְיֵהוּא מָצָא אֶת־

a encontró Y-Jehú (13) . por-el-camino los-pastores eqed-de Bet-

אֲחֵי אֲחַזְיָהוּ מֶלֶךְ־ יְהוּדָה וַיֹּאמֶר מִי אַתֶּם וַיֹּאמְרוּ

y-dijeron ? vosotros ¿quién : y-dijo Judá rey-de Ocozías (los)parientes-de

אֲחֵי אֲחַזְיָהוּ אֲנַחְנוּ וַנֵּרֶד לִשְׁלוֹם בְּנֵי־ הַמֶּלֶךְ

el-rey (los)hijos-de para-paz-de y-bajamos nosotros Ocozías (los)parientes-de

וּבְנֵי הַגְּבִירָה׃ וַיֹּאמֶר תִּפְשׂוּם חַיִּים

vivos cogedlos : Y-dijo (14) . la-señora y-(los)hijos-de

וַיִּתְפְּשׂוּם חַיִּים וַיִּשְׁחָטוּם אֶל־ בּוֹר בֵּית־ עֵקֶד

eqed Bet- (la)cisterna-de junto-a y-los-degollaron vivos y-los-cogieron

אַרְבָּעִים וּשְׁנַיִם אִישׁ וְלֹא־ הִשְׁאִיר אִישׁ מֵהֶם׃ וַיֵּלֶךְ

Y-se-fue (15) . de-ellos hombre quedó y-no hombres y-dos cuarenta

מִשָּׁם וַיִּמְצָא אֶת־ יְהוֹנָדָב בֶּן־ רֵכָב לִקְרָאתוֹ

a-su-encuentro Recab hijo-de Jonadab a y-encontró de-allí

וַיְבָרְכֵהוּ וַיֹּאמֶר אֵלָיו הֲיֵשׁ אֶת־ לְבָבְךָ יָשָׁר

recto tu-corazón ** ¿acaso-es : a-él y-dijo y-lo-bendijo

כַּאֲשֶׁר לְבָבִי עִם־ לְבָבֶךָ וַיֹּאמֶר יְהוֹנָדָב יֵשׁ

es : Jonadab y-dijo ? tu-corazón con mi-corazón según

וָיֵשׁ תְּנָה אֶת־ יָדֶךָ וַיִּתֵּן יָדוֹ וַיַּעֲלֵהוּ

y-lo-subió su-mano y-dio tu-mano ** da y-es

אֵלָיו אֶל־ הַמֶּרְכָּבָה׃ וַיֹּאמֶר לְכָה אִתִּי וּרְאֵה

y-fíjate conmigo ven : Y-dijo (16) . el-carro a hacia-él

בְּקִנְאָתִי לַיהוָה וַיַּרְכִּבוּ אֹתוֹ בְּרִכְבּוֹ׃

. en-su-carro a-él y-montaron por-Yahweh en-mi-celo

(17) וַיָּבֹא שֹׁמְרוֹן וַיַּךְ אֶת־ כָּל־ הַנִּשְׁאָרִים

los-restantes todos a y-mató a-Samaria Y-vino (17)

לְאַחְאָב בְּשֹׁמְרוֹן עַד־ הִשְׁמִידוֹ כִּדְבַר יְהוָה אֲשֶׁר דִּבֶּר

había-dicho que Yahweh según-(la)palabra-de le-exterminó hasta-que en-Samaria de-Acab

אֶל־ אֵלִיָּהוּ׃ (18) וַיִּקְבֹּץ יֵהוּא אֶת־ כָּל־ הָעָם

el-pueblo todo a Jehú Y-reunió (18) . Elías a

וַיֹּאמֶר אֲלֵהֶם אַחְאָב עָבַד אֶת־ הַבַּעַל מְעָט יֵהוּא יַעַבְדֶנּוּ

lo-servirá Jehú poco el-Baal a sirvió Acab : a-ellos y-dijo

הַרְבֵּה׃ (19) וְעַתָּה כָל־ נְבִיאֵי הַבַּעַל כָּל־ עֹבְדָיו

sus-servidores todos el-Baal (los)profetas-de todos Y-ahora (19) . mucho

וְכָל־ כֹּהֲנָיו קִרְאוּ אֵלַי אִישׁ אַל־ יִפָּקֵד כִּי

pues sea-echado-en-falta no hombre a-mí llamad sus-sacerdotes y-todos

זֶבַח גָּדוֹל לִי לַבַּעַל כֹּל אֲשֶׁר־ יִפָּקֵד לֹא יִחְיֶה

vivirá no sea-echado-en-falta el-que todo al-Baal para-mí grande sacrificio

וְיֵהוּא עָשָׂה בְעָקְבָּה לְמַעַן הַאֲבִיד אֶת־ עֹבְדֵי

(los)servidores-de a hacer-perecer para con-astucia obró y-Jehú

הַבָּעַל׃ (20) וַיֹּאמֶר יֵהוּא קַדְּשׁוּ עֲצָרָה לַבָּעַל

para-Baal solemnidad declarad-sagrado : Jehú Y-dijo (20) . el-Baal

וַיִּקְרָאוּ׃ (21) וַיִּשְׁלַח יֵהוּא בְּכָל־ יִשְׂרָאֵל וַיָּבֹאוּ

y-llegaron Israel por-todo Jehú Y-envió (21) . y-proclamaron

כָּל־ עֹבְדֵי הַבַּעַל וְלֹא־ נִשְׁאַר אִישׁ אֲשֶׁר לֹא־ בָא

viniese no que hombre quedó y-no el-Baal (los)servidores-de todos

וַיָּבֹאוּ בֵּית הַבַּעַל וַיִּמָּלֵא בֵית־ הַבַּעַל פֶּה

boca Baal (el)templo-de y-se-llenó el-Baal (al)templo-de y-entraron

לָפֶה׃ וַיֹּאמֶר לַאֲשֶׁר עַל־ הַמֶּלְתָּחָה הוֹצֵא לְבוּשׁ לְכֹל
para-todos vestido saca : el-guardarropa sobre al-que Y-dijo (22) . a-boca

עֹבְדֵי הַבָּעַל וַיֹּצֵא לָהֶם הַמַּלְבּוּשׁ׃
. la-vestidura para-ellos y-sacó el-Baal (los)servidores-de

וַיָּבֹא יֵהוּא וִיהוֹנָדָב בֶּן־ רֵכָב בֵּית הַבָּעַל
el-Baal (al)templo-de Recab hijo-de y-Jonadab Jehú Y-entró (23)

וַיֹּאמֶר לְעֹבְדֵי הַבַּעַל חַפְּשׂוּ וּרְאוּ פֶּן־
para-que-no y-ved indagad : el-Baal a-(los)servidores-de y-dijo

יֶשׁ־ פֹּה עִמָּכֶם מֵעַבְדֵי יְהוָה כִּי אִם־ עֹבְדֵי
(los)servidores-de sino Yahweh de-(los)servidores-de con-vosotros aquí haya

הַבַּעַל לְבַדָּם׃ וַיָּבֹאוּ לַעֲשׂוֹת זְבָחִים
sacrificios a-hacer Y-entraron (24) . sólo-ellos el-Baal

וְעֹלוֹת וְיֵהוּא שָׂם־ לוֹ בַחוּץ שְׁמֹנִים אִישׁ
hombres ochenta en-el-exterior para-él había-puesto y-Jehú y-holocaustos

וַיֹּאמֶר הָאִישׁ אֲשֶׁר־ יִמָּלֵט מִן־ הָאֲנָשִׁים אֲשֶׁר אֲנִי מֵבִיא עַל־
en pongo yo que los-hombres de deje-escapar que el-hombre : y-había-dicho

יְדֵיכֶם נַפְשׁוֹ תַּחַת נַפְשׁוֹ׃ וַיְהִי כְּכַלֹּתוֹ ׀
al-terminar-él-de Y-sucedió (25) . su-vida en-lugar-de su-vida vuestras-manos

לַעֲשׂוֹת הָעֹלָה וַיֹּאמֶר יֵהוּא לָרָצִים
a-los-escoltas Jehú que-dijo el-holocausto hacer

וְלַשָּׁלִשִׁים בֹּאוּ הַכּוּם אִישׁ אַל־ יֵצֵא
salga no hombre matadlos entrad : y-los-oficiales

וַיַּכּוּם לְפִי־ חָרֶב וַיַּשְׁלִכוּ הָרָצִים
los-escoltas y-arrojaron espada a-filo-de y-los-mataron

וְהַשָּׁלִשִׁים וַיֵּלְכוּ עַד־ עִיר בֵּית־ הַבָּעַל׃
. el-Baal (el)templo-de (la)ciudad-de hasta y-fueron y-los-oficiales

וַיֹּצִאוּ אֶת־ מַצְּבוֹת בֵּית־ הַבַּעַל
el-Baal (el)templo-de (las)estelas-de ** Y-sacaron (26)

וַיִּשְׂרְפוּהָ׃ וַיִּתְּצוּ אֵת מַצְּבַת הַבָּעַל
el-Baal (la)estela-de ** Y-destrozaron (27) . y-las-quemaron

וַיִּתְּצוּ אֶת־ בֵּית הַבַּעַל וַיְשִׂמֻהוּ לְמַחֲרָאוֹת
por-cloacas y-lo-pusieron el-Baal (el)templo-de ** y-destrozaron

עַד־הַיּוֹם׃ וַיַּשְׁמֵד יֵהוּא אֶת־ הַבַּעַל מִיִּשְׂרָאֵל׃ רַק
Sólo (29) . de-Israel el-Baal a Jehú Y-destruyó (28) . este-día hasta

חֲטָאֵי יָרָבְעָם בֶּן־ נְבָט אֲשֶׁר הֶחֱטִיא אֶת־יִשְׂרָאֵל לֹא־
no Israel a hizo-pecar que Nebat hijo-de Jeroboam los-pecados-de

סָר יֵהוּא מֵאַחֲרֵיהֶם עֶגְלֵי הַזָּהָב אֲשֶׁר בֵּית־אֵל
el (en)Bet- que el-oro (los)becerros-de de-tras-de-ellos Jehú apartó

וַאֲשֶׁר בְּדָן׃ וַיֹּאמֶר יְהוָה אֶל־יֵהוּא יַעַן אֲשֶׁר־ הֱטִיבֹתָ
has-hecho-bien que a-causa-de : Jehú a Yahweh Y-dijo (30) . en-Dan y-que

לַעֲשׂוֹת הַיָּשָׁר בְּעֵינַי כְּכֹל אֲשֶׁר בִּלְבָבִי עָשִׂיתָ
has-hecho en-mi-corazón lo-que según-todo a-mis-ojos lo-recto haciendo

לְבֵית אַחְאָב בְּנֵי רְבִעִים יֵשְׁבוּ לְךָ עַל־ כִּסֵּא
(el)trono-de sobre para-ti se-sentarán cuartos hijos-de Acab a-(la)casa-de

יִשְׂרָאֵל׃ וְיֵהוּא לֹא שָׁמַר לָלֶכֶת בְּתוֹרַת־ יְהוָה אֱלֹהֵי־
Dios-de Yahweh por-(la)ley-de caminar guardó no Y-Jehú (31) . Israel

יִשְׂרָאֵל בְּכָל־ לְבָבוֹ לֹא סָר מֵעַל חַטֹּאות יָרָבְעָם
Jeroboam (los)pecados-de de-junto-a se-apartó no su-corazón con-todo Israel

אֲשֶׁר הֶחֱטִיא אֶת־ יִשְׂרָאֵל׃ בַּיָּמִים הָהֵם הֵחֵל
comenzó los-aquellos En-los-días (32) . Israel a había-hecho-pecar que

יְהוָה לְקַצּוֹת בְּיִשְׂרָאֵל וַיַּכֵּם חֲזָאֵל בְּכָל־
por-todo Hazael y-los-golpeó en-Israel a-cortar Yahweh

גְּבוּל יִשְׂרָאֵֽל׃ מִן־הַיַּרְדֵּן מִזְרַח הַשֶּׁמֶשׁ אֵת כָּל־אֶרֶץ
(el)país-de todo ** el-sol levante-de el-Jordán Desde (33) . Israel (el)territorio-de

הַגִּלְעָד הַגָּדִי וְהָרֽאוּבֵנִי וְהַֽמְנַשִּׁי מֵֽעֲרֹעֵר אֲשֶׁר
que de-Aroer y-el-manaseo el-rubenita el-gadita el-Galaad

עַל־נַחַל אַרְנֹן וְהַגִּלְעָד וְהַבָּשָֽׁן׃ וְיֶתֶר דִּבְרֵי
hechos-de Y-resto-de (34) . y-el-Basán y-el-Galaad Arnón torrente junto-a

יֵהוּא וְכָל־אֲשֶׁר עָשָׂה וְכָל־גְּבוּרָתוֹ הֲלוֹא־הֵם
ellos ¿acaso-no su-poderío y-todo hizo lo-que y-todo Jehú

כְּתוּבִים עַל־סֵפֶר דִּבְרֵי הַיָּמִים לְמַלְכֵי יִשְׂרָאֵֽל׃
? Israel de-reyes-de los-días (los)hechos-de (el)libro-de en escritos

וַיִּשְׁכַּב יֵהוּא עִם־אֲבֹתָיו וַיִּקְבְּרוּ אֹתוֹ בְּשֹׁמְרוֹן
en-Samaria a-él y-enterraron sus-padres con Jehú Y-se-acostó (35)

וַיִּמְלֹךְ יְהוֹאָחָז בְּנוֹ תַּחְתָּֽיו׃ וְהַיָּמִים
Y-los-días (36) . en-su-lugar su-hijo Joacaz y-reinó

אֲשֶׁר מָלַךְ יֵהוּא עַל־יִשְׂרָאֵל עֶשְׂרִים וּשְׁמֹנֶה־שָׁנָה בְּשֹׁמְרֽוֹן׃
. en-Samaria años veintiocho Israel sobre Jehú reinó que

וַעֲתַלְיָה אֵם אֲחַזְיָהוּ וְרָאֲתָה כִּי מֵת בְּנָהּ
Cap. 11 su-hijo había-muerto que había-visto Ocozías madre-de Y-Atalía (1)

וַתָּקָם וַתְּאַבֵּד אֵת כָּל־זֶרַע הַמַּמְלָכָֽה׃
. la-realeza (la)descendencia-de toda a y-quiso-hacer-perecer y-se-levantó

וַתִּקַּח יְהוֹשֶׁבַע בַּת־הַמֶּלֶךְ־יוֹרָם אֲחוֹת אֲחַזְיָהוּ אֶת־
a Ocozías hermana-de Joram el-rey hija-de Josebá Y-cogió (2)

יוֹאָשׁ בֶּן־אֲחַזְיָה וַתִּגְנֹב אֹתוֹ מִתּוֹךְ בְּנֵי־הַמֶּלֶךְ
el-rey (los)hijos-de de-en-medio-de a-él y-sustrajo Ocozías hijo-de Joás

הַמְּמוֹתָתִים אֹתוֹ וְאֶת־מֵינִקְתּוֹ בַּחֲדַר הַמִּטּוֹת
las-camas en-el-aposento-de su-nodriza y-a a-él los-que-iban-a-ser-muertos

וַיַּסְתִּרוּ אֹתוֹ מִפְּנֵי עֲתַלְיָהוּ וְלֹא הוּמָת׃ וַיְהִי

Y-estuvo (3) . fue-muerto y-no Atalía de-ante a-él y-escondieron

אִתָּהּ בֵּית יְהוָה מִתְחַבֵּא שֵׁשׁ שָׁנִים וַעֲתַלְיָה מֹלֶכֶת עַל־

sobre reinaba y-Atalía años seis escondido Yahweh (en-el)templo-de con-ella

הָאָרֶץ׃ וּבַשָּׁנָה הַשְּׁבִיעִית שָׁלַח יְהוֹיָדָע וַיִּקַּח | אֶת־

a y-cogió Joyadá envió el-séptimo Y-en-el-año (4) . el-país

שָׂרֵי הַמֵּאוֹת לַכָּרִי וְלָרָצִים

y-de-los-escoltas del-cario las-centurias (los)jefes-de

וַיָּבֵא אֹתָם אֵלָיו בֵּית יְהוָה וַיִּכְרֹת לָהֶם בְּרִית

alianza a-ellos y-estableció Yahweh (al)templo-de hacia-él a-ellos e-hizo-entrar

וַיַּשְׁבַּע אֹתָם בְּבֵית יְהוָה וַיַּרְא אֹתָם אֶת־

** a-ellos y-mostró Yahweh en-(el)templo-de a-ellos y-tomó-juramento

בֶּן־ הַמֶּלֶךְ׃ וַיְצַוֵּם לֵאמֹר זֶה הַדָּבָר אֲשֶׁר

que la-cosa ésta : diciendo Y-les-dio-órdenes (5) . el-rey (el)hijo-de

תַּעֲשׂוּן הַשְּׁלִשִׁית מִכֶּם בָּאֵי הַשַּׁבָּת

el-sábado entrantes-de de-vosotros el-tercio : haremos

וְשֹׁמְרֵי מִשְׁמֶרֶת בֵּית הַמֶּלֶךְ׃ וְהַשְּׁלִשִׁית

Y-el-tercio (6) . el-rey (la)casa-de (la)guardia-de y-(los)guardianes-de

בְּשַׁעַר סוּר וְהַשְּׁלִשִׁית בַּשַּׁעַר אַחַר הָרָצִים

los-escoltas tras en-la-puerta y-el-tercio Sur en-(la)puerta-de

וּשְׁמַרְתֶּם אֶת־ מִשְׁמֶרֶת הַבַּיִת מַסָּח׃ וּשְׁתֵּי הַיָּדוֹת

las-secciones Y-dos (7) . por-turnos el-templo guardia-de ** y-guardaréis

בְּכֶם כֹּל יֹצְאֵי הַשַּׁבָּת וְשָׁמְרוּ אֶת־

** y-guardaréis el-sábado salientes-de todos con-vosotros

מִשְׁמֶרֶת בֵּית־ יְהוָה אֶל־ הַמֶּלֶךְ׃ וְהִקַּפְתֶּם עַל־

junto-a Y-rodearéis (8) . el-rey a Yahweh (el)templo-de (la)guardia-de

הַמֶּלֶךְ סָבִיב אִישׁ וְכֵלָיו בְּיָדוֹ וְהַבָּא

y-el-que-venga en-su-mano y-sus-armas hombre alrededor el-rey

אֶל־הַשְּׂדֵרוֹת יוּמָת וִהְיוּ אֶת־הַמֶּלֶךְ בְּצֵאתוֹ

en-su-salir el-rey con y-estad sea-muerto las-filas hacia

וּבְבֹאוֹ׃ (9) וַיַּעֲשׂוּ שָׂרֵי הַמֵּאיוֹת כְּכֹל אֲשֶׁר־

lo-que según-todo las-centurias (los)jefes-de E-hicieron (9) . y-en-su-entrar

צִוָּה יְהוֹיָדָע הַכֹּהֵן וַיִּקְחוּ אִישׁ אֶת־אֲנָשָׁיו

sus-hombres a hombre y-tomó el-sacerdote Joyadá había-ordenado

בָּאֵי הַשַּׁבָּת עִם יֹצְאֵי הַשַּׁבָּת

el-sábado salientes-de con el-sábado entrantes-de

וַיָּבֹאוּ אֶל־יְהוֹיָדָע הַכֹּהֵן׃ (10) וַיִּתֵּן הַכֹּהֵן

el-sacerdote Y-dio (10) . el-sacerdote Joyadá hacia y-entraron

לְשָׂרֵי הַמֵּאיוֹת אֶת־הַחֲנִית וְאֶת־הַשְּׁלָטִים אֲשֶׁר לַמֶּלֶךְ

para-el-rey que los-escudos y la-lanza ** las-centurias a-(los)jefes-de

דָּוִד אֲשֶׁר בְּבֵית יְהוָה׃ (11) וַיַּעַמְדוּ הָרָצִים

las-escoltas Y-se-situaron (11) . Yahweh en-(el)templo-de que David

אִישׁ ׀ וְכֵלָיו בְּיָדוֹ מִכֶּתֶף הַבַּיִת הַיְמָנִית

el-derecho el-templo desde-(el)costado-de en-su-mano y-sus-armas hombre

עַד־כֶּתֶף הַבַּיִת הַשְּׂמָאלִית לַמִּזְבֵּחַ וְלַבָּיִת עַל־

al-lado-de y-junto-al-templo junto-al-altar el-izquierdo el-templo (el)costado-de hasta

הַמֶּלֶךְ סָבִיב׃ (12) וַיּוֹצִא אֶת־בֶּן־הַמֶּלֶךְ וַיִּתֵּן

y-puso el-rey (el)hijo-de a Y-sacó (12) . alrededor el-rey

עָלָיו אֶת־הַנֵּזֶר וְאֶת־הָעֵדוּת וַיַּמְלִכוּ אֹתוֹ

a-él y-proclamaron-rey el-protocolo y la-corona ** sobre-él

וַיִּמְשָׁחֻהוּ וַיַּכּוּ־כָף וַיֹּאמְרוּ יְחִי

viva : y-dijeron palmas y-batieron y-lo-ungieron

הַמֶּלֶךְ׃ וַתִּשְׁמַע עֲתַלְיָה אֶת־ קוֹל הָרָצִין
los-que-corrían (el)ruido-de ** Atalía Y-escuchó (13) . el-rey

הָעָם וַתָּבֹא אֶל־ הָעָם בֵּית יְהוָה׃ וַתֵּרֶא
Y-vio (14) . Yahweh (al)templo-de el-pueblo a y-se-llegó el-pueblo

וְהִנֵּה הַמֶּלֶךְ עֹמֵד עַל־ הָעַמּוּד כַּמִּשְׁפָּט וְהַשָּׂרִים
y-los-jefes según-la-costumbre la-columna sobre puesto-en-pie el-rey y-he-aquí-que

וְהַחֲצֹצְרוֹת אֶל־ הַמֶּלֶךְ וְכָל־ עַם הָאָרֶץ שָׂמֵחַ
alegre el-país (el)pueblo-de y-todo el-rey junto-a y-las-trompetas

וְתֹקֵעַ בַּחֲצֹצְרוֹת וַתִּקְרַע עֲתַלְיָה אֶת־ בְּגָדֶיהָ
sus-vestiduras ** Atalía y-rasgó con-las-trompetas y-tocaba

וַתִּקְרָא קֶשֶׁר קָשֶׁר׃ וַיְצַו יְהוֹיָדָע הַכֹּהֵן
el-sacerdote Joyadá Y-dio-orden (15) . traición traición : y-gritó

אֶת־ שָׂרֵי הַמֵּאוֹת ׀ פְּקֻדֵי הַחַיִל וַיֹּאמֶר
y-dijo el-ejército supervisores-de las-centurias (los)jefes-de a

אֲלֵיהֶם הוֹצִיאוּ אֹתָהּ אֶל־ מִבֵּית לַשְּׂדֵרֹת וְהַבָּא
y-al-que-vaya de-las-filas de-casa hacia a-ella sacad : a-ellos

אַחֲרֶיהָ הָמֵת בֶּחָרֶב כִּי אָמַר הַכֹּהֵן אַל־ תּוּמַת
sea-muerta no el-sacerdote dijo pues con-la-espada matar tras-ella

בֵּית יְהוָה׃ וַיָּשִׂמוּ לָהּ יָדַיִם וַתָּבוֹא דֶּרֶךְ־
camino-de y-entraba manos en-ella Y-pusieron (16) . Yahweh (en-el)templo-de

מְבוֹא הַסּוּסִים בֵּית הַמֶּלֶךְ וַתּוּמַת שָׁם׃
. allí y-fue-muerta el-rey a-casa-de los-caballos (la)entrada-de

וַיִּכְרֹת יְהוֹיָדָע אֶת־ הַבְּרִית בֵּין יְהוָה וּבֵין
y-entre Yahweh entre la-alianza ** Joyadá Y-estableció (17)

הַמֶּלֶךְ וּבֵין הָעָם לִהְיוֹת לְעָם לַיהוָה וּבֵין
y-entre para-Yahweh para-pueblo para-ser el-pueblo y-entre el-rey

הַמֶּלֶךְ וּבֵין הָעָם׃ וַיָּבֹאוּ כָל־ עַם הָאָרֶץ
el-país (el)pueblo-de todo Y-entraron (18) . el-pueblo y-entre el-rey

בֵּית־ הַבַּעַל וַיִּתְּצֻהוּ אֶת־ מִזְבְּחֹתָו וְאֶת־ צְלָמָיו
sus-ídolos y sus-altares ** y-le-destrozaron el-Baal (al)templo-de

שִׁבְּרוּ הֵיטֵב וְאֵת מַתָּן כֹּהֵן הַבַּעַל הָרְגוּ לִפְנֵי
ante mataron el-Baal sacerdote-de Matán y-a haciendo-bien destruyeron

הַמִּזְבְּחוֹת וַיָּשֶׂם הַכֹּהֵן פְּקֻדּוֹת עַל־ בֵּית יְהוָה׃
. Yahweh (el)templo-de sobre guardias el-sacerdote y-puso los-altares

וַיִּקַּח אֶת־ שָׂרֵי הַמֵּאוֹת וְאֶת־ הַכָּרִי וְאֶת־
y-a el-cario y-a las-centurias (los)jefes-de a Y-cogió (19)

הָרָצִים וְאֵת ׀ כָּל־ עַם הָאָרֶץ וַיֹּרִידוּ אֶת־
a y-bajaron el-país (el)pueblo-de todo y-a los-escoltas

הַמֶּלֶךְ מִבֵּית יְהוָה וַיָּבוֹאוּ דֶּרֶךְ־ שַׁעַר הָרָצִים
los-escoltas (la)puerta-de camino-de y-fueron Yahweh desde-(el)templo-de el-rey

בֵּית הַמֶּלֶךְ וַיֵּשֶׁב עַל־ כִּסֵּא הַמְּלָכִים׃
. los-reyes (el)trono-de sobre y-se-sentó el-rey (a-la)casa-de

וַיִּשְׂמַח כָּל־ עַם־ הָאָרֶץ וְהָעִיר שָׁקָטָה
quedó-tranquila y-la-ciudad el-país (el)pueblo-de todo Y-se-alegró (20)

וְאֶת־עֲתַלְיָהוּ הֵמִיתוּ בַחֶרֶב בֵּית ־מֶּלֶךְ׃ בֶּן־
Cap. 12 Hijo-de (1) . el-rey (en-la)casa-de con-la-espada habían-matado Atalía y-a

שֶׁבַע שָׁנִים יְהוֹאָשׁ בְּמָלְכוֹ׃ בִּשְׁנַת־ שֶׁבַע לְיֵהוּא
de-Jehú siete En-año (2) . cuando-su-reinar Joás años siete

מָלַךְ יְהוֹאָשׁ וְאַרְבָּעִים שָׁנָה מָלַךְ בִּירוּשָׁלִָם וְשֵׁם
y-nombre-de en-Jerusalén reinó años y-cuarenta Joás reinó

אִמּוֹ צִבְיָה מִבְּאֵר שָׁבַע׃ וַיַּעַשׂ יְהוֹאָשׁ הַיָּשָׁר
lo-recto Joás E-hizo (3) . de-Beerseba Sibyá su-madre

בְּעֵינֵי יְהוָה כָּל־יָמָיו אֲשֶׁר הוֹרָהוּ יְהוֹיָדָע
Joyadá lo-había-instruido que sus-días todos Yahweh a-(los)ojos-de

הַכֹּהֵן׃ (4) רַק הַבָּמוֹת לֹא־סָרוּ עוֹד הָעָם
el-pueblo aún apartaron no los-lugares-altos Sólo (4) . el-sacerdote

מְזַבְּחִים וּמְקַטְּרִים בַּבָּמוֹת׃
. en-los-lugares-altos y-quemaba-incienso sacrificaba

(5) וַיֹּאמֶר יְהוֹאָשׁ אֶל־הַכֹּהֲנִים כֹּל כֶּסֶף הַקֳּדָשִׁים
las-cosas-sagradas plata-de toda : los-sacerdotes a Joás Y-dijo (5)

אֲשֶׁר־יוּבָא בֵית־יְהוָה כֶּסֶף עוֹבֵר אִישׁ כֶּסֶף
plata-de hombre corriente-de plata Yahweh (al)templo-de se-traiga que

נַפְשׁוֹת עֶרְכּוֹ כָּל־כֶּסֶף אֲשֶׁר יַעֲלֶה עַל לֶב־אִישׁ
hombre corazón-de sobre suba que plata toda su-estimación vidas-de

לְהָבִיא בֵּית יְהוָה׃ (6) יִקְחוּ לָהֶם הַכֹּהֲנִים אִישׁ
hombre los-sacerdotes para-ellos Tomarán (6) . Yahweh (al)templo-de para-llevar

מֵאֵת מַכָּרוֹ וְהֵם יְחַזְּקוּ אֶת־בֶּדֶק הַבַּיִת
el-templo (el)desperfecto-de ** reforzarán y-ellos su-conocido de-con

לְכֹל אֲשֶׁר־יִמָּצֵא שָׁם בָּדֶק׃ (7) וַיְהִי בִּשְׁנַת עֶשְׂרִים
veinte en-año Y-sucedió (7) . desperfecto allí se-encuentre (lo)que en-todo

וְשָׁלֹשׁ שָׁנָה לַמֶּלֶךְ יְהוֹאָשׁ לֹא־חִזְּקוּ הַכֹּהֲנִים אֶת־
** los-sacerdotes habían-reforzado no Joás del-rey años y-tres

בֶּדֶק הַבָּיִת׃ (8) וַיִּקְרָא הַמֶּלֶךְ יְהוֹאָשׁ לִיהוֹיָדָע
a-Joyadá Joás el-rey Y-llamó (8) . el-templo desperfecto-de

הַכֹּהֵן וְלַכֹּהֲנִים וַיֹּאמֶר אֲלֵהֶם מַדּוּעַ אֵינְכֶם
vosotros-no estáis ¿por-qué : a-ellos y-dijo y-a-los-sacerdotes el-sacerdote

מְחַזְּקִים אֶת־בֶּדֶק הַבָּיִת וְעַתָּה אַל־תִּקְחוּ־כֶסֶף מֵאֵת
de-con plata cogeréis no y-ahora ? el-templo (el)desperfecto-de ** reforzando

מַכָּרֵיכֶם כִּי־ לְבֶדֶק הַבַּיִת תִּתְּנֻהוּ׃
. lo-pondréis el-templo (el)para-desperfecto-de sino vuestros-conocidos

(9) וַיֵּאֹתוּ הַכֹּהֲנִים לְבִלְתִּי קְחַת־ כֶּסֶף מֵאֵת הָעָם וּלְבִלְתִּי
y-a-no el-pueblo de-con plata tomar a-no los-sacerdotes Y-accedieron (9)

חַזֵּק אֶת־ בֶּדֶק הַבָּיִת׃ (10) וַיִּקַּח יְהוֹיָדָע הַכֹּהֵן
el-sacerdote Joyadá Y-cogió (10) . el-templo (el)desperfecto-de ** reforzar

אֲרוֹן אֶחָד וַיִּקֹּב חֹר בְּדַלְתּוֹ וַיִּתֵּן אֹתוֹ אֵצֶל הַמִּזְבֵּחַ
el-altar junto-a a-él y-puso en-su-tapa agujero y-perforó uno arcón

בַּיָּמִין בְּבוֹא־ אִישׁ בֵּית יְהוָה וְנָתְנוּ־ שָׁמָּה הַכֹּהֲנִים
los-sacerdotes allí y-pusieron Yahweh (al)templo-de hombre en-(el)entrar-de a-derecha

שֹׁמְרֵי הַסַּף אֶת־ כָּל־ הַכֶּסֶף הַמּוּבָא
la-que-era-traída la-plata toda ** el-umbral guardianes-de

בֵּית־ יְהוָה׃ (11) וַיְהִי כִּרְאוֹתָם כִּי־ רַב הַכֶּסֶף
la-plata mucha que al-ver-ellos Y-sucedía (11) . Yahweh (al)templo-de

בָּאָרוֹן וַיַּעַל סֹפֵר הַמֶּלֶךְ וְהַכֹּהֵן הַגָּדוֹל
el-grande y-el-sacerdote el-rey el-secretario-de que-subía en-el-arca

וַיָּצֻרוּ וַיִּמְנוּ אֶת־ הַכֶּסֶף הַנִּמְצָא
la-hallada la-plata ** y-contaban y-ponían-en-bolsa

בֵית־ יְהוָה׃ (12) וְנָתְנוּ אֶת־ הַכֶּסֶף הַמְתֻכָּן
la-medida la-plata ** Y-ponían (12) . Yahweh (en-el)templo-de

עַל־ יְדֵי עֹשֵׂי הַמְּלָאכָה הַפְּקֻדִים בֵּית
(el)templo-de los-supervisores la-obra (los)artífices-de (las)manos-de sobre

יְהוָה וַיּוֹצִיאֻהוּ לְחָרָשֵׁי הָעֵץ וְלַבֹּנִים
y-para-los-constructores la-madera para-(los)trabajadores-de y-lo-gastaban Yahweh

הָעֹשִׂים בֵּית יְהוָה׃ (13) וְלַגֹּדְרִים
Y-a-los-albañiles (13) . Yahweh (el)templo-de los-que-hacían

וּלְחֹצְבֵי הָאֶבֶן וְלִקְנוֹת עֵצִים וְאַבְנֵי

y-piedras-de maderas y-para-comprar la-piedra y-los-talladores-de

מַחְצֵב לְחַזֵּק אֶת־ בֶּדֶק בֵּית־ יְהוָה וּלְכֹל אֲשֶׁר־ יֵצֵא

salía lo-que y-para-todo Yahweh (el)templo-de (el)desperfecto-de ** para-reforzar cantería

עַל־ הַבַּיִת לְחָזְקָה׃ אַךְ לֹא יֵעָשֶׂה בֵּית יְהוָה

Yahweh (en-el)templo-de se-hacía no Sin-embargo (14) . para-reforzarlo el-templo sobre

סִפּוֹת כֶּסֶף מְזַמְּרוֹת מִזְרָקוֹת חֲצֹצְרוֹת כָּל־ כְּלִי

objeto-de todo trompetas acetres despabiladeras plata jofainas-de

זָהָב וּכְלִי־ כֶסֶף מִן־ הַכֶּסֶף הַמּוּבָא בֵית־

(al)templo-de la-que-era-traída la-plata de plata y-objeto-de oro

יְהוָה׃ כִּי־ לְעֹשֵׂי הַמְּלָאכָה יִתְּנֻהוּ וְחִזְּקוּ־

y-reforzaban lo-daban la-obra a-los-artífices-de Pues (15) . Yahweh

בוֹ אֶת־ בֵּית יְהוָה׃ וְלֹא יְחַשְּׁבוּ אֶת־

a exigían-cuentas Y-no (16) . Yahweh (al)templo-de ** con-ello

הָאֲנָשִׁים אֲשֶׁר יִתְּנוּ אֶת־ הַכֶּסֶף עַל־ יָדָם לָתֵת לְעֹשֵׂי

a-(los)artífices-de para-dar su-mano sobre la-plata ** ponían que los-hombres

הַמְּלָאכָה כִּי בֶאֱמֻנָה הֵם עֹשִׂים׃ כֶּסֶף אָשָׁם

sacrificio-por-culpa Plata-de (17) . obraban ellos con-fidelidad pues la-obra

וְכֶסֶף חַטָּאוֹת לֹא יוּבָא בֵּית יְהוָה לַכֹּהֲנִים

para-los-sacerdotes Yahweh (al)templo-de era-traída no sacrificio-por-pecados y-plata-de

יִהְיוּ׃ אָז יַעֲלֶה חֲזָאֵל מֶלֶךְ אֲרָם וַיִּלָּחֶם עַל־

contra y-combatió Aram rey-de Hazael subió Entonces (18) . eran

גַּת וַיִּלְכְּדָהּ וַיָּשֶׂם חֲזָאֵל פָּנָיו לַעֲלוֹת עַל־

contra para-subir su-rostro Hazael y-puso y-la-capturó Gat

יְרוּשָׁלִָם׃ וַיִּקַּח יְהוֹאָשׁ מֶלֶךְ־ יְהוּדָה אֵת כָּל־ הַקֳּדָשִׁים

las-cosas sagradas todas ** Judá rey-de Joás Y-cogió (19) . Jerusalén

אֲשֶׁר־ הִקְדִּישׁוּ יְהוֹשָׁפָט וִיהוֹרָם וַאֲחַזְיָהוּ אֲבֹתָיו
sus-padres y-Ocozías y-Joram Josafat habían-consagrado que

מַלְכֵי יְהוּדָה וְאֶת־ קֳדָשָׁיו וְאֵת כָּל־ הַזָּהָב הַנִּמְצָא
el-que-se-encontraba el-oro todo y sus-cosas-sagradas y Judá reyes-de

בְּאֹצְרוֹת בֵּית־ יְהוָה וּבֵית הַמֶּלֶךְ וַיִּשְׁלַח
y-envió el-rey y-(en-la)casa-de Yahweh (el)templo-de en-(los)tesoros-de

לַחֲזָאֵל מֶלֶךְ אֲרָם וַיַּעַל מֵעַל יְרוּשָׁלִָם׃ וְיֶתֶר
Y-(el)resto-de (20) . Jerusalén de-contra y-subió Aram rey-de a-Hazael

דִּבְרֵי יוֹאָשׁ וְכָל־ אֲשֶׁר עָשָׂה הֲלוֹא־ הֵם כְּתוּבִים עַל־ סֵפֶר
(el)libro-de en escritos-ellos acaso ¿no hizo lo-que y-todo Joás (los)hechos-de

דִּבְרֵי הַיָּמִים לְמַלְכֵי יְהוּדָה׃ וַיָּקֻמוּ עֲבָדָיו
sus-servidores Y-se-levantaron (21) ? Judá de-los-reyes-de los-días (los)hechos-de

וַיִּקְשְׁרוּ־ קָשֶׁר וַיַּכּוּ אֶת־ יוֹאָשׁ בֵּית מִלֹּא
Miló (en)Bet Joás a y-mataron conjura y-conspiraron

הַיּוֹרֵד סִלָּא׃ וְיוֹזָבָד בֶּן־ שִׁמְעָת וִיהוֹזָבָד
y-Jozabad Simeat hijo-de Y-Josacar (22) . a-Silá la-que-bajando

בֶּן־ שֹׁמֵר ׀ עֲבָדָיו הִכֻּהוּ וַיָּמֹת וַיִּקְבְּרוּ
y-enterraron y-murió lo-hirieron sus-servidores Somer hijo-de

אֹתוֹ עִם־ אֲבֹתָיו בְּעִיר דָּוִד וַיִּמְלֹךְ אֲמַצְיָה
Amasías y-reinó David en-ciudad-de sus-padres con a-él

בְּנוֹ תַּחְתָּיו׃ בִּשְׁנַת עֶשְׂרִים וְשָׁלֹשׁ שָׁנָה לְיוֹאָשׁ
Cap. 13 para-Joás años y-tres veinte En-año-de (1) . en-su-lugar su-hijo

בֶּן־ אֲחַזְיָהוּ מֶלֶךְ יְהוּדָה מָלַךְ יְהוֹאָחָז בֶּן־ יֵהוּא עַל־יִשְׂרָאֵל
Israel sobre Jehú hijo-de Joacaz fue-rey Judá rey-de Ocozías hijo-de

בְּשֹׁמְרוֹן שְׁבַע עֶשְׂרֵה שָׁנָה׃ וַיַּעַשׂ הָרַע בְּעֵינֵי יְהוָה
Yahweh a-ojos-de lo-malo Y-obró (2) . años diecisiete en-Samaria

וַיֵּלֶךְ אַחַר חַטֹּאת יָרָבְעָם בֶּן־נְבָט אֲשֶׁר־הֶחֱטִיא

había-hecho-pecar que Nebat hijo-de Jeroboam (los)pecados-de tras y-caminó

אֶת־יִשְׂרָאֵל לֹא־סָר מִמֶּנָּה׃ וַיִּחַר־אַף יְהוָה

Yahweh (la)cólera-de Y-se-encendió (3) . de-ello se-apartó no Israel a

בְּיִשְׂרָאֵל וַיִּתְּנֵם בְּיַד ׀ חֲזָאֵל מֶלֶךְ־אֲרָם

Aram rey-de Hazael en-mano-de y-los-puso contra-Israel

וּבְיַד בֶּן־הֲדַד בֶּן־חֲזָאֵל כָּל־הַיָּמִים׃ וַיְחַל

Y-aplacó (4) . los-días todos Hazael hijo-de adad Ben- y-en-mano-de

יְהוֹאָחָז אֶת־פְּנֵי יְהוָה וַיִּשְׁמַע אֵלָיו יְהוָה כִּי רָאָה אֶת־

** había-visto pues Yahweh a-él y-escuchó Yahweh (el)rostro-de ** Joacaz

לַחַץ יִשְׂרָאֵל כִּי־לָחַץ אֹתָם מֶלֶךְ אֲרָם׃ וַיִּתֵּן

Y-dio (5) . Aram (el)rey-de a-ellos oprimía que Israel (la)opresión-de

יְהוָה לְיִשְׂרָאֵל מוֹשִׁיעַ וַיֵּצְאוּ מִתַּחַת יַד־אֲרָם

Aram mano-de de-bajo y-salieron libertador a-Israel Yahweh

וַיֵּשְׁבוּ בְנֵי־יִשְׂרָאֵל בְּאָהֳלֵיהֶם כִּתְמוֹל שִׁלְשׁוֹם׃ אַךְ

Sin-embargo (6) . anteayer como-ayer en-sus-tiendas Israel (los)hijos-de y-habitaron

לֹא־סָרוּ מֵחַטֹּאות בֵּית־יָרָבְעָם אֲשֶׁר־הֶחֱטִי

había-hecho-pecar que Jeroboam (la)casa-de de-(los)pecados-de se-apartaron no

אֶת־יִשְׂרָאֵל בָּהּ הָלָךְ וְגַם הָאֲשֵׁרָה עָמְדָה בְּשֹׁמְרוֹן׃

. en-Samaria permaneció-en-pie la-Aserá y-también caminó por-ello Israel a

כִּי לֹא הִשְׁאִיר לִיהוֹאָחָז עָם כִּי אִם־חֲמִשִּׁים פָּרָשִׁים וַעֲשָׂרָה

y-diez jinetes cincuenta sino gente a-Joacaz quedó no Ciertamente (7)

רֶכֶב וַעֲשֶׂרֶת אֲלָפִים רַגְלִי כִּי אִבְּדָם מֶלֶךְ אֲרָם

Aram (el)rey-de los-había-destruido pues infantes mil y-diez carros

וַיְשִׂמֵם כֶּעָפָר לָדֻשׁ׃ וְיֶתֶר דִּבְרֵי יְהוֹאָחָז

Joacaz (los)hechos-de Y-el-resto-de (8) . para-trillar como-polvo y-los-había-puesto

וְכָל־אֲשֶׁר עָשָׂה וּגְבוּרָתוֹ הֲלוֹא־הֵם כְּתוּבִים עַל־

sobre escritos ellos ¿acaso-no y-su-poderío hizo lo-que y-todo

סֵפֶר דִּבְרֵי הַיָּמִים לְמַלְכֵי יִשְׂרָאֵל׃ וַיִּשְׁכַּב יְהוֹאָחָז

Joacaz Y-se-acostó (9) ? Israel de-reyes-de los-días (los)hechos-de (el)libro-de

עִם־אֲבֹתָיו וַיִּקְבְּרֻהוּ בְּשֹׁמְרוֹן וַיִּמְלֹךְ יוֹאָשׁ

Joás y-reinó en-Samaria y-lo-enterraron sus-padres con

בְּנוֹ תַּחְתָּיו׃ בִּשְׁנַת שְׁלֹשִׁים וָשֶׁבַע שָׁנָה לְיוֹאָשׁ

de-Joás años y-siete treinta En-año-de (10) . en-su-lugar su-hijo

מֶלֶךְ יְהוּדָה מָלַךְ יְהוֹאָשׁ בֶּן־ יְהוֹאָחָז עַל־ יִשְׂרָאֵל בְּשֹׁמְרוֹן

en-Samaria Israel sobre Joacaz hijo-de Joás fue-rey Judá rey-de

שֵׁשׁ עֶשְׂרֵה שָׁנָה׃ וַיַּעֲשֶׂה הָרַע בְּעֵינֵי יְהוָה לֹא סָר

se-apartó no Yahweh a-ojos-de lo-malo Y-obró (11) . año dieciséis

מִכָּל־ חַטֹּאות יָרָבְעָם בֶּן־ נְבָט אֲשֶׁר־ הֶחֱטִיא אֶת־ יִשְׂרָאֵל

Israel a hizo-pecar que Nebat hijo-de Jeroboam (los)pecados-de de-todos

בָּהּ הָלָךְ׃ וְיֶתֶר דִּבְרֵי יוֹאָשׁ וְכָל־ אֲשֶׁר עָשָׂה

hizo lo-que y-todo Joás (los)hechos-de Y-(el)resto-de (12) . caminó por-ello

וּגְבוּרָתוֹ אֲשֶׁר נִלְחַם עִם אֲמַצְיָה מֶלֶךְ־יְהוּדָה הֲלוֹא־

¿acaso-no Judá rey-de Amasías con guerreó lo-que y-su-poderío

הֵם כְּתוּבִים עַל־ סֵפֶר דִּבְרֵי הַיָּמִים לְמַלְכֵי יִשְׂרָאֵל׃

? Israel de-reyes-de los-días (los)hechos-de (el)libro-de sobre escritos ellos

וַיִּשְׁכַּב יוֹאָשׁ עִם־ אֲבֹתָיו וְיָרָבְעָם יָשַׁב עַל־

sobre se-sentó y-Jeroboam sus-padres con Joás Y-se-acostó (13)

כִּסְאוֹ וַיִּקָּבֵר יוֹאָשׁ בְּשֹׁמְרוֹן עִם מַלְכֵי יִשְׂרָאֵל׃

. Israel (los)reyes-de con en-Samaria Joás y-fue-enterrado su-trono

וֶאֱלִישָׁע חָלָה אֶת־ חָלְיוֹ אֲשֶׁר יָמוּת בּוֹ

por-ello habría-de-morir que su-enfermedad con había-enfermado Y-Eliseo (14)

וַיֵּרֶד אֵלָיו יוֹאָשׁ מֶלֶךְ־יִשְׂרָאֵל וַיֵּבְךְּ עַל־פָּנָיו

su-rostro junto-a y-lloró Israel rey-de Joás a-él y-bajó

וַיֹּאמַר אָבִי ׀ אָבִי רֶכֶב יִשְׂרָאֵל וּפָרָשָׁיו׃

. y-sus-jinetes Israel carro-de padre-mío padre-mío : y-dijo

וַיֹּאמֶר לוֹ אֱלִישָׁע קַח קֶשֶׁת וְחִצִּים וַיִּקַּח אֵלָיו קֶשֶׁת

arco con-él y-tomó y-flechas arco toma : Eliseo a-él Y-dijo (15)

וְחִצִּים׃ וַיֹּאמֶר ׀ לְמֶלֶךְ יִשְׂרָאֵל הַרְכֵּב יָדְךָ עַל־הַקֶּשֶׁת

el-arco a tu-mano dirige : Israel a-(el)rey-de Y-dijo (16) . y-flechas

וַיַּרְכֵּב יָדוֹ וַיָּשֶׂם אֱלִישָׁע יָדָיו עַל־יְדֵי

(las)manos-de sobre sus-manos Eliseo y-puso su-mano y-dirigió

הַמֶּלֶךְ׃ וַיֹּאמֶר פְּתַח הַחַלּוֹן קֵדְמָה וַיִּפְתָּח וַיֹּאמֶר

y-dijo y-abrió hacia-oriente la-ventana abre : Y-dijo (17) . el-rey

אֱלִישָׁע יְרֵה וַיּוֹר וַיֹּאמֶר חֵץ־תְּשׁוּעָה לַיהוָה

de-Yahweh victoria flecha-de : y-dijo y-disparó dispara : Eliseo

וְחֵץ תְּשׁוּעָה בַאֲרָם וְהִכִּיתָ אֶת־אֲרָם בַּאֲפֵק עַד־

hasta en-Afec Aram a y-herirás contra-Aram victoria y-flecha-de

כַּלֵּה׃ וַיֹּאמֶר קַח הַחִצִּים וַיִּקָּח וַיֹּאמֶר

y-dijo y-cogió las-flechas coge : Y-dijo (18) . acabar

לְמֶלֶךְ־יִשְׂרָאֵל הַךְ־אַרְצָה וַיַּךְ שָׁלֹשׁ־פְּעָמִים וַיַּעֲמֹד׃

. y-paró veces tres y-golpeó hacia-tierra golpea : Israel a-rey-de

וַיִּקְצֹף עָלָיו אִישׁ הָאֱלֹהִים וַיֹּאמֶר לְהַכּוֹת חָמֵשׁ

cinco de-haber-golpeado : y-dijo el-Dios (el)hombre-de contra-él Y-se-enojó (19)

אוֹ־שֵׁשׁ פְּעָמִים אָז הִכִּיתָ אֶת־אֲרָם עַד־כַּלֵּה

acabar hasta Aram a habrías-golpeado entonces veces seis o

וְעַתָּה שָׁלֹשׁ פְּעָמִים תַּכֶּה אֶת־אֲרָם׃ וַיָּמָת אֱלִישָׁע

Eliseo Y-murió (20) . Aram a golpearás veces tres y-ahora

וַיִּקְבְּרֻהוּ וּגְדוּדֵי מוֹאָב יָבֹאוּ בָאָרֶץ
en-el-país entraron Moab y-bandas-de y-lo-enterraron

בָּא שָׁנָה׃ (21) וַיְהִי הֵם ׀ קֹבְרִים אִישׁ וְהִנֵּה רָאוּ אֶת־
** vieron y-he-aquí-que hombre enterrando ellos Y-sucedió (21) . un-año llegado

הַגְּדוּד וַיַּשְׁלִיכוּ אֶת־ הָאִישׁ בְּקֶבֶר אֱלִישָׁע וַיֵּלֶךְ
y-fue Eliseo a-tumba-de el-hombre a y-arrojaron la-banda

וַיִּגַּע הָאִישׁ בְּעַצְמוֹת אֱלִישָׁע וַיְחִי וַיָּקָם
y-se-levantó y-revivió Eliseo en-los-huesos-de el-hombre y-tocó

עַל־ רַגְלָיו׃ (22) וַחֲזָאֵל מֶלֶךְ אֲרָם לָחַץ אֶת־יִשְׂרָאֵל
Israel a oprimió Aram rey-de Y-Hazael (22) . sus-pies sobre

כֹּל יְמֵי יְהוֹאָחָז׃ (23) וַיָּחָן יְהוָה אֹתָם
a-ellos Yahweh E-hizo-merced (23) . Joacaz (los)días-de todos

וַיְרַחֲמֵם וַיִּפֶן אֲלֵיהֶם לְמַעַן
a-causa-de a-ellos y-se-volvió y-tuvo-compasión-de-ellos

בְּרִיתוֹ אֶת־ אַבְרָהָם יִצְחָק וְיַעֲקֹב וְלֹא אָבָה
quiso y-no y-Jacob Isaac Abraham con su-Alianza

הַשְׁחִיתָם וְלֹא־ הִשְׁלִיכָם מֵעַל־ פָּנָיו עַד־
hasta su-rostro de-ante los-arrojó y-no destruirlos

עַתָּה׃ (24) וַיָּמָת חֲזָאֵל מֶלֶךְ־ אֲרָם וַיִּמְלֹךְ בֶּן־ הֲדַד
adad Ben- y-reinó Aram rey-de Hazael Y-murió (24) . ahora

בְּנוֹ תַּחְתָּיו׃ (25) וַיָּשָׁב יְהוֹאָשׁ בֶּן־ יְהוֹאָחָז
Joacaz hijo-de Joás Y-volvió (25) . en-su-lugar su-hijo

וַיִּקַּח אֶת־ הֶעָרִים מִיַּד בֶּן־ הֲדַד בֶּן־ חֲזָאֵל אֲשֶׁר
que Hazael hijo-de adad Ben- de-mano-de las-ciudades ** y-tomó

לָקַח מִיַּד יְהוֹאָחָז אָבִיו בַּמִּלְחָמָה שָׁלֹשׁ פְּעָמִים
veces tres en-la-guerra su-padre Joacaz de-mano-de había-tomado

הִכָּהוּ יוֹאָשׁ וַיָּשֶׁב אֶת־ עָרֵי יִשְׂרָאֵל׃ בִּשְׁנַת
En-(el)año-de (1) . Israel (las)ciudades-de ** e-hizo-volver Joás lo-golpeó

שְׁתַּיִם לְיוֹאָשׁ בֶּן־ יוֹאָחָז מֶלֶךְ יִשְׂרָאֵל מָלַךְ אֲמַצְיָהוּ בֶן־
hijo-de Amasías reinó Israel rey-de Joacaz hijo-de de-Joás dos

יוֹאָשׁ מֶלֶךְ יְהוּדָה׃ בֶּן־ עֶשְׂרִים וְחָמֵשׁ שָׁנָה הָיָה
era años veinticinco Hijo-de (2) . Judá rey-de Joás

בְמָלְכוֹ וְעֶשְׂרִים וָתֵשַׁע שָׁנָה מָלַךְ בִּירוּשָׁלָ͏ִם
en-Jerusalén reinó años y-nueve y-veinte al-empezar-él-a-reinar

וְשֵׁם אִמּוֹ יְהוֹעַדִּין מִן־ יְרוּשָׁלָ͏ִם׃ וַיַּעַשׂ הַיָּשָׁר
lo-recto E-hizo (3) . Jerusalén de Joadán su-madre y-(el)nombre-de

בְּעֵינֵי יְהוָה רַק לֹא כְּדָוִד אָבִיו כְּכֹל אֲשֶׁר־ עָשָׂה יוֹאָשׁ
Joás hizo lo-que según-todo su-padre como-David no sólo Yahweh a-(los)ojos-de

אָבִיו עָשָׂה׃ רַק הַבָּמוֹת לֹא־ סָרוּ עוֹד
aún apartaron no los-lugares-altos Sólo (4) . hizo su-padre

הָעָם מְזַבְּחִים וּמְקַטְּרִים בַּבָּמוֹת׃
. en-los-lugares-altos y-quemaban-incienso ofrecían-sacrificios el-pueblo

וַיְהִי כַּאֲשֶׁר חָזְקָה הַמַּמְלָכָה בְּיָדוֹ וַיַּךְ
que-golpeó en-su-mano la-realeza se-fortaleció según Y-sucedió (5)

אֶת־ עֲבָדָיו הַמַּכִּים אֶת־ הַמֶּלֶךְ אָבִיו׃ וְאֶת־
Y-a (6) . su-padre el-rey a los-que-habían-herido sus-servidores a

בְּנֵי הַמַּכִּים לֹא הֵמִית כַּכָּתוּב
según-lo-escrito mató no los-que-habían-matado (los)hijos-de

בְּסֵפֶר תּוֹרַת־מֹשֶׁה אֲשֶׁר־ צִוָּה יְהוָה לֵאמֹר לֹא־ יוּמְתוּ
serán-muertos no : diciendo Yahweh mandó que Moisés (la)ley-de en-el-libro-de

אָבוֹת עַל־ בָּנִים וּבָנִים לֹא־ יוּמְתוּ עַל־ אָבוֹת כִּי
si- padres por serán-muertos no e-hijos hijos por padres

אִם־ אִישׁ בְּחֶטְאוֹ יָמוּת׃ הוּא־ הִכָּה אֶת־אֱדוֹם

Edom a hirió Él (7) . será-muerto por-su-pecado hombre no

בְּגֵיא־ הַמֶּלַח עֲשֶׂרֶת אֲלָפִים וְתָפַשׂ אֶת־ הַסֶּלַע בַּמִּלְחָמָה

en-el-combate Sela a y-conquistó millares diez la-Sal en-(el)Valle-de

וַיִּקְרָא אֶת־ שְׁמָהּ יָקְתְאֵל עַד הַיּוֹם הַזֶּה׃ אָז שָׁלַח

envió Entonces (8) . el-éste el-día hasta Jocteel su-nombre ** y-llamó

אֲמַצְיָה מַלְאָכִים אֶל־יְהוֹאָשׁ בֶּן־ יְהוֹאָחָז בֶּן־ יֵהוּא מֶלֶךְ יִשְׂרָאֵל

Israel rey-de Jehú hijo-de Joacaz hijo-de Joás a mensajeros Amasías

לֵאמֹר לְכָה נִתְרָאֶה פָנִים׃ וַיִּשְׁלַח יְהוֹאָשׁ מֶלֶךְ־ יִשְׂרָאֵל אֶל־

a Israel rey-de Joás Y-envió (9) . caras veámonos ve : diciendo

אֲמַצְיָהוּ מֶלֶךְ־ יְהוּדָה לֵאמֹר הַחוֹחַ אֲשֶׁר בַּלְּבָנוֹן שָׁלַח אֶל־

a envió en-el-Líbano que el-cardo : diciendo Judá rey-de Amasías

הָאֶרֶז אֲשֶׁר בַּלְּבָנוֹן לֵאמֹר תְּנָה־ אֶת־ בִּתְּךָ לִבְנִי

para-mi-hijo tu-hija a da : a-decir en-el-Líbano que el-cedro

לְאִשָּׁה וַתַּעֲבֹר חַיַּת הַשָּׂדֶה אֲשֶׁר בַּלְּבָנוֹן

en-el-Líbano que el-campo (la)bestia-de y-cruzó por-mujer

וַתִּרְמֹס אֶת־ הַחוֹחַ׃ הַכֵּה הִכִּיתָ אֶת־ אֱדוֹם

Edom a has-golpeado Golpear (10) . el-cardo a y-pisoteó

וּנְשָׂאֲךָ לִבֶּךָ הִכָּבֵד וְשֵׁב בְּבֵיתֶךָ וְלָמָּה

¿por-qué en-tu-casa y-habita glorifícate tu-corazón y-te-engreyó

תִתְגָּרֶה בְּרָעָה וְנָפַלְתָּה אַתָּה וִיהוּדָה עִמָּךְ׃ וְלֹא־

Y-no (11) ? contigo y-Judá tú y-vas-a-caer con-mal vas-a-provocar

שָׁמַע אֲמַצְיָהוּ וַיַּעַל יְהוֹאָשׁ מֶלֶךְ־ יִשְׂרָאֵל וַיִּתְרָאוּ פָנִים

caras y-se-vieron Israel rey-de Joás y-subió Amasías escuchó

הוּא וַאֲמַצְיָהוּ מֶלֶךְ־ יְהוּדָה בְּבֵית שֶׁמֶשׁ אֲשֶׁר לִיהוּדָה׃

. en-Judá que semes en-Bet- Judá rey-de y-Amasías él

וַיִּנָּגֶף יְהוּדָה לִפְנֵי יִשְׂרָאֵל וַיָּנֻסוּ אִישׁ לְאֹהָלָו׃
. a-sus-tiendas hombres y-huyeron Israel ante Judá Y-fue-derrotado (12)

וְאֵת אֲמַצְיָהוּ מֶלֶךְ־ יְהוּדָה בֶּן־ יְהוֹאָשׁ בֶּן־אֲחַזְיָהוּ תָּפַשׂ
capturó Ocozías hijo-de Joás hijo-de Judá rey-de Amasías Y-a (13)

יְהוֹאָשׁ מֶלֶךְ־ יִשְׂרָאֵל בְּבֵית שֶׁמֶשׁ וַיָּבֹאוּ יְרוּשָׁלִַם וַיִּפְרֹץ
y-abrió-brecha (en)Jerusalén y-entró semes en-Bet- Israel rey-de Joás

בְּחוֹמַת יְרוּשָׁלִַם בְּשַׁעַר אֶפְרַיִם עַד־ שַׁעַר הַפִּנָּה אַרְבַּע
cuatro el-ángulo (la)puerta-de hasta Efraín en-(la)puerta-de Jerusalén en-la-muralla-de

מֵאוֹת אַמָּה׃ וְלָקַח אֶת־ כָּל־ הַזָּהָב־ וְהַכֶּסֶף וְאֵת
y y-la-plata el-oro todo ** Y-cogió (14) . codos cientos

כָּל־ הַכֵּלִים הַנִּמְצְאִים בֵּית־ יְהוָה וּבְאֹצְרוֹת
y-en-(los)tesoros-de Yahweh (en-el)templo-de los-que-se-encontraban los-objetos todos

בֵּית הַמֶּלֶךְ וְאֵת בְּנֵי הַתַּעֲרֻבוֹת וַיָּשָׁב שֹׁמְרוֹנָה׃
. a-Samaria y-volvió los-rehenes (los)hijos-de y el-rey (la)casa-de

וְיֶתֶר דִּבְרֵי יְהוֹאָשׁ אֲשֶׁר עָשָׂה וּגְבוּרָתוֹ וַאֲשֶׁר
y-lo-que y-su-poderío hizo que Joás (los)hechos-de Y-(el)resto-de (15)

נִלְחַם עִם אֲמַצְיָהוּ מֶלֶךְ־ יְהוּדָה הֲלֹא־ הֵם כְּתוּבִים עַל־
en escritos ellos ¿acaso-no Judá rey-de Amasías contra combatió

סֵפֶר דִּבְרֵי הַיָּמִים לְמַלְכֵי יִשְׂרָאֵל׃ וַיִּשְׁכַּב יְהוֹאָשׁ
Joás Y-se-acostó (16) ? Israel de-reyes-de los-días (los)hechos-de (el)libro-de

עִם־ אֲבֹתָיו וַיִּקָּבֵר בְּשֹׁמְרוֹן עִם מַלְכֵי יִשְׂרָאֵל
Israel (los)reyes-de con en-Samaria y-fue-enterrado sus-padres con

וַיִּמְלֹךְ יָרָבְעָם בְּנוֹ תַּחְתָּיו׃ וַיְחִי
Y-vivió (17) . en-su-lugar su-hijo Jeroboam y-reinó

אֲמַצְיָהוּ בֶּן־ יוֹאָשׁ מֶלֶךְ יְהוּדָה אַחֲרֵי מוֹת יְהוֹאָשׁ בֶּן־ יְהוֹאָחָז
Joacaz hijo-de Joás (la)muerte-de tras Judá rey-de Joás hijo-de Amasías

מֶלֶךְ יִשְׂרָאֵל חֲמֵשׁ עֶשְׂרֵה שָׁנָה׃ וְיֶתֶר דִּבְרֵי אֲמַצְיָהוּ הֲלֹא־

¿acaso-no Amasías (los)hechos-de Y-(el)resto-de (18) . años quince Israel rey-de

הֵם כְּתוּבִים עַל־סֵפֶר דִּבְרֵי הַיָּמִים לְמַלְכֵי יְהוּדָה׃

? Judá de-reyes-de los-días (los)hechos-de (el)libro-de en escritos ellos

וַיִּקְשְׁרוּ עָלָיו קֶשֶׁר בִּירוּשָׁלַםִ וַיָּנָס

y-huyó en-Jerusalén conjura contra-él Y-habían-conspirado (19)

לָכִישָׁה וַיִּשְׁלְחוּ אַחֲרָיו לָכִישָׁה וַיְמִתֻהוּ שָׁם׃

. allí y-le-dieron-muerte a-Laquís tras-él y-enviaron a-Laquís

וַיִּשְׂאוּ אֹתוֹ עַל־הַסּוּסִים וַיִּקָּבֵר בִּירוּשָׁלַםִ

en-Jerusalén y-fue-enterrado los-caballos sobre a-él Y-cargaron (20)

עִם־אֲבֹתָיו בְּעִיר דָּוִד׃ וַיִּקְחוּ כָּל־עַם

(el)pueblo-de todo Y-tomó (21) . David en-(la)ciudad-de sus-padres con

יְהוּדָה אֶת־עֲזַרְיָה וְהוּא בֶּן־שֵׁשׁ עֶשְׂרֵה שָׁנָה וַיַּמְלִכוּ אֹתוֹ

a-él y-proclamaron-rey años dieciséis hijo-de y-él Azarías a Judá

תַּחַת אָבִיו אֲמַצְיָהוּ׃ הוּא בָּנָה אֶת־אֵילַת

Elat ** construyó Él (22) . Amasías su-padre en-lugar-de

וַיְשִׁבֶהָ לִיהוּדָה אַחֲרֵי שְׁכַב־הַמֶּלֶךְ עִם־אֲבֹתָיו׃

. sus-padres con el-rey el-acostarse-de tras a-Judá y-la-hizo-volver

בִּשְׁנַת חֲמֵשׁ־עֶשְׂרֵה שָׁנָה לַאֲמַצְיָהוּ בֶן־יוֹאָשׁ מֶלֶךְ יְהוּדָה

Judá rey-de Joás hijo-de de-Amasías años quince En-año-de (23)

מָלַךְ יָרָבְעָם בֶּן־יוֹאָשׁ מֶלֶךְ־יִשְׂרָאֵל בְּשֹׁמְרוֹן אַרְבָּעִים

cuarenta en-Samaria Israel rey-de Joás hijo-de Jeroboam fue-rey

וְאַחַת שָׁנָה׃ וַיַּעַשׂ הָרַע בְּעֵינֵי יְהוָה לֹא סָר

se-apartó no Yahweh a-ojos-de lo-malo Y-obró (24) . años y-un

מִכָּל־חַטֹּאות יָרָבְעָם בֶּן־נְבָט אֲשֶׁר הֶחֱטִיא אֶת־

a hizo-pecar que Nebat hijo-de Jeroboam (los)pecados-de de-todos

יִשְׂרָאֵל׃ הוּא הֵשִׁיב אֶת־ גְּבוּל יִשְׂרָאֵל מִלְּבוֹא חֲמָת עַד־

hasta Hamat desde-para-entrar Israel (el)territorio-de ** hizo-volver Él (25) . Israel

יָם הָעֲרָבָה כִּדְבַר יְהוָה אֱלֹהֵי יִשְׂרָאֵל אֲשֶׁר דִּבֶּר בְּיַד־

por-mano-de había-dicho que Israel Dios-de Yahweh según-palabra-de la-Arabá (el)mar-de

עַבְדּוֹ יוֹנָה בֶן־ אֲמִתַּי הַנָּבִיא אֲשֶׁר מִגַּת הַחֵפֶר׃

. héfer de-Gat- que el-profeta Amitay hijo-de Jonás su-siervo

כִּי־ רָאָה יְהוָה אֶת־ עֳנִי יִשְׂרָאֵל מֹרֶה מְאֹד וְאֶפֶס

y-no-más mucho amargo Israel (el)sufrimien_de ** Yahweh vio Pues (26)

עָצוּר וְאֶפֶס עָזוּב וְאֵין עֹזֵר לְיִשְׂרָאֵל׃ וְלֹא־

Y-no (27) . a-Israel quien-socorriese y-no-había libre y-no-más esclavo

דִבֶּר יְהוָה לִמְחוֹת אֶת־ שֵׁם יִשְׂרָאֵל מִתַּחַת הַשָּׁמָיִם

los-cielos de-bajo Israel (el)nombre-de ** borrar Yahweh había-dicho

וַיּוֹשִׁיעֵם בְּיַד יָרָבְעָם בֶּן־ יוֹאָשׁ׃ וְיֶתֶר דִּבְרֵי

(los)hechos-de Y-(el)resto-de (28) . Joás hijo-de Jeroboam por-mano-de y-los-salvó

יָרָבְעָם וְכָל־ אֲשֶׁר עָשָׂה וּגְבוּרָתוֹ אֲשֶׁר־ נִלְחָם וַאֲשֶׁר

y-que combatió que y-su-poderío hizo lo-que y-todo Jeroboam

הֵשִׁיב אֶת־ דַּמֶּשֶׂק וְאֶת־ חֲמָת לִיהוּדָה בְּיִשְׂרָאֵל הֲלֹא־ הֵם

ellos ¿acaso-no en-Israel para-Judá Hamat y Damasco a restituyó

כְּתוּבִים עַל־ סֵפֶר דִּבְרֵי הַיָּמִים לְמַלְכֵי יִשְׂרָאֵל׃

? Israel de-reyes-de los-días (los)hechos-de (el)libro-de en escritos

וַיִּשְׁכַּב יָרָבְעָם עִם־ אֲבֹתָיו עִם מַלְכֵי יִשְׂרָאֵל

Israel (los)reyes-de con sus-padres con Jeroboam Y-se-acostó (29)

וַיִּמְלֹךְ זְכַרְיָה בְנוֹ תַּחְתָּיו׃ בִּשְׁנַת

En-año-de (1) . en-su-lugar su-hijo Zacarías y-reinó **Cap. 15**

עֶשְׂרִים וָשֶׁבַע שָׁנָה לְיָרָבְעָם מֶלֶךְ יִשְׂרָאֵל מָלַךְ עֲזַרְיָה

Azarías reinó Israel rey-de de-Jeroboam años veintisiete

בֶּן־ אֲמַצְיָה מֶלֶךְ יְהוּדָה׃ בֶּן־ שֵׁשׁ עֶשְׂרֵה שָׁנָה הָיָה
era años dieciséis Hijo-de (2) . Judá rey-de Amasías hijo-de

בְמָלְכוֹ וַחֲמִשִּׁים וּשְׁתַּיִם שָׁנָה מָלַךְ בִּירוּשָׁלִָם
en-Jerusalén reinó años y-dos y-cincuenta al-empezar-él-a-reinar

וְשֵׁם אִמּוֹ יְכָלְיָהוּ מִירוּשָׁלִָם׃ וַיַּעַשׂ הַיָּשָׁר
lo-recto Y-obró (3) . de-Jerusalén Jecolía su-madre y-(el)nombre-de

בְּעֵינֵי יְהוָה כְּכֹל אֲשֶׁר־ עָשָׂה אֲמַצְיָהוּ אָבִיו׃ רַק
Sólo (54) . su-padre Amasías había-hecho lo-que según- Yahweh a-ojos-de

הַבָּמוֹת לֹא־ סָרוּ עוֹד הָעָם מְזַבְּחִים
ofrecían-sacrificios el-pueblo aún apartó no los-lugares-altos

וּמְקַטְּרִים בַּבָּמוֹת׃ וַיְנַגַּע יְהוָה אֶת־
a Yahweh E-hirió (5) . en-los-lugares-altos y-quemaban-incienso

הַמֶּלֶךְ וַיְהִי מְצֹרָע עַד־ יוֹם מֹתוֹ וַיֵּשֶׁב
y-habitó su-muerte (el)día-de hasta leproso y-fue el-rey

בְּבֵית הַחָפְשִׁית וְיוֹתָם בֶּן־ הַמֶּלֶךְ עַל־ הַבַּיִת שֹׁפֵט
gobernaba la-casa sobre el-rey hijo-de y-Jotam la-separación en-casa-de

אֶת־ עַם הָאָרֶץ׃ וְיֶתֶר דִּבְרֵי עֲזַרְיָהוּ וְכָל־ אֲשֶׁר עָשָׂה
hizo lo-que y-todo Azarías (los)hechos-de Y-(el)resto-de (6) . el-país (el)pueblo-de a

הֲלֹא־הֵם כְּתוּבִים עַל־ סֵפֶר דִּבְרֵי הַיָּמִים לְמַלְכֵי יְהוּדָה׃
? Judá de-reyes-de los-días (los)hechos-de (el)libro-de sobre escritos ellos ¿acaso-no

וַיִּשְׁכַּב עֲזַרְיָה עִם־ אֲבֹתָיו וַיִּקְבְּרוּ אֹתוֹ עִם־
con a-él y-enterraron sus-padres con Azarías Y-se-acostó (7)

אֲבֹתָיו בְּעִיר דָּוִד וַיִּמְלֹךְ יוֹתָם בְּנוֹ
su-hijo Jotam y-reinó David en-(la)ciudad-de sus-padres

תַּחְתָּיו׃ בִּשְׁנַת שְׁלֹשִׁים וּשְׁמֹנֶה שָׁנָה לַעֲזַרְיָהוּ מֶלֶךְ
rey-de de-Azarías años y-ocho treinta En-año-de (8) . en-su-lugar

יְהוּדָה מָלַךְ זְכַרְיָהוּ בֶן־יָרָבְעָם עַל־יִשְׂרָאֵל בְּשֹׁמְרוֹן שִׁשָּׁה

seis en-Samaria Israel sobre Jeroboam hijo-de Zacarías reinó Judá

חֳדָשִׁים׃ וַיַּעַשׂ הָרַע בְּעֵינֵי יְהוָה כַּאֲשֶׁר עָשׂוּ

habían-hecho como Yahweh a-ojos-de lo-malo Y-obró (9) . meses

אֲבֹתָיו לֹא סָר מֵחַטֹּאות יָרָבְעָם בֶּן־נְבָט אֲשֶׁר

que Nebat hijo-de Jeroboam de-(los)pecados-de se-apartó no sus-padres

הֶחֱטִיא אֶת־יִשְׂרָאֵל׃ וַיִּקְשֹׁר עָלָיו שַׁלֻּם

Salum contra-él Y-se-conjuró (10) . Israel a hizo-pecar

בֶּן־יָבֵשׁ וַיַּכֵּהוּ קָבָל־עָם וַיְמִיתֵהוּ

y-le-dio-muerte (el)pueblo en-presencia-de y-lo-hirió Jabés hijo-de

וַיִּמְלֹךְ תַּחְתָּיו׃ וְיֶתֶר דִּבְרֵי זְכַרְיָה

Zacarías (los)hechos-de Y-(el)resto-de (11) . en-su-lugar y-reinó

הִנָּם כְּתוּבִים עַל־סֵפֶר דִּבְרֵי הַיָּמִים לְמַלְכֵי יִשְׂרָאֵל׃

. Israel de-reyes-de los-días (los)hechos-de (el)libro-de sobre escritos he-aquí-que-ellos

הוּא דְבַר־יְהוָה אֲשֶׁר דִּבֶּר אֶל־יֵהוּא לֵאמֹר בְּנֵי רְבִיעִים

cuartos hijos-de : diciendo Jehú a había-dicho que Yahweh palabra-de Esta (12)

יֵשְׁבוּ לְךָ עַל־כִּסֵּא יִשְׂרָאֵל וַיְהִי־כֵן׃ שַׁלּוּם בֶּן־

hijo-de Salum (13) . así y-fue Israel (el)trono-de sobre para-ti se-sentarán

יָבֵישׁ מָלַךְ בִּשְׁנַת שְׁלֹשִׁים וָתֵשַׁע שָׁנָה לְעֻזִּיָּה מֶלֶךְ

rey-de de-Uzías años y-nueve treinta en-(el)año-de reinó Jabés

יְהוּדָה וַיִּמְלֹךְ יֶרַח־יָמִים בְּשֹׁמְרוֹן׃ וַיַּעַל מְנַחֵם

Menahem Y-subió (14) . en-Samaria días un-mes-de y-reinó Judá

בֶּן־גָּדִי מִתִּרְצָה וַיָּבֹא שֹׁמְרוֹן וַיַּךְ אֶת־שַׁלּוּם

Salum a e-hirió (en)Samaria y-entró de-Tirsá Gadí hijo-de

בֶּן־יָבֵישׁ בְּשֹׁמְרוֹן וַיְמִיתֵהוּ וַיִּמְלֹךְ

y-reinó y-le-dio-muerte en-Samaria Jabés hijo-de

תַּחְתָּיו׃ וְיֶתֶר דִּבְרֵי שַׁלּוּם וְקִשְׁרוֹ

y-su-conjura Salum (los)hechos-de Y-(el)resto-de (15) . en-su-lugar

אֲשֶׁר קָשָׁר הִנָּם כְּתֻבִים עַל־ סֵפֶר דִּבְרֵי

(los)hechos-de (el)libro-de sobre escritos he-aquí-que-ellos conjuró que

הַיָּמִים לְמַלְכֵי יִשְׂרָאֵל׃ אָז יַכֶּה־ מְנַחֵם אֶת־ תִּפְסַח וְאֶת־

y-a Tifsá a Menahem golpeó Entonces (16) . Israel de-reyes-de los-días

כָּל־ אֲשֶׁר־ בָּהּ וְאֶת־ גְּבוּלֶיהָ מִתִּרְצָה כִּי לֹא פָתַח

había-abierto no pues desde-Tirsá su-término y en-ella el-que todo

וַיַּךְ אֵת כָּל־ הֶהָרוֹתֶיהָ בִּקֵּעַ׃

. rajó sus-embarazadas todas a e-hirió

בִּשְׁנַת שְׁלֹשִׁים וָתֵשַׁע שָׁנָה לַעֲזַרְיָה מֶלֶךְ יְהוּדָה מָלַךְ

reinó Judá rey-de de-Azarías años y-siete treinta En-año-de (17)

מְנַחֵם בֶּן־ גָּדִי עַל־ יִשְׂרָאֵל עֶשֶׂר שָׁנִים בְּשֹׁמְרוֹן׃ וַיַּעַשׂ הָרַע

lo-malo Y-obró (18) . en-Samaria años diez Israel sobre Gadí hijo-de Menahem

בְּעֵינֵי יְהוָה לֹא סָר מֵעַל חַטֹּאות יָרָבְעָם בֶּן־ נְבָט

Nebat hijo-de Jeroboam (los)pecados-de de-sobre se-apartó no Yahweh a-ojos-de

אֲשֶׁר־ הֶחֱטִיא אֶת־ יִשְׂרָאֵל כָּל־ יָמָיו׃ בָּא פוּל

Pul Vino (19) . sus-días todos Israel a había-hecho-pecar que

מֶלֶךְ־ אַשּׁוּר עַל־ הָאָרֶץ וַיִּתֵּן מְנַחֵם לְפוּל אֶלֶף כִּכַּר־

talentos-de mil a-Pul Menahem y-dio el-país sobre Asiria rey-de

כֶּסֶף לִהְיוֹת יָדָיו אִתּוֹ לְהַחֲזִיק הַמַּמְלָכָה בְּיָדוֹ׃

. en-su-mano la-realeza para-consolidar con-él sus-manos para-estar plata

וַיֹּצֵא מְנַחֵם אֶת־ הַכֶּסֶף עַל־ יִשְׂרָאֵל עַל כָּל־ גִּבּוֹרֵי

varones-de todos sobre Israel sobre la-plata ** Menahem Y-sacó (20)

הַחַיִל לָתֵת לְמֶלֶךְ אַשּׁוּר חֲמִשִּׁים שְׁקָלִים כֶּסֶף לְאִישׁ

por-hombre plata siclos-de cincuenta Asiria a-(el)rey-de para-dar la-riqueza

אֶחָד וַיָּשָׁב מֶלֶךְ אַשּׁוּר וְלֹא־ עָמַד שָׁם בָּאָרֶץ׃
. en-el-país allí permaneció y-no Asiria (el)rey-de y-volvió uno

וְיֶתֶר דִּבְרֵי מְנַחֵם וְכָל־ אֲשֶׁר עָשָׂה הֲלוֹא־ הֵם
ellos ¿acaso-no hizo lo-que y-todo Menahem (los)hechos-de Y-(el)resto-de (21)

כְּתוּבִים עַל־ סֵפֶר דִּבְרֵי הַיָּמִים לְמַלְכֵי יִשְׂרָאֵל׃
? Israel de-reyes-de los-días (los)hechos-de (el)libro-de sobre escritos

וַיִּשְׁכַּב מְנַחֵם עִם־ אֲבֹתָיו וַיִּמְלֹךְ פְּקַחְיָה
Pekahyá y-reinó sus-padres con Menahem Y-se-acostó (22)

בְּנוֹ תַּחְתָּיו׃ בִּשְׁנַת חֲמִשִּׁים שָׁנָה לַעֲזַרְיָה מֶלֶךְ
rey-de de-Azarías años cincuenta En-año-de (23) . en-su-lugar su-hijo

יְהוּדָה מָלַךְ פְּקַחְיָה בֶן־ מְנַחֵם עַל־יִשְׂרָאֵל בְּשֹׁמְרוֹן שְׁנָתָיִם׃
. dos-años en-Samaria Israel sobre Menahem hijo-de Pekahyá reinó Judá

וַיַּעַשׂ הָרַע בְּעֵינֵי יְהוָה לֹא סָר מֵחַטֹּאות
de-(los)pecados-de se-apartó no Yahweh a-ojos-de lo-malo Y-obró (24)

יָרָבְעָם בֶּן־ נְבָט אֲשֶׁר הֶחֱטִיא אֶת־יִשְׂרָאֵל׃ וַיִּקְשֹׁר
Y-se-conjuró (25) . Israel a había-hecho-pecar que Nebat hijo-de Jeroboam

עָלָיו פֶּקַח בֶּן־ רְמַלְיָהוּ שָׁלִישׁוֹ וַיַּכֵּהוּ
y-lo-hirió su-ayudante Remalías hijo-de Peka contra-él

בְשֹׁמְרוֹן בְּאַרְמוֹן בֵּית־ מֶלֶךְ אֶת־ אַרְגֹּב וְאֶת־ הָאַרְיֵה
Aryé y-con Argob con el-rey (la)casa-de en-(la)ciudadela-de en-Samaria

וְעִמּוֹ חֲמִשִּׁים אִישׁ מִבְּנֵי גִלְעָדִים וַיְמִיתֵהוּ
y-le-dieron-muerte galaaditas de-(los)hijos-de hombres cincuenta y-con-él

וַיִּמְלֹךְ תַּחְתָּיו׃ וְיֶתֶר דִּבְרֵי פְקַחְיָה
Pekahyá (los)hechos-de Y-(el)resto-de (26) . en-su-lugar y-reinó

וְכָל־ אֲשֶׁר עָשָׂה הִנָּם כְּתוּבִים עַל־ סֵפֶר דִּבְרֵי
(los)hechos-de (el)libro-de en escritos he-aquí-que-ellos hizo lo-que y-todo

הַיָּמִים לְמַלְכֵי יִשְׂרָאֵל׃ בִּשְׁנַת חֲמִשִּׁים וּשְׁתַּיִם שָׁנָה לַעֲזַרְיָה
de-Azarías años y-dos cincuenta En-(el)año- (27) . Israel de-reyes-de los-días

מֶלֶךְ יְהוּדָה מָלַךְ פֶּקַח בֶּן־ רְמַלְיָהוּ עַל־ יִשְׂרָאֵל בְּשֹׁמְרוֹן
en-Samaria Israel sobre Remalías hijo-de Peka reinó Judá rey-de

עֶשְׂרִים שָׁנָה׃ וַיַּעַשׂ הָרַע בְּעֵינֵי יְהוָה לֹא סָר
se-apartó no Yahweh a-ojos-de lo-malo Y-obró (28) . años veinte

מִן־ חַטֹּאות יָרָבְעָם בֶּן־ נְבָט אֲשֶׁר הֶחֱטִיא אֶת־ יִשְׂרָאֵל׃
. Israel a había-hecho-pecar que Nebat hijo-de Jerobam (los)pecados-de de

בִּימֵי פֶּקַח מֶלֶךְ־ יִשְׂרָאֵל בָּא תִּגְלַת פִּלְאֶסֶר מֶלֶךְ אַשּׁוּר
Asiria rey-de pileser Tiglat- vino Israel rey-de Peka En-(los)días-de (29)

וַיִּקַּח אֶת־ עִיּוֹן וְאֶת־ אָבֵל בֵּית־ מַעֲכָה וְאֶת־ יָנוֹחַ וְאֶת־ קֶדֶשׁ וְאֶת־ חָצוֹר
Hazor y Cedes y Janoa y maacá bet- Abel- y Ijón ** y-tomó

וְאֶת־ הַגִּלְעָד וְאֶת־ הַגָּלִילָה כֹּל אֶרֶץ נַפְתָּלִי וַיַּגְלֵם
y-los-deportó Neftalí (el)país-de todo la-Galilea y el-Galaad y

אַשּׁוּרָה׃ וַיִּקְשָׁר־ קֶשֶׁר הוֹשֵׁעַ בֶּן־ אֵלָה עַל־
contra Elá hijo-de Oseas conjura Y-conspiró (30) . a-Asiria

פֶּקַח בֶּן־ רְמַלְיָהוּ וַיַּכֵּהוּ וַיְמִיתֵהוּ
y-le-dio-muerte y-lo-hirió Remalías hijo-de Peka

וַיִּמְלֹךְ תַּחְתָּיו בִּשְׁנַת עֶשְׂרִים לְיוֹתָם בֶּן־ עֻזִּיָּה׃
. Uzías hijo-de de-Jotam veinte en-año-de en-su-lugar y-reinó

וְיֶתֶר דִּבְרֵי־ פֶקַח וְכָל־ אֲשֶׁר עָשָׂה הִנָּם
he-aquí-que-ellos hizo lo-que y-todo Peka (los)hechos-de Y-(el)resto-de (31)

כְּתוּבִים עַל־ סֵפֶר דִּבְרֵי הַיָּמִים לְמַלְכֵי יִשְׂרָאֵל׃
. Israel de-reyes-de los-días (los)hechos-de (el)libro-de sobre escritos

בִּשְׁנַת שְׁתַּיִם לְפֶקַח בֶּן־ רְמַלְיָהוּ מֶלֶךְ יִשְׂרָאֵל מָלַךְ
reinó Israel rey-de Remalías hijo-de de-Peka dos En-(el)año (32)

יוֹתָם בֶּן־עֻזִּיָּהוּ מֶלֶךְ יְהוּדָה׃ בֶּן־עֶשְׂרִים וְחָמֵשׁ שָׁנָה הָיָה
era años veinticinco Hijo-de (33) . Judá rey-de Uzías hijo-de Jotam

בְמָלְכוֹ וְשֵׁשׁ־עֶשְׂרֵה שָׁנָה מָלַךְ בִּירוּשָׁלִָם וְשֵׁם
y-(el)nombre-de en-Jerusalén reinó años y-dieciséis al-empezar-él-a-reinar

אִמּוֹ יְרוּשָׁא בַּת־צָדוֹק׃ וַיַּעַשׂ הַיָּשָׁר בְּעֵינֵי
a-ojos-de lo-recto Y-obró (34) . Sadoc hija-de Jerusá su-madre

יְהוָה כְּכֹל אֲשֶׁר־עָשָׂה עֻזִּיָּהוּ אָבִיו עָשָׂה׃ רַק
Sólo (35) . él-hizo su-padre Uzías había-hecho lo-que según-todo Yahweh

הַבָּמוֹת לֹא סָרוּ עוֹד הָעָם מְזַבְּחִים
ofrecían-sacrificios el-pueblo aún apartó no los-lugares-altos

וּמְקַטְּרִים בַּבָּמוֹת הוּא בָּנָה אֶת־שַׁעַר
(la)puerta-de ** construyó él en-los-lugares-altos y-quemaban-incienso

בֵּית־יְהוָה הָעֶלְיוֹן׃ וְיֶתֶר דִּבְרֵי יוֹתָם אֲשֶׁר עָשָׂה
hizo que Jotam (los)hechos- Y-(el)resto-de (36) . la-superior Yahweh (el)templo-de

הֲלֹא־הֵם כְּתוּבִים עַל־סֵפֶר דִּבְרֵי הַיָּמִים לְמַלְכֵי יְהוּדָה׃
? Judá de-reyes-de los-días (los)hechos-de (el)libro-de en escritos ellos ¿acaso-no

בַּיָּמִים הָהֵם הֵחֵל יְהוָה לְהַשְׁלִיחַ בִּיהוּדָה רְצִין
Rezín contra-Judá a-arrojar Yahweh comenzó los-aquellos En-los-días (37)

מֶלֶךְ אֲרָם וְאֵת פֶּקַח בֶּן־רְמַלְיָהוּ׃ וַיִּשְׁכַּב יוֹתָם עִם־
con Jotam Y-se-acostó (38) . Remalías hijo-de Peka y-a Aram rey-de

אֲבֹתָיו וַיִּקָּבֵר עִם־אֲבֹתָיו בְּעִיר דָּוִד
David en-(la)ciudad-de sus-padres con y-fue-enterrado sus-padres

אָבִיו וַיִּמְלֹךְ אָחָז בְּנוֹ תַּחְתָּיו׃
. en-su-lugar su-hijo Acaz y-reinó su-padre

בִּשְׁנַת שְׁבַע־עֶשְׂרֵה שָׁנָה לְפֶקַח בֶּן־רְמַלְיָהוּ מָלַךְ
reinó Remalías hijo-de Peka años diecisiete En-año-de (1) **Cap. 16**

אָחָז בֶּן־ יוֹתָם מֶלֶךְ יְהוּדָה׃ בֶּן־ עֶשְׂרִים שָׁנָה אָחָז
Acaz años veinte Hijo-de (2) . Judá rey-de Jotam hijo-de Acaz

בְּמָלְכוֹ וְשֵׁשׁ־ עֶשְׂרֵה שָׁנָה מָלַךְ בִּירוּשָׁלָ͏ִם וְלֹא־
y-no en-Jerusalén reinó año y-dieciséis al-empezar-él-a-reinar

עָשָׂה הַיָּשָׁר בְּעֵינֵי יְהוָה אֱלֹהָיו כְּדָוִד אָבִיו׃
. su-padre como-David su-Dios Yahweh a-ojos-de lo-recto obró

וַיֵּלֶךְ בְּדֶרֶךְ מַלְכֵי יִשְׂרָאֵל וְגַם אֶת־ בְּנוֹ
su-hijo a y-también Israel (los)reyes-de por-(el)camino-de Y-caminó (3)

הֶעֱבִיר בָּאֵשׁ כְּתֹעֲבוֹת הַגּוֹיִם אֲשֶׁר
que las-naciones según-(las)abominaciones-de por-el-fuego hizo-pasar

הוֹרִישׁ יְהוָה אֹתָם מִפְּנֵי בְּנֵי יִשְׂרָאֵל׃ וַיְזַבֵּחַ
Y-ofreció-sacrificio (4) . Israel (los)hijos-de de-ante a-ellos Yahweh había-expulsado

וַיְקַטֵּר בַּבָּמוֹת וְעַל־ הַגְּבָעוֹת וְתַחַת
y-bajo las-colinas y-sobre en-los-lugares-altos y-quemó-incienso

כָּל־ עֵץ רַעֲנָן׃ אָז יַעֲלֶה רְצִין מֶלֶךְ־ אֲרָם
Aram rey-de Rezín subió Entonces (5) . frondoso árbol todo

וּפֶקַח בֶּן־ רְמַלְיָהוּ מֶלֶךְ־ יִשְׂרָאֵל יְרוּשָׁלַ͏ִם לַמִּלְחָמָה
para-la-guerra a-Jerusalén Israel rey-de Remalías hijo-de y-Peka

וַיָּצֻרוּ עַל־ אָחָז וְלֹא יָכְלוּ לְהִלָּחֵם׃
. vencer pudieron y-no Acaz contra y-pusieron-cerco

בָּעֵת הַהִיא הֵשִׁיב רְצִין מֶלֶךְ־ אֲרָם אֶת־אֵילַת לַאֲרָם
a-Aram Elat ** Aram rey-de Rezín reincorporó el-aquel En-el-tiempo (6)

וַיְנַשֵּׁל אֶת־ הַיְּהוּדִים מֵאֵילוֹת וַאֲרָמִים בָּאוּ
entraron y-arameos de-Elat los-de-Judá a y-expulsó

אֵילַת וַיֵּשְׁבוּ שָׁם עַד הַיּוֹם הַזֶּה׃ וַיִּשְׁלַח אָחָז
Acaz Y-envió (7) . el-éste el-día hasta allí y-habitaron (a)Elat

מַלְאָכִים אֶל־ תִּגְלַת פְּלֶסֶר מֶלֶךְ־ אַשּׁוּר לֵאמֹר עַבְדְּךָ
tu-siervo : a-decir Asiria rey-de pileser Tiglat- a mensajeros

וּבִנְךָ אָנִי עֲלֵה וְהוֹשִׁעֵנִי מִכַּף מֶלֶךְ־ אֲרָם
Aram (el)rey-de de-(la)palma-de y-sálvame sube yo y-tu-hijo

וּמִכַּף מֶלֶךְ יִשְׂרָאֵל הַקּוֹמִים עָלָי׃ וַיִּקַּח
Y-cogió (8) . contra-mí que-se-han-levantado Israel (el)rey-de y-de-(la)palma-de

אָחָז אֶת־ הַכֶּסֶף וְאֶת־ הַזָּהָב הַנִּמְצָא בֵּית יְהוָה
Yahweh (en)el-templo-de el-que-se-encontraba el-oro y la-plata ** Acaz

וּבְאֹצְרוֹת בֵּית הַמֶּלֶךְ וַיִּשְׁלַח לְמֶלֶךְ־ אַשּׁוּר שֹׁחַד׃
. un-regalo Asiria al-rey-de y-envió el-rey (la)casa-de y-en-(los)tesoros-de

וַיִּשְׁמַע אֵלָיו מֶלֶךְ אַשּׁוּר וַיַּעַל מֶלֶךְ אַשּׁוּר
Asiria (el)rey-de y-subió Asiria (el)rey-de a-él Y-escuchó (9)

אֶל־ דַּמֶּשֶׂק וַיִּתְפְּשֶׂהָ וַיַּגְלֶהָ קִירָה וְאֶת־ רְצִין
Rezín y-a a-Kir y-la-deportó y-la-capturó Damasco contra

הֵמִית׃ וַיֵּלֶךְ הַמֶּלֶךְ אָחָז לִקְרַאת תִּגְלַת פִּלְאֶסֶר מֶלֶךְ־
rey-de pileser Tiglat- al-encuentro-de Acaz el-rey Y-fue (10) . dio-muerte

אַשּׁוּר דּוּמֶּשֶׂק וַיַּרְא אֶת־ הַמִּזְבֵּחַ אֲשֶׁר בְּדַמָּשֶׂק וַיִּשְׁלַח
y-envió en-Damasco que el-altar ** y-vio (a)Damasco Asiria

הַמֶּלֶךְ אָחָז אֶל־אוּרִיָּה הַכֹּהֵן אֶת־ דְּמוּת הַמִּזְבֵּחַ וְאֶת־ תַּבְנִיתוֹ
su-modelo y el-altar la-copia-de ** el-sacerdote Urías a Acaz el-rey

לְכָל־ מַעֲשֵׂהוּ׃ וַיִּבֶן אוּרִיָּה הַכֹּהֵן אֶת־
** el-sacerdote Urías Y-construyó (11) . su-obra para-toda

הַמִּזְבֵּחַ כְּכֹל אֲשֶׁר־ שָׁלַח הַמֶּלֶךְ אָחָז מִדַּמֶּשֶׂק כֵּן עָשָׂה
hizo así de-Damasco Acaz el-rey envió lo-que según-todo el-altar

אוּרִיָּה הַכֹּהֵן עַד־ בּוֹא הַמֶּלֶךְ־ אָחָז מִדַּמָּשֶׂק׃ וַיָּבֹא
Y-llegó (12) . de-Damasco Acaz el-rey el-llegar-de hasta el-sacerdote Urías

הַמֶּלֶךְ מִדַּמֶּשֶׂק וַיַּרְא הַמֶּלֶךְ אֶת־ הַמִּזְבֵּחַ וַיִּקְרַב

y-se-acercó el-altar ** el-rey y-vio desde-Damasco el-rey

הַמֶּלֶךְ עַל־ הַמִּזְבֵּחַ וַיַּעַל עָלָיו׃ וַיַּקְטֵר

E-hizo-quemar (13) . a-él y-subió el-altar a el-rey

אֶת־ עֹלָתוֹ וְאֶת־ מִנְחָתוֹ וַיַּסֵּךְ אֶת־

** y-derramó su-ofrenda y su-holocausto **

נִסְכּוֹ וַיִּזְרֹק אֶת־ דַּם־ הַשְּׁלָמִים

los-sacrificios-pacíficos (la)sangre-de ** y-esparció su-libación

אֲשֶׁר־ לוֹ עַל־ הַמִּזְבֵּחַ׃ וְאֵת הַמִּזְבַּח הַנְּחֹשֶׁת אֲשֶׁר לִפְנֵי יְהוָה

Yahweh ante que el-bronce el-altar Y (14) . el-altar sobre para-él que

וַיַּקְרֵב מֵאֵת פְּנֵי הַבַּיִת מִבֵּין הַמִּזְבֵּחַ

el-altar de-entre el-templo frente-a de y-acercó

וּמִבֵּין בֵּית יְהוָה וַיִּתֵּן אֹתוֹ עַל־ יֶרֶךְ הַמִּזְבֵּחַ

el-altar lado-de junto-a a-él y-puso Yahweh templo-de y-de-entre

צָפוֹנָה׃ וַיְצַוֵּהוּ הַמֶּלֶךְ־ אָחָז אֶת־אוּרִיָּה הַכֹּהֵן לֵאמֹר עַל

sobre : diciendo el-sacerdote Urías a Acaz el-rey Y-dio-orden (15) . hacia-el-norte

הַמִּזְבֵּחַ הַגָּדוֹל הַקְטֵר אֶת־ עֹלַת־ הַבֹּקֶר וְאֶת־

y la-mañana (el)holocausto-de ** quema el-grande el-altar

מִנְחַת הָעֶרֶב וְאֶת־ עֹלַת הַמֶּלֶךְ וְאֶת־

y el-rey (el)holocausto-de y la-tarde (la)ofrenda-de

מִנְחָתוֹ וְאֵת עֹלַת כָּל־ עַם הָאָרֶץ

el-país (el)pueblo-de todo (el)holocausto-de y su-ofrenda

וּמִנְחָתָם וְנִסְכֵּיהֶם וְכָל־ דַּם

sangre-de y-toda y-sus-libaciones y-su-ofrenda

עֹלָה וְכָל־ דַּם־ זֶבַח עָלָיו תִּזְרֹק וּמִזְבַּח

y(el)altar-de esparcirás sobre-él sacrificio sangre-de y-toda holocausto

הַנְּחֹשֶׁת יִהְיֶה־לִּי לְבַקֵּר׃ וַיַּעַשׂ אוּרִיָּה
Urías E-hizo (16) . para-consultar para-mí será el-bronce

הַכֹּהֵן כְּכֹל אֲשֶׁר־צִוָּה הַמֶּלֶךְ אָחָז׃ וַיְקַצֵּץ
Y-destrozó (17) . Acaz el-rey había-ordenado lo-que según-todo el-sacerdote

הַמֶּלֶךְ אָחָז אֶת־הַמִּסְגְּרוֹת הַמְּכֹנוֹת וַיָּסַר
y-apartó las-basas los-paneles ** Acaz el-rey

מֵעֲלֵיהֶם ואת־הַכִּיֹּר וְאֶת־הַיָּם הוֹרִד מֵעַל הַבָּקָר הַנְּחֹשֶׁת
el-bronce el-toro de-sobre hizo-bajar el-mar y el-aguamanil y de-sobre-ellos

אֲשֶׁר תַּחְתֶּיהָ וַיִּתֵּן אֹתוֹ עַל מַרְצֶפֶת אֲבָנִים׃ וְאֶת־מֵיסַךְ
pórtico-de Y (18) . piedras pavimento-de sobre a-él y-puso bajo-ella que

הַשַּׁבָּת אֲשֶׁר־בָּנוּ בַבַּיִת וְאֶת־מְבוֹא הַמֶּלֶךְ
el-rey (la)entrada-de y en-el-templo habían-edificado que el-sábado

הַחִיצוֹנָה הֵסֵב בֵּית יְהוָה מִפְּנֵי מֶלֶךְ אַשּׁוּר׃
. Asiria el-rey-de a-causa-de Yahweh (el)templo-de modificó al-exterior

וְיֶתֶר דִּבְרֵי אָחָז אֲשֶׁר עָשָׂה הֲלֹא־הֵם כְּתוּבִים עַל־
en escritos ellos ¿acaso-no hizo que Acaz (los)hechos-de Y-(el)resto-de (19)

סֵפֶר דִּבְרֵי הַיָּמִים לְמַלְכֵי יְהוּדָה׃ וַיִּשְׁכַּב אָחָז עִם־
con Acaz Y-se-acostó (20) ? Judá de-reyes-de los-días (los)hechos-de (el)libro-de

אֲבֹתָיו וַיִּקָּבֵר עִם־אֲבֹתָיו בְּעִיר דָּוִד
David en-(la)ciudad-de sus-padres con y-fue-enterrado sus-padres

וַיִּמְלֹךְ חִזְקִיָּהוּ בְנוֹ תַּחְתָּיו׃ בִּשְׁנַת
En-año-de (1) . en-su-lugar su-hijo Ezequías y-reinó Cap. 17

שְׁתֵּים עֶשְׂרֵה לְאָחָז מֶלֶךְ יְהוּדָה מָלַךְ הוֹשֵׁעַ בֶּן־אֵלָה בְשֹׁמְרוֹן
en-Samaria Elá hijo-de Oseas reinó Judá rey-de de-Acaz doce

עַל־יִשְׂרָאֵל תֵּשַׁע שָׁנִים׃ וַיַּעַשׂ הָרַע בְּעֵינֵי יְהוָה רַק לֹא
no sólo Yahweh a-ojos-de lo-malo Y-obró (2) . años nueve Israel sobre

כְּמַלְכֵי יִשְׂרָאֵל אֲשֶׁר הָיוּ לְפָנָיו׃ עָלָיו עָלָה

subió Contra-él (3) . antes-que-él fueron que Israel como-(los)reyes-de

שַׁלְמַנְאֶסֶר מֶלֶךְ אַשּׁוּר וַיְהִי־לוֹ הוֹשֵׁעַ עֶבֶד וַיָּשֶׁב

y-había-pagado siervo Oseas para-él y-había-sido Asiria rey-de Salmanasar

לוֹ מִנְחָה׃ וַיִּמְצָא מֶלֶךְ־אַשּׁוּר בְּהוֹשֵׁעַ קֶשֶׁר

traidor en-Oseas Asiria el-rey-de Y-encontró (4) . tributo a-él

אֲשֶׁר שָׁלַח מַלְאָכִים אֶל־סוֹא מֶלֶךְ־מִצְרַיִם וְלֹא־הֶעֱלָה מִנְחָה לְמֶלֶךְ

al-rey-de tributo hacía-subir y-no Egipto rey-de So a mensajeros había-enviado que

אַשּׁוּר כְּשָׁנָה בְשָׁנָה וַיַּעַצְרֵהוּ מֶלֶךְ אַשּׁוּר וַיַּאַסְרֵהוּ

y-lo-apresó Asiria (el)rey-de y-lo-detuvo en-año como-año Asiria

בֵּית כֶּלֶא׃ וַיַּעַל מֶלֶךְ־אַשּׁוּר בְּכָל־הָאָרֶץ

el-país por-todo Asiria (el)rey-de Y-subió (5) . cautiverio (en)casa-de

וַיַּעַל שֹׁמְרוֹן וַיָּצַר עָלֶיהָ שָׁלֹשׁ שָׁנִים׃ בִּשְׁנַת

En-año-de (6) . años tres contra-ella y-asedió Samaria y-subió

הַתְּשִׁיעִית לְהוֹשֵׁעַ לָכַד מֶלֶךְ־אַשּׁוּר אֶת־שֹׁמְרוֹן וַיֶּגֶל

y-deportó Samaria ** Asiria (el)rey-de capturó de-Oseas el-noveno

אֶת־יִשְׂרָאֵל אַשּׁוּרָה וַיֹּשֶׁב אֹתָם בַּחְלַח וּבְחָבוֹר נְהַר

río-de y-en-Habor en-Halah ellos e-hizo-habitar a-Asiria Israel a

גּוֹזָן וְעָרֵי מָדָי׃ וַיְהִי כִּי־חָטְאוּ בְנֵי־

(los)hijos-de habían-pecado porque Y-sucedió (7) . Media y-ciudades-de Gozán

יִשְׂרָאֵל לַיהוָה אֱלֹהֵיהֶם הַמַּעֲלֶה אֹתָם מֵאֶרֶץ מִצְרַיִם

Egipto de-(el)país-de a-ellos que-hiciera-subir su-Dios contra-Yahweh Israel

מִתַּחַת יַד פַּרְעֹה מֶלֶךְ־מִצְרַיִם וַיִּירְאוּ אֱלֹהִים אֲחֵרִים׃

. otros dioses y-temieron Egipto rey-de Faraón mano-de de-bajo

וַיֵּלְכוּ בְּחֻקּוֹת הַגּוֹיִם אֲשֶׁר הוֹרִישׁ יְהוָה

Yahweh había-expulsado que las-naciones por-(los)preceptos-de Y-caminaron (8)

מִפְּנֵי בְּנֵי יִשְׂרָאֵל וּמַלְכֵי יִשְׂרָאֵל אֲשֶׁר עָשׂוּ׃

. hicieron que Israel y-(los)reyes-de Israel (los)hijos-de de-ante

וַיְחַפְּאוּ בְנֵי־יִשְׂרָאֵל דְּבָרִים אֲשֶׁר לֹא־כֵן עַל־יְהוָה

Yahweh contra así no que cosas Israel (los)hijos-de Y-habían-hecho-secretamente (9)

אֱלֹהֵיהֶם וַיִּבְנוּ לָהֶם בָּמוֹת בְּכָל־עָרֵיהֶם

sus-ciudades en-todas lugares-altos para-ellos y-construyeron su-Dios

מִמִּגְדַּל נוֹצְרִים עַד־עִיר מִבְצָר׃ וַיַּצִּבוּ

Y-habían-erigido (10) . fortificación ciudad-de hasta vigías desde-torre-de

לָהֶם מַצֵּבוֹת וַאֲשֵׁרִים עַל כָּל־גִּבְעָה גְבֹהָה וְתַחַת

y-bajo elevada colina toda sobre y-Aserá estelas para-ellos

כָּל־עֵץ רַעֲנָן׃ וַיְקַטְּרוּ־שָׁם בְּכָל־

en-todos allí Y-habían-quemado-incienso (11) . frondoso árbol todo

בָּמוֹת כַּגּוֹיִם אֲשֶׁר־הֶגְלָה יְהוָה מִפְּנֵיהֶם

de-ante-ellos Yahweh había-desterrado que como-las-naciones lugares-altos

וַיַּעֲשׂוּ דְּבָרִים רָעִים לְהַכְעִיס אֶת־יְהוָה׃

. Yahweh a para-irritar malas cosas e-hicieron

וַיַּעַבְדוּ הַגִּלֻּלִים אֲשֶׁר אָמַר יְהוָה לָהֶם לֹא תַעֲשׂוּ

haréis no a-ellos Yahweh había-dicho que los-ídolos Y-sirvieron (12)

אֶת־הַדָּבָר הַזֶּה׃ וַיָּעַד יְהוָה בְּיִשְׂרָאֵל וּבִיהוּדָה

y-a-Judá a-Israel Yahweh Y-había-advertido (13) . la-ésta la-cosa **

בְּיַד כָּל־נְבִיאוֹ כָּל־חֹזֶה לֵאמֹר שֻׁבוּ מִדַּרְכֵיכֶם

de-vuestros-caminos volved : diciendo vidente todo sus-profetas todos por-mano-de

הָרָעִים וְשִׁמְרוּ מִצְוֹתַי חֻקּוֹתַי כְּכָל־הַתּוֹרָה

la-Torah según-toda mis-preceptos mis-mandamientos y-guardad los-malos

אֲשֶׁר צִוִּיתִי אֶת־אֲבֹתֵיכֶם וַאֲשֶׁר שָׁלַחְתִּי אֲלֵיכֶם בְּיַד

por-mano-de a-vosotros envié y-que nuestros-padres a ordené que

וַיַּקְשׁוּ שָׁמֵעוּ וְלֹא הַנְּבִיאִים׃ עֲבָדַי
y-endurecieron escucharon Y-no (14) . los-profetas mis-siervos

בַּיהוָה הֶאֱמִינוּ לֹא אֲשֶׁר אֲבוֹתָם כְּעֹרֶף עָרְפָּם אֶת־
a-Yahweh habían-sido-fieles no que sus-padres como-(la)cerviz-de su-cerviz **

בְּרִיתוֹ וְאֶת־ חֻקָּיו אֶת־ וַיִּמְאֲסוּ אֱלֹהֵיהֶם׃
su-Alianza y sus-preceptos ** Y-rechazaron (15) . su-Dios

בָּם הֵעִיד אֲשֶׁר עֵדְוֹתָיו וְאֵת אֲבוֹתָם אֶת־ כָּרַת אֲשֶׁר
a-ellos había-advertido que sus-advertencias y sus-padres con había-establecido que

וַיֶּהְבָּלוּ הַהֶבֶל אַחֲרֵי וַיֵּלְכוּ
y-se-hicieron-vanos la-vanidad tras y-caminaron

לְבִלְתִּי אֹתָם יְהוָה צִוָּה אֲשֶׁר סְבִיבֹתָם אֲשֶׁר הַגּוֹיִם וְאַחֲרֵי
no a-ellos Yahweh había-ordenado que en-torno-a-ellos que las-naciones y-tras

אֱלֹהֵיהֶם יְהוָה מִצְוֹת כָּל־ אֶת־ וַיַּעַזְבוּ כָּהֶם׃ עֲשׂוֹת
su-Dios Yahweh (los)mandamientos-de todos ** Y-abandonaron (16) . como-ellos hacer

אֲשֵׁרָה וַיַּעֲשׂוּ עֲגָלִים שְׁנַיִם מַסֵּכָה לָהֶם וַיַּעֲשׂוּ
Aserá e-hicieron becerros dos estatua-fundida para-ellos e-hicieron

אֶת־ וַיַּעַבְדוּ הַשָּׁמַיִם צְבָא לְכָל־ וַיִּשְׁתַּחֲווּ
a y-sirvieron los-cielos (el)cortejo-de a-todo y-se-postraron

בְּנוֹתֵיהֶם וְאֶת־ בְּנֵיהֶם אֶת־ וַיַּעֲבִירוּ הַבָּעַל׃
sus-hijas y-a sus-hijos a Y-pasaron (17) . Baal

וַיְנַחֵשׁוּ קְסָמִים וַיִּקְסְמוּ בָּאֵשׁ
e-hicieron-sortilegios adivinaciones y-practicaron por-fuego

לְהַכְעִיסוֹ׃ יְהוָה בְּעֵינֵי הָרַע לַעֲשׂוֹת וַיִּתְמַכְּרוּ
. para-irritarle Yahweh a-ojos-de lo-malo para-hacer y-se-vendieron

מֵעַל וַיְסִרֵם בְּיִשְׂרָאֵל מְאֹד יְהוָה וַיִּתְאַנַּף
de-junto-a y-los-apartó con-Israel mucho Yahweh Y-se-encolerizó (18)

פָּנָיו לֹא נִשְׁאַר רַק שֵׁבֶט יְהוּדָה לְבַדּוֹ׃ גַּם־יְהוּדָה
Judá También (19) . ella-sola Judá (la)tribu-de sino dejó no su-rostro

לֹא שָׁמַר אֶת־ מִצְוֺת יְהוָה אֱלֹהֵיהֶם וַיֵּלְכוּ
y-marcharon su-Dios Yahweh (los)mandamientos-de ** guardó no

בְּחֻקּוֹת יִשְׂרָאֵל אֲשֶׁר עָשׂוּ׃ וַיִּמְאַס יְהוָה
Yahweh Y-rechazó (20) . habían-hecho que Israel por-(los)preceptos-de

בְּכָל־ זֶרַע יִשְׂרָאֵל וַיְעַנֵּם וַיִּתְּנֵם בְּיַד־
en-mano-de y-los-puso y-los-humilló Israel (la)estirpe-de a-toda

שֹׁסִים עַד אֲשֶׁר הִשְׁלִיכָם מִפָּנָיו׃ כִּי־
Ciertamente (21) . de-ante-Él los-arrojó que hasta saqueadores

קָרַע יִשְׂרָאֵל מֵעַל בֵּית דָּוִד וַיַּמְלִיכוּ אֶת־ יָרָבְעָם
Jeroboam a e-hicieron-rey David (la)casa-de de-sobre Israel desgarró

בֶּן־ נְבָט וַיַּדַּא יָרָבְעָם אֶת־ יִשְׂרָאֵל מֵאַחֲרֵי יְהוָה
Yahweh de-tras-de Israel a Jeroboam y-alejó Nebat hijo-de

וְהֶחֱטִיאָם חֲטָאָה גְדוֹלָה׃ וַיֵּלְכוּ בְּנֵי יִשְׂרָאֵל
Israel (los)hijos-de Y-caminaron (22) . grande pecado y-los-hizo-pecar

בְּכָל־ חַטֹּאות יָרָבְעָם אֲשֶׁר עָשָׂה לֹא־ סָרוּ מִמֶּנָּה׃
. de-ella se-apartaron no había-hecho que Jeroboam (los)pecados-de por-todos

עַד אֲשֶׁר־ הֵסִיר יְהוָה אֶת־ יִשְׂרָאֵל מֵעַל פָּנָיו
su-rostro de-junto-a Israel a Yahweh apartó que Hasta (23)

כַּאֲשֶׁר דִּבֶּר בְּיַד כָּל־ עֲבָדָיו הַנְּבִיאִים
los-profetas sus-siervos todos por-mano-de había-dicho como

וַיִּגֶל יִשְׂרָאֵל מֵעַל אַדְמָתוֹ אַשּׁוּרָה עַד הַיּוֹם
el-día hasta a-Asiria su-tierra de-sobre Israel y-desterró

הַזֶּה׃ וַיָּבֵא מֶלֶךְ־ אַשּׁוּר מִבָּבֶל וּמִכּוּתָה
y-desde-Cutá desde-Babilonia Asiria (el)rey-de Y-trajo (24) . el-éste

וּמֵעַוָּא וּמֵחֲמָת וּסְפַרְוַיִם וַיֹּשֶׁב בְּעָרֵי

en-(las)ciudades-de y-asentó y-sefarvitas y-desde-Hamat y-desde-Avá

שֹׁמְרוֹן תַּחַת בְּנֵי יִשְׂרָאֵל וַיִּרְשׁוּ אֶת־ שֹׁמְרוֹן

Samaria ** y-heredaron Israel (los)hijos-de en-lugar-de Samaria

וַיֵּשְׁבוּ בְּעָרֶיהָ׃ וַיְהִי בִּתְחִלַּת שִׁבְתָּם

su-habitar en-(el)comienzo-de Y-sucedió (25) . en-sus-ciudades y-habitaron

שָׁם לֹא יָרְאוּ אֶת־ יְהוָה וַיְשַׁלַּח יְהוָה בָּהֶם אֶת־ הָאֲרָיוֹת

los-leones ** contra-ellos Yahweh y-envió Yahweh a veneraban no allí

וַיִּהְיוּ הֹרְגִים בָּהֶם׃ וַיֹּאמְרוּ לְמֶלֶךְ אַשּׁוּר

Asiria al-rey-de Y-dijeron (26) . en-ellos matando y-estaban

לֵאמֹר הַגּוֹיִם אֲשֶׁר הִגְלִיתָ וַתּוֹשֶׁב בְּעָרֵי שֹׁמְרוֹן

Samaria en-(las)ciudades-de y-asentaste deportaste que las-naciones : diciendo

לֹא יָדְעוּ אֶת־ מִשְׁפַּט אֱלֹהֵי הָאָרֶץ וַיְשַׁלַּח־ בָּם

contra-ellos y-envió el-país (los)dioses-de (el)culto-de ** conocen no

אֶת־ הָאֲרָיוֹת וְהִנָּם מְמִיתִים אוֹתָם כַּאֲשֶׁר אֵינָם יֹדְעִים

conocedores ellos-no-son como a-ellos dan-muerte y-he-aquí-que-ellos los-leones **

אֶת־ מִשְׁפַּט אֱלֹהֵי הָאָרֶץ׃ וַיְצַו מֶלֶךְ־ אַשּׁוּר

Asiria (el)rey-de Y-ordenó (27) . el-país (los)dioses-de (el)culto-de **

לֵאמֹר הֹלִיכוּ שָׁמָּה אֶחָד מֵהַכֹּהֲנִים אֲשֶׁר הִגְלִיתֶם

trajisteis-deportados que de-los-sacerdotes uno allí haced-ir : diciendo

מִשָּׁם וְיֵלְכוּ וְיֵשְׁבוּ שָׁם וְיֹרֵם

y-los-enseñará allí y-habitarán e-irán de-allí

אֶת־ מִשְׁפַּט אֱלֹהֵי הָאָרֶץ׃ וַיָּבֹא אֶחָד מֵהַכֹּהֲנִים אֲשֶׁר

que de-los-sacerdotes uno Y-vino (28) . el-país (los)dioses-de (el)culto-de **

הִגְלוּ מִשֹּׁמְרוֹן וַיֵּשֶׁב בְּבֵית־ אֵל וַיְהִי מוֹרֶה אֹתָם

a-ellos enseñando y-estuvo el en-Bet- y-habitó de-Samaria habían-deportado

אֵיךְ יִירְאוּ אֶת־ יְהוָה׃ וַיִּהְיוּ עֹשִׂים גּוֹי
nación hacedores Y-eran (29) . Yahweh a habían-de-venerar cómo

גּוֹי אֱלֹהָיו וַיַּנִּיחוּ ׀ בְּבֵית הַבָּמוֹת אֲשֶׁר עָשׂוּ
habían-hecho que los-lugares-altos en-casa-de y-pusieron sus-dioses nación

הַשֹּׁמְרֹנִים גּוֹי גּוֹי בְּעָרֵיהֶם אֲשֶׁר הֵם יֹשְׁבִים שָׁם׃
. allí habitaban ellos que en-sus-ciudades nación nación los-samaritanos

וְאַנְשֵׁי בָבֶל עָשׂוּ אֶת־ סֻכּוֹת בְּנוֹת וְאַנְשֵׁי־ כוּת
Cutá y-(los)hombres-de benot Sucot- a hicieron Babilonia Y-hombres-de (30)

עָשׂוּ אֶת־ נֵרְגַל וְאַנְשֵׁי חֲמָת עָשׂוּ אֶת־ אֲשִׁימָא׃
. Asimá a hicieron Hamat y-(los)hombres-de Nergal a hicieron

וְהָעַוִּים עָשׂוּ נִבְחַז וְאֶת־ תַּרְתָּק וְהַסְפַרְוִים
y-los-sefarvitas Tartac y-a Nibhaz hicieron Y-los-aveos (31)

שֹׂרְפִים אֶת־ בְּנֵיהֶם בָּאֵשׁ לְאַדְרַמֶּלֶךְ וַעֲנַמֶּלֶךְ
y-Anamélec a-Adramélec con-fuego sus-hijos a quemaban

אֱלֹהֵ סְפַרְיִם׃ וַיִּהְיוּ יְרֵאִים אֶת־ יְהוָה
Yahweh a veneradores Y-eran (32) . Sefarváyim dioses-de

וַיַּעֲשׂוּ לָהֶם מִקְצוֹתָם כֹּהֲנֵי בָמוֹת
lugares-altos sacerdotes-de de-sus-términos para-ellos e-hicieron

וַיִּהְיוּ עֹשִׂים לָהֶם בְּבֵית הַבָּמוֹת׃
. los-lugares-altos en-(el)templo-de para-ellos oficiantes y-eran

אֶת־ יְהוָה הָיוּ יְרֵאִים וְאֶת־ אֱלֹהֵיהֶם הָיוּ
eran sus-dioses y-a venerando estaban Yahweh A (33)

עֹבְדִים כְּמִשְׁפַּט הַגּוֹיִם אֲשֶׁר־ הִגְלוּ אֹתָם מִשָּׁם׃
. de-allí ellos habían-deportado que las-naciones según-uso-de servidores

עַד הַיּוֹם הַזֶּה הֵם עֹשִׂים כַּמִּשְׁפָּטִים הָרִאשֹׁנִים
los-pioneros según-los-usos actúan ellos el-éste el-día Hasta (34)

אֵינָם יְרֵאִים אֶת־ יְהוָה וְאֵינָם עֹשִׂים

quienes-actúen y-no-son-ellos Yahweh ** veneradores no-son-ellos

כְּחֻקֹּתָם וּכְמִשְׁפָּטָם וְכַתּוֹרָה וְכַמִּצְוָה

según-el-mandamiento y-según-la-ley y-según-sus-usos según-sus-decretos

אֲשֶׁר צִוָּה יְהוָה אֶת־ בְּנֵי יַעֲקֹב אֲשֶׁר־ שָׂם שְׁמוֹ יִשְׂרָאֵל׃

. Israel su-nombre puso que Jacob (los)hijos-de a Yahweh ordenó que

וַיִּכְרֹת יְהוָה אִתָּם בְּרִית וַיְצַוֵּם לֵאמֹר

: diciendo y-les-dio-orden Alianza con-ellos Yahweh Y-estableció (35)

לֹא תִירְאוּ אֱלֹהִים אֲחֵרִים וְלֹא־ תִשְׁתַּחֲווּ לָהֶם וְלֹא

y-no a-ellos os-postréis y-no otros dioses veneréis no

תַעַבְדוּם וְלֹא תִזְבְּחוּ לָהֶם׃ כִּי אִם־ אֶת־ יְהוָה אֲשֶׁר

que Yahweh a Sino (36) . a-ellos ofrezcáis-sacrificios y-no los-sirváis

הֶעֱלָה אֶתְכֶם מֵאֶרֶץ מִצְרַיִם בְּכֹחַ גָּדוֹל וּבִזְרוֹעַ

y-con-brazo grande con-fuerza Egipto de-(el)país-de a-vosotros hizo-subir

נְטוּיָה אֹתוֹ תִירָאוּ וְלוֹ תִשְׁתַּחֲווּ וְלוֹ

y-a-él os-postraréis y-a-él reverenciaréis a-él extendido

תִזְבָּחוּ׃ וְאֶת־ הַחֻקִּים וְאֶת־ הַמִּשְׁפָּטִים וְהַתּוֹרָה

y-la-ley los-decretos y los-preceptos Y (37) . ofreceréis-sacrificios

וְהַמִּצְוָה אֲשֶׁר כָּתַב לָכֶם תִּשְׁמְרוּן לַעֲשׂוֹת כָּל־

todos para-hacer guardaréis a-vosotros escribió que y-el-mandamiento

הַיָּמִים וְלֹא תִירְאוּ אֱלֹהִים אֲחֵרִים׃ וְהַבְּרִית אֲשֶׁר־

que Y-la-Alianza (38) . otros dioses veneraréis y-no los-días

כָּרַתִּי אִתְּכֶם לֹא תִשְׁכָּחוּ וְלֹא תִירְאוּ אֱלֹהִים אֲחֵרִים׃

. otros dioses veneraréis y-no olvidaréis no con-vosotros establecí

כִּי אִם־ אֶת־ יְהוָה אֱלֹהֵיכֶם תִּירָאוּ וְהוּא יַצִּיל

librará y-Él veneraréis vuestro-Dios Yahweh a Sino (39)

אֶתְכֶם מִיַּד כָּל־ אֹיְבֵיכֶם׃ וְלֹא שָׁמֵעוּ כִּי
si- escucharon Y-no (40) . vuestros-enemigos todos de-mano-de a-vosotros

אִם־ כְּמִשְׁפָּטָם הָרִאשׁוֹן הֵם עֹשִׂים׃ וַיִּהְיוּ ׀
Y-fueron (41) . actuaban ellos el-primero según-su-uso no

הַגּוֹיִם הָאֵלֶּה יְרֵאִים אֶת־ יְהוָה וְאֶת־ פְּסִילֵיהֶם הָיוּ
eran sus-ídolos y-a Yahweh a veneradoras las-estas las-naciones

עֹבְדִים גַּם־ בְּנֵיהֶם ׀ וּבְנֵי בְנֵיהֶם כַּאֲשֶׁר
como sus-hijos y-l(os)hijos-de sus-hijos también servidores

עָשׂוּ אֲבֹתָם הֵם עֹשִׂים עַד הַיּוֹם הַזֶּה׃ וַיְהִי
Y-sucedió (1) . el-éste el-día hasta hacían ellos sus-padres hicieron Cap. 18

בִּשְׁנַת שָׁלֹשׁ לְהוֹשֵׁעַ בֶּן־ אֵלָה מֶלֶךְ יִשְׂרָאֵל מָלַךְ חִזְקִיָּה
Ezequías reinó Israel rey-de Elá hijo-de de-Oseas tres en-año-de

בֶן־ אָחָז מֶלֶךְ יְהוּדָה׃ בֶּן־ עֶשְׂרִים וְחָמֵשׁ שָׁנָה הָיָה
era años veinticinco Hijo-de (2) . Judá rey-de Acaz hijo-de

בְמָלְכוֹ וְעֶשְׂרִים וָתֵשַׁע שָׁנָה מָלַךְ בִּירוּשָׁלִָם
en-Jerusalén reinó años y-veintisiete al-empezar-él-a-reinar

וְשֵׁם אִמּוֹ אֲבִי בַּת־ זְכַרְיָה׃ וַיַּעַשׂ הַיָּשָׁר
lo-recto Y-obró (3) . Zacarías hija-de Abí su-madre y-(el)nombre-de

בְּעֵינֵי יְהוָה כְּכֹל אֲשֶׁר־ עָשָׂה דָּוִד אָבִיו׃ הוּא ׀ הֵסִיר
apartó Él (4) . su-padre David hizo lo-que según-todo Yahweh a-ojos-de

אֶת־ הַבָּמוֹת וְשִׁבַּר אֶת־ הַמַּצֵּבֹת וְכָרַת
y-extirpó las-estelas ** y-destruyó los-lugares-altos **

אֶת־ הָאֲשֵׁרָה וְכִתַּת נְחַשׁ הַנְּחֹשֶׁת אֲשֶׁר־ עָשָׂה מֹשֶׁה
Moisés hizo que el-bronce (la)serpiente-de y-machacó la-Aserá **

כִּי עַד־ הַיָּמִים הָהֵמָּה הָיוּ בְנֵי־ יִשְׂרָאֵל מְקַטְּרִים
quemando-incienso Israel (los)hijos-de estaban los-aquellos los-días hasta pues

לוֹ וַיִּקְרָא־ לוֹ נְחֻשְׁתָּן׃ בַּיהוָה אֱלֹהֵי־יִשְׂרָאֵל בָּטָח
confió Israel Dios-de En-Yahweh (5) . Nehustán a-ella y-se-llamaba a-ella

וְאַחֲרָיו לֹא־ הָיָה כָמֹהוּ בְּכֹל מַלְכֵי יְהוּדָה וַאֲשֶׁר הָיוּ
fueron y-que Judá (los)reyes-de entre-todos como-él hubo no y-tras-él

לְפָנָיו׃ וַיִּדְבַּק בַּיהוָה לֹא־ סָר מֵאַחֲרָיו
de-tras-él se-apartó no a-Yahweh Y-se-unió (6) . antes-que-él

וַיִּשְׁמֹר מִצְוֹתָיו אֲשֶׁר־ צִוָּה יְהוָה אֶת־ מֹשֶׁה׃ וְהָיָה
Y-estuvo (7) . Moisés a Yahweh había-mandado que sus-mandamientos y-guardó

יְהוָה עִמּוֹ בְּכֹל אֲשֶׁר־ יֵצֵא יַשְׂכִּיל וַיִּמְרֹד
y-se-rebeló tuvo-éxito salió lo-que en-todo con-él Yahweh

בְּמֶלֶךְ־ אַשּׁוּר וְלֹא עֲבָדוֹ׃ הוּא־ הִכָּה אֶת־
a golpeó Él (8) . lo-sirvió y-no Asiria contra-(el)rey-de

פְּלִשְׁתִּים עַד־ עַזָּה וְאֶת־ גְּבוּלֶיהָ מִמִּגְדַּל נוֹצְרִים
vigías desde-torre-de su-territorio y Gaza hasta filisteos

עַד־ עִיר מִבְצָר׃ וַיְהִי בַּשָּׁנָה הָרְבִיעִית לַמֶּלֶךְ
de-(el)rey el-cuarto en-el-año Y-sucedió (9) . fortificación ciudad-de hasta

חִזְקִיָּהוּ הִיא הַשָּׁנָה הַשְּׁבִיעִית לְהוֹשֵׁעַ בֶּן־ אֵלָה מֶלֶךְ יִשְׂרָאֵל
Israel rey-de Elá hijo-de de-Oseas el-séptimo el-año él Ezequías

עָלָה שַׁלְמַנְאֶסֶר מֶלֶךְ־ אַשּׁוּר עַל־ שֹׁמְרוֹן וַיָּצַר
y-asedió Samaria contra Asiria rey-de Salmanasar subió

עָלֶיהָ׃ וַיִּלְכְּדֻהָ מִקְצֵה שָׁלֹשׁ שָׁנִים בִּשְׁנַת־ שֵׁשׁ
seis en-año-de años tres al-cabo-de Y-la-capturó (10) . contra-ella

לְחִזְקִיָּה הִיא שְׁנַת־ תֵּשַׁע לְהוֹשֵׁעַ מֶלֶךְ יִשְׂרָאֵל נִלְכְּדָה
fue-capturada Israel rey-de de-Oseas nueve año él de-Ezequías

שֹׁמְרוֹן׃ וַיֶּגֶל מֶלֶךְ־ אַשּׁוּר אֶת־ יִשְׂרָאֵל אַשּׁוּרָה
a-Asiria Israel a Asiria (el)rey-de Y-deportó (11) . Samaria

וַיַּנְחֵם בַּחְלַח וּבְחָבוֹר נְהַר גּוֹזָן וְעָרֵי

y-(las)ciudades-de Gozán río-de y-en-Habor en-Halah y-los-puso

מָדָי׃ עַל ׀ אֲשֶׁר לֹא־ שָׁמְעוּ בְּקוֹל יְהוָה אֱלֹהֵיהֶם

su-Dios Yahweh a-voz-de habían-escuchado no que Por (12) . Media

וַיַּעַבְרוּ אֶת־ בְּרִיתוֹ אֵת כָּל־ אֲשֶׁר צִוָּה מֹשֶׁה

Moisés había-mandado lo-que todo ** su-Alianza ** y-habían-transgredido

עֶבֶד יְהוָה וְלֹא שָׁמְעוּ וְלֹא עָשׂוּ׃

. cumplieron y-no escucharon y-no Yahweh siervo-de

וּבְאַרְבַּע עֶשְׂרֵה שָׁנָה לַמֶּלֶךְ חִזְקִיָּה עָלָה סַנְחֵרִיב

Senaquerib subió Ezequías de-(el)rey años Y-en-catorce (13)

מֶלֶךְ־ אַשּׁוּר עַל כָּל־ עָרֵי יְהוּדָה הַבְּצֻרוֹת

las-fortificadas Judá (las)ciudades-de todas contra Asiria rey-de

וַיִּתְפְּשֵׂם׃ וַיִּשְׁלַח חִזְקִיָּה מֶלֶךְ־ יְהוּדָה אֶל־ מֶלֶךְ־

(el)rey-de a Judá rey-de Ezequías Y-envió (14) . y-las-capturó

אַשּׁוּר ׀ לָכִישָׁה ׀ לֵאמֹר ׀ חָטָאתִי שׁוּב מֵעָלַי אֵת אֲשֶׁר־

lo-que ** de-contra-mí vuelve he-pecado : a-decir a-Laquís Asiria

תִּתֵּן עָלַי אֶשָּׂא וַיָּשֶׂם מֶלֶךְ־ אַשּׁוּר עַל־ חִזְקִיָּה

Ezequías sobre Asiria (el)rey-de e-impuso soportaré sobre-mí pongas

מֶלֶךְ־ יְהוּדָה שְׁלֹשׁ מֵאוֹת כִּכַּר־ כֶּסֶף וּשְׁלֹשִׁים כִּכַּר זָהָב׃

. oro talentos-de y-treinta plata talentos-de cientos tres Judá rey-de

וַיִּתֵּן חִזְקִיָּה אֶת־ כָּל־ הַכֶּסֶף הַנִּמְצָא בֵית־

(en-el)templo-de la-que-se-encontraba la-plata toda ** Ezequías Y-dio (15)

יְהוָה וּבְאֹצְרוֹת בֵּית הַמֶּלֶךְ׃ בָּעֵת הַהִיא

el-aquel En-(el)tiempo (16) . el-rey (la)casa-de y-en-(los)tesoros-de Yahweh

קִצַּץ חִזְקִיָּה אֶת־ דַּלְתוֹת הֵיכַל יְהוָה וְאֶת־ הָאֹמְנוֹת

las-jambas y Yahweh (el)templo-de (las)puertas-de ** Ezequías deshizo

אֲשֶׁר צִפָּה חִזְקִיָּה מֶלֶךְ יְהוּדָה וַיִּתְּנֵם לְמֶלֶךְ אַשּׁוּר׃
. Asiria a-(el)rey-de y-las-dio Judá rey-de Ezequías había-revestido que

(17) וַיִּשְׁלַח מֶלֶךְ־אַשּׁוּר אֶת־תַּרְתָּן וְאֶת־רַב־סָרִיס ׀
saris Rab- y Tartán a Asiria (el)rey-de Y-envió (17)

וְאֶת־רַב־שָׁקֵה מִן־לָכִישׁ אֶל־הַמֶּלֶךְ חִזְקִיָּהוּ בְּחֵיל
con-ejército Ezequías el-rey a Laquís desde saces Rab- y

כָּבֵד יְרוּשָׁלִָם וַיַּעֲלוּ וַיָּבֹאוּ יְרוּשָׁלִַם וַיַּעֲלוּ
y-subieron (a)Jerusalén y-llegaron y-subieron (a)Jerusalén poderoso

וַיָּבֹאוּ וַיַּעַמְדוּ בִּתְעָלַת הַבְּרֵכָה הָעֶלְיוֹנָה אֲשֶׁר
que la-superior la-alberca en-acueducto-de y-se-quedaron y-llegaron

בִּמְסִלַּת שְׂדֵה כוֹבֵס׃ (18) וַיִּקְרְאוּ אֶל־הַמֶּלֶךְ
el-rey a Y-llamaron (18) . Batanero (el)campo-de en-(la)calzada-de

וַיֵּצֵא אֲלֵהֶם אֶלְיָקִים בֶּן־חִלְקִיָּהוּ אֲשֶׁר עַל־הַבָּיִת וְשֶׁבְנָה
y-Sebná la-casa sobre que Hilcías hijo-de Eliaquim a-ellos y-salió

הַסֹּפֵר וְיוֹאָח בֶּן־אָסָף הַמַּזְכִּיר׃ (19) וַיֹּאמֶר
Y-dijo (19) . el-canciller Asaf hijo-de y-Joá el-secretario

אֲלֵהֶם רַב־שָׁקֵה אִמְרוּ־נָא אֶל־חִזְקִיָּהוּ כֹּה־אָמַר
dice así : Ezequías a os-ruego decid : saces Rab- a-ellos

הַמֶּלֶךְ הַגָּדוֹל מֶלֶךְ אַשּׁוּר מָה הַבִּטָּחוֹן הַזֶּה אֲשֶׁר
que la-ésta la-confianza ¿qué : Asiria rey-de el-grande el-rey

בָּטָחְתָּ׃ (20) אָמַרְתָּ אַךְ־דְּבַר־שְׂפָתַיִם עֵצָה וּגְבוּרָה
y-valentía consejo labios palabra-de sólo Dices (20) ? tú-confías

לַמִּלְחָמָה עַתָּה עַל־מִי בָטַחְתָּ כִּי מָרַדְתָּ בִּי׃ (21) עַתָּה
Ahora (21) ? contra-mí te-has-rebelado que confías quién ¿en ahora para-la-guerra

הִנֵּה בָטַחְתָּ לְּךָ עַל־מִשְׁעֶנֶת הַקָּנֶה הָרָצוּץ
la-quebrada la-caña (el)báculo-de en para-ti has-confiado he-aquí-que

הַזֶּה עַל־מִצְרַיִם אֲשֶׁר יִסָּמֵךְ אִישׁ עָלָיו וּבָא בְכַפּוֹ

en-su-palma y-entra sobre-él hombre se-apoya que Egipto en la-ésa

וּנְקָבָהּ כֵּן פַּרְעֹה מֶלֶךְ־מִצְרַיִם לְכָל־הַבֹּטְחִים

los-que-confían para-todos Egipto rey-de Faraón así y-la-perfora

עָלָיו׃ וְכִי־תֹאמְרוּן אֵלַי אֶל־יְהוָה אֱלֹהֵינוּ בָּטָחְנוּ הֲלוֹא־הוּא

él ¿acaso-no confiamos nuestro-Dios Yahweh en : a-mí decís Y-si (22) . en-él

אֲשֶׁר הֵסִיר חִזְקִיָּהוּ אֶת־בָּמֹתָיו וְאֶת־מִזְבְּחֹתָיו וַיֹּאמֶר

y-dijo sus-altares y sus-lugares-altos ** Ezequías apartó quien

לִיהוּדָה וְלִירוּשָׁלַם לִפְנֵי הַמִּזְבֵּחַ הַזֶּה תִּשְׁתַּחֲווּ

os-postraréis el-este el-altar ante : y-a-Jerusalén a-Judá

בִּירוּשָׁלָם׃ וְעַתָּה הִתְעָרֶב נָא אֶת־אֲדֹנִי אֶת־מֶלֶךְ

(el)rey-de con mi-señor con te-ruego haz-una-apuesta Y-ahora (23) ? en-Jerusalén

אַשּׁוּר וְאֶתְּנָה לְךָ אַלְפַּיִם סוּסִים אִם־תּוּכַל לָתֶת

dar puedes si caballos dos-mil a-ti y-daré Asiria

לְךָ רֹכְבִים עֲלֵיהֶם׃ וְאֵיךְ תָּשִׁיב אֵת פְּנֵי

(el)rostro-de ** harás-volver ¿Y-cómo (24) . sobre-ellos quienes-cabalguen para-ti

פַּחַת אַחַד עַבְדֵי אֲדֹנִי הַקְּטַנִּים וַתִּבְטַח

y-confías los-pequeños mi-señor (los)siervos-de uno-de un-oficial-de

לְךָ עַל־מִצְרַיִם לְרֶכֶב וּלְפָרָשִׁים׃ עַתָּה הֲמִבַּלְעֲדֵי יְהוָה

Yahweh acaso-fuera-de ¿Ahora (25) ? y-jinetes por-carro Egipto en para-ti

עָלִיתִי עַל־הַמָּקוֹם הַזֶּה לְהַשְׁחִתוֹ יְהוָה אָמַר אֵלַי

: a-mí dijo Yahweh ? para-destruirlo el-este el-lugar contra he-subido

עֲלֵה עַל־הָאָרֶץ הַזֹּאת וְהַשְׁחִיתָהּ׃ וַיֹּאמֶר

Y-dijo (26) . y-destrúyela la-esta la-tierra contra sube

אֶלְיָקִים בֶּן־חִלְקִיָּהוּ וְשֶׁבְנָה וְיוֹאָח אֶל־רַב־שָׁקֵה

saces Rab- a y-Joá y-Sebná Hilcías hijo-de Eliaquim

דַּבֶּר־ נָא אֶל־ עֲבָדֶיךָ אֲרָמִית כִּי שֹׁמְעִים אֲנָחְנוּ וְאַל־

y-no nosotros entendemos pues arameo tus-siervos a te-ruego habla

תְּדַבֵּר עִמָּנוּ יְהוּדִית בְּאָזְנֵי הָעָם אֲשֶׁר עַל־הַחֹמָה׃ וַיֹּאמֶר

Y-dijo (27) . la-muralla sobre que el-pueblo a-oídos-de judío con-nosotros hables

אֲלֵיהֶם רַב־ שָׁקֵה הַעַל אֲדֹנֶיךָ וְאֵלֶיךָ שְׁלָחַנִי

me-ha-enviado y-a-ti tu-señor ¿acaso-a : saces Rab- a-ellos

אֲדֹנִי לְדַבֵּר אֶת־הַדְּבָרִים הָאֵלֶּה הֲלֹא עַל־הָאֲנָשִׁים הַיֹּשְׁבִים

los-sentados a-los-hombres acaso-no las-éstas las-cosas ** a-decir mi-señor

עַל־ הַחֹמָה לֶאֱכֹל אֶת־ חֲרֵיהֶם וְלִשְׁתּוֹת אֶת־ שֵׁינֵיהֶם

sus-orines ** y-para-beber sus-excrementos ** para-comer la-mura lla sobre

עִמָּכֶם׃ וַיַּעֲמֹד רַב־ שָׁקֵה וַיִּקְרָא בְקוֹל־

con-voz y-gritó saces Rab- Y-se-puso-en-pie (28) ? con-vosotros

גָּדוֹל יְהוּדִית וַיְדַבֵּר וַיֹּאמֶר שִׁמְעוּ דְּבַר־ הַמֶּלֶךְ הַגָּדוֹל מֶלֶךְ

rey-de el-grande el-rey palabra-de escuchad : y-dijo y-habló (en)judío fuerte

אַשּׁוּר׃ כֹּה אָמַר הַמֶּלֶךְ אַל־ יַשִּׁא לָכֶם חִזְקִיָּהוּ כִּי־

pues Ezequías a-vosotros engañe no : el-rey dice Así (29) . Asiria

לֹא יוּכַל לְהַצִּיל אֶתְכֶם מִיָּדוֹ׃ וְאַל־ יַבְטַח

haga-confiar No (30) . de-su-mano a-vosotros librar puede no

אֶתְכֶם חִזְקִיָּהוּ אֶל־ יְהוָה לֵאמֹר הַצֵּל יַצִּילֵנוּ יְהוָה וְלֹא

y-no Yahweh nos-librará librar : diciendo Yahweh en Ezequías a-vosotros

תִנָּתֵן אֶת־ הָעִיר הַזֹּאת בְּיַד מֶלֶךְ אַשּׁוּר׃

. Asiria (el)rey-de en-mano-de la-esta la-ciudad ** será-entregada

אַל־ תִּשְׁמְעוּ אֶל־חִזְקִיָּהוּ כִּי כֹה אָמַר מֶלֶךְ אַשּׁוּר עֲשׂוּ־

haced : Asiria (el)rey-de dice así pues Ezequías a escuchéis No (31)

אִתִּי בְרָכָה וּצְאוּ אֵלַי וְאִכְלוּ אִישׁ־ גַּפְנוֹ וְאִישׁ

y-hombre su-cepa hombre y-comed a-mí y-salid bendición conmigo

תְּאֵנָתוֹ וּשְׁתוּ אִישׁ מֵי־בוֹרוֹ׃ (32) עַד־בֹּאִי
llegar-yo Hasta (32) . su-pozo agua-de hombre y-bebed su-higuera

וְלָקַחְתִּי אֶתְכֶם אֶל־אֶרֶץ כְּאַרְצְכֶם אֶרֶץ דָּגָן וְתִירוֹשׁ אֶרֶץ
tierra-de y-mosto grano tierra-de como-vuestra-tierra tierra a a-vosotros y-cogeré

לֶחֶם וּכְרָמִים אֶרֶץ זֵית יִצְהָר וּדְבַשׁ וִחְיוּ וְלֹא
y-no y-viviréis y-miel aceite olivo-de tierra-de y-viñas pan

תָמֻתוּ וְאַל־תִּשְׁמְעוּ אֶל־חִזְקִיָּהוּ כִּי־יַסִּית אֶתְכֶם לֵאמֹר יְהוָה
: Yahweh diciendo a-vosotros incita pues Ezequías a escuchéis y-no moriréis

יַצִּילֵנוּ׃ (33) הַהַצֵּל הִצִּילוּ אֱלֹהֵי הַגּוֹיִם אִישׁ
hombre las-naciones (los)dioses-de libraron ¿Acaso-librar (33) . nos-librará

אֶת־אַרְצוֹ מִיַּד מֶלֶךְ אַשּׁוּר׃ (34) אַיֵּה אֱלֹהֵי חֲמָת
Hamat (los)dioses-de ¿Dónde (34) ? Asiria (el)rey-de de-mano-de su-país a

וְאַרְפָּד אַיֵּה אֱלֹהֵי סְפַרְוַיִם הֵנַע וְעִוָּה כִּי־הִצִּילוּ אֶת־
a libraron ¿pues ? e-Ivá Hená Sefarváyim (los)dioses-de ¿dónde ? y-Arfad

שֹׁמְרוֹן מִיָּדִי׃ (35) מִי בְּכָל־אֱלֹהֵי הָאֲרָצוֹת אֲשֶׁר־
que los-países (los)dioses-de entre-todos ¿Quién (35) ? de-mi-mano Samaria

הִצִּילוּ אֶת־אַרְצָם מִיָּדִי כִּי־יַצִּיל יְהוָה אֶת־
a Yahweh librará pues de-mi-mano su-país a librasen

יְרוּשָׁלַםִ מִיָּדִי׃ (36) וְהֶחֱרִישׁוּ הָעָם וְלֹא־
y-no el-pueblo Y-calló (36) ? de-mi-mano Jerusalén

עָנוּ אֹתוֹ דָּבָר כִּי־מִצְוַת הַמֶּלֶךְ הִיא לֵאמֹר לֹא תַעֲנֻהוּ׃
. le-respondáis no : diciendo ella el-rey orden-de pues palabra a-él contestaron

(37) וַיָּבֹא אֶלְיָקִים בֶּן־חִלְקִיָּה אֲשֶׁר־עַל־הַבַּיִת וְשֶׁבְנָא
y-Sebná la-casa sobre que Hilcías hijo-de Eliaquim Y-llegó (37)

הַסֹּפֵר וְיוֹאָח בֶּן־אָסָף הַמַּזְכִּיר אֶל־חִזְקִיָּהוּ
Ezequías a el-canciller Asaf hijo-de Joá el-secretario

קְרוּעֵי בְגָדִים וַיַּגִּדוּ לוֹ דִּבְרֵי רַב־
Rab- (las)palabras-de a-él e-informaron vestiduras rasgados-de

שָׁקֵה׃ וַיְהִי כִּשְׁמֹעַ הַמֶּלֶךְ חִזְקִיָּהוּ וַיִּקְרַע
Cap. 19 que-rasgó Ezequías el-rey al-escuchar Y-sucedió (1) . saces

אֶת־ בְּגָדָיו וַיִּתְכַּס בַּשָּׂק וַיָּבֹא
y-vino con-el-saco y-se-cubrió sus-vestiduras **

בֵּית יְהוָה׃ וַיִּשְׁלַח אֶת־אֶלְיָקִים אֲשֶׁר־עַל־הַבַּיִת וְשֶׁבְנָא
y-Sebná la-casa sobre el-que Eliaquim a Y-envió (2) . Yahweh (al)templo-de

הַסֹּפֵר וְאֵת זִקְנֵי הַכֹּהֲנִים מִתְכַּסִּים בַּשַּׂקִּים
con-los-sacos cubiertos los-sacerdotes (los)ancianos-de y-a el-secretario

אֶל־יְשַׁעְיָהוּ הַנָּבִיא בֶּן־ אָמוֹץ׃ וַיֹּאמְרוּ אֵלָיו כֹּה אָמַר
dice así : a-él Y-dijeron (3) . Amoz hijo-de el-profeta Isaías a

חִזְקִיָּהוּ יוֹם־ צָרָה וְתוֹכֵחָה וּנְאָצָה הַיּוֹם הַזֶּה כִּי
pues el-este el-día y-ultraje y-castigo angustia día-de : Ezequías

בָאוּ בָנִים עַד־ מַשְׁבֵּר וְכֹחַ אַיִן לְלֵדָה׃ אוּלַי
Quizás (4) . para-parir no-hay y-fuerza cuello-uterino hasta hijos han-llegado

יִשְׁמַע יְהוָה אֱלֹהֶיךָ אֵת ׀ כָּל־ דִּבְרֵי רַב־ שָׁקֵה
saces Rab- (las)palabras-de todas ** tu-Dios Yahweh escuche

אֲשֶׁר שְׁלָחוֹ מֶלֶךְ־ אַשּׁוּר ׀ אֲדֹנָיו לְחָרֵף אֱלֹהִים חַי
vivo Dios para-insultar su-señor Asiria (el)rey-de lo-ha-enviado que

וְהוֹכִיחַ בַּדְּבָרִים אֲשֶׁר שָׁמַע יְהוָה אֱלֹהֶיךָ וְנָשָׂאתָ
y-tú-eleves tu-Dios Yahweh ha-escuchado que por-las-palabras y-reprenda

תְפִלָּה בְּעַד הַשְּׁאֵרִית הַנִּמְצָאָה׃ וַיָּבֹאוּ עַבְדֵי
siervos-de Y-vinieron (5) . el-que-queda el-resto a-favor-de plegaria

הַמֶּלֶךְ חִזְקִיָּהוּ אֶל־ יְשַׁעְיָהוּ׃ וַיֹּאמֶר לָהֶם יְשַׁעְיָהוּ כֹּה תֹאמְרוּן
diréis así : Isaías a-ellos Y-dijo (6) . Isaías a Ezequías el-rey

אֶל־ אֲדֹנֵיכֶם כֹּה ׀ אָמַר יְהוָה אַל־ תִּירָא מִפְּנֵי הַדְּבָרִים
las-palabras ante temas no : Yahweh dice así : vuestro-señor a

אֲשֶׁר שָׁמַעְתָּ אֲשֶׁר גִּדְּפוּ נַעֲרֵי מֶלֶךְ־ אַשּׁוּר אֹתִי׃
. a-mí Asiria (el)rey-de (los)siervos-de han-blasfemado pues has-escuchado que

הִנְנִי נֹתֵן בּוֹ רוּחַ וְשָׁמַע שְׁמוּעָה וְשָׁב
y-volverá noticia y-escuchará espíritu a-él doy He-aquí-que-yo (7)

לְאַרְצוֹ וְהִפַּלְתִּיו בַּחֶרֶב בְּאַרְצוֹ׃
. en-su-país por-espada y-lo-haré-caer a-su-país

וַיָּשָׁב רַב־ שָׁקֵה וַיִּמְצָא אֶת־ מֶלֶךְ
(el)rey-de a y-encontró saces Rab- Y-volvió (8)

אַשּׁוּר נִלְחָם עַל־ לִבְנָה כִּי שָׁמַע כִּי נָסַע מִלָּכִישׁ׃
. de-Laquís se-había-ido que había-oído pues Libná contra luchando Asiria

וַיִּשְׁמַע אֶל־תִּרְהָקָה מֶלֶךְ־ כּוּשׁ לֵאמֹר הִנֵּה יָצָא
ha-salido he-aquí-que : diciendo Kus rey-de Tirhacá acerca-de Y-había-escuchado (9)

לְהִלָּחֵם אִתָּךְ וַיָּשָׁב וַיִּשְׁלַח מַלְאָכִים אֶל־ חִזְקִיָּהוּ
Ezequías a mensajeros y-envió y-volvió contra-ti a-combatir

לֵאמֹר׃ כֹּה תֹאמְרוּן אֶל־ חִזְקִיָּהוּ מֶלֶךְ־ יְהוּדָה לֵאמֹר אַל־
no : diciendo Judá rey-de Ezequías a diréis Así (10) : a-decir

יַשִּׁאֲךָ אֱלֹהֶיךָ אֲשֶׁר אַתָּה בֹּטֵחַ בּוֹ לֵאמֹר לֹא
no : diciendo en-él confías tú que tu-Dios te-engañe

תִנָּתֵן יְרוּשָׁלַםִ בְּיַד מֶלֶךְ אַשּׁוּר׃ הִנֵּה ׀ אַתָּה שָׁמַעְתָּ
has-escuchado tú He-aquí-que (11) . Asiria (el)rey-de en-mano-de Jerusalén será-entregada

אֵת אֲשֶׁר עָשׂוּ מַלְכֵי אַשּׁוּר לְכָל־ הָאֲרָצוֹת לְהַחֲרִימָם
consagrándolos-al-anatema los-países a-todos Asiria (los)reyes-de hicieron lo-que **

וְאַתָּה תִּנָּצֵל׃ הַהִצִּילוּ אֹתָם אֱלֹהֵי הַגּוֹיִם
las-naciones (los)dioses-de a-ellos ¿Acaso-libraron (12) ? te-vas-a-salvar ¿y-tú

אֲשֶׁר שִׁחֲתוּ אֲבוֹתַי אֶת־גּוֹזָן וְאֶת־חָרָן וְרֶצֶף וּבְנֵי־

y-(los)hijos-de y-Résef Harán y Gozán ** mis-padres destruyeron que

עֶדֶן אֲשֶׁר בִּתְלַאשָּׂר׃ אַיּוֹ מֶלֶךְ־חֲמָת וּמֶלֶךְ אַרְפָּד

Arpad y-(el)rey-de Hamat (el)rey-de ¿Dónde-él (13) ? en-Telasar que Edén

וּמֶלֶךְ לָעִיר סְפַרְוָיִם הֵנַע וְעִוָּה׃ וַיִּקַּח חִזְקִיָּהוּ

Ezequías Y-cogió (14) . e-Ivá Hená Sefarváyim de-la-ciudad-de y-(el)rey

אֶת־הַסְּפָרִים מִיַּד הַמַּלְאָכִים וַיִּקְרָאֵם וַיַּעַל

y-subió y-las-leyó los-mensajeros de-mano-de las-cartas **

בֵּית יְהוָה וַיִּפְרְשֵׂהוּ חִזְקִיָּהוּ לִפְנֵי יְהוָה׃

. Yahweh ante Ezequías y-lo-desplegó Yahweh (al)templo-de

וַיִּתְפַּלֵּל חִזְקִיָּהוּ לִפְנֵי יְהוָה וַיֹּאמַר יְהוָה אֱלֹהֵי יִשְׂרָאֵל

Israel Dios-de Yahweh : y-dijo Yahweh ante Ezequías Y-oró (15)

יֹשֵׁב הַכְּרֻבִים אַתָּה־הוּא הָאֱלֹהִים לְבַדְּךָ לְכֹל

para-todos tú-sólo el-Dios él tú los-querubines que-te-sientas-sobre

מַמְלְכוֹת הָאָרֶץ אַתָּה עָשִׂיתָ אֶת־הַשָּׁמַיִם וְאֶת־הָאָרֶץ׃ הַטֵּה

Inclina (16) . la-tierra y el-cielo ** hiciste tú la-tierra (los)reinos-de

יְהוָה ׀ אָזְנְךָ וּשְׁמָע פְּקַח יְהוָה עֵינֶיךָ וּרְאֵה וּשְׁמַע

y-escucha y-mira tus-ojos Yahweh abre y-escucha tu-oído Yahweh

אֵת דִּבְרֵי סַנְחֵרִיב אֲשֶׁר שְׁלָחוֹ לְחָרֵף אֱלֹהִים חָי׃ אָמְנָם

Ciertamente (17) . vivo Dios para-insultar lo-arrojó que Senaquerib (las)palabras-de **

יְהוָה הֶחֱרִיבוּ מַלְכֵי אַשּׁוּר אֶת־הַגּוֹיִם וְאֶת־אַרְצָם׃

. su-país y las-naciones ** Asiria (los)reyes-de han-devastado Yahweh

וְנָתְנוּ אֶת־אֱלֹהֵיהֶם בָּאֵשׁ כִּי לֹא אֱלֹהִים הֵמָּה כִּי

si- ellos dioses no pues en-fuego sus-dioses ** Y-pusieron (18)

אִם־מַעֲשֵׂה יְדֵי־אָדָם עֵץ וָאֶבֶן וַיְאַבְּדוּם׃ וְעַתָּה

Y-ahora (19) . y-los-han-destruido y-piedra madera hombres manos-de obra-de no

יְהוָה אֱלֹהֵינוּ הוֹשִׁיעֵנוּ נָא מִיָּדוֹ וְיֵדְעוּ כָּל־
todos y-sepan de-su-mano te-ruego sálvanos Dios-nuestro Yahweh

מַמְלְכוֹת הָאָרֶץ כִּי אַתָּה יְהוָה אֱלֹהִים לְבַדֶּךָ׃ וַיִּשְׁלַח
Y-envió (20) . tú-solo Dios Yahweh tú que la-tierra (los)reinos-de

יְשַׁעְיָהוּ בֶן־אָמוֹץ אֶל־חִזְקִיָּהוּ לֵאמֹר כֹּה־אָמַר יְהוָה אֱלֹהֵי יִשְׂרָאֵל
Israel Dios-de Yahweh dice así : diciendo Ezequías a Amoz hijo-de Isaías

אֲשֶׁר הִתְפַּלַּלְתָּ אֵלַי אֶל־סַנְחֵרִב מֶלֶךְ־אַשּׁוּר שָׁמָעְתִּי׃ זֶה
Ésta (21) . he-escuchado Asiria rey-de Senaquerib sobre a-mí has-orado que

הַדָּבָר אֲשֶׁר־דִּבֶּר יְהוָה עָלָיו בָּזָה לְךָ לָעֲגָה
se-mofa a-ti desprecia : sobre-él Yahweh dice que la-palabra

לְךָ בְּתוּלַת בַּת־צִיּוֹן אַחֲרֶיךָ רֹאשׁ הֵנִיעָה בַּת
(la)hija-de menea cabeza tras-de-ti Sión hija-de virgen-de de-ti

יְרוּשָׁלִָם׃ אֶת־מִי חֵרַפְתָּ וְגִדַּפְתָּ וְעַל־מִי
quién y-contra y-blasfemas insultas quién ¿A (22) . Jerusalén

הֲרִימוֹתָ קּוֹל וַתִּשָּׂא מָרוֹם עֵינֶיךָ עַל־קְדוֹשׁ יִשְׂרָאֵל׃
. Israel (el)Santo-de contra ? tus-ojos arriba y-has-alzado voz has-levantado

בְּיַד מַלְאָכֶיךָ חֵרַפְתָּ אֲדֹנָי וַתֹּאמֶר בְּרֹכֶב
con-multitud-de : y-has-dicho (al)Señor has-insultado tus-mensajeros Por-mano-de (23)

רִכְבִּי אֲנִי עָלִיתִי מְרוֹם הָרִים יַרְכְּתֵי לְבָנוֹן
Líbano y-extremos-de montañas (a-lo)alto-de he-subido yo mis-carros

וְאֶכְרֹת קוֹמַת אֲרָזָיו מִבְחוֹר בְּרֹשָׁיו
sus-cipreses lo-selecto-de sus-cedros (la)altura-de y-he-talado

וְאָבוֹאָה מְלוֹן קִצֹּה יַעַר כַּרְמִלּוֹ׃
. su-vergel (el)bosque-de su-extremo (en-el)refugio-de y-he-entrado

אֲנִי קַרְתִּי וְשָׁתִיתִי מַיִם זָרִים וְאַחְרִב
y-he-secado extranjeras aguas y-bebido he-cavado Yo (24)

בְּכַף־ פְּעָמַי כֹּל יְאֹרֵי מָצוֹר׃ הֲלֹא־ שָׁמַעְתָּ

has-oído ¿Acaso-no (25) . Egipto (los)canales-de todos mi-pie con-(la)planta-de

לְמֵרָחוֹק אֹתָהּ עָשִׂיתִי לְמִימֵי קֶדֶם וִיצַרְתִּיהָ

? y-le-di-forma antiguo de-desde-(los)días-de he-hecho ello de-desde-lejos

עַתָּה הֲבֵאתִיהָ וּתְהִי לַהְשׁוֹת גַּלִּים נִצִּים

ruinosos montones para-destruir y-será lo-traigo ahora

עָרִים בְּצֻרוֹת׃ וְיֹשְׁבֵיהֶן קִצְרֵי־

cortos-de Y-sus-habitantes (26) . fortificadas ciudades

יָד חַתּוּ וַיֵּבֹשׁוּ הָיוּ עֵשֶׂב שָׂדֶה

campo hierba-de son y-se-avergüenzan han-quedado-abatidos mano

וִירַק דֶּשֶׁא חֲצִיר גַּגּוֹת וּשְׁדֵפָה לִפְנֵי קָמָה׃

. levantase antes-que y-mies-seca tejados junco-de césped y-verdor-de

וְשִׁבְתְּךָ וְצֵאתְךָ וּבֹאֲךָ יָדָעְתִּי וְאֵת הִתְרַגֶּזְךָ

tu-enfurecerte y conozco y-tu-entrar y-tu-salir Y-tu-habitar (27)

אֵלָי׃ יַעַן הִתְרַגֶּזְךָ אֵלַי וְשַׁאֲנַנְךָ

y-tu-arrogancia contra-mí te-has-enfurecido Ya-que (28) . contra-mí

עָלָה בְאָזְנָי וְשַׂמְתִּי חַחִי בְּאַפֶּךָ

en-tu-nariz mi-anillo y-pondré a-mis-oídos ha-subido

וּמִתְגִּי בִּשְׂפָתֶיךָ וַהֲשִׁבֹתִיךָ בַּדֶּרֶךְ אֲשֶׁר־

que por-camino y-te-haré-volver en-tus-labios y-mi-freno

בָּאתָ בָּהּ׃ וְזֶה־ לְּךָ הָאוֹת אָכוֹל הַשָּׁנָה סָפִיחַ

renadío este-año comer : la-señal para-ti Y-esto (29) . por-él viniste

וּבַשָּׁנָה הַשֵּׁנִית סָחִישׁ וּבַשָּׁנָה הַשְּׁלִישִׁית זִרְעוּ

sembrad el-tercero y-en-el-año brote-espontáneo el-segundo y-en-el-año

וְקִצְרוּ וְנִטְעוּ כְרָמִים וְאִכְלוּ פִּרְיָם׃ וְיָסְפָה

Y-volverá (30) . sus-frutos y-comed viñas y-plantad y-segad

פְּלֵיטַת בֵּית־ יְהוּדָה הַנִּשְׁאָרָה שֹׁרֶשׁ לְמָטָּה וְעָשָׂה
y-hará por-abajo raíz el-que-quede Judá (la)casa-de (el)remanen te-de

פְרִי לְמָעְלָה׃ כִּי מִירוּשָׁלַםִ תֵּצֵא שְׁאֵרִית וּפְלֵיטָה
y-remanente un-resto saldrá de-Jerusalén Pues (31) . por-arriba fruto

מֵהַר צִיּוֹן קִנְאַת יְהוָה תַּעֲשֶׂה־ זֹּאת׃ לָכֵן
Por-esto (32) . así hará Yahweh (el)celo-de Sión de-(el)monte

כֹּה־ אָמַר יְהוָה אֶל־ מֶלֶךְ אַשּׁוּר לֹא יָבֹא אֶל־ הָעִיר
la-ciudad a entrará no : Asiria (el)rey-de sobre Yahweh dice así

הַזֹּאת וְלֹא־ יוֹרֶה שָׁם חֵץ וְלֹא־ יְקַדְּמֶנָּה
la-haré-frente y-no flecha allí tirará y-no la-esta

מָגֵן וְלֹא־ יִשְׁפֹּךְ עָלֶיהָ סֹלְלָה׃ בַּדֶּרֶךְ אֲשֶׁר־
que Por-el-camino (33) . terraplén contra-ella acumulará y-no escudo

יָבֹא בָּהּ יָשׁוּב וְאֶל־ הָעִיר הַזֹּאת לֹא יָבֹא
entrará no la-esta la-ciudad y-a volverá por-él vino

נְאֻם־ יְהוָה׃ וְגַנּוֹתִי אֶל־ הָעִיר הַזֹּאת
la-esta la-ciudad a Y-yo-protegeré (34) . Yahweh oráculo-de

לְהוֹשִׁיעָהּ לְמַעֲנִי וּלְמַעַן דָּוִד עַבְדִּי׃ וַיְהִי
Y-sucedió (35) . mi-siervo David y-a-causa-de a-causa-mía para-salvarla

בַּלַּיְלָה הַהוּא וַיֵּצֵא ׀ מַלְאַךְ יְהוָה וַיַּךְ
e-hirió Yahweh (el)ángel-de que-salió la-aquella en-la-noche

בְּמַחֲנֵה אַשּׁוּר מֵאָה שְׁמוֹנִים וַחֲמִשָּׁה אָלֶף וַיַּשְׁכִּימוּ
y-madrugaron mil y-cinco ochenta cien Asiria en-campamen to-de

בַבֹּקֶר וְהִנֵּה כֻלָּם פְּגָרִים מֵתִים׃
. muertos cadáveres todos-ellos y-he-aquí-que por-la-mañana

וַיִּסַּע וַיֵּלֶךְ וַיָּשָׁב סַנְחֵרִיב מֶלֶךְ־
rey-de Senaquerib y-volvió y-se-fue Y-partió (36)

אַשּׁוּר וַיֵּשֶׁב בְּנִינְוֵה׃ וַיְהִי הוּא מִשְׁתַּחֲוֶה בֵּית
(en-el)templo-de postrándose él Y-sucedió (37) . en-Nínive y-habitó Asiria

נִסְרֹךְ אֱלֹהָיו וְאַדְרַמֶּלֶךְ וְשַׂרְאֶצֶר הִכֻּהוּ
lo-hirieron y-Sarézer y-Adramélec su-dios Nisroc

בַחֶרֶב וְהֵמָּה נִמְלְטוּ אֶרֶץ אֲרָרָט וַיִּמְלֹךְ
y-reinó Ararat (al)país-de se-escaparon y-ellos con-(la)espada

אֵסַר־חַדֹּן בְּנוֹ תַּחְתָּיו׃ בַּיָּמִים הָהֵם
Cap. 20 los-aquellos En-los-días (1) . en-su-lugar su-hijo hadón Esar-

חָלָה חִזְקִיָּהוּ לָמוּת וַיָּבֹא אֵלָיו יְשַׁעְיָהוּ בֶן־אָמוֹץ
Amoz hijo-de Isaías a-él y-llegó para-morir Ezequías enfermó

הַנָּבִיא וַיֹּאמֶר אֵלָיו כֹּה־אָמַר יְהוָה צַו
ordena : Yahweh dice así : a-él y-dijo el-profeta

לְבֵיתֶךָ כִּי מֵת אַתָּה וְלֹא תִחְיֶה׃ וַיַּסֵּב
Y-él-volvió (2) . vivirás y-no tú vas-a-morir pues sobre-tu-casa

אֶת־פָּנָיו אֶל־הַקִּיר וַיִּתְפַּלֵּל אֶל־יְהוָה לֵאמֹר׃ אָנָּה יְהוָה
Yahweh Ay (3) : diciendo Yahweh a y-oró la-pared hacia su-rostro **

זְכָר־נָא אֵת אֲשֶׁר הִתְהַלַּכְתִּי לְפָנֶיךָ בֶּאֱמֶת וּבְלֵבָב שָׁלֵם
íntegro y-con-corazón en-verdad ante-ti he-caminado que ** te-ruego recuerda

וְהַטּוֹב בְּעֵינֶיךָ עָשִׂיתִי וַיֵּבְךְּ חִזְקִיָּהוּ בְּכִי גָדוֹל׃
. grande llanto Ezequías y-lloró he-hecho a-tus-ojos y-lo-bueno

וַיְהִי יְשַׁעְיָהוּ לֹא יָצָא הָעִיר הַתִּיכֹנָה וּדְבַר־יְהוָה
Yahweh y-palabra-de la-interior (de)la-ciudad había-salido no Isaías Y-sucedió (4)

הָיָה אֵלָיו לֵאמֹר׃ שׁוּב וְאָמַרְתָּ אֶל־חִזְקִיָּהוּ נְגִיד־
caudillo-de Ezequías a y-dirás Vuelve (5) : diciendo a-él sobrevino

עַמִּי כֹּה־אָמַר יְהוָה אֱלֹהֵי דָּוִד אָבִיךָ שָׁמַעְתִּי אֶת־
** he-escuchado : tu-padre David Dios-de Yahweh dice así : mi-pueblo

תְּפִלָּתֶךָ רָאִיתִי אֶת־ דִּמְעָתֶךָ הִנְנִי רֹפֶא לָךְ בַּיּוֹם

en-el-día a-ti curo he-aquí-que-yo tus-lágrimas ** he-mirado tu-oración

הַשְּׁלִישִׁי תַּעֲלֶה בֵּית יְהוָה׃ וְהֹסַפְתִּי עַל־ יָמֶיךָ

tus-días a Y-añadiré (6) . Yahweh (al)templo-de subirás el-tercero

חֲמֵשׁ עֶשְׂרֵה שָׁנָה וּמִכַּף מֶלֶךְ־ אַשּׁוּר אַצִּילְךָ וְאֵת

y-a libraré-a-ti Asiria (el)rey-de y-de-(la)palma-de años quince

הָעִיר הַזֹּאת וְגַנּוֹתִי עַל־ הָעִיר הַזֹּאת לְמַעֲנִי

a-causa-de-mí la-esta la-ciudad sobre y-protegeré la-esta la-ciudad

וּלְמַעַן דָּוִד עַבְדִּי׃ וַיֹּאמֶר יְשַׁעְיָהוּ קְחוּ

coged : Isaías Y-dijo (7) . mi-siervo David y-a-causa-de

דְּבֶלֶת תְּאֵנִים וַיִּקְחוּ וַיָּשִׂימוּ עַל־ הַשְּׁחִין

la-úlcera sobre y-pusieron y-cogieron higos torta-de

וַיֶּחִי׃ וַיֹּאמֶר חִזְקִיָּהוּ אֶל־ יְשַׁעְיָהוּ מָה אוֹת כִּי־

que señal ¿cuál : Isaías a Ezequías Y-dijo (8) . y-él-vivió

יִרְפָּא יְהוָה לִי וְעָלִיתִי בַּיּוֹם הַשְּׁלִישִׁי בֵּית

(al)templo-de el-tercero en-el-día y-podré-subir a-mí Yahweh ha-de-curar

יְהוָה׃ וַיֹּאמֶר יְשַׁעְיָהוּ זֶה־ לְּךָ הָאוֹת מֵאֵת יְהוָה כִּי

que Yahweh de-con la-señal para-ti esto : Isaías Y-dijo (9) ? Yahweh

יַעֲשֶׂה יְהוָה אֶת־ הַדָּבָר אֲשֶׁר דִּבֵּר הָלַךְ

¿irá : ha-dicho que la-cosa ** Yahweh hará

הַצֵּל עֶשֶׂר מַעֲלוֹת אִם־ יָשׁוּב עֶשֶׂר מַעֲלוֹת׃ וַיֹּאמֶר יְחִזְקִיָּהוּ

: Ezequías Y-dijo (10) ? grados diez retrocederá o grados diez la-sombra

נָקֵל לַצֵּל לִנְטוֹת עֶשֶׂר מַעֲלוֹת לֹא כִּי יָשׁוּב

retroceda ciertamente no grados diez inclinarse a-la-sombra es-fácil

הַצֵּל אֲחֹרַנִּית עֶשֶׂר מַעֲלוֹת׃ וַיִּקְרָא יְשַׁעְיָהוּ הַנָּבִיא אֶל־

a el-profeta Isaías Y-clamó (11) . grados diez hacia-atrás la-sombra

יְהוָה וַיָּשֶׁב אֶת־ הַצֵּל בַּמַּעֲלוֹת אֲשֶׁר יָרְדָה
había-bajado que por-los-grados la-sombra ** y-retrocedió Yahweh

בְּמַעֲלוֹת אָחָז אֲחֹרַנִּית עֶשֶׂר מַעֲלוֹת׃ בָּעֵת הַהִיא שָׁלַח
envió el-aquel En-el-tiempo (12) . grados diez hacia-atrás Acaz en-los-gra dos-de

בְּרֹאדַךְ בַּלְאֲדָן בֶּן־ בַּלְאֲדָן מֶלֶךְ־ בָּבֶל סְפָרִים וּמִנְחָה אֶל־ חִזְקִיָּהוּ
Ezequías a y-ofrenda cartas Babilonia rey-de Baladán hijo-de baladán Merodac-

כִּי שָׁמַע כִּי חָלָה חִזְקִיָּהוּ׃ וַיִּשְׁמַע עֲלֵיהֶם
a-ellos Y-oyó (13) . Ezequías había-estado-enfermo que había-oído pues

חִזְקִיָּהוּ וַיַּרְאֵם אֶת־ כָּל־ בֵּית נְכֹתֹה אֶת־ הַכֶּסֶף
la-plata ** su-tesoro (la)casa-de toda ** y-les-hizo-ver Ezequías

וְאֶת־ הַזָּהָב וְאֶת־ הַבְּשָׂמִים וְאֵת ׀ שֶׁמֶן הַטּוֹב וְאֵת בֵּית כֵּלָיו
sus-armas (la)casa-de y el-bueno (el)aceite-de y los-aromas y el-oro y

וְאֵת כָּל־ אֲשֶׁר נִמְצָא בְּאוֹצְרֹתָיו לֹא־ הָיָה דָבָר אֲשֶׁר לֹא־
no que cosa hubo no en-sus-tesoros se-encontraba lo-que todo y

הֶרְאָם חִזְקִיָּהוּ בְּבֵיתוֹ וּבְכָל־ מֶמְשַׁלְתּוֹ׃
. su-dominio y-en-todo en-su-casa Ezequías les-hiciese-ver

וַיָּבֹא יְשַׁעְיָהוּ הַנָּבִיא אֶל־ הַמֶּלֶךְ חִזְקִיָּהוּ וַיֹּאמֶר
y-dijo Ezequías el-rey a el-profeta Isaías Y-vino (14)

אֵלָיו מָה אָמְרוּ ׀ הָאֲנָשִׁים הָאֵלֶּה וּמֵאַיִן יָבֹאוּ אֵלֶיךָ
? a-ti venían y-de-dónde los-esos los-hombres han-dicho ¿qué : a-él

וַיֹּאמֶר חִזְקִיָּהוּ מֵאֶרֶץ רְחוֹקָה בָּאוּ מִבָּבֶל׃
. de-Babilonia han-venido lejana de-tierra : Ezequías y-dijo

וַיֹּאמֶר מָה רָאוּ בְּבֵיתֶךָ וַיֹּאמֶר חִזְקִיָּהוּ אֵת
** : Ezequías y-dijo ? en-tu-casa han-visto ¿qué : Y-dijo (15)

כָּל־אֲשֶׁר בְּבֵיתִי רָאוּ לֹא־ הָיָה דָבָר אֲשֶׁר לֹא־ הִרְאִיתִם
les-haya-mostrado no que cosa ha-habido no han-visto en-mi-casa lo-que todo

בְּאוֹצְרֹתָי׃ וַיֹּאמֶר יְשַׁעְיָהוּ אֶל־חִזְקִיָּהוּ שְׁמַע דְּבַר־

(la)palabra-de escucha : Ezequías a Isaías Y-dijo (16) . en-mis-tesoros

יְהוָה׃ הִנֵּה יָמִים בָּאִים וְנִשָּׂא ׀ כָּל־אֲשֶׁר

lo-que todo y-será-llevado vienen días He-aquí-que (17) . Yahweh

בְּבֵיתֶךָ וַאֲשֶׁר אָצְרוּ אֲבֹתֶיךָ עַד־הַיּוֹם הַזֶּה

el-éste el-día hasta tus-padres atesoraron y-(lo)que en-tu-casa

בָּבֶלָה לֹא־יִוָּתֵר דָּבָר אָמַר יְהוָה׃ וּמִבָּנֶיךָ

Y-de-tus-hijos (18) . Yahweh dice cosa se-quedará no a-Babilonia

אֲשֶׁר יֵצְאוּ מִמְּךָ אֲשֶׁר תּוֹלִיד יִקָּח

tomarán engendraste que de-ti salieron que

וְהָיוּ סָרִיסִים בְּהֵיכַל מֶלֶךְ בָּבֶל׃ וַיֹּאמֶר

Y-dijo (19) . Babilonia (el)rey-de en-(el)palacio-de eunucos y-serán

חִזְקִיָּהוּ אֶל־יְשַׁעְיָהוּ טוֹב דְּבַר־יְהוָה אֲשֶׁר דִּבַּרְתָּ וַיֹּאמֶר הֲלוֹא

¿acaso-no : y-dijo tú-has-dicho que Yahweh (la)palabra-de buena : Isaías a Ezequías

אִם־שָׁלוֹם וֶאֱמֶת יִהְיֶה בְיָמָי׃ וְיֶתֶר דִּבְרֵי

(los)hechos-de Y-(el)resto-de (20) ? en-mis-días habrá y-seguridad paz que

חִזְקִיָּהוּ וְכָל־גְּבוּרָתוֹ וַאֲשֶׁר עָשָׂה אֶת־הַבְּרֵכָה וְאֶת־

y la-alberca ** hizo y-que su-poderío y-todo Ezequías

הַתְּעָלָה וַיָּבֵא אֶת־הַמַּיִם הָעִירָה הֲלֹא־הֵם

ellos ¿acaso-no a-la-ciudad el-agua ** y-trajo el-canal

כְּתוּבִים עַל־סֵפֶר דִּבְרֵי הַיָּמִים לְמַלְכֵי יְהוּדָה׃

? Judá de-(los)reyes-de los-días (los)hechos-de (el)libro-de en escritos

וַיִּשְׁכַּב חִזְקִיָּהוּ עִם־אֲבֹתָיו וַיִּמְלֹךְ מְנַשֶּׁה

Manasés y-reinó sus-padres con Ezequías Y-se-acostó (21)

בְּנוֹ תַּחְתָּיו׃ בֶּן־שְׁתֵּים עֶשְׂרֵה שָׁנָה מְנַשֶּׁה

Manasés años doce Hijo-de (1) . en-su-lugar su-hijo **Cap. 21**

בְּמָלְכוֹ וַחֲמִשִּׁים וְחָמֵשׁ שָׁנָה מָלַךְ בִּירוּשָׁלִָם
en-Jerusalén reinó años y-cinco y-cincuenta al-empezar-él-a-reinar

וְשֵׁם אִמּוֹ חֶפְצִי־ בָהּ׃ (2) וַיַּעַשׂ הָרַע בְּעֵינֵי
a-ojos-de lo-malo Y-obró (2) . Hepsiba su-madre y-(el)nombre-de

יְהוָה כְּתוֹעֲבֹת הַגּוֹיִם אֲשֶׁר הוֹרִישׁ יְהוָה
Yahweh había-expulsado que las-naciones según-abominaciones-de Yahweh

מִפְּנֵי בְּנֵי יִשְׂרָאֵל׃ (3) וַיָּשָׁב וַיִּבֶן אֶת־
** y-edificó Y-volvió (3) . Israel (los)hijos-de de-ante

הַבָּמוֹת אֲשֶׁר אִבַּד חִזְקִיָּהוּ אָבִיו וַיָּקֶם
y-erigió su-padre Ezequías había-destruido que los-lugares-altos

מִזְבְּחֹת לַבַּעַל וַיַּעַשׂ אֲשֵׁרָה כַּאֲשֶׁר עָשָׂה אַחְאָב מֶלֶךְ
rey-de Acab había-hecho como Aserá e-hizo al-Baal altares

יִשְׂרָאֵל וַיִּשְׁתַּחוּ לְכָל־ צְבָא הַשָּׁמַיִם וַיַּעֲבֹד אֹתָם׃
. a-ellos y-sirvió los-cielos (el)ejército-de a-todo y-se-postró Israel

וּבָנָה מִזְבְּחֹת בְּבֵית יְהוָה אֲשֶׁר אָמַר יְהוָה בִּירוּשָׁלִַם
en-Jerusalén : Yahweh había-dicho que Yahweh en-(el)templo-de altares Y-construyó (4)

אָשִׂים אֶת־ שְׁמִי׃ (5) וַיִּבֶן מִזְבְּחוֹת לְכָל־ צְבָא
(el)ejército-de para-todo altares Y-construyó (5) . mi-nombre ** pondré

הַשָּׁמַיִם בִּשְׁתֵּי חַצְרוֹת בֵּית־ יְהוָה׃ (6) וְהֶעֱבִיר אֶת־
a E-hizo-pasar (6) . Yahweh (el)templo-de los-atrios-de en-(los)dos los-cielos

בְּנוֹ בָּאֵשׁ וְעוֹנֵן וְנִחֵשׁ
y-hacía-sortilegios y-practicaba-magia por-el-fuego su-hijo

וְעָשָׂה אוֹב וְיִדְּעֹנִים הִרְבָּה לַעֲשׂוֹת הָרַע בְּעֵינֵי
a-ojos-de lo-malo hacer multiplicó y-adivinos nigromantes e-hizo

יְהוָה לְהַכְעִיס׃ (7) וַיָּשֶׂם אֶת־ פֶּסֶל הָאֲשֵׁרָה
la-Aserá (el)ídolo-de ** Y-puso (7) . para-irritar Yahweh

אֲשֶׁר עָשָׂה בַּבַּיִת אֲשֶׁר אָמַר יְהוָה אֶל־דָּוִד וְאֶל־שְׁלֹמֹה
Salomón y-a David a Yahweh había-dicho que en-(el)templo había-hecho que

בְנוֹ בַּבַּיִת הַזֶּה וּבִירוּשָׁלִַם אֲשֶׁר בָּחַרְתִּי מִכֹּל
de-todas escogí que y-en-Jerusalén la-esta en-la-casa : su-hijo

שִׁבְטֵי יִשְׂרָאֵל אָשִׂים אֶת־שְׁמִי לְעוֹלָם׃ וְלֹא
Y-no (8) . por-siempre mi-nombre ** pondré Israel (las)tribus-de

אֹסִיף לְהָנִיד רֶגֶל יִשְׂרָאֵל מִן־הָאֲדָמָה אֲשֶׁר נָתַתִּי
di que la-tierra de Israel (el)pie-de a-apartar volveré

לַאֲבוֹתָם רַק אִם־יִשְׁמְרוּ לַעֲשׂוֹת כְּכֹל אֲשֶׁר צִוִּיתִים
les-he-ordenado lo-que según-todo obrar guardáis si sólo a-vuestros-padres

וּלְכָל־הַתּוֹרָה אֲשֶׁר־צִוָּה אֹתָם עַבְדִּי מֹשֶׁה׃ וְלֹא
Y-no (9) . Moisés mi-siervo a-ellos ordenó que la-ley y-según-toda

שָׁמֵעוּ וַיַּתְעֵם מְנַשֶּׁה לַעֲשׂוֹת אֶת־הָרָע מִן־
más-que el-mal ** a-hacer Manasés y-los-extravió escucharon

הַגּוֹיִם אֲשֶׁר הִשְׁמִיד יְהוָה מִפְּנֵי בְּנֵי יִשְׂרָאֵל׃
. Israel (los)hijos-de de-ante Yahweh había-destruido que las-naciones

וַיְדַבֵּר יְהוָה בְּיַד־עֲבָדָיו הַנְּבִיאִים לֵאמֹר׃
: diciendo los-profetas sus-siervos por-mano-de Yahweh Y-habló (10)

יַעַן אֲשֶׁר עָשָׂה מְנַשֶּׁה מֶלֶךְ־יְהוּדָה הַתֹּעֵבוֹת
las-abominaciones Judá rey-de Manasés ha-hecho que A-causa-de (11)

הָאֵלֶּה הֵרַע מִכֹּל אֲשֶׁר־עָשׂוּ הָאֱמֹרִי אֲשֶׁר לְפָנָיו
ante-él que el-amorreo hicieron lo-que más-que-todo ha-obrado-mal las-estas

וַיַּחֲטִא גַם־אֶת־יְהוּדָה בְּגִלּוּלָיו׃ לָכֵן כֹּה־
así Por-esto (12) . con-sus-ídolos Judá a también e-hizo-pecar

אָמַר יְהוָה אֱלֹהֵי יִשְׂרָאֵל הִנְנִי מֵבִיא רָעָה עַל־יְרוּשָׁלִַם וִיהוּדָה
y-Judá Jersualén sobre desgracia traigo he-aquí-que-yo : Israel Dios-de Yahweh dice

אֲשֶׁר כָּל־ שֹׁמְעָיו תִּצַּלְנָה שְׁתֵּי אָזְנָיו׃
. suyos-oídos (los)dos zumbarán que-lo-oigan todos que

וְנָטִיתִי עַל־ יְרוּשָׁלִַם אֵת קָו שֹׁמְרוֹן וְאֶת־
y Samaria (el)cordel-de ** Jerusalén sobre Y-extenderé (13)

מִשְׁקֹלֶת בֵּית אַחְאָב וּמָחִיתִי אֶת־ יְרוּשָׁלִַם כַּאֲשֶׁר־
como Jerusalén a y-limpiaré Acab (la)casa-de (la)plomada-de

יִמְחֶה אֶת־ הַצַּלַּחַת מָחָה וְהָפַךְ עַל־ פָּנֶיהָ׃
su-boca sobre y-se-vuelve se-limpia el-plato ** se-limpia

וְנָטַשְׁתִּי אֵת שְׁאֵרִית נַחֲלָתִי וּנְתַתִּים
y-los-pondré mi-heredad (el)resto-de ** Y-extenderé (14)

בְּיַד אֹיְבֵיהֶם וְהָיוּ לְבַז
para-botín y-serán sus-enemigos en-mano-de

וְלִמְשִׁסָּה לְכָל־ אֹיְבֵיהֶם׃ יַעַן אֲשֶׁר עָשׂוּ
hicieron que A-causa-de (15) . sus-enemigos de-todos y-para-despojo

אֶת־ הָרַע בְּעֵינַי וַיִּהְיוּ מַכְעִסִים אֹתִי מִן־ הַיּוֹם
el-día desde a-mí irritando y-estuvieron a-mis-ojos lo-malo **

אֲשֶׁר יָצְאוּ אֲבוֹתָם מִמִּצְרַיִם וְעַד הַיּוֹם הַזֶּה׃
. el-éste el-día y-hasta de-Egipto sus-padres salieron que

וְגַם דָּם נָקִי שָׁפַךְ מְנַשֶּׁה הַרְבֵּה מְאֹד עַד אֲשֶׁר־
que hasta muy mucho Manasés derramó inocente sangre Y-también (16)

מִלֵּא אֶת־ יְרוּשָׁלִַם פֶּה לָפֶה לְבַד מֵחַטָּאתוֹ אֲשֶׁר הֶחֱטִיא
hizo-pecar que de-su-pecado aparte a-extremo extremo Jerusalén ** llenó

אֶת־יְהוּדָה לַעֲשׂוֹת הָרַע בְּעֵינֵי יְהוָה׃ וְיֶתֶר דִּבְרֵי
(los)hechos-de Y-(el)resto-de (17) . Yahweh a-ojos-de lo-malo para-hacer Judá a

מְנַשֶּׁה וְכָל־ אֲשֶׁר עָשָׂה וְחַטָּאתוֹ אֲשֶׁר חָטָא הֲלֹא־ הֵם
ellos ¿acaso-no pecó que y-su-pecado hizo lo-que y-todo Manasés

כְּתוּבִים עַל־ סֵפֶר דִּבְרֵי הַיָּמִים לְמַלְכֵי יְהוּדָה׃
Judá? de-los-reyes-de los-días (los)hechos-de (el)libro-de en escritos

וַיִּשְׁכַּב מְנַשֶּׁה עִם־ אֲבֹתָיו וַיִּקָּבֵר בְּגַן־
en-(el)jardín-de y-fue-enterrado sus-padres con Manasés Y-se-acostó (18)

בֵּיתוֹ בְּגַן־ עֻזָּא וַיִּמְלֹךְ אָמוֹן בְּנוֹ
su-hijo Amón y-reinó Uzá en-(el)jardín-de su-casa

תַּחְתָּיו׃ בֶּן־ עֶשְׂרִים וּשְׁתַּיִם שָׁנָה אָמוֹן בְּמָלְכוֹ
al-empezar-él-a-reinar Amón años veintidós Hijo-de (19) . en-su-lugar

וּשְׁתַּיִם שָׁנִים מָלַךְ בִּירוּשָׁלָ‍ִם וְשֵׁם אִמּוֹ מְשֻׁלֶּמֶת
Mesulémet su-madre y-(el)nombre-de en-Jerusalén reinó años y-dos

בַּת־ חָרוּץ מִן־ יָטְבָה׃ וַיַּעַשׂ הָרַע בְּעֵינֵי יְהוָה
Yahweh a-ojos-de lo-malo Y-obró (20) . Jotbá de Haruz hija-de

כַּאֲשֶׁר עָשָׂה מְנַשֶּׁה אָבִיו׃ וַיֵּלֶךְ בְּכָל־ הַדֶּרֶךְ
el-camino por-todo Y-caminó (21) . su-padre Manasés había-hecho como

אֲשֶׁר־ הָלַךְ אָבִיו וַיַּעֲבֹד אֶת־ הַגִּלֻּלִים אֲשֶׁר עָבַד
había-servido que los-ídolos a y-sirvió su-padre había-caminado que

אָבִיו וַיִּשְׁתַּחוּ לָהֶם׃ וַיַּעֲזֹב אֶת־ יְהוָה אֱלֹהֵי
Dios-de Yahweh a Y-abandonó (22) . a-ellos y-se-postró su-padre

אֲבֹתָיו וְלֹא הָלַךְ בְּדֶרֶךְ יְהוָה׃ וַיִּקְשְׁרוּ
Y-conspiraron (23) . Yahweh por-camino-de caminó y-no sus-padres

עַבְדֵי־ אָמוֹן עָלָיו וַיָּמִיתוּ אֶת־ הַמֶּלֶךְ
el-rey a y-dieron-muerte contra-él Amón (los)servido-res-de

בְּבֵיתוֹ׃ וַיַּךְ עַם־ הָאָרֶץ אֵת כָּל־
todos a el-país (el)pueblo-de E-hirió (24) . en-su-casa

הַקֹּשְׁרִים עַל־ הַמֶּלֶךְ אָמוֹן וַיַּמְלִיכוּ עַם־
el-pueblo-de y-proclamaron-rey Amón el-rey contra los-conjurados

הָאָרֶץ אֶת־יֹאשִׁיָּהוּ בְנוֹ תַּחְתָּיו׃ וְיֶתֶר דִּבְרֵי

(los)hechos-de Y-(el)resto-de (25) . en-su-lugar su-hijo Josías a el-país

אָמוֹן אֲשֶׁר עָשָׂה הֲלֹא־הֵם כְּתוּבִים עַל־סֵפֶר דִּבְרֵי הַיָּמִים

los-días (los)hechos-de (el)libro-de sobre escritos ellos ¿acaso-no hizo que Amón

לְמַלְכֵי יְהוּדָה׃ וַיִּקָּבֵר אֹתוֹ בִּקְבֻרָתוֹ בְּגַן־עֻזָּא

Uzá en-(el)jardín-de en-su-tumba a-él Y-se-enterró (26) ? Judá de-reyes-de

וַיִּמְלֹךְ יֹאשִׁיָּהוּ בְנוֹ תַּחְתָּיו׃ בֶּן־שְׁמֹנֶה

Cap. 22 ocho Hijo-de (1) . en-su-lugar su-hijo Josías y-fue-rey

שָׁנָה יֹאשִׁיָּהוּ בְמָלְכוֹ וּשְׁלֹשִׁים וְאַחַת שָׁנָה מָלַךְ

reinó años y-uno y-treinta al-empezar-él-a-reinar Josías años

בִּירוּשָׁלָםִ וְשֵׁם אִמּוֹ יְדִידָה בַּת־עֲדָיָה מִבָּצְקַת׃

. de-Boscat Adayá hija-de Jedidá su-madre y-(el)nombre-de en-Jerusalén

וַיַּעַשׂ הַיָּשָׁר בְּעֵינֵי יְהוָה וַיֵּלֶךְ בְּכָל־דֶּרֶךְ

(el)camino-de por-todo y-caminó Yahweh a-ojos-de lo-recto Y-obró (2)

דָּוִד אָבִיו וְלֹא־סָר יָמִין וּשְׂמֹאול׃ וַיְהִי בִּשְׁמֹנֶה

en-ocho Y-sucedió (3) . e-izquierda (a)derecha se-apartó y-no su-padre David

עֶשְׂרֵה שָׁנָה לַמֶּלֶךְ יֹאשִׁיָּהוּ שָׁלַח הַמֶּלֶךְ אֶת־שָׁפָן בֶּן־אֲצַלְיָהוּ

Azalías hijo-de Safán a el-rey envió Josías del-rey años diez

בֶּן־מְשֻׁלָּם הַסֹּפֵר בֵּית יְהוָה לֵאמֹר׃ עֲלֵה אֶל־חִלְקִיָּהוּ

Hilcías a Sube (4) : diciendo Yahweh (al)templo-de el-secretario Mesulam hijo-de

הַכֹּהֵן הַגָּדוֹל וְיַתֵּם אֶת־הַכֶּסֶף הַמּוּבָא

la-traída la-plata ** y-prepare el-grande el-sacerdote

בֵּית יְהוָה אֲשֶׁר אָסְפוּ שֹׁמְרֵי הַסַּף מֵאֵת הָעָם׃

. el-pueblo de el-umbral (los)guardianes-de recogieron que Yahweh (al)templo-de

וְיִתְּנֻה עַל־יַד עֹשֵׂי הַמְּלָאכָה

la-obra (los)artífices-de mano-de en Y-lo-pondrán (5)

הַמֻּפְקָדִים בְּבֵית יְהוָה וְיִתְּנוּ אֹתוֹ

ello y-darán Yahweh templo-de los-encargados

לְעֹשֵׂי הַמְּלָאכָה אֲשֶׁר בְּבֵית יְהוָה לְחַזֵּק בֶּדֶק

(el)desperfecto-de para-reforzar Yahweh en-(el)templo-de que la-obra a-(los)artífices-de

הַבָּיִת׃ לֶחָרָשִׁים וְלַבֹּנִים

y-a-los-constructores A-los-carpinteros (6) . el-templo

וְלַגֹּדְרִים וְלִקְנוֹת עֵצִים וְאַבְנֵי מַחְצֵב

cantería y-piedras-de maderas y-para-comprar y-a-los-albañiles

לְחַזֵּק אֶת־הַבָּיִת׃ אַךְ לֹא־יֵחָשֵׁב אִתָּם הַכֶּסֶף

la-plata con-ellos se-les-cuente no Sólo (7) . el-templo ** para-reforzar

הַנִּתָּן עַל־יָדָם כִּי בֶאֱמוּנָה הֵם עֹשִׂים׃

. actúan ellos con-fidelidad pues su-mano en que-sea-puesta

וַיֹּאמֶר חִלְקִיָּהוּ הַכֹּהֵן הַגָּדוֹל עַל־שָׁפָן הַסֹּפֵר סֵפֶר

un-libro-de : el-secretario Safán a el-grande el-sacerdote Hilcías Y-dijo (8)

הַתּוֹרָה מָצָאתִי בְּבֵית יְהוָה וַיִּתֵּן חִלְקִיָּה אֶת־הַסֵּפֶר אֶל־

a el-libro ** Hilcías y-dio Yahweh en-(el)templo-de he-encontrado la-ley

שָׁפָן וַיִּקְרָאֵהוּ׃ וַיָּבֹא שָׁפָן הַסֹּפֵר אֶל־הַמֶּלֶךְ

el-rey a el-secretario Safán Y-vino (9) . y-lo-leyó Safán

וַיָּשֶׁב אֶת־הַמֶּלֶךְ דָּבָר וַיֹּאמֶר הִתִּיכוּ עֲבָדֶיךָ

tus-servidores han-fundido : y-dijo cosa el-rey ** y-transmitió

אֶת־הַכֶּסֶף הַנִּמְצָא בַבַּיִת וַיִּתְּנֻהוּ עַל־

en y-la-han-puesto en-el-templo la-que-se-encontraba la-plata **

יַד עֹשֵׂי הַמְּלָאכָה הַמֻּפְקָדִים בֵּית יְהוָה׃

. Yahweh templo-de los-encargados la-obra artífices-de mano-de

וַיַּגֵּד שָׁפָן הַסֹּפֵר לַמֶּלֶךְ לֵאמֹר סֵפֶר נָתַן

ha-dado un-libro : diciendo al-rey el-secretario Safán E-informó (10)

לִי חִלְקִיָּה הַכֹּהֵן וַיִּקְרָאֵהוּ שָׁפָן לִפְנֵי הַמֶּלֶךְ׃
. el-rey ante Safán y-lo-leyó el-sacerdote Hilcías a-mí

וַיְהִי כִּשְׁמֹעַ הַמֶּלֶךְ אֶת־ דִּבְרֵי סֵפֶר הַתּוֹרָה
la-ley (el)libro-de (las)palabras-de ** el-rey al-escuchar Y-sucedió (11)

וַיִּקְרַע אֶת־ בְּגָדָיו׃ וַיְצַו הַמֶּלֶךְ אֶת־ חִלְקִיָּה
Hilcías a el-rey Y-ordenó (12) . sus-vestiduras ** que-rasgó

הַכֹּהֵן וְאֶת־אֲחִיקָם בֶּן־ שָׁפָן וְאֶת־עַכְבּוֹר בֶּן־ מִיכָיָה וְאֵת ׀ שָׁפָן
Safán y-a Miqueas hijo-de Acbor y-a Safán hijo-de Ahicam y-a el-sacerdote

הַסֹּפֵר וְאֵת עֲשָׂיָה עֶבֶד־ הַמֶּלֶךְ לֵאמֹר׃ לְכוּ דִרְשׁוּ אֶת־
a consultad Id (13) : diciendo el-rey servidor-de Asayá y el-secretario

יְהוָה בַּעֲדִי וּבְעַד־ הָעָם וּבְעַד כָּל־ יְהוּדָה עַל־ דִּבְרֵי
(las)palabras-de acerca-de Judá todo y-sobre el-pueblo y-sobre sobre-mí Yahweh

הַסֵּפֶר הַנִּמְצָא הַזֶּה כִּי־ גְדוֹלָה חֲמַת יְהוָה אֲשֶׁר־הִיא
ella que Yahweh ira-de grande pues el-este el-encontrado el-libro

נִצְּתָה בָּנוּ עַל אֲשֶׁר לֹא־ שָׁמְעוּ אֲבֹתֵינוּ עַל־ דִּבְרֵי
(las)palabras-de a nuestros-padres escucharon no que por- contra-nosotros se-ha-encendido

הַסֵּפֶר הַזֶּה לַעֲשׂוֹת כְּכָל־ הַכָּתוּב עָלֵינוּ׃
. sobre-nosotros lo-escrito según-todo para-obrar el-este el-libro

וַיֵּלֶךְ חִלְקִיָּהוּ הַכֹּהֵן וַאֲחִיקָם וְעַכְבּוֹר וְשָׁפָן
y-Safán y-Acbor y-Ahicam el-sacerdote Hilcías Y-fue (14)

וַעֲשָׂיָה אֶל־ חֻלְדָּה הַנְּבִיאָה אֵשֶׁת ׀ שַׁלֻּם בֶּן־ תִּקְוָה בֶּן־
hijo-de Ticvá hijo-de Salum mujer-de la-profetisa Huldá a y-Asayá

חַרְחַס שֹׁמֵר הַבְּגָדִים וְהִיא יֹשֶׁבֶת בִּירוּשָׁלִָם
en-Jerusalén habitaba y-ella los-vestidos guardián-de Harhás

בַּמִּשְׁנֶה וַיְדַבְּרוּ אֵלֶיהָ׃ וַתֹּאמֶר אֲלֵיהֶם כֹּה־
así : a-ellos Y-dijo (15) . a-ella y-hablaron en-el-segundo

אָמַר יְהוָה אֱלֹהֵי יִשְׂרָאֵל אִמְרוּ לָאִישׁ אֲשֶׁר־שָׁלַח אֶתְכֶם אֵלָי׃
: a-mí a-vosotros ha-enviado que al-hombre decid : Israel Dios-de Yahweh dice

כֹּה אָמַר יְהוָה הִנְנִי מֵבִיא רָעָה אֶל־הַמָּקוֹם הַזֶּה
el-este el-lugar a desgracia traigo he-aquí-que-yo : Yahweh dice Así (16)

וְעַל־יֹשְׁבָיו אֵת כָּל־דִּבְרֵי הַסֵּפֶר אֲשֶׁר קָרָא מֶלֶךְ
(el)rey-de ha-leído que el-libro (las)palabras-de todas ** sus-habitantes y-sobre

יְהוּדָה׃ תַּחַת ׀ אֲשֶׁר עֲזָבוּנִי וַיְקַטְּרוּ לֵאלֹהִים
a-dioses y-quemaron-incienso me-abandonaron que Por- (17) . Judá

אֲחֵרִים לְמַעַן הַכְעִיסֵנִי בְּכֹל מַעֲשֵׂה יְדֵיהֶם
sus-manos obra-de con-toda irritarme a-fin-de otros

וְנִצְּתָה חֲמָתִי בַּמָּקוֹם הַזֶּה וְלֹא
y-no el-este contra-el-lugar mi-ira y-se-ha-encendido

תִכְבֶּה׃ וְאֶל־מֶלֶךְ יְהוּדָה הַשֹּׁלֵחַ אֶתְכֶם לִדְרֹשׁ
a-consultar a-vosotros el-que-envía Judá (el)rey-de Y-a (18) . se-apagará

אֶת־יְהוָה כֹּה תֹאמְרוּ אֵלָיו כֹּה־אָמַר יְהוָה אֱלֹהֵי יִשְׂרָאֵל הַדְּבָרִים
las-palabras : Israel Dios-de Yahweh dice así : a-él diréis así Yahweh a

אֲשֶׁר שָׁמָעְתָּ׃ יַעַן רַךְ־לְבָבְךָ וַתִּכָּנַע ׀
y-te-humillaste tu-corazón fue-blando A-causa-de-que (19) . has-escuchado que

מִפְּנֵי יְהוָה בְּשָׁמְעֲךָ אֲשֶׁר דִּבַּרְתִּי עַל־הַמָּקוֹם הַזֶּה
el-este el-lugar contra he-dicho lo-que al-escuchar-tú Yahweh ante

וְעַל־יֹשְׁבָיו לִהְיוֹת לְשַׁמָּה וְלִקְלָלָה וַתִּקְרַע
y-rasgaste y-como-maldición como-desolación para-ser sus-habitantes y-contra

אֶת־בְּגָדֶיךָ וַתִּבְכֶּה לְפָנָי וְגַם אָנֹכִי שָׁמַעְתִּי נְאֻם־
oráculo-de he-escuchado yo y-también ante-mí y-lloraste tus-vestiduras **

יְהוָה׃ לָכֵן הִנְנִי אֹסִפְךָ עַל־אֲבֹתֶיךָ
tus-padres con te-reuniré he-aquí-que-yo Por-esto (20) . Yahweh

וְנֶאֱסַפְתָּ אֶל־ קִבְרֹתֶיךָ בְּשָׁלוֹם וְלֹא־ תִרְאֶינָה
verán y-no en-paz sus-tumbas en y-te-reunirás

עֵינֶיךָ בְּכֹל הָרָעָה אֲשֶׁר־אֲנִי מֵבִיא עַל־ הַמָּקוֹם הַזֶּה
el-este el-lugar contra traigo yo que la-desgracia en-toda tus-ojos

וַיָּשִׁבוּ אֶת־ הַמֶּלֶךְ דָּבָר׃ וַיִּשְׁלַח הַמֶּלֶךְ
Cap. 23 el-rey Y-envió (1) . palabra el-rey a e-hicieron-volver

וַיַּאַסְפוּ אֵלָיו כָּל־ זִקְנֵי יְהוּדָה וִירוּשָׁלִָם׃
. y-Jerusalén Judá (los)ancianos-de todos junto-a-él y-se-reunieron

וַיַּעַל הַמֶּלֶךְ בֵּית־ יְהוָה וְכָל־ אִישׁ יְהוּדָה
Judá hombre-de y-todo Yahweh (al)templo-de el-rey Y-subió (2)

וְכָל־ יֹשְׁבֵי יְרוּשָׁלִַם אִתּוֹ וְהַכֹּהֲנִים וְהַנְּבִיאִים
y-los-profetas y-los-sacerdotes con-él Jerusalén (los)habitantes-de y-todos

וְכָל־ הָעָם לְמִקָּטֹן וְעַד־ גָּדוֹל וַיִּקְרָא
y-leyó grande y-hasta desde-pequeño el-pueblo y-todo

בְאָזְנֵיהֶם אֶת־ כָּל־ דִּבְרֵי סֵפֶר הַבְּרִית הַנִּמְצָא
el-encontrado la-Alianza (el)libro-de (las)palabras-de todas ** a-oídos-suyos

בְּבֵית יְהוָה׃ וַיַּעֲמֹד הַמֶּלֶךְ עַל־ הָעַמּוּד וַיִּכְרֹת
y-estableció la-columna sobre el-rey Y-permanecía (3) . Yahweh en-(el)templo-de

אֶת־ הַבְּרִית ׀ לִפְנֵי יְהוָה לָלֶכֶת אַחַר יְהוָה וְלִשְׁמֹר
y-para-guardar Yahweh tras para-caminar Yahweh ante la-Alianza **

מִצְוֹתָיו וְאֶת־ עֵדְוֹתָיו וְאֶת־ חֻקֹּתָיו בְּכָל־ לֵב
corazón con-todo sus-preceptos y sus-advertencias y sus-mandamientos

וּבְכָל־ נֶפֶשׁ לְהָקִים אֶת־ דִּבְרֵי הַבְּרִית הַזֹּאת
la-esta la-Alianza (las)palabras-de ** para-mantener alma y-con-toda

הַכְּתֻבִים עַל־ הַסֵּפֶר הַזֶּה וַיַּעֲמֹד כָּל־ הָעָם
el-pueblo todo y-permaneció el-este el-libro en las-escritas

בַּבְּרִית׃ (4) וַיְצַו הַמֶּלֶךְ אֶת־חִלְקִיָּהוּ הַכֹּהֵן הַגָּדוֹל

el-sumo el-sacerdote Hilcías a el-rey Y-dio-orden (4) . en-la-Alianza

וְאֶת־ כֹּהֲנֵי הַמִּשְׁנֶה וְאֶת־ שֹׁמְרֵי הַסַּף לְהוֹצִיא

para-sacar el-umbral (los)guardias-de y el-segundo (los)sacerdotes-de y

מֵהֵיכַל יְהוָה אֵת כָּל־ הַכֵּלִים הָעֲשׂוּיִם

los-hechos los-utensilios todos ** Yahweh de-(el)templo-de

לַבַּעַל וְלָאֲשֵׁרָה וּלְכֹל צְבָא הַשָּׁמָיִם

los-cielos (el)ejército-de y-a-todo y-a-la-Aserá a-Baal

וַיִּשְׂרְפֵם מִחוּץ לִירוּשָׁלִַם בְּשַׁדְמוֹת קִדְרוֹן וְנָשָׂא

y-llevó Cedrón en-campos-de de-Jerusalén de-fuera y-los-hizo-quemar

אֶת־ עֲפָרָם בֵּית־ אֵל׃ (5) וְהִשְׁבִּית אֶת־ הַכְּמָרִים אֲשֶׁר

que los-sacerdotes-paganos a Y-puso-fin (5) . el Bet- su-polvo **

נָתְנוּ מַלְכֵי יְהוּדָה וַיְקַטֵּר בַּבָּמוֹת

en-los-lugares-altos y-ofreció-incienso Judá (los)reyes-de habían-puesto

בְּעָרֵי יְהוּדָה וּמְסִבֵּי יְרוּשָׁלִָם וְאֶת־ הַמְקַטְּרִים

los-que-ofrecían-incienso y Jerusalén y-alrededores-de Judá en-(las)ciuda-des-de

לַבַּעַל לַשֶּׁמֶשׁ וְלַיָּרֵחַ וְלַמַּזָּלוֹת וּלְכֹל

y-a-todo y-a-las-constelaciones y-a-la-luna al-sol a-Baal

צְבָא הַשָּׁמָיִם׃ (6) וַיֹּצֵא אֶת־ הָאֲשֵׁרָה מִבֵּית

de-(el)templo-de la-Aserá ** E-hizo-salir (6) . los-cielos (el)ejérci-to-de

יְהוָה מִחוּץ לִירוּשָׁלִַם אֶל־ נַחַל קִדְרוֹן וַיִּשְׂרֹף אֹתָהּ

a-ella y-quemó Cedrón (el)torrente-de a de-Jerusalén de-fuera Yahweh

בְּנַחַל קִדְרוֹן וַיָּדֶק לְעָפָר וַיַּשְׁלֵךְ אֶת־ עֲפָרָהּ

su-polvo ** y-envió a-polvo y-trituró Cedrón en-(el)torren-te-de

עַל־ קֶבֶר בְּנֵי הָעָם׃ (7) וַיִּתֹּץ אֶת־ בָּתֵּי

(las)casas-de ** Y-derribó (7) . el-pueblo (los)hijos-de (la)tumba-de sobre

הַקְּדֵשִׁים אֲשֶׁר בְּבֵית יְהוָה אֲשֶׁר הַנָּשִׁים אֹרְגוֹת

tejían las-mujeres que Yahweh en-(el)templo-de que los-hieródulos

שָׁם בָּתִּים לָאֲשֵׁרָה׃ וַיָּבֵא אֶת־ כָּל־ הַכֹּהֲנִים

los-sacerdotes todos a E-hizo-venir (8) . para-Aserá casas allí

מֵעָרֵי יְהוּדָה וַיְטַמֵּא אֶת־ הַבָּמוֹת אֲשֶׁר

que los-lugares-altos ** y-declaró-impuros Judá de-(las)ciudades-de

קִטְּרוּ־ שָׁמָּה הַכֹּהֲנִים מִגֶּבַע עַד־ בְּאֵר שָׁבַע

seba Beer- hasta desde-Geba los-sacerdotes allí quemaban-incienso

וְנָתַץ אֶת־ בָּמוֹת הַשְּׁעָרִים אֲשֶׁר־ פֶּתַח שַׁעַר יְהוֹשֻׁעַ

Josué (la)puerta-de (a-la)entrada-de que las-puertas lugares-altos ** y-derribó

שַׂר־ הָעִיר אֲשֶׁר־עַל־שְׂמֹאול אִישׁ בְּשַׁעַר הָעִיר׃ אַךְ לֹא

no Sin-embargo (9) . la-ciudad a-(la)puerta-de hombre (la)izquierda-de a que la-ciudad gobernador-de

יַעֲלוּ כֹּהֲנֵי הַבָּמוֹת אֶל־ מִזְבַּח יְהוָה בִּירוּשָׁלִָם כִּי

si- en-Jerusalén Yahweh (el)altar-de a los-lugares-altos los-sacerdotes-de subieron

אִם־ אָכְלוּ מַצּוֹת בְּתוֹךְ אֲחֵיהֶם׃

. sus-hermanos en-medio-de panes-ácimos comieron no

וְטִמֵּא אֶת־ הַתֹּפֶת אֲשֶׁר בְּגֵי בְנֵי־ הִנֹּם לְבִלְתִּי

para-no Hinom Ben en-(el)valle-de que el-Tófet ** Y-declaró-impuro (10)

לְהַעֲבִיר אִישׁ אֶת־ בְּנוֹ וְאֶת־ בִּתּוֹ בָּאֵשׁ

por-el-fuego su-hija y-a su-hijo a hombre hacer-pasar

לַמֹּלֶךְ׃ וַיַּשְׁבֵּת אֶת־ הַסּוּסִים אֲשֶׁר נָתְנוּ

habían-puesto que los-caballos ** E-hizo-cesar (11) . para-Moloc

מַלְכֵי יְהוּדָה לַשֶּׁמֶשׁ מִבֹּא בֵית־ יְהוָה אֶל־ לִשְׁכַּת

(la)cámara-de junto-a Yahweh (al)templo-de de-entrar para-el-sol Judá (los)reyes-de

נְתַן־ מֶלֶךְ הַסָּרִיס אֲשֶׁר בַּפַּרְוָרִים וְאֶת־ מַרְכְּבוֹת הַשֶּׁמֶשׁ

el-sol los-carros-de y en-los-atrios que el-eunuco mélec Natán-

שָׂרַף בָּאֵשׁ׃ וְאֶת־הַמִּזְבְּחוֹת אֲשֶׁר עַל־הַגָּג עֲלִיַּת אָחָז
Acaz (el)aposento-superior-de el-techo sobre que los-altares Y (12) . con-el-fuego quemó

אֲשֶׁר־עָשׂוּ ׀ מַלְכֵי יְהוּדָה וְאֶת־הַמִּזְבְּחוֹת אֲשֶׁר־עָשָׂה מְנַשֶּׁה
Manasés había-hecho que los-altares y Judá (los)reyes-de habían-hecho que

בִּשְׁתֵּי חַצְרוֹת בֵּית־יְהוָה נָתַץ הַמֶּלֶךְ וַיָּרָץ
y-retiró el-rey derribó Yahweh (el)templo-de los-patios-de en-(los)dos

מִשָּׁם וְהִשְׁלִיךְ אֶת־עֲפָרָם אֶל־נַחַל קִדְרוֹן׃ וְאֶת־
Y (13) . Cedrón torrente-de a su-polvo ** e-hizo-enviar de-allí

הַבָּמוֹת אֲשֶׁר ׀ עַל־פְּנֵי יְרוּשָׁלַםִ אֲשֶׁר מִימִין לְהַר־
de-(la)montaña-de a-la-derecha que Jerusalén enfrente-de que los-lugares-altos

הַמַּשְׁחִית אֲשֶׁר בָּנָה שְׁלֹמֹה מֶלֶךְ־יִשְׂרָאֵל לְעַשְׁתֹּרֶת ׀
a-Astoret Israel rey-de Salomón había-construido que la-perdición

שִׁקֻּץ צִידֹנִים וְלִכְמוֹשׁ שִׁקֻּץ מוֹאָב וּלְמִלְכֹּם
y-a-Milcom Moab abominación-de y-a-Quemós sidonios abominación-de

תּוֹעֲבַת בְּנֵי־עַמּוֹן טִמֵּא הַמֶּלֶךְ׃ וְשִׁבַּר
Y-destrozó (14) . el-rey declaró-impuro Amón (los)hijos-de (lo)abominable-de

אֶת־הַמַּצֵּבוֹת וַיִּכְרֹת אֶת־הָאֲשֵׁרִים וַיְמַלֵּא
y-llenó las-Aserás ** y-partió los-massebas **

אֶת־מְקוֹמָם עַצְמוֹת אָדָם׃ וְגַם אֶת־הַמִּזְבֵּחַ אֲשֶׁר בְּבֵית־אֵל
el en-Bet- que el-altar ** Y-también (15) . hombre (de)huesos-de sus-lugares **

הַבָּמָה אֲשֶׁר עָשָׂה יָרָבְעָם בֶּן־נְבָט אֲשֶׁר הֶחֱטִיא אֶת־
a había-hecho-pecar que Nebat hijo-de Jeroboam había-hecho que el-lugar-alto

יִשְׂרָאֵל גַּם אֶת־הַמִּזְבֵּחַ הַהוּא וְאֶת־הַבָּמָה נָתָץ
destruyó el-lugar-alto y el-aquel el-altar ** también Israel

וַיִּשְׂרֹף אֶת־הַבָּמָה הֵדַק לְעָפָר וְשָׂרַף
y-quemó a-polvo trituró el-lugar-alto ** e-incendió

אֲשֵׁרָה׃ וַיִּפֶן יֹאשִׁיָּהוּ וַיַּרְא אֶת־ הַקְּבָרִים
las-tumbas ** y-vio Josías Y-dio-la-vuelta (16) . Aserá

אֲשֶׁר־שָׁם בָּהָר וַיִּשְׁלַח וַיִּקַּח אֶת־ הָעֲצָמוֹת מִן־
de los-huesos ** y-cogió y-envió en-el-monte allí que

הַקְּבָרִים וַיִּשְׂרֹף עַל־ הַמִּזְבֵּחַ וַיְטַמְּאֵהוּ כִּדְבַר יְהוָה
Yahweh según-palabra-de y-lo-declaró-impuro el-altar sobre y-quemó las-tumbas

אֲשֶׁר קָרָא אִישׁ הָאֱלֹהִים אֲשֶׁר קָרָא אֶת־ הַדְּבָרִים הָאֵלֶּה׃
. las-éstas las-cosas ** había-proclamado que el-Dios (el)hombre-de había-proclamado que

וַיֹּאמֶר מָה הַצִּיּוּן הַלָּז אֲשֶׁר אֲנִי רֹאֶה וַיֹּאמְרוּ
y-dijeron ? veo yo que el-éste el-túmulo ¿qué : Y-dijo (17)

אֵלָיו אַנְשֵׁי הָעִיר הַקֶּבֶר אִישׁ־ הָאֱלֹהִים אֲשֶׁר־ בָּא מִיהוּדָה
de-Judá vino que el-Dios (de)el-hombre-de la-tumba : la-ciudad (los)hombres-de a-él

וַיִּקְרָא אֶת־הַדְּבָרִים הָאֵלֶּה אֲשֶׁר עָשִׂיתָ עַל הַמִּזְבַּח בֵּית־אֵל׃
. el (en)Bet- el-altar sobre has-hecho que las-estas las-cosas ** y-proclamó

וַיֹּאמֶר הַנִּיחוּ לוֹ אִישׁ אַל־ יָנַע עַצְמֹתָיו
sus-huesos perturbe no hombre a-él dejad-reposar : Y-dijo (18)

וַיְמַלְּטוּ עַצְמֹתָיו אֵת עַצְמוֹת הַנָּבִיא אֲשֶׁר־ בָּא מִשֹּׁמְרוֹן׃
. de-Samaria vino que el-profeta huesos-de con sus-huesos y-dejaron-intactos

וְגַם אֶת־ כָּל־ בָּתֵּי הַבָּמוֹת אֲשֶׁר ׀ בְּעָרֵי שֹׁמְרוֹן
Samaria en-(las)ciudades-de que los-lugares-altos (las)casas-de todas ** Y-también (19)

אֲשֶׁר עָשׂוּ מַלְכֵי יִשְׂרָאֵל לְהַכְעִיס הֵסִיר יֹאשִׁיָּהוּ וַיַּעַשׂ
e-hizo Josías apartó para-irritar Israel (los)reyes-de habían-hecho que

לָהֶם כְּכָל־ הַמַּעֲשִׂים אֲשֶׁר עָשָׂה בְּבֵית־ אֵל׃ וַיִּזְבַּח
Y-sacrificó (20) . el en-Bet- había-hecho que las-acciones según-todas a-ellos

אֶת־ כָּל־ כֹּהֲנֵי הַבָּמוֹת אֲשֶׁר־ שָׁם עַל־הַמִּזְבְּחוֹת וַיִּשְׂרֹף
y-quemó los-altares sobre allí que los-lugares-altos (los)sacerdotes-de todos a

אֶת־עַצְמוֹת אָדָם עֲלֵיהֶם וַיָּשָׁב יְרוּשָׁלִָם׃ וַיְצַו

Y-ordenó (21) . a-Jerusalén y-volvió sobre-ellos hombre huesos-de **

הַמֶּלֶךְ אֶת־ כָּל־ הָעָם לֵאמֹר עֲשׂוּ פֶּסַח לַיהוָה

a-Yahweh pascua haced : diciendo el-pueblo todo a el-rey

אֱלֹהֵיכֶם כַּכָּתוּב עַל סֵפֶר הַבְּרִית הַזֶּה׃

. la-esta la-Alianza (el)libro-de en según-lo-escrito vuestro-Dios

כִּי לֹא נַעֲשָׂה כַּפֶּסַח הַזֶּה מִימֵי

desde-(los)días-de la-ésta como-la-pascua se-había-hecho no Ciertamente (22)

הַשֹּׁפְטִים אֲשֶׁר שָׁפְטוּ אֶת־יִשְׂרָאֵל וְכֹל יְמֵי מַלְכֵי יִשְׂרָאֵל

Israel (los)reyes-de (los)días-de y-todos Israel a juzgaron que los-jueces

וּמַלְכֵי יְהוּדָה׃ כִּי אִם־ בִּשְׁמֹנֶה עֶשְׂרֵה שָׁנָה לַמֶּלֶךְ יֹאשִׁיָּהוּ

Josías del-rey años en-dieciocho Sino (23) . Judá y-(los)reyes-de

נַעֲשָׂה הַפֶּסַח הַזֶּה לַיהוָה בִּירוּשָׁלִָם׃ וְגַם

Y-también (24) . en-Jerusalén a-Yahweh la-esta la-pascua se-hizo

אֶת־ הָאֹבוֹת וְאֶת־ הַיִּדְּעֹנִים וְאֶת־ הַתְּרָפִים וְאֶת־ הַגִּלֻּלִים

los-ídolos y-a los-ídolos-domésticos y-a los-adivinos y-a los-nigromantes a

וְאֵת כָּל־ הַשִּׁקֻּצִים אֲשֶׁר נִרְאוּ בְּאֶרֶץ יְהוּדָה

Judá en-(el)país-de se-veían que las-abominaciones todas y-a

וּבִירוּשָׁלִַם בִּעֵר יֹאשִׁיָּהוּ לְמַעַן הָקִים אֶת־ דִּבְרֵי

(las)palabras-de ** mantener a-fin-de Josías extirpó y-en-Jerusalén

הַתּוֹרָה הַכְּתֻבִים עַל־ הַסֵּפֶר אֲשֶׁר מָצָא חִלְקִיָּהוּ

Hilcías encontró que el-libro en las-escritas la-ley

הַכֹּהֵן בֵּית יְהוָה׃ וְכָמֹהוּ לֹא־ הָיָה לְפָנָיו מֶלֶךְ

rey antes-de-él hubo no Y-como-él (25) . Yahweh (en-el)templo-de el-sacerdote

אֲשֶׁר־ שָׁב אֶל־ יְהוָה בְּכָל־ לְבָבוֹ וּבְכָל־ נַפְשׁוֹ

su-vida y-con-toda su-corazón con-todo Yahweh hacia volviese que

וּבְכָל־ מְאֹדוֹ כְּכֹל תּוֹרַת מֹשֶׁה וְאַחֲרָיו לֹא־

no y-después-de-él Moisés (la)ley-de y-según-toda su-fuerza y-con-toda

קָם כָּמֹהוּ׃ אַךְ ׀ לֹא־ שָׁב יְהוָה מֵחֲרוֹן

de-(el)ardor-de Yahweh se-volvió no Sin-embargo (26) . como-él se-levantó

אַפּוֹ הַגָּדוֹל אֲשֶׁר־ חָרָה אַפּוֹ בִּיהוּדָה עַל

por contra-Judá su-ira se-había-encendido pues la-grande su-ira

כָּל־ הַכְּעָסִים אֲשֶׁר הִכְעִיסוֹ מְנַשֶּׁה׃ וַיֹּאמֶר

Y-dijo (27) . Manasés le-había-ofendido que las-ofensas todas

יְהוָה גַּם אֶת־ יְהוּדָה אָסִיר מֵעַל פָּנַי כַּאֲשֶׁר

como mi-rostro de-junto-a voy-a-apartar Judá a también Yahweh

הֲסִרֹתִי אֶת־יִשְׂרָאֵל וּמָאַסְתִּי אֶת־ הָעִיר הַזֹּאת אֲשֶׁר־בָּחַרְתִּי

escogí que la-esta la-ciudad ** y-rechazaré Israel a aparté

אֶת־ יְרוּשָׁלִַם וְאֶת־ הַבַּיִת אֲשֶׁר אָמַרְתִּי יִהְיֶה שְׁמִי שָׁם׃

. allí mi-nombre estará : dije que el-templo y Jerusalén **

וְיֶתֶר דִּבְרֵי יֹאשִׁיָּהוּ וְכָל־ אֲשֶׁר עָשָׂה הֲלֹא־ הֵם

ellos ¿acaso-no hizo lo-que y-todo Josías (los)hechos-de Y-(el)resto-de (28)

כְּתוּבִים עַל־ סֵפֶר דִּבְרֵי הַיָּמִים לְמַלְכֵי יְהוּדָה׃

? Judá de-reyes-de los-días (los)hechos-de (el)libro-de en escritos

בְּיָמָיו עָלָה פַרְעֹה נְכֹה מֶלֶךְ־ מִצְרַיִם עַל־ מֶלֶךְ

(el)rey-de contra Egipto (el)rey-de Necó Faraón subió En-sus-días (29)

אַשּׁוּר עַל־ נְהַר־ פְּרָת וַיֵּלֶךְ הַמֶּלֶךְ יֹאשִׁיָּהוּ לִקְרָאתוֹ

a-su-encuentro Josías el-rey y-fue Éufrates (el)río a Asiria

וַיְמִיתֵהוּ בִּמְגִדּוֹ כִּרְאֹתוֹ אֹתוֹ׃ וַיַּרְכִּבֻהוּ

Y-lo-llevaron-en-carro (30) . a-él cuando-su-ver en-Meguidó y-le-dio-muerte

עֲבָדָיו מֵת מִמְּגִדּוֹ וַיְבִאֻהוּ יְרוּשָׁלִַם

(a)Jerusalén y-lo-trajeron desde-Meguidó muerto sus-servidores

וַיִּקְבְּרֻהוּ בִּקְבֻרָתוֹ וַיִּקַּח עַם־ הָאָרֶץ אֶת־

a el-país (el)pueblo-de y-cogió en-su-tumba y-lo-enterraron

יְהוֹאָחָז בֶּן־ יֹאשִׁיָּהוּ וַיִּמְשְׁחוּ אֹתוֹ וַיַּמְלִיכוּ אֹתוֹ

a-él y-proclamaron-rey a-él y-ungieron Josías hijo-de Joacaz

תַּחַת אָבִיו׃ בֶּן־ עֶשְׂרִים וְשָׁלֹשׁ שָׁנָה יְהוֹאָחָז

Joacaz años veintitrés Hijo-de (31) . su-padre en-lugar-de

בְּמָלְכוֹ וּשְׁלֹשָׁה חֳדָשִׁים מָלַךְ בִּירוּשָׁלִָם וְשֵׁם

y-(el)nombre-de en-Jerusalén reinó meses y-tres cuando-su-reinar

אִמּוֹ חֲמוּטַל בַּת־ יִרְמְיָהוּ מִלִּבְנָה׃ וַיַּעַשׂ

Y-obró (32) . de-Libná Jeremías hija-de Hamital su-madre

הָרַע בְּעֵינֵי יְהוָה כְּכֹל אֲשֶׁר־ עָשׂוּ אֲבֹתָיו׃

. sus-padres habían-hecho lo-que según-todo Yahweh a-ojos-de lo-malo

וַיַּאַסְרֵהוּ פַרְעֹה נְכֹה בְרִבְלָה בְּאֶרֶץ חֲמָת בִּמְלֹךְ

de-reinar Hamat en-(el)país-de en-Riblá Necó Faraón Y-lo-capturó (33)

בִּירוּשָׁלִָם וַיִּתֶּן־ עֹנֶשׁ עַל־ הָאָרֶץ מֵאָה כִכַּר־ כֶּסֶף

plata talentos-de cien el-país sobre multa y-puso en-Jerusalén

וְכִכַּר זָהָב׃ וַיַּמְלֵךְ פַּרְעֹה נְכֹה אֶת־ אֶלְיָקִים בֶּן־

hijo-de Eliaquim a Necó Faraón Y-proclamó-rey (34) . oro y-talento-de

יֹאשִׁיָּהוּ תַּחַת יֹאשִׁיָּהוּ אָבִיו וַיַּסֵּב אֶת־ שְׁמוֹ

su-nombre ** y-cambió su-padre Josías en-lugar-de Josías

יְהוֹיָקִים וְאֶת־ יְהוֹאָחָז לָקָח וַיָּבֹא מִצְרַיִם וַיָּמָת שָׁם׃

. allí y-murió a-Egipto y-llevó cogió Joacaz y-a Joacim

וְהַכֶּסֶף וְהַזָּהָב נָתַן יְהוֹיָקִים לְפַרְעֹה אַךְ הֶעֱרִיךְ

tasó pero a-Faraón Joacim dio y-el-oro Y-la-plata (35)

אֶת־ הָאָרֶץ לָתֵת אֶת־ הַכֶּסֶף עַל־ פִּי פַּרְעֹה אִישׁ

cada-hombre-de Faraón orden-de según la-plata ** para-dar el-país **

כְּעֶרְכּוֹ נָגַשׂ אֶת־הַכֶּסֶף וְאֶת־הַזָּהָב אֶת־עַם

(el)pueblo-de a el-oro y la-plata ** exigió según-su-estimación

הָאָרֶץ לָתֵת לְפַרְעֹה נְכֹה׃ בֶּן־עֶשְׂרִים וְחָמֵשׁ שָׁנָה יְהוֹיָקִים

Joacim años y-cinco veinte Hijo-de (36) . Necó a-Faraón para-dar el-país

בְּמָלְכוֹ וְאַחַת עֶשְׂרֵה שָׁנָה מָלַךְ בִּירוּשָׁלָ͏ִם

en-Jerusalén reinó años y-once al-empezar-a-reinar

וְשֵׁם אִמּוֹ זְבִידָה בַת־פְּדָיָה מִן־רוּמָה׃

. Rumá de Pedayá hija-de Zebidá su-madre y-(el)nombre-de

וַיַּעַשׂ הָרַע בְּעֵינֵי יְהוָה כְּכֹל אֲשֶׁר־עָשׂוּ אֲבֹתָיו׃

. sus-padres habían-hecho lo-que según-todo Yahweh a-ojos-de lo-malo Y-obró (37)

בְּיָמָיו עָלָה נְבֻכַדְנֶאצַּר מֶלֶךְ בָּבֶל וַיְהִי־

y-fue Babilonia rey-de Nabucodonosor subió En-sus-días (1)

לוֹ יְהוֹיָקִים עֶבֶד שָׁלֹשׁ שָׁנִים וַיָּשָׁב וַיִּמְרָד־

Cap. 24 y-se-rebeló y-volvió años tres siervo Joacim para-él

בּוֹ׃ וַיְשַׁלַּח יְהוָה ׀ בּוֹ אֶת־גְּדוּדֵי כַשְׂדִּים וְאֶת־

y caldeos (las)partidas-de a contra-él Yahweh Y-envió (2) . contra-él

גְּדוּדֵי אֲרָם וְאֵת ׀ גְּדוּדֵי מוֹאָב וְאֵת גְּדוּדֵי בְנֵי־עַמּוֹן

Amón (los)hijos-de (las)partidas-de y-a Moab (las)partidas-de y-a Aram (las)partidas-de

וַיְשַׁלְּחֵם בִּיהוּדָה לְהַאֲבִידוֹ כִּדְבַר יְהוָה אֲשֶׁר דִּבֶּר

había-dicho que Yahweh según-(la)palabra-de para-hacerla-perecer contra-Judá y-los-envió

בְּיַד עֲבָדָיו הַנְּבִיאִים׃ אַךְ ׀ עַל־פִּי יְהוָה

Yahweh orden-de por Ciertamente (3) . los-profetas sus-siervos por-mano-de

הָיְתָה בִּיהוּדָה לְהָסִיר מֵעַל פָּנָיו בְּחַטֹּאת

por-pecados-de su-rostro de-junto-a para-apartar en-Judá sucedió

מְנַשֶּׁה כְּכֹל אֲשֶׁר עָשָׂה׃ וְגַם דַּם־הַנָּקִי אֲשֶׁר שָׁפָךְ

había-derramado que el-inocente (la)sangre-de Y-también (4) . hizo lo-que según-todo Manasés

וַיְמַלֵּא אֶת־ יְרוּשָׁלַם דָּם נָקִי וְלֹא־ אָבָה יְהוָה

Yahweh quiso y-no inocente (de)sangre Jerusalén ** y-llenó

לִסְלֹחַ׃ וְיֶתֶר דִּבְרֵי יְהוֹיָקִים וְכָל־ אֲשֶׁר עָשָׂה הֲלֹא־

¿acaso-no hizo lo-que y-todo Joacim (los)hechos-de Y-(el)resto-de (5) . perdonar

הֵם כְּתוּבִים עַל־ סֵפֶר דִּבְרֵי הַיָּמִים לְמַלְכֵי יְהוּדָה׃

? Judá de-reyes-de los-días (los)hechos-de (el)libro-de en escritos ellos

וַיִּשְׁכַּב יְהוֹיָקִים עִם־ אֲבֹתָיו וַיִּמְלֹךְ יְהוֹיָכִין

Joaquín y-reinó sus-padres con Joacim Y-se-acostó (6)

בְּנוֹ תַּחְתָּיו׃ וְלֹא־ הֹסִיף עוֹד מֶלֶךְ מִצְרַיִם

Egipto (el)rey-de de-nuevo volvió Y-no (7) . en-su-lugar su-hijo

לָצֵאת מֵאַרְצוֹ כִּי־ לָקַח מֶלֶךְ בָּבֶל מִנַּחַל

desde-(el)torrente-de Babilonia (el)rey-de había-tomado pues de-su-país a-salir

מִצְרַיִם עַד־ נְהַר־ פְּרָת כֹּל אֲשֶׁר הָיְתָה לְמֶלֶךְ מִצְרָיִם׃ בֶּן־

Hijo-de (8) . Egipto de-(el)rey-de era lo-que todo Éufrates (el)río hasta Egipto

שְׁמֹנֶה עֶשְׂרֵה שָׁנָה יְהוֹיָכִין בְּמָלְכוֹ וּשְׁלֹשָׁה חֳדָשִׁים

meses y-tres al-empezar a-reinar Joaquín años dieciocho

מָלַךְ בִּירוּשָׁלָםִ וְשֵׁם אִמּוֹ נְחֻשְׁתָּא בַת־

hija-de Nehustá su-madre y-(el)nombre-de en-Jerusalén reinó

אֶלְנָתָן מִירוּשָׁלָםִ׃ וַיַּעַשׂ הָרַע בְּעֵינֵי יְהוָה כְּכֹל

según-todo Yahweh a-ojos-de lo-malo Y-obró (9) . de-Jerusalén Elnatán

אֲשֶׁר־ עָשָׂה אָבִיו׃ בָּעֵת הַהִיא עָלָה

subieron el-aquel En-el-tiempo (10) . su-padre había-hecho lo-que

עַבְדֵי נְבֻכַדְנֶאצַּר מֶלֶךְ־ בָּבֶל יְרוּשָׁלָםִ וַתָּבֹא הָעִיר

(a)la-ciudad y-entró (a)Jerusalén Babilonia rey-de Nabucodonosor (los)servidores-de

בַּמָּצוֹר׃ וַיָּבֹא נְבוּכַדְנֶאצַּר מֶלֶךְ־ בָּבֶל עַל־ הָעִיר

la-ciudad contra Babilonia rey-de Nabucodonsor Y-llegó (11) . bajo-el-asedio

וַעֲבָדָיו צָרִים עָלֶיהָ׃ וַיֵּצֵא

Y-salió (12) . contra-ella asediaban y-sus-servidores

יְהוֹיָכִין מֶלֶךְ־ יְהוּדָה עַל ־מֶלֶךְ בָּבֶל הוּא וְאִמּוֹ

y-su-madre él Babilonia (el)rey-de hacia Judá rey-de Joaquín

וַעֲבָדָיו וְשָׂרָיו וְסָרִיסָיו וַיִּקַּח אֹתוֹ

a-él y-tomó y-sus-eunucos y-sus-oficiales y-sus-servidores

מֶלֶךְ בָּבֶל בִּשְׁנַת שְׁמֹנֶה לְמָלְכוֹ׃ וַיּוֹצֵא מִשָּׁם

de-allí Y-sacó (13) . de-su-reinar ocho en-(el)año Babilonia (el)rey-de

אֶת־ כָּל־ אוֹצְרוֹת בֵּית יְהוָה וְאוֹצְרוֹת בֵּית הַמֶּלֶךְ

el-rey (la)casa-de y-(los)tesoros-de Yahweh (el)templo-de (los)tesoros-de todos **

וַיְקַצֵּץ אֶת־ כָּל־ כְּלֵי הַזָּהָב אֲשֶׁר עָשָׂה שְׁלֹמֹה מֶלֶךְ־

rey-de Salomón había-hecho que el-oro (los)utensilios-de todos ** y-destrozó

יִשְׂרָאֵל בְּהֵיכַל יְהוָה כַּאֲשֶׁר דִּבֶּר יְהוָה׃ וְהִגְלָה

Y-deportó (14) . Yahweh había-dicho según Yahweh en-(el)templo-de Israel

אֶת־ כָּל־ יְרוּשָׁלַםִ וְאֶת־ כָּל־ הַשָּׂרִים וְאֵת ׀ כָּל־ גִּבּוֹרֵי הַחַיִל

el-valor (los)héroes-de todos y-a los-oficiales todos y-a Jerusalén todo a

עֲשָׂרָה אֲלָפִים גּוֹלֶה וְכָל־ הֶחָרָשׁ וְהַמַּסְגֵּר לֹא

no ni-el-cerrajero el-artesano y-nadie deportados millares diez

נִשְׁאַר זוּלַת דַּלַּת עַם־ הָאָרֶץ׃ וַיֶּגֶל אֶת־

a Y-deportó (15) . el-país (el)pueblo-de (la)plebe-de fuera-de quedó

יְהוֹיָכִין בָּבֶלָה וְאֶת־ אֵם הַמֶּלֶךְ וְאֶת־ נְשֵׁי הַמֶּלֶךְ וְאֶת־

y-a el-rey (las)mujeres-de y-a el-rey (la)madre-de y-a a-Babilonia Joaquín

סָרִיסָיו וְאֵת אֵולֵי הָאָרֶץ הוֹלִיךְ גּוֹלָה מִירוּשָׁלַםִ

de-Jerusalén (en)deportación hizo-ir el-país (los)notables-de y-a sus-eunucos

בָּבֶלָה׃ וְאֵת כָּל־ אַנְשֵׁי הַחַיִל שִׁבְעַת אֲלָפִים

millares siete el-ejército (los)hombres-de todos Y-a (16) . a-Babilonia

וְהֶחָרָשׁ וְהַמַּסְגֵּר אֶלֶף הַכֹּל גִּבּוֹרִים
héroes la-totalidad mil y-el-cerrajero y-el-artesano

עֹשֵׂי מִלְחָמָה וַיְבִיאֵם מֶלֶךְ־ בָּבֶל גּוֹלָה בָּבֶלָה׃
. a-Babilonia (en)deportación Babilonia (el)rey-de y-los-trajo guerra que-hacían

וַיַּמְלֵךְ מֶלֶךְ־ בָּבֶל אֶת־ מַתַּנְיָה דֹּדוֹ
su-tío Matanías a Babilonia (el)rey-de Y-proclamó-rey (17)

תַּחְתָּיו וַיַּסֵּב אֶת־ שְׁמוֹ צִדְקִיָּהוּ׃ בֶּן־ עֶשְׂרִים
veinte Hijo-de (18) . Sedequías su-nombre ** y-cambió en-su-lugar

וְאַחַת שָׁנָה צִדְקִיָּהוּ בְמָלְכוֹ וְאַחַת עֶשְׂרֵה שָׁנָה מָלַךְ
reinó años y-once al-empezar-a-reinar Sedequías años y-uno

בִּירוּשָׁלָםִ וְשֵׁם אִמּוֹ חֲמִיטַל בַּת־ יִרְמְיָהוּ
Jeremías hija-de Hamital su-madre y-(el)nombre-de en-Jerusalén

מִלִּבְנָה׃ וַיַּעַשׂ הָרַע בְּעֵינֵי יְהוָה כְּכֹל אֲשֶׁר־ עָשָׂה
había-hecho lo-que según-todo Yahweh a-ojos-de lo-malo Y-obró (19) . de-Libná

יְהוֹיָקִים׃ כִּי ׀ עַל־ אַף יְהוָה הָיְתָה בִּירוּשָׁלַםִ
en-Jerusalén sucedió Yahweh (la)ira-de por Ciertamente (20) . Joacim

וּבִיהוּדָה עַד־ הִשְׁלִכוֹ אֹתָם מֵעַל פָּנָיו
su-rostro de-junto-a a-ellos expulsar-él hasta y-en-Judá

וַיִּמְרֹד צִדְקִיָּהוּ בְּמֶלֶךְ בָּבֶל׃ וַיְהִי
Y-sucedió (1) . Babilonia contra-(el)rey-de Sedequías y-se-rebeló Cap. 25

בִּשְׁנַת הַתְּשִׁיעִית לְמָלְכוֹ בַּחֹדֶשׁ הָעֲשִׂירִי בֶּעָשׂוֹר
en-el-décimo el-décimo en-mes de-su-reinar el-noveno en-(el)año

לַחֹדֶשׁ בָּא נְבֻכַדְנֶאצַּר מֶלֶךְ־ בָּבֶל הוּא וְכָל־
y-todo él Babilonia rey-de Nabucodonosor vino del-mes

חֵילוֹ עַל־ יְרוּשָׁלַםִ וַיִּחַן עָלֶיהָ וַיִּבְנוּ
y-construyeron contra-ella y-acampó Jerusalén contra su-ejército

עָלֶיהָ דָּיֵק סָבִיב׃ וַתָּבֹא הָעִיר בַּמָּצוֹר

bajo-asedio la-ciudad Y-entró (2) . alrededor obra-de-asedio contra-ella

עַד עַשְׁתֵּי עֶשְׂרֵה שָׁנָה לַמֶּלֶךְ צִדְקִיָּהוּ׃ בְּתִשְׁעָה לַחֹדֶשׁ

del-mes En-nueve (3) . Sedequías del-rey años once hasta

וַיֶּחֱזַק הָרָעָב בָּעִיר וְלֹא־הָיָה לֶחֶם לְעַם

para-(el)pueblo-de pan hubo y-no en-la-ciudad el-hambre y-se-hizo-fuerte

הָאָרֶץ׃ וַתִּבָּקַע הָעִיר וְכָל־אַנְשֵׁי

(los)hombres-de y-todos la-ciudad Y-fue-hendida (4) . el-país

הַמִּלְחָמָה ׀ הַלַּיְלָה דֶּרֶךְ שַׁעַר ׀ בֵּין הַחֹמֹתַיִם אֲשֶׁר עַל־גַּן

(el)jardín-de junto-a que los-dos-muros entre puerta camino-de la-noche la-guerra

הַמֶּלֶךְ וְכַשְׂדִּים עַל־הָעִיר סָבִיב וַיֵּלֶךְ דֶּרֶךְ הָעֲרָבָה׃

. la-Arabá camino-de y-marchó alrededor la-ciudad contra y-caldeos el-rey

וַיִּרְדְּפוּ חֵיל־כַּשְׂדִּים אַחַר הַמֶּלֶךְ וַיַּשִּׂגוּ אֹתוֹ

a-él y-alcanzaron el-rey tras caldeos (el)ejército-de Y-persiguió (5)

בְּעַרְבוֹת יְרֵחוֹ וְכָל־חֵילוֹ נָפֹצוּ מֵעָלָיו׃

. de-junto-a-él se-dispersaron su-ejército y-todo Jericó en-(las)este pas-de

וַיִּתְפְּשׂוּ אֶת־הַמֶּלֶךְ וַיַּעֲלוּ אֹתוֹ אֶל־מֶלֶךְ בָּבֶל

Babilonia (el)rey-de hacia a-él y-subieron el-rey a Y-capturaron (6)

רִבְלָתָה וַיְדַבְּרוּ אִתּוֹ מִשְׁפָּט׃ וְאֶת־בְּנֵי צִדְקִיָּהוּ

Sedequías (los)hijos-de Y-a (7) . sentencia contra-él y-pronunciaron a-Riblá

שָׁחֲטוּ לְעֵינָיו וְאֶת־עֵינֵי צִדְקִיָּהוּ עִוֵּר

cegó Sedequías (los)ojos-de y a-sus-ojos degollaron

וַיַּאַסְרֵהוּ בַנְחֻשְׁתַּיִם וַיְבִאֵהוּ בָּבֶל׃

. a-Babilonia y-lo-trajo con-las-cadenas y-lo-ataron

וּבַחֹדֶשׁ הַחֲמִישִׁי בְּשִׁבְעָה לַחֹדֶשׁ הִיא שְׁנַת תְּשַׁע־

siete año él del-mes en-siete el-quinto Y-en-el-mes (8)

עֶשְׂרֵה שָׁנָה לַמֶּלֶךְ נְבֻכַדְנֶאצַּר מֶלֶךְ־בָּבֶל בָּא נְבוּזַרְאֲדָן

Nebuzaradán vino Babilonia rey-de Nabucodonosor del-rey años diez

רַב־טַבָּחִים עֶבֶד מֶלֶךְ־בָּבֶל יְרוּשָׁלִָם׃

. a-Jerusalén Babilonia (el)rey-de servidor-de guardias jefe-de

וַיִּשְׂרֹף אֶת־בֵּית־יְהוָה וְאֶת־בֵּית הַמֶּלֶךְ וְאֵת כָּל־

todas y el-rey (la)casa-de y Yahweh (el)templo-de ** Y-quemó (9)

בָּתֵּי יְרוּשָׁלִַם וְאֶת־כָּל־בֵּית גָּדוֹל שָׂרַף בָּאֵשׁ׃

. con-el-fuego quemó grande casa-de toda y Jerusalén (las)casas-de

וְאֶת־חוֹמֹת יְרוּשָׁלִַם סָבִיב נָתְצוּ כָּל־חֵיל

(el)ejército-de todo destruyeron alrededor Jerusalén (las)murallas-de Y (10)

כַּשְׂדִּים אֲשֶׁר רַב־טַבָּחִים׃ וְאֵת יֶתֶר הָעָם

el-pueblo (el)resto-de Y-a (11) . guardias (con)jefe-de que caldeos

הַנִּשְׁאָרִים בָּעִיר וְאֶת־הַנֹּפְלִים אֲשֶׁר נָפְלוּ

habían-desertado que los-desertores y-a en-la-ciudad los-que-quedaban

עַל־הַמֶּלֶךְ בָּבֶל וְאֵת יֶתֶר הֶהָמוֹן הֶגְלָה נְבוּזַרְאֲדָן

Nebuzaradán deportó la-multitud (el)resto-de y-a (a)Babilonia el-rey hacia

רַב־טַבָּחִים׃ וּמִדַּלַּת הָאָרֶץ הִשְׁאִיר

dejó el-país Y-de-(la)plebe-de (12) . guardias jefe-de

רַב־טַבָּחִים לְכֹרְמִים וּלְיֹגְבִים׃

. y-para-labradores para-viñadores guardias jefe-de

וְאֶת־עַמּוּדֵי הַנְּחֹשֶׁת אֲשֶׁר בֵּית־יְהוָה וְאֶת־הַמְּכֹנוֹת

las-basas y Yahweh (en-el)templo-de que el-bronce (las)columnas-de Y (13)

וְאֶת־יָם הַנְּחֹשֶׁת אֲשֶׁר בְּבֵית־יְהוָה שִׁבְּרוּ כַשְׂדִּים

(los)caldeos destruyeron Yahweh en-(el)templo-de que el-bronce (el)mar-de y

וַיִּשְׂאוּ אֶת־נְחֻשְׁתָּם בָּבֶלָה׃ וְאֶת־הַסִּירֹת וְאֶת־

y las-ollas Y (14) . a-Babilonia su-bronce ** y-llevaron

הַיָּעִים וְאֶת־ הַמְזַמְּרוֹת וְאֶת־ הַכַּפּוֹת וְאֵת כָּל־ כְּלֵי

los-utensilios-de todos y las-cucharas y las-despabiladeras y las-paletas

הַנְּחֹשֶׁת אֲשֶׁר יְשָׁרְתוּ־ בָם לָקָחוּ׃ וְאֶת־ הַמַּחְתּוֹת וְאֶת־

y los-braseros Y (15) . cogieron con-ellos hacían-servicio que el-bronce

הַמִּזְרָקוֹת אֲשֶׁר זָהָב זָהָב וַאֲשֶׁר־ כֶּסֶף כֶּסֶף לָקַח

cogió plata (de)plata y-que oro (de)oro que los-aspersorios

רַב־ טַבָּחִים׃ הָעַמּוּדִים ׀ שְׁנַיִם הַיָּם הָאֶחָד

el-uno el-mar dos Las-columnas (16) . guardias jefe-de

וְהַמְּכֹנוֹת אֲשֶׁר־ עָשָׂה שְׁלֹמֹה לְבֵית יְהוָה לֹא־ הָיָה

había no Yahweh para-(el)templo-de Salomón había-hecho que y-las-basas

מִשְׁקָל לִנְחֹשֶׁת כָּל־ הַכֵּלִים הָאֵלֶּה׃ שְׁמֹנֶה עֶשְׂרֵה אַמָּה

codos Dieciocho (17) . los-éstos los-objetos todos para-(el)bronce-de peso

קוֹמַת ׀ הָעַמּוּד הָאֶחָד וְכֹתֶרֶת עָלָיו ׀ נְחֹשֶׁת וְקוֹמַת

y-(la)altura-de (de)bronce sobre-ella y-capitel la-una la-columna altura-de

הַכֹּתֶרֶת שָׁלֹשׁ אַמָּה וּשְׂבָכָה וְרִמֹּנִים עַל־ הַכֹּתֶרֶת סָבִיב

alrededor-de el-capitel sobre y-granadas y-red codos tres el-capitel

הַכֹּל נְחֹשֶׁת וְכָאֵלֶּה לַעַמּוּד הַשֵּׁנִי עַל־ הַשְּׂבָכָה׃

. la-red sobre la-segunda para-la-columna y-como-éstos (de)bronce la-totalidad

וַיִּקַּח רַב־ טַבָּחִים אֶת־ שְׂרָיָה כֹּהֵן הָרֹאשׁ וְאֶת־

y-a la-cabeza sacerdote-de Serayá a guardias jefe-de Y-cogió (18)

צְפַנְיָהוּ כֹּהֵן מִשְׁנֶה וְאֶת־ שְׁלֹשֶׁת שֹׁמְרֵי הַסַּף׃

. el-umbral (los)guardianes-de tres-de y-a segundo sacerdote-de Sefanías

וּמִן־ הָעִיר לָקַח סָרִיס אֶחָד אֲשֶׁר־הוּא פָקִיד ׀ עַל־ אַנְשֵׁי

hombres-de sobre inspector él que uno eunuco tomó la-ciudad Y-de (19)

הַמִּלְחָמָה וַחֲמִשָּׁה אֲנָשִׁים מֵרֹאֵי פְנֵי־ הַמֶּלֶךְ אֲשֶׁר נִמְצְאוּ

se-encontraban que el-rey (el)rostro-de de-(los)que-veían hombres y-cinco la-guerra

בָּעִיר וְאֵת הַסֹּפֵר שַׂר הַצָּבָא הַמַּצְבִּא אֶת־
a el-que-alistaba el-ejército jefe-de el-secretario y en-la-ciudad

עַם הָאָרֶץ וְשִׁשִּׁים אִישׁ מֵעַם הָאָרֶץ הַנִּמְצְאִים
los-que-se-encontraban el-país de-(el)pueblo-de hombres y-sesenta el-país (el)pueblo-de

בָּעִיר׃ וַיִּקַּח אֹתָם נְבוּזַרְאֲדָן רַב־טַבָּחִים
guardias jefe-de Nebuzaradán a-ellos Y-cogió (20) . en-la-ciudad

וַיֹּלֶךְ אֹתָם עַל־מֶלֶךְ בָּבֶל רִבְלָתָה׃ וַיַּךְ
Y-golpeó (21) . a-Riblá Babilonia (el)rey-de hacia a-ellos y-llevó

אֹתָם מֶלֶךְ בָּבֶל וַיְמִיתֵם בְּרִבְלָה בְּאֶרֶץ חֲמָת
Hamat en-(el)país-de en-Riblá y-les-dio-muerte Babilonia (el)rey-de a-ellos

וַיִּגֶל יְהוּדָה מֵעַל אַדְמָתוֹ׃ וְהָעָם
Y-el-pueblo (22) . su-tierra de-sobre Judá y-deportó

הַנִּשְׁאָר בְּאֶרֶץ יְהוּדָה אֲשֶׁר הִשְׁאִיר נְבוּכַדְנֶאצַּר
Nabucodonosor había-dejado que Judá en-(el)país-de el-restante

מֶלֶךְ בָּבֶל וַיַּפְקֵד עֲלֵיהֶם אֶת־גְּדַלְיָהוּ בֶּן־אֲחִיקָם בֶּן־
hijo-de Ahicam hijo-de Gedalías a sobre-ellos y-colocó Babilonia rey-de

שָׁפָן׃ וַיִּשְׁמְעוּ כָל־שָׂרֵי הַחֲיָלִים הֵמָּה וְהָאֲנָשִׁים
y-los-hombres ellos los-ejércitos (los)jefes-de todos Y-escucharon (23) . Safán

כִּי־הִפְקִיד מֶלֶךְ־בָּבֶל אֶת־גְּדַלְיָהוּ וַיָּבֹאוּ אֶל־גְּדַלְיָהוּ
Gedalías a y-fueron Gedalías a Babilonia (el)rey-de había-colocado que

הַמִּצְפָּה וְיִשְׁמָעֵאל בֶּן־נְתַנְיָה וְיוֹחָנָן בֶּן־קָרֵחַ וּשְׂרָיָה
y-Seraías Carea hijo-de y-Johanán Netanías hijo-de e-Ismael a-Mizpá

בֶּן־תַּנְחֻמֶת הַנְּטֹפָתִי וְיַאֲזַנְיָהוּ בֶּן־הַמַּעֲכָתִי הֵמָּה
ellos el-maacateo hijo-de y-Jaazanías el-netofatita Tanhumet hijo-de

וְאַנְשֵׁיהֶם׃ וַיִּשָּׁבַע לָהֶם גְּדַלְיָהוּ וּלְאַנְשֵׁיהֶם
y-a-sus-hombres Gedalías a-ellos Y-prestó-juramento (24) . y-sus-hombres

וַיֹּאמֶר לָהֶם אַל־ תִּירְאוּ מֵעַבְדֵי הַכַּשְׂדִּים שְׁבוּ
habitad los-caldeos de-(los)servidores-de tengáis-temor no : a-ellos y-dijo

בָאָרֶץ וְעִבְדוּ אֶת־ מֶלֶךְ בָּבֶל וְיִטַב לָכֶם׃
. a-vosotros e-irá-bien Babilonia el-rey-de a y-servid en-el-país

וַיְהִי ׀ בַּחֹדֶשׁ הַשְּׁבִיעִי בָּא יִשְׁמָעֵאל בֶּן־ נְתַנְיָה
Netanías hijo-de Ismael llegó el-séptimo en-el-mes Y-sucedió (25)

בֶּן־ אֱלִישָׁמָע מִזֶּרַע הַמְּלוּכָה וַעֲשָׂרָה אֲנָשִׁים אִתּוֹ
con-él hombres y-diez la-realeza de-(la)descendencia-de Elisamá hijo-de

וַיַּכּוּ אֶת־ גְּדַלְיָהוּ וַיָּמֹת וְאֶת־ הַיְּהוּדִים וְאֶת־
y-a los-judíos y-a y-murió Gedalías a y-golpearon

הַכַּשְׂדִּים אֲשֶׁר־ הָיוּ אִתּוֹ בַּמִּצְפָּה׃ וַיָּקֻמוּ כָל־
todo Y-se-levantó (26) . en-Mizpá con-él estaban que los-caldeos

הָעָם מִקָּטֹן וְעַד־ גָּדוֹל וְשָׂרֵי הַחֲיָלִים וַיָּבֹאוּ
y-llegaron los-ejércitos y-(los)jefes-de grande y-hasta desde-pequeño el-pueblo

מִצְרָיִם כִּי יָרְאוּ מִפְּנֵי כַשְׂדִּים׃ וַיְהִי בִשְׁלֹשִׁים
en-treinta Y-sucedió (27) . (los)caldeos ante temían pues (a)Egipto

וָשֶׁבַע שָׁנָה לְגָלוּת יְהוֹיָכִין מֶלֶךְ־ יְהוּדָה בִּשְׁנֵים עָשָׂר חֹדֶשׁ
mes en-doce Judá rey-de Joaquín de-exilio-de años y-siete

בְּעֶשְׂרִים וְשִׁבְעָה לַחֹדֶשׁ נָשָׂא אֱוִיל מְרֹדַךְ מֶלֶךְ בָּבֶל
Babilonia rey-de merodac Evil- levantó del-mes y-veintisiete

בִּשְׁנַת מָלְכוֹ אֶת־ רֹאשׁ יְהוֹיָכִין מֶלֶךְ־ יְהוּדָה
Judá rey-de Joaquín (la)cabeza-de ** su-reinar en-el-año-de

מִבֵּית כֶּלֶא׃ וַיְדַבֵּר אִתּוֹ טֹבוֹת וַיִּתֵּן אֶת־
** y-puso cosas-buenas con-él Y-habló (28) . cautiverio de-casa-de

כִּסְאוֹ מֵעַל כִּסֵּא הַמְּלָכִים אֲשֶׁר אִתּוֹ בְּבָבֶל׃
. en-Babilonia con-él que los-reyes (el)asiento-de junto-a su-asiento

תָּמִיד	לֶחֶם	וְאָכַל	כִּלְאוֹ	בִּגְדֵי	אֵת	וְשִׁנָּא	
siempre	pan	y-comió	su-prisión	los-vestidos-de	**	Y-cambió	(29)

וַאֲרֻחָתוֹ		חַיָּיו׃	יְמֵי	כָּל־	לְפָנָיו
Y-su-ración	(30)	. su-vida	(los)días-de	todos	ante-él

יוֹם	דְּבַר־	הַמֶּלֶךְ	מֵאֵת	לּוֹ	נִתְּנָה־	תָּמִיד	אֲרֻחַת
día	cosa-de	el-rey	de-parte-de	a-él	fue-dada	siempre	ración-de

חַיָּו׃	יְמֵי	כֹּל	בְּיוֹמוֹ
. su-vida	(los)días-de	todos	en-su-día